清末民初中国社会主义论争文献汇编（1871~1915）

上

A Compilation of Documentation on the Chinese Socialist Debates from the Late Qing Dynasty to the Early Republic of China, 1871-1915

鲁法芹　编著

国家社科基金后期资助项目
出版说明

后期资助项目是国家社科基金设立的一类重要项目，旨在鼓励广大社科研究者潜心治学，支持基础研究多出优秀成果。它是经过严格评审，从接近完成的科研成果中遴选立项的。为扩大后期资助项目的影响，更好地推动学术发展，促进成果转化，全国哲学社会科学工作办公室按照“统一设计、统一标识、统一版式、形成系列”的总体要求，组织出版国家社科基金后期资助项目成果。

全国哲学社会科学工作办公室

编选说明

一、本书在对清末民初（1871~1915）中文报刊所刊载的有关社会主义文献进行发掘、梳理、收录时，以参与社会主义论争的文献为主，兼顾不同学术流派及其代表性人物的代表性作品，特别是集中收录了《新世界》上所刊载的《理想社会主义与实行社会主义》（即《社会主义从空想到科学的发展》）首个中译本，以及《天义》上所刊载的与《共产党宣言》有关的文献。

二、对于论争文献中所提及的文献则附录。如欧阳溥存在《社会主义商兑》中写道“比来，国人研究社会主义者弥夥，不才既已为《社会主义》一篇”，则其《社会主义》一文附录。

三、本书分为5辑：第一辑，“‘社会主义与中国’命题的提出及论争”，收录文献的时间为1871年至1905年；第二辑，“梁启超与革命党人关于社会主义的论战”，主要收录《新民丛报》与《民报》上有关社会主义的论战文献；第三辑，“无政府主义思潮在中国的传入及论争”，主要收录《天义》《衡报》《新世纪》《民报》上有关无政府主义与社会主义的论争文献；第四辑，“民元前后中国的社会主义讨论”，主要收录民元前后中文报刊上的有关社会主义论争文献；第五辑，“清末民初社会主义思想在中国传播年谱”，以年谱形式记录本书所取时间段内社会主义思想在中国传播和发展的轨迹，时间截至1915年。值得指出的是，本书所涉及的“社会主义”“共产主义”文献及其概念，旨在再现当时国人对此的朴素认知及其认知过程，“社会主义”“共产主义”概念与今天的科学认知虽有所联系，但有实质的不同。

四、本书收录文献大都原为繁体字、竖排者，现均改为简化字、横排本。行文中“如左”“如右”等表述，仍保留。

五、本书所收录文献，均已重新标点。底本原注，用（　）标明；订正的错字，置于［　］内；增补字，则置于<　>内；原件难辨字，用□标明。

六、原文中的明显错误，如重复、颠倒，直接更正，不出校记；异体字，直接改正，不出校记；通假字则不做修改。

七、原文之注释，均在注尾有所标明；无标明者，均为本书编著者所注。

八、收录文献中所涉及的重要国名、地名、人名、团体名、报刊名等旧译名，则以页下注形式酌加简注。

九、本稿尽力从首刊文献中录取文本，但仍有一些文本无法找到首刊版，只能从整理出版的文献资料中录取。

十、本书所收录文献之出处，均于各篇末注明。

前　言

作为舶来词语，尽管汉语“社会主义”一词首次出现于1896年11月出版的《时务报》上，[①]但作为一种思想、学说和运动，引起国人关注，则起于1871年有关巴黎公社的记载和报道。之后的20年内，有关西方工人运动、社会主义组织和社会主义学说的若干理论不断传入中国。1891年12月《万国公报》开始刊载美国人贝拉米所著的空想社会主义小说《回头看》[②]，以此为标志，中文报刊开始正面译介社会主义理论及其流派。当历史进入20世纪，“社会主义”这一术语不仅开始在中国流行起来，而且还首次掀起了这一学说在中国传播的热潮。然而，问题的关键在于社会主义传入中国，并不是知识界简单的学理引进和学术研讨，而是对一种“救国”方案的探寻，它与中华民族的发展方向紧密相连。因此，作为一种舶来学说，自传入伊始，对它的不同认知和解读就相伴随，从而引发知识界的相应论争。

事实上，至五四新文化运动之时，知识界围绕“社会主义”这一主题，共发生了四次直接或间接的论争。第一次争论发生在自社会主义思想传入到20世纪初，以译介日本社会主义文献为标志。伴随着“社会主义与中国”命题的提出，公开论战的氛围开始形成。第二次争论发生在《民报》与《新民丛报》围绕革命与改良而发生的大论战之时。这次论战从民族政策、政治方针开始，而至“什么是社会主义”及“社会主义是

---

① 参见〔日〕古城贞吉《硕儒讣音》，《时务报》第12册，1896年11月25日。

② 今译作《回顾：公元2000—1887年》，爱德华·贝拉米著，林天斗、张自谋译，商务印书馆，1997。

否适合中国”止，形成了革命派的“民生主义”和改良派的“国家社会主义”。第三次争论的发生以《天义》《新世纪》的创刊为标志。此两刊所刊发的文章诱发了章太炎、“天义派”和“新世纪派”之间的论争，他们围绕“无政府主义及其是否契合中国”展开激烈的讨论，革命派内部人士也随之分化，无政府主义开始正式传入中国。第四次争论的发生以“二次革命”爆发、袁世凯先后下令解散中国社会党和国民党为标志。民元前后的中国社会主义思潮可划分为前后相继的两个阶段。在第一阶段，以政见相标榜、以国会选举为目标而成立的各政党，在围绕“社会主义与中国”展开讨论的同时，也促进了社会主义学说在中国的进一步传播，形成了刘师复所谓的“孙逸仙、江亢虎之社会主义”。与之对应，伴随着《晦鸣录》《民声》以及“无政府共产主义同志社”的成立，在相续的第二阶段，逐渐形成了本土的“师复主义”。概言之，在这近半个世纪的历史进程中，中国“社会主义”阵营内部逐渐演化为“民生主义”、“国家社会主义”和“无政府主义”三大流派。

我们之所以将之称为“流派”，是因为各派的倡导者都在努力为自己所主张的“社会主义”寻找学理和事实的支撑。这正是贯穿他们论战的一条主线。比如，在进化论的影响下，有人明确提出了“社会主义不适合中国”的命题：“社会主义者，又极不切于中国之主义也。凡人类进步之次第，由射猎而游牧，而耕稼，而工商，惟入工商之期，而后有社会主义。吾国犹在耕稼之时代，故社会主义之问题，在欧洲已高唱非难，日日绞政治家之脑髓而不能理者，在吾国则视若无动焉。”① 有人则是把圣西门提倡的社会主义与达尔文开创的生物进化论杂糅在一起，特别是鼓吹斯宾塞所谓的社会达尔文主义，认为无政府主义而不是社会主义才是“一种新主义”：“圣西孟之徒倡社会主义（即公产主义）于世，其势日盛。至十九世纪，而英人达尔文、斯宾塞之徒发明天演进化之理。由是两种学说发生一种新主义，是新主义曰：无政府主义。”② 又如，发生在民国初年刘师复与孙中山、江亢虎之间的有关“社会主义与无政府主义”的论

① 邓实：《论社会主义》，《政艺通报》癸卯第2号，1903年2月27日。

② 莫世祥编《马君武集》，华中师范大学出版社，2011，第25页。

争，说到底，这就是理论层面的“个人主义”与“社会主义”的论争。对之，江亢虎明确提出了“新个人主义”即“单纯个人直接构成世界”① 的观点，刘师复亦承认“社会为个人之直接团体，个人为社会之单纯分子”②，因而二人都主张把废除婚姻、消灭家庭（族）作为实现理想社会的基石。为此，刘师复写作了《废婚姻主义》《废家族主义》等文，江亢虎更是直白地说：“不知家庭主义一日不废，则社会经济问题断无根本解决之理。”③ 从这个意义上讲，刘师复主张的“无政府共产主义”更似是江亢虎鼓吹的“三无主义”的一个翻版。孙中山则是将个人主义与社会主义做了简单的两极对立评判：“主张个人主义者，莫不反对社会主义；主张社会主义者，又莫不反对个人主义。”④ 于是他选择了“集产社会主义”，希冀以国家政权的力量来“和平解决贫富之激战”所导致的恶果，从而陷入了“以为防经济冲突，即为防社会主义之实现，其论适与事实之真相相反，不思甚矣”⑤ 的悖论之中。

更应当注意的是，在这一历史进程中，尽管科学社会主义是社会主义流派之一，且被不自觉地引进到中国，但对马克思的评价却极高，如梁启超就曾称马克思为社会主义之泰斗、鼻祖，从而为进一步引进和探究科学社会主义的学理奠定了一定的思想基础。事实是，早在 1903 年出版的《近世社会主义》中译本，就明确提出了“必以学理为社会主义之根据”的命题，并认为以“学理”为基础“创立新社会主义，以唱导于天下，舍加陆・马克斯其人者，其谁与归!”⑥ 这里的“新社会主义”，就是指科学社会主义。

“‘科学社会主义’，”马克思写道，“也只是为了与空想社会主义相对立才使用，因为空想社会主义力图用新的幻想欺蒙人民，而不是仅仅运用自己的知识去探讨人民自己进行的社会运动”。⑦ 也就是说，科学社会主

① 参见元文《个人》，《社会星》第 1 号，1911 年 7 月 9 日。元文，即江亢虎；下同。
② 师复：《无政府浅说》，《晦鸣录》第 1 期，1913 年 8 月 20 日。
③ 汪佩伟编《中国近代思想家文库・江亢虎卷》，中国人民大学出版社，2015，第 157 页。
④ 《孙中山全集》第 2 卷，中华书局，2006，第 506~507 页。
⑤ 率辟：《论社会主义——答黄同李君愚如论社会主义书》，《民立报》1912 年 4 月 6 日。
⑥ 〔日〕福井准造：《近世社会主义》，赵必振译，上海时代书店，1927，第 125 页。
⑦ 《马克思恩格斯选集》第 3 卷，人民出版社，2012，第 341 页。

义之所以是“科学”的，是因为它是经典创始人在科学分析人类社会发展规律，特别是资本主义生产方式及其独特运行规律的基础上创立的，是建立在历史唯物主义和剩余价值学说基础之上的。正是由于马克思的唯物史观和剩余价值理论“这两个发现”，恩格斯才说“社会主义变成了科学”①。因此，要解答好“社会主义与中国”命题，就必须以探究“必以学理为社会主义之根据”为前提和基础。在这个意义上讲，探究社会主义的学理问题，即把社会主义视为一门科学，是中国“社会主义”阵营内部各派倡导者展开论战的更为深层次的根源。进一步言，“社会主义与中国”命题包含两层含义：其一，“什么是社会主义”，即追问社会主义的学理基础问题；其二，回答“社会主义是否契合中国”。

比如，《民报》与《新民丛报》论战时期的梁启超，就明确提出了“辨理的社会主义与感情的社会革命，决非同物”② 的说法，认为“社会主义者，近百年来世界之特产物也。概括其最要之义，不过曰土地归公，资本归公，专以劳力为百物价值之原泉”③，进而界定“社会革命”的范畴为“凡不为生产机关者（如家屋、器具、古玩等），则承认其私有，其为生产机关者，则归诸国有而已。必如是而后可以称社会革命”④。这是梁启超对社会主义学理探究的最大贡献，但他又无法理解基于科学劳动价值论的剩余价值生产及其分配等一系列理论问题，从而陷入了萨伊“三位一体”的经济学中：“析富之质，不外三物：曰租，曰庸，曰赢，而地主、资本家、劳力者三分之。”⑤ 革命党人则对马克思剩余价值理论做出了较为浅显的解释：“譬有人日勤十二小时，而其六小时之劳动，已足以增物之价，如其所受之庸钱。余六时者，直无报而程功者也。反而观之，则资本家仅以劳动结果所增价之一部还与劳动者，而干没其余，标之曰利润，株主辈分有之，是非实自劳动者所有中掠夺得之者耶。”⑥ 但同样亦

① 《马克思恩格斯选集》第3卷，第797页。

② 饮冰：《答某报第四号对于本报之驳论》，《新民丛报》第79号，1906年4月24日。

③ 梁启超：《中国之社会主义》，《新民丛报》第46~48号合刊本，1904年2月14日。

④ 饮冰：《杂答某报》，《新民丛报》第86号，1906年9月3日。

⑤ 中国之新民：《外资输入问题》，《新民丛报》第54号，1904年10月9日。

⑥ 势伸：《德意志社会革命家小传》，《民报》第2号，1905年12月26日；原文署名为“势伸”，即“蛰伸”之误；下同。

承认："生产之原素三：一、土地，二、人工，三、资本。"① 这类解释致使胡汉民简单地把分配问题归结为"心理的而非数理的"问题："吾人于经济社会，……其为分配之趋均，亦心理的而非数理的也。故不必尽取其生产消费之事，而干涉之，但使其于经济界，无有不平之阶级，而个人各立于平等之地位，犹其于立宪国中，无有贵族等阶级者然，然后其所得，各视其材力聪明，虽存差异，不为不均。此吾人社会革命论之精神也。"② 这归结到理论上，诚如孙中山所言："说到民生主义，因这里头千条万绪，成为一种科学，不是十分研究不得清楚。……社会党所以倡民生主义，就是因贫富不均，想要设法挽救；这种人日兴月盛，遂变为一种狠繁博的科学。其中流派极多，有主张废资本家归诸国有的，有主张均分于贫民的，有主张归诸公有的，议论纷纷。"③ 因此，革命党人放弃了对科学社会主义学理的进一步引进和探究。

历史的吊诡之处就在于，出乎论战者意料的正是在这一进程中，科学社会主义学说及其理论基石——唯物史观和剩余价值理论，不仅被不自觉地介绍进来，而且无形之中还充当了解构其他流派所鼓吹的"社会主义"的学理基础。比如，服膺克鲁泡特金"互助论"的"天义派"代表人物刘师培，就遇到了马克思主义阶级斗争学说与"互助论"的冲突，并注意到恩格斯关于马克思唯物史观与达尔文学说之关系的论述，④ 但无力解决这一难题，以至于武断地判定马克思"所谓'共产'者，系民主制之共产，非无政府制之共产也。故共产主义渐融于集产主义中，则以既认国家之组织，致财产支配不得不归之于中心也。由是，共产之良法美意，亦

---

① 《孙中山全集》第2卷，第510页。

② 民意：《告非难民生主义者——驳〈新民丛报〉第十四号社会主义论》，《民报》第12号，1907年3月6日。

③ 民意：《记十二月二日本报纪元节庆祝大会事及演说词》，《民报》第10号，1906年12月20日。

④ 刘师培指出："近世言社会主义，必推阐历史事实，研究经济界之变迁，以证资本制度所从生。自马尔克斯以为，古今各社会，均援产业制度而迁；凡一切历史之事实，均因经营组织而殊。惟阶级斗争，则古今一轨。自此谊发明，然后言社会主义者，始得所根据。因格尔斯以为马氏发见此等历史，与达尔文发见生物学，其功不殊，诚不诬也。"〔英〕哈因秃曼：《社会主义经济论》，齐民社同人译，《天义》第16~19卷合刊（春季增刊），1908年3月。

渐失其真。此马氏学说之弊也”①，从而放弃了对唯物史观的进一步引进和学理探讨。这归结到“必以学理为社会主义之根据”的命题上，就是以刘师培为代表的中国无政府主义者所发起的“关于无政府主义是否契合中国乃至人类社会发展趋势的论争背后的实质性问题，即将生物界的科学理论机械照搬到人类社会发展上这一研究方法的错用，并没有被清醒地认识到，因此这次论争的最终结局也只能是中国无政府主义者的分崩离析”②。或许是潜意识地认识到这一问题，所以刘师复才谨慎地说：“故凡立一论持一说，苟非有科学之精神以为基础，其说必不可图存，不待攻而自破。今无政府主义与社会主义虽尚未成为专门科学，然社会主义自有马格斯之后，（马氏虽为集产派之祖，然其学说之一部分亦自有甚精之点，不能一概抹煞之也）无政府主义自有克鲁泡特金之后，均各就其主义，洗净从前不正确之理想，而纳诸科学之轨［规］律中，于是社会主义、无政府主义亦骎骎具有科学之精神矣。”③ 但他却无力解释何以“社会主义”与“无政府主义”会分别成为一门独立的“科学”，因而陷入了对“社会主义”“无政府主义”“共产主义”等概念辨析的抽象思辨之中而不能自拔。

对于中国“社会主义”阵营各流派倡导者所遇到的理论难题和困境，只有在唯物史观和剩余价值学说大规模传入中国，并被自觉地加以运用之后，才得以解决。正是在这个意义上，五四新文化运动时期，随着马克思主义在中国的广泛传播，科学社会主义才在中华大地上扎下根来。之后，在中国共产党领导下，以马克思主义科学社会主义为指导思想，经过新民主主义革命与社会主义革命、建设和改革的伟大社会实践，中华民族实现了从站起来到富起来再到强起来的伟大历史转变，中华民族伟大复兴的中国梦也已清晰可见。总之，一部近代以来的中国历史充分证明：只有社会主义才能救中国，只有中国特色社会主义才能发展中国。这正是习近平总书记在就五四运动的历史意义和时代价值所举行的中共中央政治局第十四

---

① 申叔：《〈共产党宣言〉序》，《天义》第16~19卷合刊（春季增刊），1908年3月。

② 参见鲁法芹《“别筹革命之方”——无政府主义思潮在中国的传入及论争》，《当代世界社会主义问题》2019年第1期。

③ 师复：《答乐无》，《民声》第15号，1914年6月20日。

次集体学习会议上所提出的“四个讲清楚”的精神实质所在：“讲清楚为什么五四运动对当代中国发展进步具有如此重大而深远的影响，讲清楚为什么马克思主义能够成为中国革命、建设、改革事业的指导思想，讲清楚为什么中国共产党能够担负起领导人民实现民族独立、人民解放和国家富强、人民幸福的历史重任，讲清楚为什么社会主义能够在中国落地生根并不断完善发展……”①

这也正是本资料集编撰的历史价值所在。

① 习近平：《加强对五四运动和五四精神的研究　激励广大青年为民族复兴不懈奋斗》，《人民日报》2019年4月21日。

目　录

上

第一辑　“社会主义与中国”命题的提出及论争

第二辑　梁启超与革命党人关于社会主义的论战

中

第三辑　无政府主义思潮在中国的传入及论争

第四辑　民元前后中国的社会主义讨论

下

第五辑　清末民初社会主义思想在中国传播年谱

第一辑

“社会主义与中国”命题的提出及论争

导　言

自从晚清国门被打开以后，面临“数千年未有之变局”，中华民族向何处去就成为先进志士仁人苦苦求索的课题；而此时的西方却正处在社会主义和工人运动蓬勃发展的时期。于是，有关工人运动和社会主义学说的信息被介绍到国内，并引起了国人的注意和关注。当历史进入 19 世纪末 20 世纪初，在欧美主要国家先后进入垄断资本主义发展阶段的同时，国内社会政治运动也蓬勃开展起来，中华民族发展前途问题进一步凸显。恰在此时，以译介欧美特别是日本社会主义文献为标志的社会主义学说，开始在中国迅速传播开来，进而“社会主义与中国”命题被明确提出，公开论战的氛围开始形成。

一　“社会主义与中国”命题的潜伏：社会主义思想在中国的零星传播

据现有史料可知，国人最早了解到的有关西方工人运动和社会主义的信息，是从巴黎公社的有关情况中获悉的。对之的较早报道来自香港的《华字日报》《中外新报》，以及内地的《中国教会新报》《上海新报》《申报》等中文报刊，之后发行的王韬《普法战记》，更是详细地介绍西方的工人运动与社会主义。巧合的是，因“天津教案”而赴法“谢罪”的崇厚使团成员，有幸在现场目睹巴黎公社起义，只不过这一信息是通过对《崇厚使法日记》《三述奇》等史料的发掘、整理和出版而被今人所获悉的。由是，社会主义思想在中国起初传播就有了如下两条主要路径：一是清廷派出的驻外使节和出使人员，以日记或通信方式留下来的史料记载，这部分史料集中收录于钟叔河先生主编的“走向世界丛书”中；二是来华人士特别是传教士所办的如《西国近事汇编》《万国公报》等新闻报刊，以及《富国策》《富国养民策》《佐治刍言》等早期译著中记载的片段信息。综观这两条传播路径可知，西方的工人运动与社会主义在中国的传播，大致都经历了一个从对工人运动及其诉求的报道评说，到对社会主义组织及其宗旨的简单介绍过程，但对此一信息之传播，国人和来华人士的态度有着明显的实质性差异。

（一）国人记述与来华人士对欧美工人运动的不同态度

国人的记述在关注工人运动的表面诉求如缩短工作时长和提高工资待遇等要求的同时，也揭露了资本主义生产方式的弊端，整体而言，较为客观、公允。比如，张德彝对美国工人争取“八小时工作制”以及郭嵩焘对英美纺织工人、铁路工人因“减工加价”而捣毁机器设备的记述，① 就已初步揭示了资本主义社会存在的两大阶级对抗的事实。此后，尽管薛福成错误地将资本主义生产方式界定为“养民新法”，但他的记载却直接提出了“谁养活谁”的问题——“诸商之致此巨富，实众工人胼胝辛勤所致”，进而对欧美工人罢工运动持同情态度：“实非与上为难，不过求工资饶裕，且一日中限定作工四个时辰，以资养息也。”② 可见，薛福成不仅揭示财富的来源问题，而且还将资本主义的经济痼疾，即隐藏在社会财富膨胀表象后面的严重阶级对立暴露出来。这换成马克思的话来说，就是资本主义生产方式造成了“在一极是财富的积累，同时在另一极，即在把自己的产品作为资本来生产的阶级方面，是贫困、劳动折磨、受奴役、无知、粗野和道德堕落的积累”③。从这个意义上讲，作为旁观者，国人记述还是多持客观、公允态度的。

与之相对，来华人士对西方工人运动和社会主义的报道，则多持否定态度，甚至故意诋毁。比如，《中国教会新报》在第133~152卷接连报道有关巴黎公社起义的消息时，不仅称巴黎公社起义者为“乱党”“乱民”

① 参见张德彝《随使法国记（三述奇）》，湖南人民出版社，1982，第227页；郭嵩焘《伦敦与巴黎日记》，岳麓书社，1984，第575~576页。

② 薛福成：《出使英法义比四国日记》，岳麓书社，1985，第364页。

③ 马克思：《资本论》第1卷，人民出版社，2008，第743~744页。

“贼兵”“贼党”“乱匪”等，而且还认为此次事件是“溯法自开国以来千余年间，未有遭如是之巨劫也”①。对巴黎公社起义的污蔑态度由此可见一斑，遑论对西方社会主义运动做些许正面介绍。之后的《中国教会新报》很少再有提及西方工人运动的信息。1873 年创刊的《西国近事汇编》，虽然不时报道有关欧美工人运动的消息，但同样亦把工人罢工称为“无赖贫民”的造反行为，认为工人希冀以此来实现“议借境内富室积产，按名公晰，以赡贫困，其工值所得亦公晰，以均有无”② 的目的。基于这种立场，尽管来华人士对社会主义思想也做出了一些浅显的概括，③但不具有正面积极的宣传意义。

（二）社会主义思想初始译介中的两种不同发展理路

清廷首任出使英国大臣郭嵩焘最早注意到，社会主义就是要实现“统贫富无分，金帛皆公用之”，“通贫富上下，养欲给求通为一家”。④李凤苞和黎庶昌均把德国社会民主党意译为“平会”，分别认为其目标为建设一个“天下一切平等，无贵贱贫富之分”⑤“尽除各国之君使国无主宰，然后富贵者无所恃，而贫贱者乃得以自伸”⑥ 的理想社会，并观察到“平会”组织是一种潮流，“各国皆有之”⑦。张德彝则使用“平产党”来概括欧洲的社会主义组织，指出：“欧洲现有一种人曰平产党，系欲均分产业，以使天下无富无贫。”⑧ 这种把社会主义的目的界定为“通为一家”“天下一切平等”“使国无主宰”“天下无富无贫”等，颇具有传统儒家“天下观”视域下“大同”理想之烙印。事实是，儒家经典《礼记·礼运》篇所蕴含的丰富哲理，在晚清时段，不仅激发了一波大同思潮，即“在批判资本主义、借鉴社会主义资源的基础上，从传统文化中

① 见《中国教会新报》第 148 卷，1871 年 8 月 12 日。

② 姜义华编《社会主义学说在中国的初期传播》，复旦大学出版社，1984，第 9～10、11 页。

③ 如早期的《西国近事汇编》就曾将社会主义学说的若干理论主张，笼统地概括为“贫富适均”“主贫富均财之说”“主欧罗巴大同”等。参见姜义华编《社会主义学说在中国的初期传播》，第 12～17 页。

④ 郭嵩焘：《伦敦与巴黎日记》，第 698、886 页。

⑤ 李凤苞：《使德日记》，湖南人民出版社，1981，第 35 页。

⑥ 黎庶昌：《西洋杂志》，湖南人民出版社，1981，第 58 页。

⑦ 详见李凤苞《使德日记》，第 35、51～52 页。

⑧ 张德彝：《五述奇》上册，岳麓书社，2016，第 123、131 页。

寻求舶来社会主义的文化基因，形成了不同流派的大同设想”①，而且也激发了康有为“推太平之世”、“演大同之义”和“手定大同之制”的规划和理想，② 进而诞生了中国近代史上第一部空想社会主义著作《大同书》，康有为也以此成为“中国近代史上第一个严格意义上的空想社会主义者，足以名列世界伟大空想社会主义思想家之列”③。上述思潮与空想社会主义的传播为国人进一步接受舶来社会主义思想奠定了文化心理基础。

与国人对社会主义价值、目的的解读不同，来华人士则更侧重于对新闻事件的报道、解读和演绎。典型个案就是这一时期对 nihilist（虚无主义者）有关活动的报道和评说。1878 年《西国近事汇编》（戊寅春季）在“西历四月二十五日至五月一日”的一则报道中，首将 nihilist 译为“那阿离斯党”，并界定其目标为“毁废一切”，带有浓厚的“虚无主义”色彩。之后的《西国近事汇编》《万国公报》上所刊载的有关 nihilism/nihilist 的大量报道和评说，正如我们已指出的那样，其对象应是俄国民粹派或民意党，但被译为了“虚无党”或“虚无主义”。④ 在此应当补充的是，《申报》是最早使用“虚无党”一词的中文报纸。尽管如此，《申报》也只是在 1884 年使用了两次，在 1889 年和 1890 年各使用过一次。这充分表明，作为一个“异质”的翻译词，“虚无党”并没有被国人广泛接受和认同，且从报道的内容上来看，“虚无党”就是指俄国的民粹派或民意党。⑤ 而一些译作，对社会主义的解释也主要用“均平”“大同”之类的传统词。如《佐治刍言》就借用法国人的口吻说，共产主义者主张

---

① 参见鲁法芹、蒋锐《晚清社会主义思想的传入与传统大同理想的激活》，《江汉论坛》2014 年第 9 期。

② 康有为：《康南海自编年谱》，《戊戌变法》第 4 册，上海人民出版社，1957，第 117~118 页。

③ 程恩富、汪桂进：《论康有为的空想社会主义思想》，《湘潭大学学报》（社会科学版）2000 年第 4 期。

④ 鲁法芹、蒋锐：《俄国民粹主义在中国的初始传播及其特点》，《当代世界社会主义问题》2018 年第 1 期。

⑤ 参见《申报》刊登的《英信录登》（1884 年 11 月 14 日）、《俄增捕费》（1884 年 12 月 21 日）、《俄党谋杖［弑］》（1889 年 6 月 4 日）、《西电译登》（1890 年 5 月 12 日）。

“一国产业必与一国人平分，令各人皆得等分，方为公道”①；《万国史记》则概括社会主义的大旨为：“等男女之权，废世袭财产之法，……主张四海兄弟，人民同等之说，……欲使全世界为一大劳动公会，以废政府律法习惯等，……欲变人间交际之状，平俸给，齐贫富。”② 这里的“平分”“等分”“废世袭财产”等词，不仅带有历代农民起义“均贫富”主张的印痕，而且还夹杂无政府主义色彩。另外，李提摩太等人在所译《泰西新史揽要》中，把巴黎公社起义者界定为“通用之党”，称“其意盖谓他人有何财物，我亦可以取用，我特处于穷困耳，如有财物，亦可任人通用，无稍吝惜”，并认为它开启了后来的“鸭捺鸡斯得党”的先河。③ 此处的“鸭捺鸡斯得党”即 anarchist 的音译词，这不仅充分表明了李提摩太等人对历史事实的无知，而且还暴露出其故意诋毁和丑化巴黎公社工人运动的本性。

（三）社会主义在华起始传播中的潜在论战态势

客观地说，来华人士的宣介，对国人了解西方社会主义运动起到了一定的启蒙作用，同时也对社会主义学说的若干内容做了具有中华文化特色的解读，这为随后将社会主义思想纳入中华文化进行考察，奠定了一定的思想基础。尽管如此，与国人对社会主义学说的粗浅介绍持客观态度不同，来华人士一开始就是把社会主义学说作为负面消息来报道和诠释的。如上引《佐治刍言》，就是把有关共产主义的概括放在“论平分产业之弊”的标题下，作为反面例子来切题的；而《富国策》则在“论制产之义与均富之说”一节的开头就写道：“贫富之不均，由于人之有私产。国愈富则愈不能均，天下古今之常势也。于是有创为均富之说者。其策不一，而终不可行。”④ 也就是在事实和情感上否定了其所介绍的欧文和傅立叶两位空想社会主义者的观点和主张。同一时期出版的《富国养民

① 〔英〕傅兰雅：《佐治刍言》，上海书店出版社，2002，第 71 页。

② 《社会主义思想在中国的传播》编写组（以下省）：《社会主义思想在中国的传播（资料选辑之一）》第一辑上册，中共中央党校科研办公室，1985，第 3 页。

③ 〔英〕麦肯齐：《泰西新史揽要》，李提摩太、蔡尔康译，上海书店出版社，2002，第 267~268 页。

④ 姜义华编《社会主义学说在中国的初期传播》，第 28~29 页。

策》，在从经济理论上对西方工会制度和工人运动进行批判性分析的基础上，[①] 提出通过“工人集股成本通力合作”的方式来建立一种“资本主与操作人合归于一”的合作主义制度之设想，[②] 不仅充分表明了作者的反社会主义立场，也充分暴露了译者的主观价值所在。

总之，西方工人运动和社会主义思想零星地传入中国后，国人与来华人士对之的解读，就呈现出客观、公允与故意诋毁两种截然不同的态度和发展理路，也呈现出一定的潜在论战态势。这一论战态势的潜在，或许只不过是被洋务运动时期主流思想界的“中学为体、西学为用”的思想文化论争所遮蔽罢了。顺便提一下，洋务运动所提出的“中体西用”，其实就是在国情事实的基础上提出了“中华民族向何处去”的命题。正是在“中体西用”说论争的挽歌中，社会主义学说迎来了在中国传播的第一次热潮，“社会主义与中国”命题呼之欲出。

二 “社会主义与中国”命题的提出：社会主义学说在中国的首次译介

当历史进入19世纪与20世纪之交时，特别是自甲午战争至《民报》创刊这段时间（1894~1905年），西方的欧美主要国家先后进入垄断资本主义阶段，其痼疾进一步暴露，其国内社会政治运动也蓬勃发展起来。而走出国门的志士仁人，无论是改良派还是革命派，都看到西方垄断资本促进社会生产力的大发展，与此同时，也都看到了它所带来的严重两极分化的社会积弊，亲身觉察到西方资本主义社会的矛盾和危机，目睹了西方工人运动的蓬勃发展，从而部分地认可和接受了社会主义学说的合理性。[③] 这引发舆论界的变化，起初是中文刊物上涉及社会主义的文章数量大增，继而专论社会主义的文章开始出现，进而掀起了社会主义学说在中国传播的第一次热潮。

---

① 参见谈敏《回溯历史——马克思主义经济学在中国的传播前史》（上），上海财经大学出版社，2008，第112~113页。

② 〔英〕艾约瑟译《富国养民策》，《万国公报》第59册，1893年12月。

③ 鲁法芹：《晚清社会主义思潮在中国传播的若干问题》，《当代世界社会主义问题》2012年第1期。

（一）来华人士宣传社会主义：调节“富室”与“工人”之间的经济冲突

《万国公报》先后刊载《〈回头看〉纪略》《以地租征税论》《富民策》《醒华博议》等文章，以此为起点，欧美空想社会主义、单税社会主义和费边社会主义等流派的主张开始陆续传入中国，以此为标志，中文刊物上涉及社会主义的理论文章开始显露头角。换言之，与上一阶段对欧美工人运动持完全否定的态度不同，来华传教士突然开始从正面介绍社会主义学说。那么，其用意何在？对此，1898 年 7 月《万国公报》第 114 册刊载的《富民策》一文的按语如此说道：“泰西致富之术，厥有二焉：一曰富室集金创立公司，其意专为利己，而即以变通世运；一曰工人立会自高声价，其意在于均财，而即以抗拒富室。此二法者，各有利，亦各有弊，民间只期善自为谋耳。有国有家者，所宜酌剂于二者之间，而使其平，俾贫富之民，彼此相安，斯大善矣。向来中国翻译西书，大抵主于前一术者为多。西士马林先生，今主后一术立论，合录如左，以为兼听并观之助。”

话说得很清楚，介绍西方的社会主义学说，是以所谓第三者的客观身份来纠偏中国译书界的弊端，这也是该刊在随后发表的《大同学》一文中，将社会主义学说意译为“安民新学”逻辑的外在说明。《大同学》指出“试稽近代学派，有讲求安民新学之一家”，并把马克思与亨利·乔治、贝拉米等人并列，且把他们的主张作明确分类，分为“主于资本者”、“主于救贫者”和“主于均富者”，从而把科学社会主义、单税社会主义与空想社会主义等杂糅在一起，笼统冠之以“安民新学”的名称。在此基础上，《大同学》进而指出，社会主义者“皆言人隶律法之下，虽皆平等，人得操举官之权，亦皆平等，独至贫富之相去竟若天渊”，但至今“无善法以救贫民”。[①] 以此观之，上引《富民策》一文所加的按语的主观目的，就是劝诫“有国有家者”及早采取措施来调节“富室”与“工人”之间的经济冲突，以调和“民间只期善自为谋”的弊端，防止

① 〔英〕企德著、李提摩太节译、蔡尔康纂述《大同学》，《万国公报》第 123 册，1899 年 4 月。

“工人”起事。这里，这些传教士们自然是从宗教立场出发，“无一不是企图诱导人民相信，社会弊端最终要靠宗教的力量方能剪除”①，但若考虑到这一时期正值欧美主要国家陆续由自由资本主义阶段进入垄断资本主义阶段，《万国公报》的这一所谓的客观表态，换成今天的话说，就是提出了用政府的力量来纠正自由市场无序竞争的弊端，这是一种典型的“社会政策”主张。从这个意义上讲，尽管《万国公报》首次提及并明确马克思是“百工领袖”，且是“主于资本”者，但其所宣扬的社会主义也不具有正面积极的导向价值和意义。正是出于这种立场，之后的《万国公报》很少再刊载涉及社会主义和工人运动的文章。稍后，伴随着国人自办报刊和译书出版的兴起，《万国公报》《西国近事汇编》逐渐淡出了中国历史舞台。

（二）“学派”意义上的社会主义：国人译介社会主义学说的鲜明特色

汉语“社会主义”一词，最早出现在国人自办报纸《时务报》上，与《万国公报》称“安民新学”为“学派”一样，《时务报》亦称社会主义为“学派之名”②。但是，“社会主义”这一术语并没有引起当时国人应有的注意，直至百日维新失败，中国的“新思想运动中心，移到日本东京，而上海为之转输”③，社会主义学说才迎来了在中国传播的第一次热潮。

1900年1月和7月，在《中国旬报》创刊号和梁启超主办的《清议报》上，又出现汉语“社会主义”一词。④ 1901年，《译书汇编》续刊《近世政治史》，在“社会党镇压及社会政策”一节中，其译述者不仅首次向国人简介了第一国际的历史，而且在阐述“西国学者，悯贫富之不等，而为佣工者，往往受资本家之压制，遂有倡均贫富、制恒产之说者，谓之社会主义”的同时，也指出马克思“倡均贫富之说”⑤，这实属一种

① 《社会主义思想在中国的传播（资料选辑之一）》第一辑上册，第5页。

② 〔日〕古城贞吉：《硕儒讣音》，《时务报》第12册，1896年11月25日。

③ 梁启超：《中国近三百年学术史》，岳麓书社，2010，第32页。

④ 〔日〕浮田和民：《第二十世纪之政治问题》，抱器旧主译，《中国旬报》第1期，1900年1月25日；〔日〕加藤弘之：《十九世纪思想变迁论》，《清议报》第52册，1900年7月26日。

⑤ 〔日〕有贺长雄：《近世政治史（续）》，《译书汇编》第2期，1901年1月28日。

误读。而同年底出版的《清议报》第100册续刊的《帝国主义》长文，又数次提及社会主义，但反社会主义的立场很明确。大约从1902年底开始，中文报刊上开始出现专论社会主义的文章。如《翻译世界》第1~3期连载的村井知玄①的《社会主义》中译本，近1.9万字，内容包括“欧洲现时之社会问题”“社会主义之定义”“社会主义之本领”“社会主义与道德”“社会主义与教育”“社会主义与美术”“社会主义与妇人”“社会主义及劳动组合”“社会主义与基督教”“理想之社会”10章内容。不过，该著作对空想社会主义者圣西门的评价较高，称其为“佛国社会主义之鼻祖”，认为“古代基督教，实近时社会主义之代表，无可疑者”②，以基督教精神来解读社会主义，充分暴露作者是一位典型的基督教社会主义者。1903年出版的《新世界学报》第2~6号连载的《近世社会主义评论》一文，2.7万余字，包括译者“感言”“原书例言”及12章内容，尽管数次提到马克思，但由该文所列13部参考文献并无马克思主义经典作家的作品，由此可知，作者久松义典不过是在简单转述别人的意见而已。与之相反，杜士珍在所加的按语中，却明确提醒读者要注意区分英文Socialism与Sociology的区别，指出Socialism这一名词，于1835年由罗伯特·欧文创立的Association of All Classes of All Nations开始使用，“其后传播法国，卒至全洲皆用斯语。日本译之，或曰社会主义，或曰共产主义，或直译其音，三者皆通用。总之，社会主义，‘素西亚利士谟’者，其宗者专在废私有财产，而为社会财产，为共有财产，与仅名为社会学者不可混同”③。然让人费解的是，这段文字与之前章太炎所译日本学者岸本能武太所著《社会学》的相关内容，几乎一致。④ 个中原因，今已不得而知，但二人的译述均凸显了“学派”意义上的社会主义，即要把社会主义作为一门“科学”来看待。这就为接下来引进社会主义的学理基础预埋了伏笔。

---

① 今译为“村井知至”。

② 〔日〕村井知玄：《社会主义（续）》，《翻译世界》第3期，1903年1月29日。

③ 〔日〕父松义典：《近世社会主义评论》，杜士珍译，《新世界学报》第2号，1903年2月27日。

④ 参见马勇编《章太炎全集·译文集》，上海人民出版社，2015，第65~66页。

这次由“几乎全部来自日语，或是欧洲语言原著的日文翻译，或是日语的社会主义著作”① 掀起的传播热潮，对“学派”意义上的社会主义的解释，又呈现出什么意义呢？对之，有学者指出，这次传播热潮对科学社会主义学说及其理论基础唯物史观和剩余价值理论，以及对马克思主义的三个思想来源，都有了大致的介绍和了解。② 这集中体现在《广长舌》《社会主义神髓》《社会主义概评》《近世社会主义》等专论社会主义的日译著作中。

（三）“必以学理为社会主义之根据”：关于马克思“两大发现”的译介

众所周知，由于有唯物史观和剩余价值理论这“两大发现”，马克思使社会主义由空想变为了科学。而从中译本文献出版的先后顺序来看，署名“高种”翻译的大原祥一著的《社会问题》，首次明确指出了马克思是科学社会主义的创始人，而且说：“科学的社会主义之经济学说，根于麻克士之《资本论》。”③ 遗憾的是，该译著并没有对之展开进一步的详细阐释。相较之下，《近世社会主义》是首次对《资本论》展开较为系统阐释的中译著作；而对唯物史观的阐释水准最高的，则为《社会主义神髓》。下面，我们详细考察这两部译著对科学社会主义学理基础的介绍。

第一，关于剩余价值理论的介绍。

在《近世社会主义》中译本中，第二编题为“第二期之社会主义——德意志之社会主义”，其第一章“加陆·马克斯及其主义”中，以1万余字，约占全书1/17的篇幅，以“其履历”和“其学说”两节，分别介绍了马克思的生平、主要著述和科学社会主义学说的学理依据。在“其学说”部分，《近世社会主义》首先概述了马克思“殖产界”演变的“三个时期”，然后在分析资本主义生产方式历史形成之基础上指出，在“大工场之大资本家”拥有无限势力，或曰“资本极盛之时”，即第三个时期，凡欲从事生产者“必借资本家之力，得其同意”，因此造成“资本家之势力，……全然与劳动者隔离，社会遂组织一特种之阶级”即无产

① 〔德〕李博：《汉语中的马克思主义术语的起源与作用》，赵倩等译，中国社会科学出版社，2003，第2页。

② 参见姜义华《现代性：中国重撰》，北京师范大学出版社，2008，第410~412页。

③ 详见《社会主义思想在中国的传播（资料选辑之一）》第一辑上册，第100~101页。

阶级，他们虽尽“全身之劳力”也只能谋求糊口而已，结果“贫者愈贫，富者愈富”。出现这一现象的根本原因，就在于“资本家所以蓄积其利润，增加其财产者，则以生产社会余剩价格之故，即为殖产界制度资本发达之历史，专占此余剩价格，蓄贮之以为增殖之途”。这里的“余剩价格”，就是我们今天所说的“剩余价值”。那么，“价格”和“余剩价格”又是怎样产生的呢?《近世社会主义》继续解释说，“欲知今日之资本主义，须知余剩价格之性质如何，马克斯乃分离其价格与本质，而著《价格论》”；在《价格论》中，马克思以“价格之分离为始”，将“价格”区分为“使用价格”和“交换价格”：前者是“供给人类之必要，满足人间欲望之价格”，如空气、水、日光等，虽“有使用之价格，而无交换之价格”；人为了生存，必须进行交换，以使用“天下无数之物品”，在交换中形成的物品之“价格”就是“交换价格”。物品的“交换价格”与“使用价格”乃“人类实用之点”，凡“有交换之价格者，必有使用之价格，而有使用之价格者，不必有交换之价格”。由此看来，这里是把商品视为使用价值和交换价值的统一体，而不是价值与使用价值的统一体。不同物品之所以能够相互交换，《近世社会主义》继续解释道，是因为“有一种共通之要素，存乎其间”，这就是“人间之劳动力”。此处的“劳动力”，似乎意指马克思笔下“抽象人类劳动”的概念，但表述极其模糊。那么，商品的价值量又是如何确定的呢？《近世社会主义》写道，通过对不同“劳动力”的相互比较，则可计算出“社会之平均的劳力”：“社会以一定之时间，计算普通一日之平均劳力，及关于机械及技艺等之劳力，其功力之多寡，以平等之劳力换算之，以规定社会的平均劳力之功果。”这里要表达的是社会必要劳动量或社会必要劳动时间，决定商品使用价值的价值量。此外，《近世社会主义》还提到，“复杂混合之劳力”应倍于“单纯平易之劳力”，“熟练之劳力”与“普通之劳力”之间亦应“规定其适宜之割合”，但所有劳力“尺量之标准”均应以“单纯之劳力”为单位，从而根据“量其劳力之原则”得出一切物品的“价格算定法”。《近世社会主义》进而指出，只要正确区分了使用与交换这两种“价格”，并据此分析资本家利用劳动者来“求自己之富”的做法，就不难发现剩余价值的来源：“资本主以一分之交换价格，而得二分之使用价格”，二者之差即“余剩之价格”；这部分剩余价值被资本家独占而成为其资本，用于“维持扩张其事业”和“蓄积增集其财产”，这就是“资本制度之发达”① 的秘密。观这段论述，《近世社会主义》似乎是在解释《资本论》第一章“商品”的前两节内容，但把价值创造与价值实现混为一谈，并没有揭示出商品价值的实体问题，即没有探讨劳动价值论问题。

关于马克思的剩余价值理论，《社会主义神髓》尽管只用了约 400 字的篇幅做了简单介绍，但它借用马克思的某段“原话”，已经明确指出了“劳动力”是一种特殊商品，且价值不在流通中产生，从而促使人们去思考价值的来源问题。《社会主义神髓》写道：“马尔克斯盖谓：交换之时，决不生价格；价格之创造，决非在市场。而资本家运转其资本之间，得自高下其额者，彼实具有创造价格之能力，以购卖商品也。今夫商品者，人间之劳动力是也。惟劳动力为急图生活，不暇待用力相当之价格，而低廉以沽之计其一日之力，虽以易不相当之价格，尚足一日衣食，有远超于赁金者，然其所以利资本家者大。例如，以日可创造六志价格之劳动力者，日以三志购卖之，其三志之差额，名曰‘剩余价格’。”②

但问题的关键在于，要把握和理解剩余价值问题，就先要正确理解马克思的价值论，充分把握劳动二重性这一“理解政治经济学的枢纽”③，但两部中译著对此却只字未提，也就无法理解商品是价值和使用价值的统一体。进一步言，只有把劳动和劳动力彻底区分开来，说明工人与资本交换的不是劳动而是劳动力，才能为解释剩余价值的来源扫清障碍。事实上，两部中译著在论及劳动力买卖、剩余价值产生等问题时，不仅撇开了对劳动二重性的分析，而且还略去了对价值增殖和剩余价值生产的各基本环节的分析，直接截取了《资本论》中关于价值增殖的结论，这表明原作者并未真正理解马克思剩余价值理论的基础内容。

第二，关于唯物史观的介绍。

---

① 详见〔日〕福井准造《近世社会主义》，赵必振译，上海时代书店，1927，第 110~114 页。

② 《社会主义思想在中国的传播（资料选辑之一）》第一辑上册，第 97 页。

③ 马克思：《资本论》第 1 卷，第 55 页。

在解释完马克思的“价格”和“余剩价格”后，《近世社会主义》又提及马克思的唯物史观，“彼之观察历史之眼，先描画其原始之状态，次述进步之阶梯，以稽察过去与现时，以进未来之社会，而待变革一新之期”。在粗略描述了人类历史由“原始共产制”向“奴隶制”、“封建制”和“资本制”发展以后，《近世社会主义》指出，马克思“既说殖产社会发达之结果，依其自然之变迁，资本私有制，必归全灭”，人类由此开始进入社会主义社会，那时“现时行政的组织，必灭其迹而自然消灭”。这里要表达的似乎是马克思在《哥达纲领批判》这一名著中所提出的“过渡时期”的思想。对之，《近世社会主义》特别强调，这虽然与无政府主义追求的目标具有一致性，但与无政府党派主张以暴力打破国家组织不同，马克思主张“由自然之趋势，以俟国家绝灭之期”，① 充分暴露作者对马克思主义国家学说的一知半解。

对马克思唯物史观的解释及其运用，《社会主义神髓》由于直接引用了《〈共产党宣言〉1888年英文版序言》和《社会主义从空想到科学的发展》里面的“原话”，特别是强调了“以经济的生产及交换之方法为根底”② 这一唯物史观的核心观点，并以之考察了人类社会形态的次第演变，从而使得人类历史发展的内在规律在读者面前呈现出了一种客观的态势。换言之，《社会主义神髓》是从生产力与生产关系的矛盾运动来解释人类历史发展的根本动力问题的，彻底回答了资本主义如何由这一基本矛盾运动而必然要为社会主义所替代的根源。更难能可贵的是，《社会主义神髓》从生产资料的资本主义私人占有与生产社会化这一资本主义的基本矛盾出发，指出“个人的领有之结果，即自由竞争，自由竞争之结果，即经济之无政府”，从而造成“自千八百二十五年之大恐怖以来，每十年而为一期，及期无有不被其祸者”之灾难，即周期性的经济危机。在危机爆发期间，幸存的少数大资本家“蚕食鲸吞”多数破产之小资本家，以“大鱼吃小鱼”的方式造成了资本的集聚，而大资本家为防范“互自有竞争之危险”乃“渐次抽迹于个人的领有交换之域，乘用社会之方法，

① 以上引文详见〔日〕福井准造《近世社会主义》，赵必振译，第117~120页。
② 《社会主义思想在中国的传播（资料选辑之一）》第一辑上册，第94页。

冀以匡矛盾突冲之弊”，为此，出现了“株式会社”和“同业者大同盟”的联合生产方式。即便如此，资本主义的基本矛盾“突冲之弊”仍旧没有解决，“反而现之，实为‘同盟罢工’者坚其壁垒，开最后之恶战”。这里的“‘同盟罢工’者”即指托拉斯这一组织形式。而大资本家组织“同盟罢工”的目的，“在于限制生产之额，使价格腾贵”以便“掠夺‘剩余价格’，使社会全体困乏也”，最终导致“资本家劳动者阶级之战”的结局，即剥夺剥夺者的时刻就要到来了。总之，《社会主义神髓》以唯物史观为指导，从资本主义生产方式的基本矛盾运动入手，分析了自由资本主义向垄断资本主义的发展趋势，回答了“资本家终至有无以驾驭劳动者之生产力之一日”到来的理论问题，而没有对马克思未来新社会的设想做任何抽象的简单概括。[①] 与之相对，《近世社会主义》则在介绍了马克思资本和剩余价值理论之后，以资本与劳动的矛盾运动立论，没有如《社会主义神髓》那样提到“工业予备兵”[②] 问题，且在舍象了对资本主义积累的历史趋势分析的基础上指出马克思“唱导社会主义”，并引用了马克思如下一段话来描述未来社会主义的生产分配状况：“吾人之社会，皆处于共同生产的组织之下，以定自由劳动之制。各人以劳动而成劳动社会之一部，于其劳动之出产，割其全生产数中之一部，以供他日生产之用，贮藏社会之财产，分其余剩，以与各人，以供其日常生活之费。而其分配之多寡，又依各自劳动时间之短长为等差，以价格算定法而定其标准。”[③] 这段话，似乎是对《资本论》第一章第四节“商品的拜物教性质及其秘密”中对“自由人联合体”设想的概述。[④]

顺便提一下，在正面介绍了马克思的经济学说之后，《近世社会主义》中译本中还列举了一些反驳马克思学说的观点。从本题关注的角度来看，反对者明确质疑了马克思劳动价值论，进而反对马克思关于剩余价值是“收没劳动者之劳动”的观点，认为它是资本家理应享有的“生产社会必要之价格”。对于这些所谓的“驳论”，《近世社会主义》未做任何

---

① 参见《社会主义思想在中国的传播（资料选辑之一）》第一辑上册，第96~99页。

② 《社会主义思想在中国的传播（资料选辑之一）》第一辑上册，第97页。

③ 〔日〕福井准造：《近世社会主义》，赵必振译，第116页。

④ 参见《资本论》第1卷，第96~97页。

判断和结论，仅在该节最后提出如下建议：要严格区分“资本”与“资本家”两个概念；并认为社会主义“非仅欲分取资本家之利益，且企图绝灭其资本”，所以马克思“皆以劳动为生产之必要，必不以资本为要件”的观点，必然受到其他经济学者的反对。《近世社会主义》建议，“以资本为生产社会必要件者，不必认定资本家为必要”，社会主义者“以资本家为无用之议则可，直推资本为无用之说亦非”；也就是说，在未来的社会主义生产中可以消灭资本家，但不能消灭资本；因而，“凡讲究社会主义者，必须区别此等，而后下以明了之判断”。① 显然，《近世社会主义》在这里不仅把马克思的“资本”概念混同于一般生产资料，而且与上引马克思那段描述未来社会主义生产分配状态的话，存在着明显的矛盾之处，这充分暴露了作者对马克思主义经济学说和社会主义学说的一知半解。

综上，尽管两部译著对唯物史观和剩余价值理论的解释，存在着明显的不足和缺陷，但是第一次较为系统地向国人阐释科学社会主义的理论基础。其意义不止于此，如《近世社会主义》还明确提出了“必以学理为社会主义之根据”的命题，并认为以“学理”为基础“创立新社会主义，以唱导于天下，舍加陆·马克斯其人者，其谁与归!”② 这一点，是非常值得肯定的。

三 “社会主义与中国”命题的提出：社会主义思潮在中国的初始论争

受社会历史条件和现代科学知识储备的制约，对《近世社会主义》与《社会主义神髓》所阐释的科学社会主义的基本原理及其内容，国人接受则需要一个漫长且艰难的过程；更为确切地说，这一点恰是五四运动之前，中国各流派社会主义倡导者展开论战的深层次学理根源，也是中国社会主义思想史同样经历了从空想到科学这一转变过程的根源。

比如，梁启超不仅多次称赞马克思为“社会主义之泰斗”“社会主义

① 详见〔日〕福井准造《近世社会主义》，赵必振译，第121~124页。
② 〔日〕福井准造：《近世社会主义》，赵必振译，第125页。

之鼻祖”，而且概括其科学社会主义“最要之义”为“土地归公、资本归公，专以劳力为百物价值之原泉”，① 但没有对马克思的价值和剩余价值理论展开进一步论述，因而也就无法理解资本主义发展的特殊运动规律，以至于简单地认为社会主义只是纠正自由竞争过度无序的弊端，进而将“社会主义”与“干涉主义”等同，界定社会主义的精神是“于不平等中求平等”。② 或许正是基于这种机缘——亦即对社会主义精神的认可，而不是如马克思那样从生产力与生产关系的矛盾运动中去推导未来新社会的诞生——梁启超才将舶来社会主义思想与中国优秀传统文化相比附，提出并阐释了社会主义精神是“吾中国固夙有之”的命题。③ 但是，如此一来，梁启超也就明确提出了“社会主义是契合中国”的命题。这也是他随后写作《中国之社会主义》一文的主观价值所在。与此几乎同时，孙中山也对社会主义的思考，达到了“极思不能须臾忘”④ 的地步。在1905年第二次游历欧洲之时，孙中山不仅公开宣称自己是一位“社会主义者”，而且在走访国际社会党执行局并与该局主席王德威尔得、书记胡斯曼会谈时，公开宣称，中国完全可以由“中世纪的生产方式将直接过渡到社会主义的生产阶段，而工人不必经受被资本家剥削的痛苦”，进而宣布中国人几年之内就会“生活在最纯正的集体主义制度之中”。⑤ 由此，“社会主义与中国”命题相继被明确提了出来。

但是，“以今日中国文化之程度，进而与之言社会主义，其不惊疑却走也几希”。革命党人马君武写道：“且近人已有托《礼运》之片字只义，演为大同条理，陈设制度，以期实行者，欲以一人为牧人，以众生为牛羊，而听己之指挥焉。偏于一面，而不知竞争不息之旨，则是欲进化社会，而反致之于退化也，不可以不辨。”这就是他写作《社会主义与进化论比较》一文的主旨所在，“虽然欧罗巴之世界，既有此种奇伟光明之主义，而忍使吾国之人，昧昧然不知其为何物，则亦非以输入文明为己任者

① 梁启超：《中国之社会主义》，《新民丛报》第46~48号合刊本，1904年2月14日。
② 冰子（梁启超）：《干涉与放任》，《新民丛报》第17号，1902年10月2日。
③ 参见蒋锐、鲁法芹《社会主义思潮与中国文化的相遇》，山东人民出版社，2016，第42~44页。
④ 《孙中山全集》第1卷，中华书局，1981，第228页。
⑤ 详见《孙中山全集》第1卷，第272~274页。

之本心也”。[①] 由此，马君武提出了“什么是社会主义”的问题。这也是他随后写作《社会主义之鼻祖德麻司摩尔之华严界观》《社会党巨子加菩提之〈意加尼亚旅行〉》《圣西门（一作西门士）之生活及其学说（佛礼儿之学说附）》的逻辑所在。遗憾的是，马君武把圣西门提倡的社会主义与达尔文的生物进化论，特别是与斯宾塞鼓吹的社会达尔文主义杂糅在一起，接受和认可了无政府主义。[②] 从这个意义上讲，尽管马君武在中国早期社会主义传播史上占有一席之地，但对其评价不能过高。因为马君武在提到“马克司者，以唯物论解历史学之人也。马氏尝谓：阶级竞争为历史之钥”的同时，又错误地认为“马克司之思想，华严界之类也。彼谓其思想中之世界，经一大革命之后，即可一蹴而致，诚大不可必之事”[③]，从而将科学社会主义与一般乌托邦思想简单地等同起来，放弃了对“阶级竞争为历史之钥”的学理分析。

《大陆报》刊发“论说”文章，直指梁启超的社会主义精神是“吾中国固夙有之”的命题。针对梁启超认为许行“所持理论，颇与希腊柏拉图之共产主义及近世欧洲之社会主义相类”，而“社会主义者，溺平等博爱之理论，而用之过其度者也”的说法，[④]《大陆报》斥责梁启超“不知社会主义为何物”，并指出：“社会主义为前世纪以来最大问题，……岂有如许行之说者乎”，“若夫许行之说则于计学中分业之说，尚有所未知，安知计学中至精至当之社会主义？足下乃贸然许其相类，毋乃重视许行而重诬社会主义乎！且足下既云，许行为放任主义之极端矣，亦知社会主义为干涉主义之极端乎？行社会主义者，每以国家为至大之保险行，则干涉者固莫甚于斯。若一一放任，固不必行社会主义也”。[⑤] 此外，邓实则从机械进化论的视角，明确提出了“社会主义不适合中国”的命题：“社会主义者，又极不切于中国之主义也。凡人类进步之次第，由射猎而游牧，而耕稼，而工商，惟入工商之期，而后有社会主义。吾国犹在耕稼之时

① 君武：《社会主义与进化论比较》，《译书汇编》第 3 年第 11 号，1903 年 2 月 16 日。

② 莫世祥编《马君武集》，第 25 页。

③ 君武：《社会主义与进化论比较》，《译书汇编》第 3 年第 11 号，1903 年 2 月 16 日。

④ 中国之新民（梁启超）：《论中国学术思想变迁之大势》，《新民丛报》第 5 号，1902 年 4 月 8 日。

⑤ 《大陆报》编辑部：《敬告中国之新民》，《大陆报》第 6 号，1903 年 5 月 6 日。

代，故社会主义之问题，在欧洲已高唱非难，日日绞政治家之脑髓而不能理者，在吾国则视若无动焉。"①《大公报》刊载的一篇有关"理论"与"实事"之关系的思辨文章，认为倡导社会主义是"以一种谬妄不正之理论炫耀于民众，若而人者对于社会而不尽义务，放弃其国民资格，甘冒社会公敌而不辞。一人如是，则一人亡，一国如是，则一国敝"②。

可见，伴随着"社会主义与中国"命题的明确提出，特别是将舶来社会主义思想与中国优秀传统文化相结合，公开论战的氛围已经形成，而爆发直接的论战交锋，也只待导火索的点燃而已。稍后《民报》的创刊及其与《新民丛报》发生的论战，就充分表明了这一点。

① 邓实：《论社会主义》，《政艺通报》癸卯第2号，1903年2月27日。

② （论说）《论理论实事之关系》，（天津）《大公报》1903年2月4日。

《回头看》纪略

析津来稿*

美国现出一书《回头看》①，名儒毕拉宓②君著也，所论皆美国后百年变化诸事。西国诸儒，因其书多叙养民新法，一如传体，故均喜阅而读之，业已刊印数十万部行于世。今译是书，不能全叙，聊译大略于左。

第一章

有某姓者，美国人，千八百五十七年，生于勃斯顿③府。时美一<国>人分四等，曰贫富智愚。但富者致富之法，或买股份，或作生意，既富之后，终身不自操作，而安享其富，且自视尊重如神，而使贫者出力勤劳，一如牲畜，以为世事。贫富之分，势所宜尔，而智愚之判，亦恍若天渊矣。岂知上帝生人，本为一体，贫者富者，皆胞与也，何至富者自高位置，而于贫者毫无顾惜，岂所谓大同之世哉？诚以未有良法美意，使贫者与富者等，令其均沾实惠耳。迨千八百八十七年，某年三十，父母俱弃，养弟兄姊妹，又皆物故，茕茕独影，惟与民伴。去其家不远，有巴特勒者之女，早受某聘，尚未娶，原拟修造新屋之后，再咏求凰。讵当是时，欧美二洲，尝有工匠停工与富户相争之事。工匠欲增工价，而犹欲少作工，为留余闲以读书也，又欲一切比于富户。盖上帝生人，原属一例，虽工匠

* 析津，应为李提摩太和蔡尔康。

① 《回头看》，今译作《回顾：公元 2000—1887 年》。

② 毕拉宓，今译作“贝拉米”。

③ 勃斯顿，今译作“波士顿”。

与富户亦兄弟也，而今乃以贫富悬殊之故，致视贫贱如奴仆，无怪常有争端也。然缘是，某之房屋愈不能修，完姻之日愈无期矣。

第二章

是年五月三十日，系美国旧例上坟日也。初美之南省，欲自立国，北省人不允，谓各自立国，是成众小国，不足与人抗，必合众成大国，方能自雄。南省人不服，遂构兵，死者甚众，卒为北省人所胜，南北始合一焉。自是每至五月三十日，各家上坟修墓，栽花以纪念死者。功勋巴特勒家，有死于是役者，乃亦上坟。某与同往，见其原聘之女，名仪狄者，着西国孝服，色尚青。比返，又同至巴特勒家饮食。是日睹其女貌，甚娴雅，极慕之，恨己之室未能即修，而因以敦燕好也。及日暮，某返。先是某有旧疾不能寐，尝作地窟如室，四周筑以塞门德土①，入此窟中，外面一切声息不闻，始安眠焉。讵是日，又见信函，知工匠又停工，房愈不能修，心倍焦急，仍不能寐。时有一医，不用药而用入蛰之法，使人安寝，名曰人电，欲使之醒，亦用人电动之，使之醒。某闻之，遣黑奴延请医来治不寐之疾，乃先嘱黑奴，明日九下钟使余醒，遂如蛰眠矣。

第三章

后某闻一女子语曰："伊醒矣。目欲启。切勿告之。"又闻一女子语曰："许之乎？"旋闻一男子曰："诺。已许之矣。"嗣又闻行步声，衣服窸窣声，知女子已去。急开目，头晕甚，见一六十许之叟，面甚善，在其侧，问某曰："汝觉身体舒畅否？"某问叟曰："我在谁之屋乎？"叟曰："我医也。汝先饮此药，再告汝。"某饮之。乃曰："汝入蛰日久，此初醒也。请告我何时入蛰？"某曰："昨夕。"叟曰："昨夕果何日何年也？"某曰："非千八百八十七年五月三十上坟日乎？"叟曰："今是二千年九月初十日也。然则尔已睡一百十三年零三月零十一日矣。"某初闻之，茫然不

① "塞门德土"即"水泥"。

知何谓。叟又与以药饮之，服后又睡。比醒，叟仍在侧。某思叟言睡百余年，以为欺我。叟视某醒，告之曰："汝又睡十二点钟矣。看此时较未醒之前，似更有精神。"某曰："然，甚有精神。君告我果如何到此地也。"叟曰："我本好化学，欲在地中作一窟室，习化学。讵正掘时，忽见塞门德土，有小室，其门不能启，屋上仍有石条，石条上有灰烬，于是撬开石条，视小室，乃一卧房，内尚有人，即请数医来视，均言已死，系早年用法包裹人尸，不坏者。请医去，我想非死，必系入蛰，乃用人电出蛰之法动之，果醒。"正言间，某视壁上有画像，与仪狄上坟日所着服色同，乃艴然谓叟曰："君何欺我？我视此画像，与昨日所见之人同，此不过一昼夜耳，何言百余年耶？"叟曰："尔勿急，可同我至楼上一观。"开窗令视，指曰："此山此水，非勃斯顿府乎？"曰："然。"叟曰："此房楼街道，犹似昨日否？"乃瞠目视良久，曰："噫嘻！何街道房屋俱变也？得勿睡果有百年耶！"于是疑信半焉。

第四章

某看后，心恍惚不宁，几欲昏晕。叟复以一杯酒饮之，少顷始定，亦清醒。叟乃与某握手，行西礼，曰："予今接尔到二千年之世界矣。予素善医，名理德，人称予为理大夫。此地既系君之故家，今君在此，即如在君家矣。"某亦伸手相握，乃曰："某名伟斯德，多蒙叟情，感甚。"伟斯德又四顾房屋，均无烟筒，乃曰："此何故也？"叟曰："烟筒乃当年生火笨法，今生火之法，较当年强万倍。"伟又曰："通街房屋，无一如从前破滥［烂］，想家家生计，必皆余裕矣。"叟曰："诚然。前之人俱为己计，故贫富不等，今已更改章程，与通国之人均等，使贫富一例，安享富乐，此百年内之变通，较前一千年之变通尤大也。"言至此，日已暮。叟约维［伟］斯德下楼入屋，见止妻女并无子息，见其屋内光明如白昼，并未见灯在何处。其妻貌甚秀，女更秀美，仪狄与其前聘之女同名，不觉注目。坐谈时，伟俱谈百年前事，叟俱谈现在事，妻女闻之，但诧异。伟又言其寝睡之夜事，大家猜度言："看石条上灰烬，必其夜失火，黑奴已死，用人电之医已去，次日无人唤尔醒，外人亦无有知尔在窟室睡者，故耽误至此也。”谈次，仪狄亦注目视之，如熟识者，心内不能决。

第五章

谈至夜半，理叟妻女，俱各安寝。伟自醒后，似有多少事在心，乃曰：“予今夜又不能睡矣。”叟曰：“无妨，饮以药水即睡矣。至明日，与我等耳，万不至如前状也。如不困倦，何妨再谈。”伟曰：“甚善！尚有许多请教者，千八百八十七年，是我睡蛰之年，时有一大事，系工匠会停工，联会各国工匠，与富户争工价。言我等一生劳苦如牲畜，所生之财均归尔富户云云，因此常停工，几欲乱国，今已百年，究竟如何了结?”叟曰：“完结甚好，绝未生乱。先是富户立股份局，凡大生意，如铁路、轮船、开矿、制造厂各类，皆成股份，凡自立生意者，皆赔累不能敌大局。货物之便宜，因是股份局甚多，进款比国家尤大，利尽归富户已［矣］。至是乃大众计议将各局均归国家办理，各行艺业亦尽归国家统辖，此后所获利息各工匠大众均分，不至有贫富不等焉。”伟斯德曰：“如何遽能立变，得毋借兵力变之乎?”叟曰：“非也。此法百姓先私自试于多处，甚公平，然后将此事登于报端，使人人皆知后始奏明，归国家办理时，遍国人无一不乐从者。”

第六章

伟斯德曰：“予前在世时，国家政事，只有二者：一保护本国不使外人来侵掠；一不使内地人彼此欺凌。”叟曰：“诚然，然此已大错。盖人民仇敌并非英、法、德等国，实乃饥困冻馁耳。”伟曰：“诚如叟言。但予在世时，此等事，凡为官者不敢委之办理，恐其弊滋大也。”叟曰：“阅历代史鉴所载，诚如此。但此时一改此章，绝无此弊。”伟曰：“此特去富户之弊耳。其工匠之事，如何办理?”叟曰：“国家既将土田、矿务、制造、铁路、轮船等事，均归国家，自此以后，一切民分为二等：一作官，一作工。自幼至二十一岁，皆在学读书<之>日，自二十一岁至四十五岁，皆作官作工之日。二十四年之久，凡作官及作工者，正出力办事之时，过四十五岁以后，苟非极有事之秋，皆安闲养老之日也。彼不能为官又不作工者，即受冻馁，且人皆不齿。故此章一立，无一游惰之民矣。”

第七章

伟斯德曰：“凡为官者，统辖兵卒最易，因其事皆一律。惟国家办理各样事，事烦绪乱，官府如何办理?”叟曰：“不难也。凡人在塾读书时，各人有何进益，皆有簿籍载之。学成出塾，初学办事时，三年内皆为粗工，迨至有长进者，提出升等，则薪水加多，无长进者，仍在此为粗工，薪水原少，而实因各人姿性所能，使之习各事焉。”伟曰：“既如此，则薪工多之，好事人皆愿习，薪工少之，不好事人不愿习，将如何?”叟曰：“亦不难。好事人虽愿习，不妨为之加工，不好事人虽不愿习，不妨使之少作。如此则不事勉强。而不愿习者，自争前进，愿习者亦自不争人而谋矣。”伟又曰：“不愿出力而工食犹欲加增者居多，又如之何?”叟曰：“人有能劳力不能劳心者，亦有能劳心不能劳力者，均随其所能使之，则劳心之工价自多于劳力者，此中毫无强派焉。至于为教习及专门者，如律师、大夫、传教等事，总俟至三十五岁时，始准出而为之，故凡出而任事者，皆老成练达之材也。”伟又曰：“薪水工价，如此定法，亦甚平允，按前二百年，此事最难定，缘各人皆有无厌之求，工食本大犹嫌少焉。”叟曰：“时已夜半多矣，君可少睡，明日再谈可也。”

第八章

次日，伟斯德天将明即醒。醒后，回忆上坟之日，在外戚家同食，回家后，又见停工之信，不知房果何日修成。此情此景，俨然昨夕，乃何以未几而屋宇全非？自己之屋何在？觉昨夕一样，今朝又是一样，不知是虚是幻是梦，心恍惚不宁，不敢在屋，欲下楼至街市，验看景象如何。乃出而视街道房屋，大非昔比，即房屋样式亦一新，又极精工，地方风景，几于难认，不知何处是故乡也。旋又入而至客屋，惝恍无凭，心内难受。不知其入屋时，屋内已有人在内，即仪狄也。伟斯德彷徨之间，未及睹视，及至心绪难安，不觉拍手呼曰：“如何好?”仪狄随即过而握手相问曰：“君何也?”伟乃云：“此刻稍安。”遂以出门遍阅风景全殊，心苦难受之故告之。仪狄曰：“是我家之过也。君方如病初起，正宜需人排遣解释，君如再出，有难受时，切须告我，以便消遣君怀耳。”

第九章

未几早馔，与叟家人同坐。谈次，理叟夫人问：“前二百年男女衣装，作何体制?”伟具告之。饭后，又至楼上与理叟谈，告叟曰：“今晨刻到街上一观，凡钱铺、汇兑庄、杂货铺，一概全无，此何故也?”叟曰：“现在此等生意市肆俱无所用。”伟闻之，甚诧，曰：“无此，何以为市耶?”叟曰：“作工者所得薪工，皆出国家各局中，若交易买卖，各人手持出入账簿，至国家所设之各局买物，按其本人所得工价，俱存在局，随意取货，与前二百年大不相同。”正言间，仪狄至楼，手持账本问其父曰：“今日欲买何物?”叟谓伟曰：“君既问市肆，何妨同仪狄亲至局中，一睹如何?”

第十章

于是二人同行至街上，见一极精美之房，男女出入极多，入其内甚宽阔，除窗牖玻璃外，即房顶上亦有玻璃，光照屋内甚明，屋内地下，有养鱼池一方，池中有抽水激筒，激水上流一二丈高，四周有雅座，可以玩赏，此即国家设局卖货之所也。然货不存于此，此实皆排列货样，各有各类，以待人随意择购。仪狄遂至其所欲购之货处所，恰无一人。伟问仪狄曰：“何无人也?”仪狄曰：“此无须人伺应，缘各物价值，皆在排货各处之旁载明，俟我等择定某货，自有人来也。”于是以手指按其机关，即有人至，乃告以欲买何物。其人一面听，一面写，写之时系上纸，而下纸已如印板印者。于是扯下一纸与仪狄，一纸置于送信筒中，立刻吸纸由筒中递入分局账房，分局账房又按其所买之物，分各类装入十余个盒，又置送信筒中，由地道筒中递入总局，总局栈房即将各物，仍由地道筒中，代送至家，不须自携带也。伟时不知其故，问仪狄曰：“所买之物何在？”仪狄曰：“大约我等到家，货亦送到矣。”乃告以故。伟又曰：“如此买货者，近地可送，其远者将如何？”仪狄曰：“每行六分钟时，必有一分局转递，虽乡村极远处亦有之。”伟乃曰：“若然，则今一人所作之事，可抵从前百人所作之事矣，愈见从前分利之人多，今日生利之人多也。”伟又问曰：“乡里货物，可能及大省城乎？”仪狄曰：“一例。盖无论何处局货，殊无二致也。”二人于是同行回家。

第十一章

回家后，理叟未在家，其夫人亦出。仪狄问伟曰：“君欲闻音乐否？”伟曰：“愿闻，即请抚奏。”仪狄曰：“非我能奏乐也，君请至乐房可乎？”遂共入乐房，房中空无一物，四周墙及地皆以木为之，涂以彩饰油漆，甚悦观，惟有数座位排列。仪狄取一张单，系二千年九月十二日，中开列若干乐曲调甚伙，仪狄又指示单内分十二时，爰指五点钟处，请伟择曲，欲听何音调，即请指示。伟乃择风琴，仪狄令伟坐候，自乃于木墙上手按机关一拨，满屋俱是琴音，如在目前，甚属悦耳。后仪狄又变为他乐器，所有一一乐器，俱使听闻。虽歌唱音调，亦俱从墙内出。伟乃大悦曰：“美哉！妙哉！”仪狄曰：“吾城内有数处乐房，凡善此技者，每日按时往乐房轮流作乐，昼夜音声不绝，家家与乐房相连，如从前得律风然。”伟曰：“终夜不绝者，何也？”仪狄曰：“终夜不绝者，如人或年老，或养疴，不能出外，乃于其卧室墙上，手按机关，遂倾耳而听，八音具备，他人不闻，不比乐房中奏乐也。”伟曰：“得无我所住之屋亦有乎？”仪狄曰：“然。俟告我父指示可也。君如再闷难过，可自拨其机，即可消遣移情。”言次，理叟夫妇俱回，同坐而谈。伟问叟曰：“今法既变，如此君家产业，能有些须留以与子孙乎？”叟曰：“与子孙亦无多，缘人人作工所得皆能自养，是以无过富过贫之虑。”伟曰：“如是谁肯为人服役乎？”叟曰：“均有机器作事，如作衣服、作饭、洗衣等事，皆用机器，不过须人管理耳。至于家家生火，未有用木炭及煤者，均用电光。”言至此，日暮昏黑，灯火皆是电灯。移时安寝，仪狄告其父指示伟君卧房乐器之机。

第十二章

伟又欲问叟以多少事，言现在虽变化如此，我仍不甚明晓。叟曰："君总须牢记，人自幼至二十一岁是在塾读书之日，初出塾学事，是各样粗工，三年外，又有一年学专门技艺，再后个人因其长进有升等，因之出力任事至四十五岁，除此之外，又各有所司之人，共有五等，凡升等者，皆因其艺之精进也，至四十五岁以后，即可以安闲，国家俱有赐养，虽其家子孙不能无养，而国家视人如一家，凡有老病，俱与以养给，又工价无厚薄。牢牢记此，自渐晓然矣。"于是，又指示以墙上之机言：此刻安上，至明晨八点钟，即作乐声矣。

第十三章

次日清晨，忽听满屋奏乐，遂起而听之，其音绝妙不可言。早饭后，伟问叟曰："欧洲地方，现在亦变如此否，抑仍旧否？"叟曰："凡大国，无论欧美，全变如此景象矣。从前商贾铺面，虽然无数，而进口出口货物，每年皆有一定之数。现在既归国家办理，更易知矣。各国将其欲买之物，开单先分寄各国，至期货物皆运到矣。"伟曰："价钱如何定法？前之买货，某家贱则买某家，今则如何？"叟曰："价钱更易定矣。其卖本国何价，卖外国亦何价，绝无欺伪。且从前自制物件，费工甚多，今凡大家所用之物，皆归制造厂制办，一人可作百人之事，尽以机器为之，价廉而工省。前之定货物行价，全因货来之多寡，多则贱，寡则贵，现在以此法为害人，全以制物之工夫多寡定价值，工多而细则价昂，工少而粗则价贱。至于民流移他国，凡年少壮者，均可作工，他国则偿其本国银若干，年老者不能作工，惟有耗费，本国则偿他国银若干，如此往还，均按年齿之老幼定价，各国皆然。"仪狄谓其父曰："此客今日请到饭店公所饮食可乎！"叟乃谓伟曰："平日我等均在饭店公所饮食，伟君可同去否？"伟曰："诺。"仪狄谓伟曰："君欲见百年前之友否？"伟闻之惊诧，不知又有何新闻，随之去。仪狄乃引至从前未到之室，谓之曰："君之友即在此。”遂去。伟启门，见书籍满架，乃恍然悟其意。于是坐此半日，看前百年之书，因思尝有名人言：世界将来，必要大变。今果应其言矣，于是甚感谢仪狄。

第十四章

伟在此阅历书籍，不觉即午，时外间大雨，不能即去，讵叟率妻女俱已换衣欲行。从前每下雨，必支伞穿雨衣雨靴，今则出门，见看街卒手按一机，恍若橡皮布，支起若巷，人行其中，并有电光照耀，不黑暗。直至公所，见房屋甚多，较前至卖货局之屋，尤精美宽阔，人亦不少。行未几，见一室，横匾书理某之室，遂启门入，盖家家俱有室于此也。墙上有消息，一按即有人来摆饭。摆饭者，非同百年前之下役，今皆端谨自饬，毫无点俗之人。饭后，店中各有玩赏，亦有戏楼，俱各随意焉。

第十五章

理叟家不听戏，一直入书室中，叟夫人谓伟曰：“尔诚有福人哉！”伟曰：“何谓也？”夫人曰：“此百年内之新书，尔尚未见，今则一旦见之矣。”伟问叟曰：“书之传也，必须刊印，果如何印法，是本人印，抑国家代印耶？”叟曰：“初次印者，系本人，迨后人人重看其书，国家始为重刊排印，又派其人专职选书。”叟又谓伟曰：“从前国人，全各为己计，有利则进，无利则退，今已改章，将一国之人，均令视为一家人，既为一家，即无争论，自立此新章以后，新机器、新书、新法，均有益于人者，迭出不穷，毫无秘密不传之意，且又好又多，此百年内之书，较千年前尤极善也。”谈次，仪狄持一卷来，与伟斯德曰：“晚间若不能睡，请看此书以消遣，此乃新书也。”伟持回，一夕未睡，阅毕，始就寝。

第十六章

伟斯德自睡蛰初醒，次日出门看街上风景，回入室中，心闷难受，几欲疯癫，幸仪狄在室为之解释，始稍安。自是日仪狄每晨早起，暗防护之，恐其再出，仍闷而难过也。至是伟睡起，又欲出门，忽见仪狄出，谓曰："君何往？仍欲自出作难乎？请勿出。"少坐，仪狄采鲜花置于水瓶中。伟曰："前日卿家既救我命，后卿又救我，不使我成癫疾，此恩何以报也？"仪狄曰："君言太过，我无他，惟有安慰君数言而已，何足挂齿。君既将现在与从前比较，既已作难，而从前之<事>，近人又不见，更觉作难。苟无人排解，何以自遣耶？"伟问仪狄曰："卿家祖居是本地，抑自远迁来耶？若系本地，卿告我，我试认否？"正谈际，叟夫妇出，共享早饭。饭毕，叟引伟至卖货总局一观，在路上告叟曰："我今居翁家是闲人，何以自安，必须有事可干方好。"叟曰："君勿多心，君住我家，亦一新闻，举国人谁家有百年前之人乎？然举国人已皆知尔之事。俟歇几日，将约君到学堂，讲百年前史事，他人只闻之，君则亲见之，必能言之娓娓也。"言次，已到总局。

第十七章

总局中货物，堆如山积，真无物不有也。凡入来货，俱整装，而出货则皆斤两尺寸，日无停晷，将所有之货，分十类。每一类有一总司之人，其人皆知某一城，某一乡，一月中用多少货，一礼拜用多少货，均预先备下，以供不逮。一国之君，皆由总办中选举，盖总办到四十五岁时即退。每逢举国君时，即从此已退之总办选举，故所有通国办事之人，年岁惟国君齿长。伟问叟曰："举国君若此，能无弊乎？"叟曰："不然，不但举君无弊，即办他事，亦一概无弊。"伟曰："无弊，将人心俱改变乎？"叟曰："非也，缘国无穷人，则无贪贿赂者，无富人，亦无有能出贿赂者耳。"于是，由总局同回。

第十八章

是日晚，叟家妻女俱安寝。伟又问叟曰："人自四十五岁至五十五岁时，正强仕之年，何遽安闲养老也？"叟曰："非也。人过四十五岁，即不必为人役使，亦不必自出力任事，盖此原可以自由，或用心于道书，或用心于博学，不必为薪水操劳。缘从前人至老年，犹须自食其力，今则无须，故得闲，可以悦心，研虑于格致等书，或专门学某事。此其人虽若安闲，亦可大有益于国家也。”言至此，夜已深，叟亦安寝。

第十九章

次日，伟斯德至省城游历，闻人言曰此地无刑狱囚犯，心大疑。因回问叟曰：“城中何以无刑狱也？安能无一犯罪之人乎？”叟曰：“在昔人犯罪，多半因此二端：一穷民饥寒始为盗，二因贪婪不堪因而争斗，故缘以犯罪也。今土地、货物、银钱均归国家办理，人皆衣食充足，无穷苦不堪之状，即彼贪婪之人亦无所得，何处犯罪致劳刑狱之囚耶？”伟问曰：“虽然，倘不幸遇事而有争端，将奈何？”叟曰：“在昔之人，虚诳者多，今定章，如有虚诳欺人之事审明，加倍受罚，故今世上无虚诳之人，即有事亦易完结。”伟又问：“其余犯罪将如何？”叟曰：“其余若有不遵国法者，则必系疯狂，不知美恶，送至医院为之医治。”伟又问：“一切事俱归官办理，得毋有任性暴虐者乎，将如何？”叟曰：“此事绝无有也。盖均以相亲相爱之意待之，即有暴虐，立即撤任换去，缘向日为民主之俗也。”伟叹曰：“若是则真所谓大同之世也，与前百年宵［霄］壤之别矣。前尝有人谓我曰百年后世界必要大变，如今日景象，我犹以为过言，乃今而目睹矣，安得均起百年前之人而皆目睹乎？”

第二十章

午饭后，仪狄问伟曰：“君前睡百年之室，又往看否？”伟曰：“未也。我恐再看其地，心又难过。若卿同我去，我或无恐。”仪狄似不乐从，伟乃再三恳之，始同去。至其处，看室内犹似百十三年前景象。伟随行随看，似恋恋。旋见铁柜一具中，存金钱满，中尚有房契、地契、钱票等，乃以示仪狄。仪狄曰：“此物今已无所用之矣。”乃促之行，曰此地不可久停也。随问伟曰：“君当日睡时，本家尚有何人？”伟曰：“父母兄弟姊妹俱无，止我一人，但当时定婚姻尚未娶，其人之名，与卿同。”仪狄曰：“惜当时君家房被焚，其女子亦必为君伤心。”言之不觉泪下。伟问曰：“卿愿见其人否？”乃由项下解下一囊，内有小盒，开盒即前仪狄之像也。仪狄接过其像，即与亲嘴曰：“此人升天几近百年矣。”二人于是同行而回。

第二十一章

次日，伟同理叟至学堂观之，大抵学生自六岁入塾，至二十一岁出塾。伟曰：“自六岁入塾至二十一岁，此费亦甚不资也。”叟曰：“花费虽多，人人乐为。盖儿女未有不欲其壮实而且灵慧者，然非多读书不为功，故令读书有三善焉：一欲其多明各种道理，各种制作之法，使人人皆得读书之乐；二若自己不读书，不能与朋友相合；三养育子女，若自己不明此理，何以训之？惟其然，则将来即无富家之惰，亦无贫家之劳矣。昔人鲜有明此者，今已无人，不知从前觉粗工原愚笨人之所为，今经明示规条，凡制作之法，虽粗工亦无分智愚，均须自作，且较前尤甚精也。”与叟自学堂同至公所饮食，母女二人，俱已在此相候。

第二十二章

饭毕，叟妻女俱去。伟与叟坐谈，谓叟曰：“我前在世时，计遍国每年每人，均拉皆有三四百元进项，今人至四十五岁，即不作工，是作工之日，比从前已少，进项亦必无多，何以家家生计较前更余裕乎？得毋核算不实乎？”叟曰：“今世与前世不同者，十有二焉，子宜细心体察之。一，从前办公，皆系借债，故有国债焉，有省债焉，有州县债焉，均有利息以随之，现今并无此累，此其所以省财也。二，国家无论水陆，均无养兵之费，专修文事以治民，此亦省却无数耗费也。三，民无钱粮关税之累。四，无冗员，无论文武上下官，计从前一省之员数，足敷今日一国之用。五，无犯罪之人，在昔民穷多为盗，专事抢掠，今家给人足，概无此害，故犯罪者鲜焉。六，无疾病疠疫，从前染疫疾者，医养兼费不资，今时和年丰，疾病甚少。七，从前开钱行生意，皆分利之人，此等生意，概无所用，皆变为生利之人矣。八，从前人皆奢侈过度，彼此以富相斗，靡费无穷，今已俱改此习矣。九，在昔闲人甚多，凡富户均不操作，今无论贫富一律作工，否则无进项，衣食遂不足矣。十，昔日各家，凡所需用，皆雇工自作，不惟所作不工巧，而花费亦无限，现今皆归制造厂制作，价廉而工省，已节无数浮费也。十一，分货之法，今已较昔甚省，昔日分货之法，系各列产肆以俟，苟无来买之人，则肆中人皆安闲坐耗，现皆归总局分货，万人可作八万人之事，省何如也。此十一条大约可省从前花费之半。第十二，以上花费虽大，然比较各色新法之省，犹不过十之一二焉。新法者何？盖旧法各人所作生意，皆为一己图利，因其为己，是以作伪，诳骗假物欺人等事，层出不穷，现今新法，使人人俱为大众计利，是以无作伪欺人之物，而生意愈隆，不但益人，而且利己，此古今之大不相同也。今子以前世每人皆有若干元进项，为第一能生财之人，讵知今日之法之善乎？盖前世人与人争利，只图利己，则人必有受害者，非道德之法也。且前世之法，有四弊焉：一，各家生意，彼此不相通，某家存货多少，均不相知，倘存者多，一时不能销售，亦惟有积存而已；二，无论何等买卖，彼此相欺，又有时将同行之货，一人都买尽，以后做独行生意，榷利更多，生利虽同，而心实无异于盗贼也；三，每十年上下，必有一大字号荒闭，此号一闭，即有若干之家被其害而亦闭焉，倘其生意遍于五洲各国，则五洲各国之人，亦受其害；四，有银钱之家，往往因商业多荒闭，则又因噎废食，不敢买卖，宁使其银空存，而人亦与俱闲，假使开矿或制造厂，其银既已布开，而人不皆为用乎！现今既改新法，此四弊均已无之。若论新法之利息，则又甚多，难算也。试以旧法比较之，子知从前制造，凡大局皆胜于小局，今使一国之人，皆取偿于一大局，则其利较前，不加数倍乎！”伟斯德恍然曰：“吾今始晓然矣。盖今虽无极大之富户，亦无极苦之贫人，家家皆可以享安闲之福也。”叟曰：“诚如所论。总之，前世之法专为利己，今日之法专为利众，是以家家皆享安闲之福焉。”未几日暮，叟携伟斯德同回。

第二十三章

是日晚，伟与仪狄至乐房，听当日所闻之雅乐。伟乘间谓仪狄曰：“有一事请教，予当日在地窟室中，初醒时，恍惚闻似尔语音，向尔父曰不要告诉他，嗣又闻似尔母语音谓尔父曰许之乎，尔父应曰诺。此何谓也？”伟询问时，微窥仪狄，似有惭色忸怩状。伟见其状，乃诈之曰：“明明似有何事，不使我知，若如此，是待我非好意也。”伟言至此，仪狄愈羞赧，不得已，乃曰：“此事似可说，又不可说，然现在不可说，终当告君，全凭君自主，非凭我作主也。”一面说，一面拨动乐房消息，曰：“误我等听乐矣。”满屋音遂发，听乐时，仪狄仍不敢抬头，乐毕，仪狄谓伟曰：“君前曾谓我待君不薄，我今尚有求于君。”伟问何事，仪狄曰：“求君自此不可再问我适才之言，我惟有应承而已。然虽应承，却不求你。你若有言，可自告我。”言时，仪狄仰首微笑曰：“恁个或也可以。”二人共笑，于是始各去。是夜，伟自思，若得仪狄为妻，心意始惬，乃辗转反侧不能寐。

第二十四章

次日，伟斯德早起，拟再见仪狄，与之言，而仪狄匿不见。乃又至地窟室中，见内有百年前之日报月报堆积，乃收拾一处，欲呈理叟阅视。比返进屋，正值早饭时，突见仪狄面色又带赤，移时乃如常笑语。伟递报与叟阅。缘此报载工匠与富户争工价，乃告叟曰：“当时有一会，名乱会，不与富户争，但与国家争，此会究竟如何办理？”叟曰：“乱会原系从前富户所立，缘工匠与富户争，富户不能胜，乃出钱使人谓工匠曰，此系国家大事，国家若准，我等无不允从，尔何不立会以与国家争，我等愿助之，于是名乱会，后有数智士扬言曰，盍趁此机，将前事尽反之乎，此莫妙之策也。缘从前贫富相争，贤愚相争，老幼相争，强弱相争，男女相争，如此似与禽兽无异，必须将一切事尽听国家办理，使各等人皆如弟兄，不再相欺相争，永远相助相爱，方称治理。”谈际，伟一面与叟言，一面与叟夫人母女语。饭后，伟思仪狄，乃第一聪明德行之子女也，实令人深羡慕焉。

第二十五章

饭毕，叟妻女俱去。伟与叟坐，乃问曰："现在妇女规矩，较前世如何？"叟曰："阃内之事，较前甚少，缘作衣裳、洗衣、炊爨等事，皆归大局中办理，一人可作千人之事，是以男女虽各有事无多。至入塾读书，则男女俱一例。迨卒业出塾任事，凡用力之事皆归男子，轻松之事归女子，其每日作工，比男子差少，尚有余闲歇息。总之，出力任事，或十年，或十五年不等。倘生育婴孩，则作工时少，或无婴孩，亦至四十五岁时止。"伟问曰："女子工价如何？"叟笑曰："尔若问他人此语，彼即轻看尔矣。假如尔父衣食充足，乃使尔母缺乏乎？虽工价亦一例也。盖国家既视人如一家，则必使人人无论男女，皆视为一例，且现在女子身体壮实，心地明白，聪慧、德行、学问，比从前皆高一等。"

第二十六章

次日早起，伟问叟曰："今日是礼拜几日，我自睡百余年，不知今日是何日矣。"叟曰："今日是礼拜日，尔初醒日，系前十日礼拜五晚刻，尔第二次醒，是上礼拜下半日。今日既是礼拜，子愿闻人讲书否？我等现在有两法听讲：一是遵旧规到礼拜堂听讲，一是至我乐房内，各人皆坐，将礼拜堂电线一拨，即听讲，与在礼拜堂一样。此城内有名讲书者，名保儿屯，每礼拜日，听讲者总计有十五万人，非尽在堂中，缘各在各家听讲也。"伟曰："我从未由得律风听人讲书，今何妨在家中乐房听讲。"于是均至乐房，先有铃响，知时候已到，乃各倾耳而听。一开口讲，即听言：吾城中现今有百年前之一人，住于城内，是尔等所知者。我今不讲他事，但讲百年内，凡事皆大有长进，不比从前，不但养民各法比前高一等，即道德亦皆更有长进。听至此，仪狄暗与其父曰："今日讲此，恐伟某听之难过，盍使听他人讲书乎！"叟问伟曰："请更听他人讲可乎？"伟曰：

“否，我即愿听此人讲。”于是仍听保尔屯讲。保尔屯曰：从前人欲买何物，若买之甚便宜，即大欢喜，不知卖者赔累，已难受之，甚或自己卖何物，若卖极大价值，又甚欢喜，绝不思将他人之利，尽掠归于己，与盗贼之心何异。然当时，虽极体面人，亦如是焉。从前亦有大制造厂，所佣工人每日天明即起，夜半方睡，而工钱甚有限，将人几至累死。现在凡事皆归国家办理，不为自己计，全为众人计。自改此章以后，虽极贫民，皆有事可作，绝无乞丐之流，亦无极富之户，任意奢侈者矣。盖遍国人皆如弟兄，所出之力，全系公出，所生之利，亦全系公分，不必劝人施舍，亦无有望人施舍者。从前皆言人心坏，岂人心坏哉？法不善也。不然，何以今日法一改，人心皆善耶！又前世彼此相争，如恶鬼然，现今彼此相爱，如兄弟然，此法初立，即有如是效验，倘将来行之日久，其效必尤大也。所讲大略如此，讲毕，各人皆散。

第二十七章

伟斯德一闻此讲，心甚难过，以为今世人看我前世人，如畜类然，则现今之人视我，亦必是一无知无学之人矣。合城之人，皆如此讲，我有何面颜在此耶？理叟与其妻待我虽好，心内亦必轻我。又思前日欲问仪狄愿附婚姻，不知其肯否，若仪狄亦如此看我，我即不敢仰攀矣。想至此，又自思：我在今世，一个朋友全无，向谁诉耶。叟一家人虽看出我之心事，想法安慰我，然虽安慰我，视我已如狗矣。于是遽出，至地窟中，心内自想，我之良友，均在前世，今已无一人矣。然在此坐，亦无前世之人，我既非今世，又非前世，今世前世皆无我，我将如何？正伤心，忽闻有人曰：“尔切勿怪，我随尔来。”伟回顾，见仪狄在门外，见其面现出怜爱之状，乃闻其言曰：“我看尔似难过，是以不能不随尔来此，若尔不愿我来，请告我，我即去，我且问尔，前曾向尔言心若难过，必告我，今何悄自前来耶？”言至此，仪狄似若落泪然。伟觉其定欲相慰，乃告之曰：“卿有心怜我，我感谢，但今日听保尔屯所讲，我方知我与卿心不能同，相隔甚远。”仪狄曰：“保尔屯今日所讲，我即知尔心必难受，盖彼未曾见尔，亦不知尔，故才所讲如此。”仪狄一面说，一面入来，谓之曰：

"尔告我，欲我何为?"伟乃告之曰："若尔不知我欲汝何为，是汝无目，我愿汝与我结婚姻。"仪狄面又赤，一面羞赧一面笑曰："恐非我无目，得毋尔无目乎!"伟始知仪狄早已心肯，乃曰："尔既愿与我为婚，我即不虑人议论，我前世人如何不及今世矣。"言至此，仪狄谓之曰："尔不可犯我，尔须先知我是谁，以后再议。"于是引伟去见其母，仪狄悄俯其母耳数语即去。其母告伟曰："此仪狄即是前仪狄重外女孙，从前仪狄守贞十四年，后始嫁，生一子，即我父也，从前仪狄之像，我今尚存，并前与伟斯德来往书信亦尚存。此仪狄将其书信皆已阅过，向我夫妇曰：'我不愿嫁，缘今世无伟斯德其人者，若再遇如伟斯德，我始嫁之。'此前言也，讵意在地窟中，初见尔时，尔尚未醒也，见尔项下系一小盒，内有前仪狄像，我等始知尔即伟斯德也。若无此事在前，此十日间，何能即应允汝为妻之速乎！尔现既知仪狄是谁，倘不原［愿］结丝罗［萝］，即作罢论。"伟曰："我既知是前仪狄之派，我更愿娶之矣。"后问理叟愿否，叟曰："我已早有此意。"嗣又遇仪狄，仪狄告伟曰："君将醒时，所闻之语，即此事也。但前日尔尚未问我结婚姻时，我不能述此语，若述此语，一似我勉强尔者，今既侍君巾栉矣，故不得不令君知我是谁耳。"至晚，伟之苦况已过，此十日之内，惟此晚心内愉快。

第二十八章

次日晨，伟斯德尚未醒，睡梦中闻有人呼曰："天不早矣，今何醒之难也。"闻其声，似前黑奴之声。蓦然惊起，四顾，仍在地窟中，灯仍在侧，果是黑奴擎一杯酒奉伟饮，伟惊疑呆视。黑奴曰："郎君恐惧乎？请即饮此酒。"饮后心觉明白，似仍在己家中，二千年之事，不过如一梦而已。旁尚有报纸，系千八百八十七年五月三十一日，阅报上目录，有本国事一则，载多少大制造局关闭，又有鳏寡孤独养老院中生息，均存制造局内，现已关闭，此等人养给全无，实属可怜。又论外国事，载各国尽备军装器械，似欲动兵者。阅毕，出门至街上，街仍犹旧，而街中来往服色华丽，有穿各样绸缎，如公侯者，又有破衣鹑结不能遮体者，心思此不似一家人样式。又看满街粘贴报单，所言皆自夸其货如何佳妙，有欲人均至其家买货者，若他人终日不开市，赔累关闭不顾也。又前行市肆无数，所卖之货，俱是一样，而彼此夺利之状，有此家售价一吊，彼家则售价九百，意不尽夺其售主归我不止。行至十字口一抹湾［弯］，有一大制造局，闻其内锤打如铁匠，几有数千人制造之音，揣其制造之情，总欲比他人价贱，而且佳，以为夺售之计，不管他人生理，与刀枪杀人一般。又前行，遇众人一簇闲聚，问其状皆谋事不得，衣食无出，难以聊生者也。又行至一大汇兑庄，见其总管，问生意如何。彼答曰："凡作大生意者，无过于我等。此生意如人之心，心活人活，心死人死。假如我生意不作，他生意亦不活动流通矣。"闻其言，如同疯狂，因思汇兑庄、银钱庄及各行生意人等，十有九似虫食谷，久之皆空，盖皆分利之人，并无生利之人也。又前行留心体察，往来之人，面上多带愁容，一似现在营生，虽可将就，恐将来不能免饥冻也者。又行至城外，见一大校场，无数兵勇，在此操练，一人宣令，万人随之，作坐进退，如同一人，因思军伍妙法虽整齐，然均为杀人而设，独至养民之法，则各有各法，不能如此画一，大抵皆各思利己以害人，若与行养民新法者校，譬如军伍不齐，虽百万人，不能敌彼一千精卒也，殊可惜耳。由是旋返，至一贫人所居之地，见无非淫赌之事，与禽兽同，虽孩童开口，即学詈人，稍长即学偷窃，自思早年尝经此地，惟今日心内，觉似别有景况，大不能安，即自问此一切好人与恶人，果是一家否？其穷人与富户，到底是弟兄姊妹否？若果是弟兄姊妹，我能无关心乎？想至此，适至仪狄家门首，阍者告曰："内有客，请入。"入见诸客，所服皆华丽之至，几案陈设，皆金银器具，饮者亦上等酒。睹其情状，尽想法快乐，说笑自如。凡外面穷人之苦，无一关切者。伟斯德一人，见其情景，心甚难过。仪狄问伟曰："何愁也？"伟答曰："适才在外面看世上穷苦，全似钉十字架一般，尔若留心倾听，亦可听出外面穷人之苦来。上天向下看，实怜此等人，欲想法救之，我等竟不关念，只为饮食快乐而已，如何算上帝儿女，此正是难对天对人之处，我是以难过也。"言至此，诸客皆默然。有闻伟言如不闻者，有闻伟言而窃怒者。伟又思，此一切明达人，虽闻我言，到底不怜恤世上之苦。后又自思得毋不善劝人之过乎？因又向诸客劝论一次，言现在养民之法，十有九皆夺人之利，非生人之利。一言至此，诸客不但不听，反笑其为中疯狂，无与言者。闻有人言：彼欲搅扰世界至乱也。又有人言：彼欲使世上无一贫人，真堪一笑。末后有一人曰：将彼逐出。伟又欲劝之，仍不可，乃含泪而出曰："可怜此众硬心，不听良言也。"言毕，忽又四顾，此屋非地窟中，乃理叟家之卧房，至是心方明白，此二千年之事，殊非梦也。从前一些苦况已过，贫民现已均富矣。想至此，乃跪而感谢上主，成全此救世大事。后又思前百年岳家请客饮食，尝去者是我，我从前救贫之心甚少，觉不能作，今世已变如此，乃知救贫非我之功，实他人之功也。论理自己原不配住此好世界，于是又跪祷于上帝前认罪，又矢愿曰：若使我活在此好世界，自此以后，不敢仍似从前，但为自己计，总欲为众人计。祷毕，立起见仪狄采花而来，遂告之曰："我前既未曾为救世操心，今世原不称在此世界住，但我已对天矢愿，自此以后，要全改变此心，亦欲利济众人也。"仪狄曰："上帝是最慈悲者，既已悔过前罪，谅必赦也。"于是伟斯德心始安。

（录自《万国公报》第35~39册，1891年12月至1892年4月）

大同学*

企　德著　李提摩太 节译　蔡尔康 纂述

第一章　今世景象

大圜之下，鸟飞兔走，而成旦暮，扇凉炉暖，而成冬夏。历旦暮冬夏之所积，飘瞥而逮于今世，其关系之重且巨，竟为百世之所未有。明哲之士，类能知之，且类能言之。或更创为高论曰：自今以往，将别成一新世界。不佞独居深念，兼博考通人之撰述，窃冀折衷至当，奉为治理今世之准绳。不谓十九周中，（泰西以耶稣降世每百年为一周，就华历言，自中国嘉庆初年以迄于今，是为第十九周。）分讲格致诸学，以专门名家显者，所在多有。更有讲生长变化之新学者，析理之精，旷代亦鲜出其右。及进而究大同（二字出《礼·礼运》篇，盖禹汤文武成王周公之治，犹仅小康耳。）之理，纵使名流接踵，多冥心屏气而不之道。其偶有道及之一二人，亦复凌躐失序，杂乱无章，不亦大可异欤？

英国才人施本思①，（或译作斯宾塞尔。）善谈名理，曾著《万理合贯》② 一书。高筑选楼者，评之为今世要典之一。间尝受而读之，喜其能举生长变化之学，推诸万学，乃万学之冠。有如大同学者，竟未能明言其理，岂不可惜。德人某，施本思之高足弟子也，甚欲讲大同之学，以弥其

---

* 《大同学》节译、译述的底本，是英国学者本杰明·基德（Benjamin Kidd，1858-1916）于 1894 年出版的《社会进化》（*Social Evolution*）一书。

① 施本思，今译作“斯宾塞”。

② 《万理合贯》，即《综合哲学体系》。

师之缺憾，然亦未能妥洽。至于英士胡思礼①，实为英国格致家之领袖，尝畅论今世安民之法，不料流于谬妄，竟如俄国之伲俙俐党人，尤为通儒所齿冷。更回溯至十八周之世，（西历一千七百一年以后，当中国康熙中叶至嘉庆初元，是为第十八周。）法国有喇飞雷者，恒语人曰：居今之世，人必以自主为君，断不可再为暴虐世界之奴隶。此语流传至今日，人共知以自主为君，其妙不可思议。然而槁饿而死者，即此君也，则将若之何？

民为邦本，古有明训。乃不能糊口者，偏屡见于民之中。此所谓本实先拔，枝叶未有不受其害者也。美人哲而治②有言：试问今日之君相，有真能得安民之良法者乎？借曰自以为既得矣，乃起视斯民，仍终其身于困苦之中，所谓安者何在？哲而治又曰：民皆平等，宜共操举官之权。意非不善也，特举官以治民，而治民之官，仍任民间有豪富之一流，又有赤贫之一类，是殆举三角形之物，而强令一角之植立于地也，颠仆之祸，儳焉如不终日矣。英又有士提反③者，著书立说，亦甚擅名于时。其言曰：今之讲学家，分门别户，各具专精之诣力，乃安民善学，独置不讲，是举其细而遗其大也。至若强作解事，作总挈语，实则含胡笼统，不关痛痒，徒装门面，庸有济乎？

十八周之季，法国改革制度，夺世家上品之权，以予中品之绅富。其后，更遍分于下品之编氓，比户皆得举官，民心大餍。相沿至十九周，欧洲诸国，大半仿行。于是士人之旦夕营求者，不在宰制之权，而在格致之学。精诚所注，金石为开。故虽新法之经其创获者，曾不过千百之一二，而一切工艺，兴也浡焉。第就制成大机器而言，已宏开草昧经纶之局，是故皇古无论矣。百年以前，五洲睽隔，寂寞荒寒，西被东渐，徒传虚语。今则轮声帆影，陆耆水栗，无远弗届，有感斯通，而且电线之长，以一京五兆里计，传消递息，万国比邻，利便斯民，莫可伦比。特是民生虽便，民力已殚，茅檐蔀屋之中，竟求更定安民之善法。爰有人言，今世金银气重，压损愁眉，有财者富驾侯王，罔知餍足，无财者贫如乞丐，莫可告

① 胡思礼，今译作“赫胥黎”。

② 哲而治，今译作“亨利·乔治”。

③ 士提反，今译作“史蒂芬”。

衰。且也，乡间务农之人，日见其少。城市佣工之子，日见其多。究之居肆以成事者，巧虽恃乎机器，力终出于工人。相彼百工，乃仅可糊其一口乎？且夫机器与人力并兴，固世之所借以生利者也。豪富之家，安坐而享其成，特所谓分利之人耳。分利之人日益富，生利之人日益贫，事之不平，孰甚于此！且富家更施一网打尽之计，一事也，独力不能胜，则合十百千万之众，尽力以霸占之，是曰纠股公司，工匠辈恒詈之为股盗。昔年，欧洲有大商局，肆行龙断之毒，众商呼之曰：局盗。又有世爵之家，怙势殃民，万民呼之曰：爵盗。今日之股盗，犹局盗也，犹爵盗也。工匠则茕茕孑立，生命悬于呼吸，坐视天下之美利，云驱［驰］风卷，以尽入于富室之贪囊。呜呼！天下之人，大抵不外二等耳。有一等之闲人，斯有一等之佣人；有一等篡位之人，斯有一等失位之人；有一等之剧盗，斯有一等之事主。有志安民者，于此能了然于心，则孰当爱护，孰当惩创，自不烦言而解矣。

欧洲百年以前，已有断断于二等之人类者。及至尽人操举官之权，足以限制乎旧法。又惜其未能善用，有权遂一如无权，而受苦之佣人失位人，与夫被盗之事主，依旧惨无天日也。但物极必反，间亦有图泄其忿者，合众小工而成一大力，往往停工多日，挟制富室，富室竟一筹莫展。似此举动，较之用兵鸣炮，尤为猛厉。其以百工领袖著名者，英人马克思也。马克思之言曰：纠股办事之人，其权笼罩五洲，突过于君相之范围一国。吾侪若不早为之所，任其曼延日广，诚恐遍地球之财币，必将尽入其手。然万一到此时势，当即系富家权尽之时。何也？穷黎既至其时，实已计无复之，不得不出其自有之权，用以安民而救世。所最苦者，当此内实偏重，外仍如中立之世，迄无讲安民新学者，以遍拯此垂尽之贫佣耳。

泰西有教会焉。近年，讲道士人，多喜讲雷同之事，而不甚讲矫异之端。且多喜奉行善事，而不甚研求名理，殊堪惋惜。但天主耶稣两教中人皆言：上帝之道，不第使人尽得天生之福已也，更使人共享今世之福。而与格致家争辩不少屈。格致家之言曰：格物创新诸学，事在人为耳。道学家则曰：世间若但知创法，而不知修心，民何以安？历年以来，两家相持不下，乃至今而复有更变矣。格致家言：天地万物之成，非有无量年前之上帝，特意创之也。天地万物，本由热气而生。热气盘旋于空际，不知其若干年岁，由渐增凉，凉气凝结乃成日月星诸球。（地亦一星也，故言星可以括地。）今专以地球言，成球之后，渐生植物，而亦非尽百草万木，有人遍造之也，从一物始，不知其几历岁时，渐变而化成诸物。其后于植物而生者，厥又有动物焉。一如植物之递变而递异，亦越于今。鸟兽虫鱼，胎卵湿化，各有主名之可指。问其世系，实皆荒远而不可究极，必谓太初之始，有人辛苦经营，则虚诬弥甚矣。此一说也。格致家之外，又有经学家。经学家博士之说曰：天下各国相传之经典，大半由后人裒集古书，指为某圣某贤之懿训，初非真出于圣贤之手也。此又一说也。泰西人缘此二说，遂视教会为无用之物，而谓：只有格致之实学，大为世辅。苟能是，是亦足矣。

昔日之讲求格致者，大半皆教会中读书得闲之士。其有不受洗礼，而专讲格<致>学者，往往兼信卜筮星相诸事，实树正道之敌。故教会中人恒驳斥之，且劝众人，毋为所惑，若辈之气大沮。迨今一二百年来，讲求天文地舆诸学之士，虽未尽躬入教会，而多崇尚实学。更有专讲格致之真谛者，实已尽扫虚诬之习，与教士殊涂同归。然前怨未忘，故居恒论列是非，仍与教士格格不相入。当法国百年前大变之际，甚有以沙汰教会之说，明目张胆而道之者。

特是教会之兴，已历一千数百年之久。纵使末流多弊，教律渐乖，然砥柱中流，正复大有人在。且沈几观变之士，恒忧世变之日亟，迫而动其求道之心。不但教会中人，不得传其道，则热中也，竟有素不好道者，亦谆谆然语人曰：斯道一日不立，斯世一日不兴。职是之故，虽有诮教会之无益于世者，更有斥教会之有害于世者，甚至以学术宏深之胡思礼，坚持排斥之说，而卒无以服人。英国奥刻师福（译言牛津）大书院诸生，皆彬彬乎博雅才也，且愿分肄业之功，代宣天道。盖道心之沦浃于人心，如此其深且久矣。

近数十年来，又有博采东西各教之嘉言者，汇集成编，按期宣讲，从而受业之士，亦复实繁有徒。

法国创立格致学会，专讲人事，力辟天伦。（以人事天，是曰天伦。）会中主席之士，博学多闻，辩才无碍。然立会仅数十年，会中人渐次星散。可见人心本具秉彝之好，虽以格致学之精诣，究不得而灭之也。

格致家评量事物，悉按公理而蠲私见，且遇事留心细察，务期阐明其理，而后即安，独至一语涉于教会，即大异于讲求他事之肫诚。是故敬天修心，明明有实诣焉，格致家乃漫不加察，一概指为虚影。且天道之兴衰，实系国家之成败，格致家复一笔抹倒，迄未理会及之。窃思真有才人，遇极无用物，亦将分肌擘理，期化朽腐而为神奇。若夫教会之于世道，大有关系，各国历代史记，堪为明证。乃格致家仍屏不道，心偏孰甚，后世必有明理之人，起而痛责其误者。

格致家与教会有夙仇，上节曾言之。实则讲学为天下之公道，岂能参以私见。英人达文①，创讲生长变化之理，固驰名于五洲者也，其于教会也，忽问以有何用处。遍考格致家论辩他物之际，必先查明何事，然后讲明何理，从未有作此长柄葫芦之问者。不知人世既有教会，自当格出真谛，方尽格致本分。而乃达文之外，或则曰：敬天修心，本无理取闹之事。或则曰：教会如空炮台，岂能守国。或更曰：俟至遍地大兴学校之日，尽人而能读书，彼教会者，自遁归于无何有之乡矣。施本思与其门弟子，尤蔑视教会不已，尝言：教会如野草，任其自生自灭而已。施君著书，多讲物理，亦未有作如此不了汉语者，是皆深堪诧异者也。且格致家之学问，不但不能助教会已也。一行作吏之辈，欲究治民诸学，格致家亦罕有良法以助之。故如师米德②、暨米勒③二君，同著富国新策，苦心孤诣，推究入微。然书中多讲积财之法，并未究安民之学。故抱道而忧时者，多未能心悦诚服。惟马尔沙④别著一书，以道德为宗，以史事为证，以历代之治法为准。言治者庶堪借鉴焉。

要之，专精于格致之学者，虽能体会物理，洞晰毫芒，然试与之讲论安民良法，政如隔绝十重帘幕，声息不通。或者，动物学一门，庶可借以为迷律［津］之宝筏。特舍此之外，吾见亦罕，民困将奚自苏哉？夫天下大同之治，本不易致。然民吾同胞，苟任其穷而无告，己饥己溺之谓何也？乃格致之学，盛行者一二百年，而安民之学，竟共置诸脑后。事之可

① 达文，即达尔文。

② 师米德，今译作“亚当·斯密”。

③ 暨米勒，今译作“穆勒”。

④ 马尔沙，今译作“马歇尔”。

叹，孰甚于斯？所愿后之研求格致学者，由动物学而推诸安民学，则不徒处士免虚声之诮，更可使苍生跻福禄之林矣。

第二章 论进境

人之所以异于禽兽者，无他，能求日进无疆而已矣。原夫上天造物之始，禽兽与人，同属动物之一类。惟人实冠于万物，用能日进无疆，不特超出于羽毛鳞介诸虫，更褎然为倮虫之长，且充其秀灵之孕毓，能各就其土地，联合而自成为国，且有君以宣其化，有民以承其流，民之从君，一如士卒之从将帅，号令既出，莫之敢违。

人为万物之灵，不第明军民之分际已也，盈天地间，皆气也，而人能一一略知之。有化学家出，更能审其质而标其名，分其类而知其用，甚至电气之属，供人驱使，不啻主之役仆。夫气，其至虚而无丽者也，其至微而无定者也。天地之大权，乃旁落于人中，人不几与神同其智能哉。

或问：人亦一物耳，而竟能登峰造极者，何也？曰：人之由渐而明，一如国之由渐而兴。就其浅近者言之，人如饮食合宜，则充实壮健，否则病且死，有定理焉。惟国亦然，行大益事，则兴。若缘不明之故，而行大损之事，人也忽焉。

昔有达文者，善能考察万物生长变化之理，盛名鼎鼎。然究其始，则实因考察各国之废与成败，而推其理于万物者也，于此有人焉。复由万物生长变化之理，而推诸治国，因遂回溯各国历代日进无疆之成迹，岂非绝妙之事，而无如明此理者之绝少也。

苟欲洞明此理，首宜知国家之兴，亦如动物之生长，多有不相上下之者。然苟无人治理，不但无从兴国，而且逐代递降。试以物论，欲水之流，只须一端稍低，水即率其顺下之性，悠然竟去。其低更甚者，流即更速，此不易之理也。由物以推诸人，治国之道，贵乎得人，苟能擢用贤才，而沙汰其不贤不才者，国势即蒸蒸日上。若所选之人，仅能略胜于庸驽，国终不克大兴。然究胜于误用匪人者，若真得出类拔萃之人而用之，不崇朝而大治，一如水之飞流矣。

专以国论，凡国之所以兴，惟在进贤退不肖。中国之选贤也，必取学校中读书之士，法制实超于各国。盖人既读书向学，识见必较高于常人，国家用之，通国人皆沾其惠，国即由是而兴。他国之兴，今多突过中国者，无他，其读书人多求实学，国家即利赖无穷也。

学如逆水行舟，不进即退。推诸治国，又有甚者。达文之言曰：人必生人，人日增而法不增，必致不足于食，人皆有患贫之苦，国安得不随而衰。夫人之生人，以传种也，乃不知求新法，其种必澌灭殆尽。欲救之者，惟选贤以为之长，而黜不肖而已。此不但兴国之理然也。近百年来，格物之士，创获至要之新理，以保护一切生灵为主，因而推诸天空水底山头，知其皆有微虫，而其为生灵之数，不知其亿兆京垓正壤［穰］姊［秭］载也。乃其借以为保护者，实皆此理之所弥纶。噫嘻！可以人而不如物乎？

凡求进境者，不可无争胜心。争者，胜之祖也。与世无争，未有不退者也。惟物亦然。飞禽自泽其羽毛，争于色也。百啭于深林之内，争于声也。由飞禽而推诸走兽，兽有嘉德，亦有善心，皆相争也。牡者毛色华丽，牝为所诱，生子更美，递争而递胜也。由禽兽而推诸人，人能说理，又能合众，争机伏焉。自古至今，凡不知教化之国，人皆畏而避之。知教化矣，其有至善之教，人更乐与来往，于是善事日增，恶事日减。借非争也，曷以致此？

更览五洲历代之史，太古时，日寻干戈，多与斐洲①内地生番无异。既而有首出之一人，先创章程，以为律法。然仍简略而粗疏也。智者继起，增庳培薄，遂合数千万人而立一君，其国即由是渐兴。然苟有人于此，章程愈善，武备愈精，新国更兴，前国遂为所败。问何以败？曰：惟未善故。问何以兴？曰：惟较善故。

凡国之所以日进无疆者，又必于相争相胜之道，历经试验，而以至善为归焉。然其中又有自然而然之理，宰治者初无容心也。昔者，亚述、巴比伦、波斯、埃及、希腊、罗马诸古国，类如此也。之数国之君，如波斯

① 斐洲，即非洲。

之古烈①，希腊之爱烈珊德②，罗马之该撒③，皆有囊括天下，席卷八荒之志，而不知各国兴盛之真机，即在于相争相胜。试观罗马大国，鲸吞蚕食，西方之地，皆隶版图。其心曰：今而后，莫予争也已。然即此无所争之一心，衰兆遂从此始。

欧洲三百年来，各国相争，实为相胜之吉朕。其中有英国焉，争心尤过于他人。试观五洲新辟之地，大半皆操英语者之所辖治，且英人每至一地，见其人之愚蚕［蠢］无知也，即设教养诸善法。于是美洲、斐洲、澳洲及太平洋群岛中人，皆被英国教养之泽。然诸地之人，生齿仍不见增者，厥惟争胜之心，不敌英人故。

三十年前，美国南北大战，原其祸始，特欲省释黑奴数兆辈，俾为平民耳。今美国有获释之黑奴，七兆余人，国家待之，无异白人，并予以举官之权。然若辈仍视若无关，一切悉任白人为政。近有白人言：莫妙于发遣若辈，各回原籍。又有久居于黑人之中者，为言：黑人虽蒙优待，不下于白人，然较之白人，实有天渊之判，特远推至上古之世，白人亦犹是黑人也，惟其能相争相胜也，故遂高出黑人。黑人惟其不知也，遂永无媲美白人之日。

且不但白黑之判然也，同种之人，亦分类分党以争。故溯厥古初，族与族争。其后，国与国争。及至目下，则所谓最上之国者，其人倘实有足以相争之机，可自至贱之品流，一跃而至至尊之分位，则人与人争也。若以经商作工言之，亦皆以相争相胜为尚。昔者，人之执一艺以成名者，类多悠游自得，今则若不各竭其力，必至堕于人后，可知争胜之日益加紧。且昔之相争，仅在一方及一国耳，今则广而至于万方万国，而况古人有范围不越之道，同乡同业同宗，皆有拘忌，即皆阻人之前进，今则就执业一途而论，父不能强子，主不能强客，官不能强民，众人皆任意独行，相争之机乃益广。

查英美等国之人，作事甚勤，东方之人，则似甚闲散也者。深维其故，始知居于寒地，即赤道迤北四十度以上者，皆矢业精于勤之意。五洲

① 古烈，今译作“居鲁士大帝”。

② 爱烈珊德，今译作“亚历山大大帝”。

③ 该撒，今译作“恺撒”。

大事，遂太半归其掌握，东方人及居于赤道下者，精力较短，遂荒于嬉。若使二种人相争，大抵居寒地之人，必将较胜一筹。居于寒地者，英美等国是也。英美之人，虽求天下同享太平之福，而不得不留意于相争。既争矣，未受教化之人，必不能敌。试观太平洋诸岛，虽经英人设法教养，而生齿日见其少。惟印度及居美之黑人，生齿尚复如故。然相争相胜之心，即生人兴旺之至理，若辈仍茫然不知也。

第三章　相争相进之理

天生蒸民，有物有则。民之秉彝，好是懿德，此其所以超出于禽兽，而为万物之灵也。且人之所以为人者，又各具喜群而恶独之一念，度必先知合众之有益，复知专欲之无成，因而联人成家，联家成国。千百载后，当更有联国成一统天下之一日。斯喜群之量交尽，而生人之理大全矣。

地球之悬于天空，团团然一物耳，乃有至灵之人以居之，实为百思不到之奇事。顾远溯至皇初以上，固未尝有所谓人也。今泰西格致名家中，有创讲生长变化之新学者，皆言：地球第一生灵，孑孓螺蠕，只适有一节耳。譬诸鸟卵，或仅一黄，或但一白，绝无耳目手足之利用，亦不关骨肉血髓之类，妙合而凝。既而有二节，俄而有三节，以迄于五六十节。乃又小节变为大节，一形化作数形。积之久焉，更变而为各种鱼，化而为各种鸟。后于鱼鸟而生者，厥又有各种兽。综其大要，后起之物，必较胜于先生，如造塔然，更上一层，必较下层为略高也。千变万化，千生万长，至于终极，遂合千万节而成一人。回视向者适有之一节，相去诚霄壤殊矣。

思之思之，抑重思之，向者适有之一节，非徒一类已也。有若干之一节类，奄然而就死，乃有若干之二节类者生，抑自三节类者生，以尽灭乎二节类者之物。由是递死递升，递生递灭，爰有百千万节之物，而仍共趋于相争相进之一途。试观大海之游鳞，寥天之飞羽，与夫深山穷谷之兽族，历代以来，非弱肉而强食，即影铄而声销。要其相争不已之时，败而死者，当不下恒河沙数，胜而存者，殆已可偻指计矣。然物既战胜而生存，必较诸败且死之物，弥多力亦弥多寿。似此至奥极妙之理窟，人苟潜心默想，当共失声长叹曰：斯世恒河沙数之物，何必令澌灭殆尽，而彼可偻指计者，仍未能造极登峰乎？然又不敢责造物之不仁也。其迫而出于优生劣灭之一途者，窈窕纠纷，使人不可思议。姑衡以井蛙之见，大抵若操他术，亦可成此人世。上帝必将改弦易辙，以善全乎无限生灵矣。

人为万物之灵，固也。然人类之始生，断不能遍察地球之繁赜。洎乎层累而上，曲折而赴。今世学业，远迈古初，遂有侈然自足者，阳托于与世无争之美德，实则晏安鸩毒。所谓今女画耳，不知人而无争，必将每下愈况。故欲蕲今之胜昨，务在舍让以趋争，如超距然，偶一徘徊，捷足者恐已先登，自顾微躯，瞠乎后矣。试专以争言之，一则其专谋利己者也，一则其兼谋利人者也。公私之殊，不可以道里计。然而历代之进境，不问其为公为私也，争焉而已。是故上古之世，父子兄弟，聚而成族，遇事与他族战。有众一旅（五百人为旅），决胜于蜗角之间，强凌弱，众暴寡，争也。既而有百里之君，成师（二千五百人为师）而出，彼零星之族靡矣。既而有王者兴，张我三军（万二千五百人为军），鼓行而前，列国诸侯，俯首听命，亦越于今。每一大国，养兵数兆，战胜攻取，无往不利，诸如此类，要仍概以一争。及为之溯厥本源，则悉起于好群而恶独之一念。群愈盛，即争愈奋，争气愈炽，即胜概愈雄。是盖有莫之致而致，不期然而然者。而猥曰：聊以固吾圉耳，无事长驾远驭为也，其仆也，可立而待也。

且也，居今之世，争胜负于疆埸间者，其非徒坐拥重兵之谓，诘朝相见，旗帜连云，试按籍以句稽，兵数大略相等，然而兵机之利钝，明眼人从旁预决，有无待乎兵刃既交者，是岂谓鬼神来告哉？国势之盛衰，端在人才之消长。圣君贤相之图治也，务使其全国之民，气体充实，识见广远，德性粹美，兼能上循天理，下处人事。以此众战，谁能御之？及察与之为敌者，则竟陷溺其民，事事适与之相反，虽有十倍之众，非交绥即溃，直不戢自焚耳。由是观之，欲国之强，必先使一国中人，无一不强，斯无畏乎敌国外侮矣。乃世之只图安逸者，则曰：何忍以一己求胜之故，而道［导］天下以争，甚至争地以战，杀人盈野，争城以战，杀人盈城乎？不知战败而死者，大抵其才其德，较逊于战胜而生还之人。故其死也，固可惨也，而后世之人，反因其死而受其益者，则缘继继绳绳，皆战胜者之苗裔，遂化弱而强也。或又曰：时会至今日，已非古世蛮荒之比，何忍仍令各国，一争而无不争？则请正告之曰：所贵乎人者，以其有相争相进之心也。此心既亡，人类即渐归于无何有之乡矣。今世生存之人，即先代争进之人之苗裔，苟不能绳其祖武，则在家为不肖子，在国为无用人。夫使一国之人，而尽成无用也，尚足以为国哉！

今世之争，恐将有更甚于古者，此非凭空揣测之词也。试稽近代学派，有讲求安民新学之一家。如德国之马客偲①，主于资本者也。美国之爵而治②，主于救贫者也。美洲又有柏辣弥③，主于均富者也。（本广学会前译《百年一觉》之书，即衍其义。）英国之法便④，尤以能文著。皆言：人隶律法之下，虽皆平等，人得操举官之权，亦皆平等，（君主之国，无此权也。）独至贫富之相去，竟若天渊。语语翔实，讲求政学家，至今终无以难之。即格致家最著盛名之胡思礼，亦曰：若无善法，以救贫民，吁莫若天空现一大彗星，与地球之行同轨道，突然相撞，尽成齑粉，人不论贤愚贵贱，死无噍类之为愈也。余尝遍察英法诸国，凡开办大工程之地，贫民四集，如蚁附膻，万一机炉尽息，闭门谢众，疮痍满目，惟饥死耳。且非徒胡思礼之言也，英人有布忒者，遍查伦敦情景，终身不厌，著书八卷，实为专门名家之业。中有言：旅人纷集伦敦，乃赤贫之民，大抵居百之三十。且伦敦为地球第一富埠，然巨富之家，合诸小康之户，只居百之十七八。可与胡说互相印证。至于美洲之爵而治、柏辣弥二人，详论其本洲之事，与胡布二人之论欧事，亦复如出一辙。此欲不争，安得而不争。

或曰：让，至德也，亦美名也。苟舍让而启争，扰扰纷纷，民生不将大乱乎？故英人米勒⑤，讲求富国新策，独出冠时，其书中有言：安民之学，宜使无争，殊不思人尽安贫，世事即江河日下也。与米勒并世而生之达文，独辟相争相进之妙理。其警句云：贫民亦自谓不可争。呜呼！非不

① 马客偲，今译作“马克思”。
② 爵而治，今译作“亨利·乔治”。
③ 柏辣弥，今译作“贝拉米”。
④ 法便，今译作“费边”。
⑤ 米勒，今译作“穆勒”，即约翰·穆勒（John Stuart Mill）。

欲争也，其力不能夺他人之利，而其利反为人所夺也。沉痛之语，使人泪下。

今之最可痛者，世间纵有无穷之妙法，而救贫即以安民之理，迄无人体会入微也。且余之所谓相争者，又有利己与利众之争焉。私心太重之人，专为利己而争，固属有害于世道。然苟争求利众，而竟尽去其利己之争，则将尽学夷齐之首阳槁饿乎？是故两者之争，如衡诚悬，宜使之适剂于平，不可顾此而失彼也。乃历代善言性理之人，亦未能讲明此理。惟有考求动物学者，二千三百余年来，苦心孤诣，始知物种之先有一节，人身之具有全体，要皆彼此相争，然后古今相进。因而推诸人事，历历不爽，且重言以申明之曰：人若不争，即一代不如一代也。

第四章　人世第一大事

上章言，有以一人而敌众人者，亦有合众人而成一人者。此理既明，则知论世事之第一大题目，实在于此。而凡居此世界之人类，当共求进而益上之际，果宜恪遵何道？始能彼此不相殄灭，而世事已日异月新哉！夫能安辑人群，兼能裨益人生者，诚人世之莫大机缄，即论世者之绝大题目也。谓余不信，试罕譬以道之。

假如有一种生灵，出自星球，而来人世，乃先踵格致学家，请作导师，冀遍睹地球重大之关系。彼格致家者，自必导游各大国之都会，及古今诸名胜之地，而一一指示其崖略。比经礼拜堂门外，即使高华典丽，凌帝所而轹仙宸，格致家必傲然过之，而不一回顾也。星球客已心窃异之，既而旅居稍久，游踪更广，但见似此高华典丽之屋宇，实为人世之弁冕，况有恒河沙数之人，出入其间，营营不已，则必将问于格致家曰：此何地也？先生曷为而有不屑之意？幸明告我。格致家或当听尔而笑曰：此盖上古不明真理之时，流传之旧俗也。或亦语之曰：此往者拜初祖之地也。或更曰：有教会中人者，竟言有治理天地万物之鬼神，人乃皆入此室而拜之，但今之智士，已不愿随波逐流，再作似此之事矣，且昔之教会中人，恒指摘格致家之谬误，吾等视同水火，至今心未释然也。星球客闻之，即知格致家甚不愿齿及此事，亦不再问。迨与格致家握别后，重遇他人，则皆语之曰：我人之于教法，关系匪轻，人世各国，无教亦无以立也。星球客乃细察而深究之，始知格致家之所讲，皆系一身与接为觏之物，他事皆置不道，惟入礼拜堂者，则从耳目所能见能闻之事，推而至于不能见闻之理。之两说者，如枘鉴之不相入也，然各执一端，断无一误，欲分优绌，戛戛乎难。则试再考其近状，因知此一二百年间，虽有格致家之精诣，盛行人世，若上溯数千年之久，厥有教会中所订之条规，实与世道人心，互相维系，格致家虽与之龃龉，然亦有一切风气，本开自礼拜堂者，辄不觉其乐于遵守也。然则教会之事，断非如格致家见到之小事，而教会之扶翊世道，匡正人心，实超出于格致家万万也。

星球客固善知识也，体会入微而后，又觉两家互争之语，实各有其相助之机。然欧洲名宿，畅论教会之理，试为考其精警之语，亦复微有参差。甲若曰：教会知有上帝，而愿效其至善。乙若曰：教化遵天命而行。丙若曰：教也者，教人乐于修德也。丁若曰：教会最敬人之地位。戊若曰：是恭敬心，是畏惧心，是顺从心。己若曰：人当知何以待五洲万物。庚若曰：人之微灵，能知创造天地万物者，有无穷无尽之灵。辛若曰：凡见有德之人，当敬之爱之慕之。壬若曰：奉造化主者之命。癸若曰：愿择斯世之至善者，竭吾才力，则而效之，故不必求有益于己也，但求有益于至善之事。且充其信心之所至，共觉万物之外，有一真主焉。人在艰难困苦之中，可默冀主力之相助。似此十说，备哉灿烂，而未已也。子又若曰：奉教之人，实深知天地万物之来历，及人在其中之本分。丑若曰：教化起于敬，深于慕。寅若曰：教会中人，共信有无始无终之上帝，在天地万物之中，为之主宰。其治人也，一如人世之帝王。

星球客备闻此言，乃知地球上人，有专讲目前者，有推及于人目所不能见，惟人心始能见之者。然专讲目所能见之人，必与多讲心所能见之人，互相抵牾，故格致教化两家，自古一分而不能合，且迄今不让而必共争。惟是既启争端，教化家独擅胜场，格致家反造败绩，历验不爽，纯任自然。夫教化家之所以能奏凯而归者，岂有异术哉？无亦治理历代之人心，有兼容并包者在也。

然而格致家之与教会，本非蓄扫尘灭迹之心也。惟其意若曰：目之于色也，耳之于声也，鼻之于臭也，口之于味也，手之扪而足之蹈也，皆有迹象之可凭。教会乃叩寂而课虚，孤行而冥悟，显树实学之敌，不得不辞而辟之耳。夫岂知两家所执之理，不在于实有虚无也，而在于近观远察。格致家所恃为实有者，特其近观而得者耳，教会则远近毕赅，虚无且向超于实有。蚍蜉撼树，庸有济乎？

（录自《万国公报》第 121~124 册，1899 年 2~5 月）

天演大同辨

君　平*

天演家之言曰：物竞天择，优胜劣败。大同家之言曰：众生平等，博爱无差。同人以二义相诘难，平子乃演而录之，拉杂不文，固所不问。

自识

客有甲乙某论天演事。甲曰：天演者，人禽之所由分，文野之所由判，而世界之所以有今日也。天演之界说曰：物竞天择，优胜劣败。物各相竞，非优无以自存，物求自存，故物求进步。此世界之所以日即文明，而无迟滞之患也。使无天演，则物竞停而优劣混，我恐长此太古，原人之世界千万年至今已耳。以其有天择之作用，故劣者渐归消灭，优者乃得展其文明之施设，则虽云世界为天演所造成，无不可也。

乙乃愀然曰：哀哉斯言！我不忍闻。夫同住地球，同具生命，广言之则彼固物而我亦物也，狭言之则彼固人而我亦人也。彼虽劣，我安忍灭之？我虽优，我又安得独利！牺牲多数之血泪，易此少数之文明，果何忍而出此哉！虽谓天为造成腥血世界之利器，云何不可？呜呼！白起之坑降卒，哥萨克兵之溺黑龙江人，闻者尽人而悲之。不知天演之暗杀，正千万倍而未已也，学者犹且推其疲［波］而助其澜。哀哉斯言！我不忍闻。

甲冷然曰：君谓今日之文明，果有胜于昔日乎？如谓然也，则是文明者，将有何术以致之？我知舍竞争二字之外，无以应焉。是固经几多学者之所研究，确定而无可易者也。即以人类而论，吾侪徒见夫火食烹啖，服

* 君平，即高平子。高平子（1888~1970），原名高均，字君平，号平子。

衣冠而居宫室，与禽兽绝然异也。不知太古时代，榛狉混沌，草栖木食，与彼毛族羽类，又何分别之可言！历数千万年之天演，人类独占优胜，乃得组此文明绵［锦］绣之场，以为吾侪歌哭之区，非天演其孰致此！即君之有此言论，又何尝非由天演来哉。使不经此数千余年之天演，我料比之黑奴红番，犹且不及，安能出此言乎？充君之量，是必反太古榛狉而后可，则亦自相矛盾而已。

乙曰：非然也。予岂欲反古哉！实悯众生之不平，悲人世之多难，故欲企此不争无竞之大同世界耳。且夫所谓优胜劣败者，岂有定哉：今日之优，安知不为他日之劣；今日之劣，又安知非即昔日之优。人生朝露，诚哉，诚哉。辗转相争，而世界终无宁日，众生终无息时矣。善杀人者斯为优胜，不善杀人斯为劣败，而文野之程度，又视其胜败而分。所谓文明如是如是，实则文明即野蛮之变相耳。蒙马虎皮，夫复何益？

甲曰：嘻！何君之大愚乃尔。试思身居何地，更处何时？斯时斯地，实至危极险之一境也。累卵不足以喻其危，水火不足以道其险，而犹悲世悯人，作此无益之空谈。嘻！吾固悲人，而人将不悲汝！吾固悯人，其奈人之不我悯何！且也正以优劣之无定，故当力占优胜，既优矣，更当优益求优，而常使立于不败之地。夫而后合群之念萌，夫而后保种之想发矣。我中国之衰弱，实由竞争思想之不发达，正当以天演学说作警梦之钟，作当头之棒，以拯救此随灭之众生。如君言者，非惟缘木求鱼，实且促国之亡耳。

平子乃起而言曰：二君之说明矣，某有一言，敢云相质。夫此世界之现象，果何若哉？某乃不得不为激烈之言曰：世界者，腥血世界也。莽莽大地之上，若者为动，若者为植，若者为人，若者为物，旋生旋灭，旋灭旋生，相妒相仇，相残相杀，弱肉强食，万劫重重，如是苦海，谁云足乐！则大同世界，固仁人君子所当梦想魂游而不能一刻离者也。虽然，今者未足以语大同也。众生根器浅薄，争竞因缘不能解脱，天择恶果，斯无由断绝，此其一也。不能争者，不足以言让，吾不能争而徒言让，则吾虽不争，其奈人之不我容何，此其二也。总此二因，故我侪今日断不足以语大同。虽然无大同思想者，其志行必浅薄，而大同遂无可期之一日，故我侪虽不足语大同，而究不可不以大同思想为之竟。总之，大同者不易之公理也，而天演者又莫破之公例也，公理不可刹那弃而公例不能瞬息离，公理固可宝爱而公例又非能避弃，当事者亦惟循天演之公例，以达大同之公理耳。

甲曰：然，予固非以大同为不足尚也，特以不能实行耳。

乙曰：然，予亦非以大同为可实行于今日也，所孜孜者，犹冀其盛行于异日耳。然则是问题可以解决矣。

平子曰：犹有一言，而我不忍言，而又不忍不言。曰：物竞天择之魔力，虽千万年后，文明达于极轨，实行平等主义，公德完备，一例无差，然究可暂息而不可终息，可稍息而不可消灭也。云何如是？不观夫渺渺之地球乎，沧海一粟，而有千百万兆之生灵扰攘其间。地球有尽，而生育无涯，所以不见人满之患者，特因天择太严，稍不自立，即归消灭。使物竞暂息，则此渺渺之地球，将不数百年，而早无人类容身之地，而人满之患见焉。则现象虽无竞争之惨，而天演实已大施残杀于其间，非如是不足以容人也。呜呼！世界一大苦海哉。前浪初平，后波复起，风涛万丈，汹涌而来。呜呼！天演之狂澜，遂不可息乎。夫复何言。虽然，而独不闻生理家之言乎，思想愈进步则生育愈减少，或者文明大进，生育有定，世界遂无人满之患，未可知也。吾侪但当铸大同之因，必能收大同之果，岂得作杞人之忧，遂生退想哉！

乙曰：其然，不其然乎？固如是，我将香花翘足以企之。

（录自《觉民》第9、10期合刊本，1904年8月）

论大同平等之说不适用于今日之中国

《警钟日报》社说

近世中国所倡学理，有不合于今日之适用者：一曰大同，二曰平等。

大同之说，出于《公羊》《礼运》，倡之者为常州学派，而龚、魏述之；近世以来，其说益昌。平等之说，出于王学，而近儒戴东原、焦里堂诸人，于古代不平等之说，亦极力矫正。（见《孟子字义疏证》诸书）近世以来，又拾西儒孟德斯鸠、卢梭之余唾，而平等二字之名词，遂为学界所通用。此二说者，固至精之真理，而亦世界之公言也。吾独谓其不合于中国之适用，亦又何哉？

盖大同者，即内外相通之说也；平等者，即上下相通之说也。内外不通，无以启交通之智识，然内夏外夷之界不可泯也；上下不通，无以达在下之民情，然主治者与被治者之界不可泯也。且通字之义与限字相反，而实与限字相成。通由限而后见，无限则通亦不见矣。

孔子之言大同也，其说具见于《礼运》。然孔子之告子游也，不过曰："天下为公，讲信修睦。"（既言"讲信修睦"，是孔子不去国界之征[证]。）墨子之论大同也，其说具见于《兼爱》三篇。然即《兼爱》篇之言观之，亦不过借言视人之国如视己国耳。是孔、墨固未尝破国界也。夫国界者，即国家之谓也，即有一定之土地、人民者也，何居乎后世乃有异族入主中国者乎？（如五胡、沙陀、契丹、金、元皆是也。）于此而托名内外之通，真邪说矣！（如龚定庵申《诗经》无此疆尔界之说，以泯华夷之界，借以献媚于时主是。）

至于平等之说，则《礼运》载孔子告子游之言，仅言"选贤与能"；（可知不贤不能之人，必不能与贤者、能者平等。）而墨子所倡之学说，亦只言“尚贤爱士”。（可见不能众生平等。）孔、墨所言，即工食相准之义耳。工食相准，即平等也。若许行并耕之说，必至人无争竞，业不分工，（观斯密氏《原富》，可知各业皆起于分工。若许行之说，谓人人当并耕而食，且谓国家不当有仓廪府库，非破坏政治之秩序乎？）直是阻国家进化之机耳！（人不分工，安能争竞？人不争竞，安能进化？）无论民权若何之国家，皆不闻有此政体，何居乎后世犹有社会党之说乎？（社会党之说，倡于欧西，而中国则古代以来，未闻此说。近日中国袭新学皮毛者，不察中国国度之若何，惟以提倡社会党为主义。无论其必不能行，即使能行，亦必大乱。）于此名而托名上下之通，真妄言也。

此皆大同、平等不适用于今日之说也。

夫大同、平等之说，非不可行，然以今日之中国，则固未易骤行。若骤而行之，吾未见其不致乱也。昔法国罗兰夫人谓：“多少罪恶，皆假自由之名而行？”岂知今日假大同、平等之名者，正与假自由之罪恶无异哉！吾所由有慨于提倡学术之人也。

（录自《警钟日报》第255号，1904年11月6日）

中国之社会主义

梁启超

社会主义者，近百年来世界之特产物也。概括其最要之义，不过曰土地归公，资本归公，专以劳力为百物价值之原泉。麦喀士①曰："现今之经济社会，实少数人掠夺多数人之土地而组成之者也。"拉士梭尔②曰："凡田主与资本家皆窃也盗也。"此等言论，颇耸听闻。虽然，吾中国固夙有之。王莽始建国元年下令曰："汉氏减轻田租，三十而税一，而豪民侵凌，分田劫假，厥名三十税一，实十税五也。父子夫妇终年耕耘，所得不足以自存，故富者犬马余菽粟，骄而为邪；贫者不厌糟糠，穷而为奸。"所谓分田劫假者，注云："分田，谓贫者无田，取富人之田耕种，共分其所收；假者，如贫人赁富人之田也；劫者，富人劫夺其税，欺凌之也。"此即以田主、资本家为劫盗之义也。又，宋苏洵曰："自井田废，田非耕者之所有，而有田者不耕也。耕者之田，资于富民。富民之家，地大业广，阡陌连接，募召浮客，分耕其中，鞭笞驱役，视以奴仆，安坐四顾，指麾于其间，而役属之民，夏耨秋获，无有一人违其节度以嬉，而田之所入，己得其半，耕者得其半。有田者一人，而耕者十人，是以田主日累其半以至于富强，耕者日食其半以至于穷饿而无告。"此等言论，与千八百六十六年万国劳力党同盟之宣言书，何其口吻之逼肖耶？

---

① 麦喀士，今译作"马克思"。

② 拉士梭尔，今译作"拉萨尔"。

中国古代井田制度，正与近世之社会主义同一立脚点，近人多能言之矣，此不缕缕。

（录自《新民丛报》第46~48号合刊本，1904年2月14日）

复某友人函

孙中山

□□先生足下：

九月初六日来书已照收到，读悉各节。

所询社会主义，乃弟所极思不能须臾忘者。弟所主张在于平均地权，此为吾国今日可以切实施行之事。近来欧美已有试行之者，然彼国势已为积重难返，其地主之权直与国家相埒，未易一蹴改革。若吾国，既未以机器施于地，作生财之力尚恃人功［工］，而不尽操于业主之手，故贫富之悬隔，不似欧美之富者富可敌国，贫者贫无立锥，则我之措施当较彼为易也。夫欧美演此悬绝之惨境，他日必有大冲突，以图实剂于平。盖天下万事万物无不为平均而设，如教育所以平均知识，宫室衣服所以平均身体之热度，推之万事，莫不皆然。则欧美今日之不平均，他时必有大冲突，以趋剂于平均，可断言也。然则今日吾国言改革，何故不为贫富不均计，而留此一重罪业，以待他日更衍惨境乎？此固仁者所不忍出也。故弟欲于革命时一齐做起，吾誓词中已列此为四大事之一。今将誓词录鉴，以见一斑。词曰：

“联盟革命人〇〇〇，当天发誓，同心协力，驱除建虏，恢复中华，创立国民，平均地权。[①] 矢信矢忠，如有异心，任众罪罚。”

行誓之仪，发誓者举右手，向天当众宣读誓词；施誓之人，面发誓者立，亦举右手为仪。若发誓者不识字，则施誓者宣读誓词，而发誓者随之

---

① 此十六字，有两处与孙中山在别处使用的不同，一是“驱除建虏”，本作“驱除鞑虏”；二是“创立国民”，本作“创立民国”。这可能是由于笔误或排错，也可能是上海《警钟日报》编者出于当时环境的考虑而故意改动的。——原书注。

读。公等既为同志，自可不拘形式。但其余有志者，愿协力相助，即请以此形式收为吾党。

弟今在檀香山，已将向时“党”字改为“军”字。今后同志当自称为军，所以记□□[1]之功也。去［今］岁来檀时携有一书，此书感动皆捷，其功效真不可胜量。近者求索纷纷，而行篋已罄。欢迎如此，旅檀之人心可知。即昔日无国家种界观念者，亦因之而激动历史上民族之感慨矣。

顷保皇党出大阻力，以扼弟之行事。彼所用之术，不言保皇，乃言欲革命，名实乖舛，可为僇笑。惟彼辈头领，多施诈术以愚人，谓保皇不过借名，实亦革命，故深中康毒者多盲从之。弟今与彼辈在此作战，所持以为战具者，即用康之政见书以证其名实之离。康尚有坦白处，梁甚狡诈，彼见风潮已动，亦满口革命，故金山之保皇党俨然革命党，且以此竞称于人前。吁！真奇幻而莫测其端倪矣。弟以今日之计，必先破其戾谬，方有下手。梁闻弟在檀，即不敢过此，而于暗中授意此地之《新中国报》及金山《文兴日报》，以肆排击。但人一见，皆能明其隐慝，知其为妒弟而发。故弟于檀香山，四岛已肃清二岛，其余二岛不日亦当收服。

书此，即候

大安

弟中山谨启　西历（1903年）十二月十七日

（据上海《警钟日报》1904年4月26日《投函》，录自《孙中山全集》第1卷，中华书局，2006，第227~279页）

---

① □□：指邹容。那时邹容被囚于上海租界牢中，当是《警钟日报》编者有意将名字略去。

孙中山走访社会党国际执行局的一组报道

（一）孙中山访问第二国际书记处（M. 伯纳尔）

编者按：这段资料系丘权政、符致兴同志译自马丁·伯纳尔《1907 年以前中国的社会主义》（Martin Bernal：*Chinese Socialism to 1907*，康奈尔大学出版社，1976）一书的第 65—66 页，为该书第三章“孙逸仙”中的一部分，今标题系译者所加。

1905 年（清光绪三十一年，乙巳）年初，孙中山自英赴德，后又由德去法进行革命活动。但他这年春天在布鲁塞尔访问第二国际书记处这段史实，一般资料中未见记载，这段译文可供研究孙中山活动和思想之参考。马丁·伯纳尔书中介绍的是当时报纸对孙中山访问第二国际书记处情况的报导，其中报导的孙中山的谈话，并不是原话，又经过了辗转翻译，因此不一定很准确。如报导孙中山的纲领“驱除篡权的外来人……”部分，应是两个多月后成立的中国同盟会纲领中的“驱除鞑虏，恢复中华”之意。凡此，均请读者注意。

孙中山同世界社会主义运动之一致，可从他在一九〇五年春第二次赴欧旅行中得到证明，当时他访问了在布鲁塞尔的第二国际书记处。一九〇五年五月十八日，佛兰德语社会主义报纸《人民报》（*Vooruit*）有一篇短文记述了他们的讨论，几天后它的法文版（*Le peuple*）也有报导。这次讨论似乎用英语进行，因此语言的困难和作者关于中国的乌托邦观点，肯定对这篇报导有所影响。但是，看来这篇报导多半还是确实可信的：

这星期我有幸成为中国革命社会党的领袖、我们的孙逸仙同志，和我们的朋友王德威尔得（樊德维）及胡斯曼的中介人。

孙同志来比利时，是为了向社会党国际局请求接纳他的党为成员，该局的书记是胡斯曼同志。

孙同志首先扼要地解释了中国社会主义者的目标，他们的纲领：第一，驱除篡权的外来人（满洲人），从而使中国成为中国人的中国。第二，土地全部或大部为公共所有，就是说很少或没有大的地主，但是土地由公社按一定章程租给农民。而且中国有一种十分简单的财政制度：每人按其财产付税，而不是像欧洲那样，把负担单独放在大多数没有财产的群众身上。

我们黄种的同志希望改进这种制度，使之同我们党的原则更趋一致，防止往往一个阶级剥夺另一个阶级，如像所有欧洲国家都曾发生过的那样……

中国工人发现他们自己还处在过去许多世纪行会一样的地位。他们全组织起来了，境遇比世界上任何国家的都好。像中世纪的工匠一样，今天中国工人的生活是远非可怜的。穷人很少，而真正富有的甚至更少。

行会是反对使用机器的，……中国人一点也不笨。他们是世界上最幸福的人之一，他们知道欧洲工人在资本主义制度下多么痛苦，因而不希望自己成为机器的牺牲品。这是他们处在落后状况的原因。

另一方面，中国社会主义者要采用欧洲的生产方式，使用机器，但要避免其种种弊端。他们要在将来建立一个没有任何过渡的新社会，他们吸收我们文明的精华，而决不成为它的糟粕的牺牲品。换句话说，由于它们，中世纪的生产方式将直接过渡到社会主义的生产阶段，而工人不必经受被资本家剥削的痛苦。孙同志说："几年内我们将实现我们梦寐以求的理想，因为届时我们所有的行会都是社会主义的了。那时，当你们还在为实现你们的计划而努力的时候，我们将已生活在最纯正的集体主义制度之中了。这对你们将同样是有利的，因为除了这种范例所具有的吸引力外，全世界也会相信，完整的集体主义制度并不是虚无缥缈的梦想或乌托邦。

这种办法所取得的转变，将比许多年的著作或成百次会议所取得的还要多。”

（录自《近代史资料》1979年第3期，第1~3页）

（二）中国的社会主义

本文报道的是《前进报》的一位撰稿人同孙逸仙博士的一次别开生面的谈话，他是到布鲁塞尔来向社会党国际局申请接纳中国革命社会党①的。

他说：“我以前曾写文章说过：满洲人目前统治着中国，和俄国人统治着波兰而西班牙人在十六世纪统治着你们的先辈的情况一样。”

因此我们的天朝②的同志们的纲领第一条就是驱逐鞑虏、恢复中华。

不应忘记，中国的全部或绝大部分土地是公有财产，也就是说，那里的地主很少，土地按一定的规章租给农民。

中国人实行一种很简便的赋税制度：每个人按其财产多寡纳税，国家开支不像欧洲这里由那些没有财产的阶级即广大居民负担。

我们的黄种同志还打算进一步完善这种税制，给这种制度规定统一的原则，防止一个阶级剥夺另一个阶级。

机器的使用在中国还很不普遍，绝大部分劳动还靠手工。中国工人的处境，类似我们这里的行会和同业公会时期的手工业者。所有的工人都组织起来了，组织得比其他任何国家的都更紧密。工人的物质生活状况还远远不是悲惨的。赤贫的人很少，富裕的人更加少。富人虽然富有，然而他们享受的舒适和奢侈的程度，却不及欧洲资本家的一半。

行会和同业公会一贯激烈反对输入机器和采用欧洲的生产工艺。

中国人清楚地懂得他们在做什么：他们是世界上最幸运的民族之一。

他们深知欧洲无产者在资本主义生产方式下遭受的苦难，他们不愿意

---

① 1905年春，孙中山在欧洲的中国留学生中进行宣传并组织革命团体，先后在布鲁塞尔、柏林和巴黎等地召开会议，这是革命同盟会的创立初期，会名未定，通称革命党。——译者注

② 当时外国人称中国为“天朝”。——译者注

成为机器的奴隶。中国社会主义者为采用机器生产，必须同它带来的种种弊端和缺陷作大力的斗争。他们想一举建立新的社会结构，想从文明的进步中取其利而避其害。总而言之，他们深信可以直接从中世纪的行会制度过渡到社会主义的生产组织，而不必经历资本主义制度带来的艰难困苦。

孙先生接着说："几年之内我们就将实现我们最大胆的设想，因为我们的行会和同业公会受社会主义思想的影响。我们将生活在完全的集产主义制度下。你们也将从中受益不浅，不仅因为榜样的说服力，还因为它将表明集产主义①并不是虚构和空想。在我们那里完成的事业，将比多年的争论和数以百计的会议更能促使人们改变信仰。

"中国的社会主义已不像以往人们想象的那样还处在襁褓之中。我敢说'它已结束了幼年时代'。所有的行会都赞成我们的主张，只等一声号令便开始战斗。

"此外，中文的社会主义报刊有五十四种，这个可观的数字，可以使你们认识到我们的读者和信仰我们思想的人数量之多，更何况中国的文盲比你们这儿多得多。"

在谈话结束时，孙逸仙博士宣布中国社会党将派代表出席下一届斯图加特国际代表大会。

（王以平译，译自比利时《人民报》1905年5月20日；录自《国际共运史研究资料》第3辑，人民出版社，1981，第285~287页）

（三）清国之社会党

最近出版之法国社会党机关报《社会主义者》报道：近日清国社会党非常兴盛，意气昂扬，表示当下届万国社会党大会之际，一定派出其代表。而编写此报道时，本编辑局收到来函一件，系为出征军人某同志所书，亦报道清国社会党之状况者。其文如下：

---

① "collectivism"通译"集体主义"，但在孙中山当时的著作和演说中译为"集产主义"，故此处使用"集产主义"的译法。——译者注

有幸向我国同志诸君呈递快报，不胜光荣之至。所报者无他，唯清国到处有我同志耳。前此在《直言》杂志上曾看到诸位先辈之报道，根据予实地之见闻，予认为，其势力较我国尤大。予在各地，无论所遇何人，均注意间接宣传予等主张。近来与一清国将来颇有前途的高级官员结成至交，渐至推心置腹交谈议论。彼信奉美国均产党（或为共产党）主义。彼等（已有二人结为同志，以将来相约）熟习英语，研究英美书籍。但据云：清国毕竟为清国，其镇压迫害亦更严酷，热心之同志不得不避难外国。若被官宪查知，即遭杀戮。然而彼等处此逆境，仍巧妙传播，联合一切革命派。其结果，如中国本部，即拥有非常多之同志。在吾等常视为蒙昧之清国，其实情如此，吾等当为此大惭，知奋发而起。

吾等真应奋发而起。愿与此邻邦同志联合，试发动一大运动，此其时矣。

（陈劭平译，吴杰校，译自《直言》第 2 卷第 26 号，1905 年 7 月 28 日；录自姜义华编《社会主义学说在中国的初期传播》，复旦大学出版社，1984，第 346 页）

（四）社会主义在中国

上期本刊曾介绍中国社会党状况，而今又获一新报导，即：孙逸仙博士日前访问比利时布鲁塞尔市之万国社会党本部，声明中国有一社会党，欲举党加入社会党国际，望准派代表出席下届国际大会，并称中国目前国内已有社会党报刊五十四种，其运动决非幼稚。

孙逸仙氏将统治中国之满清朝廷及贵族比作主宰波兰之俄国朝廷，称中国之社会党必先攘此外来之压迫者，使中国为中国人所有。

彼又谈及土地制度及同业工会状况，言中国土地制度将建立在共产基础之上。同业工会为本国社会组织及经济组织之重要因素。

据孙氏所言，目前中国装置机械不多，故不仅工人之状况较欧洲诸国甚为良好，且贫富不胜悬殊。而不见机械输入，实因劳动组合顽强反抗之故也。

故该国之社会主义者时常宣传种种弊害，并非基于机械本身，其症结在于私有制度，进而教育民众，欲保护工人之利益，唯有在互助组织下经营产业云云。

呜呼！但见今日之世界，到处暗云密布，未审何时暴雨沛然从天而降！

（陈劭平译，吴杰校，译自《直言》第2卷第27号，1905年8月6日；录自姜义华编《社会主义学说在中国的初期传播》，第347页）

《俄罗斯大风潮》序

独立之个人*

人间之最恶者，莫如野蛮时代之圣贤矣。其识见局于社会之中，受社会之等等影响而不可脱却，故顺社会之风潮所趋而立说，不能立足社会之外，以指点批评现社会之罪恶，出大力以改造社会，破坏旧恶之社会，另造新美者。其人又稍有知识愈于众，其说现出，则万千之庸众奉其言为经典，视为神圣不可干犯，于是旧社会罪恶之根蒂因之愈固。虽然，野蛮时代之圣贤，在如彼之时代固不可无，而在文明之时代，可谓之为大怪物矣，其功罪每每相抵也。予敢决一言于此曰：无改造社会之思想者，其人断不可谓之大豪杰。

休乎哉，抱改造社会思想之子，豪杰乎！其目的或全达，或全达其一小部分，或历数世而达，或历数十世而达。当其生时，世人皆辱之、逐之，以至于戮之，谓其人为诞人，视其说为邪说。然历数世或数十世之后，则莫不敬而崇拜之，至读其书而咏叹曰：吾何不幸，不生与斯人同时也！

法兰西之国民者，世界上思想最高之国民也。圣西孟①之徒倡社会主义（即公产主义）于世，其势日盛。至十九世纪，而英人达尔文、斯宾塞之徒发明天演进化之理。由是两种学说发生一种新主义，是新主义曰：无政府主义。今予所译之书，即所钟主义之历史也。

人间之最可恐者，莫如野蛮时代之所谓贤君英主也，若俄彼得大帝，

---

* 独立之个人，即马君武。

① 圣西孟，今译作“圣西门”。

其一也。日本人福本诚谓予曰：子曷不读福禄特尔[1]之《彼得大帝传》？是于子国之前途有大影响也。呜呼，岛国狭陋之民，固不足以语大理哉！说者动谓俄无彼得则亡，使吾而为俄罗斯人也，则宁为亡国之民，而不愿为贤君英主之奴隶。渐文明之世，凡可以亡我国者，必其国之文明程度远胜于我也。彼既亡我，必能与我交通，而输入其文明；文明既输入，则独立之举可立兴也。当彼得之时，瑞典最强。瑞典者，自由最强固之国也。而俄罗斯而被灭于瑞典也，俄罗斯人犹可得自由，惟因有彼得之故，其国至今无宪法，无议院，因自由而举革命被杀戮者已如麻矣。俄罗斯诚人间之最黑暗地狱也。

无政府党人者，各国政府之最大公敌也。英人克喀伯作此书，称赞之不已。美哉！言论自由乎！凡非人间最黑暗之地狱，未有不许国人言论自由者也；凡非人间最无耻之卑下奴隶，未有不出死力争言论自由之权者也。

（一九〇二年）

（录自莫世祥编《马君武集》，华中师范大学出版社，2011，第25~26页）

① 福禄特尔，今译作“伏尔泰”。

社会主义与进化论比较
(附社会党巨子所著书记)

君　武*

社会主义者(Socialism),发源于法兰西人圣西门(Saint-Simon)、佛礼儿①(Feurier),中兴于法兰西人鲁意伯龙②(Louis Blanc)、布鲁东③(Proudhon),极盛于德意志人拉沙勒④(Ferdinand Lassalle)、马克司(Karl Marx)。由圣西门以降,社会党人皆以为人群生计之发达,自古至今,经三级焉。三级者,谓由家奴变为农仆,由农仆变为雇工。由是观之,人群生计(日本谓之经济)之发达,必不止于今日之雇工而已。社会者,发达不息之有机体也。其必有一日焉,打破今日资本家与劳动者之阶级,举社会皆变为共和资本、共和营业,以造于一切平等之域,此社会党人所公信也。

拉沙勒与马克司者,皆黑格儿(一作黑智儿,德国近世六大哲学者之一)之弟子也。黑格儿之解释社会问题也,主发达不息之说,谓人群之生计,乃随社会之历史而亦发达不息者也。拉沙勒益广其义,以为生计问题者,进化之问题也,与其谓人群生计为历史之生计,无[毋]宁谓之为进化之生计。

自达尔文发明天择物竞生物进化之理,直抉世界事物发达之源。马克司之徒,遂指出社会主义与达尔文主义相同之点,谓是二主义实相与有密

---

* 君武,即马君武。

① 佛礼儿,今译作“傅立叶”。

② 鲁意伯龙,今译作“路易·勃朗”。

③ 布鲁东,今译作“蒲鲁东”。

④ 拉沙勒,今译作“拉萨尔”。

切之关系。达尔文虽非唯物论者，然其学说实唯物论（Materialism。予著有《唯物论二巨子学说》①，登《大陆报》第二期。欲救黄种之厄，非大倡唯物论不可。）之类也。马克司者，以唯物论解历史学之人也。马氏尝谓：阶级竞争为历史之钥。马氏之徒，遂谓是实与达尔文言物竞之旨合。

虽然，达尔文所谓发达与社会主义之所谓发达，固不同也。达氏以为物种竞争，最宜者存；社会党人以为人群当共同和亲，利益均享：其异甚矣。马克司之思想，华严界之类也。彼谓其思想中之世界，经一大革命之后，即可一蹴而致，诚大不可必之事。

不宁惟是，争利一事，固社会党人所诋为人间之黑兽（Bête noire）者。依达氏之说，则争利为社会竞争以致进步之鞭。社会主义固主张社会进化者，既不争利，则进化良不易，此诚自相矛盾之论，极复杂之问题也。

此皆社会主义与达尔文主义反对不可通者。虽然，是两主义固有连合相关之点在焉，曰民数问题。

欲论民数问题，不可不先论马尔泰司②（Malthus）之民数论。马尔泰司之民数论，固达尔文主义之根据地也。

马尔泰司之说甚长，此不能详。大略谓：物种滋生极速，苟其种子皆能保存生长，则此世界将无地以容之。其所以滋生有限者，则因物种彼此互相取食之故。马尔泰〈司〉犹未知最宜者存之理也。

惟马尔泰〈司〉不知物竞天择之理，故彼谓人数之加增，无外力能禁止之者。而此地球终将有人满之一日，虽尽现有土地耕植之所获，不能养也。人群无食则不能生，故除觅新地外无第二法。植［殖］民事业者，诚人群文明所赖以发达进步之最大事业也。马尔泰司之理论，综而言之，不外发明下二项之事实。

（一）天然形势上之事实，即人群之繁衍，其数可增至无量数是也。

（二）天然生计上之事实，即吾人所居之行星，其界甚狭，将来此行星中之产物必不能随人数而并增，以供养人群之生活是也。

---

① 《唯物论二巨子学说》，即《唯物论二巨子（底得娄、拉梅特里）之学说》，参见莫世祥编《马君武集》，第83~84页。

② 马尔泰司，今译作“马尔萨斯”。

马尔泰司既发明此二项事实，而无善法以免其必至之恶果，于是达尔文之争自存论乃兴。达尔文曰：人类之社会，争自存之活现象也。人群之历史，争自存之活绘画也。（余译有《达尔文物竞天择论》，言此理最详。）

若自历史上观之，则人群之竞争，其级常变。野蛮狉獉之时代，其竞争之结果，为获其俘囚，杀而均食之，（此俗今日极野蛮之岛族尚有。）是为第一级；及社会进步，由游牧射猎之族，变为耕植聚居之国，其竞争之结果，为获其俘囚而奴使之，此家奴之制所由兴也，是为第二级；及罗马帝政之中叶，执政者以为农仆之制，较诸家奴更为良便，而农仆之制兴焉，是为第四［三］级；至于今日，农仆之制，变为自由作工之制，乏资财者服社会中劳动之役，以得酬金，而争其生存焉，是为第四级。

（按：泰西之变级如是。中国则家奴、农仆、雇工三者，常兼包并容，而无显然分划之阶级，至今尚然。此中国与泰西历史比较之异点也。）

人群最初之争自存，止争存其生命而已，与禽兽无以异。及时代愈进于开化，其争竞遂变为争高尚之自存，而争权利争幸福之事兴焉。虽然，家奴也，农仆也，雇工也，其变象既如是，原夫变象之所由生，则固有大力以驱之。其力惟何？曰自私利。自私利者，人群之天性，进步之鞭策也。人人有求幸福求权利之心，斯人人有自私自利之心，思想高尚之哲人欲救自私自利之弊，遂创为理想世界的幸福权利之说。其权利甚巨，然最足为世界进步之害。今世界迷信佛教回教之邦国，既莫不受其祸矣。欧洲之兴也，惟赖有文学复兴及路德改教二伟业，且十九世纪之新学说，莫非攻耶教之快枪利剑，则二十世纪以后之耶教，其势力可知也。

自欧洲封建分立之制，变为中央集权之制，农仆亦同时变为雇工。雇工之制之善于农仆，既人人识之矣。雇工之制，争利之制也，各争自存于社会之中。每一社会以一强固之政府管理之，而其个人之争竞不息，由争利之制，可验天择之象焉。雇工之领袖，皆社会中有势力之个人也，殆即达氏之所谓经天择而为最宜者欤？

争自存之事，与人群之历史相终始而不息，固也。然不稽近百年之民数乎？物竞虽剧，天择虽烈，而人群之数增加如故，民数问题者，诚世间最不可解之难问题也。

读既往之历史，可见阻止民数之增加者，惟有二事：曰迁徙，曰战争。（如水旱、疫疠之类，惟极野蛮国乃有之，故不数。）战争之原因，曰贪功，曰奢望，曰疑忌，曰好胜。人治愈进，公理愈明，则此诸种恶性质，将为人群之所大戒。而地球终有弭兵之一日，则战争之事穷。南北两极既不可至，此行星不久将无地可辟，则迁徙之事穷。民数问题之困难，逼人而来，虽欲避之不理而不可也。

民数问题岂终不可解乎？曰于万不可解之中，觅一解法，则亦惟曰：使人类之社会常发达不息而已。人类之社会，何以能常发达不息？则亦惟曰：使人群之道德及智识常进步不息而已。道德及智识既进步，而物质也，生计也，独停滞而不进步，此必无之事也。道理［德］及智识不进步，而放恣愚昧之行，充塞于社会，是其为人群幸福之害也多矣。是不惟牺牲此一世人民之幸福而已，并将牺牲后世子孙之幸福。若是，则人群之进步，终不可望，民数之问题，终不可解也。

社会主义者，即解民数问题之独一捷法也。彼以为民数之加，既终不可免，惟道德与智识进步之大力，可以胜一切天然之灾祸，而不受其害。夫个人之力有限，欲赖之以胜天然之灾祸，其势甚难，则莫若合大群以谋公利，是不惟可以解民数之难问题而已，亦可以之解一切难问题，此社会主义之奇想也。夫今日欧洲之世界，社会党人之势力，可谓极大矣。苟其真与达尔文之主义相反对，即达尔文之主义既明以后，社会主义当摧破而无复余，然犹能腾万丈之光，照耀一世，岂非其主义固有真价值存焉，故不灭而益明也。

令［今］请言社会主义与争自存说相关之理，且请言社会赖争自存以进步之理。

达原［尔］文之争自存说，于人类之社会历史，既可验其现象矣。虽然，社会之进步也，不徒以争自存为单纯之原理，若平均、和亲之类，亦为社会进步不可少之原理焉。徒举社会发达（social development）一问题，则进步（progress）自并包于其中。故社会主义者，不惟不与达尔文主义相反对，且益广其界而补其偏。虽谓达氏主义得社会主义而其义乃完可也。

今于此分立三说，以释其理。

第一说。

政治发达、道德发达、交际发达三者皆人群由争自存以臻于整齐之域之现象也。进步之大要，曰：发明道德之原理以胜人群之私利、傲慢、惧怯、暴虐诸恶性，故人群每经一竞争，则经一进步，其进步之效，必为法律改良，秩序加整，以道德胜非道德。非道德者，如自私自利之根性，竞争所因以兴起之原本者是也。予亦非谓人群之发达，惟止于道德发达而已。要之，道德发达为人群发达之一大要素，则固至当不可驳之说也。

道德既进步，（道德进步、道德发达等字，于中国真为创见。盖中国古说皆以为天不变道亦不变也。然试读欧美哲学、道德学等书，则必见Ethical or moral development. Ethical or moral progress 等字，满纸皆是。皆欧人以为道德之发达进化，乃人群发达进步之大原，此诚中国人与欧洲人思想相反之最大者。）则政治及交际，亦必与之俱进。试观自未有历史以前之黑暗时代，以至渐进于发达之晚近时代，可见人群互相敬爱怜恤之感情，常随时代之文明而俱进。由是可推知，苟世界之文化极盛，则人群待遇之象，必道德雍雍，美善和平，盖无可疑也。

亦非谓争自存之理，遂废不用也。由竞争求和平，非由竞争求紊乱，此自然之道也。竞争者，所以驱人群于进步，以造于交际道德之最高级。达尔文固自谓人类常由竞争以进于高级矣。盖经一竞争之后，则人群之智识必变，交际道德遂因之亦一变。

人群者，乃山下等生物进化之所成，此达尔文天择之说也。天择不息，故虽现今之社会，亦不能出天择之势力范围，而必更有所进。社会主义，欲改造现有之旧社会为新社会，改造现有不完全之道德为完全之道德，且益进而不息焉。此其于天择之义，固无所背也。由是论之，则夫世论之以争自存为人群进步之独一原因，而遂置道德发达一面于不论者，其界限亦太狭，识见亦太偏矣。

社会主义，以为人群之交际、道德既发达，则机器、技术之属，亦必随之发达，而物质、生计之需，自呈能效材，以助长其群之福祉。而人群进步不息，遂可造于道德自由之极乐国。今世争利之制，何足算焉？

此社会主义与达尔文主义相通之第一说也。

第二说。

今伹［但］自道德进步一面言之。夫道德进步之现象，即人群相与康乐和亲，团体愈固是也。上古之时，人类分为小部落，互相并吞残杀。及文化日进，乃有市党，乃有民族，乃有人种，其团体之大小散聚，与时代之文野，有一定之比例。然则将来必至合通世界之人种，为一大群，万国和亲，无能分异，无可类也。但其时代遥远，尚不可预期耳。

生物之进化也，以二事为断：一曰脑力之发达，二曰社会原理之发达；二者常互相连续焉。人类肇兴之时，无脑力可言，亦无社会可言。及脑力渐发达，始知结团体以战胜他种生物。而人之一类，遂翘然独异。人治既兴，其脑力尤胜，团体尤固者，遂胜他族他种而独尊焉。此证之于历史而皆然，非臆说也。至将来之世界，种族已合，而争自存之事，尤不息，孰与争乎？曰：与天争。天者，世界自然之大力，最足以败坏人治者是也。人群最大之敌曰天，人群最末之敌曰天。

与天争一语，中国自来所无，可与奇甚。然吾犹有一奇语焉，曰：吾甚恐中国之种，将无与天争之资格。盖可与天相争之种，必世界最良之种也，不然，必已早为他种所并灭，何足与天相见于战场乎？

英雄造时势乎？时势造英雄乎？时势与英雄，固互相造也。组织最善之社会，必能产出最奇伟最雄大之个人。此个人既出世，又必能为此社会增无限力量。破坏社会之英雄，必其社会本不善，否则其人有自私利之心；若道德既发达，人人知重社会之公益，则必无是患也。

国体和亲者，人群发达之良果，而争自存之利器也。所谓争自存者，非个人与个人争自存之谓也。或此部落与彼部落争，或此市党与彼市党争，或此民族与彼民族争，或此人种与彼人种争。现在之世界，则尚为阶级、党类相争之世界而已。争自存之问题者，诚最复杂之问题，而于此世界之历史上，有大权力焉。竞争相激，人群最高尚之天才乃出现，社会之组织乃改良，大英雄大智慧大慈悲之事业，乃竞演于剧场。竞争乎，其名虽可憎，其象虽可怖，而实为此世界人种最大最良之一间学校，其价值非一切他物之所可比拟也。

欧罗巴之历史，乃演争自存大戏剧之一部大历史也。欧洲之人，分为数大群，而各独立，而各竞争，互师所长，为此竞争之大力所驱，常前进而不息也。此群既改良，则彼群不得不亦改良以从之，不然者败亡之祸随至。旧世界之支那、印度，新世界之墨西哥、秘鲁，所以停止而不进化者，因其国不幸与世离绝，而其国民不克受竞争之良教育，遂不克享竞争之大幸福也。

凡一社会之组织，苟已合宜，则其人民之智识必发达，能力必发达，热心必发达，其人民遂为常能战胜他族之人民。不观夫普鲁士乎？普鲁士改良其社会之组织，凡普鲁士之人民，莫不有受普通陆军教育之义务，遂战胜墺［奥］、法诸国，得莫大之利益，为欧洲之霸国焉。其风潮所趋，使欧洲诸邻国，不得不亦改其社会之组织以从之，此军国民之制所由兴也。社会主义者，欲人群改良其社会之组织，达于极点，以长久昌盛，百战百胜，享福无穷也。

由是论之，社会之发达以进于文明也，争自存一事，自不可废。不惟不可废，且益复杂而永不息焉。社会之文明愈进，争自存之事愈广大，人民之团结愈多而固，其军器愈精，战粮愈足，孰谓争自存之事可废也？

此社会主义与达尔文主义相通之第二说也。

第三说。

竞争者，乃此世界人种之学校，既如上所论矣。社会之进步也，则犹学生之升班也。社会之由野蛮进于半文明，由半文明进于文明也，则犹学生之由小学进于中学，由中学进于大学也。故学生无不升班之理，社会无不进化之理。

世界之国民，常彼此互为先生，互为弟子，相师焉以进于善。世界各种之制度，则犹之学堂之教科书也。社会每进一步，则往日之制度，必废除焉，而不复用。譬之，学生既升至甲班，则必不复用乙班之旧教科书也。既明此理，则可知现在争利之制度乃旧教科书，而社会主义乃新教科书。学生之每升一班也必喜，每读一新教科书也必喜，此其所以为良学生也。今此之人，奈何恋恋于今世争利之旧制度，百计思所以保存之，若有深惧于社会主义之新制度者。然吾窃惜其智识出于寻常学生之下也。

虽然，进步者，美名也。社会之改良，则诚大难事也。由今世争利之制度，变而为社会主义之制度，则尤难而又难。是必变其道德，变其智识，变其习俗，变其组织，由下等之社会生计，变而为上等之社会生计。

世人根性劣下，不知其利，相视疑怪，亦何是说。

世人而果不忘图进步也，则不可不修诸等之德行，若团体，若先见，若自治，若克己，是数德者，人群福祉之所由生也，社会主义之所由立也。凡怀热心图进步之国民，未有不欢迎社会主义者。社会主义既行，则人群必大进步，道德、智识、物质、生计之属，必大发达，此世界之光景一大变。达尔文所谓适于天择之最宜者（fittest），将于是焉在。

此社会主义与达尔文主义相通之第三说也。

呜呼！张乐于洞庭之野，鱼闻而深潜，鸟闻而高翔。以今日中国文化之程度，进而与之言社会主义，其不惊疑却走也几希。虽然欧罗巴之世界，既有此种奇伟光明之主义，而忍使吾国之人，昧昧然不知其为何物，则亦非以输入文明为己任者之本心也。且近人已有托《礼运》之片字只义，演为大同条理，陈设制度，以期实行者，欲以一人为牧人，以众生为牛羊，而听己之指挥焉。偏于一面，而不知竞争不息之旨，则是欲进化社会，而反致之于退化也，不可以不辨。（二年前，与严又陵言天战之理，又陵诧曰：奇思怪语，从何处得来？思深哉！子之为学也。）

附社会党巨子所著书记

社会主义诚今世一大问题。最新之公理，皆在其内，不可不研究也。今绍介其党中巨子所著最有名之书于下。

圣西门所著书：

Settre d'un Habitant de Genève，1803，（今译为《一个日内瓦居民给当代人的信》）①；

L'Industrie，1817，（今译为《论实业》）；

L'Organisateur，1819，（今译为《论社会组织体》）；

Du Système Industrial [industrials]，1821，（今译为《论实业制度》）；

Catechisme des Industriels [Industrials]，1823，（今译为《实业家问

① 此附录中括号之内容，为编者注；下同。

答》）；

Norveau Christianisme，1825，（今译为《信基督教》）。

佛礼儿所著书：

Theorie des quatre Movements，（今译为《四种运动与普遍运动论》）。

鲁意伯龙所著书：

Revue du progrès，1839，（今译为《劳动组织》）。

布鲁东所著书：

Qu'est-ce que la propriété，1840，（今译为《什么是所有权?》）；

Système des contradictions economique ou philosophie de la misère，1846，（今译为《经济矛盾的体系（哲学的贫困）》）；

De la justice dans la revolution et dans l' église，1858，（今译为《罗马教会与法国大革命的正义问题》）。

拉沙勒所著书：

The Italian War and the Mission of Prussia，1848，（今译为《关于首饰匣案件的演说》）；

System of Acquired Right，1861，（今译为《既得权力体系》）；

On the Nature of a Constitution，1861，（今译为《论宪法实质》）；

What Next?（今译为《下一步怎么办?》）；

Might and Right，（今译为《力量与权利》）；

Science and the Workers，（今译为《科学与工人》）；

Working Men's Programme，（今译为《工人纲领》）；

Open Letter，（今译为《公开信》）；

Bastiat-Schulze，（即 Herr Bastiat-Schulze von Delitsch，der ökonomische Julian，oder：Capital und Arbeit，今译为《巴师夏-舒尔采-德里奇先生，经济的尤利安，或者：资本和劳动》）；

Iron Law of Wages，（今译为《工资铁律》）。

马克司所著书：

The Condition of the Working Class in England，1845，① （今译为《英

① 此书为恩格斯的著作。

国工人状况》）；

Misère de la Philosophie，1847，（今译为《哲学的贫困》）；Manifeste of the Communist Party，1847，（今译为《共产党宣言》）；

Zur Kritik der politischen Oekonomie，1859，（今译为《政治经济学批判》）；

Das Kaptial，（今译为《资本论》）。

（录自《译书汇编》第3年第11期，1903年2月16日）

论社会主义

邓　实

于二十世纪之天地，欧罗巴之中心，忽发露一光明奇伟之新主义焉，则社会主义（即世界主义）是也。其主义于现今世界，方如春花之含苞，嫣然欲吐。其将来为大地所欢迎，而千红万紫团簇全球乎？抑为其反对者之所摧折，而绿惨红愁飘零无迹乎？虽未可知。而要之，其能腾一光焰，照耀众脑，万人一魂，万魂一心，以制成一社会党，其党人复占环球各党之最大多数焉，则其主义之价值可知也。

社会主义者，思想最高尚之主义。而首唱于思想最高尚之法兰西人圣西孟，渐枝干于英、德、奥、意，聚点潜伏于俄罗斯。其目的，欲打破今日资本家与劳动者之阶级，举社会皆变为共和资本，共和营业，以造成一切平等之世界。其手段，则欲变少数之国家为多数之国家，变海陆军人之国家为农工商人之国家，变贵族专制之社会为平民自治之社会，变资本家横暴之社会为劳动者共有之社会。而后以正义博爱之心而压其偏僻之爱国心也，以科学的平和主义而亡其野蛮的军国主义也，以布拉沙呼德①之世界主义而扫荡刈除其侵略的帝国主义也。呜呼！此之目的，此之手段，固社会党人所共认，而不惜牺牲其个人之生命，破坏其现在之社会，以赴之者矣。虽其赴之之程途，尚甚曲折，未能遽达，而举社会党人人之脑网中，盖无一不有其所谓极盛之世，人人平等之天国，如花如锦之生涯，心醉魂飞矣。即举全世界人人之脑网中，亦无不乐有此天国，此生涯，目想而神游矣。

---

① 布拉沙呼德，为英文“brotherhood”的音译，意译为“同胞情谊”。

虽然，今之世界，国家主义之世界也。举全球上下之视线、之脑电、之心苗，无不倾注于此主义，如饮迷药，如发热狂，皆以发扬国威，光辉国旗，为唯一之荣誉。而世之政治家、哲学者，亦以国家为人群团体之最大圈，宇宙文明之最高潮，谓天下只有国界，更无世界，只有国民，更无世界之民，而以太平为无是物，归之于乌托邦。然则社会主义者，亦乌托邦之主义焉耳。二十世纪以后之状态，社会主义能取国家主义摧倒而代之乎？抑国家主义将永永年代乎？此则今日至复杂之一问题也。

二十世纪之欧洲，有不可避者二大革命：一曰女权革命，一曰生计革命。此二大革命不行，则世界之进化仍未达于极点。何也？盖现今社会上，唯男子对于女子，资本家对于劳动，犹占莫大之势力。使二者不变，则人类全体之福利犹不可期，而世界之前途，将终复黑暗可也。虽然女子选举权之声，已发爆于议院，轰传于报章，女权革命之实行，殆将不远矣。独劳工同盟之组织，其内力犹弱，不足以脱资本家之羁轭，虽屡屡罢工，颇形骚动，不霎时终见散于雇主焉。岂非生计革命尚非其时乎？而社会主义将终无实现其理想之日乎？然观于今日生计上民数问题之困难，而知其又不然也。

民数问题者，发明于马尔泰司①。盖谓民数之增加，无他力可以阻止，当可增至无量数，而吾人所居之一行星中，其天然生产则在有量数，以有量数之星球，而养无量数之人口，势必至有缺乏之一日。就理财家之统计，谓欢乐之世界，不过今后二百年，而二百年后，则届世界亡灭之时期，为人类至悲惨之境。吾人遭此，宁不悼心？夫谓欧洲近日，人口虽非常增加，而未觉其困难者，恃有各殖民地为其人民之尾闾耳。使一旦殖民地告尽，而此星球与彼星球遥遥相望，终无可通，又将如何？此则今日至急至迫之切要重大问题，凡同居一星球之内者，所当急起研究而解释之者也。

欲解释此问题，何以乎？夫亦曰：实行其社会主义而已。社会主义者，所以使人类社会永远发达，而进于郅治者也。虽然，社会何以进？必其社会内之道德之智能与之进而后可。道德智能既进，则生计上农工商诸

① 马尔泰司，今译作“马尔萨斯”。

科学，不期进而自进矣。夫同一十亩之田，其农而通化殖之学，则所获自倍；同一金类之物质，其工而通汽机之学，则所成速物，巧而易售；同一懋迁之场，其商而通计学，审物情，精商战之术，则不难收倍称之息。且同一时间也，其国民富于经济思想者，则以至小之时间，而能营莫大之事业；经济思想薄弱之民，则或以至卑贱之业，而消费莫大之时间，或且一事不营，而弃时间于无用之地。若是者，何也？民智进不进之分也。故民智进，则人治战胜于天行，而人治有权，天行无权；民智不进，则天行战胜于人治，而天行有权，人治无权。而况今日者，物竞日深，天行愈烈，尤非可以少数之智民，与天争战，遂足以去一切灾害而澹人类之祸，则欲享长久昌盛之幸福，全般安全之乐利，苟非合大群以共谋公益，共图公利，乌足以战胜于天哉！嗟乎！世界者，公共之世界也。世界之财产，公共所以谋公利公益之财产也，而使少数之资本家握之，遂至多数之人民陷于贫困，酿成恶风。其究也，终无以逃天行之淘汰，而同归销灭。此地层之内古兽残骨之所以多也。悲夫！

十九世纪之文明，既打破政权之不平等，二十世纪之文明，必将打破经济之不平等，此可预言也。大地进化，由个人自由主义变而为国民主义，由国民主义变而为帝国主义，由帝国主义变而为世界和平主义，此亦可预言也。虽然，有一主动力，则有一反动力焉；有一反动力，则又有其反动力之反动力焉。社会主义者，最不适于今之政府，今之资本家与军人，故凡政府、资本家、军人之对社会主义，无不视之如蛇蝎，怖之若流行病，而诋之以破坏之名词，目之为乱党之举动，不惜出其酷烈之手段，以镇压之剪灭之者也。而庸知压力愈重，抵力自生，而同盟罢工、暗杀种种不祥之事，遂出现。夫此不祥之行为，猛烈之暴动，岂文明国人之所宜有哉？而此不祥之终不能免者，则以社会党人，其脑筋之所蕴与现今政界之所涉，无一不反对，非此而其理想之实现将绝望。然则，其社会上而有此同盟罢工、暗杀之不祥，必其社会甚腐败，其政体甚专制，有断然者，观于俄罗斯党人之横行可知也。虽然，吾不得不为社会党人诸君告者：诸君固以平和主义为目的者也，而先自蹂躏之，充其极焰，乃有流而为无政府党，专以破坏秩序为快心者，是则又误用其主义之过也。

呜呼！社会主义而能以笔舌达之也，则吾人之四围皆福音之乐国焉，吾人之前途皆华严之仙界焉，此则可喜也。社会主义而至以刀兵达之也，则吾人之四围，惟万枝之枪光焉，吾人之前途，惟惨澹之药［阴］云焉，此则可悲也。虽然社会主义，其潮已泛于众人之脑，其电已传于众人之心，其主义必将飞扬鼓舞于二十世纪。观于十九世纪末伦敦之大会、巴黎博览会之大会，其对于社会主义皆有莫大之影响焉。他如白耳义①之市政，如设救贫院，立贫民学校，制限劳动时间，备公众之欢游场等，其主义已实见于政治上。然则二十世纪以后，必有一新天地、新景象，惜手［乎］吾人不及其时，身亲其境，欢欣歌舞于其间。呜呼！盛哉！

虽然，社会主义者，又极不切于中国之主义也。凡人类进步之次第，由射猎而游牧，而耕稼，而工商，惟入工商之期，而后有社会之主义。吾国犹在耕稼之时代，故社会主义之问题，在欧洲已高唱非难，日日绞政治家之脑髓而不能理者，在吾国则视若无动焉。然则吾国今日之所急者，亦惟国家主义而已。吾人所抱持而不可失者，亦惟爱国心而已矣。

（录自《政艺通报》癸卯第2号，1903年2月27日）

① 白耳义，今译作“比利时”。

敬告中国之新民

《大陆报》编辑部

新民①足下：

［上略］

足下之论学术，无端及于社会主义，谓许行之说，与近世社会主义同。② 噫！社会主义，为前世纪以来最大问题，而实为大中至正、尽善尽美、天经地义、万世不易之道。岂有如许行之说者乎！社会主义，在昔日为空论，在今日则将见诸实事。虽今日尚不能尽行，而他日则期于必行。其所以不能行者，乃人类文明之程度，尚未足以语此，非此法之不可行也。且其理正有甚易明者，吾国人每家延一教师，何不可之有，而必立学校，何也？吾国人各人购书而读，何不可之有，而必立图书馆，何也？吾国人各家营小园，何不可之有，而必立公园，何也？吾国人各人收骨董，何不可之有，而必立博物园，何也？社会主义，亦如是而已，亦不过合一群之事而尽以学校、图书馆、公园、博物园之法治之而已。苟此法一旦大行，则可以省去无数劳力，无数消费，而一群之中，无一事不举，无一物不得其所。将见乘汽车者，可不费一文而遍行于大陆，乘汽船者，可不费一文而优游于江湖。所谓太平之世者，如是焉而已。足下大同、小康之说，不绝于口，而竟不知社会主义为何物！甚且贬其词曰"溺"曰"过"。何也？彼溺于博爱平等而用之过其度者，果足以概社会主义之真相否耶？若夫许行之说，则于计学中分业之说，尚有所未知，安知计学中

---

① 新民，指梁启超。

② 参见中国之新民（梁启超）《论中国学术思想变迁之大势》，《新民丛报》第5号，1902年4月8日；见附录。

至精至当之社会主义？足下乃贸然许其相类，毋乃重视许行而重诬社会主义乎！且足下既云，许行为放任主义之极端矣，亦知社会主义为干涉主义之极端乎？行社会主义者，每以国家为至大之保险行，则干涉者固莫甚于斯。若一一放任，固不必行社会主义也。

［下略］

（录自《大陆报》第6号，1903年5月6日）

·附录·

论中国学术思想变迁之大势（节录）

中国之新民

第三章 全盛时代

第二节 论诸家之派别

欲知先秦学派之真相，则南、北两分潮，最当注意者也。凡人群第一期之进化，必依河流而起，此万国之所同也。我中国有黄河、扬子江两大流，其位置、性质各殊，故各自有其本来之文明，为独立发达之观。虽屡相调和混合，而其差别相自有不可掩者。凡百皆然，而学术思想其一端也。北地苦寒硗瘠，谋生不易，其民族销磨精神日力以奔走衣食、维持社会，犹恐不给，无余裕以驰骛于玄妙之哲理，故其学术思想，常务实际，切人事，贵力行，重经验，而修身齐家治国利群之道术，最发达焉。惟然，故重家族，以族长制度为政治之本，（封建与宗法，皆族长政治之圆满者也。）敬老年，尊先祖，随而崇古之念重，保守之情深，排外之力强。则古昔，称先王；内其国，外夷狄；重礼文，系亲爱；守法律，畏天命：此北学之精神也。南地则反是。其气候和，其土地饶，其谋生易，其民族不必惟一身一家之饱暖是忧，故常达观于世界以外。初而轻世，既而玩世，既而厌世。不屑屑于实际，故不重礼法；不拘拘于经验，故不崇先王。又其发达较迟，中原之人，常鄙夷之，谓为蛮野，故其对于北方学派，有吐弃之意，有破坏之心。探玄理，出世界；齐物我，平阶级；轻私爱，厌繁文；明自然，顺本性：此南学之精神也。今请两两对照比较，以明其大体之差别，列表如下：

北派崇实际	南派崇虚想
北派主力行（主动）	南派主无为（主静）
北派贵人事	南派贵出世
北派明政法	南派明哲理
北派重阶级（《中庸》曰："亲亲之杀，尊贤之等，礼所生也。"）	南派重平等（如庄子"齐物"、许行"并耕"之论。）
北派重经验	南派重创造
北派喜保守（孔子曰："非先王法服不敢服，非先王法行不敢行。"）	南派喜破坏（老子曰："绝圣弃智，民利百倍；绝仁弃义，民复孝慈。"）
北派主勉强（勉强者，节性也。《书》曰："节性，惟日其迈。"董子曰："勉强学问，勉强行道。"孔子曰："克己复礼为仁。"）	南派明自然（自然者，顺性也。《庄子》山木之喻、浑沌窍之喻，皆其义也。）
北派畏天（孔子曰："畏天命。"）	南派任天（老子曰："天地不仁，以万物为刍狗。"）
北派言排外	南派言无我
北派贵自强	南派贵谦弱

古书中言南、北分潮之大势者，亦有一二焉。《中庸》云："宽柔以教，不报无道，南方之强也"；"衽金革，死而不厌，北方之强也"。《孟子》云："陈良，楚产也，悦周公、仲尼之道，北学于中国。北方之学者，未能或之先也。"是言南、北之异点，彰明较著者也。要之此全盛时代之第一期，实以南、北两派中分天下。北派之魁，厥惟孔子；南派之魁，厥惟老子。孔学之见排于南，犹老学之见排于北也。试观孔子在鲁、卫、齐之间，所至皆见尊崇；乃至宋而畏矣，至陈、蔡而厄矣，宋、陈、蔡皆邻于南也；及至楚则接舆歌之，丈人揶揄之，长沮、桀溺目笑之，无所往而不阻焉：皆由学派之性质不同故也。北方多忧世勤劳之士，孔席不暖，墨突不黔，栖栖者终其身焉；南方则多弃世高蹈之徒，接舆、丈人、沮、溺，皆汲老、庄之流者也：盖民族之异性使然也。

孔、老分雄南、北，而起于其间者有墨子焉。墨亦北派也，顾北而稍近于南。墨子生于宋。宋，南北要冲也，故其学于南、北，各有所采，而自成一家言。其务实际、贵力行也，实原本于北派之真精神，而其刻苦也过之；但其多言天鬼，颇及他界，肇创论法，渐阐哲理，力主兼爱，首倡平等，盖亦被南学之影响焉。故全盛时代之第二期，以孔、老、墨三分天下。

孔、老、墨之盛，非徒在第二期而已，直至此时代之终。其余波及于汉初，犹有鼎足争雄之姿（详见第三章）。今为三大宗表，示其学派势力之所及如下。

- 三宗
  - 孔学
    - 小康一派　《春秋》据乱世、升平世之义，以法治国、以礼率民，故法家言亦颇出于此。其的传者为荀卿，而李克、李悝等之治术，亦多本此。李斯受其道以相秦，秦制多本焉。汉初贾谊、晁错，皆汲其流。此派之传最永。
    - 大同一派　《春秋》太平世之义，传诸子游，而孟子大昌明之。《荀子·非十二子》篇，攻子思、孟子云：“以为仲尼、子游，为兹厚于后世。”可见子思、孟子之学，实由子游以受于孔子也。此派为荀派所夺，至秦而绝。
    - 天人相与一派　此派亦《春秋》之学，而其原出于《易》与《洪范》。盖九流所谓阴阳家者，此派之流裔也。以纬书为论宗，齐派（即北东派）多由此出。至汉代而极盛，董子及其余今文家言，皆其子孙也。
    - 心性一派　世子（硕）、漆雕子等传之，孟子、荀子、告子，皆各明一义。阅千余年后，衍为宋明学。
    - 考证一派　孔子祖述宪章，征夏礼、殷礼于杞、宋，读《易》韦编三绝，盖于考证古书，三致意焉。北派之重经验、崇前古，势则然也。此派亦荀卿受之。汉兴，六经皆荀卿所传，衍为东汉、初唐注疏之学。其末流盛于本朝乾、嘉间。
    - 记纂一派　孔子因鲁史作《春秋》，左丘明采《国语》以为之传，盖北学重先例，故史学之兴，亦相因而至者也。太史公以绍述孔学自命，其作《史记》，即受孔子此派之教也。

- 三宗
  - 老学
    - 哲理一派　此道德家言之正宗也。庄、列传之，大盛于魏、晋间。
    - 厌世一派　凡游心空理者，必厌离世界。楚狂、沮、溺之徒，皆汲老学之流也。后世《逸民传》中人，皆属此派。
    - 权谋一派　老学最毒天下者，权谋之言也。将以愚民，非以明民，将欲取之，必先与之，此为老学入世之本。故纵横家言，实出于是；而法家末流，亦利用此术。《韩非子》有《解老》等篇。史公以老、韩合传，最得真相。此派极盛于战国之末矣。
    - 纵乐一派　杨朱传之，数千年来，日盛一日。
    - 神秘一派　谷神玄牝，流沙化胡，盖必有所授焉。后衍为神仙方术家言，盛于秦、汉。复为符箓丹鼎之学，盛于汉末、三国、六朝。
  - 墨学
    - 兼爱一派　此墨学正宗也。禽滑厘等为巨子，宋钘、尹文，以禁攻寝兵为务，皆此学之感化也。战国之末，祖述之者极盛。
    - 游侠一派　凡兼爱者必恶公敌，除害马乃所以爱马也。故墨学衍为游侠之风。楚之攻宋，墨子之徒，赴其难而死者七十二人，皆非有所为而为也，殉其主义而已。自战国以至汉初，此派极盛。朱家、郭解之流，实皆墨徒也。
    - 名理一派　《墨子·经说》上下、《大取》《小取》等篇、多名家言、《庄子·天下》篇，言南方之墨者，以坚白同异之论相訾，以骑偶不仵之言相应。

此其大略也。虽然，吾非谓三宗之足以尽学派也，又非如俗儒之牵合附会，欲以当时之学派，尽归纳于此三宗也；不过示其势力之盛，及拓殖之广云尔。请更论余子。

南、北两派之中，北之开化先于南，故支派亦独多。阴阳家言，胚胎时代祝官之遗也；法家言，远祖周礼，而以管子为继别之大宗，申、商为继祢之小宗，及其末流，面目大殊焉；名家言最后起，而常为诸学之媒介者也。孔、老、墨而外，惟此三家，蔚为大国，巍然有独立之姿。而三家皆起于北方，此为全盛时代第三期。

齐，海国也。上古时代，我中华民族之有海思想者厥惟齐。故于其间产出两种观念焉：一曰国家观，二曰世界观。国家观衍为法家，世界观衍为阴阳家。自管仲借官山府海之利，定霸中原，锐意整顿内治，使成一“法治国”（Rechtssta<a>t）之形。《管子》一书，实国家思想最深切着明者也。但其书必非管子所自作，殆战国时其后辈所纂述。要之，此书则代表齐国风者也。降及威、宣之世，而邹衍之徒兴。《史记》称："（衍）深观阴阳消息，而作……《终始》《大圣》之篇十余万言。其语闳大不经，必先验小物，推而大之，至于无垠。先序今以上至黄帝，学者所共术，并世盛衰，因载其禨祥度制，推而远之，至天地未生，窈冥不可考而原也。先列中国名山大川，通谷禽兽，水土所殖，物类所珍，因而推之，及海外人之所不能睹。称引天地剖判以来，五德转移，治各有宜，而符应若兹。以为儒者所谓中国者，于天下乃八十一分之一耳。中国名曰赤县神州，赤县神州内，自有九州，禹之序九州是也，不得为州数。中国外如赤县神州者九，乃所谓九州也。于是有裨海环之。……如此者九，乃有大瀛海环其外……焉。"（《史记·孟子荀卿列传》）此其思想何等伟大，其推论何等渊微！非受海国感化者，孰能与于斯？（邹衍所谓"先验小物，推而大之"，近世奈端①、达尔文诸贤，能开出弥天际地之大学说者，皆恃此术也。）虽其以阴阳为论根，未免失据，然萌芽时代，岂能以今日我辈数千年后之眼识訾议之耶？邹子既殁，而稷下先生数百辈犹演其风。及秦汉时，遂有渡海求蓬莱之事。徐福之开化日本，皆邹子之徒导之也。此为齐派（北东派）之两大家。齐派之能独立于邹鲁派以外也，大国则然也，海国则然也。

秦，黄族先宅之地，而三皇所迭居也。控山谷之险，而民族强悍，故国家主义亦最易发达。及战国之末，诸侯游士，辐辏走集，秦一一揖而入之。故其时西方之学术思想，烂然光焰万丈，有睥睨北南东而凌驾之之势。申不害，韩产也。商鞅，魏产也。三晋地势，与秦相近，法家言勃兴于此间。而商鞅首实行之，以致秦强。逮于韩非，以山东功利主义，与荆楚道术主义，合为一流；李斯复以儒术缘附之；而李克、李悝等，亦兼儒、法以为治者也，于是所谓秦晋派（北东派）者兴。秦晋派实前三派之合体而变相者也。

宋、郑，东西南北之中枢也。其国不大，而常为列强所争，故交通最频繁焉，于是墨家、名家，起于此间。墨家之性质，前既言之矣；而墨翟亦名学一宗师也。名家言起于郑之邓析，而宋之惠施及赵之公孙龙大昌

① 奈端，今译作"牛顿"。

之。名家言者，其繁重博杂似北学，其推理俶诡似南学，其必起于中枢之地，而不起于齐、鲁、秦、晋、荆楚者，地势然也。其气象颇小，无大主义可以真自立，其不起于大国而必起于小国者，亦地势然也。要之，此齐、秦晋、宋郑之三派者，观其大体，自划然活现北学之精神，而必非南学之所得而混也。地理与文明之关系，其密切而不可易，有如此者，岂不奇哉！

南派之老庄尚矣，而杨朱亦老学之嫡传也。（杨子居为老子之徒。见《庄子》）杨氏之为我主义，纵乐主义，实皆起于厌世观。《列子·杨朱》篇引其学说曰："世事苦乐，古犹今也；变易治乱，古犹今也。既闻之矣……既更之矣，百年犹厌其多，而况久生之苦也乎?"又曰："生则尧舜，死则腐骨；生则桀纣，死则腐骨。腐骨一矣，孰知其异?"盖其厌世之既极，任自然之既极，乃觉除为我主义、纵乐主义，更无所可事。此其与近世边沁、弥儿等之为我派、快乐派，由功利主义而生者，迥殊科矣。故北学之有墨，南学之有杨，皆走于两极端之极点，而立于正反对之地位。杨之于老，得其体而并神其用。杨学之几夺老席，非偶然也。故杨氏不可不列于大家而论之。

许行亦南学一代表也。但其流传甚微，非惟学说不见于他书，即其名亦除孟子外，未有称述之者。虽然，其所持理论，颇与希腊柏拉图之共产主义及近世欧洲之社会主义 Socialism（社会主义，与无政府主义相类，而亦不尽同。社会主义者，溺平等博爱之理论，而用之过其度者也。）相类，盖反对北人阶级等杀之学说，矫枉而过其直者也。至其精神，渊源于老学，固自有不可掩者。老氏以初民之状态，为群治之极则，故其言曰：郅治之极，"邻国相望，鸡犬之声相闻"，"民各甘其食，美其服，安其俗，乐其业"，"至老死不相往来"。此正南方沃土之民之理想，而北人所必无者也。北方政论，主干涉主义；（保民、牧民，皆干涉也。）南方政论，主放任主义。此两主义者，在欧洲近世，互相沿革，互相胜负，而其长短得失，至今尚未有定论者也。（十八世纪以前，重干涉主义；十八世纪后半、十九世纪前半，重放任主义；近则复趋于干涉主义。英国，放任主义之代表也；德国，干涉主义之代表也。卢梭，放任主义之宗师也；伯伦知理，干涉主义之宗师也。格兰斯顿，放任主义之实行者也；比斯麦[①]，干涉主义之实行者也。）而许行实放任主义之极端也。吾甚惜其微言之湮没而不彰也。（《汉志》农家者流，殆即指许行一派。若仅以李克"尽地力"者当之，似不足为一家言也。又按：许行一派，亦兼有墨家主义，殆南而稍染北风也。但墨主干涉，而许主放任，其精神自异。）

［下略］

（录自《新民丛报》第5号，1902年4月8日）

① 比斯麦，今译作"俾斯麦"。

论理论实事之关系

《大公报》论说

理论者，实事之进步也。实事者，理论之范围也。益实事而益进理论，则实事之发达，正有未艾。愈理论而愈衷<忠>实事，则理论之效果，莫可穷期。二而缺一，不偏于空谈，无裨，即失之。浮嚣寡实，不流于守成，莫化，即失之。暮气日深，此必然之势也。我中国输入文明以来，前此之崇尚科学，不可谓国民之资格胥弃，而卒无补于国家者，理论之缺乏使然，后此之高谈理论，不可谓国民之程度尽低，而卒难济于国家者，实事之缺乏使然。惟其然也，故其风潮印入吾少年之脑者，非流血破坏各虚论，即自由民权诸空词。夫理论，诚救国要务，已究之古今来普通名家，其掀天揭地成世界之新事业者，几见有事实不明而理论了然者乎？

就十八九两世纪言之，有一般之理论，必有一般之实事，而后之起者，合理论实事而一之，以与世界相成立。故革利布士①发明纺绩机器，而革米德士登生计之理论乃兴，于是显理约翰等以进步折衷之；克虏伯等发明新式器械，而卑斯麻克②铁血之理论乃兴，于是伯仑知理等以国家折衷之。其他如倍根之以科学而明哲理之理论，笛卡儿之以科学而尚惯性之理论，噶苏士③之以科学而发爱国之理论，达尔文之以科学而著进化之理论，斯宾塞尔④之以科学而唱民群之理论，要皆出入理实两者之际，以变革一世之学风。使苟实事放弃理论，矜持如日本吉田松阴、西乡隆盛等，

① 革利布士，今译作“哈格里夫斯”（James Hargreaves，1721-1778）。

② 卑斯麻克，即俾斯麦。

③ 噶苏士，今译作“拉约什·科苏特”（Lajos Kossuth，1802-1894）。

④ 斯宾塞尔，今译作“斯宾塞”。

非不足鼓风潮而资改革。然环顾国家社会，半属叫嚣，政府时形浮动，其程度与欧美诸邦较，相去几何如耶。

以观我今日中国，刺激理论之风潮，转贩于外人，以零趸国内，其一种不羈状况，非不足新脑质，而唤颓唐。然未与实事以相依，终难呈利济之结果。宗教哲学家言，诚足救国家堕落也，而徒知其高尚广远，成一种理论之理论，未闻有实见施行者。政治法律群学生计家言，固足救国家腐败也，而徒艳其繁密切实，为一般实事之理论，未见有衡诸正义者。于此而欲图自强，求独立，以与他人发达进步并驾而齐驱，是奚可哉。最可怪者，昧新天地之社会主义，侈旧世界之个人竞争，不顾害群，惟谋利己，苟权利与利益所在，如虎攫食，如鹰飞扬，掉弄三寸无凭之舌，以与计划，而夺争强占社会上之公物，一接于应尽义务，则敷衍粉饰，退缩不前，尤得以一种谬妄不正之理论，炫耀于民众，若而人者对于社会而不尽义务，放弃其国民资格，甘冒社会公敌而不辞。一人如是，则一人亡，一国如是，则一国敝。我社会民群如此，能无叹息痛恨于不置乎？

总而言之，理论为实事之绍介，实事为理论之归综。无实事之理论，则实事终不得见；无理论之实事，则理论转无由真。欲求实事之理论，则不可不求理论之理论；欲征理论之理论，则不可不求实事之实事。理论之实事，可以臻；理论之理论的实事，不可臻。理论之理论中实事，尤可按；理论之理论中实事之实事，不可按。虽然阶级虽殊，进化一致，读世界历史，其一因一果，甲乙穷变之间，二者相倚以成，历历昭揭不爽。设令徒尚理论，概置实事，则有中古至十八世纪之理论足矣，何以有十九二十世纪理论实事之文明？亦奚必孜孜研究实验，而不遑哉。

［录自（天津）《大公报》1903年2月4日］

论俄罗斯虚无党

中国之新民*

俄罗斯何以有虚无党？曰：革命主义之结果也。昔之虚无党何以一变为今之虚无党？曰：革命主义不能实行之结果也。

吾今欲语虚无党，不得不先叙其略史。史家记虚无党者，率分为三大时期：

（第一）文学革命时期：自十九世纪初至一八六三年；

（第二）游说煽动时期：自一八六四年至一八七七年；

（第三）暗杀恐怖时期：自一八七八年至一八八三年。

其事迹之关系最要者略记之，则：

一八四五年　高卢氏①始著一小说，名曰《死人》②，写隶农之苦况。

一八四七年　缁格尼弗③氏著一小说，名曰《猎人日记》④，写中央俄罗斯农民之境遇。

一八四八年　耶尔贞⑤著一小说，名曰《谁之罪》，发挥社会主义。

一八四九年　尼古拉帝捕青年志士三十三人下狱处刑，禁人民留学外国，本国大学学生限额三百名，并禁读哲学书及他国之报章。

一八五五年　亚历山大第二即位，锐行改革。

---

* 中国之新民，即梁启超。

① 高卢氏，今译作“果戈理”。

② 《死人》，今译作《死魂灵》。

③ 缁格尼弗，今译作“屠格涅夫”。

④ 《猎人日记》，今译作《猎人笔记》。

⑤ 耶尔贞，今译作“赫尔岑”。

一八五六年 《现代人》丛报发刊，专提倡无神论。

一八五七年 渣尼斜威忌①氏著一小说，名曰《如之何》②，以厌世之悲观，耸动全国。

一八五九年 《俄语新闻》③ 发刊，大鼓吹虚无主义。

一八六〇年 革命派之学生，在彼得堡及墨斯科④立一团体，名曰“自修”俱乐部。

一八六一年 二月，亚历山大第二下诏释放隶农。

因各学生煽吹暴动，六月禁学生集会，逮捕多人，放于西伯利亚。

八月，各军人持立宪主义者，设一秘会，在参谋本部出一丛报，名曰《大俄罗斯》⑤，仅出三册，被封禁。

一八六二年 耶尔贞创一日报，名曰《钟》⑥，有号称中央革命委员者，传檄全国。

十一月，政府严禁集会，并封禁报馆数岁。渣尼斜威忌被捕。

一八六三年 《自由》日报发刊。波兰人反，拍格年⑦募义勇兵助之，不成，被捕。处刑者十余人。

一八六五年 诸学生在墨斯科立一亚特俱乐部⑧。

一八六六年 亚特俱乐部一委员名卡拉哥梭弗⑨者，谋弑亚历山大第二，不成，被杀。

是为第一次暗杀案，株连者三十四人。

始立第三局之警察裁判，专严罚国事犯。

一八六七年 俄皇往巴黎，波兰一革命党狙击之，不中，就缚。

---

① 渣尼斜威忌，今译作“车尔尼雪夫斯基”。

② 《如之何》，今译作《怎么办?》。

③ 《俄语新闻》，今译作《俄国言论》。

④ 墨斯科，今译作“莫斯科”。

⑤ 《大俄罗斯》，今译作《大俄罗斯人》。

⑥ 《钟》，今译作《钟声》。

⑦ 拍格年，今译作“巴枯宁”。

⑧ 亚特俱乐部，今译作“伊舒金小组”。

⑨ 卡拉哥梭弗，今译作“卡拉科佐夫”。

一八六八年　拍格年始联合西欧各国之革命党，立一国际革命党[①]。

一八七〇年　弥渣夫[②]立一民意会[③]，决议废平和的革命手段，专采阴谋之铁血主义，旋以泄漏本党秘密杀其同党某，逃于瑞士。

一八七一年　瑞士政府以杀人罪逮捕弥渣夫，交还俄国。同时株连者三百人，弥氏监禁二十年。

一八七三年　革命党大行游说煽动手段，同时各地并起之革命团体，凡十三所。

社会党之一团，共赴美洲，欲立一共产主义之殖民地，失败而归。

一八七四年　济格士奇[④]、苏菲亚[⑤]等所创之革命团，发布三大纲领：一曰国家之扑灭，二曰文明之破坏，三曰自由团体之协助。运动大盛。

俄政府禁本国青年游学于瑞士之条利希大学[⑥]，各男女学生俱归国。

一八七五年　革命党员被捕者，男员六百一十二人，女员一百五十八人，共七百七十人。

革命党中之国粹派，运动俄皇起俄土战争，后卒无功。于是专务煽暴动。

一八七六年　土地自由党[⑦]出现，专煽民间暴动，学生一岁数蜂起。

一八七七年　三月，在墨斯科被逮者五十人[⑧]；十月，在彼得堡被逮者一百九十三人[⑨]。审判时供词皆极壮烈，大鼓动一国人心。是岁国事犯之案，凡十一起，号称最盛。

---

① 国际革命党，即“国际社会主义民主同盟”。

② 弥渣夫，今译作“涅恰耶夫”。

③ 民意会，今译作“人民复仇社”。

④ 济格士奇，即“别林斯基”。

⑤ 苏菲亚，即“苏菲亚·利沃夫娜·佩罗夫斯卡娅”。

⑥ 条利希大学，今译作“苏黎世大学”。

⑦ 土地自由党，今译作“‘土地与自由’社”。

⑧ 即“50人审判案”。

⑨ 即“193人审判案”。

革命党始一转专取暗杀主义，是岁及去岁，凡刺官吏四人，皆警察及裁判官也。

一八七八年　正月，弱女萨利志①刺杀彼得堡之府尹德利波夫②。

二月，刺杀裁判官阿士先奇。

四月，刺杀大学总长马德阿夫。

五月，刺杀宪兵大佐海京。

八月，刺杀第三局长官米仙士夫③（案：第三局专审判国事犯者也。）

是年八九十三月中，波兰革命党起事三次。

又，土地自由党员十余人被逮。

一八七九年　二月，刺杀哈哥夫省总督格拉波特勤。

同月，刺杀宪兵大佐格那夫。

三月，刺杀第三局长官德伦狄龙将军，同时传檄各地，谓本党宣告死刑之官吏，共有百八十人云，官吏人人自危。

同月，玖弗省总督卡尔哥夫被刺，不中。

同月，刺杀彼得堡警察署长鳌特罗士奇。

四月，大豪杰梭罗姚甫④狙击俄皇亚历山大第二于冬宫旁，发五弹，皆不中，卒被逮。年三十三。

六月，民意党更开大会议，议定暗杀方针及其手段，宣告亚历山大第二之死刑。派出实行委员。

七月，各海陆军士官之在革命党者，共谋装水雷于黑海附近，待俄皇阅操时轰之，事泄。

同月，谋在离宫要路置地雷，要击俄皇，旋以皇不经此路，中止。

十一月，俄皇出巡，虚无党⑤预置地雷于铁道，及驾

① 萨利志，今译作“扎苏利奇”。

② 德利波夫，今译作“特列波夫”。

③ 米仙士夫，今译作“梅津采夫”。

④ 梭罗姚甫，今译作“索洛维约夫”。

⑤ 虚无党，今译作“民意党”。

过，以电池坏，第一弹不能爆发，第二弹仅中副车。

一八八〇年　二月，俄皇宫中之食堂爆药骤发。皇是日适以事迟半点钟就食，仅免。

同月，刺杀奸细査哥夫。

同月，刺杀新任内务大臣米利哥夫，实俄皇授以全权惩治虚无党者也。

六月，俄皇送皇后葬，有谋置地雷于钢桥下者，为暴雨所淹，不成。

一八八一年　二月，于彼得堡马拉耶街，伺俄皇出游，有谋置地雷者，事泄，不成。

三月一日，俄皇亚历山大阅兵，归。为女豪杰苏菲亚等爆弹所狙，毙于道旁。

同月，虚无党上新皇亚历山大第三一书，要求改革之实行。

六月，又在彼得堡卡米匿桥下通隧道，欲击新皇亚历山大第三，不成。

十月，又谋于加冕时，置地雷狙击，先期发觉，被捕。

是岁，刺杀宪兵长官、警察长及侦探者，凡十三人。

（附注）以上所列干燥无趣味之年表，或令读者生厌。然非略知其事迹，不能审其发达变迁之顺序，故不辞拖沓，为诠次之。若语其详，又非数十纸不能尽也。

虚无党之事业，无一不使人骇，使人快，使人歆羡，使人崇拜。顾吾所最欲研究者，有一问题，即彼辈何故不行暴动手段，而行暗杀手段是也。是无他故，以暴动手段在彼等之地位，万不能实行故。请条其理：

第一，西人有恒言曰：后膛枪出，而革命迹绝。此其言于理论上或不尽合，而于事实上则无以易也。美之独立，法之革命，皆在十八世纪末，故其事易就。自兹二役以后，风涛大簸［波］激欧陆。十九世纪上半期，骚动者踵相接，而俄人彼时犹举国鼾睡也。及法兰西第二革命（一八四八年）以后，西欧之暴动已渐收其迹，而东欧之俄罗斯乃始为新思想滥觞时代。一二文学家摇舌弄笔，无丝毫之势力。彼时之俄，虽或可以暴动

（实已不能），其奈民党之魄力，万不足任也。以培以灌，磅礴郁积。历十余年之岁月，党势渐张，而政府自卫之力亦益巩固矣。政府之进以尺，民党间之进以寸。至一八七〇年以后，虚无党达于全盛，而中央政府之兵力已足使全欧旰食，而何区区民间斩木揭竿者之足以芥蒂于其胸也。故暴动之最大障碍，中央兵力使然，尽人所能知者也。

第二，综观各国革命史，其为中央革命者可以成，其为地方革命者罔不败。一八四八年以前，欧洲诸国，其有能奏革命之凯歌者，未有不起自京师者也。（即今年之塞尔维亚亦然。）若夫蜂涌［拥］于外徼，啸聚于郡国，则虽有骁鸷之将，谋略之士，义勇之卒，而其究也，败而已矣。匈之噶苏士，意之加里波的、玛志尼，其尤著者也。俄罗斯之彼得堡，与法兰西之巴黎及其他西欧诸国之首都，大有所异。彼得堡者，贵族之窟穴也。而彼中市民之大多数，又皆仰衣食于贵族而自安者也。故俄人不谋暴动则已，苟其谋之，势不得不在京师以外。即此一端，固已犯历史上革命家之第一忌。故一八七〇至一八七七年之间，南俄及波兰诸地，蜂起者凡二十八次，无一能支一月以上者。虚无党以屡经试验，屡经失败之余，而不得不思变计，则地理上使然也。

第三，凡欲暴动，不得不借多数之景从。法兰西之大革命也，实巴黎全市民乃至法国全国民，皆狂沸而表同情者也。俄罗斯情势则异是。彼虚无党以数年之间，谋弑其王者十二次，敌党之毙于其手者百数十人，轰动五陆，谈虎色变。皮相者或以为其党员必遍于全国，而不知乃仅区区千数百人也。其在游说煽动时期，亦尝汲汲以扩张党势为独一无二之手段。故续学青年，轻盈闺秀，变职业，易服装，以入于农工社会，欲以行其志者，所在而有。而收效不能如其所期。彼等常多著俗语短篇之小说，且散布，且演释，终不能凿愚氓之脑而注入之。史家记某党员所演《大将与农夫》一故事，其例证矣。（某虚无党员游说于一村落，集群农演说为寓言以晓之曰：尝有大将二人，失路入一荒岛。时已暮，偶见一农夫偃卧陇畔，辄蹴使起。曰："余等方饥，汝乃酣卧，不为我服役耶？"农人乃起，为拾野果，捕山鸟，罗列燔烤炙，而供养之。夜间，两大将恐农人之他遁也，缚诸树焉。明晨释之，复使操作如是者，数日夜。大将思归，又督令彼农为造舟，送之于彼得堡。濒行，仅赏一杯火酒以当薪金，云云。彼党员之演此故事，欲使农民生愤心也。乃群农听毕，咸张口大笑曰：“以大将之贵，犹待养于吾侪。”咸欣欣有喜色焉。某党员索然而返。）夫彼志士之掷头颅、注血汗以欲有所易者，非为一己，为彼大多数之氓蚩耳。而彼大多数者，匪惟不相应援，而仇视者且十而八九焉。“急雨渡春江，狂风入秋海。辛苦总为群，可怜君不解。”此运动家所最为呕心，最为短气，而其甘苦固不足为外人道也。俄罗斯之上等社会与下等社会，其思想沟绝不通，殆若两国。然彼虚无党常以人民之友自揭橥者也，而与之表同情者，仍在上中等社会。而所谓普通之人民，魔视之者，比比然焉。于此而欲号召之以起革命，其亦难矣！且其民富于尊皇心，视“沙”（俄皇之号）若神圣，终非寻常口舌之所可动。故彼党员往往托皇帝之密使，冀以为煽动之具。（一八七九年，有一新立之秘密结社，员数约千人，农民居十之八九。政府逮捕鞫问之，则其人皆言，皇帝有密使告彼等谓自欲实行均分土地之政，为贵族所抗，不得其志，使农民自团结以与贵族争夺云云。）然其所成就，亦至有限。故夫彼等虽欲暴动，而无其倚，则民情之为之也。

第四，凡暴动者必借巨款，苟力不足以倾政府，而惟骚扰于一乡一邑，此必非仁人志士倡暴动之本心也。既欲倾政府矣，就令不敢期于必成也，而先毋立于必败。则固不得不预备相当之兵力，不徒恃人也，而尤恃财。于是乎所谓志士者，不得不有所仰于人。所仰者虚，而一切经营终归无用矣。是终不得有自主之权，而岁月蹉跎，事卒以不办也。故暴动必兼赖他力，而暗杀则惟赖自力。虚无党之所以舍彼取此，诚阅历后之心得使然也。抑虚无党之筹款，亦固有术。大率由募集而得者十之一二，由强取而得者十之八九。其强取之术奈何？一曰，以匿名迫索之书函，致［至］于当道贵族及顽固之财产家，以行威吓也。一曰，用穿窬手段，篡取公家之帑藏也。其最著者，如一八七九年，穴隧道以破卡哥尔之金库，一举而得百五十万卢布，是其例矣。顾吾等有不可不注意者一事，即此等筹款之方法，皆自一八七七年以后而始得行是也。此其故何也？曰：此等手段，必与暗杀手段相狼狈，而非泛泛然以口舌煽暴动者所能有也。且即以其所得之款，亦只足以供暗杀之目的，而不足以供暴动之目的。即彼等于一八七九年七月及十一月，三次装置地雷，谋刺俄皇，其所费已及十万佛郎以上，卒犹未成，而他次更倍是。故当一八七六年，“拿罗德拿倭利亚赤十字会”（按：此亦虚无党所起之会以筹款者，其纲领云：“凡人类之思想及良心、自由，蒙有形无形之阻害者，本会匡救之，以此名义，募资于俄国及西欧各国。”）之首领狄拉罗弗，尝警告其党员云：“以十杆毛瑟之价足以制一炸弹而有余；以五百杆毛瑟之费，足以安置一地雷而有余。而一炸弹一地雷之效力，终非区区数百毛瑟所能及。”因极言党论不一，久误方针，耗费资财，而事终不一就，实为民党最大之弱点。此诚非久于其事者不能道也。故彼等舍煽动而取实行，亦财力之为之也。

第五，暴动之不能专赖自力而必兼赖他力者，不徒于财为然耳，于人亦然。啸聚草泽，其最少数亦必须千人以外，乃可集事。此千人而在山谷耶，或可以事前而不为多鱼之漏。其奈运械之路绝，而流窜之势穷，充其量不过陷数四之州县，糜烂百数十里之生灵。则草寇饥民优为之。而何待志士之以全力运动焉？若夫在可以接济可以进取之地，集千数百人以上，厉兵秣马，而欲为秘密，则亦掩耳盗铃之类耳。质而言之，则暴动者，万不能秘密者也。彼法兰西、日耳曼、意大利，前此屡次之暴动，大率起于京师及国中最大都会，彼始终固未尝用秘密也。因全市民如然如沸之感情，偶得一二人一二事为之导火线，是以猝发。若乃于边徼之地，为幽期密约之手段，以求逞于一掷，未有能济者也。不宁惟是，凡欲于其地起暴动者，必须其地土著之人，有一豪杰焉，以为主动力。苟恃外来人入而运动之，又未有能济者也。而凡思想开通之地，大率不可以起暴动，可起暴动之地，其思想又大率不开通。地与人之不能相应，此真各国民党所同病也。不宁惟是，以外来人入而运动者，无论其不能就也，即就矣，而指挥此暴动军队，终不得不赖夫与彼相习之土豪。而土豪之思想目的，其不能与志士相联合者，又十而八九也。而志士既赖彼以起，即不能不仰其鼻息，委蛇而将顺之，事之不败者鲜矣。质而言之，则非有军令刑杀之权，必不能督军队。以运动者对于被运动者，而欲行此权，能耶？否耶？未经阅历而徒嚣嚣然曰吾欲云云，吾欲云云，适自表其为书生之见而已。彼虚无党员，大率皆海外之亡命与校舍之学生也。彼凡有势力于一地方，可以一啸聚而千百应者，必其在本地方上，或以财富而素市筐篋之恩，或以豪猾而广蓄江湖之客者也，而惜乎虚无党员之皆非其人也。而彼有此资格有此地位者，又不幸而皆于虚无党所怀抱之主义，茫乎未有闻也。故虚无党而不欲暴动则已，苟欲暴动，则不得不注全副精神以运动彼等。而运动之有力与否，又质之于我而卒无自主之权。以此岁月蹉跎，而事又不得办。故彼等幡然改途，以为与其恃人也，毋宁恃我。竟弃其数十年来梦想之暴动政策，则人事之为之也。

第六，人心之难测，古今同慨矣。机事之不密也，由敌党侦探而得者不过十之一二，由本党通谍而败者恒十之八九。以玛志尼之精细老练，而犹为拉摩里那所卖，丧其党员数十人。（玛志尼当一八三三年欲起事，自以不谙兵略，委权于党中之拉摩里那将军。拉氏者，父法人，母意大利人，曾以助波兰独立军得盛名者也。拉氏言其部下在法者，一呼可得万人。玛氏遂以数年运动所得之资金四万佛郎，一举而授之，约以十月，拉党自外来，玛党自内应。迟之十一月十二月竟不至。卒乃拉氏泄其谋于法政府，玛党被逮者四十余人。）故欲为秘密举动者，少一人知，则少一人之害。而暴动者，则最少非千数百人以上，不能为功者也。此千数百人，虽不必自始而预闻机谋，然当将动之际，在一月半月以前，必有所知，此又断不能避者也。而千人中有一奸细，则大局已悬于其手。此在东方各国，或犹未甚。若以俄罗斯警察制度之严密，此最不可不虑者也。夫暗杀则亦非不虑此矣，而要其共谋者，不过数人，乃至十数人而已足焉。其相结既深，其相制亦易。故彼党自一八七六年以后，其戮本党之奸细者，固亦屡见不一见，而事可以不大败。若夫二十八次之暴动，则旋起而旋灭者居其三之二，未起而先破者居其三之一，彼党人其有所鉴矣。惟其党员之寥寥少数，正其党势之所由巩固也，则内团作用之为之也。

吾以此六者观察虚无党手段变迁之原因，吾以为虽不中，不远矣。夫虚无党者，发愿流血以救众生者也。而自一八七七年以前，民贼流志士之血者，党狱数十次，人数千百计。而志士流民贼之血者，不得一度，不得一人。彼民贼者，自顾势力如此其强，而彼小丑跳梁者之终不可以逞志，又如此其明白也。则亦高枕为乐，谓莫余毒也已。而岂料其方针一变，风行雷厉，举所谓第三局长官、警察总监者，骈戮累仆。驯乃至神圣不可侵犯之“沙”，亦与查理士第一、路易第十六同一结果。自是而民意党实行委员，以露布喻亚历山大第三矣；自是而亚历山大第三，以忧郁怔忡亡矣；自是而尼古拉第二，下令赦国事犯，而改正地方自治案矣。故虚无党最后之手段，实对于俄罗斯政府最适之手段，而亦独一无二之手段也。呜呼！伟矣。

或曰：虚无党此等之手段，可以公言之而无惮乎？曰：无惮也。自一八七七年以后，俄国政府，亦孰不知虚无党之执此方针者？使知之而可以扑灭，可以规避也，则亚历山大第二经一二三四五乃至十一次博浪之警，宜其一八八一年三月之凶变，可无见矣。而竟若此，即今皇在储贰时，非亦幸而免耶。而去年内务大臣，卡弗总督，彼得堡府尹之噩耗，亦且络绎也。故夫暴动者，宗旨与手段两不得秘密者也；暗杀者，手段较易秘密，而宗旨则竞不必秘密者也。虚无党于诸种手段之中，淘汰而独存此最优胜者，可谓快事，可谓快人。

今又勿论其成就之难易，惟以结果所得论之，则暴动与暗杀，二者于俄国之前途孰利？曰：使其暴动能如法兰西之革命，遂直取政府而代之，则新理想直可以涌现，可以实行。今则虽去一帝者及其重臣百数十，而自由政治，尚邈乎未有其期。以此言之，谓暴动之结果，优于暗杀可也。虽然，暴动若成，其势不得不出于共和。以俄罗斯之地势，能行共和乎？以俄罗斯之民俗，能行共和乎？此又天下万国所不敢轻许者也。既不能行共和，则革命后之现象，能有以愈于今日者几何？以此言之，则谓暗杀之结果优于暴动亦可也。且俄罗斯暗杀之事，所以屡试而大效未睹者，因其贵族所处之势，骑虎难下，而虚无党所希望，又多属万难实行耳。何也？虚无党持均富主义，务取土地所有权而变易之。彼贵族若降心相从，则不惟失其政治之势力而已，而又将失其衣食之源泉。其不得不竭全力以相抵抗，势使然也。若在他国者，其凭高位拥厚权之人，大率皆饫肥甘、御轻暖、拥姬妾、宜子孙、置田庐、长僮仆，苟遇盘根错节，奉身而退，其肥甘、轻暖、姬妾、子孙、田庐、僮仆自若也。若贪恋势位以遭不测，则其所享受者与其能享受者，同时俱亡。夫孰不惴惴而思避也。故使虚无党之敌之地位而非若彼也，则虚无党奏凯歌之时盖已久矣。

虚无党之手段，吾所钦佩。若其主义，则吾所不敢赞同也。彼党之宗旨，以无政府为究竟。吾闻之边沁曰："政府者，害物也，然以其可以已他害之更大者。故过而废之，宁过而存之。"持消极论以衡政府，亦不过至是而止矣。如必曰无之，则岂有无政府而能立于今日之世界者？岂惟今日，虽至大同太平以后，亦固有所不可也。故以近世社会主义者流，以最平等之理想为目的，仍不得不以最专制之集权为经行。诚以无政府者，不徒非人道，抑亦非天性也。若其共产均富之主义，则久已为生计学者所驳倒，尽人而知其非，更无待喋喋焉矣。更申言之，则虚无党之争点起于生计问题，而非起于政治问题。其党之所以能扩张者在此，其党之所以难成就者亦在此。虽然，此不过一八七七年以前耳，迨暗杀之方针既定，其大势固已全倾于政治。暗杀者，在政治上求权利之意味也，以建设思想而代破坏思想之表征也。观亚历第二遇害后，民意党实行委员所上亚历第三书，可以知其意之所存矣。（原书甚长，此文乃论虚无党，非为虚无党作历史，故不译载。其书末所要求两大端则：一、大赦国事犯；二、开代议院，行普通选举法也。其附属之保障则出版自由、言论自由、集会自由、选举演说自由也。皆含政治上和平改革之意味，所谓无政府，所谓土地均分者，已不置一词矣。）此亦虚无党之一进化也。

（附注）余于虚无党所观察尚有多端，他日再发表之。

（录自《新民丛报》第 40、41 号合刊本，1903 年 11 月 2 日）

驳新民之《论俄罗斯虚无党》

巩　黄*

今天下有两大专制国，俄罗斯与支那是也。顾两国之为君主独裁政体则同，而其压制国民之能力则不啻天之于壤，安得假俄罗斯之影响，标榜朝家，以长独夫民贼之恶哉？新民之心，岂可问也！

新民曰："吾不惮与社会之舆论开衅。"巩黄曰：吾不惮与"中国之新民"开衅。新民之《论私德》一篇，已一见驳于《大陆》，再见驳于《警钟》。其大谬不韪，我国之舆论已表同情，可见吾国政论进步之速率，较之新民退步之速率，曾不相让。而吾犹有不可解者，支那之革命党以反抗于满洲政府，不能见谅于受恩深重之梁启超，揆之人各为主之例，情犹可原；彼俄之虚无党曾何碍于梁启超，而乃言其狼狈若此，且逆料其必无成功？吾以为：大凡组织一事，必视其时会与当事者之材力，并为其敌者之材力若何。若一概抹煞之，而曰地方革命者罔不败，彼不过曰无论何国之人，若有倡言革命者，则与吾保皇之目的相反，吾不惮巧其词以倾倒之。噫嘻！支那之革命家不顾其同胞中有所谓梁启超者，曾受其政府之六品衔举人，且可以保皇名号聚敛至数百万，而昧昧焉起而与爱新觉罗氏相抗，是诚可杀。然史拉夫①之社会何辜，而亦不见容于梁氏乎？今就其论虚无党逐一驳正，吾意梁氏见此，必曰吾姑妄言之者，不过欲预妨［防］虚无党之手段侵入我国中，使吾圣主之为亚力山大第三、康圣人之为马德阿夫也，新民其不以予言为酷否？

* 巩黄，即秦力山。

① 史拉夫，今译作"斯拉夫"。

原文“虚无党之事业”至“请条其理”一节。新民既知彼党之足以使人骇、使人快、使人歆羡、使人崇拜，又曰暴动手段在彼等之地位，万不能实行。然则必有工部主事与六品衔举人，然后可以为汉口乱党之头目乎？夫地位云者，资格之代名词也。借曰必有其地位，然后可行之，则虚无党且如此，天下之不及虚无党者，任彼专制酷虐之朝廷永延其毒焰可也。

原文“西人有恒言”至“尽人所能知者也”一节，“后膛枪出，而革命迹绝”一语，新民并不明言为出自何人，然则此西人之为新民，殆无疑义。夫后膛枪诚猛烈矣，然独夫民贼既可以之压民党，安知民党不可以之抗独夫民贼？至谓百年以来，历史上无革命之事，不过百年以来有革命党之国，惟一革命未成功之俄罗斯耳。美利坚革命之战事，凡历八年余，则其经营之不止八年，可想向使新民生于美国革命军开战之第七年，亦必以今之语俄者而语美。然则欲以中央之兵力恐吓其国民者，有何可畏？而况中央之兵力万万不如俄罗斯者哉！

（原载香港《中国日报》1904年4月7日；录自《秦力山集（外二种）》，中华书局，2015，第120~121页）

论俄国立宪之风潮及无政府党主义

佚　名*

拿破仑遗言："真正共和政体，将自俄罗斯创之。"今其言将验矣。俄国民党，要求立宪问题，凡有国家思想者，无不望其胜利。虽然，吾为俄国前途祝，则立宪问题之不必成，而尤祝俄政府之虐待民党。

夫吾之为是言也，可谓骇人听闻，而失大众之同欲者矣。虽然，旧政府不仆，则新政府不立，专制之君主不去，则民立之宪政不成。故虽如英国之察德使党，日本之立宪改进党，其主义皆愿和平改革，然皆乘威廉第四之去位，德川幕府之既覆，而后宪政之机乃始萌芽，非奔走骇汗要求于专制巩固之君主而得之者也。俄民之要求立宪，不自今始矣。一千八百五十四年，苦利米亚①之战，兵败地亡，纳葛拉发愤以死，全国骚动，于是自由、爱国两党并起，要求政府立宪，欲得裁制官府之权。亚历山大第二顺其潮流，于一千八百六十一年，略改旧政之不利于国者凡五端：一，审判之权，不得属于行政各官，设法院，设律官，设陪审员；二，立地方行政部，使邑民、农人选举会员，为自治办理而免政府之阻抑；三，撤彼得堡、莫斯科书报检稿局，他处则否，而仍禁抗论朝事，犯成宪者；四，立公学校，以新法教育；五，采普鲁士军制，人人当兵，而减二十五年之限为短期。亚历山大第二之变法，其许于民者如此；而俄民之要求于上而得之者，其成效亦如此。虽然未几而波兰之事起，国家统一之论兴，专制政体复完，而新政遂烟销［消］迹灭矣。呜呼！此俄国民党要求于政府，

---

* 此文作者不详。

① 苦利米亚，今译作"克里米亚"。

调停许可之前事，其明效大验，如此其昭著者也。然则俄民亦何乐而蹈昔日之覆辙而成今日之举动也。

去年阳历十一月十九日，俄国新内务大臣以皇帝之命，召集全国三十四省地议会之议长于圣彼得堡，将对于地方行政问题有所咨决，各议会遂利用此时机开一联合会议，决定法案十二条，建议于政府且谋以实力行之。其大略云：朝廷命吏所有过举，当使之负民事上及刑事上之责任；平民之身体及家宅，有神圣不可侵犯之权，政府当认之，不能任意闯入逮捕；信仰自由、结社自由、出版自由、集会自由，政府当认之，且为实际的保障；凡俄国全国人民，其所享公权私权，悉皆平等；改革地方议会，扩张其权限，且立一坚定远大之基础。又以此决议，当得保证，以期实行。于是乃要求开设国会，其决议文曰：本会愿一国之主权者（案：即指皇帝），以国民代表者之赞翼，决定国是而革新之，务使主权者与国民互相协力，以共图国家之发达。以此之故，故切望主权者予国民以自由选举之权，使出代表者，而每年召集之，以确定立法之基础。

自有此决议，而俄国全国人民奔走于此问题者，汹汹不止。其后自由党决议三条，莫斯科市会决议四条，大率皆表同情而已。乃未几而聚众至十八万五千余人，同叩俄皇冬宫，要求变政，则其势始大矣。又未几而枪击民党，下诏搜捕矣。虽然，迩者又闻俄皇允许整顿政务，而释放诸党人矣。夫以俄罗斯之现象观之，立宪问题，无论要求而不得，即得矣，其究异于亚历山大第二之变法几何？吾盖敢决其无以异也。

俄民不幸而有大彼得之变法，改服色、更制度、兴海陆军以巩固其专制之基础，又不幸而有亚历山大第二之变法，改田制、释农奴、平戢民气而复行专制之手段。俄民憔悴于虐政，洒血糜肉，乃迫而有今日之要求，则视其举动何如耳！夫俄之专制，达于极点，一反手间，便当倾覆。今海军大挫，旅顺已降，其失利于日本，比之苦利米亚之败于三国，丧气殆万万。俄之民何爱于政府，而要其立宪？俄之政府，亦何惧于民，而不姑予以立宪？则方用其拿龙搏虎之故技，或予之，或夺之，或捕之，或释之，或杀之，或生之，摧抑民力，解散党与，少示改革，徐而保其无上之威权。为俄政府计，孰有便于此者？为俄之民计，亦孰有失于此者？故吾惧其立宪之请愿成，而专制之政体益固也。日者俄皇拨国帑五千镑，恤孤儿寡妇，为所以弭乱市恩之举，以尝试民党。呜呼！愿俄之民党举动何如耳！愿俄之民党举动何如耳！

吾极不解立宪问题之忽起于俄国，忽起于俄国之多数之民党，是真匪吾所料矣。何以故？俄之民无大无小，无贵无贱，无老无幼，无男无女，其醉心于那爱翕利德（释言虚无），居大多数故。故专制之与无政府，乃一反比例，于反比例之两端，而生一比例差，则今日之要求立宪是也。夫天下事物，相反则易相成。吾尝谓必由专制之阶级而达于无政府之地位，而后共和政体之真相乃出，而世界乃真太平。故俄之无政府党，必不乐有立宪以为之障碍，而反乐有专制以为之鼓吹，盖理论然也。

今日俄民要求立宪，吾敢决其非俄民大多数之目的所在，实无政府主义之第三级而为公然破坏之举动耳。何以故？无政府主义进化之次第：第一级，则一千八百六十九年，为自由之评驳；第二级，则一千八百七十五年，为均产之纷扰；自此以降，为第三级，而构一恐怖之变革。今日适丁其时故。

危哉俄民！杀机愈构而愈急。壮哉俄民！太平愈即而愈近也。亚历山大第二变法中止，其时国民绝望于政府之改革，结密会以图维新而尚不愿为流血作乱之举也。迨政府之压力日重，则民力之潜势日深，乃共为厌世论之学，都固内甫著书，名其派曰那爱翕利德，持破坏之论，以虚无为宗旨，讥宗教，侮政府，诮爱恋室家之人。当时言论风尚，为自由之评驳，未几而恰腊古索刺俄皇，全国震动，政府颁谕禁绝有害国家之言论，而民党纷纷去国矣。是为无政府党之第一期。

流亡异国之士，心醉均产之说，输入俄国。有赖武罗甫者，欲奖励国人，为财政中和平之改革，以教育入手，为书劝英推力勤齐阿（译言聪明），下伍齐民。于是学生、少年、女子，各结会党，密布于劳工、农民之间，日光蘸面，松脂涂手，黧黑肤体，以匿其状，与群氓谈话，暗刷书籍，遍布教之，蔓延数省。政府既有所闻，迅起掩捕，死者七百七十人，监禁者二百六十五人（事在一千八百七十五年）。密会以和平计策之无效也。又复设法激动农民，起求平分田土，于是农民蜂起争扰，政府下令搜捕，受罚者又一百九十三人（事在一千八百七十八年），而均产之纷扰卒无效。是为无政府党之第二期。

民党屡谋不成，且遭囚杀，知专制政府之下，非平民得而置议，于是弃其均产之说，而为暗杀之举动。自一千八百八十年至一千八百八十四年，击显官者六，击警察长者四，杀侦吏者九，而民党之被逐者三十一人，毙于狱者八人，自戕者三人。而其最大之目的，则谋刺俄皇亚历山大第二（事在一千八百八十年），凡四举而后得达。盖至于今，则为恐怖之变革矣。是为无政府党之第三期。

由是观之，其第一期，则无政府之言论时代也；其第二期，则无政府之运动时代也；其第三期，则无政府之暗杀时代也。其风潮所激，愈趋愈大，其愿望所极，愈推愈远。故由其狭义言之，则无俄国之政府；由其广义言之，则并无世界之政府。其主义之结果，今尚未知成败如何，然足以夺暴君、污吏、顽固无耻之流之魄，则固可信也。今日俄民欲求达其目的者，狭义的主义，其必不肯有所要求，亦必不愿止于立宪，有断然者。虽然，世界之进化也，必有无穷阻力焉，而有阻力即有动机，专制政体者，制造无政府党之动机者也。

日人幸德秋水曰："吾今且不必论无政府主义之是非与利害也，但不解彼等何以忽主张此激烈主义，伸纵此暴恶手段，是必有一大有力之动机焉，驱之推之而后然也。有力之动机者何？则彼等对于今日之国家社会，绝望焉故也。"韪哉其言，真无政府主义之知己矣！今世界专制之国，以俄为最完备，而无政府即其产儿。往者虚无党在圣彼得堡附近，夜开大会，讨论政府之方策，决议案共有十条，其第四条曰："对于政府之暴戾官吏，以暗杀处分之。"呜呼！幸德秋水又有言："全球大陆之人民，无政府党殆居六七，而彼俄罗斯国民之投身于其党者，不啻全国人民十之四五矣。"使彼十之四五之无政府党，发此宏愿，以对待于其暴戾之政府，吾不知政府何以御之。呜呼！彼无政府党人，始亦一言论耳；言论而无效，则运动耳；运动而亦无效，则遂迫而为暗杀矣。吾绎其夜会决议之第四条曰："对于政府之暴戾官吏，以暗杀处分之"，则既明明别官吏与政府而二之矣，则既明明别官吏之为暴戾者而后暗杀之矣。悲夫！无政府党之举动，则作乱流血之举动也；无政府党之用心，则固非作乱流血之用心也。以彼对于暴戾之政府之官吏如此，则其于政治界上进化之动机，不得谓无巨力焉。呜呼！二十世纪之斯拉夫民族，其真可畏者哉！其真可畏者哉！

虽然，今日俄国立宪风潮，其影响及于亚东，则闻戴侍郎条请臣工议政矣，则闻四川留学生入京运动立宪矣。呜呼！吾国之自视也，无［毋］宁视人，俄国立宪问题，与无政府党，其结果何如？吾敢决之曰：立宪必不可要求而得，则固然也；俄皇将行亚历山大第二之政策，则固然也；无政府党必不肯要求立宪，则固然也。虽然，其结果将如何？吾敢直决之曰：俄国有此民党，终创一真正共和政体于二十世纪之斯拉夫民族，则固然也。呜呼！吾为俄国前途幸，则吾正为我国前途望尔！

［原载于《时敏报》1905 年（乙巳）2 月 13 日；录自《东方杂志》第 2 卷第 4 号，1905 年 5 月 28 日］

论俄国革命与虚无主义之别

独　应[*]

近读俄人克罗颇特庚①《自叙传》，见所言国中革命及虚无论者情状，颇异世俗传闻，意有足备考览者，因为捃拾论比之如下。

俄国革命至今日而极急，然溯其原始，发端甚微。十九世纪中叶，文章正盛，多著书言农民疾苦，读者感之。又被西欧潮流，浸润于黑格尔（Algele［Hegel］）、俾昔纳尔（Buechner［Büchner］）学说，渐成《父与子》（*Otsi i dycti*）（俄国文学家都介涅夫②名著，详见下。）之冲突，少年士女不堪家庭之制，多走出就学，大都刻苦自养。至一千八百七十年后，社会主义渐盛，于是有“趣［去］民间”（Vnarod）之语，少年率自置身农民工人间，宣布社会主义，顾了无害札勒（俄帝之称）意，亦无畔迹。克氏熟知情状，言七十至七<十>八年间，党人运动，故尚无他，苟能容与农民为伍，相与教导将助之，斯已意足。即如却珂夫斯奇（Chaikovski）之会，虽力被三十八省，亦不过广布书论，无他图也。（原《传》四章十三节）然政府加以矿严，使执矿山劳役六年、十年或十二年，限满，安置西比利亚终身，用为常谳。例如一女郎，仅以授人一论，即坐劳役九年，终生谪放。又如瞿珂夫斯迦耶女子，年十五龄，见珂跋尔夫斯奇数人（事见后）絷赴缳首时，为呼愤冤，遂窜极边。几未［未几］，女随投咸涅舍江而死。他如流放、牢狱之中，惨恻冤苦，有不忍言者。尔时，乃有少年拒捕之事，如珂跋尔夫斯奇偕友数人，以手枪击捕役

---

* 独应，即周作人。

① 克罗颇特庚，今译作“克鲁泡特金”。

② 都介涅夫，今译作“屠格涅夫”。

于阿兑塞，而亚历山大二世闻之，遽布戒严令，分全国为数区，各置将军，命缢罪人无赦。珂氏数人遂死。党人乃相语“自卫”，流为当时口号，期与间谍、酷吏等为敌。于是，美禅卓夫将军白昼被杀于圣彼得堡，（一百九十三人之狱定后，彼劝札勒倍其刑者。）警官一人杀于契亚夫，而克氏从兄弟特密忒刑亦毙于毒丸，（哈珂夫囚人饥饿同盟，彼为总督，命缚而强灌之者。）第时尚无谋不利于皇帝者。使帝于是时能有以少慰民意，或稍削警吏之凶威，则祸且可泯。顾亚历山大二世不听，一意以刀锯从事。至七十九年，遂有实行委员出。数举不成，卒乃于八十一年三月，杀帝于道上。初，勒舍珂夫掷弹不中，伤卫兵数人，勒即被捕。帝下车就询之，格理纳威斯奇投第二弹，帝与勒舍珂夫皆重伤，未几而殒。是时，从者走散，唯士官数人，舁帝卧橇上，覆以外套。别有亚美略诺夫者，亦实行委员之一，方挟一纸裹爆弹旁立，见状，奔赴之，助之扶抱，初不顾己之被执。是诚所谓仁之至，义之尽者矣。（原《传》六章第八节）尔后二十年来，虽变故频仍，顾未至于莫挽。煦煦之仁，似尚能收效于暂日也。第至一千九百〇五年一月二十二日，冬宫门外之役，市民死于枪击者二千人，革命之潮遂不可遏。虽有八月十九日宪政，而大势已去，无可为矣。苛政未息，天灾流行，民困莫苏，丧乱遂亟。仁人恻然，思有以救之，此俄国革命所由作。历劫不挫，必终达其的而后已，盖不忍人之业也。吾国人士不察，以此为虚无党人所事，唯以喋血为快者，则浅乎其见。非徒不知虚无论者，且不知俄国革命之为义者矣。

虚无党人（Nihilist）一语，正译当作“虚无论者”，始见于都介涅夫名著《父子》① 中，后遂通行。论者用为自号，而政府则以统指畔人。欧亚之士，习闻讹言，亦遂信俄国扰乱，悉虚无党所为，致混虚无主义于恐怖手段（Terrorism），此大误也。是无异以哲学问题混入政治，如斯多噶宗派（Staicism［Stoicism］）之与共和主义（Republicanism），相去不知凡几矣。恐怖手段之作，每与时势相缘，应时而生，已复寂灭，后或重现，亦不可知。盖纯为政界一时之现象，非如虚无主义根于哲理，趋势所及，远被来记也。俄国历世以来，家庭专制极重，益以久用奴制，积习甚

① 《父子》，今译作《父与子》。

深，莫可挽救。有虚无主义起，将冲决而悉破之。都介涅夫《父子》一书，即记其情形者。其言波札罗夫（书中主人，虚无论者也。）为人不服权威，虽有义法，无征不信也。（《父子》第五章）克氏《传》中（四章第十二节）又为浅说，谓虚无论者，行贵率真，最嫉文明习惯的虚伪。凡人相遇道上，虽心弗善，亦莫不欢笑承迎；彼悉不然，唯心所善者，始与晤谈，否者，弗动也。又如士流言情，情斐可听，而有时对其妻孥，乃狞暴如野人。凡诸外观之雅，出于虚伪者，皆为虚无论者所非拒。其云谓动作，类多粗鲁，与一般圆融者相反，即遇交际之时，有所陈说，亦悉破除旧习，不作寒温之谈，唯直吐其蕴，语至戆直。克氏随记一事，可以见其一斑。氏尝在伊古支克屡赴茶会，后以事久不往。有贵妇人询其友，谓："氏胡不来?"友，故虚无论者，应曰："彼习骑，未遑也。"曰："虽然，彼亦当以时来，即不舞，亦共谈耳。"友率然曰："彼来何为？将听君辈谈新样衣裳耶？彼闻之久矣。"一人曰："然彼不常见某女士耶?"友曰："然，以某女士好学，彼方助之肆［肄］德文也。"闻者大愧。虚无论者之视妇女不异男子。妇人入室，不急踊起让位。唯见其人信疲而室无他坐，斯让之耳。世之妇人，多以弱性（<the>Weaker Bex［Sex］）自喜，喜言装束。第虚无论者见之，辄莽然曰："君妄言，胡不自羞？且后髻又用假发，何耶?"虽然，虚无论者故无轻人之心，特廉角之露有如此耳。上不过举其大略，详见《父子》或《何为?》[1]（*Chto dyelat*［*delat*］，契涅舍夫斯奇[2]著小说）二书，兹不赘。由是观之，则虚无主义本不足该俄国革命。谓革命党有虚无论者可，若合二者而一之，斯惑矣。譬有阳明派士人为官，不可便谓官皆阳明学派；有天台宗释子为行脚僧，不可便谓行脚僧皆天台宗。此理至明显，本不待烦言而解者。然吾国卒此而同之，是有数故，要由素无确闻，而一般小说有以误之也。吾观克氏著书，虽及近今，犹三致意于此。（《俄国文章论》中，亦详辨之。）然则西欧之士，尚未能晓然知二者之分。今从而拾之，传闻益讹，又胡可免？而吾国更有据一二小说，所言为之信史者，夫在作者且未深知其事，更何能传信?

① 《何为?》，今译作《怎么办》。

② 契涅舍夫斯奇，今译作"车尔尼雪夫斯基"。

（俄国小说不在此例。外国著作中，亦有有价值者，特中国所译，多非其选。）盖亦唯姑造作之耳。如吾国古籍，记东海之东，有长胫之民，涉海而捕鱼，其说非不新奇，足娱听闻，然此乃《搜神》《集异》之流。欲求信史于是中，殆不可得矣。

论成后数日，偶从店头见近人所译《双孝子噀血酬恩记》一书，事既无稽，而译者林氏①一《序》，语尤荒谬。其言虚无论者，混于无政府党，拟之为侠客，末又深斥之，则殆直以虚无主义为剧盗术矣。己纵不学，姑妄言之则已矣，特贻误后生，安可量者？夫万国礼俗虽殊，而诚妄之理则一，故言异国之事，亦不可作谎语也。且虚无主义，纯为求诚之学，根于唯物论宗，为哲学之一枝。去伪振敝，其效至溥。近来吾国人心，虚伪凉薄极矣！自非进以灵明诚厚，乌能有济？而诸君子独喜妄言，至斥求诚之士字［子］为蠢物。中国流行军歌，又有詈印度、波兰马牛奴隶性者。国人若犹可为，不应有此现象。吾闻《序》言，如遇鸣鸦，恶朕已形，曷胜悯叹也。

（录自《天义》第11、12卷合刊，1907年11月30日）

① 林氏，即林纾。

第二辑

梁启超与革命党人关于社会主义的论战

导　言

1905~1907 年，梁启超与革命党人分别以《新民丛报》与《民报》为阵地，围绕着“中国民族前途的问题”① 展开了一场激烈的思想大论战。这次论战，诚如美国学者伯纳尔所说，以民族政策、政治方针为起点，而落脚到社会政策的争论上。② 也就是说，论战最终归结到与社会主义相关的论题上。因此，这次论战在中国社会主义思想史上就具有特别重要的价值和意义。更为重要的是，站在今天对社会主义认知的高度，重新审视这次论战所提出的一些历史命题，其问题意识和历史担当则会更加凸显。

一　论战爆发诱因及过程概述

1903 年 10 月，游历新大陆返抵日本后的梁启超，突然间发出了“梦俄罗斯”而“别共和”的主张，③ 继之又公开宣告与鼓吹和“专以兵力向于中央政府”的“狭义革命”者分道扬镳。④ 以此为标志，梁启超完全放弃了庚子勤王运动时期所深信的“革命排满”以及“两党合作”的

① 民意：《纪十二月二日本报纪元节庆祝大会事及演说辞》，《民报》第 10 号，1906 年 12 月 20 日。

② 〔美〕伯纳尔：《一九〇七年以前中国的社会主义思潮》，丘权政、符致兴译，福建人民出版社，1985，第 118~119 页。

③ 中国之新民：《政治学大家伯伦知理之学说》，《新民丛报》第 38、39 号合刊，1903 年 10 月 4 日。

④ 中国之新民：《中国历史上革命之研究》，《新民丛报》第 46~48 号合刊，1904 年 2 月 14 日。

主张。正是在这种背景下，加之受日俄战争爆发的影响，一方面清政府定“一九〇五年的秋间，是清政府预备立宪的萌芽时期，也就是中国国民预备革命的基础确立时期”①，另一方面“革命党方面鉴于革命事业的艰难，惟恐任公一支常带感情的笔，挫了革命党人的锐气，不得不亟起斥驳”②。中国同盟会及其机关报《民报》应时势而诞生。

《民报》创刊号在公开提出“三民主义”的同时，刊载《民族的国民》《论中国宜改创民主政体》《记戊戌庚子死事诸人纪念会中广东某君之演说》等文章，或从学理或从事迹上攻击梁启超在《新民丛报》上所刊发的政论及其主张。鉴于此，梁启超于《新民丛报》第73号开始发表《开明专制论》长文进行应战。然而，将话题引入社会主义上来的，却起自梁启超。在《开明专制论》第八章“论开明专制适用于今日之中国”一节中，梁启超将《民报》创刊号所载《简章》中的土地国有和《发刊词》中的民生主义、社会革命等同，并将之纳入了西方社会主义一脉中：“抑吾闻论者一派所主张，于民族主义、国民主义以外，尚有所谓民生主义者，摭拾布鲁东、仙士门、麦喀③等架空理想之唾余，欲夺富人所有以均诸贫民，即其机关报所标六主义之一，云‘土地国有’者是也。”④ 继之，梁启超又发表《申论种族革命与政治革命之得失》一文，将之与《开明专制论》合在一起，以《中国存亡一大问题》为名，公开出版。《民报》针锋相对，于第3号以“号外”形式发表了《〈民报〉与〈新民丛报〉辩驳之纲领》，罗列了两报观点分歧的12个问题，进一步将争论问题聚焦和公开。在《答某报第四号对于本报之驳论》中，梁启超针对《民报》所列争点之第12条，即“《民报》鉴于世界前途，知社会问题必须解决，故提倡社会主义；《新民丛报》以为社会主义，不过煽动乞丐流民之具”，阐述了自己对社会主义的看法。随后，朱执信和胡汉民分别在《民报》第5号上发文《论社会革命当与政治革命并行》《斥〈新民丛报〉之谬妄》进行回应。而在《杂答某报》第五部分“社会革命果为今

---

① 李剑农：《中国近百年政治史》，上海人民出版社，2015，第189页。

② 张朋园：《梁启超与清季革命》，上海三联书店，2013，第137页。

③ 此三人，即蒲鲁东、圣西门、马克思。

④ 饮冰：《开明专制论》，《新民丛报》第75号，1906年2月23日。

日中国所必要乎”中，梁启超兑现了“当别著文论之”的承诺，声言“吾以为中国今日有不必行社会革命之理由，有不可行社会革命之理由，有不能行社会革命之理由”；继之又在《再驳某报之土地国有论》的长文中，系统申明了自己反对土地国有政策的意见。至此，梁启超认为自己的辩论任务已经完成，从此搁笔不再阐述这一问题。革命党人针对梁启超的诘难，又陆续发表了胡汉民的《告非难民生主义者——驳〈新民丛报〉第十四号社会主义论》、朱执信的《土地国有与财政——再驳〈新民丛报〉之非难土地国有政策》和署名“太邱”的《斥〈新民丛报〉土地国有之谬》，论战至此结束。

可见，正是将论题转到社会主义方面上来后，梁启超才更加刺激了革命党人对这一问题的关注，因此，完全可以把此一时段在《民报》与《新民丛报》上发表有关社会主义文献，视为参与此次论战。如此两厢对读，可以更加全面地了解和把握时人对社会主义的认知高度。

二　论战焦点之一：社会革命产生的原因

如上文所言，《杂答某报》第五部分“社会革命果为今日中国所必要乎”和《再驳某报之土地国有论》，是梁启超在《答某报第四号对于本报之驳论》中所持辩论观点的展开，因此，有必要完整摘录后文中梁氏的核心观点，以窥其主旨所在。

> 吾认社会主义为高尚纯洁之主义，且主张开明专制中及政治革命后之立法事业，当参以国家社会主义的精神，以预销将来社会革命之祸。若夫社会主义中之极端的土地国有主义，吾所不取；今日以社会主义提倡国民，吾认为不必要；野心家欲以极端的社会革命主义与政治革命、种族革命同时并行，吾认为其为煽动乞丐流氓之具。盖辩理的社会主义与感情的社会革命，决非同物。非必由人民暴动举行社会革命，乃可以达社会主义之目的，此吾所主张也。①

① 饮冰：《答某报第四号对于本报之驳论》，《新民丛报》第79号，1906年4月24日。

观此段论述可知：第一，梁启超在情感上并不排斥社会主义，其主观目的是要采社会主义之精神以消解“将来社会革命之祸”在中国的发生，这换成《〈民报〉发刊词》中的语言，就是防止中国“第二次之革命”爆发。这一点，《民报》与《新民丛报》有着异曲同工之妙。对之，将在下文展开分析，此不赘。第二，梁氏的核心观点就是批判《民报》的“举政治革命、社会革命毕其功于一役”的设想和主张，而批判的矛头直指革命党人所主张的土地国有政策；而这又是以梁氏对社会革命及其条件的理解为前提的。故梁启超说：“中国今日若从事于立法事业，其应参用今世学者所倡社会主义之精神与否，别为一问题；中国今日之社会经济的组织，应为根本的革命与否，又别为一问题。”① 话说得很清楚，在梁氏看来，社会革命的对象，就是要革“社会经济的组织”之命。那么，造成社会革命的原因在哪？梁氏说：“夫欧洲所以演出工业革命之恶果而迫今后之社会革命使不能不发生者，固由瓦特机器之发明，骤变其生产之方，亦由斯密放任之学说，助长其竞争之焰；两者缺一，其惨剧当不至若是之甚。”② 也就是说，“两者缺一”，就是梁氏开出的救治未来避免社会革命爆发的药方。进一步言，在中国日后必须采用机器化大生产的同时，放弃自由放任的经济政策而采取国家干预的方式，就可避免社会革命的爆发。这是因为，在梁启超看来，自由放任的经济政策造成“富者益富，贫者益贫，于是近世所谓社会主义者出而代之”③。由是不难理解，为什么游历美洲之后的梁启超会大加盛赞托拉斯，并认为“托拉斯者，亦调和资本家与劳力者之争阋一法门也”④。

在革命党人看来，“社会经济组织之不完全”亦是社会革命爆发的原因之一，但“今日一般社会革命原因中最普遍而可以之代表一切者，则放任竞争，绝对承认私有财产权之制度也。今日之社会主义，盖由是制度而兴者也”。将“绝对承认私有财产权”纳入分析视野，表明革命党人对

① 饮冰：《社会革命果为今日中国所必要乎》，《新民丛报》第86号，1906年9月3日。

② 饮冰：《社会革命果为今日中国所必要乎》，《新民丛报》第86号，1906年9月3日。

③ 冰子：《干涉与放任》，《新民丛报》第17号，1902年10月2日。

④ 中国之新民：《二十世纪之巨灵托拉斯》，《新民丛报》第42、43号合刊本，1903年11月2日。

社会革命产生原因的认识，至少在理论上比梁氏高出一筹，因为“富者益富，贫者益贫”只是“放任竞争，绝对承认私有财产权之制度”所造成的结果而不是原因。[1] 因此，与梁启超对托拉斯的判断不同，革命党人指出，在自由竞争的条件下，“其结果也，遂驱使一般之劳动阶级，悉厕为大资本家之奴隶；次第蚕食中等资本家，而使之歼灭无遗。今美国惟有大资本家及工人之二大阶级，而中等资本家之可数者，概已落落如晨星，非无由也”[2]。不止于此，在革命党人看来，资本家还与执政者同体，其施政方略会进一步加剧贫富悬隔的恶果，“盖豪族而居政府，以其经济上之势力，助政治上之暴，因施为法，益增其富”[3]。正是基于对欧美资本主义政治、经济弊病的认知，在规划中华民族未来前途时，革命党人才设想了用“社会的国家”来替代“国民的国家”,[4] 提出了“毕其功于一役”的革命战略。

然而，“富者益富，贫者益贫”的贫富两极分化现象，归根结底是由资本主义的基本矛盾所决定的；换句话说，探究生产社会化与生产资料的资本主义私人占有之间的矛盾，才是双方解答“社会经济组织之不完全”的根本原因所在。遗憾的是，论战双方处于冰炭不相容的地步，不能相互借鉴，以促进理论的进一步发展。梁启超似曾触摸到生产社会化的脉搏，他说：“前此工人自制一物，售之而自得其值，今则分业之度益进。与其谓之分业，毋宁谓之合力。每一物之成，必经若干人之手，欲指某物为某人所制，渺不可得。而工人之外，复有供给其资本与器具者，又须得若干之报酬。故欲求公平之分配，终不可期，不得已而采最简单之方法，行赁银制度。即出资本者，雇用若干之职工，每人每日，给以庸钱若干，而制成一器，所得之赢，悉归雇主。而雇者与被雇者之间，即资本家与劳动者之间，划然成两阶级而不可逾越。”[5] 在此基础上，如果再加上革命党人的“绝对承认私有财产权”，得出资本主义的基本矛盾似乎只有一步之

① 县解：《论社会革命当与政治革命并行》，《民报》第5号，1906年6月26日。

② 自由：《民生主义与中国政治革命之前途》，《民报》第4号，1906年5月1日。

③ 县解：《论社会革命当与政治革命并行》，《民报》第5号，1906年6月26日。

④ 民意：《纪十二月二日本报纪元节庆祝大会事及演说辞》，《民报》第10号，1906年12月20日。

⑤ 饮冰：《社会革命果为今日中国所必要乎》，《新民丛报》第86号，1906年9月3日。

遥，但论战双方却不能相互借鉴和吸收，而是将贫富两极分化现象简单归结到了政府与市场的关系上。对之，革命党人云："故放任竞争与贫富悬隔，有必然之关系者也。抑不由放任竞争，固不得致贫富悬隔也。"① 于是，革命党人选择了土地国有和大资本国有的国家民生主义之方策。

三 论战焦点之二：什么是社会主义

严格说来，论战双方对"什么是社会主义"以及"社会主义是否适合中国"的争论，是在两个不同层面上展开的，但又交织在一起。前者，针对的是资本主义发展，侧重理论讨论；后者则是针对中国现实及其急迫改变的生存环境。因此，揭示双方对"什么是社会主义"这一根本理论问题的回答，才能透过具体政策论争的复杂面相，窥见双方论战的核心问题。而要探究这一问题，对双方接受和认知社会主义做一番详细考察，实属必要。

（一）梁启超对社会主义的认知

据胡汉民的记述，世纪之交的梁启超还未听说过"社会主义"这一名词。② 梁启超后来亦云："孙逸仙（文）。他虽不是个学者，但眼光极敏锐，提倡社会主义，以他为最先。"③ 但是，从汉语"社会主义"一词的使用来看，它恰恰最早出现在梁启超集编、撰、校于一身的《时务报》上。④ 不止于此，在《清议报》第52册所刊载的《十九世纪思想变迁论》中，又明确界定社会主义的目的是解决"贫富问题"，但"方今经济（即理财）学者及社会学者，皆尽力于兹，以谋救济之方，然绝不奏效"⑤。事后看，这一观点，对梁启超社会主义思想及其政策主张产生了较为深远的影响。值得注意的是，据梁启超自称，他在戊戌变法失败后逃

---

① 县解：《论社会革命当与政治革命并行》，《民报》第5号，1906年6月26日。

② 胡汉民在《告非难民生主义者——驳〈新民丛报〉第十四号社会主义论》中写道："孙中山曰：'六年前，吾与梁氏语，彼并不知有社会主义之一名词。'"见民意《告非难民生主义者——驳〈新民丛报〉第十四号社会主义论》，《民报》第12号，1907年3月6日。

③ 梁启超：《中国近三百年学术史》，岳麓书社，2010，第32页。

④ 参见〔日〕古城贞吉《硕儒讣音》，《时务报》第12册，1896年11月25日。

⑤ 〔日〕加藤弘之：《十九世纪思想变迁论》，《清议报》第52册，1900年7月26日。

亡日本的船上翻译了日人柴四郎的政治小说《佳人奇遇》。在该小说第十四回中，主人公“老伟人”指出，拯救西方资本主义所造成的“贫富悬隔之祸”，要“以国家社会主义，调和于贫富之间而已，于外实无别法也”①。以国家社会主义来调和资本主义所造成的“贫富悬隔之祸”，为梁启超的社会主义政策主张提供了思路和启发。而其主编的《清议报》所刊载的《帝国主义》长文，又数次提及社会主义，特别是第100册所刊出的译文指出：“社会主义之空想的道理及破坏的手段，虽与国家之存立不能兼容”，但“如社会党之所主张保护劳动者之工厂法、养老法、救助贫民等法，于国家之调和发达大有关系。虽如何国家，不可不尽其力之所及以求实行。至破坏的社会主义，非独与国家不兼容，……即现在之社会，亦不能兼容也”。② 巧合的是，在同期刊载的《南海康先生传》中，梁启超在高度评价康有为之哲学时，说“先生之哲学，社会主义派哲学也”，并指出其师的理想社会是“以国家家族尽融纳于社会而已，故曰社会主义派哲学也”。③ 由是，梁启超对社会主义的关注从经济领域进入政治领域。

1902年2月，梁启超创办《新民丛报》，社会主义亦是该刊所关注的新思潮之一。④ 在《论中国学术思想变迁之大势》长文中，梁启超首次将社会主义纳入中国传统文化的范畴内进行考察，认为许行“所持理论，颇与希腊柏拉图之共产主义及近世欧洲之社会主义 Socialism 相类”，而“社会主义，与无政府主义相类，而亦不尽同。社会主义者，溺平等博爱之理论，而用之过其度者也”。⑤ 继之，在《干涉与放任》一文中，梁启超明确界定：“社会主义者，其外形若纯主放任，其内质则实主干涉者

① 梁启超：《佳人奇遇》，中华书局，1947，第195页。

② 佚名：《帝国主义》，《清议报》第100册，1901年12月21日。

③ 任公：《南海康先生传》，《清议报》第100册，1901年12月21日。

④ 至论战发生之前，《新民丛报》刊载的有关社会主义的文献主要有《国家社会主义实行于奥大利》（第25号）、《实行社会主义》（第27号）、《近世欧人之三大主义》（第28号）、《弥勒约翰之学说》（第29、30、35号）、《圣西门（一作西士门）之生活及其学说（佛礼儿之学说附）》（第31号）、《〈大同日报〉缘起》（第38、39号合刊本）等文。

⑤ 中国之新民（梁启超）：《论中国学术思想变迁之大势》，《新民丛报》第5号，1902年4月8日。

也，将合人群使如一机器然，有总机以纽［扭］结而旋掣之，而于不平等中求平等。"[①] 将社会主义纳入中国传统文化之中进行考察，并诠释社会主义之精神"中国固夙有之"，一定程度上缓解了社会主义思想在中国传播的阻力。

综上，尽管此一时期梁启超并没有专门译介社会主义的文献，但从经济、政治、文化三个视域去接受和诠释社会主义，表明在对社会主义的认知上，梁启超确是时人中的佼佼者。此后，在《进化论革命者颉德之学说》《论俄罗斯虚无党》《二十世纪之巨灵托拉斯》《中国之社会主义》《子墨子学说》《外资输入问题》《俄罗斯革命之影响》《新大陆游记》等著述中，梁启超不仅多次提到马克思，而且进一步阐释了他对社会主义的认知。综观这些文献可知，尽管梁启超对马克思学派的社会主义观没有直接的表述，但字里行间却又透出了一些表征。如在《二十世纪之巨灵托拉斯》中，梁启超写道："夫近世社会主义之盛行也，凡以为多数劳力者之权利也。而托拉斯者，则资本家权利之保障也。资本家与劳力者，方为两军对垒之形，作短兵相接之势，宜若彼两物者，不能并容。而观夫近今社会党之生计学者，其论托拉斯也，不惟无贬词，且以其有合于麦喀士（社会主义之鼻祖，德国人，著书甚多）之学理，实为变私财以作公财之一阶梯，而颂扬之。"[②] 在《新大陆游记》记载与美国社会主义者的谈话中，梁启超在提出"极端之社会主义"概念的同时，指出美国社会主义者对于"麦克士[③]（德国人，社会主义之泰斗）之著书，崇拜之，信奉之"[④]。在《中国之社会主义》一文中，尽管梁启超是将马克思和拉萨尔的言论合在一起来界定社会主义的，"社会主义者，近百年来世界之特产物也。概括其最要之义，不过曰土地归公，资本归公，专以劳力为百物价值之原泉"[⑤]，但这一对社会主义的理解和把握，比1903年出版的首部新语词词典的界定——"废除私有财产，使归公分配之主义，谓之共产主

---

① 冰子：《干涉与放任》，《新民丛报》第17号，1902年10月2日。

② 中国之新民：《二十世纪之巨灵托拉斯》，《新民丛报》第42、43号合刊本，1903年11月2日。

③ 即马克思。

④ 梁启超：《梁启超游记》，东方出版社，2006，第300页。

⑤ 梁启超：《中国之社会主义》，《新民丛报》第46~48号合刊本，1904年2月14日。

义，一名社会主义”[①]，在理论上要高出一筹。

（二）革命党人对社会主义的译介和认知

据现有史料看，孙中山是于1903年底首次使用“社会主义”一语的，其举措就是“平均地权”，但如何具体实施，并不明确。[②] 1905年5月，孙中山访问了设在布鲁塞尔的社会党国际局，会见了国际局主席王德威尔得和书记处书记胡斯曼，要求第二国际接纳他的党为正式成员；同月，比利时的《前进报》《人民报》和法国社会党机关报《社会主义者》，以及当年8月日本的《直言》周刊，都做了相关报道。这些报道首次明确透露出他的“毕其功于一役”思想，报道说：“中国社会主义者要采用欧洲的生产方式，使用机器，但要避免其种种弊端”，中国“要在将来建立一个没有任何过渡的新社会，……中世纪的生产方式将直接过渡到社会主义的生产阶段，而工人不必经受被资本家剥削的痛苦”，而“土地全部或大部为公共所有，就是说很少或没有大的地主，但是土地由公社按一定章程租给农民”,[③] 则是中国社会主义者的目标之一。可见，土地问题一直是孙中山所关注的重点。由是，《民报》创刊号刊载了廖仲恺所译的《进步与贫乏》，内中提及作者亨利·乔治“将合亚丹斯密、利加度及蒲留罕、拉谢尔两学派之真理，一炉而冶之。将宣言于世界曰：使事物循自然者，即以开社会主义之幻梦”[④]。但是，要理解亨利·乔治原著的主旨，必须对西方经济思想史和社会主义思想史有透彻的了解和把握，然综观《民报》所刊文献，对前者涉及较少，而有关社会主义思想史、流派史和运动史的译介文章则较多。除朱执信的《德意志社会革命家小传》[⑤]已为人们熟知外，还有宋教仁译述的《万国社会党大会史略》长文，但对此文的译述并没有明确表明他对社会主义的看法，若考虑到后来他在《民立报》发表的《社会主义商榷》一文，似乎此译文表明此时的宋教仁对“什么是社会主义”仍在思考之中；而通过廖仲恺所译文献的按语可

---

① 汪荣宝、叶澜编纂《新尔雅》，文明书局，1906，第64页。

② 《孙中山全集》第1卷，第228页。

③ 〔美〕M. 伯纳尔：《孙中山访问第二国际书记处》，《近代史资料》1979年第3期。

④ 屠富（廖仲恺）译《进步与贫乏》，《民报》第1号，1905年11月26日。

⑤ 又作《德意志社会革命家列传》。

以看出，此时廖氏译文的主旨，极类似于梁启超“牖新知”的功能。[1] 此外，廖仲恺所译的《虚无党小史》和宋教仁的《一千九百〇五年露国之革命》可被归结到俄国民粹主义的范畴之中。因此可以说，论战前《民报》所刊发的有关社会主义的文献，是围绕着民粹主义、无政府主义和社会主义而展开的。

不过，在所刊文献提及马克思主义经典创始人的段落中，仍旧可以发现，革命党人对“什么是社会主义”的界定，与梁启超的概括极其相似，且意识到了实现社会主义的物质力量及其手段。如《欧美社会革命运动之种类及评论》一文指出：“社会主义之大目的，在以土地、资本公诸社会，使政府掌治之，而民以其劳，自易其利，不容各人私有。……此其说创自德儒卡玛、殷杰[2]二氏，近乃风靡全欧。”[3] 宋教仁所译《万国社会党大会史略》在引述1877年比利时根特国际社会主义者代表大会决议宣言，陈述社会主义这一“大目的”[4] 的同时，还指出，世界人口“统计不下十五万万，然区别之，得形成为二大阶级：掠夺阶级与被掠夺阶级是矣。换言之，即富绅（Bourgeois）与平民（Proletaruns）之二种也。前之一种，独占生产之机关；一种以劳力而被其役使。资本与劳力乃生出佣金之一问题。其不平等之极，一若陟天堂，一若居地狱。不有以救之，世界人类其尽为刍狗矣”[5]。而“救之”之法，换成朱执信在《德意志社会革命家小传》中的话说，就是“阶级争斗”；而对于富绅与平民两阶级争斗的经济根源，朱执信浅显地解释道：“譬有人日勤十二小时，而其六小时之劳动，已足以增物之价，如其所受之庸钱。余六时者，直无报而程功者

① 比如，在所译《社会主义史大纲》的译者按中就明确地写道：“然吾人为初学之研究，则正乐得有所比较，而提揭短长也。爰介绍于我国学界读者，幸与《万国社会党大会小史》对照之可也。”渊实（廖仲恺）译《社会主义史大纲》，《民报》第7号，1906年9月5日。

② 卡玛、殷杰，即马克思、恩格斯。

③ 〔日〕巡耕：《欧美社会革命运动之种类及评论》，社员译，《民报》第4号，1906年5月1日。

④ 译文写道：“社会所以存在之基础之土地，与其他一切之生产机关，若被握于个人或特别之阶级之掌中而为私有财产时，则其必然之结果，必使劳动阶级受压迫贫穷饥饿而不能遁免。故大会宣言：以自由自治之团体组织之，而以土地及其他一切之生产机关，归于代表全国民之国家之所有。”

⑤ 犟斋：《万国社会党大会史略》，《民报》第5号，1906年6月26日。

也。反而观之，则资本家仅以劳动结果所增价之一部还与劳动者，而干没其余，标之曰利润，株主辈分有之，是非实自劳动者所有中掠夺得之者耶。”① 如是，则对马克思剩余价值理论做出了浅显的解释。这就比梁氏简单提及社会主义者“专以劳力为百物价值之原泉”的说教，在实际分析上前进了一步。

四 论战焦点之三：社会主义是否适合中国

由上可见，论战发生前，双方对社会主义的认知，非常接近马克思学派之社会主义学说关于未来新社会要实行生产资料归社会所有的主张。顺便说一下，从社会主义思想史上看，科学社会主义之所以具有“科学”的性质，就是“第一次提出了世界各国工人政党都一致用以扼要表述自己的经济改造要求的公式，即：生产资料归社会所有”②。但这一正确的认识，却被梁启超称为“极端之社会主义”或“圆满之社会革命”，革命党人亦称之为“极端之民生主义”或“纯粹共产主义”。论战双方均认为这种社会主义，不仅在当时的中国不能实现，而且即便在欧美所谓的文明国家也不能实现。由是，国家社会主义或国家民生主义成为双方关注的焦点，但双方对国家社会主义的理解却不在一个平台上。

朱执信在批驳梁氏不知各社会主义流派的区别时，指出：“夫往者诚有排社会主义者，顾其所排者非今日之社会主义，而纯粹共产主义。若是谓今日不能即行，吾亦不非之。顾自马尔克③以来，学说皆变，渐趋实行，世称科学的社会主义（Scientific Socialism），学者大率无致绝对非难，论者（指梁启超——引者注）独未之知耳。而吾辈所主张为国家社会主义，尤无难行之理。”而“纯粹共产主义”，朱执信又称为“绝对的共产主义”，带有强烈的“无政府主义”色彩：“虚无党等所主张为绝对的共产主义，余辈亦不能无疑之也。”④ 可见，朱执信按照实行的难易程度，将社会主义划分为国家社会主义、科学的社会主义和无政府主义三派，因

① 势伸：《德意志社会革命家小传》，《民报》第2号，1905年12月26日。

② 《马克思恩格斯选集》第4卷，人民出版社，2012，第381页。

③ 马尔克，即马克思。

④ 县解：《论社会革命与政治革命并行》，《民报》第5号，1906年6月26日。

此，朱氏笔下的“科学的社会主义”内涵，绝不能与我们今天熟知的“科学社会主义”一语完全对等起来。在批评梁启超“圆满之社会革命”说时，胡汉民更是错误地认为，马克思、恩格斯在“二氏不惟认许自用资本之私有，即农夫及手工业者之资本私有，亦认许之”的基础上，承认“吾人之社会主义则不然，曰土地国有，曰大资本国有。土地国有，则国家为惟一之地主，而以地代之收入，即同时得为大资本家，因而举一切自然独占之事业而经营之。其余之生产事业，则不为私人靳也”①。此处的“独占”即垄断的意思，“自然独占之事业”实行国有，在革命党人看来，其目的是“以抑制私营自然独占事业者之专横而达社会上目的”②。可见，革命党人所主张的国家社会主义是建立在土地国有这一前提或基础之上的，同时也充分暴露了革命党人对科学社会主义学说的一知半解。

与革命党人不同，梁启超在《杂答某报》中认为，马克思和倍倍尔等人属于“社会革命主义派”，该派主张“不承认现在之社会组织而欲破坏之以再谋建设者也”；与之相对应的则是以瓦格纳等人所提倡进而由俾斯麦所实施的“社会改良主义派”，该派属于“承认现在之社会组织而加以矫正者”；二派“最大异点，则以承认现在之经济社会组织与否为界”。梁启超以此立论，指认革命党人的“民生主义”属于“社会改良主义派”，不属于“社会革命主义派”，并以此指责革命党人“始终未识社会主义为何物”，“凡不为生产机关者（如家屋、器具、古玩等），则承认其私有，其为生产机关者，则归诸国有而已。必如是而后可以称社会革命”。此其一。其二，在民族国家存在的前提下，梁启超也不认可“社会革命主义派”的主张，“然则圆满之社会革命论，其新社会之经济组织何如？以简单之语说明之，亦曰：国家自为地主自为资本家，而国民皆为劳动者而已，即一切生产事业，皆由国家独占，而国民不得以此为竞也”，由是，“即行社会革命，建设社会的国家，则必以国家为一公司，且为独一无二之公司，此公司之性质，则取全国人民之衣食住，乃至所执职业，

① 民意：《告非难民生主义者——驳〈新民丛报〉第十四号社会主义论》，《民报》第12号，1907年3月6日。

② 县解：《从社会主义论铁道国有及中国铁道之官办私办》，《民报》第4号，1906年5月1日。

一切干涉之而负其责任”。在这种经济体制下，生活资料的分配“宜依各人每日劳力之所直［值］，给以凭票，其人即持凭票以向公立之种种商店换取物品者，如是则并货币亦废置不用，只以种种劳力与种种物品比价而立一标准，则物价无复贵贱之可言”。[①] 在失去了物价即价格这一指示器的作用下，企业家精神就会遏绝，“此无他，经济动机实以营利之念为之原，私人之企业家，为此营利之一念所驱，故能累发明以发明，重改良以改良，冒险前进，有加无已”。与之相反，“若夫公共团体之企业，则公吏之执行庶务者，虽缘该事业发达故而获大利，其利不归于己；反之，若缘冒险而致失败，则受行政上之责任，而己之地位将危。故为公吏者，常横一不求有功但求无过之心，其精神恒倾于保守而乏进取。倾于保守而乏进取者，必非能完企业之职务，而不为国民经济全体之福明矣”。用语虽有些极端，但考虑到这些话说自 20 世纪初年，其洞见仍旧是可贵的。化解这一弊端，梁启超开出的药方是，“若能导经济动机，使纯出于道德，尽人皆以公益为务，而一毫私利之念，不杂其间，则以国家当企业之职务，举生产分配之枢机，而悉集诸中央，宁非甚善”[②]。正是在这个意义上，梁氏在情感上并不排斥社会主义，也没有走上彻底否定社会主义的立场。毋宁说，正是基于现实经验的观察和思考，他才盛赞国家社会主义的，“若近来所谓国家社会主义者，其思想日趋于健全，中国可采用者甚多，且行之亦较欧美更易者。盖国家社会主义，以极专制之组织，行极平等之精神，于中国历史上性质，颇有奇异之契合也。以土地尽归于国家，其说虽万不可行；若夫各种大事业如铁路、矿务、各种制造之类，其大部分归于国有，若中国有人，则办此真较易于欧美”[③]。不过，梁氏笔下的国家社会主义与革命党人所诠释的国家社会主义，在内容上并不完全等同。

五　论战焦点之四：“社会革命论之精神”

针对资本主义所造成的贫富两极分化这一现象，论战双方均以“分

① 饮冰：《杂答某报》，《新民丛报》第 86 号，1906 年 9 月 3 日。

② 饮冰：《再驳某报之土地国有论》，《新民丛报》第 91 号，1906 年 11 月 16 日。

③ 梁启超：《梁启超游记》，第 300 页。

配趋均”为社会革命的目的，但由于没有深入探究劳动价值论及相关问题，论战双方在价值创造和价值分配问题上均陷入了庸俗经济学的泥潭中。

上文指出，梁启超已经意识到社会主义“专以劳力为百物价值之原泉”，在《子墨子学说》一文中，他又说：“墨子之生计学，以劳力为生产独一无二之要素。其根本概念，与今世社会主义派别所持殆全合。”① 这里“劳力”一词的含义，极其类似于马克思主义政治经济学语境中的“劳动力”或“活劳动”概念。或许正是基于这种浅显的认识，梁启超指出，社会革命后“劳动之结果，虽割其一部分以与国家，而所自得之一部分，其分量必有以逾于今日。且国家所割取我之一部分，亦还为社会用，实则还为我用而已。如此则分配极均，而世界将底于大同。此社会革命论之真精神，而吾昔所谓认此主义为将来世界最高尚美妙之主义者，良以此也”②。如上文所言，朱执信也曾浅显地解释了剩余价值的来源问题，但是，问题在于，有价值才能有剩余价值，因此，要正确理解剩余价值及相关问题，逻辑上必须去探究价值创造问题，这就要进入劳动价值论范畴。然而，朱执信却说：“马尔克之为学者所长也，以《资本论》，然世之短之亦以是。是亦马尔克立言不审时，或沿物过情之为之累也。”③ 此理论再往前一步，真理的大门就会打开，遗憾的是，论战双方都到此戛然而止。

与之相对应，“劳力”又被赋予了另一种含义，即与土地、资本一起，被视为是生产三要素之一。在用“生产机关”来指代生产资料的情况下，梁启超认定革命党人的“民生主义”主张无法解决分配问题：“生产三要素，其土地国家掌之，其资本少数富者持之，其劳力多数贫者供之，及夫合三成物，得价而售，其售所获，当以几分酬土地之一要素而归诸国家，当以几分酬资本之一要素而归诸彼少数者，当以几分酬劳力之一要素而归诸此多数者，此其界限甚难分析。（实无从分析）”④ 于是不得

① 中国之新民：《子墨子学说》，《新民丛报》第50号，1904年7月13日。
② 饮冰：《社会革命果为今日中国所必要乎》，《新民丛报》第86号，1906年9月3日。
③ 势伸：《德意志社会革命家小传》，《民报》第2号，1905年12月26日。
④ 饮冰：《社会革命果为今日中国所必要乎》，《新民丛报》第86号，1906年9月3日。

不退回到庸俗经济学“三位一体”公式上来。在阐释了土地国有和大资本国有对“分配趋均”的六大好处后，胡汉民亦指出：“吾人于经济社会，……其为分配之趋均，亦心理的而非数理的也。故不必尽取其生产消费之事，而干涉之，但使其于经济界，无有不平之阶级，而个人各立于平等之地位，犹其于立宪国中，无有贵族等阶级者然，然后其所得，各视其材力聪明，虽存差异，不为不均。此吾人社会革命论之精神也。”① 把分配问题归结为“心理的而非数理的”，与其说胡汉民回应了梁氏的责难，不如说是混淆了问题，甚至是取消了问题。不过，在指责梁氏“圆满之社会革命”时，胡汉民写道：“言社会主义，则一切生产机关皆为国有而不容私有，不言社会主义，则一切生产机关皆当为私有而不容国有，更无介乎其间之第三说而后可。而且所谓举一切生产机关悉为国有者，必并劳力亦与土地、资本同为国有而后可。何则？劳力亦一生产大机关也。而问其事之可行否耶？”② 尽管二人所使用的“生产机关”一语内涵不完全相同，但胡汉民在此提出了一个“劳力”如何实现公有的问题。应该说，这一认识是深刻的，但这种质疑，也终归是灵光一现而已。

概言之，发生在国外的这场有关社会主义论战的双方，透过“富者益富，贫者益贫”这一社会现象，认真探讨了现代社会主义的内容之一，但没有对生产的无政府状态进行考察和分析。③ 因此，论战双方在起点和主观价值追求上，有着共同的基础和一致性，这是论战得以发生的前提。在起点上，双方均认为资本主义“社会经济组织之不完全”，是社会革命爆发的原因，革命党人进而指出了“绝对承认私有财产权”是“社会经济组织之不完全”的深层原因，而没有注意到生产社会化这一现象，进而提出了“毕其功于一役”的革命战略；相反，梁启超并非自觉地意识到了后者而忽视了前者，凸显了社会生产力的增加，提出了“今日中国

① 民意：《告非难民生主义者——驳〈新民丛报〉第十四号社会主义论》，《民报》第12号，1907年3月6日。

② 民意：《告非难民生主义者——驳〈新民丛报〉第十四号社会主义论》，《民报》第12号，1907年3月6日。

③ 恩格斯曾指出：“现代社会主义，就其内容来说，首先是对现代社会中普遍存在的有财产者和无财产者之间、资本家和雇佣工人之间的阶级对立以及生产中普遍存在的无政府状态这两个方面进行考察的结果。”《马克思恩格斯选集》第3卷，第775页。

所急当研究者，乃生产问题，非分配问题也”①。由于根本没有涉及资本主义生产的无政府状态，论战双方均将“富者益富，贫者益贫”的加剧，简单归结到市场上的放任竞争，希冀采择国家社会主义的干预政策来调节，以期实现“分配趋均”的价值追求。但国家社会主义，正如恩格斯所指出的那样，是“无产阶级社会主义的一种幼稚病”②，在理论上是反动的。梁启超则将之定位为“社会改良主义派”，是正确的；革命党人却将之作为自己的奋斗目标，尽管赋予其土地国有和大资本国有的内涵。这就引申出论战双方对社会主义学理探究的深层次问题。尽管梁启超触摸到了劳动价值论，但他更多侧重从西方经济学说史特别是经济发展史的视角来探究社会主义的学理基础，进而将社会主义与托拉斯作为 20 世纪联袂出现的一种新的经济现象，“统一斯时也，乃举天下厌倦自由，而复讴歌干涉。故于学理上而产生出所谓社会主义者，于事实上而产出所谓托拉斯者。社会主义者，自由竞争反动之结果。托拉斯者，自由竞争反动之过度也”③。这就在学理上陷入了自相矛盾的境地，因为他无力也不可能意识到劳动价值论与社会主义的“政治结论”之间的紧密联系。④ 另外，在中国传统大同理想及其师“三世进化”说的影响下，梁启超认为土地、资本公有确是解决“贫富悬隔之祸”的理想方法，“社会主义者，与我国近儒所倡大同主义颇相类，遂未能遽行于今日。要之，世运日进文明，此主义必

---

① 饮冰：《杂答某报》，《新民丛报》第 86 号，1906 年 9 月 3 日。

② 《马克思恩格斯全集》第 39 卷，人民出版社，1974，第 209 页。

③ 中国之新民：《二十世纪之巨灵托拉斯》，《新民丛报》第 42、43 号合刊本，1903 年 11 月 2 日。

④ 有学者分析道：在马克思看来，资本主义生产的目的是剩余价值生产。但是，先有价值才谈得上剩余价值，因此，剩余价值的生产以价值的生产为前提，就是说，以商品生产为前提。商品首先必须有使用价值。从劳动价值论的观点看，使用价值中凝结着价值，剩余价值是劳动者的活劳动创造的。资本主义发展的必然趋势是，随着生产力的发展，随着科学技术在生产中的应用，使用价值生产中所需的活劳动愈来愈少，这意味着，使用价值中的价值量将日趋减少。生产力的发展和科学技术的应用趋向于使生产完全自动化。自动化的发展将使劳动者日益脱离使用价值的直接生产过程，从理论上说，这一过程的极限是使用价值中的价值量及剩余价值量趋向于零，而没有剩余价值就没有资本主义，就是说，即使没有任何其他因素的干预，资本主义也会随着生产自动化的发展而自行消亡。可见，在马克思那里，劳动价值论与社会主义的“政治结论”之间的联系十分清晰。王建民：《路德维希·冯·米瑟斯社会主义观述评》，《山东大学学报》（哲学社会科学版）2007 年第 6 期。

为最后之战胜者，无可疑也”[①]。这样，梁启超又在现实与理想之间陷入了悖论，不能进一步去探究社会主义的学理基础，而是选择国家社会主义，但同时又陷入了庸俗经济学“三位一体”的公式之中不能自拔。革命党人亦在进化论的指导之下，认为“二十世纪不得不为民生主义之擅场时代也”[②]。但“说道民生主义，因这里头千条万绪，成为一种科学，不是十分研究不得清楚。……社会党所以倡民生主义，就是因贫富不均，想要设法挽救；这种人日兴月盛，遂变为一种狠繁博的科学。其中流派极多，有主张废资本家归诸国有的，有主张均分于贫民的，有主张归诸公有的，议论纷纷”[③]。尽管革命党人粗浅地解释了剩余价值的来源问题，但也没有去深入探究价值实体和价值起源即劳动价值论的问题，因而亦选择了国家社会主义，企图在“实行民族革命、政治革命的时候，须同时想法子改良社会经济组织，防止后来的社会革命”[④] 的发生，同样陷入了庸俗经济学“三位一体”公式的泥潭之中。于是，论战双方在对社会政策的取舍上各执一词，相互攻讦，无法达成共识，从而使得这次关于社会主义的学理讨论不能深入下去。尽管从“分配趋均”的主观追求出发，论战双方均认可了土地、资本等公诸社会所有才是理想的社会状况，但双方都草率地赋予其以“极端”“圆满”“纯粹”等修饰词而加以舍弃！究其深层次原因，并非仅仅认识到中国不具备实行社会主义的前提条件那样简单，透过论战双方的文本，可以发现，在根本没有提及马克思主义国家学说，或更为确切地说，在压根不知马克思主义国家消亡学说的情况下，双方均将社会主义与共产主义做了简单的难易划分，也就无法区分马克思主义的“社会所有”制与“国家所有”或“政府所有”的内在逻辑关系及其边界，并将“社会所有”这一桂冠戴到了无政府主义的头上。这一误读，为共产主义与无政府主义相结合创造了条件，稍后《天义》《新世纪》杂志的先后创刊及其宣传无政府共产主义并引发相应论战，就清楚表明了这一点。

---

① 威儿拉里：《国家社会主义实行于奥大利》，《新民丛报》第 25 号，1903 年 2 月 11 日。

② 孙文：《〈民报〉发刊词》，《民报》创刊号（第 1 号），1905 年 11 月 26 日。

③ 民意：《记十二月二日本报纪元节庆祝大会事及演说词》，《民报》第 10 号，1906 年 12 月 20 日。

④ 民意：《记十二月二日本报纪元节庆祝大会事及演说词》，《民报》第 10 号，1906 年 12 月 20 日。

《民报》发刊词

孙　文

近时杂志之作者亦伙矣。婍词以为美，嚣听而无所终，摘埴索涂，不获则反复其词而自惑。求其斟时弊以立言，如古人所谓对症发药者，已不可见，而况夫孤怀宏识、远瞩将来者乎？夫缮群之道，与群俱进，而择别取舍，惟其最宜。此群之历史既与彼群殊，则所以掖而进之之阶级，不无后先进止之别。由之不贰，此所以为舆论之母也。

余维欧美之进化，凡以三大主义：曰民族，曰民权，曰民生。罗马之亡，民族主义兴，而欧洲各国以独立。洎自帝其国，威行专制，在下者不堪其苦，则民权主义起。十八世纪之末，十九世纪之初，专制仆而立宪政体殖焉。世界开化，人智益蒸，物质发舒，百年锐于千载，经济问题继政治问题之后，则民生主义跃跃然动，二十世纪不得不为民生主义之擅场时代也。是三大主义皆基本于民，递嬗变易，而欧美之人种胥冶化焉。其他旋维于小己大群之间而成为故说者，皆此三者之充满发挥而旁及者耳。

今者中国以千年专制之毒而不解，异种残之，外邦逼之，民族主义、民权主义殆不可以须臾缓。而民生主义，欧美所虑积重难返者，中国独受病未深，而去之易。是故或于人为既往之陈迹，或于我为方来之大患，要为缮吾群所有事，则不可不并时而弛张之。嗟夫！所陟卑者其所视不远，游五都之市，见美服而求之，忘其身之未称也，又但以当前者为至美。近时志士，舌敝唇枯，惟企强中国以比欧美。然而欧美强矣，其民实困，观大同盟罢工与无政府党、社会党之日炽，社会革命其将不远。吾国纵能媲迹于欧美，犹不能免于第二次之革命，而况追逐于人已然之末轨者之终无成耶！夫欧美社会之祸，伏之数十年，及今而后发见之，又不能使之遽去。吾国治民生主义者，发达最先，睹其祸害于未萌，诚可举政治革命、社会革命毕其功于一役。还视欧美，彼且瞠乎后也。

翳我祖国，以最大之民族，聪明强力，超绝等伦，而沉梦不起，万事堕坏；幸为风潮所激，醒其渴睡，旦夕之间，奋发振强，励精不已，则半事倍功，良非夸嫚。惟夫一群之中，有少数最良之心理能策其群而进之，使最宜之治法适应于吾群，吾群之进步适应于世界，此先知先觉之天职，而吾《民报》所为作也。抑非常革新之学说，其理想输灌于人心而化为常识，则其去实行也近。吾于《民报》之出世觇之。

（录自《民报》创刊号，1905 年 11 月 26 日）

《民报》之六大主义

汉　民*

本社近得阅者诸君函，举问所标六主义①之概。关于此节既不能繁称以答，而本报自始期以来，所发阐者，拘于篇幅，未尽厥旨。盖一主义之函，累年月而莫殚，而意有所注，则词亦有所倾，其为详略，殆非偶然。本社因诸君之问，急期相与了解，爰属记者为文说明之，义取解释，语其详，则俟他篇也。

解释《民报》主义有二大前提：其一曰知革命之必要，其二曰革命报之能力作用。

知革命之为必要，由于革命之必要也，此如人民以法律为必要，因以知法律为必要。故欲于理论上研究其原因，则不可不先言革命。然革命之为必要，更仆难终。（《民报》一二期已从各方面揭其要概，其理非一文所尽也。）吾之为是解释，亦难遽为反对革命者说法，则先假定为革命必要，而就事实上研究乎。不知革命之结果，于其间又有主观、客观之区别，主观的谓为革命活动者，客观的则谓革命时代之社会也。夫曰为革命活动者，犹有不知革命之虑。此其语甚奇。惟吾之所谓知，非有具体之观念之谓，必抽象研究各得其真确之知识之谓也。于二十世纪之中国为革

---

* 汉民，即胡汉民。

① 此处的“六主义”指《民报》创刊号所载《本社简章》所定的“六主义”：“一、颠覆现今之恶劣政府；一、建设共和政体；一、维持世界真正之平和；一、土地国有；一、主张中国、日本两国之国民的连合；一、要求世界列国赞成中国之革新事业。”——原注（标点为编者加）

命，诚不可以无意识之破坏，而邀天之幸。彼以革命为口头禅，而未尝志于是者勿论，即其志于是者，试问以我之地位如何？敌之所处如何？我所主持以革命者，为如何之目的？所挟持者，为如何之实力？而彼敌之对待我者，为如何手段？抵抗我者，为如何权势？革命前所不可无者，预备有几？革命时之应用者，方法有几？何者为所急趋？何者为所必避？与革命同时进行者，何等事业？革命后之建设，以何等方针？其结果之在我民族及其影响于世界，皆为何若？如是种种，非一二人所能具办者，而为革命之人，则宜言之有故，而喻之有素，若都未能置答，则其果举大事，不徒无以昌我民族，利我国民，甚或予以非常之危害。以观于各国革命之历史，其为一时代革命之领袖者，其人之才否犹后，其了于时机，而熟虑周思，能为备者，其最先也。世有瞀儒，自为曲说，预计乎革命时不注意而易生之危险，以排革命，则不悟其所举者，可使为革命之人善思所以为备，而不足以梗之也。使革命之人，能为抽象的研究，则其举事殆有不徒足塞反对之口实者。夫人以有为或事功之目的，而条理生，不得曰吾目的不误，而条理容疏略也。敌所持者，远不逮吾之正确，而其所资与吾敌者，谋力皆与我为倍蓰，则胜败之数，将有所在。我蹶而敌益严，众为之熠，后者不易骤起，则贸贸为革命者之使然也。更转一方面而言，革命为就一时所为之事业，其举动与社会共之，故社会程度之高下，与革命成绩之优劣为正比例。人固恒言：欲得伟人之铸其群，非其群之先铸伟人不可。又以佛国①革命之惨剧于英伦，而民权之发达不若，引为民族优劣之证。然则国家革命，不独视为革命活动者，亦更视乎革命之社会。佛以屡革命而后底于立宪，用力之艰，不得不然，使非革命，且将无立宪可望，而卒以革命致立宪，仍其民族之能也。且如佛国者犹将以革命求立宪，今日中国民族，未足以革命，而独已能革命，其理论剌谬，无怪为通人所斥。然国民之能力，其可革命与否，无所取验，惟于其客观之认识，亟求了解，以免主观之困难，则亦要务。而吾党所不以为谬者，虽客观之知识，不能如主观之真切，即欧美最文明之革命，其主动者之意思，亦有不能尽喻诸当此者，然其主义必为社会心理所向，其举动必受一般舆论之欢

① 佛国，今译作“法国”。

迎，然后能获优胜而鲜失败。其不然者，则其结果，可分为二：事为亿兆所震袭恐恶，而失其常度，昧者用之，冒大不韪，既无以喻于群，群亦指为拂逆悖乱，若是者无成功，一也；狡者用之，巧驭而术制，阳辟阴翕，期其业之成，叛公理而不顾，犹借口于社会时势之束缚，二也。故主观者不能脱离于客观，而有并负其责任之时，此第一前提之无可疑也。

革命报之作，所以使人知革命也。盖革命有秘密之举动，而革命之主义，则无当秘密者。非惟不当秘密而已，直当普遍之于社会，以斟灌其心理而造成舆论。行于专制之国，格于禁令，应而和者不遽显，然深蓄力厚，其收效乃益大。如俄之革命党，当言网至密之时，为秘密运动，其最大机关报，日出至数十万纸。俄革命党旧分三大派，今则有组合为一民权立宪党之势，其军人往昔亦主革命，而与民党不合，时为大冲激，近亦渐趋于同，皆以革命报鼓吹之力为多。中国内地压于异族政府，无言论自由，故杂志新闻，意微而隐，至其展发于海外者，则自一二有所为而求媚异族者外，可一言以蔽之曰：皆革命报也。夫此已见为社会心理所同，而今日最有力之舆论矣。或谓革命者，非徒以触发社会之感情而已，必且导其知识，养其能力，三者具，而后革命可言，若革命报作，其触发于人感情者独多，人无知识能力，而动其感情，则发为狂热，周脉偾兴，无与匡救。是说也，以为革命报规善也，以为革命报惟有触发感情之效力不可也。夫人召其感情之发动易，而直其辩理心难，感情诚强，有灭其辩理心而不自悟者，然而其不载辩理心以俱也，其感情必不久。故夫论舆论之真价者，贵其依于理性为判断，而感情用事者弗尚焉。曰区区于触发感情，而他无裨益，此革命报之未尽其责，未可以为概也。且吾既已言之，革命当为抽象的研究，革命报不能如是，不足为革命报也。能如是而尚不足以导社会之知识，而养其能力，亦无有也。抑充养社会之知识能力者，当莫如教育。然以学校立于彼族压力下，允不自由，故或语焉不详，辩之不确，则间接之取效，不如其直接也。况专门高等之学术，其得益诸学校教育，犹恒有不如杂志之多者，以其为精专之研究能竟其端委耳。若夫革命报之言论，其了解不待有专门智识之人，故其始也发表少数人之意思，而为舆论所趋附，洎渐造成舆论，则凡主之人之意思，以之为代表，而横靡一世，其效力孰可比耶？此第二前提之无可疑也。

为知革命之必要，而有革命报，而革命报之作，又在使人有真知识，而不徒挑拨其感情。故《民报》，革命报也，以使人真知革命为目的。其所标之主义，即不离是目的者外，浑而举之，止一革命主义，析言之，则为六也。苟无疑于知革命之必要与革命报之能力作用，当亦无疑于《民报》主义，而吾人因欲相与为抽象的研究，则就各方面以为解释，又必然也。凡主义云者，指其对于一事业，而可为根本之思想，因是思想，而后生种种之策画，至其事业之结果，或止焉，或交进焉，要不与之相戾也。且惟是思想，恒附丽于事业，故一大事业中，其函括不止数端，则其主义，亦从而判分为数事。《民报》以革命为惟一主义，而此主义所函者，即由革命之当有种种事业而来，必分致之，而后其大主义完成无缺。自其表面骤观，有令人疑为陈义过高者，而舍是殆不足以支配其事业。语曰："非常之原，黎民惧焉。"惧则非《民报》使人知革命之目的也，此吾人说明之之责任也。《民报》之主义有其顺序，今亦依其顺序以解释之。

一、倾覆现今之恶劣政府 此造端之事业也。以吾多数优美之民族，钳制于少数恶劣民族之下，彼不为我同化，而强我同化于彼，以言其理则不顺，以言其势则不久，是故排满者，为独立计，为救亡计也。以满人创汉之深，故两皆称界必不能平。而论者以为我可与之同化，引夫氐羌、鲜卑入立［主］中夏，而旋折入同化于我者为比。其不等伦，姑置不论。然问氐羌、鲜卑之同化于汉，为当其僭王猾夏之日而许之乎？抑俟我汉族复振，被我摧夷，散伏在下之日，而后许之乎？故以满政府不倾，而遂许其同化者，以狐媚为虎伥，无耻之大者也。吾人之民族思想，不与政治思想相蒙混。然所以痛心疾首，而不可以终日安者，则以不能居于被征服者之地位也。故一旦能光复旧物，更居于征服者之地位，则不必使其丑类靡有孑遗，而后快我民族之心志也。满人恃其政权，乃以少数恶劣之民族，而制多数，故一度倾覆其政府，则彼必无以自存，其为元胡之穷败遁走其巢穴，未可知也；其为氐羌、鲜卑等，为我摧夷，而同化于我，未可知也。然非如是，则汉人永为被征服者，不能独立，而缚轭于浅演之民族，与外邻之深演民族战，必至偕亡，则无贰也。故曰：于理不顺，于势不久也。所谓恶劣之政府，谓以恶劣之民族而篡据我政府，其为恶也，根源于种性，无可剪除，无可增饰，且不指一二端之弊政而云然。故虽有伪改革而恶劣如故，即亟亟然袭用欧美之宪章成法，而恶劣亦如故。章太炎比之醋母之无投不酸，得其例耳。然仅曰倾覆此政府而已足者，则尤有说。满洲以蛮武入居中国，然其能力实不足以亡我，何者？国家之存亡，一视其机关组织之存灭，而以一国家踣一国家者，必其固有之机关组织，完备优美，足以含孕其胜家，而胜家之被征服也，乃悉摧丧退听，如无官品无机体物之徒存焉。故严复氏论欧洲之罗马、俄国，亚洲之埃及、印度，谓如封豕长蛇，吞食鹿象，入其腹中，鹿豕机关，尽成齑粉，徐徐转变，化合新体；又曰：新胜之家为极强立之官品，其无机消散者，独见胜之群，见灭之国。其举胡元而不及满清者，固为有所隐讳，然如其学说之分类，亦足见满族无亡中国之能力。盖论满族入寇之初，则无异于元，而其种智抑更劣下，故其固有之机关组织，既不足以胜我，乃仅得篡据为构成机关之分子，张皇百计，以求自固，而久乃并忘其习惯，失其故居，视严氏所云为极强立之官品，使胜家变合为新体者，断乎其不能。故今日满人，与氐羌、鲜卑之猾乱中夏特有久暂之殊，而其情实无以过，质而言之，则皆据有我政府，而非灭亡我国家也。我国民一旦奋兴，则较有明之驱蒙古为尤易，直日本一倒幕之举而已也。

二、建设共和政体　有破坏而无建设，曰无意识之破坏，此尽人所知也。然所谓建设者，决不可以后时，故先有建设之预备而后动。抑吾人之所以异于无政府党也，吾人信今日支那国民之程度，不可以无政府。惟旧日之为异族政府所有者，固当倾覆之，而数千年君主专制之政府，亦必同时改造，而后可以保种而竞存。夫君主专制政体之不宜于今世，无待辨者，而觇国者且问其政体之尚有专制性质与否，以为其文明程度之高下。然则二十世纪，苟创设新政体者，必思涤除专制惟恐不尽。中国前此屡起革命，而卒无大良果，则以政体之不能改造。故有明之胜元，不满三百年，而汉族复衰，异族之政府去矣，而代之者，虽为同种人，而专制如旧，则必非国民心理之所欲也。普通政治之论，反乎君主专制者，为共和。故共和政体，广义有三：曰贵族政体，曰民权政体，曰民权立宪政体。兹之所云，盖指民权立宪之政，非独不同于贵族，抑与民权专制者亦大有别也。今之佥人，动言我民族历史无有民权之习惯，以是而摧伤爱国志士之气。呜呼！是非惟不知政治学也，又不足与言历史。夫各国立宪之难，未有难于以平民而当战胜君主、贵族之两阶级者也，故美洲独立，惟有平民，其立宪乃独易，而民权亦最伸。吾国之贵族阶级，自秦汉而来，久已绝灭，此诚政治史上一大特色。（其元胡满清，以异种为制，行贵族阶级者，不足算。）今惟扑满，而一切之阶级无不平。（美国犹有经济的阶级，而中国亦无之。）其立宪也，视之各国，有其易耳，无难焉也。且吾人闻最新法学者之言，谓立宪之先，必有开明专制时代。所谓开明专制时代者，其君以植民权为目的，而用民权为手段，训练其民，使有立宪国民之资格者，如拿破仑之于法是也。以言中国则汉唐盛时，亦为开明专制时代。（说本日本法学博士笕克彦。）准是以言，则中国之为开明专制已久，虽中经异族之乱，而根株不尽斫丧。今日征以历史，而断言我民族不可以为共和立宪，不知何据。嗟乎！此辈即薄志弱行，亦惟缄口待尽可耳，何取为邪说以诬毁我先民也。斯宾尔①以生物之干局已成难与改组者，比国家成制改革之难。惟吾人之意亦然，故必革命而后可言立宪，而一度革命，更不可不求至公至良之政体，而留改革之遗憾。故言专制，则无论其为君权专制、民权专制，皆无道不平之政体也；而言立宪，则君主立宪，其治人者与治于人者，等差厘然各殊，其爱情亦从而生阶级；民权立宪，则并此无之，而壹是平等。惟我汉族，民族思想与民权思想发达充满，故能排满，能立国，而既已能排满立国，则探乎一般社会之心理，必无有舍至平等之制不用，而犹留治人者与治于人者之阶级也。若虑夫革命之际，兵权与民权相抵触，而无以定之，则孙逸仙先生之言约法，精矣。

三、土地国有　近世文明国家所病者，非政治的阶级，而经济的阶级也，于是而发生社会主义，其学说虽繁，而皆以平经济的阶级为主。言其大别，则分共产主义与国产主义，而土地国有，又国产主义之一部也。世界惟民权立宪国，可行国产主义，盖其统治权在国家，其国家总揽机关为人民代表之议会，则社会心理，反映于上，而国家以之为国民谋其幸福，无乎不公，无乎不平，非稍有政治阶级者所能比也。然一切国产主义，按以今兹吾国程度，犹有未能行者，惟土地国有，则三代井田之制已见其规

① 斯宾尔，今译作“斯宾塞”。

模，以吾种智所固有者，行之于改革政治之时代，必所不难。原大［夫］土地国有之论，以反对私有者而起，言其理由，则土地为生产要素，而非人为造成，同于日光空气，本不当有私有者。至由种种原因而生地主制度，其始犹或有以劳动储蓄得之为资本，以供生产之用者，其继则封殖日盛，地利为所专有，群资本劳动者皆不能不依赖之，而所得为所先取焉。盖劳动者每困于资本家，而资本家之所以能困劳动者者，又以劳动者不能有土地故。且土地价值因时代而异，社会文明则其进率益大，此进率者，非地主毫末之功，而独坐收其利，是又不啻驱社会之人而悉为之仆也。至论其流弊，即可使地主有绝对之强权于社会，可使为吸收并吞之原因，可使农民废业，可使食艰而仰给于外，可使全国困穷，而资本富厚悉归于地主。例如爱尔兰自一八四九至一八五二年间，方饥馑大起，而前后二十余万农民，被遣逐于地主。又，苏格兰之大地主，有计其收入之利，而变耕地为牧场、猎场者。于英国屡起国有问题，然已积重难返。今中国土地，以通商港岸衡之，则其值有阅十年而不止十倍其旧者。革命以后，文明骤进，则内地之趋势亦复可知。倘复行私有制度，则经济阶级将与政治阶级代兴，而及其始为之备，则害未见而易图也。吾人用国有主义，其为施行政策不一，然其目的则使人民不得有土地所有权，惟得有其他权（如地上权、永小作权、地役权等），且是诸权必得国家许可，无私佣，亦无永贷，如是则地主强权将绝迹于支那大陆。国家之课于土地上者，必经国会之承认，亦必无私有营利之弊，以重征而病农。地利既厚，而非躬耕无缘得授诸国，则民日趋业而无旷土。地主夙昔坐而分利，今亦与平民比，而转为生利之企业，此于一国经济已着莫大之良果。而以吾国已为民权立宪政体之故，则地利所入虽丰，仍以为民政种种设施之用，其为益愈大。盖专制政府之富，民之贼也；而民权立宪国之富，犹共产也。夫均地之政，至平等耳，文明各国，其社会志士竭诚捐己，以聚谋于下，其政府亦时时利用其政策。然或在立宪而未忘专制之国，则国家之利不尽利民，甚有假之而阴绝社会革命之根株，以保其阶级之制度者。其政治上之势力既不为助矣，而社会上势力抑未易变，则持之数十年，而成效绝鲜。若中国者，仅一扑灭异族政府之劳，而国中一切阶级，无复存遗。社会主义乃顺于国民心理，而又择其易者以从事，其成功非独所期，殆可预必也。

四、维持世界真正之平和 平和为人类之福，犹一国之安宁秩序，是故扰世界之平和者，为人道之贼。而今日文明诸邦，其所持以通国际之情谊，谋一国之利益者，皆曰维持平和也。自世不知夫革命家之真相者，概推定以为含破坏爆裂之性质而远之。夫革命家因其所遭值，横逆激愤而莫收者，亦有之矣，然其初志固未有不以求平和为目的者也。若夫吾党之革命，则所谓破坏爆裂者，不过对于区区之一满洲政府，然至彼政权尽褫，而退就彼征服者之地位，则吾汉族且将无仇于其丑类，而况与我为邻，平等为国者耶？且吾人之倾覆恶劣政府，直接为中国国民之幸福，间接为世界之平和也，何者？今各国鹰瞵鹗视，竞逐于世界之舞台，相惮莫敢后，相顾莫敢先者，何为也？曰：为均势问题也。均势问题不在弱小之邦，而在强国，若英、法、俄、德，若美①，若日本，皆其倚着之重点也。然尚有中国，以其位置资格决然不当后于六强，而委靡不振，几徒供他人鼎俎之餘，此远东问题所以极促世界之注目，而终于均势之难而不能解决也。日俄之战争，其剧烈殆前古无有，其直接于本国之利害，猝未易见，而以谓为均势问题而起，则两国人民，当公认之。其幸今日复底于平和，两国国民，乃得以稍稍息肩，然经年之苦斗，所损不为不多，其后此之不更生冲突与否尤不可知耳。然而各国则仍不知求解决远东问题之根本，则所谓真正之平和不能遇也。欲求真正平和，当始以中国为独立强国之日。中国为独立强国，则远东问题解决，均势问题亦解决也。夫惟大陆无垠，不能自守，而后导聚强以侵入，而是国之政府，又为纵横捭阖之术阴有所亲，而坐致其冲突，以至争战。日俄之外交破裂，清政府之外交实使然，且自诩能颠倒人国也。今日各国所要求至切要者，不过开放通商之事，而轶此范围，至为冲突战争之原因，宜不足以相偿，则为深远计虑，苟能得真正之平和，必其所不贪矣。然是固非可望于一国之让步者，而又难于众强之同意，此英日同盟所以深踌躇也。且岂英、日而已，各国有志平和者，莫不以保全支那领土为言。然使中国自强，与待他人之保佐，其难易必有能辨之者，而各国独无睹于此，则由其未知中国民族之历史，与吾国今日坐毙之大原因也。夫以恶劣政府为制于上，而一大民族压伏于下，舍其防家

① 原文为“英”，疑为“美”之误写。

贼之政策外，无他事焉；而是大民族者，固断断其不能同化变合以忠事之也，则政府与国民为公敌。夫政府与民为公敌，而能振其国力者，未之闻也。是故满洲去，则中国强，中国强，则远东问题解决，远东问题解决，则世界真正之平和可睹，而满洲今日实为之梗也。故曰吾人所以倾覆政府者，直接为国民幸福，间接为世界平和也。若既革命之后，建新政府以与列强交，则孙逸仙先生亦言之曰："支那人为最平和、最勤勉、最守法律之民族，非慓［慓］悍好侵掠之民族也。其征事战争，亦止自卫。使外人果能始终去其机械之心，则吾敢谓世界民族未有能及支那人之平和者也。更由经济上观之，支那建设文明政府，其利不仅在本邦，时旁及各国"云云，其言可深味也。（见所著《支那问题真解》①。其言支那革命关系世界平和，最为透辟，文实本其意。日本大隈伯谓："中国政府偷安，惟企革命之不起，利用列国之冲突及其嫉妒心，而无信义。故英日同盟，实行均势主义。然战国派之外交，当召内部之变动。"《支那问题真解》亦云："满洲政府所为足扰世界平均之局。"然大隈欲以日本威压为解决，《支那问题真解》以革命为解决，则一由不知支那之历史，一精熟之也。《民报》第一册时评，有所未尽，特志于此。）吾于是更有为吾党申明之者，曰：革命家之破坏非得已也，其目的物至单纯者也。苟有触而辄发，非特衷［钟］情褊浅，亦徒扰人国之平和，无所取也。以为利用民气，则尤不可试也。我不能教国民以真正之独立，而教以无俚之排外，是无异使习为无意识之破坏也，而以是期大目的之达，不亦远乎？今使人一度为无俚之排外，而外人且从而疑之，然我之敌方持两端，不遽示其恶意于国际上，人忘远虑，姑喜其目前之尚可近也，则彼合而我携矣。拘方之士，未观其通，辄曰：革命者，召外患而为瓜分之由，为不可为。此其理论实谬，然所虑亦未始无据也。吾人平居所以训诫国民者，即当使知革命排满所以求独立，非快心于破坏；至于排外，为锁国时代之思想，今无所用。革命之后，吾中国与日本欧美之交际，乃始益密，即革命之际亦不可有妨害外国人之举动。是不惟政策之宜，人道当如是也。呜呼！吾党其当守此主义勿替也！

---

① 参见《孙中山全集》第1卷，第243~248页。

五、主张中国、日本两国之国民的连合此犹前条之意义，而特揭之者，以中、日两国国际问题犹未解决也。日本所筹以对待中国者，其全体之意思不可具晓，而以吾人所知，则有二派：其一曰侵掠主义，二曰吸收主义。第一派主之者无几人，其政策亦过于武断，且贻外交之憎忌，无势力也，故二派中以吸收派为占优势。然曰吸收，则显非平等相交之道，以支那四百兆之大民族，其间岂无自觉者？睹此主义之不诚，必以其不愿下人者，而深怀猜忌，如是两国国民将不可合。盖凡国交际，智取术驭，不可长也。中国人士对待日本者，亦向分排日、亲日两派。排日非大势所宜，我之不能排日，犹日之不能排我；而亲日者徒企人之我保，而无实力以盾其后，亦非吾人所取也。吾人所谓两国国民的结合，则为两方之交谊，为中国者，讲求实力，以保其对等之资格，使交际间自无所屈辱；而日本亦当泯厥雄心，推诚相与。盖非如我国亲日者之言，而日本吸收派之论，亦无所用之耳。于此有当注意者，则中国国民，非满洲也，如大限之论，满洲政府既不可信，而日本亦不乐为以狐媚手段，为目论之外交，然则舍政府而结国民，又岂独日本为有利耶？至有谓日本文明，畴昔悉取诸中国，故今日以得诸欧美之文明为报酬，此则客观之问题，不待吾人之研究矣。

六、要求世界列国赞成中国革新之事业　由上言之，则我中国将来革新之事可知矣，其对于世界各国之利害，亦可知矣。如大限之论满政府之无信义，岂独日本不能与亲，即世界各国亦鲜能与亲者，徒以其篡据中国政府之上，乃不得不虚与之委蛇已耳。有新政府代之以兴，以一大民族为一强国，亲仁善邻，以与各国交际，其孰不乐就之？然当革命军初起，其成功未著，而能使各国赞成其事者，又在革命者之举动能合于国际法与其势力之如何。考之历史，革命团体离其母国独立，战争相持，而友邦率先承认之者，由母国视之，非所好也。而承认之之国，则不以是而却顾，尊人道表公理明实益也。如美之独立，英国犹继续战争，而法先承认之，先例之最大者也。亦有未承认为国家，而先认为交战团体者，认其与两本国有战争之能力，比于国际上之交战，而承认之之国，宣告中立于两者间。如一七七九年前，法未认美独立国，而各国之认为交战团体；日本维新前，幕府与朝廷抗，外国亦视为交战团体，宣告中立。我汉族奋起，革满政府之命，以光复故物，视他团体之脱离母国者，尤合于人道公理，而义旗所指，为有规律之战争，而不悖于今日所谓战时法规惯例者，则始而认为交战团体，继而认为独立国，其理势有必然自至者。或曰：希腊之独立，英助之，意大利之独立，法助之，皆前世纪之事也；中国之形势利便，非意希之比，列强或挟野心而为我助，其事已可畏，或且借以为干涉之口实，而召变瓜分，斯时非革命者负其责任乎？应之曰：吾人所谓赞成者，非必求臂助于外人也，不为吾阻力，依于国际法之行动，而宣告中立，则吾人之受赐已多矣。夫不谋自力之发舒，而仰企于他人之捍卫，未有幸者，是不当问彼强者之野心如何也。若夫虑为列国干涉瓜分之渐，则为是说者，其殆已忘庚子之役也，彼强国已大有借手之时机，而不实行瓜分之策，则首以均势问题为难解决，而其次亦以中国民族之大，未可猝言兼并也。故各国苟可以瓜分中国者，不必其有所借口，而况其为借口者，不必遇革命军之起也耶？或又曰：凡言要求，必有实力，革命军之对于各国，疑其托空言也。则应之曰：吾人革命，以维持世界平和为义务，此主义者，列强所不能反对也。革新事业已成，邻之我附，固在意计之内，即当始事，而于外人物业无扰，则彼列强者，无难使之守局外中立。盖干涉为均势之不利，既如曩言，则中立为所最利，以如是而后可使革命军负损害赔偿之责也。夫故非赞成中国革命之事业，则无以保世界之平和，犹其间接之利益，由后言之也；而有交战团体之承认，则直接而先享中立国之权利。凡此皆以事实为后盾，故在我之要求，不得谓徒有空言也。或又曰：中国方今为各国之债务者，其关税铁路等，多供债务之担保，一旦革命军起，则债务者，几同破产，各国偿款，将何从出？故各国务求满政府得以支持现状，而未敢遽赞成革新事业也。则应之曰：洵如是言，则各国之过虑也。于国际法，旧政府虽倾覆，而其外交所订之条约，则当承认于新政府而不失其效力，新政府当继续其债务及一切之义务。盖外交上条约，非旧政府之私，以国家之名义为之也，其债务亦国家负之，故新政府不能弛此负担者也。吾人革命军起，必恪守国际法而行，其遂逐满政府，则新立政府必承认其条约，即分割数省，而宣告独立，于各国之债权，亦断许其无损失也。要之，吾人所企望者，察于内外之情势，皆至易达，且至安全者也。

以上六主义，得分之为二：曰颠覆现今之恶劣政府，曰建设共和政体，曰土地国有，所以对内也；曰维持世界之真正之平和，曰主张中国、日本两国之国民的连合，曰要求世界列国赞成中国之革新事业，所以对外也。而又得合为一大主义，则革命也。为革命言，为知革命言，故革命所挟持之目的，所预备之实力，及其进行之事业，不可不避之手段，为种种方面之研究，而俱函括于六主义之内。非惟应用于主观，而施得其当，即客观者能知其意，其与革命之事亦大有功也。孙逸仙先生之叙《民报》也，曰：非常革新之学说，输灌于人心，而化为常识，则其去实行也近。然则能诵《民报》，知《民报》之主义，则革命可能。然哉！然哉！

（录自《民报》第3号，1906年4月5日）

《民报》与《新民丛报》辩驳之纲领

《民报》编辑部

近日《新民丛报》将本年《开明专制论》《申论种族革命与政治革命之得失》诸篇合刊为《中国存亡一大问题》。本报以为中国存亡诚一大问题，然使如《新民丛报》所云，则可以立亡中国。故自第四期以下，分类辩驳，期与我国民解决此大问题。兹先将辩论之纲领，开列于下，以告读者。

一、《民报》主共和；《新民丛报》主专制。

二、《民报》望国民以民权立宪；《新民丛报》望政府以开明专制。

三、《民报》以政府恶劣，故望国民之革命；《新民丛报》以国民恶劣，故望政府以制。

四、《民报》望国民以民权立宪，故鼓吹教育与革命，以求达其目的；《新民丛报》望政府以开明专制，不知如何方副其希望。

五、《民报》主张政治革命，同时主张种族革命；《新民丛报》主张政府开明专制，同时主张政治革命。

六、《民报》以为国民革命，自颠覆专制而观，则为政治革命；自驱除异族而观，则为种族革命；《新民丛报》以为种族革命与政治革命不能兼容。

七、《民报》以为政治革命必须［需］实力；《新民丛报》以为政治革命只须［需］要求。

八、《民报》以为革命事业专主实力，不取要求；《新民丛报》以为要求不遂，继以惩警。

九、《新民丛报》以为惩警之法在不纳租税与暗杀；《民报》以为不纳租税与暗杀不过革命实力之一端，革命须有全副事业。

十、《新民丛报》诋毁革命而鼓吹虚无党；《民报》以为凡虚无党皆以革命为宗旨，非仅以刺客为事。

十一、《民报》以为革命所以求共和；《新民丛报》以为革命反以得专制。

十二、《民报》鉴于世界前途，知社会问题必须解决，故提倡社会主义；《新民丛报》以为社会主义不过煽动乞丐流民之具。

以上十二条，皆辩论之纲领。《民报》第四号刻日出版，其中数条皆已解决，五号以下接连辟驳。请我国民平心公决之。

（录自《民报》第3号“号外”，1906年4月5日）

论社会革命当与政治革命并行

县　解*

社会革命者，于广义则凡社会上组织为急激生大变动皆可言之，故政治革命亦可谓社会革命之一种。今所言者，社会经济组织上之革命而已，故可谓之狭义的社会革命。

社会革命与政治革命当并行者，吾人所夙主张者也。方将著为长之论文备究其相关系各方面之利害，且付于其施行之各政策之得失，加以批评，使我国民咸了于此义，则当与政治革命并行之旨亦自明了，不俟别为之论，第此其程功不得甚速，而恐未之知者讥议蜂起，故先简短言之，其详仍俟他日也。

近日《新民丛报》于本志土地国有之主张，恣为讥弹，本论实亦感之而作。然本论之主旨在使人晓然于社会革命当与政治革命并行之理由，不专为对彼辩论而作，故篇中皆以主张为答辩，不与驰逐于末点也。

《新民丛报》所以评社会主义者，要有四端：社会革命终不可以现于实际，而现矣，而非千数百年之内所能致，一也；行土地国有于政治革命时同于攘夺，二也；利用下等社会必无所成而徒荼毒一方，三也；并行之后，无资产之下等握权，秩序不得恢复，而外力侵入，国遂永沦，四也。其前二者非本论范围，故将以他篇辟其谬说，而本论则就后二者之立论。

由是首明社会革命之原因；次举社会革命与政治革命相关之场合；次中国现在可并行之理由，所以破其利用下等社会必无所成之说；次并行之效果，所以解秩序不复，国遂永沦之说也。

---

* 县解，即朱执信。

论者于社会主义多所诋諆，羌无理论根据。假令一一拾取其凶秽之词，还加彼身，恐彼亦无缘能自为解。顾此非吾辈之所屑事也。至其误谬之原，则吾可揭之以告于天下。盖世每惟不知者乃易言之，又易而攻之。惟不知而多言之，复不自省，乃牛自为矛盾之结果，然后有以今日之我与昔日之我挑战之一说，以为解嘲。曾不知苟其不知而言如故者，虽百反复，其结果一而已，安事此挑战？为见一新说以为可以诧于人，则弃其旧说而从之，无所顾惜，实则其不知新说犹是也，而其旧说所以弃之若是其易者，则正以其始绝未知其实际而遽易言之故也。故往者昌言经济革命断不能免，绍介圣西门学说（今论写作仙士门，意论者犹未知为一人耶），惊叹濠洲①新内阁，以为二十世纪大问题，曾不过再期而遽以为空想妄论，世之人当亦同评之。第令略知其始之主张，全不知社会革命之真，今之排斥亦信口雌黄，则亦当失笑也。慎言君子之德，固非所以勖于论者，惟世之人知其妄言而不为所迷惑，则所庶几耳。

抑尤有妄诞可愀者，论者目不通欧文，师友无长者，世所共知，而冲口辄曰世界学者之公论。世界学者之公论，将依论者涉猎所及之一二书以为断乎？抑知学派有异同，学说有变迁沿革乎？夫往者诚有排社会主义者，顾其所排者非今日之社会主义，而纯粹共产主义也。若是者谓今日不能即行，吾亦不非之。顾自马尔克②以来，学说皆变，渐趋实行，世称科学的社会主义（Scientific Socialism），学者大率无致绝对非难，论者独未之知耳。而吾辈所主张为国家社会主义，尤无难行之理。论者但观一二旧籍，以为世界学者之公论尽是，虽欲不惊其妄诞，又焉可得耶？假此可为世界学者之公论，则十七八世纪中霍布士③、马奇斐利亚④辈之说，亦尝风靡一时，何不执以谓君权不当限制之说为世界学者之公论也。

彼又述孙逸仙先生之言，谓社会革命当与政治革命并行者，政治革命时死者太半，易于行社会革命，意将以怵世人而巧获同情也。然先生当时语，彼实只云政治革命之际，人多去乡里，薄于所有观念，故易行。左证

① 濠洲，即澳洲或澳大利亚。

② 马尔克，今译作“马克思”。

③ 霍布士，今译作“霍布斯”。

④ 马奇斐利亚，今译作“马基雅维利”。

具在，何尝如彼所云乎？妄诞不已，继以虚诬，吾不知其所谓信良知者果如何也。此皆于事实有不可诬者，故附论之。至于其主张之理由，及实行方法，俟诸他篇。

一　社会革命之原因

穷社会经济组织之弊，以明社会革命之所由来，非为社会革命则不可者，非一二页所能尽，亦非本篇之所事也。

然方言社会革命，当与政治革命并行，则不得不先言社会革命原因之存在。苟无此不得不行之关系，则社会主义束置高阁可也，复何用詹詹炎炎为？故于此虽不暇分析证明，而断不可不知者。社会革命之原因在社会经济组织之不完全也。凡自来之社会上革命，无不见其制度自起身者也。此必然之原因也。至其他有所借而后暴发者，偶见之事，同不能谓社会革命绝不缘是起，而言社会革命无必然之关系，则非所论也。而今日一般社会革命原因中最普通而可以之代表一切者，则放任竞争，绝对承认私有财产权之制度也。今日之社会主义，盖由是制度而兴者也，因其制度之敝而后为之改革之计划者也。于英、于法、于德、于奥、意等，无不皆然。而俄罗斯则独小殊，谓之例外可耳。于此二断案之当证明辩论者不鲜，今俱略之。惟有不可不置一言者，世之知社会主义而言之者，必归于社会贫富悬隔而起，此其言固无误也。岂惟无误，先辈诸大家实主张之。余辈未尝非之也。顾今不言社会贫富悬隔，而言社会经济组织不完全者，是有三故焉。

（一）贫富悬隔者，社会经济组织不完全之结果也。此最易明者也。凡学者言救贫富悬隔之弊者，莫不更求之本源。所谓本源者，放任竞争，绝对承认私有财产制是也。夫绝灭竞争，废去私有财产制，或不可即行，而加之制限与为相对的承认，则学理上殆无可非难者也。惟放任竞争一不过问，故其竞争之结果，生无数贫困者，而一方胜于竞争者，积其富，日益以肆矣。假如放任论者所言，竞争之胜负，一准于能力之多寡，则其败者只缘己力之不竞，宁不类于至当？然实际竞争之优劣以能力而判者，至鲜。能力诚足以为竞争之助，而非一视之以为优劣者也。然则决不得以应能力多寡，享富多少之适宜，证放任竞争之必归于适当也。此原其始以言也。一度有优劣之分以后，胜者鞭策不胜者，使匍匐己下，而悉挹其余利以自肥。此少数已胜者与多数已不胜者，更为竞争时，既立于不平等之地位，而往者之竞争，其胜负决于种种之偶然事实，今乃一决于资本之有无，必同有资本或同无资本始有真平等竞争行其间耳。（亦或有起家寒素而卒致巨万者，为仅少之例外，即有之，亦非大多数之福利也。）此少数富人间，亦复相为竞争，必至富归于三数人之手乃止。故放任竞争与贫悬富隔，有必然之关系者也。抑不由放任竞争，固不得致贫富悬隔也。贫富悬隔，由资本跋扈，不放任竞争，则资本无由跋扈也。更从他方面以观，则无私有财产制，不能生贫富固也；有私有财产制，而不绝对容许之，加相当之限制，则资本亦无由跋扈。即于可独占之天然生产力，苟不许其私有，则资本之所以支配一切之权失矣。故必二者俱存，而后贫富悬隔之现象得起。（独占者，排斥他人之竞争者也，而所以得为独占者，由从政者以为，排斥亦竞争之一方法，而放任故也。）言贫富悬隔，则决不能离此使之悬隔者。故言社会经济组织不完全而放任竞争，绝对承认私有财产制，为社会革命之原因，非过也。（尚当注意者，放任之竞争决非自由之竞争。）旧学派主张自由竞争而贵放任者，以当时干涉使不自由，故为有当。今则缘不干涉乃反不自由，故不得以彼说左吾说也。

（二）虽未至贫富悬隔，可为社会革命。盖社会革命者，非夺富民之财产，以散诸贫民之谓也。若是者，即令得为之，曾无几何之效果，可谓之动乱，不可谓革命也。既为均之，复令为竞如昔，则无有蹈覆轨而不颠者也。诚为革命者，取其致不平之制而变之，更对于已不平者，以法驯使复于平，此其真义也。故假其不平之形未见，而已有可致不平之制存，则革去其制，不能无谓之社会革命也。此固推极以言。然就中国前途论，则此决不可忽也。中国今日固不无贫富之分，而决不可以谓悬隔，以其不平不如欧美之甚，遂谓无为社会革命之必要。斯则天下之巨谬，无过焉者。当其未大不平时行社会革命，使其不平不得起，斯其功易举也。而常人不易知其必要，逮于不平既甚，则社会革命之要易知矣，行之乃难。于其难知易行之，代得知而得之，则不远胜于难行易知之，代不得已乃行之乎？故言苟有是制，即当为社会革命，视言贫富悬隔，尤直截耳。

（三）社会革命尚有不因于贫富悬隔者。盖社会革命之名，于往代之经济制度变更，亦当用之。然则如自封建时代之经济制度变而为放任竞争制度之际，亦可言社会革命也。普通言社会革命固不含此义，然自理论上言，则实当函之。是固非由贫富悬隔起者。而言社会经济组织之不完全，则无所不包也。

二 社会革命与政治革命相关之各场合

既有革命原因之存，则不能不为之矣。于是乃生当与政治革命并行否之问题。此可就社会革命与政治革命相关系之各场合而分论之。

于两者中仅一之原因存在之场合，则无社会革命原因者，惟为政治革命而已足。此于往者革命最常见者也，其例既至多，不悉举。

若仅社会革命原因存在之场合，则反之，而不必为政治革命。虽社会革命之结果，生社会上势力之消长，从之政治上势亦有变更，顾不得以谓此即制度之变更也。因亦有以势力之消长使其制度变至不良者，若是者，社会革命可为政治革命之原因。第此事实极少，仅可得之想象。至于近今，实难遘之。缘政治组织与经济组织相分离久，即有富族势力显于政治上，亦不过其最小之一部分，甚不足道。（此就现在以言，过此以往则不可知也。）决不因其势力消失，而致有根本之变动也。欧洲之列强，今日大抵处此地位。如法，苟为社会革命，其必无改共和立宪制，可必也；如德，苟为社会革命，其必无改联邦君权立宪，可必也。其根本既无改矣，则其枝叶有变动，亦改良进步而已，非革命也。（如以财产额、纳税额而令选举权有多少之制，既为社会革命后，则此阶级终至消灭，而为之设之制度亦归无有，此即其变动之最大者，然亦不能以谓根本之变动也。）

要之，凡仅一原因存者，无并行之场合。

至于两原因既并存矣，则如何始可并行乎，乃方今所当研究者。于此可从其革命运动之主体、客体，而分别为数场合。（主体者，革命运动之力所从出，客体者，其力之所加也。故探源以论，革命之客体为一制度。所以为革命者，固非仅欲祛此阶级之人，实由欲去其有此阶级之制度也。然则言革命客体为一阶级者，近于不论理。但自实际之方面言，革命者，阶级战争也。自革命之方立言，则为此运动之阶级主体也；对于此运动为抵抗压制或降服退避之运动之阶级，则客体也。今所言用此义也。）

凡政治革命之主体为平民，其客体为政府（广义）。社会革命之主体为细民，其客体为豪右。平民、政府之义，今既为众所共喻，而豪右、细民者，则以译欧文 Bourgeois、Proletarians 之二字，其用间有与中国文义殊者，不可不知也。日本于豪右译以资本家或绅士阀。资本家以有资本，其为豪右，固不待言。然如运用资本之企业家之属，亦当入豪右中，故言资本家不足以包括一切。若言绅士，则更与中国义殊，不可袭用。故暂锡以此名。至于细民则日本通译平民或劳动阶级。平民之义，多对政府用之。复以译此，恐致错乱耳目。若劳动者之观念，则于中国自古甚狭，于农人等皆不函之，故亦难言适当。细民者，古义率指力役自养之人，故取以为译也。

由是，可由革命运动客体之位置，别为二场合，曰：（甲）政治革命运动客体与社会革命运动客体为同位之场合；（乙）政治革命运动客体与社会革命运动客体为异位之场合。

于（甲）之场合，两革命运动之客体为同位，故其革命必要并行。盖豪族而居政府，以其经济上之势力，助政治上之暴，因施为法，益增其富。而此蚩蚩者，既苦苛暴，复逼贫饿，益不能自聊。此非并行政治革命、社会革命，终无能苏生之日，决不可以谓既得其一，斯当知足而止，余更俟之他日也。其政治革命与社会革命，两相依倚，成则俱成，败则俱败者也。令政治革命幸得成功而不行社会革命者，则豪右之族跋扈国中，不转瞬政权复入于彼手，而复于未革命以前之旧观矣。又令不为政治革命而为社会革命者，则彼挟其政治上势力，可为已谋便安，制为专利彼族之法，社会革命之效果，亦归于无有也。抑当是时苟力足为政治革命者，亦即能为社会革命，无他阻挠之可虞者也。故曰：必当并行。今日之俄罗斯，居此状态者也。俄国之经济制度，尚未脱封建时代之状态，其挟经济上势力者，大抵为贵族、僧侣、地主，而是三者固皆有政治上势力之阶级也。故俄国之革命，皆并行政治革命、经济革命者也。（俄人有自诩其经济组织不落于自由竞争制度之惨状中者，然其不竞争，乃禁制一般人民使不得与地主、僧侣等争耳。是固非大多数之幸福也。故其改革，必不可已者也。若其改革，得能直为共产制乎？抑仅制限竞争而犹于相对范围内认私有财产制乎？尚有问题。虚无党等所主张为绝对的共产主义，余辈亦不能无疑之也。）

于（乙）之场合更可分之为二：（1）政治革命运动之主体为社会革命运动客体之场合；（2）不然之场合，是也。于（乙）之（1）之场合，政治革命与社会革命不能并行者也。何则？政治革命运动之力，出诸豪右之手，而不出诸细民之手，则是时社会革命运动虽欲起而无从也。（所谓革命运动之力之所出，谓主要之部分，故往有豪右对于政府之反抗而劳动者参加之者，其力不能不谓自豪右出。又非发起鼓吹之谓，如马尔克、圣西门皆非窭人子，其所鼓吹者，固大有造于社会革命，然社会革命运动之力，亦不得谓从彼出。盖其鼓吹者，不过兴发其力而非力之本体也。）借欲为社会革命，则反以利政府，而两无所成也。故两者不可不牺牲其一，而欧洲十八世纪之末，以至十九世纪之前半期，凡有革命，皆牺牲社会革命以成政治革命者也。于时虽有社会革命运动而皆不得成功，良由此也。而以是之果，致今日欧洲诸国不得不更起第二次之革命，其幸则以平和解决，不幸则希查标柱之惨状，旦夕间见矣。夫其初之不能不牺牲其一，欧洲之不幸也，而今日之危机，殆亦当时为政治革命者所未尝梦见者也。苟无彼欧洲之不幸之原因，无政治革命运动主体为社会革命运动客体之事实，而误援欧洲之历史以自偶，无故而使社会甘其惨祸者，是亦敢于祸社会也已。

次（2）之场合，两革命原因并存，而社会革命客体与政治革命无涉，则利并行者也。政治革命运动之客体虽非社会革命运动客体，而社会革命运动不为政治革命运动之妨，则以一役而悉毕其功者，其必胜于因循以贻后日之悔者，明矣。夫政治革命与社会革命，其运动之客体往往殊，而其运动主体则今无多异也。苟其政治革命之力自大多数人出者，此大多数人之必什九为社会革命运动主体。于是时，政治革命而奏功者，则同时以其力起社会革命，非甚难事也。抑惟政治革命时，人心动摇，不羡巨富，于是垄断私利之念薄，而公共安全幸福之说易入于其心也。逮事既平，则内顾慊然，不自足于饱暖，而进思兼人之奉养，乃苦谋所以得之者，则必求便己营利之制。语以人各百金者，不以为意，语以百人而其中一可得万金者，则雀跃从之，常私自诡必得，而不虑其不得之困矣。惟在患难，乃于公共之利害明，而为一己冀饶获之念不切。故行社会革命于平时者，其抗拒者必多，以与政治革命并行，则抗拒者转寡。此吾人主张并行之第一理由也。岂有死止强半，乃利于行之说哉？

三 中国现在当并行之理由

熟观上所列举之各场合，则中国现在是居中之何等乎？得以社会革命与政治革命并行乎？吾人乃可得为之答曰：中国社会革命与政治革命原因并存，而居上举（乙）之第二之状态，社会革命宜与政治革命并行者也。谓两革命原因同时并存者，政治革命之不可以不行，既为一般所知。至谓中国有社会革命原因，则往往有惑而不信者，此误信社会革命原因惟由贫富已大悬隔之故也。贫富已悬隔，固不可不革命，贫富将悬隔，则亦不可不革命。既有此放任竞争，绝对承认私有财产制之制度，必生贫富悬隔之结果。二者之相视，为自然必至之关系。然则以有此制度故，当为社会革命无疑。余辈前此所以不言社会革命之原因在贫富悬隔，而言在社会经济组织不完全，以此也。时中国今日固已放任竞争、绝对承认私有财产制者也，故不得不言中国有社会革命之原因也。然而俱有其原因矣，乃其革命客体绝不相关，故不得为上举（甲）之状态，此即中国革命所以有殊于俄罗斯之点也。今者，老朽之政府，诚亦各蓄货财，顾其富或缘贵得，而决非与贵有不可离之关系，此自古而已然。至入虏廷，则尤忌以多财闻。自乾隆行最阴险之计略，以吸集金资，（乾隆纵督抚贪婪，俟其满载归则籍没之，谓之宰肥鸭。彼无丝粟强取之名，而汉人膏血已尽矣。）即富者亦不敢扬声于外，而实际有财者皆远于政府。咸同以后稍稍变，然决不得谓有财者必为官吏也。若彼满洲之族，则以禁营业故贫困太半。是以政治革命运动之客体，决不与社会革命运动之客体为同物者也。两者既非同位，则必居（乙）之（1）（2）两场合中矣。而今日社会革命运动之客体，果为政治革命运动之主体否乎？中国并行政治革命、社会革命之利害问题，视以解决者也。而余辈不惮答之以否。何则？中国历史上无如是之状态。即现时革命运动，亦绝不以豪右为中心点故也。中国往代揭竿之事，多起于经济之困难，于汉、唐、明之末季尤著，此最当注意之点也。由此以扩充之，则经济组织能早完善，不致召今日之社会革命，未可知也。惟图苟且之安，而无百年之计，政府未覆而戴新主，及其功成，相与休息，吏不闻有为谋大多数衣食完足之道者，此至足惜者也。然中国革命运动之力不出于豪右之族，证左亦以昭矣。至于今日革命之运动，则尤易见。自南都沦丧，唐、桂二王，先后不禄，中国悉委于腥膻。而东南会党，所在团结，蓄力待时，二百六十年如一日。此其组织者为何等人，亦当为世所共知矣。今后革命，固不纯恃会党，顾其力亦必不出于豪右，而出于细民，可预言者也。故就中国今日之状态而论，决不为（乙）之第一之状态，而当属于其第二之状态。从而由上节所论之理由，以并行政治革命、社会革命为最有利。

然而，非社会革命之说者则曰："以之（社会革命）与普通之革命论并提，利用此以恃一般下等社会之同情，冀赌徒、光棍、大盗、小偷、乞丐、流氓之悉为我用。惧赤眉、黄巾之不滋蔓而复煽之。其必无成，而徒荼毒一方，固无论也。"此其论绝武断而不举其理由？固莫知其何以为蓍龟而卜筮是。顾强从其不条理之论议中为之整调，则论者所以为是言之由，亦至易测。盖论者认社会革命为强夺富民财产而分之人人者也。故谓甲县约法之后，乙、丙诸县，虽如晚明之扬州、嘉定而不能下也。又谓行民生主义，其地方议会议员，必皆为家无担石，目不识丁者而已。盖其意为富族畏避而贫民专政，则将以社会革命妨政治革命也。夫社会革命，固将以使富平均而利大多数之人民为目的，而决非如论者所意想之简单者也。从制度上而为改革者也，既有善良之制，则富之分配自趋平均，而决无损于今日之富者。何则？偃鼠①饮河不过满腹，生养死葬各得其所，白余之富皆赘而已。今日营营于富者，叩其本心，果何所谓乎？恐其什九以惧贫之不可堪，而非以富之可乐也。为避贫而后为富，然则使菽粟如水火，无不足之虑者，又安用此过量之富为？故就终局而论，则社会革命固欲富者有益无损也。至于其进行之手段，则各学者拟议不同。要之，必以至秩序至合理之方法，使富之集积休止。集积既休止矣，则其既已集积者不能一聚不散，（凡富无不散者，即在欧美富之集积盛行，而一面仍因相续等事散之也。）散则近平均矣。此社会革命之真谊也。故其进行之时，亦无使富者甚困之理也。今日欧洲豪右所以甚恶社会革命者，彼自恐惧于

① 偃鼠，即鼹鼠、田鼠。

绝对共产主义之说，乃一切深闭固拒；又一方以值承平，储蓄之望盛耳。中国现在无此原因，则其畏避之情当减。第既为社会革命矣，则固亦预定豪右之必为抵抗。第有之，亦决不足为政治革命之阻。何则？凡对于社会主义为抵抗者，必甚富者始力，而中产者乃中立无所属而已。而方政治革命之际，彼素封之家，先已望尘畏避，何俟社会革命之殴之耶？大抵中国富族对于政治革命什九持两端，视政府利则从政府，洎革命军捷则又从革命军耳。其所欲者，惟在保其现在已集积之富，而不在希望将来之巨获。社会革命富人所失者，为将来可幸致之巨获，而非已集积之富。（社会革命固亦行以渐分散已集积之富之策，然分散者合理的分散，不可言失。）彼既避政治革命，则与社会革命无与。若其来归，则亦必不以将来可幸获之失伤现在已集积者之保护，明甚。故谓富民畏避为政治革命之阻说，非也。次其言贫民当政，则直不通之言也。试问贫无担石储者，何以无为议员之资格乎？议员一用贫民羼入，则秩序立乱乎？犹是横目两足，犹是耳聪目明，独以缺此区区阿堵，故不得有此权利，吾不知其何理也？使此说而正也，则桓、灵卖官之政，乃真能应富以官人者。唐、虞明扬仄［侧］陋，直秕政耳。捐纳之制，其可永存，而平等之说，直当立覆也。试以叩之天下具五官百骸者，恐除论者外，无一人而不应之曰：否矣。且今日诸国议院，无不有多数出身贫民之议员，即如此次英国新选举，劳动党所选者，强半出身工人。论者又将何说以云？至云目不识丁，则尤可笑。普通选举之际，于被选举者未尝不可定教育之资格，岂有悉选无教育者之理乎？论者岂不曰：地方议会，使富民占优势，固专偏利富民，使贫民占优势，亦有偏利贫民之弊。然须知贫民者居大多数，不如富者之居少数也。居少数者欲自利，则可背公而为不正之议决。若为大多数之人代表者，则其议决势不得私。盖地方议会可议决之事项有范围，（府、县会之权力决不能比北美各州，此沿革上使然者也。）于此范围以内谋大多数之利益，则不能摒富者使独不可享也。故贫民之专擅决不必虑，而因贫民专政以妨政治革命进行之事，更无有也。

抑于中国尚有利于速行社会革命之理由二，即：中国今日富之集积之事不甚疾，一也；中国社会政策于历史上所屡见不自今日始，二也。中国经济上放任竞争之制虽久行，而贫富今尚不甚悬隔，此由物质进步之迟，大生产事业不兴，而资本掠夺之风不盛，从而无积重难返之患，社会革命之业轻而易举。不及早为之图，则物质的模仿旦晚行，而此利便为全失矣。抑中国古以兼并为罪，盖沿封建之余习，而其言为儒者所称道，因之深入人心。汉代诏敕，尊农贱商，亦本制富集积之旨者也。自是以降，虽不必常奉斯旨，而凡谋抑富助贫之策者，亦率以善政称。顾是皆流于末而无探其本源以为救济之策，其可称真为根本之计者，独荆公之青苗之法耳。不幸而奉行不称厥旨，遂以重祸。然当时所訾于新政者，除苏轼之无知妄论外，大抵皆攻击其办法之不善而不能言其制法之意之非也。要之，抑豪者而利细民者，中国自来政策者之所尚者也。因而，改善之以为根本之改革，决不能谓为非适合社会心理者也。由此二点以观，中国今日实最利行社会革命之日也。而此最便行之机，稍纵即逸者也。然决不能无为政治革命而径行之。何则？行之必借政治上权力，而非有政治革命，平民不能握此权。然则言社会革命当与政治革命并行，当然者也。更就土地国有论之，则此观念亦于中国自古有之。地税至唐称租，即显国家为地主之义，而其称有土地者，不过有永小作权者而已。自两税法行，而此表现失矣。然虽唐以后，庶民对于地税之观念与他种税之观念，终不能谓无别也。更举近世之例，则于明初屯卫之制，其田皆国有者也。明初所以得行此者，亦正以政治革命之从易为功也。观于其后欲赎取已卖之田，犹患费无所出。乃其初设时若甚轻易举者，斯亦可知其故矣。行土地国有于政治革命之际，果何事强夺耶？（明尚有皇庄之制，然为君主私产，非国有者也，故不能以为例。）

四　并行之效果

既曰以并行为便矣，则其并行后见如何之效果乎？决不可不一言者。然此当注意者，并行之效果，谓社会革命及于政治革命之影响，政治革命及于社会革命之影响也。若政治革命、社会革命自身之效果，则非今所论也。难并行者之说者曰："充公等之所望成矣，取中央政府而代之矣。而其结果，则正如波伦哈克[①]之说，谓最初握权者为无资产之下等社会，而

① 波伦哈克，又译“伯伦哈克”（Conrad Bornhak，1861-1944）。

此后反动复反动。皆当循波氏所述之轨道而行。其最后能出一伟大之专制民主耶，则人民虽不得自由，而秩序犹可以恢复，国犹可以不亡。若无其人耶，则国遂永坠九渊矣。即有其人焉，或出现稍迟，而外力已侵入而蟠其中央，无复容其出现之余地，国亦亿劫而不可复矣。”此彼所以为最后之论点者也。而吾不得不惊条理之错乱，论据之自相谬反。盖论者之旨，以为并行则秩序纷乱而外力侵入也。其所言虽若两，而实则根据于一。破其秩序纷乱之说，则外力侵入之说，亦无从立也。乃问其言秩序纷乱之由，不出波伦哈克数语，此可谓奇谬矣。夫波伦哈克之说，久为学者所摈，固无论。今假波伦哈克之说为正，亦正足以为社会革命当与政治革命并行之证左，而不得以为攻之之器械。何则？波氏所论，为未行社会革命之前之国家故也。波氏之所根据者，法国之历史也。而法国之大革命，绝无社会革命之分子存于其间者也。（不惟然，且有助长竞争及绝对承认私有财产权之点，此可从《人权宣言》中见之者也。）惟未为社会革命，故有贫富阶级代嬗以秉政权之说也。社会革命以阶级竞争为手段，及其既成功，则经济上无有阶级，虽受富之分配较多者，亦与受少同等，不成为特别阶级，故绝不能言一阶级（经济的）握有政权，更不能言自此阶级移之彼阶级。由其无两，故不得称阶级，亦无彼此可言也。故决不能由波氏之说，以证社会革命有害于政治上秩序，则波氏之言之本不实，乃更无庸辩也。

以余辈观之，则社会革命与政治革命并行，有相利而无相害，此可分两方面言之。

（甲）社会革命及于政治革命之影响。此质言之，则政策不受社会经济上势力之摇动，而无为一私人经济上利益牺牲，为大多数幸福计之政策之事，是经济阶级不存之所利也。

（乙）政治革命及于社会革命之影响。此之利社会革命者，于方行时既已有前述之便，而在既行之场合，亦尚有之。即已有政治革命者，社会革命后之完备组织，无为政治不良而被破坏之虑，是也。借欲行至完美之组织于专制政府之下，则缘被以阶级为制度之精神，故必两不兼容。于是两相激荡，专制之败幸也，其胜则此制湮矣。故欲其制之安全永久，亦必政治革命已行而后可得也。

要之，本篇之论重于破邪。而以欲破邪说，故不能不根据于社会革命之原理。故简单举之而未暇致其曲。略欲一一发挥之，则非十数万言不能明其崖略，非此区区数千言所可尽也。故证明推论之事，皆让之他篇。世有有志社会革命者，尚当徐徐相与研究之也。

（录自《民报》第5号，1906年6月26日）

斥《新民丛报》之谬妄

辨 奸*

《新民丛报》最近梁氏之非革命论，本报前期精卫所著①，于其根本之错误、学说之支离及其盲猜瞎说，而不足以难本报之处，已抉举大要。梁氏宜知反省矣。虽然吾独恶梁氏之谩骂无状，妄言无实也，故辩而斥之。

梁氏之为结论也，曰："有赐教者，苟依正当之论理，则鄙人深愿更相攻错。而或为嬉笑怒骂之言，深文周纳以相责，则村妪之角口耳，酷吏之舞文耳，凡此皆无相与攻错之价值，则恕其不报。"吾见此数行文字，亦疑梁氏既持是为约，则其文不知若何严正有据，不堕村妪酷吏之失。而孰料有大不然者。已则无稽喋喋，妄言不惭而犹持以语人曰：我所言无臆测无意气也，人无以臆测意气之言进。嘻！此真村妪之伎俩也。

梁氏曰："所谓民生主义者，摭拾布鲁②、仙士门③、麦喀④等架空理想之唾余，欲夺富人所有以均诸贫民。"夫梁氏于民生主义无所知，以为架空理想，不能实现，本不足怪。但谓夺富人之所有，夺之一字，谁告汝者？岂民生主义，梁氏亦以归纳之论理学证其必出于夺耶？抑本报曾以夺富之主义手段，高揭于纸上耶？均富之方法至多，民生主义学者所主，不胜缕举。梁氏不解所谓，则不知盖阙可耳，而遂谬作是语，是决为无理谩

---

* 辨奸，即胡汉民。

① 参见精卫《驳〈新民丛报〉最近之非革命论》，《民报》第4号，1906年5月1日。

② 布鲁，应为"布鲁东"，今译作"蒲鲁东"。

③ 仙士门，今译作"圣西门"。

④ 麦喀，今译作"马克思"。

骂，不得自解也。而梁氏又进语曰："夫以欧美贫富极悬绝之社会，故此主义常足以煽下流，若其终不可现于实际①，即现矣，而非千数百年以内所能致，此世界学者之公论，非吾一人私言也。论者所戴之首领，其或偶涉西史，偶践西土，见夫各国煽动家利用此主义而常有效也，羡西子之颦而捧心焉②。"梁氏不知民生主义为何物，而谬曰此主义足以煽下流，煽动家利用此主义。此不惟谩骂本报，即举世界一般民生主义学者，而尽以轻薄之词抹煞之矣。吾今诲梁氏以民生主义之由来曰：民生主义者，先觉之士见乎经济阶级之为梗于社会，而讲救济之之方法，欲实现其平等博爱之思想者也。其为革命家而兼言民生主义，亦实见其当着手并行之处，而非如梁氏之言排满，谓政治革命之一手段。保皇党之欺人，谓名为保皇，实则革命也。今试问彼言民生主义者，仅以为名耶，抑不过一手段耶？梁氏虽愚悍，恐不能下此断语。至谓必千数百年此主义始现，则英之于澳洲，德之于胶州，其所用改良土地之政策为何？姑不暇远举，而如日本近铁道国有案之通过，宁非国家民生主义之实现耶？且即以法律，言几疑与民生主义格不相入矣。然自最新学者论之，则近时各国民法，已有超重广义的民生主义之势，此尤非梁氏所能知也。而梁氏或强词夺理，必谓极端之民生主义既现，而后可言。则吾今谓中国无一人读书者，必其读尽中国之书而后云读书，岂非大不通之论乎？且居然断论千数百年之世局，大言无稽。吾恐世界无此学者，此等公论亦只让梁氏为代表耳。夫梁氏认民生主义，为煽动下流之具，基此前提辄下判断，如其言演为三段法论理式，则必云："民生主义者，煽动家利用之以煽下流者也。《民报》言民生主义，故《民报》亦利用之煽下流者也。"

持此以语当世稍知民生主义者，问孰为承认之？而梁氏之说，则固尔尔也。（吾更有为梁氏言者。凡论理学者，专就形式上以正思想之真妄，而实质之真妄如何，则措而俟诸他学问者也。故有就论理上知其形式之不错，而实质全错，至不可究诘者。任举一事，他无根据证明，而但以论理式演之谓之不错，无是理也。梁氏谈政治、法律而遁于论理学，即一二论

① "若其终不可现于实际"，作者漏字，应为"若其终不可以现于实际"。

② "羡西子之颦而捧心焉"，作者漏字，应为"羡西子之颦而自捧心焉"。

式，许其不错，然其所以证明实质者，于学说则东牵西扯，同时而至于三歧。如本报前期所举，于事实则茫然无知，恣口诬捏，自欺欺人，如是虽演百十之论理式，犹无当也。故吾就梁氏之言为上三段论式。俾知凡说论理者，形式之事，而他尚贵实质之考求，否则徒使阅者一览而斥其谬耳。例如云凡中国人皆碧眼红髯，李鸿章中国人，故李鸿章亦碧眼红髯，此于论理形式亦无所误，然其前提不正确，实质之误，常人一览而知。以之自为说明，则无异助敌而反攻也。）梁氏乃竟基于民生主义煽动下流之前提，而更推定曰："必乙、丙等县之游荡无赖子乃至乞丐与罪囚之类，艳羡富民之财产，可以均占，利用新政府之主义，而屠上流社会之族，潴上流社会之家。"夫民生主义，无事于夺富而予贫，前已辩之。（梁氏若据字书夺字之义为夺失以自解，则吾等诸康氏之解商报为商榷之，意将不屑与辩。）梁氏所谓上流社会，必与为敌，即从此夺之一字而来，于前说既无以证明，则此处亦不攻而自破。至其游荡无赖乞丐罪囚云云，不过力为丑俚之词用相诋諆而已。夫于其所不知者逞其臆说，复主张之以为前提，缘彼前提，更生臆断，附会颠倒，至于极端，村妪之角口耶，酷吏之舞文耶，盲人扪鼎以为寝器，漫谓可以置溺，遂以诟人，胡以登诸庙堂之上。梁氏议论，毋乃类是。梁氏最悖谬无理之点，则在伪造孙君之言，谓大革命后四万万人必残其半及主张大流血以达此目的等语，一派诬词。以吾人有十数年前，即与孙君游者，固未尝闻此诐说。吾人已共信为非孙君之独谩梁氏，而梁氏之诬孙君矣。吾顷又以此言质诸孙君，君曰：恶是何言！革命之目的，以保国而存种至仁之事，何嗜于杀！彼书生之见，以为革命必以屠人民为第一要着，故以其所梦想者而相诬。以余之意，则中国民族主义日明，人心之反正者日多，昔为我敌，今为我友，革命军之兴，必无极强之抵力。吾所主张终始一贯，惟以梁氏反复无恒，故不告以约法。若民生主义，梁氏至今梦如数年前更难语以实行之方法，彼乃向壁虚造，乌足诬我！噫！此言足自白而正梁氏之谬矣。夫惟不知中国民族主义之前途与革命之事业，故有四万万人死亡过半之言，惟不知民生主义实行之方法，故有夺富予贫及觊田土无主而收之之证。未尝学问而逞其小慧，以为他人实不过是，而即以之为他人之怀抱鼯鼠之技，尽于是耳。夫与本报辩论，则就所引约法为词足矣，而忽谓数年前有彼所得诸孙君之说，斯已轶出范围之外。而梁氏又虚造其词以相诬，且以其虚造而惧同时与孙君游者，得以相纠，则又狡狯其言曰："独怪其昔日语我者又如彼，今日所以语论者又如此，其已变前说耶，则所谓民生主义社会革命者，固大张于其机关报中。"梁氏遁侗［词］，借兹愈见。盖梁氏知其言大异于吾人所闻，决不足以征信，则谬谓孙君。今兹殆变其前说，而昔者尝有恶意，犹将以此见疑于人，万分无聊，勉欲收一二谗言之效。梁氏亦太可怜矣！以吾人所知，则孙君抱持革命宗旨，凡十余年未尝有如梁氏自相挑战之病。既无前说何变之云，而梁氏之讥，乃曰所谓民生主义社会革命者固大张于机关报中，吾不知此何足以证梁氏诬词之确实？岂以为言民生主义社会革命者，则必主残四万万人之半，积尸满地榛莽成林，以达其目的耶？抑必主残杀以达其目的者，然后竖民生主义于报中耶？此等论理又吾所百思不得其解也。无他，梁氏之攻民生主义，于民生主义毫无所知者也。故先以为夺富予贫，继则以为煽动下流之具，于是而乞丐罪囚游荡无赖利用新政府主义之说相续来矣，又继而主张大流血残四万万人半之说进矣。而一切非民生主义之真，非吾人怀抱之真，而信口开河，狂噪不止，不仁不智，吾于梁氏之心声征之。

梁氏于法学，犹其于民生主义也。故有同时主张三说自相矛盾而不知之弊。（前期本报精卫著，三十八三十九页揭之。）而梁氏则自以为工挦扯有心得也者，乃大张期词，驳孙君演说之语。按孙君之言，以策进国民之能力，以追及英、法、美之民权。而梁氏之言，则望现在政府之进其能力，而为开明专制。根本之不同，前期本报已痛彻言之（二十八页以下）。梁氏龂龂于此，则真不过摭拾词句之本领。梁氏欲知我国民有为民权立宪之资格否？则熟读前期本报可耳。演说之取譬，不尽谨严。（如前月日本法学博士一木喜德郎，于法政大学演说。有云：使人人如关张则兵法可废，使人人优于自治则国家法律可废。诸如此类，无有泥之以相难者也。）而梁氏以一隙之明，知国家客体说国家器械说，见驳于近世学者，遂沾沾自喜，以为得敌之瑕。而不料其曾不旋踵，复主张专制行干涉政策，增进人民之幸福。夫在人为取譬之不工，在已见为竖义之不确，厥失滋甚，而漫以讥人，多见其不知量耳。梁氏竟狂逞其词，曰："敢公然演说于号称文明社会之学界，而学界中以之为虾而自为之水母者，且若干云云。”盖至是而梁氏村妪之口角尽出矣。夫谓设譬而采国家客体说为虾，则梁氏之虾实甚，斯不足辩者。吾特恶为是之喻之无状也。梁氏亦知尔日欢迎孙君者几何人耶，其乐与孙君研究讨论者为何等耶！复国扶种，同具热念，平等博爱，同是良知，精诚交孚，而所根据以为行为者，又共无疑义。覆满政府也，创民权立宪国也，均地权也，皆吾人良知热血所莹俊而为此主义者也，故主义既定，能共信，不为利动，不为威惕，于同志之内，更相研究其实行尽善之方法，孙君亦研究讨论之一人也。而梁氏以轻薄之意为险恶之词，一则曰其所戴之首领，再则曰其所戴之首领，夫如约法一节，本报明引孙君之言，梁氏则亦明驳之足耳。孙君之言之是非，与为人戴之与否，有何关系？梁氏而能堂堂正正以与人决战，亦何恃此尖薄之口吻，矧乃肆无忌惮，而为谩骂于学界。若是，咄尔梁氏，岂以今日有不言保皇及不言开明专制者，即谓之水母目虾耶！呜呼！梁氏休矣。吾人相与，非尔所知，尔之与孙君缔交之颠末，则吾知之矣。尔本不知有民族主义，从中国来，与孙君游数月，乃大为所动，几尽弃所学，由是乃高谈破坏。斯时殆即尔所谓骤接一理初念最真，尔之良知也。其后尔为利所惑，即尔转念彼转念之时代，孙君遂绝尔。而尔则作书谢过，孙君以为尔能依初念，夫交好如初。然尔卒反复无常，且造出名保皇实革命之说以欺人，孙君乃为书斥尔，且谓尔含革命而复保皇，犹不足责。至遇保皇者而与言保皇，遇革命者而又与言革命，以致遁为此名实反对之说，诘尔宗旨安在？尔无词以答，遂与尔割席。（初梁氏语其友某某，言孙君责彼以诈伪。友以告孙君，君曰诚然也。乃驰书斥之。某某犹在，可为证也。）尔岂忘此一段历史耶？而或今日为此以报复也？且尔梁氏至今日犹翘其曾倡排满共和论，以自表微劳与其关系之不薄，则劳过于尔，关系切于尔，且于尔之，能倡排满共和论，而亦有微劳关系者之人，而尔乃敢于轻诋耶？呜呼！尔梁氏可以休矣。

吾更请直抉梁氏之隐。梁氏非能于理论上求胜者也，其所主张亦非有一定之政见也。徒怯乎民族主义之日盛，而使彼保皇党人无立足之余地，故强起而争之。首加丑诋于孙君，以谓使吾人见孙君之被诋于《新民丛报》也如是，则必有因而轻孙君者。而不知吾人之意识，固不如是之简单也。而梁氏犹未已也，以陈君天华亦为吾人所推服者，且已湛死，则裂其文字而颠倒其主义焉，以为陈君固尝云云，则一般敬爱陈君者将相率而去。而不知陈君之文章具在，陈君之知己有人亦不任梁氏之作贼也。凡若是者，作伪心劳，不见其效，则亦成为梁氏之谬妄而已。（观于今年四号《新民丛报》，力云敬陈君为人，自命知己。而三号对于陈君所作《中国宜改创共和政体》一篇，则非理攻击，谓其脆而易，破末更揶揄其词曰：今其人既已辞此世间，彼继续主持某报之，人能并代彼赐答辩否耶？轻薄口，不觉尽露以为素敬陈君为人。吾不之信，至关于陈君论旨，本报他篇辩之。）其他有一味轻薄谩骂者，如不解本报所揭第五条主义，而谓因结识日本之浮浪子数辈，恃为奥援之故。不知梁氏何术能尽知吾人所交结者，且又知其悉为浮浪子也？又，康氏之至日本也，宫崎氏有力焉，浮浪子也？梁氏之至日本也，平山氏有力焉，亦浮浪子也？今梁氏久处安乐，已忘患难，遂轻此辈，意惟阀族元勋之是重，则势利之劣性根使然耳。梁氏又曰：以吾读该报除陈君天华文外，可直谓无一语非梦呓。此其狂悖不伦已属可笑。而其下数页，则对于本报《民族的国民》一篇，云乐承认者，一云承认者数四焉。是梁氏亦乐闻呓语者也。至梁氏谓彼文本无价值姑宽假之荣幸而与之言等语，则如卖淫之妇弄姿骄人，不知夫见者方作恶欲吐也。

以上略举数端，其余村妪口角之一般，亦可以见，不赘举以烦笔墨也。

吾于篇终更有一言质诸阅者，而并促梁氏之反省。盖吾以谓梁氏洋洋千言，是丹非紫，于排满共和论，极端排斥，疑其所见固已确定矣，而于其词将毕也，犹曰："夫鄙人岂敢竟自以为是，苟答辩而使鄙人心折者，鄙人必为最后之降伏，毋为各趋一途，而使力之互相消也。"然则梁氏指天画地狂噪久之，而犹未有定见也。夫以惯自相挑战之人，而于其未有定见之时代，辄剑拔弩张排斥他人之说，力所不逮，则为种种轻薄浮词以求取胜。梁氏良知，其殆蔑矣。至于篇末，而气尽声嘶似犹有一线之未尽。然梁氏劝人毋任感情，毋挟党见，吾则劝梁氏，毋怀私欲，毋多转念。至于辩论之际，则梁氏所以约人者，宜先守之，庶几当于攻错之义，若如其第三四期之报，则先自违反而有意，以凭真听也。梁氏不能一一反省，则伊虽欲为最后之降伏，亦无有收此反复之徒者也。

辨奸子此文，成于《新民丛报》第六期之后，迨第七期出，而辨奸子已归国，故所斥梁之谬者止。此又梁氏七期报对于民生主义，复致崇拜。盖睹本报三号号外，知不能自完［圆］其说，乃又反其前言也。然其第三期报文具在，厥谬实如辨奸子所言。梁氏虽善反复，亦无能自掩耳。编辑人识

（录自《民报》第5号，1906年6月26日）

记十二月二日本报纪元节庆祝大会事及演说词

民　意*

十二月二日，开本报纪元节庆祝大会于东京神田锦辉馆。先日，布告同学，馈楹联及致书祝勉者，甚众。至日，七时顷，莅会场者已千人。八时，盈五千余人，会场无隙地。后至者络绎于门外，不得入。嘉宾临贶之盛，不独为本报光，抑足征声应气求之乐也。八时半，主席黄君兴起立，（众大拍掌，呼万岁。）宣告开会。述本报纪元以来，感汉族昆弟之惠爱，并谢今日来宾之盛意，将以次延同志及友邦名贤，相与演说，以期讨论解决中国前途之大问题焉。

于是主席黄君，请章先生炳麟祝词。（众大拍掌，呼万岁）其词如左。

我汉族昆弟所作《民报》，俶载至今，适盈一岁。以皇祖轩辕之灵，洋溢八表，方行无阂。自兹以后，惟不懈益厉，为民斗杓。以起征胡之铙吹，流大汉之天声。白日有灭，星球有尽，种族神灵，远大无极。敢昭告于尔丕显皇祖轩辕，烈祖金天，高阳、高辛、陶唐、有虞，夏、商、周、秦、汉、新、魏、晋，宋、齐、梁、陈，隋、唐、梁、周、宋、明，延平、太平之明王圣帝，相我子孙，宣扬国光，昭彻民听。俾我四百兆昆弟同心戳［勠］力，以底虏酋爱新觉罗氏之命，扫除腥膻，建立民国。家给人寿，四裔来享。呜呼！发扬蹈厉之音作而民兴起，我先皇亦永有依归！

---

* 民意，即胡汉民。

祝词庄肃悲壮，听者人人感动。于是主席黄君请孙先生文，起而演说。（众大拍掌，呼万岁）其词如左。

诸君：

今天诸君踊跃来此，兄弟想来不是徒为高兴，定然有一番大用意。今天这会是祝《民报》的纪元节，《民报》所讲的是中国民族前途的问题。诸君今天到来，一定是人人把中国民族前途的问题横在心上，要趁这会子大家研究的。（拍掌）兄弟想《民报》发刊以来已经一年，所讲的是三大主义：第一是民族主义，第二是民权主义，第三是民生主义。

那民族主义，却不必要什么研究才会晓得的。譬如一个人，见着父母总是认得，决不会把他当做路人，也决不会把路人当做父母。民族主义也是这样，这是从种性发出来，人人都是一样的。满洲入关，到如今已有二百六十多年，我们汉人就是小孩子，见着满人也是认得，总不会把来当做汉人。这就是民族主义的根本。（大拍掌）

但是有最要紧一层不可不知，民族主义并非是遇着不同族的人便要排斥他，是不许那不同族的人来夺我民族的政权。（大拍掌）因为我汉人有政权才是有国，假如政权被不同族的人所把持，那就虽是有国，却已经不是我汉人的国了。（拍掌）我们想一想，现在国在那里？政权在那里？我们已经成了亡国之民了！地球上人数不过一千几百兆，我们汉人有四百兆，占了四分之一，算得地球上最大的民族，且是地球上最老最文明的民族；到了今天，却成为亡国之民，这不是大可怪的吗？那非洲杜国①不过二十多万人，英国去灭他，尚且相争至三年之久；非律宾②岛不过数百万人，美国去灭他，尚且相持数岁。难道我们汉人就甘心于亡国？想起我汉族亡国时代，我们祖宗是不肯服从满洲的。（大拍掌）闭眼想想历史上我们祖宗流血成河、伏尸蔽野的光景，我们祖宗狠对得住子孙，所难过的，就是我们做子孙的人。（大拍掌）再想想亡国以后满洲政府愚民时代，我们汉人面子上从他，心里还是不愿的，所以有几回的起义。（大拍掌）到了今日，我们汉人民族革命的风潮一日千丈。那满洲人也倡排汉主义，他

① 杜国，即杜兰斯哇，今译作“德兰士瓦”（Transvaal）。

② 非律宾，今译作“菲律宾”。

们的口头话是说他的祖宗有团结力、有武力，故此制服汉人；他们要长保这力量，以便永居人上。他们这几句话本是不错，然而还有一个最大的原因，是汉人无团体。（大拍掌）我们汉人有了团体，这力量定比他大几千万倍，民族革命的事不怕不成功。

惟是兄弟曾听见人说，民族革命是要尽灭满洲民族，这话大错。民族革命的原故，是不甘心满洲人灭我们的国，主我们的政，定要扑灭他的政府，光复我们民族的国家。（大拍掌）这样看来，我们并不是恨满洲人，是恨害汉人的满洲人。（大拍掌）假如我们实行革命的时候，那满洲人不来阻害我们，决无寻仇之理。他当初灭汉族的时候，攻城破了，还要大杀十日才肯封刀，这不是人类所为，我们决不如此。惟有他来阻害我们，那就尽力惩治，不能与他并立。照现在看起来，满洲政府要实行排汉主义，谋中央集权，拿宪法做愚民的器具。他的心事真是一天毒一天。然而他所以死命把持政权的原故，未必不是怕我汉人要剿绝他，故此骑虎难下。所以我们总要把民族革命的目的认得清楚，如果满人始终执迷，仍然要把持政权，制驭汉族，那就汉族一日不死，一日不能坐视的。想来诸君亦同此意。（大拍掌）

民族革命的大要如此。

至于民权主义，就是政治革命的根本。将来民族革命实行以后，现在的恶劣政治固然可以一扫而尽，却是还有那恶劣政治的根本，不可不去。中国数千年来都是君主专制政体，这种政体不是平等自由的国民所堪受的。要去这政体，不是专靠民族革命可以成功。试想明太祖驱除蒙古，恢复中国，民族革命已经做成，他的政治却不过依然同汉、唐、宋相近，故此三百年后复被外人侵入，这由政体不好的原故。不是政治革命，是断断不行的。（大拍掌）研究政治革命的工夫，煞费经营。至于着手的时候，却是同民族革命并行。我们推倒满洲政府，从驱除满人那一面说是民族革命，从颠覆君主政体那一面说是政治革命，并不是把来分作两次去做。讲到那政治革命的结果，是建立民主立宪政体。照现在这样的政治论起来，就算汉人为君主，也不能不革命。佛兰西①大革命及俄罗斯革命本没有种

① 佛兰西，今译作“法兰西”。

族问题，却纯是政治问题。佛兰西民主政治已经成立，俄罗斯虚无党也终要达这目的。中国革命之后，这种政体最为相宜，这也是人人晓得的。

惟尚有一层最要紧的话，因为凡是革命的人，如果存有一些皇帝思想，就会弄到亡国。因为中国从来当国家做私人的财产，所以凡有草昧英雄崛起，一定彼此相争，争不到手，宁可各据一方，定不相下，往往弄到分裂一二百年，还没有定局。今日中国，正是万国眈眈虎视的时候，如果革命家自己相争，四分五裂，岂不是自亡其国？近来志士都怕外人瓜分中国，兄弟的见解却是两样。外人断不能瓜分我中国，只怕中国人自己瓜分起来，那就不可救了！（大拍掌）所以我们定要由平民革命，建国民政府。这不止是我们革命之目的，并且是我们革命的时候所万不可少的。（大拍掌）

说到民生主义，因这里头千条万绪，成为一种科学，不是十分研究不得清楚。并且社会问题隐患在将来，不象民族、民权两问题是燃眉之急，所以少人去理会他。虽然如此，人的眼光要看得远。凡是大灾大祸没有发生的时候，要防止他是容易的；到了发生之后，要扑灭他却是极难。社会问题在欧美是积重难返，在中国却还在幼稚时代，但是将来总会发生的。到那时候收拾不来，又要弄成大革命了。革命的事情是万不得已才用，不可频频伤国民的元气。我们实行民族革命、政治革命的时候，须同时想法子改良社会经济组织，防止后来的社会革命，这真是最大的责任。（大拍掌）

于今先说民生主义所以要发生的原故。这民生主义，是到十九世纪之下半期才盛行的。以前所以没有盛行民生主义的原因，总由于文明没有发达。文明越发达，社会问题越着紧。这个道理狠觉费解，却可以拿浅近的事情来做譬喻。大凡文明进步，个人用体力的时候少，用天然力的时候多，那电力、汽力比起人的体力要快千倍。举一例来说，古代一人耕田，劳身焦思，所得谷米至多不过供数人之食。近世农学发达，一人所耕，千人食之不尽，因为他不是专用手足，是借机械的力去帮助人功，自然事半功倍。故此古代重农工，因他的生产刚够人的用度，故他不得不专注重生产。近代却是两样。农工所生产的物品，不愁不足，只愁有余，故此更重商业，要将货物输出别国，好谋利益，这是欧美各国大概一样的。照这样说来，似乎欧美各国应该家给人足，乐享幸福，古代所万不能及的。然而试看各国的现象，与刚才所说正是反比例。统计上，英国财富多于前代不止数千倍，人民的贫穷甚于前代也不止数千倍，并且富者极少，贫者极多。这是人力不能与资本力相抗的缘故。古代农工诸业都是靠人力去做成，现时天然力发达，人力万万不能追及，因此农工诸业都在资本家手里。资本越大，利用天然力越厚，贫民怎能同他相争，自然弄到无立足地了。社会党所以倡民生主义，就是因贫富不均，想要设法挽救；这种人日兴月盛，遂变为一种狠繁博的科学。其中流派极多，有主张废资本家归诸国有的，有主张均分于贫民的，有主张归诸公有的，议论纷纷。凡有识见的入［人］，皆知道社会革命，欧美是决不能免的。

这真是前车可鉴，将来中国要到这步田地才去讲民生主义，已经迟了。这种现象中国现在虽还没有，但我们虽或者看不见，我们子孙总看得见的。与其将来弄到无可如何才去想大破坏，不如今日预筹个防止的法子。况且中国今日如果实行民生主义，总较欧美易得许多。因为社会问题是文明进步所致，文明程度不高，那社会问题也就不大。举一例来说，今日中国贫民还有砍柴割禾去谋生活的，欧美却早已绝迹。因一切谋生利益尽被资本家吸收，贫民虽有力量，却无权利去做，就算得些蝇头微利，也决不能生存。故此社会党常言，文明不利于贫民，不如复古。这也是矫枉过正的话。况且文明进步是自然所致，不能逃避的。文明有善果，也有恶果，须要取那善果，避那恶果。欧美各国善果被富人享尽，贫民反食恶果，总由少数人把持文明幸福，故成此不平等的世界。我们这回革命，不但要做国民的国家，而且要做社会的国家，（大拍掌）这决是欧美所不能及的。

欧美为甚不能解决社会问题？因为没有解决土地问题。大凡文明进步，地价日涨。譬如英国一百年前，人数已有一千余万，本地之粮供给有余；到了今日，人数不过加三倍，粮米已不够二月之用，民食专靠外国之粟。故英国要注重海军，保护海权，防粮运不继。因英国富人把耕地改做牧地，或变猎场，所获较丰，且征收容易，故农业渐废，并非土地不足。贫民无田可耕，都靠做工糊口，工业却全归资本家所握，工厂偶然停歇，贫民立时饥饿。只就伦敦一城算计，每年冬间工人失业的常有六七十万人，全国更可知。英国大地主威斯敏士打①公爵有封地在伦敦西偏，后来因扩张伦敦城，把那地统圈进去。他一家的地租占伦敦地租四分之一，富与国家相等。贫富不均竟到这地步，“平等”二字已成口头空话了！

大凡社会现象，总不能全听其自然，好象树木由他自然生长，定然支蔓，社会问题也是如此。中国现在资本家还没有出世，所以几千年地价从来没有加增，这是与各国不同的。但是革命之后，却不能照前一样。比方现在香港、上海地价比内地高至数百倍，因为文明发达，交通便利，故此涨到这样。假如他日全国改良，那地价一定是跟着文明日日涨高的。到那时候，以前值一万〈两〉银子的地，必涨至数十万、数百万。上海五十年前黄浦滩边的地，本无甚价值，近来竟加至每亩百数十万元，这就是最显明的证据了。就这样看来，将来富者日富，贫者日贫，十年之后，社会问题便一天紧似一天了。这种流弊，想也是人人知道的，不过眼前还没有这现象，所以容易忽略过去。然而眼前忽略，到日后却不可收拾。故此，今日要筹个解决的法子，这是我们同志应该留意的。(大拍掌)

闻得有人说，民生主义是要杀四万万人之半，夺富人之田为己有。这是他未知其中道理，随口说去，那不必去管他。(众大笑) 解决的法子，社会学者所见不一，兄弟所最信的是定地价的法。比方地主有地价值一千元，可定价为一千，或多至二千，就算那地将来因交通发达，价涨至一万，地主应得二千，已属有益无损。赢利八千，当归国家。这于国计民生，皆有大益，少数富人把持垄断的弊窦，自然永绝。这是最简便易行之法。欧美各国，地价已涨至极点，就算要定地价，苦于没有标准，故此难行。至于地价未涨的地方，恰好急行此法，所以德国在胶州湾、荷兰在瓜[爪] 哇已有实效。中国内地文明，没有进步，地价没有增长，倘若仿行起来，一定容易。兄弟刚才所说，社会革命，在外国难，在中国易，就是为此。(大拍掌) 行了这法之后，文明越进，国家越富，一切财政问题断不至难办。现今苛捐，尽数蠲除，物价也渐便宜了，人民也渐富足了。把几千年捐输的弊政，永远断绝，漫说中国从前所没有，就欧美、日本虽说

① 威斯敏士打，即威斯敏斯特（Westminster，1879-1953)，伊丽莎白女王后裔，英国第一大地主。

富强，究竟人民负担租税，未免太重。中国行了社会革命之后，私人永远不用纳税，但收地租一项，已成地球上最富的国。这社会的国家，决非他国所能及的。我们做事，要在人前，不要落人后。（大拍掌）这社会革命的事业，定为文明各国将来所取法的了。

总之，我们革命的目的是为众生谋幸福，因不愿少数满洲人专利，故要民族革命；（大拍掌）不愿君主一人专利，故要政治革命；（大拍掌）不愿少数富人专利，故要社会革命。（大拍掌）这三样有一样做不到，也不是我们的本意。（大拍掌）达了这三样目的之后，我们中国当成为至完美的国家。（大拍掌）

尚有一问题，我们应要研究的，就是将来中华民国的宪法。“宪法”二字，近时人人乐道，便是满洲政府也晓得派些奴才出洋考察政治，弄些预备立宪的上谕，自惊自扰。（众大笑）那中华民国的宪法更是要讲求的，不用说了。兄弟历观各国的宪法，有文宪法是美国最好，无文宪法是英国最好。英是不能学的，美是不必学的。英的宪法所谓三权分立，行政权、立法权、裁判权各不相统，这是从六七百年前由渐而生，成了习惯，但界限还没有清楚。后来法国孟德斯鸠将英国制度作为根本，参合自己的理想，成为一家之学。美国宪法又将孟氏学说作为根本，把那三权界限更分得清楚，在一百年前算是最完美的了。一百二十年以来，虽数次修改，那大体仍然是未变的。但是这百余年问［间］，美国文明日日进步，土地财产也是增加不已，当时的宪法现在已经是不适用的了。兄弟的意思，将来中华民国的宪法是要创一种新主义，叫做“五权分立”。

那五权除刚才所说三权之外，尚有两权。一是考选权。平等自由原是国民的权利，但官吏却是国民公仆。美国官吏有由选举得来的，有由委任得来的。从前本无考试的制度，所以无论是选举、是委任，皆有狠大的流弊。就选举上说，那些略有口才的人，便去巴结国民，运动选举；那些学问思想高尚的人，反都因讷于口才，没有人去物色他。所以美国代表院中，往往有愚蠢无知的人夹杂在内，那历史实在可笑。就委任上说，凡是委任官都是跟着大统领进退。美国共和党、民主党向来是迭相兴废，遇着换了大统领，由内阁至邮政局长不下六七万人，同时俱换。所以美国政治腐败散漫，是各国所没有的。这样看来，都是考选制度不发达的原故。考选本是中国始创的，可惜那制度不好，却被外国学去，改良之后成了美制。英国首先仿行考选制度，美国也渐取法，大凡下级官吏必要考试合格，方得委任。自从行了此制，美国政治方有起色。但是他只能用于下级官吏，并且考选之权仍然在行政部之下，虽少有补救，也是不完全的。所以将来中华民国宪法，必要设独立机关，专掌考选权。大小官吏必须考试，定了他的资格，无论那官吏是由选举的抑或由委任的，必须合格之人方得有效。这法可以除却盲从滥举及任用私人的流弊。中国向来铨选最重资格，这本是美意，但是在君主专制国中，黜陟人才悉凭君主一人的喜怒，所以虽讲资格，也是虚文。至于社会共和的政体，这资格的法子正是合用。因为那官吏不是君主的私人，是国民的公仆，必须十分称职方可任用。但是这考选权如果属于行政部，那权限未免太广，流弊反多，所以必须成了独立机关才得妥当。（大拍掌）

一为纠察权，专管监督弹劾的事。这机关是无论何国皆必有的，其理为人所易晓。但是中华民国宪法，这机关定要独立。中国从古以来本有御史台主持风宪，然亦不过君主的奴仆，没有中用的道理。就是现在立宪各国，没有不是立法机关兼有监督的权限，那权限虽然有强有弱，总是不能独立，因此生出无数弊病。比方美国纠察权归议院掌握，往往擅用此权，挟制行政机关，使他不得不頫［俯］首总命，因此常常成为议院专制；除非有雄才大略的大总统，如林肯、麦坚尼①、罗斯威②等，才能达行政独立之目的。况且照正理上说，裁判人民的机关已经独立，裁判官吏的机关却仍在别的机关之下，这也是论理上说不去的，故此这机关也要独立。（大拍掌）

合上四［两］权，共成为五权分立。这不但是各国制度上所未有，便是学说上也不多见，可谓破天荒的政体。兄弟如今发明这基础，至于那详细的条理、完全的结构，要望大众同志尽力研究，匡所不逮，以成将来中华民国的宪法。这便是民族的国家、国民的国家、社会的国家，皆得完全无缺的治理，这是我汉族四万万人最大的幸福了。想诸君必肯担任，共

---

① 麦坚尼，今译作“麦金利”（William Mckinley）。

② 罗斯威，今译作“罗斯福”（T. Roosevelt）。

成此举，是兄弟所最希望的。（众大拍掌，呼万岁）

主席黄君继请章先生炳麟演说。（众大拍掌，呼万岁）演说之词如左。

今日是《民报》纪元节大会。目下言论渐已成熟，以后是实行的时代。但今日实行上，有一种魔障，不可不破。因以前的革命，俗称“强盗结义”；现在的革命，俗称“秀才造反”。强盗有力量，秀才没有力量。强盗仰攀不上官府，秀才仰攀得上官府。所以强盗起事，没有依赖督抚的心，秀才就有依赖督抚的心。前此数年，遍地是“借权”的话。直到如今，讲革命的，也想借到督抚的权，好谋大事，这真糊涂得狠。

颇有人说：“学界中人不如会党，会党中人不如强盗”。依兄弟看来，知识高下，且不必说。但强盗从没有靠官造反的心，会党略有数分，学界中人，更加数倍。论他志气的下劣与自信力的薄弱，较之会党、强盗，不免有些惭愧。（大拍掌）只是思量办事的人，没有不舍难取易的。他看自己革命，不如借用督抚略为容易。不知不觉，这下劣的思想，就随地涌现出来。殊不知志气果好，便万分险阻艰难的事也办得去。若依赖督抚，到比自己革命更难百倍。（大拍掌）

这是什么原由？

第一，督抚引用学生，不过充当文案，预备顾问。就有练陆军、办警察的，总不能自成一部。原像从前的督标中军一样，也不能得他的亲信。若善于谄媚的呢，还可以侥幸得几分。假如才气略长些，议论略多些，风骨略高些，就永远不能得志。若要得志，除是想几件压制革命党的政策，或杀戮几个革命党人，方得有小小权柄到手，这还靠得住么？（大拍掌）

第二，今日的督抚富贵尊荣，与皇帝相差无几，难道放着平坦大路不走，反去革命，自寻荆棘？从来藩镇不是逼到没路的时候，断不轻易造反。远大且不必说，就看近来吴三桂，本要想步武石敬瑭的后尘，做一个干儿皇帝。但不到撤藩的时候，吴三桂尚不敢举兵作难。因吴三桂自己有这心肠，将士却不肯应，故只得迟迟不发。后来有撤藩的事，此时平西王也去，将也去，兵也去。滇藩一部的人，没一个不失了饭碗，才能够激成大举。请看今<日>的督抚，权力比得吴三桂吗？就像袁世凯，是最有兵权的，满洲政府也不敢轻易动他。就动了他一人，北洋将校仍是依然无

恙。一人愿革命，人人都不愿革命，这是万不得成的。（大拍掌）

第三，那老耄昏聩的督抚，往往有几个儿孙出洋留学，与学生通同一气。学生见他可用，就推心置腹，奉承个不了。这一班纨绔子弟，也趁他祖父老耄昏聩，卖差卖缺，无所不为，一面又与学生同谋举义。试想此辈胸中，究竟所思何事，起得事来，他的权力岂肯轻轻送你？奉这蝇营狗苟的顽童，作为革命首领，还成个世界吗？（大拍掌）

因此三事，所以督抚革命万无可望。

再说向上一层，假如督抚革命果然成事，虽则种族问题可以解决，那政治改良的事仍是不成。且看从古革命的历史，凡从草茅崛起的，所用都是朴实勤廉的人士，就把前代弊政一扫而尽。若是强藩内侵，权臣受禅，政治总与前朝一样，全无改革。因为帝王虽换，官吏依然不换，前代腐败贪污的风俗流传下来，再也不能打扫。（拍掌，大喝彩）像现在官场情景，是微虫霉菌到处流毒，不是平民革命，怎么辟得这些瘴气？（拍掌，大喝彩）若把此事望之督抚，真是其愚不可及了！（拍掌，大喝彩）

目下满洲政府正有中央集权的意思，要把财政兵政，都归几个满员掌握，外省督抚不过留个空名。有几个识见不到的人，都说此事若行，革命愈难措手。若依兄弟看来，正是相反。以前满洲将士曾打准噶尔、回部、青海等处，每战必胜。到得川、楚“教匪”起来，满洲兵就不能抵敌，全是杨芳、杨遇春等为虎作伥，方得制“教匪”的死命。太平王起来时候，赛尚阿、乌兰泰辈，没一个不一败涂地。修［终］竟靠着几个湖南督抚，就地捐厘，兼办团练，才能够打破洪氏。照这样看，督抚无权，革命军正是大利，有甚么不好呢？（大拍掌）

从今以后，我汉人兄弟，请把依赖督抚的一念，早早打消。但想当兵，不要想当奸细；但想做将士，不要想做参谋。这革命大事不怕不成，中华民国不怕不立。何必怀着那下劣心思，为会党、强盗所笑呢？（拍掌，大喝彩）

主席黄君宣告社员演说已终。今将以次绍介日本诸来宾演说。于是先延断水君①，为之介于众曰：君为革命评论社员，小说家也，思想超隽，

① 断水君，即池亨吉（1873~1954），别号“断水楼主人”。

不可一世，殆可称日本之福禄特尔①、托尔斯泰。愿与诸君共聆其妙论。（众大拍掌）君演说之词如左。

诸君：

兄弟是革命评论社里头的一个人，革命评论社的宗旨，同《民报》狠相合。所以今天遇着这盛会，兄弟凭这一点因缘，能够同诸君谈谈，心里实是很快乐的。兄弟想起意大利的诗人但丁，有一段话，很觉有味。那但丁是世界大思想家，想来诸君也都知道。兄弟看他的著作里头，有一段说那但丁曾做一梦，遇着他亡过的师傅，引他去看看地狱。那地狱里千奇百怪的尽有，走到一个黑洞洞的所在，里面燐［磷］光惨淡，跑出一个鬼来，碧血淋漓，颈脖上没有脑袋，手里提着个灯笼。但丁吓了一跳，只听他师傅说道：你估量他手里提的是灯笼么？仔细看去，却是个人头。那人头是那个的呢？却是那鬼自己的。那鬼为什么头不安在脖子上，却提在手里呢？师傅说这要问那鬼才知道。只听得那鬼说道：我名叫做彼罗特兰托，是十四世纪时候，英国一个有名的诗人，只为生前离间亲王父子，死后冥王判我说，人家父子的关系是不可分的，同你的身首一样，你把人家父子分作两处，如今判砍了你的头，也叫你身首分作两处。（拍掌）这便是那鬼提着头的缘故。兄弟想这段话，虽像鬼话，却是个妙喻。那父子的关系，诚然是不可分的。说起国家同人民的关系来，那关联着不可分，比起父子来，还要更厉害。（大拍掌）贵国从前，国家同人民是狠关联在一处的，如今被满洲人一刀两断，分作两处了。（大拍掌）诸君啊！今日中国，虽然尚在，却已经不是中国人的中国。（大拍掌）那满州［洲］政府的罪恶，真是甚于彼罗特兰托百倍。（大拍掌）诸君啊！快快把满洲政府一刀两断吧！（大拍掌）

主席黄君继请外柔君②演说，介<绍>于众曰：君为社会学者，其著书为海内人士所激赏，大抵读其书者，未有不倾倒其人，而欲接其风采，聆其议论者也。语时，众皆欢然。君演说，略谓：己与革命评论社诸人，抱同一之宗旨，故于《民报》主义，亦绝对赞成。《民报》发刊以来，虽仅

① 福禄特尔，即伏尔泰。

② 外柔君，即北一辉（1883~1937），日本人，别名北辉次，北辉次郎，笔名外柔。

一年，而其进步之锐，犹历世界一世纪也。然则今日斯会，即谓为世界一世纪革命运动之纪念会，亦无不可。东洋各国，君主专制政体，历数千年而未尝一变。今诸君子有志于此，仆不胜期望。仆惟冀世界革命，故不得不先属［瞩］望于支那。演既，众皆激昂。主席黄君继清［请］白浪滔天君[①]演说，介于众曰：君赞助我国革命事业，备尝艰难险阻，百折犹不饶其志。我辈对于君，感情当何若耶？君又尝误以康有为为志士，闻其捕逃南洋，间关访之。康指为刺客，陷之于狱。君之热心与苦况，愿我汉族昆弟共念之。东京同学，素念君名。黄君言未既，欢呼声如潮沸。君演说，略谓：仆牺牲此身，以赞助支那革命，数十年来，饮食梦寐，歌思哭怀，胥不忘此。数年前，支那革命运动，犹以铅刀割肉，至于今日，其势大振，以之颠覆满洲政府，直发蒙振落耳。仆思所以助诸君知精神者，无他语，第不怕死而已。听者慷慨泣下。主席黄君，复以次绍介二楸庵君、凤梨君[②]、怀仁君，相继演说。诸君皆革命评论社员，又热心赞成吾国革命之业。其演说大旨，在助我同人终始不懈，及论满洲政府之议立宪，所以卫其本族，故汉人之革命，尤不可一日缓。听者咸竭诚致敬，以欢迎之。

日本诸来宾演说既竟，主席黄君起立发言。其词如左。

今天孙先生所说的，是革命的宗旨及其条理。章先生所说的，是革命实行时代的政策。各位来宾所说的，是激发我们革命的感情。大抵诸君听见，没有不表同情的。但是，兄弟所望于诸君的，却还要再进一步。“表同情”三个字，不过是旁观的说话。凡是革命的事业，世界人人都表同情的，惟有自己的国民却不是要他表同情，是要他负这革命的责任。（拍掌，大喝彩）诸君现在都是学生，就拿学生的责任来说，一千八百十七年的时候，奥国宰相梅特涅利用俄皇的势力，结神圣同盟会，压制革命党，得普王的赞成。到了十月，开宗教革命三百年祭同利俾塞[③]战胜纪念祭，耶路大学学生齐去市外运动各州响应，革命党从此大盛。这样说来，欧洲大革命的事业是学生担任去做的。（拍掌，大喝彩）日本的革命，人

---

① 白浪滔天君，即宫崎寅藏（1871~1922），日本人，号白浪庵滔天。

② 凤梨君，即萱野长知（1873~1947），日本人，号凤梨。

③ 即莱比锡。

人都推西南一役。那西乡隆盛所倡率的义师，就是鹿儿岛私立学校的学生。这样说来，日本革命的事业，也是学生担任去做的。（拍掌，大喝彩）诸君莫要说今日做学生的时候，是专预备建设的功夫，须得要尽那革命的责任。（拍掌，大喝彩）今天这会，就是我们大家拿着赤心相见，誓要尽这做学生的本分的。（拍掌，大喝彩）

主席黄君，于是请来会诸宾，有欲发言者，以次登坛畅演。先为周君演说，略谓：吾辈欲尽革命的责任，须立于自动的地位，积极的地位。即如《民报》，既与吾辈宗旨相同，则宜引为己责。《民报》本东京诸同学所举办，吾辈有理想者，当担任其文字，有财力者，当担任其经费，以计今日之维持，明年之发达。次为覃君演说，陈东亚细亚之大势，谓我国民对于满洲，当取光复主义，对于列国，当取独立主义。次为刘君[①]，略谓：曾见《民报》有《革命之道德》[②]一篇，内有数语，指唐才常为保皇党，故今对于会众力，雪其冤。唐才常起事，凭借会党，会党宗旨，为“剿灭鞑子”，即此一语，已足为唐才常非保皇之证。所以与康梁交通者，或有所为而为之。当时革命志士，往往误认康、梁为同调，非独唐才常一人为然。唐才常既死，而康、梁利用之，以博勤王之名，而为愚弄党人之具，其肉不足食，其言亦不屑辩。惟章太炎先生，学界之泰斗，革命之先河，其言为国人所崇信，而亦言此，则唐才常含冤入地矣。主席黄君言曰：刘君辩唐才常非保皇党，其言良确。夫唐才常非保皇党人，而为康、梁所利用，辩唐才常之冤，则愈以知康、梁之可诛，使天下志士，皆知康、梁之精于卖友，则无复敢与近者。刘君斯言，大有关系，而太炎先生之所论，乃在革命家不可无道德，非斤斤于唐才常之是否保皇党人也。言既，众皆称善。

次为田君桐演说，其词如左。

兄弟是个粗人，最不会讲话的，但是心中十分抑郁，有几句粗话，又不能不替诸公讲讲。我想与人身最有密接关系，不能离脱的有四个字：一是“时代”，二是“事业”。一个人生在什么样时代，必生出一个什么样

---

① 刘君，即刘成禺。参见苏全有、阎宏斌主编《近现代中国知识分子思想转型问题研究》，内蒙古大学出版社，2002，第177页。

② 太炎：《革命之道德》，《民报》第8号，1906年10月8日。

事业。试问，我们今天所处的时代是个“亡国的时代”不是？（拍掌）知首［道］国已经亡了，并且不安于亡，要想把这个国救转的一片心肠<表现>出来，是要做“革命的事业”的。（大拍掌）我们既要做革命的事业，万不能不讲究“革命的学问”。既讲究革命的学问，万不能不兴“革命的教育”。既要兴革命的教育，我们所住的学校，无论什么帝国大学、早稻田大学、明治大学、成城学校、振武学校，我都要把他［它］<们>当作“革命的学校”。我们所用的教科书，就是革命的教科书。时时刻刻莫忘记了我们是个亡国时代的人才好。（大拍掌）如今有一派人，他也说革命的事是应该的，满表同情。然而一转，你若叫他负着一点义务去做，那是不能够的。窥他的意思，同情是表的，干是不干的，命如果革成了，幸福我也是要享的。以兄弟的意见，这实在是不可的。（拍掌）何以见得咧？从他徒表同情一点看来，他就是自居于非中国的人。大约表同情的话，对于他人的事说的，或对于他国的事说的，至于我们自己的事，我们自己就要去做，岂是徒表同情可以算得的吗？况且你就只表表同情，于我们的亡国前途，有济无济咧？如果说是无济，虽说徒表同情的人，非亡国的人，那国必终至于亡。说这个国是从他亡的也可，说他就是亡国的罪人也可。（拍掌）从他的不去干事又想享福的一点看来，就是恶德。如今国亡了，你也是晓得的。但是我名下一分的国已经亡了，你名下一分的国未曾亡了，不成吗？我名下一分的国亡了，我应该去做革命的事业，你名下一分的国亡了，你就不应该去做革命的事业，不成了吗？囫囵不晓得的人是不要紧的，晓得的人还有这一片心肠，真是不仁之至，死有余辜。兄弟不愿我同胞中有这种人，就是有这种人，你也要当清夜平旦的时候，扪心想一想。（拍掌）又有一派人，说命也是要革的，满也是要排的，但是我中国人的程度，如今低了，非过五十年后，不能行的。兄弟大不以为然，程度不怕低，只是怕无，由无尚且可以变有，岂有由低不可以高的道理么？试问我们在坐同胞，五年以前，有几个不是同兄弟一样，糊涂一块板的吗？你既说是五十年后，必不是你本身的事，是必要委托于你的子孙。我看革命事业，万不可迟延，迟延一天，就是“元气剥削一天”，就算五十年后，必能成功，岂不是俟河之清，人寿几何吗？（拍掌）况且你可以委托于子孙，你的子孙难道又不可以委托于子孙之子孙么？如子孙又委托之于子孙，这便是我汉族永为亡国之民。抚心自问，安乎不安咧？此话就算不提。试问，你如此五十年中，你不要生活不成了吗？倘若是要生活，又一点事不干过，这个肮脏的日子，任鞑子打，听鞑子骂，岂不是偷生苟活么？偷生苟活，还算得一个人么？（拍掌）又有一派人说，我也是革命的，但是我还［这］个革命不同，我如今要十分秘密，口里不讲，暂且用一点功，过了几年，卒了业后，回去做满鞑子的官，把大权弄到了手，然后实行革命。兄弟又大不以为然，以何见得咧？凡事必有主体，然后客体有所用。我们此刻国也没有了，主体又在何处咧？既无主体，我虽有万分的能干，绝大的本事，欲求用世，岂不是皮之不存，毛将焉附咧？就算此话不提，你想见用的主意不错。试问，是你自己用自己，还是要鞑子用你自己咧？若定要鞑子用你，权在他人，用与不用，还靠不住的。就作算［算作］靠住了，赵孟之所贵，赵孟独不能贱之吗？（拍掌）兄弟又想，人人说要革命，但是这革命的一片心肠，是从何处发生出来的？我看是从两条心发生出来的。

第一就是“良心”。上是对于我先人的一片良心。想自我始祖黄帝费尽血汗，开疆扩士［土］，将异族驱除，留这片土地给我们，系我们不但不能把这个当家［家当］再行扩充，并且将故有的家当，恭恭敬敬的送是那个野蛮鞑子。送却送了，也不要紧，我只见我祖宗于九泉下的时候，两块脸皮，无处可搁。我想到这来，我的良心不死，所以不能不革命。下是对于子孙的一片良心。自从鞑子入关以来，穿我汉人的衣，吃我汉人的饭，挖我汉人的脑腿，喝我汉人的精血，到了如今，就算是金山银山，也要搬完了，也要化［花］尽了。我看我们的子孙，一定要冻死饿死，纵要出去讨饭，国不是我的，谁个把饭你吃咧？看到儿啼子哭，性命难活，还不去救他，世上有这样狠心的人吗？我想到这来，我的良心又不能死，所以不能不革命。（拍掌）

第二就是“耻心”。人无廉耻，百事可为。我们是神灵的裔胄，应该要廉耻不要的咧！受人的支配，是有廉耻的人吗？听人束缚，是有廉耻的人吗？做异族政府的役，供［像］犬羊贱种的奔走，是有廉耻的人吗？以兄弟看来，这种人是个纯粹的奴隶。法律之上，不认承奴隶为有人格的人，既无人格，还算得人类不成了吗？既非人类，还不是禽兽不成了吗？

同胞！同胞！由这看来，世界上的人，叫我们做强强（读上声）婆子、拖尾巴奴才、豚尾奴这些奇各［名］字，是应该不应该的咧！丑绝顶了没有咧！我们诚想一想，若想洗净这个大耻大辱，除了革命还有上好的方法吗！（拍掌）

同胞！同胞！亡国之惨，惨到了极处。我们至今撑眼一看，也是惨状，侧耳一听，也是惨声。我们所结的头发，还是未亡国以前的头发吗？我们所带［戴］的帽子，还是未亡国以前的帽子吗？我们所穿的衣服，还是未亡国以前的衣服吗？生在这个亡国时代，把良心不死，廉耻不丧，到底是做何事业的咧！兄弟有两句话讲得："男儿气节刚于剑，不灭清胡死不休。"愿我同胞兄弟，牢牢谨记！（拍掌，大喝彩）

乔君①继起演说，其词如左。

诸君。今天到这会的，都说是贺《民报》的纪元节。但是，兄弟心里却有无穷的悲感。诸君请想，我们是中国人，这里是日本地方，为什么我们这会不敢开在中国，却要跑来这个地方，才敢开会？想起来，实在心痛。（众大叫）诸君！难道内地就没有同我们一样心肠的人？只怕天天想革命的人，要比东京还多几百万倍！（大拍掌）只是一开起这样的会来，就走进狼虎似的巡捕，拿了几十人，砍了几十人，赶散了几百人几千人，事也完了，会也散了。（众大叫）诸君！我们今天畅畅快快的尽说，想起内地的人吞声忍气的情景来，难道心里不动么？（众大叫）诸君！这里的地方，不是我们长久站稳的，在这里不过是一时之兴，还要念着内地，想一个长久之策。（大拍掌）诸君！要晓得一个人在国家之内，本来有完全的自由，惟有遇着野蛮异族政府，才逼到做奴隶，当不得做奴隶，才跑到外国。（众大叫）诸君！我们跑到外国，一来为预备学问，为将来建设新政府的用，二来为趁此自由，预备破坏的事业，好去推倒这政府。（大拍掌）不是为跑到外国，就跳出奴隶圈的，并且选许多同胞，困在奴隶圈内，就如我们现在在这里自由演说，心里就不期然而然，会想到内地同胞困苦，伤感起来。可见，见得国民休戚，是息息相通的。（大拍掌）况且

① 乔君，即乔煦（1882~1912），字子和，回族，山西阳曲人。参见景梅九著、李成立注《景梅九自传二种》，三晋出版社，2017，第 70 页。

我们在这里，未见得便是自由。那满洲政府，恶狠狠的看着革命党，无论你跑在［到］那里，都派着人鬼也似的跟着。就如今天这会，满人也有，汉奸也有。（大拍掌）满人啊！你自己想想，果对得住汉人么？汉人难道不应该革命么？你宗杀进来，把我们中国，做你的殖民地，下毒手制我们汉人的生命，已经二百六十多年，到如今还不放手吗？你也要知机了。赶快回去，我们断不寻你。你如果还要同我们为难，我们汉人四万万人，拿十个人并你一个人，也灭你的种。（大拍掌）你们天天讲立宪，讲中央集权，你的手段真是高的。须知我汉人的手段更高，这不怕你知道。（大拍掌）汉奸啊！你这种人，真是天生来亡国灭种的。凡是亡人国灭人种的人，人人都恨。惟有你这亡自己的国、灭自己的种的东西，真是叫人无从发恨，只得当你做世界古今第一等的怪物，由你去吧。洪承畴、曾国藩啊！你苦苦的定要亡自己的国，灭自己的种，所为何来？无非为着富贵功名罢了。但是你的功名富贵，到如今那里去了？你的子孙，听着人家骂他的祖宗，个个低头下泪，怨恨投生错了，累得姓名不香。你们这种人，真是死无面目见祖宗，还要留些话柄等后人说与你子孙听听。你们这班怪物，不早些绝种，我汉族不得干净。（大拍掌）今天我们兄弟开这大会，是明明给你们满人、汉奸看，要你们晓得，我们都是不怕死的。今天嚷着，明天实行，不是会说不会做的。诸君！快些实行啊！满人、汉奸都来看，我们实行啊！诸君！兄弟是这样粗鲁性子。刚才各位先生所说，都是珍羞［馐］百味。兄弟这话，留着当咸菜下饭罢。（拍掌，大喝彩）

罗君继起，谓：《民报》为吾人所最可爱者，且最可信者，诚如周君所言，宜取积极主义，视《民报》之文字与经费，皆如己事，今捐十元，以为一助。时已及二时，主席黄君起，立述散会，词有少留。出资相助者，数凡七百余元，详别表。散会时，人馈“天讨”券一枚，以为纪念。是日自八时至二时，会场中人人感慨淋漓，无倦意，其精神洵非寻常集会所有，至足念也。

民意做记事成，投笔而欢曰：呜呼！义理之感人，固若是耶！是日之会，吾执笔为右史。凡诸君子之言论，悉笔之册，而载绪脑，义理感情，积叠磅礴，脑不能载，微观会众为状亦与吾同也。闻孙先生、章先生之言论者，人人咸肃穆而端静；闻主席黄君暨诸嘉宾之言论者，人人咸激昂而飞越。盖方其辩理则静，及动于情则激越，而不可制。譬之义理如舟，感情如水，舟所以达彼岸，而波涛激冲，则所以使之不泊者、纯尚哲理者，无所动，徒任感情者，无所恃。惟兼二者，乃足生沉毅用［勇］壮百折不挠之精神。是日之会，所以能人人兴起者，非以是欤！抑夫革命之事，恒与杀人流血相缘，而志于革命者，辄不爱其死，且不惜与所爱之人相将俱死者，以其中正有不忍偷生之故在也。诚念及于不忍偷生之故，则知革命之事，纯出于悲悯，而非以为乐而后致死之念之益坚。天下之人，有以死为乐者，或由殉名，或由殉财，至卑劣不足数。若夫殉国之士，则未尝以死为乐。若文文山、谢叠山之死，死犹有余痛者，以国已亡，死以报国，非以活国故也。居今日而言殉国，其事与二先生稍异，二先生恢复之望既绝，然后就死，今日则以一死谋恢复者，然死之不足乐，则与二先生同以一死之后，事尚未了故也。吾之所以为斯言者，以明革命之事，非以一激而壮往。今夫行军之际，悬上赏往往得敢死士。彼敢死士，直一冒利之夫耳！稍却顾踌躇，废然返矣！使革命家而充斯志也，其患岂可胜言否？亦一殉名之烈士而已，未足以语从容就义也。夫湛于义理浚其感而率之以悲悯之怀，则革命之事，应有豸乎？于是乎书以告与会诸君，其诸<君>与吾有同情乎？

篇中演说之词，除章太炎先生暨田君桐，自撰演说稿外，皆依笔记编次，或节录大要，脱［若］有误会，笔记者任其责。附识。

（录自《民报》第10号，1906年12月20日）

告非难民生主义者

——驳《新民丛报》第十四号社会主义论

民　意*

去新历十二月二日为本报纪元节庆祝大会，而记者适任笔记之责，既终会，以其词登诸前第十号，其间所记演说各稿，于孙先生之言民生主义，尤兢兢焉。良以此问题隐患在将来，而此学于吾国亦鲜以能研究者称也。记者从先生游，屡问其所称道之理论及其方案条理，多不胜述，顾缘扰于他事，不克编集为文，以实本报，良自引憾。近顷见《新民丛报》第十四号，有梁氏《杂答某报》文“社会革命果为中国今日所必要乎”①一节，力反对吾人所持之政策，虽未尝不恶其恣睢悖谬，然自喜遇此而得贡言于我国民之机会，盖乐以加我之诋諆，为我研究之问题，以期第三者之易于了解，此记者夙所认也。爰为文辩之，以告梁氏，并告一二惑于梁氏而非难民生主义者。

凡为驳论，贵先有自我之主见，继审观他人之言论，觉其所持，为与我见为不合，不反复而得发见其缺点焉，然后辩之。故其所驳者，即不必尽当，然持之有故，言之成理，两端相折，而此问题之真相，倍易于发露。梁氏不然。其初固非有自我之主见，继亦未尝审观他人之文，而但以问诸革命党之故，则遂贸贸然执笔相攻，条理不一贯，更杂以同时自相挑战之活剧。故所病于梁氏者，非好为驳论也，痛其不能为驳论，而颠倒矛盾，自扰扰人，使阅者亦为之瞀乱迷惑，而脑筋不宁者终日。从其后而规

---

* 民意，即胡汉民。

① 《杂答某报》第五部分应为“社会革命果为今日中国所必要乎”。胡氏在摘抄梁启超的文字时，或有所漏字、换字，或有所颠倒，或有所概括。以下不一一列举。

正之者，则又必不免于词费也。即如梁氏此十四号之文，谓绝对赞成社会改良主义，而反对社会革命主义。于社会主义学说中，硬分其若者为属于改良，若者为属于革命，且企以此而斡旋其前后议论之矛盾，而不知其终不可掩。何者？梁氏于彼报去年第三号以前，既极力认绍介社会主义之学说于中国，而其第三号以《民报》言社会主义也，则曰："此主义在欧洲社会常足以煽下流。"此一度挑战也。及第四号则曰："如某氏持土地国有主义，在鄙人固承认此主义为将来世界最高尚美妙之主义。"其所承认者，即第三号所斥为煽动下流，各国煽动家利用之而有效者也，此二度挑战也。既曰承认土地国有主义，为最高尚美妙之主义矣，而今十四号文中又谓吾人言土地国有为"卤莽灭裂盗取社会主义之一节，冀以欺天下之无识"，又谓以"简单之土地国有论，而谓可以矫正现在之社会组织，免富者愈富贫者愈贫之恶果，是则不成问题"。夫彼第四号固已赞美土地国有为最高尚美妙之主义，而特嫌其未能实现于目前耳，而今则并斥之以为体段不圆满不成问题，此三度挑战也。然尤有奇者，则此十四号文四十八页云："社会主义学说，其属于改良主义者，吾固绝对表同情，其关于革命主义者，则吾未始不赞美之，而谓其必不可行，即行亦在千数百年之后。"其第四十九页亦云："中国今日若从事于立法事业，其应参用今世学者所倡社会主义之精神与否，此问题则吾所绝对赞成者也。"至其篇中结论则曰："故吾以为种族革命不必要也，社会革命尤不必要也。"更易其词曰："今日欲救中国惟有昌国家主义，其他民族主义、社会主义，当出诎于国家主义之下。"依梁氏所区分者，则社会改良主义，自属社会主义之一分类，而今日当诎于国家主义之下，则并其所自称绝对赞成、绝对表同情者，亦皆当诎也。相距数页之间，而其文之不自掩也如是，岂梁氏所谓绝对赞成采用者，固止为一种口头禅耶？抑梁氏至于终局，又但以社会革命主义为社会主义，而社会改良主义非社会主义耶？此四度挑战也。凡是皆梁氏所持与吾人辩争之主题，即彼军成立之徽帜也。（阅者审之，作者亦自审之，此宁非荦荦大端耶？）而犹反复颠倒，莫名其是，其他抑又可知。（本论篇末，特摘取梁氏此次文中自相挑战之大点[①]，列为清细矛盾表，以促作者之反省。）梁氏于他人文，为己所不能辩攻者，则辄抹以无辩驳之价值。若此类者，乃真无辩驳之价值也。

梁氏于其本论之前，谓不可不先示革命之概念，而其概念曰："凡事物之变迁有二种，一缓一急，其变化之程度缓慢，缘周遭之情状，而生活方向，渐趋于新生面，其变迁时代，无太甚之损害及苦痛，如植物然，观乎其外，始终若一，而内部实时时变化，若此者谓之发达，亦谓之进化；反之其变化性极急剧，不与周遭之情状相应，旧制度秩序忽被破坏，社会之混乱苦痛缘之，若此者，谓之革命。"（按：此数行为美国学者伊里氏[②]《经济概论》[③]上卷第五章英国工业革命第一之前数行语，梁氏从日本山内正了译本译抄，几无一字改易，自谓是所下革命概念云云，殊不可解。或谓梁于彼报体例，其著作征引，恒不言所出，自《民报》第一号发行，梁氏乃变其例，既复屡为《民报》纠其译文之误，无以自解，故兹复用前例。理或然欤？）按伊里氏之言，只以解英国自营业、商业时代变迁于工业时<代>，所以号为革命之故，非谓一切之进化革命，皆严有此之区别，而不兼容也。故依于生物学者之言，则进化之事，其道至多，有必经革命而后进化者，而历史上所号为革命者，又不必皆生混乱痛苦于社会也。今即姑如伊里之言，譬之植物，其外观始终若一，而内部时时变化者曰进化。则譬有植物家于此，其种树也，断树及根，而更续以他本，使其发生，其外观始终不若一，其变化不隐涵于内部，是则伊里氏所以为革命非进化，而梁氏亦必以为革命而非进化也。则更证以实例，如我国内地广东等省，所用之肩舆，其始当如今山间僻县之制，殆至陋劣，其继进化，则制愈备饰愈美，肩者亦自二人而三人四人，进化至于八人而极其能事矣；顾近者粤汉铁道兴，将来吾粤之民，即舍肩舆而乘汽车，肩舆与汽车不同物，即断树而更续以他本之类也。梁氏于此，其得谓之非革命耶？得

---

① "本论篇末，特摘取梁氏此次文中自相挑战之大点"，原文为"本论篇摘末特梁氏此取次文中自相挑战之大点"。

② 伊里氏，即理查德·伊利（Richard Theodore Ely，1854-1943），美国经济学家、作家和进步主义运动领导人。

③ 《经济概论》，即《经济学概论》（*Outline of Economics*）。

无谓此自舆而汽车者亦当循轨道以发达进化，不如用北省之驼轿以代肩舆，（驼轿不以人肩负，可谓之进化。）浸假浸变，而后合于缓慢之程度耶？而梁氏亦自知其不然，而曰："我国今后不能不采用机器，以从事生产，势使然也。既采用机器以从事生产，则必结合大资本，而小资本必被侵蚀，经济社会组织不得不缘此一变，又势使然也。"是工业之革命，梁氏亦认为不可避者，且并认现在经济社会组织不得不缘之一变矣。然恐以承认工业革命之故，将并不能反对社会革命之说，乃急变其词曰："欧人工业革命所生之恶果，我虽不能尽免，而决不至如彼之甚，今后生产问题，虽有进化，而分配问题，仍可循此进化之轨而行，两度之革命，殆皆可以不起。"又曰："欧人前此之工业革命，可谓之生产的革命，今后之社会革命，可谓之分配的革命。"意谓欧人惟以生产的革命，故生分配的革命，而我以生产的进化，而无须为分配的革命也。（梁氏论新国分配之谬，下方驳之。）梁氏既先置分配而言生产，则吾亦姑先与之言生产。夫梁氏所谓欧洲生产革命，其最大者，即前此人类从筋力全部以从事制作，利用自然力之器械绝无，及机器发明，普通视人力加十二倍，或加数百倍至千倍，生产之方法，划然为一新纪元也。而此之景象，则我国今后所必同然。以我数千年文明之旧国，一旦举其生产方法改革纪元，旧制度随之破坏，而曰与社会周遭之情状能相应，不至生其混乱苦痛，其谁信之？故以中国今后之经济社会言，梁氏即欲不承认有生产的革命而不得不然，则必自背其开宗明义所自下之概念，而后可也。

今于驳正梁氏本论之前，特先举梁氏致误之根本，而后详论之。梁氏致误之总根本，在不识经济学与社会主义之为何，而其经济观念之谬误则其大者有八，列示于下，供阅者之研究评判。

其一，梁氏以土地为末，以资本为本。

其二，梁氏以生产为难，以分配为易。

其三，梁氏以牺牲他部人而奖励资本家为政策。

其四，梁氏以排斥外资为政策。

其五，梁氏不知物价之由来。

其六，梁氏不知物价贵贱之真相。

其七，梁氏不知地租与地税之分别。（日本指吾国习惯所称之地租为地代，而指吾国所称之地税为地租。详见下方。）

其八，梁氏不知个人的经济与社会的经济之分别。

总此八误。而梁氏全文，乃几无一语之不误。同时自相挑战，亦缘之而起，梁氏谓予不信，则请观就其原文次第评论之各节。

第一节 驳所谓中国不必行社会革命之说

梁氏以欧洲经济社会史为惟一之论据　梁氏不敢道美国经济社会史只字　引伊里述美国经济社会史以补梁氏之缺　就美国经济社会史正梁氏三谬　梁氏之论据不攻自破　美之经济组织更良于我　梁氏土地资本论之不中肯　梁氏土地资本论之矛盾　论粤汉铁道集股事　我国经济社会之现象不足恃　梁氏亦赞成社会主义　梁氏不知病源治法　病源治法不外土地国有

［原文］吾以为欧美今日之经济社会，殆陷于不能不革命之穷境；而中国经济社会，则惟当稍加补苴之力，使循轨道以进化，而危险之革命手段非所适用。……彼欧人之经济社会所以积成今日状态者，全由革命来也。而今之社会革命论，则前度革命之反动也。中国可以避前度之革命，是故不必为再度之革命。夫谓欧人今日经济社会状态全由革命者，何也？……盖欧人今日社会革命论经由现今经济社会组织不完善而来，而欧人现今经济社会组织之不完善，又由工业革命前之经济社会组织不完善而来。我国现今经济社会之组织虽未可云完善，然以比诸工业革命之欧洲，则固优于彼。故今后虽有生产问题，虽有进化，而分配问题仍可循此进化之轨而行，而两度之革命殆皆可以不起。……此在欧美诚医群之圣药，而施诸今日，恐利不足以偿病也。

驳之曰：此梁氏以欧洲之经济社会历史，证言我国不同，则其谓中国不必行社会革命之惟一论据也。其本于伊里氏，谓欧洲工业组织之变迁，不以进化的，而以革命的。及其所述欧洲历史之概略，亦可谓为无大误者。然其于欧洲之经济社会历史称述若是其详，而于美洲则无一字道及，此则吾人所不能解也。夫既以欧美并称，而与我国比较其得失优劣矣，则欧与美国为梁氏所宜知，而胡独见遗其一？且审梁氏之文，于称欧洲历史以前，则曰：“吾以为欧美今日经济社会①，陷于不能不革命之穷境；而中国不然。”其既称述欧洲历史之后，则又曰：“社会革命，在欧美诚医群之圣药；而中国不然。”是梁氏初非忘情于美也。梁氏得无谓欧洲经济社会之历史，即可以括美洲经济社会之历史，举其一而可令阅者囫囵读过，遂信欧美当日之历史，为无以异耶？抑梁氏亦自知夫美之经济社会历史，不同于欧，言之而惧自破其说耶？他书或为梁氏所不乐道，伊里之书，则梁氏既明述且暗袭之矣。吾请以伊里之书，补梁氏之缺可乎？按伊里述英国工业革命之下，其第八章即为“关于美国经济之注意”。其大略谓：随于英国工业革命而生之苦痛有二，而美国皆得免之。其在过后之困难，则汽机发明之日，适为美国独立之时，本无足称之工业，与所谓当改革之旧制，故新工场制度，直采用为美国本来之制。故英国为革命之性质，有浴血淋漓之现象，而美则为履道坦坦之一进化而已。（伊里分别革命与进化之历史如是。）其在实施上之困难，则美既以工业狭隘，免过渡之轧轹，而其境域，复龙大以调和自由主义之实施，人民亦乐逐利迁移，不感竞争之压力。此伊里氏述美国采用汽机制造时之社会状态，盖与欧洲为大相悬绝也。而继言竞争之结果，则曰：“试观东部诸州，人口繁密，自由地渐稀，获得之道因之而烦，劳动者渐感生活上之困，纵令庸银不落，而生计已不如前，富者增加，贫者亦众，以其阶级悬隔之不平至于暴动，劳军队之镇抚。”其次则述佣主间之争竞，及事业之集中，劳动者之困苦，一国之事业落于少数人之手，以为较他国为尤甚。而其理由，则以为一因无制限其趋势之法律，上复媚于铁道大资本家而助其进步。此伊里言美国社会进步之后，其分配之不均尤甚剧也。故就伊氏之言论之，则有足以正梁氏之谬失，而畅吾人前说者三焉。美国惟以新立之国，无可称之工业，无可言之旧制，故于过渡不感其困难。若我国有数千年之文明习

① 对照胡氏自抄之梁氏文（见上引）以及梁氏原文可知，此句应为“吾以为欧美今日之经济社会”，漏一“之”字。胡氏自抄之上下文，或有所不同。以下不再一一列举。

惯，而旧业之倚手工为活者，亦非美国当年之极狭隘无称可比。然则美以新立之国，故免过渡之困难，以其免过渡之困难，故伊里氏以为进化，而非革命。我国情态既与美异，梁氏何据而谓为今后生产问题，但有进化的耶？此足正梁氏之谬失者一。美之得为坦夷进化也，如伊里之言，则不仅恃旧业旧制之无称，而更赖邦土广阔有自由之土地（自由土地谓自由占有者），以使劳动者迁徙自如，善自为计，故能不受事业竞争之苦。我国虽地大物博，而以四千年之旧国，宁复有此以为调和耶？（故吾人注意于整理土地之法，其说详下方。）此足正梁氏之谬失者二。夫以上二者较，则我国经济社会之现象，其断不如美之当日，已不烦言而解矣。而美之以其真进化的非革命者，犹浸假而有今日之社会，不免与欧洲同陷于不能不革命之穷境，且自伊里氏言之，则宁视欧洲为倍僭，即今世言社会主义者，亦群认美为急于欧也。而梁氏乃谓欧洲今日之社会革命论，全由前度而来，中国可以避前度之革命，故不必为再度之“革命”。夫美则固已为能避前度之革命者，而胡以生社会革命于今日耶？此足正梁氏之谬失者三。故梁氏所以谓中国为不必行社会革命者，其前后若以与欧美历史不同为论据，而及其述彼方经济社会历史以为证，则但及欧而遗美，是独以欧洲之历史为主据也。若更以吾人所举述美国经济社会历史证之，则并其所主张欧洲历史之论据，亦不存。何者？以所谓我国经济社会组织，及经济社会现象，优于工业革命前之欧洲云者，证以美国而皆词穷也。虽然，吾谓梁氏非必不知美国经济社会历史者，而伊里氏之书，其言英美比较之异同，尤不应未睹。但以言及美国之历史，则其所以为证者，不攻而自破，故无［毋］宁缺之，此梁氏之苦心也。贼有盗铃者，自掩其耳，以防人觉。而不虞闻声而来捕者之使无所逃避也。

［原文］彼贫富悬隔之现象，自工业革命前而既植其基，及工业革命以后，则其基益固，其程度益显著云耳。盖当瓦特与斯密之未出世，而全欧之土地本已在少数人之手，全欧资本自然亦在少数人之手。……故工业革命之结果，非自革命后而富者始富，贫者始贫，实则革命前之富者愈以富，革命前之贫者终以贫也。我国现时之经济社会组织，与欧洲工业革命前之组织，则既有异，中产之家多，而特别

> 豪富之家少，其所以能致此良现象者，原因盖有数端，一曰无贵族制度，……二曰行平均相续法，……三曰赋税极轻。

驳之曰：此梁氏以吾国经济社会组织，为视欧洲工业革命前之经济社会为优焉，则谓彼今日社会问题，为我将来无有之问题也。然一证以美国，则其说无复立足之地。盖美之初，亦无贵族制度也，亦无长子相续不平均之制也，亦无贵族教会重重压制，供亿烦苛，朘削无艺，侯伯僧侣不负纳税义务，而一切负担全委齐氓之弊也。故我国所视为良因，以造良果，而傲视欧洲者，美皆不我让。至其以新国之美质，自由土地之多，既不感过渡之困难，复能调剂竞争之压迫，则非我国现时所敢望。梁氏但侈言我经济社会组织为善于欧洲当日，遂谓可免将来革命之患，然则美之经济社会组织，更良于我者，今果何如？我胡弗视此较良于我者为不足恃，而自警惕也。且梁氏以我国中产家多而特别富豪之家少，引为幸事，此亦惟足以傲彼欧洲之封建贵族制度耳。若美则其始纯为经济界之干净土，其今日之以巨富称者，皆以徒手而创业，不因英伦资本之挹注也。然而托拉斯之骄横、全国事业之兼并、租贵佣病之困苦，其社会革命问题，乃视欧洲为后来居上。梁氏亦尝于贵族封建之外，而一审察欧美社会之问题否耶？然谓梁氏全不知欧美社会问题之由来，则梁氏亦当不受，以梁氏固能言“全欧土地在少数人之手，全欧资本亦自然在少数人之手也。”而且继之曰：“少数之贵族，即地主也，而多数齐氓无立锥焉。生产之三要素，其一已归诸少数人之独占矣。故贵族即兼为富族。”是则梁氏于研究欧洲昔日经济社会问题，固未尝无一隙之明，而观察点亦有所中也。且梁氏非惟可与言欧洲之经济社会历史也，即美之经济社会历史，为梁氏所不乐称述者，亦未尝不可不以梁氏此数言通之。盖以言乎欧，则曰全欧土地在少数人之手，故全欧资本亦在少数人之手；而以言乎美，则亦可曰全美土地在少数人之手，故全美资本亦在少数人之手也。美之先固无封建贵族制度矣，而以有天然独占性之土地，放任于私有，且以国家奖励资本家之故，而复多所滥与，如南北太平洋铁道，其敷设时，持由国家奖励而与之以轨道两旁各六十英里至于百余英里之地，如是之类，故美之土地，亦入于少数人之手，而资本亦附属焉。所异者，则欧洲之得为大地主者，以贵族之资格，而美之得为大地主者，不以贵族资格，而以平民资格而已。其以土地入少数人手，酿为贫富悬隔，陷社会于不能不革命之穷境，则一也。故吾人以为欲解决社会问题，必先解决土地问题，解决土地问题，则不外土地国有，使其不得入于少数人之手也。夫然后不至陷于欧美今日之穷境，此所谓先患而预防也。梁氏虽欲隐没美之经济社会历史而不言，而于欧人以土地问题生社会问题者，则言之若是其切，而下文则又忽自反之，而与人争土地资本之孰重，谓资本能支配土地，土地不过为资本附属物，以与其前说大相挑战焉。梁氏岂以为如是而后可以乱敌人之耳目耶？嘻！亦异矣。

［原文］粤汉铁路招股二千万，今已满额，而其最大股东，不过占二十五万及至三十万耳，其数又不过一二人，其占十股以下者，乃最大多数。盖公司全股四百万份，而其为股东者百万余人。此我国前此经济社会分配均善之表征，亦即我国将来经济社会分配均善之朕兆也。……公司愈发达，获利愈丰，而股东所受者亦愈多，股东之人数既繁，大股少，小股多，则分配不期均而自均。将来风气大开，人人非知资本结合不足以获利，举国中产以下之家，悉举其所贮蓄以投于公司，出产方法大变，而进于前，分配方法仍可以率循，而无大轶于旧。

驳之曰：此梁氏以粤汉铁路集股之事，证我国经济现象为良于欧洲昔日也。就粤汉铁路言，则不可不知此事有附加的原因，即全省士民一时激于义愤，而非尽中产之家举贮蓄所余牟利而来也。故香山唐绍仪知忧之，忧其大股之不能交，而亟筹保护之善法，（见唐与粤绅商书，粤中各报皆载之。）而梁氏乃以为股东者百余万人为幸，亦忘其附加之原因耳。且就令以此附加之原因为不足论，而谓此占十股以下之最大多数股东，能永保其股份，以形成梁氏所期分配平均之现象乎？吾见铁路之才着手于工事，而股分之转易于他手者，已不知凡几矣。而此之从他手买得者，其大半必非中产以下之家，及其买收之不止十股以下，又可决也。而铁路之利，非逾五年不见，此五年间，凡百余万之中产以下之家，其能久待者几何乎？

即幸而待至获利之日，则预计为所获颇丰者，若岁得什一之利，则占十股者其岁收利当为五元或三四元不等，此五元或三四元之利，以之加入一人一岁生活最少费中，（谓一人一岁所必需为生活之费也。）实不过可有可无之数。斯时或有以倍其原来之股金或百元或八九十元求购之者，则鲜不售也。于时其有三十万股之大股东，则每年以十一之利与之，则其人［入］岁可得十五万元，除其生活之费，优计之，亦当余十余万元。仅举十余万元之所得，用以买收他股，倍其原价不惜，亦岁可多得万余股。而此股东之能应募至三十万者，必非倾产为之，苟见铁道公司之获利，而肯营殖焉，则其所能买收之股更不可算。而其次第先被买收者，又必其为占十股以下之大多数股东可知也。如是者年复一年，铁路之获利愈丰，则此大股东之购求愈急，四百万份之股终必落于少数人之手，而今不遽见者，特尚需时日耳。一二股东，既垄断一公司之股，转而更谋他路之公司，其兼并之法如前而益较为易。而铁道为自然独占之事业，不数十年，将见广东全省或东南数省之铁道，悉落于少数人之手，而形成今日美国铁道之现象。盖至是而所谓股东之人数繁、大股少而小股多者，渺不可见矣。故目前经济之现象，为决不足恃。而分配之问题不注意，则社会将来必感竞争压迫之祸。且夫生产方法之未改，自由竞争之未烈，则其国经济社会，每可以苟安而无事，非惟美洲，非惟我国，即欧洲工业革命前之经济社会，其现象亦非甚恶也。梁氏不观之伊里氏称述英国手工制造时代之美点乎？（伊里氏之书，为梁氏所知，故篇中多引述之。）曰："其时手工制造家，各自有其居宅牛马，其业成于家，而鬻于市，利固不大，其人亦未尝贪大利也。论此时代之制度，于进步发达，缺点固多，而维持一般之独立安宁，所谓乞丐流氓之绝无者，不可谓非大美点也。"然则使梁氏生于当日，亦将以经济社会现象之良而自安耶？又况如梁氏曩者诋毁吾人之持民生主义者，谓利用此以博一般下等社会同情，冀赌徒光棍大盗小偷乞丐流氓狱囚之悉为我用。（此证之悖谬，本报前号已痛斥之。）所谓赌徒光棍大盗小偷乞丐流氓狱囚之属，岂尚为社会之良现象耶？夫即谓我国经济社会现象为良，而睹于美之以一片干净土为发脚点者，犹有近今社会之穷境，则先事预防之策，其必不可缓矣。况我国经济现象，如上所称，不足谓善，以与人较量短长，则纵优于欧，而必不如美。而梁氏乃一再称幸之不已，殆必得风雨漂［飘］摇之日，而后许为绸缪之计也？吾哀其无及也！

［原文］然又非徒恃现在经济社会组织之差完善而遂以自安也。彼欧人所以致今日之恶现象者，其一固由彼旧社会所孕育，其二亦由彼政府误用学理放任而助长之。今我既具此天然之美质，复鉴彼百余年来之流弊，熟察其受病之源，特征其救治之法，其可用者，先事而施焉。（其条理详下方。）则亦可以消患于未然，而覆辙之轨吾知免矣。所谓不必行社会革命者，此也。

驳之曰：梁氏亦知现在经济社会组织之差完善，而不足自安耶？是亦梁氏一隙之明也。而梁氏所指欧洲恶现象之原因，抑亦不谬，惟以美言之，则微异。盖欧有其三，美有其一。一切旧社会之孕育，例如封建贵族制度，为美所无，而政府误用学理，放任助长，则美亦同病。此当注意者也。至梁氏所谓熟察病源、博征治法、先事而施、消患未然者，则孙先生前日之演说，已详哉言之。曰："社会问题，隐患在将来，不像民族民权两问题，是燃眉之急，所以少人去理会他。虽然如此，人的眼光，要看得远。凡是大灾大祸没生的时候，要防止他是容易的，到了发生之后，要扑灭他，却是极难。社会问题，在欧美是积重难返，在中国却还在幼稚时代，但是将来总会发生，到那时候，收拾不来，又要弄成大革命。革命的事情，是万不得已才用，不可频频伤国民的元气，我们实行民族革命、政治革命的时候，须同时想法子改良社会经济组织，防止后来的社会革命。这真最大的责任。"（本报十号记演说词第七页。）故吾人闻梁氏此言，几忘其立于正反对者之地位也。梁氏岂不曰，吾之救治法，非革命党之救治法也，即吾下方所言，铁道等事业归诸国有，制定工场条例、产业组合法，以累进率行所得税、遗产税诸类之条理耶？姑勿论是种种之方案，皆逐末而无足以救患，而即以梁氏所自言，鉴欧美百余年来之流弊，熟察其受病之源者论之，而见其不相应。盖欧洲受病之源，在封建贵族之制度，即梁氏上所云自工业革命前而既植其基也，而其直接以成今日社会之恶果者，则由于土地在少数人之手，使资本亦自然归之，而齐民无立锥地，所谓旧社会之孕育为之也。故但溯因于土地，而已得欧洲受病之源，使欧洲当日，不以其土地归少数人之手，则贵族不为患也。又使欧洲以他之原因，而土地归少数人之手，即无贵族，犹为社会之患也。更以推诸美国，则初无贵族制度，而以认许土地私有制度及崇奖资本家，而土地亦在少数人之手，以渔猎社会之资本，一为今日之大患。故知土地问题，决为社会问题之源，而不能解决土地问题，即为不能知欧美社会受病之源也。梁氏对于欧洲既往之历史，既历言其土地垄断于私人之弊，以为造恶现象之原因，于此复曰当熟察欧人受病之源，博征救治之法，而于下方则极力反对吾人之言土地国有者，而但以其铁道国有、制定产业组合、工场条例、行累进税为已足，吾不知此数者于欧人受病之源，果何与耶？故使梁氏必反对土地国有而行其补苴漏罅之法也，则必取消此熟察病源博征治法之言而后可。使梁氏而必强认所举诸条理为即病源救治之法也，则必取消其论欧洲经济社会历史之言而后可。（即所谓全欧土地在少数人之手，全欧资本亦自然在少数人之手，及生产三要素，其一已归少数人之独占，故贵族即兼为富族，多数贫民皆无立锥等语。）然吾人窃以为此数语者，固梁氏一隙之明而不可没者，则何去何从，愿梁氏更就此而熟思之也。

第二节　驳所谓中国不可行社会革命之说

梁氏奖励资本家排斥外资之非　经济竞争与武力竞争不尽同　经济问题与政治问题有分别　保护贸易非梁氏所能借口 土地国有使国家为大资本家以经营独占之事业　对于外资：中国之现象与梁氏之政策之非、用土地国有主义则外资输入不致为损　梁氏以生产分配问题为必不可合之谬　中国经济界穷蹙之因　解决生产问题不必反对社会主义　梁氏乐蹈他人之覆辙。

［原文］社会革命论，以分配之趋均为期，质言之，则抑资本家之专横，谋劳动者之利益也。此在欧美，诚医群之圣药，而施诸今日之中国，恐利不足以偿其病也。吾以为策中国今日经济界之前途，当以奖励资本家为第一义，而以保护劳动者为第二义。……

欧人自工业革命以来，日以过富为患，母财进，而业场不增。其在欧土，土地之租与劳力之庸，皆日涨日甚，资本家不能不用之求赢，乃一转而趋于美、澳洲诸新地。此新地者，其土地率未经利用，租可以薄，而人口甚稀，庸不能轻，于是招募华工以充之，则租、庸两薄，而赢倍蓰。乃不数十年而美、澳诸地昔为旧陆尾闾者，今其自身且以资本过剩为患。一方面堵截旧陆之资本，使不得侵入新陆以求赢，而旧陆之资本病；一方面其自身过剩之资本不能求赢于本土，而新陆之资本家亦病。日本以后起锐进，十年之间，资本八九倍于前，国中租庸日涨月腾，而日本资本家亦病。于是相旁却顾，临睨全球，现今租、庸而薄之地，无如中国，故挟资本以求赢，其最良之市场亦莫如中国。世界各国咸以支那问题为唯一之大问题，皆此之由。（按：此段梁氏侈口作历史谈，殊觉词费，然以其足为自论自驳之材料，故具引之。）自今以往，我国若无大资本家出现，则将有他国之大资本家入而代之。而彼大资本家既占势力以后，则凡无资本或有资本而不大者，只能宛转瘦死于其脚下，而永无复苏生之一日。彼欧美今日之劳动者，其欲见天日，犹如此其艰也，但使他国资本势力充满于我国中之时，即我四万万同胞为马牛以终古之日。……我中国今日欲解决此至危险之问题，惟有奖励资本家，使举其所贮蓄者，结合焉，而采百余年来西人所发明之新生产方法，以从事于生产，国家则珍惜而保护之，使其事业可以发达，以与外抗，使他之资本家闻其风，羡其利，而相率以图结集，从各方以抵当外竞之潮流，庶或有济。虽作始数年间，稍牺牲他部分人之利益，然为国家计，所不辞也。……吾以为今后中国经济上之国际竞争，其浴血淋漓之象，必当若是矣。现在各国制造品之输入我国者，滔滔若注巨壑，徒以我地广人众，虽十倍其分量，犹能容受，而我国又未尝自制造以相抵制，故各国各占一方面以为尾闾，而未至短兵相搏之时。一旦我国睡狮忽起，改变生产方法以堵其进途，彼时各国资本家必有瞠目相视，攘袂竞起，挟其托拉斯巨灵之掌，以与我殊死战。我国如能闯过此难关，乃可以自立于世界。……吾之经济政策，以奖励保护资本家，并力外竞为主而其余为辅。……

驳之曰：此梁氏以奖励资本家排斥外资为政策，而谓社会革命为不可行也。（其实则主张奖励资本家，使与社会主义反对。盖以分配之趋均为期，抑资本家之专横，谋劳动者之利益，即梁氏所绝对赞成之社会改良主义学者，亦无不如是也。故梁氏此节文，实与前后文为最轰烈之挑战，使人惊诧。）其以外资为恐也，词繁不杀，而其情状，一若其颤声长号与共和哭别之日。吾人虽欲俟其怯病之稍苏，而后纠正之，不可得，则姑徐徐语之曰：梁氏其毋过戚也。梁氏昔日亦尝言外资输入问题矣，且以为用之于生产则善，而用之消费始害矣。（见彼第三年第五号报以下。）梁氏岂今独畏外国之资本家耶？则外国资本，其能输借于中国，类其大资本家之资本也。如曰我吸收为用，与其用资本而来经营者为不同耶？则后者之为企业，犹有盈亏，而前者乃使彼安坐而获也。梁氏所患，乃各国资本家之欲得业场而趋我耳。此奚足为患者？我宁欢迎之不暇。何则？如梁氏自言，不数十年，美、澳诸地，昔为旧陆尾闾者，今其自身，且以资本过剩为患。然则使各国资本家而群趋我，以注入其资本也，则我将为数十年前之美、澳，而后此数十年，我为今日之美、澳，亦且以自身资本过剩为虑，安有为马牛终古之理耶？言至是，则梁氏必破涕为笑，而其怯病可愈十之六七。则更进而语之曰：梁氏勿疑经济的国际竞争为一如武力的战争，必此仆而后彼兴，此菀而彼必枯也。不通工易事，则农有余粟，女有余布，交易而退，各得其所。此其为理，通中外古今，无以易也。故其能商于我国而获赢者，大抵其能有利于我，而非朘我以自肥也。使必为朘我以自肥，则通商者，真吾国之最大漏卮，而锁国者，诚经济家之大政策矣。我国近百年来，生齿日繁，而经济界生产分配之方法，不见其改良进步，故社会有穷蹙之象。然以归咎于外资之输入，则不通之论也。即梁氏亦自知其谬，而矫言："前兹未尝制造抵制，故各国各占一方面为尾闾，不至短兵相搏，使我国改变生产方法，则各国资本家，瞠目攘袂，而与我殊死战。"如其言，则我国殆不如因仍旧日之生产方法，永古不变，犹得以相安，无取冒险侥幸，与人并命也。而各国资本家必惊恶此改变生产方法，益益进步之国，又何理耶？吾见生产方法改变，则财富日增，而外国资本家乃益乐与我为市耳。观于文明富强之国，其出入口货物皆较野蛮贫困之国为多，可证也。且日本后起，其国小于我，而当其采用新机改变生产方法，以与欧美为国际竞争之日，胡不闻各国资本家之皆攘臂瞋目，灭此而后朝食也？梁氏则曰："昔日本越后有煤油矿，所出颇丰，美国斯坦达会社①者，欲夺其业，拼五百万美金之亏衄，贬价而与之竞，越后矿卒不支，降于斯坦达，受其支配，使越后矿之力，能拼着亏衄一千万美金以与之竞，又安见斯坦达之不反降于彼。"噫！梁氏亦痴矣。一千万之美金，曾不足以当煤油大王岁入四分之一，而遂望其能倾斯坦达会社而降之耶？而其不能，则梁氏引为大戚。不知此事于日本经济界，曾不感其苦痛，惟越后矿之公司，其利或稍贬损耳。夫一公司之成败，一私人之得失，不足为一国经济竞争胜负之左券，必考其全国财富之显象，比较其前后孰为优绌，而后得之。而日本则固自与外国通商及改变生产方法以来，其经济界之活气，逐岁增加，此夫人能知者，而今且提出六亿之预算案于国会矣，且借外债至八亿余矣，其又曷尝恃一二大资本家与人殊死战之力耶？且万一用梁氏之言，奖励中国之资本家，而求与外竞，则亦必无胜理。盖以欧美各国资本家，皆瞠目攘袂而前，而独以中国当之，此以一敌八之势，而况我现在资本之微微不振，星星不团，不能从事于大事业，固梁氏所知耶？而犹曰使举贮蓄者而结合之与抗，是又梁氏所谓犹以千百之僬侥国人，与一二之龙伯国人抗，蔑有济也。（彼报原文十四页语）言至是而梁氏亦当爽然自失，而怯病愈十之八九。则更正语之曰：梁氏勿以经济问题与政治问题混为一谈也。近时我国内地，主张收回利权者纷起，其所争者，皆铁道矿山之业，带有领土权之关系，而为政治上之问题，固非一切以排抵外资为务也。然而侯官严氏且忧之曰："方今吾国固以开通为先，而大害无逾于窒塞，自开自造，抵制利权之说，日牢不可破，如此，他日恶果必有所见。"又曰："已闻留学生有言，宁使中国之路不成，矿不开，不令外国输财于吾国而得利，此言与昔徐东海相国云，能攻夷狄，虽坐此亡国，亦为至荣，何以异？"夫严氏之言，未及政治问题之方面，此其缺也，而单以经济问题之一方面言，则无以易。今梁氏畏外资如虎，欲奖励本国资本家斗之，虽牺牲他部分人之利益而不惜，此真"能攻夷狄亡国犹荣"之心事也。梁氏其或以今世各国有行保护贸易之政策者，

① 斯坦达会社，即"标准石油公司"；斯坦达，为 standard 的音译。

援之为论据乎？则自由贸易与保护贸易，其学说之相攻难者，至今无定论。而即依于主张保护贸易者之言，亦谓自由贸易为原则，而保护贸易为其例外，故其行保护政策者，必有其特别之原因。例如甲国以或种之工业为其国特色，或所倚重，则设保护制度而助长之，使不为他国抑压也，否则不欲以一国生存之要需，悉仰于外国之供给，（如粮食之类，近时策英国者，谓当参用保护贸易，以保护农业，即此意。）宁奖励助长之，使其国人不止从事于其贸易上最适宜之生产也。故主自由贸易说者，谓依保护而成立之生产，非必适合于其国自然之状况，且使企业者有依赖心，怠于改良进步；而主保护贸易者，则以此为教育国民之手段，俾养成其业，以收利益于将来。夫然，故与梁氏奖励内国资本家，以抵制外国资本家之说，为大不侔也。盖保护贸易者，以一种之生产业为主体，而梁氏则以一切资本家为主体也。保护贸易者“以防护本国或种工业不为他国之业所抑压”为目的，而梁氏则“以大惧外国资本家之来而奖励资本家敌之”为目的也。故行保护政策者，同时采用社会主义，而梁氏则以中国方惧外资，而曰“以分配之趋均为期，抑资本家之专横，谋劳动者之利益者，施诸中国，利不足偿病也。”故梁氏抵排外资之政策，求之各国，无其类例。而梁氏下方（彼报五十页文。）所绝对赞成之社会改良主义，胪举其条理，则有所谓以累进率行所得税及遗产税者，非以期分配之趋均耶？制定工场条例、制定各种产业组合法者，非抑资本家之专横，谋劳动者之利益耶？奈何其自诟之也！言至是，则梁氏当塞口无言，而怯病可以尽愈。然后语以吾人所主张之社会主义，则对于中国今日，实有容缓者。夫以国家之资力，足以开放一国之重要利源，此必谈经济政策者所乐闻也。（严氏谓开通为善，闭塞为害，故与其闭塞，毋宁任外资之经营，此比较为愈之说也。然一国重要之利源，与夫国中自然独占之事业，能以国力举之，则更较任外人经营之为利。盖同为生产事业，有容许自由竞争者，有不容自由竞争者。此不独不宜任外人经营，即今日之铁道、矿山等事业，固宜悉归诸国有也。此与梁氏一意抵制外国资本家者，其事不可同日语。）既有开发一国重要利源及经营一般独占事业之能力，则国富必骤进，而生产事业日增，此又经济界必然之趋势也。然国家之资力，果何自而来乎？则惟用土地国有主义使全国土地归于国有，即全国大资本，亦归于国有。盖用吾人之政策，则不必奖励资本家，尤不必望国中绝大之资本家出现。惟以国家为大地主即以国家为大资本家，其足以造福种种于全体国民者不待言，而于国中有经营大事业之能力，亦其一也。此非虚言以相蒙也。夫今日之中国，所谋于民之地税，为其租之二十分之一而已。其取诸民而达诸中央政府，不知经几度之吞蚀偷减，而中央政府每岁收入，犹有四千万之总额。英人赫德有言，中国倘能经理有方，则不必加额为赋，而岁可得四万万。然则中国地租之总额为八十万万也。经国家核定其价额之后，以新中国文明发达之趋势，则不待十年，而全国之土地，其地代（即租）进率，必不止一倍，而此一倍八十万万之加增，实为国有。（经国家定地价之后，则地主止能收前此原有之租额，而因于文明进步所增加之租额，则归国家。故曰地主无损，而民生国计大有利益也。）国家举八十万万之岁入，以从事于铁道、矿山、邮便、电信、自来水等之一切事业，而不虞其不足。即其初之数年，地租之涨价，或不及此数，而有是可亿收之巨额，新政府即有莫大之信用，而可以借入若干亿之外债，一面用之于最要的生产事业，不患其糜费之过多，一面有此岁收之巨额，不患其偿还之无着。盖是时国家之财政巩固，则全国之富源广辟。外资之输入，其初以补助本国资本力之不足，而产业既发达，则自身之资本，弥满充实于全国而有余。此殆以自然之进步为之，而非恃奖励资本家政策所能望。是故国中一切生产方法分配方法，皆不讲求，惟有外资之输入者，今日之现象也。奖励国内资本家，以抵制外资输入，其结果不能抵制，而徒生社会贫富阶级者，梁氏之政策也。以中国国家为大地主大资本家，则外资输入有利无损者，吾人所持之政策也。梁氏既忧吾国资本之力不足以经营一切重大之事业，又颇主张铁道等事业之归国有公有，则正宜崇拜吾人所主社会主义之不遑，（梁氏亦信为国家缘此可得莫大之岁入，可为财政开一新纪元。而又谓土地国有，绳以社会主义，均少数利益于多数之本旨，为不相及。不知社会的国家，其所得者，即还为社会用之，国家之收入愈多，即一般国民之所得愈多，何得谓非均少数利益于多数之旨耶?）何至出奖励资本家牺牲他部分之下策，以与其绝对赞成之学说为反对，是真梁氏之不智也。且梁氏亦知大资本家之为害，尝曰：“牺牲无量数之资本，牺牲无量数人之劳力，然后乃造成今日所谓富者之一阶级，一将功成万骨枯，今日欧洲经济社会当之。”而今又孳孳然以奖励资本家为务，至不惜牺牲他部分人利益以为殉，功成骨枯，在所不计。核其受病之源，则始终以畏惧外资之故，甚至以筑路假资于人及各国制造品输入为疚。浸假使其言可以惑众，不又令我国反为攘夷锁国之时代耶？梁氏之罪不可逭矣。

［原文］今日中国所急当研究者，乃生产问题，非分配问题也。何则？生产问题者，国际竞争问题也；分配问题者，国内竞争问题也。生产问题能解决与否，则国家之存亡系焉。生产问题不解决，则后此将无复分配问题容我解决也。由此言之，则虽目前以解决生产问题故，致使全国富量落于少数人之手，贻分配问题之隐祸于将来，而急则治标，犹将舍彼而趋此，而况乎其可毋虑是也。

驳之曰：此梁氏重视生产问题，而轻分配问题，又以二者为不兼容也。故于其论分配问题时，崇拜社会主义，而于其论生产问题时，则反对之，此其所以为大矛盾也。伊里氏曰：“吾人由生产论而入于分配论，其研究之范围事物，二者毫不异，所异者观察点而已。”然则专言生产问题，而不及分配问题者，非伊里氏之所许甚明。而近世经济学者，且每以分配问题为重要。故分配含有二义：其一为关于个人财产贫富之问题，其二则为庸银与租、息、赢之问题（据伊里氏《分配论》第一章），二者皆社会主义学者所重。使租、庸、息、赢之问题不解决，则生产亦为之不遂，而个人财产贫富之问题不解决，则生产虽多而无益。使梁氏而专急生产问题也，则亦能置租、庸、息、赢于不讲，而贸贸以从事乎？惟知从事于生产，而不计社会个人贫富之家，其生产又宁无过剩之虑乎？即如梁氏上方所主抵制外资之政策行使吾国，集一省或数省中等以下之家，悉举其贮蓄投之于公司，其为劳动者，亦宁牺性其利益，务增时间减庸率以听命，而梁氏则为之画策经营，见夫日本大阪之织布公司，其以购自我国之棉为布，而与我市也，以为宜并力与竞，拼着亏衄若干万金，乃以其出布之多且遂足以倾日本大阪布公司而降之，则梁氏当欣喜愉快而相贺矣。然此事之结果，则大阪布公司舍其业而改织西洋屏画之属，其获利仍复不细，而日本国中得衣廉价之布，只有所益，无减其毫末。而我国则以工场之增时间减庸率，而其始劳动者已病，出布虽极多且廉，而一般下等社会无力购买。（所谓波士顿靴工之子无靴，而冷卡塞布工之妻无衣，非其地无是生产物，实其人无自赡之力也。）货滞于内国，其以日本为市场者，又以减价竞争而无利，于是资本家亦病。中等之家既尽其贮蓄以入公司，公司数年不能收利，则其股份必以贱价售卖与人，（若公司亏衄甚，则将至无可售卖。）其家落而转为人庸矣。此何也？则不计分配而专言生产之病也。又专言抵制外资，即不解贸易自然趋势之故也。则更反其例而言之，今夫西蜀夔峡之水，其倒泻而下者几百尺，其可发生之电，不知几亿万匹马力。则有外国最大之资本家，投资本数万万而蓄之，购机募工，穷几月之力，工成而以视美之邦雅革拉瀑布，为用且十倍焉，遂以供吾国东南诸省所有通都大邑一切制造机器之用，则梁氏必惊走告人谓："他国资本势力充满于我国中，我四万万同胞为马牛以终古矣"。而细审其结果，则或此公司者，以供给过于需要，或作始过巨，而后无以为偿，势遂不自支，倾折而去乎？则此大资本家之资本，大半落于吾国人之手，其于我固利，兹事犹不成问题。而窥梁氏排斥外资之深心，亦惟惧此公司之能获利，所谓以百兆雄资伏己，而盬其脑也。曾不知此公司之获利愈丰，则其为利于我国也必愈大。盖彼非能有贸易外之奇术，以攫我资而入其囊也。必其所经营生产者，足以使我有利，而彼乃得以取偿于我。则如以一纺织公司，每年所仰供给于夔峡水公司者，为十万元之费，则其为效用于纺织公司者，必不止十万元之费也。（凡交易之事，皆以就于自己比较的效用少之财货，与比较的效用多之财货交换。日本山崎博士尝为譬之：有甲、乙二人，甲有米三石，布六十匹，其效用相等；乙有米二石，布六十匹，其效用亦相等；则在甲，米一斗之效用等于布二匹；在乙，米一斗之效用等于布三匹也。故甲若以米一斗而与乙换布二匹半，是甲以等于布二匹之米一斗而换得布二匹半也，乙又以布二匹半而易得等于三匹布之米一斗也。故以交换而增加双方财货之效用，非一方存利，而他方即蒙其损也。）而水公司所生之电力，若更能胜煤汽之用者，则其事尤显。如纺织公司前用煤，一岁消费十万，今用电力，可省五万，故舍煤而用水公司之供给，每年即可省费五万，以其所有余者，并用之生产，则岁能多资本五万。其他公司所省生产费额如是，即同时增多资本额亦如是。而其余尚有以用煤而生产费过巨，不敢投资以从事于各业者，今亦得此省半费之电力而群起。是于社会增加生产的资本，为不可胜算也。是时国中业煤之公司，未尝不受其影响，然以煤气而为电力之补助品，其效用必无全废之理。即一公司果因是倾跌，坠其资本，然着眼于社会的经济，则一时所增殖之资本额，实百倍之不止。利相衡者取其重，吾来［未］见有以社会增殖百倍之资本为不足重，而顾惜此一家公司之资本者也。如是而外资输入之利害可知矣。梁氏忧中国资本之不足，而排斥外资，则不知外资输入，乃使我国资本增殖，而非侵蚀我资本者也。请言其理。夫资本之性质，依于各经济家所下定义，其大略从同。如伊里氏云："自生产额所得，除生活费之必要，而有若干之余剩，此余剩者，为生产而用之，或为生产而蓄之，则成资本。"然则资本所从来，必自生产之结果，与消费所余，自属不易之义。而当外资之输入，则如夔峡公司者，于我国能造成可发生几亿万马力之电机，即增长我国以可发生几亿万马力之生产额也。而为用于社会，可得减省其消费额之半，故直接间接，而皆使我资本增殖也。(图示之如左。)

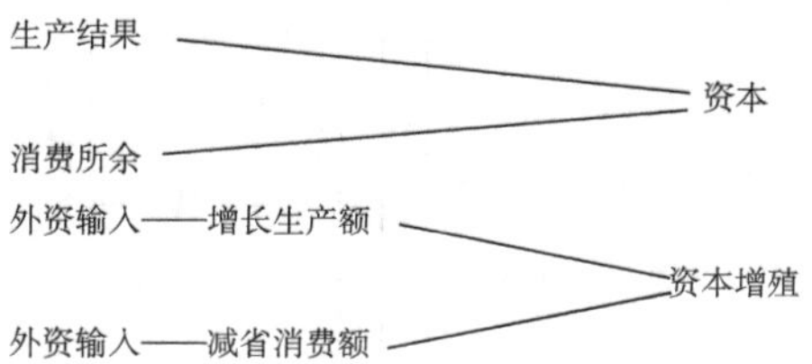

夫外资输入之为我增殖资本如是，而梁氏独恐惧之如不胜者，吾人于其此节之欲舍分配而言生产也，则知其所蔽。盖梁氏不识分配之理，而因以疑外资之营殖于我国者，为彼国资本家之独利也。夫土地、劳力、资本三者为生产之要素，合三成物，而为生产。故地主也，劳动者也，资本家也，皆参加于生产事业中，而有其不离之关系者也。然三者初非自然结合，故必有集是三种要素，冒损失之危险，而从于事业之人，谓之企业者。故生产所得财货分配别之四，曰地代（租），以为土地之报酬，地主之所得也；曰赁银（庸），以为劳力之报酬，劳动者之所得也；曰利子（息），以为资本之报酬，资本家之所得也；曰利润（赢），于利子、赁

银、地代之外，以为企业之报酬，而企业者之所得也。企业者有时即为地主或资本家，有时则在于二者之外。外资之输入我国，其企业者或为中国人，或为外国人，（亦有资本家为甲外国人，而企业者为乙外国人者。）是利润之所得，亦或为中国人，或为外国人也。其生产事业之供劳力者，不能不用中国人，是赁银为中国人所得也。行社会主义土地归国有，则中国国家为地主，而得其地代。是四者中惟利子之一部分，完全为外国资本家所得耳。故夫外资一输入，而我国之土地劳力之需要立增，（梁氏曾论外资之可怖，历举其与中国劳动者之关系，与中国资本家与中国地主之关系，而终局则曰使不借外资，而吾国民能以自力变更其产业之组织，与欧美列强竞，则其因缘而起之现象，亦固与外资无择云云，是又不成问题也。顾其中有虑外人审机之早，当租率未涨以前，而买收我土地，使我不能获地代之利者。今吾人以土地国有主义解之，如汤沃雪矣。）其财货分配之所得，我实有其二分又半，而外国人则有其一分又半也。（图示之如左。）

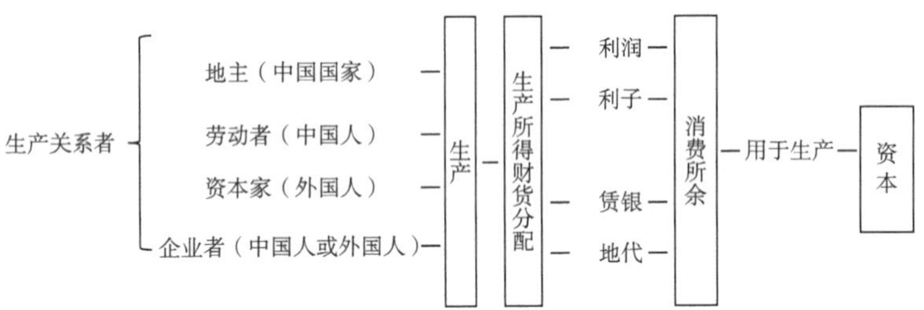

地代、赁银之量，或不如利润、利子之多，然比较之为确实。如企业者，纵不获利，亦不能对于使用之土地、劳力、资本，要求损害赔偿，若以资本家而兼企业者之资格，则脱有蒙损，身自当之，地主之地代，劳动者之赁银，不能减蚀也。然则于外资输入之际，实先具有增殖我国资本之效用，而分配之后，我国人又沾其利益。此两度之利，使其当我国资本缺乏之时，利也；其当我国资本充裕之时，亦利也。而为外国资本家者，彼亦非无当得之利。梁氏谓生产方法变后，大资本家之资本，与小资本家之资本，其量同时而进。吾则谓外资输入，而中国不怠于生产，则外国之资本，与内国之资本，其量乃真同时而进耳。而梁氏何畏之深也？梁氏见吾

国近日经济界之窘，求其故而不得，则以为外商之迫压及其制造品之夺吾业也，而不知其病实不坐是。自通商以来八十年，人口不能无激增于旧，而水旱疾疫，无岁无之，厉禁苛捐，层见叠出，内之则农工商一切之业，不闻尺寸之进步，因而社会之生产物，不足以为供给。其所以不致于凋敝者，犹赖有外国制造品之输入，以增加生产额，而并得减省其消费；其次则海外商民，已分殖其数百万之生齿于国外，而复大有所挹注于国中也。（昔之应募而往为华工者，大半濒于冻馁之民，此举世所知也。）顾其生产之所以不进者，其原因亦约略可言：其一曰生产方法之不变，不能采用百年来西人所发明之新生产方法以从事，此梁氏所知也。（按：此非社会智识之不足，由政府有厉禁也。自马关结约后，始许内地航驶小轮，及用机器制造。前此织布用机，惟有上海、汉阳官业耳。于生产事业自为遏抑，可叹。）其二曰交通机关之不备。其三曰货币之不统一。交通机关不备，则运输困难；货币不统一，则取引不安。运输困难，是使生产费重，而交易无利也；取引不安，是使企业者裹足，而商务衰也。其四曰厘税之烦苛。凡一物之作成，其自生产者之方而入于消费者手也，则不知经几度之厘税，其道路之相距愈远者，则其经关卡愈多，并其取引之时间而误之，而生产费之加增，又不待言。故滇、黔之产至繁富，而其得输入于吾粤者，惟烟土一宗，盖他物以不能堪若干度之征抽，非远莫能致也。贸易之衰，其间接即使生产力蹙缩。何者？农有余粟，女有余布，此有余而无与为易者，即生产过剩，而失其效用者也。譬有人耕于荒野，岁收谷二百石，而其所食及其耕数人所需，尽于百石，欲引而鬻诸城市，则运搬之费，犹且过之，为农之计，固所不愿，惟有贮蓄之，以待不时，及乎新谷既升，而陈因不尽，则有举而弃之者。此越南未隶于法兰西之前，所以常闻烧谷之事也。如是而犹望其能尽地力也，殆未之有。故异日者新政府立，举国家之资本，以营设国内之交通机关，统一货币，除去厘金，则交易之事，安全迅速，百倍于今兹。而厉禁既除，则其采用新机以从事生产，又不待教而谕。所谓因利善导，无所难也。惟文明之进步速，则社会之问题亦接踵而生，不预为解决，则必有欧美今日噬脐之悔。夫欧美今日之富量，惟在少数，贫富阶级，悬绝不平，劳动者之痛苦，如在地狱。此亦社会主义者所恒道矣。然当其生产方法未变以前，固无此现象，而其所以养成积重难返之势者，亦正以其徒急于生产问题，而置分配问题不讲也。今梁氏曰："生产问题不解决，则后此将无复分配问题容我解决。"曾亦知生产问题之解决易，而分配问题之解决难。社会主义学者勿论，即夫当世经济大家，其所郑重研究者，皆分配问题，而非生产问题也。生产问题，大半可任自然的趋势，而分配问题，则不可不维持之以人为的政策。即如上所论，则吾国生产问题受病之源，举而措之裕如耳，以视欧美今日分配问题，其于社会之解决，孰难孰易乎？而况乎以兴利除弊，解决生产问题者，固与社会主义无丝毫之反对也。且土地国有之制行，国中之生产业必大进。何者？既无坐食分利之地主，而无业废耕者，国家又不令其久拥虚地，则皆尽力于生产事业也。梁氏惟认排斥外资，为解决生产问题之唯一主义，而又以奖励资本家，为排斥外资之唯一政策，故使生产问题与分配问题，若冰炭之必不可合。此全由其特具之一种怯病而来，而又不能自疗也。梁氏既痛论欧美社会，陷于不能不革命之穷境，又曰："其所以致今日之恶现象者，由彼政府误用学理，放任而助长之。"吾人于此，亦许其有一隙之明矣。而至其策中国经济界之前途，一则曰："当以奖励资本家为第一义，稍牺牲他部分人之利益，不辞也。"再则曰："吾之经济政策，以奖励保护资本家并力外竞为主，而其余皆为辅。虽目前以解决生产问题故，致全国富量，落于少数人之手，贻分配问题之隐祸于将来，而急则治标，犹将舍彼而趋此。"是明知放任助长，为欧美已然之覆辙，而犹不惮于蹈袭其后也。昔南洋群岛，有蛮族酋长出猎逐兽，偶蹶于地，至今此岛之蛮人，每经其地，犹必蹶而效之。今梁氏以蹶为乐，无亦崇拜欧风之结果耶？虽梁氏以谓可以勿虑，聊自解嘲，而既以放任助长，与人同其恶因，则他日积重难返，亦与人同其恶果。梁氏所恃，或即其下方所列所谓改良之条理，其果足以救患与否，亦姑勿辩。而当梁氏以奖励资本家为第一义之时代，则铁道国有、工场条例、累进率税皆与其政策反对，而不兼容者。梁氏其更何所恃耶？盖梁氏始终不能与言民生主义者，立于正反对之地位，而救治病源消患未然之说，又既附和无异词，乃不得已遁于排斥外资之政策，以为格人论锋之质。然就上方所辩，则排斥外资奖励资本家政策，无复扎寨之余地。梁氏所恃为惟一之论据已破，则其谓社会革命为不可行之说，亦不必取消而先无效矣。

按：梁氏此数段文字，大抵剿袭近刊某报第一号《金铁主义》第三节。① 至某报持议，尚谓应于时势，为救时之计，非祝贫富阶级之分，以不平均为幸，特以生产为急，分配为后，姑以此抵制外人，惟当思别种良法，以救其弊。而梁氏变本加厉，直谓牺牲他部分人之利益而不辞，并诋言社会主义者为亡国罪人，则又某报始料所不及也。但某报谓中国所急，方在生产不发达，不在分配不平均，故社会主义尚未发生，同盟罢工尚未一见。又曰："于本国无一同盟罢工之事。"斯言若为吾粤言之，则闻者皆得反唇相稽矣。盖吾粤每岁，若织工、若木工、若饼工、若鞋工，其每年同盟罢工之事，层见叠出也。又依吾人所持土地国有主义，既一面解决分配问题，而国家自为大资本家，得从事路矿各种事业，虽工商立国政策，何以加焉？而又何至患生产问题与分配问题为不兼容也！

第三节　驳所谓中国不能行社会革命之说

梁氏以极端之说为圆满之无理　梁氏土地资本论既自矛盾复倒果为因　地主与资本家之势力　地价腾贵之原因　都会之成立及其发达　地有天然之利而后人力因之　梁氏亦认土地私有制之害 梁氏谓土地为资本附属之奇谬　言凡资本悉为国有之不可 吾人之社会主义 心理的平等与数理的平等之别　社会革命论之精神　梁氏不知个人资本与社会资本之区别　梁氏崇信误字至自背其学说　梁氏以可租之土地为无价格可言　梁氏混地税于地租　土地国有即均少数利益于多数　大资本家不能垄断土地于国有之后　国有土地与井田古制不同　结论　附论

［原文］欲为社会革命，非体段圆满，则不能收其功；而圆满之社会革命，虽以欧美现在之程度，更历百年后，犹未必能行之，而现在之中国更无论也。今排满家之言社会革命者，以土地国有为唯一之揭橥。不知土地国有者，社会革命中之一条件，而非其全体也。各国

① 杨度：《金铁主义说》，《中国新报》创刊号，1907 年 3 月 15 日。

> 社会主义者流，屡提出土地国有之议案，不过以此为进行之着手，而非谓舍此无余事也。如今排满家所倡社会革命者之言，谓欧美所以不能解决社会问题者，因为未能解决土地问题，一若但解决土地问题，则社会问题即全部解决者。然是由未识社会主义之为何物也。

驳之曰：此梁氏以圆满之社会革命，非中国所能行，又以吾人所主张为非圆满之社会革命也。夫以欧美所不能者，即谓中国无足论，是真徒识崇拜欧美，而不识社会主义者也。近世社会主义学者，恒承认一国社会主义之能实行与否，与其文明之进步，为反比例。故纽斯纶①者，南洋之一蛮岛也，而可倏变为社会主义之乐土。言欧美社会问题者，则曰积重难返，而对于中国，则曰消患未然。其处势之异如此，然则欧美之不能者，固不害为我国所能也。梁氏谓为社会革命，必体段圆满，不知此圆满之云者，将于何程度定之？以社会主义之争鸣于今世，其派别主张，言人人殊，由其是丹非素之见，则甲可以不圆满者加诸乙，乙亦可以不圆满者反诸甲，有第三说之丙出，则并得举甲、乙而短之。其或以条件之多少为圆满否之程序乎？则彼固有认为不必要者，不能强益以蛇足也。其或以绝对者为圆满，相对者为不圆满乎？则是使持论者必走于极端，而不容有折衷之说也。是皆不通之论也。若夫一主义之立，其理论足以自完，而无矛盾之点，施诸实际，有莫大之成功，则虽谓之不圆满而不可得。梁氏曰："各国社会主义者，以土地国有为进行之着手，非谓舍此无余事。"即吾人亦曷尝谓土地国有之外，其余无一事耶？所谓欧美不能解决社会问题，为未能解决土地问题者，谓土地问题为之梗，不解决其重要者，则无能为役也，非谓土地问题之外无问题也。梁氏而欲反对是言乎？则梁氏于述欧洲经济社会历史，亦明明曰："全欧土地，本已在少数人之手，全欧之资本，亦自然在少数人之手。"及谓："生产三要素，其一已归少数人独占，故贵族即兼为富族。"然则欧美社会问题，以其国富量在于少数人之手而起，其富量所以在少数人<之>手，又以土地为少数人独占而起，梁氏固已绝对承认矣。于其所以致病之源则认之，而于其解决之法则否之，则适

① 纽斯论，今译作"新西兰"。

成为梁氏圆满之社会主义而已。

［原文］近世最圆满之社会革命论，其最大宗旨不外举生产机关而归诸国有。土地之所以必须为国有者，以其为重要生产机关之一也。然土地之外，尚有其重要之生产机关焉，即资本是也。而推原欧美现社会分配不均之根由，两者相衡，则资本又为其主动。盖自生产方法一变以后，无资本者万不能与资本者竞，小资本者万不能与大资本者竞。此资本直接之势力，无待言矣。若语其间接之势力，则地价、地租之所以腾涨者何自乎？亦都会发达之结果而已。都会之发达何自乎？亦资本膨胀之结果而已。彼欧洲当工业革命以前，土地为少数人所占有者已久，然社会问题不发生于彼时而发生于今日者，土地之利用不广，虽拥之犹石田也。及资本之所殖益进，则土地之价值随而益腾，地主所以能占势力于生产界者，食资本之赐也。又况彼资本家常能以贱价买收未发达之土地，而自以资本之力以发达之以两收其利，是又以资本之力支配土地也。

驳之曰：梁氏此论，与其叙列欧洲经济社会历史之言，为自相挑战，上文已辩之，然其所蔽固不可不详为之解也。今请先诘梁氏以资本之所从出，梁氏能勿推本于土地耶？惟人工与土地合，而后生资本，此一般经济学者所以认土地为福之源也。梁氏谓资本为主动力，吾人则以土地为资本之原动力。土地既生资本，而人用之，更得助地力之发达，比之无资本者，其生产较多，然即大有资本者，亦不能离土地以言生产。（梁氏原文亦谓资本家所操资本，无论以之治何业总不能离土地而独立。是彼报四十页。）故资本实始终缘附于土地，其势力不得相抗。若言其例，则观于地主与资本家之关系而知之。譬如甲为地主，有耕地二分，贷与于乙、丙二人，乙为无资本者，其每岁收获得五十石，甲取其半以为地代（租），则乙所余者二十五石耳。丙为有资本者，顾其费不过十石，（如以十石米赁耕具牛马之属而耕之之类。）而岁收获得百石，则甲亦欲收其半以为地代，丙以其比于乙所得为已多二十五石，以偿其所费之资本，犹余四十石，则惮于迁徙他业，而愿从之。然甲之所获，已并侵丙资本利益之范围矣。又如今日伦敦、纽约宅第之主人，其贷地于建屋者，岁收其相当之租，贷地之约既解除，则勿论其营造之资本若千万，亦悉归地主所有。盖地主有左右资本家运命之势力，而资本家不能不仰地主之颐指。文明之时代，地之为需要愈甚，则地主之势力愈横，而资本家亦愈非其敌。梁氏谓无资本者不能与有资本者竞，以证资本之势力，是则然矣。然无土地者，抑能与有土地者竞否耶？至谓地价地租之腾涨，亦止为资本之势力，则大不然。地价之贵，其重要直接原因有三，而资本之势力不与焉。一曰土地之性质，肥腴之地与硗确之地，其使用收益不同，则其价值不同也；二曰土地之位置，其位置便于交通者贵，其不便于交通者贱也；三曰人口之增加，地广人稀，则土地之供给浮于需要，地狭人稠，则土地之需要强于供给，而价值亦因之为贵贱也。以地价腾涨为由资本间接之力，则无［毋］宁以为土地本体之力。盖虽人口增加之强弱，亦未尝与地力无关，而地之性质与其位置，亦必有天然之利，而后人力因之。（伊里氏谓市街地之租，比于市外及小都会之租为昂，皆不过由位置便否之结果。交通之便利，开则地租甚受其影响，虽为市外地而有交通之便，则其租渐腾。据或论者之说云，交通机关发达，市内之租不仅阻其趋贵之势力，比于旧日反形减退，云云。按：伊里氏但言租贵直接之原因耳，至都市所以成立与交通之延长，则未之及也。）凡此皆非资本所能居首功者。梁氏谓地价腾涨，由都会发达之结果可也；都会亦土地也，谓都会发达，由资本膨胀之结果则谬也。欲知都会膨胀所由来，宜先知都会之所由成立，此则轩利·佐治①氏曾言之，其精辟为他学者所不逮。其大略谓："以一人而耕于荒野，自食其力，所资为养生之具，必不能给，故以十日治田，而必中废一日以远与人易所需。然是时用力虽多，其所得仍不免于缺憾。假而有十人聚居其地，则纵皆业耕，而十人者各更番任以粟易器之劳，其用力必较少，而所得较备。继而农之耕者愈多，其所需亦盛，则有不业耕而以农之需为业者，若布匹农器之属，是时必农之需要与业是者之供给为相当，然后能双方交利。故日中为市，必其地便交易者先兴焉。以其便交易也，人益趋之，久而不废，乃成都会。"由是言之，则地之所日以贵，由人争之

① 轩利·佐治，今译作"亨利·乔治"。

趋于都会也。人所以争趋于都会，由其有交通之便也。其最先之原因，则以农地之发达也。故农地王［旺］盛，而都会亦以繁荣，农地萧条，都会亦受其影响，凡此皆数见不鲜之象也。又纵当工商业极盛之时代，其地之得为都会，与人之争趋之者，亦不外其便于交通之一大原因。以通商口岸证之，则其最便于交通者，其地必最发达。而此外有所不逮者，皆其位置为之也。今梁氏谓都会发达由于资本膨胀，曾不问资本所以群趋于都会之故，是所谓倒果为因者耳。且梁氏意以为一般资本增殖，而地价始腾贵乎？抑必资本家投资其地，而地价始腾贵乎？如谓一般资本增殖，而地价腾贵，则其事与少数之资本家无与。即社会主义实现，土地与大部分之资本归国有。（社会主义，亦止言资本之大部分归国有，不能谓一分资本归国有。下详之。）而其社会的国家，亦未尝不从事于生产，以增殖其资本也。又但使资本之于社会，为分配本平，而无甚富甚贫之象者，则资本同时而殖，亦有利社会而无害者也，故于此不生问题也。如谓必资本家投资，而后地价始贵，则吾未见于土地本体，无致贵之原因，而独以少数资本家之力能使之立贵者也。（本体致贵之原因，即上所举土地之性质及其位置也。）檀香山之初隶为美属也，资本家之善趋利者，以为其地之发达将愈倍，争投资本租地而大建筑营造焉，不意其地固无非常之进步，致使家屋营造之物，供过于求，利润不可得，而地代无所出，卒尽弃所有，与地主毁其契约而后已。故资本家不能因应于地之进步发达，而勉强投资者，并其资本而亏衄之，（此役资本家之亏跌甚巨，梁氏友人黄某，最热心于保皇者，以此失十余万。）安在其能使土地腾贵耶？夫所谓必有天然之利而后人力因之者，其在地昧则有报酬渐减之法则，亦经济家所恒道矣。至以交通言，则如伦敦城内地贵，其距伦敦城远者，价则远逊，自有为隧道之轨以通之者，使其交通之便，与城内地无异，则其地价亦立起。或以为是资本支配土地之力，殊不知惟伦敦为交通最便之点，故得波及于余地，伦敦城其本位也，城外地之得触接伦敦，亦其位置为之也，使其不然，则隧道之通轨，胡必依于伦敦等名城，而不随地构设之耶？若夫同一土地，于野蛮时代则贱，于文明时代则贵者，其一由人口之激增，其二由生产方法之改变。人口激增，地之为需要以倍，不待言矣；生产方法变，然后地力尽，昔之以为不可用，与用之无利，今乃为人所争取，而遂至皆有善价。社会主义学者有恒言："地主者，食文明之赐"，即以此也。今梁氏惟曰："地主食资本之赐"。是又知二五而不知一十者也。尤可笑者，梁氏既反对言土地国有者为不完全，而又谓资本家能两收其利。夫岂知吾人所以主张国有土地者，即虑是两收其利者为不平之竞争，以酿成社会问题而已耶？土地、资本、劳力三者并立为生产之要素，交相待［恃］而后成。私有土地之制不废，则资本家兼为地主，而劳动者有其一以敌其二，斯所以恒败而不可救。梁氏而真知资本家有两收其利之弊，乃今始可与言土地国有耳。

［原文］要之，欲解决社会问题者，当以解决资本问题为第一义，以解决土地问题为第二义。且土地问题，虽谓为资本问题之附属焉可也。若工场，若道具（机器），其性质亦与土地近，皆资本之附属也。

<驳之曰：>①土地问题与资本问题孰先，吾于上文已辩之详，今不复赘。惟吾人有一语诘梁氏者，则其所谓"全欧土地本已在少数人之手，全欧资本亦自然在小［少］数人之手"及所云"资本家所操资本无论用之以治何业，总不能离土地而独立"云云者，其意亦岂以申明资本问题之当先于土地耶？梁氏于是，不可不为一语以解答也。至谓土地问题为资本问题之附属，举工场、道具为证，其不通至此，阅者亦可以征梁氏于经济学之深矣。盖自来经济学家，无有不以工场、道具（机器）为资本者。（他书不胜引，即伊里氏亦同。建物器具、机械、蒸汽船、铁道、电信、电话、工业及商业设备之类，皆生产的资本也。）而此云资本之附属，然则梁氏将认之为资本耶？抑不认之为资本耶？又谬云："其性质与土地相近。"夫工场、道具属于资本，土地属于自然，二者绝不相蒙，无可相比。梁氏欲言土地附属于资本，求其说而不得，乃强认工场、道具为资本附属，而又谓其性质与土地近焉。由梁氏之说，则与土地性质近者为资本之附属，故土地亦可言资本之附属也。然则吾谓狗与梁氏之性质相近，狗

① 原文无，据格式补。

为畜类，故梁氏亦为畜类可乎？故其曰性质相近，勉强附会之词也；曰资本之附属，模糊影响之语也。以勉强附会模糊影响之说为证而衡以论理，则又只字不通。昔人有言：“可怜无益费精神。”梁氏当之矣。

[原文] 质而言之，则必举一切之生产机关而悉为国有，然后可称为圆满之社会革命；若其一部分为国有，而他之大部分仍为私有，则社会革命之目的终不能达也。……现行社会革命，建设社会的国家，则必以国家为一公司，且为独一无二之公司，此公司之性质，则收全国人之衣食住，乃至所执职业，一切干涉之而负其责任。夫论者固明知社会革命之不能实行也，于是卤莽灭裂，盗取其主义之一节以为旗帜，冀以欺天下之无识者。庸讵知凡一学说之立，必有其一贯之精神，盗取一节，未或能于其精神有当也。

驳之曰：梁氏以必举一切生产机关悉为国有，然后许为圆满之社会革命，此即吾上文所谓，以绝对的为圆满，以相对的为不圆满之说也。夫如是，则凡持议者，惟走于极端，而后当圆满之名。言社会主义，则一切生产机关皆为国有而不容私有，不言社会主义，则一切生产机关皆当为私有而不容国有，更无介乎其间之第三说而后可。而且所谓举一切生产机关悉为国有者，必并劳力亦与土地、资本同为国有而后可。何则？劳力亦一生产大机关也。而问其事之可行否耶？梁氏必执绝对之说，以为圆满，则宜其不能行，其不能行，乃其所以为不圆满耳。不第此也，即舍劳力不言，但论资本国有之问题，则今之最能以资本论惊动一世者，莫如马尔咯①及烟格尔士②，而二氏不惟认许自用资本之私有，即农夫及手工业者之资本私有，亦认许之。故日本河上学士曰：“社会主义者，往往慢言，凡资本以为公有，禁其私有，故世人惊之，识者笑之，若夫拘墟之学者，则喋喋其不能实行，以为复斯主义之根本。”又谓安部矶雄及幸德秋水所论资本国有，其曰“悉”曰“凡”，实为用语不当。盖即最极端之社会主义，亦

① 马尔咯，今译作“马克思”。
② 烟格尔士，今译作“恩格斯”。

不能言一切资本国有。而梁氏所期之圆满社会革命论不知其何所指也？若夫吾人之社会主义则不然，曰土地国有，曰大资本国有。土地国有，则国家为惟一之地主，而以地代之收入，即同时得为大资本家，因而举一切自然独占之事业而经营之。其余之生产事业，则不为私人靳也。盖社会主义者，非恶其人民之富也，恶其富量在少数人，而生社会不平之阶级也。今者吾国社会贫富之阶级，虽未大著，然土地已在私人之手，循其私有之制不改，则他日以少数之地主而兼有资本家之资格者，即其垄断社会之富，而为经济界之莫大专制者也。惟举而归诸国有，则社会之富量，聚于国家，国家之富还于社会，如是而可期分配之趋均者有六事焉：土地既不能私有，则社会中将无有为地主者，以坐食土地之利，占优势于生产界，一也。资本家不能持双利器以制劳动者之命，则资本之势力为之大杀，二也。无土地私有之制，则资本皆用于生利的事业，而不用于分利的事业，社会之资本日益增，无供不应求之患，三也。（以土地投机者实为分利的，无益于社会者也。土地国有后，则可使其皆用于生利之事业，而社会资本日多。）具独占之性质者，土地为大，土地国有，其余独占事业亦随之，其可竞争的事业，则任私人经营，既无他障碍之因，而一视其企业之才为得利之厚薄，社会自无不平之感，四也。劳动者有田可耕，于工业之供给，无过多之虑，则资本家益不能制劳动者之命，五也。小民之恒情视自耕为乐，而工役为苦，故庸银亦不得视耕者所获为绌，其他劳动者之利益，皆准于是，六也。夫即当世之热于极端社会主义者，亦只能言土地国有与大部分资本国有而已。由吾人所主张，则土地国有而外，以独占的事业为限，而社会资本亦大部归于国。所异者，则彼于竞争的事业禁私人经营，而吾人则容许之耳。然惟彼干涉之过度，故发生种种问题，而令人疑社会主义为理想的而不可实现。若吾人所主张，则但使社会无不平之竞争，而分配自然趋均，不为过度之干涉，故所谓自由竞争绝而进化将滞之问题、报酬平等遏绝劳动动机之问题，皆以不起。而施诸我国今日之社会，则尤为最宜适当。盖国法学者之言自由分配也，曰当为心理的，不当为数理的。而心理的之平等，真平等，数理的之平等，非平等。数理的者，以十人而分百，则人各得一十，无有多寡参差之不齐也；心理的者，以人各起于平等之地位，而其所付与，则各视其材力聪明者也。吾人于经济社会，亦持此义，其为分配之趋均，亦心理的而非数理的也。故不必尽取其生产消费之事，而干涉之，但使其于经济界，无有不平之阶级，而个人各立于平等之地位，犹其于立宪国中，无有贵族等阶级者然，然后其所得，各视其材力聪明，虽有差异，不为不均。此吾人社会革命论之精神也。然则从吾人之政策，非使将来之中国，损富者以益贫；乃从吾人之政策，而富者愈富，贫者亦富也。夫革命之云者，对于所有者而言，中国土地已为私人所有，而资本家未出世，故社会革命但以土地国有为重要，从而国家为惟一之大资本家所不待言。以简单之语说明之，则曰："吾人将来之中国，土地国有，大资本国有。土地国有者，法定而归诸国有者也；大资本国有者，土地为国家所有，资本亦自然为国家所有也。何以言土地而不及资本？以土地现时已在私人手，而资本家则未出世也。何以土地必法定而尽归诸国有，资本不必然者？以土地有独占的性质，而资本不如是也。"其主义切实可行，其精神始终一贯，惟梁氏以其牺牲他部人奖励资本家之眼光观之，则宜其枘凿不入耳。（梁氏谓吾人盗取社会主义之一节以为旗帜，夫梁氏所崇拜之社会改良主义，一方求不变现社会之组织，一方望其改革，得无亦盗取社会主义之一节者耶？若梁氏者，忽而主张奖励资本家，以言分配趋均者为病国，忽而又绝对赞成社会改良主义，是则虽欲盗取而无从也。）

［原文］盖地价之涨，乃资本膨胀之结果，而非其原因。而资本家但使拥有若干之债券、株式，就令无尺寸之地，或所有之地永不涨价，而犹不害其日富也。孙文误认土地涨价为致富之惟一原因，故立论往往而谬也。香港、上海地价，比内地高数百倍，孙文亦知其何为而有此现象乎？痛哉！此外国资本之结果也。黄浦滩地，每亩值百数十万元，然除税关及招商局两片地外，更无尺寸为我国人所有权矣。孙文亦知中国没有资本家出现，故地价没有加增，然则地价之加增，由资本家之出现，其理甚明。使资本家永不出现，则地价永不加增矣。而曰革命之后却不能与前同，吾不知彼革命之后，所以致地价之涨者，其道何由？吾但知资本家之一名词，孙文所最嫌恶也，恶其富之日以富，而使他部之贫日以贫也。如是则必压抑资本家使不起，然

后民生主义之目的如是，则以彼前说论之，吾果不知革命后之地价可由而涨也。

驳之曰：谓地价之涨，全由资本膨胀之结果，此于上文已辩，然就于社会论之，则尚成问题。若就私人言，则地主拥其土地，地租日腾，地价日贵。一社会人所极力经营，以成此文明之社会者，其利实彼坐获之，安在其不可以日富也？夫今日中国资本家尚未出现，孙先生演说词及之，梁氏亦承认之。惟虽无资本家，而已有地主，则虑以文明进步之结果，而使少数之地主，独成其莫大之富量宜也。梁氏欲驳此言，则必谓地主所有土地虽价涨，而其地主不能以富，则此说始破。而梁氏徒举资本家以相吓，何也？梁氏而真不信有土地为致富之原因耶？则其云全欧土地在少数人之手，全欧资本亦自然在少数人之手者，梁氏亦何指也？即如英国大地主威斯敏士打公爵，有敌国之富，梁氏龂龂然争为资本之结果，然就威公爵言之，能谓其不由土地致富耶？凡此皆坐不知个人的土地与社会的资本之区别也。更即致富之方言之，则勿论债券、株券之涨落无恒者，不足比于土地，但以资本家与地主较之。如甲以金十万元购地为地主，岁收五千元之地代，而乙以十万元营一织布公司，岁收八千元之利，并其企业所得，亦姑以为资本之赐，则乙比于甲，其岁入恒多三千，至十年而多得金三万也。惟十年之后，则布公司资本少亦当损耗其十分之三，而须有种种修缮增补之费，核除此费，乃与地主前此所得相埒。而十年间甲租价已稍涨，则乙之收入不如甲，又不待言矣。凡凭借土地以致富者，厥存多种，英威公爵则坐守其封地以富者也，其余有以资本家买贱价之地而两收其利者，又有并非资本家但用诈术渔猎土地以富者。近见东京二月十五号《时事新报》记美国富人腓力特·力威雅可查致富之事，为言社会主义者之好材料，录之且以见土地私有制之弊：

世以洛格飞①为富豪之巨擘，然有富出其右，且能巧免报章之指摘而为世人所未熟察者，美国圣得堡卢之市民名为腓力特·力威雅可

① 洛格飞，即洛克菲勒。

查者是也。其所有之森林，价格逾数十亿。氏夙于西北部地方，以林业称霸，然语其所有森林之面积，实三千万英亩，亘于华盛顿、护列根、威斯堪新、米尼梭打诸州。此则虽其昵友闻之，恐犹有咋舌者也。以平方里核算之，实为五万平方里（英里），其面积六倍于纽查沙州。其土地之价格，递年腾贵，利益之巨，无与比俦。氏本德意志人，年十八，徒手游北美，以勤俭善治其业，久之，遂创立威雅可查会社。至其致富之由，最足为世人注意，其行为有类窃盗，即既不抵触于法令，且反为扩张之法律所保护，则其事为最不可思议也。盖千八百九十七年以前，美国国有地之获得，依于宅地条例，以百六十英亩为一区域，限于实际住居其地者，始许与之。至是年，更发布土地选择条例。当时中央西部，即威斯堪新、米尼梭打及密西西比河流域，凡属于威雅可查会社营业之区域者，既已采伐无余，乃急欲求适当之森林。先是华盛顿、护列根、爱达及门他拿之大森林，未经斧斤，材木丰积，然以法律不许采伐，无从觊觎。盖是等林野，为国有财产，置实际之移住者，使保存之，而其林野亘数百英亩，材木丰富，莫之与京，常为林业者所垂涎。至千八百九十七年，议会终期，所发布之土地选择条例中，有如左之规定：

条件未完了善意之权利主张或附带特权之土地，有在保存林野范围内者，从于其土地之住居者或所有者之希望，得返其土地于政府，而于不逾越前记之权利主张或附带特权之土地之面积范围内，选择许移住之无主土地以为偿。

此规定之趣旨，盖为小地主因保存林野之设定而蒙损害，欲以此救济之也。然以规定不完全，至酿意外之弊害，使富裕之国有林野，遂为一二人所掠夺。先是议会以奖励建设横断大陆铁道之目的，而给与土地于铁道会社，于其线路两旁，每延长二十里，即给与六百四十英亩之土地，故其所得，常逾数百万英亩。于千八百九十七年，当入于保存林野之范围内者，尚不下四百万英亩。嗣土地选择条例发布，各铁道会社竞以无值之土地，而易最良之国有森林。诺簪攀收希会社亦出此策，而垄断其利益者，实为威雅可查。彼最近三十年间，对于诺簪攀收希铁道会社之森林财产，为事实之代理者。该会社之管理人，实党于彼，以其饫地，贬价而卖诸威雅可查，约百万英亩。每一英亩，价止六美金耳。未几，威雅可查卖其土地四分之一，每一百六十英亩，得价七万六千美金，二三年间，而利逾二十倍。故此等狡狯之交易，与无代价者无异。而所志未已，更转起西北地方，继复渔密西西比流域之利，后乃蚕食西部地方，其间或因买卖，或因其他手段，以获得西北部之土地。千九百年，更买收属于诺簪攀收希铁道会社所有之西方土地全部，约百万英亩，每一英亩平均值六美金，以是交易，获二千万美金之利益云。

据右之事实，则人固有徒手倚借土地而成巨富者，以视拥有若干之债券、株式者，其为富何如？而如美之林业，其始为国有而保存，则皆垂涎而莫利，及法令有阙，则猾者乘之，而数十亿之富量，入于一人之手。然则土地问题，与资本问题，孰轻孰重亦可知矣。又梁氏谓："资本家固非必其皆有土地，往往纳地代于他之地主，借其地以从事生产。而未尝不可以为剧烈之竞争。"此亦强词夺理者也。今姑即美国论之，其最大资本及为最剧烈竞争者，若航业大王，其船厂、船澳、码头之地，问为其所有者耶？抑借诸人者耶？若煤油大王，其矿山及所恃以运输之铁道，问为其所有耶？抑借诸人者耶？其他若牛肉托拉斯牧牛之地，烟草托拉斯种烟之地，面粉托拉斯种麦之地，亦问为其所有耶？抑借诸人者耶？乃若借地于人而独能大获者，则间亦有之。英伦之西看温加顿有卖花者，租地为贸易，人以为此微业也，而不知其赢甚多。卖花者乃身与妻子为敝服，以欺其地主，使不为加租之议。及地主廉得其情，而卖花者已富。此所谓漏网之鱼也。至梁氏屡震惊于外资之输入，吾意彼以商工业为重，则尚成问题。今其言乃曰："黄浦滩地，每亩值百数十万元，除税关及招商局两片地外，更无尺寸为我国人所有权。"然则梁氏之深痛大恨者，乃外国人之夺我土地所有权，而使我国人不得享地主之利耳。若土地归国有，不能以为卖买之品，则彼外人何自而得我土地所有权者。（如外人租地营业者，朝满而契约解除，所营建大抵归诸我国家，如今英威公爵者然。纵令外人投资几何，何害于国？吾恐此时中国国家，富过威公爵不知几千万倍耳。）故梁氏此言，直为吾人土地国有主义增一解而已。惟其下有“中国没有资本家出现，故地价没有加增”云云。记者骤阅亦不解所谓，继而审之，乃知因读本报第十号演说词误字所致。演说词第十一页云：“中国现在资本家还没有出世，加［所］以几千年地价从来没有加增，这是与各国不同的。但是革命之后，却不能照前一样，比方现在香港、上海地价，比内地高至数百倍。因为文明发达，交通便利，故此涨到这样。假如他日全国改良，那地价一定是跟着文明日日涨高的。”“加以”二字，出版时误作“所以”，然原演说词之意，系以资本家未出现与地价未增相提并论，初非谓资本家不出现为地价不涨之原因，故下言上海、香港地价之高，为文明发达交通便利而起。又云全国改良，地价必随文明而日涨。（演说词“全国改良”四字，所包甚广，即政治、法律改良，亦在其内。故文明二字，所包亦甚广也。）同页十二行又云：“那地将来因交通发达涨至一万。”自始至终，皆以“文明发达交通便利”为地价腾涨之原因，而不及资本家之力。故上文一字之误，细心读书者，必能以意逆志而得之。梁氏立于反对之地位，其不及此，亦不深怪。而徒以崇信此误字之过，遂至力主张资本家出世为地贵之原因，而与其评论欧洲经济祉［社］会历史之语大起挑战，杀伤相当，是则非梁氏之负本报，乃本报之负梁氏也。（又，梁氏于彼文有云，质言之：“文明进步，资本进步谓也。”以资本包括一切文明，可称奇语。此又因缘误字视为师说，谓地价之加增由资本家之出现。然则资本家者，可称为一切文明之代表欤？究之此说万难自完，实不如梁氏所云“全欧土地本在少数人之手，全欧资本自然应在少数人之手。”及谓“生产三要素，其一已为少数人独占，贵族即兼为富族”等语，浏亮多矣。）

［原文］嘻嘻！是即孙文新发明之社会革命的政策耶？吾反复十百遍而不解其所谓。请一一诘之。不知孙文所谓定地价的法，将于定地价后而犹准买卖乎，抑不准买卖也？彼既自言为土地国有主义，则此问殆可无庸发，不过费索解已耳。姑舍是（按：此数语其梁氏所谓自论自驳，无一可通者，幸而姑舍是三字尚善于解围耳。）则不知政府于定地价时随即买收之乎？抑定地价后迟之又久然后买收之乎？若于定价时随即买收之，既买收后即不复许买卖。夫物之不可交换

者，即无价格之可言，此经济学之通义也。土地既非卖品，则初时以一千收入者，得强名为值一千，以二千收入者，得强名为值二千耳，而何从有价涨至一万赢利八千以归国家之说也。若迟之又久然后买收之，则何必预为定价？其所以预为定价者，恐此地于未买收以前，因买卖频繁而价地<涨>，而将来买收之费将多也。殊不知既定价之后，则买卖必立时止截。如甲有地定价二千，因交通发达，而乙以四千购诸甲，及政府从乙手买收时，则仍给原定价二千耳，如是则谁肯为乙者？故定价后迟之又久然后买收者，谓以财政所暂不逮而姑为先后，斯可耳。若既定价后，土地立失其有价值之性质，而断无涨价至一万赢利七［八］千以归国家之理，又可断言也。

驳之曰：此以下梁氏以吾人社会革命的政策，为不能行之主要论据也。孙先生言："定地价之法，如地主有地，价值千元，可定价为一千，或多至二千，其地将来因交通发达，涨至一万，地主应得二千，已属有益无损，赢利八千，当归国家。〈这〉于国计民生，皆有大益。"其言明自［白］易晓，而梁氏谓反复十百遍而不解，吾始亦疑之，然继观梁氏所言，则经济学中最浅之理，梁氏亦未之知。以此头脑，而强与人论社会革命政策，虽反复千万遍，庸能得其解耶？吾以是哀梁氏之愚，而又未尝不服其胆也。梁氏曰：物不可交换者，即无价格之可言。此似足为其稍涉猎经济学书之据，然正惟其随手剿来，未尝知其意义，故谬援以驳人，而不知贻识者之笑。吾今为梁氏正之，梁氏其亦肯俯首受教乎？夫谓物之不可交换无价格可言者，非谓不可买卖者，即无价格之可言也。土地归国有定价后诚不可买卖，然非禁人之租借利用也，有其租借利用者，则必有地代（租），地代者，对于土地使用之对价也。（此伊里氏所下地代定义，其他学者亦复相似也。）其地代为若干，即知其使用之价格为若干，盖租地者之出地代（租），而使用其地者，即交换之事也。故经济学所指不可交换即无价格可言者，为一国法令所绝对禁止不容交换之物，如盗赃之属，不谓明明有使用交换之土地，而亦无价格也。吾国习惯所称地价者，则为对于土地所有之对价（即买卖之价）。此价由其使用之对价而来。如普通地代（租）之价格为六元（年租），其所有之对价，可值百元，则其地代

（租）若增至十二元者，其所有之对价，亦必增一倍。无论若何涨落，皆可比例而得。故当国家未定价以前，曰甲之土地，其价值一千元者，必其地代（租）先有五六十元之收入者也。租六十元者，其价千元，及其增租为六百，则无异增价为一万。虽其时土地皆为国有，不许买卖，然以租之价格，即可以推知地之价值。如国家有银二千，其岁收利子不过百二十元，今以买收甲值千元之地，买收之后，其租立有至六百，是国家以二千元之土地，而得等于万元利子之收入也。故曰价涨一万，赢利八千，以归国家也。此无论于定价时即行买收，及定价后随时买收，其理皆不异。梁氏①谓："定价之后，则土地立失其有价值之性质。"曾不知地代（租）亦为一种之地价，不许贵［买］卖，而许租用，则土地使用之价格自在。又普通人皆知，土地买卖之价，因于地租，而梁氏之意反之，故不信定价后国家赢利之说。今吾之剖析如是，梁氏其犹有所不解耶？则再质问可也。

［原文］如是则国家欲仪②此而于财政上得一时之大宗收入，万无是理，而惟有责效于将来。将来之效如何，则国家自以地主之资格，征地代于民，即彼所谓但收地租一项已成地球最富之国是也。然收租之率，将依买收时之价值而勘③定之乎？抑比例交通发达之程度随时而消长之乎？……吾为彼计，厥有二法：一曰国家自估价者。如此地当买收时，值价一千，其地主岁收租一百，今估量交通发达之后，此地应值一万，则国家岁收租一千，此一法也。然官吏能无舞弊以厉民否耶？民能服官吏所估之价与否耶？夫现在各国之收地租，大率以地价为标准，如日本所谓土地台帐法是也。政府略勘定全国之地价，第其高下，而据置之以租，经若干年，地价既涨，则改正而增收之，所谓地价修正案是也。然必有交换然后有价格，有价格然后可据为收租之标准，而民无异言。若土地国有后，无复价格之可言，则除估价之外，实无他术，而民之能服与否，则正乃一问题也。二曰参用

① 梁氏，原文为"土地"。

② 欲仪，梁氏原文为"欲缘"。

③ "勘"，梁氏原为"勒"。

竞卖法。国家悬一地以召租，欲租者各出价，价高得焉，此亦一法也。此法最公，民无异言。然豪强兼并，必因兹而益甚，且其他诸弊，尚有不可胜言者。

驳之曰：梁氏欲以此言而难吾人之社会政策耶？则吾嫌其未免太早计也。盖梁氏于一田主佃人之事，且未之知，而自论自驳，自苦乃尔。此真出吾人意料外者。今使梁氏而有地数十亩于社会，则吾亦问收租之率，将依买收之价值而勘定之乎？抑比例交通发达之程度，随时而消长之乎？度梁氏亦将哑然失笑也。又使梁氏有地若干亩，其始收租一千，而值一万，今其租再涨至五千，则其值亦必涨至五万，或不幸其收租额降而为五百，则其值必降为五千。梁氏虽欲株守一定之价值，以求租额与之相当，不可得也。故国家收买土地之后，必视其租之升降如何，而后能估量其值，安有估值而后收租者？盖租为使用之对价，视其土地之收益及社会之需要而定，租地者初不问其地之值如何也。（孙先生为言，梁氏昔刊其广智书局招股章程，有云："将来股分之值愈高，则分息亦缘之多。"先生力辩其谬，梁氏乃已，不谓今复萌故智也。）至梁氏举现在各国之收地租为比，则尤令人绝倒不置。夫日本之收地租以地价为标准者，此吾国所谓地税也；吾国所谓租，乃日本所谓地代也。其性质大异之点，则地代（租）为以地主之资格对于使用土地者而收之，地租（税）则就土地之收入所课于地主之租税也。（此定义，本日本高野博士，其他学者，亦复无甚出入。）梁氏亦知定价收买后为国家以地主之资格征地代于民矣，而又云"必有价格然后可据之为收租之标准"，引各国之收地租为证，然则梁氏亦始终不识此二者之区别而已。若夫竞卖法之弊，梁氏既未详言，则吾人亦无从驳诘。大抵其所依据者，亦当如上云云，无有驳论之价值也。

［原文］要之，无论用何法，谓国家缘此得莫大之岁入，可以为财政开一新纪元，则诚有之，若绳以社会主义所谓均少数利益于多数之本旨，则风马牛不相及也。何也？必有资本者乃能向国家租地，其无资本者无立锥如故也；又必有大资本者，乃能租得广大之面积与良好之地段，而小资本则惟局蹐于硗确之一隅也。……不过现行之地

代，少数地主垄断之，土地国有后之地代，唯一之国家垄断之，其位置虽移，其性质无别也。而资本家实居间以握其大权，盖纳地代而得使用国家之土地者，资本家也，给赁银而得左右贫民之运命者，亦资本家也。

驳之曰：梁氏以土地国有为财政上问题，无关均少数利益于多数之旨，吾人不暇致辩。但即以梁氏次版之语折之，现行之地代，少数地主垄断，土地国有后之地代，唯国家收之。夫国家者何？国民之团体人格也，少数地主之利益而移诸国家，犹曰于均利益于多数之旨无关，其性质与在少数地主之手无异，是惟以语诸专制之国，其所谓国有制度，但以政府专其利者，则可耳，非所论于将来之中华立宪民国也。资本家与地主之关系及其势力之如何，上文已详言，而尚有当再陈者，则地主与租地者，其事不可同日语也。地主惟坐食社会文明之赐，不须费何等之经营；租地者则先须纳租于地主，继后须除赁银利子之额，然后为其所得，则其经营不得少懈。此其不同一也。即为地主，则无论其所有地若干，非国家强制收买，或其人得过当之值，而愿售之，则他人永不能动其毫末；而租地者，国家可因为制限，如其既租而不能用者返收之，则其业可得制限也，虽永小作人，亦附以三十年或四十年之期间，则其时可得制限也，故无垄断于私人之患。此其不用［同］二也。地主既以安坐而获，而又得乘时居奇，持一般资本家劳动者之短长；租地者则断无牺牲多数之金钱拥旷地而不营之理，而国家又得禁其转贷于人者，则永绝居奇之弊。此其不同三也。凡是三者，皆在土地私有时代，各国经济家所共忧之弊，而在国有时代则无之。梁氏亦能比是二者而同之乎？又梁氏谓："必有资本者乃能向国家租地，无资本者，无立锥如故"云云。吾不知所谓无资本者，将绝对的言之耶，抑相对言之耶？若绝对的言之，则其人倘并锹锄斧斤之属而亦无之，其不能不为他人作嫁固耳，若其有农具之资本，足以施于农事，则自可向国家请愿而租地。凡各国制度永小作料（以耕牧为目的，而使用他人土地者，曰永小作人，其所纳使用土地之代价，曰永小作料。）皆以不必前纳为原则，必其继续二年以上不能纳者，地主始请求废其契约，然则虽甚贫之佃户，不患无耕地也。若云大资本者能租广大面积良好地段，小资本者不能，引以为病。则吾闻诸师矣，曰："人民初移住于未开之地者，必择其地味及位置比较最优之土地而耕作之，其时土地无优劣之差异，地代未成立也。然人口繁殖，不能仅以第一等土地之收获满其欲望，而谷米价格腾贵，则第二等之土地，亦将见用。以第二等地比于第一等地，收获虽少，而谷物腾贵，其收获足偿其生产费，且由于报酬渐减之法则，（土地之生产力，不应于所投之劳动、资本而增加者，曰报酬渐减法则。如十人耕之，而得生产百石，二十人耕之，不能增为二百石，则为劳动之报酬渐减。今年所施肥料，增于去年二倍，而所收获不见二倍于去年，则为资本之报酬渐减。盖达于一定之程度，则为此法则所限也。）比之对于第一等地而增加资本、劳动，则不如投于第二等地收获反大也。假定第一等地产米二石，第二等地产一石五斗，其差五斗，即为第一等地之地代，而第一等地之所有者得之。其时使用第二等地者，得收获之全部，而借用第一等地者，约五斗地代，其所得即同为一石五斗。既而人口更增加，米价益腾，则虽耕产米一石之第三等地，而亦足偿其生产费，而其时第一等地代为一石，第二等地代为五斗矣。"据此，则梁氏所谓或得良好之地或得硗确之地者，犹犹此所云第一等地第二三等地也，其第一等地诚良好矣，而其纳地代必倍于第二等，第二三等地，虽比较的为硗硝［确］，而其地代或得半额，或直免除。则各除其地价与其生产费三者之所获，将无几何之差异。见得第一等地者而羡之，见得第三等地者而病之，而不知有地代一物为平衡于其后焉，则惑矣。且将来中国农业，必不患为大资本家所垄断者，则尤有说。据新农学家言，农业异于他事，比较以分耕为利。盖农事之大部分，必须人工，而机器之用反绌。取美国用机器之大农，与欧洲小农所耕之地，每亩而衡之，则美农之所获，不过欧农四分之一。彼美洲之大农，所以乐用机器者，则以一时得耕多地为利也。就其私人资本计之则便，而就社会资本计之实非利也。（法国经济学家李赖波刘氏痛论美国农业，谓其粪田及其他农功，皆视欧洲大陆为远逊云。）国有土地之后，必求地力之尽，则如小农分耕之，可获四分者，以为标准，而收其半或三分之一以为租。而大农之用机器合耕者，乃每亩而得一分，非其私人所有土地，而须纳之以为租，则不惟无利而有损，故资本国有之制行，而不患资本家之垄断农业。此非反对者所能梦见也。（梁氏谓吾人尊农为业，排斥他业，此语谬绝。夫重农则岂必排斥他业者？梁氏以其奖励资本家则牺牲他部分人之脑筋臆测之，故有此语耳。梁氏岂能得吾人排斥工商业之证据乎？若夫以重农为病，则又大奇。今世界各国，工商业发达莫如英，重工商业者宜亦莫如英，然前年爱尔兰田案通过，则每年由政府拨一万万二千万以与农民，重农如是。梁氏岂亦以为多事耶？）

［原文］抑孙文昔尝与我言曰："今之耕者，率贡其所获之半于租主而未有已，农之所以困也。土地国有，必能耕者而后授以田，直纳若干之租于国，而无复一层地主从中朘削之，则可以大苏。"此于前两法以外为一法者也。此法颇有合于古者井田之意，且与社会主义本旨不谬，吾所深许。虽然，此以施诸农民则可矣，顾孙文能率一国之民而尽农乎？且一人所租地之面积有限制乎？无限制乎？其所租地之位置由政府指定乎？由租者请愿乎？如所租之面积有限制也，则有欲开牧场者，有欲开工场者，所需地必较农为广，限之是无异夺其业耳。（按：谓工厂需地广于农，费解。工厂广袤百亩已称大工，而小农亦耕百亩，大农则千亩以上，比较孰为多耶？）且岂必工与牧为然，即同一农也，而躬耕者与用机器者，其一人所能耕之面积，则迫绝其限。以躬耕所能耕者为标准，则无异国家禁用机器，如以用机器为标准，则国家全得此广土？如躬耕者与用机<器>者各异其标准，则国家何厚于有机器者而苛于无机器者？是限制之法终不可行也。如无限制也，则谁不欲多租者，国家又安从而给之？是无限制之法，亦终不可行也。要之，若欲行井田之意，薄其租以听民之自名田，则无论有限无限，而皆不可行。何也？即使小其限至人租一亩，而将来人口加增之法［结］果，终非此永古不增之地面所能给也。复次，如所租之位置由政府指定之也，则业农牧者欲租田野，业工商者欲租都市，政府宁能反其所欲而授之？若位置由租者请愿也，则人人欲得一廛于黄埔滩，政府将何以给其欲也？是两者皆不可行也。

驳之曰：此又梁氏所据以难土地国有不能行之说，其言絮絮不绝，若颇善发疑问者然。实按之，则皆不成问题。盖如梁氏所引述孙先生曩日之言，亦谓土地国有，小民有田可耕，及非能耕者不得赁田，直接纳租，不受地主私人之朘削而已。非谓苟能耕者即必授以田，又非谓凡人皆必授以田，而使之耕也。梁氏夙昔好言论理学，试取“必能耕者而后授以田”一语细解之，当无误会。故谓此法颇合于古者井田之意可也，谓即古者井田之法则谬也。夫必能耕者而后授以田，所以使田无旷废，此意岂惟可行于农地，即工厂建物之需地者，苟非能用之者，亦不任其虚拥之也。此则非吾人之创作，今日各国，固已有行之者。而美行之于全国及其领土，梁氏倘不知耶？梁氏谬认吾人所主张者为即井田之法，而其所言，亦仅足以难欲复古井田制之辈而已，非可以难吾人之社会政策也。盖井田之法为数理的分配，吾人社会政策为心理的分配，此其大异之点也。国家为唯一之地主，而国内人人皆为租地者，则其立脚点为平等，至其面积则不妨依其业并其标准，而为之制限。如用机者，得租可以用机之地，能耕者，得租可之［以］躬耕之地，则各如其分，何所不平？此犹饥者得食，寒者得衣，是之谓平。若皆授以衣，或皆授以食，则反为不平耳。故限制之法，无不可行也，即无限制，亦不患其多租，何者？凡农地之租者，不得废耕，业场之租者，不得废业。（此为产业之制限，与期间之制限，皆不可少者。至面积之制限，则犹视之为宽，近世学者所言，亦往往谓无须制限也。）则无资本、劳力以经营者，自不能久拥虚地，而社会上亦必无愿掷黄金于虚牝者。梁氏云：“谁不欲多租者，国家又安从而给之？”则吾问梁氏于上海仅以广智书局卜地一廛，何不欲多租者，而踞踏［蹐］至是？此言者不闻之而失笑者乎？故无制限之法，亦未尝不可行也。又如所租之位置，梁氏谓：“若由租者请愿，则人人欲得一廛于黄浦滩，政府何以给其欲？”此言尤堪捧腹。夫政府为惟一之地主，若人人不欲得地于黄浦滩者，或其所忧；若人人欲得，则政府亦视其能出租最高者，贷与之斯已耳。岂人人欲得地者，即必人人而与人［之］耶？梁氏而忧此，则何异代资本家忧其利子之厚，代企业者忧其利润之丰也？盖梁氏始终谬认吾人之政策，为即古代井田之法，故有“薄租以听民自名田”之说，不知土地国有之后，其异于私有时代者，则租之涨落一应需要供给之自然，而无有为地主者居奇垄断，以使贵逾其真值，则民已大利，非必强抑其租额与强肥腴硗确之地，租于同等，而后利民也。梁氏惟识数理的分配，而不识心理的分配，此其所以四冲八撞为说自困，而无可通也。

按以上所引驳各节，皆梁氏所谓中国不能行社会革命之说也。吾人社会革命之政策，为土地国有，土地国有之办法，为定价收买。梁氏既谓社会革命为不能行，舍谓定价收买法之不可行外，实无以自完［圆］其说。今梁氏于此，已不闻只词之反对，而但置疑于土地收买之后，此岂非已承认土地国有主义，而但欲相与研究此后之施行手续法者耶？故就令梁氏所献疑为当，已不得谓土地谓国有为不可能，而况梁氏之地租地价论，谬想天开，得未曾有。如谓“可租之土地已失有价值之性”，谓“国家必估价而收租”“以地租拟于地税”“忧人民之欲租多地，而国家无从给之”，其言殆庶几可为今日沪上粤中滑稽小报之资料，而供人笑柄耳。盲人扪烛，而以为日，欲正告之，则不能免于词费。此吾人所以哀梁氏驳论之无聊也。梁氏而必谓国有土地为不能行，则宜更有以语我。

是故综三节而言之，知吾国经济现象之不足恃，而当消患未然者，则社会革命不必行之说破。知国家为大地主、大资本家而外资无足忧者，则社会革命不可行之说破。知国有土地主义其定价买收方法，更无驳论者，则社会革命不能行之说亦破。而吾人之言，非只以自完其义也，所以解一部分人之惑，而期此主义之实行也。孙先生曰：民生主义一名词，当为Demosology而不为Socialism，由理想而见诸实际之意也。故当世而有愿与研究商权其得失者，皆吾人所乐欢迎也。

以上反驳梁氏之说，而引申正论者，已毕。此外尚有与本旨无大关系，而梁氏以为能抵本报之瑕隙，自鸣得意不已者。己所不知，辄谓人为误，不有以正之，梁氏将大惑终身矣。故此以下，不惜更纠其谬，而所言亦多关于经济之问题，非徒笔舌相斫，阅者当亦乐为仲裁裁判也。

［原文］孙文又谓，欧美各国，地价已涨至极点，就算要定地价，苦于没有标准，故此难行，而因以证明社会革命，在外国难，在中国易，就是为此。此可谓奇谬之谈。谓欧美地价，涨至极点，孙文

能为保险公司保其不再涨乎？吾见伦敦、巴黎、柏林、纽约、芝加高①之地价，方月异而岁不同也。且谓价已涨者则无标准，价未涨者则有标准，是何道理？吾国现在之地价，则价<涨>于秦、汉、唐、宋时多多矣，吾粤新宁、香山之地价，则涨于二十年前多多矣。若因其涨而谓其无标准，则我国亦何从觅标准耶？若我国有标准，则欧美各国，果以何理由而无标准？吾以为欲求正当之标准，亦曰时价而已。我国有我国之时价，欧美有欧美之时价，吾苦不解其难易之有何差别也。若曰我国以价贱故，故买收之所费少而易，欧美以价高故，故买收之所费巨而难，则何不思欧美国富之比例，与吾相去几何也。

驳之曰：此即梁氏于其所不知而辄谓人为误者也。孙先生演说，谓欧美之地价已涨至极点者，谓如纽约南部及伦敦城中之地，今以涨至极点，而为地道以通于他处，其所通至之地价渐起，而纽约南及伦敦城中之地，则不更贵，且因有自此而迁往所通地者，而纽约伦敦之极贵点转有稍落之象，此即伊里氏所谓“交通机关发达，市内之地代不止阻其趋贵之势，反使成退于旧者也”。故欧美今日之地价，涨至极点者。（图式之如左。）

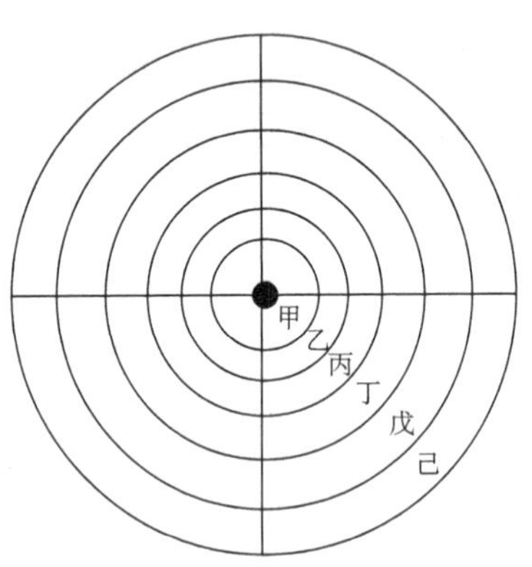

如图，最中心为价涨至极点之地，引而外通，则次第为甲、乙、丙、丁、戊、己之各图。先通第一图至其价渐贵，与中心之地等，则必又通至第二图，次第旁及不已。其中心地，不复贵，而旁地亦无能过之者，故曰

① 芝加高，今译作“芝加哥”。

已涨至极点。此之现象，吾国实无之，任令指定某省某地为最贵，然文明发达后，则此地可立贵百倍或数十倍于今日，而他地之贵，亦容易过其现在之额也。盖欧美为已经发达之阶级，而我国则在未开时代，故其不同如此。至梁氏所谓伦敦纽约芝加高之地，驳骎日上，此乃其未贵至极点者。今故日贵耳，若纽约南伦敦中之地，何尝有日贵至象耶？而演说词固未尝言欧美之地，皆贵至极点，则此语不足为难也。若夫谓地价既极，即欲定价，而苦无标准者，此理亦非难解。梁氏独未细思耳，演说词云：“定地价之法，譬地主有地价值一千元，可定价为一千或至二千，将来因交通发达，价涨至一万，地主应得二千，已属有益无损，赢利八千，当归国家。〈这〉于民生国计，皆有大益。”何以谓今日价值一千之地，将来可涨至一万，此纯因其今日之价，为未开时代之价，故可逆计将来交通发达后之价，为必涨至若干倍，又可预算，其赢利若干倍，归于国家也，即此可预算其涨价而赢利者，实为收买定价之标准也。其在纽约南部伦敦城之地，则其价已极涨而几无再涨之，望若国家借债而买收之，一如其现价，则虽阅数十年，亦无丝毫之利可得，或以轨道之通，而反少有降落，则损且归于国家，而又无抑减其现在之值，以定价买收之理，其价最贵之地，不能买收，即土地国有主义不能贯彻，故在我国，则以有逆知其价涨而国家可赢利之故，得就其地之值而定之，或倍定之，而皆有标准。欧美反是，即依其现价定之，犹不能，故曰苦无标准也。梁氏但知依于时价，岂知中国今日之时价为未文明发达之时价，欧美之时价为已文明发达之时价。中国今日之时价，可因文明而将来骤涨，欧美之时价，则已极贵而将来无大加增，为国家买收计者，其算定之标准实不在时价而在将来也。此何止以其一时所费之大小而情况大异耶。

［原文］孙文又谓，德国在胶州〈湾〉，荷兰在爪哇，行之已有实效，而欲我中国仿行起来。嘻！非丧心病狂，而安得有此言也。孙文亦思胶州之在德国，爪哇之在荷兰，果居何等位置焉否也？（按：此句文理难解，然原文如是，姑仍之。）夫德、荷政府，则朘胶州、爪哇之脂膏以自肥者也，孙文欲胶州、爪哇我全国耶！吾真不料其丧心病狂一至此极也。夫中华民国共和政府而优贫也，则所以救之者亦

多术矣，而何必以谬亡之余自拟者。

驳之曰：此又梁氏以政治问题混入经济问题也。夫胶州于德、瓜［爪］哇于荷，居何等位置，与德在胶州、荷在瓜［爪］哇，其所行之土地法为何等，实风马牛之不相及也。梁氏以为荷、德所行者，一在其属土，一在其租借地，遂硬认为此朘脂膏以自肥。以吾所闻，则瓜［爪］哇之人，以荷兰行新法后，地主不能久拥虚地，而细民则得地以耕，其政府所得者，乃为后此文明进步地价胀起之利，与使人民尽力于生产而有税额增收之利，如是而已，未尝有所朘于小民之脂膏，即地主亦未尝蒙其损害也。梁氏先存一谬见，以为各国皆必厚于总邦而薄于属地，而荷兰、德国又不闻，先以其土地整理法施诸本国，故直认此为朘民自肥之具，殊不知地法之在欧洲，其积重难返，有种种原因，而其地为已经文明发达之阶级，与尽在少数贵族之手，（伊里氏曰："农业劳动者，于英国近年，始渐有唱其改良进步之必要者，议会之多数，为地主，而地主与劳动者之利益相反，故此方面之改良殊困难。"观此则行地法之不易可知。）则其显易可见者也。故于此亦足为社会革命欧美难行而中国独易之一证。梁氏谓以欧美程度不能行者，即无论中国，其所见如是，宜乎智不及此，则惟有疑其施行者，为朘属地以肥宗邦而已。然姑如梁氏之臆测，德、荷之在胶州、爪哇犹有宗邦属土之别，而土地国有，梁氏既知为中华民国之施设，则所收于地主少数人倘来之利还为全国用者，天下之至仁，莫过于是。而谓之丧心病狂，此语无乃梁氏自道耶。梁氏以德、荷对于胶州、瓜［爪］哇所行之地法，见人称善，则曰是欲胶州、爪哇我全国，近者日本注意于台湾，使博士冈松参①等调查其民法习惯，而报告之。他日我国从事立法而有称道日本调查手续之善者，梁氏亦将谓是欲台湾我国耶？故使梁氏而不知胶州、爪哇之地法，为非德、荷厉民之政，而谬谓其朘削自肥者，妄也。明知胶州、爪哇之地法，非厉民之政，然故意颠倒是非，企嫁恶名于人者，贼也。贼与妄，梁氏必有一，于是矣。

---

① 冈松参，即冈松参太郎（1871~1921），日本法学家。

［原文］又孙文之言，尚有可发大噱者，彼云“英国一百年前，人数已有一千余万，本地之粮，供给有余。到了今日，人数不过加三倍，粮米已不够二月之用，民食专靠外国之粟。故英国要注重海军，保护海权，防粮运不继。因英国富人，把耕地改做牧地，或变猎场，所获较丰，且征收容易，故农事渐废，并非土地不足，贫民无田可耕，都靠做工糊口”云云。谓英国注重海军，其目的乃专在防粮运不继，真是闻所未闻。夫经济无国界，利之所在，商民超［趋］之，如水就壑。英国既乏粮，他国之余于粮者，自能饷之，非有爱于英，利在则然耳，虽无海军，岂忧不继。若曰战时不能以此论，则当日俄战役中，我国人之以米饷日本者，又岂少耶。虽买十分有一之兵事保险，犹且为之矣。夫英国所以注重海军，一则因沿海为国，非此不足以自存；一则因殖民地众多，非此不足以为守。此虽小学校生徒，类能解之者。而其不得不并力于殖民地，又资本膨胀之结果也。如孙文言，岂谓英国苟非改农地为猎牧地，国内农产，足以自赡，而即无待于海军乎？此与本问题无关，本不必齿及，所以齿及者，以觇所谓大革命家之学识，有如是耳。

驳之曰：此般文字，梁氏自鸣得意极矣。然其指为他人之误谬者，实得其反，则吾不知其手舞足蹈之胡为也。语曰：聋者不歌，无以自乐。梁氏倘以为自乐之道，则可耳。梁氏谓英国注重海军，只因沿海为国及保护殖民地，为小学校生徒能解，此固也。惟军国之大事，为政府所注重国会所讨论者，则非小学校生徒所能解。梁氏但以小学生之智识为已足，而不更他求，故闻粮运之说，而不信。吾请举例证之。格兰斯顿[①]，英人之不主张殖民地者也，其为相时，波人欲独立于脱兰斯哇而许之，法人收马达加斯加（非洲东大海岛）而不与之争，檀香山群岛请保护则拒之，沙摩群岛已久在英国势力范围者亦弃之。至今英国言帝国主义者，号之为小英人（Little Englander），而不知海军扩张之案，则自格兰斯顿内阁时成立，

① 格兰斯顿，即威廉·尤尔特·格莱斯顿（William Ewart Gladstone，1809-1898），英国政治家，曾作为自由党人四次出任英国首相。

则不重殖民地而重海军者也。然此有可曰，或有其他之目的，非必与粮运有密切之关系也。（按：孙先生演说词，但言“注重海军，保护海权，防粮运不继”，以此为英国注重海军之一重要目的，不谓此外更无目的也。而梁氏乃易为“谓英国注重海军，其目的乃专在防粮运不继”，加以专字，变为全称命题，此与孙先生云“必能耕者而后授以田”，而梁氏易为“凡能耕者则授以田”，语意全差，实由梁氏不通论理学之过也。）则更观于英国，自格兰斯顿内阁后，而海军岁费，日加无已。英人无怨言，至去岁新内阁减去海军经费三千万，而国民乃反对之，议院中粮运调查委员（Good Supply Comnission）即质问海军部以何方法而可保粮运之无虞，而提督不烈殊答谓：“英国海军集中之策，其力尚为世界最强，若有战争，敌万不敢分力以掠我粮道，以其力既薄弱，不如我英，故若果有出此下策者，则我英犹可分军，倍其力而击之也。”夫各国关于海陆军费增加案，其为国民所难，不易通过，稍知各国政治史者，所能知也。（如德国为殖民地而营海军，故今皇深谋十年，而后通过议院。其扰我胶州，亦即彼谋之一。此又读近世外交史者所能知也。）而英之国民独以减削为忧，其质问政府者，又独在粮运调查委员，则其海军与粮运之关系，亦可见矣。倘使其粮食非重大问题，如梁氏云云，他国自然趋之者，则此粮运调查委员何自来，而不烈殊提督之答辩，亦岂非无谓耶。要之此事并非难知，求其例证，则俯拾皆是。梁氏惟于小学校生徒能解者，则知之，而一国政府议院研讨之要政，则不之知，乃叹为闻所未闻耳。（稿成，就正于孙先生。先生阅至此，莞尔笑曰：然则子与小学生对语，无乃劳乎？仆曰：不然。今梁氏《新民丛报》尚发行千数百分，其阅者皆不以小学生视梁氏也，而梁氏乃以小学生之知识议论报之。仆此论乃为阅彼报者作，无使为所愚也。先生曰：子之言然。）又梁氏谓：“日俄战役中，我国以米饷日本者岂少云云。”此亦谬绝。夫日本所以得此者，又幸其不失制海权耳。使日本海军败丧，而俄得海权，则兵事保险之价几何？而我国尚有憨，不畏死以源源接济日本者几人耶？以吾人所闻，则日俄之战，俄国所定为战时禁制品者，实绝对包含米谷食品，而俄舰之举措，往往逸于常规。凡中立船少有嫌疑者，审检之，手续未尽，直捕获没收之，以是当日本海海战全捷以前，日本沿岸近海之航行者，皆不自由，人有戒心，保险会社，虑俄舰捕获之危险或奇高其战时保险或并谢绝之，全国有货物减退物价暴腾之感，而制海权则固在日本也。故当俄旅顺舰队已被封围于日本海军，海参崴逸出三舰，击英商船，沉之。于是日本各港商船停留不敢发，举国震惊，群咎上村中将之失，此时梁氏亦在横滨，不应无所见闻。夫谋国之政策，贵出完全，不在侥幸。梁氏以侥幸之政策为已足耶。

> ［原文］英国以农地变为猎牧地，此自是彼资本家应于其国之经济之现状，见夫业此焉而可以得较厚之赢也，则群焉趋之，此亦如荷兰之资本家率业船，比利时之资本家率业铁，凡以为增殖资本之<一>手段而已，而未尝因其趋重何业，而影响及于贫民生计也。（原注：影响所以及于贫民生计者，以资本在少数人手之故，而非因其以此业之资本移于彼业，而遂生影响也。）夫土地之面积，自数十万年前既已确定，造化主不能因吾人类之增加，而日造新壤，计口分以授之，此玛尔梭士之人口论，所以不胜其杞人之忧也。（中略）即如孙文所述英国今日人口三倍于百年前，则百年前本地之粮供给有余者，而今日之需要三倍之，其将何以自存？

驳之曰：此又不通之论也。如梁氏言，则虽举一国之农地而立变为猎场，举一国之资本而不投之生产的事业，皆为无影响于贫民生计耶？梁氏谓影响及民之生计，但以资本在少数人手，故而其所业可不问，是何重资本而轻所业也？则无怪梁氏之解决生产问题，惟以奖励资本家为首要矣。夫改农地为猎场，资本家之所得，或亦如故，然此所谓挹彼注兹之富，其于社会资本，无所增也。而其农民立时失业，仰食无所，势必趋工，工业之劳动者，其供给额固早与一时之需要相当，其骤增者，必将无所借手，工业之供给既骤增，则竞争之结果，庸银又必减薄，是故非但［但］农业受其影响，而工业之劳动者，亦且受其影响也。今梁氏云云，即欲以媚世之资本家，然恐其尚不敢受也。更就英国之实例言之，则华拉斯之《资本国》有论，所举列［例］如左。

其一例　爱耳兰[①]自千八百四十九年至五十二年，凡四年间，大饥，而前后共二十二万余农民，为地主所斥逐。此以饥馑之结果，逐小作人而代以牛马羊豚之类，小作人中有夜中命退者，虽其病妻弱息，不得及于翌日。

其二例　苏格兰地主，由其收益之便利，多变耕地为牧场，以致前后数万农民置身无所。有昔时出兵数千之地，而今仅住居四人者。

其三例　苏格兰之大地主，为造己之游猎，由耕作地斥退小作人，其地任使归于荒芜。

读右之所列述，而犹以为与贫民生计无关系者，是直无有人心者也。至论土地之法，则吾人本无计口分授之旨。梁氏误解谬认，上文已明辩之。即玛尔梭士[②]人口论，自机器发明，生产法改变以来，已大减其势力矣。（按：玛尔梭士人口论，谓人口之增多，为倍加之率，食物之增多，为遁加之率，故其示两者之比例如左。

人口 1，2，4，8，16，32，64，128，256

食物 1，2，3，4，5，6，7，8，9

谓人口二十五年而增加一倍，五十年为二倍也。常人执此，每认一人而有二子，其子各生二人，即为合于倍加之数，此实大谬。盖忘记配偶之数也。故一人生二子，子各生二人，则于人口初无增加，以原由配偶二人生二子也。今以一人生二子，子各生二人，以次递降为例，则其理当如轩利·佐治所作之图，由自身下推于子孙，与上溯于父祖，其数相等。此亦玛尔梭士人口论不正确之一端也。）

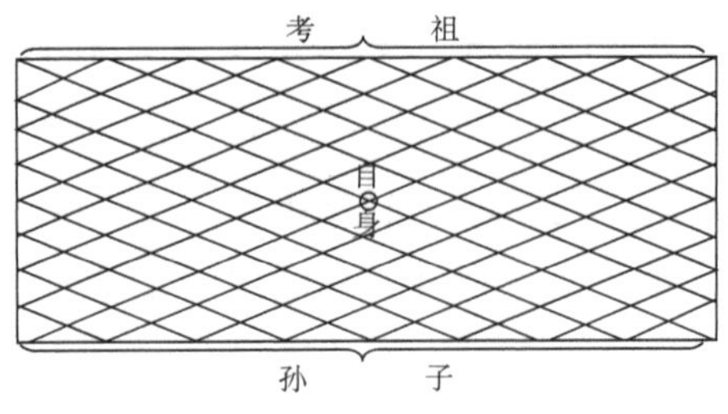

① 爱耳兰，今译作“爱尔兰”。
② 玛尔梭士，今译作“马尔萨斯”。

又演说词谓："英国百年前，人数一千余万，本地之粮，供给有余。到今日，人数不过加三倍，粮米不够二月之用，谓非土地不足。"此其故，可以极浅之数学明之。盖昔之土地，养千余万人，而足供一年食者，今三倍其人，为三千余万，则本当足供四月之食也，今乃以供二月之食而不足，是已少去一半矣。梁氏犹不知耶。（此小学生可知之数，梁氏昧昧，则且小学生之不如矣。）且文明进步，地之生产额，其足供人口之数，必与百年不同比例，此又稍知农学或地理学者，所能知也。故曰：此由农业渐废，并非土地不足也。

> ［原文］又，孙文谓："所［行］了这法之后，物价也渐便宜了，人民也渐富足了。"此语吾又不解其所谓。夫物价之贵贱，果从何处觅其标准耶？（中略）若夫一切物品，举十年之通以较之，而无一不涨于其前，是则金价或银价之趋贱耳，而非其余物价之趋贵也。何也？物价之贵贱何以名，以其与金银之比价而名之耳。此与货币政策有密切之关系，今勿具论。若求诸货币以外，则尚有原则焉，曰物价必比例于需要额与生产费，需要者多，则物价必腾；生产费重，则物价必腾。然文明程度高，则庸钱必涨，庸钱涨亦为生产费增加之一。故物价必随文明程度而日腾，又经济界普通之现象也。今孙文谓行了彼土地国有政策后，物价必渐贱，吾真不解其所由。（中略）物价而趋贱则必其需要日减也，是贫困之一征也；否则庸钱趋微也，亦贫困之一征也，而又何人民富足之与有？吾观于此，而益疑孙文之社会革命论，除反复［复返］于古昔井田时代之社会，无他途也。举农业以外一切之诸业而悉禁之，以国有之土地授诸能耕之人而课其租税，有四万万人，苟国中有四十万万亩地，则人授十亩焉，云云。

驳之曰：梁氏而又不解耶！凡梁氏所不解者，皆以其未尝研究经济学之故，遇此等处，辄生疑问，亦不足怪。寄语梁氏，但［但］洁己以进求教可耳，无盲猜瞎说，自苦乃尔也。梁氏曰："物价之贵贱，果从何处觅其标准耶？"是梁氏先不知物价贵贱之标准也，继而辛苦求索，索诸金银之比价。然犹曰："金价银价之趋贱，而非其余物价之趋贵。"是则梁氏亦知以金银比价者，其为贵贱，非真物之贵贱。于此亦可谓有一隙之明矣。然终无以得物价贵贱之标准，乃转其词曰："求助货币以外，尚有一原则云云。"此以下则不过为物价贵贱之原因法则耳，非论定其贵贱之标准也。梁氏辗转及此，不知其即以为言物价之标准耶？抑别有所谓标准耶？吾今单简为数语，以诲梁氏，而并以极浅之证例明之。盖言物价贵贱之标准，当以劳力为比例，不当以金钱为比例。其社会人民用力多而所得少者，曰物贵；其社会人民用力少而所得多者，曰物贱。人民之用劳力不齐等，所得亦不齐等。然其劳银所得最低之度与其生活最少之费，两举而比较之，则无不见。举例言之，如河南省，鸡卵一枚，售钱三文，广东省，鸡卵一枚，售钱三十文。自俗人言之，则曰在河南省物贱，在广东省物贵矣。然河南之挽手车者，每人终日不过得钱三十；广东之肩舆者，则一出而可得钱数百，每人终日可得三千。以之易物，则以河南车夫一日之力，不过得鸡卵十枚，而广东舆夫一日之力，可得鸡卵百枚也。然则两者之人民，其物价贵贱之感为如何耶？又如野蛮荒岛，百物无一钱之价值，若至贱也，然其人终日劳动，乃仅足以赡其生，曾不得一昔之暇逸；而文明之国，物皆有价，然劳动以自养者，若非有他之原因，则必不如野蛮人用力之多也。此教梁氏论物价贵贱之标准也。又，梁氏述其致贵贱之原则曰："物价必比例于需要额与生产费。"是固然矣。然供给之额，能远过于需要者，梁氏将以为贵耶？贱耶？文明进步，生产方法改良，则每能以少数之生产费，而得多数之生产物，（此即文明物价便宜之一大因。）而用机器者，其用人工既少，则庸钱之涨，亦无甚影响于物价。美洲之庸钱数十倍于山东，而美洲所出之面粉，乃更贱于山东，即缘此故。故即以金钱之价额论，而文明国之物品，较诸野蛮国，亦多有反贱者也。美洲之民，不困于物价之贵，而苦于租，其租之贵，多由地主垄断封殖使然，而非其本价。若我国将来土地国有，则无此患，故生产力大，而供给倍多，民生其时，可以少劳而多得，故曰物价渐便宜，人民渐富足也。梁氏于此一切不知，乃谓"必庸钱趋微，需要日减，而后物贱。"由此谬乱否塞之脑筋，妄用推测，而遂谓吾人将来必悉禁诸业云云。愚悍如是，亦一绝物也。

以上皆梁氏所致难于吾人之语，而吾人从而纠正之者，梁氏见之，得无又谓本报诋之无所不用其极耶！然梁氏既以能摘人误，自鸣得意，而所论既破，则自无容身之地，非吾人迫之于险，实梁氏自取之也。又，梁氏于本报第五号《论社会革命与政治革命并行》一篇，摘其中数语以相稽，殊不知论者意旨所在，即如所谓行之政治革命后易为功者，盖征之历史，凡善政之兴，弊政之革，皆在鼎革之时代为易，而守成之时代为难。梁氏虽愚，宁不识此公例，而故意颠倒其词，谓即利丧乱而为掠夺之事。然则，凡当新朝百度具举者，悉掠夺丧乱为之耶。至明之革元胡异种贵族之政，称以政治革命，亦复何愧？而梁氏曰："以明初为政治革命，则公等所谓政治革命者，吾今知之。"夫政治革命不必出于一轨，许明为政治革命，则必效法之耶？此又不知梁氏所据，为何种论理也。

吾人纵笔为文，亦岂能自谓无一误语。然如梁氏所举，则彼辄自陷于巨谬而不知，亦一异也。第十号演说词有云："解决的方法，社会学者之言，兄弟所最信的云云。"梁氏拾此，沾沾自喜，则亟加按语其下曰："岂有倡民生主义之人而不知 Socialism 与 Sociology 之分耶？抑笔记者之陋也。"不知此语不误，而笔记者亦未尝陋。盖自来言私有土地之不公及地主之害者，不止为民生主义学者也。如斯宾塞尔①，抱个人主义以言社会学者也，而四十岁前曾著书详论私有土地之非，其办法尤为激烈，及晚年所著乃稍平和，然其说地主之弊，则同其少作。（按：以是而轩利·佐治斥之曰："作者殆近与富人游，而改为此态耶。昔有北美教师，盛主放奴之论，及至南美，人搜得其旧作，则张筵招之，以听其议论。欲重辱之，而是教师乃圆通其词，谓：奴以买得，放奴不公，贩奴则无此资本。闻者乃大悦。"以讥斯氏。然氏之议论，始终未尝矛盾，但变其强行之手段，为和平耳。）轩利·佐法［治］主张单税法，其论土地私有之弊，最痛彻，而轩氏则固不认为民生主义学者。弥勒·约翰以经济大家，而定价收买之法，则氏倡之。孙先生曰："吾对于此数家之言，将有所斟酌去取，而演说之际，概括以言，不暇缕举，故统而称之曰社会学者，盖政治、经济、法律皆社会学之分科也。"记者按：伊里之书，亦言经济学为社会学之一部。梁氏若不信此名称，则盍试就左举之文倩人译而读之，当知非杜撰也。所举之文为《美

① 斯宾塞尔，今译作"斯宾塞"。

国国民读本》，以梁氏自足于小学生程度，故稍进之也。

> Sociology, or the fundamental social science, deals with society as a whole, and studies certain general principles that lie at the basis of each of the separate social sciences. Economics is one of these separate social science. The ethical, the legel, the political and the economic relations of men are all outgrowths of social life; and what is common to them all falls with the province of sociology.

至梁氏必诬孙先生旧日曾语彼以社会革命为当杀中国四万万人之半或四分之一等语，孙先生曰："六年前，吾与梁氏语，彼并不知有社会主义之一名词。又自戊戌贬斥，含恨莫伸，以谓革命为杀人雪愤之事。此种恶念，萦绕其脑筋不去。其与我辩者，更瞀乱于今日十倍，我故无从语以办法条理。然彼今闻吾人定价收买之法，不能就此反驳，而举其所梦想者，强以属人，企乱他人耳目。卑鄙！甚矣。"按梁氏此等语已于本报第五号驳之，而梁氏生平惯于作伪，此又路人皆知者。今以非本论之范围，姑不复论。

梁氏彼报十四号之文，凡分三大股，股各立义，不复相谋。盖以矛盾为工，合掌为病，八股家之通例。如是，分评之，则第一股作历史谈，足成明畅，惜读伊里《经济学概论》未熟，挂漏尚多；第二股抵制外资，人云亦云，未得真谛；第三股有意逞奇，而自论自驳，多不可通，亦由其无所倚［依］据，故每下愈况也。（于前人之书，固不必随其脚跟，一切是认。惟有所引述，必贯彻其论点，始能用为注脚。若梁氏于伊里之欧美经济、历史谈，袭其半面而掩其半面，则所未尝见也。）

驳论既终，犹有余墨，爰以梁氏原文自相挑战之大者，列为矛盾表，以飨阅者。表中所列，皆择其直接挑战者，而间接矛盾者略之。但［但］列原文相对，不加一字批评。其以数矛而刺一盾或以双盾而抵一矛，皆梁氏本来之部勒，记者无容心于其间也。

矛	彼欧人所以致今日之恶现象者，其一固由彼旧社会所孕育；其二亦由彼政府误用学理，放任而助长之。（原文十六页第六行至第七行）
盾	吾以为策中国今日经济界之前途，当以奖励资本家为第一义，而以保护劳动者为第二义。（原文十六页第十二行十七页第一行） 吾之经济政策，以奖励保护经济家并力外竞，而其余皆为辅（原文二十八页第五行至第六行）

矛	彼贫富悬隔之现象，自工业革命前而既植其基，及工业革命以后，则其基益固，而其程度益显著云耳。盖当瓦特与斯密之未出世，而全欧之土地本已在少数人之手，全欧之经济自然亦在少数人之手。（中略）故工业革命之结果，非自革命后而富者始富，贫者始贫，实则革命前之富者愈以富，革命前之贫者终以贫也。（原文十页第十一行至十三行、十一页第一行又自第三行至第五行）
盾	若以简单之土地国有论，而谓可以矫正现在之经济社会组织，免富者愈富、贫者愈贫之恶果也，是则不成问题也。（原文三十五页第三行至第四行）

矛	则虽目前以解决生产问题，故致使全国富量落于少数人之手，贻分配问题之隐祸于将来，而急则治标，犹将舍彼而趋此。（原文二十页第九行至第十一行）
盾	但使一国之资本，在多数人之手，而不为少数人所垄断，则此问题亦可以解决几分。（原文二十五页第九行至第十行）

矛	若国家仅垄断其一机关，而以他之重要机关仍委诸私人，国家乃享前此此机关主人所享之利，是不啻国家自以私人之资格，插足于竞争场里，而与其民猎一围也。是亦欲止沸而益以薪已耳。（原文三十四页第十三行三十五页第一行至第二行）
盾	则如铁道、市街、电车、电灯、煤灯、自来水等事<业>，皆归诸国有或市有也（原文五十页第一行至第二行）

矛	欧人自工业革命以来，日以过富为患，母财岁进，而业场不增。其在欧土，土地之租与劳力之庸，皆日涨日甚，资本家不能用之求赢，乃一转而趋于美洲、澳洲诸新地。此新地者，其土地率未经利用，租可以薄，而人口甚希，庸不能轻，于是招募华工以充之，则租庸两薄而赢倍蓰矣。乃不数十年，而美、澳诸地昔为旧陆尾闾者，今其自身且以资本过剩为患。（原文二十六页第八行）
盾	但使他国资本势力充满于我国中之时，即我四万万同胞为马牛以终古之日（原文十八页第十二行十九页第一行第二行） 痛哉！此外国资本之结果也。（原文十八页第十三行）

矛	而全欧之土、资本已在少数人之手，全欧之资本自然亦在少数人之手。（原文十页第十三行十一页第一行）
盾	要之，欲解决社会问题者，当以解决资本问题为第一义，以解决土地问题为第二义。（原文二十二页第十二行至第十三行）

矛	夫自生产方法革新以后，惟资本家为能食文明之利，而非资本家反蒙文明之害，（中略）而彼大资本家既占势力以后，则凡无资本者或有资本而不大者，只能宛转瘐死于其脚下，而永无复苏生之一日。彼欧美今日之劳动者，其欲见天日，犹如此其艰也。（原文十八页第八行至第十二行） 而产业革命已同时并起，无复贫民苏生之余地矣。（原文十二页第十一行）
盾	夫英民今日得免于饥饿者，虽谓全食工业革命之赐焉可也。（原文四十页第一行至第二行）

矛	惟一切生产机关皆国有，国家为唯一之地主，唯一之资本家，而全国民供其劳力，然后分配之均，乃可得言。（原文二十四页第一行至第二行）
盾	盖公司全股四百万份，而其为股东者百万余人，此我国前此经济社会分配均善之表征，亦即我国将来经济社会分配均善之朕兆也。（中略）大股少，小股多，则分配不期均而自均（原文十五页第三行至第五行又第七页）

矛	而全欧之土地已在少数人之手，全欧之资本自然亦在少数人之手。（原文十页第十三行十一页第一行） 欧洲各国，皆有贵族，其贵族大率有封地。少数之贵族，即地主也，而多数之齐民，率皆无立锥焉。生产之三要素，其一已归少数人之独占矣。（经济学者言生产三要素，一曰土地，二曰资本，三曰劳力。）故贵族即兼为富族，势则然也。（原文十一页第七行至第九行） 然所操资本，无论用之以治何业，总不能离土地而独立。以国中有定限之土地，而资本家咸欲得之为业场，竞争之结果，而租必日增；租厚则病赢，而资本家将无所利，于是益不得不转而求租薄之地，此殖民政策，所以为今日各国唯一之政策也。（原文四十页第十三行四十一页第一行至第三行）
盾	盖地价之涨，乃资本膨胀之结果而非其原因，而资本家但使拥有若干之债券、株式，就令无尺寸之地，或所有之地永不涨价，而犹不害其日富也。（原文二十六页第四行至第六行）

矛	而不知此乃社会改良主义，非社会革命主义。而两者之最大异点，则以承认现在之经济社会组织与否为界也。（即以承认一切生产机关之私有权与否为界。）（原文四十六页第九行至第十行）
盾	我国今后不能不采用机器，以从事生产，势使然也。既采用机器以从事生产，则必结合大资本，而小资本必被侵蚀，而经济社会组织不得不缘此而一变，又势使然也。（原文十三页第九行至第十一行）

矛	盖自生产方法一变以后，无资本者万不能与资本者竞，小资本者万不能与大资本者竞，（原文二十二页第二行第三行） 既采用机器以从事生产，则必结合大资本，而小资本必被侵蚀（原文十三页第十行）
盾	将来生产方法一变以后，大资本家之资本与小资本家之资本，其量同时并进（原文五十页第十行）

矛	社会革命论，以分配之趋均为期，质言之，则抑资本家之专横，谋劳动者之利益也。此在欧美，诚医群之圣药，而施诸今日<之中国>，恐利不足以偿其病也。吾以为策中国今日经济界之前途，当以奖励资本家为第一义，而以保护劳动者为第二义。
盾	中国今日若从事于立法事业，其应参用今世学者所倡社会主义之精神与否之一问题，此问题则吾所绝对赞成者也。此种社会主义即所谓社会改良主义也。略举其概，则如铁道、市街、电车、电灯、煤灯、自来水等事业，皆归诸国有或市有也，如制定工场条例也，如制定各种产业组合法也，如制定各种强制保险法也，如特置种种贮蓄机关也，如以累进率行所得税及遗产税也

（录自《民报》第12号，1907年3月6日）

土地国有与财政

——再驳《新民丛报》之非难土地国有政策

县　解

《新民丛报》既不得志于攻击排满之论，乃退为蹈瑕之谋，思致难于吾辈之土地国有论，此亦倔强泥沙应有之现象也。既逢掊击，不获一申，斯亦可以已矣。而必怙其前非，更远攀名家之学说，以张己军，谓可无恐。曾不知彼为梁氏所援之学说，方且见驳于通人，况能为梁助耶！盖近世学者对于土地国有之非难，率从管理方法等方面立论，而不能探土地国有之本源以立反对之论据。所以然者，文明日进，地租日增，虽理嘉图①之例，以征证不足，诎于圭列，而地租增进之事实，诚不可掩。（以一国一种地言，则时有减退，如下言英耕地是也。然举其全体言，则为进也。）由此渐增之趋势，推测土地为一二私人独占之效果，因谋其救治之术，而令其渐增之益归之社会全体，则可以达社会政策之目的。斯亨利·佐治②土地单税之说所由贵也。微言不昌，富室弥姿。一世之学者，笃于时而不能通，真理以晦，即令智足以瞩是，而又不能胜其哗俗取宠之念，以是狼狈迁就而不得安。欲以真理为敌，又非所能为也。则姑不问其大节之是非，而徒指摘其难行之点。以是上不得罪于巨室，下又不召大非难，而其责毕矣。承学之子，狃于师说，益以离经道怪相诫。梁氏本无学殖，妄肆剿袭。不幸而所依傍者非人，不能有所益于辩。剿袭所不逮者，济以舞文，庶一得当以报称于虏朝，亦以自慰万一。顾世不乏明目者，无聊之

① 理嘉图，今译作“李嘉图”。

② 亨利·佐治，今译作“亨利·乔治”。

论，适增其丑耳。顾对于一般人，吾辈有发奸擿欺之责，且指其违谬，亦足以发明吾辈所主持。故著为此论，以释众惑。

梁氏于《新民丛报》第十八期《再驳某报土地国有》论文中，专就财政以攻击吾辈之说，其论点凡十有五，叩其根据则当归于左之诸点：

（一）以英国田租之额不足供国用，证中国地租不足供国用。

（二）中国地租不得有八十万万，故不足供国用，复分为三：

（甲）田赋岁入不足四千万；

（乙）不加额不可得四万万；

（丙）地租不过六万万。

（三）以土地单税非租税制度之良策。

然其所为论据者，失实而多欺，今分而辩之。复着其不涉重要之点而驳之，为附论。

第一　驳麦洛克氏之说

梁氏之驳土地单税论，首引麦洛克氏之说曰：英国全国借地料①不过四千九百万镑，而英政府经费每年六千八百万镑有奇。然则虽没收全国地主所收借地料全额，而国库尚生一千九百万镑之不足。以是证土地单税不足供国用。然麦洛克氏者，纯任自然之进化论者也。其主说大致谓社会进化当以一部分人为牺牲，据之以排斥社会主义者所主张；以为劳动者大多数之阶级，当为少数资本家牺牲，不必为谋，亦不能为谋也。（此种学说，将别著论辩之。）其持论偏颇如是，则其排斥土地单税政策，自无足怪。然事实者，事实也。英国之田租统计，决不足以推翻土地单税之论据。缘英之幅员，本至狭隘。考一八九八年统计，英之耕作地，英伦、威尔斯合二七、五八四、二六四英亩，苏格兰共四、八九二、七六七英亩，爱尔兰共一、三九〇、九四一英亩，全国共不过四七、七九二、四七四英亩（内含小岛耕作地）。而每十五英亩半当中国之一顷，故每英亩当中国六亩又三十一分之十四。（即小余四五、一六一、九〇三。）故四千七百七十九万二千四百七十四英亩，合中国三百零八万三千三百八十五顷四十

① 借地料，即地租。

二亩。而此四千余万英亩之中，其过半为草生地，种谷类者不过八百八十一万余英亩耳。此所以有食不得继之忧也。除此耕作地外，荒地尚多，试取科利所制百分比较表证之。

国	耕地	草生地及牧草地	葡萄园	森林	荒地
比利时	59.5	13.8		16.8	9.4
法兰西	53.7	15.0	5.3	17.0	9.0
日耳曼	51.2	11.5		27.2	9.9
不列颠	39.0	27.9		4.7	28.4
匈牙利	35.9	25.4	1.4	27.1	10.2
荷兰	32.8	37.0		7.2	23.0
奥地利	31.4	28.3	0.8	32.6	6.9
意大利	25.2	28.3	6.6	16.1	19.3
爱尔兰	28.6	56.3		1.7	13.4

然则英之土地既狭，不垦又甲于诸国，而麦洛克氏据以驳土地单税论，其不可据已明矣。

虽然，麦氏之说不可恃，有更甚此者。英之耕地租近年急剧下落；此其原因固不一而足，要之其下落之景况，决非长久者也。至于近岁国人渐知农业政策之要，则耕地地租之总额增加，为至易决者。试举不列颠全国土地收入统计表以证之。（租税皆在其中。）

年	英伦	威尔斯	苏格兰	不列颠全国
1842	37，794，000镑	2，371，000镑	5，586，000镑	45，753，000镑
1852	38，587，000	2，596，000	5，499，000	46，582，000
1862	41，952，000	2，648，000	6，715，000	51，326，000
1872	46，137，000	2，871，000	7，363，000	56，372，000
1882	45，151，000	3，251，000	7，573，000	55，976，000
1893	36，998，000	3，065，000	6，251，000	46，313，000

就此表以观，可知英之地租减退之急剧。而此表所列只不列颠各地，而不及爱尔兰暨余诸小岛。查此诸地耕作总额，当英全国耕作地面积三分之一，则其租税总额最低不下六千镑可知。而麦氏之统计又较此为少，此非故举最少之额以抑土地单税论者而何。假其以此论法，推之一切经济现象，则农学未发达之际，固有赤地千里不有籽粒之获者，持此将谓地方之不足养人也耶。夫统计者，通数十百年以为计，知其趋势何若，大率若干，以此推经济现象之前途于一事一物当收更良之效果欤，抑得更恶之结果欤。其价当腾当跌，抑循此以往，利害相剂，平均不可逾越之中数如何，所以足重也。执一二年以为论，则其根据薄。择其尤促便己说者以为证，则天下曲说戾辞，安往而不可得证于统计。借各执其一以为论，又安从判断其是非耶。故假令麦氏统计而正确，犹是执持英国耕作地租总额最下落时以为证，不足据也。况其实又未必正确耶。（英国千八百九十七年为所得税而调查之表，甲种中土地之收入五千四百八十万余镑，即示其渐复高之趋势也。）

何言麦氏统计之不精确也。英国近年地租虽低落，决不至减其三分之一。而依前统计，三十年前英伦、威尔斯地租四千九百万镑，十年前降为四千万镑，斯亦可谓急剧矣。而如彼说则不过三千三百万镑，虽以英国地租跌落之趋势，决不能尔也。推其致此误谬之由，则必由不计税，纯计租。盖英国之土地所负担之税有三种：乍观地税之额甚微，若无与于收入。实不然也，英之正称地税者，最近收入额不过八十余万镑。此地税之税率，名称收益五分一，实则相去悬绝。若第据此以言，则略而不论，诚亦无大关系。顾英之所税于土地者，不止此也。于土地之收入，别以所得税之甲种、乙种之名目课之，其额较之地税额为大。凡此皆国税也。国税之外，别有地方税；地方税中含有地税。而依波留氏之说，则此社税为地方直税额之七分三，其总额又数倍于国税。合此三项，其额盖大矣。依波留氏所推算，则一八七三年英之地税名目征收者二千七百五十万法郎克，以所得<税>甲种名目征收于乡村地主者二千八百万法郎克，以所得税乙种名目征收于农夫者八百万法郎克，以地方直税名目征收者二万三千三百万法郎克，合二万九千六百万法郎克。以一法郎克合英九便尼半计之，则等于英一千一百三十八万镑。而当时计算英之地税收入，为一百一十万镑。后以种种变更，至千九百年，为八十一万镑。则他种税，亦容有轻减。而要之，综英之土地负担税额不下千万镑，而以加麦氏之不及五千万镑者，适与吾所略算者等也。而此不计税纯计租之统计，欲以推翻土地单税论，则为奇谬。盖此税之负担既在农地，则土地国有之后，必能并之租额之中而征收之，不得除去之以论土地国有后之收入也。故曰：其统计不精确，而其所差镑在千万镑内外也。以上皆就耕作地言也。而吾人所以主张以土地为国有者，其主之目的全在宅地，此可征于前后之论以明也。而麦氏之说，惟证耕作地之地租不足供国用，未尝论及宅地租只字。岂以宅地为无租耶，实欲以统计二字迷世人之目，而执耕作地租即田租以概一切地租。此其舞文之术，足以为梁氏师矣。夫在进步之国，房屋之租，太半为地租。然英国房屋，自一千八百二十年以来，至于千八百九十四年，其租额实增七倍有余，据墨尔化氏①《万国国力比较》表，列之于左。

年	房屋数	租额	价额
1821	3，372，000	20，300，000	338，000，000
1841	4，775，000	41，500，000	692，000，000
1861	5，131，000	61，200，000	1，020，000，000
1881	6，485，000	117，500，000	1，930，000，000
1894	7，360，000	149，603，000	2，493，000，000

依此表，千八百九十四年房屋租总额一万四千九百六十万镑，而此中三分之二当为对于土地之租，故宅地之租，应为一万万镑内外。又依波留氏所计算，所得税中税房主者百四十余万镑，地方税税诸房主者约千四百一十余万镑，合千五百六十万镑内外。而自波氏著论以来，房租所增几半，则其税亦必应之增，少亦有四百万镑之增收。而以房屋税之名目征收

① 墨尔化氏，即迈克尔·马尔霍尔（Michael. G. Mulhall），英国著名统计学家。1904年出版的《东方杂志》“图书广告”栏写道，《万国国力比较》为“英国墨尔化著，日本专门学校译，出洋学生编译所重译。是书广集各国政府统计报告而成，于五洲万国贫富、强弱、文野程度之差考察精详，几悉无遗。分领地、人口、动力、蒸汽力、农、林、渔、矿、制造等业，贸易、运输、银行、货币、租税、公债诸大纲，分目数百，绘表百余，详细无匹”。

者，于一千九百年其额百七十余万镑，合之当得二千一百余万镑，此税皆土地所负担也。以加前一万万，则一万二千一百余万为土地所出，确无所疑，其额正倍于耕作地之租税总额。不取此租额为倍之宅地，独据彼租额仅少之耕作地，自可成为驳耕地单税论之一说耳，未足尸土地单税反对论者之席也。

然而梁氏则依据麦氏之说以为言，且曰：

以吾所闻英国最高之地代①与吾国最高之地代相较，平均统算，大率我以十而仅当其一耳。以我本部面积与英本部面积比，我约十一倍彼，而彼地代价格约十倍。两者相消，其地代总额应略相等。在英不满五千万镑，在我充其量不过五六千万镑止矣。（第十八期第六页第七至十一行）

又曰：

然则英国全国之地代总额，犹不过合库平银三万五千万内外。我国本部面积十倍有奇于英国，故就令我国地代价格所值与英国同率，其总额亦三十五六万万，而断不能至四十万万。今彼报谓有八十万万，然则我国地代价格不已两倍于英国耶。（第十八期第十页第八至十一行）

夫彼于此所谓地代者，专指耕作地以言耶，抑兼宅地、耕作地言之耶？不解决此，则吾诚无从与为辩。顾彼前后所论，率单称田赋，不论宅地，则此所指其必为耕作地租可知。夫地租之最高、最低，不特英国之数难详，即吾国中亦不易得悉。第彼由此以断言中国地租价额不过英之什一，则武断实甚。考尼可孙之统计表，英国一千八百七十八年之地租，每耕作地一英亩，平均得租三十先令。而千八百七十八年者，英国耕地租价额最高之年也。而依每英亩当中国六亩又三十一分之十四之计算，则每亩

① 地代即地租。

租四先令七便士又十分便士之八。依梁氏之计算，每先令当三钱三分三厘有奇，则英之耕地，每亩平均不过一两五钱四分内外耳。假其十倍吾国，则吾国地租不已降为平均一钱五分四厘内外耶。然则有百亩之田者岁入犹不过十五两四钱，殊不易度日。而颜回仅拥五十亩负郭之田，更何怪于贫饿以促其生也。然以吾粤地租言之，则中地岁租自二两三四钱至七八钱不等，平均当在二两四五钱间。征之乡农，所言颇不相远。以与英较，则我之多于彼者近一两，而彼不过居吾五分之三耳。即令他省不能如是，其必不甚少，而等于英之什一，易知也。梁氏日言人大胆，吾不知其造言英国地代价额十倍于我时，其胆量为何如耳。昔人谓李天生杜撰故实，汪钝翁私造典礼。夫杜撰、私造，止于故实、典礼，又何足言者。惜夫毛大可之未见梁氏杜撰统计，私造地代价格也。

夫中国地租，虽不倍于英，而决不下之至于居其数十分之一，既如前述矣。而尤不能谓中国不有两倍于英国之地代价格，即不能有八十万万之租。何则？英之宅地、耕作地，租税总额达一万八千万镑，等于中国之十二万万两。则八十万万者，不过英之六倍有奇。而中国平均地代价格，纵居英之三分二或五分三，犹优足以得八十万万也。

是以麦洛克之说，可以为英之耕作地单税反对论，而不能为英之土地单税反对论，尤断不能以之推倒土地单税论之根据。而梁氏据之以谓吾国行此单税，其不足用，亦等于英，则不衷于理之甚者也。至于于麦氏之说以外，杜撰英国地代价格十倍于我之说，则尤谬之谬者也。（梁氏自言吾粤赁地而耕者，上地岁租不过四两，下地不及一两。则其平均价格，亦当为二两余也。易页之后，乃为此说。其忘之耶，抑以为英之地租每英亩平均可得二十六七镑也。）且彼谓国费比例国境而增，吾之国费当十倍英。不知英之国费中，最大宗之国防费，实为全国费中十分之四有奇。其次公债费亦居十分之二有奇。国防之大部分，用以防卫全领土，非比例于本部领土。国债费尤无关于领土广狭。而据一千八百九十八年之决算，则：

（一）国债费　二五、三二三、〇〇〇镑

（二）海陆军费　四〇、〇九四、〇〇〇

（三）内治费

内治行政费　七、五八六、〇〇〇

教育费　一〇、三九九、〇〇〇

地方的性质之费用　三、二八一、〇〇〇

（四）其他　二、九九五、〇〇〇

合计　八九、六七八、〇〇〇

观此，知英之海陆军费（国防费）及公债费额，凡六千五百余万镑，余二千四百余万，乃他种经费，可比例于国境而大小者耳。梁氏之说又安足信耶。（尚当注意者，英国别有地方费，其额几等于国费。而麦氏言六千八百万，则与国费、地方费之数两无所合，不知何所指也。）

以上对于麦氏说，驳击略尽。未尝稍杂意气之词。梁氏其将仍固执之耶，抑又靦然曰：吾无为麦氏辩护之义务也。

第二　驳中国田赋岁征不及四千万之说

梁氏之为论议，所持秘诀，不外欺瞒读者，虚词恫喝，冀一得当。忽遭驳诘，意气荼然矣。则又幸人之素未习闻，摘举繁难之事实，故为确凿之词，以坚人之信。其论证之方，若较前为进步也。而其对于读者之罪恶，则尤大。何则？前者之暴论，错谬百出，矛盾并进，可以目脑筋瞀乱，于刑法上为无责任之举动，等诸醉客之叫号，狂夫之跳梁，加之钳束，施之疗治，其瘳可望也。籍令不瘳，亦颠狂院之前辈，慈善家之所致怜也。原其操术，不得谓恶。今则异是，于其所知不便己说者，故隐之；于其已知不确者，喜其便己说，则故引以为证。淆乱耳目，颠倒是非，此乃类酷吏之舞文，罪不容诛矣。其证据则在《新民丛报》第十八期第八页，曰：

> 现在中央政府所收田赋总额，据赫德所调查，则其纳银者二千六百五十万两，纳米者三百十万两，合计为二千九百六十万两。据上海英领事夏美奴所调查，则其纳银者二千五百〇八万八千两，纳谷者六百五十六万二千两，合计为三千一百六十五万两。我国无确实之统计，二说未知孰信。要之，其总额三千万两内外近是。

夫梁氏于八页以下，斤斤引《赋役全书》，则非不读《赋役全书》者也。且即自不有《赋役全书》，而于至普遍之《会典》，度必为崇尊供养，日夜梦魂缠绕焉者也。而于赋额则独不引官书，而据外人之所调查，此何意也？夫近世赋额虽为官书所不载，而乾嘉赋额，则官纂之书，类载之。梁氏虽浅陋，亦尝供职虏廷矣。于其聚敛之方，宁不熟习之耶？而曰忘之，则是前此之孤忠自许者，恐亦未可恃也。如其不忘，则明为欺读者以为无知，而以谩语进也。是则其心术之不可问也。且吾固知彼之必非真忘之也，于其后之屡引官书，而此舍不引，知之也。凡官书无不屡载赋额，而各省赋课率或载或否，载亦一度止耳。能查取此各省赋课率，决无绝不睹乾嘉赋额之理也。

抑凡言地租地税者，有田租，有山林、矿地租，有宅地租（含工场、仓库等）。三者之外，若池沼溪涧之地，皆可有地租地税。吾辈之言土地国有，本指全土地言，而尤重宅地。即令田赋不满四千万，如赫德、夏美奴所说，仍不足以破吾说。以彼所考证非地税全额故也。然而赫德、夏美奴之说，固明为不可据也。言中国田赋者，有额征之数，有实收之数。额征者，总天下土田法定正供之总额；实收，则各省每岁实报收于户部之数也。额征依于法，故有定；实收视其征收所得成数，故无定。而实收中又含有蠲缓、流归、带征之款，故尤不可以一年为准。赫德、夏美奴所得调查者，或一年之实收而已，额征非彼所得知也。实收之中，又只以地丁名目报部之项，彼知为田赋耳。其他亦非彼所知也。然而欲据之以证田赋不足四千万，至愚之人所不为也。（梁氏既根据之，又硬派吾辈亦根据此说，因谓吾辈改三千万为四千万。然吾辈先言地税四千万，后引赫德言，意义划然不相涉。未必梁氏脑筋瞀乱一至于此，特欺读者为不晓文理，故敢尔耳。）

满政府之定田赋，本分银、钱、粮、草四种赋课，而银之数值为最多，粮次之，钱、米并少。至其岁入总额，则常例七项之内，地丁居其过半。粮为粮收之大部分，而各地有额征钱者，其额亦不少。粮除供漕以外，并归本省自用。草亦供本省用。然无问本省用，抑解部，皆为应行奏销之款，即吾所谓达于中央政府者也。此外更有杂税一门，中有田房税契之款，亦为地税。其他漕折、灰石折（江浙诸省课之。）额虽小，亦地税也。而耗羡归公之后，其额特多。虽然，此在官吏所滥收，不过其十余分之一，而官吏既纳之，视同规费，益肆婪索，政府亦因利之，不复过问矣。自伪雍正年间，已定耗羡之额，文武养廉二百八十余万，皆取给焉，与定为赋额盖等耳。更查伪光绪十年户部奏颁各省丛报出入款项册式，银收册（收册中分银收、钱收、粮收、草收四项。）内，除地丁外，杂税中田房契粮、漕粮、粮折中皆有折色，（漕而折银者，归此类，否则归粮收册。）并续完地丁耗羡五项，皆地税也。钱收，有小部分属地税，粮收、草收册则除为屯田所纳之少数外，皆为地税。凡皆赫德、夏美奴所未及详也。今取刘岳云所编《光绪会计表》摘其十三年、十五年、十六年、十九年四年之所列各省丛报总额，列之于下。（粮每石折银二两四钱，亦依梁所计算也。）

年	地丁	粮收		耗羡	总
		石数	折银		
丁亥	2322，8150	503，7201	1332，9282	304，4033	3930，1455
己丑	2282，2508	461，3644	1107，2745	292，0805	3681，6058
庚寅	2373，7114	454，8137	1091，5523	301，2583	3766，5225
癸巳	2332，9533	449，3075	1078，3380	303，6735	3714，9648
平均					3785，8096

观此表，知即地丁、粮收、耗羡三项，每年平均已可得三千七百八十余万两之收入。而银收册中杂税、漕粮、粮折，绩完四项，并有巨额之地税，以非全为地税，又不可以意测度其居若干分之一，故不能列入。而表中粮收不属地税者，亦可剔出。以此两者相偿，必犹有余。然则满政府岁收地税，必不下于四千万。此其数，赫德、夏美奴固无从知之也。且此皆以其实收言耳，若论其赋额，则决不止于四千万两也。试就伪《通考》所列以计之：则乾隆三十一年，天下赋银二千九百九十一万七千七百六十一两有奇，粮三百八十一万七千七百三十五石有奇。依之以粮折价，得一千九百九十六万二千五百六十四两有奇。合纳银之额，得四千九百八十八万零二百二十五两有奇。外征草五百一十四万四千六百五十八束。然则当时田赋总额过五千万两矣。而道光末年，天下田赋额征银三千三百三十四

万八千零三十七两有奇，粮米称之。视乾隆时尤进。（据王庆云《熙朝纪政》）而光绪十一年户部具奏正杂赋税额，额征总数岁计三千四百余万两，而近年实收仅二千三百<万>两云云。查其时每年征收杂税，岁收百六十万两内外。杂税虽多吞蚀，然以额微，故鲜不及额。度其额亦不过百六十万两内外。而此三千四百余万两中，除百六十万两，余三千三百万两内外，必为地丁征银之额。以视道光年间，虽不能加，未尝减也。粮、草两项，以银之比例，亦不当少于乾隆时，而其折价当为二千万两内外。合之为五千三百余万两。而耗羡一项，常为税额之什一，亦当五百万两矣。加余诸税，则其额当为六千万两弱也。而依下所论此实收不能如额之由，实在官吏之种种侵蚀，非土地之不能负担此税也。

第三　驳中国地税不加额不可得四万万之说

梁氏此论，其贯于始终之巨谬有一，不知田赋与地税内容之有差别是也，以地税即为田赋故也。审其说然，则除田以外无地也，三尺之童亦当验其说之非矣。而彼顾敢以之欺人，是其视诸读者不若三尺童子也。彼之驳赫德四万万之说，即从此论以来。则其谬于真理亦不可以道里计。夫吾辈引赫德之说，谓中国倘能经理有方，则不必加额为赋，岁可得四万万。意取喻指，不示其详细之剖析。宜梁氏阅而不解。第吾辈论土地国有，已可从种种方面证其能供国用。则赫德之说存而不论，固无不可。而彼既睹此论，即紊地税于田赋，以指摘吾辈之说。则亦可就而驳之。盖吾人所以测中国实征于民之数，固自有所不必纯恃赫德之说。即赫德之说证左不完，吾辈亦有他方法能证其所说之近真。特以赫德之说，众所习知，聊取便于喻解耳。彼既不能明中国税地共有几何，而姑就田赋以为论，则即令其所言之数悉确，何足以病吾说乎？今者田赋以外，房捐为各省岁入之一大宗，论者亦知之否乎？试剖析房捐之性质，渠能屏之地税以外乎？凡房捐之终极负担者，皆其土地也。特房主必兼地主，故不见耳。设假定房主与地主异人，则其税必土地之方负担之矣。然则独以田赋一项立论，非观不见睫者而何。抑即就田赋以论，彼亦无精确之论据。第曰："财政上舞文中饱之弊，厘金为最，而田赋反稍逊。"以冀蔽读者之耳目。又以"不过六千万""一万二千万止耳"二语抹杀一切。不知彼言六千万、一万二千万之根据，在岁收三千万之说，而如前所证，既已不衷于事实矣。至田赋舞文作弊稍逊之说，更不知其证据何存也。且稍逊者，吏较之辞，不示厘金中饱之率，又安知稍逊于厘金之不为多也耶。考今日官吏于田赋侵蚀之方，大者有四，列之于左，未尝见其何所逊于他种税也。

（一）滥征

梁氏谓平余、火耗特有定额，不能滥征。此盖根据官书颂美之词，以为贫［贪］吏辩护耳。实则凡官州县者，无不从事滥征。滥征所入，不尽自得之也，亦以供上级之种种侵蚀也。自州县征收以达于户部，其间每有一度解交，即须有足具一度侵蚀之款。即达部之际，犹须多额之费用。则州县所收可知矣。中国旧定税率本极轻，故虽加倍征收，民犹不觉其重耳。此之事实，梁氏亦未尝不认识之也。故曰：就令与法定金额埒，亦不过六千万。是则其前言总额三千万之结果也。然使果依此以为论，犹可言也。乃方于此言六千万，而相距不二千字，遽复依三千万以立论。（十二页。）此其舞文之术固工矣，如世人之目未尝眯［迷］何。盖依吾辈所推度，则州县所取于民者，约为正供之二倍半，虽有过不及者，其平均相去不远矣。至其特多征者，亦数见不为鲜。然非常率，可姑无论也。盖赋有轻重，地有肥瘠。赋重地瘠者，不能及额，或至赔垫。（非不及法定之额也，不及备侵蚀之额耳。其实已逾正供而几及倍矣。）而在赋轻地饶者，则多收之亦事所宜有也。今举广西之一例征之，广西之田赋，每额一两，藩库额收银一两三钱五分，而州县粮差收于民者率至二两五钱。马丕瑶官广西巡抚，乃定限每额一两收钱二千五百文，其值已等于二两矣。而其后粮差更夤缘作弊，其取诸民乃至每额一两收银三两五钱，是税额之三倍半也。而泗城府之凌云县乃收至四两有奇，则四倍矣。马树勋（云南人）为令其地，乃思革去宿弊，榜令限依旧额收二两五钱以便民，而见恶于岑春萱之弟。乃援马抚定章，以浮收钱粮黜去之。夫依马抚之章，则是二倍于额也，而以为轻减。凌云县之限收二两五钱，亦既为定额二倍半矣，而犹以之得罪于土豪。然如马树勋者固不多，则是民常求纳二倍半之税而未得也。则吾辈谓其滥收之数，常为额之二倍半者，必非过实矣。

（二）吃荒

垦地不报部，而私取其地升科所征税，是谓吃荒，近代州县之通弊也，其所入不下于滥收。盖垦地纳税而不报于中央政府者其额少，亦与报垦之数相等。自丁银摊随地征以后，丁口之数骤倍，非以无丁税而易孳生，只缘丁无税则不隐匿耳。丁税如此，地税亦然。或实垦而报已荒，或既熟升科而不报，皆州县所优为也。以是群起相效，以吃荒多寡为缺分肥瘠。虽日言清丈，徒具虚文，具报升科者卒鲜闻也。此有甚易证明者。盖土地垦辟之数，当与人口之进步为正比例，与农事技术之进步为反比例。更以微分之式表之别如左。

土地面积 $=z$　人口 $=x$　每亩产额 $=y$

则　$z=f(x, y)$

而　$$d_z=\frac{Tz}{Tx}dx+\frac{Tz}{Ty}dy$$

依此式可知田地面积，为人口与每亩产额之函数。而当人口无增减时，依每亩产额之进退之微分而变动。每亩产额无变时，依于人口增减之微分而变动。双方俱有转变，则依于双方之微分而变动。此众函数之被变数之性质，当如是也。而中国近百年来农业未尝进步，故言土地面积增减，必当求其征于人口。据伪清《通考》《通典》及《熙朝记政》，乾隆二十三年，人口一万九千零三十四万有奇（其时户口已绝少隐匿）。二十四年，田土六百零七万八千四百三十顷有奇。同二十九年，人口二万零五百五十九万有奇。三十一年，田土七百四十一万四千四百九十五顷有奇。嘉庆十七年，人口三万六千一百六十九万有奇，土田［田土］七百九十一万五千二百五十一顷有奇。人口之增加已倍，而地之加垦不过什三。逮于今兹，人口四万万有余，而田土更不报垦。夫农事既未尝进步矣，若绝无吃荒，垦必报部者，则此四万万人中之半数之食，将于何求索乎？明为垦而不报耳。然而垦荒者孰得免于征收耶，明为州县之取之耳。故被吃荒之地，其面积当与报垦之面积等。中国人数证之有余矣。而此地所征地税之额当不大减于报垦之地所收税也。

（三）吃灾

今征额银三千三百余两，而实收常不过二千三四百万者，其重之原因，在于因灾蠲缓。蠲缓之数，岁可千余万，非不征也，官吏利之不达于政府，则不见于实收耳。大率报灾请蠲请缓之事，岁必有之，且常居赋额之四分之一以上。既缓之赋，率径数年而题蠲，以是终不登于岁入。然蠲缓伪谕，初不着何乡、何国、何甲，蠲免若干、授征若干也。官吏则因而影射，应蠲不蠲，应缓不缓，其所得率以肥己。蠲既无复须解，缓者亦必终于免，则永无败露之日。习以成风，不复怪诧矣。此即田赋实收不能如额之大原因，而民之所以重困也。

（四）捏完作欠，征存不解，交代宕延

此三者皆地方官之积习，以欠久必得豁免，故虽已完之款，仍报未纳，而干没其银。此谓捏完作欠。旧例每征收银米，限三日起解，不能有殊。然日久上级官吏怠于催促，则有但具报已征，存库而不起解。存库之后，挪移费用，无复存留。积久成习，而其银米遂不入实收矣。及其任满交代，则本应以所存银粮移交后任，然以负债成习，不复可偿，上司无可如何，即勒令后任设法弥缝，不为发觉。及其既泄，则案经数十年，无从诘究矣。此亦实收不能如额之一大原因也。

前二者，所以使法定额少，而民纳多者也。后二者，所以使赋额虽多，而实收终不能及额者也。前计赋额可六千万，则此后二项所侵蚀，已为其三之一，当实收之半矣。然赋额既有可考查，则此后二项之侵吞如何，可不具论。但以六千万而论，滥收者，普通当正额之二倍有半，故此项征诸民之实数，当为一万五千万两矣。而未以升科报部之各田，面积既当与报垦者等，则其取诸民之数，少亦不下一万二千万两也。是知，但以田赋言，毫不加额，犹可得二万七千两之收入。而梁氏六千万、一万二千万之说，固一无所据也。

田赋之外，宅地、山林、矿产、运河、铁道等，皆有税。其税亦略可以属于地税中。而此数者中，宅地尤重，不待言矣。中国迩年田虽不大长，而宅价大增。其增也，非以建筑之精良，皆建宅之地之价腾致使然也。则价加之税者，宜亦为地税。（日本地租，即并宅地征之。）近年各省次第举行房捐，其收额皆不公布。然第假定每省数百万，十八行省中可得六七千万之款，非虚想也。而房捐隐匿、延欠之弊实多，实收不过半额，假令充其额，宜可得一万二三千万两。更自他方面以观，中国文明虽不甚发达，地价虽不甚腾，然总全国宅地收入，犹当半于耕地，而房捐之率虽各省不同，要之，其率平均，亦当与田赋相去不远。则其额亦当半于田赋，而为一万二三千万两也。合之田赋其他赋税额决不下于四万万。赫德之数，与真相近。而吾辈之说，亦绝不赖赫德，然后为确也。要之不加额而可得四万万云者，非就四千万言其十倍也，综一切土地所负担之额以衡之，而知其额当如是也。虽其中亦或报告不确，传闻异辞，要其大较不可逃矣。梁氏既昧于此，乃悍然倡论曰：

> 夫使如赫德所言，照现在赋额不加征一钱，而实数可十倍于今日。则据《赋役全书》所载，其至重之赋，有每亩征至六钱者，而政府所得，不过人民所出之十分一，然则人民所出不已六两耶。

夫吾辈固言不加额可得四万万，不言出此四千万之人本出四万万也。言满政府所收总额为民所出十分一，非言满洲责取一者，官吏必取其十也。此间界限至微，不可不察也。且如梁氏说，第举至重之赋以为征，则又安足以概一切乎？夫州县之滥收，各称其所欲，得与民之所能出，安所得全国划一之比例，以为滥收之标准者。举一不能十倍者以言，正未足以证余之不可十倍也。况余辈固未主张，是谓地税可得四万万，不过推测言之。则现所收田赋居此十分中之几何分，未定也。田地之中已报垦田所出几何分，未报垦田所出几何分，亦未尝言之也。即报垦之团中，三分之一所纳赋，为官吏所侵蚀，不达于政府，余则得达，此中孰负担几何分，又未明言也。而如梁氏说，必假定为田以外之地，官不取其一文，即未报垦之田，官亦不取一文；乃至报垦之中，经官吏侵吞，其所纳税无余之部分，亦必视同未纳，而后独撰此余三分二之人，使承纳十倍税之名。世界虽大，文体虽众，宁能容此种论法乎？然而不如是假定，则六钱为六两之税无自而生。盖田以外，有地税则四万万非独取诸田。假未报垦者可被征，则非徒为此报垦之田所出也。假知政府实收不过定额之三分二，而被征之地实不止此，则出此四万万之地，犹为税六千万之地，非税四千万之地也。不宁惟是，此一小部分之纳税地中，自有税率高下之殊，纵令负担十倍之地税，亦必不能不依其比例而少有假借。籍其不然，六两之说，仍无着也。故令梁氏不依此假定，则其说本已不成为问题，无俟反驳。若必依此假定，则吾辈前言破其根据有余，不烦更言之也。

要之，梁氏不知田赋与地租之区别，故误认地税四万万为田赋四万万；不知报垦地与未报垦地之区别，则又误以田赋四万万为报垦地征收四万万；不知税额与实收之别，而以实收之四千万，抹杀赋额之六千万。因以四千万较四万万得十倍，而发生此六钱将为六两之奇论结。意将谓可以窘人也，其愚不可及已。

第四　驳地租总额不过六万万之说

梁氏于中国地税、田赋、征额、实征、实收之五者之区别，既混淆不清矣，又以其杜撰的论法臆定中国地租总额。其言曰：

> 国家现在所征田赋，为地代价格十分之一。现在田赋总额三千万，其地代总额三万万，约当英国价格十分之一。（此句甚奇，或者四万万为英之代价格十分一耶。）此数当不甚远。即曰所征者有不实不尽，更益以十八省以外之地代，充其量能将此数加一倍，则亦六万万极矣。

夫彼言总额三千万，根据固已误矣。而谓租不过赋额之十倍，则尤谬。彼徒据地丁银米征率最高最低数，与租之最高低率相较十倍，而因以推定田租总额，亦为赋之总额十倍，此大谬反于事情也。地之科最高率税者极鲜，而科最低率者极众。彼所举最高租率，则为田租所恒见。故即最高低率相较如是，亦不足证地租总额，与地税总额相较亦如是也。凡言税率之比较，只当言平均额，不能言最高低额。查伪清《会典》所载，广东田土总数三十二万八千八百三十二顷九十三亩，赋银百二十五万七千二百八十六两，粮三十四万八千九十五石各有奇。依此算之，每亩平均赋银为三分八厘二毫三丝五忽弱，粮值银二分五厘四毫零六忽弱，（依梁氏计，每石二两四，以乘三十四万八千九十五石，得八十三万五千四百二十八两，以亩数除之得此数。）合为六分三厘六毫四忽强。而依乾隆三十一年统计，田土七百四十一万余顷，而赋银半合计值约五千万两，平均亦每亩六分七厘内外。而去彼所举四钱内外之高率远矣。是知十倍之言，为无据也。且吾辈所谓二十倍者，实征（民所实出）之二十倍也。彼所谓十倍者，实收之十倍也。若其说为确，则必政府不得其税者（缘侵蚀蠲免），地主亦不得收其租而后可，不然，则总额不止十倍也。又必官吏一无滥征、隐匿而后可，不然，则十倍于所纳者，非十倍于政府所收也。然而皆必无之事也。今试如梁氏说以推其结果，尤有足使人骇笑者，如广东之税率，平均每亩六分三厘六毫四丝强矣，令租十倍之，则一亩平均亦不逾六钱四分。虽梁氏自闻，当亦不自信矣。况此中尚须纳税，而催科之吏，不如梁氏所拟议者之忠厚，势必收至二倍有余。而此六钱四分者，所余仅四钱七分有奇，为地主所实得。然则通常百亩之地主所入，曾不逮一拥奴耶。（粤之小使月俸，稍高者六元，岁七十二元，尚多于此所计百亩之租四两余。）抑如粤地，数亩之池，亦得十两之租。然则地主胡不悉坏其地以为洿池，以求数倍之租，又免重税，视以艺五谷尤胜也。况田地以外，宅地如许，山林如许，其可得租几何，梁氏胡不一计耶。是知六万万之说无往而可通者也。（梁氏言不实不尽，只能指隐匿，不得解释为包括其余也。）

梁氏又引吾粤地税及苏松四府地税，谓每亩之租八十两至一百二十两，为断不能有，以攻击吾辈租二十倍于税之说。然此八十两、百二十两之租，虽所未尝有，而二十倍于实征税之租，固不难有也。盖梁氏此论之病，与论实收不得四万万同。（一）不知田赋以外有地税。（二）不知田有隐匿不报垦。（三）以租税之比例为划一不动。故其结论如此。既破其前说，则此说亦无庸辩也。况吾辈言租二十倍于税，不过约略之词，即于实际八十万万少有所减，吾说亦未尝为之摇也。

且如广东之田，中地每亩可得二两四五钱之租，而税率不过六分有奇，以实征二倍半于额计之，亦不过一钱五分九厘一毫内外。而田租约计平均可二两四五钱，为实征之十六倍弱。此他山林、池沼税皆极微，不过租之百一。而房捐一项，如前所言，实际不过二十分之一。参伍计之，即不能二十倍于税，犹当为其十七八倍。而合各省平均计之，虽减于八十万万，亦不多矣。盖证吾辈之说未尝误也。

第五　驳土地收入不足供国用之说

以上所论，皆只就现在所可有之租言耳。而吾辈所以言土地国有后财政巩固者，非谓政府得此八十万万而遂可用之也。吾辈主张土地国有之原始理由，在地租之自然增加，而所欲取以为新政府之收入者，亦在此浴社会的自然恩惠而增加之额。故曰，此增加一倍之八十万万为新政府所有，不言其本来之地租与增加之地租皆为政府之收入也。而彼报不察，则为言曰：

> 彼报之土地国有论，既主定价实收之说，则实收时不可不给以代价，明矣。吾试与彼核算，其共和民国政府所应支给之土地代价共需几何。据彼报核算，则全国地代总额八十万万。夫地代非地价也。（中略）然则地代总额八十万万之土地，其所有地价总额应为一千三百万万元有奇。（中略）共和政府无点金术，不知何以给之。即曰如日本收铁道为国有之例，不必支给现金，而付以公债证票。（中略）以新造政府第一着手，即负担十倍于法国总额一千三百万万余元之国债，天下有如是之财政计划耶？（中略）且凡募集国债者，当其募集之始，不可不预计及所以偿还之途，及其每年给付利息之财源。现今普通之国债，最廉者亦须给利五分。则每百元者，岁给利五元。而地价值百元，其地代不过岁六元。国家拥此百元之所有权，而所收入六元之利益。以六分之五付诸债权者，而仅自有六分之一。然则果使有八十万万之岁入者，则每岁不可不以六十五万万余为国债利息，即吾所计算谓地代总额为六万万者，则每岁不可不以五万万为国债利息。天下又有如是之财政耶。（十七页以下）

此其立论，包含二个之误谬：第一，误解吾人之说，以为吾辈将现在八十万万之地租以为收入。第二，武断吾辈之国有方法，为以公债买收；又以消费的国债拟此买收国债，而不以起业国债拟此买收国债也。以下先就此第二之误谬而驳之，以次及于第一之误谬。

吾人前言土地国有，未尝论及以如何之方法使为国有也。他种财产之为国有，固常以买收之方法。而如土地之价值总额过大者，决不能以单纯一时收买之方法为满足。此于实际稍加考虑者，所能知也。既已明知土地之将来增价可至数倍，而此数倍之增价，由社会之进化以生，不由劳力资本。则取其将来之增价，补偿现在所有土地者之损失，而此地价增加之益，遂归于国家，则可以胜于一时收买之无谋。于是有相辅而生之两方法：先给国债券，而后偿还，一也。划定价值后，有增价悉以归官，然后随时依价收买，二也。此两法可并行不相悖，而第二法尤便利。何则？现在土地鲜属大地主。数十年间，必有交易。若划定地价，则交易必更频繁。而土地之买卖，必涉于官，无从欺匿。故划定地价之后，有交易止以原价归卖主，而其增价属国家矣。如此，国家可不费一钱而收增价之益。以此收益供买收之用，优有余矣。

所以先定地价，则土地之买卖必频繁者。凡地主之吝卖其土地者，一惧损失，二希厚利也。既划定地价矣，地主不患不得售其本价，又无从希额外之利得，故苟有欲买者，虽以国家之力强制之可也。借令其不欲卖而自纳其增价之额，亦可也。要之，有地价可增加之事实，则必有欲求买者。而无论其买卖之成立否，国家皆受其增价之益。而地主初不抗拒。其不抗拒非为势抑而然，亦自计其利而已。故一方用国债买收之策，一方用此策，则买收之财源决不患其乏也。

然梁氏只知可以公债买收，而不知此法，则其为驳议之无所当，固宜耳。且即彼所论，有此千三百余万万之国债，其结果于财政亦无丝忽之危险。何则？凡论公债之结果，其最要之点，在其公债有生产的性质与否。其起债而为生产的者，为起业公债；非然者，则消费的公债也。而现在各国之国债，多为消费而募集。其尤重者，以事战争、供赔偿。夫以公债供战争、赔偿之用，则是其费终不可复，而于将来之收入，无毫末之益。即如论者所举法国之例，彼百余万之公债，其大半皆以充战费者也。即普法一役，彼之公债已由四万万八千镑，升至八万万八千镑，而一时浮动之公债尚在外。此皆仰偿于租税者也。夫故其财政受其影响，而近年之支出，公债费至居经费十分之三有奇，为巨额矣。然假使法之借款，不以用于战争，而用以起业，则其业务所益，优足以给其公债之费用，则法之财政固甚安全无恙也。惟其公债之收入，以供军用，更无从回复，则其利息及偿还之源泉，势不能外于租税。而人民以有此公债，故每人负担之国债费二十一马克二有奇，一一皆自其所得中割出之，此其病民，所以见诟也。然而以公债买收土地，绝殊于是。其偿还之源，始措勿论。第言其利息，则就其土地所收之益出之，固已足矣。然则于财政有何不巩固，而劳论者为之忧也。

梁氏固非不知此也，故于后段明为利息之计算。然计算利息，而不知其利息即从土地出者，于财政无所碍，是则吞剥现代学说而不知运用之过也。而彼更由此论法以论偿还，谓政府于此廿年以内，决不得偿还国债，因谓政府信用当坠地。（二十页）不知国债之偿还期限，以国库信用高低而迟速，不以其偿还迟速而信用有高低也。夫还偿之迟者，莫如无期固定公债。今如英国之整理公债，利息年不及三分，而无还偿之期，只有随意偿还之条件，其不欲偿还，则不偿还耳。然则论者之视此何如，当亦以为英国政府之信用坠地，而国可亡乎。夫英之公债，非有厚利，而又无期偿还，然而人争保有之，价不减跌者，英之国库之信用足以维持之也。偿还之期，只视募集当时之信用。公债之价值，全不关于其偿还之期。夫英之国库，固未尝储偿还公债之金，而人亦不望其偿还也。则其年给之息无亏，斯已足矣。况此国有财产，实具与国债相当之买价，而有收益递增之趋势，其利息亦决无愆期。而谓此类公债不偿之于二十年内，则政府信用坠地，而国可亡。吾真不知其义之何存也。抑无期固定公债，非其信用之厚已表示于公众，不能募集。而国家之募集公债，实以无期固定公债为最宜。此学者之通说也。然以此公债买收土地，即以土地之价格厚国家之信用，则何人亦不疑其为财政上之良策。以此信用而给付无期固定公债券，以为代价，实无毫末损于卖主，亦万不致如论者所云也。假曰，虽有此广大之土地，其信用犹不足以得发行无期固定公债，而价格不少低落之结果，则必其有他故存，而非此政策自身之病。若可为此假定，则何不可假定者，顾论理不容之耳。抑且如彼所言，二十年以内，地租不得加倍。然则吾辈地租增加之说，彼犹承认之。特曰，二十年后，乃能加至倍耳。然则反问之曰，此加倍者，为于二十年以后，突由八十万万而倍至百六十万万耶？抑由买收之初年，逐渐增加，至二十年后，而后可以增加至百六十万万耶？其逐渐增加也，则虽未至加倍，而所加犹优足以供偿还之用也。盖凡巨额之公债，例必分年偿还，而如此巨额之公债，其偿还之年，例必较多。征之法国，自千八百七十八年以来，着手于公债之整理，其计划当至千九百五十二年而完了，其长实逾七十年。今如彼所计算，以十倍法国之额之公债，其偿还之期间自必当较七十年长，明也。期间既长，其每年偿还之额自少。然则，于此二十年中，取其渐增之一部分，以供偿还，甚非难事也。假定此偿还之期间为百年，则年所偿还者不过百分之一耳。比之利息百分之五者，其额大不相侔矣。故能支利息有余，而忧偿还无着者，必无之事也。又公债例于借债之后，定一相当之期间，于此期间中，绝无偿还之事。日本谓之据置期间。据置者，存而不动之义，所以使政府得发行公债之效用，而应募者亦得以达其应募之目的也。假朝募集公债而夕偿还，则无［毋］宁不募集之为愈也。然此期限常为十年或二十年。盖通常所以募集公债者，因于租税之不可增加。而租税不可增加之状况，非三数年间所可变更也。故政府募集，非据置十年或二十年之公债，则虽足以济一时之急用，而无从获其偿还之途，终于无效。若其犹可以得偿还之途，则必其税源之甚丰，足以供其非常大之增税，故其募集公债以后，直得以增税供其利息，又可以利息之余为偿还也。是则其税源之丰有异于寻常者。然考之公债史上，巨额之公债而能以此偿还者，未见其例。其有偿还较速者，必其借债偿债，而非根本的偿还者也。依是而论，则此买收之公债，纵不如前所论，而为有期固定公债，而其据置期限必不可少于十五年，甚明。然则虽有偿还之期，政府决不至苦于其偿还而致破产也。何则？如前所述此二十年中，地租既已逐渐而增加矣，则此增加之额，必足以供此偿还之百分一也。偿还之额，不过利息之五分一，而每岁利息，恒得以岁入支之而有余。则此岁入增加六分之一，已足供偿还之用。而此岁入至二十年后而可倍者，在十五年后，绝不止增加六分之一。然则于二十年以内，以增加之资供偿还之用，又必非不可能之事也。况每有偿还，利息即因之而减。自开始偿还以往，不及二十年，而其利息减额所赢，即足以供偿还，而不俟别为之计耶。故即如论者所言，以公债买收全部，财政未尝受其危险。而其公债为无期固定公债者，其偿还只视政府之便宜，绝无所害。即为有期固定公债，犹应有据置期间，而偿还期间又必甚长，虽地租二十年后乃得倍者，亦无患还偿之无着。而二十年间不得偿还者，破产而国可亡之云云，真梦中占梦之呓语，无所当于事实也。推其致误之由，不外不知生产的公债，与不生产的公债之区别，以消费的公债拟此买收公债，而不以起业公债拟此买收公债也。

然梁氏根本之病源不在此，而在误解吾人恃现在地租为收入之一点。故彼所见为缭绕而不可通者，吾辈直可以一言解决之也。彼以为政府缘买收土地之故而破产，不问其地代多寡者，以为吾辈以现在地租为收入之正宗，而以将来增价所生收人为饶余也。其下驳增加租额之说，又曰：无论如何，当其初行此制度之第一年，政府必不名一钱。以第一年地主所收租额，必即为国家法定原额故。正表现其此种思想者也。抑亦不知政策之着手与完成有殊之过也。今如日本言铁道国有，将以议院议决、天皇裁可之日，为铁道国有政策之完成乎？抑以各铁道买收整理完了为其完成乎？必将曰，买收完了。然而始之议决、裁可者，只为决定其政策之行为，不得指以为政策之已毕实行也。知此，然后可与言土地国有之次第。彼所斤斤持以为论者，无过孙先生私人永远不用纳税一语。而先生之言，只就国有事业完成后以言，不言国有政策决定后即悉废他租税也。而彼之立论，乃若谓一行此政策，即无有他收入者然。是无他，以吾人之政策，为恃现在地租为收入，因是买收定价之事，吾人所以为决定着手者，彼以为政策之完成也。惟以为吾人所望只在现在之租额，而一买收定价，即为完了。故武断吾人着手此政策之时，即尽蠲此一切之租税以事之。而其结论则曰，岁入八十万万，则须付六十五万万之岁息；岁入六万万，则须付五万万之岁息。以此征财政之不巩固。虽然，如其说者，一买收而已毕者，世又何难于土地国有之实行乎？夫现在国有事业，最大者莫如铁道国有。然以视土地国有，其程功之巨细，相去远矣。然铁道国有而得完成于一二年间者，未之前闻也。日本以新进之国，全线不过五千哩，而尚除地方铁路不买收，其计划不可谓大。然其买收之期限尚需十年。法国之铁道国有计划，则于前世纪之后半期已大略定，而其实行完了之期限，当在本世纪之中半。盖实行之所需时日、手段，有万非空想家所能拟议者。然初不儗其政策之为良政策也。吾辈前言土地之价，十年可倍，只就其可增收之度言，不必与土地国有政策实行完了之期限相符合。将来实行之际，或能最敏活之手段，得最长足之进步；以最短之年月，完成此最大之计划，非今兹所能逆料。而所可知者，则此实行完了，决非三数年之事耳。然于此政策实行未完了之中，一切政费自必仰之旧有之租税，暨余一切收入，决不如彼所云，一着手此政策，即不有其余之收入也。此可即至浅之譬以明之。则如梁氏，括其所得美洲南洋华人之血汗，以营广厦于神户。其始营，以逮其落成，自不能无需时日。而当其建筑之际，横滨山下町之馆，箱根之旅宿，未可遽废也。苟梁氏以有金可得广厦之故，浸假而以广厦视其巨金，不待新居之成，而以新民丛报馆为鹊巢，为兔蹄，为鱼筌，则付之水火，加之斤斧，将见其无所荫庇，奔走以求一宿，而所挟巨金未尝呈丝忽之效也。然梁氏之知，不以此术施之室，而必度人之以此术施之国，以吾人所计划为金，而以现在可得之收入为馆，此何说也。且吾人之计划，与租税绝不相谋者也。吾人曰实行土地国有计划，而民之负担不为之加多也。土地国有之所得者，由自然的恩惠而生之利益也。既完了国有之后，而减免赋税，则人民负担之轻减也。而未完了之前，一方为国有之进行，一方仍前取租税，非人民负担之加重也。然则绝无因土地国有政策之进行，而不得有别种收入之理由也。

于此吾辈所谓土地国有政策之完了者，亦不能不一说述之。吾人前言以土地归国家所有之术，有二方法：一为公债买收。而此公债买收者，不能以给付公债之时期为完了，易明也。盖以吾人之目的，在得其土地所增之租。故一旦买收之后，非至其收入足以给公债利子之外，别足以供给国家之用，不可谓之完了。盖各国之国有事业，只以归于国有为目的。而此政策则归于国有之外，别有与国家以充足之收入之目的故也。然吾人固不纯恃此方法。

其第二之方法，则定价而国家收其增额之法也。此方法之利用，视前法为多。盖调查其地价而划定之，则地主只能有其现所有之地价。而此地价，无论何时，由官给之，则地主不得拒弗卖也。即地主欲卖，卖于官，而得公债或现金。则不问时价如何，皆得同价，故地主无不利也。有欲买者，纳价于官，官取其所增而以定价与原主。其不足，官为补足之。则买者亦无不利也。如是其利则独在官。何则？近世之趋势，地租日昂，在欧美诸国行之，犹必有获。然在中国，则将来地租有升无降，则政府尤得收其厚利。此厚利之源，非夺之民，乃以社会之进步而有者也。地租之升降，与地价之升降，固非同物。然以普通而论，地租增者，价即比例增，而定价之后，此所增者归于国库。如是即以之渐买收其土地。及土地尽归国有，而后为土地国有政策之完成。而用此策者，亦非三数年所可毕者也。前所言法定而归诸国有者，谓此。盖其始时，地虽尚属私有之状态，而以法律定之，令其人于其土地上，仍有同前之权利，特制限其让渡之权。自法律上言之，所有权在国家，人民特于其地上有他之物权耳。而是时国家未尝给相当之对价，亦未尝得行使所有权，故人民所行使之他之物权，与前之所有权之行使悉同。第虽有与所有权同之权利，而法律上所有权仍属国家，不属私人也。故曰，法定而归诸国有。及后以买收而完全得有所有权，亦基于此最初之法律规定。可准之地上权消灭，而所有权得完全行使。然所有权固前之而存在也。后之买收，亦基于前此之法定者也。而当其政策进行之间，其增租之利益，已归国库所有，亦此法定之结果。而吾辈前言，因于文明进步，所增租额归国家，（十二期三十一页。）即指此也。特是由此法所得者，由增租所增之地价，而非即其租。而前偶不检点，只称租额，未免语病，以致彼疑。然租额之增，实来价额之增，土地之特殊性质如是。寻其原因所在，不能不谓之出于租。而国家以法定为大地主收此增租之益，固毫不有矛盾之所也。

此第二之方法，用之而有效者，不待远征之，即前数年在汉口、广东商人致富之事，可以为之证。广东商人者，当芦汉铁路初通时，商于汉口。知沿芦汉铁路之地价必且腾也，则求其道旁地主，与之约为买卖。其约价恒视时价数倍，而不定买卖之期，但定其最迟不过若干年，过此期者废约，而在期中不得更卖与人。民见其利，争趣之。然商固不持一钱，不能一时悉买此地也。逮铁路既通，欲地者骤多，而地主守商约不可得，则求转买于商。商因多取其价，而如约以价与原主。商不出费，只以一契约而厚收其利，更以所得利次第如约买取其地。又次第卖之，得利巨万云。此盖由第二之法而变之者。商惟希一时之利，故买而复卖之。然铁路旁地之涨价，固不止是。借商不以是为足，而自保守其土地之大部，以一小部之价偿其原值，未为不可也。如是则商所收益，可百十倍。又假为此者非商，而国家自进为之，则亦可以得莫大之收入也。今中国之铁道纵横，次第敷设，是皆芦汉之类也。森林、矿山之业，次第发达，是皆铁道之类也。国中都市次第发达，其宅地之价，次第腾贵，又当十倍于铁道旁之地。是有千百芦汉铁路也，亦即可有数十万倍于汉口商人之利得也。虽以商人之策，为将来事业进行之缩图，可也。

是故吾人之国有土地，非恃其现在地租为收入者也。故其政策之完成，非于买收之顷刻完了，而于土地价格既增加如所预期，得以与国家以充足岁入时始完了者也。然则未完了以前，国家不废别种之收入，无国库不足之忧。而苟以公债买收者，土地自身足以偿还其公债有余，不事忧惶也。故现在地租，吾人既以前此以计算，明八十万万之数不大远于真。而此八十万万，初不必入于预算之收入，只此可增加之一倍之八十万万，可入之预算收入之簿耳。然则梁氏之驳议之无当自明。彼言八十万万之收入，而出六十五万万为国债息者，其财政为天下所无有。而不知彼所言支给六十五万万国债息之间，不可谓为土地国有之完成，他种收入未尝为之废也。此征之普之铁道国有，其例最易明者也。普为铁道国有而发行三十一万万二千五百万马克之公债，而千八百九十四年之统计，国有铁道收入九万万四千七百四十万马克，其支出五万万六千二百五十万马克，得纯益三万万八千四百九十万马克。至一千八百九十八年，则其收入增至十二万万零九百七十万马克，并余官业及国有森林、土地等收入合十五万万六千三百七十万马克，居收入总额之百分之七十二，而其纯益实足以给每年支给公债利息并偿还之费。然则数十年后，更无公债费之支出，实则此巨大之收入，其于财政上之福利为何如也。假普于此外，更有种种之经营，而国家私经济的收入，遂足以供国费之全部，非甚难之事也。当是时，民无租税之负担，而国家得充足之岁入。自梁氏视此，其以为良结果否乎？傥诉诸平旦之良心以言之，决不能曰否也。然以梁氏之论法，则于普之政策未达成功之际，亦且以为第一着手，即负担巨额之公债，且以六分之五付债权者，而仅自有六分之一，而诟为天下无有之财政矣。然普固未尝于铁道国有政策未完满成功之今日，行尽免租税之愚策，则其财政亦正为天下所易有。将来之中国，何独不然？

抑梁氏推算吾国将来之岁出，谓当比例面积人口增加，至数倍于英。而吾辈所预期之收入，决不能给之也。于是闻吾人之说，必曰，旧有之收入，不足以供新政府之用也。则吾辈所主张仍不能实行也。然求其推算之根据，则曰：

据日本小林丑次郎（三郎之误耶）之总分国家经费为宪法费、

国防费、司法费、内务费、外务费、文教费、经济行政费、官工行政费、财务费之九种，内中惟宪法费、外务费不以国土之大小为比例，无论何国，其额大率不甚相远。其官工行政费，则以国家自营事业之多寡为率，非可一概论。（中略）然则此亦可与宪法费、外务费同置勿论。其国防费虽非可以同量之比例进算，然大国之当增于小国，亦至浅之理也。自余司法费、内务费、文教费、经济行政费、财务费，则无一不比例于国土之大小，人民之众寡而累进。然则我国面积虽远过于英本国，而我国为自维持、自发达起见，其所需正当之岁入，亦当远过于英国。（五页至六页）

又曰：

计英国现今岁入十一万万余，法国十四万万余，德国十二二万万余，俄国二十四万万余，岁出略相当，而国债费尚在外。我国以幅员之广，人民之众，所需行政费之多，则其岁出入必须过于英、法、德而勿劣于俄。质言之，则每岁必能提出二十万万之预算案，然后可以供国家自维持、自发达之用。（二十三页至二十四页）

于此姑勿问其论理之确否如何，即其所举数字而论，已错谬百出。即如彼前引麦洛克氏说，言英国经费六千八百万镑，而此言英国岁入十一万万，斯已谬矣。而彼必自解曰：麦氏之立说与今异时，故不得合。然则既知其不合于近今之数矣，又何为笃信而死守之乎？第此犹非要点，其要者彼谓经费皆当比例于国土面积、人数而增加，且其增加之比例极确。（彼六页注，谓如乙国面积人数十倍于甲国，则此等国费自然六十倍于甲国，尤可骇怪。然六或讹字，姑恕之。）即彼三四页所论也。今试如其说以检之，中国面积，十倍于英本部有奇，彼所承认者也。中国人口，亦十倍于英本部有奇。（英本部人口只四千万内外。）然则依梁氏说，中国之经费除宪法费、外务费、官工行政费外，皆当十倍于英。就中国防费虽不十倍，亦四五倍也。而查英之宪法费不过一百五十余万镑；外务、行政费一百二十余万镑；英国本少官工业，官工行政费不及百万镑。然则此三项合计不及四百万镑。而国防费凡四千余万镑。故以麦洛克氏之说计之，则六千八百万镑之经费，除去此四千四百万镑，其余二千四百万镑，皆梁氏所谓当十倍于彼者，故其额当二万二千四百万镑。而国防费当五倍者，亦二万万镑。然则其总数当四万四千四百万镑也。而每镑伸银十元弱，故其额在中国为四十二万万元有奇。与二十万万之说已大背谬矣。况依英国十一万万之说，则中国于司法费等五项，当支出七万镑，加余二万万镑有奇，当有十一万万镑，即一百一十余万万元之岁出。然则中国更何从觅此财源。是吾人之主张土地国有，未尝令中国政府有破产之虞。而梁氏硬派此十倍之经费于中国政府者，乃真令中国政府舍破产以外，无他道也。又姑无以此虚悬之说与为辩。即彼所举英与俄之岁出入计之，俄之面积大于中国，而人口少于中国，以此两相抵，中国之推算，亦略可移以施诸俄。顾俄之统计，即如彼所说，亦不过廿四万万余耳，未尝有一百万万以上之岁出入也。（以他书统计征之，则俄之经费，除国债不过十三四万万元，无此巨额。）此事实之最显著者也。梁氏诚欲自完［圆］其说，则无［毋］宁更改俄国之岁出入为百万万，而悍然曰：中国后此亦非得百万万不可，犹得以遮饰一时也。

以上皆就数字上以证彼说之不足据也。更自理论上以言，则其立说误谬之源，亦易明了。盖彼言面积人口增加，则一切经费皆当应之增加，固也。然其增加之比例，非以线比例增加（算术所用比例即线比例），而以乘方比例增加，其式当为：

$$S=a\quad n\sqrt{(bx+cy)}$$ ，S＝经费，X＝面积，Y＝人口。

故面积人口增加之时，其经费即依微分理而增加。然其增加之数决不能大。以其式中变数之项有分指数存故也。浅言之，则（一）经费比例于面积人口而增加。（二）其增加之率，从于面积人口之大与多而减少是也。（一）者经费为同变数之结果。（二）者项中含有分指数之结果也。

梁氏固不解此，而以小学一年级算术初步之智识谈财政，宜有此结果矣。况检其所举五项国费，其中固有不与面积人口俱增加者，即如财务费中含国债费，国债费固与面积人口无关者也。然考其所举英国之例，则英之国债费，实居总财政费中百分之九十五。故虽谓其财政费全不涉于面积人口可也。俄、法之财政费中，国债费之位置，亦略同英。惟德国债费极少，为例外耳。其他项目亦多有不与面积人口相关者。一概论之，其失远矣。又此之所言面积人口者，专就本部而言也。而各国之经费多不止为其本部出之，而国防之费尤甚。今如英国，其本部虽甚小，而其属地则甚大，凡其均费，率为全国投之，不但为本部为支出也。然英之军费，实居全经费百分之二十九。法之属地之多虽不如英，而其海军大半以保护属地，陆军在属地者亦不少，而其军费居全经费之什三。然则彼所计算之本部面积人口，已不可为基础矣，以其经费不仅为本部故也。由前之说，则当除出公债费。由后之说，则当除出军费。而如彼所举例之英、法，此两项经费实居全经费之过半。然则彼说之无足采，又甚明也。

夫彼之说，恒自相撞突者也。故虽驳其一说，其它说恒不为摇。则如此论，梁氏既主张经费应土地之面积人口而增加之说，又主张中国经费当过于英、法、德而勿劣于俄之说。其前说则既破矣。其后说则未尝不含一面之真理，不能悉舍置之也。然虽当为相对之承认，而于土地国有之进步毫无所碍者也。盖以中国方今改革之殷，虽有劳力物品价值低廉之便宜，其经费自当以次增加，而其增加之最高额，则虽与俄国等，亦为理所可有也。然而所谓不劣于俄者，自当有界限。彼言廿四万万者，当为前数年之预算。而俄国自与日战，每岁临时费加增数万万，故若计一千九百零五、六年之岁出入，则中国决不能效之也。故当征之战前之财政。据黑迦氏统计（以上所示统计皆据之），俄国之经费总额，不过十六万二千一百余万元。而其中有国债费三万万元弱，临时费一万三千六百余万元，皆非所当计也。然则所谓不劣于俄，其额止于十二万万元而已。彼说稍有可取者在此。然而彼之为说曰，中国必每岁能提二十万万以上之预算案，而后可以供国家自维持、自发达之用。则是以俄之战时财政拟之平时而误也。且此十二万万元者，不过其最高额可抵。是曰，不如是则不可者，又大不然也。以中国有种种可得节省经费之便宜故也。

于此更有当注意者，彼所言十一万万、二十四万万等，皆就元以言也。而前此就中国财政土地收入等项所言四千万、四万万、八十万万、六万万、一万三千万等，皆就两以言者也。两为中国计算上所常用，省而不言宜也。然既于两省不言矣，则于以圆计时，理不得省圆不言。然梁氏反之，于此诸国财政以圆计者，只言若干万万，不言圆，是大谬也。不惟然，于此以圆计者之中，言中国收入一万万七千万者，又以两计，不以圆言，复不着两字。更持七十万以较二十万万，谓不及三十分之一，可谓大瞀乱矣。夫梁氏岂不知圆与两之区别，然故为是比较者，以读者为下愚，而思以舞文之巧术济其说之穷，甘蹈巨谬而不顾也。其术可怜，而其心可诛也。

故就此计算，则俄国之岁出不过八万六千余万两，固非甚难企及之事也。即中国现在之财政言之，中央政府所入万三千万两，而各省外销不报部之款，大省恒千余万两，小者亦数百万两，此其大部分皆国家经费也。（其性质不能为地方费用。）而此之合计，当有加于中央经费之额，则二万六七千万两者，中国现在经费之常数也，当于俄国岁出之什三矣。然中国之岁入，非真正取于民之数也。以前所论地税实收之额，实取于民者之什一而已。其他杂捐、苛税，滥收之弊尤甚。弊差少者独关税耳。而厘金一项，侵吞欺滥，又论者所已认者也。然则推算中国人民实际所负担之额，必视政府实收入加数倍。而即以三倍计之，亦几埒于俄矣。故论者姑无震惊于俄之岁入，吾民之所出以畀满洲政府暨其爪牙者，未遽下于俄人之所出也。故当此土地国有政策方进行之日，就旧有之岁入而整理之，尽去侵蚀，优足以供国费。故土地国有之政策，毫不为之妨碍也。

论者必曰：此所言者，未及地方费也；而将来更须谋地方费用，则经费犹不足也。曰：然。然地方经费之多寡，全视其地方团体之职务之繁简。故地方团体职务而多者，其经费必多，为今兹所无有也。第以英国之地方经费论之，则十年前之地方经费，已达九千余万镑之巨额，几等于国费。而各国初不闻有此也。是全因于其职务多寡而殊者也。为问中国之始改革，其他［地］方团体能任巨大之职务乎？必不能也。然则其经费亦当甚少，未足为道也。且今日中国亦不无单纯的地方经费，不计入国费中者。他省所不敢知，以粤地言，则乡局皆自有其经费，若团练局、沙田局等其尤著者也。然则以此种收入充地方经费，亦甚不难之事也。故地方经费虽广土不遽增，其事既简，则其经费亦不入于财政问题也。

更就今日政府收入现［观］之，其中一部属于地税，而计人民所纳，则地税实居全负担之三分之一以上。然则土地国有政策之进行，得无为此收入之障害与？此普通最易起之问题也。虽然，同时亦为最易解决之问题，不可不知也。土地上之有税既久，其地主之收入中，恒割其一部分为税。（地税或从租税出，或从庸出，或从赢出，下当详之。而中国地税则概自租出。）则计算租者，只计其所收入中，除去地税之部。即如租亩二两而税一钱者，在地主视之，只可以为租两九钱而已。然则当行土地国有政策时，假其地被买收，则其买收之价，只可以两九钱之收入计，而政府收此地之地租，实得二两，则于地租未涨以前地税之一钱，仍可从地租中划出之，于旧有岁入无所增损也。而余一两九钱，亦为始所预计不见耗也。要之，国家代居地主之位，故得其收入，亦得其税之负担。而即国家一方为征税者，亦未尝因而有所盈亏也。若在定价而未买收时，地主仍收其租，亦仍负其负担，于国家收入更无所碍也。

故从种种方面以观，岁出之多少，皆与土地国有政策之进行无关系。而彼论所称第八至第十之理由，乃悉破也。梁氏不能抹杀现在政府之收入，即不能推倒吾人之说。虽然，假其抹杀此事实，则梁氏方且以之自穷。何则？不能提出二十万万之预算案，不能供国用，梁氏所主张也。行土地国有则破产，行借债起生产事业则破产，梁氏所倡言也。然使满洲政府一旦翻然思念梁氏之高勋，涤瑕荡垢，许复朝班，更假以阁龙科勃之位置，则梁氏其将何策以处此困难之财政乎？其必取之租税无疑也。今姑就吾辈所计算中国岁入二万七千万即四万万元弱者，一旦欲其增加而为五倍（二十万万元），以应国家之需，其道将奚由？假其不认征收于民者，数倍国家实收之事实，则惟有加此税率为五倍，以益困吾民而已。夫以今日细民生计之困难，现在税率犹不能堪者，其何以堪此五倍之税乎？此真铁良、刚毅所不敢建之毒策也。况梁氏之经济政策，以奖励资本家为第一义，而牺牲劳动者一部分之利益，非其所计。于是排斥外资，而保护资本家。以之劳动者势既不敌（保护资本家故），又无需要者之竞争（排斥外资，而内国资本又不多故），庸钱日低，重逢此恶税，方且希为奴于北美而不可得矣。如是而后彼说可行，然犹主张之者，是其心真非常人所得测矣。

以上皆言土地国有政策进行中不害财政也。然至其完成之日，则可尽废诸税，独以土地收入得供国用，此吾人所夙主张者也。然梁氏则悍然曰：单税不足以支持国费。考其根据，无过麦洛克氏之说，及彼六万万之臆定耳。二说皆所前破，更无复述之必要。然吾人所期以为国家收入者，增加之地租，而非现有之地租也。故更从他方面推算地租可得升腾之额，即可因以知将来可得之收入。无论地租为八十万万有证据存，即令其如梁所说为六万万，国库之收入乃逾多，盖所可得者同额，而所出较少故也。今比较他国之土地收益，以推算中国将来所得，分项明之。

（甲）田地之收入

吾人固不言以田地之租为全收入。然田地之租，要为土地收入之一大宗。欲推算将来田租升腾之率，只须就农产物之价值而知之。考美国第十二次统计年鉴（一千九百年），全国农产物值美金四十七万万元，即中国九十四万万元。其输出农产物，值美金八万六千万元，即中国十七万二千万元也。而九十四万万元之农产物，除此输出者外，皆应消费于国中。（虽有制为酒类等而输出者，然其额当不多。）是则美国人民所自消费之农产物，凡值七十六万八千万元也。美为新垦之邦，农产物价贱，不如欧之昂。（美产面粉能销于中国，即可证之。）而其额之多尚若是，则欧洲可知矣。中国文明进步不如美，人民所消费简单而少额，又谷价贱，故其消费额，今暂不能如美。然其改良进步以后，人之欲望增进，当不下于美。而谷价亦必以渐昂腾。故以美之例计之，彼国人数凡八千万而费七十六万八千万元之农产物，人所费者年九十六元。中国四万万人若人费九十六元之农产物，即需五倍于美之数，为三百八十四万万元矣。中国现在之农业，经常纳其生产之半以为租者推之，将来租价随谷价以升腾，即产此三百八十四万万之农产物之地，当有一百九十二万万元之地租。然以经济常理言之，土地苟不达报酬渐减之限界以前，租额增加之率，实大于产物增加之率。是以将来之土地收获虽入报酬渐减之限界，而其额犹当居全产物价值之半也。即此一宗，已可得近于八十万万之一倍之收入矣。况此外尚有宅地耶。又以日本之例言之，当明治廿八年，米价每石不过七元。（其时输入米价不过六元半弱，故知其时米价至多不过七元也。）逮三十六年，每石标准相场（即市场定价之平均额），乃至十五元有奇。其年为丰岁，故米价稍低。至于此顷，复大腾贵。要之十年之间，米价两倍者，其情实也。然此增加之米价，其结果当如何分配之乎？则其产出之所要自然、资本、劳力一与前同。在此十年之间，庸钱虽增加，其率不大。利率乃无大变动。然则此所增加之额，其一小部分为庸钱增率之外，当分配于地主与企业家。第企业家之利润一旦高，则以竞争之故，旋使之低落，故此分配为利润者，亦仅独其大部分分配于地主以为地代耳。然则日本之地租，此十年间，当不止一倍，而其地价亦增加不止一倍也。日本社会之发达，多在明治二十八年以后。然则苟中国将来社会发达所要时间与日本同，则亦十年而已。此就于田地，可证前言十年可得一倍之非虚者也。

（乙）宅地之收入

言宅地之收入，自必以都会之地租为首位。考各国之人口住居于都会者：于美国居万人以上之都会者，凡百分之三十；英国居于万人以上之都会者，凡百分之六十一有半；法国居于二千人以上之都会者，凡百分之三十七有半；德国居于二千人以上之都会者，凡百分之四十六。（英、法、德三国，据一八九一年统计。）故今日文明国间，人口三分之一居于都会者，其中数；而都市人口以渐增加者，其趋势也。（参照《国家学会杂志》第百四十四号，“欧米都会之发达”项下。）然以美国论之，居于万人以上之都会者，岁必纳美金六十元以上之屋租。而五万以上、十万以上，乃至数百万如纽约者，其所需又从之增加而至数倍。故都会中人所需住居费，平均每年必不止六十元。即以六十元而论，此总人口百分之三十三居于都会者，其数都二千六百万人。人出六十元，则是都会之屋租，凡值美金十五万六千万元，即中银三十一万二千万元也。此中至少有一半属于地租，则为十五万六千万元。而中国今日之宅地，租虽甚微，至于改良进步之后，自不难于与美同等。则依于同一之此例，四万万人中当有一万三千余万人居于都会，其所出之地租当有七十八万万元。此外居于田舍者居百分之六十七，则以其租当都会之五分一计算，仍可有三十一万二千万元之租。合之为一百零九万二千万元也。

以上专就居住之宅地言之，而住宅之外，制造所用工厂仓库，商业所用店铺等地，亦可纳巨额之租。以美国之例言之，则据第十二统计年鉴，大小制造家凡五十一万二千二百五十四家，其所制出者合值美金百三十余万万元，其资本金美金九十余万万元也。其资本运用之状况则如左：

地租　十万零二千七百万元　合中银　二十万零五千四百万元

建筑　十四万五千万元

机器人工　二十五万四千三百万元

流运现金　四十七万九千六百万元

观此可知制造业者所纳地租，实不止其资本之十分之一也。而将来中国资本增殖如美国现在之景况，则必五倍于美国，而所纳地租为百零二万万七千万元矣。以合前宅地租，可得二百一十一万九千万元也。第此制造业者，或使其职役居住其建物之中，则此属不纳宅租，而仍不可不称住民。而前计住民所纳屋租单以都会住民计算，于此其地租之计算不免重复。然从事制造业者，以美之统计，不过全人口百分之九弱。而属于此种不另纳屋租者，最多不过半数。故其重计之数不过十万万元，除去之，尚有二百余万万元也。

此外商店所应纳之地租，第以住民所纳之三分一计之，亦当有二十六万万之收入。故统都会、田舍、住宅、商店、工场、货仓之属，凡可得地租约二百三十万万元。

前此两项，并以发达之程度等于美国计算。然中国当以若何长之期间，始能发达至与美等乎，则不能预为精密之决定者也。然而所可决者，美国之致此发达，凡要百年。而中国之得此发达，决不要同一之年月，即二三十年，已足追及美国。何则？效法者之善取其利而避其害，实比于始创者有数倍之便宜。美之致此发达实放于欧，而其进步较之速。今中国之于美，亦犹美之于欧耳。且此发达皆以渐致，不由顿成，假其进步需三十年者，此前十余年间，必已有若干分之进步，而地租亦得有若干分之增加矣。故如前之两项地租合计，实有四百二十余万万元，即令其后十年之增加率，较前二十年为倍，则此四百二十余万万元者，在其改革后二十年，不过二百一十余万万万元耳，然而固已几倍于八十万万两矣。（八十万万两，即一百一十一万万元。）故吾辈前言，十年自倍者，或过于情。然中国苟能为大改革，切实谋社会之进步者，其得一倍八十万万两之地租，固可不在二十年以外也。

更以日本之例言之，则以吾人旅居之生活，每月至少尚须纳二元五十钱之宅租。若居近繁盛之区者，每月当五六元。然则吾人在日本所纳宅租，每岁乃自三十元至六十余元也。即吾人所纳以为地租者，岁不下二十元也。香港之住民，每人月纳屋租至少三元，然则所纳地租亦必岁不下二十元。吾中国改革以后，十数年间，纵不能直追美国，必不劣于香港、日本。然则都市居民所纳之租，至少必有今所预算之三分一，即二十六万万元也。乡村宅地皆以至廉之值计之，故不待十年，已可进至今所预定之率，而其额实为三十一万万余元。制造及商店所用地租，只其什三，已可得三十九万万元弱。此合计为九十六万万元矣。（日本之郡村宅地租，亦于十余年间腾贵一倍以上，可证乡村宅地，非不腾贵者也。）而田地之租，依前日本之例，亦十年而自倍。故现在地租八十万万之中，以三分之二属于田租计算，其加倍时当得百零六万万余两。合此九十六万万元即六十九万万两，实为八十万万两之一倍有奇也。

（丙）山林之收入

山林之收入者，矿山及森林之收入也。以矿山言之，中国为世界最富于矿产之国，且其采取不甚困难，故其收入必较他国为多。盖矿山之制度各国不同，有认以为属国家者，有认为属地主者。其认为属国家者，地主只能有其地地面之权利，而矿山之利益，国库取之。然在中国则习惯上以为国家所有，故其利益不待定价收买始可收之也。矿之收益，多寡不齐，全视其质品之美恶贵贱，采取之难易以定之。故其输于地主者，多至过半，少亦十一，而其平均应在十分之二以上。考美国每年所产矿产总值美金十二万三千八百万元，合中银二十四万七千六百万元。故令中国所产只等于美国，（中国面积既大，矿产复多，故决不止等于美国。）而其收益又不过十分之二，亦可得四万九千四百万元之地租。

森林之收入，亦可为将来国库收入之一大宗。盖森林之业，其性质最适于为官业。虽至不主张官业者，亦认其为适当于官营之事业也。森林之中，当分保安林、收入林二种。而保安林，以改善其一地之气候，防止其灾害为目的者，非国营之不能完备。而即收入林，亦须有数十年继续之经营，不便于私人之经营也。又其经营方法甚简单，不要复杂之工力，又不容为小计划之经营，凡此皆独便于国营者也。考日本国有森林之收入，于明治三十五年度，其面积凡千三百一十七万余町步，纯收入一百六十四万余元，每一町步纯收入十三钱弱。而日本国有森林，居总林百分之六十八，故合算其私有森林之收入，当为二百四十四万元。中国面积得日本之二十六倍，故其所可有之森林，亦当二十六倍于日本。而如日本之收益率，每岁纯收入亦可得六千三百四十余万矣。然日本之林业，至不发达者也。各国之森林业收入，除俄、奥外，皆数十倍于日本。则日本之林业将来可得之纯收入，决不止十倍于现在。而中国将<来>国有森林业之纯收入，亦决不止此预算六千万之十倍也。试依高野博士所表列各国国有森林每希打纯收入观之：

普鲁士	五、七四	巴威伦	八、三九
撒　逊	二四、五八	威丁堡	二〇、六八
奥大利	〇、八一	匈牙利	一、五四
法兰西	五、〇六	俄罗斯	〇、一〇

此中除俄罗斯不计外，每希打约为日本一町步六分之五，（日本一町步当三英亩弱，即中国约廿亩。一希打当英亩二亩半弱，即中国之十六亩有奇。故其比例当为六与五。）故奥之纯收入，为日本之七倍有奇。法普之纯收入，为日本之三十余倍。而撒逊之收入为日本之二百三十倍。假中国之森林进步与普、法等，则可得二十余万万元之纯收入。此纯收入以三分之一供其经营资本之本利偿还，每年仍可得十五万万元以上之收入也。

（丁）湖沼河海之收入

此项收入最多者渔业，而盐业亦亚之。此外种植水中植物，其利亦不鲜。盖古之官山海而以鱼盐饶国者，自有前例。而榷盐之政，至今行之。虽财政学家率以盐税为不便，而于产盐之地取其地税，决非过也。此外尚有开凿运河、筑港场者，亦属此类，而其收益亦当不鲜。

（戊）水电之收入

近日电气之用途大扩张，而最新之电气设计，俱赖自然力，而尤重者水电也。水电所利用者，瀑布河滩之力也。利用此属之力以发电，其所需资本可大减，而其所生电力之价值，比于其资本为甚大，故其利益之分配，当有大部属于自然力之主。电气之供于实用，不过二十年前事耳。计其现在之用途，不外交通（电信、电话、电车等）、代烛（电灯）、运机三项，而炊爨、温室用电之法，虽经发明，未尝应用于实际，则以其价高于薪炭，不能夺其席也。中国之水力可供发电之用者，如龙门、夔峡之激滩，西南山国多数之瀑布，蓄而用之，其力至大，而用资本较微。然则电力值价可廉，而炊温之用电者亦多矣。依美国现在之统计，每年每人所需用于电力者，凡美金七元，合中银十四元。然其用止于前举三项耳。则加以炊温之用，其每人所需于电者，当不止此数。即曰电气价廉于美，而其需用增加所生益之额，决非其减价所损之额所可比，明矣。且就令其额不过十四元，而以四万万人计之，每年所需应为五十六万万元。水电之运用全恃机器，一成之后，支出盖微，不如用汽者费消之大也。然则其以收入之什一，足供其每年支出之费，余五十万万余元为纯收入矣。以前所论以自然力发电需用资本较少，故其收入五十万万元中，以三分之一为本利偿还，（此为国营，故必计及其偿还资本，所谓利之偿还，即当于私立会社之配当金；其本之偿还，则当于会社土之资本减少，株式消却之积立金也。）余三分之二，凡三十三万万余元为国家之收益。

（己）铁道之收入

美国铁道每年之总收入，凡美金十七万六千九百万元，除去各项费用，尚得纯收入六万五千二百万元，合中银十三万万余元。更除偿还本利，合中银五万二千万元，当得八万八千四百万元，为企业者之收入。然美国两面临海，所恃于铁道者，比之他国为少。中国若发达至与美同程度，其所需用于铁道，至少需有美之两倍，其纯收入当为十七万六千万万矣。

以上四项，除河海等之收入不能预计外，其他三项总可有七十一万万元之收入。至本利清还之后，更可得三十三万万元之收入。故其总额可得百万万元以外。第此预计皆就其发达至于全盛者计之，故其达之之程期，必须三四十年，不能视为自始可得之收入。然如矿山、铁道，虽其始时，亦可得巨额之收入，非绝对无收入者也。（未完）①

（录自《民报》第15、16号，1907年7月5日、9月25日）

① 原文止此，后无续刊。

斥《新民丛报》驳土地国有之谬

太　邱

欧洲自十八世纪，贵族与平民相轧轹，遂生政治革命。法国革命以还，各国受其影响，政体不变，而政治渐趋于平等。十九世纪，富族与平民相轧轹，遂生社会革命。此其主义，盖欲使经济趋于平等也。然而非常之原，黎民惧焉。今世之抱疑于社会主义者，亦犹昔日欧洲之神圣同盟，欲沮抑民主政治思想，以济其私。然其私卒不可遏，历史上亦既明以诏我矣。况如社会主义，渐即于科学的研究者耶。顷见《新民丛报》有《再驳土地国有论》云者，误谬不胜枚举。梁氏初震惊社会主义，乃绍介之以自矜其奇，嗣见恶于《民报》，又故抑之以自写其怨。所言无一当于人心，甚或欲助资本家以压劳动者，悍然叛于人道而罔或顾，而其病则坐于惧外资，至忘与其前论外资之利者相矛盾。《民报》十二号，辞而辟之，亦即愈其病矣。[①] 今复肆行剽窃，欲试其困兽犹阙之技，摭拾计学（包经济学、财政学而言）一二端，以自文其陋。而不知其援甲攻乙者，实出于一源；引乙证甲者，又谬以千里；所悬揣之方案，所援引之事实，拂人情，戾学理，鲁莽灭裂，自欺欺人。兹爰就管见，一一纠正之，以解梁氏之惑，并与世之有识者商榷焉。吾尝有言，反复无常，莫梁氏若。若以反复为进步，则非吾所敢；知以反复如是之人，吾又安从与言？然知而不言，又恐其惑滋甚，无以自解，转以蛍无知者之视听，为吾民蠹，则纠正之者，亦吾人责也。嗟夫！梁氏本不足训，所冀借此以与我邦人士，从事研究此

---

① 参见民意《告非难民生主义者——驳〈新民丛报〉第十四号社会主义论》，《民报》第12号，1907年3月6日。

主义，阐明其理，真理愈明，则其去实行也近。是余之意也夫。

绪　论

兹篇论旨，本对于《新民丛报》起其膏肓［肓］，亦即与我邦人士商其方略。揆情度理，务求协于人心，而其范围，则以论土地国有为限，就梁氏之谬点，一一纠正之。复计立言之便，分为三节。第一，论吾人之土地国有政策与土地单税论之善［差］异。第二，论吾人之土地国有方法与他之土地国有论之差异。第三，论吾国行土地国有之易。末，更幐以附论，并梁氏之节外生枝者，摧夷而廓清之。

第一节　吾人之土地国有政策与土地单税论之差异

梁氏哓哓致辩者，则曰土地单税，果足称为善良之税制否乎是也。夫租税之为善不善，亦正多说矣。语其不善，则曰："租税者，强取诸民，掠夺其与生命等重之财宝，殊悖于理。且人民之怨谤，多缘聚敛而生，与国家之治乱安危，关系甚巨。又其甚者，则弱一国之生产力，抑制生产，妨贮蓄，杀资本。尤其甚者，则使人民之道德，日趋腐败，巧于逋逃，习为隐惹，蔑视德义，斫丧廉耻。故租税者，不良之物也。"反对论者则曰："吾人所望于国家者，寸丝斗粟，不取诸民，宁非幸事。然而不能者，则亦有故。盖吾人建设国家，认政府之存在，办方正位，体国经野，设官分职，以为民极。如是，则其费用极繁，维持之之费用，以财产为必要不可缺之条件，故无所于疑也。而其费用，如现今社会之状态，舍取诸租税外，别无良法。是则吾人认国家之存在，同时又须认租税为必要。不然，是如不给与食物而欲求动物之生活也，岂可得耶？且国家所取诸民者，还为民用。又如官业，固用于生产的而非用于消费的者，故租税虽为人民所最嫌恶，然在适当之程度，取之于民，以维持国家之生存发达，固有其必要者。或称租税为可厌的必要物，殊非无理也。"由斯以言，则国家存在以上，必须维持其生存发达，固也。然所以维持之费用，则曰恃租税。然租税不得已之事也，故与其重税，毋宁轻税，与其轻税，毋宁无税。若云无税，则吾人所持之土地国有政策，庶几能臻此域欤？梁氏骤闻此言，必将舌挢而不能下［不］曰：天下宁有无税之国者乎？此吾遍翻财政学书，所未尝或睹也。吾且告以勿惊，吾将徐徐有以诲之。

夫租税之必要如此，而其不善又如彼。假既认租税为必要以上，则甄别其良否，以为受舍，亦国家所宜有事也。由是而租税制度起焉。而租税制度中，复有单一税、复杂税之别，单一税中，复有所谓土地单税制者。梁氏亦能涉猎及之矣。梁氏既以土地单税为办，则须略言此学说之沿革，然后示以吾人之方法，复征诸吾国之事实，而加以正当之判断焉。梁氏之谬，可立见矣。

土地单税论，肇自十八世纪，法国重农学派所唱道［倡导］。其言曰："凡财产中，土地实唯一之富源；生纯收入之财产，独土地惟然耳。若他之生产业，只有对于资本与劳力之报酬，此外不生余剩也。而土地之耕作（即农业）通常除去资本之利子（息）与计给劳力之赁银（庸）外，尚生余裕。此余裕即纯收入。得此纯收入之财产，舍土地莫能致也。此余裕虽因土地之生产力而其高下有差，然凡土地而不生此余裕者，殆无有也。故政府课税，当以课于唯一土地之地租。"此学派之巨擘，法国却斯黎①是也。英国经济学者理嘉图②氏，亦云："地代（租）者，余裕也。地代者，因社会之进步，人口之繁殖，农产物之价格腾贵，有自然增加之倾向。地主可不劳而获此地价腾贵之利。"其言与重农学派若合符节。反对论者，则曰："诚如重农学派谓土地为生纯收入，理嘉图氏谓土地为生余裕者，则政府尽役收其地代，亦不为苛。何则？是对于资本势力与以相当报酬之余剩也。果尔，是以土地为国家之公共财产，而破坏土地私有权也。若在往古，以土地为共有财产之际，诚如所云。然非所论于今日也。盖今之为地主者，率非所有自然惠与之土地，皆以相当之价而购求之者。其购求者，或以贷于人而得地代为目的，或自耕作，于资本、劳力报酬之外，更得其余剩为目的。若地主不得余剩之利，则其购求，亦必以低价。

① 却斯黎，今译作"魁奈"（Quesnay）。

② 理嘉图，今译作"李嘉图"。

故现今地主，非与以相当之报偿，则不得以土地为公共财产，没收之而尽收其地代也。”然重农学派则非在征其地代，而在征其地租。其言曰：“课税宜惟以土地，何则？租税无论如何辗转迁流，其负担终归于地主，则何如竟课于地主之为愈所。例如课葡萄酒以消费税，葡萄酒之价必腾。其所以腾之故，以葡萄酒之贩卖人，寓其税于价而贩卖之也。虽然，因其价腾，消费遂减，葡萄酒之制造额，亦随之而减。由是而葡萄园主，竟不得不减其生产额，而蒙其损失。是课于葡萄酒之消费贩［税］，非终归于园主之负担耶。由此推之，若羊毛税，若烟草税，若其他消费税，及课于制造家或资本家之税，无一不归于土地所有者之负担。夫一切之租税负担，既终归于地主，则课税于他人，与课税于地主，其结局之负担一也。是以种种之名目，课税于种种之物件，非徒无益，且又扰民，故曰不如直接赋课于地主之为愈也。”反对论者，则曰：“假使租税负担，辗转迁流，必终归于地主，则其说亦非无理。若租税负担，非必归于地主，则其前提已误，其结论即不得不谓之为误。彼谓消费程［税］之负担，终归于地主者，殊不适实际之状况。何则？在于今日，关于租税负担所归之原理，万难与以画一不动之定则，即租税之负担，因需要、供给之状况如何而有异也。今以课税于葡萄酒，故而葡萄酒之价腾，纵令价腾，亦不得谓缘是而必减其需要，抑需要之增加，因时之状况而定。故价格腾贵，不得即谓其强减需要，又强减生产额，从而归葡萄园主，负担其损失也。”法国福禄特尔①，亦著一小说，以识土地单税制，其大意谓：“行土地单税，则几剥地主岁入之半，而地主遂沦于惨境。其以动产收入营生计者，则大富裕，而可免租税之负担。”然主唱单税者，驳福禄特尔此论。其言曰：“如论者言，谓以单税特课于土地时，其以动产致富者，可免赋税，此其言误也。何以知其误，举例以证明之。爰有某财产家，假定其资本为货币，年得五分利子，而国家征收其五分之一以为税，故其纯岁入仅得四分。若一且［旦］改税法，废其租税，则某之纯岁入当为五分。然前日其利子名为五分，实际上得四分者，本由资本家之竞争而定，故一旦废其税，实际当得五分。又忽以竞争故，名实当共跌为四分。反是，假如设置

① 福禄特尔，今译作“伏尔泰”。

新税，特课之于地主，丝毫不及于他，则金利当依然无变动。然若以其一部分课于资本家，则金利必将腾贵，故使资本家纳租税与不使资本家纳租税，至其实际之负担，毫无所异也。若以课于资本家之租税，变为地租，则实际之负担者与一时之负担者，数年间共被其利，而地租可免租税法不能免之弊害，（按：其意以为无论如何租税，结局终归于地主之负担，而资本税则可转嫁，地租不能转嫁。若课税于资本家，辗转迁流，其负担终归地主，资本家可免负税之实，则不如直接课税于地主之为愈也。）故其利倍大也。”反对论者，则曰：“斯言固奇巧。虽多少含有真理，然亦不免失之于偏。此等论者，实误解租税负担归极之原理。租税负担之原理，非如论者之简易，实为数多复杂事情所支配所制驭，非能生一定之结果者也。”法国波留氏，关于此点，尤详为辩论，以明租税负担之原理。其言曰：“课税于资本（即以资本总额为标准而赋课之者）与课税于岁入（即以其利子之多寡为标准而赋课之者），亦均有利子腾贵之倾向，故动产税之事，颇缜密之论题也。在法国战乱后，课三分之税于动产之岁入，证券之价，缘是骤跌。虽然，特此以谓利子必腾贵者，未能遽断言也。夫不课税于不动资本（即土地或制造所等）而课税于当流动于市场之流动资本时，则应于其税额，而有利子腾贵之势，亦所不免。然此只为势之倾向，非能十分见其成绩，况欲即时见其效验耶。此倾向之发现，其势常徐而非疾，其地常偏而非全。何则？假令资本家虽非负担租税金额，亦几分负担之，又虽非永远负担，亦暂时负担之故也。譬如资本之利子为四分，政府更课一分之税于资本时，全国利子，当无一般骤腾至五分之理。当是时，贷者虽力避其负担，然四分之利子，一旦腾至五分，贷者亦倏减少，则资本之需要，亦从而减少，或谓果如是，贷者亦当从而减少，盖贷者以内国新课税故。利子缘兹减少，必有欲移其资本于外国者是也。虽然，此为非常之事，能为之者，独有才识之资本家或冒险者惟然耳。其余庸众，利子虽跌，其欲致之远方，宁欲置之近域者，恒居多数也。由此观之，纵课杂税于资本，亦不能使利子骤腾。至与其税额相等，盖当此时，利子虽有多少腾贵，然决不达租税金额，而其负担，必至分诸贷者贷者之间，废其资本税时亦然。利子虽跌，必不能与其税额相均衡，亦必贷者贷者互争其利，遂至分其利于贷者贷者之间（少亦暂时有然），固无所于疑也。原夫经济现象之为天理所左右，非如物理现象之为天理所左右之易也。经济现象，且多少受人心之制驭，因竞争而受其左右者，事所常观覯。见天理之效验常难，抑重农学派之土地单税论，尤有惑焉者，即彼以为废百般之消费税，专课税于地租。其地租全额，殆与废税全额相等。纵令百物价腾，地主亦无所损，是也。假其如是，则一国孤立，毫不与外国交通，经久或得见如斯景况，有如日耳曼经济学家翟秋年言：一国孤立，毫不与外国交通，则悉废消费税而为地租，地主亦当无所苦，消费者之财力，亦当无变动，故废消费税后，人民得以从前之价而购物品，又不得不购，而物品之需要，当无变动。又废消费复税，而为土地单税，果使得以新税悉归于消费者之负担（此即得以地租悉转嫁于一般消费者之说），则地主之利益，当无变动，物品之供给，亦无变动。诚如是，则地主可不因改革税法而蒙其损，消费者之位置，亦与昔日无异。何则？其情形相同时，则直接单税之赋课易，与其征收税少，远非间接复税所能比也。只地主有一时之困苦者，例如凶年失收，是也。然在今世，决不能以一国孤立天壤间，抑彰彰矣。百年以来，外国贸易，渐次扩张，资本往来，频繁益甚。一国既不能孤立，则不能如论者之想象，明矣。夫诸国之财政，法度各异，又缘是而影响于实际不少，虽废消费复税，而为土地单税，然非课税于外国输入品，以补偿内国地主之新负担，则内国地主，不能以斯负担，转嫁于消费者，得与前相均之利益。何则？外国地主之负担，决无如内国地主负担之重也。例如废葡萄酒类之输入税小卖税等，而以与之相等之直接税，课于葡萄园主时，若欲使园主保其从前之地位，则自不课单税于土地之国输入之葡萄酒，不可不课以同额之税。不然，则外国之葡萄酒，以低价售于内国，而内国之葡萄园主，当悉负担新税也。原夫租税负担归宿之源，颇涉复杂，殆有若干虽解者，以经济之理，非转瞬可见其效，故自旧制之效验废至新制之效验生，相去之间，必历有年所。世往往以凡百租税，历数岁月，即归正半。盖以社会构造，自然归于至宜。例如课消费税，则赁银必增加，课税于资本之岁入，则利子必腾贵，课税于土地，则地价必减，至使新买土地者，得相当之岁入，故设置新税伊始，虽为不当，然数年而往，殆无不归正平者。何则？受其弊者或消灭，或因赁银之增加，或因利子之腾贵，以得补偿之路故也。虽然，至得此平均时，决非一朝一夕之故，其间受一时之困苦，至不能补偿者，亦事所常觏也。”案：波留氏此言，有须辩者，即其言本对于土地单税论而发，非所论于土地国有也。何则？行土地单税，则以租税全额，责于地主之负担，苟地主不能以其税转嫁于消费者，是独苦地主，至生不公正之结果也。使地主即欲以其税转嫁于消费者，然以输入品价廉，仍不得不负担新税，亦不公正也。输入品何以廉？则以内国之税重故也。若土地国有则不然。何则？土地国有后，其租税全额非取诸地税而实取诸地代。夫国家既为地主，取其地代，以抵一国之租税全额，是国中悉无租税矣。既无租税，即无容外国输入品竞争之余地。爰举例以明之。假定租税全额为百万，而地代总额为二百万，若行复杂税时，征二十三一，以为税，其余则课之于他，则地租总额，应为十万。然废杂税而行土地单税时，以租税全额，悉责之地主负担，是征其地代十分之五，诚如福禄特尔言，几剥地主岁入之半也。当是时，假使其国独立，不通往来，地主得以其税转嫁于一般消费者，憔悴当不如是之甚。然以外国输入品价廉故，其竞争之结果，消费者可力避其负担，则结局独地主蒙其害，故曰不公正也。反是，行土地国有时，则租税全额，悉取诸地代，而国中悉得免税，以无税之国，与外国竞争，其孰优就劣，不待智者而知矣。且也输入品以价廉故，人民竞购求之。如是则可大减省人民之消费力，以其消费所余，积为资本，宁非国家之庆耶。波留氏言，所以必须课税于输入品者，以内国税重而物价腾，外国税轻而物价贱，以其贱者与腾者竞，则人必舍腾者而趋贱者，势必至理固然也。人竞趋其贱者，贱者之需要遂增，竞舍其腾者，腾者之需要遂减，以其减故，则地主终不能免其负担，是地主独蒙其损也。故课税于外国输入品者，所以保护内国地主也。今以国家为地主，其益也，国家受之，其损也，亦国家受之，则课税于输入品以保护地主之问题，末由生矣。

综上诸税以观，足知重农学派之说，与吾人所持之土地国有政策，殊非同物。何则？彼以租税全额，责诸地租，吾人则以租税全额，取诸地代。梁氏持重农学派之说，以非难吾人之土地国有政策，岂非谬以千里耶。而单税制所以难实行之故，厥有二端：一曰不普及不公正；二曰不能充巨大之经费。此亦梁氏所津津乐道者也。然以吾人之土地国有政策衡之，则此理由，可不攻而自破。今以立言之便，其第一理由，则于本节论之。其第二理由，则让于第三节论之。但于此须先置一言者，即吾国行土地国有，可断言无不能充巨大经费之患，以此事须征诸吾国之事实，复须比较各国之事实，不能妄为臆测。梁氏故意颠倒错乱，匿多报少，增少为多，此真蠹役之所为。吾将详举确证，以暴其奸，亦以知吾人之土地国有政策，果足以见于实际，非徒责梁氏知愧已也。（大凡论事，必须求实。不知而言，犹曰臆测；知而故颠倒其事实，是谓诈欺。梁氏连篇伪赈，吾不知其果知耶，果未知耶。若云未知，吾将有以诲之。若云概知，则其诈欺之罪，吾亦以付诸世之仲裁。）

租税之原则有八（此从师说也），其公正之原则有二：曰普及，曰公平。何谓普及？即在国家团体生活内之人，皆负纳税之义务也。何谓公平？即纳税者，无或重或轻之弊也。而土地单税制，果能不背此原则否乎？据波留氏之言，则以外国输入品竞争之结果，其地租终归于地主之负担，其不普及不公平，固不俟言。然此独行土地单税制惟然耳。若吾人之土地国有政策，不特可免不普及不公平之患，且见其利。梁氏以重农学派之土地单税论，与吾人之土地国有论，混为一谈，失之远矣。今举其论不普及不公平者如左，然后加以纠正。

［原文］若土地单税制行，则土地之外，无复有税，除直接利用土地者外，无复负纳税之义务，则其结果必至如吾所云，富豪阶级绝不纳税，即纳矣，亦不过百千万分之一，而惟此哀哀之小农常戴五分之一重税于其头上。诗云，哿矣富人，哀此茕独，农民何辜，乃授命于此恶政府也。夫如是，则岂惟财政，即全国经济界，亦将酿大混乱，而国可以底于亡矣。此彼报所持主义不能成立者十一也。语至此，则彼报之土地单税，更无复半钱之价值矣。若彼犹不肯忏悔，而欲强为说词也，则惟有曰：“土地所生产之物，凡以供社会一般人之求，国家所取于彼之租税，彼得而转嫁于消费之人，一国中无论何人，不能不仰土地所产物以为养，则是亦间接纳税也。”此即重农学派土地单税转嫁论之说也。此说在今经济学上、财政学上已无复价值，不多续辩。然信是言，则一国负担，既全落于农民之头上，国家之经费愈膨胀，则所责于其负担者愈多，农民欲转嫁其负担，则不得

不昂其农产物以求偿，而彼一般消费者，固可以别仰供给于国外之农产物，而国家莫之能禁也。岂惟农业，其他亦有然，则外国品滔滔注入，以与内国品竞争，我农民将贬其价以与人竞耶。无奈质负此庞然莫大之国费于其肩背，生产费缘此大增，贬价则将不偿其生产费，是无异自杀也。不贬价则在市场上无复过问，是亦无异自杀也。于彼时也，则惟有废田不耕，相率向政府解除租地契约，政府所有土地一旦供过于求，而地代价格因以骤落，而财政之扰乱，愈不可思议矣。夫国家取诸民而不惟公平之为务，乃专责负担于其中之一阶级，则其辗转所生之结果，非致国家破产而不止此也。彼报所持主义不能成立者十二也。

此段，前提已误，结论亦误。推其结论，必将曰租税即为亡国之媒，则梁氏亦何必哓哓言租税耶？论其远者，梁氏或不解，今试就梁氏一身以喻之。譬如梁氏设一《新民丛报》支店于上海，复置腴田于新会，假定其岁入各五千。适是时，政府行复税制，于是以营业税之名目，课其支店岁入十分之一，又以地租之名目，课其田岁入十分之一，梁氏乃窃然喜，曰此复税之利也。而梁氏之岁入，除纳税外，名得九千；又以其营业税之半，转嫁于阅报者，实得九千二百五十。浸假政府改革税法行土地单税制，免其营业税岁五百，而以此项税额，抵诸地租，于是课梁氏之田税一千，梁氏乃窃然怒。问其何以怒，则曰前课吾以营业税，吾得以转嫁于阅报者，今课吾田租，吾不能转嫁于他人，是吾岁损二百五十也。问其何以不能转嫁，则以外国农产物税轻，不能与之竞争，使我贬价，是无异自杀也，使我不贬价，则在市场上无复过问，亦无异自杀也。政府固乐于为狙公者，爰徇其请，乃废土地单税制，复行复税制，仍课其田税五百，课其支店税五百，梁氏不期而喜，曰吾今而后岁入殆与前相埒耶。当是时，政府以保护内国纸业故，厉行保护政策，课税于外国输入之纸类，其税率与内国之纸类同等。假定其支店前以用外国纸，故较之用内国纸，岁可省费一千。今以行保护税，故外国纸之价腾，至与内国纸之价齐等，其支店乃舍外国纸而用内国纸，然岁实增费一千，于是梁氏之岁入，实得八千二百五十。浸假外国纸以需要减少，故遂贬其价十分之二以求售，其支店以外国纸价较廉，复舍内国纸而用外国纸，岁可省费二百。于是梁氏之岁入，实得八千四百五十。然亦不能与前岁入九千二百五十之额相埒。梁氏以其利微，遂决意解散上海支店，移其资本以增置腴田于新会。增置之田，假定其岁入与前田等，于是梁氏之岁入，除纳税外，实得九千，其岁入与行土地单税制时相等，较之行复税制不行保护税时，逾五百五十，较之行复税制又行保护税时，短二百五十。梁氏乃反复寻思，大惑不解曰：是岂保护贸易之不利耶？继乃憬然悟曰：否。行保护税，于吾固无利，然内国纸业，日有起色，所获当不赀也。心窃自慰，久亦置之。未几，政府以相当之价，买收梁氏之田，梁氏以其半贮之银行，岁收五千利子，以其半复营上海支店。当是时，国中悉免诸般租税，其支店既免营业税岁五百，内国纸价，以免税故，不特与未课税之外国纸等，且运输之费，较之外国纸价廉十分之二，其支店以用内国故［纸］，较之用外国纸，岁可省费二百。于是梁氏之岁入，实得一万二百以外，梁氏乃爽然自失，曰：此真保护贸易之不利于我也。由此例以观之，行复税制又行保护税时，梁氏之岁入，较之行土地单税制时，且短五百五十，及其解散上海支店后，纯为地主，其岁入始与行土地单税时相等。于彼时也，政府复废前之保护税，而行土地单税制，倍征梁氏以地租，使梁氏肩负此庞然莫大之国费于其肩背。是诚无辜，吾亦谓不公平。而梁氏乃号于众曰：果如是，是财政上将生大扰乱，经济界将起大恐慌。而不知斯时梁氏负担较重耳，于财政上毫无所损也，且因外国品滔滔注入，人民得以廉价购物，大减省其消费力，于一国经济，大有裨益。吾不知梁氏所谓财政上扰乱，经济界恐慌，果从何演绎法以得此结论耶？则吾且正告之曰：单税制与复税制之问题，租税负担公平不公平之问题也，非国家破产不破产之问题（则财政上扰乱不扰乱之问题），更非亡国不亡国之问题（即经济界混乱不混乱之问题）也。若使租税果为亡国之媒，则行复税制与行单税制一也。吾重按其语，而有以知梁氏之蔽。盖梁氏未尝知财政学，见其有一二端足助亡之论锋者，则窃取之，及其为论，又好为推类至尽之言，其常陷于重纰贻缪而不自知者以此。此段之蔽，则以为国家之收入，惟有租税一项，不然，莫能为斯结论也。今且示以国家收入之种类，并租税对于总收入之比例，然后徐以祛其惑。则举梁氏所知者，日本小林丑三郎氏著《比较财政学》，分国家收入之种类为四：一、公经济的收入；二、私经济的收入；三、偶尔收入；四、公债。图示之如左。

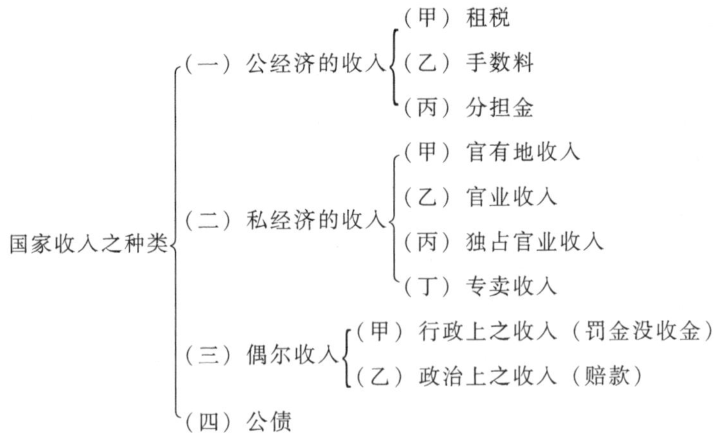

据此以观，则租税为国家收入之一端，而非可概国家收入之全体，明矣。租税亦有种种，地租即租税之端也。综合诸般之租税，是名租税全额；综合诸般之收入，是名总收入。而租税全额对于总收入之比例如何，此视其国而定。更端言之，即租税果占收入之重要部分与否，视其国而定也。普通诸国，租税诚占收入之重要部分。若普鲁士，则与诸国绝道而驰。今示普国之租税全额，与其收入总额，及其租税全额对于总收入之比例。如左。

普鲁士	总收入　二十一万七千八百五十二万马克 租税全额　二万六百二十九万马克 租税全额对于总收入之比例　十分之一弱	千八百九十八年度

据此以观，则普国租税全额仅占总收入十分之一，其恃租税以外之收入且九倍于租税。假令普鲁士悉废全国之租税，而别求他之收入，以弥其缺，吾未见普国宗社为墟，遂至为牛马以终古也。此租税非占国家收入全部之例也。至于地租对于租税全额之比例如何？更端言之，即地租占租税全额重要之部分与否，亦视其国而定。若德意志，若普鲁士，若美利坚，皆不征地租，而日本则地租颇占重要部分。今示日本地租总额，与其租税

全额，及其地租总额对于租税全额之比例。如左。

日本	地租总额　三千八百六十六万元 租税全额　九千一百四十二万元 地租总额对于租税全额之比例　三分之一强	明治三十一年度

据此以观，日本地租总额占租税全额三分之一，假令日本行土地单税制，结局地主昔日负担一元租税者，今日负担三元，惟不公平耳。而外此得免税者，五千八百九十七万，以免税，故物价趋廉。纵令内国农产物价腾，然以外国品滔滔注入，人民得以廉价购物，大减省其消费力，于一国经济，大有裨益。则梁氏所谓经济界恐慌者，果何谓耶？语至此，而又知梁氏之所蔽。彼盖以为行单税制于从来租税全额外，别有所增加；不然，莫能为斯结论也。则吾又正告之曰：纵行单税制，亦非于从来租税全额外，别有所增加，不过以从来之租税全额，昔令诸阶级之人分担者，今独责诸一阶级人负担之耳。自一方面观之，诚有增加，自他方面观之，则皆豁免。负担之人虽异，而于国家之收入则均也。又何来财政上之扰乱耶？若使于从来租税全额外，别有所增加，甚至其赋病民，民不堪其苦，则行单税制足以召乱者，行复税制庸讵不可以召乱乎？吾故谓梁氏好为推类至尽之言，以此。吾复有一言忠告梁氏曰：大凡言学，有须分析言者，有须综合言者，有互相关联者，有不容牵涉者，非若文辞，故为抑扬顿挫，推波助澜，以耸人观听，为能事也。以如是方法而言学，失之远矣。梁氏识之。

以上就重农学派单税论而言耳。若吾人之土地国有政策，不特与之径庭，且适得其反。今举其差异之点，则有三：（一）彼以租税全额，取盈于地租；此则以租税全额，相抵于地代；（二）彼行土地单税，以抵诸般租税，是为无偿；此行土地国有，以定价买收，是为有偿；（三）彼行土地单税，独责地主以负担；此行土地国有，不特可免地主以外之人之负担，并免地主之负担。夫国家既以定价买收其土地，是所有者并其权义［益］移转于国家。国家既为地主，其益也，国家受之，其损也，亦国家受之。是国中悉无纳税之人矣。既无纳税之人，则普及不普及之问题，无自而生。国家取其地代以抵诸般租税，是国中悉无赋税之事矣。既无赋税之事，则负担公平不公平之问题，亦无自而生。此与重农学派绝异之点也。匪特无其弊而且有其利，何则？昔以课税而沮其生产力者，今以免税，故交易悉通，民无所沮，生产渐繁，物价趋贱，又可计日而待也。

假自租税以言公平不公平，则亦无有是处。即如梁氏谓“所得税最为公平。”此言似也，然一进而叩其课税之标准，不平特甚。而其课税之标准，不外出于二途：一曰比例税主义，一曰升［累］进税主义。比例税者，如甲所得百课其十，乙所得千课其百，此以十分之一为标准者也。自表面观之，似极公平。然自里面观之，假定甲、乙仰事俯畜之资，岁需八十，是甲除生活所必须者外纯收入为二十，乙除生活所必须者外纯收入为九百二十，是取甲纯收入十分之五而取乙只九分之一耳，甲也何辜而夺其纯收入之半耶？等是而进之，势必至富者之负担愈轻，贫者之负担愈重耳。天下之不平，宁有过是！吾不知梁氏而司度支，果采比例税主义耶，抑采累进税主义耶？假曰采累进税主义，则其结果，又与掠夺无异。累进税者，如所得千则课其十分之一，所得万则课十分之二，等是而进之，所得愈多则其赋税也亦愈重。此似足矫前之不平也。则有甲业农者，所得千，征其十分之一，是岁征甲之税百；乙业工者，所得万，征其十分之二，是岁征乙之税二千；丙业商者，所得十万，征其十分之三，是岁征丙之税三万；由是而丁所得百万，征其十分之四，是岁征丁之税四十万；戊所得千万，征其十分之五，是岁征戊之税五百万。由戊而己而庚而辛而壬而癸，及至于癸，势必尽夺其所得而后已。癸也，何辜而罹此苛政耶？假曰定其累进税之最高额至戊而止矣，则乙、丙、丁、戊等为负担租税之人，何独不得此拟于甲，十取其一？又何独不得此拟于己、庚诸人，得免层累之朘削也？天下之不平，又宁有过是！假曰量力以为赋，则己、庚诸人之负担力，宁非什佰倍于乙、丙诸人耶？吾不知梁氏而司度支，果持何语以谢之也。夫自租税以言平不平，真无有是处也。必能无而后平。若云无税，则吾人所持之土地国有政策，庶几能臻此域欤。梁氏果无策以弥其不平，则相与以研究土地国有，斯得耳。梁氏苟欲吾国长此终古，则亦已耳。借曰不然，则此后贫富趋势之问题，真非补苴罅漏，所能为功。吾人所主张之土地国有，非见卵而求时夜，见弹而求鸮炙云尔也。苟梁氏而亦欲矫正社会之不平也，又何必哓哓置辩，日忧破产焉。(未完)①

（录自《民报》第17号，1907年10月25日）

① 原文止此，未见下文。

开明专制论（节录）

饮　冰*

第八章　论开明专制适用于今日之中国

本章论纲凡三：一曰中国今日万不能行共和立宪制之理由；二曰中国今日尚未能行君主立宪制之理由；三曰中国今日当以开明专制为立宪制之预备。前二排妄，后一显真。

一　中国今日万不能行共和立宪制之理由

中国今日，固号称专制君主国也，于此而欲易以共和立宪制，则必先以革命，然革命决非能得共和而反以得专制。此其理，德人波伦哈克①之说，最能为确实的证明。吾昔译之，今不避骈枝，再一述焉。

波氏曰：共和国者，于人民之上别无独立之国权者也。故调和各种利害之责任，不得不还求之于人民自己之中，必无使甲之利害，能强压乙之利害，而诸种之关系，常克相互平等，而自保其权衡。若此者惟彼盎格鲁撒逊②人种，富于自治性质，常肯裁抑党见以伸公益，以故能行之而绰绰有余。若夫数百年卵翼于专制政体之人民，既乏自治之习惯，又不识团体之公益，惟知持个人主义以各营其私，其在此

* 饮冰，即梁启超。

① 波伦哈克，又译作“伯伦哈克”（Conrad Bornhak，1861-1944）。

② 盎格鲁撒逊，今译作“盎格鲁-撒克逊”。

等之国，破此权衡也最易，既破之后而欲人民以自力调和平复之，必不可得之数也。其究极也，社会险象，层见迭出，民无宁岁，终不得不举其政治上之自由，更委诸一人之手，而自帖耳复为其奴隶，此则民主专制政体之所由生也。

凡因习惯而得共和政体者常安，因革命而得共和政体者常危。请言其理。夫既以革命之力，一扫古来相传之国宪，取国家最高之目的，而置诸人民之仔肩矣。而承此大暴动之后，以激烈之党争，四分五裂之人民，而欲使之保持社会势力之平衡，此又必不可得之数也。于斯时也，其势力最猖獗者，即彼鼓吹革命率先破坏之一团也。而此党派，大率属于无资产之下等社会，其所举措，往往不利于上流。作始犹简，将毕乃巨，其力既无所限制，自必日走于极端，而遂取灭亡。彼曷为而致灭亡？夫既已自紊历史上之权利，自伤政权之神圣，一旦得志，而欲以我新获之权利，造成历史的之根柢，虽百般拥护，未有能济者也。于是乎社会阶级之争夺，遂相互迭起而靡有穷。

争夺之极，其得最后之胜利者，则彼从梦中惊起之富豪阶级也。然彼等虽胜利而已厌政权。何也？当彼之时，其握政权者常危殆也。彼等欲得政治上之权利，不过以保其生命财产之安全云尔。其既得之也，则必孳孳然复自营其生计，不惜出无量之代价以购求平和。而社会棼乱疲敝之已极，非更有独立强大之主权，则终不能以奠定，故君权思想之复活，实剥复之道所必至也。然历史上之国家，既已覆灭，今欲使一姓再兴，重复其旧，则其结果更酿百弊；欲别拥新主，而无一人可认其固有之权利，即勉戴之以行君主议院制度，终觉其主权微弱，不足以拯沉痼疮痍之社会也。于是乎民主专制政体，应运生焉。若此者，于古代之罗马见之，于近世之法兰西见之。

民主专制政体之所由起，必其始焉有一非常之豪杰，先假军队之力，以揽收一国实权。然此际之新主治者，必非以此单纯之实力而能为功也。而自顾己所有之权利，以比诸他国神圣不可侵犯之君主，而觉其浅薄无根柢也，于是不得不求法律上之名义，即国民普通投票之选举是也。彼篡夺者，既已于实际掌握国权，必尽全力以求得选。而当此全社会渴望救济之顷，万众之视线，咸集于彼之一身，故常以可惊之大多数，欢迎此篡夺者。而芸芸亿众，不惜举其血泪所易得之自由，一旦而委诸其手，又事所必至理所固然也。何也？彼时之国民，固已厌自由如腐鼠，畏自由如蛇蝎也。

此篡夺者之名，无论为大统领、为帝王，而其实必出于专制。彼时之民，亦或强自虚饰，谓我并非以本身之权利，尽让于此一人，而所定宪法，亦常置所谓国民代议院，谓以此相限制也。而实则此等议院，其权能远在立宪君主国议院之下，何也？君主国议院，代表民意者也，君而拂议院，是拂民也。此等议院，则与彼新主权者，同受权于民，而一则受之于各小部分，一则受之于最大多数，故彼新主权者，常得行长官之强权。不宁惟是，议院所恃以与彼对抗者，宪法明文之保障耳，而彼自以国民骄子之资格，可以随时提出宪法改正案，不经议会，而直求协赞于国民，权利之伸缩，悉听其自由。故民主专制政体之议院，伴食之议院也；其议院之自由，则猫口之鼠之自由也。

君主专制国，其诸臣对于国民无责任，惟对于君主有责任；君主立宪国，君主无责任，惟政府大臣对于国民而代负责任；民主专制国不然，惟新主权之民主，对于国民而负责任，他皆无之。虽然，所谓责任者，亦宪法上一空文耳。夫既已以永续世袭之最高权，委托之于彼，此后而欲纠问其责任，则亦惟视其力所能及，更破坏此宪法而移置其主权耳。质而言之，则舍再革命外，无他途也。要之此专制民主犹在，而欲与彼立宪君主政体之国民与纯粹共和政体之国民，享同等自由之幸福，势固不能。

波氏之说，就论理的方面观之，其壁垒之森严也如此，就历史的方面观之，其左证之确凿也如彼，虽有苏、张之舌，吾信其决不能难也。故持革命论者，如其毋假共和立宪之美名以为护符，简易直捷以号于众曰：吾欲为刘邦，吾欲为朱元璋，则吾犹壮其志服其胆而嘉其主义之可以一贯也；而必曰：共和焉共和焉，苟非欺人，必其未尝学问者也。夫即欲为刘邦、朱元璋，则又何足讳者，亦视其力能致焉否耳！（能致与否，一在自力，一在他力。他力者，则当还问诸社会，审中国今后社会，能许容刘邦、朱元璋出现与否。）苟能致焉，则或能缘此而得纯良之开明专制，宁非中国之福，而必曰：共和焉共和焉，吾信其持之不能成理也！无已，则其为曹操、刘裕乎，揖攘于中央，而社会全体之秩序不破，则无有如波氏所云云者，如其欲共和，则或可以达于共和。顾吾信今之未必有其人也。即有其人焉，则与其共和，不如君主立宪，与其君主立宪，又不如开明专制。

抑吾闻持革命论者固有词矣，曰："君权民权之转捩，其枢机所在，为革命之际，先定兵权与民权之关系。盖其时用兵贵有专权，而民权诸事草创，资格未粹，使不相侵而务相维，兵权涨一度，则民权亦涨一度，逮乎事定，解兵权以授民权，天下晏如矣。定此关系，厥惟约法。革命之始，必立军政府，此军政府既有兵事专权，复秉政权。譬如既定一县，则军政府与人民相约，凡军政府对于人民之权利义务，人民对于军政府之权利义务，其荦荦大者，悉规定之。军政府发令组织地方行政官厅，遣吏治之，而人民组织地方议会。其议会非遽若今共和国之议会也，第监视军政府之果循约法与否，是其重职。他日既定乙县，则甲县与之相联，而共守约法，复定丙县，则甲、乙县又与丙县相联，而共守约法。推之各省、各府亦如是。使国民而背约法，则军政府可以强制；使军政府而背约法，则所得之地咸相联合，不负当履行之义务，而不认军政府之权利。如是则革命之始，根本未定，寇氛至强，虽至愚者不内自戕也。洎乎功成，则十八省之议会，盾乎其后，军政府即欲专擅，其道无由。而发难以来，国民瘁力于地方自治，其缮性操心之日已久，有以陶冶其成共和国民之资格，一旦根本约法，以为宪法，民权立宪政体，有磐石之安，无漂摇之虑矣。"（节录某报述某氏之言。①）此其言若甚辩，若其诸前提果悉为正确者，则其断案亦当为正确。顾吾试一一诘之。彼首难革命者，其果能有此优美高尚之人格，汲汲于民事乎？若非其人，则一切成反对之结果矣。而论者必曰：吾所希望者，谓有此人也，且子宁能轻量天下士。今让一步，如论者言，果有此人矣，然事非一人所能集也，必有佐命者，佐命者果皆能有此

① 参见精卫《民族的国民》，《民报》第2号，1905年12月26日。

优美高尚之人格乎？皆能以此人之心为心乎？吾见其百人千人而不得一也。即论者亦言，狂放躁进之士，不知革命而言革命，罪不容于诛，是论者亦认有此等人也。而此等人，或其于首难以前，有大勋劳于煽动者也，首难以后，能毋与共事乎？若与共事，万一彼破我约法以凌踏吾民，奈何？有一于此，则军政府之信用遂坠也。论者谓“根本未定，虽至愚者不内自戕。”恐彼辈之愚，或有非论者测算所及也！且论者如专语道德上责任，谓革命军人及其所遣之吏，皆神圣焉，而必不肯自犯约法，斯其说差完耳。若语利害上比较，而曰：军政府虽欲自犯约法，恐缘此失其已有之权利，故有所惮而不敢尔尔，而此惮心即人民权利之保障，此欺人之言也。夫人民所有区区之权利，出自军政府之殊恩，非自初有所挟，而使军政府不得不予我者也，军政府欲夺回之，随时可以夺回之，此正波氏所谓猫口之鼠之权利也。人民所恃以抵抗唯一之武器，毋过不纳租税，即论者所谓不负当履行之义务也，而军政府屯一小队以督收，其何术以不应？彼英国一六四二年之役，人民苟非有国会军以盾其后，其亦安能不任其诛求也！若谓军政府不肯悖初心，则此一念诚足为保障矣；若曰不敢内自戕，则此非所谓自戕也。何也？此不足以损军政府而坏其成功也。我国数千年革命家，孰非如是，而败者自败，成者自成矣。故欲完论者之说，则非人人皆有道德责任心不可。而革命党员，能如此耶？是吾之所疑也。而论者必曰：若有此种不道德之人，吾决不与共事，或既共事而干军纪者，吾可与众弃之。今复让一步，如论者言，与众弃之矣，一二人诚易易，若多数将若之何？可胜诛乎？且人才得毋不给乎？而论者必曰：吾党率皆高尚优美之人，败类决不至多数，有一二焉，惩以警百，其他中材，畏此简书，虽欲干宁敢耶！今复让一步，如论者言，人才如林，悉神圣矣，若是乎主观方面，既已圆满无遗憾，然尚有客观方面。所谓客观方面者，非指旧政府也。吾中国历史上惯例，凡有一有力之革命军起，其势既能披靡一省以上者，则必有多数之革命军，蜂起而响应于他方，此当为论者所能知也。能保他之革命军，皆服从于我军政府，为同一之组织乎？使其手段与我反对，而其势优胜于我，则将若何？此未可援华盛顿以为例，谓只有唯一之革命军而他无之也，华盛顿受十三省政府之委任，非可与起草泽者同年而语也。而论者必曰：是殆无之，若有之则今何故不起，今不起是不能起也，盖非如吾党之人才众多布置周密者，以云起谈何容易，是必待我之起，奔走来同已耳。吾以为此非笃论，无陈涉、李密而秦、隋晏然，一涉一密起，而百涉百密继，不得谓前无有者后即无有也。且《兵志》曰：毋恃不来，恃有以待之。夫安得以“殆无”云云逃难也。论者将曰：吾以大义晓之当相从。不从奈何？伐之耶，是生第二敌也；不伐之耶，养其势将不可扑灭，益生第二敌。而论者必曰：吾始无伐之，我厚于民，民必归我，彼将自灭，且彼中若无豪杰耶，其势必不能张，彼中若有豪杰耶，岂有不表同情于我军政府之共和主义者，其偏裨且将捧其元以输我矣，若犹跳梁一方，则待我倒中央政府后，縶豕于其牢耳。吾以为此亦未必然也。民无力者也，苟彼军势盛，虽欲归我，其安可得，故民可无论。彼无豪杰则势不张，固也，然豪杰不必皆圣贤。彼以邦璋主义，攀龙鳞附凤翼者集焉，亦何尝不可以得豪杰之死力。论者将曰：此非今世之豪杰，不适将不能生存。虽然，亦安知今世之豪杰，不有与吾同一顽固，谓中国万不能共和立宪惟当用开明专制者，思戴一刘邦、朱元璋以期实行。孰为适，孰为不适，未可知也。今又连让数步，如论者言，必无他革命军起矣，即起喻以大义而能从矣，不从劣败而淘汰矣，于是乎舍旧政府外更无第二敌。虽然，尚有他之客观一方面焉，人民是也。人民果最初而能安军政府之政耶？政府新建，百事需财，而况方在用兵，其所取于民者必奢，无待言也。我国民义务观念素未发达，军政府语之曰：汝其忍一时苦痛以易无量幸福，无量幸福在将来，彼未之见，一时苦痛在今日，固已切肤也，若最初不肯受军政府之约法奈何？受之而背之奈何？论者必曰：吾政府有强制力。强制之程度奈何？薄则狎而不惩，厚则惮而滋怨。于彼时也，军政府所遣之吏，有一焉稍任血气，而所行强制，或出于原约权利义务之范围外者，则约遂破而军政府之信用遂坠。此事势相逼，无论何人，不能谓其必无者也。故吾谓宁学前代之野蛮革命，所过卤掠，犹可以给军实而成大业，逆取而顺守焉，事定与之休息，民亦司空见惯，不能无受。若自始而与言权利焉义务焉，导以半明半昧之识想，及政府有不给，势将行动于所约权、义范围以外，吾见其滋自困也。而论者必曰：子何敢侮蔑我国民，我以仁义之师，拯诸水火，而且吾常有辩才之士焉，集所治而教诲之，义务观念可骤生也，况吾党孔仅、刘晏之才，车载斗量，能以间接税或其他方法整理财政，使吾民不感苦痛也。夫当戎马倥偬、交通榛塞、商业颓敝之际，其果能得多数之间接税与否，吾盖疑之。抑吾闻论者一派所主张，于民族主义、国民主义以外，尚有所谓民生主义者，摭拾布鲁东①、仙士门②、麦喀③等架空理想之唾余，欲夺富人所有以均诸贫民，即其机关报所标六主义之一，云“土地国有”者是也。夫以欧美贫富极悬绝之社会，故此主义常足以煽下流，若其终不可以现于实际，即现矣，而非千数百年以内所能致，此世界学者之公论，非吾一人私言也。论者所戴之首领，其或偶涉西史，偶践西土，见夫各国煽动家利用此主义而常有效也，羡西子之颦而自捧心焉。吾不知其将来之军政府与其将来之领土内人民所约法者如何，度此主义亦其一也。而土地国有之单独税，即军政府莫大之财源，而恃以给军实兴民治者也。信如是也，吾窃以为误矣。昔洪秀全所以致败者不一端，而最失计者，莫如政治革命与宗教革命并行。曾、胡诸公，所以死抗，半亦宗教之观念驱之。如舟行逆风而张两帆，一之已甚，两则更安能胜也。故虽有表同情于其甲主义者，若乙主义则不得不相敌，敌之所以滋多也。而敌其乙主义者，又多属于上流社会之人，故立于必败之地也。今论者得毋亦欲张两帆乎，政治革命与社会革命并行！（并种族革命，而三帆矣。）信如是也，则吾信其与甲县约法之后，而乙、丙诸县，虽如晚明之扬州、嘉定而不能下也。苟能下焉，则必乙、丙等县之游荡无赖子乃至乞丐罪囚之类，艳羡富民之财产可以均占，利用新政府之主义，而屠上流社会之族，潴上流社会之室，而挟此功以来降也。信如是也，则与其欢迎此神圣之革命家，毋宁欢迎李自成、张献忠之为愈也。且其所谓地方议会者若何组织乎？普通选举耶？制限选举耶？若行彼所谓民生主义，吾知其议会议员，必皆为家无儋石、目不识丁者而已。以此簧鼓莠民，景从者岂患不众，但不知议会果复成何议会，而政府果复成何政府也！夫彼所戴之首领，吾固尝识之矣，彼所持三大主义，固尝与吾言之矣。吾叩其何以以社会革命同时并行？彼曰：缓则无及也，大革命后，四万万人必残其半，少亦残其三之一，积尸满地，榛莽成林，十余年后，大

① 布鲁东，今译作“蒲鲁东”。

② 仙士门，今译作“圣西门”。

③ 麦喀，今译作“马克思”。

难削平，田土之无主者十而七八，夫是以能一举而收之，余所以必主张大流血者，诚以非不足以达此目的也。吾当时闻其言，恶其不仁，且悯其不智，而彼今犹揭橥此义以号于天下，明目张胆以欺学识幼稚之人。即论者当亦亲炙之而与闻其政策之所存矣。而独怪其昔之所以语我者曰：四万万人死亡过半后，此主义最利于实行；今之所以语论者曰：军政府徇得一县即立一县之地方议会。其已变前说耶，即所谓民生主义，所谓社会革命者，固大张于其机关报中。其未变前说耶，吾不识此两现象何以能兼容也！呜呼，岂憔悴之未极，宁灭亡之不亟，其忍更以此至剧烈至危险之药以毒之而速其死也！故吾于他端可以让步焉，若此一端则寸毫不能让也。非吾之不让，而论者断无从自完［圆］其说也。而论者或曰：吾别有良法，组织地方议会，使民说服，非汝浅识所知。若是则吾更让一步，如论者言，地方议会成矣，洎乎功成，十八省议会盾其后矣，而自发难以暨止戈，遂能陶冶成其共和国民之资格乎？此真非一言所能尽也。尝察社会之进步，恒在平和时代，此征诸中外历史而可信者也。而战乱亦时有助长进步者，盖社会以惰力充塞，无道以振之，经一度战乱后，或能涤淤血而生新血焉，如论者所谓革命与教育同功，其言固含有一面真理，吾不能抹煞也。（社会惰力之理，论者未尝言及，吾所言其即论者之意与否不可知，吾意则谓战乱足以助进步者，惟此一端而已。）顾同一战乱，其能生良结果，或生恶结果，则视主治者所以救济之手段何如，与夫国外之他力所以相加者何如，不能谓战乱必助长进步，故曰一面真理也。然此一面真理，犹有界说。谓战乱助长进步者，进步之机，虽或与战乱同时发生，而进步之效，必在战乱经过后良久良久而乃可见。故以外形论之，仍得曰社会之进步，恒在平和时代也。所以然者何也？凡人必先于生命之安全，得确实保证，然后乃能营心目于他事；次则劳力所入，足以饱暖其躯而卵翼其孥，然后乃克进而谋优美之生活；次则本群之人，其生命财产之现象，能与我得同样之安适，然后秩序生而相与骈进。若战乱时，则此三者皆不易见也。如论者言，徇一县则兴一县之自治，无论主治者未必皆贤，不能以法制为彼平和之保障也，即皆贤矣，皆能矣，而能保敌军之不来侵乎？此生命之不确实者一。能保难民之不窜入滋扰乎？此生命之不确实者二。虽侵者、扰者，军政府能防御扑灭之，然民固日怀鬼胎，不能即安，此亦无如何者也。生命且不确实，他更无论矣。即渐就奠定，此两者皆不足患，而其壮丁大率服兵役义务，余老弱以居守，则农工业必荒落，风尘澒洞，干戈满地，九州豺虎，交通道绝，则商业必雕敝。而新政府以有限之领土，负莫大之军资，不取诸民，将焉取之？竭泽而渔，良亦难已，玄黄之马，而负以重而致诸远，庸能堪乎？故民之所入，恒不能有余于自养，又势所必至也。比户残，相濡以沫之不给，而与之言权利义务，言秩序规律，言地方公益，言国家大计，其安能入也！论者试平心思之，此现象其果战乱中必至之符否也？若是乎，吾以为虽有军政府之劝导以设立地方议会，此议会终不过与前此一乡局公所等，必无补于民权思想之涨进，而能力更无论也。而论者或曰：吾有超群绝伦之政治家，能使战乱中一如平和时，由种种方面以助长其发达。吾以为既命曰人，则度量相越不远，苟非帝实相之，则人力断不能致也。（论者又云："求所以浚国民之爱情者，自心理以言则为教育，自事实以言则为革命。"革命与浚国民爱情两者，于论理学上有何联锁，愿论者有以语我来。）则又复让一步，如论者言，能致矣，则吾将与之计其时日。论者不云乎，陶冶成共和国民之资格也，吾不知所谓资格者以何为标准？谅南美、中美，一丘之貉，必非所望也，然则其必北美合众国，次亦法兰西。论者其亦思合众国之共和国民资格，养成之者几何岁月乎？受之于英者数百年，免父母之怀而为独立生活者又数百年也。新英伦诸州，当十七世纪而已俨成一政府之形也；当独立军起时，而十三省既早有宪法、有政府、有议会也，夫是以一脱英轭，举而措之。若法兰西则自十字军以前，即有所谓地方评议会者，直至大革命时代未尝中斩，然犹演此惨剧，七十年中，政体六变，至今其能成共和国民资格与否，犹未能信之。论者如曰不必有共和国民资格而可以成共和国也，或曰中国人生而有共和国民资格，无待养也，则吾靡从难焉。如曰养也，则试问自揭竿以迄洗甲，历年几何？吾以为今后之中国，不容有三年以上之战乱，有之则国必亡矣。今让数步，五年耶，十年耶，二十年耶，极矣，以十年、二十年之学力，而谓可以与他人学数百年者有同一之成绩，吾不知其谁欺也！而谓军政府虽欲专擅，其道无由，吾又不知其谁欺也！吾颇闻论者所戴之首领尝扬言于众曰："中国可以一蹴而至共和，不必由君主立宪以进于共和，如铁路之汽车始极粗恶，继渐改良，中国而修铁路也，将用其最初粗恶之汽车乎，抑用其最近改良之汽车乎？”嘻！何来此异言也。夫谓国家非由君主立宪以进于共和立宪，可也，两者原不相蒙也，若乃铁路汽车之喻，则真闻所未闻也。夫所谓良也，恶也，本属抽象的观念，非具体的观念。语政体之良恶，而离夫“人”与“地”与“时”三者，而漫然曰：孰为良，孰为恶，此梦呓之言也。故达尔文言优胜劣败，而斯宾塞易以适者生存，诚以主观的良恶无定形，而必丽之于客观的适不适以为断也。故彼以君主立宪为粗恶，以共和为改良，其前提已极不正确。今让一步，如彼言，共和国良于君主立宪矣，然果如彼言，我欲改良即改良之，如改恶汽车为良汽车之易易乎？国家有机体也，信如彼言，则何不曰：他树已缀实，此树可以毋绽花而获果也！何不曰：人子已有室，我子可以未髫龀而为之娶也！如曰有机体说，太蔑人演，不足以例国家，则国家者人类心理的集合体也，宜无以为难也。信如彼言，则何不曰：世界既有诗、古文辞，吾可以毋学识字造句而能为李太白、韩昌黎也？则何不曰：世界既有比例开方，吾可以毋学加减乘除，而能为梅宣城、李壬叔也？夫十七八世纪学者，迷于空华，醉于噩梦，谓国家如一器械焉，吾欲制则制之，欲改则改之，吾凭吾心之规矩，以正其方圆，斯足矣。近今数十年，好学深思之士，远鉴历史，近征事实，然后知其事非若是之易易，蕲拾级而升焉，“国家器械说”之销匿声迹，盖亦久矣。而岂图彼人乃摭弃置之唾余，复赘以不伦之取譬，（彼演说语尚有云：“各国发明机器者，皆积数十百年，始能成一物，仿而造之者，岁月之功已足。”此正是最肤浅之“国家器械说”，不知物质现象与心理现象之差别者也。）敢公然演说于号称文明社会之学界，而学界中以之为虾而自为之水母者，且若干焉！在彼人固目无余子，欺人太甚，而我文明社会之程度，抑一何可哀也！夫彼人则吾何必与为难，但其说既足以愚弄一部分之人，其所说者又如促人登楼而不以梯也，吾恐其陨而坠者纷纷也，夫安得不一辩也。吾今絮絮千言，皆驳“发难以来陶冶成共和国民资格”一语，论者其可以心折乎！而论者或将曰：所谓共和国民资格者，不必程度若彼其高也，但成一雏形焉，遂以建一共和政府，使民躬其事，有锦而学制焉，夫亦愈知治矣。吾今则为最后之让步，姑以雏形而建共和政府矣，但所建设者为何种类之共和政府，论者及其所戴之首领亦曾计及否耶？世界共和立宪国数十，其性质决非同一，且有绝相反者，中美、南美可勿论，其最有名而可供模范者，宜无若美、法、瑞士三国。三国政体，其相同之点固多，其相异之点抑亦不少。今勿语他事，惟语其中央政府，又非能详语也，惟语其略。瑞士，纯粹之共和制也，其立法部代议制与直接制并行，（代议立法制者，国民选举议员以组成议院，而议院行立法权也，现今欧美各国所行是也。直接立法制者，人民各自有立法权也，古代希腊各邦、中世各自由市所行是也。瑞士每人口二万举议员一人以组织代议院，通常法律于此采［裁］决焉。而其宪法第八十九条云，凡重要之法律，须行全国普通投票以取决，此则直接制也。法律之为通常为重要，于何定之？则有公民权者三万人连署认为重要，斯有重要之资格，必付诸直接取决矣。）其行政部非如他国之有一首长，惟置行政委员会，委员七人，而其委员长于国际上代表瑞士。（他国所认为瑞士大统领者，即此委员长也，与其他共和国大统领，性质绝异。）行政委员纯立于立法部之下，（立法部以上下两院构成，上院代表各联邦，下院代表人民。）受立法部指挥。其余各行政官，有由立法部任命者，有由人民直接选举者。此其大略也。美国宪法，采绝对的三权鼎立之制，立法部、行政部之人，决不许相杂厕，以元老院、代议院组织立法部，而行政部则大统领为之首长。其国务大臣，则大统领之高等官，其位置与寻常官吏同，而与其余立宪国之国务大臣异，大臣对于议会不负责任，惟大统领对于国民负责任。大统领及大臣皆不能列席于议会，故立法部与行政部常缺联络。而其宪法所规定行政部之权限甚狭，行政首长及其官属不能提出法律案于立法部，（大统领惟于两院所议决之法案，有拒不署名之权。不署名则不为法律，虽然，当其拒之也，将案付两院再议，若有三分之二赞成，则不得再拒。）故行政首长有所怀抱之政策，不能自行之，惟密授意于立法部，求其提议，而行政首长又无解散议会之权，议会亦无令行政首长辞职之权。故立法部常可以制行政部之死命，而行政部不得不仰其鼻息。立法部内有委员会四十八种之多，行政实权，殆全归其手，故学者或称美国政治为委员政治。此其大略也。法国又与美国异，置大统领，名为行政部首长，而又称国家元首，无责任，（美国大统领绝对的负责任，可受审判，与常人无异。）有停止议会、解散议会之权。其下置国务大臣，名为大统领任命，实则进退之权，全在立法部，国务大臣对于议会，绝对的负责任。初受职必先发布政纲，其政纲经议会多数认可则就职，否则或大臣辞职，或解散议会。就职以后，每遇一问题，议会对于国务大臣所发表之政策，随时起质问，随时行信任投票，信任投票一旦以多数否决，则或辞职或解散亦如之。国务大臣得以立法部议员为之，其非议员者，亦得列席于议会。此其大略也。综以上三国之异点，则：行政首长为一人为多人，一也；行政部为立法部之委任机关，抑离立法部而独立，二也；行政部首长能否有解散停止立法部之权，三也；能否以一人而兼奉职于立法、行政两部，四也；国务大臣是否隐于行政首长责任之下，抑别对于立法部而自负责任，申言之，则立法部能否有迫令国务大臣辞职之权，五也；行政部能否直接提出意见于立法部，六也；行政首长，是否适用元首无责任之通例，七也。以上七端，不过举其荦荦大者，其他为一国特有万不能行于他国者，勿举之。如瑞士之直接立法制。今论者自言建共和政府，则于此种种歧异且反对之成例中，将何所择而何所从耶？此吾所亟欲闻也，论者其或不屑与吾言耶？夫既以能破坏能建设自命，则其所谓建设者殆必有成竹在胸，虽不为吾一人言之，毋亦当发表之于国中，待舆论之评判而广收同情也！就吾之末学谫识，从种种方面推演之，若美国行政部、立法部同受委任于国民，职权不相儳越，而任期复有一定，行政部不能令立法部解散，立法部不能使行政部辞职，则更迭不至频繁，而政治得永续性，是其所长也。然此当视其行政部权限范围广狭何如。范围太狭，则一切被束缚于立法部之意见，不能自由以行其政策；范围太广，则将滥用其职权，无所限制，而反于共和政治之本意。夫所谓广其范围者何也？如彼立宪君主国有所谓紧急命令、独立命令之大权者是已。然此只能行诸君主国，不能行诸如美国之共和国。其故何由？君主国有责任大臣之制，议会对于政府，可随时就政治上、法律上纠其责任而退其职，故不得以自恣。若如美国制，则大统领一任四年，而国务大臣，又大统领私属之官吏耳，倘宪法上许其有发命令之权，则其所发命令，就法律方面虽可以监督之，如不得以命令变更法律。而就政治方面无术以监督之，议会不能有因政治上过失而付大统领于裁判之权也。（美国大审院有审判大统领之权，审判有罪，可退其职，然非谓政治上之过失，亦得以为刑事犯罪以司法权纠问之者也。）

如是则彼于在职期限中，可以为所欲为，如法国大革命时代之十二行政委员是也。中国若于新革命后而采此制以立宪法，则其惨剧或将甚于法国，而行之久而敝亦益甚。然则仿纯粹之美国制，以宪法限定行政首长之职权，其宪法无明文者，一切不得专擅，如是则大统领势将变为立法部之奴隶，苟非伺两院之眼波，虽有贤才，不能行其志。夫向者东京留学生设总会馆，墨守孟氏三权鼎立之意，而执行部干事常被束缚于评议部议员，此虽小剧，亦一般鉴也。于斯时也，苟立法部与行政部生冲突，则国事将无一能办。何也？无立乎其上以调和之、判断之者也。故虽以美国之老于共和，而迄今已不得不变成议会专制，势使然矣。夫两部之常有冲突，无论何国，不能免也，而程度幼稚之国为尤甚。我国今日若革命而行共和制，则其议会中人，非顽固之老辈，则一知半解之新进也。于此而行政首长而不得人耶，则与之俱敝；行政首长而得人耶，则因冲突而束手以终其任期耳。故纯粹之美国制，若为国家永远计，固万不可采，以其戾于主权不可分之原理也，此世界学者能说明之者也；若为中国革命后新造计，则尤不可采，此吾鉴于我国民现在之程度而敢决言之者也。然则其学法国乎？法国有一无责任之大统领立于两部之上，能有弹力性以为之调和，故国务大臣对于议会而负责任，议会可要求大统领退大臣之职，大臣亦可要求大统领解散议会，而或退职，或解散，惟大统领所欲，故可以使行政部之在职者，常得立法部多数之赞同，不至如美国之相持而莫能下，此其所长也。然一度解散议会之后，苟再选举，而议员仍要求大臣退职，则大统领遂不得不屈于议会，此共和制之性质使然也。（英国亦有此习惯，然英不过习惯耳，法则不得不尔，盖君主与共和根本的差异也。）夫议会既有进退国务大臣之权，则其结果之良否，不可不还求诸议会之自身。英、法两国，其国务大臣与议会之关系，表面略相似也，而英国之结果常良，法国之结果常恶。英则一内阁或亘十年二十年，其政策常持久而一贯；法则自第三共和以来，未有亘二年不易内阁者，或乃一年而更迭数四焉。英则国务大臣，常指导议会；法则伺议会之颦笑惟谨，不惜降志辱身以求容，故论者比诸古代之横议政治（Government by mass），而法人中改正宪法之论，且日盛也。此何以故？其原因实存于议会（meeting）之自身，而其最高之原因，则又存于国民之自身。质而言之，则法国国民未有运用此种政治之能力而已，故其制度虽稍优于美国，而其成绩反在美国下也。综美、法、瑞三国，其异点虽有多端，而有一大同者焉，曰议院政治（政权全在议院，谓之议院政治。）是也。瑞则宪法上事实上皆为议院政治无论矣。美则宪法上不许为议院政治，法则宪法上可以不为议院政治，而事实上固皆已为议院政治，共和之性质使然也。君主立宪国，其宪法上皆可以不为议院政治，而事实上有为议院政治者（如英国），有不为议院政治者（如德国、日本），共和国则无论其宪法如何，而必出于此一途，性质上根本之差异使然也。

共和立宪国既终必归于议院政治，吾于是得一前提焉，曰：凡国民有可以行议院政治之能力者，即其有可以为共和国民之资格者也。夫议院政治之美，其谁不艳羡焉？然如德国，如日本，其间非无卓拔之政治家与明达之学者，而不肯主张此最美之政治者何也？内自审其民，而知时有所未可也。凡议院政治，恒以议院之多助寡助黜陟政府，故议院大多数人，有批判政治得失之常识，此第一要件也。夫使普国而为议院政治，则当普、奥将宣战时，俾士麦①已不得不辞职，而后此德意志帝国，何从涌现也！语曰："非常之原，黎民惧焉。"又曰："凡民可与乐成，难与虑始。"故大经世家万里之志，百年之计，常未必为流俗之所喻。反是，而野心薄悻［幸］者流，常能投合一般浅识者之感情，以煽动而弋一时非常之广誉，苟其借多数而即可以篡政柄焉。此罗拔士比、马拉所以涸巴黎之血，而奇亚尼所以以一无赖子而复加罅宽尼之宪法也。以吾今日之中国而欲行议院政治乎，吾固言之矣，非顽固之老辈，则一知半解之新进也，此非吾敢为轻薄之言，实则平心论之，其程度不过如是也。苟老辈者多数焉，则复八股之议案，可以通过也；苟新进多数焉，则尽阮满州人之议案，可以通过也。而政府若否认其议案，则顷刻不能安其位，而彼之首领，且将代之而实行之也。夫今之北京政府，以群耄当艰巨，人人谓中国前途危险不可思议，而不知今易以议院政治，其险亦犹是，而或乃更甚也。谓余不信，试观去年东京罢学事件与上海罢市事件何如矣。又议院政治，既恒以议院之多助寡助黜陟政府，而多寡之数，与党派有密切关系，故有发达完备之政

① 俾士麦，今译作"俾斯麦"。

党，其第二要件也。日本小野冢博士论政党发达之条件有七：（一）政治上之大原动力，舍政党以外，他无所存；（二）仅有二大政党；（三）二大政党，由历史上发达而来，基础巩固；（四）政治才悉网罗于二大政党中；（五）二大政党之意见皆极稳和，且二党略有共通之基础；（六）二大政党皆有训练，富于责任观念；（七）二大政党所认为内阁交迭问题以相争者，必属于重要事件。今请略诠其义。夫使政党以外，尚有他种之政治上大原动力，则虽非被敌党所攻，而自党常或不足以拥护自党之政府。夫此种原动力，非必其出于议院也。（如日本之藩阀是。）于是议院政治之基础不固。若乃必贵乎二大政党者何也？夫奕者举棋不定，不胜其耦，况乃政治上计划为国家前途大计者，举一事也，或期其效于数年，或期其效于数十年，必久任而后尽其才，而五日京兆，必无良绩，此中外之通义矣。政治交迭频数，其非国家之福也明甚。然在大权政治之国，则得君专者可以行政久；而议院政治，其权既在多数，故惟能常保多数者为久任，又事理之易明者也。欲常保多数，其道何由？曰当恃自力而无恃他力。何谓他力？如一院中有若干党，地丑德齐，无论何党皆不足以制多数，吾于此而欲得政权也，则与就中二三党密相提携焉，或借一问题以刺激余党之感情，使忽表同情于我，则吾本不得多数者，有此外助，而骤成多数矣，于是吾党遂入而受政。虽然，此策也，我能用之，人亦能用之，我所密相提携之党，其分子之结合本不巩固，一旦可以崩溃而别与他党提携，而我能借一问题以刺激余党使为我援者，人亦能借一问题以刺激余党使为我敌，不转瞬复成少数，而政柄不能不解矣。故在小党派林立之国，其议院所谓多数少数者，一岁之间，恒三盈而三虚，而政府亦变置如奕［弈］棋。故执政者不得不伺人色笑，乃至枉其政策以求容，其黠者则嗾群党相阋，而自收渔人利已耳。法之现象，殆若是矣，故其民厌议院政治，如鲠在喉也。英则不然，国中惟有两大政党，势力恒足以相颉颃，自余小党一二，其细已甚，举足左右，不足为轻重，故常能以自力制确实之多数，而基础不至动摇。而甲党既得政，其乙党之在野者，惟立于监督之地位，苟非遇极重要事件，则不起野心而争交迭，故政府党既不敢自恣，而亦不至常自危，得以实行其所怀抱以福国家也。然此惟英、美两国能有之，而他国皆不能。何也？则小野冢氏所举第三、四、五、六项，实盎格鲁撒逊人种之特长，而所以有此特长者，则第三项尤要焉，盖历史上发达使然也。彼其浴立宪之泽者已数百年，而自余诸国学其步者乃不过一世纪内，或且不满半世纪也。由此观之，此资格之养成，其难也如此。使如论者所戴首领之言曰：既有良汽车，吾不必用粗恶之汽车也。则知有良汽车者，岂惟足下，而德国、日本必以粗恶者自安，其愚何可及也！而法国之乘良汽车何如矣，而中美、南美诸国之乘良汽车者又何如矣！夫非议院政治者，又非政府对于议会而不负责任之谓也。议会为监督机关，立于补助地位，而非为指挥机关，立于主动地位，则既已得人而任政府，其人固不敢自恣，而亦不至常自危。苟国民程度，未能诞育完美之政党如英国者，则惟此乃适，惟此乃能生存也。而还视我中国则何如矣？人亦有言，今之中国无三人以上之团体，无能支一年之党派，虽今后或者少进乎，然亦仅矣！宪法既布，则无论为君主，为共和，而政党必句出萌达，于彼时也，试想我议院党派之情状何如矣？今世界号称政党最多者，莫如奥大利，其占席于议院者凡十八党，议员总数四百二十五人中，其最大党不过占六十人，其最小党乃至占四人，天下称奇焉。若我国而开议院也，议院而有五百人也，吾敢信其党数必过百，而最大党所占无过二三十，而一党得一人者乃最多也。（经开明专制训练后十年，乃开议院，可不至有此，若今即革命，革命后召集议院，此现象必不能免。）于此而用为监督补助机关，使其习而渐进焉，犹利多而弊少。若用为指挥主动机关以左右政府，苟其采法国制，则浃旬之间，内阁可以更迭十次；苟其采美国制，则将今日出一政策焉命大统领执行，明日出一正反对之政策焉，又命大统领执行，否则相持而一事不能办、一律不能颁也。信如是也，吾不知政府复成何政府，而国家复成何国家也！吾于是复得一前提曰：今日中国国民未有可以行议院政治之能力者也。吾于是敢毅然下一断案曰：故今日中国国民，非有可以为共和国民之资格者也；今日中国政治，非可采用共和立宪制者也。论者谓：事定功成，即解兵柄，而建共和政府。夫诚欲建共和政府，则非事定功成而即解兵柄，固不可也，不然，则为克林威尔①也。既解兵柄颁宪法，则虽旧军政府之首领复被举为行政首长，而亦必须行动于新宪法权限

① 克林威尔，今译作“克伦威尔”。

之内，不然，则违宪也，大逆不道也。而此新宪法者，无论采美国、采法国、采瑞士，而其议院政治，皆足以苦行政首长。行政首长引身而退耶，高则高矣，而坐视国民涂炭，将酿第二次革命，功不足以偿其罪也；从而干涉之耶，则又违宪也，大逆不道也。然则其所定宪法，广行政部之权限，认议会之补助机关耶，则大反共和之精神，用之一时，虽或有利，然宪法者，比较的有固定之性质者也，非可以轻为变置者也，既号共和国，而以反于共和精神之宪法予之，使根本动摇，贻患无穷，功又不足以偿其罪也。故吾为革命后建设共和政府者计，百转回肠，而终不得所以处之之道，论者其何以教我耶？吾之此论，谨守论理，严据历史，未敢有一言凭臆见任意气也。论者所戴首领，其不知此理而为此言耶，则吾劝其学成乃语天下事；其明知此理而为此言耶，则是欺四万万人皆无目也。抑吾今兹对于论者之说，固已连让十余步，乃达此最后之结论矣。使前所让者，有一非如论者言，则不必达于最后一问题，而论者之说，固既可以拉杂摧烧之；即使前所让者皆如论者言，苟不能解此最后一问题，则论者之说犹当拉杂摧烧之。

（附注）某报有一文，题曰《论中国宜改创共和政体》① 者，其大端在驳鄙人前译波伦哈克之说。其言曰："欲解决此问题，当有三前提：第一，能力果绝对不可回复乎？抑尚可以回复乎？第二，回复之时期，能以至短之期限回复之乎？抑必须长久之岁月乎？第三，回复之后，即能复有完全之权利乎？"彼其所以解此三问题者，凡数千言，若甚辩者然。吾以为彼之第三问题之解决，吾所绝对承认者也。虽然，必其第一、第二前提既已正确，然后第三前提有可言，否则第三前提无辩论之价值也。今案其所以解释第一前提者，曰："天下事惟无者不易使之有，有者断难使其消灭。"此二语又吾所愿承认者也。然惟承认之，正可以彼之矛，陷彼之盾。盖此二语，不足以证实彼说，而反足以证实我说也。何则？惟本已有而今暂无者，乃可云回复；若本无而今欲使之有者，则发生之谓也，非回复之谓也。夫就性

① 参见思黄《论中国宜改创民主政体》，《民报》第1号，1905年11月26日。

质上言之，谓吾国民将来有可为共和国民之能力，则吾无以难焉。若就事实上言之，而谓吾国民前此既已有为共和国民之能力，此则吾虽极敬爱吾国民，而万不敢作此语以自欺者也。盖语本来之性质，则既名之曰人类，自有人类之普通性，既有其普通性，则必可以相学而能相肖。以此言之，岂惟吾国民能为共和，凡属圆颅方趾者，未有终不能为共和者也，然此发生之云，非回复之云也。更精密言之，则本能有而畴昔尚未有者，可以使之发生；本能有且畴昔已有而忽以他故偶无者，可以使之回复。故能使中国国民发生共和资格与否，是可以成一问题也，而此问题解答甚易易，吾敢一言断之曰能也。而发生期限之长短，则属于别问题。若夫能使中国国民回复共和资格与否，是不可以成一问题也。譬如一常人于此，而曰此其人能发生其膂力使若贲获否，此可以成一问题；若曰此其人能回复其膂力使若贲获否，是不可以成一问题也。然则吾国民之共和资格，其本能有之，虽不俟论，若其在畴昔已有之耶，抑尚未有之耶，是先不可以不论定也。若鄙人则认其前此未尝有者也。论者谓："当鸿昧初起文明未开之际，吾民族已能崭然见头角，能力之伟大可想。"虽然，以此能力即为其已能建设共和之据，吾未见其确也。不然，则如印度、埃及、巴比伦、叙利亚、波斯诸族，其崭然现头角也，岂不甚早，然谓彼已能建设共和政治得乎？论者又摭引一二现象，谓吾国民自治团体之组织，有可惊者，以证吾民已能自治。姑无论吾国今日所谓地方自治，其性质及其方法，与当世法治国所谓地方自治者，截然殊科也，抑尤当知地方自治与中央共和，其性质又自有不同。盖中央共和，最高主权在国民，（最高主权在国家，而国民即代国家行使主权者，故亦可谓之在国民。）此外并无他机关焉超然于国民自身之上者，则调和其利害冲突也甚难。地方自治，则别有掌握最高主权之中央政府以临其上，则调和其利害冲突也较易。故能为中央共和者，必能为地方自治；而能为地方自治者，未必能为中央共和。夫法国之有地方评议会，盖自十字军以前矣，而直至十八九世纪，犹不能有完全之共和国民资格，则又何也？一言蔽之，则其已能行议院多数政治者，其已有共和国民之资格者也。而吾国民前此未尝能行议院多数政治，故吾认吾国民前此实未尝有共和国民之资格者也。既未有焉，则今所研究者，为能否发生之问题，而非能否回复之问题也。夫发生问题，则吾固绝对的承认其必能矣。何也？苟未进为人类之下等动物，其能否吾不敢决言，既名之曰人，则未有不能至者也。于是则当入于论者所举之第二前提，即迟速问题也。而此前提已不得不稍易其词，当云："能以至短之期限发生之乎？抑必须长久之岁月乎？"必以发生易回复，然后乃可成问题也。论者谓期限可以至短。吾谓长短者比较之词也，云至短，则所谓"至"者，殆无复比较之可言，无论如何，而皆有语病。今且勿摭拾字句，计较小节。而其论之最有力者，则曰："欧美积数百年始克致之者，日本以四十年追及之，而我辈亦可以同比例求之也。"曰："以教育为例，未成年与成年者不同，教育成年者，可采特别速成法，缩短十余年为二三年，其程度亦略相等，不能谓已经开化之国民，其进步之速度，与未曾开化者同一濡滞也。"据彼所言，则其所谓至短者，殆如日本之四十年也，而其所设譬，亦确含一面真理，吾所愿承认也。于斯所当辩别者，则又在其所希望程度之高下若何？与所施教法之优劣若何？夫曰虽速可成，吾靡以为难也，然速成之程度，必有一消极的界限。如肄速成政法者，谓其能得有政法学之一般常识，吾敢言也；谓其必能与法学大博士有同一之学力，吾信其不能也。夫共和政治，则法学大博士之学力之类也。故谓以特别速成法，使一般人民能立于国家之监督补助机关的地位而完其责，此吾所敢言也；若谓以特别速成法，使一般人民遽能立于国家之指挥主动机关的地位而完其责，此吾所不敢言也。虽然，使其法果良，则虽不可以骤至，犹未尝不可以较速，而良不良之间，则所最当审也。日本以四十年之学力，遂有今日，抑亦思日本此四十年中所行者何事乎？彼盖由纯粹的开明专制渐移于变相的开明专制也。以日本为例，则益知开明专制者，最良之速成教法也。使日本不用开明专制，而于颠覆幕府后即行共和政治，而谓其能有今日乎？必不能矣。又谓彼当尊王讨幕、论蜩螗沸羹之时代，即能于冥冥中养成共和国民之资格乎？必不能矣。夫既以共和为政纲，则必其破坏后第一次之建设，而即行共和也。吾以为必建设以后，然后可以实行速成教法，教法既行，然后成不成、速不速之问题，乃有可言。今之持革命共和论者，则谓未教而可以成也，是不得以速成学科为喻也。故欲完论者之说，必谓当革命军骚扰时代，即为速成就学时代然后可，质言之，则谓暴动即教育也。然暴动果足以代教育乎？以暴动为速成共和之阶梯，是得为善良之速成教法乎？吾有以知其必不然矣。故论者之说，断不足以难吾说也。又此论文之末段云："吾侪既认定此主义，以为欲救中国，惟有兴民权、改民主，而入手之方，则先以开明专制，以为兴民权、改民主之预备；最初之手段，则革命也。"此其说较诸前论者所述某氏之说为稍完。盖如此则工夫分三级，其第一级则革命，其第二级则开明专制，其第三级乃共和立宪也；非如某氏谓革命与共和同时成功，一解兵柄，而共和遂有磐石之安也。若夫暴动革命后，适于行开明专制乎？且能行开明专制乎？此又不可不审也。夫革命后行开明专制，将以君主之资格行之乎？抑将以大统领（或执政官、护民官等名义）之资格行之乎？若以君主之资格行之，则当最初革命军发难时，不可不先标君主之旗帜。若最初以共和号于众，及功成而易以君主，则必不为举国所承认，而其业且溃；若最初标君主之旗帜，是又与前代革命者为一丘之貉，其业又必不可得就。然则此事殆不必论。既最初标共和之旗帜矣，夫未有无宪法而能为共和者；而开明专制，则必其未有宪法（如腓力特列），或有宪法之名义而无其实质者也（如拿破仑）。吾试为革命后不立君主而欲行开明专制者计之，将发布宪法耶？抑不发布宪法耶？若不发布宪法，则国家机关之权力，将以何者为渊源？而共和新政府，何从存立耶？若发布宪法，则此种共和制宪法，万不能由大统领钦定，苟若此者，是大反于共和精神矣；然由人民公定之宪法，果复许政府行开明专制否耶，是吾所不能无疑也。即让一步，谓于彼时以大统领之权力行变相的开明专制，则不外仍继续军政，暂勿施行民政，质言之，则与凡立宪国之发布戒严令时无以异也。顾以吾度之：今日中国，即欲建设一与日本、普鲁士同程度之立宪政治，已非二十年不能为功（详说次段）；若欲建设一与英国、美国同程度之立宪政治，则其所需期限更倍蓰，亦可推见矣。如论者之说，以革命为第一级，以开明专制为第二级，以共和为第三级，然则其第二级经过之时日，不可不甚长。而戒严令政治（即军政），继续至二十年以外，是得为政体矣乎？况乎戒严令政治，最束缚人民自由，而足使人民自治力萎缩憔悴者也。若行戒严令的开明专制，是果能缘是以养成国民共和资格乎？吾恐不惟不能长养之，且斫丧之耳。而既建设共和立宪政府后，复欲行开明专制，则舍军政戒严令外更有何道乎？吾苦不得其途也。又况乎即欲行完备之戒严令政治，又非行政机关已大设备，不能为功。而新共和政府初立后，吾恐其并此正当之戒严令政治，而无从设施也。故吾以为开明专制者，决非新经破坏后所能行也。惟中央政府以固有之权力，循序渐进以实行之，其庶可致。若新经破坏后，则欲专制者，势不可不假强大之武力，以拥护其未定之地位，故舍立君主以外，实无可以得之之理由，否则行武人专制政治而已，而此二者之危险，皆不可思议。论者其亦有见于此否耶？吾谓暴动革命后之开明专制，必须经一度极棼扰极惨酷之结果，如法国之恐怖时代者，及人心极倦之后，有如拿破仑者出焉，然后开明专制乃可期耳。然此果为国家之福耶？抑国家之祸耶？愿爱国之士，平心察之。

某报凡发刊两号，而其文殆无不自相矛盾，如此文与前述某氏之说，即其极矛盾者也。一谓军事倥偬中即可以养成共和国民资格，一谓须经一度开明专制然后养成，其矛盾一也。一谓倒中央政府后即解兵柄，一谓建设后仍行军政，其矛盾二也。而两说者，皆脆而易破之论理。今持乙说者，其人既已辞此世间矣，彼继续主持某报之人，能并代彼赐答辩否耶？

吾今请更以一言，忠告于论者及其所戴首领乃至其党派之人士，曰：公等言革命耶，其勿并张种族革命、政治革命、社会革命之三帆。公等欲言社会革命也，则姑言之以自娱，能更发明新学理，补麦喀所不逮，以待数百年后文明社会之采择，亦一奇功也。若乃欲以野蛮之力杀四万万人之半，夺其田而有之，则靡特人道不应有此豺性，即社会主义之先辈，亦不闻有此学说！麦喀谓田主及资本家皆盗也，今以此手段取之，则国家其毋乃先盗矣乎？人之言土地国有者，谓渐以收之，仍有所以为偿，而识者犹笑为乌托邦之论，顾未闻有谓宜尽纱之臂而夺之者也。此自别问题，非本论所宜及。惟公等欲以之与普通之革命论并提，利用此以博一般下等社会之同情，冀赌徒、光棍、大盗、小偷、乞丐、流氓、狱囚之悉为我用，惧赤眉、黄巾之不滋蔓而复从而煽之，其必无成而徒荼毒一方，固无论也。即充公等之所望成矣，取中央政府而代之矣，而其结果则正如波伦哈克之说，谓最初握权者为无资产之下等社会，而此后反动复反动，皆当循波氏所述之轨道而行。其最后能出一伟大之专制君主耶，则人民虽不得自由，而秩序犹可以恢复，国犹可以不亡，若无其人耶，则国遂永坠九渊矣！即有其人焉，或出现稍迟，而外力已侵入而蟠其中央，无复容其出现之余地，则国亦亿劫不可复矣！故虽以匕首揕吾胸，吾犹必大声疾呼曰：敢有言以社会革命（即土地国有制）与他种革命同时并行者，其人即黄帝之逆子，中国之罪人也，虽与四万万人共诛之可也。复次，公等欲言种族革命也，则请昌言之，且实力预备之。公等既持复仇主义，而曰国可亡，仇不可不复，吾哀其志而壮其气也，虽然，公等切勿更言政治革命。夫政治革命者，革专制而为立宪云尔。君主立宪耶？则俟公等破秦灭项、醢彭醢韩、归丰沛、歌大风之时，言之未晚。共和立宪耶？则请先将波伦哈克学说及此数纸中狂夫之言，一一遵论理、据历史、推现象以赐答辩。（答辩本章，固所欢迎，若欲驳《开明专制论》者，则请俟全文出版，乃赐教言，否则恐枉笔墨也。）若不能答辩，或答辩不自完［圆］其说，或摭拾一二字句典故之间以相诋諆，及支出题外遁词逃难而不能解结要害者，则请自今以往，还倡公等之复仇主义，无为更牵入政治问题作茧自缚也。复次，公等欲言政治革命也，则今日之中国，望公等如望岁也。如欲为政治革命也，则暂勿问今之高踞中央者为谁何，翼其左右者为谁何，吾友也不加亲，吾仇也不加怒，吾惟悬一政治之鹄焉，得此则止，不得勿休。有时对于彼几谏焉，如子之于其父母；有时对于彼督责焉，如父母之于其子。然此犹言而已，若其实行，则对于彼而要索焉，如债权者之于债务者，不得，则尽吾力所能及，加相当之惩罚以使之警。此各国为政治革命者之成例也。然要索必当量彼所能以予我者，夫然后所要索为不虚；惩罚必当告以我索汝某事，夫既先语汝而汝不我应，故惩汝以警汝及汝之侪辈，使今后毋复尔尔，夫然后所惩罚为有效。如诲孩童焉，授以业，量其脑力所能受者而责以答案，一度不答，再度不答，而威以夏楚焉。若其必不能作答者，责之至死，犹之无益也。若突然扑之，而不示以所犯何事，甚者以击蒙为出气或快心之具，则彼虽日受百鞭，而亦不知改，盖不知何改而可也。夫语满洲人曰：尔其还我河山，此责彼以所必不能应者也。并未尝提出条件以告之曰：我所欲者如此如此，汝当行者如此如此，而徒日日唾骂，不共戴天而已，时或狙一二渺不相属之人，则就令彼欲释我怒，亦不知何涂之从而可也。不宁惟是，我徒持单独主义，谓必去彼而已，其目前失政，吾不暇与言，亦不屑与言，待吾去彼，而失政随之去矣，甚或谓彼之失政，吾之利也，吾何为而匡正彼。乃吾之去彼，渺未可期，而彼先以吾不暇言、不屑言之故，反得卸其责任，而我将来之幸福，已不知断送几许矣。不宁惟是，彼知我之所欲得于彼者，必非其所能应也，而舍此以外，又无足以餍吾欲也，则困兽犹斗而况于人，我排彼以言，彼排我以实，胜负未决，而渔人笑于其旁矣。凡此皆欲为政治革命而不以其道，是以及此。自今以往，其果有真爱国者乎，相率而为正当的政治革命焉，则中国其或有瘳也！夫此固又别问题，非本论所宜及也，吾下笔不能自休，而遂逸其轨也。吾更为二语以结本段曰：欲为种族革命者，宜主专制而勿主共和；欲为政治革命者，宜以要求而勿以暴动。

二　中国今日尚未能行君主立宪制之理由

既万不能行共和立宪制，而国家又非可以专制终也，则所余者，惟有君主立宪之一途。君主立宪，固吾党所标政纲，蕲必得之而后已者也，然谓其今日尚未能行者，何也？请就两方面说明之。

（甲）人民程度未及格

立宪制之纲领不一端，而议院之开设，当其最重要之一也。问者曰："议院不能不立于指挥主动之地位，国民程度幼稚者，不足以语此。既闻命矣，其在立宪君主国，议院可以立于监督补助之地位，然则何时而不可？且如今日国中未尝无舆论，就中发表舆论之报馆，亦对于政府而立于监督补助之地位者也。国民程度既可以有报馆，曷为不可以有议院？"应之曰：不然。舆论者，无责任之监督；而议院者，有责任之监督也。申言之，则舆论非为国家之一机关，而议院则为国家之一机关也。既为国家之一机关，而有法律上应享之权利，随即有法律上应尽之义务。苟不完此义务，而权利或将以消极的而澌亡。申言之，则议院若不能行完全正当的监督，则其地位将下坠，而影响且及于宪法之全部也。请言其故。夫中国他日果制定何种类之宪法，今莫或知，即应制定何种之宪法，今亦未易言。要之，既名曰宪法，则凡各国宪法之共通原则，如国务大臣对于议会而负责任，议会有协赞法律预算权，议院院内之自治，人民之选举权等，殆必其不能缺者也。既以此诸端论之，国务大臣对于议会而负责任，非必议会能进退之也，而可以质问焉，可以弹劾焉。但使所质问者洞中症结，政府（即国务大臣也，以行文之便，代以此。）若有隐慝，能觉察之；政府若有失策，能指摘之，政府乃重其言而不敢藐，有所惮而不敢恣，则质问为有效矣。反是，若无鉴别政治得失之识力，所质者皆薄物细故，或于其极正当之行动而故为责备，而其有干法越权及其他失政，或反熟视无睹，不予纠正，则政府视议会易与，谓其言一无价值，生轻蔑心，而议会之神圣损矣。此虽不至摇动及宪法，然养成此习惯，非立宪国之福也。又弹劾当如善养蒙者，不轻施夏楚，若有过举，确认为不可恕者，痛惩一次，则常收莫大之效。议会之弹劾权不滥用，用之，必有其正当不容已之理由，则就法律上虽未必以弹劾而定黜政府也，而事实上令君主感动，察民岩之有因；令政府悚惶，识舆论之真价，则无论或黜或留，而弹劾皆有效。反是若弹劾之无价值，与前所举质问同，则元首厌之，政府侮之矣。不宁惟是，弹劾无效，则议院势不得不被解散。屡滥用弹劾，则重解散以解散，而议院将虽有若无。万一国民厌于选举，或君主怠于召集，则宪法根本为之摇动矣。夫学识幼稚之民，往往沐猴而冠，沾沾自喜，有权而滥用焉，其常态矣。故吾以为今日中国之民，非稍经训练后，其必不免此弊也。复次，协赞法律，协赞预算之权，亦当用之于正当。各国通例，政府及两院，皆有提出法律案之权，提出后经两院可决，复由元首裁可而后施行。若议院中人政治智识甚幼稚，则其对于法律案也，有三种怪象：（甲）政府所提出者，盲从焉，不能赞一词。（乙）政府所提出，或有极良之法案，不能知其精神所在，漫为反对。（丙）自提出或偏畸或危险或无谓或不可行之法案，而自议决之。其在甲，则政府法案，虽有缺点，不能匡救，议会成赘疣，毫不尽监督之责任；其在乙，则良法美意，不能施行，阻一国之进步；其在丙，或颁不适之法，紊一国之秩序。然在甲，则不过有议会如无议会耳，影响尚不波及宪法。若乙丙之现象而屡见焉，则或重解散以解散，甚且怠于召集，而宪法动摇矣；或厌其久恩，不待议决而裁可施行焉，而宪法又动摇矣。至于预算，政府常欲膨胀，人民常欲节减，此普通之现象也。议会以代表人民之资格，常思限制政府，亦恒情也。虽然，固不可强国民以所不能负担，亦不可不为国民谋助长其进步，故当协赞预算案时，最宜有圆满致密之政治上知识，察社会生计之实情，鉴内外政局之大势，非可先横一成见于胸中以从事也。而程度幼稚之民，动偏于一端，而在中国义务思想未发达之人民，尤汲汲以轻担负为务。（颇闻去年东京留学生总会馆议预算案，经数会期不决，而评议部挑剔节减，乃至原案屋租若干元亦修正而减给之，并屋主之允否不计及。此虽近于游戏，非可例他日，然亦未免模效人国，而太求似矣。）如此则恐预算不成立之现象，年年续见。若将来所定宪法如日本焉，谓预算否决，可用前年度预算，则尚不生困难。不然，则全国机关，为之动摇矣。然若如日本之宪法，则间年偶见，可以弥缝，若年年否决，则政府将见提出预算毫无结果，或遂厌之而竟滥行预算外之岁出入焉，则影响又及于宪法矣。又议院院内之自治，如院内警察权，归议长也。非得议院许诺，政府不能逮捕议员也。凡此皆各国通例，所以保议院之神圣也。然在程度幼稚之民，往往因辨论而生意见，因意见而生仇雠，故吾中国向来议事之场，动则挥拳拔刀，数见不鲜矣。夫各国议院，虽亦不能无骚扰，然整理议场之职，议长任之，议员皆有服从议长之习惯，故权可不假于外。若万一滋扰过甚，议长不能节制，致警察入而干涉焉，其或在院中犯现行罪而致逮捕焉，则应享之特别权利扫地尽矣。若屡演此恶剧，而议院之地位遂危。以现在中国人民程度组织议院，吾不敢保此种恶剧之必无也。以上所举，不过以为例耳，若逐一数之者，更仆难尽。吾之意以为议院不开则已，既开矣，则其于法律上神圣之地位，不可以不确保，其于政治上优越之势力，不可以不常存。而能否确保之，常存之，则其原因恒在议员之自身。议员品格卑，而地位乃污蔑矣；议员见识陋，而势力乃陵夷矣。夫偶被污蔑，偶见陵夷，似未甚为害，数年后久习之而改良焉，毋乃亦可而不知其影响往往牵及宪法也。即不牵及宪法，而苟使政府与国民有藐议会厌议会之习惯，其于立宪之精神，已大剌谬也。故与其太速而资格缺，毋宁稍迟而资格完也。此以言夫议员也，若选举议员之人民，亦不可不略有其程度，如（1）选举权者，含有义务性质之权利也不可以放弃，而在程度幼雅之国民，往往视此权若弁髦也；（日本初行宪政时，人民尚多有放弃选举权者，今则殆无矣。）（2）选举必当以自由意志举其欲举者，而在程度幼稚之国民，往往受贿赂被胁迫，不得为本意之投票也；（此弊虽程度极高之民，犹不能尽免，然愈幼稚者，则其弊愈甚。）（3）选举不免竞争，而竞争必须行于正当，在程度幼稚之国民，或至用武力以破坏秩序也；（4）议员名为代议生，取代表之意，然所代表者，人民总体之意见，非选举者个人之意见也，而在程度幼稚之国民，往往自以其私人之利害或地方小局部之利害，而责望所选举之代议士为之建议，不得，则或且相怨而相仇也。诸如此类，不可枚举，要之，苟非养之有素，则利恒不足以偿其害，有断然矣。

（乙）施政机关未整备

前所言，犹其理论也，而今日于实际上，有未能行立宪政治者，则施政机关之未整备是也。试略论之。如议会选举人、被选举人，必当有资格，其最重要者，则必其人为中国人也，而（1）今者国籍法尚未编定，“中国人”之界说且未分明也。又初立宪时，殆万不能用普通选举，必出于制限选举，各国通行之制限，大率以所受教育之程度，或所有财产之税率为衡，而（2）今者学校尚未遍立，义务教育尚未厉行，教育程度，于何测之？然此犹较易。若夫（3）税率之多寡，则今者租税法尚未备，征收之方，亦不正确，于何定之？（4）选举必有选举区，而我今未划定，何由施行？且选举区非可漫然划定也，必比例于人口之多寡与道里之远近，而（5）今者户口之统计，地图之测量，均不确实，即以制定选举区一事，已非数年不能为功也。各国选举，率以乡官市官主之，中国地大人众，选举区万不能太大，如欲以一县为一区，则乡僻之民，何从至县城投票？且使悉至，而城亦不能容也。故以鄙见度之，大约今之一县，其为区者当数十，而（6）今者地方自治制度未颁，乡官市官、乡会市会未立，然则选举其谁司之？选举竞争，最易骚扰，各国普通之现象也。维持秩序，端赖警察，而（7）今者警察未普及，能保不害及治安乎？果尔，恐民将谈选举而色变也。竞争之结果，往往起诉讼，而（8）今者诉讼法未定，能息争乎？各国通例，议会大率年开一次而选举后最迟不过一两月即开会，而（9）今者铁路未多，交通不便，蜀凉滇黔，或半岁乃达京师，然则开会延至何时？而一岁往返，岂不疲奔命于道路耶？立宪精神不一端，而保护人民权利，其最重要之一也，故常以条文规定之。宪法一经实施，则必为绝对的保障，乃可以信于民，而（10）今者民法未制定，权利以何者为标准而能确实耶？民非犯法网不得擅逮捕，此保障自由之一要件，而各国率皆规定之于条文者也。而（11）今者刑法未制定，以何者为法网乎？有司能无上下其手乎？苟有之，则宪法无效也。且人民之护符恃法律，而法律之执行者惟法官，无良法官，则民终不能完其权利，而（12）今者行政司法，混为一垆，绝未尝为养成裁判官之预备，民果能食宪法之赐乎？对于行政处分之不当者而得起诉讼，又人民所以自全其权利之一要件也。而（13）今者行政法未颁，行政裁判所未构成，有见屈者，将何所控诉乎？而宪法又无效矣。夫诸法固可与宪法同时颁行，吾非谓必当先有诸法而后有宪法，然诸法之条理，恒千端万绪，非绩学不能运施，故欲使宪法一经布告实施以后，而国家诸机关，先自保无违宪之举动以示信于民，则必当先颁诸法，且预养成用法之人才，亦理论上之次第所宜尔也。以上所举，随念所及，拉杂举之，若悉数者，恐数十条不能尽也。但即就此诸端观之，已可见宪法者，决非一纸空文所能立，朝欲之而夕致之也。夫人民程度之一问题，各人有各人之主观的判断，吾以为未可，人以为已可，是非终未易决也。若夫机关事务与否，则全属客观的事实，虽好立异，宁能否认焉？吾以为但就以上所举诸端，苟欲其规模粗具者，虽在承平之时，有一强有力之中央政府，网罗一国上才以集其间，急起直追，殚精竭虑，汲汲准备，而最速犹非十年乃至十五年不能致也。而彼持极端破坏论者，乃谓于干戈倥偬、血肉狼藉、生计憔悴、神魂骇丧之余，不数年而可以跻于完全优美之共和，一何不思之甚！呜呼，我青年之眩于空华、困于噩梦者，其醒耶未耶？而附和君主立宪者，亦一若于数条宪法正文之外，更无余事，其可怜而可笑，亦正与彼破坏论者相类。使如彼等政策，抄译一二国成文宪法而布之也，则一二小时可了耳，何难之与有？且就令能制定极完美而适于我国之宪法，未及其时，而贸贸然布之，顾以种种障碍；一切不能实行，而徒使天下失望，则虽谓为立宪主义之罪人可也。世诚有忠于立宪主义者乎？则必当知今日之未能实行，既忠焉而又知其未能实行，则必知所以待之者矣。

（录自《新民丛报》第 75、77 号，1906 年 2 月 23 日、3 月 25 日）

申论种族革命与政治革命之得失

饮　冰

吾于所著《开明专制论》第八章，曾极言种族革命与政治革命之非同物，亦几详且尽矣；乃今复诵陈君天华遗书，益有所感触而不能已于言者，用更述所怀以质诸我国民。

吾与陈君相识不过一年，晤谈不过两次，然当时已敬其为人，非于其今之既死而始借其言以为重也。但君既以一死欲易天下，则后死者益崇拜之而思竟其志，亦义所宜然。吾以为当世诸君子中，或有多数焉，其交陈君也，视吾久且稔，而其知陈君也，不若吾真且深。吾请言吾所欲言，可乎？

陈君曰："鄙人以救国为前提，苟可以达其目的者，其行事不必与鄙人合也。"（此文所谓行事必非徒指自湛一事，殆指一般行事而言。）则君之意，苟与彼同目的者，正不必与彼同手段，其言甚明；若虽与彼同手段，而不与彼同目的者，其必非君之所许，此意又在言外也。然则君之手段安在？其言曰："革命之中，有置重于民族主义者，有置重于政治问题者，鄙人所主张，固重政治而轻民族。"是其于政治革命与种族革命两义之中，认政治革命为可以达救国目的之手段，而不认种族革命为可以达救国目的之手段，章章明甚，虽谓政治革命为君惟一之手段焉可也。虽然，君又言曰："鄙人之排满也，非如倡复仇论者所云云，仍为政治问题也。"是其既认政治革命为可以达救国目的之手段，而复认种族革命为可以达政治革命目的之手段。于是，吾得命政治革命为君之本来手段，亦曰第一手段，亦曰直接手段；得命种族革命为君之补助手段，亦曰第二手段，亦曰间接手段。然则君有两手段乎？曰：否，否，其手段仍惟一也。盖君认种族革命为可以补助政治革命，而间接以达救国之目的，故取之。然则苟有他道焉，可以补助政治革命，而间接以达救国之目的者，则君亦必取之，无可疑也。又使君一旦幡然而觉种族革命不足以补助政治革命，甚或与救国之目的不兼容，则亦必幡然弃之，无可疑也。盖君之意，以为此目的万不许牺牲，若夫手段，则听各人自由焉，选择其适此目的者，而牺牲其不适此目的者。故苟别有他道焉足以救国，则君虽并其政治革命之本来手段而牺牲之，亦所不辞，而种族革命之补助手段，更无论也。故曰："苟可以达其目的者，其行事不必与鄙人合也。"

是故当知，苟以复仇为前提者，是先与君之目的相戾，万不许其引君之言以为重，故复仇论可置勿道。

既以救国为目的而别择所当用之手段，然则君所采之手段，适耶？不适耶？吾得断言曰：适也。盖君以政治革命为惟一之手段，而以将来大势推之，苟能有政治革命，则实足以救今后之中国，苟非有政治革命，则不能救今后之中国，故曰，适也。试以论理法演之，则先定一大前提，而以两小前提生出两断案，其式如下。

大前提	小前提	断案
凡可以达救国之目的者，皆吾辈所当以为手段者也。	（一）而政治革命，实可以达救国之目的者也。	（一）故政治革命，吾辈所当以为手段者也。
	（二）而非政治革命，更无道焉可以达救国之目的者也。	（二）故舍政治革命以外，吾辈无可以为手段者也。

此两论式皆如铜墙铁壁，颠扑不破，无论何人，不能相难者也。今使易其小前提，而云"种族革命，实可达救国之目的者也"，随生出断案云"故种族革命，吾辈所当以为手段者也。"或为第二之小前提云"非种族革命，更无道焉可以达救国之目的者也"，随生出断案云"故舍种族革命以外，吾辈无可以为手段者也"。如此则两小前提皆不正确，而两断案亦随而不正确。何以故？设有难者曰：种族革命而得如秦始皇、隋炀帝者以执政，或得如齐东昏、陈后主者以执政，遂可以达救国之目的乎？必不能也。则第一之小前提遂破也。又有难者曰，即微种族革命，而今之满洲政

府，忽以至诚行立宪，以更新为度，其可以达救国之目的乎？必能也。则第二之小前提亦破也。准是以谈，苟以复仇为前提，则无可言者，苟以救国为前提，则无论从何方面观之，而种族革命总不能为本来手段、为直接手段，苟不含有政治的观念，则直谓之无意识之革命焉可也。而政治革命则不尔尔，故吾以为政治革命，不徒当以为手段，而且当以为第二之目的。盖政治革命之一观念，与救国之一观念，既连属为一体而不可分也。

吾所云种族革命不能为本来手段直接手段，在陈君则明已承认也，即凡持种族革命论者，当亦不可不承认，何也？苟不承认，必须将吾前所举两设难下正当之答辩，苟不能得正当之答辩，遂终归于承认也。既承认矣，则次所当研究者，在种族革命能否为补助手段间接手段之一问题，申言之则以政治革命为前提，而问种族革命能否为政治革命之手段是也。此问题则陈君之所见与鄙人之所见大有异同，今推陈君之意，复以论理法演之，则如下：

大前提	小前提	断案
凡可以达政治革命之目的者，皆吾辈所当以为手段者也	（一）而种族革命，实可以达政治革命之目的者也 （二）而舍种族革命以外，更无他道焉可以达政治革命之目的者也	（一）故种族革命，吾辈所当以为手段者也 （二）故舍种族革命以外，吾辈无可以为手段者也

欲知此两断案之正确与否，则当先审两小前提之正确与否，今请细检之。

第一，种族革命实可以达政治革命之目的者也

欲知此小前提正确与否，不可不先取政治革命与种族革命之两概念而确定之。

（一）政治革命者，革专制而成立宪之谓也。无论为君主立宪，为共和立宪，皆谓之政治革命。苟不能得立宪，无论其朝廷及政府之基础生若何变动，而或因仍君主专制；或变为共和专制，皆不得谓之政治革命。

（二）种族革命者，民间以武力而颠覆异族的中央政府之谓也。盖苟

非诉于武力，而欲得种族上之政权嬗代，则必其现掌政权者，三揖三让以致诸我然后可，然此必无之事也。（陈君之意似冀其有此，此俟下方别辩之。）故非用武力，不能得种族革命，明也；而其武力苟未足以颠覆中央政府，则不成其为革命，又无待言。

此两概念者，又无论何人不得不承认者也。既承认矣，则“人民以武力颠覆中央政府”之一概念与“变专制为立宪”之一概念，果有何种之关系，是不可不以严密之归纳论理法说明之。

立宪有两种：一曰君主立宪，二曰共和立宪。苟得其一，皆可命曰政治革命。则试先取“人民以武力颠覆中央政府”之一概念与“君主立宪”之一概念，而求其因果之关系。君主立宪，必以先有君主为前提，而革命前之旧君主既灭，则所谓君主者，其必革命后之新君主也。革命后以何因缘而得有新君主，则吾中国二千年来历史上之成例，不可枚举。一言蔽之，则陈君所谓“同时并起，势均力敌，莫肯相下，非群雄尽灭，一雄独存，而生民之祸终不得息。以数私人之竞争，而流无数国民之血，若是则亡中国者，革命之人也。”（撷述君①所著《中国革命史》第二章第三节中之语。）可谓尽抉其弊矣。信如是也，则“立宪”二字，将来能至与否未可期。而“君主”二字，当下已先受其毒也。信如是也，则无论彼欲为君主之人，未必诚有将来立宪之志愿，即使诚有之，窃恐志愿未偿，而中国已先亡也。若是乎，人民以武力颠覆中央政府，其与君主立宪制无一毫因果之关系，此吾所敢断言。而当亦凡持种族革命论者之所同认也，故此问题殊不必辩，而所余者惟共和立宪制之一途。

人民以武力颠覆中央政府，其与共和立宪制有无正当之因果关系，此其现象甚复杂，非可以一言决也。吾于所著之《开明专制论》第八章，剖析既略尽，今更补其所未及。

欲决此论，又不可不先取共和立宪之概念而确定之，吾示有界说二。

（一）共和立宪制，其根本精神，不可不采卢梭之国民总意说。盖一切立法行政，苟非原本于国民总意，不足为纯粹的共和也。

---

① 此处的“君”，指思黄。参见思黄《中国革命史论（续）》，《民报》第2号，1905年12月26日。

（二）共和立宪制，其统治形式，不可不采孟德斯鸠之三权分立论。盖非三权分立，遂不免于一机关之专制也。

以上二端，精神形式，结合为一，遂成一共和立宪之概念。此概念谅为言共和立宪者所能承认也。既承认矣，则吾将论此概念之能实现与否及其能行于种族革命后之中国与否。

第一，卢梭之国民总意说

此说万不能实现者也。夫所谓国民总意者，当由何术而求得之乎？用代议制度耶？决不可。今世各国行代议制度者，非谓以被选举人代表选举人之意见也，故代议士之意见，与选举代议士之人之意见，常未必相同。然则以代议士之意即为国民总意，不可也，故欲求总意，则举凡立法行政，皆不可不付诸直接投票，卢梭亦以为必如瑞士乃可谓之真共和，亦以此也。虽然，瑞士蕞尔国也，而内部复析为联邦之本位者二十二。夫是以能行直接投票，顾犹不能常行。若在他稍大之国，能行之乎？必不能矣。故国民总意之难实现者一也。复次，即行直接投票，又必须极公平而自由。万一于有形无形间有威逼之者，或愚弄之者，使其不得为本意之投票，则所谓总意者，谬以千里矣。故国民总意之难实现者二也。复次，即直接为公平自由之投票矣，遂能真得总意乎？“总”之云者，论理学上之全称命题也，必举国中无一人不同此意，然后可；苟有一人焉，仍不得冒“总”之名也。而试问横尽虚空，竖尽来劫，曾有一国焉，其国民悉同一意见，而无一人之或歧者乎？必不能也。不能，则所谓“总”者仍不过多数与少数之比例，多数而命之曰“总”，论理学上所决不许也。故国民总意之终不能实现者三也。于是乎所谓国民总意说，不得不弃甲曳兵，设遁词焉，而变为国民多数说。

则又诘之曰：“所贵乎国民多数者何为乎？”彼必曰：“多数之所在，即国利民福之所在也。”虽然，此前提果正确乎？吾以为多数之所在，时或为国利民福之所在，而决不能谓必为国利民福之所在。集一小学校数百学童而询之曰：“若好弄乎？若好学乎？”而使之以自由意志投票，吾知其好弄者必占大多数也。而以多数之故，谓好弄即为学校之利、学童之福焉，决不得也。盖国家自身，别有一伟大目的焉，高立于各人民零碎目的之上，而断不能谓取此零碎目的捆为一团。即与此伟大目的同物，尤不能谓零碎目的之多数，即与此伟大目的同物也。故国民总意，微论其不能实现；即实现矣，而未必遂可为政治之鹄。若夫国民多数，固可以实现，然遂以为政治之鹄，则其于理论上基础之微弱，抑视总意说更不逮也。质而言之，则谓多数所在即国利民福之所在者，不过属于抽象的观念，而多数果足为政治之鹄与否，更当就其国民自身之程度以求之，非可漫然下简单的断案也。

然而共和政治，舍多数说外，固无复可以立足之余地，则吾请让一步，姑承认焉，曰多数者恒近于国利民福者也。虽然，吾于此不得不补一前提焉，曰所谓多数者，必以自由意志之多数为断。苟非自由意志之多数，非真多数也。此前提当亦为读者所同认也。则试询诸历史，见夫国民多数之意志，有时方在此点，乃不移时而忽转其方向，尽趋于正反对之彼点者，则两者皆其自由意志乎？抑皆非其自由意志乎？抑一自由而一不自由乎？以例证之，如法国大革命时，马拉、丹顿、罗拔士比[①]，宣告国王死刑，乃至最初提倡革命实行革命之狄郎的士党[②]，取而尽屠之，而得巴黎市民大多数之同意。未几马拉被刺，丹顿及罗拔士比骈首就戮，而亦得巴黎市民大多数之同意。其果前后出于自由意志乎？何变化之速也！此无他焉，盖有从有形无形间丧其自由者也。所谓有形间丧其自由者，何也？一党派之势太鸱张，而其人复狞悍，中立者惮焉，不得不屈其本意以从之也。所谓无形间丧其自由者，何也？外界波谲云诡之现象，刺激其感情，而本心热狂突奔，随之以放乎中流，而不复能自制也。夫自由意志云者，谓吾本心固有之灵明，足以烛照事理，而不为其所眩。吾本心固有之能力，足以宰制感觉，而不为其所夺，即吾先圣所谓良知良能者是也。眩焉夺焉，是既丧其自由也，内心为外感之奴隶也。于彼时也，吾所谓意志者，已不能谓为吾之意志，及移时而外界之刺激淡焉，而吾本心始恢复其自由，故前此之意志，与后此之意志，截然若不相蒙也。然又必外界之刺激淡，而自由乃始得恢复耳。若外界之刺激，转方向而生反动，则吾本心又可随之而生反动，而复放乎中流，脱甲方面之奴籍，复入乙方面之奴

① 罗拔士比，今译作“罗伯斯比尔”。

② 狄郎的士党，今译作“吉伦特派”。

籍，而所谓真自由者，不知何时而始得恢复。故波仑哈克氏谓以革命求共和者，恒累反动以反动，亦为此而已，此实人类心理学上必至之符也。由此观之，则欲求得自由意志之真多数，其难也如此。而当人心骚动甚嚣尘上之时，愈无术以得之，章章然也。彼持共和立宪论者，苟承认国民多数说以为前提也，则当种族革命后，果有何道以得自由意志之真多数，吾愿闻之。

犹有疑此理者乎？则去年东京学界罢学之现象，最足以相证明。（彼事件早已过去，吾非欲再提之以翘人之短，但其事之性质绝相类，以小例大，最可以为吾人前车之鉴，能惩前毖后，则此事件其亦于前途有影响也。）则试以留学生总会馆比政府，以留学生全体比国民，甚相肖也。其所争者为文部省令问题。若以例国家，则政治上一问题也。总会上书公使，争论第九、第十条之利益范围。即法国革命前之改革也，而所争者不能满多数留学生之意，于是有联合会起，犹法人不满于政府之改革而起革命也。初时胁执行部干事，使为取消之决议，犹法人胁国王承认其宪法也。未几，总干事及其他执行部之人多逃焉，犹法王之逊荒也。联合会遂取总会馆而据之，以决意见发布告，则革命大功告成，而立法行政权皆归革命党掌握也。而纠察员则新共和政府之警察，敢死队则新共和政府之军队及司法官也。于彼时也，幸而所谓总干事者，能藏身远害，未尝为此巴黎市民所弋获。然固已侦骑四出矣，万一不幸，而如路易十六之遁英未出境，被国民遮留而返之，则遂变为断头台上之路易第十六，亦意中事也。盖彼时之国民，其计较是非利害之心，早置度外也；又幸而此新共和政府，无执行刑罚之权也。使其有之，则浃旬之间，八千人不屠其半，亦屠其三之一也！闻者疑吾言为过乎？苟亲当其境者，必能知其时之国民心理，实如是已。幸其无此权，故不生大反动；使其有之，则反动必起。而所屠余之半或三之二，又将起而屠昔之屠人者。法人所以赤巴黎全市，而棼乱亘十余年不定，盖以此也。在当时新共和政府之党人（即联合会），固自以为国民总意也（即留学生全体总意）。夫总意固决非尔。若其为多数，则较然不能掩也。吾闻诸当时学界中人曰：实非多数，仍少数耳。然彼云停课，则竟全体停课；云退学，则竟几于全体退学；云归国，则两旬之间，归国者遽逾二千。而其时组织维持会与之相抗者，会员乃仅得二十七人，就形式上论之，谓其非大多数焉不得也。夫彼其本无大多数之实，吾亦信之。顾何以竟能有大多数之形，则其原因甚复杂，由是以细察焉，实最有益之研究也。彼其发表公意之机关，未尝严肃整备。今日甲校集议，曰：全体退学；明日乙校集议，曰：全体退学。今日甲省集议，曰：全体归国；明日乙省集议，曰：全体归国。究之所谓全体云者，不过由主动者若干人强名之，并未尝为正式之投票。其果为全体之自由意志与否勿问也，其所以能得多数者一也。又其发表公意之方法，未尝公平自由。有欲为反对的演说者，则群起而哗之；有欲为反对的投票者，则示威而胁之。于是有怯懦焉而不敢与竞者，有顾全大局而不屑与较者，则自屈其本来之自由意志而姑从彼，其所以能得多数者二也。此皆所谓有形的干涉也。然犹不止此。其势力之最可怖者，则一般之人，为感情所刺戟，其良知不复能判断真理，其良能不复能裁制外感，冥冥之中全失其意志之自由，随波逐流，而入于洄渟之深渊，不自知其非，不自知其害也。夫不自知其非、不自知其害，犹可言也；乃感情刺激之既极，则至有明知其非、明知其害，而犹徇感情而不恤其他者，比比然矣。故其为说曰："一错便错到底"；曰："一错便大家错"。盖至是而不惜以感情枉真理焉矣，此其所以能得多数者三也。迨乎浪去波平，畴昔主动者，既不复能占势力以为有形的压制，而感情刺戟之相压于无形者，亦既消灭。夫如是而后层层之束缚解脱，而自由意志始再见天日焉。试在今日，任举一当时最激烈之留学生，叩以前事，度未有不爽然自悔，哑然失笑者。是可知其后此之意志为自由，而证前此之意志非自由矣。然幸而无反动耳，倘有反动，则他方面之层层束缚其所以相压者亦一如其前。而所谓真自由者，未知何时而始得平和克复也。以上吾解释东京学界罢学时代之物界心界两现象如此，闻者其肯承认否耶？若不承认，吾愿别闻其解释；苟承认也，则当思国民自由意志之真多数，诚不易觏；纯粹的共和政治，诚不易行。而当国家根本破坏摇动人心骚扰甚嚣尘上之时，愈益无道以得之，章章明甚也。夫学界事件则其小焉者也；然学界中人，又一国中文明程度最高者也，而犹若此，其他则更何如矣！

若我国民能以武力颠覆现在之中央政府，而思建一共和新政府乎？则其现象当何如？吾欲得正当的解释，又不能不先立一前提。前提维何？

曰：最初举动占优势之人，不过属于国民之一小部分，而其余大部分之人，不能与彼同意见是也。譬如将全国民意见，区为甲乙丙丁等诸部分，其主动者，最多不过能占甲部分耳。其余乙丙丁等诸部分，虽乙部分意见，未必与丙丁同，丙部分意见，未必与乙丁同。要之，其对于甲部分之意见，亦各各不与彼相同，此自然之势也。于斯时也，甲部分之人既得政，则不能无所建设无所更革。苟不尔，则不能谓之政治革命，而与共和之初意相悖也。既有施设有更革，则与之异意见之人，必交起而与之相抗，又不可避之数也。吾所立前提之界说如此，若有不承认此前提者乎，其说必曰："以我之意见如此其高尚美妙，岂有他人而不同我？"虽然，此幻想也。去年学界之主动者，曷尝不自以其意见为高尚美妙，而真为高尚美妙与否，局中者宁能自知之？且即使真高尚美妙矣，而各人有各人之主观的判断，万不能以我所判断而强人也。即如近者自号革命党首领某氏，持土地国有主义，在鄙人固承认此主义为将来世界最高尚美妙之主义，然试问今之中国能行否乎？即吾信其能行，而谓他人皆能如吾所信乎？此与去年学界主张归国办学，吾安能不承认其为高尚美妙之主义，然能行与否，及能使人人同此主张与否，则终不能不听诸外界之裁择，非可以一部分之意见例其他也。况乎寻常人之表同情于一主义也，恒非问其主义之是否高尚美妙，而先问其主义是否与我之利害相冲突。故凡一主义，苟有与某部分之人利害相冲突者，则某部分之人必起而反抗，此万不能逃避者也。而当夫初革政体建新政体时，其政策必与旧社会一大部分之人利害相冲突，此亦万不能逃避者也。信如是也，则吾所立前提既极正确，无论何人，殆不能不承认。

既承认矣，则新共和政府对于反抗者，将以何道处之，最不可不深长思也。其在君主、立宪国，固不能无冲突无反抗，然当其未立宪以前，已经过若干年之开明专制时代，于其间既能缓融此冲突而减低其程度，由开明专制以移于立宪，拾级而升又不至助长此冲突而骤高其程度。其所以处之者既稍易矣，而使其立宪而如德国、日本，仍含有变相的开明专制之精神。政府不必定得国民多数之同意乃能行其职权，则其所以处之者益更易。若种族革命后之共和立宪则大不然。昨日犹专制，而今日已共和，如两船相接触，而绝无一楔子介于其间，则其冲突之程度必极猛烈，显然易见。然既已名为共和，则不可不以国民总意为前提，否亦以国民多数为前提，苟蔑视多数焉，则已不能命之曰共和矣。而新政府之意见，又不过为国民一小部分之意见，而其他大部分皆与之反对，其必不能得多数，无待言也。于是，新政府不能不运全力以求多数，盖非得多数，则持意见万不能实行，而政府且一日不能成立，盖共和立宪之性质然也。如彼去年学界，必欲得所谓全体归国多数归国者，然后可以拱卫其所主张，亦性质然也。然则何术而能得多数耶？则必或用直接间接手段以干涉其发言权、投票权，或从种种方面弄小小伎俩，以刺戟其感情，使益涨于高度，迷其故常，而饮新政府之狂泉，于是乎渐得多数。夫用直接间接手段以干涉，既已惹起一般之不平，而为新政府之隐患；弄小伎俩以刺戟其感情，始焉未尝不见小效，而感情既奔于极度，则又非复新政府所能裁抑。如踬弛之马，既已奔逸，宁复衔勒之所得驭，是又为新政府之隐患。而况乎所谓渐得多数者，亦不过多数云尔。无论如何，总不能得全体，必仍有最小之部分焉，有强毅之意志，而抵死不肯屈从，而其人又必为旧社会中之有力者也。如去年联合会势力披靡全学界之时，而犹有维持会之二十七人，此亦自然必至之符也。于彼时也，新政府之人，若不能降伏此小部分之强毅者，则其地位终不能安，故不得不滥用其运手段所得之多数威力，而蹙彼反对者以不堪。此非好为之，而骑虎之形，固不得不尔也。蹙之既极，而反动起焉。彼新政府既伏有种种之隐患，故强毅之反抗者乘之，而遂蹶。无论迟早，终必有蹶之一日也。其既蹶也，则前此强毅之反抗者代之。代之者既蓄怨积怒，而加以前此一般被干涉者之不平，又加以刺戟于感情者。既为失其故常之热度，则其所以还施于前政府者，往往视前政府而尤甚，亦必至之势也。于是反动复反动，皆循此轨以行。速则数岁，迟则数十年，而未能宁息于彼时也。甲乙丙丁诸部分之人，竞政权于中央，而他事皆不遑及。有武人拥兵于外，如该撒、拿破仑其人者，则俟狺狺群犬两毙俱伤之时，起而收渔人之利，以行共和专制。若无其人，则各地方当骚扰雕瘵之后。秩序已破，而复乘中央政府之无暇干涉，则群盗满山，磨牙吮血，举国中无一人能聊其生。若无外国乘之，则俟数年或数十年后，有刘邦、朱元璋起，复为君主专制。若有外国，则不俟该撒、拿破仑、刘邦、朱元璋之兴，已入而宰割之矣，于是乎其国遂亡。呜呼！言念及此，安得不股栗也！呜呼！读者试平心静气以察之，鄙人所言，其果合于论理否耶？如其不合也，愿读者有以教之；如其合也，则请公等于种族革命建设共和立宪制之论，稍审慎焉，乃可以出诸口也。

问者曰：然则主动者，或具极高尚之人格，届时自审不能得多数也，则奉身而退，让诸他之多数者，其可以免此患乎？应之曰：不然。其事固不能行，即行矣，而其患亦不能免。所谓其事不能行者，何也？夫所谓最初主动占优势之人，质言之，即革命党首领其人也。既排万险历万难，以颠覆中央政府，其本心岂非以旧政府可愤可嫉，故为民请命而颠覆之也。当其初成功也，旧政府之气焰，尚未遽绝，盖犹有余烬焉。故当时除革命军占最优势外，其占次优势者，仍旧政府党人，而此外未有第三之势力焉能与之敌者。革命党若曰：吾既覆旧政府，而吾之责任毕矣。急流勇退，一切善后，听诸国民，则起而代之者，必占次优势之旧政府党人也。其必释憾于革命党，而党员生命，供其牺牲焉。固意中事，不宁惟是。革命事业一切随而牺牲，然则前此之扰扰也，奚为也哉？故新政府初建，革命党中人，必不能不出死力以自壅植其权力，势则然也。今让一步，而曰主动人奉身以退，而国权或仍可以不落旧政府之手，然吾犹谓其患终不能免者，何也？盖让政权于他部分之人，而其不能得多数亦与我同也。如甲部分让诸乙部分，而乙部分复有甲丙丁三部分与之立于反对之地位；让诸丙丁部分亦然。故无论何部分，皆不惟不能得总意，并不能得多数，势使然也。吾闻诸粹于政学者之言曰："凡非在历史上有久发达而极强固之两大政党者，其国万不能有多数政治。"夫政党而必限以两者何也？必全国中政治之原动力仅划然中分为两中心点，然后有多数少数之可言。盖非甲多于乙，则乙多于甲。甲多于乙则甲为政，乙多于甲则乙为政。而非若党派分歧之国，甲为政而乙丙丁从而挠之；乙为政而甲丙丁等从而挠之。故现在全世界中，以多数少数而进退执政之国，惟英、美两国能行之而蒙其利，其他则皆利不足以偿害，德国、日本非以多少数进退执政者皆此之由。夫一国政治动力集于两大政党，此决非可望诸未有政治思想、未有政治能力之国民。而秩序新破时，更愈不能望也。然则最初主动占优势之党派，虽复高蹈善让，而终不免此危亡。此无他，共和立宪制，实不适于此等国家与此等时代，而非关于在位之人之贤不肖何如也。

然则在历史上久困君主专制之国，一旦以武力颠覆中央政府，于彼时也，惟仍以专制行之，且视前此之专制更加倍蓰焉，则国本其庶可定，所谓刑乱国用重典是也。而我国三千年间之历史，大率当鼎革之初，靡不严刑峻法以杜反侧，越再三传，人心已定，而始以仁政噢咻之，其理由皆坐是也。于彼时也，而欲慕共和之美名，行所谓国民总意的政治国民多数的政治，则虽有仲尼墨翟之圣，而卒无以善其后也。夫既不能不仍用专制，且不能不用倍蓰之专制，则其去政治革命以救国之目的，不亦远乎？

第二，孟德斯鸠之三权分立说

此说亦万不能实现者也。此其理，近世学者固多言之。吾于所著《开明专制论》第七章，亦曾述之。然寻常学者之言其流弊也，不过谓机关轧轹而缺调和，谓施政牵制而欠圆活。夫此犹为民政基础已定之国言之耳。若新造时，则其弊犹不止此。盖危险有不可思议者焉，请言其故。凡一国家，必有其最高主权。最高主权者，唯一而不可分者也。今三权既分矣，所谓最高主权者，三机关靡一焉得占之。然则竟无最高主权乎？曰：仍在国民之自身而已。于是不得不复返于国民总意之说。所谓国民总意，即最高主权也。总意既不能得，则国民多数，即最高主权也。于是多数之国民，对于立法、行政、司法之三机关，而皆可以行其总揽之权，何也？彼诸机关皆吾所命耳，一旦拂吾意焉，吾即可以易置之。盖其根本精神，应如是也。论者或责备去年东京学界中人，谓总会馆之干事也，评议员也，皆彼等以自由意志用多数投票而公举者也。既举之矣，而不肯服从其意见，何也？吾以为此所谓责其不当责者也。夫谓吾既举之而即当服从之者，霍布士之说也，最高主权，移于他方也；若卢梭说，则最高主权，无论何时，而皆保存于国民之自身也。夫既已三权分立矣，则最高主权，非在国民自身而何在也？故吾昨日可以自由意志选举者，明日即可以自由意志而取消也。故如瑞士之制，随时得以国民五万人之同意，遂行全国普通投票，得多数取决，即可取国法根本法而变更之，盖共和制之真精神实在是也。然此惟如瑞士者能行之耳。若夫在不惯民政而党派分歧、阶级分歧、省界分歧种种方面利害互相冲突之国，则惟有日以此最高主权为投地之骨，群犬狺狺焉竞之；而彼三机关者废置如弈棋，无一日焉得以自安已耳。盖随时拈一问题，可以为竞争之鹄，而国民无复判断真是真非利害之能力，野心家利用而播弄之，略施小伎俩即可以刺戟其感情，而举国若狂。故所谓多数者，一月之间，恒三盈而三虚，彼恃多数之后援以执政权者，时时皆有朝不保暮之心，人人皆怀五日京兆之想，其复何国利民福之能务也。夫去年东京留学生总会馆之旧政府，其初意岂料以区区文部省令之问题，而遂致颠覆也，而竟以颠覆。盖千金之堤，溃于蚁穴，非人力之所能虑及也。夫留学生总会馆之政府，惟有义务而无权利，故人无所歆焉尔。若夫一国之政权，无论文明国野蛮国之人皆所同欲也，而况在教育未兴民德未淳之国，人人率皆先其私利而后国家之公益。今也倾轧他人而自代之也，既如此其易，夫安有不生心者乎？更檃括言之，则三权分立之政治，即最高主权在国民之政治也。而最高主权在国民之政治，决非久困专制骤获自由之民所能运用而无弊也。准是以谈，则虽当革命后新建共和政府之时，幸免于循环反动以取灭亡，而此政体，终无术以持久，断断然矣。不持久奈何？其终必复返于专制，（或返于共和专制，或返于君主专制。）然则其去政治革命以救国之目的，不亦远乎？

彼极端激烈派之不喜闻吾言者，必曰："子曷为频举法国之前事以相吓，彼美国非革命乎？而何以能行共和而晏然也？"呜呼！夫美国非我中国所能学也。彼其人民积数百年之自治习惯，远非我比。吾既已屡言之。然此或犹未足以使激烈派死心塌地，彼将曰："吾自军兴伊始，即畀权与民。兵权涨一度，民权亦涨一度。迨中央政府覆，而吾民之能自治遂如美国也。"纵吾曰不能，而彼曰能之，此程度问题，各凭其人之主观判断，吾安从难焉。虽然即让一步，而谓革命功成时，吾民之程度已如美国，抑犹当知吾中国之建设事业，非可如美国云也。论者曾读美国宪法乎，彼其中央之权限，不过募发军队、接派外交官、定关税、借国债、铸货币、管邮政、保护版权及专卖权、定入籍法、破产法、管理海上、裁判权及甲省与乙省之诉讼等区区数端而已，其他一切政治，为宪法明文所未规定者，如教育、警察、农工商务乃至各省普通立法等诸大政，皆属各省政府之权，未尝缘革命而有所变置也。其变置者少，故其冲突也不甚。然犹各怀其私，莫能统一。盖自一七八三年军事定，直至一七八九年，始布宪法，举华盛顿为大统领。此六年间，各省暴动屡起，华盛顿为之端居窃叹，而惧前劳之无良果。此稍读美国史者所当能知也。于彼时也，幸而彼各省故有政府、故有议会耳，不然，夫安见美之不为法也。而彼后此宪法，亦惟节缩中央政府权限，除荦荦数端外，一无所更革。其他政治，一如未革命以前，故大体无冲突，而廛乃相安，使其事事而干涉焉。夫又安见美之不为法也？论者如谓我中国革命后之中央政府可以无须伟大之集权，而一切政治皆悉听人民之自由而无劳干涉也，则援美国为前例焉，犹之可也，然试问若此者能为治乎？如其不能，则请毋望新大陆之梅以消我渴也。

至是而人民以武力颠覆中央政府，其与共和立宪制无一毫因果之关系，吾敢断言矣。夫其与君主立宪制无关系也既若彼，其与共和立宪制无关系也复若此，故吾得反其小前提曰：

种族革命，实不可以达政治革命之目的者也。

随而反其断案曰：

故种族革命，吾辈所不当以为手段者也。

若是乎，苟不以救国为前提，而以复仇为前提，置政治现象于不论不议之列，惟曰国可亡仇不可不复者，则种族革命，诚正当之手段也。若犹如陈君之教，以救国为前提乎，则种族革命者，不惟不可以为本来手段直接手段，而并不可以为补助手段间接手段，盖真一刀两断，而屏除之于一切手段之外者也。世有真爱国之君子，其肯听吾言否也？

［附言］吾所论种族革命之不可，及共和立宪之不可，皆就政治方面以立言，不及其他。盖此问题不能解释，则其他问题虽尽解释，而论者之壁垒，犹不能自完也。顷见某报有《论支那立宪必先以革命》一文①，驳反对革命论者之说，而举其两端，一曰怵杀人流血之惨，二曰惧列强之干预，而于革命后政治现象未言及焉。夫吾之此论，虽至今日而大畅厥旨，然前此固已略言之，屡见于《新民丛报》中，论者宜未必熟视无睹，而竟不一及，何也？得无兵法所谓避坚攻瑕耶然？一坚之不破，虽摧百瑕，亦无益也。而况其所谓瑕者，亦未见其能破也。彼文本无可受驳难之价值，吾姑宽假之荣幸之而与一言可乎？其言杀人流血之不足怵也，曰："彼夫英吉利之三岛，与蕞尔

① 参见寄生《论支那立宪必先以革命》，《民报》第2号，1905年12月26日。

弹丸之日本，世人艳之，谓为无血之革命。乃试一翻两国之立宪史，其杀人流血之数，殆不减于中国列朝一姓之鼎革，特其恐怖时期为稍短促耳。”呜呼！论者岂谓举国人皆无目耶？不然，何敢于为此欺人之言也！彼所谓英国人杀人流血，殆指克林威尔一役。夫克林威尔之役，岂能谓于英之立宪无大关影响，而断不可谓英之宪法，由此役发生，由此役成立也。盖英为不文宪法之国，其立宪之起于何代成于何代，无有能确言之者。彼其颁布《大宪章》在一二一五年，当克林威尔前四百年也。若其完全成立，则有谓其实在一八三二年之议院法改正选举法改正者，（美人巴士①所著《政治学及比较宪法论》谓：英国实当一八三二年后始有宪法。）则当克林威尔后百五六十年也。然则纯以彼一役为英国立宪之原因，其足以服读史者之心乎？且即以彼一役论，曷尝有极大之杀人流血？彼役之最惨酷者，则对于爱尔兰及旧教徒之虐杀也，然与立宪无关也。若日本则西乡隆盛以军东指，胜安房以城迎降，东台一战，死伤者不过数百。其后西南之役，又与立宪纯然无关也。而论者乃谓其数不减于我列朝一姓之鼎革。夫我列朝之鼎革，其屠戮之数若何？今虽无确实之统计，而一役动逾数百千万，史上之陈迹，尚可略考而推算也。今论者为此言，苟其非自无目而于英国史、日本史及中国史未尝一读，必其欺举国人无目而谓其于英、日史及中国史无一人能读者也。陈君之言曰：“中国今日而革命也，革命之范围必力求其小，革命之期日必力促其短，否则亡中国者革命之人也。”此诚仁人君子之言。而谓杀人流血之不可以不怵也，而试问今日若行种族革命，其范围有术能求其小、其期日有术能促其短乎？若其不能，则亦如陈君所云亡中国而已。吾闻诸论者之言曰：“军既兴，定一县则开一县之议会，以次定十八省则全开十八省之议会。”信如是也，是其范围极广也。又曰：“自军兴以迄功成，则全国民自治习惯已养成焉。”信如是也，是其期日极长也。使陈君之言而无丝毫价值也，则论者之政策，其或可行；使陈君之言而有价值也，则论者之政策，不外陈君所谓亡中国之政策而已。夫彼所以敢于

① 巴士，即约翰·伯吉斯（John W. Burgess，1844-1931）。

立一“杀人流血不宜怵”之断案者，殆有两前提焉。其一则曰：非杀人流血不能立宪也，其二则曰：杀人流血，于中国前途无伤也。然其第一前提不衷于历史也既若彼，其第二前提不应于事实也复若此，亦适成为脆而易破之论理而已。其言列强干涉之不足惧也，亦有两前提焉。其一则谓列强持均势主义，莫敢先发难。其言曰：“一起而攫之，一必走而挠之，无［毋］宁两坐守之而尚可以少息也。”其二则谓我实行革命，列强将畏我而不敢干涉。其言曰：“列强之所以环瞰者，吾之不动如死，有以启之。一旦张耳目振手足，虽不必行动若壮夫，而彼觊觎之心，固已少息；欧族虽恃其威力，然未有不挠折于如荼如潮之民气者。”此两前提又果正确乎？则试先检其第二前提。其第二前提，童騃之言也。未尝一自审吾之力如何，又未一审人之力如何，惟喊杀之声连天，遂谓人之必将闻喊声而震慑也。夫威力而果挠于民气乎？义和团之民气，曷尝不如荼如潮，而列国联军之威力，曾挠折焉否也？论者必将曰：彼野蛮而我文明也。问彼野蛮而我何以能文明？必将曰：彼由下等社会主动，我由学界或其他中等社会之人主动也。则试问抵制美约，学界人主动矣，美国曾挠折焉否也？上海闹审罢市，学界人主动矣，英国曾挠折焉否也？东京罢学，学界人主动矣，日本曾挠折焉否也？夫吾非谓民气之必不可用也，而用之必与力相待。无力之气，虽时或偶收奇效，而万不可狃焉以自安也。力者何？强大之陆海军是已。苟有是物，则天下万国，可以惟余马首是瞻；若其无之，虽气可盖世，而遂不免于最后之灭亡。中国而欲绝人觊觎也，必其行动确然为一壮夫焉，斯可也，仅若壮夫，犹不足以威敌。而壮者乃谓不必若壮夫，惟张耳目振手足而人已惮矣，其毋乃言之太易乎！将来之事未可知，而以最近电报，则美国人固派二万五千之陆军，以防我暴动，且彼明言所防者不仅在排外而尤在排满矣。彼反对革命者，谓列强必干涉，而主张革命者谓列强必不干涉，其果谁之言验而谁之言不验耶？夫民气犹火也，善用之可以克敌，不善用之亦可以自焚。暴动之起，主动者无论若何文明，而必不能谓各地方无闹教案杀西人之举，此事势之至易见者，而谓人之能无干涉乎？且就令无闹教之举，而以暴动之故，全国商业界大生影响，而谓人之能无干涉乎？必不然矣。呜呼！我国人虚孱之态，殆其天性矣。前者为顽固的虚孱，今也为浮动的虚孱。外形不同，而精神实乃一贯。日本人所笑为一知半解的国权论，其言虽刻薄，而固不得不谓之切中也。今日欲救中国，惟忍辱负重，厚蓄其力，以求逞于将来。而论者乃于毫无实力之国民，惟奖其虚孱之气以扬其沸，是得为善医国矣乎？是其第二说之不能自完也，则请复检其第一前提。其第一前提，所谓知其一而未知其二者也。夫自今以往，列强中无一国焉能独占利益于中国，无待言矣。如英如日如美，皆不愿中国之瓜分，亦无待言也。虽然，列强固未尝不持机会均等主义，日眈眈焉瞷一机会之至，而各伸其权力于一步。若中国民间而有暴动，是即予彼等以最良之机会也。则试为悬揣将来革命之趋势。（此段单言革命者，即指种族革命，非指政治革命也，勿误。）为中央革命乎？为地方革命乎？中央革命者，如法国然，仅起于巴黎取旧王室旧政府而颠覆之，不必以革命军糜烂四方也。然此恐非中国所能望如是，则必地方革命。地方革命，如其乍起旋灭，仅以现政府之力能削平之，则不必论；然此又必非言革命者之所望也。吾于是如其愿，设革命军之力足以蔓延数省，而现政府不能制之。于彼时也，则外国之态度如何？现政府之态度又如何？外国必频促现政府削平之，否则干涉。现政府初时必不许，及自审其不能制，则转而求外国之协助。外国则或俟现政府之请求然后干涉焉，或不俟其请求而先干涉焉，皆意中之事也。于彼时也，又当视革命军之举动如何。革命军必求列强承认其为国际法上之内乱团体，固也。然无论何国，断无有孟浪焉以承认者也，其中必多有绝对不承认者，亦或有徘徊焉观其将来之趋势而始确定其承认或不承认者，但得一二国徘徊焉，已非有极才之外交家不能矣；然即有极才之外交家，亦仅能得其徘徊，不能得其承认。欲得其承认，必须有二种实力：（一）革命军之地位，确已视旧政府占优胜；（二）革命军确能保障其领土之平和，使外人生命财产，得十分安全，有再起暴动者，革命军顷刻即能镇压之。然此两种实力固非易言也。苟彼此之地位，优劣久难决，则相持久而影响于商业者甚大，外国必欲其一仆而一存，此自然之理也。然欲仆革命军以存旧政府者，必多于欲仆旧政府以存革命军者，彼诚非有所偏爱偏憎，然扶旧政府以仆革命军，则其可以得利益之机会必甚多。彼自为计，宁出于此也。然犹必革命军于其领土内能确有保障平和之实力，乃久徘徊耳。若以有革命军之故，而致彼之生命财产蒙危险的影响，则其绝对的不承认。或始虽徘徊，而随即转方针为不承认，此一定之趋势也。而排满之心理，恒与排外之心理相连属。在最初革命主动者，固已难保其不含此性质，即曰吾能节制之，而影响所波动，必唤起各地方之排外热此实不可逃之现象也。于彼时也，革命军以威力镇压之乎，恐遂以此失人心而生内讧；苟放任之，则此等现象将继续起，而欲求外国承认之希望遂绝，夫不承认则必干涉矣。又让一步，而谓革命军以极机敏之行动，能于外国未及干涉之前，以迅雷不掩耳之势遽仆中央政府；或中央革命与地方革命同时并行，如是则革命军既取旧中央政府而代之矣，则于斯时也，举全国十八省中无论何处有暴动而危及外国人之生命财产者，革命军皆不可不任其责，何也？使革命军与旧政府对立，则革命军所负责者，惟在其已略得之领土耳，此外则旧政府任之。若旧政府既亡，则革命军任责之范围逾广。盖权利与义务之关系，应如是也。而以仓猝新造之政府，能保各省之无骚动乎？有骚动而其方遂足以遍镇压之乎？必不能矣。不能，而欲各国认我为国际上一主格，此必不可得之数也。借曰：无骚动矣，有骚动而能镇压之矣，犹当视其新政府之基础如何，能无于政权攘夺之间生冲突乎。苟如我前者所言，建共和政体而不能成立也，则不必问各地方之现象如何。即以中央政府之蜩唐沸羹，亦足以召干涉。干涉则奈何？夫论者所谓“一起而攫之一必走而挠之”，此义固吾所已承认者也。然则干涉之结果究奈何？曰：使革命军久未能覆旧政府，则彼与旧政府提携，以联军代戡定之，而于事后取机会均等主义，各获莫大之报酬于旧政府云尔。使革命军而遽覆旧政府，而或不能镇压地方之骚扰，或不能调和中央之冲突，则彼亦将以联军入而再覆此新建之政府。于彼时也，新旧政府既皆灭绝，而举国中无一人有历史上之根柢可以承袭王统者，其间必有旧王统之亲支或远派，遁逃于外以求庇。于是联军乃拥戴之以作傀儡，此路易第十八之所以能再王法国也。而此傀儡之废置，自兹以往，一惟外国人之意，而中国遂永成埃及矣！信如是也，则革命军初意，本欲革满洲之王统，而满洲卒未得革，不过以固有之王统，易为傀儡之王统而已，则试问于中国前途，果为利为害？而言革命者，亦何乐乎此也。夫论者所谓“一起而攫之一必走而挠之”，以此证列国中无能用单独运动以行干涉者，则其说完矣。然须知列国尚有以共同利害关系之故，用共同运动以行干涉，此实将来不可逃避之现象也。故吾谓彼知其一未知其二也。要之，《兵法》曰：“毋恃敌不来，恃我有以待之。”今日不言革命则已耳，苟言革命，万不能曰外国殆不干涉，而掩耳盗铃以自慰也；（俗语所谓一心情愿。）必其自始焉曰：吾固预备外国干涉。彼从某方面干涉，吾之力可以从某方面拒之；彼用某手段干涉，吾之力得用某手段以胜之。不观法兰西乎，其大革命时，外国联军所以干涉之者何如？法人之力，能战联军而退之，仅足自支耳。不然，则不待拿破仑之兴，而已为波兰，未可知也。（美国独立时，其情形又稍不同。彼僻在新大陆，与欧洲列国关系甚浅，当时有势力于新陆者，惟英、法两国。英其敌国也，而法则以妒英之故，反为美援也，故彼无干涉之患。而我中国今日情形，实同于法而不同于美，至易见也。故又未可援美以自慰也。）而所谓某方面某手段者，又必须有确实证据，将彼我之实力，统计而比较之，而确见其为如是，万不能以空谈及模糊影响之言以自欺也。今持革命论者，亦曾计及此而确有所自信乎？若有之，请语我来。若其未也，则不惧外国干涉之言，慎勿轻出诸口也！

以上所驳，吾欲求著者之答辩。若不能答辩，则请取消前说可也。但即能答辩此节，而于革命后不能建设共和立宪制之论，不能答辩焉，则种族革命说，即已从根柢处被破坏而不许存立也。

又顷见种族革命党在东京所设之机关报，大标六大主义：一曰颠覆现今之恶劣政府，二曰建设共和政体，三曰维持世界真正之平和，四曰土地国有，五曰主张中国日本两国之国民的连合，六曰要求世界列国赞成中国之革新事业。吾见之而瞀惑，不知其所谓。其第一条颠覆现今恶劣政府，此含有政治革命的意味，虽用语不甚的确，犹可言也。其第二条建设共和政体，则吾此文及《开明专制论》第八章，已令彼之此主义无复立锥地。其第三条维持世界真正之平和，言之太早，请公等先维持我国之平和。待我国既自立，他国有疑我怀侵略世界之野心者，其时自表白焉，犹未为晚。其第四条土地国有，则公等若生于乌托邦，请实行之；若犹未能脱离现今地球上各国土，则请言之以自娱可也。其第五条主张中日两国国民的连合，可谓大奇。所谓连合者，属于交际者耶，则何国不当连合，岂惟日本？言日本，则日本以外各国岂皆排斥乎？属于法律的耶？既命之曰两国国民，则何从连合？合日本于中国乎？是又谚所谓一心情愿也。合中国于日本乎？公等虽欲卖国与日本，恐四万万人未必许公等也！其第六条要求列国赞成中国革新事业，亦大奇。中国革新事业，中国之主权也，岂问人之赞成不赞成？夫要求云者，未可必得之词也。如彼言外之意，万一列国不赞成，我遂不能革新乎？然则中国不已失独立之资格乎？噫嘻！吾知之矣。彼其意殆云要求列国承认我共和新政府也。其第五条则因偶结识日本之浮浪子数辈，沾沾自喜，恃以为奥援。此终不离乎媚外之劣根性也，而以此为政纲以号于天下，是明示人以举党中无一有常识之人耳！以吾读该报，除陈君天华之文以外，可直谓无一语非梦呓，不能多驳之以费笔墨，仅举其政纲与一国有识者共评之。

第二、舍种族革命之外，更无他道焉可以达政治革命之目的也

此小前提正确与否，即吾之政论正确与否之所攸判也。夫种族革命不可以达政治革命之目的，既为绝对的而无所容疑，而使更无他道可以达之，是亦束手待亡而已。盖陈君于种族革命之能否间接以救国，亦未尝无疑焉，而觉舍此以外，无一而可，故不得不姑倡之以为尝试也。其言曰："我退则彼进，岂能望彼消释嫌疑，而甘心与我共事乎？"是其义也。某报之言亦曰："今乃欲以种族不同、血系不属、文化殊绝之二族，而强混淆之，使之为一同等之事业，其声气之隔膜，已不待言；而况乎此二族者，其阶级悬殊，又复若云泥之迥判，相猜相忌，已非一日于此，而欲求一推诚布公之改革，岂可得乎？"此其论亦含一面的真理，而驳解之颇不易易者也。吾所以驳解者则如下。

试请读者暂将复仇一念置诸度外，平心以观察现今之政局，其所以不

能改革者，其原因专在种族上乎？抑种族以外尚有他原因乎？抑原因全在他，而与种族上毫无关系乎？就此以立三前提：其第一前提曰：徒以种族不同，故不能改革也。其第二前提曰：既以种族不同，复以他种障碍，故不能改革也。其第三前提曰：徒以他种障碍，故不能改革也。若第一前提正确，则仅为种族革命，而即可以改革。若第二前提正确，则一面既为种族革命，一面复取他障碍而排除之，而后可以改革。若第三前提正确，则仅排除他障碍，即不必为种族革命，而为何以改革。此三前提孰为正确，非以严密的归纳研究法不能得之，然此归纳研究法正未易施也。

欲从事研究，则不可不取改革之定义而先确定之。所谓改革者（即论者所谓开诚布公之改革），吾欲以立宪当之，次则开明专制亦可以当之。此谅为论者所肯承认也。即不承认开明专制，亦必承认立宪。故吾今就立宪以立言。

凡治论理学者，其所用归纳研究法有四，而最适用者，曰类同法（Method of Agreement），曰差异法（Method of Difference）。

今试以类同法求不能立宪之原因。类同法者，甲现象之显，而必有乙现象起于其前；或乙现象之显，而必有甲现象随乎其后，因知乙现象必为甲现象之原因也。如"甲乙丙"之后恒有"呷吃呐"，"甲乙丁"之后恒有"呷吃叮"，甲丙丁之后恒有"呷呐叮"，由是知"甲"必为"呷"之原因，"呷"必为"甲"之结果也。今请以"甲"代"种族不同"，以"呷"代"不能立宪"，而求诸百余年来各国之历史。法国当一七九一年以前，非"甲"也，而竟为"呷"；普国当一八四八年以前，非"甲"也，而竟为"呷"；日本当明治以前，非"甲"也，而竟为"呷"；乃至葡萄牙当一八二六年以前，西班牙当一八〇九年以前，奥大利当一八四九年以前，皆非"甲"也，而竟为"呷"。凡此皆无"甲"而能生"呷"，然则"甲"必非"呷"之原因，"呷"必非"甲"之结果明矣。申言之，则"种族不同"。必非"不能立宪"之原因，"不能立宪"必非"种族不同"之结果明矣。于是向他方面以求之，则见夫各国之不能立宪者，或其君主误解立宪，以为有损于己，或其人民大多数未知立宪之利而不肯要求，此两者皆其普通共有之现象也。故以类同法求之，则知此两现象实为不能立宪之原因也。吾今以"己"代前者，以"戊"代后者，得断言曰：

"己"与"戊"即"呷"之原因也。然君主之误解，实由于一己之利害问题，若人民要求迫切则君主必知不立宪而折损更甚，比较焉而误解自销。故人民要求，又为消释君主误解之原因。故不肯要求，实为不能立宪之最高原因。以代字表之，则"戊"即"呷"之最高原因也。

问者曰："甲"不能为"呷"之单独原因，吾固承认矣，虽然，英国之在印度，以"甲"故生"呷"，法国之在越南，以"甲"故生"呷"，日本之在台湾，以"甲"故生"呷"，今满洲之在中国，亦以"甲"故生"呷"，然则安知"呷"之非有诸种原因，而"甲"即为其一种乎？若是乎则非除"甲"而"呷"终不能除也。欲答此难，则当以差异法明之。差异法者，凡一现象恒合数部分之小现象成。若其现象本有乙部分，忽将其除去，而续起之现象，即不见有甲部分。或其现象本无乙部分，忽将其增入，而续起之现象，即见有甲部分，因知乙必为甲之原因也。如本为"甲乙丙"故生"呷吃呐"，及将"甲"除去，变为"乙丙"，则其续生者仅"吃呐"，而无复有"呷"；或本为"乙丙"，故生"吃呐"，及将"甲"增入，变为"甲乙丙"，则其续生者，遂为"呷吃呐"，而竟有"呷"。若是则可以断"甲"必为"呷"之原因，即不尔，亦为其原因之一部分也。今试除之以求其差异乎。我中国当元代，其本来现象为"甲乙丙"，其相属之现象为"呷吃呐"，至明则将"甲"除去，所余之现象为"乙丙"，而其相属之现象仍为"呷吃呐"，不闻其以无"甲"之故而遂无"呷"也。又试增之以求其差异乎。南非洲杜兰斯哇尔及阿兰治两国，其本来之现象为"乙丙"，其相属之现象为"吃呐"，及败于英，变为"甲乙丙"，而其相属之现象仍为"吃呐"，（两国今皆已有完全之宪法。）不闻其以有"甲"之故而遂有"呷"也。由此观之，则可知"甲"必非"呷"之原因，且并非其原因之一部分也。反而求之，则见夫吾中国之明代，以有戊之故，故虽无"甲"而犹有"呷"；南非两国以无"戊"之故，故虽有"甲"而能无"呷"，然则"戊"为"甲"之原因益明。

问者曰：元明之交之中国，则未有"戊"者也，南非二国则本无"戊"者也。若夫本有"戊"而并有"甲"之国，则仅除"戊"而不除其"甲"，而"呷"之现象遂可除乎？质而言之，则如今者之印度、安南、台湾，乃至吾中国，若其人民大多数能要求立宪，则虽异族之君主不易位，而立宪可致乎？吾敢应之曰：可也。于何证之？于匈牙利证之。匈牙利之有“甲”而并有“戊”，盖数百年也。一旦将其“戊”除去，则虽“甲”未除而“呷”已灭，其所得结果，与本来无“甲”之国，毫无所异也。故苟使印度、安南之民智、民力、民德，而能如匈牙利乎？而人民大多数要求宪法，则英法终不能不以匈牙利待之，而况乎今日中国与满洲之关系，又绝非如印度与英、安南与法之关系也，且又不仅如匈牙利与奥大利之关系也。

由此言之，立宪之几，恒不在君主而在人民。但使其人民有立宪之智识，有立宪之能力，而发表其立宪之志愿，则无论为如何之君主，而遂必归于立宪。若如论者所谓开诚布公之改革乎，此岂惟难得诸异族君主，即欲得诸同族者，夫亦岂易易也。不然，试观古今中外历史，其绝无他动力而自发心以行开明专制者曾有几何人，而不由人民要求而钦定宪法者曾有几何国也。故曰：此别有他故焉，而非异族为政使之然也。

夫君主之所以不肯立宪者，大率由误解焉，以为立宪大不利于己也。若有人焉，为之委婉陈说，使知立宪于彼不惟无不利，而且有大利，则彼必将欣然焉以积极的观念而欲立宪，于是乎立宪之几动。又使于国外有种种的势力之压迫，于国内有种种的势力之膨胀，人民有所挟而求焉，使知不立宪，于彼不惟无所利，而且有大害，则彼必将悚然焉以消极的观念而不得不立宪，于是立宪之局成。此无论何国皆然，而绝非以种族之异不异生差别者也。故谓立宪之原因，则君主之肯与不肯，固占一部分，然其肯与不肯，仍在人民之求与不求。故人民之求立宪，实能立宪之最高原因也。

亦间有君主虽肯而仍不能立宪者，则贵族实厄之。如某报论我国二百六十年来实为贵族政治，推其意则曰：纵使满洲之君主肯立宪，而满洲之贵族亦不肯，又奈之何也？吾以为贵族政治有二大要素，而今之满洲人皆不具之。二大要素者何？一曰：贵族必有广大之“土地所有权”，世袭相续。二曰：贵族之意见，常能压倒君主之意见，否亦左右君主之意见。试观古今中外历史，有不具此二要素而史家名之为贵族政治者乎？而满洲人于事实上无此二者，故指为贵族政治，其断案实不正确也。（满洲人无广大之“土地所有权”，尽人能知，无待设证。若满洲多数人之意见，果能压倒君主之意见乎？论者或引一二事为证。谓如戊戌庚子之役，西后随诸满洲诸顽固党为转移，是实被压倒也。吾以为此证不正确也。若使西后之意见与满洲多数人意见相反，而冲突之结果卒为满洲多数人所胜，斯可谓被压倒矣。而事实上确不然也。彼等苟非得西后之同意，万不能行其政策事，至易见也。）且论者所指摘，多顺康雍间事，久为陈迹，至今屡变而非复其旧。以今日论之，号称第二政府之天津，坐镇其间者，汉人耶？满人耶？而北京政府诸人，不几于皆为其傀儡耶？两江、两湖、两广之重镇，主之者，汉人耶？满人耶？乃至满洲之本土东三省，今抚而治之者，汉人耶？满人耶？（汉军固不得谓之满人。）平心论之，谓今之政权，在满人掌握，而汉人不得与闻，决非衷于事实者也。夫谓彼汉人者，不过媚满洲之一人，乃得有此斯衷于事实矣。然即此可证权力之渊源，实在一人之君主，而非在多数之贵族矣。夫吾之所以语此现象者，凡以证明中国今日，实为君主专制政治，而非贵族专制政治云尔。吾之所以必为此证明者，以见中国今日，苟君主不欲立宪则已耳。君主诚欲之，则断非满洲人所能沮也。夫沮之者，固非无人矣，然其人岂必为满洲人？吾见夫今日汉人之沮立宪者，且多于满人，而其阻力亦大于满人也。由此观之，谓君主以其为君主之地位，而认立宪为不利于其身及其子孙，而因以不肯立宪焉，此诚有之，谓其以为满洲人之地位，而认立宪为不利于其族，而因以不肯立宪焉，则深文之言，非笃论也。即君主以外而有阻立宪之人，亦不过其人各为其私人之地位，恐缘立宪而损其权力，是以阻之，而决非由种族之意见梗其间也。使其出于种族之意见也，则必凡汉人尽赞焉。凡满人尽梗焉然后可，然今者汉人中或赞或梗，满人中亦或赞或梗，吾是以知其赞也梗也，皆于种族上毫无关系者也。

［附言］吾前文以类同法、差异法研究不能立宪之原因，而解释此问题，谓不问君主之为异族为同族，而专问人民之能要求不能要求。其最后之结论，则谓人民果能要求，则虽异族之君主而犹必可立宪也。然此特如论者之意，认满洲与我，确沟然为两民族，始纡曲而得此结论耳。但以严格论之，满洲与我，确不能谓为纯粹的异民族，

此吾所主张也。顷见某报复有一文题曰《民族的国民》①，其言若甚辩。但以吾观之，则彼所列举之诸前提，皆足以证我断案之正确，而不足以证彼断案之正确。今撷述其说而疏通证明之。彼云“民族者，同气类者也。（节其定义之要点。）所云气类，条件有六：一同血系，二同语言文字，三同住所，四同习惯，五同宗教，六同精神体质。此六者皆民族之要素也。”此前提根据于近世学者之说，吾乐承认之。惟据此前提以观察汉人与满人相互之关系，其第二项同语言文字，则满洲虽有其本来之语言文字，然今殆久废不用，成为一种之僵石。凡满人皆诵汉文操汉语，其能满文满语者，百不得一。谓其非与我同语言文字不得也。夫凡异族之相灭，恒蹂躏其国语，如俄灭波兰则禁波人用波语。奥大利之于匈牙利，初则官署及议会皆不得用匈语，直至去年，匈人所求于奥者，仍为军队上用匈语之一问题也。故如匈之与奥，斯可谓之异族。何也？其语言文字，划［截］然不同。而匈人凡属政治方面，其国语皆受压迫也。若满洲则何有焉？其固有之语言文字，已不适用于其本族，而政治各方面，我国文国语，立于绝对的优胜之地位，更无论也。其第三项同住所，则满洲之本土，汉人入居者十而八九，而满人亦散居于北京及内地十八省，至今不能为绝对的区别，确指某地为满人所居也。其第四项同习惯，则一二小节，虽或未尽同，而语其大端，则满人大率皆同化于北省之人，其杂居外省者，亦大略同化于其省，事实之不可诬者也。（若举其小节之不同，则我国南省与北省，亦有不同者矣，吾以为满人习惯之异于我者，亦不过我南省与北省异之类耳。）其第五项同宗教，则现在汉人中大多数迷信“似而非的佛教”，满人亦然。现在汉人中少数利用“似而非的孔教”，满人亦然。是其极相吻合，更不待言。若夫其第六项，同精神体质，则满汉二者果同果异，此属于人种学者专门的研究，吾与论者皆不应奋下武断。但以外形论之，则满洲与我，实不见其有极相异之点，即有之亦其细已甚。以之与日本人与我之异点相比较，其多寡之比例，轩然可见而欧美更无论矣。然则即云异族，亦极近系之异

① 参见精卫《民族的国民》，《民报》第1、2号，1905年11月26日、1905年12月26日。

族，而同化之甚易易者也。其第一项同血系，则二者之果同果异，又属于历史学者专门的研究，吾与论者又皆不能奋下武断。爱新觉罗氏一家，其自有史以来与我族殆无血系之相属，吾亦承认之。若其最初果有关系与否？则今未得证明，不能确断。（彼自述其神话时代之谱系，如天女鸟卵等诸说，此不过袭吾国前此谶纬之唾余，谓帝者无父，感天而生，如“天命玄鸟”“履帝武敏歆”等之成说耳，凡中国历朝之君主莫不然，即各国神话亦莫不然，未可据为信史也。）就令此一家者，自始与我无丝毫之血系相属，然亦限于彼一家耳，不能以概论满洲全族。其他之满洲人，则自春秋时齐燕与山戎之交涉，秦时、王莽时、三国时，人民避难徙居辽沈者，其数至伙，历史上班班可考。（今限于本文之问题，不能备举以增枝蔓，若有欲索吾立证者，吾可据历史以应之。）然则谓凡一切满洲人，皆与我毫无血统之关系，吾断不能为绝对的承认也。一切之满洲人，既与我或有血统之关系，则爱新觉罗氏，或有或无，是终在未定之数也。就以上所辩，则论者谓民族之六大要素，满洲人之纯然同化于我者，既有四焉，其他之二，则彼此皆不能奋下武断，而以吾说较诸彼说，则吾说之正确的程度，比较的固优于彼说也。故以吾所主张，则谓以社会学者所下民族之定义以衡之，彼满洲人实已同化于汉人，而有构成一混同民族之资格者也。

复次，彼论文复揭所谓同化公例者凡四。第一例，以势力同等之诸民族，融化而成一新民族。第二例，多数征服者而吸收少数被征服者而使之同化。第三例，以少数征服者，以非常势力吸收多数被征服者而使之同化。第四例，少数征服者为多数被征服者所同化。此四公例者，亦吾所乐承认也。而吾则以为满洲在中国，实如彼所举第四例之位置。故畴昔虽不能认为同族，而今后则实已有构成一混同民族之资格也。而论者必强指其为第三公例之位置，是不免枉事实而就臆见也。彼其举证据分二种，每种复分二类。其第一种曰，“欲不为我民族所同化”。就中第一类曰，“保守其习惯”，杂引顺、康、雍、乾间各上谕以为证。第二类曰，“发皇其所长”，则谓二百年来兵权悉萃于彼族，而我族无与焉，亦举顺、康、雍、乾间故实以为证。凡其所举者，亦吾所承认者也。虽然，此不过百余年前之事耳。若近百年来则何如？彼所云保守其习惯者，虽三令五申、而诲谆谆而听藐藐，今则并其固有之语言文字，莫或能解而他更无论矣。若夫兵权，则自洪杨一役以后，全移于湘淮人之手，而近今则一切实权，皆在第二政府之天津，又事实上之予人以共见者也。至其所举第二种，谓满洲欲迫我民族同化于彼者，其最重要莫如剃发一事，此亦吾所承认也。然此事抉去之甚易易。且挽近其机已大动，一旦效西风倡断发，则一纸之旁耳。故此事虽为我同化于彼之一徽识，而亦决不能久也。夫满洲自二百余年前，不能认之为与我同族，此公言也。（其血系及其精神体质相同与否，不能断言，而语言、文字、住居、习惯、宗教，皆不相同，故不得认为同族也。）其顺、康、雍、乾间诸雄主，不欲彼族之同化于我，亦其本心也。无奈循社会现象之公例，彼受同化作用之刺戟淘汰，遂终不得不被同化于我。（日本小野冢①博士谓：凡两民族相遇，其性格相近而优劣之差少者，其同化作用速；其性格相异而优劣之差少者，其同化作迟。其优劣之差远者，其同化作用速。论者引之，而谓满族与我，文野相殊，适合乎第三例，此语亦吾所承认者也。故吾谓今日满洲之位置，适如彼所举同化公例之第四种，盖亦谓此。而论者必谓其属于第三种，而引彼大酋所以思障其流者以为证，曾亦思此同化作用之大力，决非一二大酋所能障乎。故至今日而小野冢之言既毕验矣。）虽彼不欲之，而固无如何；而事实之章明较著者，则今既若是矣。然则就今日论，而必谓彼欲化我之可畏，必谓我欲化彼之不能，请论者平心思之，其果为适于事实，衷于论理矣乎？必不然矣。

夫论者固亦自知其说之不完，故于其下方又曰：“其昔之所汲汲自保不欲同化于我者，已无复存。”又曰：“凡此皆与嘉道以前成一反比例。”是论者亦认满洲为已同化于汉族，如彼所云同化公例之第四项矣。乃旋复支离其词，谓立宪说若行，则我民族遂永沉于同化之第三例。此真所谓强词夺理，不可以不痛辩也。今复取而纠之。论者谓“民族不同而同为国民者，其所争者莫大于政治上之势力，政治

① 小野冢，即小野塚喜平次（1871~1944）。

上之势力优者，则其民族之势力亦独优。”此前提亦吾所承认也。然此又适足以证吾说之正确，而不足以证彼说之正确也。彼之言曰：“今者满洲欲巩固其民族，仍不外乎巩固其政治上之势力，由是而有立宪之说。”又曰：“吾今试想像一至美至善之宪法日，此宪法能使满汉平等相睦，自由之分配适均，同栖息于一国法之下，耦俱无猜，如是当亦一般志士所喜出望外也。虽然，吾敢下断语曰，从此满族遂永立于征服者之地位，而同化之第三例，乃为我民族特设之位置也云云。”吾读至此。方急欲尽闻其言，听其有何等之说明，乃不料读至下方，则满纸仍复仇之说，而政治上之趋势，乃不复论及也。推彼所以致误之由，不外误认皇位与政治上势力同为一物。夫在非立宪之国，则皇位确与政治上势力同为一物，固也；若在立宪之国，则二者决非同物。如彼英国，其皇位全超然于政治势力以外，不必论矣。即如日本、普鲁士等国，其皇位虽亦为政治上一部分势力所从出，而决不能谓舍皇位以外更无他之政治上势力。盖立宪与非立宪之区别，实在是也。皇位以外之势力何在，亦曰在国民之自身而已。国民立于指挥主动之地位者，其势固极大；即国民立于监督补助之地位者，其势力抑亦不小。此凡立宪国之先例所明示也。夫即在非立宪之国，其君主固非能举一切政务而悉躬亲之，其政治上大部分之势力，实仍在臣下之手。但国家机关之行动，无一定规律，而臣下之进退，又悉出于君主之任意，故一切政务，悉惕于君主意志之下，而非惕于国家根本法之下。故虽谓皇位与政治上势力同为一物，亦无不可。若夫在立宪国，即其行大权政治如日本者，固不得不依于宪法条规以行统治权。一切法律皆须经议会协赞，即紧急敕令独立命令，亦有一定之限制。然则此等国家，其一切政务，皆惕于国法之下，而非惕于君主意志之下，明甚。若其用人权，则国务大臣虽非纯由议会所得进退，然固不能甚拂舆论。（议院政治之立宪国，其内阁失议院多数者，必不得不退，而进而组内阁者，惟限于议院多数党之首领。大权政治之立宪国，不得议院多数者，不必定退，即退矣，而亦不必限以多数党代之，故常有所谓“不党内阁”者之出现，此其所以为异也。然内阁太不满舆论，则君主亦不得不退之矣。以最近事证之，如日本于日俄和议后之桂内阁，其例之著明者也。）若国务大臣以外之一切官吏，则任用惩戒皆循一定之法规以行，非特长官不能上下其手，即君主亦不能以喜怒为黜陟，明也。而司法权独立，而君主不得任意蹂躏，益无待言矣。故吾谓苟不名为立宪则已，既名为立宪国，则皇位以外，必更有政治上势力存焉；而此势力之所存，则国民自身是也。吾之此前提，谅论者虽有巧辩，而必不能不承认也既承认矣，则吾将复进于第二前提，曰：既为立宪国国民，同栖息于四民平等的法律之下，则无论何种方面之势力，皆得行正当之“自由竞争”。（自由竞争者，非谓竞其自由也，谓其竞争之力，能行于自由，而不受他力之干涉、束缚、压抑也。）而政治上势力，亦其一端也。此前提谅又论者所不能不承认也。既承认矣，则吾将复进于第三前提，曰：既行正当之“自由竞争”，则其能力独优者，其势力亦独优。故苟于立宪制度之下以异民族而同为一国民者，其政治能力高度之民族，则所占政治上势力，必能优于能力低度之民族者也。此前提谅又论者所不能不承认者也。既承认矣，而犹曰立宪之说，不外为满洲民族巩固其政治上势力，然则必须尚有第四前提焉，乃能达此断案。其第四前提云何？必当曰满族所固有之政治能力，实优于汉族，而两族行正当之自由竞争，满必优胜汉必劣败也。而此第四前提果正确乎？论者若承认之，则本意欲自尊汉族者，其毋乃反蔑汉族乎？若不承认之，则其断案已属谬妄，而绝对的不能成立也。夫吾所主张，固认满洲为已同化于我民族，间有一二未同化者，而必终归于同化。故一旦立宪而行自由竞争，则惟有国民个人之竞争，而决无复两民族之竞争。论者所谓某族占优势者，其实不足以成问题也。若此问题依然存在乎，则两族之政治能力，孰优孰劣，较然易见。而两族之政治势力，孰优孰劣亦较然易见矣。论者如谓必不能得满汉平等之宪法，则其事又当别论。若如彼所言，谓自由之分配适均，权利义务悉平等，同栖息于一国法之下矣，而犹谓我民族将来之位置，必永同于彼之第三公例，吾诚不知彼所据论理为何等也。夫彼言“满洲自入关以来，一切程度悉劣于我万倍而能久荣者，以独占政治上势力之故”，此语亦吾所大略承认者也。然诚能得正当之立宪政治，则已足救此弊而有余。何也？以正当之立宪政治，其政治上势力，未有能以一人或一机关独占之者也。故吾辈今日所当研究者：（一）现今君主肯立宪与否之问题；（二）所立宪法为何等宪法之问题；（三）吾辈当由何道能使彼立宪且得善良宪法之问题。若夫既肯立宪，且得善良宪法矣，而在此善良宪法之下，汉满两族孰占优势此则不成问题；即成矣而亦无研究之价值。何也？此因可以直觉的知识，一言而决也。

右吾所述即论者宁不知之，知矣而复强为之词，则不过为复仇之一感情所蔽，否则欲以此煽动一般人之复仇感情已耳。论者龂龂自辩，谓彼之排满，非狭隘的民族复仇主义。以吾观之，彼实始终未尝能脱此范围。故吾请彼还倡其复仇主义，无为牵入政治问题，作茧自缚也。

复次，右吾所述，是辩满洲于我是否同化于我及能否同化于我之一问题也。吾所主张，则谓满洲于我，不能谓为纯粹的异民族也。论者若不能反驳吾说，则不得不承认吾所主张；若承认吾所主张，则论者所说，无论从何方面观之，皆不复能持之有故，言之成理，即能反驳矣，不承认吾所主张矣。如是则确认满洲为异民族，然即戴异族之君主，犹未尝不可以立宪。此则吾本论正文所主张，苟不能反驳焉，是犹不足以难我立宪说也。

夫既有梗焉者，其梗焉者又或为有力焉者，则甚足以荧君主之听，而立宪之希望，终不易达也。斯固然也，然此实各国普通之现象，不论其为异族政府同族政府而皆有之，是不得缘附种族论，而谓以两族相猜相忌之故，故不能得立宪也，明矣。既将种族论剔出，则其所以对付此阻力者，亦采各国普通之手段焉可耳。夫使梗焉者出于贵族，则其对付之也颇难。盖贵族莫不有其特权，与其阶级相附丽，一旦立宪，则必取法律上四民平等之主义，于彼确大不利，故其反抗力甚强，而其意见既足以压倒君主或左右君主，故其反抗强，而抗其反抗，固不易也。若我中国今日情势，则全与彼异。举国人民，其在法律上，本已平等，无别享特权者；即如某报所举满洲人于公权、私权上间有与汉人异者，然其细已甚，且屡经变迁而非复其旧，况其由特权所得之利益，或不足以偿损害，彼中稍有识者，必不出死力以争此特权，可断言也。即让一步谓彼必争，然彼之力，曾不足以左右君主。君主苟欲之，彼虽争无益也。然则今而后于君主以外，犹有为宪法梗者乎，必其人自顾现在之权力地位，惧缘立宪而失之耳。若此辈者，苟有人焉为之陈说，谓欲立宪，必经过若干年之开明专制时代。在此时代中，则立宪之影响不波及于公之权力地位及夫宪法实施之时，而公且就木矣，何苦争其所不必争者以丛国民之怨也。又或虽至其时而公犹健在，公今日能提倡立宪，则他日公之地位及公之名誉，或更高于今日，而公必弃而不敢，甚无谓也。如此则彼将或有悟，而幡然以改，是消阻力之一法也。又或彼终冥顽不灵，则吾所以待之者，尚有最后之相当的刑罚在，则虚无党之前例是也。夫彼之为梗者，上焉者为权力，下焉者为富贵耳。然若无生命，则一切权力富贵皆无所丽，故此最后之手段，实足以寒作梗者之胆而有余也。

问者曰：吾子屡言宪法，万一彼所颁宪法，虚应故事，或更予吾汉人以不利，则奈之何？或颁矣而不实行，又奈之何？曰：是亦在吾要求而已。要求固未有不提出条件者，夫条件则岂不由我耶？不承诺条件，吾要求不撤回，既承诺条件而不实行，则次度之要求，固亦可以继起耳。

故夫吾之言立宪，非犹夫流俗人之言立宪也。流俗人之言立宪，则欲其动机发自君主，而国民为受动者。吾之言立宪，则欲其动机发自国民而君主为受动者。流俗人之言立宪，则但求得一钦定宪法，而遂以自安，其宪法之内容若何，不及问也；吾之言立宪，虽不妨为钦定宪法，而发布之时，万不能如日本为单纯的钦定之形式（此事吾别有论）。若其立宪法之内容若何，则在所必争也。故流俗人之言立宪，见夫朝廷派大臣出洋考察政治，则欣然色喜，谓中国立宪，将在此役。吾之言立宪，则认此等举动，与立宪前途，殆无关系。即有之，而殊不足以充吾辈之希望，或且反于吾辈之希望而所谓真正之立宪政治，非俟吾民之要求，不能得之。故流俗人之言立宪，欲今日言之，明日行焉。吾之言立宪，则以立宪为究竟目的，而此目的之达，期诸十年二十年以后。质而言之，则如流俗人所言，立宪不立宪之权操诸人，我惟祷祀以求而已。如吾所言，则立宪不立宪之权操诸我，我苟抱定此目的，终可操券而获也。

［附言］如近日派大臣出洋考察政治等事，吾固认其与立宪前途殆无关系。然如流俗人之见，则谓其小有关系，亦未始不可。盖君主之欲立宪，虽非能立宪之最高原因，然不得不谓为其原因之一部分也，然则此等举动之与立宪有关系与否，亦视其果出于君主欲立宪之意与否而已。若其非出于此意，则可谓为绝无关系；若其果出于此意，则可谓为小有关系，然终不能谓大有关系。何也？苟非由人民要求，则此种关系，或不足充吾辈希望，或且反于吾辈希望也。（或不由要求，而竟能充吾辈希望，亦未可知。虽然，其权不由我，即能得之，亦偶得而已，非必得也。）若以人民要求为前提，则此种关系，及今已有之，固可喜也；即今尚无之，吾固可以随时唤起此关系，且令其关系更深切。故现在此等举动，其性质若何，吾以为毫不足轻重也。复次，若以人民要求为前提，则今日此等举动，或其不足充吾希望，吾可要求使获充；其或反于吾希望，吾可要求使毋反。吾悬一水平线以为衡，吾所知者，求适合此水平线而已。在彼水平线以下，无论何种现象，吾视之则五十步与百步耳。能知此义者，可与言立宪问题。不知此义者，未足与言立宪问题。

然而吾国今日所最要者，在使一国中大多数人知立宪希望立宪，且相率以要求立宪。若果能尔尔乎，则彼英人在昔常有“权利请愿”之举，有“不出代议士不纳租税”之格言，真可谓唯一正当之手段，唯一正当之武器也。而俄人虚无党故事，抑亦济变之手段，最后之武器也。我国民诚能并用之乎？吾敢信政治革命之目的，终必有能达之一日也。

［附言］人民要求，苟得其法，则必能使政府降心相从。征诸各国前列，殆成铁案。即以吾国近数年事实证之，其趋势亦甚显著。如最近粤绅与粤督争路权一事，其最为明效大验者也。彼事件于种族问题，丝毫无涉，而徒以正当的要求，虽当道以炙手可热之势，遂不能不出其交让之精神，以图解结。此虽仅属小节，不涉全体，然举一反三，亦可知不必为种族革命，而可以得政治革命，明矣。其他如枝枝节节之利权收回，断断续续之内治改革，彼政府当道，固未尝不以舆

论为虾，而自为其水母。凡此之类，不可枚举，此皆数年来之事实，较然不能掩也。盖今日之政府当道，其大部分皆脆薄之人，其小部分则欲治事而不知何途之从而可也。故苟民间有正当之舆论，而盾以实力之要求者，吾信其最后之胜利，必有属矣。而人民不能自改良其舆论，不能自扶植其势力，徒怼政府，诟当道，宁有济耶？呜呼！

虽然，尚有附加之三义焉：一曰：其所要求者，必须提出条件。苟无条件，微论彼不知所以应；即应矣，仍恐其不正确也。二曰：其提出之条件，必须为彼所能行。若为彼所必不可行，则是宣战而非要求。以云要求，则等诸无效也。三曰：其济变之手段，最后之武器，不可滥用。用之必在要求而不见应之后，且所施者限于反抗此要求之人，不然，则刑罚不中，既使彼迷惑，而有罪者反不知其罪也。此则吾于所著《开明专制论》第八章既言之矣。（参观本报第三号《开明专制论》及第二号《对于陈烈士蹈海之感叹》。）抱定此手段，而以此三义者整齐严肃之，吾谓未有不能济者也。故吾又得反其小前提曰：

舍种族革命以外，实有他道焉可以达政治革命之目的者也。

随而反其断案曰：

故种族革命，吾辈所不当以为手段者也。

吾昔于《开明专制论》第八章第一段之结论，曾有两语云："欲行种族革命者，宜主专制而勿主共和；欲行政治革命者，宜以要求而勿以暴动。"吾自以为此两语盛水不漏，无论何人，不能致难矣。而吾见某报之论复有曰："改革之权，操之于上，而下尽输其资产生命以为之陛槽，上复慨与以高爵厚禄以施之报酬，立宪而已。"夫解释立宪而下此概念，是足以服持立宪论者之心乎？凡欲辩难者必不可不衷于论理，而论理必先确定其概念，而不可先以其爱憎枉固有之定义。试观鄙人前后难种族革命说，难共和立宪说者凡数万言，曾有一度焉曲解种族革命之定义，曲解共和立宪之定义者乎？苟不认此论理学上之公例，是亦不足以入辩林已耳。故吾略下君主立宪之概念曰："君主立宪者，君主应于人民之要求，而规定国家机关之行动及人民对于国家之权利义务者也。"其所规定，则君主与人民协定之，而所以得之者，则由君主应于人民之要求也。故规定为其结果，而要求为其原因也。读者谓吾所下之概念，视某报所下之概念何如？

然则暴动绝无影响于立宪乎？曰：亦有之。要求不得而继以暴动。君主惮暴动而遂应其要求是也。然此殆非正当之手段，盖徒耗其力也。以之与虚无手段相较，其不如虚无远矣。然以要求不得而暴动，则其暴动之目的，已非在种族革命矣。然则种族革命的暴动，绝无影响于政治革命乎？曰：亦有之。君主惮种族革命之屡兴，而厉行政治革命以销其焰是也。信如是也，则种族革命适以助政治革命之成功也。质言之，则排满者适所以助立宪者狭义的立宪之成功也。使排满者如有甘牺牲其功业名誉以助与己反对之立宪党使成功之心而出于暴动，则其可敬孰甚焉。信如是也，则其种族革命共和立宪之主义，不得不中道抛弃矣。然此恐非言排满者所乐闻也。其所乐闻者，则投满人于荒服之外，而组织一卢梭的国家也。若此者，苟不能将吾之说，一一答辩，则钳而口焉可也。不然，我四万万人当以故杀祖国之罪科之。

抑陈君又言曰："鄙人之于革命，必出之以极迂拙之手段。（中略）夫以鄙人之迂拙如此，或至无实行之期，亦不可知。然而举中国皆汉人也，使汉人皆认革命为必要，则或如瑞典那威之分离，以一纸书通过，而无须流血焉可也。故今日惟有使中等社会皆知革命主义，渐普及下等社会，斯时也，一夫发难万众响应，其于事何难焉。若多数犹未明此义而即实行，恐未足以救中国，而转以乱中国也。"盖君之言，深知现在革命之不可，而欲期诸极远之将来，其用心可谓良苦。然欲使社会之大多数，皆认排满为必要而实行之，此诚至难之事。何则？闻人言排满而乐听之者，比比皆是。若使其实行，则乐听者千人而不得一人也。其所举以刺激其感情而最有力者，无过顺、康、雍间事，然久已过去，成为陈迹，非复切肤之痛，复九世仇，岂能人人皆有此志？此犹不如政治论之易动人也。故君自虑其无实行之期，良有由也。然又如君言，举中国皆汉人，故此手段，虽极迂拙，犹非绝对的不可得达。虽然，君未计及实行之后，其效果何如也。盖君亦迷信共和论者之一人，而中国万不能行共和立宪制之理由。君所见尚未审也，夫宁知乎？虽多数明此义而后实行，而犹不足以救中国，转以乱中国乎？呜呼！安得起君于九原，而一上下其议论也！

若取君之语而略点窜之，曰：今日惟有使中等社会皆知政治革命主义，渐普及于下等社会，则其言斯无弊矣。夫使今日中国之多数人，皆知政治革命主义，而循吾所谓正当手段以进行也。其现今在政界地位已高者，陈利害于君主；其次高者，陈利害于上宪及其僚，即其未入宦途者，或其父兄，或其朋友，苟有可以为陈利害者悉陈之，以浸润移其迷见，其效即可以极速。何也？今之在政界者，其毫无心肝之人固多数，然亦非无欲有所为而茫然不知所从事者，无人焉从而晓之，而徒责其误国，是未免近于不教而诛也。故此层工夫，万不可少，而非徒以此而足也，联多数焉。发表其政治的意见，提出条件，为正当之要求，如英人之权利请愿然。不应，则以租税或类于租税者为武器。不应，则以虚无为武器。行之十年，而谓其无效可睹，吾不信也。其视专鼓吹种族革命，如陈君所谓或终无实行之期者，其相去不亦远乎？

今之少年，饮排满共和之狂泉而失其本性，恶夫持君主立宪论者之与己异也，而并仇之。于是革命二字与立宪成为对待之名词，此真天下所未闻也。有与言现今政治得失宜兴宜革者，彼辄掉头曰："吾誓不为满洲政府上条陈。"叩以公欲何为，则曰："待吾放逐满人后，吾自能为之，今岂屑与彼喋喋也？"呜呼！此言误矣。公之放逐满洲，未有其期，而今之握政权者，日以公之权利畀诸外人。权利之断送也，如水赴壑；权利之回复也，如戈返日。恐未及公放逐之期，而公之权利已尽矣。且即使公能放逐彼，而于放逐之前，使彼代公做一二分预备工夫，亦于公何损焉？而必矜此气节誓不与言何也？况乎公即能放逐彼，而建设此不适我国之共和政府，则所谓实行公之政策者，又终无期也。然而公毋乃坐视中国之亡而已。

呜呼！舆论之所以可贵，贵其能监督政府而已。今也不然，舆论曰：吾惟绝对的不认此政府。若此政府尚在，吾不屑监督之。然吾所谓绝对的不认者，在彼曾不感丝毫之痛痒。而以吾不屑监督之故，彼反得放焉自恣，惟所欲为。问所得效果维何？曰：不过为政府宽其责任而已。呜呼！国中而有此等舆论，为国之福乎？抑为国之祸乎？愿世之君子，平心察之。

他社会勿论，即以东京学界及国内各省学界，其人数殊不鲜，而虚声颇为政府所惮。以之建言，甚有力也。而数年以来，惟于铁路矿务及其他与外人交涉之事，有所抗争，而内治之根本，无一敢言者。夫内治根本不立，徒为枝叶之排外，终无所济，明也。谓学界诸君而不知此义耶，其不知者容或有人，而知之者总居多数。惟虽知矣，而不敢言。其不敢言者，畏政府耶？畏舆论耳？吾今请直抉其隐：盖欲言及内治根本者，则舆论群起哗之曰：是立宪党也，是为满洲政府上条陈也，是欲做官之奴隶也。以故更无人敢提此议；即提矣而亦莫之应。故惟于交涉事件，补苴罅漏，宁舍本而图其末也。学界诸君一读之，谓鄙人此言，果能写出诸君之心理否耶？果能道尽现今舆论之真相否耶？而此等心理，此等舆论，其必不为国家之福，吾敢断言矣。

质而言之，则要求必能达政治革命之目的，且非要求万不能达政治革命之目的。是要求者，实政治革命唯一之手段也；而政治革命既为救国之唯一手段，以积叠的论理式推之，则可径曰：政治上正当之要求，实救国之唯一手段也，然则中国之能救与否，惟视人民之能为要求肯为要求与否以为断。夫彼毫无政治智识、毫无政治能力者，不知要求为何物，不知当要求者为何事，固无冀焉矣。若其稍有政治知识者，又不务自养其政治能力，且间接以养成一般国民之政治能力，而惟醉梦于必不可致之事业，奔驰于有损无益之感情，语及正当之要求，反避之若浼焉。夫是以能要求、肯要求者，举国中竟无其人也。夫彼绝无智识绝无能力者，不足责焉，若夫稍有智识者，且可以有能力者，而亦如是，则亡国之恶因，非此辈造之而谁造也？呜呼！无有真爱国者乎？其忍以方针之误，而甘为亡国之主动人也？

夫鄙人之为此言，诚非有所爱于满洲人也。若就感情方面论之，鄙人虽无似，抑亦一多血多泪之人也。每读《扬州十日记》《嘉定屠城纪略》，未尝不热血溢涌。故数年前主张排满论，虽师友督责日至，曾不肯即自变其说。即至今日而此种思想，蟠结胸中，每当酒酣耳热，犹时或间发而不能自制。苟使有道焉可以救国，而并可以复仇者，鄙人虽木石，宁能无歆焉？其奈此二者决不能兼容，复仇则必出于暴动革命；暴动革命，则必继以不完全之共和；不完全的共和，则必至亡国。故两者比较，吾宁含垢忍痛，而必不愿为亡祖国之罪人也。吾又见夫不必持复仇主义，而国民最高之目的，固非不能达也；吾又见夫苟持复仇主义，充之至于尽，则应仇者不止一满洲也。故吾谓复仇主义其可以已，而真爱国者，允宜节制感情，共向一最高之目的以进行也。诸君苟毋任感情，毋挟党见，平心以一听吾言，则真理其庶可出，而正当之手段，其庶可见也。

夫使诸君所执排满共和之手段，而果足以救国，则诸君坚持之宜矣，然于他人之执他手段而欲以救国者，犹当以其目的之相同而勿与为敌。然今者诸君之手段，万不能实行，即实行而不为国之福，反为国之祸。既若是矣，而犹恋而不舍焉，是终耗其力于无用之地也。不惟不舍而已，于人之执他手段而欲救国者，反从而排之，两相排而其力两相消，卒并归于无有而已。所耗者所消者非他，一国中有热血有智识之人之实力也。一国中有热血有智识者，能得几人？其人之实力，即一国之元气，而国所赖以不亡者也。今徒以此而消焉耗焉，夫安得不为国家前途恸哭也！

呜呼！吾书至此，而吾泪承睫，而泗横颐，吾几不复能终吾言矣！呜呼！我国中有热血有智识之人，其肯垂听耶？其终不肯垂听耶？夫吾非欲以辩服人而自以为快也，吾实见夫吾国之存亡绝续在此数年，而所以救之者，惟有一途而不容有二，故不惜哓音瘏口以冀多数之垂听也。夫舍己从人，人情所难，在素持排满共和论之诸君，读鄙人之此两文，而必有数日之不快，殆意中事也。则请诸君抒其宏议，用严正之论理法以赐答辩。夫鄙人岂敢竟自以为是？苟答辩而使鄙人心折者，鄙人必为最后之降伏，毋为各趋一途而使力之互相消也。若犹以鄙人之言为有一节可取也，则请诸君弃其前说，而共趋于此一途。夫弃其前说者，非服从鄙人之谓也，服从公理而已，服从诸君之良知而已！先哲不云乎，询于刍荛。又曰：狂夫之言，圣人择焉。择之权在我，而岂问言者之狂不狂也？凡人类之心理其骤接一理也。初念时所见最真，盖即此所谓良知也。及一转念时，则私欲蔽之，往往得反对之判断。以后转念复转念，皆此两念交战，万起万落，如循环焉。而逮于究竟，能依其初念而行者，则为光明磊落之夫。卒依转念而行者，则为龌龊卑劣之子。诸君读鄙人此文，若其竟以为非也，则诲之可也。若觉其是焉，而复自虞度曰：吾畴昔所持论如彼，而今忽反之，惧人笑我，毋宁护前说焉，则吾愿诸君之万不可如是也。孔子曰：“小人之过也必文。”孟子曰：“古之君子，过则改之。今之君子，过则顺之。”岂徒顺之，又从为之辞。吾不自承认为过，则亦已耳。既承认矣，而文之而为之辞，是何其太不以君子自处也！鄙人性无他长，惟能不自护前短，一言一行之过，其不安于吾心者，必改之而后即安。而学识浅陋，道力微薄，尤悔丛脞，如扫落叶。故言论行事，往往不移时而反乎其前，师友所戒为流质，时论所诮为骑墙，皆谓是也。虽然，鄙人不能欺吾良知，是以及此。子王子曰："吾今日良知所见在此，则依吾今日良知以行。明日良知又有开悟，则依吾明日良知以行。"鄙人知服膺此义而已。即如排满共和论，以诸君平心察之。若谓倡此论者为有功也，则鄙人不能谓无微劳。若谓倡此论者为有罪也，则鄙人不得不负重戾。盖鄙人于数年前实此派中之一人，且其关系甚不薄也。鄙人宁不欲护其前说，其奈今所研究，确见其与救国之义不兼容，吾将爱吾国耶？吾将爱吾前说耶？吾良知于两者之间，必知所择矣。故决然舍旃而无复留恋也。夫诸君之取舍何如，亦质诸诸君之良知焉可耳。呜呼！陈君天华而不死也，吾信其将闻吾言而契之也。吾之论于是终。吾更缀数言，吾此文固甚望当世有识者之诲之也。盖真理以辩而始明，况吾之浅识，岂敢谓所言之必当也。有赐教者，苟依正当之理论，则鄙人深愿更相攻错。而或于其根本大端，不能箴膏肓起废疾，而惟摭拾一二词句间之讹缪以相诋諆，则考据家之碎义逃难耳。甚或为嬉笑怒骂之言，深文周纳以相责，则村妪之角口耳，酷吏之舞文耳，凡此皆无相与攻错之价值，则恕其不报焉可也。

（录自《新民丛报》第76号，1906年3月9日）

答某报第四号对于本报之驳论

饮　冰

昨言某报印派号外，发表与本报辩驳之纲领十二条，虽其词意之牵强者甚多，然以为彼既敢于强辩，则必能将本报重要之论点，难倒一二。殷殷然引领愿听，而不意见彼报第四号，乃使我大失望也。何也？彼文皆毛举细故，或枝蔓于论点之外。而本报所以难彼说者，于根本上无一能解答也。本报论文最要之点，曰：今日中国，万不能行共和立宪制。而所以下此断案者，曰：未有共和国民之资格。欲论共和国民之有无，则必先取共和国民资格之标准而确定之。然后按诸中国现象，视其与此标准相应或不相应，则其已有此资格与否，较然易见。共和国民之资格不一端，或非吾之学所能悉知，或非吾之文所能悉举。然吾隐括言之，吾所认为最重要者，则曰："有能行议院政治之能力者，斯有可以为共和国民之资格。"此吾所命之标准也。论者如欲难吾说也，则于吾所命之标准，或承认或不承认，不可不先置一言。若肯承认之，则还按诸中国现象，指出其已与此标准相应之确据，夫如是，斯吾之说破；若不肯承认之，则说明吾所命标准不正确之理由，夫如是斯吾之说亦破。若更能别命一标准，曰："如此如此，则可谓已有共和国民之资格者也，而中国现象实已如此如此者也。"夫如是，斯吾之说益破。不幸而论者，所以相难者不尔尔。于吾所谓"凡国民有可以行议院政治之能力者，皆其有可以为共和国民之资格者也"之一前提，避而弗击。吾读其文至再三，其果承认此前提与否，渺不可见。而惟悍然下一断案，曰："吾之意以为中国国民，必能有为共和国民之资格者也。”① （能为与已能为，自有别，下方别论之。）推其意，似不承认吾之此前提者也，而不能说明所以不承认之理由。噫！吾知之矣。论者殆极不欲承认，而无奈苦思力索，不得所以不承认之方法也。彼言中国国民有能为共和国民之资格，而于共和资格之概念及要件不能指出。噫！吾知之矣。论者殆极欲指出，而无奈于吾所指者之外，欲别指而不知所指也。于是不得不支离焉，遁而之他，毛举一二小节以混耳目。冀人之徒读驳论不读原文者，谓原文之所论，不过尔尔。而彼之欺遂得售，而不思天下之目，固非一手所得掩尽也。欲想辩难而用此等手段，本无复受反驳之价值。但鄙人固尝宣言有赐教者，深愿更相攻错。今得彼文，亦所谓见似人者而喜，故略一解答之。

论者于吾所命“凡国民有可以行议院政治之能力者，即其有可以为共和国民之资格者也”之一前提，自言对之为驳论。乃读至终篇，不得其驳论之语，而惟曰：“先问论者所下议院政治之解释，果正当乎？”云云。夫吾所下议院政治之解释，谓事实上总揽统治权者在议会也。观本报第三号第三十一三十二页，其文意甚明。吾见论者言吾之解释不正当，方欲急就教以闻其不正当之理由。不意读至终篇，亦无一言，而惟摭拾篇中“美国变为议会专制”一语，谓吾将政法论与法理论并为一淡。嘻！论者殆未读吾全文耶。吾固明言“美则宪法上不许为议院政治，固事实上已为议院政治”。②（第三号第三十三页）吾混言耶，毋亦论者强命吾为混言以入人罪也？在野蛮时代为狱吏，则此等手段可施矣，而乌可以入辩林。夫以吾之先就法理方面立论后，就政治方面立论，而遽谓其并为一谈也。则吾草此文，并未尝与读者约，谓吾专言法理学，或专言政治学也。吾所以先述美国国法之大概，次言其政治之趋势者，正以其国法所规定者如彼。而今者政治现象，已大反于其国法之精神，凡以证明共和政体与议院政治相属而不可离也。论者若能就政治方面而证明今日美国为非议院政治，则吾愿闻。若就法理方面而断断然辩美国为非民权专制政体，则谁谓美国之国法为民权专制者？论者谓我无敌而放矢，彼自当之矣。论者谓吾

① 参见精卫《驳新民丛报最近之非革命论》，《民报》第4号，1906年5月1日。

② 参见饮冰《开明专制论》，《新民丛报》第4年第3号（原第75号），1906年2月23日。

之评议院政治，不外抄袭穗积氏①说。夫以吾学力之绵薄，岂能多自有所创见？其常用他人之说，不必自讳也。虽然，谓“不外抄袭”，则穗积原文与吾原文具在，可复按矣。且即使果全属抄袭也，亦问其说之完否，不能以抄袭之故，遂一概抹煞也。吾之原文，以美、法、瑞士三国政治现象为证，而断言必有能行议院政治能力者，乃有可以为共和国民之资格。论者果承认吾说，而谓必有此能力乃有此资格耶？抑反对吾说，谓不必有此能力而已有此资格耶？盍一明言之以发吾蒙。盖既与我辩，则于吾所置前提，或可或否，不可不择其一。今取其最重要之点，囫囵瞒过，则是非与我辩也。其命题无取，夫“驳《新民丛报》”云云也。

吾原文之解释此前提，先就美、法、瑞士之国法比较之，次述美、法两国政治趋势，以证明共和政体所以必归于议院政治之理由，而论者于吾所言法国政治之现象避而不论，而惟论美国。论美国又于吾之全段皆置之，而惟摘取一语，似此而欲使吾心折，岂不难哉？

吾谓今日中国国民，未有可以为共和国民之资格论者，一则曰：“中国国民必能有为共和国民之资格者也。”再则曰：“我国民必能有民权立宪之能力者也。”其所谓必能有者，属现在乎？属将来乎？若属将来，则近的将来乎？抑远的将来乎？其文意不明了。惟其文有云：“论者之意，以为中国国民必不能有为共和国民之资格者也。”此又故入人罪以冀挑拨读者之恶感情，不可不察也。吾原文具在，读者试终篇，曾有此语意否耶？吾文屡言“今日”夫抽象的“今日中国国民”与具体的“中国国民”，其不能混为一谈，明矣。吾文谓今日我国民不能有此资格，吾文中之意，谓在近的将来，我国民不能有此资格，凡此皆就抽象的立论也。若具体的言中国国民，则吾曷尝谓其必不能有此资格，岂惟未尝言其必不能，而且言其必能也。吾之前言具在，可复按也。吾固明言曰：“既名之为人类，自有人类之普通性。既有其普通性，则必可以相学而能相肖，岂惟吾国民能为共和，凡属圆颅方趾者，未有不能为共和者也。”（第三号第四十页）而论者所以驳我之言，一则曰：“人类之所以灵于动物者，以其有模仿性也”；再则曰：“苟其适合于人类之普通性，则将一锲而不能

① 穗积氏，即田中穗积（1876~1945），日本法学博士。

舍”；三则曰：“共通之法理，不以国为域”。其全篇立论，大率类是。读者试两校之，彼之此语与吾之前语，有以异乎？直用人之所主张者以驳人之所主张者，此真千古所未闻也。吾之意以为凡人类皆有可为共和国民之资格，可有民权立宪之能力，非独中国，而现在已有之与否，则以演进之浅深为断，若今日中国国民，则吾信其未有者也。论者欲驳吾说，而删去“今日”二字，则又非与我辩矣。论者如欲难吾说以自申其说，则请于“今日”已有“今日”未有两者，择取其一以立论。不然，是又无敌而放矢也。

夫论者虽未明言“今日”已有或“今日”未有，然推其全文之意，则不敢武断为“今日”已有，明矣。故彼与我之争点实不在现在而在将来。我所主张者，则谓在远的将来。彼所主张者，则谓在近的将来也。吾之说，谓共和资格必非可以一二十年之力养成之，且尤非可于内乱倥偬时养成之。（见第三号第二十三四五页及四十四十一页）而论者未尝一致驳，且于吾所谓内乱时代不适于养成共和之义，讳而不言，何其规避？若是，请还读原文之第二十三四五等页，穷思极索，而更有所以相难也。夫吾之持论，谓一二十年内，我国民万不能遽养成共和资格，未养成而遽行之，必足召亡。若待数十年后养成焉，而始为用，是犹待西江之水以救涸鲋，所希望未遂，而中国之亡，固已久矣。即所谓数十年后养成者，其养成之也，亦必在开明专制时代或君主立宪时代。若非在此时代，则非惟数十年不能，即数百年亦不能也。此吾说之梗概也。

夫吾所以敢于立“今日中国国民未有能为共和国民资格”之一前提者，吾所谓共和国民资格，吾先示其标准也。若论者承认吾所示之标准与否，殊不明了，而又未尝自示一标准。此如甲乙相争，甲曰：“此物有机体也。”乙曰：“此物非有机体也。”而有机体之概念，尚未论定，则是非何从判？虽辩论累万言，皆无意识焉尔。故吾谓论者如欲与吾辩此问题，必须先承认吾所示之标准乃可。否则自示一标准，待吾承认之后乃可。而不幸论者之文，于此点全付阙如也。吾乃极力搜索之于彼文，见有曰：“夫我国民既有此自由、平等、博爱之精神，而民权立宪，则本乎此精神之制度也。”又曰：“我国民于公法之基础观念，未尝缺也。”又曰：“此足以证我国民之有国家观念也。”然则，彼所谓共和国民之资格，殆即以自由、平等、博爱、公法观念、国家观念等为标准也。夫彼谓我国民既有此等等，吾固不能为绝对的承认，然比较的可以承认。然如彼说，谓有此等等，而遂可命之为共和国民之资格乎？此似是而非之言也。法国者，自由、平等、博爱论之大本营也。论者即极谀我民，谓其富于自由、平等、博爱之精神，恐亦无以逾十八世纪之法国。而十八世纪之法国国民，即吾所认为无共和资格者也。即今日之法国国民，吾犹认为无共和资格者也。吾所根据之理由，具见前论。论者何不一驳之？论者而认法国国民为共和资格之标准也，谓我国革命后所建设之共和政治，能如法国大革命后之共和政治而已，足也。则吾敢断言曰："论者，殆日以诅中国速亡为事者也。"而不然者，则微论我国今日此等精神萎弱已甚。即使极发达，而断不能遂据此以为有共和资格之证也。若夫所谓公法观念、国家观念，则国之所以立耳。若并此而无之，则将仅为社会的结集，而不能形成国家，虽然，不能谓有此等观念，即有共和资格也。泰西历史上国家，何国之民不有此等观念，而何以优美之共和政体，至十八世纪而始实现也？即今世国家，亦何国之民不有此等观念，而何以除美国、瑞士外，不闻更有可为模范之共和国也？彼法国及中美、南美诸国，于此等观念，论者宁能谓其无之？而谓其有共和资格，虽论者或强词承认，恐不能言之成理也。盖公法观念，自国家初成立时，而即有之。善固法恶，亦不可为非法。此观念之有无，不足为国民程度之试验器，甚明。国家观念之强弱，则全视乎国家外部之相接厉者如何。列固对立，则此观念自强。此观念之强，其于促内部整理之进步，固大有影响。然不能谓有此观念，而整理内部之术遂臻圆满也。以上所述，吾绎论者之文意，而假定彼所举三言为彼所示共和资格之标准。而此标准，则吾绝对的不肯承认者也。论者若曰："此非吾所示之标准也。"则吾愿别闻之。

论者又摭拾吾原文"论革命后建设共和政治之困难"一段，而复诮我为不知国法学与政治学之区别。其言曰："夫既为立法论矣，乃以政治上之观察判断之，是混法理论与事实为一谈也。"噫！异哉。言立法论者，乃不许从政治上观察判断。微论者，吾安得闻此前古未闻之奇论也。夫立法之政策，原属政治学部门，盖立法之学与成法之学异。为立法论者，未有不合法理、政治两方面研究者也。岂惟政治？凡属社会现象

(如经济现象等)，皆其研究之范围矣。如论者言，则不知国法学、政治学之区别者，岂惟鄙人？凡各国古今之立法家皆然矣。如论者言，则立法者不过一钞胥之业，取外国法搬字过纸而已足。苟有他及者，遂不免如论者所谓非马非驴之类矣。吾为中国前途共和宪法着想，见其若立甲种之共和宪法，则政治趋势不胜其敝也若彼。若立乙种之共和宪法，则政治趋势不胜其敝也又若此。而因以断言共和宪法之不适用于我国今日，而为我国立法家所不可采。此正言立法者所最当论及，且不可不论及者也。若夫语具体的共和宪法之性质若何，则属于纯粹法理论，而非政治学部门中之立法论矣。论者谓吾不知二者之区别，其果谁知之而谁不知之耶？论者一篇之中，频以此语相诮。然由前段所辩之说观之，则吾并无此言，而论者强代吾言以故入吾罪。就此段所辩之说观之，则论者与吾之说孰得孰失，稍治政法学者，当能为公正的批评也。

夫此皆属枝蔓之论，不过因论者无理之挑拨，不得不应敌耳。顾本论之要点，则吾谓中国今日无论采何种之共和立宪制，而皆不能善其后。吾所根据者，皆有绝大之理由。论者欲难吾说，而不能取吾所举之理由破之，而惟漫然下一断案，曰："夫中国即使模仿美国宪制三权分立，而以议会为总揽机关，固亦能举行民权政治之实。"彼之所以答吾说者，仅此卅五字。而于所以能举行此实之理由，无一语之证明，是足成为辩论之文矣乎？夫既云以议会为总揽机关，是即瑞士制、法国制所演出之议院政治也。是论者于吾前者议院政治之说，不承认而承认也。如是，则于吾之第二前提，所谓"今日中国国民未有能行议院政治之能力者。"或承认或不承认，二者不可不择一。而论者又避而不击。舍此三十五字外，不能复著一字，则又何也？吾则谓中国今日若以议会为总揽机关必不能举行民权政治之实，吾最强之论据，则曰："必政党发达圆满，然后议会可以为总揽机关而无弊"。所谓政党发达圆满者，则以小野冢氏所举七条件（第三、第三十四页）为标准。而中国现时之程度，吾认为与此七条件不相应者也。论者如欲难吾说，则当曰："以议会为总揽机关之国，无须有完全发达之政党。"否则曰："政党不必如小野冢氏所举七条件，而亦得称为完全。"否则曰："中国现时程度，既已具备此七条件而无遗"。此三说者，苟论者能有一说证明其理由，则吾之说立破。而不然者，无取复哓哓为也。

论者言模仿美国宪制，论者亦曾知美国宪制由来之历史乎？当一千六百二十年，英国清教徒中之康格黎基纯派[①]四十一人（或言六十一人），去其母国而西渡，以适新大陆之马沙诸些[②]省，于航海船中，即共结所谓移住契约（Plantation Covenants）者，同舟人悉署名，然后登岸。此契约之目的，在相约为政治上之团结，保其善良之秩序。据之以作法律选官吏，宣誓各各服从之。盖此契约实带宪法的性质，故学者或认之为成文宪法之嚆矢云。其后来者日众，而每加入一员，必使之向此契约而宣誓服从。由此观之，盎格鲁撒［撒］逊人之初殖于美国，实取卢梭所谓民约建国说而实行之，其共和宪制导源之远若是。而彼最初所以能实行者，其第一条件：由盎格鲁撒逊人种固有自治之特性。第二条件：由清教徒高尚纯洁之宗教观念。第三条件：由仅有极少数之团体员。第四条件：由利害关系同一而无冲突。此四条件一不具，则其能达此目的与否焉，未可知也。夫以极少数之素能自治，而有纯洁之宗教观念，且利害关系同一之人共居一地，而为政治生活，夫是以能益发达其美性。而自治之习惯，愈纯粹而坚牢。美国共和宪制之源泉，皆自兹出。迨一六三八年，其中一部分人，由马沙诸些更移殖于康尼狄克，复发布所谓 Fundamental Orders of Connections 者，其所定政治之组织益详细，已确然成一宪法之形。（一八七二年出版之北美合众国及各州之宪法集，载其全文。）此后多数之殖民地，皆从英王得特许状。Charters 其特许状，凡皆规定该殖民地之政治组织、行政组织，而大率由殖民所自决定而已实行者，国王从而承认之耳。如一六六二年查理士第二所给与康尼狄克殖民之特许状，实全以彼公定之移住契约（即 Fundamental Orders）为基础，是其明证也。迨独立战争时代，而彼十三省者，固皆已莫不有此等特许状。其久者已行至百余年，近者亦数十岁，故一经脱母国而成联邦，采集各省固有之宪法，（即移住契约及特许状。）斟酌而损益之，一转移间耳。而中央政府干涉之程度又极微弱。凡百殆皆悉仍其旧，（参观本报第四号第二十五页）故利害之冲

① 康格黎基纯派，即独立派或分离派。

② 马沙诸些，今译作“马萨诸塞”。

突，无自而生。然后所谓合众国宪法者，始得适用以迄今日。夫当未有合众国宪法以前，其久行共和立宪制，能举自治之实，且富于政治上之经验，既若彼矣。及合众国宪法既发布以后，而母国最善良之政治习惯，即所谓两大政党之习惯者，复发生于其地，且其组织政党之术，视母国尤完整。至今有称美国政党为第二之政府者，盖英国时或有有力之第三党偶尔出现。（如前世纪末之爱尔兰自治党及现今之社会党。）而美国则几舍利巴披力根、丹们奇勒①两党外，更无复他小党出没之余地。又其一国政治上事业，中央政府与各省政府中分之，故其人之竞政权于中央也不甚烈。以此等种种理由，故能行共和政治而获今日之盛强。而此等种种理由，必非可漫然模仿之，尤非可以短期之岁月模仿之。章章明甚矣。彼西班牙旧属之中美、南美诸殖民地，固皆革命后而模仿美国之共和宪制者也。而其结果何如矣？盖其历史舍人民与军队之争斗外，无他可记。就中如玻利非亚，自发布共和宪法以来，凡易大统领十四度，而十四人之大统领中，得善终者仅一人，余十三人，则惨杀者九，而流之以终者，四也。自余他国，大概类是。吾固不敢谓我国民之程度，必如中美、南美诸国。顾吾不幸，而遍求我国民程度与北美合众国相同之点，而不可得。吾又不幸，而遍求北美合众国宪法发布以前之诸条件，于我国中欲举其一二类似者，而不可得也。吾是以不敢谓模仿美国宪制，而遂能举民权之实也。论者既主张此说，则何不将其理由指出一二，以间执我口耶？呜呼！论者最崇拜笕克彦氏，顾以吾间接闻诸笕氏之说，谓“英之宪法，自然发达者也。至于美，则其宪法由人为矣。而彼乃以发达圆满之人民组织为国而制为宪法，皆不能学者也。”（《国法学讲义》第一编第三章第一节）然则谓美之不能学，非余一人私言也，论者能难波仑哈克，盍一更难笕克彦也？

抑论者又言：“立宪各国，各具其特有之精神，又各具共通之精神。所谓特有之精神，如英人对于巴力门②之观念，日本人对于万世一系天皇之观念，皆其历史上所遗传之特别原因结果也。所谓共通之精神，如国家对于人民有权利义务，人民对于国家亦有权利义务。其国权之发动，非专

① 利巴披力根、丹们奇勒，分别为共和党、民主党。

② 巴力门，parliament 的音译，即议会。

注于惟一之机关，而人民有公法上之人格，有私法上之人格，凡此皆我国民所同具者也。我国民而为民权立宪也，固亦有特殊之精神，不必强学英法美也。非唯不能学，抑且不必学也。至其共通之精神，则立宪国所皆有者。而证诸历史，我国民固亦有之。”（下略）以下皆言我国固有立宪共通之精神，文繁不具，引参观附录原文。吾读此语至数四，而不解其所谓。夫国民之有立宪的共通精神，此何劳论者与我哓哓耶？“立宪”二字，岂论者所能专有耶？吾固持君主立宪主义者，使吾不认有立宪的共通精神，吾安敢为此主张耶？论者絮絮数百言，［毋］亦又放无敌之矢而已。顾所最奇者，则于此一大段中，忽插入“我国为民权立宪，固亦有特殊精神”二语。吾方欲急闻其所谓特殊精神者何在？不料读至终篇，无一语之证明。而所举者，仍为共通精神。乃云：“我国民较诸英法美，非有与无之区别，乃精与粗之区别。自无而有难，自粗而精易。”吾以为此言，实足以佐我说之成立，而不足以佐彼说之成立也。盖立宪共通精神，今日中国与彼所异者，精粗之问题也，即论者所谓程度问题也。共和特殊精神，今日中国与彼所异者。（“今日”二字，勿忽。）有无之问题也，即论者所谓性质问题也。吾之所以解释者如是，论者又何以教我耶？

所尤奇者，前文方言“模仿美国宪制，以议会为总揽机关。”而此文又言“不必强学英法美，非唯不能学，抑且不必学。”鄙人本不知中国文法（此论者评我之语），不识“学”字与“模仿”字，其训诂有何区别？不能学而能模仿，此种妙文真费人索解也。论者谓“文成于一人之手，而自相矛盾，斯乃可讥。”其何以自解于此文耶？吾此诘问，非袭论者之故智，毛举细故也。盖此所关者，乃问题之主点。要之，论者之意，谓我国若行共和宪制，宜学美国耶？宜不学美国耶？吾亦欲取论者之语以还赠彼曰：“吾将列举论者自相挑战之点，使自定一胜着，吾乃对于其胜着而下驳论。”

夫吾谓我国民今日未有能为共和国民之资格，箴我国民也。彼谓我国民今日已有共和国民之资格，谀我国民也。乐闻谀言而恶闻箴言，人之情也。彼有觉于是，遂有其卑劣手段，角理不胜，乃转而挑拨人之恶感，故其所布纲领十二条，曰：“《新民丛报》以国民为恶劣。”其意盖谓《新民丛报》侮辱国民，惟我为能崇敬国民也。夫吾固自信非敢侮辱国民者，但吾言固批国民之逆鳞，知非国民所乐闻也。虽然，古哲不云乎：苦言，药也；甘言，疾也。愿我国民自审其病理之若何，则药与疾二者之间，必知所择矣。

以上皆本报第三号论文最重要之点也。（彼报自言所驳者在第三号。故其于第四号，不能相驳者，暂勿问之。）读者试以我原论与彼驳论两两相校，观彼所驳者，曾有一语中肯綮焉否也。

彼之驳我，分为两大段，谓我第二之论据曰："虽革命不能得共和也。"谓我第一之论据曰："约法不足恃也。"读者试全绎吾文，则知吾于其间自有轻重主助之别。吾文标题，为今日中国万不能行共和立宪之理由。今日不能行共和立宪，革命后愈益不能行共和立宪，是吾文之唯一之论据也。而因彼有革命时约法之说，故并破之，实此论据之附属论据也。彼苟不能将吾原本论据解驳，则虽能解驳附属论据，而其说固已不能自完。故吾原文曰："吾对于论者之说，固已连让十余步，乃达此最后之结论，使前所让者，有一非如论者言，则不必达于最后之一问题。而论者之说，固既可以拉杂摧烧之。即使前所让者，皆如论者言，苟不能解此最后之一问题。则论者之说，犹当拉杂摧烧之也。"今论者于此最后一问题，支离躲闪，而要害处全不能解驳。既已若此，然则前此诸附属问题虽一一能解驳，而其说之不立如故也，而况乎其并此而不能也。论者谓吾之诘难约法，非能就约法之本体，一一指其利害得失，而因以我之所设种种假定，为不能于根本上着想，以我之连连让步，为进退失据。嘻！异矣。吾之连连让步，非吾之不能不让也。因吾文前半所列之诸问题本属假定，使吾所置假定而为正确，则吾此一段之说立。使吾所置假定而不正确，则吾此一段之说不立。夫假定之正确不正确，其征验在将来，吾与论者皆不能下武断。使吾必坚主张吾之所假定，则殊不足以服论者之心。吾故如其意，谓虽取消吾之假定亦可也。于是乎有让步，此吾对于论者忠厚之意也。若语于实际，则虽假定之正确不正确，无从断言，而我说正确之程度，此较的强于彼说，甚章章也。然即使吾所置假定有一不正确者，则亦此一段之说不成立耳。即使吾所置假定悉不正确者，则亦前半之说悉不成立耳。然吾之说固非除假定问题外别无成立之理由，吾说最重之根据，则一曰：未有共和资格之国民，不能行共和立宪。二曰：今日中国国民，实未有共和资格。三曰：共和资格，非可以短期之岁月养成。四曰：革命军倥偬骚扰时代，必不适于养成共和资格。此四者，皆非凭假定以立论，而事实上有必至之符者也。吾虽全扫假定说，而吾说之得成立也犹若是。是得为进退失据矣乎？而论者于吾之此重要论据，无一焉能为正当之答辩，而徒毛举细故，吾诚不知其进退何据也。且论者谓“吾诘难约法，非能就约法之本体指其得失，以是诮我为不能于根本上着想。”夫论者所谓约法之法文，今尚未发表，吾何从就其本体而下评骘？但吾据彼报所标之六大主义，有所谓建设共和政府者，有所谓土地国有者，则其约法之条件虽不可知，而其约法之精神，大约可以推定。吾因以极言共和立宪主义之约法万不可行，复顺言土地国有主义之约法万不可行。此正吾从根本上着想，而予论者以最难之返答也。而论者乃谓我“为此假定以侥幸其或然，何蒙稚若是。”论者试细读吾文，其果舍假定外无立足之余地耶？抑吾何尝侥幸其或然耶？吾固已如论者之意，一一取消我之假定如剥春笋，以达于最后之决论矣。吾文具在，而论者乃反责以侥幸，何相诬之甚也！

彼论言约法之能行，根于国民心理，而引“合成意力说”以为之证，此殆彼最得意之点也。彼每以知学派知家法自诩，而其所主张之合成意力说，不外本于日本之笕克彦博士。故非引笕氏之说，不足以破之。今请以论者所言与笕氏所言相比较，笕氏曰：“所谓合成者，非要约之合成，而心理之合成也。”（《国法学讲义》第一编第二章第一节第一款）笕氏说所以异于前此之契约说者以此，论者解合成意力而以约法，是先与笕氏说相戾也。欲言法，必合实质方面与作用方面观之，然后法之观念始完。故笕氏既言合成意力，而重以一言曰：“必须有外部的组织。”且举其例云：“如在校听讲，各有求静之心，然此虽与同校中人心理相合，而心理尚在内部，不得即谓为法。何也？设校中人有妨碍静谧者，同校莫得而强制之。时谓无法，盖法者全恃外部的组织也。如校中有校长舍监，而同校中人皆尊敬之、恐怖之，而后校中秩序，自无紊乱。此之谓法。”然则如笕氏之说法也者，必借强制执行力为后援，而非仅如论者所谓欲问个人肯服从此法与否，当先问此法是否由个人心理所表现云云也。盖笕氏采卢梭之总意说，而以霍布氏①之权力说附之。论者所言，则采其半而遗其半也。盖苟无外部组织，无强制执行，则各个人之意力，无从合成，纵偶合成，亦归幻散，故以秦汉间之挟书律，明太祖之大诰，虽残酷无人理，而不得谓之非法，盖其法文中所规定之条件，果为个人心理中所表现与否不可知？然心理所含者不一端，如恐怖心亦其一也。专抽象的利用其恐怖心，而以外部组织厉行之，则亦得命为规律的合成意力。反是，而如康德所倡之永世太平论（弭兵论），瑞士及海牙之万国平和会，英国之仲裁裁判协会，法皇拿破仑第三及俄今皇所倡平和会议，凡此皆世人所极表同情者，而不得谓之法。虽以前世纪世界二十六国在海牙所结之仲裁条约，犹不得谓之法。盖其约虽或为“有人格的国家”之心理所表现，而无立乎此诸人格之外部者，以组织而强制之。受裁判者，若不服从，则仍出于战争，盖国际无强制力使然也。吾初闻论者约法之说，以为彼之法字，不当作法律解，故未与辩析及此。今论者既引笕氏合成意力说，则所言者必为国法无疑。国法而以约为作用，是先已与法之性质大相反。盖约也者，得以自由意志结之，亦得以自由意志解之者也。人不愿与我约，将若之何？约矣而旋解弃之，又将若之何？论者如曰：“吾所约之法甚善，而中于人心，民必愿就我约。且约矣而必不背，是则又事实论，非法理论也。”彼报第二号述某氏约法之说，从事实方面立言，吾故亦从事实方面难之。既不能答辩，则一转而遁入法理论，指其所谓约法者与国法为同一之意义。吾请以简单之语，质之曰：“国法者，事实上国家之意力也。超然于各分子之上，而国家固有独立之意力也。”（日本《法政新志》第十卷第四号第三五页，笕克彦著《论国家之性质》。）公等革命发难伊始，此国家固有独立之意力从何而来？恃约法而意力始发生，是约也者，其母也。而法也者，其母所生之子也。无约斯无法矣。而论者乃曰：“使国民而背约法，则军政府可以强制。”夫约也者，本私法上之名词，非公法上之名词。既彼此立于平等之地位，以互结契约，则本无可以行强制之道。而私法上相约者之一方，或不履行所约之义务。而他方有可以强迫使履行之权利者，则以其权利由法律所规定。而法律则有国家之权力在其后也，故强制之权

① 霍布氏，疑为“霍布士”，今译作“霍布斯”。

利，实自国家来也。使权利未经国家法律规定以前，甲乙两人，以社会的分子之资格而共结一约，一旦乙不履行所约之义务，而甲欲强制之，其道何由？则惟诉于武力以决胜负耳，即舍决斗外无从解决也。此如两国互结条约，一国背约，而他国欲强制之，舍战争外无从解决也。军政府既与国民约法，不过如社会上个人与个人之契约耳，否亦国际上国与国之条约耳。而云国民背约，则军政府可以强制，试问可以强制之权利从何而来？故吾以为若就法理方面立论，则军政府既与人民约法，苟一方有背约者，则惟以膂力为最后之裁判耳。何也？此国际法上之法理，而非国法上之法理也。必中央政府确立外部组织已完，然后有国法之可言。乃如论者之说，谓定甲县则与约法，定乙县又与约法，以此而冒笕氏之规律合成意力说。吾不期以法学家自命者，乃如是也。夫笕氏说本合卢、霍于一炉而冶之，如论者说已采卢而遗霍，然笕之评卢说也，谓其国民总意说为相乘的而非相加的。如论者言甲县又与乙县约，驯至十八省相约，则正相加的也，并卢氏之说而悖之也。论者所以笑人者曰："非驴非马之奇观，论者自当之矣。"夫苟专就事实上立论，曰："吾军政府有莫大之威力，能使人民恐怖。吾利用其恐怖心，无论制何种法律，皆得以无限之权行之。由此恐怖意力之合成，遂产国法。如此则与笕氏说不缪矣。而贵头领约法之大义，则拉杂摧烧之矣。"

然则论者即取消约法说，而易其词曰："吾军政府审国民心理之趋向，采其所表现者，而制为法，以军政府之权力使其服从。"此其说足以自完乎？曰："是未定之问题也。"笕氏又曰："舆论非法也。舆论为多数人类合成之意见，非社会心理之合成意力。意力与意见不同，若辩别不明，必有误认意见，而制为国法，欲其合于社会一般之心理难矣。"（同上）此以言夫真正之国民心理，（笕氏多言社会心理，而论者称国民心理。今用论者之名称。）不易见，而立法者之不可以冒昧也。吾谓凡国民心理之能形成为规律的合成意力者，必须其真正而成熟者也。何谓真正？何谓成熟？凡国民心理，必须其为自由发动者，若一时刺激于感情，不可谓真。如法兰西大革命时代之狂醉于共和，其心理不可谓真。于何见之？于其共和政府成立后仅八年而复狂醉于帝政见之。不真随而不成熟，盖沉醉共和固非真，沉醉帝政亦非真。何也？皆不成熟也。故其宪法发布后不及百年，变更已累十<一>次。（一、一七九一年九月三日之宪法；二、一七九三年六月廿四日之宪法；三、一七九五年之宪法；四、一七九九年之执政官政府宪法；五、同年之帝政宪法；六、一八一四年六月四日之宪法；七、一八三〇年八月四日之宪法；八、一八四八年十一月四日之宪法；九、一八五二年一月十四日之第二次帝政宪法；十、一八七〇年五月二十一日之宪法；十一、一八七五年之宪法。）夫宪法者，一国之根本法，而合成意力之发表于具体的者也。而动摇若此，使一国投于战乱涡中，而日以萎悴。（法国当十七八世纪为全欧第一雄国，及十九世纪惟拿破仑时代有昙花一现之光荣，后此遂日即于弱，今殆已失第一等国之位置。数月前，摩洛哥问题谈判将破裂德国。报纸嘲之曰：法人欲与我德战乎，请先复帝政乃议战争之准备可耳。）皆由所认为国民意力者，非真意力，即偶尔发动，而亦未成熟。而彼少数主动者，自以其主观的意见，而指为全体国民之合成意力，或以直接间接手段，煽动胁迫国民，偶得多数，而指为全体国民之合成意力。而因据之以立法，而不知此意见也，非意力也。即为意力，亦其不真且不成熟者也。故不移时而复有他主动者，亦用此术。而自以其意见立法，或据别方面之不真且不成熟的意力以立法，夫是以法虽迭更，而累偏畸以偏畸，终无一焉实为国民合成意力者，而法不胜其敝也。而论者曰：“约法者，革命之际，应于国民心理之必要而发生者也。”就令将“约”字删去，而所谓法者，吾恐其为论者一人之意见，而非笕氏所谓合成意力也。虽然，一人或多数人之意见，固不能径指为国民合成意力。而一人或多数人之意见，有时亦能与国民意力相吻合。然则其法果为应于国民心理之必要而发生与否，必当视其法之性质为何如。论者将来所约之法，今未尝发表一字，于此而欲论其为应于国民心理之必要与否，实不成问题也。而吾敢断言，彼将来所约之法，决非应于国民心理者。以吾虽未见其法，而据彼所标主义，有共和宪制土地国有诸条，吾因以推定其法之性质，亦当如是。而吾确信含此种性质之法，决与今日我国民心理不相应，不过彼一私人之意见，而不得以冒合成意力之名也。此还可以笕氏之说正之，笕氏论学，最重“第一事实”，（第一事实者，谓天下事实有果必有因。由果推因，因复有因，推而上之，至于无穷，终必有所谓最高原因者。而此最高原因，则非吾人之智识所能及也，故只得以最高原因之下一级以为断而已。最高原因之下一级，即第二原因也，而亦即第一果也。故谓之第一事实。）而谓“国家之第一事实，即历史也。故国是之或保存、或改良，不能不以历史为根据。”（同讲义第一编第一章第四节第二款第一项）而吾国之历史何如？论者历举吾国历史上革命之心理（参观附录原文①），而谓使我国民长葆此心理，则约法诚可废弃，是彼明认历史上心理不足以行彼之约法矣。及观其所以自解者，则曰：“国民之心理，有变迁者也。畴昔吾国民，有国民思想矣，然专制之毒，足以摧抑之。有民族思想矣，然君臣之义，足以克灭之。今欲使国民心理发达变迁，则当葆其固有者，而去其沮遏者。”彼所谓畴昔有国民思想、民族思想者，彼未尝引事实以证明之，吾不能断言其确否。即使确矣，而既已为专制之毒所摧抑，为君臣之义所克灭。则被摧抑、被克灭者，今日之事实也。夫国民心理之不能无变迁，不待言也。政治家常当导国民心理，使变迁而进化不待言也。而其变迁，无论为自动、为他动，而要不可不假以若干之岁月。吾所以谓吾国民在远的将来有能为共和国民之资格者，以其心理之能变迁也。吾所以谓吾国民在今日或近的将来未有能为共和国民之资格者，以其心理变迁之不能速也。笕氏又曰：“先知先觉，以其心理造成社会心理，使发达于一定程度，而制为至善之国法，非不可几及。虽然，由国家自为之则可，以外国之心理为标准则不可。”（同讲义结论）论者殆以先知先觉自命，而谓此种心理，吾能造之也。（实则他人之汲汲焉。思造此种心理也，已在十余年之前，论者不过其被造之一人耳。当他人造此心理时，论者方咿唔于八股，未可知也。他人之心理，或已几经变迁进化，而论者摭拾其弃置之唾余，嚣然以先知先觉自命不亦重可哀也耶?）而由造以迄于成，所需之岁月几何？笕氏未尝明言。（此不能明言者也，盖缘各国之程度而千差万别也。）然其言曰：“法国大革命时，以人民发达未及程度之故，卒无成效。”又曰：“或谓俄败于日，亦将立宪，不知俄之人民程度，比之法国当时，犹未及也。”（同讲义第一编第三章第一节）夫以法之先知先觉造此思想。在十七八世纪之交，俄之先知先觉造此思想。在十九世纪初期，乃经百年之久，而笕氏

① 参见精卫《驳新民丛报最近之非革命论》，《民报》第4号，1906年5月1日。

犹谓其程度之未及。然则欲造成之，必非如论者所戴首领谓如改恶汽车为良汽车之易易，明矣。而论者乃谓“革命之时日，不必甚长。一方抉义，万里响应，而约法即应于其时国民之心理而发生。”信如是也，则笕氏之所以论俄法者，其皆谵语矣。嘻！为此论者，苟如鲁宾孙之在荒岛，无第二人与之交语，自言之而自听焉，斯可耳，而不谓以先知先觉自命者。其觉民之言，乃如是也。

复次，论者谓“使民族主义、国民主义而普遍于国民之心理也，则共和约法，乃应于其必要而生者也。”（原文无“共和”二字，然吾推定其约法必为共和约法，故僭下此二字，以供行文之便当，为论者所乐承认。）其所谓民族主义、国民主义者，吾不知其所下定义如何，以简单的推定之，则民族主义，谓排异族。国民主义，谓排专制也。诚如是也，则吾谓民族主义普遍与否，与共和绝无因果之关系。如明太祖、洪秀全，论者所崇拜为民族主义之伟人也。（吾则不许之。彼等皆一邱貉之民贼耳。其动机岂在为一族争气耶？为一人谋利益耳。）而其已然之事实，与共和立于正反对之地位也。既若彼矣，论者亦知之。乃曰：“即使民族主义昌明，而国民主义尚未入于人心，则犹将知忠君而不知爱国。”夫爱国心者，国家之成立维持所最必要者也。仅明民族主义而犹不知爱国，则民族主义非徒与共和无关系且与国家之成立维持无关系矣。然则民族主义所以能与爱国心相联属者，乃仅在依赖国民主义以为之媒介，则其与爱国心无原因结果之关系甚明。然使国民主义不依赖民族主义，而亦不能与爱国心相联属，则是此两主义者，为爱国心之合成原因。离之，则两皆非原因。合之，则两皆原因也。（如五雀六燕交而处衡适平，仅雀不得为衡平之原因，仅燕亦不得为衡平之原因。而合之各置一轴，则皆原因也，是之谓合成原因。）而征诸古今万国已然之事实，则大不然。国民主义离民族主义而独立，固自能与爱国心相连属。然则民族主义与爱国心，绝无原因结果之关系益明。论者谓仅言民族者不知爱国，诚至言也。而爱国心者，与国家之成立维持。有原因结果之关系者也。仅言民族主义，而犹不知爱国，则民族主义其非国家之成立维持所必要甚明。今以甲代两主义之和合，以乙代国民主义，以丙代民族主义，以丁代爱国，以戊代国家成立维持之必要，演其式如下：

（1）乙×丙=甲=丁=戊

（2）甲/丙=乙=丁=戊

（3）甲/乙=丙=非丁=非戊

此吾就论者之说推演之。而种族革命为国家成立之不必要，其明白如此。夫国民主义，则政治革命论之立脚点也。民族主义，则种族革命论之立脚点也。吾认国民主义为国家成立维持之必要，故主张政治革命论。吾认民族主义为国家成立维持之不必要，故排斥种族革命论。吾以为若从国家之成立维持一问题着想，则民族主义赘疣已耳。盖仅乙而已等于戊，不必俟其与丙相加而乃等于戊也。而论者必强主张两主义同时并行，必谓惟甲乃等于戊。夫丙之等于非戊，（非丁等于非戊丙，既等于非丁，故即等于非戊也。）论者所明言矣。乙之等于戊，又论者所不得不承认矣。然则何必以丙加乙使成甲，然后谓之等于戊耶？吾故曰赘疣也。论者如欲与我辩也，其毋以国民主义为护符。国民主义，吾与论者所共同主张，非论者所得专有也。如曰今日中国当言国民主义，而因以难我，是又无敌而放矢也。吾之所恶于论者，谓其以赘疣亙于其间也。

吾谓共和的国民心理，必非久惯专制之民，能以一二十年之岁月而养成。乃论者谓革命时日不必甚长，而共和约法已应于国民心理。吾始焉苦思力索，而不得其解。及细读彼文，见有云："去专制之苦，尝自由之乐，夷阶级之制，立平等之域，心理之感孚，速于置邮而传命也。"吾于是恍然焉，曰："论者所主张之理由乃在此，然则论者日言共和，殆绝未知共和为何物而已。"共和之真精神，在自治秩序而富于公益心。（所以能行议院政治者，专恃此。）国民心理而能如是者，则共和不期成而自成，美国是也。或且无共和之名而有其实，英国是也。苟不能如是，而惟嚣嚣然求自由求平等，是未形成国家以前原始社会之心理，而决不可谓为今世共和国民之心理也。（自由平等，固共和精神之一部分，然必与自治心、公益心相和合，乃成完全之共和心理。苟为离自治心、公益心而独立之自由平等，则正共和精神之反对也。）而乐自由、爱平等之心理，可以煽动力而骤致之。重秩序、尊公益之心理，非养之以岁月而万难成就。论者徒认彼为共和心理，无怪其心目中养养然，呼之欲出，谓其今日已大发达，而实行革命时愈益发达也。夫论者所认今方滔滔汩汩而进行者，此乐自由、爱平等之心理也。若吾所谓重秩序、尊公益之心理，则非惟不见进行而已，且视前此更有退步焉。此实事之章章不容讳者也。故吾惟见彼方面之滔滔汩汩而进行也。而益以断其与共和之心理，适成反比例而万不能兼容。勿论他人，即以论者证之，论者固自命为忠于共和主义之人也。而其所认为共和心理者，乃仅若是。是则论者之心理，先以不适于共和。而凡附和共和者，其心理亦若是则已耳。其今之闻共和而好之者，凡以谓共和能予我以自由平等也。然自由平等有代价焉，彼勿问也。一旦际于实行共和时，而索其代价，则与彼之一心理，遂大相拂戾矣。吾之所以谓共和约法万不能行者以此，论者其何以教之？

夫笕氏之合成意力说，采卢梭之总意说也。而既以霍布士之权力说补之，复以康德之责任说补之。其言曰："卢梭以人民总意为法源，此不刊之论也。其提倡自由平等说，功不在禹下。虽然，不有说以补之，流弊日滋，故言自由者抛却责任，言平等者昧于服从，规律力荡然，而人道或几乎息矣。故当参诸康德说，以责任心为之维持。"（同讲义第一编第一章第三节第一款）夫责任心，则吾之所谓自治观念、公益观念之所从出也。笕氏言合成意力，而冠以"规律的"之一语，盖以此也。论者袭用笕说，而袭其半而遗其半。昔晚唐西昆诗体盛行时，优人有扮演李义山者，衣褴褛以登场，他优问其衣胡败若是，答曰："吾为若辈挦扯殆尽。"一座粲然。呜呼！笕克彦何不幸而遇论者！遽变为鹑衣，百结之玉溪生也。论者之规我也，曰："凡治学问者，不当以自己之理想，主张他人之术语。"其诋我也，曰："所主张之学派，大索而不可得。"又曰："生物学家发现一种蝇取草，谓之为动物则非，谓之为植物则非。论者之文，毋乃类是。"又曰："有非驴非马之奇观。"此种轻薄语，吾本不忍以加诸彼，惟彼之挦扯笕氏学说而东涂西抹。则彼之所言者，彼实当之耳。今复述前文，而特指论者所说与笕说矛盾者如下：

一、笕氏谓合成意力非要约的，而论者指约法为合成意力。

一、笕氏谓意见与意力异，而论者并为一谈。

一、笕氏重第一事实，而论者蔑视历史。

一、笕氏言不可以外国之心理为标准，而论者所以为标准者，实外国心理，非本国心理。

一、筧氏兼采卢梭之总意说，康德之责任说，与霍布士之权力说，故自成己说；论者将权力说、责任说全行抹却，所以非驴非马。

一、筧氏规律的合成意力，论者将规律的一语删去，所以为蝇取草。

一、筧氏言卢梭之总意说为相乘的，而论者所言约法乃相加的，并卢氏说而不类，故曰："其所主张之学派，大索而不可得。"

一、筧氏之合成意力，指事实上国家之意思；论者之合成意力，指理想上个人之感情。故曰："以自己之理想，主张他人之术语。"

嘻！论者欲与吾言法理耶？吾不幸而未得厕法政速成科之末席，安敢比足下？夫吾固自知吾之不谙法理，故吾于第三第四号本报，皆从事实方面观察立论。而论者乃对于并速成未就学之人，而哓哓然搬弄其甚深微妙之法理论。何也？吾请直言论者之隐衷，可乎？吾之事实论，驳无可驳者也。而法理论，则是丹非素，入主出奴，虽历千岁而可以无定论。此如我国汉、宋学者，所谓增一桩公案而已。论者欲吾反驳其法理论，而彼遂不忧词竭。吾今请明告论者，吾之自初与排满共和论宣战也，以事实论，非以法理论也。即间涉法理，亦附庸也，非正文也。论者如不能于事实上解决，则即将速成讲义录，全文誊出以入贵报，犹无当也。而吾亦决不予反答。何也？诸博士之讲义，岂吾之浅学所能诘难？而论者既非与我辩，则吾亦何为哓哓也。

虽然，论者好言法理，抑亦知法理学之不可离事实乎？他人之说，或不足以悟足下，请复举足下所崇拜之筧博士所言。博士曰："凡研究一种学问，必就理论事实两方面观察之，然后得精确之知识。"又曰："由正当之意思而后可求精确之知识。反是，即为物蔽。物蔽之原因有二：曰迷信，曰独断。"（同讲义绪论第一章）此以言夫一般学问也，即法学亦何独不然。足下之蔽，正在以迷信行独断，故于事实之不与吾空想相应者，奋然抹煞之。掩耳盗铃，自欺欺人，自谓得计，而不知与学问之道相去益远耳。此吾之所以忠告于足下也。吾知足下必不容吾忠告，则吾愿承学之士，以足下为鉴而勿效之。

且吾以论者崇拜筧氏之故，请更一述其说，以为箴言氏之论卢梭也。谓"其说之所以昌者，由当法兰西专制恣盛之秋。人民不平达于极点。忽以绝妙之文章，抒极新之理想，既已深中人心矣。而尤妙者，在抛却当时之道理心说、辩别心说，而移入于感情以立言。彼十七八世纪之交，思想幼稚，群苦辩理之难于精确，而独信所谓感情者，接一事物。惟凭直觉的认识，不为归纳的研究。其欢迎之，不亦宜乎？而法国遂缘此而成血世界矣。”（同讲义第一编第一章第三节第一款）呜呼！此言不啻为今日之中国言之也。论者固非能有极妙之文章，亦非能有极新之理想。而我国今日思想界之程度，未尝有研究的精神，而惟凭感情之一瞥，则真与卢梭时代之法国同也。故排满的感情论，最易煽动一般年少气盛之人而骤占势力于社会。虽然，论者当知，此非由所持学说之有价值也，亦非由辩才之足以入人也。感情论之性质，其投合于此种社会应然也。抑尤当知，专以感情论投合社会，非社会之福，而社会之祸也。法国其前车也，不知其为社会之祸而轻投合焉，则及其既知而当改之。若明知其为社会之祸而故投合焉，则其心可诛也。论者之所以驳吾之非革命论者，其无一毫价值，既具如前述矣。而彼尚有一卑劣手段焉，指波仑哈克学说为吾说唯一之根据，而因以驳倒波氏学说为即驳倒吾说。夫吾说、舍波氏说外，尚有他根据与否？读吾原文者，自能知之。论者安得以一手掩天下目也？抑吾固言学说者，千古之最难论定者也。是丹非素，入主出奴，自昔然矣。论者若欲与波氏争法学之帜，则请还与波氏上下其议论。吾无为波氏作辩护人之义务也。虽然，波氏之主权论，吾固未尝为绝对的承认，故吾于癸卯年本报曾绍介其法理论。今兹转录，则从而删之，而惟采其近于事实论者，吾之意固有在矣。况波氏亦非绝对的排斥共和政体者，惟言因习惯而得共和政体者常安，因革命而得共和政体者常危耳。而其最重要之理由，则谓数百年卵翼于专制政体之人民，既乏自治之习惯，又不识团体之公益也。盖共和政体之为良为恶，不能以具体的论定之，而惟当以抽象的研究之。波氏所述，取法国革命时代之现象以为证，抽象论也。而吾论今日中国不能行共和立宪之理由，亦抽象论也。论者难波氏说，取吾所征引者，全行抹煞，一字不驳，而惟取吾所不征引之主权论驳之。抄袭美浓部达吉之说，絮絮数千言，则何不改其题曰：“驳波仑哈克国家论”，而题为“驳《新民丛报》”胡为也。

吾固无为波氏作辩护人之义务，然论者所述之机关说，抑非能全难倒波氏说也。国家有诸机关，而更有最高机关焉以立于诸机关之上。此最高机关，其在君主立宪国，当然属于君主。其在共和立宪国，当然属于国民。故国民全体为一国最高机关，实一般共和国共通之原则也。然近世之共和国有三种：一曰国民直接的共和国；二曰代议制度的共和国；三曰直接代议参用的共和国。（美浓部达吉《国法学》第一二一页）其在第一第三种，国民全体直为最高机关，不辩自明。其在第二种，则以议会为最高机关，似属例外。不知此原则虽缘代议制度而变其形，不缘代议制度而丧其实也。如论者所述拉攀氏①说，谓以法学上之观念言之，国会不得谓为国民之代表，此则耶陵尼②及美浓部既已力辟之。盖如拉氏说，则国家但求有此机关而已足，不必更问此机关之何自成立。其专由君主敕命议员所组织者，与专由人民选举议员所组织者，应无差别。而古代敕任枢密顾问参与立法之国，可视与今世民选议员之国为同物。而君主所有解散议会权与夫议员任期之一定，在法律上可云无意义。而当议员任期终结及议会被解散时，国家之立宪制度，可谓之中止，而一时复返于专制之形矣。（《国家学会杂志》第二百号美浓部论文“议会フ国法上フ性质ニ关ヌル‘新说’”）凡此皆足以难倒拉氏之说而有余。使如论者所谓“国会非国民代表而超然于利害关系之外。”则虽以解君主立宪国之国会，犹不能得其真相。若以解共和立宪国之国会，则此种国家，在法学上可命之为寡人专制国，而不得复谓之共和矣。然则拉氏说不足取既已甚明，若夫耶氏说，以国民全体为作成机关，以国会为被作成机关，其从法学方面说明国民与国会之关系，可谓博深切明。虽然，耶氏尚有说焉，谓此种之作成被作成机关，与纯粹的作成被作成机关有异。纯粹的作成被作成机关，如中世德意志之选举侯，以选举皇帝为职。选举侯即作成机关，皇帝其被作成机关也。选举既终，皇帝全与选举侯相离而立其上，此纯粹的作成机关之原则也。若夫立宪国国民之与国会，其关系则与此异。国民非徒以作成行为而已足也，而常与其所选举之代议士为继续的结合关系，故耶氏亦名国民为原始机关，名国会为代表机关，被作成的代表机关与作成的原始机关，其利害关系决非超然相离甚明。而耶氏之论原始代表两机关之性质，

---

① 精卫《驳新民丛报最近之非革命论》中注解道：拉攀，即 Raband，德国之公法学大家。Raband 疑应为 P. Laband，今译作“拉邦德”（1831~1918）。

② 耶陵尼，即格奥尔格·耶利内克（Georg Jellinek，1851-1911），德国公法学家。

引君主之有摄政为例。摄政非君主，而摄政之意思，法律上认为君主之意思。议会为国民所作成，而议会之意思，法律上认为国民之意思。谓君主与国民，皆原始机关，而摄政与国会则彼原始机关之代表机关也。（以上述耶陵尼说，皆据《国家学会杂志》第二百号美浓论文。）据此说，则当选举终结后议会开会中，国民恰如民法上之“无能力者”，而议会则无能力者之“法定代理人”也。虽然，耶氏此说，所以说明代议制度议会之性质，（无论君主国、共和国，凡行代议制度者，其议会性质，皆得以此说明之。）而非以说明共和国国民之地位。盖共和国决非徒有代议制度之一种，而尚有直接制度与直接代议制度参用之二种也。论者引用耶氏说，而不明其所谓原始机关、代表机关之关系，认国民之作成行为，与德意志选举侯之作成行为相等，已大非耶氏之意。且耶氏就议会论议会，而论者乃剽窃其说以推论一般共和国国民之地位，其相去不愈远耶？夫如耶氏说，则即在行代议制度之共和国。所谓国民如民法上之无能力人，而国会如法定代理人者，亦不过当选举终结后为然耳。若夫当议员满任，或议会被解散而新选举未成立之时，则其原始能力，即已直显，此又至易见者也。故美浓部氏曰：“民主的共和国者，国民全体，有为国家最高机关之地位。国民全体之意思，为国家统治权之源泉也。”（《国法学》百二十页）今论者全忘却此语，徒窃其作成被作成的半面议论。而谓国民全体之利益冲突，其影响不波及于所作成之机关，是得为知法理矣乎？夫民主国既以最高机关在国民为其原则，（即代议的民主国，亦不能离民原则。）则国民全体之程度，能否当于最高机关而完其责任，是即此种国家成立维持之第一大问题也。所谓完其责任者不一端，而必先求机关内部之统一，毋使以冲突而内溃。苟内部自溃焉，则先已失其为一机关之资格。（机关者，一体而不可分析者也。）而对外之行动能适宜与否，更无论矣。最高机关在君主之国，其对外行动与彼最高机关在国民之国，孰优孰劣，虽不能以具体的论断之，惟语其机关自身内部之统一，则此以一人为一机关，彼合多数为一机关，统一之难易，则有间矣！故曰：“因于习惯而得共和政体者常安，因于革命而得共和政体者常危。”盖因习惯而得之者，则其国民程度发达圆满，有自治秩序而富于公益心。一旦组织为最高机关，则无论国民全体直接而行统治权，或议会代表而行统治权。而机关自身先无内讧鱼烂之忧，然后可以语于对外行动。若因革命而得之者，则国民前此并未尝当于一机关之任。虽使之组织一补助机关犹虑不胜。（所以虽君主立宪制，犹必经过开明专制之一阶级，然后能至。）一旦而跃立于最高机关之地位，安见其可？机关自身之要素先自不具，他更何论矣！夫使为一补助机关而不胜其任，则腐坏者仅在此机关耳。而尚有他机关调和补救之，恶结果不遽影响于全局，而可以徐图改良。若为最高机关，则一国命脉所系也。最高机关腐坏而国随之。法国及中美南美诸国，所以祸乱相寻元气斫丧者，皆坐是也。此吾所以虽不采波氏之君主主体说，而于其调和利害冲突之义，则甚佩之也。所抄袭之半面的美浓部机关说，能复有他种遁词以难我否耶？

夫既以国民全体为最高机关，其在实行合议制度之共和国，此机关于法律上有万能力无论矣！即在行代议制度之共和国，其政治上之趋势。所谓被作成之代表机关，亦往往仰此原始的最高机关之鼻息。又势之不可避者也。英人布黎士[①]之《美国政治论》，谓“美之各邦，其立法部之议员非常软弱，往往有一新问题之起。两党派中人各各有其或赞或否者，（如禁酒问题，妇人选举权问题等，甲党中有赞者否者，乙党中亦有赞者否者也。故政党之用几穷。）则惟求人民之直接干涉为最后之判决，以自卸其责任。其直接立法之事所以日多也。”夫美国之议院政治，所以能运用圆活者，全恃其两大政党组织之得宜，及遇此等问题，而政党之长技失其效用，遂不得不还求解决于国民自身。而布氏论其弊曰：“若此法屡行，则大损议会之权威及责任，人民将视议会为可有可无之物。而彼人民者，不徒无学识之人居大多数而已。而又以人数太巨之故，不能聚集一地以相讨论。其所直接判决者，未必衷于真利害，流弊不可胜穷，深为美国政界前途惧之。”吾以为布氏所论，可谓博深切明。而美国顾未尝大受其敝者，则以彼之党派组织，本极完密。而此等歧于党派以外之问题，固非屡起，不至常失两大政党之效用。而中央政府（即联邦政府及议会）之权限，本缩至极小。故联邦立法部所讨论之问题，益鲜有歧于党派外者，而复加

① 布黎士，即詹姆斯·布莱斯（James Bryce，1838－1922），英国自由党政治家、外交家、历史学家。

以人民尊秩序重公益之习惯，养之已熟。故虽遇此等事件，委诸原始的最高机关之判决，不至缘是而生大冲突酿大祸乱。若乃历史上不具此原素之国民，其政党既绝不统一，无论何种问题，固皆足以起冲突。而其国家之组织，又非如美国于联邦之下复有各邦，一切洪纤问题，悉集于中央议会。而其人民复非有尊秩序重公益之习惯，任以一睚眦之争，而可以酿杀人流血之惨祸。而其人民学识程度，足以供判断力之用者，又远出美国下，而其人数又远过于美国。而其交通机关之便利，又劣于美国万万倍。于此而欲以国民全体为最高机关，果有术以能完机关之责任乎？即以国民所作成之代表者为最高机关，而作成者此国民也，被作成者亦此国民也。以数千年未尝一度作此机关之国民，而骤以最高机关委之，果有术以能完机关之责任乎？论者于吾所谓共和国以国民为最高机关之说而有以相难也，则吾愿闻之。若无以相难也，则吾所征引哈氏之说，卒无见其能破也。

论者又曰："使国会而为被作成机关，则必能顾其作成机关之国民全体之利益。"论者此段，全从法理方面立论。法理学上果有何等之说明以证其必能，吾苦难解之。若就事实上征诸各国，则法国革命山岳党最占多数时代，其国会固被作成机关也。吾不知其所顾者，果国民全体之利益焉，否也？西班牙之有国会垂百年，固被作成机关也。吾不知其所顾者，果国民全体之利益焉，否也？奥大利之有国会亦五十余年，固被作成机关也。吾不知其所顾者，果国民全体之利益焉否也？中美南美诸国，无不有国会，其国会皆被作成机关也。吾不知其所顾者，果国民全体之利益焉否也？北美合众国之国会，当论者所认为被作成机关之最美者也。以近今其对于托拉斯之态度。吾不知其所顾者，果全国民之利益焉否也？机关之性质，可以类似者比例论之。市会议员，亦可谓市之被作成机关也。而英之伦敦市会，易瓦斯为电灯之问题，十年不通过。美之费尔特费市会，改良水道之问题，亦历年不通过。吾不知其所顾者，果市民全体之利益焉否也？故吾以为此非能有必至之符，而总以构成机关分子之各员责任心、公益心之强弱为断。而吾中国今日之人民，据之以构成机关。吾认其责任心、公益心未能圆满者也。又即使有责任心、公益心，则其欲顾国民全体之利益，差可期耳。而必能为国民全体谋利益与否，尚属于别问题。如普国会当普奥战争前，大反对俾士麦扩张军备之政策。自谓顾国民利益，其果为国民利益焉否也？阿根廷国会当六十年前，大欢迎外资输入之政策。自谓顾国民利益，其果为国民利益否也？然则此又非能有必至之符，而总以构成机关分子之各员政治智识之多寡为断。而吾中国今日之人民，据之以构成机关。吾认其政治智识太过幼稚者也。论者徒漫然下一武断曰，必能必能。吾愿论者将其所以必能之理由，一为我说明之。

论者谓“革命之际流弊或所不免，然但当思患预防。力求所以免之者，不当以革命之有流弊而至于不敢革命也。”此其言尚属平心之论，吾乐受之。虽然，当视其流弊之可避不可避以为断。若政治革命论，则其流弊有可避之道者也。若种族革命论，则其流弊无可避之道者也。何也？论者所主张之种族革命与共和政体相缘而不可分，而共和政体与吾所列举之诸流弊相缘而不可分也。论者而犹有丝毫为国家前途计利害之心乎，其必不妄争意气而当思所以处之也。

至论者有驳吾所持开明专制论之点，吾固先与论者约。谓请俟全文出版，乃赐教言。不幸而论者不守此约，故吾仍自守其约，不复详为置辩。读者欲知吾论据，则亦俟全文出版可也。虽然，彼既振振有词，则吾亦不能不先为简单的说明。吾所论我国民对于现政府所当行者，本有两大方针：一曰劝告，二曰要求。其言具在本报第四号，可复按也。所劝告者在开明专制，而所要求者在立宪。所要求者在立宪，其理由不待解释而自明。而所劝告者则曷为在开明专制，吾既确信共和立宪之万不能行，行之则必至于亡国。而又信君主立宪之未能遽行，行之则弊余于利，而徒渎宪政之神圣。然则为今日计，舍开明专制外，更有何涂之从？夫以吾所忖度，则君主立宪制，非十年乃至二十年以后，不能实行。即如论者之说，主张革命而行共和。共和利弊之一问题，姑置勿论。而革命事业，亦岂其旦夕可致，或迟至十年乃至二十年，未可知也。然则当此欲立宪而未能立宪，欲革命而未能革命之时，一国之主权尚须行动否？如须行动也，则政府之现象。无论如何，而必出于专制。此事实之不可争者也。夫固有之事实，则既若是矣！然则开明不开明之问题，安得不发生于今日。夫全部分之开明，固莫善矣。即不能，而有一部分之开明（即行开明专制政治之数端），而其影响于我中国前途者，固已甚大。吾之所以主张之者，盖以此也。吾知读吾文者，见吾所命之题，而不能无骇焉。曰，子曷为教政府以专制？曾不思专制者，现在之事实也。非吾之所能教，亦非吾之所能不教也。政府不以吾之无开明专制论而不专制，则亦非以吾之有开明专制论而始专制甚明。即如论者极力排斥开明专制，而当论者之理想的共和政府尚未成立以前，而现政府安能不专制？专制？等也。而开明不开明之间，其直接影响于国民进步者，固有择矣。然则政府之肯开明与不肯开明，虽属于别问题，而劝告之以开明，则为凡有言责者所应履行之义务。无可疑矣！非独以君主立宪为究竟主义如鄙人者当履行之，即以革命共和为究竟主义如论者亦当履行之也。何也？究竟主义之贯彻在将来，而此乃目前之事实问题也。若曰，吾利用现政府之野蛮，而后覆亡之易为力。此则殊非君子之用心。吾奉劝论者，宜勿如是。吾奉劝普天下爱国君子，无论持何主义者，皆宜勿如是。且今当外患日侵间不容发之时，而我尚未能建设新政府。一国之生命财产犹托于现政府之手。现政府而改良一分，则吾受一分之利。现政府而加劣一分，则吾受一分之害。故以利害问题衡之，而曰吾利用现政府之野蛮，此愚之又愚者也。且即使持极端的暴动革命主义。而现政府开明一分，则教育普及一分。而无论持何种主义，以欲沁入于国民心理者，其易为力也亦加一分。国民稍惯于规律制裁的生活，则虽如所持之约法说，届时而实行之也亦较易。而国家对外之实力稍增，将来虽有内乱，而受干涉不至甚剧。即受干涉，而抵抗之力亦厚于今日。然则现政府之开明专制，何一不足以供论者将来之材料。岂谓政府开明之后，而尚不如今日之可以驰骋耶？故即为论者之偏枯单一的主义计，而曰吾利用现政府之野蛮，此愚之又愚者也。吾故曰劝告现政府之开明专制，实今日独一无二之法门也。吾之所以为开明专制论者以此，愿普天下爱国君子平心察之。

夫开明专制，非不美之名词也。笕克彦曰："开明专制，以发达人民为目的者也。"又曰："开明专制，与立宪同一状况，而为立宪所由之阶级也。"又曰："开明的专制，一立宪制度皆已实行，但未公布宪法耳。"由此观之，特患专制者之不能开明耳。而开明专制岂可诋耶？当未能立宪未能革命以前今日之中国，舍开明专制以外，更有何者为国家所当有事耶？愿普天下爱国君子平心察之。

该报第三号引笕氏此说，并述其言，中国汉唐时代曾经过开明专制，遂以为中国今日可以行共和立宪之据。今论者此文亦引证此言以为重，然则论者固不能绝对的排斥开明专制。不过谓此为中国前此所已行者，而非今日所当行者云尔。顾以吾间按所闻诸笕氏者，谓“凡国家如欲立宪，必当经过开明专制。若中国汉唐时代，固亦可谓开明专制。”然其后复归于完全专制。故中国今日如欲立宪，必当再经过开明专制。笕氏之言如此，论者徒剽窃其发起语句，摒弃其结构语句。破碎诞妄，一至此极，纵可以欺外人，其能掩尽同校中数百人之耳耶？如必因汉唐时代之曾经开明，遂谓今日可以行共和宪制。然则何不更曰：唐虞时代之政体已具有共和模范；中国今日，并不须创订共和宪制耶？何不更曰：欧洲十字军以后之文明，皆由我中国输往；中国今日，竟不必以输入他国文明为事耶？嘻！适见其强词而不能自完已耳。

论者又难吾之要求说，而以国民无实力为言。夫要求必须与国民实力相待，无待言也。然实力必须养之而后成。吾以为养之之途，分两方面：开明专制其一也，政治革命思想之普及其二也。夫言要求，固须实力。即言排满，亦岂不须实力？今日持要求论者，固得以无实力而谓其不成立，今日持排满论者，亦得以无实力而谓其不成立，不成立等耳。然则今日无论持何主义者，皆只能从预备实力处下工夫。此当为论者所承认也。（若不承认则是无意识而已。）而试问预备排满之实力，则舍种族革命思想之普及，更有何道乎？此又当为论者所绝对的承认也。种族革命思想可以使之普及，而谓政治革命思想不可以使之普及乎？论者诘我何所挟以要求，吾亦将诘论者何所挟以革命。（凡此单称革命者，皆种族革命之省文也。）论者若曰，吾将来必有所挟以革命。则吾亦曰，吾将来必有所挟以要求矣。夫国民意力，为世界上莫强之实力，善其用焉，靡坚不破，以之行政治革命可也，以之行种族革命亦可也。国民意力，固自由发动，而有指导焉而为之助者，则其发动也更易而更显，且能合成。论者诮吾无实力，而问论者何以有实力？无亦曰，吾将指导国民意力，使趋于种族革命之一点。是即吾之实力云尔。诚如是也，则论者所谓实力，其舍国民意力外无他物也。然则论者问吾要求论之实力，吾亦答以国民意力而已。论者若谓国民意力无从使之趋于政治革命之一点，则吾亦谓国民意力无从使之趋于种族革命之一点。要之两者皆非也。凡属人类皆有感情与辩理心两者，我国民亦何独不然？若从感情方面而煽动之，以压倒其辩理心，则虽举国人而皆趋于种族革命一途可也。若从辩理心方面而浚发之，以节制其感情，则虽举国人而皆趋于政治革命一途亦可也。而一国中其有中流以上之学识，而以言责自任者，则于此枢机之转捩，皆与有力焉。质言之，则自认以指导社会为天职者，即其对于指导方针之或得宜或失宜，而不可不负其责者也。更质言之，则一国之或兴或亡，此辈皆当科其功罪者也。夫今后之中国，其当指导社会之大任者，当自有当世贤豪在，若鄙人则安敢望此。虽然，夫既以言责自居矣。且自审今日之地位，舍言责无以报效国家矣。故自今以往，所言者必求为有责任之言。即不能使国家由我而兴，而决不忍使国家由我而亡。夫吾岂不能鼓吹革命共和主义，以涨彼方面之实力。顾吾所信者，谓彼方面实力涨至极广之时，即我国家灭亡之时也。吾故不惟不鼓吹之，且尽吾力所能及，以摧坏彼方面之实力，而增进此方面之实力。吾固知彼方面之人，仇我必甚。顾吾为践我之天职，吾安能已也？论者如欲问政治革命之实力安在乎？举国大多数之国民，其顽旧焉而本无政治革命思想者，至能发动其政治革命思想，其热狂焉而沉醉于种族革命思想者，至能折归于政治革命思想，以此其时矣！论者若问以何道而能得此，则非吾独力所能为焉，而还求诸国民之自身，亦如论者之排满，非独力所能为焉，而还求诸国民之自身也。

以上所论，谓政治革命与种族革命，其现在实力之不足也同，其将来实力之可以养成也同。而吾所谓当养成者，在此不在彼也。虽然，同为可以养成，而养成之难易，则又有差焉。吾主张将来之政治革命，（吾所下政治革命之定义，谓革君主专制而为君主立宪也。第四号详言之。）同时主张今日之行开明专制，开明专制行得一分，则国民实力增得一分。持种族革命论者，既未能立刻推倒现政府，则其不能不暂受治于现政府专制之下也。亦实与我同，而彼利用其野蛮，不顾其开明。政府愈野蛮，而国民实力愈萎缩。此其难易之差一也。吾主张政治革命论，非浚发国民之辩理心不可。而国民辩理心既发达，则无论治学治事，皆从实际上着想，条理自趋于致密，而能为国中养成多数实行之才。彼主张种族革命论，非挑拨国民之感情不可。国民奔于极端之感情，则本心固有之灵明，往往为所蒙蔽。求学者或厌伏案而日言运动，治事者不审条理而辄盲进，小有成就而愈益其嚣张，小有挫折而遂至于嗒丧。其究极也，只为国中养成多数空论之辈。此其难易之差二也。不宁惟是，彼以感情煽人，则只能收拾狂奔于感情者流。我以辩理心动人，则并能获有辩理心者之相助。凡狂奔于感情者，多无实力，而有辩理心者，其实力必富。以固有之成分为基础，其势已优于彼。复因此成分而扩张滋长焉。此其难易之差三也。夫此则就建设以前言之也。若夫建设以后，则吾之政治革命论以君主立宪为究竟，彼之种族革命论以共和立宪为究竟。君主立宪其所养人民之实力，但求其能为监督补助机关而完其责，斯已足矣。共和立宪其所养人民实力，非能为指挥主动机关而完其责，则不得谓成功。此就程度之浅深相较，其难易之差四也。君主立宪则所以构成此监督机关者，可以制限选举行之。共和立宪则所以构成此主动机关者，不可不以普通选举行之。此就程度之广狭相较，其难易之差五也。夫浅深之一问题，吾既与论者辩之明矣。若夫广、狭之一问题，则前此犹未及言。吾今试更一诘论者，论者岂谓吾中国创共和宪制，无须行普通选举耶？天下有不行普通选举，而得谓之共和之国耶？既必行普通选举矣，而谓中国在近的将来能行之耶？论者每好引日本近年来民权发达之速以为证，曾亦思日本之行开明专制也二十余年，其实施宪法以迄今日又十余年，而至今犹不能不行制限选举。而谓中国革命时日不必甚长，而经过此不甚长之时日，遂可以行普通选举之民权宪制也。非梦呓而安得有此言也！就此诸点观察之，则彼此之在今日，虽皆同为做养成实力的工夫。然养成政治革命之实力，其视养成种族革命之实力难易相去，固不可以道里计矣。故吾当之所谓实力，至已养成，确可以有要求之资格之时；而彼党之所谓实力，尚虚悬而无薄，可断言也。

虽然，此不过比较的言之耳。种族革命之实力，固非绝对的不能养成，亦吾所信也。苟非养成种族革命之实力而不足以救国者，则安能以其难而舍之？吾之所以不主张从彼方面养实力者，其理由全不在难易问题，徒以养彼实力徒取亡国故耳。若论者无他种之说明，而徒以现在无实力之故，谓我所持要求说不得成立乎？则以无实力者笑无实力者，所谓不自见其睫也。

抑论者更有一奇语焉，谓“我不汲汲养成民力，而惟望其要求。”夫论者安知我之不汲汲养成民力者，吾将来于他方面之若何养之。今不必以语论者，即本报之劝告专制政府以开明，及鼓吹人民之政治革命思想即吾所认为养成民力之一种法门也。论者其悟耶否耶？若其谓“我国民对于满洲政府义不当要求。”则狭隘的复仇主义，吾所不能容喙也。

惟论者自谓养成国民实力，则吾诚不知其所以养成者操何术矣。若徒刺激其感情耶，则所养者感情也，非实力也。以感情与实力为同一物，千古所未闻也。而论者之所以自文者，则曰：“普遍之之法教育与革命。教育者，于革命之前、革命之时、革命之后，皆一日不可缺者也。”如论者言，革命之后，中央政府已确立，其能施教育不俟论，若夫革命之前，吾不知其从何处得有教育机关也。其教育尚须学校耶，抑专凭书报之鼓吹而已足耶？若须学校，则校中所教育为何科目耶，尚有普通专门诸学科否耶，抑专为革命的政治谈耶？夫不为政治谈，则革命之心理，何从普遍？若为政治谈，则论者亦知政治谈与教育之性质最不兼容耶！（大学不在此例。）夫专为政治谈，则天下固无此学校，即有他学科，而以政治谈，常参入之，则学童亦必徒喜此大言壮语之。政治谈于他学科，不屑厝意，而学校卒破坏不得成立。他种之政治谈犹且不可。况论者所高标者，又自由平等主义也。自由倡，则学校之规则一切不守；平等倡，则师长之教训一切不行。夫三年前上海某学校，其最显著之前车；而此外诸学校，其覆辙相寻者，亦不知几许矣。论者岂其未闻之？故吾于论者所谓革命前之教育，百思不得其解也。夫彼所恃以为教育之具者，既与教育之性质成反比例矣。况乎教育行政机关，决非革命以前之革命党所能干预也，而何从使公等之主义借教育之助长力，而普遍于全国民之心理也？然则公之所谓教育者，殆不过以每月一期之贵报为独一无二之机关耳。更进焉，则以一二之山膏的日报，（《山海经》言：山膏之草，善詈人。）为补助机关耳。信如是也，则吾请正告公等曰：此等之教育事业于养感情则有之；若云养实力，是欲适燕而南其辕也。

呜呼！读者诸君，其勿以论者兼言种族革命、政治革命，而误以其所持主义为圆满；勿以吾之言政治革命，排种族革命，而误以我所持主义为薄弱也。论者既语及教育，故吾益得就教育上以解决此问题。吾以为一日不行开明专制，一日不行政治革命，则教育一日不普及，而人民一日不能得共和之程度。论者谓种族革命不实行，则政治革命之目的终不可达；而岂知政治革命不实行，则无论何等主义之目的皆终不可达耶。何也？不先利用国家之强制力以实行一切行政法规，则教育断无普及之理。大多数之人民其眼光，无从射及国家。虽以一部分人抵抗政府，而哀号者自哀号，嬉笑者自嬉笑耳。就令一时能激动其感情，为电光一瞥之破坏，而以未受教育之人民，蜂屯蚁聚，向未识规律制裁为何物？而欲以一二豪杰之力拔诸九渊之下，而骤登诸九天之上，靡论其人未必豪杰也。即使豪杰其力几何？而曰吾能破坏之，能建设之，直欺人自欺之言耳。论者而不知教育之为急也，则吾靡从与言。夫既知之矣，则尤当知开明专制与教育相倚，政治革命与教育相倚。经此两阶级后，则虽民族主义缘兹普及焉，可也。虽共和资格缘兹养成焉，可也。而不然者，则岂惟共和资格不能养成，即民族主义亦安从普遍也。夫论者知有政治革命，其视单一之复仇论，既有进步，吾深嘉焉。而独怪其所谓政治革命者，实行之时期，必俟诸种族革命凯旋之后而汲汲焉。反对今日之开明专制，反对今日之政治革命，吾诚不知其所据之理论为何等也。

夫论者以人民无要求政府之能力，而因权以颠覆政府，其脑想之误谬真不可记极。夫要求政府之能力，尚且不有，而颠覆政府之能力，更何自来？盖此两种主义，皆无非以武力为唯一之声援。而要求政府所需之武力，其分量极少；颠覆政府所需之武力，其分量无限也。论者其能平心静气，而细察此中相比较相关系之性质否耶。吾答论者之说，既略尽矣，吾更附一言：吾决非与论者争意气，欲胜之以为武也。吾实见此问题为今日最大之问题，言之本不厌其详。而我国民辩理心，非皆能完全发达者，则似是而非之论，恒足以摇动其实识。而我国民对于国家、对于政府之方针，及今不定，则岁月一去而不可留。一部分人之聪明才力消耗于无用之地而不可复。故吾虽犯刚愎排挤之嫌疑，而有所不避也。若彼报此后复有所言，而不脱此次之窠臼者，则吾虽不复与校焉可也。

又，以上所答，皆就大端论之。其有论者毛举细故以诋我无关问题之宏旨者，及其自发论之错谬，而无辩难之要点者，本更不必齿及。今纵笔所至，顺解答之纠正之。

一、论者谓我既排斥国家器械说，何以复主张十七八世纪幸福说一派之干涉论，而引斯宾塞之对于器械说、干涉论两皆排斥以为证。吾以为干涉论，决非十七八世纪学者所能专有，十七八世纪之学者，亦非皆主张干涉论。若卢梭、孟德斯鸠等，皆对于当时普王腓力特列、法相哥巴等之开明专制政策而生反动，故于政治上排专制而主张共和，于经济上排保护贸易而主张自由贸易，岂得谓持幸福说者，即持干涉论者耶。夫边沁之言“最大多数最大幸福。”可谓幸福说之巨子矣，而其言曰：“政府者，有害之物也。然以不得已之故而存之。”是又大反对干涉论也。盖十七八世纪之学者，虽同以人民个人之幸福为标准，而其言所以致此幸福之方法，则大异。有谓由政府干涉之力可以致之者，霍布士一派是也；有谓由人民自由之力可以致之者，卢梭一派是也；而斯宾塞则并两派而箴之者也。论者毫不知各派之内容，而惟耳食焉，知十七八世纪之交，有所谓器械说、幸福说、干涉说者同时并存，乃混为一谈，不自知其谬误，而反以诋人。倘所谓仰天自唾适污其面者非耶？吾对于今后中国之政策，实主张干涉论，而不取斯宾塞说。吾所主干涉之程度，则小野冢氏《论国家之目的》第三款个人心身之发达是也；而所以达此目的者，将来以君主立宪行之；今暂未能立宪，则以开明专制行之。吾虽主干涉论，而不妨于排斥国家器械说。如曰主张干涉，即不当排斥器械者，则今世学者宜莫敢或齿及助长行政矣。何也？今世学者，固无复一人表同情于器械说也。论者谓：“惟其视国家为器械，故谓得以人力谋其进步发达，此幸福说之所由来也。”吾闻筧博士之说，曰：“国家者，基于自然必至之关系，借人为而发达者也。”此说在论者固已征引之。乃今之为说，则谓以人民谋进步发达，惟视国家为器械乃得行之，而因以器械说、幸福说为相缘而不可离。然则筧博士亦应不许其排斥器械说矣。岂惟鄙人？故鄙人之取彼舍此，绝不足为鄙人之玷。若论者日日言国民合成意力，而复崇拜彼“以汽车机器喻国家”之人，（即彼所谓孙先生其人者是也。此乃彼在东京富士见楼演说之词，全文登于该报第某号，正极端的国家器械说，而于合成意力说最反对者也。）斯乃可异耳。

一、论者谓我既采国家主权说，曷为又言国家为客体，而引我《开明专制论》第四章之一语以相诘，但论者未见吾之注耶。吾固明言认国家为客体，似与近世学者所示国家之概念相戾，然但就专制言专制耳云云。（第三号第五十页）夫吾第四章之彼文，乃言管子、商君等一派之观念也。管、商等非认国家为客体耶，此何足以难我？夫我既已恐读者之误解文意，而赘以注矣。论者何不细心读之？

一、论者以我引波仑哈克学说之故，遂谓我主张国民客体说，而我实不尔尔。古人赋诗，固有断章取义者，岂其守一先生之说，而他说遂不敢征引耶？况吾所译述波氏说，半皆事实论，（其法理论与事实论相缘者，间不得不并引之。）而吾所据之以推言中国革命共和之前途者，亦本皆事实论。夫吾第四章所言，既专就管、商言管、商，且特注明之矣。第八章所言于波氏原著第二编第一部第一章之说，未尝一引。论者何所据而指我为主张国家客体说、国民客体说耶？若论者之既采国家主权说，而复言国家与人民结契约，斯乃可异耳。

一、论者又谓我主要求开明专制，又曰："立宪后之开明专制无所谓要求，立宪前之开明专制不能要求。昔有要求立宪，今有要求开明专制，皆笑柄也。"嘻！天下有明目张胆，故人人罪至于若此者乎？吾于《开明专制论》第八章有"欲为政治革命者，宜以要求而勿以暴动"二语；吾于第四号《申论种族革命与政治革命之得失》篇中，下政治革命之定义云："政治革命者，革专制而为立宪之谓也。"此其语具载前号，文意甚明，可以复观。要求专属于政治革命，而政治革命则革专制也；而吾所谓要求，当然不属于开明专制，又何待言。论者遍读吾原文，能指出一处有"要求开明专制"六字连属成文者乎？抑有论开明专制时，而语中含有云当要求之意者乎？夫吾第八章之末语，又明云"夫此固又别问题，非本论所宜及也"，读者曾见彼语乎？呜呼！吾观论者，抑何其与酷吏传中人物相肖也！

一、彼报所布纲领末一条谓："彼报鉴于世界前途，知社会问题必须解决，故提倡社会主义；我报以为社会主义，不过煽动乞丐流氓之具"云云，此亦不可以不辩。吾认社会主义为高尚纯洁之主义，且主张开明专制中及政治革命后之立法事业，当参以国家社会主义的精神，以预销将来社会革命之祸。若夫社会主义中之极端的土地国有主义，吾所不取；今日以社会主义提倡国民，吾认为不必要；野心家欲以极端的社会革命主义与政治革命、种族革命同时并行，吾认为其为煽动乞丐流氓之具。盖辩理的社会主义与感情的社会革命，决非同物。非必由人民暴动举行社会革命，乃可以达社会主义之目的，此吾所主张也。此当别著文论之，如彼报纲领之所布，直是诬我。

一、吾对于论者所最感谢者，则其于吾报所译穗积氏论中一字之误，而赐纠正是也。夫此一字诚误，岂敢自讳。然幸而吾于彼一段尚有数百言之注，注中解释其原文之意，与论者所以诲我者，尚无大相剌谬之处。虽然，论者斥我为不识日本字，不知中国文法，则我固直受之不欲辩矣。

以上吾答彼之说已完，更将彼失败之点列为一表，如下。

（一）我所主张而彼不能难者

一、有行议院政治之能力者乃为共和国民之资格。（此为吾论文之大前提。彼之承认与不承认不明了，辩驳之基础已失。）

二、今日中国国民未有能为共和国民之资格。（此为吾论文之断案。彼于吾所举之证据一毫不能返答。）

三、共和立宪制调和利益冲突甚难。（彼所驳颇有力，而吾反驳之力更强于彼。）

四、今日之中国当以开明专制为立宪之预备。（彼所驳者观察点全误。）

五、当以政治革命（即立宪）为究竟主义。（彼之所驳似甚有力，然细按之无一毫价值。）

六、中国不能学美国共和制。（彼所答不明了。）

七、中国不能学法国共和制。（彼不答。）

（一）我所难彼而彼不能答者

一、约法之不可行。（彼所答毫不衷于事实，且前此就事实方面立论，今就法理方面立论，支离穷遁，益增其丑。）

二、革命军同时并起不必皆同主义。（彼不答。）

三、革命时实行土地国有主义足以亡中国。（彼未答。）

四、革命时代不能增长人民能力。（彼不答。）

五、革命短期之岁月不能养成共和资格。（彼惟武断曰能，而不能举其理由，即所举亦不成理由。）

六、彼首领以机器汽车喻国家可笑。（彼不答。）

七、问其发布何种之共和宪法。（彼不答。）

（一）彼所主张而不能说明其理由者

一、中国模仿美国宪制能举行民权政治之实。（何故能之，不闻说明。）

二、中国国民必能有共和国民之资格。（其为今日已能，抑何时始能，语意不明。所以能有此资格者不闻说明。）

三、革命之前、革命之时行教育。（以何者为教育机关，教育如何行法，不闻说明。）

四、畴昔吾国民有国民思想民族思想。（不能举其证据。）

五、民族主义普遍则共和的约法应于国民心理。（民族主义与共和政治有何等因果关系不闻说明。）

六、中国有特殊之共和立宪精神。（其条件虽一端不能指出，所举者仍立宪共通精神，然亦不确。）

七、人民对于政府当求力足以制之，而制之之术舍革命军未由。（人民之力并要求政府而不足，彼所认也，而偏有力足以起革命军，其理由未闻说明。）

八、国会为被作成机关必能顾国民全体之利益。（何故必能，不闻说明。）

（一）彼所难我为无敌而放矢者

一、波伦哈克之主权论。（我并未采用，彼无端抄录讲义与波氏宣战。）

二、美国之法非共和专制。（我明以法律上、事实上分言，彼乃断断辩美国之非共和专制政体。）

三、中国将来能有为共和国民之资格。（吾文处处有今日二字，彼删去，而论将来之能不能。）

四、要求开明专制。（吾并无此说，不知彼所指为何语。）

五、满洲人与其死党反对革命不足畏。（吾全文并未尝就此方面立论。吾引曾胡前事为例，谓不应以种族革命与社会革命同时并行，苟同时并行则虽有表同情于甲主义者亦将反对其乙主义，如洪杨以种族革命与宗教革命同时并行，曾胡非徒反对其种族革命且反对其宗教革命也。而论者不驳此说，其反驳者全在吾原文之外。）

六、不汲汲养成民力。（何以见我不以养成民力为主？）

七、国家客体说。（吾以管子、商君认国家客体，何以见我必与管、商同意见？）

八、立宪国共通之精神。（彼问我敢谓我国民无此共通精神否。夫我主张君主立宪，苟不信我国民立宪共通之精神，何从主张之。若彼言我国民有共和之特殊精神，乃一件指不出，则可笑耳！）

（一）彼以我之所主张难我所主张者

一、人类有普通性能互相模仿。（全袭我说以难我。）

（一）彼所主张全属门外汉语者：

一、但能爱自由乐平等即谓之有共和精神。（自治力公益心一方面全然抛却。）

二、有民权然后能革命。（民权者国民权利之谓也。民权乃革命之结果，必非革命之原因。论者文中屡有此语，外行已极。）

三、立法论不许以政治上观察判断。（前古未闻此奇语。）

四、谓干涉论与幸福说同学派。（混霍布士与卢梭为一团。）

（一）彼所主张为自相挑战者

一、一面主张合成意力说，一面主张约法。（合成意力为公法的性质、国法的性质，约法为私法的性质、国际法的性质，不能兼容。）

二、既主张合成意力说，复崇拜以机器汽车喻国家之说。

三、既谓国家借人为而发达，复言惟视国家为器械，乃得以人力谋其进步发达。

四、既谓中国当模仿美国宪制，复谓中国不必学英、法、美。

（一）彼以自己之理想主张他人之术语者，及引人之语而遗其半者

一、袭耶陵尼机关说而不知原始机关、代表机关之性质。

二、袭美浓部机关说而不知共和立宪国以国民为最高机关。

三、袭笕氏合成意力说而不知其兼采霍氏权力说，乃至谓约法为合成意力。

四、袭笕氏合成意力说而不知其兼采康氏责任说，乃至认自由平等为共和唯一之精神。

五、袭卢梭总意说而不知其为相乘的非相加的，乃至言甲县与乙县约法。

六、袭笕氏言中国汉唐时代已行开明专制，而忘其言此后复返于野蛮专制。

以上不过略举彼失败之点耳，犹未能尽。将吾全文与彼原文合读之，则禹鼎铸奸，无复遁形矣！

（附录原文：《驳〈新民丛报〉最近之非革命论》，略）

附　言

此文付印方成，友人有以《戊戌政变信史》一小册见寄者。盖匿名印刷，无代价以分散于东京学界云。其全文则即某报第一号所载某氏演说，丑诋康先生及鄙人者也。彼虽匿名，而其出于谁氏之手，固已路人皆见。角理不胜，而专以攻击人身为事，其手段之卑劣，真不值一笑也。所尤奇者，彼自作一序，而云该演说之文，登于该报已数月。吾侪何以无一语辩明，不辩明则是默认也，云云。嘻！吾之文字，虽无价值，何至与村犬争吠？彼党之机关报其攻击人身之语，殆占全篇幅之泰半。苟一一辩之，即不爱惜吾文。独不畏暴殄纸墨耶？信如彼言，则彼党香港之机关报曾谓吾最好食“埃士忌廉”，每日最少须食一桶。其报发印已经两年，吾至今未尝一辩。然则吾果有偌大之埃士忌廉食量矣？吾辈欲以言责自效于国家。国家大计，当言者何限？而安得有如许闲日月闲笔墨，学彼辈作村妪之角口耶？吾于彼辈所持主义，不得不痛下针砭者，诚以其主义足以亡国耳。若夫彼辈个人之行谊，曾不屑一揭其隐，非惟义不应尔，抑亦不暇也。抑吾闻诸道路，人言借借，有谓新近现政府对于鄙人执何等态度。鄙人对于现政府执何等态度者，殊不知其语之何自而来，事之真伪不久自大白于天下。鄙人亦何必哓哓致辩。而此种谣诼之兴，乃在吾排共和论出现以后，则其为用卑劣手段。欲以减杀吾文之效力，迹据甚明，斯亦大可哀也已。呜呼！吾国今日当学绝道丧之余，人欲横流，无所不至。

凡行一事，发一言，无所为而为之者，盖寡焉。故纷纷以小人之腹度君子之心，见他人之行一事发一言，则亦共相猜度其有所为而为。一若苟非为一己私利计，则不应有言，不应有行者，吾不怪乎此种谣诼之来，而深痛夫吾社会之善容此种谣诼耳。故吾于本文之末，更缀一言：凡前此对于鄙人作人身攻击者，吾既一字不辩；凡后此如有对于鄙人作人身攻击者，即使其丑诋视前十倍，吾亦一字不辩。吾之文例则然也。若夫信与不信，则听诸社会之自择，于吾何与焉？顾吾所欲求于社会者，则平心静气，以审吾言之价值何如。孔子曰："不以言举人，不以人废言。人自人，言自言，不相蒙也。"就使吾为圣贤为豪杰，苟吾言对于国家前途大计，无益而有害者，犹当割弃之。就使吾为凶恶为棍骗，苟吾言对于国家前途大计无害而有益者，犹当节取之。昔郑驷颛杀邓析而用其竹刑，苟社会能以邓析待我，吾固踌躇满志耳。

（录自《新民丛报》第79号，1906年4月24日）

杂答某报（节录）

饮　冰

五　社会革命果为今日中国所必要乎

此问题含义甚复杂，非短篇单词所能尽也。此略述其所怀，若其详则异日商榷之。

中国今日若从事于立法事业，其应参用今世学者所倡社会主义之精神与否，别为一问题；中国今日之社会经济的组织，应为根本的革命与否，又别为一问题。此不可混也，今先解决第二问题，次乃附论第一问题。

吾以为中国今日有不必行社会革命之理由，有不可行社会革命之理由，有不能行社会革命之理由。

于本论之前，不可不先示革命之概念。凡事物之变迁有二种，一缓一急。其变化之程度缓慢，缘周遭之情状，而生活方向，渐趋于一新生面，其变迁时代，无太甚之损害及苦痛，如植物然，观乎其外，始终若一，而内部实时时变化，若此者谓之发达，亦谓之进化（Development of Evolution）。反之，其变化性极急剧，不与周遭之情状相应，旧制度秩序，忽被破坏，社会之混乱苦痛缘之，若此者谓之革命（Revolution）。吾以为欧美今日之经济社会，殆陷于不能不革命之穷境；而中国之经济社会，则惟当稍加补苴之力，使循轨道以发达进化，而危险之革命手段，非所适用也。请言其理。

所谓中国不必行社会革命者何也？彼欧人之经济社会，所以积成今日之状态者，全由革命来也。而今之社会革命论，则前度革命之反动也。中国可以避前度之革命，是故不必为再度之革命。夫谓欧人今日经济社会之状态全由革命来者何也？欧洲当十七八世纪之交，其各国人之有土地所有权者，于法不过四万人，于英万九千人，于奥二万六千人，合今日耳曼诸邦，不过二万人，他国略称是。而当时全欧总民数，既在一万六千万人以上，于一万六千万人中，而为地主者不及二十万人。盖欧洲前此之农民，大半在隶农之地位，是其贫富之阶级，早随贵贱之阶级而同时悬绝矣。幸而彼之个人土地私有权，发达甚迟缓，未全脱前此部落土地所有权之时代，（英国自一七六〇年至一八三三年凡七十余年间，有所谓“共有地”者渐次改为私有地，其地凡七百万英亩。一英亩约当我四亩六分余也。）故贫民稍得以此为养。农业以外，则手工业亦颇发达。其习惯有所谓工业组合者，约如我国各工业之有联行。政府之对于农业、工业，皆制为种种法律以保护干涉之，故虽不能有突飞之进步，然亦相安而致有秩序。此欧洲旧社会组织之大略也。及斯密亚丹①兴，大攻击政府干涉主义，而以自由竞争为揭橥，谓社会如水然，任其自竞，则供求相剂，而自底于平。此论既出，披靡一世。各国政府，亦渐为所动，前此为过度之干涉者，一反而为过度之放任。其骤变之影响，既已剧矣。同时而占士·瓦特②发明蒸汽（一七六九年），未几李察③又缘之以发明纺绩器，于是斯密与瓦特之二杰，相提携以蹴踏旧社会，如双龙搅海，而工业革命（The Industrial Revolution）之时代以届。前此人类注其筋力之全部以从事制作，虽或间附以牛马力等，然利用自然力之器械，殆可谓绝无。及汽机发明，其普通者视人力加十二倍，或乃加数百倍至千倍，则试谛其影响于社会之组织者何如，生产之方法，划然为一新纪元。以一人而能产前此十二人乃至数百千人之所产，则其所产者之价值必骤廉，前此业手工者，势不能与之竞，而必至于歇业。前此执一艺者，所得之利益，自全归于其手，偶值其物价腾，则所得随而益丰，但恃十指之劳，苟勤俭以将之，虽窭人可以致中产，故于工业界绝无所谓阶级者存。及机器既兴，无数技能之民，骤失其业，不能不自投于有机器之公司以求糊口。而机器所用之劳力，与旧

---

① 斯密亚丹，今译作“亚当·斯密”。

② 占士·瓦特，今译作“詹姆斯·瓦特”。

③ 李察，即约翰·凯伊。

社会所用之劳力又绝异。前此十年学一技者，至是而悉不为用，而妇女及未成年者，其轻便适用，或反过于壮夫，而壮夫愈以失业。前此工人自制一物，售之而自得其值，今则分业之度益进。与其谓之分业，毋宁谓之合力。每一物之成，必经若干人之手，欲指某物为某人所制，渺不可得。而工人之外，复有供给其资本与器具者，又须得若干之报酬。故欲求公平之分配，终不可期，不得已而采最简单之方法，行赁银制度。即出资本者，雇用若干之职工，每人每日，给以庸钱若干，而制成一器，所得之赢，悉归雇主。而雇者与被雇者之间，即资本家与劳动者之间，划然成两阶级而不可逾越，此实旧社会之人所未梦见也。夫物质界之新现象既已若是矣，使思想界而非有新学说以为之援，则其激变尚不至如是其甚。前此在工业组合制度之下，其物价或以习惯或以法律羁束之，若有一个忽贬价以图垄断，则立将见摈于同行而不能自存，于其物之品质亦然，大率一律，而竞争之余地甚狭。及机器一兴，生产额忽过前此数倍，非低廉其价值，改良其品质，则将无销售之途。适有自由竞争之学说出而为援，前此之习惯法律，一切摧弃，无所复用。制造家惟日孜孜，重机器以机器，加改良以改良，其势滔滔，继续无限，以迄今日；一般公众，缘此而得价廉质良之物；而社会富量，亦日以增殖，其功德固不在禹下。然欲制价廉质良之物以投社会之好，彼无资本者与有资者竞，则无资本者必败；小资本者与大资本者竞，则小资本者必败；次大资本者与更大资本者竞，则次大资本者必败。辗转相竞，如斗鹑然，群鹑皆毙，一鹑独存。当其毙也，则感莫大之苦痛，牺牲无量数之资本，牺牲无量数人之劳力，然后乃造成今日所谓富者之一阶级。（大资本与小资本竞，而小资本全致亏耗，故曰牺牲无量数之资本。无资本者虽有技能不能自存，此牺牲劳力者一；当小资本与大资本竞时，各雇用劳力者，及小资本失败，而所雇用之劳力者，随而失业，此牺牲劳力者二。故曰牺牲无量数人之劳力。）呜呼！一将功成万骨枯，今日欧洲之经济社会当之矣。然军事上一将功成以后，处乎其下者犹得有休养生息之时；经济上一将功成以后，处乎其下者乃永沉九渊而不能以自拔。此富族专制之祸，所以烈于洪水猛兽，而社会革命论所以不能不昌也。而推其根原，则实由前此工业组织之变迁，不以进化的而以革命的，如暴风疾雨之骤至，应之者手忙脚乱，不知所措，任其自然，遂至偏毗于一方而不可收拾。而所谓应之失措者，其一在政府方面，其一在人民方面。其在政府方面者，则放任太过，虽有应干涉之点而不干涉也；其在人民方面者，多数人民，不能察风潮之趋向而别循新方面以求生活也。美国经济学大家伊里（R. T. Ely）曰："使当工业革命将至之前，工人有识见高迈者，能合多数工人为一团，置机器，应时势而一新其制造法，是即地方之组合也，即一种之协立制造会社（Cooperative Factory）也。果尔，则工业组织之过渡可以圆滑而推移，而后此之骚扰革命可以免。惜乎见不及此，墨守其故，终至此等利器，仅为少数野心家所利用，驯至今日积重难返之势，可叹也。"（*Outline of Economics* 第一编第四章。）其意盖谓使今日劳动者阶级，当时能知此义，则可以自跻于资本家之列，而奇赢所获，不至垄断于少数也。此诚一种之探源论也。虽然，吾以为当时欧洲之多数人民，即见果及此，而于贫富悬隔之潮流，所能挽救者终无几也。何也？彼贫富悬隔之现象，自工业革命前而既植其基，及工业革命以后，则其基益巩固，而其程度益显著云耳。盖当瓦特与斯密之未出世，而全欧之土地，本已在少数人之手，全欧之资本，自然亦在少数人之手。其余大多数人，业农者大率带隶农之性质，所获差足以自赡耳。其业工商者，赖其技能，以糊其口，虽能独立，而富量终微。逮夫机器兴，竞争盛，欲结合资本以从事，则其所结合资本中之多量，必为旧有资本者所占；其余多数中产以下者，虽悉数结合，而犹不足以敌彼什之一。故彼工业革命之结果，非自革命后而富者始富贫者始贫，实则革命前之富者愈以富，革命前之贫者终以贫也。

我国现时之经济社会组织，与欧洲工业革命前之组织则既有异，中产之家多，而特别豪富之家少。其所以能致此良现象者，原因盖有数端。一曰无贵族制度。欧洲各国，皆有贵族，其贵族大率有封地。少数之贵族，即地主也，而多数之齐民，率皆无立锥焉。生产之三要素，其一已归少数人之独占矣。（经济学者言生产三要素：一曰土地，二曰资本，三曰劳力。）故贵族即兼为富族，势则然也。中国则自秦以来，贵族即已消灭，此后虽死灰偶烬，而终不能长存。及至本朝，根株愈益净尽，虽以亲王之贵，亦有岁俸而无食邑。白屋公卿，习以为常，蓬荜寒酸，转瞬可登八座，堂皇阁老，归田即伍齐民。坐此之故，举国无阶级之可言。而富力之兼并亦因以不剧也。二曰行平均相续法。欧洲各国旧俗，大率行长子相续。自法兰西大革命后，虽力矫此弊，而至今迄未尽除。夫长子相续，则其财产永聚而不分，母财厚而所孳生之赢愈巨，其于一国总殖之增加，固甚有效，然偏枯太甚，不免有兄为天子弟为匹夫之患，一国富力永聚于少数人之手，此其敝也。我国则自汉以来，已行平均相续法，（此事余别有考据。）祖父所有财产，子孙得而均沾之。其敝也，母财碎散，不以供生产，而徒以供消费，谚所谓“人无三代富”。职此之由，盖拥万金之资者，有子五人，人得二千，其子复有子五人，苟无所增殖而复均之其子，则人余四百矣，非长袖则不足以善舞。我国富民之难世其家者，非徒膏粱纨袴之不善保泰，抑亦制度使然矣。虽然，缘此之故，生产方面，虽曰蹙促，而分配方面则甚均匀，而极贫极富之阶级，无自而生，此又利害之相倚者也。三曰赋税极轻。欧洲诸国，前此受贵族教会重重压制，供亿烦苛，朘削无艺，侯伯、僧侣不负纳税之义务，而一切负担，全委诸齐氓。及屡经宗教革命、政治革命，积弊方除，而产业革命已同时并起，无复贫民苏生之余地矣。中国则既无贵族、教会梗于其间，取于民者，惟一国家。而古昔圣哲，夙以薄赋为教；历代帝王，稍自爱者，咸凛然于古训而莫敢犯，蠲租减税，代有所闻；逮本朝行一条鞭制，而所取益薄。当厘金未兴以前，民之无田者，终身不可赋一铢于政府，劳力所入，自享有其全部。夫富量由贮蓄而生，此经济学之通义也；而所贮蓄者又必为所消费之余额，又经济家之通义也。然则必所入能有余于所出，而后治产之事乃有可言。欧洲十八世纪以前之社会，齐氓一岁所入，而政府、贵族、教会，朘其泰半，所余者仅赡事畜，盖云幸矣。中国则勤动所获，能自有之，以俭辅勤，积数年便可致中产。故贮蓄之美风，在泰西则学者广为论著以发明，政府多设机关以劝厉，而其效卒不大；观中国人人能之，若天性然，亦其制度有以致之也。勤俭贮蓄之人愈多，则中产之家亦愈多，此又因果所必至也。凡此皆所以说明我国现在经济社会之组织，与欧洲工业革命前之经济社会组织，有绝异之点。而我本来无极贫极富之两阶级存，其理由皆坐是也。

虽然，我国今后不能不采用机器以从事生产，势使然也。既采用机器以从事生产，则必须结合大资本，而小资本必被侵蚀，而经济社会组织不得不缘此而一变，又势使然也。然则欧人工业革命所生之恶结果（即酿出今日社会革命之恶因），我其可以免乎？曰：虽不能尽免，而决不至如彼其甚也。盖欧人今日之社会革命论，全由现今经济社会组织不完善而来，而欧人现今经济社会组织之不完善，又由工业革命前之经济社会组织不完善而来。我国现今经济社会之组织，虽未可云完善，然以比诸工业革命前之欧洲，则固优于彼。故今后生产问题，虽有进化，而分配问题，乃可循此进化之轨以行，而两度之革命，殆皆可以不起也。（欧人前此之工业革命，可谓之生产的革命；今后之社会革命，可谓之分配的革命。）请言其理。

夫生产之方法变，非大资本则不能博赢，而大资本必非独力所能任也，于是乎股份公司（株式会社）起。此欧人经过之陈迹，而我国将来亦不能不学之者也。然欧人之招股而创此等公司也，其应募而为股东者，则旧日少数之豪族也；中国今日招股而创此等公司也，其应募而为股东者，则现在多数之中产家也。此其发脚点之差异，而将来分配之均不均，其几即兆于是也。夫欧人岂必其乐以股东之权利尽让诸豪族，使如伊里所言，合工人以组织一协立制造会社者，岂其无一人能见及此，而无如其前此社会之组织，本已分贫富二途，贫者虽相结合，然犹以千百之僬侥国人与一二之龙伯国人抗，蔑有济矣。故昔日之富者，因工业革命而愈富；昔日之贫者，因工业革命而愈贫。（虽间有工业革命后由贫而富、由富而贫者，然例外也。）何也？非大资本不能获奇赢，而公司则大资本所在也。有股份于公司者则日以富，无股份于公司者则日以贫，公司股份为少数人所占则多数人遂不得不食贫以终古也。而中国情形则有异于是。试以最近之事实证之。粤汉铁路招股二千万，今已满额，而其最大股东不过占二十五万乃至三十万耳，其数又不过一二人，其占十股以下者乃最大多数。（每股五元。）盖公司全股四百万份，而其为股东者百余万人。此我国前此经济社会分配均善之表征，亦即我国将来经济社会分配均善之朕兆也。诚使得贤才以任之，复有完密之法律以维持之，杜绝当事之舞弊，防制野心家之投机，则公司愈发达，获利愈丰，而股东所受者亦愈多。股东之人数既繁，大股少而小股多，则分配不期均而自均。将来风气大开，人人知非资本结合不足以获利，举国中产以下之家，悉举其所贮蓄以投于公司；

生产方法，大变而进于前；分配方法仍可以率循而无大轶于旧，则我国经济界之前途，真可以安辔循轨，为发达的进化的，而非为革命的矣。

夫今者欧美人见贫富阶级悬绝之莫救也，以是有倡为以公司代工人贮蓄，将其庸钱之一部分代贮焉，积以为公司之股本，他曰公司获利，彼得分沾，则劳动者兼为资本家，而鸿沟或可以渐图消灭。然在积重难返之欧美，此等补苴，不能为效也。而我国则此事出于天然，不劳人力。盖工业革新以后，而受庸钱之人，半皆兼有资本家之资格，此殆可以今日之现象而测知之者也。（其不能举一切劳动者而悉有某公司之股份，此无待言。然举国无一贫人，则虽极端社会主义之后，犹将难之。但使不贫者居大多数，即经济社会绝好之现象矣。）此无他故焉，现今之经济社会组织，其于分配一方面，已比较的完善，而远非泰西旧社会所及。由现今社会以孕育将来社会，其危险之程度自不大故也。而无识者妄引欧人经过之恶现象以相怵，是乃谓杞人之忧也。然又非徒恃现在经济社会组织之差完善而遂以自安也。彼欧人所以致今日之恶现象者，其一固由彼旧社会所孕育，其二亦由彼政府误用学理放任而助长之。今我既具此天然之美质，复鉴彼百余年来之流弊，熟察其受病之源，博征其救治之法，采其可用者先事而施焉，（其条理详下方。）则亦可以消患于未然，而复辙之轨，吾知免矣。所谓不必行社会革命者，此也。

所谓中国不可行社会革命者何也？社会革命论，以分配之趋均为期，质言之，则抑资本家之专横，谋劳动者之利益也。此在欧美，诚医群之圣药，而施诸今日之中国，恐利不足以偿其病也。吾以为策中国今日经济界之前途，当以奖励资本家为第一义，而以保护劳动者为第二义。请言其理。

夫今日东西列强，所以以支那问题为全世界第一大问题者何也？凡以国际的经济竞争之所攸决云尔。经济学公例，租与庸厚则其赢薄，租与庸薄则其赢厚，（土地所得曰租，劳力所得曰庸，资本所得曰赢。此严译《原富》所命名也。日人译之曰地代，曰劳银，曰利润。）故拥资本者常以懋迁于租、庸两薄之地为利，不得则亦求其一薄者。欧人自工业革命以来，日以过富为患，母财岁进，而业场不增。其在欧土，土地之租与劳力之庸，皆日涨日甚，资本家不能用之求赢，乃一转而趋于美洲、澳洲诸部新地。此新地者，其土地率未经利用，租可以薄，而人口甚希，庸不能轻，于是招募华工以充之，则租、庸两薄而赢倍蓰矣。乃不数十年，而美、澳诸地昔为旧陆尾闾者，今其自身且以资本过剩为患。一方面堵截旧陆之资本，使不得侵入新陆以求赢，而旧陆之资本家病；一方面其自身过剩之资本，不能求赢于本土，而新陆之资本家亦病。日本以后起锐进，十年之间，资本八九倍于其前，国中租、庸，日涨月腾，而日本之资本家亦病，于是相与旁皇却顾，临睨全球。现今租、庸两薄之地，无如中国，故挟资本以求赢，其最良之市场亦莫如中国。世界各国，咸以支那问题为唯一之大问题者，皆此之由。我国民于斯时也，苟能结合资本，假泰西文明利器（机器），利用我固有之薄租、庸以求赢，则国富可以骤进，十年以往，天下莫御矣。而不然者，以现在资本之微微不振，星星不团，不能从事于大事业，而东西各国，为经济公例所驱迫，挟其过剩之资本以临我，如洪水之滔天，如猛兽之出柙，其将何以御之？夫空言之不能敌实事也久矣，两年以来，利权回收之论，洋溢于国中，争路争矿，言多于鲫，然曾未见一路之能自筑，一矿之能自开。而日人南满洲铁道会社，已以百兆之雄资，伏东省而监其脑，而各处枝路，尚往往假资于外人，而各国制造品之滔滔汩汩以输入，尽夺吾民之旧业者，又庸耳俗目所未尝察也。

夫自生产方法革新以后，惟资本家为能食文明之利，而非资本家则反蒙文明之害，此当世侈谈民生主义者所能知也。曾亦思自今以往，我中国若无大资本家出现，则将有他国之大资本家入而代之，而彼大资本家既占势力以后，则凡无资本者或有资本而不大者，只能宛转瘐死于其脚下，而永无复苏生之一日。彼欧美今日之劳动者，其欲见天日，犹如此其艰也，但使他国资本势力充满于我国中之时，即我四万万同胞为马牛以终古之日。其时，举国中谁复为贫，谁复为富，惟有于中国经济界分两大阶级焉：一曰食文明之利者，其人为外国人；一曰蒙文明之害者，其人为中国人而已。于彼时也，则真不可不合全国以倡社会革命矣。虽然，晚矣，无及矣，此非吾故为危言以悚听也！夫宁不见今日全国经济界稍带活气者，惟有洋场，而洋场之中国人，是皆饺外商之余也。月晕知风，础润知雨，而况乎风雨之已来袭者耶！我中国今日欲解决此至危极险之问题，惟有奖励资本家，使举其所贮蓄者，结合焉，而采百余年来西人所发明之新生产方法以从事于生产，国家则珍惜而保护之，使其事业可以发达以与外抗，使他之资本家闻其风，羡其利，而相率以图结集，从各方面以抵当外竞之潮流，庶或有济。虽作始数年间，稍牺牲他部分人之利益，然为国家计，所不辞也。

今乃无故自惊，睡魇梦呓，倡此与国家全体利害相反之社会革命论，以排斥资本家为务。浸假而国民信从其教，日煽惑劳动者以要求减少时间，要求增加庸率，不则同盟罢工以挟之；资本家蒙此损失，不复能与他国之同业竞，而因以倒毙；他之资本家，益复惩羹吹齑，裹足不前，坐听外国资本势力，骎骎然淹没我全国之市场，欲抵抗已失其时，而无复扎寨之余地；全国人民，乃不得不帖服于异族鞭棰之下以糊其口。则今之持社会革命论者，其亡国之罪，真上通于天矣。此非吾故苛其词，实则居今日而倡此不适于国家生存之社会革命论，其结果必至如是也。

要之，吾对于经济问题之意见，可以简单数语宣示之，曰：今日中国所急当研究者，乃生产问题，非分配问题也。何则？生产问题者，国际竞争问题也；分配问题者，国内竞争问题也。生产问题能解决与否，则国家之存亡系焉。生产问题不解决，则后此将无复分配问题容我解决也。由此言之，则虽目前以解决生产问题故，致使全国富量落于少数人之手，贻分配问题之隐祸于将来，而急则治标，犹舍彼而趋此，而况乎其可毋虑是也。孔子与门人立，拱而尚右，二三子亦皆尚右；孔子曰："二三子之嗜学也，我则有姊之丧故也。"夫欧美人之倡社会革命，乃应于时势不得不然，是姊丧尚右之类也。今吾国情形与彼立于正反对之地位，闻其一二学说，乃吠影吠声以随逐之，虽崇拜欧风，亦何必至于此极耶！夫无丧而学人尚右，不过为笑，固匪害于实事；若病异症而妄尝人药，则自厌其寿耳。今之倡社会革命论者，盖此类也，所谓不可行社会革命者，此也。

所谓中国不能行社会革命者何也？欲为社会革命，非体段圆满，则不能收其功；而圆满之社会革命，虽以欧美现在之程度，更历百年后，犹未必能行之，而现在之中国更无论也。今排满家之言社会革命者，以土地国有为唯一之揭橥。不知土地国有者，社会革命中之一条件，而非其全体也。各国社会主义者流，屡提出土地国有之议案，不过以此为进行之着手，而非谓舍此无余事也。如今排满家所倡社会革命者之言，谓欧美所以不能解决社会问题者，因为未能解决土地问题，一若但解决土地问题，则社会问题即全部问题解决者，然是由未识社会主义之为何物也。（其详别于下方驳之。）近世最圆满之社会革命论，其最大宗旨不外举生产机关而归诸国有。土地之所以必须为国有者，以其为重要生产机关之一也。然土地之外，尚有其重要之生产机关焉，即资本是也。而推原欧美现社会分配不均之根由，两者相衡，则资本又为其主动。盖自生产方法一变以后，无资本者万不能与有资本者竞，小资本者万不能与大资本者竞，此资本直接之势力，无待言矣。若语其间接之势力，则地价、地租之所以腾涨者何自乎？亦都会发达之结果而已。都会之所以发达者何自乎？亦资本膨胀之结果而已。彼欧洲当工业革命以前，土地为少数人所占有者已久，然社会问题不发生于彼时而发生于今日者，土地之利用不广，虽拥之犹石田也。及资本之所殖益进，则土地之价值随而益腾，地主所以能占势力于生产界者，食资本之赐也。（如某氏演说称："英国大地主威斯敏士打公爵有封地在伦敦西偏，后来因扩张伦敦城，把那地统圈进去，他一家的地租占伦敦地租四分之一，富与国家相等。"须知伦敦城何以扩张，由资本膨胀故；伦敦地租何以腾涨，由资本膨胀故。若无工业革命后之资本膨胀，则今日之威斯敏士打，亦无从有敌国之富也。其他同类之现象，皆可以此说明之。）又况彼资本家常能以贱价买收未发达之土地，而自以资本之力发达之以两收其利，是又以资本之力支配土地也。（美国人占士比儿①于二十年前，买收汶天拿②省、华盛顿省诸土地，而自筑大北铁路以贯之。彼时此等土地，皆印度红夷出没之所，殆不值一钱；今则其最闹之市，地价骎骎追纽约、芝加高矣。今泰西资本家，率无不用此术。）要之，欲解决社会问题者，当以解决资本问题为第一义，以解决土地问题为第二义。且土地问题，虽谓为资本问题之附属焉可也。若工场，若道具（机器），其

① 占士比儿，即詹姆斯·J. 希尔（James Jerome Hill，1838-1916），大北铁路公司的创办人。

② 汶天拿，今译作"蒙大拿"（Montana）。

性质亦与土地近，皆资本之附属也。质而言之，则必举一切之生产机关而悉为国有，然后可称为圆满之社会革命；若其一部分为国有，而他之大部分仍为私有，则社会革命之目的终不能达也。

然则圆满之社会革命论，其新社会之经济组织何如？以简单之语说明之，亦曰：国家自为地主自为资本家，而国民皆为劳动者而已，即一切生产事业，皆由国家独占，而国民不得以此为竞也。夫同为劳动者也，何以于现在则苦之，于革命后则甘之？诚以如现在经济社会之组织，彼劳动所得之结果，地主攫其若干焉，资本家攫其若干焉，而劳动者所得，乃不及什之一。若革命以后，劳动之结果，虽割其一部分以与国家，而所自得之一部分，其分量必有以逾于今日。且国家所割取我之一部分，亦还为社会用，实则还为我用而已。如此则分配极均，而世界将底于大同。此社会革命论之真精神，而吾昔所谓认此主义为将来世界最高尚美妙之主义者，（见本年本报第四号①）良以此也。而试问今日之中国，能行此焉否？此在欧美之难此主义者，有自由竞争绝而进化将滞之问题，有因技能而异报酬或平均报酬孰为适当之问题，有报酬平等遏绝劳动动机之问题，有分配职业应由强制抑由自择之问题，其他此类之问题尚伙，不缕述。凡此诸问题，皆欧美学者所未尽解决，而即此主义难实行之一原因也。

今中国且勿语此，惟有一最浅易最简单之问题，曰：既行社会革命建设社会的国家，则必以国家为一公司，且为独一无二之公司，此公司之性质，则取全国人之衣食住，乃至所执职业，一切干涉之而负其责任。就令如彼报所言，我国人民程度已十分发达，而此等政府，果适于存在否乎？足以任此之人才有之乎？有之，能保其无滥用职权专制以为民病乎？能之，而可以持久而无弊乎？此问题，绝无待高尚之学理以为证，虽五尺之童能辩之。论者如必谓中国今日能建设此等政府也，则强词夺理，吾安从复与之言。若知其不能，则社会革命论，直自今取消焉可也。夫论者固明知社会革命之不能实行也，于是卤莽灭裂，盗取其主义之一节以为旗帜，冀以欺天下之无识者。庸讵知凡一学说之立，必有其一贯之精神，盗取一

① 参见饮冰《申论种族革命与政治革命之得失》，《新民丛报》第4年第4号（原第76号），1906年3月9日。

节，未或能于其精神有当也。彼排满家之社会革命论，自孙文倡也，某报第十号，载有孙文演说，殆可为其论据之中心，今得痛驳之以为中国不能行社会革命之左证。

·附录·

驳孙文演说中关于社会革命论者

原文："我们这回革命，不但要作国民的国家，而且要作社会的国家，这决是欧美所不及的。欧美为甚不能解决社会问题，因为没有解决土地问题。大凡文明进步，地价日张，（中略）英国大地主威斯敏士打公爵有封地在伦敦西偏，后来因扩张伦敦城，把那地统圈进去，他一家的地租，占伦敦地租四分之一，富与国家相等。贫富不均，竟到这等地步。"

驳曰：欧美所以不能解决社会问题者，因为没有解决资本问题。资本问题不能解决，则虽解决土地问题，而其结果与现社会相校，不过五十步之与百步耳。文明进步，地价日涨，固也；然地价所以日涨，实资本膨胀使然。质言之，则文明进步者，资本进步之谓也。能以资本、土地一切归诸国有，则可以圆满解决此问题而无遗憾，近世欧美学者所持社会主义是也。若其未能，但使一国之资本，在多数人之手，而不为少数人所垄断，则此问题亦可以解决几分。吾所希之中国将来社会是也。若如孙文说，则并一分而不能解决。（详下）

原文："中国现在资本家还没有出世，所以几千年地价，从来没有加增，这是与各国不同的。但是革命之后，却不能照前一样。比方现在香港、上海地价，比内地高至数百倍，因为文明发达，交通便利，故此涨到这样。假如他日全国改良，那地价一定是跟着文明日日涨高的。到那时候，以前值一万〈两〉银子的地，必涨至数十万、数百万。上海五十年前黄浦滩边地，本无甚价值，近来竟加每亩数十万元，这就是最显的证据了。就这样看来，将来富者日富，贫者日贫，十年之后，社会问题便一天紧似一天了。”

驳曰：此所述情形是也，而其下文所言救治之法则非也。又彼举地价之涨以为将来富者日富、贫者日贫之表征，乃举其果而遗其因，知其偏而不知其全也。盖地价之涨，乃资本膨胀之结果而非其原因，而资本家但使拥有若干之债券、株式，就令无尺寸之地或所有之地永不涨价，而犹不害其日富也。孙文误认土地涨价为致富之惟一原因，故立论往往而谬也，此俟下段详驳之。但如所述，香港、上海地价，比内地高数百倍，孙文亦知其何为而有此现象乎？痛哉！此外国资本之结果也。黄浦滩地，每放［亩］值百数十万元，然除税关及招商局两片地外，更无尺寸为我国人所有权矣，（其或我国人所有而挂洋牌者，则不可知。）孙文其知之否耶？孙文亦知中国没有资本家出现，故地价没有加增，然则地价之加增，由资本家之出现，其理甚明。使资本家永不出现，则地价其永不加增矣。而曰革命之后却不能照前同样，吾不知彼革命之后，所以致地价之涨者，其道何由？吾但知资本家之一名词，孙文所最嫌恶也，恶其富之日以富，而使他部分之贫日以贫也。如是则必压抑资本家使不起，然后民生主义之目的乃克达，如是则以彼前所论之，吾果不知革命后之地价何由而涨也。吾则谓今日乃经济上国际竞争你死我活一大关头，我若无大资本家起，则他国之资本家将相率蚕食我市场，而使我无以自存。夫所谓蚕食我市场者，非必其买收我土地，建工场于我国中而始能然也。昔日本越后，有煤油矿，所出颇丰，美国斯坦达会社者，世所称煤油大王也，欲夺其业，乃拚着五百万美元之亏衄，贬价而与之竞，越后矿卒不支，降于斯坦达而受其支配矣。使越后矿之力，能拚着亏衄一千万美金以与之竞，又安见斯坦达之不反降于彼也。吾以为今后中国经济上之国际竞争，其浴血淋漓之象，必当若是矣。现在各国制造品之输入我国者，滔滔若注巨壑，徒以我地广人众，虽十倍其分量，犹能容受，而我国又未尝自制造以相抵制，故各国各占一方面以为尾闾，而未至短兵相搏之时。一旦我国睡狮忽起，改变生产方法以堵其进途，彼时各国资本家，必有瞠目相视，攘袂竞起，挟其托拉斯巨灵之掌，以与我殊死战者。我国如能闯过此难关，乃可以自立于世界。以我之租庸两薄，求赢较易，复鼓吹人民爱国心以助之，则凯歌之奏，固亦非难。而其第一义所最急者，则有大资本以为之盾也。不此之务，而惟资本家独占利益是惧，鳃鳃然思所以遏抑之，其结果也，能遏抑国内之资本家使不起，不能遏抑国外之资本家使不来。无贫无富，同即憔悴；丈寻之潢，龙虾争沫；彼时噬脐，嗟何及矣。夫印度人民，至今岂尝有社会问题劳其解决者，而其生计现象何如矣。孙文欲印度我乎？吾之经济政策以奖励保护资本家并力外竞为主，而其余皆为辅。苟持论反于吾之政策者，吾必认为国贼，竭吾力所及以申讨伐，虽殉之以身，亦所不辞。

原文："解决的方法，社会学者（按：此语误，岂有倡民生主义之人，而不知 Socialism 与 Sociology 之分耶？抑笔记者之陋也。）兄弟所最信的，是定地价的法。比方地主有地价值一千元，可定价为一千，或多至二千。就算那地将来因交通发达，价涨至一万，地主应得二千，已属有益无损。赢利八千，当归国家。这于国计民生，皆有大益。少数富人把持垄断的弊窦，自然永绝。这是最简便易行之法。欧美各国，地价已涨至极点，就算要定地价，苦于没有标准，故此难行。至于地价未涨的地方，恰存急行此法，所以德国在胶州〈湾〉，荷兰在爪哇，已有实效。中国内地文明，没有进步，地价没有增长，倘若仿行起来，一定容易。兄弟刚才所说，社会革命，在外国难，在中国易，就是为此。行了这法之后，文明越进，国家越富，一切财政问题，断不至难办。现今苛捐，尽数蠲除，物价也渐便宜了，人民也渐富足了。把几千年捐输的弊政，永远断绝，漫说中国从前所没有，就欧美、日本，虽说富强，究竟人民负担租税，未免太重。中国行了社会革命之后，私人永远不用纳税，但收地租一项，已成地球上最富的国。这社会的国家，决非他国所能及〈的〉，这社会革命的事业，定为文明各国将所取法的了。"

驳曰：嘻嘻！是即孙文新发明之社会革命的政策耶！吾反复十百遍而不解其所谓。请一一诘之。不知孙文所谓定地价的法，将于定地价后而犹准买卖乎，抑不准买卖也？彼既自言为土地国有主义，则此问殆可无庸发，不过费索解已耳。姑舍是，则不知政府于定地价时随即买收之乎，抑定地价后迟之又久然后买收之乎？若于定地价时随即买收之，既买收后即当不复许买卖。夫物之不可交换者，即无价格之可言，此经济学之通义也。土地既非卖品，则初时以一千收入者，得强名为值一千，以二千收入者，得强名为值二千耳，而何从有将来价涨至一万赢利八千以归国家之说也？若迟之又久然后买收之，则何必预为定价？其所以预为定价者，恐此地于未买收以前，因买卖频繁而价涨，而将来买收之费将多也。殊不知既定价之后，则买卖必立时止截，如甲有地定价二千，因交通发达，而乙以四千购诸甲，及政府从乙手买收时，则仍给原定价二千耳，如是则谁肯为乙者。故定价后迟之又久然后买收者，谓以财政所暂不逮而姑为先后，斯可耳。若既定价后，则土地立失其有价值之性质，而断无复涨价至一万赢利八千以归国家之理，又可断言也。如是则国家欲缘此而于财政上得一时之大宗收入，万无是理。而惟有责效于将来。将来之效如何，则国家自以地主之资格，征地代（租）于其民，即彼所谓但收地租一项已成地球最富之国是也。然收租之率，将依买收时之价值而勒定之乎，抑比例交通发达之程度随时而消长之乎？如勒定之，则有昔沃土而后为荒村，昔瘠壤而后为闹市者，亘古不变，安得谓平。此于国计民生，两无利益，殆非必彼之所取也。如随时而消长之，则将以何为消长之标准耶？吾为彼计，厥有二法：一曰国家自估价者。如此地当买收时，值价一千，其地主岁收租一百，今估量交通发达之后，此地应值价一万，则国家岁收租一千，此一法也。然官吏能无舞弊以厉民否耶？民能服官吏所估之价与否耶？夫现在各国之收地租，大率以地价为标准，如日本所谓土地台帐法是也。政府略勘定全国之地价，第其高下，而据置之以收租，经若干年，地价既涨，则改正而增收之，所谓地价修正案是也。然必有交换然后有价格，有价格然后可据之为收租之标准，而民无异言。若土地国有后，无复价格之可言，则除估价之外，实无他术，而民之能服与否，则正乃一问题也。二曰参用竞卖法。国家悬一地以召租，欲租者各出价，价高得焉，此亦一法也。此法最公，民无异言。然豪强兼并，必缘兹而益甚，且其他诸弊，尚有不可胜穷者。要之，无论用何法，谓国缘此得莫大之岁入，可以为财政开一新纪元，则诚有之，若绳以社会主义所谓均少数利益于多数之本旨，则风马牛不相及也。何也？必有资本者乃能向国家租地，其无资本者无立锥如故也；又必有大资本者，乃能租得广大之面积与良好之地段，而小资本者则惟局蹐于硗确之一隅也。诚如是也，则富者愈富贫者愈贫之趋势，何尝因土地国有而能免也。抑孙文昔尝与我言矣，曰："今之耕者，率贡其所获之半于租主而未有已，农之所以困也。土地国有后，必能耕者而后授以田，直纳若干之租于国，而无复有一层地主从中朘削之，则农民可以大苏。"（此吾与足下在精养轩所辩论者，莫赖也。）此于前两法之外别为一法者也。此颇有合于古者井田之意，且于社会主义之本旨不谬，吾所深许。虽然，此以施诸农民则可矣。顾孙文能率一国之民而尽农乎？且一人所租地之面积，有限制乎，无限制乎？其所租地之位置，由政府指定乎，由租者请愿乎？如所租之面积有限制也，则有欲开牧场者，有欲开工厂者，所需地必较农为广，限之，是无异夺其业耳。且岂必工与牧为然，即同一农也，而躬耕者与用机器者，其一个所能耕之面积则迥绝，其限以躬耕所能耕者为标准乎，将以机器所能耕者为标准乎？如以躬耕为标准，则无异国家禁用机器；如以用机为标准，则国家安得此广土。如躬耕者与用机者各异其标准，则国家何厚于有机器者，而苛于无机器者也，是限制之法终不可行也。如无限制也，则谁不欲多租者，国家又安从而给之，是无限制之法亦终不可行也。要之，若欲行井田之意，薄其租以听民之自名田，则无论有限无限而皆不可行。何也？即使小其限至人租一亩，而将来人口加增之结果，终非此永古不增之地面所能给也。复次，如所租之位置由政府指定也，则业农、牧者欲租田野，业工、商者欲租都市，政府宁能反其所欲而授之？若位置由租者请愿也，则人人欲得一廛于黄浦滩，政府将何以给其欲也，是又两者皆不可行也。此段所论利病，乃以吾昔日所闻于孙文者而反诘之，若孙文不承认其曾有此言，或今日已变其政策，则吾言皆为无效。要之，仅言土地国有而不言资本国有，则其所生出之政策，不出两途：其一则吾前所举示之二法也，其二则吾所述孙文畴昔语我之一法也。使孙文能于此二者之外，别有其途，则请有以语我来。而不然者，由后之说，则四冲八撞，无论何方面皆不可以实行；由前之说，则是国家营利之目的，而于社会主义风马牛不相及也。

单税论（即孙文所谓一切苛捐尽数蠲除，但收地租一项也。）之主唱者，为显理·佐治①，其所著《进步与贫困》一书之结论，曾极言之。后之论者，认为财政学上一种学说而已，若以解决社会问题，则未之许也。盖社会革命家所以主张土地国有者，以凡一切生产机关皆当国有，而土地为生产机关之一云尔，惟一切生产机关皆国有，国家为唯一之地主，唯一之资本家，而全国民供其劳力，然后分配之均，乃可得言。而不然者，生产三要素，其土地国家掌之，其资本少数富者持之，其劳力多数贫者供之，及夫合三成物，得价而售，其售所获，当以几分酬土地之一要素而归诸国家，当以几分酬资本之一要素而归诸彼少数者，当以几分酬劳力之一要素而归诸此多数者，此其界限甚难分析。（实无从分析。）其究也，仍不能不采现社会所行之地代（即租）制度，与赁银（即庸）制度。不过现行之地代，少数地主垄断之，土地国有后之地代，唯一之国家垄断之，其位置虽移，其性质无别也。而资本家实居间以握其大权，盖纳地代而得使用国家之土地者，资本家也，给赁银而得左右贫民之运命者，亦资本家也。夫欧美现社会所以杌陧不可终日者，曰惟资本家专横故。使徒解决土地问题而不解决资本问题，则其有以愈于今日之现象者几何也。且社会主义之目的，在救自由竞争之敝而已，生产机关皆归国家，然后私人剧烈之竞争可不行，若国家仅垄断其一机关，而以他之重要机关仍委诸私人，国家乃享前此此机关主人所享之利，是不啻国家自以私人之资格，插足于竞争场里，而与其民猎一围也，是亦欲止沸而益以薪已耳。是故以土地国有为行单税之手段，而谓为财政上一良法也，是则成问题。（能行与否，应行与否，又当别论。）若以简单之土地国有论，而谓可以矫正现在之经济社会组织，免富者愈富贫者愈贫之恶果也，是则不成问题也。夫有朝衣朝冠而不袜不履者，则行路之人莫不笑之。孙文之民生主义，正经类也。孙文乎，苟欲言民生主义者，再伏案数年，其可也！

孙文又谓：欧美各国，地价已涨至极点，就算要定地价，苦于没有标准，故此难行，而因以证明社会革命，在外国难，在中国易，就是为此。此真可谓奇谬之谈。谓欧美地价，涨至极点，孙文能为保险公司保其不再

---

① 显理·佐治，今译作“亨利·乔治”。

涨乎？吾见伦敦、巴黎、柏林、纽约芝加哥之地价，方月异而岁不同也。且谓价已涨者则无标准，价未涨者则有标准，是何道理。吾国现在之地价，则涨于秦、汉、唐、宋时多多矣。吾粤新宁、香山①之地价，则涨于二十年前多多矣。若因其涨而谓其无标准，则我国亦何从觅标准耶？若我国有标准，则欧美各国，果以何理由而无标准？吾以为欲求正当之标准，亦曰时价而已。我国有我国之时价，欧美有欧美之时价，吾苦不解其难易之有何差别也。若曰我国以价贱故，故买收之所费少而易，欧美以价高故，故买收之所费巨而难，则何不思欧美国富之比例，与吾相去几何也。要之，孙文所以言中国行社会革命易于欧美者，实不外前此与吾言“大乱之后人民离散，田荒不治，举而夺之”之说，此足下已亥七月间与吾在住吉亭三更拥被时所言，青眼虎（此绰号，足下当能记之。）在旁知状，足下宁能忘耶！今抵死图赖，不肯承认，此乃足下羞恶之心，自知忏悔，吾方喜足下之进化，何忍责焉，而惜乎虽忏悔而仍不足以自完［圆］其说也。

孙文又谓德国在胶州〈湾〉，荷兰在爪哇，行之已有实效，而欲我中国仿行起。嘻，非丧心病狂，而安得有此言也。孙文亦思胶州之在德国，爪哇之在荷兰，果居何等位置焉否也？吾固尝言以土地国有行单税制，为财政上一有研究价值之问题。政府垄断生产之一要素，自兹可无患贫，为政府计则良得，但不知其影响于国民者何如耳。夫德、荷政府，则朘胶州、爪哇之脂膏以自肥者也，孙文欲胶州、爪哇我全国耶！吾真不料其丧心病狂一至此极也。夫中华民国共和政府而忧贫也，则所以救之者亦多术矣，而何必以僇亡之余自拟者。

又孙文之言，尚有可发大噱者，彼云“英国一百年前，人数已有一千余万，本地之粮，供给有余。到了今日，人数不过加三倍，粮米已不够二月之用，民食专靠外国之粟。故英国要注重海军，保护海权，防粮运不继。因英国富人，把耕地改做牧地，或变猎场，所获较丰，且征收容易，故农业渐废，并非土地不足，贫民无田可耕，都靠做工糊口”云云。谓英国注重海军，其目的乃专在防粮运不继，真是闻所未闻。夫经济无国

① 新宁，今台山；香山，今中山。

界，利之所在，商民趋之，如水就壑。英国既乏粮，他国之余于粮者，自能饷之，非有爱于英，利在则然耳，虽无海军，岂忧不继。若曰战时不能以此论，则当日俄战役中，我国人之以米饷日本者，又岂少耶。虽买十分有一之兵事保险，（恐为俄舰捕虏或击沉，故买兵事保险。其价视寻常保险加数倍。）犹且为之矣。夫英所以注重海军者，一则因沿海为国，非此不足以自存；一则因殖民地伙多，非此不足以为守。此则虽小学校生徒，类能解之者。而其不得不并力于殖民地，又资本膨胀之结果也。如孙文言，岂谓英国苟非改农地为猎牧地，国内农产，足以自赡，而即无待于海军乎？此与本问题无关，本不必齿及，所以齿及者，以觇所谓大革命家之学识有如是耳。又彼谓英国并非土地不足，只缘以耕地改猎牧地，至贫民无田可耕，以此为贫富悬绝之原因。此亦大不然。英国土地之大部分，向在少数贵族之手，即不改为猎牧地，而贫民之有田可耕者，本已甚希。夫隶农，虽耕焉，而不可谓有田也；即非隶农，而受人之庸钱以耕人田，仍不可谓有田也。彼美国之农地，可谓极广矣，而耕者率立于一农业公司支配之下，计日以给其劳力之直而已。盖自生产法一变以后，前此之小农小工制度，忽易为大农大工制度，两者职业虽殊，而变化之性质无别也。夫受农业公司之支配以为人耕田，与受工业公司之支配以为人制器，两者果何所择？而孙文谓，贫民无田可耕，都靠做工糊口，工业却全归资本家所握，工厂偶然停歇，贫民立时饥饿。且使全国无一工厂，其大工悉举其资本以为大农，而激烈竞争之结果，终必有所废乃能有所兴，而农业公司有停歇者，贫民遂可以免于饥饿乎？要之，但使资本在少数人手里，而绝对放任其竞争，则多数贫民，自必陷于困苦，初不问其以此资本经营何业也。至英国以农地变为猎牧地，此自是彼资本家应于其国经济之现状，见夫业此焉而可以得较厚之赢也，则群焉趋之，此亦如荷兰之资本家率业船，比利时之资本家率业铁，凡以为增殖资本之一手段而已，而未尝因其趋重何业，而影响及于贫民生计也。（影响所以及于贫民生计者，以资本在少数人手之故，而非因其在此业之资本移于彼业，而遂生影响也。）如孙文言，岂谓今日英国，但将猎牧地反为农地，而贫民遂可以家给人足乎？吾以为今日各国所通患者，皆土地不足也，匪独英国。而孙文谓英国并非土地不足，可谓异闻。夫土地之面积，自数十万年前既已确定，造化主不能因吾人类之增加，而日造新壤，计口分以授之，此玛尔梭士[①]之人口论，所以不胜其杞人之忧也。即使无工业革命之结果，而人浮于地，固已为病。欧人所以当四百年前，即汲汲以殖民为务，其动机皆坐是也。即如孙文所述，英国今日人口三倍于百年前，则百年前本地之粮供给有余者，而今日之需要三倍之，其将何以自存。即不改为猎牧地，而英民遂得免于饥饿乎？夫英民今日得免于饥饿者，虽谓全食工业革命之赐焉可也。自机器出而英人首利用之，英自此冠带衣履天下，各国之需要，而英人供给之；供给必有报酬，而英人享受之；英自是废农不务。英对于他国，以械器易粟；他国对于英，以粟易械器。交易之间，而英大获其赢，所获之赢，资本家垄其泰半，而贫民亦得馂其余。然无论所垄者所馂者，则皆他国人所以饷英也。夫英之所以有今日，徒以废农故也。如孙文言，以废农为今日贫民饥饿之原因，浸假英人悉废其诸业而复于农，英政府复采孙文之土地国有策，凡能耕者则授之以田，斯可谓不病贫民矣，然三倍于昔之人民，能有三倍于昔之土地以给之乎？百数十年后人民复三倍于今，更能三倍其三倍之土地以给之乎？毋亦日迫之于饥饿而已。孙文所谓并非土地不足，徒以贫民无田可耕者，吾不知其说之何以自完也。夫虽无工业革命，而土地已患不足，其理既若是矣。若夫工业革命以后，资本日以膨胀，然所操资本，无论用之以治何业，总不能离土地而独立。以国中有定限之土地，而资本家咸欲得之为业场，竞争之结果，而租必日增；租厚则病赢，而资本家将无所利，于是益不得不转而求租薄之地，此殖民政策，所以为今日各国唯一之政策也。而土地不足，实为之原。吾又不知孙文所谓并非土地不足之说，果何以自完也。而谓解决土地问题即能解决社会问题，吾诚不知其何途之从而能尔尔也。且孙文所以征引英国之现状者，岂非以为中国将来之比例乎？以彼所言，则英地主改耕地为猎牧地，乃贫民无田可耕之原因。洵如是也，则中国之社会问题，其永可以不发生矣。孙文得毋忧我中国面积四百余万方里之广土，至他日文明进步以后，将悉不为耕地乎？如是则何不忧天坠之犹为愈也。孙文何不曰，将来之土地，将悉为大农所垄断，贫民虽有可耕者

① 玛尔梭士，今译作“马尔萨斯”。

而非其田，则其说完矣。然洵如是也，则非解决资本问题，而一切问题，皆无从解决。孙文之土地国有论，则嫫母傅粉而自以为西施也。

吾反复读孙文之演说，惟见其一字不通耳，而不能指出其所以致误谬之总根本何在。盖必其人稍有科学的头脑，每发一义，能持之有故，言之成理，但其观察点有一误谬之处，故驳论者可以此为攻，而持论者亦可以此为守。若孙文则头脑稀乱，自论自驳，无一路之可通，吾亦安从取其谬点之总根本而指之。无已，则有一焉，孙文其独尊农业而排斥农业以外之他业耶？其土地国有后之社会，殆欲斟酌古代井田之遗法耶？洵如是也，则古昔圣贤之言，而宋儒所梦寐以之者也，第不知其通于今后之社会焉否耳。

又，孙文谓：行了这法之后，物价也渐便宜了，人民也渐富足了。此语吾又不解其所谓。夫物价之贵贱，果从何处觅其标准耶？如就物之本体以言，只能以甲乙两物相校而观其比价。如云近二十年来银价贱，近一二年来银价贵，何以知其贵贱？以与金价比较故也。故就他方而言之，亦可云近二十年金价贵，近一二年来金价贱。其他物品亦例是。如以米为标准，十年前米百斤值银五元，柴百斤值银三角，某物某物百斤，值银若干若干。今米之价如前也，而柴百斤值银五角矣，某物某物百斤之价，皆比例三与五为加增矣，则是百物之价增于米价也。（或米价增至每百斤六元，而其他百物皆以三与五之比例为加增，则亦可谓百物之价增于米也。）从他方面观之，则是米价贱于百物之价也。夫如是则有贵贱之可言。然物物而比较之，此以验社会需要趋于何方则可，而于物价贵贱之共通原理无与也。若夫一切物品，举十年之通以较之，而无一不涨于其前，是则金价或银价之趋贱耳，而非其余物价之趋贵也。（若就他方面言之，则即谓其余物价趋贵亦未始不可，然其理一也。）何也？物价之贵贱何以名，以其与金银之比价而名之耳。此与货币政策有密切之关系，今勿具论。若求诸货币以外，则尚有一原则焉，曰物价必比例于需要额与生产费，需要者多，则物价必腾；生产费重，则物价必腾。然文明程度高，则人之欲望之种类愈增；又文明程度高，则庸钱必涨，庸钱涨亦为生产费增加之一。故物价必随文明程度而日腾，又经济界之普通现象也。此其理由，诸经济学书皆言之，无俟详述。即观诸吾国内地与通商口岸之比较，亦可以为左证矣。今孙文谓行了彼土地国有政策后，物价必渐贱，吾真不解其所由。若其行圆满的社会主义，将生产机关悉归诸国家，则此派学者所考案，有谓宜依各人每日劳力之所直［值］，给以凭票，其人即持凭票以向公立之种种商店换取物品者，如是则并货币亦废置不用，只以种种劳力与种种物品比价而立一标准，则物价无复贵贱之可言。孙文若采此说也，则物价渐贱之言为不通也。而不然者，土地以外之一切生产机关，仍为私有，物价必随文明程度之高下而为消长。物价而趋贱则必其需要之日减者也，需要日减，是贫因之一征也。否则庸钱趋微也，庸钱趋微，亦贫困之一征也，而又何人民富足之与有？吾观于此，而益疑孙文之社会革命论，除复反于古昔井田时代之社会，无他途也。举农业以外一切之诸业而悉禁之，以国有之土地授诸能耕之人而课其租，现有四万万人，苟国中有四十万万亩地，则人授十亩焉。数年以后，民增而地不增，则割所授于前人者，匀其分量以授后人，至一人授一亩或数人合授一亩而未有止。若是则于孔子所谓“不患寡而患不均”者，洵有合矣。但不知吾国民何以堪也。而不然，则必孙文封尽全世界之金银矿使永不产出，否则以金刚钻为货币也，舍此两者外，更无可以使物价趋贱之途。

以上两段，于本论论旨，无甚关系，不过以其语语外行，令人喷饭，故附驳之，亦使听演说而大拍掌者，念及此掌之无辜而受痛耳。

以上驳孙文说竟。彼报第五号别有《论社会革命与政治革命并行》一篇，吾拟驳之久矣，蹉跎不果。今吾所主张者，大率已见前方，虽非直接驳彼文，而彼文已无复立足之余地。况彼文肤浅凌乱，实无可驳之价值耶。惟其中有一条不可不加以纠正者。彼论述泰西学者之说，谓“贫富悬隔之所由起，在放任竞争绝对承认私有财产权”是也；而其所下绝对承认私有财产权之解释，谓“无私有财产制，不能生贫富，固也；有私有财产制，而不绝对容许之，加相当之限制，则资本亦无由跋扈。即于可独占之天然生产力，苟不许其私有，则资本所以支配一切之权失矣”云云。此所以证其言土地国有而不言资本国有之理由也。此说社会主义论者中，固有言之者，然其论之不完全，显而易见，即吾前所谓，国家自以私人资格，插足于竞争场里，而分其一脔耳。夫资本家固非必其皆有土地者，往往纳地代于他之地主，借其地以从事生产，而未尝不可以为剧烈之竞争。土地国有后，则以前此纳诸私人之地代，转而纳诸国家耳；或变所有权而为永代借地权或永小作权耳，于其跛扈何阻焉。以吾所闻，加私有财产权以相当之限制者，其条件则异是。凡不为生产机关者（如家屋、器具、古玩等），则承认其私有，其为生产机关者，则归诸国有而已。必如是而后可以称社会革命；不如是者，皆朝衣朝冠而不袜不履者也。而此种之社会革命，我中国现时果能行否，此则吾欲求彼党中人赐一言之确答者也。

大抵今日之欧美，其社会恶果，日积日著，各国政治家乃至学者，莫不认此为唯一之大问题，孳孳研究，而其论所以救治之方者，亦言人人殊。虽然，要其大别，可以二派该之。一曰社会改良主义派，即承认现在之社会组织而加以矫正者也，华克拿①、须摩、拉布棱达那等所倡者与俾士麦所赞成者属焉。二曰社会革命主义派，即不承认现在之社会组织而欲破坏之以再谋建设者也，麦喀②、比比儿③辈所倡率者属焉。两者易于混同，而性质实大相反。今孙文及其徒所倡果属于何派乎？吾苦难明之。谓其属甲派而不类，谓其属乙派而又不类。殆欲合两派而各有节取耶？而不知其不兼容也。是又荷蓑笠以入宫门之类也。质而言之，彼辈始终未识社会主义为何物而已。

又，彼号论文尚有云："明初屯卫之制，其田皆国有也。明初所以得行此者，亦正以政治革命后易为功也。观于其后欲赎取已卖之田，犹患费无所出，乃其初设时若甚轻易举者，斯亦可知其故矣。行土地国有于政治革命之际，果何事强夺耶？"嘻嘻！此其故，虽微公言，吾固已熟知之。岂非吾前所闻于贵头领所谓大革命后积尸满地，榛莽成林，十余年后大难削平，田土无主者十而七八，夫是以能一举而收之者耶？明初屯卫制所以得行之而易为功者，非利故田主之因丧乱而散亡耶？后此欲赎而患无费者，非以承平之后不便掠夺耶？贵头领于前言，抵死图赖，而公等亦辩之惟恐不力，吾方谓豺性之已改矣，奈何不解藏踪迹浮

① 华克拿，今译作"瓦格纳"。

② 麦喀，今译作"马克思"。

③ 比比儿，今译作"倍倍尔"。

萍一道开，更为此自实前言之供状耶！而犹曰无事强夺，吾不知杀人以梃以刃果何异也。且以明初为政治革命后，则公等所谓政治革命者，吾今乃知之矣。

彼报第五号所以丑诋我者，可谓无所不用其极。其笑我谓前此昌言经济革命断不能免，又介绍社会主义之学说，而今乃反排斥之。夫吾经济革命不能免者，就泰西论泰西也，今日我何尝谓其能免耶？社会主义学说，其属于改良主义者，吾固绝对表同情，其关于革命主义者，则吾亦未始不赞美之，而谓其必不可行，即行亦在千数百年之后，此吾第四号报所已言者。①（第四号出在彼报第五号之前。）彼谓今之社会主义学说，已渐趋实行，谓各国民法为趋重民生主义，谓日本铁道国有案通过为国家民生主义之实现。此言诚是也，而不知此乃社会改良主义，非社会革命主义，而两者之最大异点，则以承认现在之经济社会组织与否为界也。（即以承认一切生产机关之私有权与否为界。）公等绝不知此两者之区别，混为一炉，忽而此焉，忽而彼焉，吾安从而诘之。彼报彼号有言曰：世每惟不知者乃易言之。又曰：梁某全不知社会革命之真。又曰：梁氏之攻民生主义，于民生主义毫无所知者也。夫浅学如余，则安敢自云能知者。但吾初以为公等必知之甚深然后言，及证以贵号前后十号之伟著，则公等所知，视“目不识欧文，师友无长者”之梁某，且不逮焉。惟不知者乃易言之，乃夫子自道耶？若夫公等之四不象的民生主义，其甚深微妙，则真非我之所得知矣。

吾初以为社会革命论，在今日之中国，不成问题，不足以惑人，故听彼报之鸦蛙聒阁，不复与辩，谓无取浪费笔墨也。今彼报乃宝此燕石，沾沾自喜，且无识者亦彼复附和之，故不得不为之疏通证明，非好辩也。虽然，本论之对于彼，亦可谓不留余地矣。彼报见此，其将幡然悔悟，自知其扰扰之无谓耶？抑将老羞成怒，再为狼嗥牛吼之态，折理不胜，惟事嫚骂耶？此则非吾所敢言矣。

以上据鄙见以解决“中国今日社会应为根本的革命与否”之一问题已竟，今将附论“中国今日若从事于立法事业，其应参用今世学者所倡

① 指《申论种族革命与政治革命之得失》一文。

社会主义之精神与否”之一问题。此问题则吾所绝对赞成者也。此种社会主义，即所谓社会改良主义也，其条理多端，不能尽述，略举其概，则如铁道、市街、电车、电灯、煤灯、自来水等事业，皆归诸国有或市有也，如制定工场条例也，如制定各种产业组合法也，如制定各种强制保险法也，如特置种种贮蓄机关也，如以累进率行所得税及遗产税也，诸如此类，条理甚繁，别有专书，兹不具引。夫铁道等归诸公有，则事业之带独占性质者，其利益不为少数人所专矣；制定各种产业组合法，则小资本者及无资本者，皆得自从事于生产事业矣；制定工场条例，则资本家不能虐待劳动者，而妇女、儿童，尤得相当之保护矣；制定各种强制保险法，则民之失业或老病者，皆有以为养矣；特置种种贮蓄机关，予人民以贮蓄之方便，则小资本家必日增矣；以累进率行所得税及遗产税，则泰富者常损其余量以贡于公矣；夫以我国现在之社会组织，既已小资本家多而大资本家少，将来生产方法一变以后，大资本家之资本，与小资本家之资本，其量同时并进，固已不至奔轶太远，造成如欧美今日积重难返之势。而右所举社会改良主义诸条件，又彼中无量数之政豪、学哲，几经研究而得之者也，彼行之于狂澜既倒之后，故其效不甚章，我行之于曲突徙薪以前，故其敝末由至。夫欧洲所以演出工业革命之恶果而迫今后之社会革命使不能不发生者，固由瓦特机器之发明，骤变其生产之方，亦由斯密放任之学说，助长其竞争之焰；两者缺一，其惨剧当不至若是之甚。今我于生产方法改良之始，能鉴彼放任过度之弊，而有所取裁，则可以食瓦特机器之利，而不致蒙斯密学说之害，其理甚明。《记》曰：“甘受和，白受采。”我以本质较良之社会，而采行先事预防之方针，则彼圆满社会主义家所希望之黄金世界，虽未可期，而现在欧美社会阴风惨雨之气象，其亦可以免矣。而何必无故自惊，必欲摧翻现社会之根柢而后为快也。而况乎其所谓摧翻者，又实未尝能动其毫末，而徒虎皮羊质以自扰扰也。嘻！其亦可以知返矣。

要之，今之言社会革命者，其未知社会革命论之由来及其性质而妄言之耶，则妄言惑人之罪可诛；其已知之而故支离闪烁、张皇其词以耸人听耶，则不过吾前者所谓利用此以博一般下等社会之同情，冀赌徒、光棍、大盗、小偷、乞丐、流氓、狱囚之悉为我用，惧赤眉、黄巾之不滋蔓，复从而煽之而已。其立心之险恶，其操术之卑劣，真不可思议也。而一般学子，既年少而富于好奇心，复刺激于感情，以骚动为第二之天性，外之既未尝研究他人学说之真相，内之复未能诊察本国社会之实情。于是野心家乘之而中以诐词，致此等四不象之民生主义，亦以吠影吠声之结果，俨然若有势力于一时。吾安得不为此幼稚时代之国民一长恸也。

结　论

故吾以为种族革命，不必要者也；社会革命，尤不必要者也；坦坦广途，独一无二，由之则至，歧之则亡，曰政治革命而已。更易其词以定其宗曰：今日欲救中国，惟有昌国家主义，其他民族主义、社会主义，皆当诎于国家主义之下。闻吾此论而不寤者，吾必谓其非真爱国也已。

（录自《新民丛报》第 86 号，1906 年 9 月 3 日）

再驳某报之土地国有论

饮　冰

本报第十四号，曾关于社会革命之可否，著论以难某报，既已令彼所主张者，无复立足之地。乃彼不自省改，复于其第十二号，强词致辩，而益复支离谬妄，无一语可以自完。虽其论无复价值，然本报既认扫荡魔说为一种之义务，故不惜再纠正之。乃就荦荦大端，区为三节：一曰就财政上正土地国有论之误谬；二曰就经济上正土地国有论之误谬；三曰就社会问题上正土地国有论之误谬。其余琐碎末节，则以附论，缀于末焉。社会革命论，在今日本不成问题；社会革命论中之简单偏狭的土地国有论，即在将来亦不成问题。以此恩读者之脑力，本甚无谓也。然利用此机会，时征引财政上、经济上、社会问题上之普通学说，以与吾国今日现象相印证，则亦不无小补，故不惜冒浪费笔墨之诮，而长言之，非徒为彼报发也。本论宜以一次登完，但篇幅太长，为报中页数所限，故仅登其四分之一，余则竢诸次号。

著者识

一　就财政上正土地国有论之误谬

本报第十四号论文尝云："以土地国有为行单税之手段，而谓为财政上一良法也，是则成问题。而能行与否，应行与否，又当别论。"①（第三

① 参见饮冰《杂答某报》，《新民丛报》第86号，1906年9月3日。

十五页）盖吾前号论文，其所重者在与彼报争社会问题之解决，故关于社会问题以外之事项，未遑多及，而初非认此制度为财政上适宜之制度也。今彼报第十二号论文，宝此燕石，谓土地单税制，为中国将来整理财政之不二法门，其误谬有不可纪极者，故先就此点，辞而辟之。虽非本论之主眼，抑亦土地国有论不能成立之一大左证也。

今世学者之言租税，则单税与复税之孰利，实为其一问题。单税者，惟课一种之租税，而其他尽皆蠲除也；复税者，则课多种项目之租税以相挹注也。单税制度，今各国惟地方自治团体多行之，瑞士联邦中一二小州亦或行之。自余各国，殆无不行复税制者。此其中盖有绝大之理由焉，诸家财政学书多能言之，兹不详述。而单税论中，大约复可分四种：一曰消费单税论者，二曰财产单税论者，三曰所得单税论者，四曰土地单税论者。此四种者，有其共通之弊害，又有其各自特别之弊害。共通之弊害，则四种莫或能免之，各自特别之弊害，则所得单税论比较的少，而其他三种皆甚多，土地单税论又比较的更多者也。今彼报第十号载孙文演说语①谓："欧美、日本虽说富强，究竟人民负担租税，未免太重。中国行了社会革命之后，私人永远不用纳税，但收地租一项，已成地球上最富的国"云云，是其主张土地单税而排斥复税制度之立论据也。此其语于财政上原则一无所知，且与事实大相刺谬。在不学无术大言欺人之孙文，固不足责，独怪彼报记者，固尝饫闻学校之讲义，且知涉猎外籍，岂其于此极普通之学说，无所闻知。且生长宗邦，父兄习于吏事，岂其于眼前之事实，熟视无睹，而猥以争意气之故，不惜枉师说、构虚词以文前过也。今得一一是正之。

凡一国之财政，当以所入能支所出为原则，盖国家为自维持自发达起见，而需用种种经费。国家活动之范围愈广，则其所需经费愈多；国家而不欲自达其目的则已，苟欲之，则凡所需者，责负担于其分子，盖非得已。故吾中国古义言：量入以为出。今各文明国普通制度，皆量出以为入，盖其根本观念有差异，则其制度不得不缘而差异。而孰得孰失，则稍

① 参见民意《记十二月二日本报纪元节庆祝大会事及演说词》，《民报》第10号，1906年12月20日。

尝学问者皆能辩之矣。今世界中无论何国，其经费皆有逐年增加之势，愈文明者则其增加之率愈骤。今后我中国而不欲自伍于大国则已，苟欲自伍于大国，则试取现今各大国岁费之中率，以吾之幅员、民数比例而增之，其额之庞大，当有使腐儒舌挢而不能下者。而惟一之土地单税，果能充此庞大之国费而无不足乎？此一疑问也。彼报袭亨利·佐治[①]一派之说，谓土地国有后，举畴昔田主所收之租，悉归之国家，遂得莫大之收入，足以支持一切国费而有余。然麦洛克氏尝就统计上以证此说之不当。其言曰："以英国论之，英伦及威尔士之借地料（即田主所收之租亦即地代），凡三千三百万镑，苏格兰及爱尔兰之借地料，凡千六百万镑，合计全额不过四千九百万镑。而英国政府之经费，每年六千八百万镑有奇。然则，虽没收全国地主所收借地料之全额，而国库尚生一千九百万镑之不足也。"由此言之，则仅恃土地单税，不能完满以达国家岁费之目的。于英有然，其他各国亦当例是，而我中国亦当例是矣。若曰我中国土地面积之广，远非英国之比，故土地单税收入之富，亦非英国所得望。曾亦思国费之总额，每比例于土地面积之广与人民之众而加增，而我国为自维持自发达起见，其正当之岁费，亦应视英国几何倍也。据日本小林丑次郎之说，分国家经费为宪法费、国防费、司法费、内务费、外务费、文教费、经济行政费、官工行政费、财务费之九种；内中惟宪法费、外务费不以国土之大小为比例，无论何国，其额大率不甚相远；其官工行政费，则以国家自营事业之多寡为率，非可一概论。顾使国营事业之范围相同，则国境愈辽阔者，此类之行政费愈大，固已不能以小国比大国矣。（如甲、乙两国同营邮便电信事业，其事业完备之程度略相等，而甲国之面积为一万方里，乙国面积为十万方里，则乙国之邮便电信事业行政费，必十倍于甲国矣。其他类推。）但此项经费，本属私人经济的性质，以"其事业自身收支相偿且有余利"为原则。大国之视小国，其所费虽加多，其所入亦加多，故不必于国费项下断断比较。然则此项亦可与宪法费、外务费同置勿论。其国防费，虽非可以同量之比例进算，然大国之当增于小国，亦至浅之理也。（如甲国一万方里，需国防费一千万者，非谓乙国十万方里即须比例其量

① 亨利·佐治，今译作"亨利·乔治"。

以增至一万万。但乙国国防费，总须二三倍或四五倍于甲国，此不可争之事实也。）自余司法费、内务费、文教费、经济行政费、财务费则无一不比例于国土之大小、人民之众寡而累进。（如乙国面积、民数十倍于甲国，则此等国费，自然六［亦］十倍于甲国。）然则我国面积，虽远过于英本国，而我国为自维持自发达起见，其所需正当之岁入，亦当远过于英国。英国仅恃土地单税，不能支国费，而谓我国能之耶？此彼报所持主义不能成立者一也。

英国近二三百年来，国民经济，称最发达。其地力之尽，远非我所能及，故其地代之价格，宜亦远飞我所能及。谓英国有若干之面积，能得若干之地代，我国以同一之面积，即亦能得同一之地代者，虽五尺童子，犹知其非矣。以吾所闻，英国最高之地代与吾国最高之地代相较，英国最低之地代与吾国最低之地代相较，平均统算，大率我以十而仅能当其一耳。以我本部面积与英本部面积比，我约十一倍于彼，而彼地代价格约十倍于我，两者相消，其地代之总额，应略相等。在英不满五千万镑，在我充其量亦不过五六千万镑止矣。就令以此数之全额，尽充正当之行政费，而犹虞其不足，况乎其万万不能也。（说详下）即曰文明进步后，地代价格可以渐涨，然其涨率万不能甚速。（说详下）而当未涨以前，抑何以支，恐财政基础，先已紊乱，不可收拾矣。此彼报所持主义不能成立者二也。

彼报之言曰："今日之中国，所课于民之地税，为其租之二十分之一而已。其取诸民而达诸中央政府，不知经几度之吞蚀偷减，而中央政府每岁收入，犹有四千万之总额。英人赫德有言，中国倘能经理有方，则不必加额为赋，而岁可得四万万。然则中国地租之总额为八十万万也。经国家核定其价额之后，以新中国文明发达之趋势，则不待十年，而全国之土地，其地代进率，必不止一倍。而此一倍八十万万之加增，实为国有。"①噫！此真梦呓之言。其空中楼阁的理想，诚足以自慰，而无奈与事实全不相应也。我国租税，中饱虽多，然仅以田赋一项论，而谓如赫德所言，毫厘不加征，而收额可十倍于今日，此夸论也。我国财政上舞文中饱之弊，

① 民意：《告非难民生主义者——驳〈新民丛报〉第十四号社会主义论》，《民报》第12号，1907年3月6日。

以厘金为最甚，而田赋反稍逊。（厘金由局吏包征包解，殆近于日本所谓请负征收法者，局吏但比较前任所征能如其额，斯足以应考成矣。其因通过货物增多而厘金增收者，可以尽人私囊，又得任意抑留讹诈，收贿漏放。故厘金一项，政府所收者与人民所出者，其额相去悬绝，此不可掩之事实也。若田赋则异是，政府勒定岁供之数而公布之于民，人民以其为直接税之故，颇感苦痛，注意不怠。政府当前此厘金关税未兴以前，以此为唯一财源，注意亦特甚，故官吏之舞文中饱也颇不易。现在秤余火耗等陋规，殆可谓公然的秘密，政府默认之以为官吏津贴，其数亦大略有一定，不能任意再加娄索。现在州县，不过或遇蠲免恩诏之时，搁迟不发，先征之而以后任为壑，或制钱洋银与纹银兑换之数，以无法定比价之故，抑扬取赢，所能作弊者，只此而已。要而论之，则今日官吏最便中饱者，不在田赋而在田赋以外之杂征，谓人民所出田赋之额与政府所牧田赋之额，相去悬绝者，实不知情实之言也。）查田赋征收之惯例，其秤余火耗杂派等项目，大率当法定正供之半额，最甚者当三分之二，而罕有径与原额埒者。（如照《赋役全书》例征一两者，大率滥征至一两五钱或一两六七钱，其竟加至二两者尚希。）现在中央政府所收田赋总额，据赫德所调查，则其纳银者二千六百五十万两，纳谷者三百十万两，合计为二千九百六十万两。据上海英领事夏美奴所调查，则其纳银者二千五百〇八万八千两，纳谷者六百五十六万二千两，合计为三千一百六十五万两。我国无确实之统计，二说未知孰信。要之，其总额三千万两内外近是。然则秤余火耗杂派等项，就令与法定原额相埒，亦不过六千万已耳，而四万万之说从何而来？即曰各省中有匿税不纳升科不实者，及新涨新垦之田未着赋籍者，从而清丈之，所得当不少，充其量则倍今之额亦一万二千万已耳，而四万万之说从何而来？故吾以为此实赫德武断之言也，而彼报据之以起算，不智甚矣。（赫德所调查仅二千九百余万，而彼报硬改为四千万，欲曲折牵附以合其八十万万之数，亦太可怜。）且彼报谓今日中国所课地税，为其租二十分之一，此亦不然。他省吾不深悉，以吾粤之赁地而耕者，上地每亩不过岁租四两，下地不及一两。此即经济学上所谓地代也。而据《赋役全书》所规定，则广东田赋，最下地每亩或征银二分四毫、米三升七合，最上地每亩征银二钱一分二厘二毫零、米五升三合。又自雍正元年定丁随地摊之制，广东每地赋银一两，带征丁银一钱三分六厘有奇。然则广东之最上田，其赋银、丁银两项合算，盖每亩征二钱五分内外，加以米五升三合，折算今时价，斗米值二钱四分，应为一钱三分有奇。三项合计，亦约及四钱内外。其地代为四两，而国家所征为四钱内外，则是课其十分之一也。最下地之地代不及一两，而其赋银、丁银、米银三项合计，所供者约银七八分，则亦课其十分之一也。然此则法定正供为然耳，益［盖］以秤余火耗等陋规，尚不止此数。若中饱者而当供之半额也，则所征约为六钱，取地代七分五之一矣；若中饱者而与正供相埒也，则所征约为八钱，取地代五分之一矣。此以吾粤论也。若夫江苏之苏州、松江，浙江之湖州、嘉兴，沿明初以来之重赋，视他省他府多征数倍，即正供之额，已等于其地代。雍正间虽将嘉、湖二府减其额征十之一，然其重远过他地。近李文忠犹抗疏以为言，从可知矣。（雍正五年上谕云："查苏、松、嘉、湖赋税加重之由，盖始于明初。洪武时，四府之人，为张士诚固守。故平定之后，籍诸富民之田以为官田，按私租为税额。此洪武之苛政也"云云。按据此则，此四府者，在明初时已实行土地国有主义。其国家所课于民之税，即当时其地代之总额也。今虽经数百年，地代日有增加，然大率犹取其地代十之六七耳。）然彼四府者，犹属例外，姑勿援引。要之，据《赋役全书》及《大清会典》所规定，则除秤余火耗陋规不计外，专以法定正供论，大率国家所课于民者，当其租十分之一，此中率也。今者田赋共三千万两，则全国地代之总额，应为三万万两耳，而彼报八十万万之说，从何而来？就令核实清丈，厘剔陋规，缘此可增加一倍，则亦六万万两耳，而八十万万之说，从何而来？且吾读彼文而犹有大不解者，彼谓现在课于民者为其租二十分之一，而总额有四千万。然则以二十乘四千万，亦不过八万万耳，而安得有八十万万之说？及细玩其语意，乃知其以赫德之说为金科玉律，而因以二十乘四万万，乃得此数也。嘻！异矣。夫使如赫德所言，照现在赋额不加征一钱，而实数可十倍于今日，则据《赋役全书》所载，其至重之赋，有每亩征至六钱者，而政府所得，不过人民所出之十分一，然则人民所出，不已六两耶？（即此可见赫德之言之奇谬。吾粤田赋法定正供，最高者每亩二钱有奇，此政府责成于官吏所取之实数也。苟不加一文而可增十倍，则必官吏所取于民者为二两有奇，然后可。试问吾粤人，曾闻有完每亩二两有奇之田赋者否耶。）以每亩六两之税，而谓仅为其租二十分之一，然则其租之总额，不应为一百二十两耶？即如吾粤上田正供，地丁银米合计，每亩四钱，如彼所算，政府收入四钱者，人民所出，当为四两，四两犹不过其租二十分之一，则其租应为岁八十两，而吾粤最良田，每亩岁可产米八石，每石以现在时价，可值银二两四钱，则每亩岁获可十九两有奇，而资本、劳力，皆出于其中。夫以生产额总值不满二十两之地，而谓其地代有八十两，非病狂安得有此言也。（彼报最好为强辩者，虽然，谚曰“说谎怕算账”。今吾所列举之数目字，请为我解答之。不然，勿复以单税论哓哓向人可矣。）呜呼！天下有驰鹜［骛］于空想而不顾事实者，其往往陷于重纰贻缪，皆此类矣。夫以英国之富，而其现今地代总额，犹不过四千九百万镑。以现在金银比价计之，每镑合我库平银六钱六分有奇，然则英国全国之地代总额，犹不过合库平银三万五千万内外。我国本部面积，十倍有奇于英国，故就令我国地代价格，所值与英国同率，其总额亦不过三十五六万万，而断不能至四十万万。今彼报谓有八十万万，然则我国地代价格，不已两倍余于英国耶！彼报敢作此言以欺人，真可谓一身都是胆也。若曰此土地国有制度，施行于全国，故不能徒以本部十八行省起算，曾亦思十八行省以外，其地多未垦辟，而尽可容人自由耕作耶。凡可以自由耕作之地，则其地代等于零，而即为无地代。此稍治经济学者所能知也。今以奉天之密迩，而自由地犹居全省面积之泰半，则吉林、黑龙江、新疆可知，内外蒙古、青海、西藏更可知。然则于十八行省以外征地代，即有之亦其细已甚矣。故吾所测算，谓国家现在所征田赋，为地代价格十分之一，现在田赋总额三千万，其地代总额三万万，约当英国地代价格十分之一。此数当不甚远，即曰所征者有不实之尽，更益以十八行省以外之地代，充其量能将此数加一倍，则亦六万万极矣。即彼所持土地国有论实行后，将此数全归政府，则其所入亦不过与现时日本之预算案相等。其不足以供此庞然大国自维持自发达之费明矣。此彼报所持主义不能成立者三也。

今世界各国通列，于国家财政之外，更有地方财政。吾不知彼报所持土地单税论，将并地方税包在其中耶，抑仅国税也？若此外别征地方税，则与彼所谓“私人永远不用纳税，但收地租一项”之说相矛盾。而地方税与国税，且甚难免重复之病。若不别征地方税，而即以此土地单税一项，并支两者，则仅国费尚苦不足，安有余力以及地方？势必自治团体之行政，百废不举，且地方财政既不能独立，而一切仰拨给于中央，则中央有莫大权力，可以左右地方之生死，必将复陷于专制，而政体根本生摇动焉。此彼报所持主义不能成立者四也。

以上所论，谓土地单税，决不能支持国家经费也。即让一步，谓可以支之而有余裕矣，（此吾如彼报之意而为假定词耳，实则单税不足支国费之说，已颠颠扑不破。彼报勿又作无聊之言，谓让一步则为进退失据也。）而土地单税，果足称为善良之税制乎？此又一疑问也。凡健全之财政制度，其所必不可缺之条件，曰收支适合，使岁入无过剩之弊，亦无不足之忧。此各国大财政家，所绞脑汁以求得当者也，故其租税，必选择有弹力性之财源以征之。盖政府收入，其在平时，不欲其有急剧之增减也，故（第一）常设数种之租税。甲租税或缘事故而减少，则乙租税之过剩，得以补之。复次，政府收入，其在变时，欲其容易增减也。（如或有战事时之类。）故（第二）其租税必须随税率之增加，而收入可以增加。一国财政，必具备此二条件，然后收支之适合，乃可得期。而凡单税制度，无论何种，其弹力性皆不免微弱，土地单税，则其尤甚者也。如彼报言，尽收土地为国有，而赁之于小作人，（小作人者，谓赁土地以营业之人，日本名词也。）收其地代以为唯一之财源。贷地之国家与贷地之小作人，立于平等契约之地位，其权利义务，属于私法的而非属于公法的。租率之高下，全非能由于国家之强制，而必待双方之合意。若是者，其于租税之精神，已相悖矣。国家之收入，纯为经济上自由竞争供求相剂之原则所束缚，遇一国经济界富于活气之时，人民争相租地，求过于供而地代昂，反之则供过于求而地代落，昂落之间，全非政府所得主张，岁入毫无一定，驯致不能为预算，而财政之基础将溃。此彼报所持主义不能成立者五也。

复次，国家或遇战事，或有所大兴作，其不时之需，往往甚巨。而此土地单税唯一之财源，政府不能以权力增其税率。若强增之，则民之已贷地者，得立废契约；其欲贷地者，裹足不前。国家不惟不能多得收入，且缘此而益减少，而全体之财政且崩坏。此彼报所持主义不能成立者六也。

彼若欲弥缝土地单税不敷国用之说，必将曰：吾之理想的国家，以地主而兼大资本家之资格者也，故国家所营各种事业，如铁路、矿务等类，可以得莫大之岁入而补地税之不足。夫国家之私人经济的收入，在今日各文明国日见其增加，此诚不可争之事实，即吾亦极表同情于此政策者也。本报第十四号，夫既言之矣。虽然，天下事利与弊恒相缘，同一制度也，甲国行之则利余于弊，乙国行之或弊余于利，则恒因其社会之程度位置适不适以为差。德国财政学大家华克拿①，实国家社会主义派之泰斗，主张一部分之事业当归国家经营者也。然犹言今日之国家，其财政当以租税为主，余者为辅。其理由：则（一）就国家之本质及职分论之，国家为强制共同经济主义之代表，而与代表私经济主义之私人相对待，然后人类之生存发达乃可期，决不可以国家而侵私人活动范围之全部；国家以欲得收入之故，而营私经济的事业，惟于例外之场合可许之耳，非有特别之理由，不可妄许。（二）就政治上论之，私经济的收人多，则政府之权力增加，或将不利于国民全体，且国民据租税协赞权，以监督财政之运用，于财政上所益甚大。私经济收入多，则租税协赞权减杀，而与立宪之精神相反矣。（三）国家经营私经济的事业，其手段往往比于私人自营者，较为拙劣。果尔，则自经济上论之，其为不利，固不待言。（四）自财政上论之，则国家经费，其每年之增加，规则必须略正。私经济的收入，常不免变动。故于财政上收支适当之原则，甚难印合。又国家以租税支办国费，则预算表制定经费细目，必悉心以研究其利害得失。若以私经济支办之，则不感经济负担之苦痛，漫然行事，弊且日滋。此华氏比较租税与私经济的收入利害之点，其言可谓博深切明，故吾党所主张者，认私经济的收入，可以为财政上一大源泉，且就经济政策上，能多所调和。此必当采用者也。虽然，采用之际，当附条件焉。以华氏所举第三理由之故，故谓政府惟宜立百年大计，渐向于此目的以进行，而行之无取过骤。如日本铁路，先委诸私营，逮时会已至，乃收诸国有。盖一则待国中谙练技术之人渐多，政府得选拔之使当经营之任，而比较的少失败之忧；二则待国中教育渐高，人民公德心渐发达，则其为官吏以代国家执行此等营利事务者，舞弊不至太甚；三则待各种法律大备，且官吏与人民，咸习于法律之运

① 华克拿，今译作“瓦格纳”。

用，则虽有欲舞弊者，而制裁消遏之也较易。若如彼报所主张，谓新政府初立，即收土地为国有，同时而国家即以大地主、大资本家之资格，举一国之最大生产事业而专办之，吾以为办理必不能善，而良果遂不可期。此不敢赞成者一也。又以华氏所举第一、第二、第四理由之故，故谓国家只宜择数种荦荦大端之独占事业办之，勉求勿侵私人经济正当之范围，故一面虽可以政府为一种之企业家，一面仍希望私人中有多数之大企业家出，相协以谋国民生产之发达，且使政治上权力不缘此以畸重于政府。若如彼报所主张，谓惟以国家为大资本家，而不希望国中大资本家之出现。吾以为于经济上、政治上皆生危险，利不足以偿其弊。此不敢赞成者二也。夫今日无论何国，皆不能以私经济的收入，占财政之主位，况中国现在程度之幼稚，远不逮彼者耶。土地单税，既不足以充国费，而私经济的收入，其不可专恃也。则又若是，不知将何以处之？况夫国家欲经营此等事业，必须先投莫大之资本，以彼报画饼充饥之预算，谓我国可坐岁收八十万万之地代，越十年而且倍之者，则此资本诚不忧其无所出。然征以事实，则其预算之谬，既若彼矣。土地单税，以支国家经常费而犹不足，则又安从而得此举办私经济事业之资本也。此彼报所持主义不能成立者七也。（此其关于经济上不良之影响，次节别详论之。）

彼报之土地国有论，既主定价买收之说，则买收时不可不给以代价明矣。吾试与彼核算其共和民国政府所应支给之土地代价，共需几何？据彼所核算，则全国地代总额为八十万万。夫地代非地价也。由彼所言，谓普通地代之价格为六元者，则其所有之对价可值百元。①（彼报十二号，六十九页。）然则地代总额八十万万之土地，其所有地价总额应为一千三百万万元有奇。（八〇〇〇〇〇〇〇〇〇之地代，其对价之总额应为一三〇〇〇〇〇〇〇〇〇〇〇。）共和政府无点金术，不知何以给之。即曰如日本收铁道为国有之例，不必支给现金，而可付以国债证票。然考现今各国国债，最多者莫如法国，犹不过百二十万万元有奇；其次英国，七十万万元有奇；俄国，六十万万元有奇耳。以新造之政府，第一着手，而即负担十

① 参见民意《告非难民生主义者——驳〈新民丛报〉第十四号社会主义论》，《民报》第12号，1907年3月6日。

倍于法国，总额一千三百万万余元之国债，天下有如是之财政计划耶？彼报于计算收入时，虚报之数惟恐其少者，今吾与之计算支出，应又惟恐其多矣。（说部言有脏吏死者，冥官积其生前宦囊所得之总额，熔之以火，迫使吞之。其时患此物之少，死后患此物之多。彼报虚构数目以欺读者，其自作孽而见窘，得毋类是。）即以吾所悬揣略算，拟吾国地代总额为六万万者，则其对价总值，亦应为一百万万。以国债支拂之，则国债之数，亦几及法国，而过于英国矣。如此之财政案，能成立否耶？且凡募借国债者，当其募借之始，不可不预计及所以偿还之途，及其每年给付利息之财源。现今普通之国债最廉者，亦须给利五分，则每百元者岁给利五元。而地价值百元者，其地代不过岁六元。国家拥此百元之所有权，而所收入六元之利益，以六分之五付之债权者，而仅自有其六分之一。然则果使有八十万万之岁入者，则每岁不可不以六十五万万余为国债利息，即吾所计算谓地代总额为六万万者，则每岁不可不以五万万为国债利息，天下又有如是之财政耶？然则为彼共和政府计，惟有希望买收时值六元地代之地，涨价至值十一元，即全国地价，平均略增至倍。然后足以敷债息之用，而其余额乃为政府之纯收入耳。而若何偿还之法，则尚未计及也。政府既除地代以外，无复他种之收入，欲还此债，非待至地价涨增五六倍时，势不可望。而地代之性质，其涨价比较的不能甚速者也。其在三数大都会，为一国经济交通之焦点者，或不数年而十倍百倍于其前，是诚有之。然其所涨之面积恒甚狭耳。自余耕牧之地，每历十年数十年而价无变者，数见不鲜也。不宁惟是，亦有以文明发达之结果，而一部分之地代，缘之而低落者，（菲立坡维治①之说。）大抵缘交通发达之结果，而地价骤涨者，其面积不过居全国面积万分之一耳，其余虽有涨者，而其涨率必甚缓。以吾国国土之辽廓［阔］，其交通线普及之程度，虽急起直追，而二三十年内，终难遽望其与欧洲诸国普及之程度同比例，则其涨率之缓，益可概见。以吾计之，则截长补短，而欲全国之地价，平均涨至一倍，非二十年以外之力，不能为功。然此犹必政府有术焉，以助长国民经济之发达，乃始得此

① 菲立坡维治，即欧根·冯·飞利坡卫芝·菲里波维（Eugen von Philippovich von Philippsberg，1858-1917），维也纳大学教授。

结果耳。而彼报所持主义，以吾观之，则不惟不能助长，而反使国民经济，日趋萎弱者也。吾恐其实行土地国有后，地代不惟不能涨而反落也。（说详次节）如此则国家不惟不能偿还国债，且无从给付岁息。于是政府之信用坠地，而国可以亡。今让一步，如彼报言，谓十年之内，可进至一倍。①（彼报十二号三十一页）而此十年间，国库已须常以所入六分之一或四五分之一给付债息，则亦安成其为巩固之财政耶？彼徒见夫他国铁道国有之政策，可以进行而无障碍也，因误以为施诸土地国有，亦应如是，殊不知现今各国铁道事业，大率有资本百元者，最少可岁获十元之利，其尤胜者，可岁获利二三四十元之利，政府以每百元给利五元之公债购买之。此后，每岁由此铁道所入之利益，除以之给债息外，最少尚有五元之赢余，多者有数十元之赢余。此赢余贮之数年，即可以清偿此项国债之元本。此后，铁道所得，即为国家之纯收入。于是，或减收脚价以便民，或轻豁其他之租税以弛民之负担。此法之所以为善也。若土地者，其地代不过为其地价百分之六，政府以利率百分之五公债购买之，望梅止渴，以待其涨价。而涨价例不能速，则政府惟有窘于公债不能自拔，卒至破产而后已耳。由此言之，则不必问其地代总额有若干，而政府缘买收土地之故，而势必至于破产。地代仅六万万，固破产也；地代有八十万万，亦破产也；地代有八百万万，亦破产也。何也？一比例于其负担国税之轻重，而破产遂卒不可避也。此彼报所持主义不能成立者八也。

呜呼！吾以上所论者，皆易明之理，必至之符，土地单税论无一毫之价值，真如示诸掌矣。彼报记者之顽梦，醒耶？未耶？

夫土地单税之所入，无论如何，而必不足以给偿公债本息，既若是彰彰矣。而政府犹侈然以大资本家自命，欲经营全国之大生产事业，则其经营之资本，复何所出？就彼报所言，则谓国家拥八十万万之岁入，无虞不足也。又谓在地价未涨以前，有是可亿收之巨额，新政府即有莫大之信用，而可以借入若干亿之外债也。又谓有此岁收之巨额，不患其偿还之无着也。推其意，一若新政府可以不费一钱之代价，而坐收此八十万万之岁入者。然吾昔谓公等之土地国有政策为掠夺政策，公等不服。今请第三者

① 参见精卫《杂驳〈新民丛报〉》，《民报》第12号，1907年3月6日。

平心察之，彼新政府舍掠夺之外，苟非先辇出一千三百余万万以偿于民，当从何处得享此岁入八十万万之权利耶？如其不能，则必岁岁支出六十五万万余之债息，而犹常负一千三百余万万之重担压于项背者也。岁岁支出六十五万万余之债息，而犹常负一千三百余万万之重担压于其项背，似此政府，而犹云有莫大之信用，吾不知必如何而始为无信用焉矣。以此资格而借外债，吾恐外人宁沉其资于太平洋，而不愿得此债务者也。就令外人能我信，而以此百倍于法国之内债，复益以若干亿之外债，岁入总额，既以其六分之五给内债之岁息，又以其所余之一分给外债之岁息，则彼共和政府，上自大统领、国会议员，下至未入流之小吏，除枵腹从公外，更无他术，而一切行政费，更奚遑问矣。然又非徒若是而遂可即安也。彼一千三百余万万之内债，使野蛮之政府，或可以悍然不还。而彼若干亿之外债，则无论政府若何野蛮，而非许其自由抵赖也。则惟有驱此四万万国民，纳诸奴阑，任各国之债权者，呼价而竞卖之，或可以偿夙逋已耳。夫彼所推算全国地代总额，既太荒谬，姑措勿论。若从吾所推算，则地代总额为六万万，其对价应为一百万万。彼之土地国有政策实行时，政府应负债一百万万。而后此岁入有六万万，而岁岁须给付五万万之债息，除外实余一万万，比诸现在政府之岁入，不逮者且三千万矣，即不必复借外债，而现政府所负之外债，逮彼革命功成新政府建设后，势固不得不承认之，而继续其负担。而此项本息，实为每岁二千四百余万。如此，则彼新政府之实收入，不过岁七千余万，视现政府之岁入，仅得其半额矣，而犹曰财政巩固政府信用，将谁欺？欺天乎？吾以为我国将来之财政，当需几何，大约宜以今日各文明大国为比例，而犹增之。计英国现今岁入十一万万余，法国十四万万余，德国十二万万余，俄国二十四万万余，岁出略相当，而国债费尚在外。我国以幅员之广，人民之众，所需行政费之多，则其岁出入必须过于英、法、德而勿劣于俄。质而言之，则每岁必能提出二十万万以上之预算案，然后可以供国家自维持自发达之用。政府能觅得此适当确实之财源者，则可谓健全之财政案；而不然者，皆其不健全者也。今彼之土地单税案，除整理公债外，实可以供国家经费者不满七千万，不及其三十分之一。而犹曰财政巩固政府信用，将谁欺？欺天乎？呜呼！吾初不信圆颅方趾之人类，其发言之横谬，有至于此极者。而今乃始于彼报记者见之。自今以往，吾真不敢轻量天下士矣。此彼报所持主义不能成立者九也。

彼报又有言：“土地国有者，法定而归国有者也。”法定二字，吾又不解其所谓。（吾于彼报之语，多不解者，彼笑我为脑筋缪乱否塞，不知果我之脑筋缪乱否塞耶？抑亦唐人所谓卿自难记，非关小生也。）夫政府既出代价以收买之，则所有权纯移于国家之手，国家自由处分之已耳，何取法定？据彼报第十二号第三十一页所言，谓“经国家定地价之后，则地主止能收前此原有之租额，而因于文明进步所增加之租额，则归国家。”此似解释其所谓法定之意义也。信如此言，则所有权仍属私人，仍有收租之地主，何云国有？而其下文第七十四七十五页，述国家种种自由处分土地之政策，国家既非全有所有权，则安所得而自由处分之？故彼报既屡言国家为大地主，而又言法定租额，此两者性质，绝不兼容，是其大矛盾之点。令吾虽欲驳论而不知当驳其矛欤？当驳其盾欤？故曰不解也。今姑且又就其法定租额之说而诘之，如彼所言，则国家惟定地价，而不必继受私人之所有权，私人仍许世袭其固有之土地以收租，惟所收租额有逾于法定价格之外者，则以归国家。似此则国家无须付此买地之代价，无须负此莫大之国债，策似得矣。然还问国家岁入之额，则何如？夫既于地租之外，丝毫不复有所征矣，而所谓地租者，乃又其法定价格外之赢也，非地代价格涨至法定之价格以上，势不能有所赢。然则，使地代永不涨价，将政府无复一钱之收入。夫地代之涨价，万不能速，既如前述矣，则政府必有数年间为无一钱收入之时，幸而得数十万百万，则如天之福矣。然无论如何，当其初行此制度之第一年，政府必不名一钱，何也？第一年地主所收之租额，必即为国家法定价格之原额故也。而试问亘一年间不名一钱之政府，果尚能继续存在否也？且吾以为若用彼法定价格之说，则政府将永远不名一钱，非独一年而已。何以言之？盖政府所取于地主者，为其法定租额之赢。而地主所收之租，果有赢于法定租额之外与否，则亦凭地主之自任而已。以今日各文明国法律之精密，而于所得税、营业税等之以多报少，犹苦于无术以为防，况乃彼共和政府之草创耶？欲泒［派］员一二而稽核之，其手续之烦费骚扰，甚且或讹诈激变，固无论矣。而虽有干员，决无从稽核以得其真相，充其量，不过凭小作人之租券以为据耳。而地主与小作人，固可以串同作弊，使无痕迹之可寻。此等伎俩，固吾中国人所优为也。如其地法定地代价格本为六元者，及夫因交通发达之结果而涨至七元时，此一元例应为政府所得。然地主可以一二角赂彼小作者，因仅多征其八九角，而仍书六元之租券予之，是政府终不能有所得也。以后无论价涨至若何，而皆可用此法以欺政府，政府虽明知之，而终无如何。是故，政府永不能享文明进步地价腾涨之利益，而惟不名一钱以终古也。夫由公债买收之说，则财政案之不能成立也，既若彼，由法定租额之说，则财政案之不能成立也，又若此。然则彼之土地单税说，果四冲八撞无一得当也。此彼报所持主义不能成立者十也。

今且暂置此收入足不足之问题，再从财政之他方面观察之。则凡租税制度，必以公平而普及为原则，此稍治财政学者所能知也。使全国中一切人民，无论居何阶级，执何职业者，皆自然负担租税之义务而无所逃，且自然比例于其负担之能力以为负担。如此者谓之良税，不如此者谓之恶税。而土地单税之结果，则极不公平，极不普及，而与此原则正反对者也。昔十七八世纪之交，英国重农派学者即尝倡土地单税论，而法国福禄特尔曾设譬以笑之。其言曰："有岁入仅四十金之农夫，法当纳国税二十，憔悴枯槁，裴衷路歧，遇一故人，有四十万金之岁入者，穷豪极侈，其妻妾所费，每岁八万，仆从之俸给，犹二倍于农夫之收入，轻车肥马，凌厉通衢。农夫见而问之曰：'君果以岁入之半额二十万纳于国库耶？'其友曰：'君毋相戏。余固无尺寸之土，余之财产，虽本产自土地，然以他人既纳租税之故，若官吏犹强余纳税，岂非课二重税乎？是固不可。若君既拥土地以得四十金之岁入，其勿卸纳税之义务，当为国家有所尽力。倘濒饥饿，偶来与吾婢仆共食，吾固不辞。'"此虽虐谑之言，然讽刺土地单税论之不公平，可谓无余蕴矣。今彼报所持者为土地国有之单税论，与重农学派之所论微异。虽然，福禄特尔之所讽刺，即土地国有之单税论者，亦未或能免也。何以言之？夫人类固不能离土地而生活，然有直接利用土地以为生活者，亦有间接利用土地以为生活者，而间接利用者所得之利益，往往视直接利用者为丰。此事实之数见不鲜者也。今如彼报所拟之新共和国预算案，欲绞出八十万万之土地税以入国库，则必取现在田赋率十倍之，复取其十倍者而二十倍之，则今日每亩赋一钱之地，新政府必赋二十两。今日每亩赋六钱之地，新政府必赋百二十两。此所赋者，谁负担之？则农民负担其十之八九，而农民以外之负担者，不得一二也。然此实笑柄。吾且勿复恶作剧以重窘彼记者，则试为之代取消其预算案。不问国库所入多寡，惟以任意契约行为，听民租地，则夫彼农民者，非直接利用土地以从事生产，不足为仰事俯畜之资。则有八口之家，得百金之岁入，而仅足以御饥寒者，于是向政府赁地而耕，以现在时价，约有米四十石，乃能易百金。最良之田，亩产八石，故所赁者不能少于五亩。而最良之田，每亩地代，其时价假定为四两，（此以视彼共和民国预算案，不过二十分之一耳。若照此时价，则共和民国所收全国地代总额，应为四万万两。）则岁须纳二十两于政府矣。等是而进之，耕十亩者，所纳为四十；耕五十亩者，所纳为二百。其率恒五分之一。反之，而如医生、辩护士辈，终身不亲陇亩，而岁入可至数万或十数万。又如转运商或为取引投机事业者，岁或致数十万数百万。问其所负担纳税之义务则如何。使其赁屋而居，则国家所征之地代，自有屋主代完，直可终身不纳一钱之国税。虽曰屋主所纳之地代，还转嫁于赁屋之人，然其数几何？其或赁地以自筑室，则得五亩地于村落，夫已足林园之娱，亦不过岁纳二十两耳。其都会繁盛之区，地代价格，或十倍焉，或百倍焉。然医生、辩护士等之公事房，需地不满半亩，十倍之则亦二十金耳，百倍之则亦二百金耳，其余商店等亦复例是。若是乎则国家所取于农者，恒为其收入五分之一。而所取于农以外之人者，有时乃为百分之一、千分之一、万分之一也。天下之不平，宁有过是。夫就社会政策上以论租税，则所得税最为公平，消费税最为普及，而营业税亦最便于转嫁。但使一国中有诸种税并行，则全国人民，往往于不知不识之间，而固已各如其分量，以尽纳税之义务。彼富豪者流，不徒其地税、家屋税、所得税、财产税等，直接有所贡献于国家也。彼日用饮食间，固息息未尝与国库断绝关系焉。即如吾侪，旅居日本，曾未尝一度见税吏之叩吾门。然吾侪固非徒吸日本社会之空气而无报酬，抑彰彰矣。质而言之，则吾侪亦对于日本政府而尽纳税义务之一人也。此复税制之所以为善也。若土地单税制行，则土地之外，无复有税。除直接利用土地者外，无复负纳税之义务，则其结果必至如吾所云，富豪阶级绝不纳税，即纳矣亦不过百千万分之一，而惟此哀哀之小农，常戴五分之一重税于其头上。诗云：哿矣！富人。哀此茕独，农民何辜，乃授命于此恶政府也。夫如是，则岂惟财政，即全国经济界，亦将酿大混乱，而国可以底于亡矣。此彼报所持主义不能成立者十一也。

语至此，则彼报之土地单税论，更无复半钱之价值矣。若彼犹不肯自忏悔而欲强为说词也，则惟有曰："土地所生产之物，凡以供社会一般人之求。国家所取于彼之租税，彼得而转嫁于消费之人。一国中无论何人，不能不仰土地所产物以为养，则是亦间接纳税也。"此即重农学派土地单税转嫁论之说也。此说在现今经济学上、财政学上已无复价值，不多辩。然信如是言，则一国负担，既全落于农民之头上，国家之经费愈膨胀，则所责于其负担者愈多，农民欲转嫁其负担，则不得不昂其农产物之价值以求偿。而彼一般消费者，固可以别仰给于国外之农产物，而国家莫之能禁也。岂惟农产，其他亦有。然则，外国品滔滔注入，以与国内品竞争。我农民将贬其价以与人竞耶？无奈屃负此庞然大国之国费于其肩背，生产费缘此大增，贬价则将不偿其生产费，是无异自杀也，不贬价则在市场上无复过问，是亦无异自杀也。于彼时也，则惟有废田不耕，相率向政府解除租地契约。政府所有之土地一旦供过于求，而地代价格因以骤落，而财政之扰乱，愈不可思议矣。夫国家取诸民，而不惟公平之为务，乃专责负担于其中之一阶级，则其辗转所生之结果，非致国家破产而不止也。此彼报所持主义不能成立者十二也。

或曰：土地单税，可以奖励土地之利用，促进农业之发达。盖其所负担者既重，自不能不设法求生产额之增加，乃足为偿也。彼报第十二号谓"土地国有后，必求地力之尽。则以小农分耕所获者为标准，而收其半或三分之一以为租。"①（第七十六页）或即此意耶。此则须摩拉②尝驳之矣，谓果如论者言，利用地租可以促进农业之发达，则其结论必将曰租税重则经济之进步愈速。天下宁有此奇论耶！此彼报所持主义不能成立者十三也。（此俟次节更详论之。）

---

① 参见民意《告非难民生主义者——驳〈新民丛报〉第十四号社会主义论》，《民报》第12号，1907年3月6日。

② 须摩拉，即古斯塔夫·冯·施穆勒（Gustav von Schmoller，1838-1917），德国新历史学派的创始人。

且土地单税论，其恶影响不徒及于财政云尔。租税之为物，其最大之目的，固在充国家之收入，然有时亦利用之以达其他之目的焉。盖时而课重税于外国输入品，以保护内国产业，此经济学者所名为保护政策者。其作用全在租税，而行土地单税制，则此作用绝对的不能发生也。夫保护贸易政策之利害得失，且勿深论。（次节论之）而今世各大国，除英以外，罔不行之焉，决非无故，而此政策则与单税论不能两立者也。而中国将来不能绝对的采自由贸易政策，又至易见也。故土地单税论，与中国将来之国际贸易政策，不能兼容也。又各国常有以政治上或社会上之目的，而课严重之消费税，如阿片税、吗啡税、其他有害品之税等，皆有其必要之理由。而采用单税制，则一切不能实行，（消费单税制，对于此问题可以无障碍，所得单税制、土地单税制，其受病皆同。）其于国家施政，抑大不便。此彼报所持主义不能成立者十四也。

复次，租税之与政治，更有其密切之一关系焉，即人民以负担租税之故，常感苦痛，因此联想及己身与国家之关系，而责任观念、权利观念，并随之而生。试观英国宪法史上之大部分，殆皆反抗恶税之陈迹也；美国之独立，亦为租税问题也；法国之革命，亦因财政紊乱也。彼文明国所以有今日，大率以此为之媒。倘国民对于国事之利害，日趋淡薄，此必非国家之福明矣。财政学家有比较直接、间接税之得失者，谓间接税使一般人民对于租税之注意较薄，因漠然于政府之行动。现美国中央政府，往往有滥费之弊者，其原因虽多端，亦由其岁入纯为间接税，人民不直感负担苦痛，缘此而对于经费之支出，不郑重注意也。此与华克拿①氏论私经济的收入之弊，同一理由。夫直接、间接税之比较，犹且若是，况如土地单税论者？国中一部分人，全免于租税之负担，其与国家，渺然若不相涉。而彼直接负担此土地税之一部分人，亦不过以双方合意契约的行为以对于国家，而公法上权利义务之观念，全霾没而无由发生。然则此制度足以令政治趋于腐败，又必至之符矣。此彼报所持主义不能成立者十五也。

以上就财政、政治一方面观察之，土地国有论，既种种谬于学理，反于事实，而毒害于国家矣。今请以次观察他方面。

① 华克拿，今译作“瓦格纳”。

以上所指者，不过彼报所持主义谬点之一班耳，而其不值识者一笑也，则既若此，是知凡论一事，万不能凭架空之理想以下判断，而必当按切事实，平心以施研究。自发论者当有然，听他人之言论者亦当有然。彼报之大患，则在万事纯任主观的理想，而蔑视客观的事实也。彼前后十余号之议论，莫不皆然，此特其一端耳。而他人之惑于其邪说者，受痛亦正坐是也。吾奉劝彼报记者，平心以读吾此文，苟自知其土地国有论之决不能成立，则迅速取消之。所谓君子之过，如日月之食，岂不亦光明磊落耶！若犹徇意气，而必欲为困兽之斗，请再埋头旬日，獭祭群籍以求援，本报固泚笔以俟耳。而本报次号所指驳，又将予该报以更窘之问题，使贵记者疲于奔命，此则本报之罪也。

二　就经济上正土地国有论之误谬

言经济学，必当以国民经济为鹄，固已。虽然，国民之富，亦私人之富之集积也，不根本于国民经济的观念以言私人经济，其偏狭谬误自不待言。然在现今经济制度之下，而离私人经济以言国民经济，亦无有是处。今本论于此两方面，无所偏畸，以公平之眼光观察彼报所持土地国有论，其利害何如，得一一疏通证明之。

土地国有论最有力之学说，莫如亨利·佐治①，其言曰："土地者，造化主之生产物也，非由人力，故无论何人，不得独占其利益。盖土地价格所以逐渐腾贵者，非个人之劳力能使然，皆社会进步之赐也，故缘价腾所得之利益，自当属于社会。土地私有制度，实流毒社会之源泉也。然则征社会所当得之利益还诸社会，实政府之义务，人民虽有各自享其勤劳所得结果之权利，若夫土地之纯收入即经济学上所谓地代者，不可不属诸国家。"亨利此论，即彼报所宗仰唯一之论据也。虽然，近世学者，已将此说难破而无余蕴。今请述之：

第一，谓土地本当属于社会者，根据自然法以立言，而谓土地私有制度背反于自然法也。此实蔑视历史之妄言也。夫所谓自然法者，不过历史之一产物耳。十八世纪之思想家盛称自然法之存在，及近世社会学上历史

① 亨利·佐治，今译作"亨利·乔治"。

的研究大行，自然法之存在，久被否认。所谓规律，所谓公正，不过社会变迁直接之结果，而非如自然法家所云，别有规律公正其物者，万古不易也。即如土地私有制度，实亦历史之产物，其在太古，土地虽属人类公有，及经济上社会上几许变迁，为增进社会一般幸福起见，驯致认私有制度之必要。故否认自然法之存在，实今日思想家之公言，而土地自共有制度递嬗而为私有制度，实有历史上之理由，而非可蔑弃者也。

第二，谓土地为造化主之生产物，其价格腾贵，食社会之赐，非个人所宜独占。此其说若稍近理。虽然，若以此种论法为根据，充类至尽，则社会之富，何一非造化主之生产物，何一非社会之赐者，宁独土地！如彼职工之制造器具，其木材则造化主之生产物也；其所用之斧凿，则冶人供之；其所栖之室庐，则左官建之；其所被之衣服，则自纺绩所经织房染房裁缝店成之；其维持生民之食物，则农夫给之。如论者言，则职工所制之器，非职工能自制之而社会实制之也。不宁惟是，彼职工所以能保其生命财产，得安居以乐其业者，亦恃有社会耳。准是以谈，谓土地之地代以食社会之赐故，而当然属于国家之所有，则彼职工之庸钱，亦不可不属于国家之所有。质而言之，则社会中无复一物可以私有而已。夫土地国有论者之孟浪杜撰，斯可觇矣。（以上译日本田中穗积氏著《高等租税原论》第六章之一段。田中氏所言，亦本于欧洲学者之说也。）要而论之，土地所有权者，所有权之一种也。其性质与他之所有权，无甚差异，皆以先占、劳力、节约之三者得之，而在现今之社会组织，当认为适于正义之权利者也。故若取一切之所有权而悉否认之，则土地之不许私有，自无待言。若既承认他之所有权，而独于土地否认焉，则无论若何迂回其说，而根本观念总不免于冲突也。夫根据自然法以立论，则所有之权应存在与否，两方论者，皆各有其主张之理由。若将自然法之一种架空理想除去，而就历史上观察人类之普通性质，以研究现今经济社会进化之动机，则私有制度（即以法律承认私人所有权之制度），虽谓为现社会一切文明之源泉可也。盖经济之最大动机，实起于人类之利己心。（斯密·亚丹①派，以此为唯一之动机。近世学者，多补正之。如华克拿则分动机为五种，前四种属于

① 斯密·亚丹，今译作“亚当·斯密”。

利己心，其第五种属于利他心。此利他心，固不失为经济之一动机，然往往隐而不发。且在现今社会组织之下，前四种独占优胜之力，就中其第一种为尤甚，即经济上求利益而恶不利益之念是也。华氏尝据此以批评社会主义派之说，谓必须第五动机独占优胜，能压倒第一动机，然后社会主义之理想可以实行。若果能如此，则经济纯化而与伦理同物，诚为佳事。但徒恃制度组织之改革，不足以致之，必须先造成适应于此新制度之人。而欲改变人类之性质，决非一朝一夕之效。故社会主义派之理想，必非现在所能见诸实事［事实］也。此其言最为博深切明。盖社会上无论何种制度，皆不外其社会分子的心理之反射，而所有权之为物，即由现今全世界人类心理所构成，而关于经济生活一切之总前提也。）人类以有欲望之故，而种种之经济行为生焉。而所谓经济上之欲望，则使财物归于自己支配之欲望是也。（此日本河上肇氏所下定义，视前辈诸家之说稍精密，今采之。）惟归于自己之支配，得自由消费之，使用之，移转之，然后对于种种经济行为，得以安固而无危险，非惟我据此权与人交涉而于我有利也，即他人因我据此权以与我交涉，亦于彼有利。故今日一切经济行为，殆无不以所有权为基础而活动于其上。人人以欲获得所有权或扩张所有权，故循经济法则以行，（以比较的最小之劳费，得比较的最大之利益，此经济法则也。）而不识不知之间，国民全体之富，固已增殖，此利己心之作用，而私人经济，所以息息影响于国民经济也。若将所有权之一观念除去，使人人为正义而劳动，或仅为满足直接消费之欲望而劳动，（直接消费之欲望者，如饥欲食寒欲衣是也。经济上之欲望，则在求得一种稳固之权利，可以为得食得衣之手段者也。）则以今日人类之性质，能无消减其勤勉赴功之心，而致国民经济全体酿成大不利之结果乎？此最宜注意之一大问题也。（伊里氏①论所有权果足为正当之权利与否，颇为微词。谓“所有权大率起于掠夺。掠夺者罪恶也。罪恶则始终为罪恶，若谓罪恶得变为权利，无有是处。虽然，过去之罪恶，则将已葬送矣。居今日而欲判断所有权之当否，亦惟察其果足以进现在未来之公益与否而已。如彼诺曼

① 伊里氏，即理查德·伊利（Richard Theodore Ely，1854-1943），美国经济学家、作家和进步主义运动领导人。

人侵入法国北部，搅乱当时社会之秩序，诚一种罪恶也。然以同一理由，故吾辈今日，不可不认其占领为权利而尊重之。盖自彼征服后，历数世纪，民已安之。今托名于惩罚过去之罪恶，报虐以威，复使人民陷于涂炭，是又一种之罪恶也。故以纠过去之故，而破社会之秩序，是欲收覆水而已。使所有权制度，而确有害于现在社会进步，则一刀两段［断］以铲除之，固不可辞。虽然，方今此权之存在，确为鼓舞企业之最大诱因，此事实之不可不争者也。吾非谓此为唯一之诱因，他日或有更胜之之动机发生焉，亦未可知。而在今日，则此为生产之最大诱因，洞若观火矣。今忽然杜绝此大动机大诱因，其影响于社会者，当如何牵一发而动全身。苟关于此制度有一点一画之变更，其关系皆非细也。”案：伊氏谓所有权纯起于掠夺之说，吾不能表同情。盖以现今论，则此权或以勤劳所易得，或由承袭而来，其正当固不待论。既以最初获得者言之，亦多有由于先占，而非必尽由于掠夺也。若其论此制度在今日不可破坏之理由，则可谓持平之论矣。）彼圆满之社会主义，其所恃为经济的动机者，纯与现社会之经济动机为异物，则其不置重于所有权，且务破坏之，亦固其所，其说之能应于现社会心理与否，此自为别问题。要之，就彼所主张者论之，可谓始终一贯盛水不漏者也。若如某报所主张，既承认现今之经济组织，（菲立坡维治分经济组织为二：一曰交易的经济组织，二曰无交易的经济组织。现今经济社会，则属于前者也。社会革命派所梦想之经济社会，则属于后者也。今彼报既承认交易的经济组织，故吾得断言其为承认现今经济组织。）则为现今经济组织基础之所有权制度，不得不承认之，不承认则一切经济行为将不得施也。乃既承认所有权矣，而顾于所有权中之一种所谓土地所有权者，独否认焉。问其理由，则曰：此乃自然产物，非所有者能以自力增其价值，故不当许私有。则如吾前所述，谓充类至尽，凡一切物皆不当私有，宁独土地？夫当私有与不当私有，此自然法上之问题；而许私有与不许私有，其于现今经济组织孰利，此事实上之问题也。彼报侈虚理而忘事实，既不能取现在经济组织翻根柢而一新之，而乃取现今经济组织之基础，破坏其重要之一角，牵一发以动全身，则其紊乱社会秩序之影响，必有不可思议者。盖在现今交易的经济组织之下，人人皆以欲得财产所有权为目的。既共向此目的以进行，则汲汲自殖其富量，而国民富量，即随之增进焉。而财产所有权中，则不动产较诸动产，尤确实而易保守，（不动产即田地家屋等，动产则器具及股份票等也。）而土地又不动产中之最主要者也。今一旦剥夺个人之土地所有权，是即将其财产所有权最重要之部分而剥夺之，而个人勤勉殖富之动机，将减去泰半。故在圆满之社会主义，绝对不承认财产私有权，而求经济动机于他方面者，固可行之。若犹利用此动机为国民经济发达之媒，而偏采此沮遏此动机之制度，则所谓两败俱伤者也。此其所持主义不能成立者十六也。

持土地国有论者，尚有其一理由焉，曰："以其为独占的货物故。其言曰：土地价值，随人口之增加而增加，地主不劳而获之。不宁惟是，人口增加之结果，地主以外之各阶级（即资本家及劳动者），其所得以竞争而愈微，甚或无复利益，而地主反之，以鹬蚌相持为奇货，安坐而享渔人之利，是社会中一阶级之人，无故而特沾殊惠，不平莫大焉。故将此等独占的货物，归诸公有，均利于一般之人，实天经地义也。"此亦彼报所祖述之论也。虽然，菲立坡维治尝驳之矣。曰："社会主义者谓土地不当私有，彼盖以土地与他之生产资料等，谓地主榨取劳动者所劳动之结果也。然事实乃与之相反，盖土地之大部分，现今实属于其所有者之自经营，（案：此谓田主自为农夫者居多数也。）故以土地榨取劳动结果之事，实乃甚稀。且土地所有权之集中，亦不如商工业上资本集中之显著。不宁惟是，就一般农民之心理论之，不徒不希望土地私有制之废止，宁望其保存而确立者为多；又农业上用地，现今全地球各处，多容竞争之余地，故论者所谓独占的性质，在农业上用地殊不甚见之。"菲氏据此诸理由，以证明土地国有制之不可行，可谓笃论。今请就其说而引申发明之。大抵土地当分邑地、野地之二大别：邑地者，都会之地，工商所辐辏也；野地者，郊鄙之地，农业所利用也。然无论何国，邑地不过居野地千分之一，故论土地者，当以野地为主，不当以邑地为主。而论者所言，则皆适用于邑地，而不适用于野地，故按诸一般事实，往往而谬也。今试取野地之性质而解剖之。

第一，其性质非纯粹为独占的。凡独占事业，必其事实本质，天然无容竞争之余地者也。伊里举其特质存三：第一例，其事业占有必要特殊之地点线或路者，如纽约市之空中铁路，其地段据全市交通运输之中心点，若他会社别营一空中铁路，到底不能与之竞争，于此而欲强与竞争，必为所压倒而致毙，故结果必为独占也。就此点以观农业上用地，则其地味特别丰腴者，或其位置濒大河流及铁路线得特别交通转输之利者，诚可谓占天然之优胜。然欲恃此以压倒其他之土地而吸收其利用，则固不能。何则？此占天然优胜之地，其农产物以生产费、运输费较廉之故，固可以廉价提供于市场，而非劣等地之所能望。（如劣等地，每米一石，必须售价二两，乃能敷其生产费、运输费者；而优等地，或以同一之资本、劳力，在劣等地仅能产一石者，在彼能产一石五斗，则以生产费减少而价可廉。又或在劣等地费银三钱，乃能将其物运至诸市场者，在优等地仅费一钱而可运至诸市场，则以运输费减少而价可廉。）然合全国或全世界以观之，农产物之需要，必非仅优等地所产者能满足之，故劣等地所产者，虽所提供之价较昂，而不忧无购买。优等地之地主，欲以贬价之故，倒毙劣等地之地主，以垄断其利，势固不能，徒自丧其地代耳。（优等与劣等地相较，以其生产或运输费较廉之故而所得之利益，即为地代。）夫工业上之有独占性质者，则其拥据优势之会社，能以己力扑灭与己竞争之会社，而使之不能自存。及他会社既倒毙之后，则己可任意复昂其价，而一般之消费者，莫可如何，惟俯首以听其坐吸膏髓而已，此所以为独占也。若土地则占优势之地主，不能以己力扑灭劣势之地主，而以己意昂其农产物之价以享独占之利，此势所限也。此其独占之性质不完全者一也。伊里所举第二例，谓独占事业者，当其所供给之货物及任务，有增加之必要，则投少额之资本，可收多大之结果。如邮便、电信事业，若发邮、发电者加多时，则添电杆、添邮局、添局丁，所费有限，使发邮、发电之数，倍于前时，则邮电局所收入，亦倍于前时。然对之而所增投之资本，不过前时十分之一而足矣。其他如铁路、电车、自来水、煤气灯等事业，莫不有然。故常比例于社会之进步，而获不资之利，此所以为独占也。就此点以观土地，其在邑地或径不须增毫厘之资本、劳力，而缘社会进步之结果，地代什伯于其前。此其独占之性质，似比工业上之独占者为尤甚。然在野地则反是。彼拥据土地所有权者，苟欲增加其生产之供给，以多有所易，非惟不能以少额资本收多大结果而已，且为报酬递减之法则所支配。（此法则为理嘉图①所发明。彼报所

① 理嘉图，今译作“李嘉图”。

译下之注解云："土地之生产力，不应于所投之劳动、资本而增加者，曰报酬递减之法则。如十人耕之，而得生产百石，二十人耕之，不能增为二百石，则为劳动之报酬递减。今年所施肥料，增于去年二倍，而所收获，不见二倍于去年，则为资本之报酬递减。"此译语颇简明，今采之。）虽资本、劳力增于前，而比例所得乃减于旧，此其性质，与铁路、自来水、煤电灯、邮便、电信等正相反。即曰农产物之价，往往岁昂，缘此而可获利，然物价趋昂，实生产费增价之结果，控［扣］除其生产费，则不见其利润之岁进也。故夫拥据土地所有权者，必非其常能得过当之利润，与自然独占之工业同科也。此其独占之性质不完全者二也。伊里所举第三例，谓独占事业者，其所供给之货物及任务，与其设备之所在分离，则失其效用。如美国之电报价贵，德国之电报价贱，然在美国，势不能不用美国之电报；日本之电灯价贵，美国之电灯价贱，然在日本，势不能不用日本之电灯，是其例也。此在邑地，固为此例所支配，其在野地，则不然。甲地地主，若索过昂之地代，则可以转而耕乙地，而地代之为物，既为自然法则所限，则甲地主虽欲昂于其过当之限，不可得也。此其独占之性质不完全者三也。准是以谈，则谓土地以含独占的性质，故应为国有，持此以衡邑地，诚哉其然；持此以衡野地，未可云当。然一国中野地多而邑地少，以少概多，其失之不亦远耶！此彼报所持主义不能成立者十七也。

第二，菲氏谓土地所有权之集中，不如商工业资本集中之显著，此证诸今日各国现象而可见者。现今地球各国，土地权集中最甚者，莫如爱尔兰，次则英伦苏格兰之一部，普国之东部，奥国之上部等。次则俄国、美国，自余其他各国，皆比较的小地主多而大地主少。熟察彼土地所有权所以集中之故（即大地主多之故），或由前此有贵族世袭财产，此权自封建制度时代，传袭而来，又行一子相续法，（欧洲旧制，贵族之世袭土地，多仅传诸一子，不及其他。又子孙之袭产者，多仅有用益权，而无处分全权，即每年许收其土地之所入，而不许将土地卖却及抵当也。）且不许土地分割之自由。（欧洲旧制，土地之许买卖者甚少，即有许买卖者，亦只能将全份买卖，不许割裂。自拿破仑制定法国《民法》后，虽一切许其自由，然英、奥、德诸国，仍多沿旧制，即法律上不禁者，而习惯上仍因而勿改。近学者且颇有辩护此制度惯习之善者。以上两端，菲氏所著

《经济政策》举例甚详。）缘兹凭借，故兼并易以行。或由国境内自由地甚多（即前此无主之地），听民自名，而政府所以限制之，法律未善，故投机者流，常获奇遇，而大地主亦因以起。由前之说，则于欧洲中之一部分之国见之；由后之说，则于美国见之。若夫欧洲中他部分之国，如法国如德国之大部分，如荷兰如比利时，则大率小地主多而大地主少。虽在今日生产方法革新以后，而兼并不至盛行，其故全由农业上用地，其地代涨进之率，万难太骤，且为报酬递减之法则所限，非可以人力强易之。然则苟非前此本有广土者，或得自由占领广土者，乃投资以买收土地，而欲博将来之奇利，则毋宁投之于工商业之为得计也。由此言之，则土地所有权集中之国，大率有其历史上特别之理由。苟无此理由者，则此现象之发生盖不易，此证之诸国而可知者也。其在我国，则汉、魏时患土地兼并最甚，而其后则递减，逮今日而几复无此患。其故何由？盖在古代，自由地甚多，（古代人口之少，视今日相去悬绝。参观本报鄙著《中国历史上人口之统计》。）强有力者得恣意占领，每当鼎革之后尤甚。而法律又疏阔，尚沿封建制度之旧观念，各阶级之负担不平等，诸王列侯公主中贵等，全不负纳税之义务，惟重重朘削于小民。又虽侵渔攘夺，而法律莫之能禁，故小地主之所有权，极不确实，容易丧失。且有自愿放弃之免为累者，如明代犹有投大户之俗，可见也。（投大户，亦名靠户。盖小民不堪征徭及豪强鱼肉之苦，乃自投靠一豪族，无报而为之佣奴。往往有中人之家，拥有田土者，则并其田土带往投靠，而自为之隶农。）然此所有权虽一度集中，而缘买卖及相续之故，旋即均散。盖豪家衰败之后，田地悉易新主，而新主非必能以一人之力独承受之也，故往往散而为数十人数百人之所有，此集中所以不能久者一也。又一人而有数子，一子而有数孙，及其行遗产相续时，则以次递为割裂，不数十年，而畴昔一大地主者，析为数十小地主矣。此集中所以不能久者二也。法国所以独多小地主者，由斯道也，而我国则情形正与彼同也。（法国此现象，全食拿破仑法典之赐。盖拿破仑法典，有两种重要之精神，与此现象有关系者：一曰许土地分割买卖之自由，二曰废世袭身分之制度。前此财产与身份相联属，一并世袭，今则无身份之可言，而财产亦行平均相续故也。我中国法典虽不完，然其惯习则全由此精神衍出也。）故自今以往，我国农业上用地，决不虑其集中过甚，而以怵豪强兼并之故，乃倡土地国有论者，实杞人忧天也。此彼报所持主义不能成立者十八也。

第三，菲氏谓现今土地之大部分，实属于其所有者之自经营，此征诸中国而尤信者也。盖农用地之为物，既非能以仅少的劳费，得过当之利益，故除固有世袭或自由占领者之外，比较的不易兼并，既如前述矣。故普通小农，大率以勤俭贮蓄之结果，获得土地所有权，即复以勤俭贮蓄而保持之、扩充之。质而言之，则虽小农之本无田者，往往勤劳数年，即能进为田主；既进为田主之后，而仍自耕其田者，盖大多数也。而后此地代之岁进，实为其前此及现在之勤劳所应享之报酬，国家一旦剥夺其所有权，是无异紾其臂以夺其勤劳之结果也。夫吾有田而吾自耕之，则无须纳地代，而其田所生产之全额，悉属诸我焉。他人何以必须纳地代而我独否，盖此地代即我或我祖父勤劳之结果，保留迄今日而食其赐者也。（以自己勤劳之结果而得土地所有权者，其权之为正当，固不待言。若以祖父勤劳之结果而得之者，在社会主义家言，则认为非正当。虽然，积财产以贻子孙，实现今经济组织一重要之动机。苟非全破坏此组织，则此权利固不可不承认也。）今国家忽剥夺此权，我畴昔能自享我田所生产之全额者，今忽与彼赁田而耕者等，须割其所入一部分以与国家，则国家非掠夺我勤劳之结果而何也？（其理由下文更详说之）夫使专就赁地而耕者之一方面观之，则均之纳地代也，纳诸私人之地主与纳诸国家，其所感苦痛之程度，盖无所择，则土地国有制，固未始不可行。然就地主自耕其地者之一方面观之，则是明明以分内应享之利益之一部分，被朘削于政府也。夫自耕其地之小地主，实一国之石民也。欲得健全之政治，不可不尽力以保护此辈，此各国大概同认之政策也。今以剥夺其所有权之故，其结果将使此辈失其独立之地位（其理由亦下文更详说之），则不惟经济上蒙莫大之损害，即政治上之危险且随之矣。此彼报所持主义不能成立者十九也。

吾谓土地国有制为国家掠夺人民勤劳之结果，彼将不服。其意曰：政府非无偿于民而竟夺取此权也，必给之以代价，其代价或以现金，或以公债，要之皆有偿也。如日本去年实行之铁道国有案，以五厘利之公债，收买人民之私有权，彼铁道股份，亦其股东勤劳之结果也。收买铁道，不为掠夺，收买土地，亦安得为掠夺乎？应之曰：此两者之性质，盖厘然不同。铁道以其为独占事业，故常能增仅少之资本，而获极大之利益，土地则反是。（此就农用土地论，细读前文自明。）故铁道股东者，其已饱吸过当之利益者也。政府将其将来所续得之适当利益，提归公众，亦不为过。（然去年日本政府提出此案于议会时，其反对党犹以政府为侵夺人民之既得权，恣其攻击。）而农业用之土地，其地代非过当之利益也，而政府括取之，斯为厉民也。且日本之铁道国有案，其政府之所以偿股东者盖甚厚。日本铁道（一公司之名）资本金五千余万元，其买收金一万三千余万元。山阳铁道资本金三千二百余万元，其买收金七千四百余万元。北海道炭矿铁道资本金一千二百余万元，其买收金二千九百余万元。其余各线，大率例是。彼股东既已饱吸前此之利益矣，而现政府所以偿彼者，复在其资本原额一倍以上，可挟之以营他业，故民不以为病也。彼报所持土地国有论，能如此乎？彼报第十号云："地主有地价值一千元，可定价为一千，或多至二千。"其第十二号云："普通地代之价格为六元，则其地价为百元。"又曰："中国现时地代总额有八十万万。"合彼报此三条以会通之，则全国值八十万万之地，其原地价应值一千三百万万余，而国家以买收此土地之故，应负担公债之额，亦如此数。夫既言之矣，然以日本铁道国有法例之，仅以原价偿地主，未足云平也。（收民产以为国产，其迹近于与民争利。故若求公平，则不徒仅偿其原本而已足，又当略偿其将来之利。盖民之节约其勤劳之结果以置产业也，凡以求易将来之利益也。今一旦收其产为国产，而仅曰吾偿汝现在所值无缺失而已，而将来之利则全归诸我，是对于现在而虽不可云攘夺，而对于将来实为攘夺也。何则？彼民之有百金者，苟以之购一公司之股份票，现在每年可得六元之利润，然彼非以此自足也，望其涨至八元焉十元焉。其购地之心理亦犹是也。以现在百金购入之地，得六元之地代，亦望其将来涨至八元焉十元焉。今政府忽焉还彼百金而遂尽攘其将来之希望，则民之以百金购股份票者何其幸，而以百金购地者何不幸也。故曰不平也。）然则价值一千之地，定价一千以买之，既为厉民，必如彼所云，或多至二千者，庶乎可矣。然此地代总额值八十万万之土地，其原价既为一千三百万万有奇，倍价以购之，则当为二千六百万万有奇，使政府能辇出此二千六百万万余之现金，以偿地主，使得用之以营他业，固于民无所甚损。然此着之不能办到，无待蓍龟矣。则惟给与一纸之公债证书而已，使政府财政之信用而巩固，则拥有公债者，亦与拥有现金者等，固可用之以营他业，然其病国民经济，固已不少矣。（次段更详之。）乃今就彼所预算者而统计之，则国家负二千六百余万万之公债，以五厘利息起算，则每年应派息一百三十万万余，而政府土地单税，所入不过八十万万，尚有五十万万之债息，不能派出，即使地代涨至一倍，而除派债息之外，所余者亦不过岁入全额六分之一。夫国债者，非徒派息而已足也，又必须予为清偿元本之计划焉。如彼报之计划，则非俟全国地代平均涨至三四倍，而此项国债之清还，永其无期。然此画饼充饥之理想，不足以起国民之信也明矣。然则此项公债证书，必无复一钱之价值，等于箧底之故纸而已。彼大地主之损失姑勿论，而小地主之自耕其田者，畴昔不须纳地代，故足以自给，今则与无田者等，同须纳地代于政府。问其所以异于彼辈者，则多藏此一片故纸于箧底而已。而前此勤俭贮蓄所得之结果，遂付诸东流。此等政策，欲不名为掠夺政策，安可得也！此等政府，欲不名为盗贼政府，安可得也！夫如是，故其结果能使全国小地主，顿失其独立之地位，降而为计日受庸之劳动者，而国本以危。此彼报所持主义不能成立者二十也。

吾以为言土地者，首当明邑地与野地之区别，（铁路线旁之土地，虽属野地者，亦与邑地性质略同，故可归并邑地一类论之。）又当明自由地与有主地之区别，盖其性质极不同，非可一概论也。既明此区别之后，则不必其绝对的反对土地国有也。自由地例应归国有，而国家当永远保持之与否，别为一问题。邑地可以不许私有，而应为国有，或应为市有，别为一问题。若夫普通有主之野地，则人民既得之所有权，国家非惟不可侵之，且当全力保护之，此不易之大经也。今请详说其理由：

（第一）所谓自由地例应归国有者，何也？以我国论，内外蒙古、新疆、青海、西藏诸地，土广人稀，其未经垦辟者，十而八九；且其住民尚未尽脱游牧之俗，土地所有权之观念甚薄，故自由地实什八九也。东三省稍密迩内地，移住者渐众，然自由地亦尚什之六七。此诸部之面积，约当本部一倍有余，计所得自由地之面积，最少亦应与现在本部有主地之面积相等，将来新政府成立，必当采内国殖民政策，奖励本部人移住以实之。

此稍有识者所能见及也。然当实行此政策以前，必先清丈此等自由地，悉取而归诸国有，毋使桀黠者得窃殊惠以行兼并，此政府所当有事也。又不惟属地而已，即本部中其未经垦辟之土，亦所在而有，森林地其大宗也。此外如濒海濒江，岁岁淤增之地，或湖底干涸露出之地，与夫人民瞒税不纳之地，亦往往不乏。凡此皆可归诸国有，其事至顺，而其理亦至完者也。然国家既收此自由地之所有权后，其应永远保持之与否，则别为一问题。盖国家所以处置国有土地之政策，不外三种：一曰国家自经营之者，二曰贷之于民而取其地代者，三曰售之于民者。国家自经营之，则是国家以大地主而兼为大农也。以近世财政学家所言，谓国家自进而为营业事业，往往拙于私人，致招不经济之结果，而农业为尤甚。且以官吏的性质而执行事务，手续极烦杂，致生种种障碍。故各国皆不采之，除留出一小部分以为模范农场外，（模范农场者，国家特设此农场，以为改良农业之模范，使国民有所观感也。）其余皆不自营。而我国将来拥此广大无垠之国有地，其不能尽取而自营之，此五尺童子所能知矣。故此策可不必论。若贷之于民而取其地代，此即土地国有论实行后所采之政策也。此策有利亦有弊，而弊常余于利，俟下段乃论之。除此两者外，则惟有售之于民之第三策而已。考普国近有所谓地代农场制度者，设于西普鲁士及坡善之两州，专为奖励内国殖民之用。盖兼采以上三策，而最终之目的，则仍以售地于民为主。其制度，则国家将国有地及从大农手购入之地，设置农场，而募东部之贫民移住，岁征其地代。又特设一银行，以便移住民之欲购地者，每岁额供若干，供若干年，则全地可以为其所有。盖国家设农场，而以官吏监督指挥之，此近于采第一策也。岁征移住民之地代，此近于采第二策也。欲购地者，则与以购入之利便，此则采第三策也。要之，其最终之目的，仍归宿于第三策，而第一策第二策不过其手段耳。此实最良之制，将来我国对于满洲、内外蒙古、新疆、青海、西藏诸地，皆宜采用之。（此事所关极重大，吾将别箸论论之。）然既行此策，则是国有土地，亦不终于国有也。若夫本部新垦及淤增之自由地收为国有者，则除留出一部分为模范农场外，其余当相机售之于民，以之充国家临时经费，或偿还国债元本之用，最为得策，此财政学家所同认矣。惟森林之业，以国家经营为宜，故国有森林地，宜保持之勿售于民，此亦财政学家之公言也。故吾对于将来中国处置土地之政策，非惟本属私有者，不宜收归国有而已；即本属国有者，亦当渐散而归诸私有，除模范农场及森林地之外，国家皆不必永保持其所有权以为贵也。若用吾策，则就经济的方面观之，移本部贫民，徙殖于属境之自由地，本部劳动者，无供过于求之患，可以大减竞争之剧烈，而本部之经济大纾。前此属境，遗利于地，今徙民以实之，又与之以获得土地所有权之方便，则民有所歆，而纷纷移住，且勤勉趋功以思有所易，将来此等地方独立之小地主日多，地力愈尽，而属境之经济亦大纾，两途并进，而国富增殖之速，当有不可思议者。就财政的方面观之，国家所收者本自住［由］地，无须出代价以购诸民，重劳国库之负担，而设种种便利，与民以取得土地所有权之机会，民之趋之者必日多，而年年售出之地价，可以为国库大宗之收入，此诚一举而数善备者也。以较诸彼报所持主义，国家强夺人民勤劳之结果，致经济界大生骚动，而政府且窘于公债，永不能望财政之巩固者，其一得一失之间，岂可以道里计哉！此彼报所持主义不能成立者二十一也。

（第二）若论邑地与野地之区别，则邑地诚带独占的性质，与伊里所举三例，殆皆相合，与野地划然若为二物，故须摩拉氏（亦德国现今经济学大家）颇主张此等土地宜归公有。吾虽未敢绝对的表同情，然比较的视普通之土地国有论，则较为有理由者也。盖此等地主，往往得意外过当之利，偏享社会之殊惠者太甚，他人末由与之竞争，与铁路、邮电、自来水等之性质正同。此就经济上观察，其可以收为国有之理由一也。又此等土地所占面积不多，购买之尚易为力，而将来地代之涨进，可以一日千里，非如农业用地涨率之迟缓，即募公债以购之，而不致贻国库以负担之累。此就财政上观察，其可以收为国有之理由二也。故此策虽非绝对的不可不行，抑亦非绝对的不可行也。苟欲行此策，则铁路线旁之土地，其性质亦略同一。然既用铁路国有主义，则其线旁附属之土地，必随其路而同归国有，无俟别论。至都市工商辐辏之地，其应归国有抑应归市有，则尚属一争点。就一方面观之，都市之发达，实由全国交通发达之结果，非该市独力所能致，则举其土地上过当之利益，归诸国有，宜也。就他方面论之，则都市所生之地代，由其市民自担任之，故市民亦宜得报酬，则举其土地上过当之利益，归诸市有，亦宜也。澳洲之雪梨①市，曾两度提出全市土地市有案，虽未见实行，此亦其动机也。吾以为中国将来不采用此政策则已，若采用之，则与其国有，毋宁市有。盖使市之法人团体，能有此土地权，则有所凭借，以大改良其市政，设备种种机关，以促其市之发达，而此等营业，委诸中央政府，不如本市自任之之尤亲切而有效也。市既得此莫大之收入，且比例于其市发达之程度，而岁入日进，则虽借市债以购之而不为累。（此与农业地之性质绝异，非吾与前言矛盾也，宜细察。）将来地代愈涨之后，则本市自营之电车、电灯、自来水等事业，可以收极廉之费以便民，而市之发达愈甚，故吾于此政策亦颇赞之。若如彼报所持论，取一国中无论邑地、野地悉归国有焉，彼野地既非具完全独占之性质，无必须收归公用之理由，而其地代非能骤进，国有之反贻国库以莫大之负担，而为财政之累，故无一而可也。此彼报所持主义不能成立者二十二也。

以上皆言国家买收私人土地之说万不可行也，试更就买收后所以经营此土地之法论之。据华克拿所言，则各国所以处置国有土地者，不外三法：一曰自作法，二曰年期小作法，三曰世袭小作法。（小作者，谓赁地而耕也，日本名词。）自作法之万不可行，既如前述，世袭小作法，又不过所有权之变形，谅亦非彼报之所取。彼报有云："虽永小作人，亦附以三十年或四十年之期间，则其时可得制限也。"然则彼报所取者，为年期小作法。今即就此法之利害论之。（第一）若用此法，则政府于买收后三四十年间，地代之增率无可望，缘是而国库岁入之增率亦无可望。何以言之？政府之既得此地，而召民承租也，必不能以法律强定其租率〔即强定亦多〈无〉效力〕，惟基于双方合意之契约行为，以规定小作人之权利义务云尔。〔此即土地国有与铁路国有性质绝异之点。铁道国有，则政府可任意增收其车脚（其利害又属于别问题），以其为一方强制的行为也。土地国有，则政府不能任意增收其地代，以其为双方合意的行为也。要之，彼为完全独占性质，此非完全独占性质，故行为自缘之而异也。〕然则当买收时价值百元之地，其普通地代为六元者，政府亦只能岁征六元于小作人耳，若增征将无应者。（即政府能有术以使民不得不应，而其害且

① 雪梨，今译作"悉尼"。

滋甚，次段更言其理由。）而人民既取得小作权后，则于其契约期间内，政府更不能任意而半途增征，此又至易见之理也。（考日本《民法》第二百七十四条云："永小作人，虽因于不可抗力而其收益有损失之时，不得请求小作料之免除及减额。"小作人既负此义务，则地主亦不能因其收益有增加而请求小作料之增额，言下自明。又第二百七十六条云："永小作人若二年以上不纳小作料，或受破产之宣告时，地主得请求永小作权之消灭。"地主惟当此两种之场合，得请来［求］小作权之消灭。然则因半途欲增征小作料而小作人不应之者，地主不能设口实以请求永小作权之消灭，言下自明。）政府以百元买入之土地，而亘三四十年间，由此土地所得之收入，岁不过六元，而此百元之债息，已岁费其五元，则不及数年，而政府固已破产矣，宁能待小作之期满耶？（此就政府按照时价以原价买入土地论之耳。实则以原价买入，不免厉民，前既言之。若如孙文演说，谓或倍价以买入，则普通地代六元之地，其原价应为百元者，政府以二百元买入之，每年债息，应派十元，而所收地代，亦不过六元耳。何也？彼永小作人，只问此地时价所值若何，不问地主买入时所费若何也。）此彼报所持之主义不能成立者二十三也。

彼若欲自解于此说，则将曰：凡契约行为，由双方当事者之协定耳。然则政府与小作人定契约时，加入一条，谓"将来若因文明发达之结果，而土地之价值增进时，则政府可以酌增小作料"云云，亦安见其不可？应之曰：此固可也。然能强制小作人以必承诺乎？苟其承诺，则彼亦将要求加入一条，谓遇天灾地变收益有损失时，可以要求政府以小作料之免除或减额。政府能不应之乎？不应则诚无以异于掠夺，应之则政府将并此蝇头之岁入而亦不能稳固也。然则当互结契约时，略预定以若干年增征租率，则又何如？（如小作期间凡三十年，政府先悬想每经十年，则地代必涨价若干，因与结契约分为三期：第一期十年间，征六元之地代者，第二期之十年，增为八元，第三期之十年，增为十元。）如此则小作人必不安心，盖将来人事之变迁，决非现在所能逆睹。若政府必欲结此等契约，则人民将无复希望得长期之小作权者，宁希望得短期之小作权已耳。故政府若欲所收地代之岁增，除非采用短期小作法，愈短愈妙，年年而易之，则竞争烈而价或得昂。乃若如彼报所主张定三四十年为期限者，吾以为所生结果惟一焉，曰政府破产而已。此彼报所持主义不能成立者二十四也。

然则径用短期小作法，则又何如？就财政一方面观之，其一时之现象，或可较优，而手续之烦扰，已不堪其敝。若就国民经济一方面观之，其害更有不可胜穷者。华克拿论年期小作法之缺点曰："小作人以所用者非自己之土地故，则于小作期内，往往枯竭地力，无所爱惜。借衣者披之，借马者驰之，人之情也。此其害一也。又土壤必借改良，然后生产可以岁进，小之如薙草施粪，大之如浚渠筑壕，皆其用也。然贷地而耕者，于收效稍远之改良事业，率莫肯从事。此其害二也。欲免第二害，则视其小作契约之内容如何，欲求国家与小作人利害一致，尚非甚难。欲免第一害，则苦于无良策，盖政府若结细密之契约，严行监督，固未尝不可以防弊；然缘此而妨害小作人之事业甚多，他弊即缘之而生也。"华氏此论，可谓简明。此二害者，在年期小作法，皆通患之，而期愈短则弊愈甚。故华氏谓期限不可短于十二年以下，良有由也。然当期限将满之时，此等弊害，犹终不可免，况乃授受频数，视耕地如传舍者哉！夫农夫之忍于枯竭地力，与怠于改良土壤，皆生产力减耗之原因也，一部分之生产力减耗，国犹将受其病，矧于全国生产力减耗者耶？土地私有制所以为现今经济组织一最重要之动机者，此亦其一端也。而彼报蔑视此动机，不复顾其影响于国民经济者如何。此彼报所持主义不能成立者二十五也。

复次，国家之征地代于小作人，其价格当用何方法以决定之乎？华克拿所举，则有三法：一曰精细调查各地之收益，据之以为基础，而悬一地代定价以召租者；二曰就所调查者立一地代之最低率，小作人能出租在此率以上者，则许其租耕者；三曰政府不必调查定价，任民竞租，出租最多，则许其租耕者。以华氏所批评，谓若用第一第二法，其调查计算甚难，往往生谬误；且当农业进步迟缓时代，亘数年或数十年间，其收益之率相差不甚者，则此法或尚可用，在今日则为万难。而谓其第三法，与今日经济上普通之竞争主义相合，（按：此第三法，即本报第十四号所谓竞卖法也。）比较的尚为适当。然徒奖励地代之涨进，不免有枯竭地力之患，此其所短也。今彼报持土地国有论，关于此点之决定，不知其采第一第二法耶，抑采第三法耶？彼报十二号有言："（前略）美洲大农之所获，不过欧洲小农四分之一。国有土地之后，必求地力之尽，则如小农可获四分者，以为标准，而收其半或三分之一以为租。”（原文意不甚可解，姑仍之。）就此观之，则似是采用第一法也。欧洲小农制之土地生产力，果能优于美洲大农制否？即曰优之，而其悬隔果为四与一之比例与否？则现代学者尚无定论。姑置之，推彼报之意，不过欲调查各地之生产额，充其量每岁可得几何，而据其最高额以为标准云尔。如此则必亩亩而算之，又岁岁而算之，其手续之烦扰勿论矣，其调算之难得正确勿论矣，即曰不厌烦扰，即曰可得正确，然假有一地于此，去年每亩产米二石，而纳地代二金于国家者，今年调查之结果，知其每亩能产米三石，国家其即将比例而增征之，使其纳每亩三金之地代乎？吾恐遍查各国之永小作契约，无此奇例也。故若国家与小作人结不定期之契约，无论何时，国家可以任意收还其地，转租别人，则此法或可行。然果如是，则试想土地生产力之减耗，其恶果将安所届极也。至彼所云：“以农夫所获为标准，而收其半或收其三分之一以为租”，真可谓奇悍之谈。夫“所获”云者，总收入之谓也。每一事业之总收入，则凡参加于其事业者，皆应享分配之利焉。语其类别，则：（一）企业者，其所得为利润；（二）地主，其所得为地代；（三）资本家，其所得为利子；（四）劳动者，其所得为庸钱也。一事业之总收入，分配于此四项，其某项应得若干，甚难决定。而要之仅地代一项，断不能占其半或其三之一，则吾所敢昌言也。如吾前节所述，吾粤最良之地，每亩岁可产米八石，每石值银二两四钱，则一亩之总收入为十九两二钱。而此等地之地代，约岁值四两，（其国家所征地税，地主负担之。）不过总收入五分之一耳。此何以故？盖此一亩地所以能产此十九两二钱之货物者，非徒赖土地自然之力，而尚有种种要素以参加之也。计最勤之农，以一人之力，岁可耕十五亩。若所耕者为此等最良田，则其总收入，岁可得二百八十八两。然以吾粤普通农工计之，受佣于人而为之代耕者，每日可得庸银二钱五分（其一钱为庸银，其一钱五分为每日三餐之食费），其一岁之总额，应为九十两。使彼农夫受佣于人，固可以稳得此九十两，（农业上之劳动，随季节而异其需要，一岁中往往有不得佣钱之时，故谓其必能岁得九十两，似稍过，然其数不甚相远也。）今以赁田自耕之故而失之，则不可不取偿于此十五亩中，明矣。此即劳动应享之分配也。又治田者，其牛种、肥料之费，每亩所需二两，其农器缺损之费，每亩亦三四钱，耕十五亩者，都凡需三十五两以外，以普通利率计之，三十两之利子，最少应为二两五钱内外，使农夫不治田，而以所贮蓄之三十五两贷诸人，岁可以坐得二两内外之利，今以自耕故，则此三十五两及其所附属二两之利子，又不可不取偿于此十五亩中，明矣。此即资本应享之分配也。二百八十八两，除出一百二十七八两为必要之生产费，其余一百五十两内外，则地主所得之地代与企业家所得之利润，皆当于兹出焉。今其地代为亩四两，则十五亩之总额为六十两，尚余九十两，成为利润，似属太丰。虽然企业家为社会生产之主动，例应获报偿，不俟言矣。（此义，菲立坡维治最能发明之。）然其所得者，又常不确实，故带保险的性质，时而所得极优，时而损失无算，又自然之数也。如吾所计算，其十五亩之总收入，能产米八石始然耳，万一遇旱熯水溢，而所收者仅七石焉、六石焉、五石焉，则总收入随而大减矣。又必米每石能值二两四钱始然耳，万一际收获时而米价骤落，或仅值二两焉，甚或值二两以下焉，则总收入又随而大减矣。故此企业之农夫，有时可以得百金之利润，有时或不得一文之利润，且并其资本、劳力而丧之，而地主之地代，无论遇何变故，而不虞丧失者也。故农业上地代之分配，只能占总收入五分之一，若加多焉，则企业家危险之程度太大，而人将视为畏途，莫肯从事也。（企业者、资本家、地主、劳动者之四项，有以一人之身而兼之者，有四项分属于四种人者，有一人兼其二三项而其余求诸外者。一切事业皆有然，农业亦由是也。如农夫自有田而自出资本自出劳力以躬耕之，所收获者自售之于市场以取利，此则一人而兼四项者也。或自本无田，自无资本，又不能自耕，惟觉农业之可以获利，乃纳地代于地主而借用其田，纳利子于资本家而借用其资，给庸钱于劳动者而雇用其力，及计总收获，则除所偿地代、利子、庸钱之外而尚有余，乃为利润，而自取之，此则四项分属四人者也。又或自有田，自有资本，而须雇人代耕，则地代、利子、利润合归一人，而庸钱属诸别人。又或自有田，能自耕，而须假资于人以为耕本，则地代、庸钱、利润合归一人，而利子属诸别人。又或自有耕本且能自耕而无田，须租他人之田，则利子、庸钱、利润合归一人，而地代属诸别人。又或能自耕，而无田且无耕本，乃租田假资以营业，则庸钱、利润合归一人，而地代、利子分属别人。要之，无论如何，皆以同一之形式分配之耳，其最不确实而难以预算决者，则企业所得利润之部分也。）今如彼报之政策，谓收其半或其三之一以为租焉。租之所值，本不及此数而强征之，是以地主而朘企业家、资本家、劳动者之所得，以自肥也。彼畴昔自有田而自耕之者，忽被国家掠夺岁入之半或三之一，其苦痛自无待言。即畴昔本无田而赁地以耕者，同一地也，前此仅须纳四两之地代于地主，今以土地国有故，忽须纳十两或七两之地代于国家，其谁能堪也！非盗贼政府而安得有此？夫诚如是也，则全国农业之衰颓，可立而待也。而其他一切经济界之受牵动而并衰颓，可立而待也。然则政府虽欲长为盗贼，又岂可得耶？此彼报所持主义不能成立者二十六也。［所谓吾粤最良之土地，能每亩产米八石者，此实例外之现象耳。盖吾粤农业，常有轮栽之惯习，以十年艺五谷，以十年植果蓏。当其由植果复变为艺谷之第一二三年，所获特丰，故有产米至八石者。然欲耕此类田，除每年四两之租外，其第一年尚有所谓批头者，数率在十两以外，以一次前纳为原则。故企此种业之农夫，其冒险之程度，比诸耕普通田者，亦较大也。若普通田，则每年能产米五石者为其中率，而普通农夫，又大率一人能耕十亩。（前云十五亩者，谓极勤而健之农夫，亦其例外也。）以现在米价，其总收入可得百二十两，除所用资本二十两余，复除地代居总收入五分之一，为二十余两，实余七八十两，仅足以偿其劳力而已。而企业之利润，殆可谓绝无矣。今国家若征其总收入之半，则所余者仅为六十两，除资本二十两外，实余四十两，即征其三之一，而所余者仅为八十两，除资本外实余六十两。然则谓非国家绞取劳动者之结果而何也？夫土地国有后，国家不过获得地主之资格耳。其所取者，充其量亦只能取前此地主所取之一部分而止。今以何理由出而得取诸其部分以外耶？且彼所以主张土地国有者，岂不以嫉地主之绞取劳动结果也。今乃如水益深，如火益热。在前地主，遭彼盗贼政府之荼毒，固无论矣，而一般劳动者，亦只受其害而不一睹其利。然则此扰扰纷更，果何为哉！］

彼报谓土地国有，可以奖励小农，谓小农对于土地之生产力，优于大农，而为社会资本计，以奖励小农压抑大农为利。（彼报第十二号云：据新农学家言，农业异于他事，比较以分耕为利。盖农事之大部分，必须人工，而机器之用反绌。取美国用机器之大农，与欧洲小农所耕之地，每亩而衡之，则美农之所获，不过欧农四分之一。彼美洲之大农，所以乐用机器者，则以一时得耕多地为利也。就其私人资本计之则便益，而就社会资本计之，实非利也。国有土地之后，必求地力之尽，则如小农分耕之可获四分者，以为标准，而收其半或三分之一以为租。而大农之用机器合耕者，乃每亩而得一分，非其私人所有土地，而须纳之以为租，则不惟无利而且有损云云。）欲证彼说之当否，则：（一）当问土地国有制，果能奖励小农乎？（二）当问小农生产力，果优于大农乎？（三）当问大农果否不能增社会资本，而大农永远不发生果否为社会之利乎？其第一问题，则如彼之政策，所谓收其所获之半或三分一以为租者，则虽在赁地而耕之小农，犹蒙损害，而自耕其地之小农，损害更甚，前既言之矣。即不行此苛法，而听民自承租，与国家为双方合意契约，则赁地以耕之小农，纵不甚病，而自耕其地之小农，缘此所损犹不少，致危及其独立之地位，伤国家之元气，又如前述矣。其第二问题，则现今学者，尚聚讼无定论，欲究其利害，当先明大农小农之性质。菲立坡维治曰：所谓大农小农者，不当以其耕地面积之广狭定之，宁自经济的观察点类别批评之。（按：谓当就经营之方法，以分类也。）故彼所区别者：（一）大农。谓有一教育经验兼备之农业家立于其上，以当监督指挥之任，而使役多数劳动者，以营业农也。（二）中农。谓不必有专任监督之人，而营业者一面自经营监督，又躬与其所使役之劳动者，同从事耕作也。（三）小农。营业者自与家族从事耕作，而不雇用他人者也。至其关系于国民经济上之利害比较，菲氏言之极详，今节译一二。（日本气贺勘重译菲立坡维治《经济政策》第八十二至八十六页）

大农之所利者，在其耕牧方法之改良进步，常敏于中小农，而能为农事改良之先驱也。盖大农场之经理人，其智识率较中小农为优，资本亦裕，得适用新发明之技术，且其察应市场形势，较中小农为能亿中。又大农场之生产组织，比中小农场较为便宜，如劳动者之配置，建筑物器械役畜及其他固定资本之利用，惟大农场乃可望完全。然则投充分之费用，施充分之肥料，行完全之择种，确能得品质善良之多大收获者，惟大农具此资格耳。据彪亨巴尔加所言，则小农场所收获，平均一町步得十五乃至二十端拿者，大农场所收获，平均可得五十乃至八十端拿，此其利也。若就其不利之点言之，则以雇佣多数之劳动者故，其监督需多大之费用，然其劳动之效力常劣，欠精巧绵密。地主之注意，亦难普行于全般土地，此其所短也。大农所短在是，则中小农所长即在是。然以中小农所长者，以与大农所长者对抗，其真能制优胜者，惟牧畜业及其他二三之事业耳。外此则其实力终不及大农，若园艺等业，大农常优于小农，往事历历矣。

大农与小农，若一般的在同等条件之下以热心的经营，则大农之常占优胜，既若是矣。虽然就实际上观之，则为大弄者，非必其有充分之资本，有充分之智识及技能，又非必有才能资历兼备之小作人，坐是之故，其能收前述利益之结果者颇少。不宁惟是，大农场之地主，屡将其所有地之一大部分，供庭院、猎场等之用，徒消费而不能生产，致全国农业生产额为之减耗。其结果，往往有许多大农场主，其收获非惟不能如其技术上所应产之额而已，或反劣于小农场所收获，比比然也。（中略）

由是观之，大农与中小农，各有其长短得失，而不容偏有所去取，明矣。以今日之社会教育未能完全普及，人民之智识能力，差不而致不齐，是宜以土地之一部分，委诸大农之手，以为改良农事之先驱，而多数之中小农，交错于其间，各维持其特长，（菲氏论中小农为经济上之利益者有六，为社会政治上之利益者有四，文繁不复遍引。）则为国民经济大局计，最有裨矣。

菲氏者，现世经济学者中最以持论公平著者也，而其言如是。然则为尽地力起见，小农必非优于大农明矣。盖就理论推之，大农实当优于小农。然大农有大农应具之资格条件，而此资格条件，具之颇不易，苟其不具，则反劣于小农者有之。大农之缺点，此其一也。又其土地之一部分，往往用之于消费，而不用之于生产，致生产额平均减少。（如大农每亩，可产六石，小农每亩，仅产四石，是大农本优于小农也。然大农或以奢侈之故，其耕百亩者，或以四十亩为庭园、猎场等，而仅六十亩为耕地，则百亩总收获，不过三百六十石，而小农百亩之总收获有四百石，故反优胜也。）大农之缺点，此其二也。虽然，非大农本来之性质劣于小农也，其优劣亦存乎其人已耳。使大农而果有适当之人才，适当之资本，而复无滥用土地于消费的之弊，则其优于小农，固可决言也。如彼报言，乃谓大农本来之性质，例应劣于小农，此吾所不解也。彼谓美洲大农所获，不过欧洲小农四分之一，此不知其所本者为谁氏之调查。然据菲氏所引彪亨巴尔加①说，则小农所获，不过大农四分之一，与彼说恰为两极端反对。菲氏、彪氏虽妄诞，亦何至悬绝若是之甚耶？是彼所谓小农生产力必优于大农者，其非笃论明矣。由此以进于第三问题，谓大农毫不为社会之利而绝对的当排斥者，其为武断，盖无待言。以大农直接之结果论，诚得其人以理之，则收获可以加丰，收获加丰，则私人资本增殖固已，而社会资本亦随而增殖，又必至之符也。以其间接之结果论，则以有大农之故，能为种种设备，以从事于农业改良，而小农得资为模范，令全国农业，随而进步，其造福于社会，更不可量。故善谋国者，一面当保护小农，全其独立；一面仍当奖励大农，助其进步。而此两种政策，实可以并行不悖，绝非矛盾。（其条理甚长，非片纸所能尽，彼报若有疑，吾当为解之。）苟毗倚于一方，皆非计也。如彼报所持论，欲以重课地税之一政策，沮抑农业上之大企业，使永不发生，如是，则关于农业上种种之进步的器械，与夫集约经营之新方法，将永不得适用于我国，而惟抱持此千年陈腐之旧农术以自安。（农民之性质，恒毗于保守，此万国所同也。非外界受大刺激，决难望其舍旧图新，以谋进步。所谓刺激者何？或见他人用新法，卓著成效，获大利以去，因歆羡而思模仿也。或他人以用新法故，能产多量价廉物美之品，而己之所产品，生产费既多于人，品质复不及之，缘此而在市场上不能与彼竞争，乃感苦痛而思改以也。若是者，皆非有大农介于其间不可。若举国永无大农，则举国农业，可以永绝革新进步之望也。）自国民经济上观之，利果足以偿其敝乎？必不然矣。准此以谈，则就令彼重课地税之政策，果足以保护小农，而就保护小农之方面言之，虽见其利者，就沮抑大农方面言之，犹不胜其敝，而况乎彼之政策，实并小农而困之也。此彼报所持主义不能成立者二十七也。（彼报有云："梁氏以重农

① 彪亨巴尔加，今译作"庞巴维克"。

为病，可谓大奇”云云。吾谓此语，真乃大奇。彼又岂能得吾以重农为病之证据耶？若彼自命重农，而所以对待农民之政策如是，则吾诚不能得其故矣。）

吾尝为彼辈理想的革命政府之前途计，其危险之现象，盖不可悉数，而财政问题，即其一也。而财政问题，又与国民经济问题有直接之关系，其结果非徒影响于一政府之兴仆，而实影响于全国民之荣悴，故辩之不可不审也。使革命而获成功也，则试悬揣革命后新共和政府所应负担者如何，现政府所有十二万万余元之公债，不能不继受其义务，固已。而因革命所生之负担，有比例于他国而略可推算者。美国当南北战争以前，仅有公债六千万打拉（一打拉约当龙元二元），以争战之故，骤增至二十八万万四千六百万打拉，当我五十五万万余元。日本以西南战役故，募公债千五百万元，另发行新纸币二千七百万元。法国当大革命前，财政之混乱已极，然公债类之负担，犹不过六万万元，及革命后，自一七九二年十月至一七九六年二月间，其滥发纸币之总额，至一百八十二万万三千二百五十六万四千二百元。内乱之结果，其贻累于国库之负担者如此。彼法国革命时代之政府，殆如中风狂走，其举动太逸于常轨，姑勿以为例。日本西南之役，其乱地之面积甚狭，其乱之时日亦甚短，非中国革命所可拟。若中国遍地革命军起，自始局以迄终局，其时日最速当不能短于美国南北之役。及其终局后，则无论其胜利属于旧政府，属于革命军，要之两方之战费，皆须由胜利者担负之，此自然之理也。而革命军成功后，所担负为尤重。盖革命军既以文明自居，则当其用兵时所征发于人民之粮食、器物及劳力，与夫将校、士卒之俸给，皆不可不给以债券，而新政府成立后，皆当履行偿还之义务。然仅此犹决不足以给军实，势且不免募外债以充之。而此项之内债外债，其性质之危险皆特甚，非以极重之利息不能得之。（以吾所知者，该党首领某氏，在海外遍发所谓军用债券者，汉文英文并用，到处发卖，其例则现在一元之债券，至革命成功新政府成立时，给以十元云云。此等举动，不过为啖饭行骗计，原不值一笑。然试为假定之说以论之，倘其革命军竟能成功，则此等债券曾卖出百万者，将来国民，须为之负担百万，卖出千万者，将来国民，须为之负担万万矣。要而言之，革命军非以莫大之代价，不能得战费，此至易见者，而其所出代价，即将来财政上贻莫大之累，又国民不可不熟计也。）此就革命军方面言之也。其在旧政府方面，势亦必竭全力以抵抗。其抵抗所需之军资，若以租税充之，则固不必贻负担于新政府。然现政府之不能以租税支此意外之巨费，夫既洞若观火，则亦必以外债充之。战乱亘二三年，则其数及于十万万以上，亦意中事，而新政府固又不可不继受其负担之义务。两方面合计，大约革命政府所负担之总额，不能下于三十万万，而旧债十二万万余尚不计。此新债若为五分利者，则每岁应由国库支出债息一万五千万。其利率若加高，则且以次递增。（此等公债断不能以五分利得之，实不俟问。）益以现在旧债本息带偿之额，每岁二千四百余万两，则每岁仅国债费一项之支出，殆将二万万元。而新政府所应图内治之改良，国防之巩固者，其岁费尚当以数万万计。而又当大难初平，创痍未复，举国经济界恐慌憔悴之余，虽有极良之财政案，犹恐顾此失彼而无以善其后也。乃无端又提出此土地国有案，骤增一千三百余万万，乃至二千六百余万万之公债，劳国民以负担，其财政之棼如乱丝，固不待问矣。若其所及于经济之影响，则更有不忍言者。试条举之：

（第一）此类公债者，财政学上所谓一种间接强逼公债也。（现在各国普通之公债，皆为任意公债。）其与直接强迫异者，彼则勒令人民献出现金若干于政府，给与一债券；此则政府强取人民价值若干之财产，其代价不偿以现金，而给与一债券耳。财政学者谓此种公债，实与强征重税无以异。（所异者不过国家负偿还之义务，且每年须给债息耳。）减杀一国之资本，妨害产业之发达，莫此为甚。今世各文明国，已无复行之者，诚以利不胜其敝也。今革命政府当其用兵时所发巨额之军用债票，既属于此类公债之性质，病民固已甚矣。乃无端复益以一千余万万乃至二千余万万之土地公债，而亦以强迫行之，民将何以堪也。此其反于公债原则者一也。

（第二）即在任意公债，而国家所能负担之额，犹必须比例于人民之“应募力”以为标准。苟溢出应募力以上，则经济界未有不受其病者也。何谓应募力？谓国民所能应于募集之力也。此力以何而得见之？盖人民一岁所收入，除偿其生产费外而犹有赢余者，则为“所得”。“所得”之中，除其日用直接必要之消费外，而犹有赢余者，则为“资本”。公债之应募力，即自此资本之一部分而生者也。然非能尽举其资本而悉应募于公债也。人民资本之什八九，大率皆以自营生产事业之故而投下之，如是者谓之固定资本，不能骤移以为他用之，若骤移之则产业产业界必生扰乱也。其余未投诸生产事业者什之一二，或藏诸箧底焉，或贮之银行及保险公司焉，如是者谓之流动资本，亦谓之游资。公债之应募，即自此游资之一部分而生者也。国家以比较低廉之利率，吸此等游资以归国库，而以之直接营有利事业，或间接以增进国利民福，则一面既奖励人民之贮蓄心，一面复活用一国之资本以增富力。公债所以能助长国民经济之发达者，盖以此也。然使所募者而超出于国民应募力以上，则其致国民经济之疲弊，亦与之成反比例。夫一国之游资，固非常委之于无用也，或将以为固定资本之后援焉，如既开办之生产事业可以获利者，时增资以图扩张是也。或将变为别种之固定资本焉，如未开办之生产事业，见其可以获利者，则新投资以营之是也。若政府所募公债太多，将一国之游资而尽吸集于中央，则人民无复余裕，以应各种生产事业，增资或新投资之用，则全国利子必骤涨，生产费增加，营业之利益减少，（一国之游资，若散在民间者多，则供过于求，企业者欲得资本也易，可以低利而得之，故生产费少而营业利多。若一国之游资，求过于供，则其现象反是。而公债过度则最能使一国游资求过于供者也。）而产业将停滞而不进矣。然则就令公债所吸者，仅在游览［资］，而吸之太过，其弊犹如此。使由是而进焉，吸尽游资，犹以为未足，则必侵入于固定资本之范围，人民不得不提出其所已用于生产事业之资本一部分，以充公债，而一国产业将纷纷倒闭减退矣。使由是而更进焉，人民减衣缩食，将其日用必要之消费，割出一部分以充公债，则全国消费力缘兹减杀。消费力减杀，则企业家蒙其损害。企业家蒙损害，则劳动之需要减少，而劳动者之损害随之。企业家蒙损害，则资本不能还元，而资本家损害随之。企业家损害，则土地利用之价值减杀，而土地所有者之损害亦随之。故能使一国中无论何种人，其所得皆劣于前；一国中无论何种人，其所得皆劣于前，则消费力愈以微。如是相为循环，果复生因，因复生果，则一国之国民经济，将奄奄无复生气。（一国人富于消费力，则所购买之物品多，企业家之所生产者不忧无销场，则企业能得利润。企业家既能得利润，则益扩张其业，而他人亦竞于企业。如是则所需劳力日以多，劳动者不惟不忧失业而已，且以求过于供而庸钱日增。又企业者必需资本，企业多则一国资本，不忧其委弃于不用。而企业所得，先割其一部分以供利子，故资本家食其利。又企业必不能离土地，企业多则土地利用之途愈广，地代增进，而地主食其利。故既已企业家、劳动者、资本家、地主咸食其利矣，则人人有余裕，而一国之消费力又益以增进，不待言也。如是相引，以至无穷，则国民经济日以膨胀。若消费力减杀者，则反是。消费之关系于经济，其重大有如此者。）而一国公债额过巨，则最能减杀国民之消费力者也。（若其公债用诸生产事业，则其弊犹不至太甚，若用诸不生产事业，则益不堪言状矣。）今以甫经乱后新造之政府，而有千余万万乃至二千余万万之公债，是其超过于国民应募力者，不知几十百倍，其必陷国民经济于九渊而无从拔救，断断然也。此其反于公债原则者二也。

（第三）或疑此项土地公债，非如普通公债之悬价格以募于民者，人民未尝临时举其所蓄者以直献于政府也，则其所生结果，或应与普通公债有别。虽然，苟稍知经济学之原理者，则必能知此疑问之无容发也。何也？两者之性质，毫无以异也。盖国民所有资产，非必其堆积货币或现物之谓也，有其物权或债权已耳。而其以资产而投诸事业，或应募公债，皆不过权利之一时移转也。而彼土地国有案之强迫公债，则正强迫人民以物权之移转，而国家还附以债权也。故其性质与普通募集之公债无以异也。试详晰之：畴昔人民之拥此土地所有权者，其将以地主兼为企业家，即自利用所有之土地以从事生产耶，则土地即为其固定资本之一部分，盖不必另纳地代于他人以借地故也。土地国有后〈则〉不然。畴昔吾有二十金之资本而可以耕十亩之地者，今以须纳地代，故非有四十金资本，不能耕十亩（假定地代中价每亩二两起算），是国家明吸取我资本之一半也。我欲凑足此一半之资本，则不得不转贷之于人。而以国家起过额之公债，尽将流资吸集故，金利必缘而大腾。我有此二十金之债权于国家者，（国家收我值二十金之地代而以债券畀我，故我有二十金之债权于国家。）仅得利五厘，而我负此二十金之债务于他人者，须出利七八厘，乃至一分以上，是国家明夺我企业之能力也。于是畴昔能耕十亩者，不得不减而耕八亩，所入愈少，而消费能力与资本之演进者皆愈微。一人如是，十人如是，一国如是，而产业之衰退立见矣。又使畴昔之拥土地所有权者，其将不自为企业家，而惟以所收地代储之为资本，而更贷之于人以求利耶，则其地代受自个人，与受自国家无所择，虽土地国有后，其影响于此辈者，似尚不甚大。虽然，畴昔吾有值十万元之土地，每岁能获六千元之地代者，今以易得此五厘利之十万元债券，岁仅获五千元之利息，是国家明掠取我一千元也。我前此每岁有六千元之游资，以供社会生产力之后援，今则虽以国家所给我之岁息，还用之以为游资，而其数已减少一千元矣。一人如是，十人如是，一国如是，则国债常吸取全国游资六分之一，至易见也。又使畴昔人民之拥土地所有权者，以每岁地代所入，仅足支其日用必要之消费，而无复余裕蓄之以为资本耶，则吾前此有价值二千元之地，岁得地代百二十元，而仅足以自给者，今以易取五厘利之二千元债券，故岁仅获百元之利息，而此二十元之不足额，无他途以补之也，则惟有节衣缩食，并必要之消费而亦不消费已耳。则是国家明剥夺我消费六分之一也。一人如是，十人如是，一国如是，而全国之消费力，因以大杀。不宁惟是，以国债吸集资本太甚，故金利昂贵。以金利昂贵，故生产费加增。以生产费加增，故物价涨腾。畴昔我以百二十金之岁入，消费贱价乏物而仅足自给者，今以百金之岁入，而消费昂价之物，二灾骈挟，几何其不转于沟壑也。准是以谈，则土地国有政策，其足以病全国之经济，至易见矣。政府如欲免以上之弊，则惟有当买收时，厚其所偿，庶乎可矣。其法有三：一曰逾格偿值。如其地价本值百元者，以百四五十元之代价收之是也。（如孙文演说所云，或定价倍原价。）二曰用呼价募集公债法。券面百元之公债，以八十余元纳政府，即可购得之。此各国所常行之例。若用诸买收土地时，则值八十余元之地，即给与百元之公债是也。三曰给以重息。如价值百元之土地，其地代为六元者，则国家买收土地之公债，其利息为六厘以上（或七八厘），务使人民之持此债券者，其岁入足偿前此之地代而有余是也。此三法若行其一，则皆可以略救前举诸弊。虽然，如此则国库之负累益重，果有以善其后乎？如彼所预算，则国家须以千三百余万万之五厘公债，乃能购入全国之土地，而所收地代，不过得八十万万耳，而已须以六十五万万为偿债息之用。若逾格偿值，不必其原值一百者，偿以二百也，即使略加三之一，夫既须以二千万万之公债购地，而所岁收地代，仍不过八十万万耳，而债息则已岁需一百万万，于何取之！其它呼价募集公债法，与夫重息公债法，皆可以此比例而推算。一言蔽之，则曰尽国库岁入之全额，而不能敷国债费而已。是此政策之不能实行，不俟论也。况就令能实行，亦不过前此地主之一阶级不受其病云尔。而财政学家所谓频起巨债，则尽吸资本于中央，致全国金利涨腾，企业家蒙损害，而种种阶级随之而蒙损害者，其弊抑未尝因此而能免也。一言蔽之，则凡国民不能堪此过大之公债负担，而国家强使负担之者，其结果必致召经济之衰亡，此非吾之私言，实万国学者之公论也。然则就令财政方面，政府能有术以善后，履行债务而勿渝，每岁能照章派息，不贻累于持债券之人，而全国经济界，尚因此而生骚扰，况乎彼之财政基础，杌陧而不能一日安，又众所共睹也。此其反于公债原则者三也。又彼报所持主义不能成立者二十八也。

夫国家之所入，实不外取之于民耳。未有全国经济界衰退，而国家之财政独能膨胀巩固者。此无论采用何种财政制度，而皆不能逃此公例者也。如彼报所持土地单税论，欲国家岁入之增进，其道何由？亦曰希望全国之地代涨价而已。然全国地代何以能涨价？亦曰企业者众而已。企业者众，则土地之利用愈广，求过于供，而地代乃不得不腾。反是，则供过于求，而地代亦不得不落。然则企业者何以能加众？曰企业者易得利润，则群率而趋之，斯加众矣。企业者何以易得利润？曰生产费廉，其一也；国民消费力大，其二也。国民消费力何以能大？则各种阶级之人，其所得皆岁进是已。生产费何以能廉？其条件颇繁，然资本供给之源厚，利率不昂，实其重要之一原因也。今既以买收土地之故，负此空前绝后之巨额公债，吸取全国之流动资本，抑退全国人之消费力，则全国企业之衰颓，实属避无可避之现象。彼法国以负担国债太重之故，全国产业不能发达，着着落他国后，其已事矣。（法国以居欧洲中央，且奢丽冠全球，故每岁游客所费于巴黎之金钱在十万万佛郎以外。有此大消费力为之后援，故产业不至十分萎靡，然以比诸英、德诸国，则其进率相去天渊矣。）而况乎所负担更什伯于法国者耶？全国企业之动机既已衰颓，则地代有退而无日进，国家虽拥有土地，而所得恒不足以敷国债费之用，其它尚勿论。于此而停止债息不付，或减少其息率耶？无论政府之信用，缘此坠地也，而其贻恐慌于经济界者当若何？于此而于土地单税之外，别征他种租税以补其不足耶。微论其与政府最初之主义相反，且课两重租税，戾于财政上之原则也。而人民累负担，以负担，全国生产力消费力，益以减退，元气伤尽，更断绝回复之望已耳。然则彼之土地国有案，无论从何方面观之，皆不外国家自杀的政略。此彼报所持主义不能成立者二十九也。

彼将强为说词曰：吾所恃者外债也。有外债以为挹注，则全国金融，大添活气，政府既利用之以兴种种官业，直接间接助国民经济之发达，而民间既得此资本之流通，企业动机必无衰退，经济现象必加良好。然则前述诸弊，皆可无虑也。应之曰：是或然也。虽然，凡甲国人之应募乙国国债也，有其绝相反对之两动机焉。一曰乙国财政之基础甚巩固，其政府为外国人所信用，甲国以资本过剩之故，在本国不能求羸［赢］，乃以低廉之利率，贷付于乙国，此外债普通之良现象也。在欧、美、日本诸国，资本融通之常态属焉。二曰乙国财政紊乱，政府既不见信于其民，欲更求一钱之内债而不可得，乃转丐之于外，外国人之富而冒险者，倚本国政府强有力之后援，乘人之危而索重利以贷付之。此外债特别之恶现象也。前此英、法诸国，所以待埃及、土耳其者属焉。将来革命政府于土地国有案成立后而借外债，则于彼两现象中，果占何等乎？此不可不审也。政府既负千万万以上之巨债，罄其所岁入，犹不足以偿息，而其岁入之加增，又无可望，于此犹肯借贷于我者，必其怀抱不测之野心，欲饵我而盬我脑也。如是则审［借］债实为亡国之媒。夫我固非绝对排斥外债者，而外债之为利为害，必以政府财政基础稳固与否为前提。彼自谓其财政基础极稳固，故以外债为有利；我谓其财政基础极不稳固，故谓外债为有害。而此两反对前提，孰为正确，则前文既已历历证明矣。此彼报所持主义不能成立者三十也。

彼报之言又曰：“用吾人之政策，则不必奖励资本家，尤不必望国中绝大之资本家出现，惟以国家为大地主，即以国家为大资本家，其足以造福种种于全体固民者不待言，而于国中有经营大事业之能力，亦其一也。”（彼报十二号三十一页）又曰：“社会的国家，未尝不从事于生产，以增殖其资本也。”（同五十一页）彼所谓经营事业，所谓从事生产，即经济学上“企业”之义也。其谓以国家为大资本家，即以国家为大企业家之义也。其谓不望国中绝大之资本家出现，即不望国中绝大企业家出现之义也。（此语当非诬彼报，盖企业必须资本，资本之大部分既归国家，人民无大资本，自不能为大企业。而企业能增生产力，生产力还生资本。民间既有大企业家，则其结果必有大资本家。欲使民间大资本家永不出现，则其前提必为民间无大企业家，明也。）欲评此政策之当否，则当先明企业之性质，次考企业家对于国民经济之职务，次乃论此职务以私人当之，与以公共团体当之，两者孰宜。“企业”者何也？“企业家”自以其成算冒危险而结合诸种生产力，以赢得利润为目的，以主导经济行为之经济的组织也。（此松崎博士所下定义，盖合罗查士、菲利坡维治、须摩拉诸说而斟酌之者也。）须摩拉论国民经济机关有三：一曰国家及自治团体，二曰家族，三曰企业。而企业者实最圆满最持续而对于国民经济之统一体负绝大之职务者也。盖国民经济云者，通全国民之经济的行动，俨然成一有机体，而就其全体观之，常期能以最少之劳费获最大之利益者也。而企业云者，则常直接间接向于此目的以进行者也。何以言之？生产三要素：曰自然，曰资本，曰劳力。三者本分离不相属，有企业家然后结合之，罗集资本，驱役劳力，以利用自然，而从事生产，企业家之职也。而企业家既以赢得利润为目的，故必求所生产者恒适于消费。某种之货物，生产少而不给于消费，则迅速补足之。盖如是而所得利润可以丰也。某种之货物，生产多而有余于消费，则节制之，而移其生产力以生产他种。盖非如是，则其所得利润将微，甚乃或至无利润也。但货物之种类亦繁矣，曷从而知其孰为有余，孰为不足？则以企业家常冒险以从事于投机的试验，积经验而略能得其确实之程度故也。夫企业家之本意，亦以自求利耳，然一见夫生产不给于消费，而即迅速补足之以求利，则能养国民之欲，给国民之求，而国民之幸福增焉矣。一见夫生产有余于消费，而即移其生产力生产他种以求利，则全国生产力不至耗糜于无用，而国民之幸福又增焉矣。此企业家所以司生产之枢机，而为其最高职务者一也。企业家既结合自然、资本、劳力之三生产要素而冒险以求利润，故地代、利子、庸钱三者，皆经企业家之手，以给付三阶级之人。于给三者之外，而犹有赢余，然后企业家得之；其有损失，则亦企业家任之。彼三阶级之所得，常立于安全之地位；企业家之所得，常立于危险之地位。此企业家所以司分配之枢机，而为其最高职务者二也。由是言之，则企业家果为国民经济之中坚，而企业之荣悴，与国民经济全体之荣悴，诚有桴鼓相应而丝毫无忒者，盖甚明也。企业之职务，关系重大，既已若此，而此职务，或以私人当之，或以公共团体当之，两者孰利，此不可不深察也。若能导经济动机，使纯出于道德，尽人皆以公益为务，而一毫私利之念不杂其间，则以国家当企业之职务，举生产、分配之枢机，而悉集诸中央，宁非甚善。而无如现在人类之程度，万不足以语此，虽欧美号称最文明之国，犹且不能，而中国更无论也。美国芝加高大学教授耶氏①，曾于去年新著一书，论“公企业”之得失，其评英国市街铁道市有市营之成绩，（市街铁道者，市内之电车铁道也。英国前此由私人经营，自千八百七十年后，归诸市有，由市自经营之。）谓其弊有六：（一）自公有主义（即市有主义）实行，而技术上之发明改良，大生阻害。（谓英国前此发明家最多。即电车一项，亦英国所自创。爱尔兰之某市，首先行之。然自一八七〇年以后，阒然无闻。盖技术之发明改良，纯由企业家之刺激而来。私人企业既减杀，故新发明随而希少云。）（二）自公有主义实行，其结果阻市街铁道里数之延长，妨市民之郊外移住。（原文举英、美两国都市人口之数，与所有市街铁道里数之比例，两两相较，美国延长线之速率，远过于英国。且美国赁率采五仙均一主义，不问远近，皆仅收车脚五仙，故劳动者得移住于郊外，而都市集中之压制力，可以少杀。英国当一行市有主义之时，政府向国会委员会宣言，本以方便劳动者使得郊外生活为目的。乃今者之结果，全与相反。里数既不延长，而赁率复大率比例距离以为增减，故市民或须纳七仙八仙之赁率，始得乘车。贫民之负担益重，都市之压制愈甚云。）（三）公有主义之结果，致运输不能统一。（伦敦一市，而市街铁道线路之系统，区为三部，不相连属云。）（四）自公有主义实行，致都市吏员之数，日以加增，而都市及一国之政治势力失均。（谓自市街铁道归于市有，市公吏之员数日以增加，于市政部内别作成一种之势力圈。虽行利于市之事，苟稍损于自己私人之利益者，则群起而反对之。以格拉

① 耶氏，即 Hugo Richard Meyer。文章名为“Municipal Ownership in Great Britain”，美国麦克米伦公司 1906 年 4 月出版。

斯高一市论之，其市街铁道局之公吏，凡四千人以上。自余水道局煤气灯局等称道。市之企业愈益膨胀，则彼等政治的势力愈益增加，当先一人之私利，而后前［全］市之公益。不宁惟是，其影响且往往及于一国之政治。如一八九六年所发布之轻便铁道条例，本以五年为满期，至一九〇一年末日，例应废止。此条例缺点甚多，当时商务大臣巴科既熟知之，徒惮于市有主义党之反抗，不敢断行，遂致延期。此其左右一国政治之明效也云云。）（五）市有市营比诸私人企业家之经营，其滥费殊多。（原文所引例，下具述。）（六）既以市有市营之故，阻害斯业之发达，缘此而市民应享之职业，转为所夺。（美国市街铁道以私人自营之故，故延长线日见增加。英国则以市营之故，久停滞不进。计市街铁道每平均一英里需使用执事人六人半。今以两国都市人数及其铁道线里数比较，则美国每都市多使用七万一千五百人，英国以市营之故，而使此七万余人不得职业以糊口，于劳动实为大不利云。）又去年五月，纽约发行之《经济杂志》，载有巴突[①]博士《论英国公企业》一篇，其所调查者，特详于电灯煤气灯各事业，（英国此等事业大率皆由市营。）其所指陈利弊，亦略与耶氏说同，谓由市营所生之恶结果亦有六：（一）阻害该产业之发达。（英国电气事业，其发达之速率，与他种事业不能相应。美国人口，不过一倍于英国，而电灯电车等类，凡属应用电力之事业，无不三倍以上于英国。故知公企业不惟不能助长其发达，而反摧抑之也。）（二）缘此而用电机之制造工业，亦随而不能盛。（与德、美两国比较，英国瞠乎其后。近年德、美工业上有压倒英国工业之势，原因亦颇由此。）（三）煤气灯电灯等之供给，仅及于都会之一部，其分配失当。（仅富者得使用之，贫者无力使用，不如美国之普及。）（四）此等市营企业，收支多不能相偿。（原文引一九〇四年十二月三十一日英国公私业电灯成绩比较表。）（五）市营企业之使用人增多，其影响及于市政。（与耶氏说略同。）（六）缘此而市债之增加，市税之增征，在所不免。（格拉斯高市人口，过去十一年间，不过增加一割六分，而市租增征十一割二分，市债增加十一割九分，皆市企业所

---

① 巴突，即 Everett W. Burdett。《论英国公企业》原文为“Municipal Ownership in Great Britain”，该文载《政治经济学》第 14 卷第 5 期，1906，第 257~314 页。

赐之恶果也，该市之市企业号称最多者也。）就耶、巴两氏之说合观之，虽在文明胎祖之英国，而以公共团体代私人之企业，其利之不胜其弊也，犹且若此。此无他，经济动机实以营利之念为之原，私人之企业家，为此营利之一念所驱，故能累发明以发明，重改良以改良，冒险前进，有加无已。若夫公共团体之企业，则公吏之执行庶务者，虽缘该事业发达之故而获大利，其利不归于己；反之，若缘冒险而致失败，则受行政上之责任，而己之地位将危。故为公吏者，常横一不求有功但求无过之心，其精神恒倾于保守而乏进取。倾于保守而乏进取者，必非能完企业之职务，而不为国民经济全体之福明矣。公企业之所以常劣于私企业者，其最大之原因，盖在于是。故公企业之性质，不宜于开创而宜于守成。（去年英国市政调查委员佐治氏之报告，曾力持此说。）现在英国诸市之公企业，其有一二能著成效者，则皆由买收私人之旧业，拱手而受其成者也。（如利智市及利物浦市之电灯是。）德国之公企业成绩，号称最良，亦遵斯道也。日本政府，虽自始即以铁道国有为方针，（去年首相西园寺在议会演说，曾为此言。）而初时必委诸私营，逮其事业之发达，已进于水平线以上，然后乃举而收之，则亦以是也。夫以铁道、电车、电灯、煤气灯、自来水等之独占事业，其性质本宜于官办，而不宜于私办者，而官办之不宜过骤也，犹且若是；而官办之流弊百出也，犹且若是。乃若如彼报所主张，自共和新政府成立伊始，即以国家为大地主兼大资本家，蚕食私人企业之范围，而不复望民间有大资本家出现，则人民之当尽企业职务者，既被束缚于国家而不得尽，而国家之公吏，又势不能完企业家所必应尽之职务，是无异取全国之企业机关而窒塞之也。取全国企业而窒塞之，而谓国民经济犹能发达，吾未之前闻也。此彼报所持主义不能成立者三十一也。

此以言其影响于经济上之恶结果也。若自政治上论之，则以英国政体之良，然以公企业膨胀之故，犹助长公吏之专横，驯致政界之腐败，况中国现在人民教育程度，远不逮英，而新政府草创之际，无论如何，而法律未能遽臻完密，一旦举全国重要之生产事业悉委诸官吏之手，则官吏之权力，必更畸重，人民无施监督之途，而所谓民主专制之恶现象，遂终不可得避，则其危及政体之基础，当更有不可思议者矣。此彼报所持主义不能成立者三十二也。

且彼报所谓国家以大资本家之资格而经营者，亦限于独占事业而已。而独占事业不过占生产事业之一小部分耳。若其它不带独古性质之事业，在彼报所主张，固未尝不许私人之经营也。然既许私人以经营，则经营之自不得不需资本。若如彼报言，谓不必望民间有大资本，岂谓惟独占事业需大资本，而非独占事业则不需大资本耶？若斯坦达①之煤油，若卡匿奇②之钢铁，经济学者皆不以列诸独占事业之中，而其所需资本额之大，以视铁路、电车、电灯独占事业，宁多让也。若惟许国家有大资本，而不许民间有大资本，则是此等大事业，终不能兴办也。而于国民经济全体，果为利为害也？夫惟有大资本，然后能为大企业，亦惟有大企业斯能生大资本，两者又相为循环焉。使国家而不许人民从事于大企业，则亦已耳；夫既许之，则民间之绝大资本家，固不得不生。今彼报不望国中绝大之资本家出现，得毋欲诅私人之大企业家皆以失败终耶？而于国民经济全体，又果为利为害也？夫循彼报之政策，其结果势必尽吸一国之游资于中央，而无复余裕以供给私人企业之需要，则一国中无复大资本家出现，诚哉然矣。但不识彼时国民经济之状况，其萎敝当何若耳。此彼报所持主义不能成立者三十三也。

三　就社会问题上正土地国有论之误谬

社会问题之真意，要以分配趋均为期，凡以使全国中各社会阶级（不问贫富）皆调和秩序以发达而已。申言之，则救资本兼并之敝，对于大资本家而保护小资本家，此其一也；又调和资本家与劳动者之利害冲突，对于资本家而保护劳动者，此其二也。（社会问题，不当专以现在贫者一阶级之利益为标准。盖社会者，全社会人之社会，固非富者阶级所得专，亦非贫者阶级所得专也。但在欧美，其富者阶级之受特别保护既已久，故言社会问题者，不得不益注重于贫者一面耳。）然则国家所采政策，其能达此目的者，即其能解决社会问题者也；其不能达此目的者，即其不能解决此问题者也。吾以为如欧美学者所倡道之社会主义，举生产机

① 斯坦达，即英文 Standard 的音译。

② 卡匿奇，今译作“卡内基”。

关悉为国有者，最足以达此目的，然其事非可实行，即行矣，而于国民经济亦非有利。其次，则社会改良主义派所发明种种政策，苟能采用之，则不必收土地为国有，而亦可以达此目的。若如彼报所持之简单的土地国有论，则始终不能达此目的者也。请言其理。

彼之所以很很然主张土地国有者，岂非以恶豪强之兼并耶？岂非以兼并土地之结果，而生贫富阶级之悬绝耶？夫兼并土地，诚为贫富阶级悬绝之一因，然不能谓舍此无其他之原因也。故吾前者谓资本家不必皆自有土地，往往纳地代于地主，借其地以营业，而未尝不可以致大富，此诚社会上数见不鲜之现象也。乃彼报所以相答之言则曰："乃若借地于人而独能获大利者，则亦有之。英伦之西看温加顿有卖花者，租地以为贸易，人以为此微业也，而不知其赢甚多，乃身与妻子，为敝服以欺其地主，使不为加租之议，及地主廉［怜］得其情，则卖花者已富，此所谓漏网之鱼也"云云。此等轻薄尖刻之口吻，诚彼报最得意之长技哉，而曾不顾明眼人之方捧腹于其旁也！夫经济上之货物，虽离土地而不能产出，然人之为经济行为也，则有直接利用土地者，有间接利用土地者，而间接利用者，其所得往往较直接者为尤裕。此经济社会普通之现象，初不必治此学者然后能知也。（此就私人之富以言，而社会主义，即以救私人之过富过贫为目的者也。）太史公亦有言：用贫求富，农不如工，工不如商。夫农则直接利用土地者也，工则强半间接利用土地者也，商则重间接以间接者也。故土地制度之变革，惟农业家最蒙其影晌［响］，工业家所感痛庠［痒］既已不甚大，若商业家则几于无矣。夫趸卖发行之商业，一岁为数百万数千万之出入者，寻常事耳，而善持筹者，常能得什一以上之利润，然其直接取资于土地者，不过得半亩之廛于闹市而已，更进则一二亩之仓库而已。又质押业、银行业、保险业、取引所业（卖买股份票者谓之取引所业），其获利愈丰而且较确实，社会上所谓富之一阶级，半胎孕于是，问［而］其直接利用土地者，则亦舍其营业上必要之房屋无他也。在现今私有财产制度之下，其营此业而既致富者，往往购地以自建廛店，固也；然当其初营业之始，则赁屋从事者十而八九，（银行保险业等，大率最初即购地自建屋，则其营业上性质使然，彼以是自增殖其信用力故耳。）而不害其可以致富。此其租地之性质，与英伦之卖花者抑何所择，论者得毋曰：此亦漏网之鱼也！即土地国有后，彼不过须多纳此半亩乃至数亩之地代于政府，在其支出总账中，不过占比例百之二三。而谓恃此以遏资本集中兼并致富之势，能焉否也？况经济社会发达后，则各项有价证券，（凡国债票，公司股份票，及各公司之社债票等，总名有价证券。）成为一种动产，流动买卖，于是以投机而获大利者，所在多有，其善居奇者，不旬日而致巨万，比比然矣。（日本大隈伯，即以此术致富。）而业此者则并阛市中半亩之廛而可以不要者也，如此则除住家所需地外，更无取纳一铢之地代于政府，而傫然以素封闻国中矣。试问土地国有政策，能损其毫未否也？至于工业，则其与土地之关系较为切密，盖所需之原料，皆直接资土地之力而产出者也。然谓工业家必须有面积广漠之土地，然后其业乃克昌，则又不然。（彼报第十二号第六五页云："今姑即美国论之，则最大资本及为最剧烈竞争者，若航业大王，其船厂船澳码头之地，问为其所有者耶，抑借助人者耶？若煤油大王，其矿山及所恃以运输之铁道，问为其所有者耶，抑借助人者耶？其他若牛肉托拉斯牧牛之地，烟草托拉斯种烟之地，面粉托拉斯种麦之地，亦问为其所有耶，抑借助人者耶？"其言若甚辩，然实无丝毫之价值。下方辩之。）凡世界愈文明，则分业愈显著，故为制造业者，以不必从事于原料之生产为原则，其兼营之者，则例外耳。如论者言，则英国之织布公司，不可不有广大之种棉地，而其棉花胡乃来自美国及印度？其织绒公司，必不可不有广大之牧羊场，而其羊毛胡乃来自澳洲？日本之精糖会社，不可不有广大之蔗圃，而其糖料胡乃来自台湾及爪哇？更推类言之，则制针公司不可不自买矿山以求得铁，制靴公司不可不自辟牛场以求得皮，建造公司不可不自养森林以求得木，而凡公司之不有此等土地权者，其业岂不终无以自振耶！殊不思此复杂之经济社会中，实多有其供给原料之途，恣企业家之所择。其在数十年前之美国，地沃而价廉，企业家见夫自购其地以生产原料，而生产费可以较廉也，则兼营之可也。其在他国，或见为不利也，则不兼营之亦可也。要其目的，在能以最廉之价得原料而已。于此而谓必以制造公司自有土地以生产原料者，乃能得最廉价之原料乎，此大不可。使以高价买入土地，而此种固定资本，须求偌大之利子以弥之，则自产原料之价不能廉矣。又使须以高价雇劳动者以从事耕牧，又须置若干之监督管理人，致生产费加多，甚则以管理失当之故，而生产额反逊于小农，则自产原料之价又不能廉矣。反之，而他之企业家，不兼营原料之生产者，或以资本之厚，能一时购入多量，或以见机之敏，人我弃取之间，悉中机宜，或以特别之关系，而得某地方中此种原料之独占，则其得之之价，自能以较廉于人。如是，则虽无尺寸之原料生产地，顾能与拥有多地者竞而倒而毙之，固坦坦不足为怪也。且业竞之胜败，固不能仅以得原料之手段为标准。以良手段得原料，不过节缩生产费之一端耳，节缩生产费，又不过企业原则之一端耳。乃如论者之说，一若彼大公司所以能制胜者，全恃其有得原料之良手段，而其手段之所以良者，又不外自有业场而自供给之也。呜呼！其慎甚矣。彼惟误认此前提，故生出至奇极谬之断案，谓但使收原料业场于国家，毋令大企业家得垄断，而豪强兼并资本集中之祸自可以熄。信如彼言，则英国之为织布、织绒业者，何以能雄于其国且雄于世界也？（日本当数年前，烟草未归专卖，时则有村井兄弟商会及岩谷商会两家，为剧烈之竞争，日张广告，其文曰："勿惊，税金五十万元，职工三百万人。"而岩谷氏且缘业此之故，而得所谓实业男爵者，且被选为众议院议员，其势力可谓极伟大矣。村井氏之势力，亦略称是。然问其烟草之原料，则皆自外国来，岩谷、村井未尝有一町一反之种烟地在日本境内也。然则就令日本当时果行土地国有制，于岩谷、村井之富，何损一毫，所差者，则其制烟之工厂，若在土地私有制下，则能购地以自建筑之，若在土地国有制下，则须借地于国家而建筑之耳。借地以建此工厂，其所应纳之地代能几何，岁十万耶，岁二十万耶，极矣。而以行土地单税之故，杂税一切不征，则彼前此应纳税五十万者，今所纳者不过十万乃至二十万，是彼反缘此而每岁可多得三四十万之利也。然则土地国有制，徒以助富者而长其焰耳，其与社会主义之精神，抑立于正反对之地位也。）故知凡从事于制造的工业者，皆不过间接利用土地，土地制度之变革，其影响于彼辈者甚微弱。何则？土地不过以供给其所需之原料而已，彼即不自有土地，曾不患原料之不能供给。而况乎今后之经济界，实混全世界为一大市场，彼大企业家拥此大资本，自能使国外最廉价之原料，滚滚以入应其求。而谓仅恃国内之土地国有制，遂能抑彼专横，使毋与贫之一阶级相悬绝，不亦谬乎！准此以谈，则土地影响于制造工业家者，实不过在工厂所需区区之地，能私有之与否而已。而谓必私有此百数十亩工厂之土地，然后能以致富，苟借地以建筑工厂，遂无复吸收过当利润之途，则以鄙人之旃愚，诚不解其理由之何在也！夫租地以建工场，与英伦之租地卖花者又何所择，如论者说，得毋又为漏网之鱼也！又彼报所论航业，其误谬亦与论制造工业相等。彼谓以航业致富者，全恃有船厂、船澳、码头，此未解航业之性质者也。航业公司能自有码头则其利便较大，而所获亦较丰，此诚不可争之事实。然此如业银行者之兼业仓库，亦如制造会社之自产原料，皆其附随之业务，而非其必要之业务也。故各国制度，常有以码头专归国有或市有者，又或另组织一公司以经营之，而不属于一航业公司，而航业家初未尝因此之故，而损其本业应有之利也，亦未尝因此之故，而竞争不能剧行也。若夫船厂、船澳，则为造船业所必不可少之物，而非航业所必不可少之物，论者混为一谈，毋乃过举！以吾观之，则土地国有与否，其影响于航业者，视他业为更少。所争者，亦不过其营业上必需建筑物之所在地能私有与否焉耳。而谓此区区之地为私有为借用，遂能生偌大影响于其营业，又吾之所苦不能解也。故吾谓斯亦卖花之类也。（彼谓美国之航业大王者，吾不知其谁指。美国诸业皆趋于合同，惟航业则今尚呈割据之姿，无所谓大王也。得毋指摩根所经营之大西洋航业托拉斯耶？摩根固无航业大王之名，而此托拉斯恰无一船厂、船澳也。）若夫造船业，则其船厂、船澳，诚与土地有不可离之关系，其蒙土地国有之影响者似甚大，乃细按诸事实，殊又不然。盖船厂、船澳所在地，应有其特别之位置，其地必非在闹市与孔道，未必因交通发达之结果，而地价生激变之涨落。其地惟造船为最适，而他业反不适，则非业此者无或欲得之。而一国之造船业，大率仰政府之补助奖励，相与竞争者甚少，故欲得其地之人随而少，而地价更无激涨之由。且就一方面观之，造船公司无此地则不能存在，固已；就他方面观之，则造船公司，以有此地之故，不过减其流动资本之额，而增其固定资本之额，若能以略有一定之地代，分月纳于地主而借用之，于业此者不可谓不利。何则？苟除建筑物之外，专就其土地之自身而论之，未必能移时而骤增其值，又其土地自身直接之生产物，不能逐年增多，故此等地反不必以所有之为利也。然在私有制度之下，苟不购入之而常借用之，则恐随事业之扩张，而地主日居奇以昂其租，故其所有权殆不能不归于企业者之手耳。然谓彼企业者，惟以赖有此土地之故而始获利，以其与铁路线旁之土地同一视，实非正论也。彼公司既投资本之一部以购此地，缘是而资本变为固定，此资本固有其应生之利子，而就簿记学上论之，此利子即无异其所纳之地代也。虽在土地国有之后，而政府之对于此等事业，亦只当有奖励补助，而更无限制压抑，然则政府所征其地代，宜以其购入资本之利子为标准，而不容有所逾。（例如，其地以十万金购入，此十万金若为流动资本而以贷诸人，则岁可得利子七千。今以用之购地故，而岁失此七千，则此七千即其地每年之地代也。则土地国有后政府所征其地代，亦不可逾七千，以此种事业宜奖励故也。然则公司虽岁须多纳七千于政府，而彼十万之流动资本，仍可得七千之利子，则其借贷对照表，岂不适相消而无所余乎?）果尔，则土地国有与否，能影响于其企业利润之增减者，可谓绝无。若谓虑业此者之过富，以酿成社会之不均，而假土地国有制以裁抑之，则政府引高地代之率，诚在在足以制其死命，但恐非政策上所宜尔耳。至于矿业之性质，则与土地所有权更无关系。盖在今日无论何国，其土地所有权皆有限制，而矿山则大率皆国有故也。日本《民法》第二百七条云："土地之所有权，在法令之制限内，及于其土地之上下"。《矿业法》第三条云："未采掘之矿业，为国之所有"。《矿业法》所云云，即《民法》上所谓"法令之制限"之一种也。盖土地所有权，以能及于其土地之上下为原则，若以他种法令示限制者，则为其例外。有《矿业法》之规定，故所有权及于土地之下者不能完全，其下之矿产归国有而非私人所有权所能据也。自余他国之法制，亦大率类是。然则虽在土地私有制度之下，而此制度之适用，曾不能及于矿山。矿山者，无论何时，其性质皆归国有。而人民之有矿业权者，就法理上论之，实不过借国家之土地以营业也。（日本《矿业法》，于矿业税、矿产税之外，尚有矿区税。）如论者说，惟私有土地乃能行兼并，而借用土地则不能，然则矿业宜为最均平之分配焉矣，而何以各国第一等之富豪，强半起自矿业，而贫民之受压制而呻吟者，亦莫矿工若也？故夫以矿业一端论，除非悉举而归诸国营，而绝对不许私人之自营，则矿工之被压制，或可以免。（矿业应为国家专业与否，华克拿①《财政

① 华克拿，今译作"瓦格纳"。

学》所论最平允。）若犹许私人自营耶，则在土地国有制度之下，与在土地私有制度之下，其对于分配上所生结果，两者丝毫无以异。何也？未禀请采掘以前，矿山属诸国有，两者同也；既禀请采掘以后，则能行矿业权于国有矿山之上，亦两者同也。乃如论者言，谓现今矿业家所以能专横，全由土地私有使然，一改为国有，而遂能为根本的救治，吾真百思而不得其解也！以上所论，凡以证明一切工商业（除铁路外）皆可租地以从事，而其竞争之剧，兼并之烈，与在土地私有制之下，毫无所异。而谓持简单偏狭的土地国有政策，遂足以挽此狂澜，实梦呓之言也。此彼报所持主义不能成立者三十四也。

且如彼言，谓牛肉托拉斯以有牧牛之地故能专横，烟草托拉斯以有种烟之地故能专横，面粉托拉斯以有种麦之地故能专横，寻其理由，毋过曰：彼坐此乃能得价廉之原料而已。夫原料之能价廉与否，初不关于需要原料者能自生产之与否，既如前述。今即如论者之意，谓自有土地以从事生产，为企业家得价廉原料之不二法门。然则土地国有后，企业家失此资格，而因以不能专横，其一切原料不得于仰给于直接利用土地之小农，小农得自主以昂其价，于是乎企业家所得之利润，因之而较薄，而此企业家所损之利润，则还入于小农之手以报酬其劳动也，是一转移间，而分配已均于无形。彼论者所希望之目的，宁非在是耶？殊不思经济者无国界者也，于制造品之需要供给也有然，于原料品之需要供给也亦有然。彼企业家不能得廉价之原料于国内者，则将转而求之于国外而已。于斯时也，国内之原料生产家（即小农），将贬其价以与外国原料竞耶，则企业家虽无土地，而固可以得廉价之原料于国内。以论者之眼观之，仍不外夺劳动者之所得以益其利润，与均富量于多数之本旨无与也。若仍如论者之目的，昂其价以期厚劳动之报酬耶，则其原料在市场上将无复过问，而多数之小农且冻馁以死矣。夫如彼所持之土地国有论，与土地单税论相缘，一国之负担，全责诸直接利用土地之农民，则一切原料，其生产费皆甚巨，而万不能与他国所产者争衡，则企业家不能得价廉之原料于本国，殆不俟问。而本国价贵之原料，既不能求市场于国内，更遑问求市场于国外。然则土地国有制，一方面对于富者未尝能节其丝毫之专横，一方面对于贫者反使之蒙邱山之损害。此彼报所持主义不能成立者三十五也。

且彼斤斤焉言社会革命者，不过欲均少数人之富于多数人而已。诚如是也，则必其富量，既出于少数者之手，缘是而即入于多数者之手，然后其目的乃为克达。若虽出于少数者之手，而终不能入于多数者之手，则为是扰扰何为也。如彼言，谓牛肉托拉斯以有牧牛之地故能专横，烟草托拉斯以有种烟之地故能专横，面粉托拉以有种麦之地故能专横，其理由既不外曰：彼坐此乃能得价廉之原料也；即坐此得价廉之原料，于社会抑何损害，而彼报必深恶痛绝之者，岂不以其绞取劳动之结果，而使贫者益以贫也？其意盖曰："使劳动者自有土地而自耕牧之，则其地之所生产者，可悉为其所得。今因为佣于人而代之耕牧，所得者仅区区之庸钱，而庸钱以外之物值，即归于地主而兼为企业家者之手。故彼之以一身而兼地主、企业家之两资格者，实无异榨取劳动之结果以厚其利润也。而土地国有，则使劳动者能享受其全额，故劳动者受其赐也。"今欲判此论之当否，则当查企业家所减损之利润，是否即为劳动者所收得而已。例如有一面粉公司于此，自有土地而雇人为之种麦，其每亩所产麦，岁可值二十元，而其雇人所费庸钱，岁不过十三四元，则此六七元似为绞取劳动之结果矣。然按诸实际，则殊不然。假使土地国有制行，小农直接受地于国家以耕，则此二十元者，果能全为耕者之所得乎？政府所征地代，约去其三元矣；肥料之所投，农器之所损，约去其一元有奇矣；由生产地运致之于市场以求售，转运之费，囤积之费，约去其半元乃至一元矣。如此则此劳动者所得，亦不过十五元内外，视前此所获庸钱，不过增一元有奇耳。万一遇天灾地变，或市价暴落，则所产不能值二十元，则此所增一元有奇，竟不可得，甚且所得不能如前此所受庸钱之数，未可知也。是知企业家所割取之六七元，实依三种性质以受分配：其一则土地之报酬，即地代是也；其二则资本之报酬，即肥料、农器等所需是也；其三则企业之报酬，即对于天变地灾或市价涨落所生意外之结果而为保险是也。（企业家心力勤劳之报酬，亦含此项内。）除此三者以外，夫然后乃为劳动之报酬。借令土地国有后，劳动者租地以自耕，而其总收入，果能免前三项之分配乎？如其不能，则劳动者之实收入，其又安能有以逾于前也？所异者，则地代一项之分配，前此则地主享之，而土地国有后，则国家享之耳。然自劳动者一方面观之，实无丝毫增加之利益。然则土地国有与均富于多数之旨，果何与也？此彼报所持主义不能成立者三十六也。

抑彼报对于此非难，亦尝为强辩矣，其言曰：“夫国家者何？国民之团体人格也。少数地主之利益而移诸国家，犹曰于均益于多数之旨无关，其性质与在少数地主之手无异，是惟以谓诸专制之国，其所谓国有制度，但以政府专其利者，则可耳，非所论于将来之中华立宪民国也。”推其意，不过谓政府所收之地代，还以用诸种种公益事业云尔。夫在今世立宪国，某政府所收入，则何一而非用诸公益事业者，苟不尔，则其政府将不能以一朝居矣。虽然，就财政政策上论之，非惟其支出之当否，于公益有影响也，即收入之当否，亦于公益有影响。在今世各国普通财政制度之下，诸种租税同时并行，使国中各阶级之人民，各应于其能力以负担租税，愈富者则负担愈多，贫者则负担递减以至于无，然后总其所收入者，以施设各种公益事业，使国中无贫无富，悉食其利，此则于均利益于多数人之旨，洵有合矣。乃今如彼报所持之土地单税论，除土地外一切租税皆豁免，则以无营业税故，无论为若何之大买卖大制造者，可以不纳一文于政府；以无所得税故，岁入数万乃至数十万者，可以不纳一文于政府；以无相续税故，安坐而受人千百万之遗赠者，可以不纳一文于政府；以无各种消费税故，彼富豪之车服狗马穷奢极侈者，可以不纳一文于政府；而惟彼锄禾当午汗滴田土之农夫，常须纳其所入五分之一。更举例以言之，则如前此日本之岩谷商会，贩烟草于美国以营业者，本须岁纳税金五十万元，及土地国有后，则一切豁免。而惟彼耕数亩烟地之农夫，以必须向政府租地故，每岁不得不纳十数元或数十元之地代。就令国家以所收地代，还用诸公益事业，然则公益事业之利益，则岩谷氏与种烟之农夫同享受之者也，而岩谷氏所享受之分量，其优于种烟小农者，又不知其几千万倍也。乃岩谷氏对于国家，不负一文之纳税义务，而享千万倍于人之权利，种烟小农，对于国家负偌大义务，而所享权利乃仅他人千万分之一。若是，则土地国有政策，果不能得损富益贫之结果，而惟反得损贫益富之结果也。岂惟不能均利益于多数，实徒以毗利益于少数而已。此彼报所持主义不能成立者三十七也。

彼报谓：“泰西贫民所以重困者，并非土地不足，只缘土地为少数人所垄断，致贫民无田可耕，靠做工以糊口”；（撮举原文大意）又曰：“劳动者有田可耕，于工业之供给，无过多之虑，则资本家益不能制劳动者之命”；又曰：“小民之恒性，视自耕为乐，而工役为苦，故庸银亦不能视耕者所获为绌，其他劳动者之利益皆准于是。”综此三段，盖谓土地国有，能得庸银增加之结果也。问土地国有曷为而能得庸银增加之结果，则曰企业家苟欲克减庸银之率，则劳动者可相率罢工归农，则企业家不惟不能胁制劳动者，而劳动者反能胁制企业家也。其所据理由，不外是矣。嘻！为此言者，其于经济上普通之学理，直丝毫无所知焉耳。今请一一驳之。

世运日进，则人满之忧日剧，对于土地而常感不足，此实所谓天地犹憾者。自玛尔梭士人口论出世以来，各国政治家汲汲忧之而思所以救之，本报第十四号夫既详述矣。而彼报引亨利·佐治所作图，谓由自身下推于子孙，与上溯于父祖，其数相等，据之以驳玛尔梭士。夫亨氏对于玛氏之挑战，吾辈固可以守中立，不必有所左右袒；即玛氏所谓人口二十年而增一倍之说，吾亦认为过当之谈。然如彼报所主张，则人口新陈交嬗，后者适足补前者之缺而已，似此则世界人口，宜永古为一定之数，绝无增减，夫然后与彼所列之图相应。此则不必求诸幽邃之原理，但据显浅之事实，而可以证其谬。试举数大国百年间人口增加之统计以明之。

	千八百年之人口	千九百年之人口
俄国	38800000	112430000
美国	5306000	76450000
德国	21000000	56370000
奥匈	23100000	45400000
日本	25500000	44800000
英国	16200000	41484000
法国	26900000	38960000

据右表所示，除法国外，其余六国百年间人口之增加，皆一倍或二三倍。又据最近十年间之统计，则英国每人口一千，十年间凡增加九十八人有奇，丹麦增加百二十六人有奇，那威增加百二十人有奇，俄国增加百三十六人有奇，德国增加百三十九人有奇，法国增加十二人有奇，美国增加

二百六人有奇。除美国之锐增与法国之锐减，皆有其特别之原因外，大率人口每十年而增十之一有奇，此中率也。人口岁岁加增既已若是，而土地则自洪荒开辟以来，其分量一成而不可变者也。然则一国之土地，在今日供一国人之耕而见为有余者，越数十年而将不见其有余；在今日见为仅足者，越数十年而将见为不足。此至浅之理也。欲救此弊，惟有广开间接利用土地之途，务变形以增殖富量，其不能仅恃直接利用土地之业明矣。今彼报所持土地国有论，谓经此一次社会革命后，可以永无第二次之革命，问其理由，不过曰：贫民自此有田可耕，而富者不能制其死命也。曾亦思中国现在有四万万人者，越十年当为四万万四千余万，越二十年当为五万万，越六七十年，当倍今日之数为八万万。国家拥此面积一定之土地，即不必计口以授，惟听民之租耕，然在今日见为仅足者，在七八十年后而犹能足乎？七八十年后而犹能足者，百五六十年后而犹能足乎？即曰土壤改良之结果，收获可以增加，然为报酬递减之法则所限，其增加之率固有极点。然则土地国有后，越数十年百年，而第二次之革命，遂不可逃避矣。何也？据彼报所论，以贫民无田可耕，为召革命惟一之原因，而土地国有后，使贫民有田可耕，即为免第二次革命唯一之救治法。若乃虽土地国有，而贫民仍复无田可耕，则第二次革命，夫安得不发生也。故在今日，苟资本家克减劳动者之庸银，则劳动者可以罢工归农，不为所挟制；若在数十年百年后，全国土地之永小作权，已在半数人之手，其余半数人不能取得此权者，则糊口于工厂，工厂虽克减其庸银，彼将何以抵抗？舍之而去耶，则更无地可租，有冻馁以死耳。如是，则其死命被制于工厂，视生息于土地私有制下者，曾有以异焉否也？此彼报所持主义不能成立者三十八也。

且如彼报之说，谓必贫民有田可耕乃可以不受资本家之胁制，则吾恐第二次革命，不必更俟诸数十年百年以后，即彼土地国有制施行之始，而国中已有一大部分之人，不能食其赐也。盖以中国现在人口之总额，配分之于全国土地之面积，耕地或尚不虞其不足。然各地人口疏密之比例，相去悬绝，而人民以有家室等种种牵累故，迁徙匪易，故甲省耕地犹甚有余者，乙省耕地已甚形不足，此事实之较然可见者矣。即如吾粤，据日本统计年鉴所调查，谓每英方里人口，平均三百十九人。然此合琼州计之也，若专计腹地，则当每英方里平均四百人以上。就中南海、番禺、顺德、香山、新会诸县，平均应在七八百人以上。缘耕地不足之故，人民航海觅食于南洋、日本、美洲、澳洲、非洲者二三百万，就工于香港者亦数十万，糊口于邻近诸省者亦数十万，其在省城及各市镇为小手艺及贱工以谋生者且百余万，而乞丐、盗贼亦不下数十万。吾粤之土地，固非如英伦苏格兰，为少数大地主所垄断也，更未尝或废耕以为猎场也，其小农自有地而自耕之者实居大多数，即其不自有地者，欲贷地以耕，固非有甚苛之条件，盖本省全无大农，而分耕之惯习，自古未变也。然而诸大县中，常有半数人，患无田可耕者何也？实土地不足使然也。今即行土地国有制，尽收所有权归诸国家，而听欲耕者之来租，则能得耕地者，亦不过半数人已耳，其余半数，不能得如故也。现在之形势，既已若是，越数十年后，土地面积如故，而人口倍于今日，则今之有五百万人不得耕地者，彼时且有千万人，今之有千万人不得耕地者，彼时且有二千万人矣。而谓土地国有制，即能对于此病为根本之疗治，何其慎也！于此时也，苟有大工厂兴，则人之趋之者，将如水就下，而民困可以大苏。然庸银之高下，初不缘土地之私有、国有而生影响也。何则？此面积有限之土地，无论为私有为国有，而其不足于耕也同。在此前提之下，虽曰取土地制度而一变之，终不能增其量以给人求，故欲求庸银之有增无减，宜别有道焉以善导之，否则不揣其本而齐其末，终无当也。此彼报所持主义不能成立者三十九也。

（录自《新民丛报》第90~92号，1906年11月1、16、30日）

《社会主义论》序

饮 冰

凡员颅方趾以生于今日者，皆以国家一分子之资格，而兼有世界人类一分子之资格者也。惟其有国家一分子之资格，故不可不研求国家之性质，与夫本国之情状，而思对于国家以有所自尽；惟其有世界人类一分子之资格，故不可不研求世界之大问题及其大势之所趋向，而思所以应之。抑世界之大问题及其大势所趋向，又不徒影响于世界上之个人也，而实大影响于世界上之各国，故以国家一分子之资格，愈不可以不知世界。今我国人于世界的知识之缺乏，即我国不能竞胜于世界之一大原因也。世界之问题亦多矣，而最大者宜莫如经济问题；经济问题之内容亦多矣，而今日世界各国之最苦于解决者，尤莫如其中之分配问题。坐是之故，而有所谓社会主义者兴。社会主义，虽不敢谓为世界唯一之大问题，要之为世界数大问题中之一而占极重要之位置者也。此问题之发生，与国富之膨胀为正比例。我国今当产业萎靡时代，尚未有容此问题发生之余地。虽然，为国民者，不能以今日国家之现象自安，明也。但使我国家既进步而得驰骋于世界竞争之林，则夫今日世界各国之大问题，自无一不相随以移植于我国，又势所必至也。然则社会主义一问题，无论以世界人类分子之资格，或以中国国民分子之资格，而皆不容以对岸火灾视之，抑章章矣。但其为物也，条理复杂，含义奥衍，非稍通经济原理者，莫能深知其意；又其立论基础，在于事实，而此事实为欧美各国之现象，我国不甚经见，国人索解愈难。故各国言此之书，虽充栋汗牛，而我国人若无闻见。近则一二野心家，思假为煽动之具，即亦往往齿及，然未经研究，于其性质全不明了，益以生国人之迷惑。予既尝著论，斥妄显真，且斟吾国现在将来所宜采择之方针，以为国人告，具见前报。虽然，此乃我国适用社会主义之研究，而非社会主义其物之研究也。未知社会主义为何物，而欲论我国宜如何以适用之，其以喻天下亦艰矣。吴君仲遥鉴此缺点，乃广搜群籍，覃精匝月，成此论以见际，匪直名家学说，采择毕包，且往往能以研究所心得者，推补而批判之。东籍中关于此主义之述著，犹罕其比。信哉，其为世界知识之馈贫粮哉！

仲遥为亡友铁樵①之弟，学能世其家，即此鳞爪，可概厥余。

丁未正月，饮冰识。

（录自《新民丛报》第89号，1906年10月18日）

① 铁樵，即吴铁樵（1866~1897），名以鞭，又名樵，字铁樵，四川达县人。

社会主义论

仲　遥*

余欲为此文，越时已久，匪惟以其为世界各国一大问题，抑亦我国前途一大问题也。顾卒蹉跎，未果。倾以养疴，旅居海滨，得暇乃成之。

（一）本论第七、八两章，当笔者下笔之先，广征各国之学说，详稽我国之情实，觉狭义的社会主义实万不可行，而广义的社会主义又必不可少，故所下论断，辄发表此意，殊非草草。但海内积学，如有赐教者，仍愿深相论磋。著者既无独断自是之心，尤无党同伐异之见也。

（二）本论最重要之参考书，可分两部，附列如左。

中国之部：

---

* 仲遥，即吴渊（1866~?），名渊，又名渊民，字仲遥，四川达县人。

《周礼》《左传》《管子》《孟子》《荀子》《汉书》《通典》《资治通鉴》《文献通考》及其他。

日本之部：

《最新经济论》（夏秋龟一著）、《社会经济原理》（意人柯塞著，永井真好译）、《经济原理》（奥人腓立威奇①著，气贺勘重解说）、《经济学概论》（美人伊里著，山内正了解说〉、《十九世纪社会主义及社会运动》（德人钟巴尔德②著，神户正雄译）、《经济学通论》（小川乡太郎著）、《社会问题解释法》（安部矶雄著）、《近世社会主义论》（河上清著）、《近世社会主义评论》（久松义典著）、《社会主义评论》（河上肇著）、《劳动政策》（同文馆发行）、《商业大词书》（同文馆发行）、《日本现时之社会问题》（田岛锦治著）、《国体论及纯正社会主义》（北辉次郎著）、《劳动保护论》（河上清著）及《太阳》《经济世界内外论丛》《国民经济杂志》《社会主义研究》等各杂志。

（三）当著者草此论时，获新会梁先生之教益不少，谨志一言，以表谢意。

著者识

第一章　社会主义之语源及分类

社会主义，英文谓之 Socialism，德文谓之 Socialismus，法文谓之 Socialisme，西班牙文及葡萄牙文谓之 Socialismo，而此数语之由来，则皆渊游于拉丁语 Socius 之形容词 Socialis，盖与东译之社会主义之名称无以异也。

播此语于一般社会者，法人 Reybaud③ 也，彼于一八四〇年（一作一八

① 腓立威奇，即欧根·冯·飞利坡卫芝·菲里波维（Eugen von Philippovich von Philippsberg，1858-1917）。

② 即桑巴特（Werner Sombart，1863-1941），社会学家，经济学家。

③ Reybaud，今译为“雷博”。

三九年）著一书，公诸世，名曰 Etudes Sur Les Réformaleurs On Socialistes Modernes①，书中论究英人 Owen②、法人 St. Simon Eourier③ 等社会改革论者之学说，而字其说曰："社会主义。"其意犹言此学说之性质，谓之为谋政治上之改革，毋宁谓谋社会上之改革之为当也。自此以后，社会主义四字之名词，遂见著于世界。

有狭义的社会主义，有广义的社会主义。

狭义的社会主义者，欲破坏现在之社会组织，以谋再建设者也，一名社会革命主义。小分之得三派：

（1）佛也先④社会主义——英国派及其后继者属之；

（2）耶稣教的社会主义——以耶稣教之圣书为论本者属之；

（3）学问的社会主义——奉玛鲁柯士⑤之主义者属之。

广义的社会主义者，欲于现在之社会组织之下，谋有以矫正个人主义之流弊者也，一名社会改良主义，又名社会政策主义，又名讲坛社会主义。小分之亦得三派：

（1）国家社会主义——谋假国家之力，以达其矫正之手段者属之；

（2）自助的社会主义——不假国家之力，劳动者自相团结，以谋达其矫正之手段者属之；

（3）慈惠的社会主义——社会上之慈善家，谋专以慈养事业普济社会者属之。

学者关于社会主义分类之意见，各各不同，附列一二于左。

（甲）西雅尔几德之说，谓当别之五：

（1）Communiste 及 Anarchists；

（2）Collectivistes⑥；

（3）Nationalestes⑦；

---

① 今译作《略论最新的改革家或社会主义者》。

② 今译作"欧文"。

③ 今译作"圣西门·昂利"。

④ 佛也先，今译作"法兰西"。

⑤ 玛鲁柯士，今译作"马克思"。

⑥ Collectivistes，应为 Collectivists。

⑦ Nationalestes，应为 Nationalists。

（4） Les Anciens Socialistes 一名 Utoprstes；

（5） Socialisme Scientifrque①。

（乙）田岛锦治之说，谓当别之为七：

（1） Pure Socialism；

（2） State and Professional Socialism；

（3） Christian Socialism；

（4） French Collectivism；

（5） French Anarchists and Blanquists；

（6） Social Democracy；

（7） International Socialism。

以上所列，不过略示一二，此外尚多，不遑枚举。要之，其分类之法，似皆不甚严整，故不取之。而以鄙见所及，则窃以为此主义中，无论何派，皆莫不以救济社会为宗，实可悉附以社会之名。惟其所采手段之性质，一则并贫富两阶级而救济之，一则眼光仅及于贫之一阶级。（实则推至其极，并贫者亦将不获救济，徒扰乱社会而已。说详第七章。）且自能行与否之问题言之，适如行路然，一则广而易行；一则狭而难至耳，故定今名。至两大派中所分各小派，则前者取诸日本小川学士之说，后者取诸日本添田博士之说也。

此外又有与狭义的社会主义似而非之主义二种，一曰共产主义（Commimism②），其宗旨在全废私有财产，与社会主义之仅主张废私有土地、资本者有异。二曰无政府生义（Anarchism），其宗旨在废绝政府，使个人各以自由意思而活动，与社会主义之主张以产业上之活动移于国家之手者正反对。凡论一事，必先了然于其界说，其判断乃不致谬乱。窃恐读者失察，故附及之。

第二章　社会主义之起因

狭义的社会主义何自起？曰：以经济上不平等故。广义的社会主义何

① Socialisme Scientifrque，应为 Socialism Scientifique。

② Commimism，应为 Communism。

自起？曰：以矫正个人主义（即经济上不平等）及狭义的社会主义之流弊故。是故二者虽峙然并立，而推其根本之起因，实惟一也。

抑所谓经济上不平等，其原因何自而来？此又根本的根本之问题也。此义也，学者所言，各有相异。以吾所信为切当者，则有五事：

（1）原因于经济者

泰西自十八世纪下半以来，有所谓经济上之革命，即小资本家之利益为大资本家所并吞之一现象也。自此役后，前此业手工及业小商者，以不能与有机器及有资本者竞争之故，顿失职业，而又以生计问题逼迫之故，势复不得不乞降于富者之军门，而为其雇工。而以是之故，贫富阶级遂划然如鸿沟，而永不可越。种种弊端，殆不可殚举。

（2）原因于政治者

各国当政治上自由主义未成立以前，奴隶制度盛行。其事自政治一方面观之，虽属不平之甚，然当时奴隶之生命衣食，常在佣之者保护之下，故如老病之人，或窭贫之夫，亦每缘是而获免于饥寒，而经济上不平等之祸，可以消弭于未然，即其现象，亦可以潜盖于无形。及政治上自由主义成立以后，奴隶制度为文明国家所悬为厉禁，于是，向之于生产上无能力者，既不能适生存于自由竞争制度之下，复不能退而入被保护之列，此又经济上不平等之祸之所以日烈，而其现象之所以日著也。

（3）原因于法律者

欧美旧时，国家对于人民从事工商业者之法律，多所限制，如会社之设立，商品之美恶，场所之移转，物价之涨落等，皆大率必经法律检查认可者，乃能实行。及封建制度消灭以还，乃悉反乎前，而其流弊之足以影响于经济上不平等者，则如虚张基金之数，以吸社会之活资；制造伪恶之品，以妨购者之需要；据繁盛之区域，而长谋垄断；窥市面之盈缺，而故为低昂，皆是也。而凡此者，又皆富而不肖者之所优为，而贫而愿者之所难能也。

（4）原因于学术者

近世首唱经济上自由主义之人，为斯密·亚当（Adam Smith，即著《原富》者，一七二三——七九〇），彼生于十八世纪之中叶，目击当时干涉主义之弊，故为言曰："社会如水然，任其自竞，则供求相剂，而自底于平。”其主张自由主义之理由，即在于是。厥后一倡百和，自由主义遂为近世各国经济社会上独一无二之原则，而先后数十年间之科学大家，发明机器以助长经济上革命者，如 Key（凯伊）① 氏之发明 fly sliuttle（飞梭）②，如 Húrgreave（哈格里夫）氏之发明 Spinning Jenny（珍妮手摇纺织机），如 Arkuright（阿克莱特）氏之发明 water frame（水力机），如 Crompton（克隆普顿）氏之发明 mule（骡机），如 Cartwright（卡特莱特）氏之发明 Power loom（水力织布机），如 Whitney（瓦特）氏之发明 Cottongin（蒸汽机），项背相望，又无论也。

（5）原因于宗教者

欧州［洲］古代基督教支配人心之力，至为伟大，灵魂不灭，未来天国诸说，弥漫于社会，以是当时诸富人，率皆志在力事善行，消灭罪恶，以求他日得登天国而躬侍上帝，而慈善事业因以最发达焉。及黑智尔③（Hegel，一七七〇——一八三一，德国人）派哲学出，无神论大为世人所崇拜，其影响至使基督教诸说，势力扫地。于是，人人以为为善为恶俱未必获报，乃至恣睢骄戾，随意所欲。而近世之慈善事业，虽非遂绝，然较之古代之盛况，殆已迥不侔矣。

如右所述，皆经济上不平等之起因，而亦即社会主义之起因也。今更就经济上不平等之影响，及此影响之影响，条稽而表列之，以明欧洲社会主义之所以昌，盖非得已。

（甲）因（经济上不平等之影响）	（乙）果（影响之影响）
（1）无资本者不能与有资本者竞争，小资本家不能与大资本家竞争。（此条亦可谓之总因，以下谓之分因。）	（1）无资本者及小资本家，遂终不得不入有资本者及有大资本者之工场或商店而为被雇者。（此条亦可谓之总果，以下谓之分果。）
（2）被雇者仅能得少数之雇资，不能分多数之利润。	（2）被雇者仅能以雇资谋衣食，不能以雇资另营事业，而被雇者之地位遂永定
（3）被雇者对于雇者，生主仆关系。	（3）贫而遂贱。

① Key，应为 Kay，即 John Kay，今译作“约翰·凯伊”。

② fly sliuttle，应为 Flying shuttle。

③ 即黑格尔。

续表

（甲）因（经济上不平等之影响）	（乙）果（影响之影响）
(4) 被雇者身体不能自由，往往劳动过度，不获休息。	(4) 生理上蒙损害。
(5) 被雇者受外界种种刺激，常自悲其境遇。	(5) 精神上蒙损害。
(6) 被雇者常不能一家相聚而居。	(6) 无家庭之乐。
(7) 壮年之夫妇二人同时俱被雇者，则	(7) 所生之幼儿，不能自活，势必备尝饥寒、疾病之苦，或遂毙命，或遂被弃。
(8) 小儿为被雇者，则	(8) 家庭教育，无法可行。
(9) 妇人为被雇者，则	(9) 家庭无由得理。
(10) 工场商店之被雇者既多，男女往往混杂。	(10) 生暧昧之事，长早婚之弊。
(11) 妇人小儿以手法较壮男柔细，且雇资较廉之故，常为雇者所喜用。	(11) 壮年之男子因以失业，而雇资遂永成低落。
(12) 工商业上遭恐慌时代之际，被雇际者往往骤致失业。	(12) 失业以后，以前此之技能偏于一方之故，不能从事他业，遂不免顿沉于悲境。
(13) 被雇者困苦达极点时，惟有同盟休业之一法。	(13) 然资本家可以久持，而被雇者必为最后之降伏，而经此一度之后，困苦或更逾于前。

以上所举，虽犹未能尽，然欧洲经济上不平等之祸，已可见矣。而社会主义，谓之非应于时势之需要而发生之一物，盖不可也。虽然，使徒执狭义的社会主义以进行，则亦俟河清之类而已；此又广义的社会主义所以不能不起而救其失也欤！

第三章　狭义的社会主义之内容

本章凡分两段：一曰目的，狭义的社会主义所主张而求达之目的也；二曰理由，所以主张此目的之理由也。今以次说明之。

（一）目的

余所闻诸美国经济学大家伊里（R. T. Eey［Ely］）博士者，计分为四：

（1）共有生产手段；

（2）共同经营生产；

（3）经共同官宪之手，以分配生产物；

（4）收入之大部分分配之于人民，且令其私有之。

余又闻诸日本田岛博士，亦分为四：

（1）物质的生产手段之重要部分，归诸社会公有；

（2）生产事业，社会公营之；

（3）以社会之公权，分配社会之所得；

（4）社会所得之大部分，归诸人民私有。

案：两博士所言，词意俱同，无所违反，而田岛博士第一条之言，特较明密。盖生产手段（对享受手段而言）中有重要部分与非重要部分之别，非重要部分者，如道路、运河、邮便、电信、铁道、矿山、森林、水道等是；重要部分者，则土地、资本二者是。近世各国，其非重要部分之归诸官有或公有者，不一而足，惟土地、资本二者，则终属诸私有，此正与狭义的社会主义相异之点。所关甚大，不可以不辩也。

请更就两博士之说而演其义。

第一条

物质的货财，可分两部分，甲曰享受手段，乙曰生产手段。享受手段者，凡吾人为维持生命健康与谋慰安娱乐而使用消费之货财，皆属之，如衣食住，即其中之最重要者也。生产手段者，凡吾人为生产各种享受手段而使用消费者皆属之，即土地，资本等是也。而第一之生产手段，常即用以生产第二之生产手段，第二之生产手段，又常即用以生产第三之生产手段，如是相生不已。其结果也，仍作出享受手段而已。

生产手段，有物质的，有非物质的。物质的者，即土地、资本、邮便、电信等，属于物的一方面者是也。非物质的者，即人力是也。现今世界各国制度，享受手段固属诸私有，即生产手段，亦大率属诸私有。而狭义的社会主义，则承认享受属诸私有，而主张以生产手段归诸公有，而此归诸公有之生产手段之全体中，则又以非物质的一部分置诸例外。虽彼等理想之国家建设成立后，采社会公营制度，似与此意相反，然尔时其国家全部，已无所谓阶级者存，人人皆属公有，人人皆非属公有。故仍与彼等此意不相背也。

物质的生产手段中，又有重要部分与非重要部分之别，其说已见前，不复赘。

所谓归诸公有，所谓共有，专指其大者而言，若夫私有最小之生产手段于家庭，则亦狭义的社会主义之所许也。

第二条

现今各国制度，生产手段既大率归诸私有，则生产事业自亦属诸私营。狭义的社会主义则不然，彼等既主张公有，复主张公营，其意在人民中，除老、弱、废、疾者外，皆各以其能力从事于社会上各种有形无形之生产事业，而尔时之生产事业，非如现今之为谋交易而生产，而为应使用消费而生产，若生产额超于实际下需要之时，则减少生产者之劳动时间以调整之。

第三条

公有公营之制既行，则社会所生产之总体的生产物，自亦为社会之所得，而非个人之所得，彰彰然矣。顾此社会之所得，将由何道以处分之乎？此又一问题也。以狭义的社会主义者流之所见，则以为此处分之道，可分两端：其一储蓄之，以维持共同之物质的生产手段，或以备异日改良之之用；其二分配之，即以社会之公权，釆正当之方法，举享受手段之全部，分配之于社会各分子是也。至其分配之法，则各自信以为正当者，凡有三说：

（A）绝对的平等主义

此法即以同质同量之生产物，平等分配于社会各分子之谓也。但衣服一端，以有老幼男女之别，故可设为差等，此法人巴波夫[①]（Baboeuf）之说也。

（B）劳动效果比例主义

此法以社会各分子对于社会之功勋为标准，而视其功勋之大小，以差等分配之。虽然行此法时，不免于社会人民之间，生人格高下之阶级，然以此为标准而发生之阶级，较诸现今制度之世袭爵禄等之阶级，实相去远甚［甚远］。故此种分配法，仍允之至者之，此人圣西门（St. Simon）之说也。

---

① 巴波夫，今译作“巴贝夫”。

（C）需要比例主义

此法以各分子需要之实际为标准，而视其需要之程量以差等分配之。虽各分子对于社会，自当各尽其心力、体力之所能，以服义务也，但社会对于各分子，不应即以其功勋之程度，定分配之标准，此法人白兰①（Blanc）之说也。

第四条

此条即狭义的社会主义与共产主义相异之点也。盖共产主义，以为即社会的国家建设成立后之生产物，仍当采绝对的共有主义；而狭义的社会主义，则以为现今私有主义之弊，固当矫正，然使如共产主义之所主张，则焚琴煮鹤，过杀风景，而社会将不堪其弊，故与之反对也。

又狭义的社会主义所主张，非绝对的以享受手段之全体归诸私有，如公园、公设之博物院、美术馆、学校、图书馆、动植物园等，皆狭义的社会主义所以为当仍属诸公有者也。

（二）理由

狭义的社会主义者流所以主张其目的之理由，约计之，可得五说：

（1）人身自由说

今世以自由竞争制度之结果，贫富两阶级，既划然并立，而贫者又终不能自立，而必立于被雇者之地位，以受富者之指挥，此人身不自由之由来也。若社会的国家建设成立之后，则社会上已无所谓贫富阶级者存，人人皆当尽其心力、体力，以服义务于社会。是故以言乎自由，则人人皆非自由；以言乎不自由，则人人又皆非不自由。而尔时之不自由，有平等而无差等，故仍可谓自由也。

（2）修养卫生说

人身自由与否，又非徒名义上一佳话也，尤有其实质焉。实质者何？即能自由者，常能从事于修养及卫生之事；而不能自由者，不能获此幸福是也。而试问此能不能之本源何在乎？则一诉诸个人之经济问题而已。夫古今人之贫者中，亦岂无秉旷代之杰质，抱希世之伟怀者，而顾多湮没不彰，或憔悴以死者，何也？一言以蔽之，曰贫之害为之也。此狭义的社会

① 白兰，今译作“勃朗”。

主义者之修养卫生说所由兴也。

（3）国民人格说

社会的国家之下，既人人皆为社会尽力，则即无徒衣徒食之富豪，复必无旷职失业之穷民，可决言也。夫国家之所恃者，国民之人格也，而国家之经济问题，又国民人格所攸关也。故社会的国家若成立，则举国雍雍熙熙，人民将不屑屑于衣食等小问题，而必相与谋国家之演进，又大可卜已。

（4）人满不患说

近儒测世界未来之大势，每谓他日必有人满为患之一日。此说是也，而补救之法则缺焉。狭义的社会主义者曰："非人口增殖之为患，而无人人劳动之制度之为患也。如社会的国家成立乎，则人人皆劳动，而为生产之最大原动力，而茫茫大地，何处乏材？又安见人口增殖之程度与生产之程度不能相应也？"夫玛尔梭士①诸人，固不免徒抱杞忧而已。此又一说也。

（5）人类道德说

现今世界，一竞争之世界也。一世界之中，此国与彼国竞争；一国之中，此社会与彼社会竞争；乃至一社会之中，此分子与彼分子竞争。惟其原因，曰："不足而已。"国家以领土主权等为不足也，则兵战，商战，以谋竞争；社会以权利货财等为不足也，则杀人流血，以谋竞争；各分子以势位富厚等为不足也，则诡谲诈伪，弄权谋术数，以谋竞争。呜呼！人类最高之责任，固在是乎？人类最大之幸福，固仅此乎？此又有心人所不胜其感慨者也。此又社会的国家必不可不成立之理由也。

社会的国家所以必不可不建设之理由，既如上述。然此种国家建设成立后，其体制若何乎？是亦不可不深察也。以吾所闻者，则有五端：

（甲）共和立宪；

（乙）局部分权（即地方分权之意）；

（丙）以社会之公权，干涉教育上、经济上之事，其余皆主放任；

（丁）有管理（Administration）而无统制（Government）；

① 玛尔梭士，今译作"马尔萨斯"。

（戊）求达世界主义（Internationalism）。

此五端之精详的说明，今以无暇，姑从阙略，特识于此，以备他日从事云尔。

以上吾解释狭义的社会主义之内容者已竟，虽有遗误与否，尚不可知，然荦荦大者，固自可见矣。抑此国家究能成立与否，虽暂可无论，然使其果能成立，固通古今独一无二之完善国家也。又此种国家成立后有流弊与否，亦暂可无问，然就彼等所示之片面而观之，固极高尚极美妙之一乐士也。吾友桂伯华①居士有句云："清愁消不得，梦入莲花国。方信断肠痴，断肠天不知。"吾每一吟哦，吾未尝不冥想神游，不自知其情之移也。

（本章已完，本论未完）②

（录自《新民丛报》第89号，1906年10月18日）

① 桂伯华，即桂念祖（1869~1915），一名赤，字伯华，江西德化人。

② 原文止此，后无续刊。

清末民初中国社会主义论争文献汇编（1871~1915）

中

A Compilation of Documentation on the Chinese Socialist Debates from the Late Qing Dynasty to the Early Republic of China, 1871-1915

鲁法芹　编著

目　录

上

第一辑　“社会主义与中国”命题的提出及论争

第二辑　梁启超与革命党人关于社会主义的论战

中

第三辑　无政府主义思潮在中国的传入及论争

第四辑 民元前后中国的社会主义讨论

下

第五辑 清末民初社会主义思想在中国传播年谱

第三辑

无政府主义思潮在中国的传入及论争

导 言

1906年底到1907年8月，短短的不到一年的时间内，中国同盟会会员先后在巴黎和东京成立了世界社、亚洲和亲会和社会主义讲习会三个组织，并出版了《新世纪》《天义》两份机关报，这标志着中国同盟会作为一个统一的政治实体已名存实亡。① 这绝非一种简单的巧合现象。因为，从社会主义思想在中国传播视角看，当章太炎于1906年7月第三次抵达日本并接掌《民报》之时，②《民报》与《新民丛报》之间围绕革命与改良的论战已趋于尾声，且梁启超业已发出了求和的声音，③ 同时梁氏此时将辩论的焦点集中到了社会主义问题上。从这个意义上讲，“要不要革命”的问题已经解决，剩下的问题就是“如何进行革命”以及“建构什么样的共和国”。这些问题归结到一点，就是对“什么是社会主义”这一根本问题的回答。这是章太炎、“天义派”和“新世纪派”接受和宣传社会主义、无政府主义的深层次原因。因此，这次论争表面上是在探究社会主义与无政府主义的异同，实则在追问二者的学理基础何在。只不过，这些深层次问题被“别筹革命之方”即争夺“中国向何处去”领导权话语所遮蔽罢了。④

① 汪荣祖在《章炳麟与中华民国》一文中指出：“从1908年到1911年，同盟会虚有其名。”参见章念驰编《章太炎生平与学术》上册，三联书店，1988，第68页。

② 汤志钧编《章太炎年谱长编》上册，中华书局，2013，第121~122页。

③ 丁文江、赵丰田编《梁启超年谱长编》，上海人民出版社，1983，第363~364页。

④ 参见《俄国革命之旨趣》之“译者识”，《天义》第16~19卷合刊（春季增刊），1908年3月。

一 “别筹革命之方”的提出

1906年7月15日，在东京留学生举行的欢迎会上，章太炎做的《用宗教发起信心，增进国民的道德》和《用国粹激动种性，增进爱国的热肠》两场演讲，是革命党人“近日办事的方法”的主题演讲。但在解释《用国粹激动种性，增进爱国的热肠》时，章氏指出，中国的“国粹”特别是中国历史上的典章制度中，蕴含丰富的“社会主义精神”，其中，即便是“刑名法律”和“科场选举”这两件“本是极不好的”事，也“尚且带几分社会主义的性质”，遑论早已被民生主义者充分引证的三代井田制度和魏至唐的均田制度。对于这些，章氏告诫革命党人“必定应该顶礼膜拜”①。因此，完全可以说，该次演讲透露了章氏对“什么是社会主义”的理解：均富主义与平等主义的综合体。② 只不过此时对平等话语，章氏采取的表达方式是借佛教法相宗的几部经典这个“新瓶”，来装卢梭天赋人权平等思想的那壶“老酒”。③ 事实是，章氏将平等主义注入社会主义的肌体，为从政治上批判资本主义预埋了伏笔。巧合的是，9月1日，清政府颁诏预备立宪，为章氏思考政治问题提供了难得的契机。为驳斥康梁新党而写作的《箴党新论》以及章氏主编的《民报》临时增刊《天讨》所刊载的《论立宪党》是两篇重要文献，特别是后一文，它或许开创了革命党人明确批判近代资本主义民主政治制度的先河。《论立宪党》一文指出，资本主义代议民主制只是“财主、地棍、土豪”的民主，中国若“地权不平均，阶级不消灭，日后被选举的，一定是财主、地棍、土豪”④。这倒为章氏稍前排斥“督抚革命”而主张“平民革命”提供了事实、经验和学理上的有力支撑。⑤

在梁启超论战停笔之际，光复会另一主力刘师培携其妻何震、姻弟汪

---

① 参见章太炎《演说录》，《民报》第6号，1906年7月25日。

② 张玉法：《章炳麟的学术成就》，载章念驰编《章太炎生平与学术》（上），上海人民出版社，2016，第191页。

③ 参见朱维铮《〈民报〉时期章太炎的政治思想》，《复旦学报》1979年第5期。

④ 楚元王：《论立宪党》，《天讨》1907年4月25日。

⑤ 参见章太炎在《民报》纪元节庆祝会上的演说，载民意《记十二月二日本报纪元节庆祝大会事及演说词》，《民报》第10号，1906年12月20日。

公权并苏曼殊一起，应章太炎之邀，于 1907 年 2 月抵达日本东京，[①] 而此时日本社会党内部正围绕“采取直接的革命行动还是走议会道路”来实现社会主义这一主题发生着激烈的论战。此次论战在日本社会主义思想史上具有重要的意义，通过它，“人们才有意识或无意识地开始认识到合法主义的社会主义的局限性的结果”[②]。众所周知，该次论战的结果则是幸德秋水领导的“硬派”即无政府主义派完全胜出，幸德秋水及其思想完全支配了这一时期日本的社会主义运动。[③] 该派主张以直接行动、总同盟罢工为手段来实现无政府主义。正是在这种背景下，初到日本的刘师培，“闻社会主义、无政府主义新说，皆驰骛焉。劬学，每至夜分不辍，精气疲苶，又不暇察迩言”[④]。在无法廓清社会主义与无政府主义本质区别的情况下，且之前又曾将社会主义、无政府主义纳入中国传统文化之中进行考察，[⑤] 此时的刘师培等人完全沉迷于“新说”而不能自拔，自是在情理之中。无独有偶，同年 2 月 25 日，初次与孙中山见面的刘师培却被卷入“倒孙风潮”的导火索之中。[⑥] 3 月 26 日，章太炎致信幸德秋水，表达了“敬聆雅教”的强烈愿望，[⑦] 继而又与刘师培、张继、陶成章等人一起，成为这次“倒孙风潮”的主力。4 月，响应幸德秋水在《平民新闻》上发出的“中国的革命家应与日本的社会运动家携手，东洋各国的社会党应该联合起来”[⑧] 的倡议，章太炎等人在日本东京组织成立了亚洲和亲会。由章太炎手书的《亚洲和亲会约章》，首次公开打出了“反抗帝

---

① 万仕国编著《刘师培年谱》，广陵书社，2003，第 97 页。

② 〔日〕近代日本思想史研究会：《近代日本思想史》第 2 卷，李民等译，商务印书馆，1991，第 79 页。

③ 参见〔美〕伯纳尔《一九〇七年以前中国的社会主义思潮》，丘权政、符致兴译，第 193 页。

④ 卞孝萱、唐文权编《辛亥人物碑传集》，凤凰出版社，2011，第 669 页。

⑤ 刘师培曾指出：“许行之言与西人无政府党最近。而无政府党之起原，则起于近世社会主义。盖嫉贫富之不均而思所以革其弊，与许行嫉滕君厉民以自养者同一目的。及法人布鲁东创之于前，俄人巴枯宁继之于后。”参见刘师培《中国民约精义》，岳麓书社，2013，第 33 页。

⑥ 参见万仕国编著《刘师培年谱》，第 99 页。

⑦ 马勇编《章太炎书信集》，河北人民出版社，2003，第 269 页。

⑧ 〔日〕井上清、铃木正四：《日本近代史》，杨辉译，商务印书馆，1959，第 348 页。

国主义"① 的旗号——同盟会"民族主义"纲领被突破；6 月 10 日，作为女子复权会机关报的《天义》出版——同盟会"三大纲领"被纳入其中；② 8 月 31 日，社会主义讲习会召开第一次会议，公开亮出了无政府主义的底牌，③ 打出了"无政府革命"的旗号，既而宣称"由今而降，如有借社会主义之名希望有政府者，决非吾人所主张之政策，虽目为仇敌，不为过矣"④，从而走上了一条"别筹革命之方"的新路。

巧合的是，深受欧洲正统无政府主义影响的张静江、李石曾、吴稚晖等人，于 1906 年 12 月在巴黎达卢街 25 号发起成立世界社，并出版《世界》画报。《世界》创刊号宣称："吾辈笃好进化之学理者，倾其心以欢爱于我黄种之同胞；吾愿吾之同胞，尔速来与吾辈握手。此即世界大同之始基，而博爱平等之区域，确然而定也。"⑤ 换成毕修勺的话说，就是世界社的创始者，在主张"联合同志，推翻异族的统治"的同时，提出了"万人平等，世界一家"的革命宗旨。⑥ 换言之，世界社同人提出了中国革命与世界革命相结合的思想，从而达到"反刺孙文、黄兴"⑦ 之目的。1907 年 6 月 22 日，世界社创办《新世纪》周刊，将之作为机关刊物，出版《新世纪丛书》和《新世纪杂刊》等，公开鼓吹无政府主义，并声言"本报纯以世界为主义。同人之意，以为苟能发愿与世界种种之不平等者为抵抗，一切自包其中，不必支支节节"⑧，从而也走上了一条"别筹革命之方"的新路。

---

① 《亚洲和亲会约章》规定："本会宗旨，在反抗帝国主义，期使亚洲已失主权之民族，各得独立。"参见汤志钧编《陶成章集》，中华书局，1986，第 457 页。

② 《天义》报《简章》之"宗旨及定名"条规定："以破坏固有之社会，实行人类之平等为宗旨，于提倡女界革命外，兼提倡种族、政治、经济诸革命，故曰'天义报'。"《天义》第 1 卷，1907 年 6 月 10 日。

③ 刘师培在演讲词中宣称："吾辈之宗旨，不仅以实行社会主义为止，乃以无政府为目的也。"公权：《社会主义讲习会第一次开会记事》，《天义》第 6 卷，1907 年 9 月 1 日。

④ 申叔：《社会主义与国会政策》，《天义》第 15 卷，1908 年 1 月 15 日。

⑤ 〔法〕南逵：《序》，姚蕙译，《世界》第 1 期，1907 年秋季。

⑥ 毕修勺：《世界社四十周年纪念》，《自由世界论文集（新刊）》，1946 年 1 月。

⑦ 朱和中：《欧洲同盟会纪实》（遗稿），中国人民政治协商会议全国委员会文史资料研究委员会编《辛亥革命回忆录》第 6 集，中华书局，1963，第 18 页。

⑧ 《新世纪发刊之趣意》，《新世纪》第 1 号，1907 年 6 月 22 日。

二　“别筹革命之方”的内涵

通过上面的简单梳理，可以发现，以《天义》《新世纪》的创刊为标志，资产阶级革命党人围绕“中国向何处去”展开了一场新的论战。这样，从同盟会中分离出来的中国无政府主义鼓吹者，就受到了革命阵营中的其他革命党人的指责。换言之，辨析无政府主义与三民主义革命纲领的异同，就成了中国无政府主义者首先要阐释的一个基本理论问题，也是考察、理解和把握他们“别筹革命之方”即鼓吹“无政府革命”的一个有益途径。

（一）中国无政府主义者深化同盟会的民族革命纲领，赋予其反帝国主义的内容

近代以来的历史表明，求得民族独立和人民解放，是半殖民地半封建的中国所面临的首要任务，而推翻帝国主义和清政府的反动专制统治的共和革命，则是民族独立和国家富强的唯一途径。为此，革命党人提出了“排满/种族革命”的口号。这一口号含有简单的民族复仇或大汉族主义的倾向，尽管这并不完全符合孙中山的本意，且在孙中山看来，这一口号本身就是“政治革命”的“毕其功于一役”①。中国无政府主义者并不是简单排斥“排满/种族革命”主张，而是进一步深化了这一革命的理论基础，强化了其道德合法性。

“天义派”站在中华民族的立场上指出，“夫满人之当排，非以其异族而排之也，特以其盗窃中国，握中国之特权。故仅言民族问题，不若言民族特权问题”。从民族不平等的视角出发，“故吾人之对于满洲，惟当覆其君统，废其政府。君统既覆，则昔日满人之特权，其援君统而起者，均当归于消灭”。故“吾人之意，以为实行无政府革命，则满洲政府必先颠覆，满洲政府既覆，则无政府之目的可达，即排满之目的亦可达”。于是，“天义派”将“排满/种族革命”纳入了“无政府革命”之中，“安

① 孙中山曾明确指出：“我们推倒满洲政府，从驱除满人那一面说是民族革命，从颠覆君主政体那一面说是政治革命，并不是把来分作两次去做”，“就算汉人为君主，也不能不革命”。参见《孙中山全集》第1卷，第325页。

得谓无政府革命，有妨于种族革命乎！”[1] 正是基于反“民族特权”以求得各民族一律平等，在初步介绍了马克思主义阶级观点后，刘师培才进一步指出：“排满主义，不必以种族革命自标，谓之阶级斗争之革命可也。”其理由是，“满人所居地位”，大略与“外邦田主、资本家相同；而多数汉民，均处劳动地位者也”，“故欲实行经济界之平等，以兴社会大革命，则抵抗旗人之法，与抵抗田主、资本家之法，大约相同。若谓排满主义，仅由种界及政治而生，与经济问题无涉，此则大谬不然之说矣”。[2] 用阶级斗争置换“排满/种族革命”，这是刘师培在中国社会主义思想史上的一个突出贡献，但他没有进一步去探讨阶级产生的经济根源，以及经济、政治之间的辩证关系，而是简单地从追求绝对平等这一道德至高点上接受了无政府主义。

“新世纪派”从“革命犹重进化也”的视角指出，“言排满，不若言排皇”，而“排皇不过政治革命，犹不足以尽革命。至社会革命始为完全之革命”，而“社会主义，一言以蔽之曰自由、平等、博爱、大同。欲致此，必去强权无政府，必去国界去兵，此之谓社会革命”。由此他们得出结论说，“社会革命必自倾覆强权始，倾覆强权必自倾覆皇帝始。故曰：政治革命为权舆，社会革命为究竟”。[3] 在《与友人书论新世纪》一文中，他们又从进化的次第顺序上，对之做了进一步的解释：“由个人自私主义而进至种族革命与祖国主义，由种族革命与祖国主义而进至社会主义，同为公理良心之进化，所异者先后、小大耳。是以凡真主张种族革命与祖国主义者，皆可望其主张社会革命与大同主义，由进化公例而知之。”这里，“先后”是一个典型的“后胜于今”的进化观念，“大小”又等同于“规模”，“故言种族革命，不若言社会主义之政治革命也。然则吾人之昌言无种界无国界，亦非与种族革命及政治革命相背而驰也，但规模较大耳，彼所谋者不过一国之幸福，若我辈之所谋者，则世界之幸福

① 震、申叔：《论种族革命与无政府革命之得失——驳鹤卷町某君来函》，《天义》第6卷，1907年9月1日。

② 《社会革命与排满》，《衡报》第3号，1908年5月18日。

③ 真民：《革命》，《新世纪丛书》第一集，巴黎：新世纪书报局，1907。

耳”。[1] 正是基于这种进化观，“新世纪派”指责“排满/种族革命”者所鼓吹的革命，是“旧世纪之革命”[2]，进而又斥责说：“今主民族主义者，即排满也。夫排满，则私矣。”“私”则体现在三个方面：“满人非尽恶也，……而一网打尽……其私一”，“汉人非尽良也，……而置之不问……其私二”，“不凭公道真理，而惟各以非吾族类者互相仇……其私三”，因此“民族主义者，复仇主义也；复仇主义者，自私主义也”。[3]

巧合的是，“天义派”亦指出，“排满”与“保满”二派“揆以自利之心，两派一揆”，因为“彼昌保满，冀获权利于目前；此倡排满，欲攫权利于异日”，“排满亦出于私，与倡保满者相同”，因而“民族主义，乃不合公理之最甚者也”。[4] 对之，刘师培又从学术之谬（华夏之防、种性之说）、心术之谬（黠者具帝王思想、卑者冀为开国元勋）、政策之偏（革命不外学生与会党二端）三个方面进一步做了阐释，特别是从“学术之谬”视角批判“排满/种族革命”会导致产生狭隘的“民族帝国主义之说”[5]，而关于“帝国主义”产生的根源，刘师培认为，是“政府、资本家欲摄取异国之金钱，利其愚弱，制以威力，由是托殖民之名以扩政府、资本家之实有”[6]，从而揭示了其经济侵略的本质。在为译著《排斥军国主义》加写的按语中，“新世纪派”人士亦指出：“军国主义者，即殖民帝国主义之先导，而世界扰乱之大因也，以其扰乱世界而排斥之，宜也”[7]，同样也发出了反抗帝国主义的口号，从而拓展和深化了中国同盟会民族主义革命纲领。

（二）中国无政府主义者批判资本主义政治制度，揭露资产阶级民主虚伪性的一面

孙中山的民权主义以建立民主立宪政体为归宿，但也看到了资本主义

---

① 《与友人书论新世纪》，《新世纪》第 3 号，1907 年 7 月 6 日。

② 真：《祖宗革命》（续），《新世纪》第 3 号，1907 年 7 月 6 日。

③ 民：《伸论民族民权社会三主义之异同再答来书论新世纪发刊之趣意》，《新世纪》第 6 号，1907 年 7 月 27 日。

④ 志达：《保满与排满》，《天义》第 3 卷，1907 年 7 月 10 日。

⑤ 参见震、申叔《论种族革命与无政府革命之得失——驳鹤卷町某君来函》，《天义》第 6 卷，1907 年 9 月 1 日。

⑥ 申叔：《亚洲现势论》，《天义》第 11、12 合刊，1907 年 11 月 30 日。

⑦ 〔英〕华伦西：《排斥军国主义》，《新世纪》第 39 号，1908 年 3 月 21 日。

政治制度的某些弊端，希冀以“五权分立”的方式来补救“三权分立”的政治架构。[①] 中国无政府主义者对资产阶级选举制、议会制、共和制进行了严厉批判，特别是章太炎，他还设计了一种“抑官吏，伸齐民”和“抑富强，振贫弱”的新政治制度，将之作为一种向无政府主义的过渡形式。

由于“新世纪派”人士曾长期生活在西欧，可以近距离观察西方政治运作的实际情况，从而对其弊端有切身的实际感受。比如，褚民谊就对法国的政党政治提出了批评，认为法国政府虽以“王党”为基础，但又在贵族和工党之间骑墙，“左则委蛇贵族，右则附和工党，其卒也，左不能安慰贵族之宿志，右不能满意工党之要求”，以至于贵族的麦第出而“击法总统”[②]，弄得整个社会动荡不安。吴稚晖则痛斥西方议会为“少数各个人，瓜分一个人之专制”，而“此少数各个人，即所谓中流社会者是也”，[③] 与广大劳苦群众无涉，揭示出了资产阶级民主的本质。以此为视角，他们认为君主立宪、民主共和与君主专制政体比起来，只不过是“少数执政者之于独夫，五十步与百步之间，所差甚微”。只要政府尚存，“所谓民权者，不过表面上一好名词，其实在相去其真义远矣”。于是，自由、平等、博爱只是“大书特书于公建筑”上的象征符号而已。[④] 他甚至斥责深受第二国际影响的德国社会民主党为“假社会党”，指出：“社会党者，以大同为目的也，不先剪政府之爪牙，而使之徐倾，则大同之愿，何日可偿？此假社会党之所宜改良也。”[⑤]

“天义派”则更是以《政府者万恶之源也》《选举罪恶史》《议会之弊》《共和之病》《地方选举之流弊》《选举之徇私》等文章及其显著标题，对资本主义政党政治特别是党争及其贿选现象进行了无情的批判。刘师培说：“彼所谓政党者，以虚伪之演说，荧惑众听。一党得志，则扩张

---

① 《孙中山全集》第1卷，第330页。

② 民：《此之谓共和政府？——读“麦第”之击法总统有感》，《新世纪》第81号，1909年1月23日。

③ 燃：《议院为如何之一物乎》，《新世纪》第81号，1909年1月23日。

④ 民：《无政府说——书〈民报〉第十七号“政府说”后（续）》，《新世纪》第32号，1908年2月1日。

⑤ 真：《德国之社会党》“按语”，《新世纪》第30号，1908年1月18日。

党员之权力，以遏抑他党，安得谓之为国民全体谋幸福耶。"[①] "咸以贿赂之多寡，定党势之胜败。故总统之选举，内阁大臣之任用，均由贿赂之公行。议员亦然。"[②] 即使能够实行普选，其"多数决"的弊端也在所难免，"故议院之制、民主之政，被以一言，即众者暴寡之制也。以众暴寡，安得谓之平？"[③] 何况现实则是"议政之权、选举之权，女子均鲜得干预"[④]。更难能可贵的是，"天义派"认为，这种现象"非仅于偶呈之事见之，实为代议制度固有之弊"[⑤]，从而揭露了资产阶级民主的阶级本质属性。而作为"天义派"临时盟员的章太炎[⑥]，在现实政治层面，鉴于欧美等共和国"爵位废而兼并行"的经验教训，设计了一个以"抑官吏，伸齐民""抑富强，振贫弱"为宗旨的修正、过渡方案。他说：中国建立共和政体以后，"当置四法以节制之：一曰均配土田，使耕者不为佃奴；二曰官立工场，使庸人得分赢利；三曰限制相续，使富厚不传子孙；四曰公散议员（凡议员有贪污事，平民得解散之。议院本由民间选举，自当还付民间解散……），使政党不敢纳贿"，认为这四种制度实行后，虽能造成"豪民庶几日微，而编户齐人得以平等"的状态，但"是四制者，特初级苟偷之法，足以补苴罅隙而已。欲求尽善，必当高蹈太虚"[⑦]，从而进入了一种虚无状态。

（三）中国无政府主义者批判资本主义经济制度，深化中国同盟会社会革命的内涵

上文指出，中国同盟会的"排满"革命本身，就是"政治革命"的"毕其功于一役"，由是我们才能更好地理解《〈民报〉发刊词》所提出

---

① 申叔：《无政府主义之平等观（续）》，《天义》第5卷，1907年8月10日。

② 震、申叔：《论种族革命与无政府革命之得失——驳鹤卷町某君来函》（续），《天义》第7卷，1907年9月15日。

③ 申叔：《无政府主义之平等观（续）》，《天义》第5卷，1907年8月10日。

④ 何殷震：《女子宣布书》，《天义》第1卷，1907年6月10日。

⑤ 〔俄〕苦鲁巴特金：《无政府共产主义之基础及原理（续）》，《衡报》第6号，1908年6月18日。

⑥ 有学者指出，章太炎主导的"亚洲和亲会"是仿照"茹拉同盟"的模式建立的亚洲无政府主义共产主义团体，而刘师培的《亚洲现势论》一文可视为该会的"宣言"。参见梁展《世界主义、种族革命与〈共产党宣言〉中译文的诞生——以〈天义〉〈衡报〉的社会主义宣传为中心》，《外国文学评论》2016年第4期。

⑦ 太炎：《代议然否论》，《民报》第24号，1908年10月10日。

的“举政治革命、社会革命毕其功于一役”的深刻内涵。不过，这里所言的“社会革命”即民生主义，其内涵也仅涉及“平均地权”或“土地国有”，即经济革命，并希冀通过国家政权的力量来实现。① 正是“鉴于同盟会提出了社会革命是政治革命任务的补充（的观点），无政府主义者提出了以社会革命取代政治革命（的主张）”②。在这一点上，中国无政府主义者的目标是一致的，即将平等主义，特别是经济平等作为社会革命的主要内容，从而超越了中国同盟会民生主义的经济范畴。

“天义派”在考察欧洲社会主义源流、演变的基础上，认为实施民生主义只会造成一种被路易·勃朗曾斥责为“伪社会主义”的极其类似法国“国立工场”的结局，因为这种“伪社会主义”的实质是“欲借国家之力，以均平财产”，而“今倡土地财产国有之说者，说非不善，然不善用之，必致一切利权均为国家所垄断，以蹈法国国立工场之覆辙”③。巧合的是，这种“伪社会主义”之举措，又极其类似于中国历史上汉武帝之盐铁专营和王莽之恢复王田等改革措施，因此“观于汉武、王莽之所为，则今之欲设政府，又以平均地权愚民者，均汉武、王莽之流也”④。之所以会如此，就是因为民生主义者主张在推翻清政府之后要建立新型政府，而“既有政府，即不啻授以杀人之具，与以贪钱之机，欲其不舞弊、不残民，安可得耶?”⑤ 这是在忽视对政权的阶级性进行分析基础上而产生的一种对政府职能的恐惧症。正是出于这个担忧，章太炎才指出：“若就民生主义计之，凡法自上定者，偏于拥护政府。凡法自下定者，偏于拥护富民；今使议院尸其法律，求龙断者唯恐不周，况肯以土田平均相配?”⑥ 他们从中国历史的典籍中找到了区田制后，认为推行此制才是“中国现今之急务”，奉劝“世有持民生主义者，不可不提倡此法”⑦。但

① 参见《军政府宣言》，《孙中山全集》第1卷，第297页。

② 〔美〕阿里夫·德里克：《中国革命中的无政府主义》，孙宜学译，广西师范大学出版社，2006，第82页。

③ 申叔：《欧洲社会主义与无政府主义异同考》，《天义》第6卷，1907年9月1日。

④ 申叔：《西汉社会主义学发达考》，《天义》第5卷，1907年8月10日。

⑤ 志达：《政府者万恶之源也》，《天义》第3卷，1907年7月10日。

⑥ 太炎：《代议然否论》，《民报》第24号，1908年10月10日。

⑦ 申叔：《区田考序》，《天义》第16~19卷合刊（春季增刊），1908年3月。

是，人们仍旧会问，在政府同样存在的情况，采取分区种田的区田制，就不会产生“欲借国家之力，以均平财产”的后果吗？

“新世纪派”成员李石曾在所译《克若泡特金学说》一文所加写的按语中说：“无政府与共产，二者相联，欲以政府行社会主义、经济平等者，非伪即误。”① 这是在辨析无政府主义、社会主义和共产主义的区别基础上所得出的结论。对之，褚民谊进一步指出，“社会主义”概念“最为含糊”且“派头”即流派纷呈，而“主张共产者，都是无政府党。故无政府党，主张社会主义实行共产者”，因而“单说社会主义，是有毛病，因为现在有一般社会党，别名叫得假社会党，实则作官党”，而“作官党”则“以其所倡土地归公、资本归公之说，最利于多数之贫民，以故生计界之不得志者，群焉趋之若鹜，几奉为民生之救主，而不悟其足以召乱而蹙国，正孟子所谓非徒无益，而又害之者也”②，从而也批判了中国同盟会民生主义革命纲领。

三 “别筹革命之方”的学理依据及其困境

关于“新世纪派”鼓吹无政府主义的学理基础，蔡元培在《中国伦理学史》中概括道：“《天演论》出版后，‘物竞’‘争存’等语，宣传一时，很引起一种‘有强权无公理’的主张。同时有一种根据进化论，而纠正强权论的学说，从法国方面输进来，……《新世纪》……不但提倡政治革命，也提倡社会革命，学理上以互助论为根据的。”③ 也就是说，“新世纪派”鼓吹无政府主义时，是用克鲁泡特金的“互助论”来替代严复的“天演论”作为其理论基础的。事实上，蔡元培的这个论断同样适合于“天义派”。因为，不仅《天义》《衡报》也刊载了克鲁泡特金的相关作品，而且或许更为重要的是，如上文所指出的那样，“天义派”还最早明确提出了“反抗帝国主义”的口号。事实上，这一口号指向的就是

① 真译《克若泡特金学说（续）》，《新世纪》第16号，1907年10月5日。

② 民：《驳〈时报〉论中国今日不能提倡共产主义》，《新世纪》第72号，1908年11月7日。

③ 蔡元培：《五十年来中国之哲学》，《蔡元培讲中国伦理学史》，团结出版社，2019，第138~139页。

“天演论”所鼓吹的“社会达尔文主义”①，因为它为帝国主义的殖民扩张提供了“合理”的学理口实。

（一）“别筹革命之方”的学理依据

“天义派”认为无政府主义“于学理最为圆满”，其立论之一就是所谓的“物类互相扶助”说和“空间无中心”说等所谓的“科学”。② 在刘师培看来，克鲁泡特金的学说恰具有这两个特征，因而克氏学说“于共产无政府主义最为圆满”③。这是因为：第一是“互助论”可以纠偏进化论的缺陷。刘师培指出，从进化论的视角来看，斯宾塞、赫胥黎“误解达氏之旨，以优胜劣败为公例，故强种欺凌弱种，惨虐频仍，视为分所应然。即一国之中，在上之人亦挟其权位，以凌贫弱，转目彼等为劣败，扰乱平和，蔑视公理，均赫胥黎诸氏‘惟争乃存’一语有以误之也”；相反，“若明于苦氏互相之说，则竞争者恒劣败，互助者始生存，而强权可以渐弭矣”。第二，“空间无中心”说可以类推出无政府状态。刘师培说：“若明于苦氏无中心之说，则政府机关可废，而人人可逃于人治之外”，即进入无政府状态，那时“必全废资本私有制度，解放劳动者，易为共同生产之组织。凡生产之物，均为一般社会之自由使用”，即按照“自由合意”的方式重新组织社会。总之，“苦氏此等学术，非惟为无政府主义之确证也，且足破现今学术之根据”。④ “足破现今学术之根据”自然包括其他无政府主义者的学说，比如，蒲鲁东和巴枯宁就为“凭议论以为独断者也”，即仅采用演绎之法而不足为凭，而克氏恰“鉴于仅用演绎论理者之谬误，复证于事实而求归纳之法”⑤。换言之，按照“天义派”的解读，克氏无政府主义就是建立在归纳和演绎的方法之上的。顺应此逻辑，在为译作《无政府主义之哲理同理想》加写的按语中，“天义派”将

① 有学者指出：“与关心严格意义上的生物进化相比，严复更关心进化主义在人类和社会中的普遍适用性。这样，‘社会达尔文主义’一开始就在严复的进化主义中打上了烙印。”参见王中江《进化主义在中国的兴起》（增补版），中国人民大学出版社，2010，第56页。

② 公权：《社会主义讲习会第一次开会记事》，《天义》第6卷，1907年9月1日。

③ 申叔：《苦鲁巴特金学术述略》，《天义》第11、12卷合刊，1907年11月30日。

④ 申叔：《苦鲁巴特金学术述略》（续），《天义》第13、14卷合刊，1907年12月3日。

⑤ 公权：《苦鲁巴特金之特色——此摘译日本久津见蕨村〈无政府主义〉》，《天义》第3卷，1907年7月10日。

"互助论"纳入社会主义学说一脉中去考察，认为克氏是对基德、欧文特别是傅立叶《四种运动论》所宣扬的互助精神的继承和超越。① 也就是说，在"天义派"看来，互助而不是竞争才是社会主义的真谛。

"新世纪派"不仅视进化论开人类历史的新纪元，② 而且指出："进化者，前进而不止，更化而无穷之谓也。"③ 基于这种认识，他们指出，进化是"有顺序而无倒行"的，因此人类政治制度史上"专制逊于立宪，立宪逊于共和，共和逊于无政府，乃顺序之比较，不外乎进化而已"④。于是，"自进化学说，成为一科之学，于是影响于较玄之人事者，始确然共信无政府主义，在此后最近之世界，为较公之真理"⑤。达尔文开创的进化论，或更为确切地说，视进化等同于进步的观念，是"新世纪派"鼓吹无政府主义的学理基础。正是基于这种认识，"新世纪派"对"天义派"的复古思想不以为然，认为中国典籍中的井田制、许行并耕之说、王莽新政以及王安石变法等举措，"与共产生义，有什么半点瓜葛"；一句话，"均而不匀，等于不均，故不若共产主义之为最善也"，而"各尽所能，各取所需"才是共产主义的大纲和信条。⑥ 如此，中国传统文化的"均平"思想，依旧在"新世纪派"人士的脑海中存有烙印，只是不自知而已。这一点，又与"天义派"有着异曲同工之妙。刘师培在区分无政府主义流派及其宗旨的基础上说："吾等则以无政府主义，当以平等为归。"⑦ 从追求绝对平等出发，刘氏不仅设计了"人类均力"即"均力主义者，即以一人而兼众艺之谓也"的实施方案，而且还认为"依此法而行，则苦乐适均，而用物不虞其缺乏。处于社会，则人人为平等之人；离

---

① 〔俄〕苦鲁巴金：《无政府主义之哲理同理想》，《天义》第16~19卷合刊（春季增刊），1908年3月。

② 李石曾指出："当世界未有进化学说，人类简单之观念，皆以为世界万物，各由元始之时，一一特别创造，永不更改；关于人治之一部分，亦遂不能跃出支那孟轲氏之范围，所谓一治一乱，终古循环而已。"参见〔英〕华伦西述《达尔文一百年之纪念日》"按语"，《新世纪》第86号，1909年2月27日。

③ 真：《进化与革命》，《新世纪》第20号，1907年11月2日。

④ 真：《答骚客书》，《新世纪》第29号，1908年1月11日。

⑤ 荷兰来稿《人类原始说》"按语"，《新世纪》第39号，1908年3月21日。

⑥ 民：《驳〈时报〉论中国今日不能提倡共产主义》，《新世纪》第72号，1908年11月7日。

⑦ 申叔：《无政府主义之平等观》，《天义》第4卷，1907年7月25日。

于社会，则人人为独立之人。人人为工，人人为农，人人为士，权利相等，义务相均，非所谓‘大道为公’之世耶?”① 针对这种彻底打破固定分工的简单设想，署名“铲平王”的来稿，从无政府主义的视角提出了疑问并做了进一步的修正。“铲平王”指出，无论巴枯宁还是克鲁泡特金等人，“其权标‘无政府’之名者，终难逃有政府之实”，“有政府之实”是指无政府主义者所设想的自治组织，如“所谓‘公民会’、‘公会’、‘协会’、‘联合会’者，岂非即政府之别名也耶?”在这种情况下，“人类均力”的设想难于付诸实践。对此，“铲平王”设计了“平等政府”的方案来纠正，所谓“平等政府”即“共产均力、无币无兵、全世界一平等政府”②，从而将平等观念推向了极端。

事实上，刘师培的“人类均力”设想，隐藏着一种“劳动者，人之天性”③ 的理论假说，而“新世纪派”更是把进化论视为科学公理而不容置疑，二者的实质均是一种变相的“进化主义”或“进化教”思维方式。这是章太炎与刘师培分道扬镳并与吴稚晖交恶的理论认识根源。为此，章太炎写作了《五无论》《俱分进化论》《四惑论》等文章加以辩解。针对“劳动者，人之天性，循其天性而谋进化”的说教，章太炎在《四惑论》一文中，从人的主观评价角度出发，将“劳动”一词分解为“劳”与“动”，认为“动者人之天性，劳者非人之天性”，即“动”是人的自然天性而“劳”则非，于是“动至于劳，亦未有不思休息者”，因为“劳”若“有之，则父师所督率，生计所驱使云尔”，也就是说，“劳”是外力所迫使然，这多少带有一点我们现在所理解的“为别人劳动”的“异化劳动”的意味；继而章太炎在区分维持生计的必要劳动与愉悦劳动的基础上，又进一步认为，“求进化者，不在行乐之劳，而在求福之劳；不在掉举之动，而在坚忍之动。若人皆自私其产，斯亦可也”，

① 申叔：《人类均力说》，《天义》第3卷，1907年7月10日。

② 铲平王：《世界平等政府谈》，《天义》第13、14卷合刊，1907年12月30日。

③ 刘师培在批评“迫人于苦”对“人类均力”设想的责难时，写道：“况‘苦’字之名，与‘乐’字为对待，苦为一己之所独，斯为之苦；若苦为众人之所公，苦外无乐，则苦乐之名已泯，夫何身苦之足云？况好动为人民之天性，而工作之勤，转足为适其好动之性，则迫人于苦之说非也。”参见申叔《人类均力说》，《天义》第3卷，1907年7月10日。

而在生产资料公有制前提下，“欲其忍性就劳，则势所不行”，这是因为“人之天性，以动为趣，不以劳为趣；以劳而现乐者为趣，不以劳而求福者为趣”。因而，章太炎指出：“若以进化为主义者，事非强制，即无以使人必行。彼既标举自由，而又预期进化，于是构造一说以诬人曰：‘劳动者人之天性。’若是者，正可名进化教耳。”① 换言之，章氏并不简单反对进化而是反对“进化教”或“进化主义”。以此立论，章氏斥责“新世纪派”鼓吹“进化者，其迷与求神仙无异”②，主张采取“进化之实不可非，而进化之用无所取”③ 的态度来辩证看待进化学说。这也就是章氏写作《俱分进化论》一文的主旨所在。

（二）中国无政府主义鼓吹者的理论困境

事实是，作为晚清后起的一个流派，中国无政府主义学派辨析无政府革命与同盟会三民主义革命纲领的异同，其主观目的是探求“别筹革命之方”，即争夺“中国向何处去”的话语领导权。但这种话语权的争夺却是以辨析无政府主义、社会主义、共产主义的学理基础为前提的。然而，在论争的过程中，各方都暴露了各自理论上的不足，这倒是出乎论争者的意料的。

“天义派”服膺克鲁泡特金的“互助论”，且将克氏归纳与演绎的研究方法视作“科学”本身，加之自身的国学素养，轻易地将舶来的无政府主义与中国历史传统及其文化相比附，提出了“实行无政府主义，以中国为最易，故世界各国无政府，当以中国为最先”④ 的命题，从而滑向了民粹主义的深渊。而“新世纪派”则坚信“有进化，无退行”⑤ 的理念，斥责“天义派”的复古思想，认为无政府主义是人类社会发展的一个终极，提出在新世纪与旧世纪之间有一个“新旧过渡时代”⑥ 的命题，

① 太炎：《四惑论》，《民报》第22号，1908年7月10日。

② 太炎：《五无论》，《民报》第16号，1907年9月25日。

③ 太炎：《俱分进化论》，《民报》第7号，1906年9月5日。

④ 震、申叔：《论种族革命与无政府革命之得失——驳鹤卷町某君来函》，《天义》第6卷，1907年9月1日。

⑤ 无政府党分子：《书天义报社会主义讲习会第一次开会记事后》，《新世纪》第24号，1907年11月30日。

⑥ 《新世纪之革命》，《新世纪》第1号，1907年6月22日。

从而将无政府主义的实现推向了遥远的未来。“新世纪派”的这种把进化等同于进步的直线进化观，又受到了章太炎的指责，章认为“不悟进化之所以为进化者，非由一方直进，而必由双方并进”，“若以道德言，则善亦进化，恶亦进化；若以生计言，则乐亦进化，苦亦进化。双方并进，如影之随形，如罔两之逐影”，从而提出了自己独特的“俱分进化论”① 主张。三方相互攻讦，难以达成一致意见，最终导致中国无政府主义群体分崩离析。出现这种结局的根源，除了个人之间的恩怨外，还可以归结到理论上的差异，那就是克鲁泡特金拿“互助为一个自然法则和进化的要素”来修正社会达尔文主义者所信奉的“相互斗争法则”② 时，他本身就是“一名修正论社会达尔文主义者。因为，甚至在他谴责别人从自然以及自然进化里学到的‘教诲’时，他自己也向自然以及自然进化寻求‘教诲’”③。换言之，克鲁泡特金在解释人类历史发展时，仍是机械地将生物界的自然法则简单应用到人类社会发展上，因而是一种研究方法的简单照搬甚至是错用。中国无政府主义鼓吹者各自所遇到的理论困境的根源，就在于没有清醒地认识到克氏研究方法的错用所带来的理论悖论。

客观地说，章氏“俱分进化论”的提出，已经意识到将自然界的生物进化学说应用到人类社会发展上是一种方法论的错用，并试图将自然科学和人文社会科学区别开来，但同时在进化论的影响下，又将学理研究的“求是”与“致用”彻底剥离开来，④ 从而自其独特的哲学观领域进入了“五无”的虚无世界，在现实领域却严厉批判了无政府主义的主张，⑤ 这充分暴露自身理论与实践的矛盾。“新世纪派”则在达尔文“生存竞争，优胜劣败”学说与克鲁泡特金“互助论”之间进行调和，强调“天演之

① 太炎：《俱分进化论》，《民报》第7号，1906年9月5日。

② 〔俄〕克鲁泡特金：《互助论：进化的一个要素》，李平沤译，商务印书馆，2009，第10页。

③ 〔美〕浦嘉珉：《中国与达尔文》，钟永强译，江苏人民出版社，2016，第389~392页。

④ 章太炎说：“哲学者，有学而无术，故可以求是，不可以致用。”太炎：《规新世纪》，《民报》第24号，1908年10月10日。

⑤ 章太炎斥责：“无政府主义者，与中国情状不相应。……为中国应急之方，言无政府主义，不如言民族主义也。”太炎：《排满平议》，《民报》第21号，1908年6月10日。

淘汰与自然之进化，皆生存之大道也”[①]，企图弥合社会主义与无政府主义之间的裂痕，[②] 此亦是枉然的。“天义派”更是遇到了马克思主义的阶级斗争学说与“互助论”的冲突，并注意到恩格斯关于马克思唯物史观与达尔文学说之间关系的论述，[③] 但无力解决这一难题，以致武断地判定马克思“所谓‘共产’者，系民主制之共产，非无政府制之共产也。故共产主义渐融于集产主义中，则以既认国家之组织，致财产支配不得不归之于中心也。由是，共产之良法美意，亦渐失其真。此马氏学说之弊也”[④]，从而放弃了对唯物史观的进一步引进及研讨。中国无政府主义者所遇到的这一理论难题，要等到马克思主义特别是唯物史观大规模传入中国并被国人自觉运用后才得以解决。

① 民：《无政府说——书〈民报〉第十七号“政府说”后（续）》，《新世纪》第36号，1908年2月29日。

② “新世纪派”指出：“近数年来，社会主义倡行几有一日千里之势，今人之反对社会主义者，往往以达尔文之进化学说为护符。其言曰：社会主义欲借互助，使人人生存；而达氏则谓生存竞争，优胜劣败，乃天演之公理。由此观之，则可知社会党所希望者，皆属理想而不能实行者。冯氏著是书，即以科学之真理辟除今人之谬说，谓达尔文进化学说，非特不与社会主义冲突，实为社会主义立足之根据。”〔意〕冯鲁：《社会主义与实验科学》，辟异译，《新世纪》第45号，1908年5月2日。

③ 刘师培指出：“近世言社会主义，必推阐历史事实，研究经济界之变迁，以证资本制度所从生。自马尔克斯以为，古今各社会，均援产业制度而迁；凡一切历史之事实，均因经营组织而殊。惟阶级斗争，则古今一轨。自此谊发明，然后言社会主义者，始得所根据。因格尔斯以为马氏发见此等历史，与达尔文发见生物学，其功不殊，诚不诬也。”〔英〕哈因秃曼：《社会主义经济论》，齐民社同人译，《天义》第16~19卷合刊（春季增刊），1908年3月。

④ 申叔：《〈共产党宣言〉序》，《天义》第16~19卷合刊（春季增刊），1908年3月。

《天义报》启

地球之上，邦国环立，然自有人类以来，无一事合于真公。异族之欺陵，君民之悬隔，贫富之差殊，此咸事之属于不公者也。自民族主义明，然后受制于异族者，人人均以为辱；自民约之论昌，然后受制于暴君者，人人均引为耻；自社会主义明，然后受制于富民者，人人均以为羞。由是种族革命、政治革命、经济革命，遂为人民天赋之权。然环顾世界各邦，其实行种族革命者尚占多数。若政治一端，虽实行共和政治者，犹不能尽人而平等；经济一端，更无论矣。试推其原因，则以世界故有之社会，均属于阶级制度，合无量不公不平之习惯，相积而成。故无论其迁变之若何，均含有不平之性质。非破坏固有之社会，决不能扫除阶级，使之尽合于公。顾今之论者，所言之革命，仅以经济革命为止。不知世界固有之阶级，以男女阶级为严。无论东洋有尊男轻女之风也，即西洋各国号为男女平等者，然服官议政之权，均为女子所无，则是女子所有之权，并贱民而不若。更反观之于中国，则夫可多妻，妻不可多夫；男可再娶，女不可再嫁；服丧则一斩一期，宾祭则此先彼后。即有号为均平者，既嫁之后，内夫家而外母家，所生子女，用父姓而遗母姓，又安得谓之公平乎？夫男女之间，其制度失平且若此，于此而欲破坏社会固有之阶级，不亦难乎！故欲破社会固有之阶级，必自破男女阶级始。所谓破男女阶级者，即无论男女，均与以相当之教养、相当之权利，使女子不致下于男，男子不能加于女，男对于女若何，即女对于男亦若何。如有女下男而男加女者，则女界共起而诛之，务使相平而后已。夫以男女阶级之严，行之数千载，今也一旦而破之，则凡破坏社会之方法，均可顺次而施行，天下岂有不破之阶级哉！夫居今日之世界，非尽破固有之阶级，不得使之反于公；居今日之中国，非男女革命与种族、政治、经济诸革命并行，亦不得合于真公。震[①]等目击心伤，故创为女子复权会[②]，讨论斯旨，以冀实行其目的。又虑此理之不能共喻也，故刊《天义旬报》，以作本会之机关。惟经营伊始，财政拮据，世有赞成此旨者，尚祈慨解囊金，共襄此举，使公平之真理得以普及于寰区，此则世界之幸也。

附简章于左。

一、宗旨及命名　以破坏固有之社会，实行人类之平等为宗旨，于提倡女界革命外，兼提倡种族、政治、经济诸革命，故名曰“天义报”。[③]

［下略］

（录自万仕国编著《刘师培年谱》，广陵书社，2003，第106~107页）

① 震，即何震，刘师培之妻。

② 参见《女子复权会简章》，《天义》第1卷，1907年6月10日。

③ 《天义》第8~10卷合刊（1907年10月30日）所载“简章”改“宗旨”为：破除国界、种界，实行世界主义；抵抗世界一切之强权；颠覆一切现近之人治；实行共产制度；实行男女绝对之平等。

破坏社会论

去非子*

今日之世界，虎狼之世界也。虎狼食人于有形，人类相食于无形。试观世界之中，莫不强暴弱，众暴寡，智者诈愚，勇者苦怯，无一事合于公，亦无一言合于公，则是并虎狼而弗若矣。试推其原因，则以自社会成立以来，自古迄今，无一日而非阶级社会，故人类亦日居阶级社会中，不能自脱。今欲破阶级，非举固有之社会尽扫荡之不为功。蔽以一言，即破坏社会是也。譬如躯体染毒，非尽除其溃肉，则毒气不能尽除。今之社会，与染毒之躯体相同。若徒改革一二事，不能尽扫除廓清，何异庸医之留毒贻害邪？

今法、美各国，号为民主之国矣，然主治者与被治者，阶级未能尽除也；贫富之界，非惟不能破，抑且变本加厉。富者奴佣工，以增己富，因富而攫权；佣工为贫，而仰给于人，因以自失其权。由是，贫者之命，悬于富者之手。名曰普通撰［选］举，实则贫者并无生命权，其选举之时，势不得不举富人，以仰其鼻息。则所谓普通选举者，实强迫之选举耳，与专制何异？乃号其名，曰“共和”，吾不知其何者为“共”、何者为“和”也？则共和政体非公，明矣。

试进而言之，则今之言计学者，多倡土地国有之说。夫此说果行，似足夺资本家之势力。然土〈地〉既为国有，则必有分配之机关；既有分

* 去非子，疑为刘师培。《破坏社会论》名曰“社说”，系去非子之译述。此文与刘师培《废兵废财论》《人类均力说》等文观点相同，故推测此文为刘师培所译述。

配之机关，则必有执政之人。如曰一〈国〉之民，当听命于执政之人邪，则与专制、立宪、共和之政府何异？岂非彼为主治之人，而民为被治之人乎？如曰执政之人，为国民之公仆，为一国人民所役使，则执政者日受命于人，与剥夺自由者无异，岂非民为主治之人，而彼为被治之人乎？故知土地国有之说，其名似公，而其中隐寓不公之制，亦不得谓之真公也。今欲求真公，必自改造新社会始。新社会者，平等之社会也，无阶级之社会也，亦无政府之社会也。夫此并非理想之言也，试就学理上言之。凡唯物学派、唯心学派，其理无不与此相合。唯物学派之言曰：世界者，物质之所造成也，则破坏社会，不过使物质易所而已。且凡为人类，同为圆颅方趾，则所含原质亦相同，何以有贵贱贫富之异？况万物并生宇宙中，不闻有物为之主持也，何以各适其生性？则人当受治之说，亦可援此说以破之矣。唯心学派之言曰：世界乃心之所造，凡所谓善恶利害，不过援吾之幻心而生耳。幻心既非真心，则幻境亦非真境。若信心而行，欲造何等之世界，均可任心所欲为，况于破壤［坏］社会之区区乎？是改造社会，乃案之学理，无一不合者也。

试更即目前之势言之。强权横行，白种骄逞，倡帝国主义之说，以蹂躏弱种。驱使之虐，虽牛马无以加。不独一国之中有阶级，即此国对于彼国，亦有阶级之见存。而学士大夫，妄逞功利之谭，以自利为主，利则归己，害则归人。其视平等之人，均以机心相处，以势力加陵。长此不改，则道德腐败，天理消亡，为豺虎所羞，为有北所不受。非实行改造社会，安能挽此狂澜？是改造社会，又迫于时势不得不然者也。

虽然，欲改造社会，此事之出于建设者也。然建设必由于破坏，故处今日之世界，当以破坏社会为人类共有之义务。其破壤［坏］之法如左。

一曰废尽天下帝王大统领。

二曰废尽天下中央官吏及地方官吏。

三曰废尽天下世袭爵位之人。

四曰废尽天下之议员及公共团体之执行员。

五曰废尽天下资本家及有财产之人。

六曰废尽天下之兵丁警察。

七曰革尽天下压制妇女之男子。

八曰革尽天下甘受压制之男女。

九曰废尽迷信宗教书。

十曰废尽天下不合公理之书籍报章。

十一曰废尽天下现行之法律。

以上十一事，均今日所应实行者也。凡属人类，均有破壞［坏］之责；无论用若何之方法，均以拔本塞源为主。凡人之属于前八类者，遇则必抗；凡物之属于前［后］三类者，见则必焚，务使尽绝而后已。

不平之社会既尽行颠覆，则公平之新社会可以渐次设施。顾公平之新社会，其最要者有四事。

一曰不设政府。

二曰废尽银币及钞币。

三曰人人劳动。

四曰人人衣食居处均一律。

欲达此目的，必先从事破壞［坏］。巴枯宁曰："凡居现社会而谋畔者，乃天赋之神权。"又曰："无论用若何方法，苟以暴力破坏社会，均当视为神圣。"凡在人类，安能不确守其言？况中国之民受无穷之压抑者乎！故欲实行种族、政治、经济、男女诸革命，均自破坏社会始。

破壞［坏］社会者，大仁德也，大毅力也，世界之首功也。努力向前，无懈乃志，人类幸福之完全，可跷［翘］足而待矣。

（录自《天义》第1卷，1907年6月10日）

人类均力说

申　叔*

卓立于地球之上，而名之曰人，圆其颅，方其趾，种类不同，而其为人则一也。

自佛经言，人之身中，各其［具］四大。近世科学家，知人身为原质所合，既为人类，则含原质，亦同。是惟物学派，可以证人体之相同。又据心理学家所言，则人之有心，虽非与物相接，然身有所感，则心有所知，有知而后有情，有情而后有意。凡属人类，罔不同然。（《荀子·正名篇》亦曰：凡同类同情者，其天官之意物也同；故比方之，疑似而通。是所以共其约名以相期也。）是唯心学派，可以证人心之相同。佛言一切法无位，又言众生不异法身，法身不异众生。又言众生无有齐限。中国孟轲亦曰：故凡同类者，举相似也，何独至于人而疑之，圣人与我同类也。王氏守仁亦伸厥旨。（如言：良知是人人所自有。又言：圣人亦是学知，众人亦是生知。）近世西儒卢梭，又创天赋人权之论。是人类平等之旨，久为先哲所昌言。

无如洪荒以降，因民有智愚强弱之分，遂生种种之差别。强者胁弱，众者暴寡，智者诈愚，勇者苦怯。由是以贵制贱，以富制贫，以本族制他族，有主治被治之分，有君子小人之别。大抵在上者必佚，在下者必劳；佚者必乐，劳者必苦。此固受阶级政治之影响者也。即反览其社会之间，有督制统系，有分配统系，有取给统系。语其曹耦，则有士农工商之分；

* 申叔，即刘师培（1884~1919），字申叔，号左庵，江苏仪征人。

语其等差，则有君臣兵民之别。此非独专制之国、宗法之制为然也，即今之所谓共和政体、军国社会者，孰非沿此不〈平〉之制乎？呜呼！人类自古及今，盖未尝一日得平等之乐也。

夫人类不能平等，由于人人不能独立，或为倚于他人之人，或为役于他人之人。有倚人之人，斯有见役于人之人，（如民倚其君，然后君役其民；女倚其男，然后男役其女；佣工倚其资本家，然后资本家役佣工。）相束相缚，受制而不自知。因不能独立，遂自失其自由权；因不能自由，遂自失其平等权。盖人类之受制也，久矣。

此非惟背于平等之旨也。夫役人之人，必倚他人甘为己役也。设使所倚之人，不甘为己役，则己身失其所倚，（如工场同盟罢工或农人同盟罢耕是也。）而己身不能自存。受役于人之人，必倚他人有以役己也。设使役己之人，不必需己为役，则己身失其所业，（如日本电车既行，而人力车夫多失业；又，德人于建筑诸工，解雇数万人是。）而己身亦不克自存。是则不能独立之人，乃人类中至危险之人也。

今之言共产主义者，欲扫荡权力，不设政府，以田地为公共之物，以资本为社会之公产，使人人作工，人人劳动。夫人人作工，固属平等，然同一作工而有难易苦乐之不同。（如造钉、制针，其事劳力甚少；筑室、筑路，其事劳力甚多。）将谓量其才力，授以相当之工作，则必有督理之人。此与有政府何异？此与干涉又何异？况既有督理之人，则巧者必托故以辞劳，黠者必借词以避苦。（若行此制，必视人民体魄之强弱，授以工作。然人情孰不畏苦？则托词身弱及伪言身疾者必多，非善法。）且因苦乐不均之故，而生嫉忌之心，则争端岂能骤弭乎？如曰各择其性之所近，则生民之性，孰不趋乐而避苦，趋易而避难？使人人而皆若此，则孰任其苦？孰任其难？而物之不备者必多，何以给人类之求，适人类之欲？即有勉为其难之人，非出于矫情，即出于愚戆，（今之论者，或谓甘为苦役之人，当与以特别之美名，使其人为社会所崇拜。然此以名诱人，亦非真理，故特辨之。）亦非持久之策也。即使此制足以持久，然同此圆颅方趾之伦，而苦乐不均乃若此，是权利可以平等而义务不能平等也。［如曰此制为善，则试观于上海之西牢。西牢之犯，人人作工者也，然或司筑路，或司敲石，其苦非人所能堪；或制衣履，或为庖人，则其苦稍减；至于司书（即写号码）诸役，则其苦又减。是同一作工，而有苦乐不同也。若行前二策，虽人人作工，然劳佚不同，与西牢奚异。]

今欲义务平等，必使人人均独立。独立之道若何？即人人不倚他人之谓也，亦人人不受役于人之谓也。是为人类均力说。

夫均力主义者，即以一人而兼众艺之谓也。欲行此法，必破坏固有之社会，破除国界。凡人口达千人以上，则区画为乡。每乡之中，均设老幼栖息所。人民自初生以后，无论男女，均入栖息所，老者年逾五十，亦入栖息所，以养育稚子为职务。幼者年及六龄，则老者授以文字，（破除国界以后，制一简单之文字，以为世界所通行。语言亦然。无论何人，仅学一种语言文字，即可周行世界。）五年而毕。由十龄至于廿龄，则从事实学。此十年中，半日习普通科学，即知识上之学是也；（如地理、历史、数学、理科、图画、音乐诸学是也。）半日习制造器械，即民生日用必需之物也，均以老者为之师。（老者于以上诸学，既习之于平昔，故可为师。）夫民生日用之物，不外衣、食、居三端，三端而外，厥惟用物。习艺之期，即限以十年，故年逾二十，即可出而作工。及若何之年，即服若何之工役，递次而迁。及年逾五十，则复入栖息所之中。此均力主义之大略也。今试将作工之年，拟表如左。

二十一龄至三十六龄作工表

二十一	二十二	二十三至二十六	二十七至卅	卅一至卅六
筑路	开矿伐木	筑室	制造铁器、陶器及杂物	纺织及制衣
业农	同	同	同	同

三十六龄以后工作表

三十七至四十	四十一至四十五	四十六至五十	五十以后
蒸饪	运输货物	为工技师及医生	入栖息所，任养育幼童及教育事

凡业农，以十六年为限，业农必辅以机器，以省劳力。此十六年中，每人所获之谷，约计足供四五人之食。

凡种棉、种蔬、种树诸事，旁及饲牲、捕鱼、猎兽，于业农之暇，各视其地之所宜，分任二三事。

凡业农之期，（业农既辅以机器，每岁之中，劳力不过数旬。）于筑路以下诸役，均停工作，以重农务。农务既毕，无论制何职业，其工作之时，每日仅以二时为限，余均休息。

凡制物，必以机，每乡之中，制物之机咸备。无论制何职业，均通力合作。

凡铁器、陶器，为民生日用所必需，故人人均需制造。以外各器，则各视其性之其所近，分制一二种。

凡运输货物，若在近区，则每日亦以二小时为限，故五年始克免役。若在远区，非朝夕所能往还，或竟日旅行于途，无休息之暇，则缩短其应役之期，以一二年为限。

凡力农、作工之暇，均可各择其性之所近，以从事于学。（其说详后。）及年届四十有六，凡平昔锐志医学者，则司为民治疾；锐志工学者，或为汽船、汽车技师，或为筑路工程师；其有学业素浅者，则为电车给事人及理发师。每日服役，亦以二小时为限。若遇远行，竟日鲜暇，则缩短其五年应役之期，以一二年为限。

凡废疾之民，年逾二十，则免以上各工役。瞽者司奏乐，（每乡均设音乐堂，每日必奏乐以娱人民。）瘖者、聋者司排印书籍，跛者则司校勘。每日应役，亦仅以二时为限，其权利与齐民同。

凡所作工役，均先难后易，年愈高者，役愈轻。

凡所制之器，置于公共市场，为人民所共有。所筑之室，其长短、广狭均一律，人各一室。而阅书、会食之地，一乡之乡〈中〉，均有定所，为人民共集之区。

依此法而行，则苦乐适均，而用物不虞其缺乏。处于社会，则人人为平等之人；离于社会，则人人为独立之人。人人为工，人人为农，人人为士，权利相等，义务相均，非所谓“大道为公”之世耶？

况此法之善，别有数端。

一曰适于人性。夫人类之中，有一普通之性质，此即厌故喜新是也。如人由朝至夕，仅治一事，必以为劳，改治他事，则不为劳；仅阅一书，则以为倦，改阅他书，则不以为倦。其故何哉？厥惟厌故喜新之故。惟厌故喜新，故能变动不居。今行此法，以一人而备万能，所治之业，与年俱易，正与厌故喜新之性相合，则懈惰之心不生，而所作之工，亦不至流于苟简。其善一也。

二曰合于人道。夫天下之生人，众生平等，同此耳目，同此心思，固孟轲所谓“万物皆备于我者”也。今于民生日用之物，均成于他人之手，人能知而己不知，人能为而己不能。古人有言：一物不知，儒者之耻。试以此言相律，则所受之耻为何如？惟行此法，则万能毕具于一身，于他人所能之事，亦为己身之所能。此非完全之人道乎？其善二也。

三曰合于世界进化之公理。野蛮之民，所具之能甚简，及世界进化，则所具之能亦日多。惟所具之能甚简，故所业亦必简单；惟所具之能日多，故所业亦归复杂。如古之商人，不必知书，古之士人，不必习武；今则文明各国，商必知学，士必服兵，而农人亦需入学，非所治之业由简而繁之证乎？今行此法，使人民于所治职业，由简而繁，正与社会进化之公例相合。且古代之学，均分科而治，今则无论何国，人民于未冠之前，均习普通科学。夫普通之科学，既尽人而能知，则普通之职业，亦必尽人而能为；既尽人而能为，则智识愈备，能力日增。其善三也。

四曰泯世界之争端。夫争端之起，由于人类之中，有自利及忌嫉二心。此谋自利，则一人之利独增，他人对之，必生忌嫉。忌嫉生于不平，而不平由于异业。然推其流弊，则足以召世界之纷争。蔽以一言，则纷争之祸，均苦乐不均之所致也。夫苦乐之名，本由后起。以此之苦，形彼之乐；以彼之乐，形此之苦。苦者，羡彼之乐，不得不谋自利；憎彼之乐，不能不生忌嫉。而革命戕杀之祸，均由此而生。若人人苦乐平均，无所差别，则必人人不以为苦，（人自以为苦，均引他人之乐者互相比较。若人人均若［苦］，必不自以为苦矣。）而不平之心不生。不平之心不生，则争端不作，而人类永保其和平。（即如释典所说因果，言人之造因，均由于害人。夫害人之由，非自利，即忌嫉耳。若泯自利及忌嫉二心，即不至害人；不至害人，即无因之可造。此亦弭人类恶蘖之一助也。）其善四也。

有此四善，此吾所由信均力之说，足以治天下也。

顾世之疑此说者，犹有三端：一曰人各有能有不能，二曰迫人于苦，三曰有妨于学业。今试一一为之辩。

昔法皇拿破仑，于文典之中，欲废“不可能”三字。吾观中国前哲，有“非有力，不食”者。又，《周礼·载［间］师》有言：“不畜者祭无牲，不耕者祭无盛，不树者不椁，不蚕者不帛，不绩者不衰。”非以一人而备众艺之证乎？是则“不可能”三字，均自诿之词。惟其以“不可能”自诿，故衣食居三端，均成于他人之手，而己身坐享其成。抑思己所不能之事，既有他人可为，则此非“不可能”之事。如曰工役之事，乃贱者所为，抑思彼等以为此者，岂果彼等分所应然耶，抑迫于境遇不得不然也？故人各有能有不能，隐含贵贱尊卑之意，乃阶级时代所用之词，不可施于今之世也。（如曰“不可能”，则中国古代之世，其贵戚大臣，久享安富尊荣，一值亡国，至有力田作工以终者。又，近岁联军入京时，公卿大臣有司担粪、挑石之役者，则人岂有“不可能”之事哉？）如曰迫人于苦，则今日劳动之民，每日作工，或由八时至十时，终岁勤动，鲜一息之休。若行此法，则力农不过十六年，每岁农期，不越數［数］旬，而每日所作之工，又以二小时为限。比较以观，果孰苦而孰乐耶？况苦字之名，与乐字为对待，苦为一己之所独，斯之谓苦；若苦为众人之所公，苦外无乐，则苦乐之名已泯，夫何身苦之足云？况好动为人民之天性，而工作之勤，转足以适其好动之性，则迫人于苦之说非也。至于有妨学业，则古之学者耕且养，三年通一经，而伊尹躬耕、传说版筑，均学为王佐，非工事无妨于学业之证乎？况普通之学，既习于未冠之前，既冠之后，力农之期，每岁不过数旬，作工之期，每日不过二时，舍是以外，均为治学之时，（或谓治学与否，均由己意，则人人均将不学。不知今人之治学，以备他人之役为目的者，实占多数；若行此法，则所治之学，均凭心得。夫治学以为人役，出于强迫，则有厌倦之心；若以心得为贵，则人人将以治学为乐境矣。况今日欧洲劳动之人，或以求学要求于上，盖以糊口之故，而荒学业者多矣，其故均由于贫苦。若世无贫民，又阅书、印书可随己意，而谓世有不好学之人，不吾［吾不］信也。）则有妨学业之说亦非也。况此术一行，可以革相倚相役之风，可以臻平等自由之乐，举昔日不平不公之制，悉扫除廓清，可谓无偏倚之说矣。圣人复起，不易吾言也。

又众案：观战国之时，有许行倡并耕之说，其言曰：“贤者与民并耕而食，饔飧而治。”又以腾有仓廪府库，为厉民自养。其说甚精。盖并耕者，即人人劳动之谓也。斥腾君厉民自养，即破壤［坏］阶级之谓也。惟孟轲则痛斥其非。盖许说致误之由，由于欲人人力农，而民生日用之器，则以粟交易［易］。观其徒陈相对孟轲谓：“百工之事，固不可耕且为也。”则力农以外，兼有作工之人，兼行贸易［易］之法，岂非一国之中，已有农、工二阶级乎？于此而欲职务平等，不亦难欤？又，孟轲之对陈相也，谓：“一人之身，而百工之所为备，如必自为而自用之，是率天下而路也”。夫许行以粟易［易］物，末［未］尝倡“自为自用”之说也。“自为自用”之说，虽近于均力，然吾等所倡均力说，则与自为自用不同。（“自为自用”之说所以不能成立者，如建筑一室，必非一人之力所能胜。其故一。民生日用之物，有需取之彼土者，若因取一物之故，而有往返之劳，近于费时。其故二。且效此而行，则必人人各私其所有，彼此不复相顾，一遇天灾，死伤必众。其故三。此“自为自用”之说所由失也。）即孟轲复生，又安能以遁词相抵［诋］耶？若轲言，天下之人，因劳力劳心之分，生治人治于人之差别，则于人类平等之旨，大相背驰，其说更出许行下矣。盖许行之说，虽未圆满，然其倡并耕之说，则固中国第一人也。著者识。

案：此论所言甚善。今之倡重男轻女之说者，均以女子所尽职务不及男子。若行此法，则男女所尽职务，无复差别。男子不以家政倚其女，女子不以衣食仰其男，而相倚相役之风，可以尽革。况所生子女，均入栖息所，则女子无养育稚子之劳，所尽职务，自可与男相等。职务既平，则重男轻女之说，无自而生。此均力主义，所由与男女平等之说相表裹［里］也。谓女子不胜工作之苦，则又不然。今湘南、广西各省，凡一切苦役为男子不能胜任者，莫不属之于女子，则女子不胜工作之说，非矣。（今日女孑［子］之工作，均为人所役。若行均力之说，则女子永不为人所役矣。）吾深愿同胞女子，勿以不胜工作自诿，则不独社会之幸，亦吾女子之幸也。震附记。

（录自《天义》第3卷，1907年7月10日）

保满与排满

志　达*

近日以来，中国所出之报，不下数〈十〉种，大抵分为两派。一主满、汉、蒙、回、藏平等，实行君主立宪。有出于汉人者，如《中国新报》是；有出于满人者，如《大同报》是。一主驱除满族，由汉人组织民国，其所出机关报，在东京、南洋、美洲者，亦不下十种。然自吾观之，则两派均非。在满人而言满汉平等，不过以此说笼络汉民，以潜消其革命，实则满人为君主，即系满汉不平等之一端。至于汉人为此言，则全欲博满酋之欢心，以遂其升官发财之愿，其心均属可诛。特就二者比较之，则此意出于满人，仍系利及一族；此意出于是汉人，则所希望者，仅一人一党之利，推其自利之心，较之满人，其罪尤甚。

若夫彼之排满者，非尽恶政府也，特恶满洲耳。其昌言革命者，特希冀代满人握统治之权耳。故革命尚未实行，已私立总统之名，或利用光复之名，以攫重利。而其所以比拟者，不曰华盛顿，则曰拿破仑。夫华盛顿者，大统领也；拿破仑者，帝王也。今之言革命者，动以此语导其民，岂非排满以后，仍冀握国家统治之权耶？既欲握国家统治之权，则排满亦出于私，与倡保满者相同。盖彼昌保满，冀获权利于目前；此倡排满，欲攫权利于异日，揆以自利之心，两派一揆。

夫满洲政府，固当颠覆。至于当颠覆之原因，则因上有君主，而满汉

---

* 志达，疑为刘师培。本文的核心观点是强调汉族战胜苗民，由帕米尔高原入主中原等观点，与刘师培相同，故推测为刘师培所作。

之间，权利义务又极端不平等。故吾人之对满人，当覆其君统，消其特权，岂必执迂儒华夏之防，尽驱其人于关左？即使其人尽归关左而君统犹存，吾人犹当合吾群力，诛彼独夫，以使彼族尽归于平等。如曰中国不当无政府，因满人为异族，故当以汉人代满人，则此说尤谬。夫以汉人视满人，则满人为异族；以苗民视汉人，则汉人又为异族。使实行民族主义，在彼满人，固当驱逐，即我汉人，亦当反居帕米尔西境，以反中国于苗民。岂得谓中土统治权，当为汉人所独握？故知民族主义，乃不合公理之最甚者也。

既知民族主义不合于公理，故满人而欲满汉平等，实行大同主义，则当先覆爱新觉罗氏之君统；汉人而欲脱除虐政，诛戮满酋，当并禁汉人自设政府。使人人知革命以后不设政府，无丝毫权利之可图，而犹欲实行革命，则革命出于真诚。否则，人人以利己为心，即使满人可逐，岂非以暴易暴乎？

（录自《天义》第3卷，1907年7月10日）

苦鲁巴特金之特色

——此摘译日本久津见蕨村《无政府主义》

公　权*

苦鲁巴特金①之无政府主义，其特色之处，在于与科学之点相近。夫近世之大主义及称为大发现家者，皆以昔时之论，仅恃独断；惟依演绎之法则，准据事实，以求其归纳，故其所准用者，一依科学之方式。而苦鲁巴特金则谓，言无政府主义，亦当用此方式。彼之观察社会，以为从个人上观之，凡一切之势力、一切之存在、一切之目的，均当用归纳法，则从个人自由之团结观之，亦当观其综合。更进而论之，则社会与各个人之问［间］，当行互相扶助之大义，以求一致团结之自由，是为苦鲁巴持［特］金之社会观。彼以各个人互相扶助之大义，成社会观之骨髓；又于互相扶助之感情，称为宇宙之生物，特于其高等者不必存在。唯此感情，依于宇宙道德之秩序，是乃故有之根本感情，亦即伦理学者所谓“爱他之感情”也。彼夫布鲁东②之称“正义”，康德之言“博爱”，斯撒奈尔③之云“完全个人”，所立名称不同，然其所归，则均指此感情之发现者而言。盖此乃各家同一之意见也。若一人不存此感情，则同人皆起利己之私心，而平和协同、生活自由之社会不能成立。彼既言人人有此感情，故其言社会主义，谓当造成共产社会，一改集产社会之旧，并废灭私利之竞争场。先

---

* 公权，即汪公权，刘师培的姻弟，《天义》的主要撰稿人，无政府主义的鼓吹者。

① 苦鲁巴特金，今译作“克鲁泡特金”。

② 布鲁东，今译作“蒲鲁东”。

③ 斯撒奈尔，下文亦作“斯撒奈尔”，今译作“施蒂纳”。

是，无政府主义大家布鲁东所见亦近此点，论理学者虽谓其过当，然不得不称为卓见。使果能明于此等之感情，顺其感情之发达，以改革社会之组织，确保各人食居之安全，使人间之共同生活永保其平和及自由，岂若短识浅知者之可嗤哉？

盖苦鲁巴特金之学术，沿用科学之方式者也。布鲁东与巴枯宁之学术，凭议论以为独断者也。故苦鲁巴特金鉴于仅用演译［绎］论理者之谬误，复证于事实而求归纳之法。如彼以互相扶助为感情，必先证之动物界，以求其公例，故研究动物界生活之状态，搜集其事实，以明感情为动物界所普具。又谓动物之道德，劣于人间，然动物之最劣者，犹富于互相扶助之感情。试思此动物界中，有何国家？有何政府？有何强制之力？有何组织之体？则皆无政府之制耳。何彼等之营团体生活也，其互相扶助竟若此？使人间亦盛行互〈相〉扶助之感情，即凡昔日之国家、政府以及强制之力、组织之体，必可消灭无余。此新自由社会、自由团体之论，所由起也。彼据动物有互相扶助之感情，证明人间亦有互相扶助之感情。又谓人间既有互相扶助之感情，即可造出自由新社会，故其言曰："人间有互相扶助之感情未克扩充，故无自由新社会之发生，致今日社会之组织极不完全。"欲革现今之社会，重加组织，其最要之点，约有三事。

（一）全废资本私有制度，解放劳动之人，易为共同生产之组织。凡生产之物，均为一般社会之自由使用。

（二）废政府组织，唯依各个人自由之发达，为自由之团结。凡个人必需之物，均以相扶相助之精神互相供给，以成社会之组织。

（三）昔日之社会，均自私之社会也，故此种习惯、义务、制裁，一律废灭。又，宗教上之道德，亦一律扫除。

以上三事，盖以互相扶助之感情为根本，以遂社会之改革，使生存之利不得为资本家所独贪，故废资本私有制度。又以劳动者之独苦，不合于公平，故谓社会之人均当从事于生产事业。凡个人必需之物，当通力合作，以供给一般之社会。复以故有之社会，不得不扫除廓清，故凡所有之习惯、义务、制裁，尽行排斥，而宗教上之道德，亦斥为固陋。苦鲁巴特金之说如是。使如是而行，则虽无政府、无法律，而吾人所营平行［和］、自由之生活，转得以达其目的矣。

兹不得不解释者，则苦鲁巴特金所言与布鲁东所言，均主废资本私有制度，以为社会全体之人所有，然其意又有不同。盖布鲁东之意见，以为财产生产，不得指明为何人所有，故各人虽可自由使用，决不可以为私有；而斯撒奈尔所言与之相反，谓“万物皆为我有”。若苦鲁巴特金之意见，则以财产生产，非一人之物，乃全体总体之物，以为一人所私有，固为不公，然以为全体总体之人所有，则正当之论。三说不同，试列之如左。

（一）凡物不得指明为何人之所有。（布鲁东）

（二）凡物皆为我有。（斯撒奈尔）

（三）凡物为众人之所有。（若［苦］鲁巴特金）

布鲁东之见，谓一切财物，不必指明其归于何人，惟集此而置之。当使用之时，不论何人，均得遂其自由适当之使用。斯撒奈尔之见，则谓物皆我有，我无私心，故各人均得自由使用。苦鲁巴特金之见，则谓物为众人之物，故众人之使用，均当共同一致。此即集产主义、个人主义与共产主义之区别也。

案：苦鲁巴特金，俄国人，倡“共产的无政府主义”，现欧洲社会党奉为台斗。其所撰著，尚有《诉青年》[①] 及《无政府主义哲学》[②] 诸文，俟下册译登[③]。记者识。

（录自《天义》第 3 卷，1907 年 7 月 10 日）

① 《诉青年》，今译作《告青年》。

② 《无政府主义哲学》，今译作《无政府主义与哲学》。

③ 原文止此，后无续刊。

无政府主义之平等观

申　叔

现今倡无政府说者，一为个人无政府主义，一为共产无政府主义，一为社会无政府主义。而吾等则以无政府主义，当以平等为归，试述其理论如下。

一　总论

吾人确信人类有三大权：一曰平等权，二曰独立权，三曰自由权。平等者，权利义务无复差别之谓也；独立者，不役他人不倚他人之谓也；自由者，不受制于人不受役于人之谓也。此三权者，吾人均认为天赋。独立、自由二权，以个人为本位，而平等之权必合人类全体而后见，故为人类全体谋幸福，当以平等之权为尤重。独立权者，所以维持平等权者也。惟过用其自由之权，则与他人之自由生冲突，与人类平等之旨，或相背驰，故欲维持人类平等权，宁限制个人之自由权。此吾人立说之本旨也。

二　人类平等之确证

人类平等之说，非无征之说也。试证之历史，验之物理，其所得之证，厥有三端：

甲、人类一源说。基督教徒谓：人类均由亚当、诺噎①而生。近世进化学发明，于造世之说虽证其妄，以证人类为兽类所演。然据希腊古史，

① 诺噎，即今译之“夏娃”。

亦谓撒郏娄之子，分居三区，为黄、黑、白三族类之始。近世欧洲人种学大家援证历史，以证欧、亚、非三民族同发源于高加索山。又，考中国古史，多“人种西来”之说；而美洲诸民族，近世人种学家亦多谓其与黄种同源，由卑令海峡①东渡。此皆人类一源之证。人类既出于一源，则今日世界之民，虽有智愚、强弱之殊，然在原人之初，则固同出于一族，乃确然处于平等之地位者也。

乙、原人平等说。原人之初，人人肆意为生，无所谓邦国，无所谓法律，人人均独立，人人均不为人所制，故人人俱平等。此即原人平等之说也。当西历一千五六百年，欧西学者有哥路志、哈比、布番多②，谓人生之法，全溯源于天性，人之权利，全出于造化之赋与。卢梭天赋人权之说，即由是而生。卢氏作《民约论》，谓人之初生，皆趣舍由己，不仰人处分，是之谓自由之民；又谓古无阶级，亦无压制，故民无失德。近世持进化学者，虽痛排卢氏之说，然于原人无邦国、无法律，则固无一语相排。如最近社会学，多因进化学发明，然考西哲社会家诸书，于原人之初，均确定其无组织，则卢氏以原人为平等、独立之民者，固为学术上不易之公理矣。盖人类不平等之制，由于后起，非人类之天性然也。

丙、同类相似说。昔罗马乌尔比安③谓：“世界有自然之法，此法律不独属于人类，凡一切动植物，皆受此法律之支配”。近世哲学家以此法为天则，谓天下事物，均依自然定规之活动力，即变形变化之际，亦各有一定不易之定规。吾援此例以证之科学，凡二物含同量之原质者，其所现作用，亦必相同。譬如甲、乙二人，共制一炮，其所用之原料同，其轻重、大小及机关又无不相同，及演放之际，配以同量之火药，置以同式之炮丸，则炮力所及，亦必达于同样之距离。其有两炮相同，而炮力所达之距离不同，则必火药不同之故，否则炮丸不同式之故也。人类亦然。自佛经言，人之身中，各具四大，是人身虽殊，其所含原质则同。又据近世生理学所发明，亦谓人身之中，合诸种之原质而成。无论若何之人类，其所含原质均同。所含之原质既同，则所发之能力亦宜相同。若今日世界之人

① 卑令海峡，今译作“白令海峡”。

② 哥路志、哈比、布番多，今分别译作“格劳秀斯”“霍布斯”“普芬道夫”。

③ 乌尔比安，即 Domitius Ulpianus（约 170~228），古罗马著名法学家。

类，因进化有迟速之殊，遂有强弱、智愚之分别，其故何哉？则以所居之地，有气候、地势及生产物之不同。其有进化较速者，则以外界所感之物足以促其进化；若进化较迟，则又以外界所感之物足以阻其进化。不得援此为人类不平等之证也。譬如有烛二枝，其轻重、大小相同，及燃烛之时，一置烈日之中，一置暗室之际，则置于日中者，受日力之熏蒸，融化至速，而其置于暗室者，则融化较迟。此岂烛之有异同哉？其融化有迟速之分者，则以外界所感之殊耳。人类之进化，有迟速之不同，大抵与此例相符。故人种有优劣之分，谓其受外界所感不同则可，若据此以证古初人类之不同，夫岂然哉！故古代哲学家，多倡人类平等之说。中国孟轲之言曰："凡同类者，举相似也，何独至于人而疑之？"释迦兴于印度，亦倡众生平等之说。岂非同类相似之说，不独可证之于科学，即前人所明之哲理，亦早有言之者也。

即此三证观之，则人类平等之说，非无稽之词。故人类平等者，出于天性者也，起于原人之初者也；人类不平等者，出于人为者也，且出于后起者也。则试将人类不同［平］等之原因，胪列于下。

三　人类不平等之原因

自希腊阿理斯多得①谓人类不相等，或为人上，或为奴隶，皆天之所命。而荷兰亘鲁士②、英人遏必③，均援其说，以为人民应属于帝王。然卢梭《民约论》已痛斥其非。近世科学家，或以蜂蚁之有王为拟，谓阶级之区分，虽在物类，罔不或同。不知蜂蚁之王，其体质之伟大，较之蜂蚁，有数倍之增，且蜂群之中，惟蜂王为女类，一群之生育，悉属于蜂王，则其所以为群蜂之长者，以其外观及能力均异于群蜂也。若人类则不然，虽身为君主，其外观及能力曷尝有异于齐民？不得据蜂蚁以为证也。况证之历史，则原人平等之说，历历可征。其由平等易为不平等者，厥有数因：

甲、阶级不同之原因。人类之初生，固众人平等者也，无尊卑、上下之分。且既为人类，必不甘服从于人类之下。然信教为上古人类之一端。

① 阿理斯多得，今译作"亚里士多德"。

② 亘鲁士，今译作"格劳秀斯"。

③ 遏必，今译作"霍布斯"。

上古人民，莫不信教，虽犷顽至愚之俗，亦鲜无教之民。（梯落路曰："言民有无教者，由其解说宗教过狭小矣。"载路云："格以人种学说，无无教之民。"西尼突尔亦云："虽在犷顽至愚之民，而其征伀于神也，如珪璋埙篪取攜矣。"）[①] 故西哲所著社会学书，均确定信教为原人之本性。夫原人之信教，均以人世之外，别有神只，其识迥超乎人类，而操人世统治之权。其所以降心服从者，则以神非人类，可以降福而弭灾。故人民之最黠者，亦假神术以愚民。人民见其假神术以愚民，遂并疑其亦非人类。观英人甄克斯[②]有言："图腾社会，有巫无酋。"巫也者，即以神术惑民之人也。民因信神之故，遂于以神术惑民之人，亦信其〈非〉凡民所可及，而尊奉之心生。既为人民所尊奉，则必认为天神之化身，或确认为天神之代表，不复视为人类，故确定其居己身之上，与以统治之权，而己身甘于服从。此即酋长之始也。故上古之历史，均为神话史。（如希腊之女神、中国之盘古是也。）而各邦之酋长，又均以教主自居。始也有巫无酋，继也以巫为酋，君主之制，出于酋长，而酋长即上古之巫。此又社会进化之公例也。由是言之，则世界之民，所以承认君主者，以其身为教主也；所以承认君权者，以其兼握神权也。罗马帝加利互拉[③]之言曰："人主，神也；人民，禽兽也。"中国说文亦曰：圣人感天而生，天佑而子之，故曰天子。足证君主即天神之说，为欧亚所同。故君主亦利用此名，称天为治，操握一国之政权，以肆行专制。然必以方士辅政，（如中国黄帝相风后、鬼容区，以及日本之天孙，印度之婆罗门，犹太之体金牛是也。）以僧正治民，（如中国遣义［羲］和四子于四方、巴比伦于各地设大僧正是也。）而一切道德、法律，均由宗教而生。至于今日，人民于各国君主，犹默认其为天所立，（如中国称君曰天子，日本称君曰天皇，俄、土二国以君为宗教长。即西欧各国宪法，均有"君主神圣不可侵犯"一条。此其证也。）岂非确认君主非人类之证乎。惟其信君主非人类，故守其法律，从其命令，畏其权力，而王族、贵族、官吏、资本家，又依附君主之权力，以居于齐民之上。此自古及今之社会所由成为阶级社会也。今西哲

① 括号内引文来自章太炎《訄书·原教上第四十七》。

② 甄克斯，即 Edward Jenks（1861-1939），英国法学家。

③ 加利互拉，今译作"卡里古拉"。

斯宾塞耳[1]诸人，既倡无神之论，并神且无，则昔日君主之缘饰神权者，均为诬民之说，而“君主即天神”之说破矣。君主既非天神，则君主亦人类之一；君主既为人类之一，则君主不可居民上。非惟君主不可居民上也，凡一切王族、贵族、官吏、资本家，其依附君主而起者，均当削夺其特权，而使人类复归于平等。

乙、职业不同之原因。上古之初，人人自食其力，未尝仰给于人，亦未尝受役于人。虽所治之业，至为简单，然分业而治，则固上古所未有也。至生口日滋，地方养人者日蹙，天然之生物不足以给其所求，不得不出于相争，而相争必分胜负。（其有胜负之由，或由多数攻少数，或兵器有利钝，或地势有利、有不利，原因甚多，不得援此谓人类强弱不平等也。）战胜之民，对于战败之民族，始也逞屠戮之威，继也虏获其人，夺其自由，使之躬操贱役，以从事于生财。亘鲁氏［士］之言曰：“战胜虏敌，得杀而无宥，于是就虏者弃其自权而求活。”庐骚[2]驳之，谓：“彼对于所虏之人，必曰徒杀之无益，不如夺其自由权之为愈。非有爱于虏也，直自利耳。”近世社会学诸书亦曰：“蛮夷以食少而出于战，战而人相食者有之。及生事稍疏，无所取于相食，而斯时力役为最亟，则系累其人，以为奴隶。”此均责俘囚以服役之证也。由是，战胜之族舍工作而弗务，以服农、服工之役，责之昔日之俘囚。（如中国昔日之为农者，均系苗民；印度昔日之为农工、操苦役者，均为首陀罗；而希腊、罗马，均以平民服农工之业。）胜者居于督制统系，而败者居于供给统系，此即以职业役人之始也。然多数之俘囚，属于一族之下，与牛马同。人人治共同之业，则不可专精；惟人各一业，则其业易专，而生财之数，亦必倍簁［蓰］。由是，俘囚之中，亦分业而治，此即人类异业之始也。厥后，昔日之俘囚稍得自由，遂各出其技，以为谋食之资。然无论何国，农工之级，均不与贵族及官吏相齐，岂非贵族及官吏，于农工之民，犹确认其为受治之人乎？习俗相沿，则此为治人之人，彼为养人之人；此为乐佚之民，彼为勤苦之民；此为倚于他人之人，彼为役于他人之人。此则人类苦

---

① 斯宾塞耳，今译作“斯宾塞”。

② 庐骚，今译作“卢梭”。

乐不能适均之由也。谬者不察，妄谓人类不齐，当有劳力、劳心之别，不知所谓劳心者，外托狂傲之名，而阴以遂其懈惰之性，役使众民，仰其供给。世界安能容此惰民耶？惟明于人类之异业，由于役使俘囚，则凡人生日用之物，可以不劳而获者，均为役人而自养，则苦乐不均之制，非矣。

丙、男女不平等之原因。上古之初，行共夫共妻之制，未尝有“女下于男”之说也，亦未尝以女子为私有也。厥后，两部相争，战胜之民对于战败之族，系累女子，定为己身之私有。观希腊、犹太、波斯、罗马古史，于战胜他部，必言掠妇女若干人。又，中国蒋济《万机论》引黄帝言，谓：“主失其国，其臣再嫁。”又，蒙古之初兴，其攻克一国，必尽俘其女子，以分给己部之民。此即沿蛮族战胜他族之遗制者也。惟其掠女于他部，故遇之如奴隶，使之受制于男；又虑其乘间私佚也，故防范之法日益加严，而视女子为至贱。于女，则禁其多夫；于男，则许其多妻。习俗相沿，遂以为自然之天则，如东洋之学术、礼法是也。故女属于男，出于劫迫。若亚洲波斯诸国以及欧洲北境诸民，当中古以前，卖买妇女之权均操于男子。盖其视女子也，以为卤［掳］获品之一端，故卖买妇女均可自由。今耶教诸国，虽行一夫一妻之制，然服官之权、议政之权（近日女子，间有获此权者）、服兵之权，均为女子所无，与以平等之空名，而不复与以实权。又，既嫁之后，均改以夫姓自标，岂非确认女子为附属物耶？岂非夺其实权而使之永为男子所制耶？又，西人初婚之后，必夫妇旅行。社会学家以为，古代劫女，必谋遁避；今之旅行，即沿此俗。此亦女子为男子所劫之一证也。故今日之世界，仍为男子之世界；今日之社会，仍为男子之社会。安得谓之男女平等乎？惟明于男女不平等，由于古代以女子为俘囚，则知男女不平等，由于强迫使然，不得谓之合公理矣。

以上三事，均足证人类不平等，由于后起；并足证人类不平等，均沿古昔陋恶之风。安能不矫之使平乎。

四 人类有恢复平等之天性

今科学诸家，所发明之公例有三：一曰两性失调和，则冲突以［已］生；二曰气体之物，偶受压力，改其体积或形状，仍具欲复原形之性；（近日物理家称为“跃力中之凸力”，如取皮球，夹之使扁，一释手，即复原形是也。）三曰液体之物，压力偶加，即生激力。足证物不得其平及外受压力者，虽在无机之物，犹有抵力之发生。又观物类之中，有转避障碍之天性。譬如树木甲坼之初，其根为瓦石所障，不克茁生，则必转向瓦石之间隙，以遂其茁生之性。人类亦然。如蛮民逐水草迁徙，向此方而行，若遇大川、大山之障蔽，则必改向他方。足证人、物有避障碍之天性。既以避障碍为天性，则凡阶级制度足以障遏人民者，均背于民生之天性。若夫人民嫉阶级社会，与之分离，则又遂其本性之自然，不得谓之拂于人性也。况即世人之心理观之，人类之心，约分三种：一为自利心，二为嫉忌心，三为良善心。嫉忌之心，由对待而起：一由欲奋己身，冀与人齐；一由欲抑他人，使与己平。欲奋己身与人齐，如贱者欲贵、贫者欲富、愚者欲智是也。欲抑他人与己平，如孺子于他童所有之物，必潜行破坏；又乡野之民，得一宝物，互相竞执，甘碎其器是也。（其意以为，我所不能有之物，亦不令彼有。）由前之说，则由羡心而生自利心；由后之说，则由愤心而生破坏心。蔽以一言，则嫉忌心者，所以愤己之不能与人平等也。自利心者，又由嫉〈忌〉心引起者也。自利之心，虽非一端，然皆因他人获此利，然后己身步其后尘，（自利之心，由不足而生。不足者，因他人能足，己身不能足，比较而生者也。）纯乎由比较及争竞而生者也。若夫良善心则不然。如不义之人，思遂害人之念，欲行顿止。又如一人向隅，满堂为之不乐；孺子入井，乍见者皆思援救。是则良善之心，由自然而生。中国儒家谓之仁，欧人康德谓之博爱，苦鲁巴金①则谓之互相扶助之感情。其名虽殊，均执此良善之心言。人类所以发此心者，所以悯人之不与己平等也。由是言之，则己身不能与人平等，久为人类所共愤；他人不能与己平等，又为人类所共悯。在己则欲其与人平，在人则欲其与己平，岂人民之天性均以人类平等为心乎。使人人充其嫉忌之心，扩其良善之心，则凡不平社会，必扫除廓清。及人人苦乐适均，归于完全之平等，则嫉忌之心不生。嫉忌之心不生，则无由引起其自利之心，而互相扶助之感情愈以发达，其道德之进步，必非今日能跻。此则按之人性而莫之或爽者也。不然，恶声相加，何以必反唇相诟？两仇相厄，何以不

① 苦鲁巴金，下文亦作“枯鲁巴特金”，今译作“克鲁泡特金”。

［必］反兵而争？则人类维持平等权之故耳。又观于欧美平民之革命，或排异族，或诛王室，或抗富民。此非尽出于自利之心也，大抵由不平之心而生。岂非人类之中，有恢复平等之天性乎？岂非今日之人类，有趋于平等之现象乎？盖人类希望平等，乃人民共具之心也。

五　世界人类不平等之现象

人类至于今日，失平等之权者，实占社会之多数。贵之于贱，富之于贫，强之于弱，无一日而非相凌，无一日而非相役，以致受凌、受役之人，日受无穷之压抑。试将世界不平等之现象，分列如左。

甲、政府之于人民。野蛮之国，人民之自由权尚克维持；文明之国，人民决无自由权。试观之中国，由两汉以迄于今，虽为专制政体，然去国都稍远者，均为政府干涉力所弗及。欧洲中世纪，国家之权力亦未克扩张，故人民自由联合之团体，有村落同盟，有都市同盟，有商业结社。至于十六世纪，则强暴之帝王以强迫之命令，削夺自由结社之权，而中央权力日张。至于今日，虽人民与政府抗争，获组织社会之权利，然解散之权悉操于政府。加以交通机关日益发达，而杀人之器日益发明，偶有反抗，则草薙禽狝。又，巡警、侦探分布于都市，名曰保全社会之安宁，然关于公众之利害，漠不关情，惟注意于捍卫政府。故巴黎、伦敦、纽约诸都市，杀人、窃盗之事，日有所闻；而在下者之举动，则增无形之束缚，并失自由之权于无形。则所谓保全社会之安宁者，实则仅保全在上者数人之安宁耳。况复残民以逞，凶暴横加，（枯鲁巴特金曰：昔之神，今之国家也。又曰：监狱者，犯罪之大学也；裁判所者，凶恶之小学校也；裁判官者，施残忍之法者也；侦探者，作法庭之猎犬者也；狱吏者，罗刹之化身也。）如俄国近岁以来，残杀志士，几及万人，复捕缚国士［事］犯，流谪荒野，幽闭牢狱。其横死于狱吏之手者，又不可胜记。今且捕获代议士，以立政府之威。日本亦然。一罢工，而捕者千百人；一倡社会主义，则遏其言论，禁之监狱。虽以法、美民主之制，犹且以暴力削平民党，以焚如之刑，加及刺杀统领之人。近则北美政府，且禁言论之自由。此非所谓强凌弱之制耶。又，立宪诸国，一国之政权，或操于政党。然彼所谓政党者，以虚伪之演说，萦惑众听。一党得志，则扩张党员之权力，以遏抑他党，安得谓之为国民全体谋幸福耶。即改君主为民主，然既有政府，即有统治机关。机关者，权力之所集也。既有机关，必有掌握机关之人，而掌握机关之人必有特权。彼握特权，而人民听其指挥，是不啻以千百万之民而为数人之奴隶也。即使统治之人出于普通选举，然选举之时，均以投票之多数决胜负。譬如一国之中，有人千万，及投票选举之期，其被选之人共得九百万票，不可谓之非多数矣，然失意者仍有百万人。又如议院之议政，亦凭多数决从违。譬如议院之中，有议员千人，及议政之时，有九百人同操一议，不可谓之非多数矣，然失意者仍有百人。故议院之制、民主之政，被以一言，即众者暴寡之制也。以众暴寡，安得谓之平？况所谓议员者，均营求入选，所费之金，无虑巨万。即美、法二国，亦复政以贿成。（近美国桑港[1]市长，旦［且］以索贿著闻。）此虽议员、官吏之咎，然政府实总其网［纲］维，是知今日之政府，均残民之政府，亦即舞弊之政府也。故吾等谓，既设政府，即不啻授以杀人之具，与以贪财之机，安得谓政府非万恶之源哉？

乙、资本家之于佣工。世界自古及今，舍阶级社会而外，无只享权利、不尽义务之人，而只享权利、不尽义务者，厥惟资本家；亦无只尽义务、不享权利之人，而只尽义务、不享权利者，厥惟佣工。是则资本家者，兼有昔日贵族、官吏、教士之特权者也；佣工者，兼有昔日平民、奴隶之苦况者也。夫今日之资本家，为人民中最富之人，然彼等之富，岂果由勤勉及节俭而得乎？试溯地主之起源。彼拥富饶之土地，非一己之力所开拓也，亦非以巨金购之他人也。其在欧洲各国，则由昔日战服他族，各占其土地为私有；或因有功，君主赐以多数之土田。其在美、澳各洲，又由殖民之初，斥逐蛮民，各占其土田为私产。则今日所谓土地私有者，均强者对弱者之掠夺耳。试更溯富商之起源。大抵无赖黠徒，观时变以射利，利用时机，籴贱贩贵，而所获之利，或相倍簁［蓰］，或相什百，或相千万。故今日之经商致富者，均用欺谲之政策者也。积此二因，而资本家之势成。欧洲社会党有恒言：“彼等之富，均不法掠夺之结果也。”布鲁东[2]

① 桑港，今译作“旧金山”。
② 布鲁东，今译作“蒲鲁东”。

亦曰："彼等所为，直盗贼耳。"足证欧人贱视资本家之心矣。资本家既拥有土地资财，地多则以生财，财多则以购地。然财非己力所能生也，必役使他人以为己用，此佣工所由日多也。然彼所谓佣工者，其始均独立之民也。及富者挟其资产，资以竞利，均较贫民占优胜，故垄断市利，无往弗宜，致小民之营业者，鲜克支持，不得不为资本家所兼并。加以机械盛行，非贫民所能备。资本家利用其机，遂独占生产之机关，而土地、家屋、机械悉入于少数资本家之手。人民之失业者，不得不为资本家工作，而最大多数之平民，悉为彼等所役使。名曰佣工之制胜于奴隶，然今日所谓佣工，实劳力卖买之奴隶制度耳。及所役之人日多，则所生之利愈广，所生之利愈广，则兴利之术日繁，而所役之人亦愈众。故彼等之富，均工人血汗之所易也。佣工忍非常之苦痛，以劳动于工场，迫于夜［衣］食，卖其劳力，而所制物品，其利益悉为富民所吸收。于己身所制之物，转欲购之于市场，而所得赁金或不足以购所制之物品。加以工场所制之物，或非民生日用所必需，故欧美各国，于物之关于众民生活者（若谷若布）恒苦缺乏，而贵重之货、无益之物充满市场，以致民生日用之物价值日昂，使佣工日迫于贫。佣工既贫，所得不足以糊口，不得不争赁金；欲争赁金，不得不出于同盟罢工。资本家对于此举，或将所役佣工尽行解雇，使数万失业之民，迫于死亡之惨；或借用国家之威力，镇以重兵，肆行虐杀。试即近数岁之事言之，如法都巴黎，枉杀劳动者三万人；而美国资本家，则对于同盟罢工，私设军队。以彼民主之国，其虐遇佣工犹若此，则他国富民之不法，更可类推。呜呼！富民之财，悉出于佣工之所赐。使无佣工之劳力，则富民无由殖其财。今乃忘彼大德，妄肆暴威，既夺其财，兼役其身，非为夺其财产权也，并且夺其生命之权。此非不道德之极端耶。故资本家之道德最为腐败：进网市利，退拥良畴，不耕而食，坐收其税，以奢淫相尚，以纵乐为生。加以财产既盈，国家欲从事争战，不得不索之富民，致国会、议院均以有财产者充其选。而财产愈丰者，其行贿之金亦最巨，故一国贵显之职，咸属于少数之富民。名曰普通选举，实则多数之贫民，屈于地主一人之下。贫民衣食系于土田，而土田与夺之权操于地主。及选举届期，贫民欲保其土田，势必曲意逢迎，咸以地主应其举。故富豪不啻世袭之职员，而多数之贫民虽有选举之名，实则失选举自由之柄。岂非天地间之一大隐痛耶！故贫富不平等，至今日而达于极端。蔽以一言，则今日之世界，均富民之世界也。役使贫民，等于异族；残民以逞，甚于暴君。非惟为社会之大蠹，亦且为贫民之大敌。盖此乃世界未有之奇变也。（中国数十年后，使非实行无政府主义，亦必陷于此境。）

丙、强族之于弱族。近世以来，欧美各国侈言帝国主议［义］，挟其兵财，雄视世界。推其原因，一由国家权力之扩张，欲逞国威于境外；一由资本家欲扩充商业，吸收他境之财源，盗为已［己］有。积此二因，遂成戕杀之世界。故强族对于弱族，立于绝对之不平等。始也施之于南洋群岛，继也施之于美洲，继也施之于非洲，近且施之于东亚。对于榛狉之民族，则横肆强暴，锄戮其民，占其土地为己有；其遗民仅存者，则役之若牛马，或蹙之山谷之中，使彼族归于消灭。对于稍开化之国，则始也假通好之名，吸其利源，贿其政府，以扩张己国之实权；及权力日张，则又代之施政，驻以重兵，以灭人国于无形，致昔日之邻封，易为属土。既为属土，则施其贫民、弱民、愚民之策，征重税以绝其富，禁藏甲以绝其强，废实学以塞其智，禁其团结，遏其交通。或刲割如牲畜，不复待以人道；或施行伪道德，伪托宽大之名，然其不平等，则一也。夫昔日罗马待遇藩属，均与以自治之权；即蒙古、回民，征服他国，惨酷无人理，然未尝尽遏其生机，未有如白人之失德者。试观加拿大、澳洲，名为自治，实则其权全属于白人，与土人无与。杜兰斯哇①以力战而获自治，非律宾②群岛以抵抗而得选举权，印度虽有助英之功，犹不得自治。若马来群岛及非洲，更无论矣。是则欧美各国，兼弱攻昧，取乱侮亡，肆彼凶残之毒，虐使无告之民，视白人为至尊，而赤、黑诸族，不以等夷相视。据印度人所自言，则英人虐遇印人，较往日蒙古为尤甚，学者不得讲政治、法律，仕者不得居尊官。又据安南人所自言，则法人之于安南，设税目数十种，人民鬻妻卖子，犹不足偿。数人以上，不得相聚，而人民之私往他国者，治以重刑，联及家族。又据西人书报所记载，则俄于波兰，虐杀义士，禁止集会，并废灭波兰文字；其遇犹太人民，尤为惨虐。其无罪而见杀者，

① 杜兰斯哇，今译作“德兰士瓦”（Transvaal）。

② 非律宾，今译作“菲律宾”。

不知凡几，甚至阖村遭屠。美人号称平等，然于赤种之民，无复权利之可言。及黑奴解放，名曰有参政之权，然伽得①《社会之进化》有言："美人于黑种，虽以平等叫号于市朝，名曰预选举、参政权，其事乃绝相反，徒以容貌之黑，遂沦落于社会之下层。其间有材质贤明、财产众多者，犹不得与白人同伍。所定区划，黑人逾之，则放逐于规外，斩杀惟命，而白人逾之则无罪。虽乞儿、无赖、愚不知学者，一切视之同等。凡关于政治之事，则曰：'此吾白人所为也。'有于白人之主配权而不赞成者，不曰'卖国奴'，则曰'国事犯罪者'矣。"观于以上数事，则白人之恶，不减于禽兽；舍白种而外，则权利尽失，并奴隶而弗如。可谓良心尽泯者矣！此不独欧美政府持此谬说也，其国民亦然。即有一二言社会主义者，犹曰其利只当及白人，故索宾霍耳②有言："欧罗巴之伦理，直论陀罗（印度屠者之称）与蔑戾车（印度多须野人之称）之伦理耳。"即杜尔伯特诸人，亦深嫉白人无道德，可谓探源之说矣。乃行此主义者，犹假二说以自饰：一曰强权，二曰爱国心。于至恶之事，而以善自居，是何异佛经所称之罗刹女耶？试观白种之人，非惟虐遇属地之民也，即他国之民居彼土者，亦待之如奴虏。如南非之待开矿华工，美人之待华民，均肆行非礼。近且以虐待华人之法，施之于日人。推其原因，则由人人自私其国，于己国人民以外，不复以人类相视，故横行强权，不复视为非理，至近日之世界，易为强凌弱之世界，可不惧哉！

要而论之，以上凌下，政府之弊也；以富制贪［贫］，资本私有之弊也；以强凌弱，国家之弊也。惟其有政府，故仅利政府，不遑利及人民；惟其资本私有，故仅利一人，而不遑利及公众；惟其有国家，故仅利一国，而不遑利及世界。虽然，保护资本家者，政府也；代表国家者，亦政府也，故政府尤为万恶所归。人类生于今日，安能不筹及改造世界之策哉？

六　改造世界之理想

今之欲改造世界者，约有二派：一为社会主义，一为无政府主义。试

---

① 伽得，即本杰明·基佳（Benjamin kid）。刘师培的这段引文来自章太炎《〈社会通诠〉商兑》。

② 索宾霍耳，今译作"叔本华"。

溯社会主义之起源，自希腊柏拉图倡共产之说，厥后，基督教会亦冀实行此制。及欧洲中古之际，则村落之组织、都市之同盟，亦或与社会主义相合。至于近世，学者嫉富民之压制，竞倡社会主义，或依宗教，或依哲理，或依科学。然推其立说之大旨，大抵谓：生产机关均宜易私有为公有，依共同之劳动，蓄积共同之资本，即以此资本为社会共同之产业，以分配全部之民。近数十年，欧洲之地，有《共产党宣言》，有万国社会党大会，而各国社会党，或抗争选举权，或运动同盟罢工。夫依此策而行，固足以颠覆资本家。然观近日社会党之所为，其欲离现今之国家而别图组织者虽有其人，然其余硬、软二派，或欲运动政府，或欲扩张本党权力于国家。宗旨虽殊，其承认权力集于中心，则一也。认国家之组织，以归此支配力于中心，而公众之民，悉服从其支配之下，虽政体悉改为民主，然掌握分配机关之人，必有特权，岂非多数劳动之民，昔日为个人奴隶者，今且易为国家奴隶乎？向使强暴之国家，利用此策，托集产之名，吸收一国之利源；又托支配之名，以妄施干涉。如中国汉武、王莽之所为。夫汉武、王莽之所为，曷尝非国家社会主义？乃既行以后，转以病民。虽曰今日之社会主义，主动之力在于平民，与中国主动之力发于君主者不同，然支配之权，仍操于上，则人人失其平等之权。一切之资财，悉受国家之支配，则人人又失其自由权。盖仅能颠覆资本家之权，而不能消灭国家之权。非惟不能消灭国家之权也，且将扩张国家之权。蔽以一言，则承认权力集于中心之故耳。故不废支配之机关，此社会主义所由劣于无政府主义也。无政府主义虽为吾等所确认，然与个人无政府主义不同，于共产、社会二主义，均有所采。惟彼等所言无政府，在于恢复人类完全之自由；而吾之言无政府，则兼重实行人类完全之平等。盖人人均平等，则人人均自由，固与社会主义之仅重财产平等者不同，亦与纵乐学派之主张个人自由者不同也。

七　实行无政府之方法

吾人观于今日之世界，凡赤十字社、平和会、社会党以及电报、邮政之属，均万国联合，确信人类有破除国界之一日；又观于近今欧美国民，虽处共和政体之下，犹复暗杀大统领，狙击职官，而人民暴动之事，亦日以增加，确信人类有废灭政府之一日。故吾人所持之说，在于实行人类天然的平等，消灭人为的不平等，颠覆一切统治之机关，破除一切阶级社会及分业社会，合全世界之民为一大群，以谋人类完全之幸福。今试将其最要之纲领，胪列如左。

甲、废灭国家，不设政府。

乙、破除国界、种界。

丙、不论男女，及若何之年，即服若何之工役，递次而迁，实行人类均力之说，以齐人类之苦乐。

丁、实行男女上绝对之平等。

以上四端，均吾人之目的也。然欲达此目的，必有实行之方法。试述之如左。

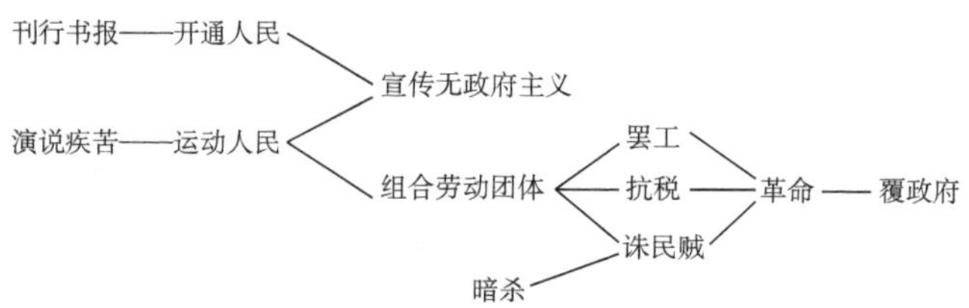

依斯而行，庶平等之目的可达，无政府之主义亦可达。所谓人类完全之幸福者，其在斯乎！

八 结论

无政府主义，非无稽之说也。蔽以一言，则无中心、无畛域已耳。无中心，故可无政府；无畛域，故可无国家。欲诠明其理，非片言所能罄，故此篇仅主平等立论，以证特权制度之非。至于废政府废国家之学理，另于下册详之，兹不赘述。①

（录自《天义》第4、5、7卷，1907年7月25日、8月10日、9月15日）

① 原文止此，后无续刊。

社会主义讲习会第一次开会记事

公　权

本年六月，刘君光汉、张君继因中国人民仅知民族主义，不计民生之疾苦，不求根本之革命，乃创设社会主义讲习会，以讨论此旨。[①] 于日历八月三十一日，开第一次大会于牛込赤城元町清风亭，会员到者九十余人，遂于午后一时开会。

先由刘君光汉告布开会之宗旨，略谓：今日为社会主义讲习会开会第一次，但吾辈之宗旨，不仅以实行社会主义为止，乃以无政府为目的者也。无政府主义，于学理最为圆满。如征之历史，则原人平等，无政治之组织。继因人民信神，雄黠者托神以愚民。民因信神之故而尊之，昰［是］为君长之始。有君长，然后一切阶级、制度因之而生。又，上古之初，人民之于百物，均自为自用，无督制、供给二统系。继因两族相争，胜者处于督制统系，败者处于供给统系，昰［是］为人类异业之始。由是言之，名位不平等，由于智诈愚；职业不平等，由于强凌弱。今观于原人之平等，则知政府非不可无。此一证也。更征之心理。无论何人，其心理之发现者，一为嫉忌心，一为恻隐心。嫉忌心者，恶人之出己上，或欲己之上与彼齐，或欲人之退与己平；恻隐心者，悯人之不若已［己］，欲援之使与己平。足证人类之中，有平等之理性。本此心而扩充之，即足以促人类平等。此人类不甘有政府之征。其证二也。更征之科学。观视天然界，昔人以太阳为世界中心，今则科学愈进，有倡空间无中心之说者。空

① 参见《社会主义讲习会广告》，《天义》第2卷，1907年6月25日。

间既无中心，则人类妄指政府为中央机关者，出于谬想。又，空气蔓延空间，无复畛域，则今之区画一隅土地而称为国家者，亦为谬想。又观之动物、植物界，虽虫蚁之微，均有互相扶助之感情，故昔之倡进化论者，谓物类因竞争而进化；今之倡新进化论者，谒［谓］物类因互相扶助而进化。物类互相扶助，出于天性，不因强迫而生，则人类互相扶助，奚待法律之强迫哉？况植物甲拆之初，若瓦石障其上，则其根必避瓦石之障碍，转向他方，以遂其茁生，足证物类有避障碍之天性。今政府之居民上，其障碍为何如？使即人类避障碍之心而充之，则政府必应消灭。其证三也。有此三证，则人类必当无政府，明矣。况今日之世界，政府之于人民，固有莫大之压力。即资本家之于雇工，强种之于弱种，亦以横暴相凌。推其原因，则一由政府保护资本家，一由政府欲逞野心。政府之罪，上通于天，诚万恶之原也。故欧美各国，渐倡无政府之论。然欧美各国无政府，其事较难，而中国无政府，则其事较易。何则？中国数千年之政治，出于儒、道二家之说。儒、道二家之学说，主于放任，故中国之政治，主放任而不主干涉。明［名］曰专制，实则上不亲民，民不信官，法律不过具文，官吏仅同虚设，无一真有权之人，亦无一真奉法之人。上之于下，视若草木鸟兽，任其自生自灭；下之于上，视若狞鬼恶神，可近而不可亲。名曰有政府，实则与无政府无异。其所以不去帝王、政府、官吏者，则以人人意中，迷信尊卑上下，以为自然之天则。使人人去其阶级之观念，由服从易为抵抗，则由放任之政府一变而为无政府，夫复何难之有哉？故世界无政府，以中国为最易，亦当以中国为最先。若排满主义，虽与无政府不同，然今之政府，既为满人所组织，而满汉之间又极不平等，则吾人之排满，即系排帝王，即系颠覆政府，即系排特权，正与无政府主义之行事相合。惟无政府优于排满者，亦有三端。仅言民族主义，则必〈贵〉己族而贱他族，易流为民族帝国主义；若言无政府，则今日之排满，在于排满人之特权，而不在于伸汉族之特权。其善一也。仅言民族革命，则革命之后，仍有欲得特权之希望，则革命亦出于私；若言无政府，则革命以后，无丝毫权利之可图，于此而犹思革命，则革命出于真诚。其善二也。今之言排满革命者，仅系学生及会党，倘成功由于少数之民，则享幸福者亦为少数之民；若言无政府，必以劳动组合为权舆，使全国之农工悉具抗力，则革命出于多数人民，而革命以后亦必多数人民均享幸福。其善三也。大约仅言无政府，则种族革命该［赅］于其中；仅言种族革命，决不足以该［赅］革命之全。此吾辈所由以无政府为目的也。惟无政府以后，必行共产；共产以后，必行均力。而未行革命以前，则联合农工，组合劳动社会，实为今日之要务。然欲达此目的，势必于全国民生之疾苦，悉行调查。此实与社会主义无异者也，惟吾辈不欲以社会主义为止境耳。此今日开会之宗旨也，愿与诸君其［共］勉之。

次由张君继报告，此次开会，在于诠明无政府主义。

次由日本□□□□君演说。(稿另刊①)

日本幸德秋水君者，大阪《平民新闻》社之记者，日本有名之无政府社会党员也。刘、张诸君发起之社会讲习会，第一次开会于清风亭，幸德君与焉。其演说词曰：

我为社会党人，今承诸君之邀，实为大幸。又，我遂虽为日本人，对于本国人，宗旨相异者，视之为敌；对于外国人，宗旨相同者，亦视为至亲之友，并无所谓国界也。况在会诸君，均热心人类自由及公平之道德，尤为可幸之至。特鄙意所不满足者，则以言语不同之故，然世界言语通行之期，当亦不远，固不似今日演说之需重译也。若今日演说之大旨，即社会主义中一部分之无政府主义耳，或所言与刘君相复，亦未可定。今特以单简之语赅之。

考一般社会主义及无政府主义，起源甚久，如中国、印度及欧洲，于古代均有此等思想，特其与世界有影响，则始于一千八百六十年代。当一千八百六十四年时，欧洲有万国劳动组合，此会之宗旨，在于谋劳动者之幸福及高劳动者之位置，乃马尔克斯②所创也，欲使土地财产，均易私有为公有。该会之中，虽主义大略相同，而行事之手段则相异。盖无论何国，其人民之谋改革者，均有激烈、平和二党。该会之分派，亦犹是也。故平和派属马尔克斯，激烈派则属巴枯宁。时万国劳动者之势力，甚为拓张。自是以降，历十余年，则二派相争，至其结果，致万国劳动同盟会，

① □□□□君，指“幸德秋水”。幸氏之演说稿，《天义》曾单独印行；同年《新世纪》第25、26号转录，在此一并录入。

② 马尔克斯，今译作“马克思”。

因以解散。属于马氏者，为德国派；属于巴氏者，为法国派。一欲利用国家之力，举土地财产之私有者，易为公有；一欲不用国家政治之力，惟依劳动者固有之力，出以相争。此二派不同之点也。后德国派日盛，势力及于德、澳，而法国派之势力，亦延及拉丁诸国（如法、意、西班牙），加以普法战争之后，德相毕斯麦，于以上二派，均严为镇压，于巴氏一派为尤甚，为亡国所痛绝，不得不为秘密运动，然秘密运动后，其党人亦日多，遂成今日之无政府党。

夫无政府主义所以异于社会主义者，盖无政府主义欲为劳动者谋幸福，必先尽去资本家，并颠覆一切政府。若社会党之意，则借政府之力，化土地财产为公有，然行之不善，势必举土地财产，均归政府。夫既归政府，则土地财产，昔之属于少数资本家者，易而属于统一之政府，是不啻以政府为一大资本家也。举多数劳动者之民，昔也受少数资本家之压制，今也受最大资本家之压制，岂非不平之甚乎！此无政府党所由与之反对也。

夫无政府党之目的，在于不迷信政府为必要。政府之为物，由历史上证之，有功于人民者甚少，不过以暴力加于人民而已。

政府之所恃，首尚法律，然法律之有益与否，以苦鲁巴特金所解为最精。彼谓法律之为物，不过取人民固有之道德感情，以归之于法律之中。既有法律，则人民所固有道德感情，决不因之而增长。在外容观之，似若于人民有益，实则用此以欺骗人民耳。故利于人民者少，利于政府者多。试观日本帝国议会，每岁所定法律，计四五十种，其利益之所被，仅政府、贵族、资本家，而平民之贫苦，则日甚一日，富人之获利，亦日增一日。岂非法律无益于人民之确证乎！且法律之性质，施之平民则重，施之贵族、资本家则轻。一若贵族、资本家，在法律保护之中，而人民则在保护之外，岂不哀哉！且法律非惟无益于人民，抑且有碍于进步。盖法律性质，属于消极者多，仅计目前之利益，不计后来之结果，与进化之公例相反，仅欲制人民使不反抗耳。其所以使民不反抗者，则恃有警察陆军，以制其后，干一切之事，不曰不可为，则曰不必为，此皆阻碍进步者也。故今日之人民，反抗法律，即系异日进化之根本。此政府之恶一也。

其次则为收税。其收税之意，不外收人民之财力，归之政府，以吸收民间之资本。然税重则民陷于死，税轻则民有生机，而政府之收税，则欲使人民陷于半死半生之一境。日本德川家康有言："国家税收，当令人民居不死不生之境。"诚为知言。故收税以后，虽伪奖励实业，鼓励农商，实则所生之财，皆归于上，乃欺民之手段耳。加以官吏之所入，悉取之于民，为官者既富，则人人均思为官，实则仍欲富之心耳。然人民之脂膏，既为在上者所吸取，虽欲不贫，岂可得哉！此政府之恶二也。

况今之政府，欲压制多数之人民，必先联络少数资本家。盖以一切劳动之民，若佃人、工人之属，均居资本家之下，而资本家对之，又有压制之权，故政府亦欲利用其力，以间接压制一般劳动者，又虑资本家不为所利用，则又订为法律，以保护资本家。观《治安警察法》之规则有云："如劳动者反对资本家，则劳动者必治罪，而资本家解雇劳动者，则为无罪。"如近日足尾铜山暴动，此山本资本家私产，而政府则助以兵力，加以捕缚。又昔日日俄战争之先，议开战者，均少数资本家，劳动者不得与闻，而政府之于资本家，又诱之出财，许以特权及经商利益，及资本家佐以财，则强迫劳动之民，使之赴战，此皆利于资本家不利于平民者也。如人民有聚议、罢工之事，则以法律相干涉，或禁之以监狱，岂非政府用少数资本家以压制多数贫民乎？此事于中国古代，未之或闻，近政府亦奖励南洋商人，使为政府所利用，自今以降，必有利用资本家以压平民之一日。此政府之恶三也。

由是言之，则政府为万恶之源明矣。或谓政府既恶，何以就古史观之，亦有良善之政府。然此决非政府之良善也，特组织政府之人善耳。况明君良相，其真为人民谋幸福者，千百载不一出。我辈奚必希望其人而欲留政府乎？故希望政府之得人者，均为昏愚之见。或又谓专制政体虽恶，若立宪及共和，则未尝不稍善？不知专制固恶，立宪、共和亦非善也。如日、英、德、澳，名为立宪，实则仍为君主、资本家之利益。又如法、美均共和之国，然今法首相枯利曼松，素为民党，抱自由主义，及组织内阁之后，则为镇压劳动者；美统领罗斯福素有义侠之名，今亦借政府以笼络富民，其所以如此者，则希望得富民选举多数之票耳。故对于平民之压力日以增加，岂非一入政府无论善恶若何，均化而为恶乎！况考政府所由来，不过由少数野心家及一二雄杰所创耳，因互相竞争乃立不平等之政府以居于人上，渐次相传，遂为习惯。试思基督言爱人如己，孔子言己所不欲勿施于人，其理至浅，焉有以一人而统辖多数人民之理哉！又焉有以多数人民服从一人之理哉！盖人民均能自治，若举多数人民为政府所治，岂非视多数人民为孩童乎！故人民必当脱政府之治，以成个人之自治，能成个人之自治，即无政府可也。

今之反对此说者，谓既无政府，即无法律及秩序，彼此争夺戕杀之祸，必日以加增。实则不然，凡人类非不喜安乐及完聚也，且兼有互相亲睦之天性，非以残杀为本性也。而今之政府，转阻碍人类本性之发达，今既去之，则人类共享安乐之生活，岂有互相戕贼之理哉。且就生物界考之，凡动物植物之中，如有以相争相杀为性者，其种类必不蕃，如虎狼是也。其有互相扶助之感情者，则种类必蕃，且适于生存，如虫蚁是也。今以人类与虎狼相较，其天性之残忍，必不若是之甚，乃具有互相扶助之感情者也。譬如今日在会诸君，纯然与无政府之制同，行止坐立，均可自由，无规则以相束缚，何以不闻有戕杀争斗之事乎？

或又谓公产之制，行于古代，何以行之而旋废，以复立政府？不知古代之社会，农工商诸业，均未发达，故生产甚寡，而失业者多，及所生之物，不足给人类之求，乃出而相争，或劫掠他部财产，或以他种为奴隶，积时既久，故首领政治以兴，及首领与首领相争，乃区划国界，设立政府，创国家、政府不可无之邪说，及邪说流行，而政府势力已固，是则公产制度，易为政府制度，实由于生产力之不足耳。今则人民进化，农工商诸业亦日兴，其生产之力，较之古代，不啻有百倍之增，以社会之所产，分给一般之人民，决无不足之虞。故今日行共产之制较之古代共产之制，必尤为完全，岂必以此为疑乎！

（录自《新世纪》第25号，1907年12月7日）

或又虑动物本无法律，若人类之有法律，具于阶级社会之初，习惯既久，一旦去之，恐终启纷争。不知近代之阶级制度，不外资本家及劳动者二类，故近世纷争之历史，均资本家、劳动者之冲突也。若去此阶级，则竞争自息。至于政府，则君主、统领、大臣、官吏，处于平民之上，阶级不同，使平民处服从之地位，故平民日与相争。若去此阶级，人类平等，则争端亦不兴。若虑既无法律，恐相争者日众，则法律愈密之地，争端愈多，法律愈疏之地，争端愈少，故中日商人往南洋者，不受法律之保护，惟以固有之道德，互相扶助，以信义相交，而商业亦日盛。又日本法律日繁，东京附近，干涉甚严，而盗贼杀人之事叠［迭］出，反观村野之间，愚民不知法律为何物，而亲睦之风犹存，争夺之端不作。即推之法、美、德诸国，凡干涉力不及之地，其人民道德，亦迥出都市人民之上，岂非人民固不赖有政治乎？且在会诸君，多抱自由思想，譬如开会之时，警吏突至，肆行干涉，又清国公使，亦临会场，以谋钳制，诸君甘安之否乎？足证不悦法律之心，为人类所共具。岂有去法律而转相戕贼残杀之理哉？此皆政府不必设之说也。

然疑此问题者，必又以二事相诘，或谓既无政府，倘有野心家崛起其间，必将另建政府，或谓中国既行无政府，则邻国之有政府者，必起而瓜分。然此均易决之问题也。

夫世界之大野心家，或百年一出，或千年一出，即使有之，则人民之实力，既能颠覆数千年之政府，奚有并新造之政府而不能颠覆者哉！此野心家不足虑之说。

若夫瓜分之说，更不必虑。盖人民欲防御他国，决不赖政府之力，如法国大革命之际，鲁易①虽借普奥之师，然决不能敌人民之力。又如拿坡仑第三②，以政府所设精强之兵，与普奥战，卒以败覆，及普军围巴黎，法民男女老幼，困守危城，卒以持久。岂非人民自为防御，迥出于政府防御之上乎？况法国之革命，仍为少数之革命，若实行无政府，则为多数之革命，加以各国民党，抱此志者甚多，假使中国无政府，日本继之，则欧美诸民党，必将效之而行，以自覆其政府，安有瓜分中国之事乎？

况举历史之事证之，则法国大革命，影响甚大，及于英、普、澳、伊诸国，足证革命之蔓延，较之传染病，尤为捷速。夫政治革命之影响，犹能遍达他境，况于无政府之影响乎？盖反抗无政府主义者，非各国之人

① 鲁易，即“路易十六”（Louis XVI，1754-1793）。

② 拿坡仑第三，今译作“拿破仑三世”，即夏尔-路易-拿破仑·波拿巴（1808~1873）。

民，仅各国之政府耳。如日俄战争之际，俄国人民，行总同盟罢工，俄皇乃与德皇相约，拟合两国政府之力镇压之。然德国民党，亦与俄民相通，谓德若助俄，则民党扰其内，即法国、西班牙无政府党，亦相应和，德皇之议遂寝。是一国无政府，彼各国无政府党，亦必起而与政府相敌，其政府虽强，安有余力以干涉他境哉？此邻国瓜分不足虑之说。

今世界各国，均有无政府党，而就其实际观之，则实行无政府，当以法国为最先。盖法国人民，不计一己之安乐，以传布无政府主义为天职，又以军队为镇压民党之用也。则创非军国主义，复对于军人，潜行运动，使之共明此旨。其他各国，近亦效法法民之所为，盖政府有陆军，为妨碍民党之第一阻力，今也并此而去之，则实行无政府，其事至易。假令一国无政府，则各国之无政府党，均可成功。盖此乃世界变迁自然之趋势也。

况他种之革命，均有种界及国界，含于其中，如美国为民主国，然排斥华人，近且排斥日本人，而在无政府党观之，则此与主义为敌。盖无政府主义，在于视世界万国为一体，无所谓国界，亦无所谓种界。主义相同，则爱之若兄弟，主义相背，则抗之若敌仇，故势力蔓延日广。近日德皇威廉第二①，以英雄自居，对于无政府党，屡抱感叹，谓“彼之无政府党，能合万国人民为一团体，而今之政府，则不能合万国为大同盟。”据此语观之，则各政府团结之力，远出无政府党之下。故知无政府主义，至于异日，必为万国所通行。

加以中日二国，地域相近，诸君如抱此旨，则此后两国国民，均可互相扶助，均可彼此互相运动，及联合既固，以促无政府主义之实行。此固予之所深望者也。

抑尤有进者，无政府党之人格与社会党之人格，决不相同。社会党人，欲以劳动社会，握选举国会议员之权，实则欺劳动社会以攫机利，则仍自私自利之心耳。其人格之卑下，为何如哉！若夫无政府党人，惟求公共之自由，而自己则居于贫苦之地位，牺牲一己之名誉及幸福，以谋公众之幸福，此其异于社会党者也。故人格亦有天渊之别。若夫东方人种，又

① 威廉第二，今译作“威廉二世”（Wilhelm II von Deutschland，1859-1941）。

多抱野心，虽口谈革命，实则欲为帝王、大统领、大臣及官吏耳。此为一己计，非为人民计。此东方人格之最不善者也。今欲改造人格，其第一重要者，则为先其利益心、名誉心及权位心，继去其希恋安乐之心，不为一己谋幸福，以养成高尚之人格，庶几可以为无政府党人乎？

予素抱社会主义，及游欧美，与各国民党游，见无政府党之人格，远出社会党之上，由是于仅持社会主义者，颇抱不满之意。然居己国之中，鲜克发舒己意，今承诸君之召，故不惮举平昔所欲言者，悉为诸君陈之。诸君之中，如有信此说及疑此说者，均可随时面质也。

（录自《新世纪》第26号，1907年12月14日）

□□君演说既终，刘君光汉复起而言曰：据□□君所言，于政府之弊无政府之利，言之最详。幸中国近日，尚为放任之政府。然以今日之人心，无一非崇拜强权。无论满州立宪，无论排满以后另立新政府，势必举欧美、日本之伪文明推行于中国，使放任之政府变为干涉之政府。则□□君所谓法律、租税、官吏、警察、资本家之弊，无一不足以病民，而中国人民愈无自由，愈无幸福，较之今日，尤为苦困。故吾辈之意，惟欲于满州［洲］政府颠覆后即行无政府，决不欲于排满以后另立新政府也。

次由何女士震演说，谓吾于一切学术，均甚怀疑，惟迷信无政府主义，故创办《天义》报，一面言男女平等，一面言无政府。盖无政府之目的，在于人类平等及人无特权。若男女平等，亦系人类平等之一端；女子争平等，亦系抵抗特权之一端。并非二主义相背也。特无政府主义不仅恃空言也，尤重实行。现世界无政府党，以俄国为最盛。俄国无政府党，其进步分三时期：一为言论时代，二为运动时代，三为暗杀时代。今中国欲实行无政各［府］，于以上三事，均宜同时并做。即使同志无多，亦可依个人意志而行，以实行暗杀。盖今日欲行无政府革命，必以暗杀为首务也。

次由刘君光汉提议：今日开会后，拟每星期中举行讲习会一次。其讲习之科目，一为无政府主义及社会主义学术，一为无政府党历史，一为中国民生问题，一为社会学。由中外各国绩学家讲演，并可随时质问。如有各国民党至东京者，亦开会请其演说。众皆赞成。

时天色已薄暮，遂由张君继宣布散会。

（录自《天义》第6卷，1907年9月1日）

论种族革命与无政府革命之得失

——驳鹤卷町某君来函

震*、申叔

本社前接鹤卷町某君来函，言今日之中国，只宜实行种族革命，不宜施行无政府主义。此实大谬不然之说也。夫就一国之政治论之，当审其地形、生计、风俗、宗教之何若，观其所从来，而究其所终极。中国自三代以后，名曰专制政体，实则与无政府略同。何则？中国一切之政治，均生于学术，而中国数千载之学术，悉探源于儒、道二家。儒家虽崇礼教，然仅以德、礼化民，不欲以政、刑齐民，醉心于无讼、去杀之风，一任人民之自化。此固主张非干涉者也。道家若老、庄诸子，则又欲废灭一切之人治，一任天行之自然，制度、典则，弃若弃［弁］髦，则亦主张非干涉者也。夫中国之学术，既以非干涉为宗旨，故中国数千年之政治，亦偏于放任，视人治为甚轻。试举其证。

中国自秦代以后，惟西汉酷吏之治民，东汉朝廷之察吏，稍存开明专制之风。自东汉末年以迄于今，悉为放任之时代。虽明之永乐，清之雍、乾，克以一己之威力专制全国，然法律之所及，仅臣僚及士子耳，而对于多数之民，其放任自若也。于民数则听其自生自灭，于财赋则任其自销自耗，户籍丁册，数千年不一易，舛误差谬，莫可究诘。昔汉文帝问周勃："天下一岁决狱几何？"勃对："不知。""钱谷几何？"勃对："不知。"而

* 震，即何震，原名何班，字志剑，后改名何震，又名何振、何殷震（亦作何殷振），笔名震，刘师培之妻。

陈平、丙吉转以燮理阴阳为宰相之专职。为人主者，虽有长驾远驭之才，然黈纩以塞耳，冕旒以蔽目，端拱深宫，以无为为治。终其百岁之身，不知域内之事，其距斯、高对二世所言者，几何哉？故名居九五之尊，实则形同傀儡。而大小臣工，又莫不习于蒙蔽，或工于掩饰，或匿不上闻，由是吏治之败坏，民生之困苦，内患之郁结，外侮之凭陵，均不令皇帝知。此君主不以明察为治之证也。

若谓君主大权旁落，国政悉移之臣下，则汉之外戚，晋之宗室，唐之藩镇，宋之权宰，一朝得志，非无操纵一世之能力，然舍一身富贵尊荣外，于国家之利弊，民间之休戚，漠不关心。此大臣不以明察为治之证也。

若夫恤民情、达民隐者，厥惟宫［官］吏。然州牧、县令，文书旁午，案牍纷纭，其能留心民治者，盖绝为［无］而仅有。若职守稍尊，则又崇高牙、建大纛，危坐堂皇，深居简出。加以魏晋、两宋之吏，以优游养望为高，以躬亲民事为俗。近世以来，则又以粉饰为能。于狱讼之关于淫杀盗窃者，则曲为申详，真伪淆杂；于朝〈廷〉之文告，则以虚名奉行，实则与具文无异。即有关心民事者，然胥吏为之蠹，隶卒为〈之〉依，虽具明察之才，亦无由穷其底蕴。加以中国各省之款，有报销、指拨之不同，然其数若何，不独部吏不尽知，即问之藩库、盐课、厘局之员，亦瞠［瞠］目不能答。则中国之理财，悉以放任为政策，未闻有确实调查之一日也。

又，中国办事，动需援例。其合于例者，不问情实之若何，虽情伪百出，亦将照行。复有一成不变、无所取义者，如遇有越狱之案，则必曰“大风雨”；遇有逆伦之案，则必曰“患疯癫”。州县以此上之，部寺即以此受之，万事一律，从未闻加以驳诘。虚浮之习，蒙混之弊，层出而不穷。则中国之用法，悉以放任为政策，未尝有任法为治之一日也。

是则法律不过虚文，官吏仅同虚设。人民之于官吏，无依赖之心，（如中国人民于狱讼之事，不欲经官，有私相和解者，有宁忿死而不欲兴讼者，此人民不得赖官之证。故无论各事，言及官办，无不腹腓［诽］。）官吏之于朝廷，以虚诬相饰。致举国之中，无一有权之人，（此皆由专制之朝，欲夺众人之权，以成一己之权。及众人既放弃其权，不与于治乱兴亡之数，故君主孤立于上，亦不能以其权行于国家。因是君臣上下，互失其权，无一有权之人。）亦无一奉法之人，（若依会典、律例行，则中国由上迄下，几于比户可诛。）政治之放任，至此而达于极端。

况中国之政府，以消极为治，以不干涉为贤，虽有政府之名，其去无政府也几何哉？谬者不察，妄谓中国政府不负责任，为极端腐败之政府。不知中国人民正利用其政府之腐败，以稍脱人治之范围，而保其无形之自由。俄国杜尔斯德①有言："支那之民，能逃人间之威权者也。无论何国，其人民自由之途，均不若支那。"可谓探本之论矣。故中国现今之政俗，最与无政府相近。加以封建既废，屡经异族之征服，（无论何国，一经异族之征服，则固有之阶级悉以弭除。如罗马经蛮族之蹂躏［躏］，而贵族、平民之界泯；印度经回人、蒙人之侵略，而婆罗门之威失。中国之无贵族，亦犹是也。）舍满汉不平等外，汉族之中，无平民、贵族之区，（昔日科举时代，娼优、隶卒尚有不能应试之律，及捐纳途开，学堂设立，而此例亦不废而自废矣。）此制之胜于德、日者也。

又，人民衣食之途，惟在农桑，以重农贵粟为国本，以粟多为国富，甚至抑商贾为末业，以奇技淫巧为大禁，以言利为羞，以富民为不义，由是举国鲜巨富之家。又，财产相续，主于分授诸子。巨富之民，育子必繁，经数次之均分，则所得之财无几，故富者役贫，亦较泰西为善。此制之胜于英、美者也。

由是以观，则实行无政府主义，以中国为最易，故世界各国无政府，当以中国为最先。盖中国人民，其平昔之思想，久具废灭人治之心，故废兵、废刑、废财之说，屡见于古今史册。其所以不敢废政府者，则由笃信儒书，人人之意中悉具一阶级之观念，一若尊卑上下之分，虽与事实无裨，然确为自然之天则，无所逃于天地之间，故不得骤废其名。加以学士大夫，迷信名教，以秉礼自绳；蚩蚩之氓，又坚持力命之说，以安分为贤。此君主、官吏之名，所由不能骤革也。至于今日，人人均知礼教之诬，而纲常之说破，其所以不欲废政府者，一则虑革命之易于罹祸，一则欲利用政府以获利耳。倘利用中国之政俗，而革其信礼、信命之心，举昔

① 杜尔斯德，今译作"托尔斯泰"。

日之服从在上之人者，易而反抗在上之人：为农者抗其田主，为工者抗其厂主，为民者抗其官吏，为军者抗其统帅。联合既固，矢志不回，或同盟抗税，或全体罢业，则政府之颠覆君主之废灭，直易如反掌耳。故无政府者，即人人不受制、受役于人之谓也，即扫荡特权及强权之谓也。中国而欲无政府，惟当举农工、军民切身之苦，启其愤激之心，使人人均以反抗特权为志，则革命之事业成于多数之民，而公产之制、均力之说，均可渐次施行。若虑既无政府，无以御外人之侵略，则于革命既成之后，或暂设外交、军事两机关，（斯时既行共产之制，则养兵之饷不必另筹；制造器械，即以作工之民为之，不必由国家另为设厂也。）以为对外之准备。或近与亚洲诸弱国相联，远与欧美无政府党相络，摧折白人之强权，以覆其政府，由无政府之制更进而为无国家，则世界归于大同，人类归于平等，举昔日假设之国家、（国家之名由假定，另有说详之。）特权之政治，悉扫除廓清，其为人民之幸福，顾不大哉！

况无政府之说，非荒谬之说也。征之天然界，则世界无中心，（枯鲁巴特金[①]说）空气无畛域。征之生物界，则虫类因自然结合，有互相扶助之感情；植物之出生，有转避障碍之天性。征之心理，则人类咸有忌嫉之心，不欲人之出己上，以促人类之平等。若再参以西哲学说，则此理尤为圆满，安得以此为理想之谈乎？即曰无政府主义在欧美各国为理想之谈，然中国数千年来，既行无政府之实，今也并其名而去之，亦夫复何难之有哉！（既无政府，若不行共产之制，则富民之横暴，盗贼之劫掠，必不能免。惟实行公产，使人人不以财物自私，则相侵相害之事，将绝迹于世界。然徒曰公产而不行均力之说，一任作工之自由，则物之不备者必众。及无以给人类之求，则争端又作。若行均力之制，则物无匮之虞，而纷争尽弭。）

若夫种族革命，固为革命之一端，然今之倡排满之论者，当先知满洲当排之原因。夫满人之当排，非以其异族而排之也，特以其盗窃中国，握中国之特权。故仅言民族问题，不若言民族特权问题。

试溯满人入关之初，屠杀劫虏［掳］，圈田掠民，其为华民之敌仇，

① 枯鲁巴特金，今译作“克鲁泡特金”。

固无待赘述。即近世之制，满人不与汉人平等。满人不从事耕稼，而食汉人之粮；满人以少数之民，而达官之缺与汉人同；下及刑罚、力役，均轻于责满，严于责汉。推其致此之原因，则由君统属于满人。满酋私其同族，故满人之特权，均援君统而起。即使清廷颁布宪政，去满汉之界，然既以满人为君，则对于满族，即不能禁其无所私。虽撤［撤］驻防，不能禁满兵不分布各境；虽废满员之缺，不能禁满人不占据要津。是则君统不废，无论泯满汉之界与否，均不能夺满人之特权。（试观东晋渡江以后，王、谢数族，握朝政者百余年；明代徐、沐诸姓，虽及明末，犹有特权。此以本族为君，尚私其勋旧，况以满人为君，而欲使之不私其同族乎？）故吾人之对于满洲，惟当覆其君统，废其政府。君统既覆，则昔日满人之特权，其援君统而起者，均当归于消灭。试观北朝之时，鲜卑握中国之权。及隋代继周，而鲜卑之民，遂与汉族同化，而阶级无存。今之满人，亦犹是也。且自古迄今，凡以数族受制一政府，而政府之权握于少数强族之手，其政治最易失平，及少数之强族失其特权，势必与多数之民族同化。执此例以律满人，则君统既覆以后，有不与汉人同化者乎？此满人无待于驱除者也。盖吾人之意，以为实行无政府革命，则满洲政府必先颠覆；满洲政府既覆，则无政府之目的可达，即排满之目的亦可达。安得谓无政府革命，有妨于种族革命乎？

今之仅倡民族主义者，其谬有三。

一曰学术之谬。如华夏之防，种姓之说，虽系中国固有之思想，然贵己族以贱他族，不欲与彼杂居，系沿宗法时代之遗风。而近岁学者，多固执此说。或谓种族既殊，即不能同居一国；或谓即同居一国，亦当服从汉族之政治。由前说，则为狭隘；由后说，则为自尊。既欲别他族于汉族之外，则回民、苗民亦不当与汉人杂处；既欲他族受制于汉族，则与今日汉、蒙、回、藏受制满洲者奚异？且民族帝国主义之说，亦将因此而发生。此学理之误者也。故吾人所言民族主义，在于排异族之特权，不在禁异族之混合。惟异族之特权应排，故不独汉人应排满，即印度之于英，安南之于法，菲律宾之于美，中亚之于俄，亦当脱其羁绊，则民族之革命，即弱种对于强种之抗力耳，奚必执中外、华夷之旧说哉？

二曰心术之恶。今之倡言革命，有一谬论，谓排满以后，无论专制、立宪，均可甘心。（如来函所云。）故于朱元璋、洪秀全，均深诵其功。不知朱元璋、洪秀全之虐民，不减于满洲。吾人之革命，当为民生疾苦计，岂仅为正统、闰统辩乎！惟革命党人多抱此想，故于革命之后，希冀代满人握政权。非惟私设总理之名已也，黠者具帝王思想，卑者冀为开国元勋。复以革命后之利益，荧惑无识之徒。夫吾人作事，只当计公理，不当计利益。即曰利益不可不计，然当〈为〉世界生民计，不当为一党一人计。若曰革命以后，一国之权利悉属于少数革命党人，此与康有为所谓"立宪以后，政党握权"者奚异乎！盖因自利而谋革命，则革命亦出于私，其目的仍在于升官发财。倘立宪党以此相诮，果何词以对之乎？故吾人之意，以为今日之革命，必当以无政府为目的。使人人知革命以后，无丝毫权利之可图，而犹能实行革命，则革命出于真诚。较之借革命而谋自利者，果孰得而孰失耶？

三曰政策之偏。今一般国民虽具排满思想，然今之所谓革命党，不外学生与会党二端。夫一国之革命，出于全体之民，则革命以后，享幸福者亦为多数之人；若出于少数之民，则革命以后，享幸福者仍属于少数之民。故近世欧美诸革命，均与根本之革命不同。何则？法国之革命，巴黎市民之革命也；美人之独立，商人之革命也。故革命既成，多数之贫民仍陷于贫苦之境。若俄国则不然，革命之思想普及于农工各社会，并普及于全国之中。异日革命之事成于全国之民，则俄民多数之幸福，必远出法、美之上。盖革命出于多数平民，斯为根本之革命。故吾人于中国革命，亦冀其出于多数之民，不欲其出于少数之民。此其所由以运动农工为本位也。

举此三事，则知无政府革命，凡种族革命之利无不具，且尽去种族革命之害。况实行无政府，则种族、政治、经济诸革命，均该［赅］于其中。若徒言种族革命，决不足以该［赅］革命之全。此无政府革命优于种族革命者也。

约而言之，则今之言保皇、立宪者，欲保满洲之君统；而吾所倡言者，则在废满洲之君统。今之仅言种族革命者，欲颠覆满洲政府，代以汉族政府；而吾人所昌［倡］言者，则在于满洲政府颠覆后，即不复设立政府。欲保满洲君统，固不足道；即于排满以后，另立政府，亦有以暴易暴之虞。曷若利用中国固有之政俗，采用西欧最圆满之学理，以实行无政府之制乎！

或谓，无政府主义非近日所能实行，莫若于满洲政府颠覆后，建立新政府，然后徐图无政府。不知世界人民之幸福，在于安乐和易，而不在于伪文明。中国数千年之政治，悉为放任之政治。近岁以来，震于欧美之文明，始也矜其物质，继也并师其政治，致放任之风渐趋于干涉。然以近五年之情况较之五年之前，其所谓伪文明者，如警察、陆军及实业，未尝不稍为进步。若即人民之安乐和易言之，则远逊于前，而民间无形之自由，亦今不若昔。谬者不察，妄谓文明进步，则人民自由亦进步。不知处政府擅权之国，文明日增，则自由日减。凡文明之形式，必与干涉之政治相表裹［里］，此固证之各国而不爽者也。故今日欲行无政府，较之五年以前，已有难易之殊。幸而满洲政府腐败已非一日，拯衰救弊，甚属非易，故欲行干涉政治，亦往往有名无实。若于满洲政府颠覆后，另立新政府，此无论其为专制、为立宪、为共和也。特今日主张革命者，多醉心欧美、日本之文明，以为非推行其法于中国，则国势不强；又因西人功利学派之书输入中国，民习其说，历时既久，莫察其非，而崇拜强权之心遂以日盛。（今日中国之人民，如日居于醉梦，不察是非，惟知崇拜强权。凡强国所行之制，视之若九天之尊。如今日之警察、侦探，与昔日之捕快、走卒奚异？今则为其长者品级甚尊；今日之律师，与昔日讼师、代书奚异？今则习其学者资格甚尊。其故何哉？崇拜强国之制耳，且崇拜强国之名耳。又如，王阳明之学，日人信之者多。中国士大夫以为王学为强国人民所信也，遂亦尊王学若帝天。夫崇拜强权之心，至于此极，又何怪乎并强国奴隶、娼妓而亦尊之耶！）故以今日之人心，改建新政府，势必取欧美、日本伪文明推行于中国。然伪文明所行之地，即干涉政治所加之地。试即欧美、日本之政治言之。

今之欲采用欧美、日本政治者，一曰以法治国，二曰建立议院，三曰振兴实业，四曰广设陆军。夫所谓法律者，岂果定于多政［数］人民之手乎？专制之国，以君主之命令为法律；而立宪、共和之国，则法律定于议院之中。而议院之议员，不为贵族，即为资本家，故所订法律，名曰公平，实则贵族、资本家咸受法律之保护，而平民则受法律之蹂躏。如中国之俗语，犹曰“王子犯法，与庶民同罪。”今文明各国，则“君主无责任”一语，明著于宪法之中。是一国之内，已有逍遥法外之人。又，中国律例，官吏之家若违法律，其罪较平民尤重。今文明各国，则佣人罢工者有罪，富民解雇佣工，悉可自由，（如日本是。）岂非愈富则其罪愈轻乎？又，两造对质，咸恃律师之普辩与否，以判曲直。若对质之人，一富一贫，富者挟其资财，所延律师可达十余，其富于才辩者，亦为富者所延致；贫者艰于得财，所延律师不过才识下劣者一二人，以之与富民相竞，势必富民虽曲而亦直，贫民虽直而亦曲。此律师之弊也。又，法律既尚严明，则丝毫必察，故一国之中，咸置警察。试思，彼之置警察者，岂果为人民计乎，抑仅为政府计乎？如曰为人民计，何以巴黎、伦敦、纽约、东京诸都会，淫杀劫盗之事日有所闻，其未得罪犯主名者不知凡几，而国中之民党，言论、迁徙，则莫不禁其自由。偶有出版、集会之事，则侦吏、警兵随其后，莫或幸免。是则警察之置设，其目的不在保卫人民，惟欲防范人民，使之不得反抗，以保卫政府、官吏、资本家之安宁耳。而置设警察之费，则由人民分担，岂非以人民之财养人民之敌乎？此警察之弊也。故法律极严明之国，人民决无自由权。中国法律不严明，而人民自由权转出他国人民之上，则以法治国之说不可从矣。

至于议会一端，则其弊尤甚。夫今之为国会议员者，非贵族、资本家乎？即使出于普通撰［选］举，然多数之平民，屈从于贵族、资本家之下，以仰其鼻息。及选举之时，势不得不以之应选。加以文明各国，咸有政党，两党相持，咸以贿赂之多寡，定党势之胜败。故总统之选举，内阁大臣之任用，均由贿赂之公行。议员亦然。凡欲充议员之选者，必以资财运动。即居民党之中，亦必以运动之政策，笼络平民，买其欢心，以博多数之投票，则国会之制，较之中国之卖官鬻爵，岂有殊哉？且议员既以行贿而得，故身为议员之后，亦莫不纳贿招权。德、美各国，近岁以来，其议员、官吏均以受贿著闻。日本则某某事件，全国议员无一人而非受贿。以视中国贫［贪］污之官吏，相去几何？苟议员以公正为心，为民请命，则为政府所解散，致为议员者不得不曲徇政府之意。至于增税诸事，则迫胁议员，强之使从，民若稍抗，则政府有词，谓此乃尔等代表人所承诺者也。故为议员者，始也出其媚民之手殷［段］，以博多数之选举；继也则为政府所利用，以病其民。岂非政府以渔人自居，而使议员为鸬鹚乎？则建立议院之制不必行也。

若夫振兴实业，名曰富国，然富民愈众，全国之民悉陷于困穷之境，则实业之结果，不过为竣［朘］削贫民计耳。广设陆军，名曰自强，然军备愈增，多数之民悉濒于危险之境，则陆军之结果，不过为镇压民党及戕贼弱种计耳。况中国人民，以商人为耻，以言利为羞；文明各国，则尊视商人若神圣。中国工商各务，由人民自由营业，故利益普及于多数人民；文明各国，则工商诸业悉为资本家所垄断，以贫富而区阶级，多数人民与奴隶同。观于各国社会党所撰述，则知实业家之病民，不在僧侣、贵族之下。又，中国平昔之思想，以军人为贱，侪之娼优之下；文明各国，则尊视军人。中国古代之用师，虽穷兵黩武于域外，然只有竞胜之念耳，无复丝毫营利之心；而文明各国，对于弱种，悉因营利而用兵。观于各国民党多倡非军备主义，则知尚武之风，仍沿野蛮之习。况天下之大恶，莫大于劫财、杀人。今实业之制，吸收贫民之利，与劫财之恶奚异？陆军之制，戕杀生民之命，与杀人之恶奚殊？况实业家吸收民利，迫之出于劳动之一途，以害其生存，则目的在于劫财者，其结果乃至于杀人。又，陆军征服他国，屠戮其民庶，以夺取其利权，则手段在于杀人者，其目的乃出于劫财。夫文明各国之法律，于劫财、杀人之罪犯，莫不视为大恶，而已则尤而效之，可谓昧于公理者矣。愚者不察，犹颂其制为文明，岂知彼之所谓文明，正吾之所谓民贼乎！故欧美、日本各国，仅有伪文明。若衡其政治，则较中国为尤恶；即人民无形之自由，亦较中国为减。惟物质文明似较中国为进步，然处政府擅权之国，则物质文明亦为民生之大害。

试观现今之世，如电信、铁道、航路、邮政之权，均握于强种之手者也，均握于政府及资本家之手者也。在上之人，握交通之机关，无事则吸收小民之利，（如发电、乘车、乘舟，莫不收其重费。贪［贫］困之人，出费甚艰，虽有交通机关，亦莫获享其利，甚为可闵。）妨夺贪［贫］民之业。（如火车、轮舟、电车通行，而昔之挽人力车、驾航船及营负担诸业者，莫不失所〈利〉。）若弱种、平民骤谋反抗，则音信迅捷，千里之遥，瞬息即达，而军队之调集，亦朝发夕至，致弱种、平民日受抑压，虽欲抵抗而不能。是在上之人，利用物质之文明，操握交通之机关，以制弱种及平民之死命，而弱种及平民，则因交通机关之完备，永永沉沦，万劫不复，岂不哀哉！（如去岁中国萍乡聚众及今岁潮州暴动，使非有电信、火车、轮船，虽未必成功，然其影响必甚大。）

盖西人物质文明，均宜效法，惟宜用之于无政府之世。若处有政府之世，为人民幸福计，则有不若无。至于西人之政治，一无可采。故吾人之意，惟望中国革命以后，即行无政府，决不望于革命以后另立新政府，以采用欧美、日本伪文明。若欧美、日本之制，果推行于中国，则多数人民失其幸福及自由，其陷其［于］困难，必较今日为大苦。至于异日欲行无政府，亦较今日为尤难。何则？今日之政府，腐败之政府也，然腐败即系放任之异名。异日另立新政府，势必涤除旧制，纲纪肃然，由腐败之政府，一变而为责任之政府。然责任政府，即系干涉之异名。又，今日之人民，自由生活之人民也，故不为人治所束缚；异日政府实行干涉，则自由之人民易为受制之人民，饰以法治国之说，以范人民于桎梏之中。此皆革命以后，自然之趋势也。夫去放任之政府易，去干涉之政府难。以自由之民颠覆政府，则其势至易；以受制之民颠覆政府，其势至难。譬如掘土，去轻浮之土，虽童子可能，劳力至省；至于去坚凝之土，则所用劳力较多。此固至浅之理也。又如御盗，村野之民，习于驰纵，故逐盗至勇；若城市之民，束身礼法，尺步绳趋，势必为盗所制。此又至浅之理也。然即此二证观之，观于前证则知放任之政府易于颠覆，观于后证则知习于自由之民易于颠覆政府。若干涉之政府则不然。试观欧美各国，民党势力盛于中国，然迟延至今，仍未收革命之效者，则政府干涉力盛于中国之故也。若谓中国欲行无政府，必待新政府建立之后，抑思由新政府而为无政府者，其果由于政府之退让耶？抑果由于人民之革命耶？如曰出于政府之退让，则古今中外，不闻有此善良之政府，况于中国？则必重兴革命无疑。然当此之时，法令愈密，兵备愈强，交通机关愈备，政府之势力足以制人民死命而有余，则于民党举动，其防范必益严。加以中国人民易于知止，不欲求完全之幸福，以为受制汉族之下，于愿已足，而革命思想顿消。岂非异日之革命，较之今日之革命，其难易有天渊之判乎！即曰新政府建立后，仍可实行无政府革命，然经一次大革命，其民［戕］残人民，必不可胜计。吾人为世界生民计，奚忍睹其屡经惨劫？与其经数次之革命而后实行无政府，曷若于初次革命后即行无政府，为一劳永佚之计，以保全生民之命乎？此无政府革命所由优于种族革命也，此满洲政府颠覆后所由不必另立新政府也。

若执政府必要之说，以为无政府之制，非今日所能行，此不过希冀代满洲握政权，醉心于功利，而故为此遁词耳。藩篱之鹤，岂足与之量天地之高？尺泽之鲵，岂能与之量江海之大？故明著其说，以宣布吾人之宗旨，并普告中国人民，使之不囿于拘墟之见。知我罪我，非所计矣。

又案：中国人民，逃于人治之外，其故有三。

欧洲、日本，去封建之世，远者不出百年。处封建之世，诸侯各私其土，各子其民，于弹丸之地，所设职官以十百计，故利弊易于周知，而干涉之力亦至为严密。欧洲、日本人民，久处封建制度之下，惯于受制，故政府干涉之力易施。中国去封建之世已数千年，历代之守令，习于放任，甚至千里之地，所设职官不过数人；又苟其心思，坐待迁职，故于民间之情伪，不识不知。而下之于上，则又不以实应，以虚文相粉饰，故民生其间，得置身政法之外。其故一。

凡人治繁密之世，由于居上位者以民性为恶，故设为科条法令，以为民坊；若以民性为善，必以科条法令为轻。如中国荀卿倡"性恶"说，则以治民必待于圣王，非礼义法度则不治；孟轲之说，主张"性善"，则曰"徒法不足以自行"，又以"省刑罚"对梁王。此同一儒家而其说不同者也。盖以民性为恶，必主干涉；以民性为善，必主放任。（如欧人霍布斯以民性为恶，则主张君权之制；卢梭以人民有善良本性，则主自由，亦犹是也。）中国自三代以后，既骂［笃］信孔子之说，轻政刑而重德礼，而于儒家之中，尤坚持孟氏"性善"之说，以反对荀氏之"性恶"。故汉代以下之儒，多醉心刑措之风，以为用德教化民，则民德自进；民德既进，则人治不必存。此固学士大夫共具之理想也。本此说而见之政治，故政治偏于放任，一任人民之自然，以俟其感化，人民因之，遂得保其无形之自由。较之白人视政法为神圣者，固不同矣。其故二。

中国自古迄今，多遁世之民，离世特立。如陈仲之流，无亲戚、君臣、上下；郭泰、申屠蟠、管宁之流，天子不能臣，诸侯不能友，虽身居国土之中，然已脱国家统治之范围，不为人治所囿，故其自视也甚尊。中国人民亦钦其节概，以为可望不可即，盖纯然特［持］个人无政府主义者也。又如魏晋之间，嵇康、阮籍、刘伶之徒，虽身列朝籍，亦以放诞相高，置身礼法之外。此亦不囿于人治者也。即古代之僧徒，亦不守国法，不为帝王所屈，与欧美教徒受国家保护者不同，与欧洲古代僧侣握权者亦不同。故中国古今史册，其所谓逸民、隐士、高僧者，其心目之间，均不知政府为何物，以行其个人无政府主义。中国而有其人，民习其风，故能逃人治之范围。其故三。

有此三故，此中国人民，所由易于实行无政府也，此无政府之制，所由可以先行于中国也。著者附识。

（录自《天义》第6、7卷，1907年9月1、15日）

欧洲社会主义与无政府主义异同考

申　叔

欧洲社会主义，始于希腊柏拉图。柏氏所倡之说，多偏于共产，然仅托之于理想。惟宗教之僧侣，或实行共产主义。及基督教兴，教会之中，亦希共产主义之实行。及于十六世纪，渐行殖民之策。海外诸移民，亦抱共同生活之理想，而基督教诸神父，复祖述柏拉图之义。有欧人母耶①者，于一千五百一十六年著《无何有乡》，科秃比耶②继之，作《太阳之都》（一千六百年出版），哈林枯顿③又继之，作《太阳洲》（一千六百五十五年出版），故社会主义已萌芽于斯时。

至于十八世纪之末，而此义遂日昌。其立说之根据，约分三派。有以宗教为根据者，如德人奥依秃林克④谓，《新约》之书已寓共产之制。又，法人撒西们⑤、布利奥⑥、拉美纳⑦及康拜⑧均深信宗教，而英人握恩⑨遂谓爱他心为人道之至情。（从其说者谓，实行社会主义，其子孙必登天国。）此以宗教为根据者也。有以哲学为根据者，其源发于布依比第⑩。

---

① 母耶，今译作“莫尔”；《无何有乡》，今译作《乌托邦》。

② 科秃比耶，今译作“康帕内拉”；《太阳之都》，今译作《太阳城》。

③ 哈林枯顿，今译作“哈林顿”；《太阳洲》，今译作《大洋国》。

④ 奥依秃林克，今译作“魏特林”。

⑤ 撒西们，今译作“圣西门”。

⑥ 布利奥，今译作“傅立叶”。

⑦ 拉美纳，今译作“拉梅耐”。

⑧ 康拜，今译作“卡贝”。

⑨ 握恩，今译作“欧文”。

⑩ 布依比第，今译作“费希特”。

德人海克尔[①]继之，而海氏之哲学以为，国家之目的，为自由意思所完成。其所提倡，不外团体协同之自由。此以哲学为根据者也。有以科学为根据者，则始于犹太人，一为马尔克斯[②]，一为拉萨尔。彼以海克尔之说涉于空漠，乃从事于实际之经验，以倾向物质主义。（马尔克斯所著书，有《由空想的［到］科学的社会主义之发达》；而拉撤［萨］尔刊行之著作，亦有《劳动与科学》一篇。）此以科学为根据者。三派立说不同，然考其要归，则凡生产上、物质上之机关，均易私有为公有；凡产业社会之制度，均易为合同经营之制度；以社会收入之财分配社会，以期经济之平等。此则诸家共同之意也。

现欧洲学者，于社会主义之发达，划为五期：一为准备时代（由佛兰西革命至一千八百一十七年）；二为成形时代（由一八一八年至一八四八年）；三为休止时代（自一八四九年〈至〉一八六三年）；四为万国劳动者同盟[③]时代（自一八六四年至一八八〇年）；五为社会民主主义运动时代（一八八〇年后）。至第二时代，始有《共产党宣言》（一八四八年）；至第四时代，始有劳动者之团结，始有无政府主义之纷争。自巴枯宁倡破坏之说，而劳动同盟或倾向无政府主义。及一千八百七十三年，巴枯宁为马尔克斯所排斥，无政府主义遂与社会主义分离。二派既分，由是劳动同盟仍属于社会民主党，而无政府主义则别树一帜。此社会主义变还［迁］之大略也。

然吾等则谓，社会主义多与无政府主义相表里。考无政府之学术，本分二派。一以个人为主，如斯撒奈耳[④]、奥比的、伊尼依第突所言虽殊，（一主非基督主义，一主基督主义，一主进化主义。）然皆以个人之发达进步，期无政府主义之实现。此一派也。一以社会为主，若布鲁东、巴枯宁、苦鲁巴特金所言亦殊，（一主集产，一主破坏，一主共产。）然皆以社会经济之改革，期无政府主义之出现。此又一派也。此二派者，一主吾人内部之改革，一主吾人外部之改革；一主心意、性格之发达，一主境遇、事情之变

① 海克尔，今译作“黑格尔”。

② 马尔克斯，今译作“卡尔·马克思”。

③ 万国劳动者同盟，即国际工人协会（International Workingmen's Association），俗称“第一国际”。

④ 斯撒奈耳，今译作“施蒂纳”。

迁；一主理论，一主实行。盖一为哲学的无政府主义，一为合群的无政府主义也。哲学的无政府主义，以个人主权为重，诚与社会主义不同。若合群的无政府主义，其共产一派，则与社会主义不殊；其不同之点，则一欲利用国家，一欲废绝国家耳。夫社会主义之目的，在于冀一切财产之平均，以易私有为公有。若共产的无政府主义，其目的正与此同，故苦鲁巴特金谓："共产之制果能实行，则政府不必存，国家不必设。"此无政府之说所由成立也。况社会主义以平等为归。既有政府，则必上有统治之人，下有分配之机关，均背于平等之旨。故由社会主义扩张之，必达无政府主义之一境。而共产的无政府主义，实由社会主义而生，乃社会主义之极端，不得别之于社会主义之外也。况社会主义，欲借国家之力，以均平财产者也，然亦易为国家所利用。昔法国露易佛兰①，于国立工场，斥为伪社会主义。今倡土地财产国有之说者，说非不善，然不善用之，必致一切利权均为国家所垄断，以蹈法国国立工场之覆辙。若行无政府主义，则此弊无自而生。

况近岁以来，有们斯秃②者，宣布无政府主义之纲领，欧洲学者称为"社会的无政府主义"，与"共产的无政府主义"立义多同，而破坏现今之社会，则又本于巴枯宁。今欧美无政府党多笃信其学，以从事于破坏。惟社会民主党，仍与分离。然就欧洲社会党全体观之，于硬、软二派以外，亦有欲离政府、国家而独立者，则与无政席［府］主义宗旨约同。足证社会主义，必有趋向无政府之一日。若徒执社会主义而排斥无政府主义，此则偏于一隅之见耳，非吾等之所欲出也。

社会主义之实行，以劳动集合为嚆矢；欲行无政府主义，亦以劳动集合为权舆。盖欲行无政府革命，而不能使多数平民均明无政府主义，则其制不能实行。故吾人欲行无政府，亦从劳动集合入门。其宗旨虽与社会党不同，至其行事，则固未尝迥殊也。作者附记。

（录自《天义》第6卷，1907年9月1日）

---

① 露易佛兰，今译作"路易·勃朗"。

② 们斯秃，今译作"蒙斯特"。

世界平等政府谈

铲平王*

仆观于贫富贵贱阶级不平之世界，而厌世之念常往来于胸。逮见无政府之学说各报，始知现今之极苦世界，尚可以人力转移，以造成极乐世界，于是，厌世之念一易而为改造世界〈之〉念。但仆尝于无政府之学说反复思维，觉其权标“无政府”之名者，终难逃有政府之实。何以言之？观巴枯宁氏持组织公民会之旨，克若泡特金氏有各村组织公会之谈，爱尔卫氏①亦有合各地人民为万国协会之说。即日本大杉荣君亦谓，巴枯宁氏组织西欧联合会，吾辈亦可组织东亚联合会。夫所谓“公民会”“公会”“协会”“联合会”者，岂非即政府之别名也耶？又观于《天义》第三号之《人类均力说》，谓人民自二十岁至五十岁，于此三十年间，当分时劳力。夫既分年、分时劳力，苟无人司簿计，何由知某某当作何事耶？若仅凭其人之道德，按时操作，恐人性未必如是尽善矣。即使当彼时代之人性尽善也，然此时立说者亦不得不防患未然，条举目张，以解今人之惑。如曰不宜立法制人，则苦氏之每年千四五百点钟工作协约，《天义》所载之均力年限时间表，非即无政府时代法律之一班［斑］乎？如曰不宜有治人、治于人之别，则均力之说亦只可量劳力之轻重，分别门类，听

* 《世界平等政府谈》载《天义》“来稿”栏，作者无从稽考。不过，该文提到的“爱尔卫”（G. Hervé），来自《新世纪》第18号（1907年10月19日）刊载的署名“真”的《爱尔卫反对祖国主义》一文。据此推测，《世界平等政府谈》与《爱尔卫反对祖国主义》二文应为同一作者，“铲平王”即“真”，也即李石曾。

① 爱尔卫，今译作“爱尔卫威”，即古斯塔夫·爱尔威（Gustave Hervé，1871-1944），法国社会党人。

人择定数门，似难以一人之身，而使之三十年中，百工为备也。一人之身，于三十年中，既不能百工为备，则是全世界人民且需互相为役。全世界人民既互相为役，又孰从而辩别其若者为治人、若者为治于人耶？而况年逾五十，又有分司教育、炊爨各职位者乎？总之，一切民人固不可受强权法律之管辖，亦断难免于公众协约之遵守。夫无政府时代，既不能老死不相往来，势必互相交通。其稍远者，必有汽船、汽车。其司船、司车之人，即均力说所谓分年劳力之人也；而乘船、乘车之人，有在劳民限外者，即有在劳力限内者。在限外者，兹暂勿论；其在限内者，将恣其所之乎，抑不恣其所之乎？恣其所之，则人性难尽善，安知其不假乘舟车之便，而脱免其应劳力之时乎？不恣其所之，则工作限内之民人，得无历三十年之束缚耶？此非极乐世界所有事也。然则欲使人行动自由，不得不各设公会，使欲往某地者，先赴当地公会中，领取旅行券，并注明其人所作之业及年限、时间，并及起程之日。当地公会于此人登舟车后，即报知司厨者，令少备一人之饮食以及一切。逮至汽船、汽车抵他境，亦不问何人，均赴该地公会呈券，使该地公会招待，并通报司厨者，令备其饮食及一切，且按其限内应司之工作，导入作业场。至居留之久暂，则任其自由。惟未往他地之先，需于当地应作时间外，量补途中所耗之时间。及既往他境，亦须以该地公会之证券为符。至于无舟车之地，亦准此以推。抑又思之，凡全世界之有余、不足，似难缺一传信总机关。此机关者，譬之传电话之总机关。电话若无此总机关，则电话之功效必不巨。无政府时代亦然。然各境有余、不足，苟无簿计以司之而掌其机关，试问：不足者将从何取索乎？即使彼时代之人物，无自私自利之心，凡有余、不足，均登报纸，以俾世界周知。然其灵捷，较之全世界设传言机关，必有所逊。其他事体繁众，固不仅二端。然仅及此二端观之，则诸氏所谓“公民会”、“公会”、“协会”、“联合会”者，固有不得不设之势。既设各会，即不能称曰“无政府”。故据仆愚见，以为凡研究斯道者，苟欲以斯道实行于世，莫若将“无政府”之名词，改为“共产均力、无币无兵、全世界一平等政府”。（简曰：“平等政府”。）盖共产则无贫富，均力则无苦乐，无币则无私蓄，无兵则无残杀。名为“政府”，其实无所谓君主、统领以及大小百官、庶人贵贱之名号，不过代众人经理各职，以得同等衣、食、住之一分。充职之日，至多不得过一年（久则弊生）；任事之年，必在五十以后；任免之权，则操于全世界人民之手；任事权限，亦必在公众协约之内。如此而欲再演成现世界万恶之政府，必无此理也。至于此平等政府，当设于何地，则此项政府既为全世界人类之传言机关，即不论设于何地，均无不可。惟望研究斯道者，速将此名义制定，则凡稍具仁心者，不惟无怀疑辩难之词，且将罄竭心力，以研究善后之策，唤醒世界之平民，以扑灭现今悖于人道之政府，人类其庶有豸乎！鄙见如此，愿与社会主义讲习会诸君之研究斯道者共商榷之。

案，此篇亦有所见，惟语多误会，已另作函答之，俟下册登录。附记。①

（录自《天义》第13、14卷合刊，1907年12月30日）

① 原文止此，后无续刊。

社会主义与国会政策

申　叔

欧人马拉叠斯达①著《无政府主义》（*Anarchism*）② 一书，谓："无政府主义（Anarchist）以社会主义（Socialism）为根。"又曰："无政府主义离社会主义及协爱主义，不能成立。"此语也，固吾人共认为确当者也。惟现今持社会主义者，弊害昭著，是不可以不辩。

先是，余［于］马尔克斯派（Marxist）万国劳民同盟（International），其党员所持之旨，虽反对现今之国家，然颇主张国有主义（Nationalism），谓现今人民，对于生产机关之经营，难于直取，非借国家之权力，将一切生产机关集聚于中央，国家散给人民，使人民均沾惠［恩］泽，与太空吸收水气，降为雨泽者相同。（THe incorporation of the means of production shall not come out of the people and be operated by the people; no, the power of the state must first be conquered. In their hands it shall be concentrated and afterwards they want to rain prosperity down upon the common people like heavenly manna.）故从其说者，欲达社会革命（social revolution）之目的，必先取攫政治之特权（political privileges），以为由议会政策（parliamentarism）扩充党力，可促中央集权制度（centralistic）之实行。时巴枯宁派（Bakunistic）之社会民主同盟（Social Democracy），其自治联合及自由统合法（autonomic federation and free organization），与联合主义（federalists）、共产主义（communists）相同，

① 即埃里科·马拉泰斯塔（Errico Malatesta）。

② 本节录入的外文为校对后的改正文本，原文错讹之处，不一一出注。

均反对马尔克斯派，遂为无政府党（Anarhists）之滥觞，而马尔克斯派（Marxists）遂成现今之社会民主党（Social Democrats）。自一千八百八十九年开万国劳民运动大会（International Workingmen）①，各社会党人（Socialists，亦有不属马尔克斯派之社会民主党者），多持议会政策（Parliamentarism），此实社会党唯一之卑鄙（vile）政策也。试即各国社会党持议会政策者，胪列如左。

（1）德国（Germany）。德国社会党，于少数稳［温］和派（软派）。而外，多属于马尔克斯派之社会民主党。当一千八百七十一年，举议员二人于国会。及千八百八十一年，增至十二名；及千八百九十年，增至三十五年［名］；及千八百九十八年，增至五十八名；及千九百四年总选举，社会民主党以三百万之投票，选议员八十二名，后减至七十九名。至于千九百七年，以三百廿五万之投票，仅选新议员四十三名。

（2）法国（France）。法国自一千八百七十九年后，社会党之持马尔克斯派者组织团体，与党列士②派（Jauresists，属温和党），格史度③派（Guesdists）、阿利曼④派（Allemanists，均属激进党），及无政府党（Anarchist）相提携。诸派中选举投票数，当一千八百八十七年，计四万七千人；及千九百年，增加至八十八万；及一千九百零二年，增加及百五十万。所撰［选］议员计四十七名，而党魁党列士（Jaurés）举为下议院副议长，复以米列兰（Millerand）⑤入内阁，然诸派因之分裂。格史度（Guesde）等组织法国劳动党（Workers），与布兰基（Blanquists）⑥党相合。而米列兰派（Millerandists）别组织独立社会党，采临机应变之策。及千九百四年，党列士、格史度、阿利曼三派复合同为一。后，内阁欲与社会党相提携，擢党员布列曼等入政府，复得党列士之拥护，然合同党多数，于议院之中，大加反对。近法国社会党议员增至五十四人，惟近日市会选举颇为失势。

---

① 万国劳民运动大会，即国际社会主义者代表大会，俗称“第二国际”。

② 党列士，今译作“饶勒斯”。

③ 格史度，今译作“盖德”。

④ 阿利曼，即让·阿列曼（Jean Allemane，1843-1935），法国革命社会主义工人党领袖。

⑤ 米列兰，今译作“米勒兰”。

⑥ 布兰基，今译作“布朗基”。

（3）英国（Britain）。英国社会党自千八百七十九年，哈因秃曼（Hyndman）[①] 组织社会民主同盟（Social Democratic Federation）。及一千八百九十三年，哈叠[②]（Hardie）创独立劳动党，以组合劳动（associated labour）为目的，与旧劳动派相提携，从事政治运动。及千九百六年总选举，所举劳动议员计三十二名。其所生之别派，为英国劳动党。合以社会民主派议员二名，计三十四名。外，地方长官廿三名，而社会党哈曼斯举为地方政务局总裁。至于千九百七年总选举，两党候补者计三百三十八名。

（4）澳国[③]（Austria-Hungary）。澳国近数年间，社会民主党员以示威运动，冀获普通撰［选］举权，以普通撰［选］举请愿书要求政府。千九百七年总撰［选］举，社会党投票总数计一百万，所撰［选］议员计八十七名。近匈牙利劳动者，亦提议普通撰［选］举案，获得选举权。

（5）美国（United States）。美国自一千八百七十四年，组织社会民主劳动党（Social Democratic Workers），复改称北美社会劳动党（Social Workers），别派为社会民主党（Social Democrats），二派分合靡恒。然一千八百八十九年选举大统领，社会党所投票仅二千六十有三。及千八百九十二年，则达二万一千一百五十七票；及千九百四年，则达四十万三千三百三十八票。所举地方候补长官，由千八百九十二年至九十八年，殆增四倍有奇。由六名至廿五名。又，每岁总选举，所举社会党员，当千九百二年，仅得三十万之投票；及千九百五年，投票之数增至六十万。又，去岁纽约选举，社会党所得票计一万七千五百六十五纸。

（6）比利时（Belgium）。比国社会党于千八百八十五年创立，以运动选举为目的。及千八百九十二年总选举，社会党所得票计五十万，所选代议士三十四名。及一千九百年，复选代议士三十二名，而参列上院者亦四名。至于千九百七年，社会党入议会者，其总数亦达三十名。

（7）义太利（Italy）[④]。义国社会党，当千八百八十一年，开大会于罗马（Rome）。及千八百九十一年，选出议员二人。嗣社会党之中，分第

---

① 哈因秃曼，今译作“海因德曼”。

② 哈叠，即詹姆斯·凯尔·哈迪（James Keir Hardie，1856-1915），英国工人运动活动家。

③ 澳国，指奥匈帝国。

④ 义太利，今译作“意大利”。

欲拉第[①]（Turatists，温和派）、拉比利奥兰[②]（Labriolasts，新劳动派）、布奥利[③]（Ferrists，马尔克斯派）三派。而布奥利派与彼二派相合同，依农民为后援。当千九百二年，有议员二十余名，嗣增至三十余名。及千九百七年，国会之中亦有社会党廿五名。

（8）俄罗斯（Russia）。俄国自开设国会后，社会革命党（Social Revolutionists）、社会平民党（Social Plebeians）、劳动党（Workers）、农民联合党（Peasant Federalists）、社会民主党（Social Democrats）所撰［选］议员计一百余名，以要求土地法案，经政府解散。及第二国会开会，各党议员百四名，复申前请，政府大加压制。及近日新议会，社会民主党议员亦有廿二名，或曰九名。

（9）芬兰（Finland）。芬兰虽为俄属，然以人民之激愤，获普通撰［选］举权。近日第一议会选举，社会党员得选者八十名。而妇人为议员者亦达十九名，其中九名系持社会主义者。

（10）丹马（Denmark）[④]。丹国社会党，均属社会民主党之一派。近岁，国会议员有社会党廿八名。

（11）瑞典（Sweden）。瑞典社会党，亦以社会民主党占多数，现有议员十五人。又，诺威（Norway）境内，社会党势力亦增。近日所选议员，总计十七名。（又，候补议员三名，亦归社会党。）

（12）荷兰（Holland）。荷兰社会党舍少数直接行动派外，亦多持议会政策。近日总选举，撰［选］出议员六人。

（13）瑞西（Switzerland）[⑤]。瑞西近岁议员选出社会党二名，而瑞京市长则为社会党萨依叠尔。

（14）澳大利亚州［洲］（Australia）。千九百七年，澳州［洲］劳动党渐得势力，于议会总选举，选出下院议员廿六名，上院议员十五人。

---

① 第欲拉第，即菲利波·屠拉蒂（Filippo Turati，1857–1932），意大利社会党创始人。

② 拉比利奥兰，今译作“拉布里奥拉”（Antonio Labriola，1843–1904），意大利最早的马克思主义宣传者。

③ 布奥利，今译作“恩里克·菲利”（Enrico Ferri，1856–1929），意大利社会主义党成员。

④ 丹马，今译作“丹麦”。

⑤ 瑞西，今译作“瑞士”。

自是以外，则近岁各国总选举，亚尔然丁（Argentina）[①]、塞尔维亚各有社会党议员一人，英属坎拿大（Canada）[②] 有社会党议员三人。其他日本诸国，其社会党之一部，亦以运动选举为目的。夫此等社会党，非无会议及宣布之言也，然会议及宣布之言，均以获取选举权为目的。例如，英社会民主党干部发表《男女丁年以上普通选举宣言书》。（见《正义报》）俄国社会民主党、劳动党于千九百五年开大会，其提议之事，一为要求设代议政体，一为要求普通选举权，一为官吏由人民公选；又宣布《革命最后方法》，其第一条，亦以劳民得政权为目的。义国拉比利奥兰派及布奥利派于千九百六年开大会于罗马，拉比利奥兰派提议案，其第三条谓："本党议会运动，在于防护劳民权利，通达劳民合法之要求。"又，近日匈牙利、荷兰社会党均开大会，亦以普通选举为必要。即日本社会党，有提议普通选举请愿书者，有宣言普通选举为必要者。（见近日《社会新闻》）此均社会党以获取政权为目的之确证。自是以外，亦有以同盟罢工为示威运动者，然示威运动不过为获取选举权之方法。例如，千八百九十二年四月，比国劳民因要求选举权，同盟罢工；千八百九十七年，奥国劳民欲得选举权，宣言当效比民所为；千九百二年、四年，比民三十五万，又要求平等之普通选举，同时罢工；是年三月，瑞典劳民亦以同盟罢工要求选举权；至于千九百七年十月，匈牙利社会党要求普通选举，于首府施行总同盟罢工，以为大示威运动。又，德社会民主党于千九百五年提议，飞里度·白尔西[③]（Friedrich Ebert）亦以政府若侵害选举权，则本党决行总同盟罢工。（有《伯拜尔决议案》）近则伯林各所社会党，因扩张投票权，为壮烈示威运动。俄国社会、民主各党，于千九百五年宣言《革命最后方法》，其第四条谓："总同盟罢工，当由政治上问题或经济上问题而生。"义国拉比利奥兰派于千九百六年所布提议案，第四条谓："本党运动特别之手段，当依总同盟罢工。"（布奥利派稍反对之。）此均所谓"政治的大同盟罢工"（political mass strikes）也，大抵以示威运动

---

① 亚尔然丁，今译作"阿根廷"。

② 坎拿大，今译作"加拿大"。

③ 飞里度·白尔西，今译作"弗里德里希·艾伯特"（1871-1925），社会民主党领袖，魏玛共和国第一任总统。

为获得政权之手段。试观千九百七年八月，社会党开第七次大会，飞里度·白尔西演说政治的同盟罢工，略谓："总同盟罢工，以政权获得为目的。"而大会所提议，于劳民争选举而外，并及女子选举问题。此可征社会党多数，均以国会政策为依归。然其大弊所在，则有不可胜言者矣。

夫社会党员以扩张选举权要政府，政府对之，厥有数策。

一曰解散。如俄国第一、第二议会，均以要求土地民有，为政府所解散。于第二议会，且罗织议员叛逆之罪，治以死刑及监禁之刑，以锄民气。此一例也。

二曰欺诱。苦鲁巴金（Kropotkine）《面包掠夺》（*La conquête du pain*），第二章（《万人之福祉》）第三节曰：千八百四十一年，欧州［洲］劳民要求劳动权利，欲设立国家都市工场及八时劳动法。政府见彼等坚结团体也，则答之曰："健忍之友，政府本倾心于尔。今采八时劳动法，然尔等勇敢辛劳，以为面包之争斗，亦可休矣。"既对劳民出此言，复操演巨炮，征集预备兵，以行解散之方法。至其结果，则处要求者以流刑及铳杀之刑。此又一例也。（又如千九百四年，意民行总同盟罢工。内阁总理基倭列器 Giolitti① 在国会宣言，谓此后若有同盟罢工之暴动及扰乱，兵士对之，禁发枪炮，并通告电局及新闻纸。此亦用欺诱政策者。）

三曰怀柔。马拉叠斯丹《无政府主义》不云乎，"无论何国，平民阶级均稍享政权，以握选举以［之］柄。此乃绅士阀对平民让步者也。彼等之意，以为果让此权，则己与帝王或贵族生冲突，可用平民为己助。即使平民主张解放，将生奇变，然既让以丝毫之权，彼为所欺，亦必易于满志。由是，多数平民希望权势之日增，以消壮志，而在上之阶级，利用其机，益以巩固其势力。"今观欧美各国，凡社会党员参列国会而撰［选］举之权普授劳民者，均用此策者也。故此策施行，较他术为尤广。此又一例也。

四曰利用。如法国急进党克列曼速为内阁总理，欲与社会党之一部相提携，以坚其地位，乃举社会党员布列恩长商部；英国自由党欲坚固其内

---

① 基倭列器，今译作"乔瓦尼·乔利蒂"（Giovanni Giolitti，1842－1928），意大利政治家，自由党领袖，曾五次担任首相。

阁之力，乃举社会党员哈满斯，用为地方政务局总裁。此岂为平民计哉？不过博平民之欢心，以为己党之外援。此又一例也。

五曰防闲。如去岁芬兰国会，社会党为议员者，数达八十余人。至于近日，俄政府以一万二千之军队移住芬兰，以为镇压之计。此又一例也。

六曰暗害。如德国去岁总撰［选］举，中央党设策百端，鼓煽人民爱国心。对于社会党，以为阻害国家之进运，加以“公贼”之称，且日为游说之运动。由是，总撰［选］举结果，较之前役，殆减半数。此又一例也。

由是言之，则社会党之要求撰［选］举者，未必不受迫害；即不受迫害，亦未必骤得政权；即骤得政权，亦未必可期永保；即曰政权可永保，然劳动者全体亦未必解放。罗列（A. Roller）①《社会总同盟罢工》（*The Social General Strike*）第一章第一节曰：“昔日劳民中，有信议会政策（Parliamentarism）可达目的者，但观于近岁政治事件及所生结果，知此策决难依赖。如德国议会政策非不发达，每次选举，社会党人恒入国会。以如斯之幸福，尚知议会政策之非。彼社会民主党虽以富于保守之团体，亦知新思想之必要矣。”观于此言，则凡施行议会政策者，决不能达真正之目的。盖此仅少数议员之利，非多数平民之幸也。如曰得少数社会党议员，即可破贵族、富豪之阶级，则昔日俄帝亚力山大第二（AlexanderⅡ）曾反对贵族特权矣，然贵族之享有特权也自若。又，近日美统领罗斯福（Roosevelt）② 亦反对秃拉斯③（大公司）制度，且下教书于国会，攻击富豪，而富豪之骄横也如昔。是则处今之世，非行根本之革命，虽以帝王、统领之权，不能戢贵族、富豪之焰，而谓少数社会党议员足以限制上级特权，以期劳民全体之解放，有是理哉？况近岁社会党为议员者，以德、澳、芬兰为最众。然德国下院议员几四百人，千九百三年总撰［选］举，社会党最占优胜，然所举议员亦仅八十二名，不过占议员五分之一耳；澳国议员亦三百余，去岁总撰［选］举，所举社会党亦仅八十余人，不过占议员四分之一耳；芬兰议员二百余名，去岁所举议员亦仅八十余名，不过占议员三分之一耳。是社会党政权最优之国，国会议员仍以他党

---

① 罗列，今译作“阿诺·劳勒”。

② 罗斯福，指“西奥多·罗斯福”。

③ 秃拉斯，今译作“托拉斯”。

占最大多数。夫社会党要求撰［选］举，已历三十余年，而所得政权仅若此。若欲国会议员悉以社会党充其选，此固河清难俟，不知待至何日者也。即曰国会议员由今而降，社会党人必占多数，然亦仅获国会之权耳，彼王室及政府仍自若耳。此非所谓至迂、至缓之策哉？

试更即社会党运动选举者言之，所持政策有二。一曰欺诱劳民。如西班牙比路豹（Bilbao）地方，矿夫二万余人，欲要求废止手票制度（Truck system）。而社会民主党则谓："手票制度，舍议会决议，无由废止。惟举社会党入议会，庶克为尔侪尽力。"凡各国社会党冀撰［选］举者，对于劳民，大抵若此。此一例也。二曰行使贿赂。如德国社会党于千八百七十八年后，经政府之镇压，多避往丁抹①、瑞士，乃开秘密大会，集马克金数十万，以投充撰［选］举费。今社会党谋充议员者，亦恒挟此为秘术。此又一例也。

及身任议员以后，或防他党之竞争，日思抵制。于本党事件，转弃置若遗。马拉叠斯丹《无政府主义》论选举之弊曰："譬如某地欲选执政官，彼等执政官必用众多之政策，方获支配社会之权。果尔，则彼不得不遗弃他务，用全力以备仇敌。"执政官且若此，况社会党人，久为他党所集矢，有不用全力以对他党者乎？此一例也。或因保卫禄位之故，虑上级之攻击，不得不与相融谐。罗列《社会总同盟罢工》第一章第一节论德国曰："处今之世，平民阶级团体虽坚，于全国及议会中占最大多数。若于富豪集会所（Herrenhaus）及联邦议会（Bundesrath）之意相违，或与皇帝之旨相背，更有何事可作乎？皇帝保持一己之意旨，握军队之全权。议会对于军械，其防备之术，舍数纸空文而外，更有何策？"（While the parliament has nothing but paper scraps to defend itself against the bayonets of soldiers.）观于此言，则社会党人欲保议员之尊者，不得不从在上者之意旨。此又一例也。其尤下者，则得权而后，转背叛本党，以媚在上之人。如比人齐鲍以社会党入内阁，及千九百二年比都人民起总同盟罢工，齐鲍（Thiebaud）乃调集民兵，行镇压之策，使多数平民悉罹禁锢之刑。（法美列兰入内阁后，亦多镇压平民之举。又，日本今总理大臣西园寺公望，当留学法国时，亦颇受社会主

① 丁抹，今译作"丹麦"。

义之感化，今则镇压社会党，其策甚严。）此又一例也。

要而论之，社会党人以要求撰［选］举为目的，均政党而非民党，乃利用社会主义以为一己进身之径捷［捷径］。所持之术愈高，斯进身之阶愈易，而其人格亦最卑。罗列称为社会之寄身［生］虫（social parasites），诚不诬也。

最可异者，彼等既以得政权为目的，致所持之策，介于不硬不软之间。盖所持之策偏于软，不足博在上者之恐怖而分与政权；若过偏于硬，则政府将以全力镇压，且不克与他党相融，亦无弋取政权之望。故就其一方面观之，既与上级相竞争，然又以最烈之竞争为戒；又就其一方面观之，既与平民相提携，然或卖平民以媚在上。如德国民主社会党员亦主张总同盟罢工，又以社会总同盟罢工为非是，复谓“总同盟罢工，均属无意识”。（The general strike is general nonsense.）即《新时代》（*Die Neue Zeit*）诸杂志，亦欲扑灭总同盟罢工主义。此言论反复者也，盖彼不欲以社会革命滋政府之疑。又如法国社会党提议总同盟罢工，亦斥为无意味。及千九百四年，布兰基、格史度二派开大会于里尔（Lile），宣告：“若反对总同盟罢工，恐失劳民之后援。”此亦言论反复者也。盖彼以总同盟罢工为欺诱平民之口实。举此一端，可以知社会党挟议会政策者，既媚其上，复媚其民，致所持无定识。观去岁社会党大会，既以殖民问题为强权主义，复誉为社会进化之分子；既知军备主义之不善，复谓战争之际，宜尽全力以求速止。均以模棱两可之词，取媚流俗。名曰社会党，实则中立党而已。其尤下者，则意国布奥利派宣告，禁滥用同盟罢工，拒“非国家的”之议论；又言：“本党运动，当严守一致之规律。”而日本社会党之一部（社会新闻派），亦宣告守国法范围。卑陋猥琐，一至此极，均希望撰［选］举之一念有以惑之也。至于举动反复，尤属可嗤。如千九百二年，比民总同盟罢工，社会民主党机关纸名曰《人民》（*Le Peuple*），公刊广告，言：“凡作罢工之事者，以手枪为酬。”及形势迫切，死伤众多，该党首领［如温达维儿多①（Vandervelde）、安西尔②（Anseele）等］

---

① 温达维儿多，今译作“王德威尔得”（Emile Vandervelde，1866-1938），比利时工人党和第二国际主要领导人之一。

② 安西尔，今译作“安塞勒”（Edward Anseele，1856-1938），比利时社会主义政治家。

即退避不前，劝罢工从速完结，并耸动劳民属捕缚滋事之人。又如西班牙巴色罗那[①]（Barcelona）城，当千九百二年，平民宣言总同盟罢工，抵抗军警，而社会民主党首领有名巴布洛·意古列夏[②]（Pablo Iglesias）者，发布号令，使党羽周行各处，破坏罢工，并排斥劝诱罢工之人，甚至命委员上达政府，宣言："誓守忠诚，既为法治国之公民，绝不加祖叛乱（Revolt）。"后为他国社会党所反对，则又言："今日人民，去解放之期向远，故对于总同盟罢工，不得不加妨害。"其反寡复信，一至于斯。彼等之意，盖以劳民抵抗政策傥克奏功，则希望国会之思想将渐次消灭。否则，见嫉于政府，无复得权之望。故既为煽动之言，以悦劳民；复迫害劳民，以悦政府，兼使为劳民者鉴于直接行动之失败，生希望国会之心，以投票于己党。岂非牺牲多数劳民之生命，以博一二人之权利乎？故害归劳民，利归己党。其术愈巧，而心思之险恶，不可胜言矣。尤可异者，彼既持国会政策，对于直接行动派，有若大敌。如德国社会民主党，发刊《人民》（*Het Volk*）机关纸，当罢工之时，恒警告人民，言当反对无政府党之冒险（Anarchistic adventures）；复遍布讹言，伪造报告，言罢工失败，以惑劳民之心。复于《新时代》（*Die Neue Zeit*）报登载论文，以罢工失败归罪无政府党，且言："无政府主义好乱者（Anarchistic trouble-makers）之声，不日即当消灭。"又，去岁社会党大会[③]时，德社会党首领百拜尔[④]反对爱尔威[⑤]非军备主义；而日本社会党之一派，亦宣告反对无政府，对于直接行动派，妄造不根之词，以为之［中］伤之计。（如电车受贿事。）夫此等党派，处今之世，尚未握最大之政权，已排斥异己，妨遏言论。倘一旦握国家之大权，对于人民之反抗，其压抑之法，或甚于现今之恶劣政府，亦在意计之中。故知议会政策，乃万恶之源。凡以议会政策为目的者，无论出何党派，决无有利平民之一日。

① 巴色罗那，今译作"巴塞罗那"。

② 巴布洛·意古列夏，即保利诺·伊格雷西亚斯·波塞（Paulino Iglesias Posse，1850-1925），通称帕布洛·伊格雷西亚斯（Pablo Iglesias），早期西班牙社会主义运动重要领袖之一。

③ 即斯图加特代表大会（1907年8月18~24日）。

④ 百拜尔，今译作"倍倍尔"。

⑤ 爱尔威，即古斯塔夫·爱尔威（Gustave Hervé，1871-1944），法国社会党人。

中国持社会主义者，如吾党同志，虽主张直接行动说，然积时既久，恐持议会政策者又将步欧美社会党之后尘，拾取其说，以悦平民，兼为获取撰［选］举权之助，此则吾人所反对者也。故明揭吾人之宗旨，使希望政权者不能假社会主义之名，以行其运动。由今而降，如有借社会主义之名希望政权者，决非吾人所主张之政策，虽目为敌仇，不为过矣。

又案，中国各社会，工有工头，商有商董，农有庄头，均工民、商民、农民各团体之代表也。然工头则刻扣工民，商董则助官剥商，庄头对于农民，亦横暴殊甚。即使劳动人民知要求选举之必要，则得其利者，仍昔日之工头、商董、庄头耳。此中国已呈之现象。故吾党对于中国劳民也，惟期其直接行动，决不望其求选举。苦鲁巴金《面包掠夺》第八章第一节论集产主义及赁银制度曰："深望彼等努力发明新理，认识彼等之真途，以消灭信仰代议政策之心。"吾于中国之劳民亦云。

（录自《天义》第15卷，1908年1月15日）

《共产党宣言》序

申　叔

《其［共］产党宣言》，马尔克斯、因格尔斯所合著。欧美各国，译本众多，具见于因氏《叙》中。日本堺利彦君曾据英文本直译，而民鸣君复译以华文。移写既成，乃书其端曰：共产主义同盟，创于千八百三十六年。先是，德人维特林替①以“共产主义”标其学，为德都青年所慕。嗣多亡命巴黎，乃潜结秘密会社，奉维氏学术为依归。及千八百三十九年巴黎变起，德人多罹放逐，乃改赴伦敦。时会员渐众，德人、英人、丹马②人、波兰人、匈牙利人、瑞典人多与加盟。及千八百四十七年，乃以“共产主义同盟”之名，公揭于众。由春徂冬，开大会二次。时，马氏及因氏均为社会主义大师，因氏著《英国劳动阶级状态》③，马氏亦著《困贫之哲学》④。嗣同居伦敦，遭同盟成立，以《宣言》起草相委。次年二月初旬，遂以《宣言》公于世。自斯以降，欧州［洲］政府威令日严。即此同盟，亦于（千）八百五十二年解散。然千八百六十四年，万国劳民同盟⑤复兴于伦敦。现今万国社会党大会，即权舆于兹。其《宣言》始由义人⑥马志尼撰述，嗣为劳民所斥，仍由马氏起草，是为《万国劳民同

① 维特林替，今译作“魏特琳”。

② 即丹麦。

③ 《英国劳动阶级状态》，今译作《英国工人阶级状况》。

④ 《困贫之哲学》，今译作《哲学的贫困》。

⑤ 万国劳民同盟，今译作“国际工人协会”，即第一国际。

⑥ 即意大利人。

盟宣言》[1]，与《共产党宣言》不同。夫马氏暮年宗旨，虽与巴枯宁离析，致现今社会民主党利用国会政策，陷身卑猥，然当其壮年，则所持之旨，固在共产。观此《宣言》所叙述，于欧州［洲］社会变迁，纤悉靡遗，而其要归，则在万国劳民团结，以行阶级斗争，固不易之说也。惟彼之所谓“共产”者，系民主制之共产，非无政府制之共产也。故共产主义渐融于集产主义中，则以既认国家之组织，致财产支配不得不归之中心也。由是，共产之良法美意，亦渐失其真。此马氏学说之弊也。若此《宣言》，则中所征引，罔不足以备参考。欲明欧州［洲］资本制之发达，不可不研究斯编。复以古今社会变更，均由阶级之相竞，则对于史学，发明之功甚巨。讨论史编，亦不得不奉为圭臬。此则民鸣君译斯编之旨也。用书数语，以志简端。

申叔识

［录自《天义》第16~19卷合刊（春季增刊），1908年3月］

① 《万国劳民同盟宣言》，今译作《国际工人协会成立宣言》。

《社会主义经济论》序*

齐民社同人

近世言社会主义者，必拥［推］阐历史事实，研究经济界之变迁，以证资本制度所从生。自马尔克斯以为，古今各社会，均援产业制度而迁；凡一切历史之事实，均因经营组织而殊。惟阶级斗争，则古今一轨。自此谊发明，然后言社会主义者，始得所根据。因格尔斯以马民［氏］发见此等历史，与达尔文发见生物学，其功不殊，诚不诬也。当今之世，其确守马氏、因氏之学派者，有英人哈因秃曼①，乃社会民主同盟之首领也。当数载以前，彼于中央会堂（即社会民主同盟之总会所）。演说生产方法之变迁；嗣作《社会主义经济论》，将讲演之词悉行列入。观其所述，大抵于古今制度，讲述其变迁之由，并援引事实，互相证明。谓之经济变迁史之大纲，可也。今中国言史学者，鲜注意经济变迁，不知经济变迁实一切历史之枢纽。凡观察一切历史，不得不采用哈氏之说也。兹将哈氏此书第一章译为汉文，用备学者之观览。（凡比正文低一格者，均哈氏自注之文。）

译者识

［录自《天义》第16~19卷合刊（春季增刊），1908年3月］

---

* 题目为编者所加，原文署“齐民社同人译”。

① 哈因秃曼，即亨利·迈耶斯·海因德曼（Henry Mayers Hyndman，1842-1921），英国马克思主义理论家。

《无政府主义之哲理同理想》序*

齐民社同人

苦氏①学说，其最精者为互助，然互助之说，亦有所从来。自剀独②著《社会进化论》，谓社会主义之精髓，存于爱他人。嗣，英国屋烟③亦以爱他心为人道至情。此以心理言互助者也。嗣，布利霭作《四运动论》④，以为宇宙之间，有普遍之引力，即物质之引力、组织之引力、智之引力、社会之引力是也。大者，千万星辰，调和于太空；小者，微小昆虫，并育而不害。盖宇宙之万物，均受同一之引力法则所支配者也；即人之精神生活及社会生活，亦受此力之支配。又谓，吾人之心理，亦由三端之引力，而发为十二类之性情：属于感觉者五，即视、听、味、嗅、触是也；属于同感者四，即恋爱、友爱、希望、恩爱是也；属于指导者三，即选择、竞争、组织是也。有感觉之性情，而快乐以生；有同感之性情，而结社之事成；有指导之性情，而一切离合之事均援之而起。然感觉及同感诸性情，均受指导之性情所支配；而其受指导性情所支配，则以属组织性情者为多。盖指导之性情，虽含不和及斗争之要素，而其大体则主于调和，即所谓社会之性情也。布利蔼之说如此。苦氏之说，盖多本于斯。苦氏此篇之旨，以为仰观太空，俯察物众，近取诸身，远取诸物，均由各体

---

* 题目为编者所加，原文署“齐民社同人译”。

① 苦氏，即“克鲁泡特金”。

② 剀独，今译作“基德”。

③ 屋烟，今译作“欧文”。

④ 布利霭，今译作“傅立叶”；《四运动论》，今译作《关于四种运动和普遍命运的理论》。

互相结合，以成自然之调和；彼此调和，斯成秩序。援引各例，以证人类之互融；复援引历史，以为人类社会生活，在国家生活之先。近日以来，自由结社之风，遍于世界。由是而进，即能以社会代国家，而其要归之旨，则在于实行互相扶助，可谓持之有故者矣。用是译为汉文，以备学者之参考。又，苦氏所著，有《互助》[①] 一书，而《面包掠夺》[②] 中，又有《自由合意》一章。其所诠之旨，与此篇互相发明，而《自由合意》章所言，则为欧洲近日，若铁道之结续、航路之交通、医院之创立，均由于自然之互助，则互助之说，愈以有征。凡读苦氏此书者，又不可不参考彼说也。至于此篇每节之要旨，已附见于注文中，兹不复赘。

译者识

［录自《天义》第16~19卷合刊（春季增刊），1908年3月］

① 《互助》，今译作《互助论》。

② 《面包掠夺》，又作《面包略取》，今译作《面包与自由》。

《俄国革命之旨趣》序[*]

佚　名

欧人之善于革命，此必当效法者也。欧人革命之目的及结果，此不必效法者也。何则？欧人之革命，未尝有利于多数人民，故凡革命后进国，均当引为殷鉴，而别筹革命之方。现今世界各国，人民反抗君主者，以俄国及中国为最著。俄国革命党，所抱宗旨非一端。近杜尔斯特①作《俄国革命之旨趣》一书，书凡八章，其大旨所在，则以俄国革命决不可再蹈欧洲之弊。略谓：欧洲各国，或行君主立宪制，或行共和制，大抵皆为代议政体。然国家之公民参与政权，则趋于堕落。故君主制、立宪制、共和制，政体虽异，而人民之灾厄则皆相续而存。又谓：专制之世，权力属于一人，故染其弊恶者亦仅君主；而长君、逢君之人，其数亦有制限。若权力由众人分掌，则当此之际，各有其阀族，各有其昵近、辅佐、逢迎、追从之人，其为弊恶之薮者亦必增其数。其结论之词则曰：西洋之国民，必归于灭亡者也。故俄国人民对于权力，宜变其态度，以西洋国民所执之方法为非。可谓探本论矣。夫杜氏所谓"西洋现行之政"者，即指代议政府言也。杜氏之意，盖以代议政府，其弊或甚于专制，故明揭其弊，以儆俄民。乃近今中国人民，其持立宪说者，主张君主立宪制，其识固属至卑；即主张革命说者，亦主张民主立宪制，此固不得不加以深辩者也。夫无论君主、民主，其为代议政府则同。既立代议政府，则为人民者决不能

---

* 题目为编者所加，原文未署译者信息。

① 杜尔斯特，今译作"托尔斯泰"。

脱权力之羁绊。此即杜氏所谓以新权力代旧权力也。观其深斥法民之革命，可以知其弊矣。故嗣后革命，非仅去现今操握权力之人也，必尽锄一切之权力。若仅去现今操握权力之人，则第二之操握权力者又将代之而兴，其病民安有涯耶？杜氏此书既成，以英文稿付日本革命评论社，复由日人池亨吉、和田三郎二氏译为日文，与英文之稿并刊于东京。惟日文译本题曰“民权之归趣”，今译汉文，仍依英文原名。又，英文 power 之名词，今均译为“权力”。惟卷端揭有 W. E. Channing 及 Mazzini 之格言，并有《马太传》一节，以其语或杂宗教，今姑从略，惟载其《自序》一篇。

译者识

［录自《天义》第 16~19 卷合刊（春季增刊），1908 年 3 月］

论共产制易行于中国

刘师培*

近读苦鲁巴特金①《面包掠取》，其第三章中，详述无政府共产主义，最精之语则谓，由无政府而生共产制，由共产制而至无政府。复谓古代之制，虽农民各勤耕织，然道路桥梁以及湿地之排水，牧场之树垣，均同力合作，是为村落自治制度。又近今工业界均由劳民互相依倚，由共同劳动所生之效果，必为共同享受。又谓现今社会之趋势，已渐以共产主义为倾向，惟保存古代共产制，于近今民生日用各事物，悉依共产主义建立，则此制施行非远矣。试以苦氏之说证之现今之中国，则共产之制行之至易。何则？共产制度于中国古史确然有征。《礼记·祭法篇》言"黄帝明民共财"，"共财"二字，其指井田与否，虽未可知，然足证太古以前确为共财之制。至于三代，有宗族共产制。考《礼记·大传》篇，由敬宗、收族推而至于庶民，安财用足。顾炎武《日知录》释之曰："夫惟收族法行，岁时有合食之风，吉凶有通财之义，而鳏寡孤独废疾有所养矣。"又《白虎通》曰："古者所以必有宗者，所以长和睦也。通其有无，以能理族。"足证古代一族之财，为一族所共有，合于裒多益寡之义。一曰乡里共产制。孟子之言井田制也，谓"死徙无出乡，乡田同井"。《汉书·食货志》亦言"井方一里，是为九夫，八家共之，力役生产，可得而平"。盖八家虽各受私田百亩，然同力合作，计亩均收，于均财之中寓共财之

* 原文无署名。

① 苦鲁巴特金，今译作"克鲁泡特金"。

义。此皆古代制度之近于共产者。故《礼记·礼运》篇云："老有所终，壮有所用，幼有所长，鳏寡孤独废疾者皆有所养。"又曰："货恶其弃于地也，不必藏于己；力恶其不出于身也，不必为己。"此即共产之确据。盖上古之制，确为共产，故孔丘据以告子游，非尽属于理想之谈也。自此以降，则东汉之时，张鲁据汉中，诸祭酒各起义舍于路间之亭传，悬置米肉以给行旅，食者量腹取足。此亦共产制之行于一方者，与近今无政府党所谓"汝所欲，任汝取"者，密相符合。又古语有云：行百里者不裹粮，而《唐书》陈开元之盛亦有此言。足证当此之时，凡行旅所经，莫不遂其欲而给其求，人民视食物为共有，未尝私为一己之供也。由是而言，则共产制度，中国古代诚见施行，中古以还仍存遗制。至于近代，共产之制，犹有存者。试举其证如下：

近今城市之民，虽多同族异财者，然乡镇之地以及岩邑遐陬，则同族之民，恒环村而居，多者千余户，少者数百户，于各户私有财产而外，均有公产，为一族所共有。（如古代义庄、义田之制。）阖族之民，无论亲疏贵贱，凡婚嫁丧祭之费，均取给于兹，而鳏寡孤独亦分此财以为养，下逮应试之费、人塾之费，亦均取财于公。皖南徽州，此风最盛，闽、赣、黔、粤之间，亦间存此制。此同族之共产者也。滇、黔、湘、粤之边，会党股众。然既人彼党，语言衣服均别于齐民，无论行经何地，凡与同党之民相遇，饮食居处惟所欲，不复取丝毫之值。他省会党亦有行此制者。又江苏泰州，当咸同时有李晴峰者，承阳明、心斋之绪余，别立教宗，至为隐秘。近则江海之滨，党羽蔓延，均确守共财之旨，互通有无，以赡不足。此党人之共财者也。中国僧徒，凡既受戒律者，必有度牒，既得此牒，无论行经何省，凡寺宇所在之地，腹饥则食，躯倦则休，或一宿而即行，或数旬而始去，虽身经万里，而无饥寒之虞。此僧侣之共财者也。蒙古种族，其居塞外之地者，虽各区部落，然此部之民行经他部者，饥则索餐，渴则索饮，入夕则入庐投宿，不必通姓名，而室主亦不求施报。魏源《圣武记》诸书多记此事，至今犹然。即直隶、山西各汉人行经蒙境，若谙悉其语言，则饮食居处亦克自由。此共产制之存于域外者也。足征未进化之民族，其共产制度犹存上古之风。（又闻山西某山，为会党所居，不下千百人，每逢进食则同席而餐。所得财帛亦为共有，惟人民鲜悉其情。）

试以中国社会之状态与欧美社会相较，则欧美法律重视个人财产权，虽父母兄弟莫不异财；中国人民则以异财分居为薄俗，同族之中有身跻贵显者，则宗族均沾其惠。若乡里贫民对于同姓之殷室，岁时伏腊均可索财自给，而舆论不以为非。又乡僻各村落，一家有急，则阖村之民互相周恤。淮北诸地遇有凶荒，则无食之民于殷户之有积蓄者，群集其门向之索食，至食尽而止。（贵州亦有此风。）北方数省，行旅之民若资费不给，亦有供以食饮而不复取值者。以视欧美之风俗，实有过之。盖共产制度未尽脱离，而财产私有制亦未尽发达也。故中国欲实行共产制与欧美稍殊。

欧美各国共同劳动之团体日以发达，故由共同之劳动进而为共同之享受，对于资本家实行收用政策，则共产制可见之实行。中国欲行此制，必先行之于一乡一邑中，将田主所有之田，官吏所存之产（如仓库），富商所蓄之财，（每乡富民均有蓄藏，又典当各业多为富民所开设。）均取为共有，以为共产之滥觞。若各境之民互相效法，则此制可立见施行。此制既行，复改良物质，图生产力之发达，使民生日用之物足供全社会人民之使用，则争端不起，而共产制度亦可永远保存，（上古共产制所以不克保存者，以人民生产力薄，所生之物不足供全社会之求，不得不与他部相争。既出于相争，由是奴隶制度兴而共产之制失。）此则万民之幸福矣。中国平民有言：“你的就是我的，我的就是你的。”观此二语，则共产主义久具于民心，使人人实行此二语，则自私之心何由而生，即共产制度又奚难实践哉！（惟近今欺骗之流，用此言以攫他人之财为一己之私有，则背于公理莫甚。）

（录自《衡报》第2号，1908年5月8日）

社会革命与排满

刘师培[*]

自平等、大同之理昭著于世，为硕儒伟人所确认，凡在民党，咸奉为依归。今有人尔，所持政策与此旨相背驰，又不视若敌仇者乎？若一种一族之人均昧此旨，则尤为公理之敌。由今而观，则与平等、大同之旨相背者，以满人为尤甚。

今之昌排满论者，或援据种姓、华夷之说，此固浅狭不足道。有持复仇主义者，以为满族宅夏之初，屠戮淫掠之威，为往古所罕有。斯固然矣，然吾党所持之说，尤有进于此者，则以满族所持之旨，均与平等、大同相背。试举其证如左。

一曰户籍。考清室所修《通典》，"户口"一门，以八旗户籍别于直省，而八旗之中，又分五等。（一为汉人从满洲入关者，一为定鼎后投诚者，一为缘罪入旗与三藩户下归入者，一为内务府王公包衣拨出者，一为过继异姓、随母改嫁先后归旗者。）乾隆七年曾谕："入关立功者之裔，不许出旗。"乾隆八年又谕："旗人、汉军改归民籍，指未经出仕及微末之员言。嗣后，文职自同知以上，武职自守备以上，不必改归民籍。"及乾隆三十一年，又谕："旗民流、徒罪名，向均枷责发落。嗣因旗人竟甘为败类，曾降旨令将旗人流、徒案件，满洲则按其情罪，分别问遣折抵；汉军则均斥为民，照所犯定例发遣。此专指情罪重大者言。至包衣汉军，则皆内务府世仆，无出旗为民之倒［例］，与八旗汉军又自有别，不宜混

---

* 原文无署名。

行援引。嗣后，务详核犯案情节，如实系有玷旗籍，不但汉军当斥为民，依律发遣；即满洲，亦当削其名籍，投界［畀］远方。其寻常罪犯及因公护［获］谴，无论满洲、汉军，仍照向例，折枷鞭责。”观此数谕，则出旗籍改归民籍者，必未经出仕及微末之员；而因案降为民籍者，又必有玷旗籍之民。则贵旗籍而贱民籍，证据昭然矣。此满人划分种界者，一也。

二曰刑律。据清室所修《会典》，所定刑律，轻重不均。宗室、觉罗优于旗人、旗奴，而旗人、旗奴又优于汉人。如宗室、觉罗无品秩者，身犯私罪，应笞一十至二十，皆罚养赡银一月；而罚［汉］人文、武官犯公罪，应笞一十者，罚俸一月，私罪倍之。又，宗室、觉罗犯私罪，应杖六十者，罚养赡银九月；而汉人文、武官犯公罪，应杖六十者，则罚俸一年。是汉人贵官犯公罪，所受之罚，不敌宗室、觉罗无品级者所犯之私罪。（又，汉人文、武官犯私罪应杖一百者，革职；宗室、觉罗犯私罪应杖一百者，犯［罚］养赡银一年。）又，汉人之犯徒一年者，旗人、旗奴仅折枷二十日；犯流二千里者，旗人仅折枷五十日；犯充军极边烟瘴四千里者，旗人仅折枷九十日。若犯笞、杖之罪，汉人刑具用竹板，旗人、旗奴用鞭。其轻重悬绝，一至此极。此满人划分种界者，二也。（又如死刑一端，汉人犯者无赦，满人则纵其脱漏。）

三曰官制。官制一端，各分满缺、汉缺，而满缺占多数。六部堂官，满、汉各一；司员则满虽［居］其六，汉居其四。近离［虽］改革官制，然军机处各章京（满八，汉十），内阁、侍讲各学士（内阁学士，满六，汉四；侍讲，满六，汉二）以及侍读（满、蒙、汉军十二，汉二）、中书（满、蒙、汉军九十四，汉三十）诸职，均满汉分缺如故。翰林院官制亦然。此满人划分种界者，三也。

四曰荫叙。满人年二十以上，咨部引见；分部者二年期满，甄别优者，奏问题补。汉人则须奏请考试，入选者方许引见，钦定后照例铨选。此满人划分种界者，四也。

五曰职役。道光二年，直督上疏论职役，谓省北州县有旗三民七者，有旗不办而民独办者，而张杰《论差条［徭］书》亦言：“闻里乡办差，或旗三而民七，或民办而旗否。”此满人划分种界者，五也。

由是而言，则满汉之界乃满人所区画者也。彼族对于汉民，既划分种界，其背于大同主义何如乎？因区划种界之故，致所定制度，遂迥背平等之旨，所谓“援种界区阶级”者也。此与英治印度、法治安南者奚异？非颠覆彼族之特权，则彼族以优胜民族自居，使多数汉民处于被治之地，种族畛域，永无融化之期；即平等、大同，亦无实行之一日。故排满主义，不必以种族革命自标，谓之阶级斗争之革命可也，谓之抵抗强权之革命亦可也，安得谓排满革命背于社会革命之旨乎？

且现今世界各民党，其倡社会革命者，均以经济不平等为根据。由中国近事征之，则满人操督制之权，汉人尽供给之职。质而言之，则满人所居地位，略与外邦田主、资本家相同；而多数汉民，则均处劳动地位者也。观清室所修《通典》，“田制”一门，有所谓“官庄之田”者，区宗室及八旗官兵、驻防官兵三种。顺治元年上谕谓：“近京各无主荒田及属于前明贵戚、内监者，若本主及子弟尚存，量口给与，余给诸王、勋臣、兵丁。”并令各府、州、县、乡村，满汉分居，各理疆界。复于是年行圈田之令，凡民间田地近于旗庄者，悉行圈入，以代旗人之饷。命给事中、御史诸官，履勘近畿地亩，从公指圈。若去京较远，不便指圈，则取偿于近畿有主之地。嗣复令民间房地被圈一半者，不复补给。顺治十二年，屠赖奏：“八旗投充之人，于所带本身田产外，或指邻地为己有，民艰于控诉。”及十六年，魏裔介复奏：“直隶顺、永、保、河四府，自圈地、圈房后，饥寒为盗。”又据《会典》诸书，则顺治初年，拨宗室旗地一万三千三百十一顷四十五亩，拨满、蒙、汉官兵庄田十四万百二十八顷七十一亩。而内务府总管以下，各拨给圈地；凡属旗人，以爵位为差。又，康照［熙］之时，令各省驻防兵丁，均于所在地授田；旗员所给圈地，由六十亩至百八十亩；江宁、西安，则由二百十五亩至二百四十亩；兵及壮丁，每名给地三十亩。此等田亩，非均出于掠夺者乎？然满人受此田者，复召汉民耕种，以主临奴，见十税五，非以田主自居者乎？又，旗民居京师及他省者，均有口粮，以为养赡之费。南方之粟，漕转北方，以供彼食。而驻防之兵，有一甲之丁，即有一甲之粮。乾隆六年，户部侍郎梁诗正上疏谓：“旗人户口众多，无农工商贾之业可执，类皆仰食予官。我皇上至仁如天，虑其资生之不足，特于正赋、俸饷而外，添设佐领之额，优其养育之粮，免其借控之银，借以生息之利。且为分置公产，听令认买，拨结

[给] 地亩，劝谕下屯。”嗣，大学士舒赫德、尚书孙嘉淦均以按口给粮为非，欲令自谋生计，未见允行。近归安陆心源《赠倜之（满人，名伯钺）序》曰：“今所谓从龙旧族之子弟，吾得而见之矣。享旧德，食租税，奇衣妇 [服] 饰，鞲鹰而斗鹑；走轻车，策骏马，狎优童，拥嬖女，翠绗珠玑，互相夸耀。群居终日，言不及义者，比比然也。其上者，肄趋蹌，习应对，奔走形势，伺候炎门，唯诺以为贤，诙谐以为能。典章之不习，诗书之不知，循资而按格，积食而计劳，上可以致卿贰，下不失为典郡，如是而已。”此均旗人安坐而食之确证。彼既安坐而食，使多数汉民供其欲而给其求，此与外邦资本家奚异？此非所谓不生产而消费者乎？且近今关东三省，旗庄之田大抵荒芜不治。汉人出资垦辟，而每岁谷熟，必向旗民纳租。又，驻防各旗人，逸居无教，惰懈性成，居恒以吸烟自遣，或以玩鸟、羡鱼为乐；出资购食物，或安卧而食。否则，朋淫于家，慢游是好，不知稼穑之艰。北京旗人，更无论矣。此与美统领罗斯福所斥之富豪，其性质略相似。夫欧美社会党、无政府党，其所昌之说，非人人劳动之说乎？其反对田主、资本家，非以其不劳而获食、役民以自养乎？若今之旗人，则固人人不劳动者也，则固不劳而获食、役民以自养者也。故欲实行经济界之平等，以兴社会大革命，则抵抗旗人之法，与抵抗田主、资本家之法，大约相同。若谓排满主义，仅由种界及政治而生，与经济问题无涉，此则大谬不然之说矣。

或谓：近今政府，已化除满汉畛域。通婚之谕，行之数载以前；而变通满汉官制，亦见施行；裁撤驻防，为期匪远。若臣僚条奏，有言赐汉姓者，有言改易满州 [洲] 妇人服饰者，则满汉平等，实行大同主义，夫复何难之有？不知以上各政治，均以便满族一己之私。各部长官，假口不分满汉，实则举重要之职，悉属满人，（如庆王、泽公、铁良、荣庆是。）不訾 [啻] 裁汉缺而留满缺也。直省疆吏，亦以满人占多数。若将军、都统，在内则职等闲曹，防边则视为苦缺，故以分授汉人，使之供职。至于撤裁驻防，不过为旗民筹生计耳，故令地方官吏于驻防附近州县，以时价分购地亩，分给旗丁。夫购地之值仍取于民，而耕种之地，或任旗丁之指拨（如广州是），则是攫汉民固有之业，以授旗人。至兵备一端，则出洋肄习陆军者，以满州 [洲] 学生占多数；各省兵权，几为陆军部所直辖。所谓“化除畛域”者，果安在耶？即使旗民自营生计，迁徒［徙］自由，与汉民无异，然旗人势力必愈以拓张，凡昔日势力所未加之地，均可与汉民杂处，隐操监督之权，而施其防闲之计。然此犹就外省言也。若夫中央之地，君位既属于满人，则对于同族，不能禁其无自私之心。昔沛丰功臣之裔，西汉之世，咸袭侯封；濠泗勋臣之胤，明代之时，均沾厚泽。彼为汉族，尚自私其乡，况于满人之为君者乎？故君统苟属于满人，即使不平制度尽行更革，衡其实际，则满、汉二族，永无平等之期。盖等威泯减，斯为平等。今以满人为君，即系不平等之一端。若王公袭爵，亲王柄政，犹其浅焉者也。乃世之倡君主立宪说者，既承认觉罗氏之君统，复日言大同，日言满汉平等。其所谓“大同”，乃伪大同也；所谓“平等”，亦为伪平等。与吾人所持大同、平等说，则固相背而驰者也。

吾等之意，以为满汉不平等之制度，均援君统而起。君统既覆，则满族特权，其援君统而起者，均随君统而消灭；满族居中国者，必与汉民同化，与隋唐时代鲜卑族略同。俟共产社会组织既成，则昔日无业之满民，与汉人共同劳动，以不劳而食为大禁，则凡种族、政治、经济诸革命，均奏绩于一朝。此吾等社会革命之结果也。近欧洲博物学大家，研究蜂属社会，谓近今学者，均以雌蜂为蜂王，为蜂群首领，实则雌蜂仅司生育，乃蜂母而非蜂王。蜂母而外，一为雄性之蜂，一为动蜂。（其色，一黑、一黄。）雄蜂舍与蜂母交媾外，惰佚性成。动蜂则竟日勤动，以从事于觅食、酿蜜、营巢，均其所为。然一经乏食，则尽毙其雄蜂，惟蜂母、动蜂享年克永。由此而观，则知物类所呈现象，有二定例：一曰无尊卑之级，二曰非劳力者不生存。物类如此，人类亦然。执此例以衡满人，则君统之存，深背公理；而安佚怠惰之民，必不克生存于世界。故吾等对于满人上级，当覆其君统及特权；对于一般满人，则导之劳使从事于生产。此则吾等所持大同、平等之旨也。若谓多数满人宜悉加诛戮，否则屏之中邦之外，则非吾等所持之人道主义矣。

然吾等之所希望者，犹有一端。满汉阶级区别虽严，而蒙古、汉军，满人视之，亦贱若仆隶。旗奴一级，所处尤卑。即同一满人，亦宗室、觉罗为优级，而普通旗人，权利迥出于其下。例如刑律一端，宗室有罪，或夺所属人丁，或罚金；非叛逆，不拟死刑。又，宗室无品秩者，若犯罪，应杖一百，仅罚养赡金一年；至于旗人，则有笞、杖之刑。又，宗室、觉罗犯军、流、徒罪者，照旗人折荷校日期，以二日抵一日；犯徒罪者，拘禁空室；犯军、流者，则锁禁。此满族不平等者，一也。又，所拨园地，亲王府管领三十六亩，郡王府以下管领三十亩。又，亲王给园十所，郡王七所，贝勒则四所。若奉国将军，则仅百二十亩。由是而降，参领以下之官，仅给壮丁地六十亩；而笔帖式、内务府执事官，又仅二十四亩。至于各驻防壮丁，亦仅给地三十亩。因爵位之尊卑，定土田之多寡，此满族不平等者，又一也。若夫四川各驻防，则满人占居城中，而以蒙兵环其侧；关东三省，满人贱视汉军，称为奴才。是同一旗籍，亦有亲疏贵贱之分。至于近今，则北京满人虽世袭禄位，然所得口粮，不足供其用，由是男恒作盗，女则卖淫。（观有蜗血胤所作《清秘史》，可见一班［斑］。）至于驻防各旗丁，于荆州、福州诸地，尚克逞威。至于南京各地，则鸠形鹄面，短褐不完；或种菜城隅，持以易食。而镇江旗丁，则又与会党交通，从事于诈欺、窃盗。生计艰难，于斯可见。去岁端方《奏陈满汉平均摺》谓："历年既久，生齿日烦。一甲之丁，衍为数十百倍；一甲之粮，不足赡此数十百倍之人，于是生计日促，而实无可为谋。列圣其仁如天，于俸饷外，添设佐领之官，优给养育之粮，而衣食之支绌自若。"是则近今之旗人，以不能执业之故，从事游惰，以致坐困，均在上者迫旗民于服兵之故也。驱多数旗民于军籍，以卫皇室及有爵之人。而有爵之人，岁之所入，或百倍于普通之旗民。皇室专制，更无论矣。故为今日旗民计，则凡属于蒙古、汉军者，宜实行阶级斗争，以抗满族；而多数满人，又以生计之不充，合力以抗其上，谢绝服兵之责，以行社会大革命。对于汉人，则尽弭种界，互相提携。俟君统既覆，退与汉人相平，以建共产无政府之社会。斯则旗人之幸也。至于彼族达官贵族，虽久享安富尊荣，然苟阐明公理，去与平民为伍，使巴枯宁、苦鲁巴金之美举，重见于亚东。此尤吾等所深为欢迎者也。故吾等欲行社会革命，必首排满洲之特权；而对于旗人，则冀其同行社会革命。此吾等所持之旨所由与民族主义稍殊也。若夫联合民党，颠覆现今恶劣政府，则固与表同情。惟与满清政府颠覆后，别设新政府，则非吾等所欲与闻也。

（录自《衡报》第 3、4 号，1908 年 5 月 18、28 日）

祖宗革命（家庭革命之一）

真[*]

人类进化，脑关改良，科学以兴，公理乃著，此新世纪革命之本源。与科学乃公理为反对者，即迷信与强权也。于宗教中，用祸福毁誉之迷信，行思想之强权。于政治中，用伪道德之迷信，行长上之强权。于家庭中，兼用以上之两种迷信，行两种之强权，故家庭遗毒至深，人类蒙害甚切。而家庭中之最愚谬者，更莫甚于崇拜祖宗，故作祖宗革命。

甲　迷信中之祖宗与科学中之祖宗相比较

于迷信中，祖宗为神明，保佑子孙，永传血统。子孙感其恩德，族人畏其神灵，于是祭祀之，祷祝之，奉纸币纸帛，事死若生。故祖宗乃纯然一宗教上之迷信。

于科学中，祖宗仅为传种之古生物耳，及其死则其功用已尽，复何神灵之有。考生物进化学，乃知吾人非突然生于世，实由他生物传演而来，故他生物中亦有吾之祖宗也。吾最近之祖宗为人，吾之远祖宗为猿，或为他种生物，故吾之祖宗非他，即已亡之生物耳。博物学中有“祖宗学”（Genealogie）一科，即研究生物之传演者也。

凡物愈古，其构造愈简单，其能力愈薄弱，此自然之公例。故于科学中，吾祖宗之程度，不及吾人，是正于迷信中之祖宗相反，于迷信中，皆谓吾之祖宗胜于吾人也。由是而见科学中与迷信中祖宗价值之相异矣。

---

* 真，李石曾的笔名；下同。

乙　祖宗与上帝比较

古人生于天地间，而不知天地为何物，闻风雨而惊，见日蚀月蚀而惊，凡一切不能解者，皆归之于上帝，故上帝者乃凭人之妄想，而创造者也。后来之人，不识先人为何物，不知其死后何之，深夜闻声而惊，中宵梦思而惊，凡一切无可考证之谬想，皆归之于祖宗之神灵，故祖宗之神灵亦凭人之妄想而创造者也。盖信上帝，由于不知天地之学；信祖宗，由于不知生物之学。凡科学不明，皆脑髓之未改良，脑髓之未改良，由于人类之未进化。故崇拜祖宗，与崇拜上帝，同此原因。

昔者欧洲人，愈富贵者，崇拜上帝愈隆，支那人愈富贵者，崇拜祖宗愈隆。其为言曰："上帝佑我！""祖宗佑我！"其对贫贱者曰："若辈得罪上帝！""若辈得罪祖宗！"故尔，又曰："汝辈今生之命运，不可挽回，惟有忍耐苦修，为下世求福。"此种之迷信通行，则贫者安之，富者固之，是以历代帝王相继，民无异词，贫富悬绝，民无怨语。由此而知创造上帝祖宗之用意无异，皆以之为不平等不公道之事之护法也。

其不同处，则上帝为众人所共，祖宗为各家所专。总之，此二者不外乎至愚与自私，故二者同为吾革命党所不容。

丙　不主祖宗革命者非自愚则自私

前人因科学未明，不识祖宗迷信之非，尚可恕，今则非其时矣，其至愚者固有之，然亦有知过不改者，是有故也。

崇拜祖宗＝服从。
作　　官＝服从。
作 奴 隶＝服从。
服　　从＝至愚自私。

崇拜祖宗＝作官＝作奴隶＝服从。
崇拜祖宗＝作官＝作奴隶＝至愚自私。

人皆知作奴隶者不肯革主人之命之非，又知作官者不肯革帝王之命之非。奴隶与官之不肯革命，非至愚既自私。但崇拜祖宗者，与奴隶及作官者相等，故吾亦可定之曰：凡不肯行祖宗革命者，非至愚，即自私。

崇拜祖宗者曰："使子孙不忘本，此乃伦常之大义，若不敬祖宗，亦必致不敬父母。"（父母乃生物，祖宗乃死物，不可并论。）盖父母之教子弟崇信祖宗，即如君长使百姓崇奉宗教，令其愚弱，乃易制服。故崇祖宗非他，即世世相传之狡计，之缚束其子孙，压制其子孙者也。其愚者不能辨是非而从之，其敏者与狡者，或知之而不敢言，或因之以求己利。如修祠也，立碑也，祭祀也，厚葬也，固有因迷信而为之者，亦有因沽名而为之者，此等事足令乡星称孝，于是为伪道学家之当权者所重。谚曰："求忠臣于孝子名门。"故崇拜祖宗，与做官亦有关系。即使不以崇拜祖宗为运动之具，然亦不敢反抗祖宗，以伤舆论。总之，利用祖宗，即内以为羁制之具，外以为沽名之资。

丁　凡有道之革命党必主张祖宗革命

祖宗迷信之反背科学，有伤公理，为知道者所最不能堪者也。革命无非为求伸公理而已。然支那人生平最早所遇不合公理之事，未有如崇拜祖宗者也。是故祖宗革命，为支那革命党之"初学试验品"无疑。若生于新世纪，其智力不能知祖宗迷信之谬妄，吾敢断其无新世纪革命党之资格。若已知祖宗革命之正当而不肯实行者，是甘心服从专制，反对公道，吾亦敢断其非新世纪之革命党。

吾言出，则必有疑难之者至，曰：□君①乃支那最诚笃之革命党，众望所属。然□君似有祖宗迷信者然，于《民报》拾号八十一页中之祝词内见之，其言曰："以皇祖轩辕之灵，洋溢八表……白日有灭，星球有尽，种族神灵，远大无极，敢昭告于尔丕显皇祖轩辕烈祖金天高阳高辛陶唐有虞夏商周秦汉新魏晋宋齐梁陈隋唐梁周宋明延平太平之明王圣帝，相我子孙，宣扬国光，……我皇祖亦永有依归。"

□君之思想，固未必若是之旧也，然就此文观之，其言之反背科学，有乖公理，必不能因其同侪而为之讳也。此文实具三种迷信：一崇拜帝

① □君，指章太炎。参见民意《记十二月二日本报纪元节庆祝大会事及演说词》，《民报》第10号，1906年12月20日。

王，二崇拜祖宗，三仇视异族。此实吾辈所谓旧世纪之革命矣。充□君之意，倘今日之皇帝为轩辕，甚至为秦始皇，皆当崇拜之矣。吾新世纪之革命则不然，不问其为何种人，或轩辕黄帝，或拿破仑，或威廉第二，或玄晔载湉，一律排斥。虽彼乃主张种族革命，所言自不免过当，然即就迷信祖宗而言，□君已大过矣。即使轩辕果可崇拜，其灵何在？即使种族自应无极，所谓神灵何解？本今日已有定论之科学公例"物力不灭，无有神灵"，复何可以此等之言，以贻误于闻者？且我之革命乃求伸公理，非图自私，假使祖宗灵魂不灭，亦无须祈其相我，而后革命。况满人亦祷彼之皇祖，相彼子孙，满人固尝降所谓谕旨曰："列祖列宗在天之灵。"噫！何□君此言，与满人谕旨，同一愚陋耶！若神灵无效，则不必作此愚谬之举动；若其有灵，各私其子孙，是乃公理之仇，无论满祖汉祖，同在摈斥之列。以上皆不过比喻之言耳，究其实，凡此类文辞，皆野蛮时代用之惑众，乘机利用，以图己利。呜呼！奈何□君以此种无理之文，用之于至正当之革命耶？若□君以公理良心，细思吾言，必否恨我，必且与吾表同情，而主张新世纪革命中之祖宗革命矣。君或以为支那人格不及，故用手段，以运动革命，然吾之所以革命者，乃欲成一正当之社会，焉有以不正当之道理，而能达其目的者乎？若不以正当为宗旨，又何取乎革命？

戊　祖宗迷信之四大罪恶

（一）反背真理，颠倒是非。

阻数千百年知识之改良，阻数千百兆人之进化。

（二）肆行迷信之专制，侵犯子孙自有之人权。

（三）耗民力民财于无用之地。

富贵者丧祭之时，祭筵无数，腐臭弃置，值巨金之纸物，顷刻烧毁，于此无形之中伤害民生无算。

（四）攘夺生民养命之源。

攘可耕之田为墓地，忍听耕者之流离。

祖宗迷信之罪恶，皆由人力使然，以上诸端，皆当彰明其罪，勿再以迷信颠倒是非。

己　实行祖宗革命

今支那之青年，凡以科学公理为务者，想必赞助吾祖宗革命之意，且必实行之，其实行之法甚简易。

（一）于书报演说中发阐此种新理，破数千百之迷信。

（二）凡遇含有祖宗迷信性质之礼仪（祭丧葬等），皆指公理以拒之。

（三）平坟墓，火神牌，以为警世之钟，借行传布之法，或将墓牌神位，送入博物院，资后来考人智进化者之研求。

（四）凡主张祖宗革命者，当嘱其子孙，于其死后，勿以昔日待祖宗之法相待；或笔之于书，俾子孙懦者，或受他种强权所阻者，亦得勉行祖宗之革命。

（录自《新世纪》第2、3号，1907年6月29日、7月6日）

与友人书论新世纪

吴稚晖[*]

吾侪之主张社会革命者,① 多受人疵议，虽有志之青年，亦不无加之以白眼。悉谓：诸君之议论诚是也，惜不合于中国目前之时势，虽欧美如是之文明，（欧美虽不似中国野蛮之甚，若云真文明则未也。）尚不能达此目的，何况中国哉！子与人言公理、人道，而人以兵力威压之；不说社会主义，而吾国（如此称呼，一望而知是一个文明义和团。）尚有一隙可保，不然，此言一出口，不转瞬间，吾四万万同胞（种族革命者之口头语。）殆将尽为他人之奴隶矣！（不知为奴隶已数千年。）吾为诸君不取也。

余闻是言，余欲哭，哭其受压制已数千年，为奴隶已数千年而不知，尚斤斤焉谓将为人奴隶。余尝非其说，以社会之真理解释之，不料屡次言未终，而目前已满两手摇摇之怪象，耳际已充嗤嗤之贱声，不曰厌世，即曰保王。（社会主义，正立于厌世保王之对面：社会主义主博爱，厌世主义主为我；社会主义求众生幸福，保王主义惟求少数人之私利；厌世主义主清静无为，社会主义主牺牲己身，以伸公理；保王主义主保全王位，社会主义求扫除一切帝王以及政府。社会主义与厌世及保王主义，如水火之不兼容，昭昭可见矣。真注。）虽然，余何敢因此而灰心，唇虽焦而舌仍未烂，吾言终不能已，将社会革命之议论，久聒于

---

* 本文标题后括号内署“来稿”。此文实系吴稚晖所作。

① “新世纪派”的“社会革命”主张，见本节附录《新世纪之革命》。

诸君之耳中。余敢言诸君若稍留意，研究此伟大之社会主义，恐他日必与吾侪表同情。

□君者，昔日亦仅热心于种族革命党，常主以上诸君之见解，（凡吾辈今日主张社会革命与大同主义者，昔皆曾主张种族革命与祖国主义。此二主义非相反，惟今之主义较昔之主义为进化耳。吾辈之革命，惟以伸公理为目的，使较不文明之社会变而为较文明。若取昔者个人自私主义以与种族革命及祖国主义较，自种族革命及祖国主义较为光明，故吾辈于未明社会主义之前，曾取种族革命及祖国主义，乃公理良心使然；既知社会主义之后，乃知其较种族革命与祖国主义更进正当，故即取社会主义，亦公理良心使然。总之由个人自私主义而进至种族革命与祖国主义，由种族革命与祖国主义而进至社会主义，同为公理良心之进化，所异者先后、小大耳。是以凡真主张种族革命与祖国主义者，皆可望其主张社会革命与大同主义，由进化公例而知之。真注。）今见其《致友人之书》，喜其进步之速于我辈，而吾道不为孤，故急录其书如下。（一人跋。）

示我留学德国情形，多感！来示又征我对《新世纪》报所持主义①之意见。夫吾不学无文，或不足当子一笑，虽然，子既有命，吾毋敢隐于子也。《新世纪》之大旨：曰众生（专指人言。）一切平等，自由而不放任，无法律以束缚钳制之，而所行所为，皆不悖乎至理，为善纯乎自然，而非出于强迫也。唯然，故无所谓武备，更无所谓政府，无所谓种界，更无所谓国界，其卒也，并无所谓人我界，含哺而嬉，鼓腹而游，无争无尤，无怨无竞，怡怡然四海皆春，熙熙然大同境象也。夫《新世纪》之目的，之志愿，乃如此宏大高明，安得不绝叫而拜祷之也，子则何如？且夫《新世纪》既以此为主义，则必有实行之方法，其方法为何？

（一）书报演说，以化吾民之心；

（二）强硬手段，以诛人道之贼。

① 1907年6月，巴黎新世纪书报局刊行《新世纪丛书》第一集，扉页表明其“主义”为“自由、平等、博爱、大同、公道、真理、改良、进化”。

刚柔并用，则其收效自速矣。

非难者曰：今者祖国危如累卵，岌岌不可终日。比者英、日、法、俄四国之协约，与夫德国归还山东之举，其野心真所谓人人皆见者也。子虽日昌言无种界，无国界，无如诸国政府，持国家主义自利主义者，偏欲以腕力，实行大凌小强兼弱之宗旨，而与子言种界与国界，子将何以御之，亦束手待毙而已！且清廷之手段尤辣，自卫之心至盛，宁赠朋友之身手，以临吾民，压制之不遗余力，其直接虐吾民，有百倍于英、日、法、俄、德、美诸国者。今不思实行种族革命，以逐腥膻，令吾民重见汉天；实行政治革命，以强吾国，使四邻莫敢余侮。不此是务，乃呶呶以无国界无种界教民，使其爱国尚武精神，销归乌有，吾敢曰亡中国者此主义也。

夫非难者之言，如是日日聒于吾耳，忆曩者子曾以是相诘，彼时予无以应，今请应之曰：政治革命者，社会革命所必由之。何也？善乎《新世纪》之言曰：言排满不如言排王。吾亦曰：言种族革命不如言政治革命也。梁启超之君主立宪，亦政治革命也；《民报》之共和，亦政治革命也。请申其说。夫《新世纪》之论，言排满不如言排王也，以为使满人而自知天命，游心揖让之美，去王冠帝冕，而为纯粹之平民也，则大善矣，吾方且讴美之不暇，奚用排之，安可排之。如其不能也，则排王实与《民报》之排满暗合也。且使今日俨然据帝位者为汉人也，则吾人遂不排之耶？决不然也。而奈何以排满自小也。故曰言排满不如言排王。吾之论，言种族革命，不如言政治革命也，亦如是。盖使满人而甘心听吾人为纯粹的社会主义之政治革命也，则大善矣，安用种族革命为。如其不能也，则政治革命，亦即《民报》之种族革命，是二而一者也。设使汉人，或英、德、法、美、日、俄人，于吾之政治革命，生阻力也，则我遂不敌之耶？否否。而奈何以种族革命自小也。余故言种族革命，不若言社会主义之政治革命也。然则吾人之昌言无种界无国界，亦非与种族革命及政治革命相背而驰也，但规模较大耳，彼所谋者不过一国之幸福，若我辈之所谋者，则世界之幸福耳。至若英、日、俄、德、法、美诸国，苟不以理而以强力临我，若是，则人道之敌耳，我等固以诛除人道之贼为目的为宗旨者也，安能容之。若是，则我等虽不言保国固种，而以反对人道之敌为主义，则国自保种自固矣。且夫彼提倡爱国尚武，此只能自保，不能禁人之不来也，曷若主持反对人道之敌者为能抑其野心，而不言保国而国自保，不言固种而种自固，驯至于无种界无国界，不亦善乎！

（录自《新世纪》第3号，1907年7月6日）

· 附录 ·

新世纪之革命

科学公理之发明，革命风潮之膨胀，实十九二十世纪人类之特色也。此二者相乘相因，以行社会进化自然之公理。盖公理即革命所欲达之目的，而革命为求公理之作用。故舍公理无所谓为革命，舍革命无法以伸公理。

昔之所谓革命，一时表面之更革而已，故其益不张，而弊端仍旧，多番更革，结果如一。请观由汤武以至于今，其有益于公理者何在？此等革命，乃旧世纪之革命，乃一时一事之革命，乃无进步之革命，乃图少数人权利之革命。若新世纪之革命则不然。凡不合于公理者皆革之，且革之不已，愈进愈归正当。故此乃刻刻进化之革命，乃图众人幸福之革命。

至法兰西千七百八十九年之革命，革除王位，宣布人权，乃为新世纪革命之纪元。至千八百七十一年，乃有平民社会革命，由于社会主义鼓吹所致。虽其事未成，然于革命进化史中留一大记［纪］念，亦足以为将来社会革命之先导。近数年来，法兰西等国革命之风潮日扬，抗税罢工之事，反对陆军，反对祖国，废弃议院，主张共产诸主义，报不绝书。由比可见，革命之进化，匪独一国为然，各地风潮亦同时而进。即以支那而论，近数年中进步殊猛，故我《新世纪》出，亦能勉讲刻刻进化，日日更新之革命。兹布陈新世纪与旧世纪革命之比较，以表明其革命思想之进化。

革命思想进化表

旧世纪	新旧过渡时代	新世纪
易朝 改姓 以暴易暴	倾覆旧政府 建立新政府 此胜于彼	扫除一切政府 纯正自由
大封 功臣 维新三杰	党魁 院绅 甘言运动	废官 止禄 无有私利
名利 双收 升官发财	牺牲利禄 饥渴名誉 铜像峨峨	弃名 绝誉 专尚公理

（附录）

法社会学家于峨（A. Girard）记千八百七十一年巴里[1]“公民”（Commune）之革命曰：巴里公民之革命，其远因在社会集产主义之鼓吹，其近因则在普法战事之困迫。巴里之民忿怨政府之专横，集众示威以为诫。行政首领铁业（Thiers）[2]知之，惧有不利，决计剪民，下令撤去国民军之军械，军众大哗。三月十八日国民军与常备军接战，铁业以常备军逃于万岁邑[3]。由是巴里民军之议会乃成立，遂宣布巴里公民之独立，且劝告他邑仿行。二十六日公民会举执事七十五人。

万岁邑政府图返巴里，以十万人来攻。四月二日两军遇于巴里东北，政府军败。五月二十一日，外军入巴里，巴里军力敌之，血战八日，死者三万五千人。五月二十九日，革命军乃不复振。军法裁判所遂肆行严酷手段，凭一言词，一疑状而杀人，并不讯问。妇人孺子之无故被杀者，不知凡几。以流血为乐，残酷万状。然此为人民留一大记［纪］念，且以征实政府及显者之为民仇也。

巴里公民革命之未成，亦有多故。一因革命之思想尚未普及；一因国民军拘守旧德，虽旧政府之财库，不肯取掠，不肯施以最强烈之手段，卒致使政府得养其余威，以倾覆之。呜呼！后来之革命者，亦可引为鉴矣！

---

① 巴里，今译作“巴黎”。
② 铁业（Thiers），今译作“梯也尔”。
③ 万岁邑，今译作“凡尔赛”。

虽此次革命未成，然其革命性质颇有可记者。

（一）三月二十日之宣言，“劝告各邑独立”，由公民自由组织，扫除政府，此新世纪革命之要点也。

（一）四月十六日之布告词曰：“已有若干工厂，冀免我公民之强迫，彼管理者早先弃置，望我工会统计所弃置之工厂与厂中器械，以便使工作者协合组织，以经营之。”即取财产，置诸公共，此今日社会主义之方策也。

故吾辈视以上二者，为将来社会革命之先导可也。

（录自《新世纪》第1号，1907年6月22日）

来书论新世纪发刊之趣意

燃*

《新世纪》报社同志诸君左右：

二十世纪，公理大昌，世界革命，如向斯应，《新世纪》华报出，凡我同人，苟非至私至愚，莫不欢迎赞助，甚盛事也。某不敏，敢不自效，以与诸君从事。第一号《发刊之趣意》① 第七条，颇不满于鄙意。请援第四条互相纠正之义，为诸君告。“（七）对于个人与一部分人，鸣其不平、含有攻讦性质者，本报亦能代登，惟必将发函人之姓名、住址详示，始能照刊。然所示姓名、住址，除讼廷已下冤诬之牒直诘本报，本报不得已不能不送证外，否则终当代守秘密，严绝外人侦探。”

《新世纪》为发挥公理而出，凡有来函，必有关公理者，方能照登。无论对于个人与一部分人，既云鸣其不平，自于公理有合。诚如第一号歌帖一件：发函人诚为对于个人鸣其不平，而该报固为公理而发，此不易之论也。然如所云：主义至当，《新世纪》发挥公理者也，一而二，二而一。虽谓无《新世纪》，无来函，第有一公理可也。公理为《新世纪》之生命，《新世纪》报可封主笔，可杀寄稿诸同人，可骈戮，公理不可没也。诚如所云：主义至当，然则讼廷冤诬之牒下而该报送证之发函人姓名、住址，出此何为者乎？该报非所谓

* 燃，吴稚晖笔名；下同。

① 《发刊之趣意》即《新世纪发刊之趣意》，参见本节附录。

无政府党，举凡世界上所有一切之强权，必铲除净尽，而后尽该报之责任乎？而何畏于讼廷，不得已而将发函人之姓名、住址送证，独不记发函人。固鸣其不平，发挥公理者耶？何竟毫不担任公理？报社不可封主笔，不可杀寄稿同人，不可骈戮，而必送证发函人姓名、住址以泄，所谓发挥公理之责耶？一将功成万骨枯。《新世纪》成立，鸣其不平者，不知几许死于暴虐政府之下。而《新世纪》所谓社会革命，倾覆国家者，犹然也。公理乎？良心乎？其名曰无政府，其实并不能违政府，并不敢抗政府。日暮途远，大同之世界安在？而何赖于《新世纪》？此种趣意，乃内地报馆渔利者所为。每谓篇中意旨，自有发函人担任云云，不谓《新世纪》乃复蹈此？某固知我同志诸君，断非渔利，绝对的与政府反对，提倡公理。虽然，何竟无体魄至是？某又知我同志诸君必曰：虽送证发函人姓名、住址，我固发挥公理者，我必为之辩护。然暴虐政府，何有公理？即能辩护，已宛转于法律之下，非无政府主义也。苟不能者，诸君将何如？诸君第欲以书报动人，不欲实行担任耶？言之不出耻，躬之不逮，二十世纪《新世纪》报绝不如是。某敢为诸君布告此语于全世界。然诸君其思所以纠正趣意第七条者，某以为无本报无来稿无来函，凡载在《新世纪》者，皆公理，皆社会主义、无政府主义。无所谓发函人姓名、住址讼廷之牒，本报直认可耳。一《新世纪》社之力，不克与讼廷争，封报社，杀主笔，骈戮寄稿诸同志可耳。公理将终明于世界，则《新世纪》不可谓无功。而乃发此不能违政府不敢抗政府之趣意，以自相矛盾，何为也？

更有甚者，第二号歌帖余波来稿有云：惜未能领会该报之议论，乃谓受伤者有追究著者刊者之权，是专制至于极点。此言良是。然我同人，既公认追究著者刊者为极点之专制，而直不抗讼廷之牒，将发函人姓名、住址送证，使发挥公理者，受极点之专制，而不为之担任，以与讼廷争死生之地。此又何说意者？报社诸君，其惕然于内地党祸之惨杀欤。前承惠赐新书三册，千夜《就社会主义以正革命之义论》①

① 《就社会主义以正革命之义论》一文，见本节附录；“千夜”为褚民谊的笔名。

篇终云："社会革命者，非排满复仇也。故满人不得借口以反对之，视为叛逆"。试问社会革命，有无倾覆政府之举？满人何为者，而谓不与满人事得乎？故社会革命，非惟关系于满政府，凡世界之政府，皆与焉。千夜此言，欺满人耶？畏满人耶？发刊趣意第七条，我同志真欲倾覆全世界之政府，抑欲人之倾覆之而已，固不欲与之反抗耶？千夜语不具论，祈即纠正此条，以实不为一偏之见以立浅隘之门户之言，并将此函即登第三号，则诸君诚真正社会革命家、无政府党人也？诚真正凭公理与良心，冀为一种刻刻进化日日更新之革命《新世纪》报也？不然，讼廷牒来，发函送证，亦犹昔日之假社会学者。某不复敢与诸君辩。诸君努力，深望深望该报发行内地去否？寄语同人，满政府不能如东洋《民报》，何更不能如我欧洲《新世纪》，何也？谨百拜上言。

若谓今日政府，固有《新世纪》，何能遽与之抗？我《新世纪》固欲以公理去后日之政府，而非所论于今日。然后日又何以能去政府？必曰：以公理大昌，全世界之力故。然则诸君亦言程度，以自欺欺人于今日者也。第二号程度章，拉巴尔氏之毁耶稣木像，彼何能以一人之力与教会抗，致罹焚身尚不顾耶？论者之意，固谓今日宗教之衰危，靡不由此。某意亦谓然。然诸君于《新世纪》，何欲不为拉巴尔，而必俟诸后日，始能一偿无政府之愿？今日无政府主义、社会主义，固重在实行者，以此《新世纪》报，而乃有此送证发函人姓名、住址与暴虐政府之讼廷，不知诸君后日遇讼廷来诘时，又将以何法而遽抗之也。后之视今，犹今之视昔，不力行，何以教后之为社会党、无政府党者？某意未尽，因复赘及，愿诸君思之。

右函议论正大，同人受赐良深，敬当感佩。但君所谓因发挥公理，报馆由此封、主笔由此杀者，已尽包括于发刊趣意之第五、六条，即如含有封报馆、杀主笔之性质者，君之来书，亦足当之。今同人固守第五条之律，并未得君之姓名、住址，坦坦然登之，书中陈义高卓之处，本报且不嫌掠美，愿尽肩其责任。

至如来书所云歌帖一类，此真第七类之性质，即使贸贸然盲登报端，并无报馆之可封，亦无主笔之可杀。然惟其如此，本报虽杂，并非黏贴匿名揭帖之矮墙，可随便供人利用。假如君与鄙同人，今日犹立于互相不识姓名之地位，设一旦忽有至恶劣之一人，擅捏极不堪之丑语，诋毁足下，寄稿鄙社，本报如弃而不登，将何所凭而不登？如公理何？倘或登之，纵可自告无罪曰：得听被诬者之辩护。然即辩护既明，受诬者之空贻珊笑，已为小人所利用。本报商之再三，始不得已要求姓名，亦使鸣不平者稍肩责任，或因自暴姓名之故，措词亦稍斟酌。不然，畅发无责任之议论，固无不可任意捏造，取快一时也。至于讼廷已下冤诬之牒，（不曰警吏已下悖逆之牒，即可见讼廷者，为有两造相讼之事，非政府封报馆、杀主笔之事也。）即谓受诬者本其世俗之见，必且控告于今日之政府。对于此节，同人再三斟酌，无善处之法，所以然者。

（一）本报既无佐证，可辨其是诬非诬，不能曰：我们为公理，请你便受了些枉罢。何也？彼固受诬也。

（二）本报既无权力，可止其不控告，又不能曰：我们为公理，便自认了冤诬，听彼加些不封报馆、不杀主笔之风流小罪罢。何也？彼或非受诬也。

（三）本报不愿与政府交涉，自在足下照鉴之中，如令本报弃其报务，访明曲直，与控者互讼于庭，其势自有所不能。

故不得已，于此第七类个人与个人，一部分人与一部分之鸣不平，止可听两造自分其曲直，然讼庭两字之名，非本报所愿言，同人中早有烦言。今既承足下教诲，敢求另想善法，以处此条。若谓凡登本报者，皆为公理，可以封报馆，杀主笔，此已包括于第五、六条，惟涉及不识姓名者之私事。本报虽为来函代鸣其不平，以伸公理，然其冤诬与否，则非本报所及知，同人实无法以处此，亦有建议于此等来函，一概删而不登者。然如鸣不平者受侮于强权何，（且所谓个人，与一部分人，乃指平人，非指现操强权之人。如对于操强权之人，鸣其不平，纵有冤诬，惟彼既处于强权之地位，虽未尝造作不平，自有能为不平之权力与机会，本报受而读之，惟知其言之成理，即为登刊，且代负其责任，本亦无需姓名住址也。）盖发刊意趣之词，寥寥短言，殊难达意，幸经足下箴砭，始得稍罄同人之愚见，不至使人误会。感谢感谢。若能早赐善处之法，尤为企盼。

又，君诘千夜，曰："有无倾覆政府之举？"又曰："欺满人耶？畏满人耶？"应之曰：千夜之社会革命，乃并一切政府而无之，倾覆满政府，自不待言。满人之凡操强权者，定需一一排除，固非如立宪党所谓政治革命，满人尚有帝皇官吏可做，千夜所谓不得反对之，无所谓畏，正告之而已，意在言外。若曰必当排尽其操强权者，决不排除其服公理者，亦无所谓欺，质言之而已，参观彼文之数不得。总而言之，政府是要不得的东西，有皇帝之政府，尤要不得。腐败恶劣如满洲人之皇帝，非惟不知遁匿，尚要借立宪名目，以固结害人之政府，是罪大恶极，为社会革命党第一个直接对头，不必多其词说，直倾覆之可矣。若云因其为满，故要排，因其有仇，故要复，便是节外生枝。于是彼便亦要节外生枝，可放狗屁曰：因其叛逆，故要反对，盖排满而已，满汉固可平等也。如今日无耻之立宪党即纷纷以之借口，复仇而已。恩仇固无界说也。新世纪之人物，如袁世凯、岑春煊辈，尚发昏自污，不羞于告人曰：世受国恩。在于另一方面，叛逆之声，因之亦不绝于耳中。故千夜有感而云然，倘谓排满云者，不过反对强权之代名词，则千夜固反对强权者，即权称之曰排满党，亦无不可也。且《新世纪》报馆中，固招［找］不出一个不排满党也。

（录自《新世纪》第4、5号，1907年7月13、20日）

·附录·

新世纪发刊之趣意

（一）本报议论，皆凭公理与良心发挥。冀为一种刻刻进化，日日更新之革命报。

（二）本报纯以世界为主义。同人之意，以为苟能发愿与世界种种之不平等者为抵抗，一切自包其中，不必支支节节，对于一方隅一事类而言，故虽局于情势，限于闻见，止用一种之文字为记载，或对一隅之事状为纠绳，皆不得已，非敢自画。

（三）本报编纂，不为拘苦之秩序，无论篇幅之长短，事类之大小，文体之庄谐，但每事各标以一目，每目各成为一条，错综糅杂为次，纯乎为新世纪之格式。

（四）本报皆由同志自由撰述，集合而成。不为一偏之见，以立浅隘之门户。故有本报所已载，苟经世界公理之约束，或受自己良心之裁判，必当互相纠正，各自引咎。

（五）倘有不满于本报所记载，赐以闳论者，最为发起同人所欢迎。尽堪守其秘密，来函不必署名。

（六）倘有抱无穷之远识，夙有隐忧，因迫于地势，若鲠在喉，不得罄唾者，发起同人额首欣盼。幸假手本报，以抒其积年之轴。尽堪守其秘密，来函不必署名。

（七）对于个人与一部分人，鸣其不平、含有攻诉性质者，本报亦能代登。惟必将发函人之姓名、住址详示，始能照刊。然所示姓名、住址，除讼廷已下冤诬之牒，直诘本报，本报不得已不能不送证外，否则终当代守秘密，严绝他人侦探。

（八）对于五、六、七三例，既受来函，除本报篇幅无可位置，不能不压阁外，其余虽当不问是非曲直，随据原文照登，然本报必加以按语，或表同情，或相违反。本报自凭公理与良心，尽其第三人局外评判之义。无有敢袒，无有敢执。

（九）本报同人互相诫勉，全报凡有攻驳，但尽规劝，不合讥讪。倘或词锋过锐，言者不觉，受者难堪，尽可不署姓名，密函诘问，同人当自省其愆忒。

（十）竹头木屑，皆为本报所不弃。有如琐末之件，若传单广告，或舟车之指南、风俗之小言，公布世界，有益社会者，皆望随时赐稿，杂列本报之中，如有所处地势，不便与本报联络，愿自行公布者，寻常数行告白一通，但寄一佛郎，或等值之邮票来，即照商务办法，代为登于幅端。

（录自《新世纪》第1号，1907年6月22日）

就社会主义以正革命之义论

千　夜

游学于外，旅行于内，最刺耳感神者，革命之口头谈也。批阅报章，闲看书籍，最触目激脑者，革命之门面语也。集会演说，宴叙淡笑，几人人言革命谈革命矣。虽然，言则言矣，谈则谈矣，徒嚣嚣然附和敷衍，而不知其真相。误会错解者有之，骇人哄人者有之，以革命为装饰言、维新谈、应酬语、夸口词者，比比皆是。呜呼！以最高尚最正当之革命，而为不肖无知者所嬉戏玩弄，使其真义不明，则实行不易，有始错一毫、终差千里之患者，能不为憾乎！故不得不正其义，以为喜言革命欣道革命者告也。作就社会主义以正革命之义论。

义有广狭，理有偏全，今之谈革命者，往往取其狭而不取其广，明于偏而不明于全，故反对者，借口以讥其私，非无故也。夫革命者，种类甚多，若不本于社会主义，则其义狭而理偏也，昔之革命皆是之，今请一一论之于后。

欧美日本以前之革命，纯正政治的革命也。倒专制以创共和，或立宪，或联邦，民权由是稍伸，民困由是稍苏，政治之残酷轻，律法之束缚减。然社会上之败德恶俗，丑态怪状，未能尽去，政治上之困苦减，而经济上之困苦增，以致酿成今日贫富悬隔之患者，非社会革命，而政治革命也。虽然，曩时物产不甚发达，机械不甚发明，贫富不甚悬隔，经济不甚为患，故昔之提倡革命者，专对于政治一方面而言，而不甚注意于社会也。排专制，伸民权，求法律上之自由，而非求生计上之自由，求政治权限上之平等，而非求社会经济上之平等，求一国一般人之幸福，而非求世界众生之幸福，本于理想哲学的空理，而非本于事实科学的公道也。其目的稍偏而不全，狭而不广，则其效力不大亦不远。故欧美既革命矣，费许多志士之脑髓，洒无数勇士之血汗，以造成此共和立宪联邦之美制，民权固伸、专制固排矣，不知有甚于专制者，起而代之，其为毒也，隐而不显，尤毒于专制。使人贫苦、终于愚勤劳动、宛如机器牛马者，经济问题也。以此故，使昔日无道暴虐帝皇所享之快乐淫逸，一变而为少数跋扈大资本家所享；以此故，使昔日细民呻吟于政治的专制法律的束缚之下者，今则憔悴于经济的垄断贫富阶级之中。呜呼！罗兰夫人、卢梭、格林威耳、华盛顿等之为民请命，脱专制而授以民权，以为永无毒民之患，岂料今日犹有经济之更毒以代之哉？是则不本于社会主义的革命之结果也。

中国以前之革命，易姓改朝之革命也。人民迫于饥寒，大盗奸雄乘此辍耕陇上，崛起亭长，以行其“燕雀安知鸿鹄之志”，达其“今日始知皇帝尊贵”之目的。至于政治法度，效狙公“朝三暮四”之术，惟一意保子孙帝皇万世之业，求天下莫予毒之策，至予民情不暇计也。开创似一新，不旋踵而祸乱又起。孟子曰：“天下有一治一乱。”其所谓治，非真治也，实乱之源也。天下晏然久，人民日多，生计日艰，一旦迫于饥寒，则铤而走险。死于饥寒，不如死于掠夺，于是一倡百和，四方响应，兵民相杀，流血成渠。兵胜则为中兴，民胜则强而狡者，出而代之，以为鼎革。干戈以是固休，而人民死伤殆半矣。昨为寇盗今为皇帝者，假仁假义，以施其愚民之策，人鲜地多，易为衣食，相安苟息，皮相者以为天下治矣，其不知所谓治者即乱之因也。故中国前后数十次相继如环无端的易朝改姓之革命，徒斩丧元气、杀人如麻、而不补于社会者，盗贼之争帝位，贫民之争衣食，与政治上经济上无丝毫之变动也。至于近来，民困日甚，惨不忍言，每天之死于水患旱灾者，不计其数；饿死、冤死、乱时被害、战时弹毙，不知凡几；至于冬令之冷死，夏时之疫死、病死。易生易死，人生旋踵。呜呼！幸中国人之传种力强，死者多，生者亦众，故不减其四百兆人民之数。不然，不数年间，如秋风吹枯叶，则靡有孑遗矣。

此为社会上显而易见者。至于精神，尤不堪设想也。道德之不修，教育之不兴，科学之不发明，机械之不应用，依然数千年之旧态，澳、非洲之生活。外人称之为半开化国，过誉谬赞，实则不开化也。是则不本社会主义的革命之结果也。

是故本于社会主义之革命，其作用，除旧去害，消毒杜敝，破坏其所不适，建设其所宜，故能维新进益；其目的，为社会求平等自由幸福，以公道为衡，凡世界上事事物物，有害于社会背其目的者，如专制阶级祸根，一举而痛绝之，以实行科学的进化，求世界之真文明，于是以人道大同、世界极乐为其究竟。

或曰，革命危险也，不忍流血，谓其杀戮无辜者，于起革命之时也。殊不知政治专制之毒，经济垄断之害，其危险千百万倍之。盖革命者，一时之危险也，待专制除、自由得、阶级废、平等行、垄断革、贫富均、祸根去、幸福生时之快愉悦乐，偿其危险有余也。谚曰，天下无无价之物。革命者，自由平等幸福之代价也。骇革命之危险而畏流血，偷安旁观、或阻挠反对者，不知将来之真快愉悦乐也。

专制者，久长之危险也。谚曰：专制祸之根。阳推阴抑，专事压制，恶则加之于人，善则授之予己。故专制，帝皇一人之自由也。幸福惟朕享，其臣下及人民，皆视其喜怒誉毁，以为福祸荣辱；至于人民之冻馁困苦，官吏之腐败残酷，杀气沉沉，惨无天日，皆置之不问闻；惟能多压制一日，以多偷一日之安，能多敲剥一日，以多享一日之乐为主。垄断者，永远之危险也。谚曰，文明不利于贫民。机械愈发达，细民愈困苦。（此指现今黑暗社会种种不平而言，若一度社会革命后，科学之进步，一日千里，社会愈文明，机械愈发达，真人类之幸福也。）大资本家之喜怒，贫民之生死也。政府为其傀儡，兵丁为其保卫，法律为其护符，警察为其看财，一举一动，皆抽筋勒皮，恨不以天下之膏血尽入其囊中，以为子孙安乐计。呜呼，牺牲大多数人之性命财产，以供独夫民贼及少数之大资本家之淫逸，蹂躏大多数人之天职权利，以养独夫民贼及少数之大资本家之骄恣，酷矣哉垄断！虐矣哉专制！岂仅危险云哉！

虽然，本于社会之革命，其作用，其目的，其究竟，果如上所述矣，而其实行此革命之手段则何如？曰：其手段有平和，有激烈。其平和也，以书报图画，归于教育者，演说戏剧，用以传播者；其激烈也，小则暗杀行刺，大则起革命军，百折不挠，艰难莫辞，以冀必达其目的、行其究竟而后已。是之谓社会革命之实行。

此革命也，最适于中国。今不妨研究其致病之源而药之。

中国致病之源，在于道德不修，教育不兴，科学不发达，机械不应用，卫生不讲，生计不谋，以是致冥顽愚弱贫苦之病。

致此病者，数千年于兹矣。历朝相沿，皆以家天下为行政之诀，故偃武修文，以弱天下；焚书坑儒，以愚黔首；销兵铸金，增税加捐，以贫四方；朝仪制度，刑赏黜陟，以成官民。鉴旧朝之复辙，不为正本清源之策，而惟孜孜于齐末浚流：秦惩周之弊，改封建为郡县；汉惩秦之弊，封宗室而戮重臣，恶儒学而尚武勇。后汉中兴，徒偃干戈修文德，而不能减外戚宦官之跋扈，以致于灭亡。六朝纷纭相继，借彼以遂其攘夺者，旋即为彼所夺。唐设都护以镇边塞，适酿安史之乱。自唐以下，不胜缕举，同蹈一辙，大都其所防之者，即其所以为患也。至于清，首惩三藩之作乱，而创设京外分权之制，使其掣肘，于是外戚宦官权臣宗室，不复为专制患矣。此为专制之进步，然朝廷无内尤，而草野崛起，仍间为患，洪杨之起，为势最烈，几屋满祚。卒之无正当之目的，为曾、左、李所败，满得中兴；即使其成，亦不过汉人为皇而已，其优于朱元璋之驱元几何哉？惜其不本于社会主义，徒事杀戮掠夺耳。然亦非可以至新之主义，责之于前人也。今也，专制又进步矣，督抚之权重，犹恐为患，不得已借立宪之名，以实行中央集权。汉人排满之策，腾于口吻，而满人排汉之术，见于实事。于是御外不足、防内有余之言，效矣。虽然，政府固无罣无碍，而细民尤困苦不堪。今不为斩草除根的革命，以推倒有害于社会有阻于进化之政府，以图世界人道之真进步，则东亚一隅无自由之日也。

或曰：其病源果如此，与其以激烈的革命治之，恐有损无益，不若以平和的教育而缓药之，使其病体逐渐补养，无药性过猛以伤其元气之患，为时虽缓，终必有康健之日，即国家有富强之时，何必急急于革命为哉。是说也，今之言教育者都崇尚之，吾不能谓其无心人也。然彼知其一而不知其二。试问其所教育者，能以最新之其理、最适当之科学耶？夫教育贵有精神，贵能自由。教育数十年、数百年，能睹其效果与否，虽不可知，然问其于专制政体下，能否行精神的教育以造就自由？与其勉强敷衍或邀功慕名，以施其奴隶的压制的教育，真有损无益，不若任其无知无识，不教育之之为愈也。今任其无知无识，一度革命后，其一切之旧观念顿去，恶习惯顿除，然后善以适当之教育以养成之，无重破其成见、去其迷信之劳也。譬有一空瓶于此，稍不选不慎，而入以无用有损之物，他日欲以有益无害之物入之，不论日后能取出其所固有与否，亦徒多费一番出入之手脚也。况其目的只求富强，则其教育不完全明矣。夫以科学实业，不为世界人道增进化，而惟斤斤以致一国之富强，其用心亦私之甚矣！

今有一说，为敌革命而欲杀其势者，预备立宪也。嗤嗤者希望之，嚣器者赞成之。若曰：中国将立宪矣，不数年则国荣民富，能列于强国，雄视宇内。其希望固大。今不问其能达其希望与否，即使其能也，荣则荣矣，非民荣也，皇帝及少数官吏将弁之荣也；富则富矣，非民富也，皇室及少数资本家之富也。民权不能伸，民困不能苏。中江笃介所谓"恩施之立宪，钦定之宪法"，亦无补于社会。而况其以弥缝补苴之策，剜肉愈疮之术，以掩人之耳目，以保己之残喘，必其不能实行也耶！

立宪非不美也，出之于帝皇之口，美亦恶矣。比有人焉，以公道光耀世界上之黑暗，以平等削去一切阶级，以自由破坏种种专制，以幸福灭除社会上之祸根，而皇帝政府目之以谋反作乱，欲一举而荡平之，以逞其素志，惟恐稍晚也。瞎目盲瞳者，从而骂之，号称报馆主笔略受文明思想者，从而贬之，推波助澜，扶纣为虐。呜呼，其无人心久矣，不足道也。设问谁为谋反作乱？背公道、尚阶级、重专制、植祸根之不为谋反作乱，而以谋反作乱加之于人，其用心亦狡矣！

虽然，政府目之为谋反作乱而禁压之者，为保其安乐尊荣不得不如是，固不足深责也。而设问号称革命党者，能否抱以上之目的？如其能也，吾知公道不灭，为时有近远，终必能达其目的也。如其不能，吾愿世间无生此革命党，以徒扰攘也。

近有以民族主义、倡排满以为革命者。夫民族主义，固为社会主义不能容，彼又以狭义的排满解释之，易使人误会。盖为社会求平等自由幸福而革命，何暇问其同种异族哉！使今皇帝为汉人也，亦必去之；使今政府为汉人也，亦必倒之，非满人为皇帝而必欲去之也。彼主复仇者，尤狭隘气小，非知义明理者之所为也。盖为社会求自由平等幸福而革命，何暇问其仇不仇也！使今满人非我仇也亦摈之，我仇也亦摈之，非为我仇而必欲摈之也。拘仇讐，论异同，不顾社会上一切，是为狭。使仇已复，满人已排，而社会上种种腐败依然，政治经济之组织如故，而曰，仇已复，满已排，吾事了矣，是为偏。狭而偏，私也，私则革命之效力失矣。稍不慎不察，不蹈中国以前易朝改姓的革命之复辙，便为欧美日本仅行政治革命之故迹。又有解革命为光复者。夫光复者，光复旧观，其目的能还我河山，复我汉冠，光我汉族，强我国家。然此目的也，民族革命、政治革命可达也。其民族革命不脱复仇主义，政治革命亦不脱专制，不过易姓改朝之瓜代，而不谓之真革命。使果中国今日犹为此革命也，吾决其无济于社会，无益于人道也。徒生扰乱，世界之平和，人道之大同，世界之极杀，终不得也。

是故社会革命者，光明正大的革命也，途灭一切之弊病，无种界，无国界，惟以公道为衡。故此革命也，非保种者徒祟雪耻报仇，以冀一种族之富强之可言；非爱国者徒尚励进图治，以求一国之兴盛之可言。其为义广，为理全，故能至公无私。

社会革命者，非排满复仇也，故满人不得借口以反对之，视为叛逆。

社会革命者，非排外雪耻也，故外人不得借口以干涉之，视为拳匪。

社会革命者，非逐鹿也，故英雄豪杰不得乘此以逞其私，视为天讨。

社会革命者，非扰攘也，故大盗小窃不得乘此以肆其威，视为天运。

故曰，义广理全，至公无私。

［原载《新世纪》；录自张枬、王忍之编《辛亥革命前十年间时论选集》第2卷（下），三联书店，1978，第1009~1015页］

驳《新世纪丛书·革命*》（附答）

非社会党来稿、真

（一）社会革命乃平尊卑均贫富。（原论）

（驳论）欲平尊卑，必使世界之人，有同一之行为，而后可。即如行路一事，必使人人皆用步行，而后尊卑平；若有用车者，有乘马者，有坐船有步行者，是尊卑不平；是必世界人人，各有一车一马一船，而后尊卑平。苟尔，则人人愿为社会党，惟恐天下无如是之多之车之马之船耳，是必使人人皆步行，而后尊卑平。然遇有江河之阻，社会党岂生有双翼，能学飞禽耶？

又如住房一事，以大多数而言，白人多高楼，黄人多平房，黑人多草房，是尊卑不平也。欲其平等，必使黄、黑同造楼房，或使白、黄同移住草房。然白人之中亦有住平房者，黑人之中亦有住楼房者，黄人之中亦有草房楼屋。有欲尊卑平等，必使世界人人，同造楼屋，或平屋，或草屋，岂有是理耶？

欲均贫富，先请贵社会党，聚世界所有之钱财货物，再聚世界所有之人类，而均分之。恐贵社会党魄力虽大还办不到，算学虽佳也算不清。纵贵社会党办得到算得清，假如每人各分得二十元，然世界之人，有病者自必以钱购药，有寒者自必以钱买衣，而住热带者自不买衣，而完全无病者自不买药，则平贫又不均矣。欲平贫均，必使—人用钱，而世界之人从之用钱，而后可。然用钱之人无穷，而我之钱有

* 《革命》一文，见本节附录。

限，终不能相继，而卒归于贫富不均。不知贵社会党，当有何法以平均之？

（答）驳者先以行路事论平尊卑，其意盖谓尊卑必不可平，故以人人步行及人不能生双翼以难之。

吾之所谓平尊卑者，未尝有所界画，非驳者之所谓人人之乘车马船，或人人步行，始谓为平也。吾之所愿行者，力求去其不平，能至何等地步，即至何等地步。若人人怀此志愿，则必日进于平等，而平等之程度日见增加，无有穷尽。此即进化之公例，亦即巴氏①与克氏②所谓“人道进化由未尽善而之较为尽善”、“人道进化由未幸乐而之较为幸乐”之说也。（见《新世纪丛书·无政府七家学说比较表》③。）

即以行路而言，乘自行车乘电车火车，必较乘东洋车乘轿为平等，此为众所同认。若照辩者之意谓平等为世间莫须有之事，则吾当认乘东洋车乘轿皆为强者应得之权利，不得干预者也。若驳者平心思之，亦必谓乘轿乘东洋车不合公理。诚如是，则驳者亦即主张平等者也。如其不然，则当曰“吾为富贵者，吾当享此权利，彼贫贱之民，虽劳苦至死，何足怜惜云云”。果如是，则吾亦不必与之言矣。

今日西国数千百人乘一火车或轮船，较支那与日本一人乘四人肩抬之轿，一人乘两人推牵之车为平等矣。众所信之。然于无火车汽船之际，无有肯信一车一船能载数千百人者。由是而推，驳者又安知日后无人人皆得车之法？且吾敢断言其必然，亦进化之公例而知之也。

至谓各种人皆居同式之屋，更非吾辈之所求。因楼之高者未必为优，低者未必为劣，其实在处，在有关于卫生否，卫生之权利，乃人人应享之平等。如今之巴黎高楼中，仆人居于楼顶第六七层，冬极寒而夏极热，颇不宜于卫生。又如贫者居于小巷中，无日光，无空气，最易致疾。此皆当

① 巴氏，指巴枯宁。

② 克氏，指克鲁泡特金。

③ 指《新世纪丛书》第一集所刊载的《世界七个无政府主义家》一文。该文介绍了高德文（Godwin，葛德文）、蒲鲁东（Proudhon）、司梯尔（stirner，施蒂纳）、梯于格（Tucher）、道司道（Tolstoj［Tolstoy］，托尔斯泰）、巴枯宁（Bakounine）、克若泡特金（Kroputkine，克鲁泡特金）的简介、主要代表作及其观点。

改革者，此亦必得而改革者也。

去冬巴黎大冷，冻死于街巷中者多人，经各报记述。是时适有某者讥讪某氏之好谈社会主义，某氏答曰：“请观巴里［巴黎］各衣店中积累之衣无算，宁听寒者之死而不顾，此即经济革命不可免之一证。”即此极简单之数语，足以证明社会主义之要，固不可特选一二难题如“人人步行人人住同式之屋”之类，为畏难苟安与强者之图保私利者借口也。

吾辈主张自由与公理，欲人人自信其道而为之，绝不曾梦思以吾辈少数人，聚世界所有之财而分之。能行经济革命者，赖世界之众人耳，故辩者似不必以“贵社会党魄力”云云为讥讪也。

至病者须药，寒者须衣，此纯是“各尽所能，各取所需”之要旨，固无所谓均而不平，平而不均者也。“平”“均”云云，不过字面之问题耳。

（二）（三）养成自由国民必自革命始　革命为社会除害为众生求平等之幸福　革命求倾覆政府以伸公理不畏瓜分　无革命之能力精种此时即是奴隶不待瓜分之（以上原论）

（驳论）贵社会党之倡社会主义，自然是为社会除害，为众生求平等之幸福。但别国只为本国人民之利，不管众生平等之幸福；只为本国社会除害，不顾他国社会之害与不害。故乘此机会，以实行瓜分中国政策，如印度、安南以待汝社会党，不准汝言论自由，虽为伸公理不畏瓜分，其如瓜分以后，公理仍不能伸。何此时欲伸公理，除往海牙平和会兴讼，别无他法耳。

是贵社会党，欲为众生求幸福而先贻国人以祸，欲为社会除害而反贻国人以害。本国社会之害先不能除，本国人民之幸福先不可得，尚有世界，尚有众生？其三尺童子欲举千钧之鼎，亦多不自谅耳。

革命之精神，有者甚多，不只贵社会党诸人。至革命之能力，贵社会党今日断无之。是贵社会党，亦未革过命，不能为自由之国民。不能为自由之国民，是为奴隶。则请将贵社会党之台衔削去，不可再自命为社会党。

（答）① 吾辈自以社会中之一人自待，纯然置国界种界于题外，故有以上之言。不但我若是也，凡世界之无政府党社会革命党，皆若是。于前期《新世纪》中吾已《答 Chee 氏》② 此问题，吾仍以此言答君曰：吾辈固非谓支那人应忍受他人之凌虐，凡吾同志不论何国何种之人，皆力求公理，反抗一切强权。惟各人限于地势与能力，故须各就其所能者为之。是以法人恒传播其主义于法邦，德人恒传播其主义于德邦，则支那人自当传播其主义于支那，既非私于其国，亦非仇于其国也。若法人皆怀如驳者意见，则绝无反对军国主义者，亦可借口曰：德人将不利于我，此非讲此等主义之时。今法人能不若是者，因有公理在。今支那人不尽为某氏者，亦因有公理在。

吾辈固未尝敢谓惟我辈独有革命之精神能力，革命之精神能力，乃属于众人，赖人自信其道，以成正当之社会，故无所用其强者以率行之如所谓政府也。驳者似嫌我自夸有革命之精神能力者，然殊属误会。又讥讪我辈未尝革过命，若我数辈遂能革命，则革命成为少数人之事业，如昔之争城夺位之革命，而非新世纪革命者之期望也。至于为奴隶否，乃是众人之事，我之欲革命，非仅为免我辈之为奴隶耳。夫社会党亦众人所得而为之，非吾辈之私产，既无贵之可称，亦无衔之可削。且或为奴隶，或为社会党，是在众人，辩者亦有责焉，以此讥我辈者，是亦自讥也。

（四）（八）欲致自由平等博爱大同必去国界去兵。大众起事用手枪炸丸以伸公理。（原论）

（辩论）既曰欲达社会主义之目的须去兵，而又曰须大众起事用手枪炸丸以伸公理，是前后冲突，是社会党亦不能去兵。

（答）兵者指军国主义（Miilitarisme③），手枪炸弹指革命之暗杀。军国主义，乃强者牺牲他人之性命财力，以保己之权利，不公之至，故求去之。革命暗杀，乃牺牲个人性命，以除人道之敌，以伸世界之公理。故此

① “答”字，原文无，据上下文补。

② 《答 CHEE 氏》，见本节附录。

③ Miilitarisme，应为 Militarisme。

二者之不同如天壤，何前后冲突之有哉！

总之，吾独一之目的为“公理”，凡可达吾目的者得而用之。吾辈之反对兵，非因激烈而去之，实因其不合公理也。故吾之主张革命暗杀，不因激烈而避之，因其有益于公理而用之也。

（五）以用电不复用松香，此较可由专制而进于自由，不必经各种阶级。（原论）

（辩论）此数语乃由东洋革命党首领某次所演说之乘火车而不乘马车变化得来，但我有一说以破之。何为欲学微分积分者，须先由加减乘除，而小数而命分而比例而开方而代数而几何而三角，然后始学微分积分？假设一算学家，识微分积分之学以之教人，抑从加减乘除而教之乎？抑开首便教以微分积分乎？

（答）① 吾固不曾记忆辩者所云东洋首领之演说。不谋而合，足征［证］公理非出自一人。辩者谓习算学不可躐等，吾辈无异词，然此不足破吾辈之说也。

夫算学之进步，由加减而至微积，非一人一时之力而成。而今之习算学者，由加减至微积，则不数年一人得而知之矣。社会进化，由专制而自由，由自私而大同，其学理亦非一人一时之发明。而今之人，不久而能知，且知之时与行之时未远。请观剧烈暗杀主义之作用，行世未久，而支那人已实行之矣。北京之吴樾，与近日安徽之刺杀巡抚者是也。再观法之抗税罢工反对军国主义也亦然。若多人能力行之，则其目的可达。吾辈之所以鼓吹传布某主义某主义者，即欲多数人之信行之也。故其事之行不行，所谓能不能，只问众人之肯不肯。然吾辈亦不甘因有如诸君者之不肯，而遂认其为不能也。

（六）同作同食，无主无奴，无仇无怨，各取所需各尽所能，是谓大同世界。（原论）

① “答”字，原文无。

（辩论）有人不同作同食，有主有奴，有仇有怨，多取所需不尽所能，贵社会党有妙法以齐一之乎？

（答）① 辩者之思想，始终一律，总以社会党有何法相诘，是以此事为吾辈之私事，吾辈则以为此乃众人之公德，故曰各尽所能。吾辈尽吾之所能，以求公理胜，即吾侪之独一要法也。

辩者以上之言，犹曰："我不肯如是，尔让会党有何法以齐之？"然吾辈亦可曰："我辈不肯主张尔所主张之不平尊卑……，尔有何法以齐之？"总之，若世界之人如君者，一日多于吾辈，则吾道一日不能大行；若世界之人如吾辈所思者一旦多于如君者，则吾道行。故吾辈除传布公理使其普及，无第二法也。

（七）革命党之大义：博爱、大同、公道、真理、改良、进化。（原论）

（辩论）大同者无不博爱，博爱者无不大同，公道者无不真理，真理者无不公道，改良者无不进化，进化者无不改良，一而二，二而一，何为分门别类，岂取其字面，可以吓人欤！况改良进化原是作事方法，不得错认为作事主义。

（答）② 文字之用，为达其思想，故不惮多言以明之。若求简捷，则吾辈亦无此番辩论，我曰"革命"两字足矣，君言"驳革命"三字足矣。且改良进化乃主义而非办法，主义乃不易之宗旨，无论对于何事皆然，办法乃对于目前某事某事之作用。

凡我之认为主义者，君皆认为办法，故有此番之辩论，请逐条推求之。

（一）我所欲者（主义）平尊卑贫富。

君所难者（办法）步行翼飞。

① "答"字，原文无。

② "答"字，原文无。

(二)我所欲者(主义)为社会除害为众生求福。

君所难者(办法)力之不胜。

(三)我所欲者(主义)同作同食无主无奴。

君所难者(办法)不同作同食有主有奴。

我辈所论者是非,是则行之,非则革之,推而至于不计难易也。君所论者难易,难则置之,易则行,推而至于不计是非也。二者相较,孰合于公理,旁观者自能明之。虽然,吾辈非仅欲以空言塞责也,故《革命》篇之末有作用之法。夫革命乃极大之举动,合五洲古今之大错而同销之,岂用一二法术能达者哉。然每一革命之举动,视为大革命中之一分子可耳,合诸分子以成革命之全体,全体者即吾之所谓主义,分子者即吾之所谓作用。愿吾同志合尽其分子能力可也。

(录自《新世纪》第5号,1907年7月20日)

·附录·

革　命*

真　民

(一)政治革命为权舆,社会革命为究竟。革命之名词来自西文,其字作 Revolution。Re,犹言更也,重也。Volution,犹言进化也。故革命犹重进化也。地球行满一周而复始谓之为 Revolution,引申之义,则凡事更新皆为 Revolution。

今之释革命,曰诛不肖政府,亦更新之意耳。今中国政府谁耶?满洲人也。故人恒以排满与革命为一事。排满诚革命之一端,而不足以尽革命。

---

* 《革命》一文正面立论,但有“难者”或“非难者”提出反驳之论,然后作者再以“答”这种形式作回复。《驳〈新世纪丛书·革命〉(附答)》则采取了“原论”—“驳论”—“答”三种形式,且文中明确使用了“吾”这一词,据此认为二文作者为同一人,即李石曾。

更思吾辈之革命，因其为满而排之耶？抑因其为皇而排之耶？若因其为满而排之，设皇帝非满人即不排之耶？若因其为皇而排之，则凡皇皆排之也。故与其言排满，不若言排皇。

然则排皇遂足以尽革命耶？排皇不过政治革命，犹不足以尽革命。至社会革命始为完全之革命，即平尊卑也，均贫富也，一言以蔽之，使大众享平等幸福，去一切不公之事。然社会革命必自倾覆强权始，倾覆强权必自倾覆皇帝始。故曰：政治革命为权舆，社会革命为究竟。

（二）非难者谓中人无革命之资格。难者曰："中人无民主国民之资格，虽革命无益，徒召乱耳！"

中人无此资格，诚是也。然此资格如何而致之耶？抑以专制之教育而养成之耶？抑以自由之教育而养成之耶？专制与自由为强敌。欲以专制政府造成自由之民，何异以方形之范制圆形之物哉！难者之意，其欲以此说以缓革命之风潮耶？抑怀革命热心，真畏人格之不及耶？如前之意，则吾劝其直反对革命，犹觉爽直。如后之意，则吾推诚而告之曰：养成自由国民之资格，必自革命始。

（三）非难者畏革命致瓜分。难者又曰："今强邻窥视，合国人之力尚不足以支持，若再行革命，是授列强以瓜分之机会，此中国之祸也。"

革命之事何为耶？是否（一）为社会除害，为众生求平等之幸福？抑置此不问，所望者唯（二）欲为大同之国民，大朝廷之官吏哉？若为（一）公益计，则必革命。即使果有瓜分之事，亦必革命。因今政府之害民，尤甚于瓜分之祸故也。吾何畏瓜分乎？畏失吾自由与平等而已！请观他国与吾政府之专制孰为甚耶？若因（二）欲为大国国民而革命，设今之政府有英杰之手段，内足以制其民，外足以拒其敌，则吾即甘俯首下心而为政府之奴隶乎？倘如是，则革命乃因我政府之无能而为，而非因其不合公理而为，此岂革命之大义哉！倘非如是，则吾只求倾覆政府以伸公理而已，何畏于瓜分乎？且使中人果有革命之精神能力，列强又焉得以属地主义施之于我！若我无此精神能力，此时即是奴隶，又何待瓜分之后乎！畏瓜分而阻革命者，犹语于受煤气将死者曰，"勿透空气，恐汝受寒"，岂不愚哉！

（四）社会革命为二十世纪之革命，为全世界之革命。社会主义与国家主义不能并立者也。国家主义主自利，社会主义主至公。盖国家主义其极性来自帝王，而社会主义来自平民。帝王与国家主义尚专制，尚自私；平民与社会主义尚自由，尚平等。故帝王之言曰保国，国家主义亦曰保国。由是而知此二者之性质同。辩者曰：帝王名曰保国，其实自保；国家主义实保全国。研究其实，帝王独据大权，吸众人之膏血以利己，名之曰对于国之义务（税）；亿兆生民斗死以卫己，亦名之曰对于国之义务（兵）。此帝王之狡计，众人所知者也。至国家虽非帝王，而犹少数之人独据大权，名之曰政府，吸众人之膏血以利少数之人，名之曰对于国之义务；亿兆生民斗死以卫少数之人，名之曰对于国之义务。此国家主义之狡计，众人尚未全知者也。故帝王主义与国家主义二者名异而实同。至社会主义，一言以蔽之曰自由、平等、博爱、大同。欲致此，必去强权无政府，必去国界去兵，此之谓社会革命。此二十世纪之革命，此全世界之革命。质言之，国家主义保少数人之利益，社会主义保众人之幸福。革命者此二宗旨不可不择。吾其为少数人之利益而革命乎？吾其为众人之幸福而革命乎？

（五）非难者谓中国无行社会主义之资格。难者曰：“事不可躐等，如登楼以梯。社会主义虽美，吾民程度不及，不得行也。”

观已往历史，先有王，后有立宪，又后有共和。若以此成式为法，则未有如立宪合于吾国之程度者矣。然今立宪之腐谈，已为知道者所摈弃，不待辩矣。若言者于立宪关尚未打破，则吾不复与言。否则必为吾之同志，即主张革命者是也。焉有革命者而以阶级为念者哉！

顾有脊生物实由微小生物累世更化而成，赖其演成与遗传二性致之，此生物进化之公例。拉马克、达尔文学说工艺之改良即人智之进化。由石器世界进至金器世界社会进化与生物及人智进化同理，斯宾塞谓社会进化如生物进化无非二性致之。于生物界由微小生物累世更变为有脊生物，犹于光烛制造中，由松香进而为油蜡、煤油、煤气、电灯，日精，犹于社会中由专制而自由，由自私而大同，微累世之演成性，乌得有此！然则今之人生而为人，不必由他物变乘，灯直可用电，不必复试用松香，故社会亦可由专制立进于自由，不必历经各种阶级，此赖遗传性而然也。今之谓社会进化不可躐等者，是知有演成性，而忽于遗传性也。

（六）非难者恐社会主义有不利于本国。难者曰："社会主义兴，则不讲国际；不讲国际，则无复仇雪耻之心，则吾国永无强盛之日矣。"

国之强盛与平民之幸福无关，其效果为君长之荣，富者之利而已。如有两国交战，胜者得赔款、土地，而败者失之，军人之死，两国均有。请思赔款出自何人？出自小民。死伤者何人？小民！表面观之，某国胜，某国败，其实则不过君胜民败。由是而知国家主义无他，即助君长富者贼杀小民而已。世界不公之事，孰甚于斯！欲破此，唯有合世界众人之力，推倒一切强权，人人立于平等之地，同作同食，无主无奴，无仇无怨。是时也，战争息，国界无，此之谓大同世界，岂不远胜于今之强国哉！

难者又云："此理虽善，无奈人心不同。若我无国际心，而他人有之，则我受其害矣。"

答者曰：吾辈唯认定以上之宗旨是否可也，不必问他人之如何。今之论排皇者亦云："革命诚要举，无奈众心不同，固不足以成事。"其知道者如甲，则不虑事之成败，不问己身之安危，毅然从事于革命，求伸公理而已，其自私者如乙，则畏难苟安，因循观望，甚至与革命为敌，以为图私利之计。若人人皆甲，则革命立成；若乙愈多，则革命愈缓。然今革命者，皆欲变乙之良心未死者而为甲，或将良心已死者革杀之，然未有因有乙在而反不作甲者也。一国之革命且如是，何社会之革命反不然？至若彼辈，致力国际外交狡计强权政府，尚武主义，属地主义等等，主义，用之以害公道者，无论何国之人，皆在除杀之列。当由各国之革命党尽力行之。此仍一世界革命之问题，而非一国际问题也。由此，"社会主义有不利于本国"之疑难，当可解决。若言者非主张革命者则已，否则伊终必为万国革命党无疑矣。

二十世纪之革命，实万国之革命也。同声相应，同气相求，此非一理论而已，请以实事征之。近年社会主义无政府主义方兴，革命风潮普及，于是万国联结之举，不一而足。如每年阳历五月一号各国工党皆罢工示威，一也；万国社会党、无政府党结会之组织，二也；社会党之运动，无政府党之暗杀，各地皆有，三也。由此类推，世界革命之风潮可见一斑矣。

（七）革命之大义。总之革命之意何为耶？一时之愤乎？非也。复仇乎？非也。夺他人之特权特利而己代之乎？更非也。革命之大义所在，曰自由，故去强权；曰平等，故共利益；曰博爱，故爱众人；曰大同，故无国界；曰公道，故不求己利；曰真理，故不畏人言；曰改良，故不拘成式；曰进化，故更革无穷。

此乃正当的革命，其义理之光明，当为知道者所同认。

（八）革命之作用。然则何法以革命耶？

曰书说书报、演说以感人；曰抵抗抗税、抗役、罢工、罢市以警诫；曰结会以合群施画；曰暗杀炸丸、手枪去暴以伸公理；曰众人起事革命以图大改革。

此乃现在革命之作用，可由同志随事、随时、随地、随势研求之，取用之。

（录自《新世纪丛书》第一集，巴黎：新世纪书报局，1907）

答CHEE氏

真

承赐新世纪杂刊并丛书各一种，奉读之余，俱见文思勃发，不愧为策论之健手，惟主义驳杂，漫无定界。

“主义驳杂，漫无定界”与下文“均财产、无政府二主义为出书人之中坚”之语，自相矛盾。

排满、非君、均财、无治，四者皆语焉不详，未识著者之本际，其非出于一人之手乎？是真杂刊、丛书之谓也。排满、非君二说本该书之附属，其提倡均财产、无政府二主义是为出书人之中坚。二主义之利害，固无俟向高人赘辩。因谈主义者，只计是非，无利害也，但是非之说，非长文不能尽。兹仅就予之不能无疑于二主义者灼陈之。夫曰均财产、无政府，二者皆译出之新名词，因足骇人闻听，少者恋情。

支那学界取用新名词，非为骇人听闻，实势不能免。若□氏之言，出于主张保国粹及守旧者之口，原无足异［疑］。不料竟出于留学已久之□氏，伊亦恒用新名词骇人闻听者也。

惟考其实际，所谓均财产，孰有过于一夫百亩与并耕而食之说乎？

一夫百亩乃井田之制。《传》有之曰：“方里而井，井九百亩，其中为公田，八家皆私百亩。”又曰：“雨我公田，遂及我私。”既有公私之分，岂能与共产为比例。□氏易吾本文“共产”为“均财产”，即欲以之附会“一夫百亩”之言。殊不知一夫百亩，固不得谓为共，亦不得谓为均，因每九百亩中必有公田百亩。公田者，即天子公侯等之田也。就“天子地方千里，公侯地方百里”“方里而井，井九百亩，其中为公田”而言，则天子已得十万亩，公侯已得一万亩。而一夫百亩，是较于天子少一千倍，较于公侯少一百倍。此犹得谓为均乎？假使其果均也，亦不得与今之所谓共产者相附会。《新世纪丛书》之卷末，曾揭有“无政府与共产，二者不可须臾离”之语。若□氏以井田为共产，则当云：“天子公侯与共产不能须臾离”矣。总之，□氏附会之谈，人人得非之，不待详辩也。

所谓无政府，孰有过于“清静无为、帝力何有”之说乎？

无政府主义主张激烈有为，是正与清静无为相反。无政府主义，非独主张帝力不及于我，且使帝力不及于人，不但无所用于帝力，且并帝而图去之。故“帝力何有”之言，与无政府主义，绝无可附会者。

“清静无为、帝力何有”，乃隐士之行也，乃抱自好为我之主义也，焉能与主博爱、主牺牲己身、不顾毁誉之无政府党相比。□氏其因《新世纪丛书》末之共产殖民地图①说，误认无政府党为隐士派也，殊不知乎岱辈非仅如康衢老人之“凿井而饮、耕田而食”，其所重者，刊印书报，

① 共产殖民地图，指《鹰山村共产殖民地图》。

输布学理于此方之民，以鼓吹革命之风潮，岂隐士之流比哉！

> 今若以老于八股之先生，为诸君敷陈井田之制，上古之美，诸君必有拂衣而去，相嗤以鼻者，而乃自醉于西儒中一二狂肆者之浅说，何崇拜外人而自忘旧敌之若是也。有真心慕此主义者，其归诵黄老之说。

如谓《管子》之上有丹沙下有黄金，即今之矿学，不开明者，无不乐附会，然止可谓《管子》有矿学思想，不可云读《管子》已足，不必再学西人矿学。故吾亦可曰：黄老与无政府主义有相合处，而不可谓诵黄老之说，不必再言无政府主义，同一理也。

吾非厚于欧人而薄于管老。管老生于彼时，无今日之各种发明以为助，其言自不能与数千年后之事同，非彼之过也。吾辈之取用学说，只问其正当与否，适宜与否可也，固不必问其为黄人白人之言。此乃公理，无所谓崇拜外人，且吾言公理讲学问，更无关于旧敌。吾辈只问公理是非，断不论种界国界也。即如□氏所言，吾辈系崇拜外人（外人谓西人），自忘旧敌，我辈全为公理学问起见，岂反不若崇拜现今据强权以压制我鱼肉我之外人（外人谓满人）之旧敌，以图彼个人私利者哉！

> 何须浪费译笔，而撮一二西说以骇国人之不识欧字者。

即使吾辈果浪费译笔，自问乃不过欲传播公理，不计利害，较之浪费唇舌，浪费笔墨，为某公爷某公使效劳，以行奔竞者何如！

> 且著者苟熟思吾国历代政界之堕思，与草野中隐士自僻之积弊，与夫国势致弱之一大因，必有讲均财产与无政府二主义之无足儆我国人者，何必以最好之光阴，消磨于此极顽固极腐败之思想也。

熟思吾国政界之堕思，遂应来欧洲习经济之学，鉴于隐士自僻之积习，故当不避脱颖自荐之嫌。由此言之，则□氏自足为知时之俊杰矣。

至于均财产、无政府二主义无足傲我国人之语，尤奇。然云此二主义无足傲我国人，则别有足以傲我国人者乎？谅即经济之学也。

此二主义果极顽固腐败与否，既非□氏之所能专断，亦不必由吾辈辩驳，旁观者自有公论。□氏谓我辈之消磨光阴可惜，□氏因不若财政、陆军、政法等科之合于时宜，足以为进身之阶，而为我兴欢乎？

> 又□氏附寄滑稽画一幅，附注之曰："我洋大人是好讲话的，虽是我做你无国之民的主，你的种种主义，总是好讲的，日法协约人具。"此数语由洋人口中吐出，此人手执一旗，书"好思想"三字，对面四人，各执一灯：一"无政府"；一"社会主义"；一"无君"；一"排满"。

□氏略谓我辈讲以上诸主义，外人正好因利乘便，以行瓜分之策；又谓外人正愿我辈讲此等主义，故执"好思想"以奖励之。

言者殊不知各国之所最恶者即无政府党，不论为何国人，因其直与执政为敌也。何□氏反代彼加"好思想"之誉，足见□氏虽自以为热于经世之学，然尚未深知洋大人之心意。

□氏亦有强弱不敌，公理无益之意。不独□氏为然，作是想者正多，或曰吾民程度不及。吾当一问之曰：然则何日吾始有讲公理之程度？恐程度永不得齐，则公理永不得讲。故谓因某故某故，我不能讲公理者，直云"我不讲公理可矣"。故不认"公理"则已，若认"公理"则无程度时代之可言。

又有谓我讲公理讲大同，其如他人不讲何？他人凌虐我，我应受之乎？答之曰：吾辈固非谓支那人应忍受他人之凌虐。凡吾同志，不论何国何种人，皆力求公理，反抗一切强权。惟个人限于地势与能力，故须各就其所能者为之。是以法人恒传播其主义于法邦，德人恒传播其主义于德邦，则支那人自当传播其主义于支那，既非私于其国，亦非仇于其国也。

若法人皆怀如□氏等意见，则绝无反对军国祖国主义，亦可借口曰：德人将不利于我，此非讲此等主义之时。今法人能不若是者，因有公理在；今支那人不尽为□氏者，亦因有公理在。

吾与此等之主义，辩之详矣，见《新世纪丛书·革命》篇中。本期《与友人书论新世纪》篇亦可参观，皆足以破□氏等之疑难，而使之信有公理也。

驳者自驳，而受者则喜得一保证书，两利妙。（燃）

（录自《新世纪》第3号，1907年7月6日）

伸论民族民权社会三主义之异同再答来书论新世纪发刊之趣意

民*

来书《论新世纪发刊之趣意》，吾友已答之详矣，① 兹不赘。其［吾］论《就社会主义以正革命之义论》之篇终一节，亦已代答之。今请伸论民族、民权、社会三主义之异同，以再答之，使论者知吾辈所以抱此社会主义之由，以释论者之疑。来书论此一节，言之不详，不能深得其用意之所在，惟径以"社会革命者，非排满也，满人不得借口以反对之，视为叛逆"数语，为欺满人，畏满人。夫论者亦知社会主义者也，谓吾论之不圆满则可，而谓欺满人畏满人则不可。盖社会主义者，反对一切强权，破坏种种恶习，削去等等阶级；非惟一满政府之当倾覆也，凡世界之政府亦然；非惟世界政府之当倾覆也，凡世界社会上背道逆理者，一概在摈斥之内。论者亦略已言之。然吾之所以斤斤分言满人与外人者，以吾所作之《就社会主义以正革命主［之］义论》一篇，专对于今中国一般欣道革命爱言革命者告，使彼知民族、民权二主义外，尚有义广理全、至公无私之社会主义在也。吾生于中国，故语中国人，自少曾读得几本中国书，曾识得几个中国字，今以外界之激刺，内界之感觉，化昔日之热心于民族主义、民权主义者，增其热度，遂变而为热心于社会主义也。意动思来，不得已以一国文字，达一己之意，直接为一般欣道革命爱言革命者

---

* 民，褚民谊的笔名。

① 参见燃《来书论新世纪发刊之趣意》一文，载《新世纪》第4、5号，1907年7月13、20日。

告，复间接对于无数反对革命畏忌革命者告，使知吾辈之革命，图社会之进化，而非排满复仇，更非排外雪耻，故无虑于吾辈之革命为生内乱也，为召瓜分也。如满人之有革命思想者，见吾辈所抱之主义，为至公无私，来与吾辈表同情也，则吾之论为传道，当与共事，而非欺满人也。满人之有帝皇思想者，见吾辈所抱之主义，为不利于满人，来与吾辈反对也，则吾之论为宣战，当与彼抵抗，而非畏满人也。外人之有社会思想者，见吾辈所抱之主义，为社会图进化，来与吾辈共事也，则吾之论为和约，当与彼协筹，而非欺外人也。外人之有强权思想者，见吾辈所抱之主义，有害于外人，来与吾辈干涉也，则吾之论为开衅，当与彼反对，而非畏外人也。故对于满人也，而曰非排满，对于外人也，而曰非排外者，实即排满排外也。不过所排者，反对吾辈之满人而非与吾辈表同情之满人也，干涉吾辈之外人而非与吾辈合筹之外人也。反对吾辈者，满人中之少数，其皇帝及其臣仆也；干涉吾辈者，外人中之少数，其政府及其势要也。前论末附数语，虽言不尽意，意不圆满，然自问无所机巧，以欺满人，更无所忌惮，而畏满人，迥非昔日倡言革命，一旦为利所昏，为私所蒙，邀功求名，退而谈立宪保皇，出而讲升官发财者之可比，且不欲以偏狭之主义以自小。故民族主义民权主义，不能达吾之目的也，则舍民族主义民权主义，而取其较广大较公正之社会主义也。夫社会主义，非与民族主义民权主义背驰者也，不过稍有异同耳。社会主义有民族主义之作用则为同，而无民族主义之自私则为异；有民权主义之效能则为同，而无民权主义之自利则为异。盖社会主义者，求世界人类自由平等幸福，而民族主义民权主义求一国一种族少数人之自由平等幸福也。归纳之有大小，犹行程之有远近，初非背驰者也，实任人之自择其主义何如耳。

民族主义

今之主民族主义者众矣，吾前亦主之，其为一种族利害计，则诚善矣。以今日中国之现象而论，满人之压制剥削如此其甚，外人之凌侮侵辱如彼其烈，一若天地间莫困苦于汉人者，悲无人哀，惨无人怜，于是物极必反，激成一般民族思想者，出而反抗，抱不平以排强权。其始也，固与社会主义无异，及积怨既深，并其同类而亦仇之，惟己族之可亲，则与社会主义不同。今之主民族主义者，其目的也，惟汉人始能握政权，全国之行政机关，皆由其司握，其他满、蒙、回、藏诸族，俱应俯首帖耳，以服从其所定法律之下，故今主民族主义者，即排满也。夫排满，则私矣。满人非尽恶也，有革命思想谋社会进步者，固不乏，不可因其满人而一网打尽。因其满人，不分善恶，而一网打尽。其私一。汉人非尽良也，助纣为虐，为桀作犬者，今日之当道皆是也，不可因其汉人而置之不问。因其汉人，不分善恶，而置之不问。其私二。设使以民族主义，能救祖国，光复汉疆，以耀先租，心醉祖国主义者，无不作如是想。然试问此四万万方里之土地果谁属？汉人之鼻祖，据今言民族主义者，推为轩辕。即以轩辕论，彼来自亚洲之西北，南方之大部，尽属苗疆。若讲民族主义，在己已先立被摈之例。或有强其词曰：吾得之已数千年，斩荆伐棘之劳苦，千争百战之心血，得有今日也。是明言以强权得之。而满人亦可借口曰：吾得之已二百六十余年矣。无怪彼之所谓论旨也者，动有“食毛践土”“渍髓渝饥”“激发天良，以对历祖历宗”等语，用以胁臣民，亦主张强权的民族主义也。惟然，故各私其族，不凭公道真理，徒以“非我族类，其心必异”之言，为讲民族主义之金科玉律，视异族如寇仇，殊不知同类之心异，或有更甚于异族者也。善乎！吾友之言也。“最无为者，中国人之立会馆也。强聚一般宗旨不同、思想不同、言论不同，而惟国同之人，欲互相联络以结友谊，其始也，尚可附会，其卒也，寥落腐败，有不堪设想者。留法之会馆，其例也。热心之士，欲整顿之，以冀发达，无如一般人之宗旨不同、思想不同、言论不同，不能联络何。”且仇视异族，妄自尊大，既失博爱之谊，即生残忍之心。今满人已失其野蛮时代之狠猂尚武性，汉人受外界之耻辱，渐觉醒悟，一旦满败汉胜，昔日之扬州十日，嘉定屠城，将必还之于满人，则五百万满族，使无噍类，亦意中事耳。满人知其然，恐遭曩时关城杀达子之祸，故彼族中之反对最健者，如端方、铁良、良弼等，亦提倡排汉之策，以对付之。彼等据权势，逞野心，反排汉人以实事，彼等固主民族主义者也，保其一族，不得不如是耳。且彼等常借口于汉人之革命，曰：“汉人革命排满人，吾满人不得不竭力以抗之”。于是满、汉两族，各以民族主义互相仇雠，如吴越之报复不已，反置图社会之进化以排强权为革命之主要者于度外。不凭公道真理，而惟各以非吾族类者互相仇。其私三。之三私者，彰彰可见，吾不能为主民族主义者讳也。故曰：民族主义者，复仇主义也；复仇主义者，自私主义也。更请言复仇。

复仇主义之大纲，即君父之仇不共戴天也。古之所谓圣君贤父者，赖之以欺骗臣下及子孙也。今也民智渐开矣，君之仇，有民权思想者，不屑道也。君何人也？今世纪尚宜有君耶？杀之不遑，乃为其复仇，有是理乎？至于父仇，非之者寥寥，以为父子之亲，非君臣之可比，君仇与吾何尤，父仇不共戴天也。祖宗之仇亦如是。于是扬州十日，嘉定屠城之惨，尝不忘于其心，无机可乘，以复前仇耳，积怨既久，并仇视其子孙，一若即是其子孙所为者。然平心论之，满人当时之屠戮无辜，其罪固不可胜诛，顾今其子孙，有何罪哉？惟彼今日满人中之借权势逞野心以压制剥削汉人者，吾辈之直接反对也，不问其前之何如，有恩于我，我不计，有仇于我，我不计，只计其目前之行事，有合公道真理否。苟不合乎公道真理，则摈斥之，无容假借。不然，专尚复仇，而不凭公道真理，则私起矣。譬如吾父为一重臣，拥巨财，不为社会谋公益，而反阻碍一切之进步，有人焉，剚刃而杀之，夺其财而散之于众，其事甚善也。为子者凭公道真理也，慕此举之公侠，而叹己之不能为此。苟不凭公道真理也，则必杀杀吾父者，以报吾父之仇，不问吾父之该杀与否，不察杀吾父者之当理与否，惟横头一棍曰：父之仇不共戴天，吾必复之也。由是观之，人各私其亲，则他日端方、铁良、良弼、张之洞等之遭炸弹而死，其子必出死力以报其父之仇，固无论矣。推而言之，他日革命时之杀戮独夫民贼，其子孙更当如何报复。返而言之，今之满族中之所谓受恩深重而为其皇效力者，亦私其亲也，吾何得而非之。故复仇主义者，不凭公道真理也。吾敢断言曰：自私主义也。

民权主义

民智渐开君权渐落，野蛮时代之狡而巧者，不得施其愚民之策于今日也。欧、美、日本民权稍伸矣，然有名无实。日本万世一系之皇统，天王神圣不可侵犯靡论矣。即以民权最发达之美、法，号为共和民主国者而论，女子无政权，已去其国民全数之半；大多数之贫民，无势力（有金钱始有势力）以握政权；少而未冠者，不得与闻国政；只一般最少数之富者，得左右全国政治机关。所谓民权者，实富权也。初以为民主最平等，共和最自由，殊不知：自由者富者之自由也，平等者富者之平等也。而贫民之困苦如故，自由平等于贫民乎何有？盖政治专制之害，而代之以经济垄断之毒，谚所谓"雌狗换只母狗"是也。且迩来一般之政党，尤卑陋不堪。微贱时，则巧言令色，以运动一般贫民，求得高选，及一旦据要津，足达其前所怀抱之目的而有余，乃反复食言，宛若前后两人者，而惟一己之荣乐是图。故主民权主义者，非为贫民计也，实为己之富贵计也。吾敢断言曰：自利主义也。

社会主义

社会主义者，无自私自利，专凭公道真理，以图社会之进化。无国界，无种界，无人我界，以冀大同；无贫富，无尊卑，无贵贱，以冀平等；无政府，无法律，无纲常，以冀自由。其求幸福也，全世界人类之幸福，而非限于一国一种族也。故社会主义者，无自私自利也。吾敢断言曰：至公无私之主义也。今为表以比较之。

民族、民权、社会三主义比较表

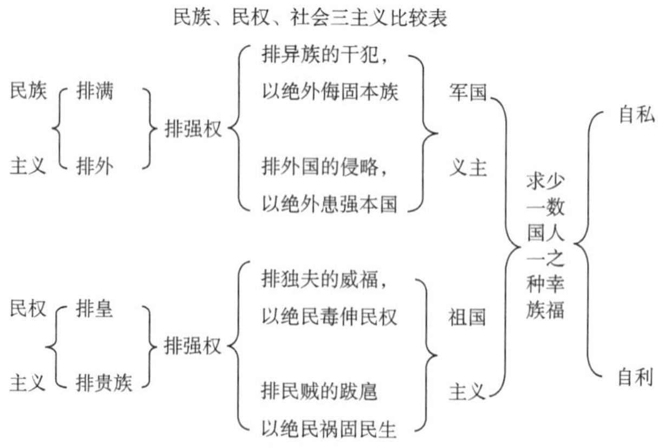

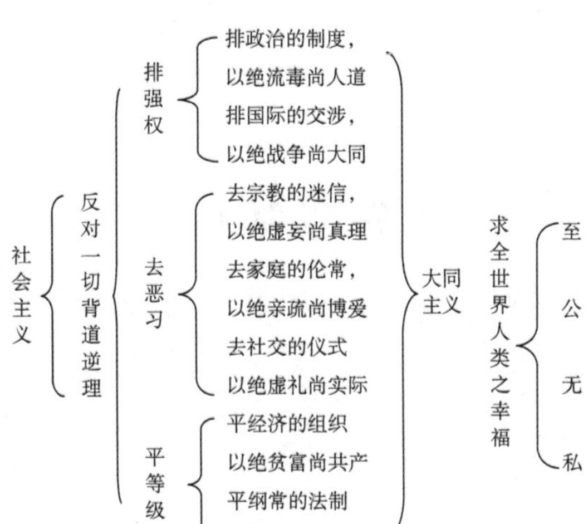

就右论文及表现之，亦可知民族、民权之异同，与吾辈所以抱此社会主义之由，而论者之疑亦可以释然矣。（“千夜”谨答）

（录自《新世纪》第 6 号，1907 年 7 月 27 日）

答旁观子

——代《驳〈新世纪丛书·革命〉》之附答

真

旁观子取《附答》逐条驳斥，除文词更异之外，其大意则与非社会党以及军魂氏等略同，故吾亦不必再辩。吾之所欲言者，已于《答 CHEE 氏》《答非革命党》[①]《答军魂》[②] 诸篇中见之矣。

虽然，旁观子于总论中，谓“《新世纪》报宗旨莫定，议论驳杂”，并列表比较而指驳之。此尚为以前诸篇所未及，故答之如下。此非独欲与旁观子好争辩，实欲释其疑误，请阅报诸君共鉴也。

[原驳]

（甲）社会党非排满也（见千夜《社会革命》）

（乙）《新世纪》报馆中招［找］不出一个不排满党（见五号）

（丙）社会党痛斥保皇党（见《杂刊之一》）

（丁）谭嗣同为秀良才俊之士（马福益篇）

（戊）革命为少数人之事业，乃昔之争诚夺位之革命，非新世纪之革命（见五号）

（己）马福益为中国人少数革命之原动人，曷为脱帽致敬行西洋礼（见马□□篇）

以上六条，足证宗旨不定，故议论自相挑战。

① 《答非革命党》，即《驳〈新世纪丛书·革命〉（附答）》。

② 《答军魂》，即《来书附答》，见本节附录。

［答］旁观子谓以上六条自相挑战，殊非。

（甲）“社会革命非排满”，非言社会革命不排满；乃排满之革命，不过社会革命之一端。故社会革命，足以包括排满，若社会革命行，倾覆一切强权，而满廷复存，虽愚者莫之信也。

（乙）《新世纪》中人，乃主张社会革命者也，即主倾覆一切强权者也。满政府为今支那据最大之强权者，吾辈焉得而不排之。然吾辈不名吾辈所鼓吹之革命为排满，而名之为社会革命者，因社会革命足以包括排满（即排皇），而排满不足以包括社会革命故也。

以上二条绝不冲突，排满之于社会革命，犹一支体之于一人。言“社会革命非排满”，犹言“一人非一支体”；言“《新世纪》报馆中招［找］不出一个不排满党”，犹言“招［找］不一个缺一支体之有病的人”。

（丙）“社会党痛斥保皇党”，乃自然之理。

（丁）不能因谭嗣同为戊戌变法中人，遂谓之为保皇党，彼时本无保皇党。若谭嗣同今日犹存，亦必一社会革命党，观其《仁学》可知。

以上二条绝不冲突，因所排斥者为保皇党，所赞美者非保皇党故也。

（戊）古人托革命为救民于水火之大义，而实行其盗有天下之政策（见《马福益》第七页，《新世纪》论曰以下），此乃求少数人幸福之革命，而非正当之革命，故我《新世纪》不敢妄为赞美。

（己）至马福益以及近来各等革命之举动，皆为反对强权，图诛民贼，吾辈焉得而不许美之。吾辈永不会以“少数人之革命”待马福益之革命，以及近来诸革命党之举动。吾辈常论革命之大义，以图革命思想进化，且引往日不正当之革命以为诫。此固吾人共有之言论义务也。

吾辈所谓多数少数之革命，乃就意旨公私而言，非以一时人数之多少而论。且吾知马福益当日乃欲众人革命，以正人生为宗旨，虽所望未达，人数未广，然不背为多数人之革命，即求公理之革命也。

以上二条绝不冲突，不为少数人事业之革命，即求伸公理之革命，为吾辈不可异之宗旨，固所不辞。马福益之革命，亦求伸公理之革命，故吾辈称美之。何得谓为互相挑战哉！

德人法人讲社会主义于德法

诸君亦讲社会主义于支那

法人排军国主义

诸君亦排军国主义

人用火车马车比由专制而进于自由

诸君用松香点灯比专制而进自由

以上六条，足证已无定见，人云亦云。

［答］① 吾辈惟求公理，不拘成见。故凡合公理者，不拘何人何国，皆为吾辈所取法。若不合公理者，虽父母兄弟之言，亦所不认。故吾辈与他国人表同情乃不立异，至与诸君之辩论是不苟同。总之，求合乎公理而已。

法社会党已用手枪击大统领矣

诸君逃避外国空发议论

俄无政府党已将太公炸死矣

诸君借此书报鼓动别人

以上四条，足证别国之为社会者尚实践，而诸君竟空谈。

［答］世人多欲责言者不能实行，以塞其口，殊不知言论亦即作用中之一端。况以书报鼓吹，为传布之要术，更不得以空言论。至谓实行者危，言论者安，亦不尽然。如日前击大统领者，其罪不过入禁，从事革命书报者，亦可入禁（如蒲鲁东辈不可胜数）。吾辈不敢坐享文明之福，不避失己身之自由，从事于此，似亦无愧于旁观诸君。

总之，能言论并能实践者固善。然言论者，较专谋己利并言论之义务而不肯尽者，犹胜一筹。如诸君见吾辈之议论，不惮费笔墨与之争论，较之彼辈无论见何种言论，皆不理会，心窃笑曰“于我之利益无关，我不问也”之流，自热心多多矣。由此而推，则诸君当亦不责吾辈之多言也。

① “答”字，原文无。以下同。

至谓各国社会党，较吾辈尚实践，诚是。然不能尽如旁观子之所言，因言论者未必尽实行者也，即使言论者即是实行者，亦未见其可以己意预期宣告也。

第五号《新世纪》又曰：政府是要不得的东西。旁观子曰：诸君之敢谈社会革命者，尚赖此要不得的法政府为诸君之保护，要不得的清政府不敢直来捕拿，试问诸君敢离外国政府而往谈社会革命于清政府法权之下乎？咄咄名为无政府党，实受政府之保护，名欲倾覆政府，实则甚畏政府。可耻！孰甚此种无政府党。愿世人莫为也。

［答］若因法政府能保护我，即感其恩德而不为无政府党，是与官费学生因政府给他学费，遂不欲革命无异。吾辈虽不肖，尚不至此。

（录自《新世纪》第7号，1907年8月3日）

·附录·

来书附答

军魂、真

贵报所持大同主义，为世界众生谋自由平等之幸福，固古今世界至大至公之理。虽然，亦必须相时度势，求所以达此主义之方法。

处今中国人之地位，其不平等，不自由，较之他国人（值现世诸强国言）更甚，故求平等自由之道，较之他国人亦更繁。他国人之求平等自由，仅同国人之交涉，如第一图。

若中国平民，则真谭复生所谓网罗重重，薄虚空而无极者，故先必以种族的国家主义，冲开（甲）（乙）二网罗，然后足以与他国民立于同等之地位，而共求世界之大同也。

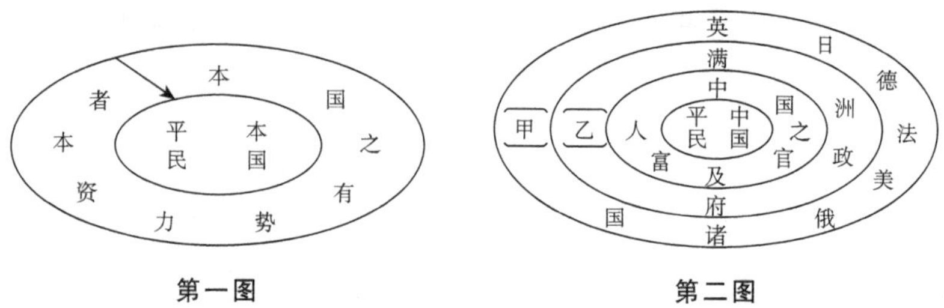

第一图　　第二图

军魂氏固未反对我辈之主义，所求者达此主义之方法耳。其所谓方法者，即“以种族的国家主义，冲开甲乙二网罗，然后足以与他国共立于平等之地位，而共求世界之大同”。

以网罗言之，则必冲破其最近之层，而后遁进以破其他，未有能不破内层，超越而破其外层者也。然就言者“必先冲开甲乙二网罗”而言，有两解说。吾未知言者之意何在。（一）即超越最近“官及富人”之网，而冲开最外之两层，就实事而言，官与富人多不求公理，皆以政府为护符，未见其能与民合力图破满政府也。如（一）之说，则主张保皇立宪与排外者皆可援例曰：今日最应先破之层为甲，故宜超过内二层之官及富人与满政府，而破甲层也。本于此意，作官当借词谋地方自治，讲排外，而不言革命。

如（二）之说，则主张保皇立宪与排外者亦可援例曰：今日最应先破之层为甲，故宜合内二层而破坏甲层。本于此意，作官当借词讲立宪，讲兴武，而不言革命。

如以上之第一图，代反对革命者解说之则可（如上之两说是），以之解革命则不可。虽然，若由内而向外攻之，则解革命之理易显矣。如官及富人操强权者也，故破之。满洲政府据强权者也，故破之。诸国之政府施我以强权也，故破之。总之，破强权而已。故吾易其说曰：“合世界平民冲破一切强权”。如下图。

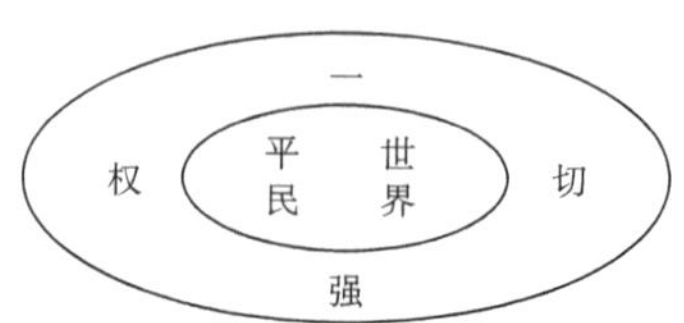

且以今日中国之民格卑下，即有一好政府提撕之，欲使之渐进于能享平等自由之地位，尚不知何日，何况无政府耶。

政府者独据特权特利而为民害者，故凡是政府即无好之可言。凡是政府，皆为平等自由之敌。军魂氏欲以自由平等之敌，提携而至于享平等自由之地，不亦难乎？设政府果无，则自由平等之目的已达，何反患其无日耶？

吾思论者于政府与无政府有所误会，其意盖谓政府者保全治安者也，无政府者扰乱者也。殊不知是正相反。盖政府惟保全彼少数人之治安而扰乱多数人之治安，无政府则扰乱彼少数人之治安而求多数人之治安也。（革命丛书中《秩序》篇①言之详矣。）

言者更见各国兴盛，略进文明，以为乃政府之力。殊不知今之文明，乃众人之力而非政府之力。设支那众人得而进化，固非政府之功，若众人无能，有政府徒加阻力耳。

以今日中国势力之薄弱，即令人人尽当兵义务，尚不知足以能诛"人道之贼"否（贵报第三号云云），何况尽去兵备耶。

军国主义，乃强者以之保己利，以为人道之贼者，故反对之。然非独反对支那之军，而崇尚他国之军也。所谓反对者，各国之人各尽其能力以反对之。即以今之满政府而论，所以保强权者，非兵乎？若以吾辈至正当之反对兵之主义广播，则今之军人，亦将反戈而向于满政府矣。

吾常云吾辈之反对军国主义，因其背于公理，故求去之，非因其激烈也。吾辈之用暗杀主义，不因其激烈而避之，因其有益于公理而用之也。由此而知，吾辈非主不用强劲手段者也。若今之革命者，同起与满政府争，以求倾覆其强权，吾辈则欢迎之不暇，何反对之有哉？设有他国以军力压制我者，我自亦援敌强权之例以攻之。设彼之兵，叛其将帅，以求合于公理，则两国之民相握手而庆大同矣。若其兵不知公理，

① 即〔俄〕克鲁泡特金著《秩序》，真民译，《新世纪丛书》第一集。

甘心服从所谓将帅者，而与他国之民为仇，则吾亦援抵抗强权之例而攻之可也。

若各国之民皆不欲战，其将帅固无可如何，故一旦无兵，则政府之势败矣。内不足制服其民，外不能虐待他国，故反对军国主义，实为无政府主义中之一大作用也。

> 是故政府也，军队也，种族的国家主义也，皆今日中国所必要，而即求达将来大同主义之方法也。

大同主义之达，即赖众人知道信道，从而尽力以求破其阻碍公理公道者。其阻力最大者即政府，保卫政府之威权最力即军国主义，故无政府主义，以去政府为目的，以反对军国主义为作用也。今同致力于此之不暇，岂能反以政府、军国主义为达目的之方法，是与主保皇立宪者谓二者为今日中国之必要而即求达将来革命之方法无疑也。

> 若夫一无所恃，徒空言曰无政府、无兵备、无种界、无国界，曰是大同也，是公理也，是自由平等也。吾恐只知有强权不知有公理之蟊贼，联军而至，瓜分其地，支配其民，而四百兆讲大同公理爱自由平等之民族，永沉沦于奴隶之苦海，而竟无达其得平等自由之目的之一日也，不亦可哀也哉。是故与其牺牲己国与己种为世界谋大同而不得，勿宁牺牲己身以暂为同国同胞谋自由平等，或有达大同主义之日之为愈也。

以上之言，若出于主立宪保皇者之口中，必曰：若夫一无所恃，徒空言曰，排满排皇是公理也，是自由平等也。吾恐列强将因利乘便瓜分其地，则四百兆爱自由平等之民族，用沉沦于奴隶之苦海，而竟无达其平等自由之目的之一日也，不亦可哀也哉。

是故与其牺牲中国与黄种，求革命而不得，勿宁稍有耐心，以暂为同国同胞谋立宪国之自由平等，或有达其革命之日之为愈也。

若有出以上之言者，则凡主张革命者，必非之矣。总之，“社会革命”之于“革命”，犹“革命”之于“立宪”，固无异耳。若军魂不欲主立宪者以其意想反对革命者，则君亦不可以君之意想反对社会革命者矣。

（录自《新世纪》第5号，1907年7月20日）

与友人论种族革命党及社会革命党

真

《新世纪》之作，乃欲鼓吹正当之革命，以正人生，而非欲与革命者竞争，以缓革命之风潮也。然自《新世纪》出版以来，颇多争论，而争论者率皆热心种族革命之人。故吾友有疑者，有惧者。疑者因未深悉《新世纪》之意也，惧者因吾革命党自相竞争，而吾之敌人（反对革命者）反觉安然。故吾敢推诚请于诸君，且以答吾友，图释诸君之疑，图合力以达革命同一之目的。

今诸君所主张革命者，今吾辈所主张者革命，故诸君与吾辈之志愿同。

今诸君所主张者倾覆满政府（名曰种族革命，是因其为满而倾之），吾辈所主张者倾覆满政府（名曰帝王革命，是因其为政府而倾之），虽诸君与吾辈之界说异，而其作用同。

诸君（种族革命党）与吾辈（社会革命党）今日之志愿及作用同，即请合力鼓吹其所同，固无所用其争也。

日后（在革命之后）诸君所主张，建共和新政府，而吾辈所主张者，乃自由协和组织。此诸君与吾辈之不同者也。日后（在革命之后）诸君所主张者，以一国之军备，保一国之民，而吾辈所主张者，去各国之军备，以安世界之民。此诸君与吾辈所不同者也。

此二者在今日皆系主义，而非作用。各怀主义，乃思想之自由，固他人不得而侵犯者，固亦无所用其争也。请各从其自由，以发表其主义可耳。

（一）吾友曰：若社会革命党与种族革命党相竞争，则革命党应敌之力薄，如（第一式）。故吾辈应合力以应敌，如（第二式）。此指作用而言，故有利害在其中。

第一式｛保守
立宪｝攻｛革
命｝攻｛革
命

第二式｛保守
立宪｝攻｛种族革命
社会革命

（二）主义之正当，惟视乎公理，不能因利害而易主义，故宜各从其自由发表其主义。

总之，种族革命党与社会革命党今日之作用同，而其主义不同。然此不同者，固无碍其同为革命党也，无碍其协力以图最近之革命也（倾覆今之政府），吾友其勿疑其勿惧。

（录自《新世纪》第 8 号，1907 年 8 月 10 日）

进化与革命

真

进化者，前进而不止，更化而无穷之谓也。无一事一物不进者，此天演之自然。苟其不进，或进而缓者，于人则谓之病，与事则谓之弊。夫病与弊皆人所欲革之者，革病与弊无他，即所谓革命也。革命即革去阻进化者也，故革命亦即求进化而已。

由是而知进化与革命，二者之密切相关，二者乃互助，而非背驰。今有释“进化”为善，“革命”为恶者，是于进化与革命二者之性质，未曾深求也。

吾之地初为汽质，继为流质，更为坚质，亿万年更化无穷，此地之进化也。因地而有生物现，由简单而至于繁复，此生物之进化也。因生物而有人现，由愚顽而及于聪敏，此人之进化也。因人而成社会，由谬妄而至于较正当，此社会之进化也。总之，地、生物、人、社会之进化，皆相因而来。若欲止一进化，则必先止以上之进化，此力所不能。故知进化必不能止，遂知革命不能免矣，因革命即求进化者也。

进化之速力、强力之度数，不以过去者为权衡，而与同时者为比较。于物中若以猿与狗较，则猿似已尽善，不必复进矣。然天演则不然，以猿与猿较，于是有较善较不善之猿之分焉。而后至于人，然人固未已其进化也，必仍时进日进，以至无穷……社会之进化，以及一切之进化，皆若是。若以共和与王国较，则共和似已尽善，不必复进矣。而天演则不然，故共和仍日进而为无政府，而为甲、为乙、为丙、为……总之，凡物凡事，无尽善者。谓其不能尽善可也，谓其较后来者为不善亦可也。一言以蔽之，曰“无穷尽”，进化之公例也。故知道者，有进而无止，无善而可常，此之谓进化。故进化之理为万变之原，而革命则保守之仇也。

进化之意如此，请举多事以征之。

进化与革命表征之一（文字进化与文字革命）

事事须进化，须革命，岂独文字为然？现在吾所写者即是文字，即请举之以言可也。且文字与思想进化所关亦最要，故亦宜先论之。

（甲）文字之根源与文字之进化

上古獉獉狉狉之世，自无文字，然以理思之，古人必先以手或树枝画地而为之记，此即文字之一根源也。

及制造稍兴，先有绳缕，于是结而为识，亦文字之进化矣。更有竹、帛、纸、板，文字因之以兴。文字进化所赖者二端：（一）直接之聪明，即造文字；（二）间接之聪明，即造器具也，如绳、竹、帛、纸、板以及各种印机等是。

（乙）文字直接之进化与革命

合世界之文字，略可分为三类：

（一）象形，如埃及古文与支那文之一小部分；

（二）表意，如支那文之一大部分；（表意非即说文所谓意会，凡不从合音，如会意指事之属，皆表意也。）

（三）合声，如西文。（合音而为字）

埃及文为最古，其文酷似物形。支那文次古，其所象之形，已不求酷似，且大部分为指事、会意、谐声，略形迹而通思理，自较进化。又谐声虽工水可水，表意为重，然微露合声之端倪。希利尼以来之文化最近，纯用合声。由此推审，而见文字进化之次序。（与生物进化，由简单生物进而为高等生物同理。）

文字所尚者，惟在便利而已，故当以其便利与否，定其程度之高下。象形与表意之字，须逐字记之，无纲领可携，故较之合声之字画括于数十字母之中者为不便。由此可断曰：象形、表意之字，不若合声之字为良。

于进化淘汰之理言之，惟良者存。由此可断言曰：象形、表意之字，必代之以合声之字。此之谓文字革命。

西文较支那文自大善矣，然亦尚多缺点，如无理规例之繁等，亦不胜书。然将日趋于便，且将合世界之文字而为一。此文字之进化也。

今支那有创合声字母者，仍照支那文体，自己较进化矣。然其缺点仍过多，不可得而存也。详于下章。（关系印刷问题。）

又有欲以西式字母合支那之音而为字者。西文中之原字 Telephone 等，不必译音译意，必用原字，无论矣，即中国字亦皆以西母合成之。此存留语言，革命文字也。

又有欲直以西文或万国文代中文者，此语言文字同革命也。

（丙）文字间接之进化与革命

合世界与字体有关之印字法，可分三类：

（一）人工镂刻，东西文皆可用之，此法渐废；

（二）活字版，西文较东方文简而易排；

（三）以机铸字，惟西文可用，此法将兴。

经以上比较而后可断言曰：机器愈良，支那文愈不能用。从进化淘汰之理，则劣器当废。欲废劣器，必先废劣字，此支那文字必须革命，间接之原因也。

（丁）结论文字进化与革命

从进化淘汰之例，惟良者存，故支那文字应革命，此人人得而见之者也。知之而不肯行之，因有成见在，此成见即所谓“保国粹”也。

粹之字意即良也。若国粹，名果符其实，则必存，便无所用其保矣；若其名不符实，即不良，则必当革，不能因其为国粹而保也。

良则存，公理也；不良则亡，亦公理也。故求良而已，不必求保也。进化也，革命也，无他，即求良也。此进化之公义，不但文为然耳。

进化与革命表证之二（支那近年政治社会思想之进化与革命）

近年支那人思想之改变，人所共见，其大门类约有三：

（一）守旧派，惑于俗信，保守旧法；

（二）半旧半新派，取外人之所长，以图补救；

（三）全新派，破除一切成见，惟真理（于是时较为最真）是求。

第一派，恒具崇拜道德、保国粹、排外诸性质。（《新世纪》常论之，兹不赘。）总言之，则曰自私，曰保守。

第二派，知己国不能自立，遂思取他人之所长，以为补救之法。然所谓己弱人强，皆由势而窥之，而非本于确当之学理。其观念不外乎彼我之损益，保守之意虽减，仍不脱于自私。（以上二者，有彼此相兼之时。）

第三派，以科学真理为权衡，以社会公益为目的，此《新世纪》之所以求进化无穷，以期达于较善者也。

由以上三者，可为公例曰："由私而向于公，由保守而向于进化"。

思想进化与他种进化同，相关系者有二：曰内力，曰外力。内力即脑关之改良，外力即他事之影响。故思想进化非人之所能为，亦非人之所能阻，此即进化之公例也。设有不随而进者，或从而阻之，冲突于是乎生。从"良者独存"之公例，先争论而后改革，此即思想革命。

凡事之进化革命，理皆如一，人所共见之。思想进化，可为之表征者。如与友人夜谭，论及近数十年中国人之思想，因内力外力而变迁者，约可列为十派，以见蝉蜕之迹。兹直次某君所言如下。

（甲）三纲五常派，此类思想最旧，大部束缚于时文讲章之内力，又迷滞于状元宰相之外力，故成此类。此类宗派之确立，约有数百年。在二三十年前，尚充斥于国中。今日之委蛇伴食于朝，及迂鄙为患于乡者，亦皆此类也。

（乙）古义实学派，此类思想稍活动，因涉猎较多，其内力有所膨胀。此类即汉学考据家之属，极盛于二百年以来，至二三十年中，始实收其效果。盖能使甲类所墨守之八股，与鸦片小脚，同为可厌之物者，其原因虽多，而直接之掊击，乃乙类之翔实，足以显甲类之空疏也。此类在今日，如自命维新之张之洞等，甚而至于革命党中，亦有如某君某君者，其言论虽若有进，实则思想、目的、手段，常不离此派，即如主张存古及保国粹之类皆是也。

（丙）吏治民生派，此类思想愈活动，乙类则全为其内力之学问所执滞，不问张三之帽，可戴于李四之头与否。此类乃稍受动于时势之外力，能知为因时之制宜。此即魏源之徒，为之代表，而曾国藩乃此中之翘楚。今日存于国中，稍执权势者，有如甲类之冯煦等，乙类之张之洞等，皆隐隐自以为丙类。如冯煦等对付今日之时势，尤与丙类为貌似。若在野之士，或由僻州郡，尚有侈谈此等派头者，至于交通利便之区，则此类几绝。

（丁）洋务西艺派，此类之思想，有活动于内力者，李善兰、徐寿之属是也；有活动于外力者，李鸿章、文祥之类是也。现在此类，朝士则满人居多数，在外国使馆中之目为陈旧者，亦皆此类。在野仅制造局等处，尚存三数老学究。其旁枝，则有极守旧一类之出洋学生，若唐绍仪、辜鸿铭之徒，虽其人今方轰轰出头，然此曹之思想、目的、手段，终不离此类。

（戊）中西体用派，此类之思想，受活动于新世界之风气者渐多。此类最为复杂，朝士如郭嵩焘、薛福成之徒，在野如王韬、郑官应、汤寿潜辈，甚而至于今日顽固党中，如许钰一流者，彼之思想、言论、目的，实为此类。其近日退化之迹，乃倒行逆施，非一出于本性。至大多数之使馆人员，开口闭口，津津乐道某人精通洋文，某人熟达西语，略以西艺西政为口头禅矣，无不为此类。所以其旁枝，如伍廷芳、伍光建等之略有学问，亦不能脱出此类之圈外。即洋行之刚巴度，言其气味，亦为此类也。而近日同文馆、约翰书院出身之学生，亦皆此类。以上所举，虽人品学问，种种不同，然其思想、目的、手段，无不同。又有如张謇、郑孝胥、端方等，由甲、乙、丙三类之大变相，亦可归入此类之中。

（己）变法维新派，此类复杂更甚，然其思想、目的、手段，亦无不同。今之朝士，则有如袁世凯、岑春煊之徒，时人目为新学巨子者，有如马良、严复之徒，余如自命有大气魄如康有为之徒，自命有小作用如张元济之徒，以及今日所谓卓卓使才，如某君某君者，（不谓有如文廷式之徒者，彼辈皆甲、乙、丙杂糅而成之一类也。）皆此类也。吾举此类，必有人疵其过于不伦不类，诬妄已极。盖此中之人，甚多思想至高明、言论极精当者，然此乃留声机器，不啻若自其口出，实无所动于其中。观于此类人，常迎合于不新不旧，其真思想可知。于进化之事业，若有意，若无意，其真目的可知。其行动，无所谓平和，无所谓急激，其真手段可知。故曰：此类虽复杂更甚，然其思想、目的、手段，亦无不同。即今日西洋有知有识之少数学生（大多数之无知无识者，皆丁类或戊类）及内地搢绅先生，附和立宪，主张教育之诚恳者，皆为此类。张之洞评骘古文词家，有不立宗派之名目，今对于此类，亦即可以不立宗派新学家称之。质言之，即所谓混合夹杂之维新党是也。

（庚）开明专制派，此类之内力，不必果优于己类，然其迎受外力之感动，殊较己类为锐敏，故已有一新学最粗之组织，与其梦寐相结合，其思想、目的、手段，殊与己类不相同。梁启超先由己类《时务报》之嫡派，一跃而为《清议报》派，再跃而为《新民丛报》派，未及半途，猛跌一交［跤］，遂于两报派之间，结成此类，梁启超遂终于此。为其死党者，三数东洋学生。今亦有在朝列者，皆稍能了解门户之何以成立，运动之若何进行，故今日立宪之声，满于国中，主动者，实为此类，余皆被动。

（辛）强种保国派，此类即不立宗派之革命党。当日东洋学生之《国民报》，为之倡始，梁启超《新民丛报》，几进于此类而未能。此类人之思想，初脱羁绊，稍欲撤去中国五千年旧有之恶藩篱，然其绝对之排满排外，仍不脱宋、明以来之劣根性，故其思想大活动，而目的、手段如故。凡今日之自标革命党，实与革命党表同情者，皆为此类。无论内地志士，及留学界中人，此类常居其多数。

（壬）平等自由派，此类之于辛，如己之有庚。辛则思想无秩序，而目的、手段夹杂，此类则思想、目的、手段，皆入一线。吾不能多有所知，如《民报》中之翘楚诸君，庶乎其近。即近日上海等处革命社会中，常有一鳞一爪，隐约出见，亦必此类。此类人出，革命有其主动，故被动者益盛，而满清之命运，亦以告终。

（癸）真理进化派，此类乃混同夹杂之无政府党，文言之，亦可曰不立宗派之无政府党也。此类萌芽幼稚，尚不能实以何等人，确有此资格。然内地及留学界到处皆已见端，不需数年，必有人论定之者。至于己必有庚，辛必有壬，而癸亦必有子。方今世界社会中，子类早已确立，且日益隆盛，中国人犹沉沉长夜，昧旦有待，其亦诎于内力外力之无可如何者欤？中国人好言程度矣，然自科学之真理渐明，乃知程度可按学理而造。故究知原质分合之剂量者，即生物亦有人诚心正色而试造矣，不嫌妄也。今中国人苟小有聪明之士，就其自信力，常以为充其内力外力，即造己于世界最文明之资格（无论思想学问）而无难。如吾以为绝无作此等思想之人，即就区区五六百人欧洲之留学社会，必有人戟拇指自触其鼻，笑我为夏虫之见者，盖此非诸君自负之谬气，实乃演进人类早具之能力也。然则诸君即中国人类之一分子，中国人类，即其全体。乃对于分子，不自菲薄如此，而导引社会，常存一卑之无甚高论之见者，诬学理欤？抑故意阻遏人之进化欤？故开口闭口曰：日本不过如此，中国何能如此者；即无异言日本某君不过如此，我何能如此。诸君必当哑然失笑也。

某君之言将终，而又附益之曰：吾之划分各类，乃有至精密之尺度。至标以三纲五常，中西体用等名目，实不能赅刮［括］一类之心量，不过随意游戏其词，取便记忆，至于实以某人某人，意中亦非欲品骘此寥寥之数人。盖文章之滋味，向有以点鬼而倍增者。吾之随手拉杂，借重口头之人，以为吾之谈料者，所以略助兴味也。惟按类分插之人，毫无偏私，至为公允。即我现在极热心与公等谈话，以我论我，似当随手乱插，然即我自绳，亦不能含糊，特无资格可齿及耳，如其齿及，当置己庚之间。此言其心量之所造如此，非为我尚当做维新党主张立宪也。区区之志节，必当效死于革命旗下。故执此例而推，纵有人所插之类在此，而或附和主张者在彼，实未改其心量。南山可移，我案不可改也。然心量者特为内力外力所造成，若诚心造之，无不可改。故少年之心量，虚而活动，暮气深者，满而难迁，诚与不诚也。

又吾知人所最不满意者，莫如位置某巨子。然某巨子之所学，发表于十年内者，积之在三十年前。何以前二十年中，做八股，吃大烟，种种腐败，既无异于恒人，且其充教习，当总办，言论风采，随在与时为俯仰。迨《强学报》《时务报》出现，康有为以流氓无赖之气息，稍以诡奇之议论，震动天下，于是某巨子始以为是无足道，而申酉之间，遂与王修植、夏曾佑之徒，别树一帜于津门。在当时，以理想论，自为大进化，而其地位，实居于被动。此其故，因所积之学，不免为留声机器派，并未能尽其所学，造成自己心量，故蜡管虽较多，亦奚以为。

吾试曲终奏雅，再代甲类人对于后九类人，各标名目，谓乙则必曰惊奇吊诡，谓丙则曰急功近利，谓丁则曰通夷引番，谓戊则曰用夷变夏，谓己则曰妖言惑众，谓庚则曰谋逆不轨，谓辛、壬则曰乱臣贼子，曰无父无君，谓癸则曰无法无天。呜呼！人之度量相越，岂不远哉？夜已深矣，我等之胡说乱道，亦告可毕。

（录自《新世纪》第20号，1907年11月2日）

社会主义释义

和　孟著　真译

今讲社会主义者日众，自号为社会党者亦日众。然则何为社会主义与社会党乎？其义不可不释也。今“社会主义”之字，颇似一运动选举之衔名，于是以被举为独一之宗旨。余所不计，故且加以他衔，或为“社会党”，或为“共和社会党”，或为“国家社会党”。……因词意宽泛而弊生，鲜能得其确当之义者。

虽然，可从而与以清了、确当、美善之释义。所谓清了，使人闻而明之之谓也。所谓确当，使无误会之弊也。所谓美善，使名实相符也。

社会主义者，凡有关于社会之主义也，当随其性质而列分之。

或曾释之曰：“社会主义者，使社会改良之法也。”今恒用其意，如此则人人得而名曰“社会党”矣，复何所用其区别，因而混淆之弊生，误会之者多矣。

或曰：“社会主义”，政治之一法也；或曰：“社会主义”，工作之组织也；皆宽泛不足以明其意。

又有释之者曰：“社会主义”，主张以“生财之物与所生之财，皆属之于社会”，此庶几近之矣。各处政治社会党、革命社会党、共产无政府党所求者，皆以生财之法与及所生之财，属之于社会。故可大书曰：“社会主义者，即以生财之物与所生之财，属之于社会”。

以上之言，即社会主义之特性。社会主义者，总称也。分而言之，则有集产主义，即产业为众所集有也；又有共产主，义即产业为众所共有也。

集产、共产之所异者如下：集产主义之大旨，在各取其所值；共产主义之大旨，在各取其所需。

随上帝、强权、家庭、祖国，仍可别为多派。

曰：无宗教社会主义。曰：有宗教社会主义。曰：无政府社会主义。曰：专制社会主义。曰：自由社会主义。曰：强权社会主义。曰：反对祖国社会主义。曰：祖国社会主义。

社会主义（生财之物与所生之财皆属之于社会），纯是经济上的，与其他系词（无……有……等）自无所冲突。

社会主义与无政府主义之本意，亦非反背，一经济上的，一政治与道德上的。

无政府主义者，无强权之意也。社会主义者，财物属于社会之谓也。故可合二意曰：无政府的社会主义。

总之，社会主义总称也；集产与共产主义，分称也；有政府的与无政府的，集产与共产主义，又分称也。释义如此，庶明了而无误矣。

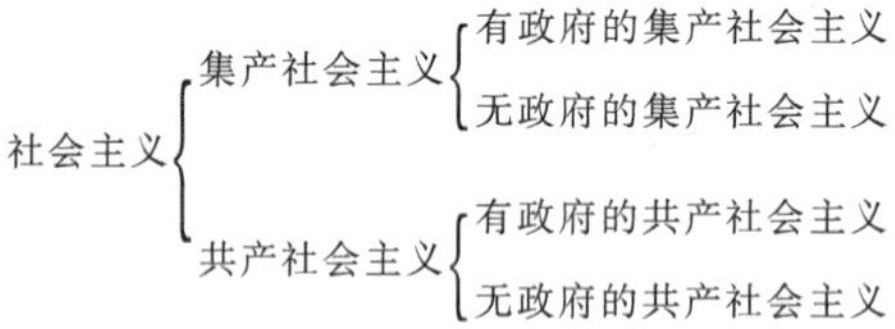

- 社会主义
  - 集产社会主义
    - 有政府的集产社会主义
    - 无政府的集产社会主义
  - 共产社会主义
    - 有政府的共产社会主义
    - 无政府的共产社会主义

译者曰：观和氏之释义，社会主义之意乃明晰。今有主张无政府，而惟以社会党或社会主义为名者，殊觉宽泛，故有专名“无政府”从减之词也。然凡主张无政府者，与其蹈宽泛之弊，而言社会党，不若从简明而言无政府党。因无政府党未有非社会党者，而社会党未必皆无政府党也。如人未有非动物者，而动物未必皆是人。故“人”可名之以“人”（简而意赅），或名之以“动物部多分子群，有脊属，食乳班中之人”（繁而意备），而不可名之以“动物”（词简意缺）。故主无政府者，宜名曰：

（一）无政府党或无政府主义，

（二）无政府共产党或无政府共产主义，

（三）无政府的社会共产党或无政府的社会共产主义。（按：第二词似最繁简得宜。）

以上皆就原理与本意言之。若就现在之习惯，则社会主义与无政府主义，确有衔［冲］突之时。盖从于习惯，人皆以有政府之社会党，名之以社会党，以无政府之社会党，名之以无政府党。于是以“社会”与“无政府”两不相对待之名词，而为两相对待之党派矣。由此言之，主无政府者亦宜以无政府为名，或于社会党上，加无政府字，始能明了。闻此言或有笑之者曰：“名固无足重轻。”然而不然，如今革命党，绝不甘名曰立宪党，其理一也。

（录自《新世纪》第 21 号，1907 年 11 月 9 日）

书天义报社会主义讲习会第一次开会记事后

无政府党分子*

读贵报转录《天义》报《记社会主义讲习会第一次开会记事》一则，不禁喜跃欲狂，可见此心同，此理同，不限于东海西海，果其进化之潮流，潜滋暗长，已及其时，自然随处充满，旁薄四溢，次第进现。不料自我西来，曾未数年，昔日在东方，无政府主义仅为字典中一名词者，今则主张其学说者，已极盛如此。记事中诸君之议论，大体皆令人不能不倾心佩服，惟据我个人意见，略有所商榷，愿介贵报以尽其说。我辈既讲无政府主义，则亦尚何所疑沮，而引嫌不敢尽言。况个人之意见，大都不必尽合，止罄其一隅之偏，贡献社会，略致其补助。则左之所陈论，我固愿随诸君子后，献替可否，未尝有纤毫胶持己说之意，而直以他人为有所未合也。不知贵报以为然否？（本报同人按：个人各陈意见，极可自由，况道理皆以互相问难而益明。本报同人固甚喜异论，而讲习会诸君子，必好闻商榷之言，尤过于我辈。）

记事所言“原人平等，无政治之组织。”又言“人民之于百物，均自为自用，无督制供给二统系。”以此为人类可以无政府之征，是或然矣。然如读者或误会，以为无政府时代之人民，绝类原人，且百物自为自用，则皆大背于进化之理。此所以一言无政府主义，抱政府主义者即厚诬之，以为无政府党，将取世界所有，同时毁灭，乃返为草昧。而所谓太古老死

---

* 无政府党分子，吴稚晖笔名。

不相往来之拟议，井田授产今日相均明日仍相参差等之猜想，离奇怪诞之说，因之而兴。此其故，皆由于胸中无进化之观念，彼此皆局于数千年已往之历史，互相诘难，故不复显见无政府之真相。

世界有天球，（天球之外，姑不具论。）不知恒河沙数万年，于是有太阳之迸裂，飞摄此黑子弹丸于空中，厥名地球。由不可思议之质料，合而为天球，天球中裂而为太阳，由太阳裂而为日局诸行星，而有地球，皆质料自显其功能，随其功能，演为此现象。

既有地球，地球之质料，复自显其功能，发生简单之生物。生物皆含有演进之性，用质料之能力，以自适其进化。于是由最简单之生物，经恒河沙数年，递变为繁复之生物；变至不知若千年以前，始有似兽非兽，似人非人之野人。达尔文氏所谓猴类，即中国所谓猩猩之属。在中国则记载可仿佛传信者，约在五六千年以上，则有茹毛饮血等之原人，于是复有三皇五帝时代之初开化人，于是复有孔孟以来之半开化人，以游戏之词，为正确之比喻。简捷言之，于是有梁启超等之立宪党，于是有孙文等之革命党，于是有刘光汉等之无政府党，于是复有某甲等薄视无政府党，发生某甲党，于是复有某乙等之薄视某甲党，发生某乙党。于是数千年或数万年，人类亦各用其功能，以适于后日之世界。或变至头若巨斗，手若蒲扇；或更诡异其状，或即自名彼时之人，为文明人，目今日之人，不但如英王德帝之类，为野蛮人，即今日之无政府党，亦为野蛮人；或竟别立名目，名彼头若巨斗手若蒲扇者为某，名不能演进者之子孙，仍谓之人，视之若今日之猴。于是地球之质料，又或欲别适于演进，将地球毁灭，并合他质料，或分为数点，杂合他质料，以成怪物。当其初有简单之生物，其物即有巨斗之头，蒲扇之手，演至最终，乃有百千万亿之头，百千万亿之手之物，以显其进化之功能。

终之，有进化，无退行，于是世界因之不息。故无政府者不过无今日世界之劣秩序，若其美满幸乐，必过于今日万倍，而文明绮丽，亦必过于今日万倍。若可以原人为比例，此直认初开化人、半开化人谓不如原人；乃至不公平之言，是世界可以退化，而无政府主义，亦遂不必果良于有政府主义矣。

记事又言：“中国数千年之政治，出于儒道二家之学说。儒道二家之学说主于放任，故中国之政治，主放任而不主干涉，名曰专制，实则上不亲民，民不信官，法律不过具文，官吏仅同虚设，无一真有权之人，亦无一真奉法之人。……名曰有政府，实则与无政府无异。”其下文又云：“其所以不去帝王政府官吏者，则以人人意中，迷信尊卑上下，以为自然之天则。”以此证一切设施，无待政府为之布置，人民皆自能生养，此自足见政府之无用。然谓中国政治之放任，几近于无政府，则中国将为现世界最较进化之人类，窃恐于事实有所未合。况迷信者，由压制而生，中国以尊卑上下之天则，干涉而及于人之梦寐，故迷信由畏服刑赏之故，而深锢于人心，乃纯然一野蛮半开化政府水泄不漏之压制，安可曰“名有政府，实则与无政府无异”？譬如论者所谓干涉之国，如有非常可惊怪之举动，而警吏已随所在而侦查之。然如论者所谓放任之国，苟有非常可惊怪之举动，不必其为警吏，始可干涉之也，即以为邻里亲戚朋友，皆挟其尊卑上下之迷信，无一刻一处不干涉之矣。如我辈谈此无政府主义，无论据中国何城何邑，能容谈得几日耶？如是而犹誉其为放任，将毋令谈儒道之学说者笑人。

论者热心绍介真理，欲使一部分人早登道岸，故激其耸劝之情，至过于实。若依吾之意见，则以为世界之人，苟欲进于无政府，无所谓中国最易，与何国最难。夫程度之说，当信其必有，然无可限于能力之足以解悟者。

所谓程度之说，当信其必行。譬如我辈今日之智识，已为无政府之境界所限，而无政府以外之美善，不能有所知，此即止于无政府程度也。譬如贵州山内之熟苗，一切耳目所见闻，莫高于流官所设之八股义塾，于是其程度即不出山乡僻县之秀才主义。又如梁启超之徒，日艳慕于日本之所谓维新，而所读之书，其着眼处亦不出于政党之存亡，法律之组织，于是遂造成立宪党程度。此一则限于有能力而不与以解悟之机会，即我辈现在之终于无政府主义，及苗民之终于村秀才主义也。一则有能力而不肯作解悟之暇想，盖恐不利于其当前之功业，即梁启超等终于立宪主义也。

所谓无可限于能力之足以解悟者，如我辈之能力，自信实足以解悟又解悟，一进再进于无政府之主义，而别生高尚之主义。苟或有解悟之机会，固于我辈之能力，毫无所歉，如此则推之贵州山内之苗，择其一二，远来海外，与我辈同交游于无政府党，而且更授以极良之科学，则此苗直可由原人而即进于无政府，因有世界已进之程度，可以充其解悟之能力。所解悟之点，即其程度可造之点，故不必再经初开化半开化之阶级，必竢苗之子孙，始可进于无政府也。

如其知此二义，将中国之人，已有如许无政府党，与以解悟之机会，则不必问程度如何。所谓解悟之点，即其程度可造之点。如是可信中国人，将人人为无政府党，其期必不远。彼无政府党，与解悟之机会于中国人者，亦复以此机会，与之各国人。如是又可信各国人，将人人为无政府党，其期本亦不远。故曰：无所谓最易与最难。

盖此后之世界，必成为无政府世界。有能得解悟机会者，可如野蛮宗教之说，即为得救之一人；不幸而不能得解悟之机会，遂与世界背驰，而终于为人类之蟊贼。于是无政府党渡人之方法，亦惟有与人以解悟之机会，与之以解悟之机会矣，其能力毫无最易与最难之别也。

（录自《新世纪》第 24 号，1907 年 11 月 30 日）

读《书后》*后之意见

问　疑

读尊论，思想缜密，发言精当，佩服之至。虽然，鄙见未能尽同，爰述其所思，以求商榷，愿著者有以致我焉。

评判刘氏之演说甚为中肯，而其谬误之要点，似尚未指出。某数见中国人演说无政府主义，而其谬误之点，大都与刘氏同。原来之学说如何，因未知，未敢妄断也。

单就无政府之学说着想，凡无脑筋病之人，当无有不以为然者，而且希望幸乐世界之早至。今以最可笑之浅说作喻，对大众说："将来此主义行后，大众不出费一文钱，可游遍世界。渡海，则居今日之所谓头等船舱；陆行，则乘至华丽之车马。（按：马力将来必不用，车马两字每联用，故亦沿用之，并非云将来仍用马也。）食饭也，住宿也，均任尔所之［至］，到处欢迎。"闻是说而犹以为不快意者，其人必是疯狂。然方今人不疯狂，而不甚注意此学说者，遍地皆是。究其故所在，则因有一种界限狭窄的比较心，未能即去也。

比较心，凡能识别优劣之人类，无不有之，而其界限之广狭，随学识之高下而异。最狭窄之比较，止于个人，即昔日之我与今日之我比较是也。稍进止于一国，即祖国与外园［国］比较是也。尤进，即今日世界之幸乐，与彼来世界之幸乐比较是也。

依无政府之学说，人与人、国与国之比较皆无。故凡属人类，不计优

---

* 《书后》，即《书天义报社会主义讲习会第一次开会记事后》。

劣，苦乐都同，一切平等。然不平等之制度，实由人与人之间，有种种优劣之区别而起。智育上有优劣，则智欺愚；体育上有优劣，则强凌弱；遂成今日世界之现象。今日人类，于智育、体育上，显有种种优劣之区别，因是比较心未能即去。优者求所以更优，劣者求所以不劣，比较甚而竞争起。竞争既酣，遂置共优之问题于弗顾。此所以虽不疯狂，而未能进入无政府也。

无政府之学说，是欲令人去此等狭窄之比较心，而注意于今日后来之公共幸乐比较者也。顾以某所见，则主张此学说之中国人，（西人不知，不断。）似乎仍未能去此狭窄的比较心者。所谈虽为纯然世界主义，而因其为中国人，每以己国作比较中之一的，（按：有人免写中国而代以支那，实则半斤八两。）一若己国现今之情形，与无政府为最近。故刘氏则云："进于无政府，中国最易。"而其余则云："中国革命以后，便可无政府。"更从一国之情形上，漫引数端，以实其说。试合《书后》与刘氏原论共读之，便知刘氏所根据者，全然不确。

某今假定一例曰："凡狭窄之比较心未去者，其所谈必非纯然世界主义。"盖惟立言远大，不计微末，而后始成一种高尚圆满之学说，必指现实的某事某物，以为论据，则一着边际，穿凿附会，在所不免矣。如云政府为万恶之源，故有政府，便是有恶，便可无政府（或云便可不设政府）。某直认其说，为不闻事理，颟顸武断。（按：如中国一革命，便能达到无政府地位，即中国最易中说的确。）

闻无政府之学说，而徘徊观望不肯附和者，即某前云一种狭窄的比较心难去也。今倡此主义者，亦不自知，即蹈其故辙，时时以不确当之事理作比较，岂非令人增益此人种狭窄的比较心，而愈觉其学说为不圆满哉！

尊论谓："程度当信其必有，无可限于有解悟之能力者。"二语似难兼容。所谓解悟，当分两种：

（甲）无根据之解悟；

（乙）有根据之解悟。

（甲）但凭自己心理而成之解悟，自较（乙）种为少根据。虽此等解悟，有时亦能持之极坚，赴汤蹈火，至死不变。而迷信之效力，亦能如是。此等解悟，实与迷信无从区别也。（按：无根据之解悟，亦有难易，大抵以人之本性而定。凡成见牢固者，不轻易改变，此或称谓不肯解悟。假如有人焉戴怪式之帽，出门为人讥笑，局促难安，欲立时更易者，必有人焉，隔几时而更换者，必有人焉，始终不换者，亦必有人焉。帽式本无一定，而他人之心理定为奇怪，自己之心理亦随而定为奇怪。然果奇怪与否？无确实之据可推也。）

（乙）受科学学理无形之感化（不必拘定某学某例），而成之解悟，自较（甲）种为有根据。由此以言，凡有根据之解悟，非无限者。著者所谓“自信实足以解悟又解悟”，必受有根据之学理而云然。否则是（甲）种之解悟，非（乙）种之解悟也。（按：如有人受道学之感化，即全凭心理而定之学说以解悟，谓冶游为倏［攸］关名节，更有人受卫生学之感化，而解悟冶游足害身体。此两种人均能戒入勾栏，而信守之期限，当前暂而后久，因一凭心理易改，而一本根据难去也。又按：但凭心理之解悟，不以有根据之学说为旁征，易致想入非非，故少学好思之人，易成心疾。）

尊论又谓：“贵州山内之苗，择其一二远来海外，与我辈同交游于无政府党，而且更授以极良之科学，则此苗直可由原人而进于无政府。”可见极良之科学，不可不受。不然者，直为原人之解悟，与村妪闻教士演说，天主之神通广大，因为迷信宗教，有以异乎？

尊论又谓：“所解悟之点，即其程度可造之点。”何种程度？虽未指明，鄙意当作学识之程度解。若云即其解悟程度之可造之点，此无异云所吃饭之点，即其吃饭程度可造之点，似乎重复，而况但凭有解悟之程度而解悟，断然不足为有据乎？

尊论又谓：“故不必再经初开化、半开化之阶级，必俟苗之子孙，始可进于无政府也。”此与程度之说，不甚合符。程度与阶级，万难离开，心理上之进化，其所经阶级有时极速，如今日主张专制与立宪，明日可进而主张共和与无政府，既无形迹之可据，而为时又甚暂，或可称谓无阶级。至于由原人一跃而进为无政府，但凭心理，或能如是。若以学识程度而进，则越级之说，恐不确耳。

总之，一二人心理上之解悟，无论其为山苗，为村妪，其进化阶级，难于明显，而按之实事，则显然有之。今即以山苗作喻，欲令全体山苗实行无政府，必自令全体山苗，解悟无政府主义始。山苗数众，其势不能共载来欧，与无政府党游，必别用良法以使之解悟。然全体（即不全体亦当为大多数）解悟之速率，必逊于一二远游之山苗，（化学房中之小试验，与设厂大制造，其间自有难易迟速之分。）自可相见。惟为时既长，则一切阶级，均有行迹可寻，即就远游之一二山苗实事上着想，亦显然有阶级者，肯远游，即为开化之始，知着衣戴冠，用刀叉吃饭，解西洋语，而能与人交谈，则半开化全开化矣。

尊论又谓："如是，可信中国人将人人为无政府党，其期必不远。……如是，可信各国人将人人为无政府党，其期本亦不远。"其意若曰，世界之人，不久均将为无政府党，故"无所谓最易与最难"。较刘氏之说，自为圆满。然方今各国人民之学识甚不齐，尚有所谓文野之分别，而何能独于无政府之进化，难易一律，此某所屡思不得其故者也，必置学识程度于不问，其说始可通。夫既不问学识之程度，即人人为无政府党，又将若何？譬如有人演说电气功用之妙，而群信其功用果妙，设众人学识如旧，能造电气否乎？某非谓无政府主义不当传布，而要使传布之人，知学识程度，不能不问，而为期亦不能极速，固应有之阶级，必须经过也。惟每经一级之时期，或可增损之欤。

（录自《新世纪》第27号，1907年12月21日）

答骚客书

真

（原书）亿万年后，有梦泡世界。此世界也，土地广至莫极［及］，人民多至无量。舟车行人，往来空间，楼台屋宇，成立气界。其民熙乎逍遥，并无政府无国界之意念而无之；游乎荒芜，且平尊卑均贫富之思想亦兼忘。公产不行，而人之所需者唯其量；产业不施，而人之所求者厌其欲。不同操作，衣食自足，不尽其能，栋宇立成。时而飞游太平洋之滨，并无舟船之劳；时而直过希玛之峰，更无气球之用。虽涉太空度冰洋，为莫不遂也。熙熙自得，陶陶以乐，不求科学而科学自进，不施道德而道德独行。无炸弹无会党，孰肯以今日之奔走号呼，劝人入党，表彰激励，诱人暗杀，弊弊焉劳乎不休者为事；驾真空驱风云，浮游四届，逍行无乡，曷更似今日之阳为英杰，匿人治下，得保生命，苟延残喘者以奚为。

不有释迦，而众生自然平等。不生耶稣，而世界业已安然。更无待不能输入本国，徒供二三学子之无谓报章，喋喋不休，以为传播，结成骈拇枝指，附赘悬疣，而卒无大影响也。

无纲常，不待祖宗，无革命，又曷革命普及。

无主义之发生，则工人之无政府主义可停译。

无原理之由来，则无政府党之革命原理莫从谈。

各立所思，而思不出乎真理，各建所言，而言恒由于公道。其拾人遗唾，人云亦云之辈，已绝迹于此世界矣。此世界之人，谓之梦泡世界之人。此世界之时，谓之梦泡世界之时。

以上之论，非含有讥讪之意。盖骚假设一梦泡世界之人，虽今日之无政府党所主张实行者，亦将唾弃不为。是此梦泡世界之人，以为无政府主义之为不合公道真理甚矣。且尚有无量数之世界，居梦泡世界之后，又将鄙梦泡世界之所为，而别有不可想意之佳境也。足见自世界开辟以来，至无量世界之后，从未有公道，亦未有真理。此就理想上以推之者也。

（答）昔之以为真理、公道者，今则非矣；今之以为真理、公道者，后日则非矣。此骚客之意也。真理、公道固无确定之界限，而有比较之远近。吾之所谓真理、公道，非谓其为万世不易之法，乃谓其为较已往者为近于真理、公道耳。

凡可比较者，皆为现在或不久能有之事。吾辈取其较善者，谓为近于真理、公道。至吾辈所不知者，则无从质言。吾辈之不知后日，犹昔人之不知今日。吾已知昔之不如今，而吾仍固守昔日之旧，是背真理、公道，是迷信也。至吾尚不知日后之事，而吾信守今之较为最善者，在后人观之，可谓吾辈不知后来之尤善者，而不得谓吾辈为守旧，为迷信。吾辈之论前人也亦如是。如有吾辈所知，而吾辈之前人不知，吾当谓之为不知，而不得谓之为守旧，为迷信。然则今事较昔事之近乎真理公道，固未易也。

骚客之所谓梦泡世界，尚不能视为实事，故无从比较。骚客谓人生翅而飞，岂不甚善。善诚善也，然今人绝无能飞之理之法，故"飞人"在今日为无据之空想。或曰"社会主义与无政府主义，亦不能行于今日，是亦无据之空想也。"答之曰：不然不然。若人皆不欲有政府，则政府自无从存立，且社会风潮，由专制而趋于自由，政府之权力日减，此即由有政府向于无政府之证。故"无政府"于今为已有之事，又为将来必有之事，故可以之与他种性质比较，定为较善。至"飞人"非现在人意之所能得，故飞人或为后世之所有，尚未能断言其若何而有，则去实事过远。故不得以设想之飞人，而证明较善于无政府，从而谓无所谓现在之真理、公道也。

（甲）专制国之人民，始则安之，以为理固宜然。既而苦于专制，则以立宪共和为合真理公道，及至立宪共和，又不完善，遂欲至无政府之境界，以立宪共和又不知公理矣。

（乙）君主喜为专制，以为专制合乎公道真理，人民乐得自由，以为自由合乎公道真理。

（丙）富商垄断利源，以为垄断合乎公道真理，工党罢工抗拒，以为抗拒合乎公道真理。

（丁）孔耶生，而孔耶之徒，以其主义为合乎真理公道。

（戊）拿华出，而仰慕者以其事业以为合乎公道真理。

足见真理、公道，以人心而易，以时间而易，卒无定说。此就历史上观之者也。

以上所举历史上之问题五条，其性质不一，须别为二类研求之。

（一）甲、丁、戊为一类之问题，即骚客所谓“真理、公道以时间而易”。

（二）乙、丙为一类之问题，即骚客所谓“真理、公道以人心而易”。

吾以为真理、公道以时间而易之理，确乎不疑。往事足以证明。如社会新理较专制旧法，为近于真理、公道（即甲、戊两条），又如新科学较旧宗教，为近于真理、公道（丁条），确乎不疑。此进化之道也。然新之较旧为善，有顺序而无倒行，如专制逊于立宪，立宪逊于共和，共和逊于无政府，乃顺序之比较，不外乎进化而已。设谓无政府逊于共和，共和逊于立宪。立宪逊于专制，乃倒行矣。骚客亦不自信，遑问他人。由此可见所谓真理、公道，固守定进化之理。今胜于古，固非一班人凭口舌持己意而能为黑白者也。

吾以为“真理、公道以人心而易”之意不确。盖真理、公道乃实有之现象，而非臆想所造成。再以前次所举之真理、公道言之，合于卫生为真理，无扰其他为公道。此二者皆生理与心理上的，皆可征诸实事。如不合卫生者病苦，被扰者忧苦是也。既以“卫生”“无扰”为真理、公道，则以不卫生与扰人为非真理、公道。故真理、公道，固有定者，而非能随人心为颠倒者也。如以寒热表之计量度数，定百与〇为两端，较向于百则为热，较向于〇则为寒，固不得指百为〇，以热为寒也。今之所谓百，乃寻常沸水热度之所及。若置水于特别器中，热可增至百二十或四十度，于是可谓之为“更热”，不可谓之为“非热”。真理、公道，与此正同。如有较现在之所谓真理、公道更进者，可谓之“更进于真理、公道”而不可谓之为“非真理、公道也”。

真理、公道，为无形力之现象，固不尽可量。然亦有可量者，病与不病，扰人与不扰人，皆可量者也。病者何谓乎？病者，机体有所不适也。成机体者为分子（或作细胞），故机体不适，即分子不适之所致也。分子不适者多则大病，分子不适者少则小病，分子无不适则无病。大背于卫生真理，则分子不适者多，乃大病；小背于卫生真理者，则不适之分子略少，乃小病；无背于卫生真理者，则无不适之分子，乃无病。故大病、小病与无病，即所以证明大背、或小背与不背卫生真理者也。由是而知真理有大小，而不可颠倒。若有谓大病者，最合于卫生真理，谅亦骚客之所不见容也。

然岂独卫生有真理可计量，而他事遂不可计量乎？卫生者，求所以卫个人之机体，亦即求所以卫全数或多数之分子。推而言之于社会，则社会为全体，而个人为分子矣。社会之有病无病，与个人之有病无病同理，即个人不适者多，则社会大病；个人不适者少，则社会小病；个人皆适，则社会无病。由社会之大病、小病、无病，亦可表明大背社会真理、小背社会真理与不背社会真理矣。故社会真理，亦可得而计量者也。

公道者，勿扰他人之谓也，亦可以量真理之法量公道。若社会中被扰者多，则大背公道；被扰者少，则小背公道；无被扰者，则不背公道。故公道亦只有大小远近之可别，而不可颠倒也。

骚客谓：“君主专制，富商垄断，自以为合于真理公道”。就社会真理言之，则君主富商，皆求适于最少数之个人，求不适于最多数之个人，故可定之为大背真理，绝无疑义。此非人民一面之武断也，设聚社会中君主富商所有之分子而计之，设有“甲数”，并聚社会中贫民之分子而计之，则有“亿兆甲数”，以“甲数”而损害“亿兆甲数”，则社会之病大矣。其背真理公道也亦大矣。

总之，骚客所谓“真理公道以时间而易”，无可疑也，即进化也。所谓“真理、公道以人心而易”，至不确也，因真理、公道，实有比较之定说者也。

昔之研究算学者，以为仅三层（Trois dimension）而已，又三棱锥体仅遇三面而已。此在当时，以为一定不易之公道真理。今则谓有四层矣，三棱锥体可遇四面矣。则前之所谓公道真理，全属虚无。

昔分化学为有机、无机，物理学中以原点为最细。此在当时，为一定不易之公道真理。今则谓化学原无有机、无机可分，原质之中尚有极微世界。是前之所谓公道真理，全行推倒。足见前者之所谓真理公道，必为后来者全行推倒，归诸无有。此就科学以证之者也。

然则所谓公道真理，自古迄今，未尝一见，自今而后，料其必无。此就理想历史科学而推知者也。

故今之所谓公道真理者，必一二人妙想奇思，建一新议，则一般人赞成附和，迷信其说。既至后日，更有他者新树一议，而此一般之迷信前说者，又涣然冰释，知受其愚。互相如斯，至于无穷，世界之上，岂有所谓公道真理者哉！

本于进化之道，凡事皆愈进则愈良。科学自亦如是，如算学在昔时，人仅能以两手计十数，即欣然以为真理。今乃用及代数的算式，代数式较十指计数之为改良，人人知之。然不得谓十指之计数，非昔之真理，因用十指计数之时，尚未有代数也。倘今日算学已精，仍欲用十指之计数，以驭一切数理，则未有不笑迂谬，而责其背真理公道者矣。由此益可知真理公道，固有定衡，而非一般人之迷信附和。设算学再进而至甲，较今之算术更精，则甲为较合于真理公道，当从而用之。总之，真理公道即于其时较为最良者是也。如骚客上所云“真理公道，以时间而易”，无可疑也。此乃进化之定理，故可分时代而名之曰“昔之算学真理”“今之算学真理”“后日之算学真理”，而不可谓“真理公道，以人心而易”或“真理公道，全属虚无”。设若骚客以上二言果确，则必有谓十指之计数，较一切高等算术为尤精，或云十指之计数，竟能代一切算术。究其实，十指之计数，不但不能代一切高等算术，并加减乘除而大有所不适。由此可决然而定曰：“十指之计数，不若一切算术”，为无疑义。此固真理公道之所在，而非附和迷信之所能颠倒也。

科学之理如是，历史、社会之理，亦靡不如是，详前不赘。

君责我不以真理公道劝人，而惟偲偲虑及名誉。盖苦不知何者为公理，无从以之劝人。君之所谓公道真理者，何谓？幸以教我，开通芽［茅］塞。

吾之所以论“真理公道”及“毁誉赏罚”，即论“本”与“末”也。请用“本”与“末”比较之，而试举数端。

（一）为学

（本）改良人格，发明学理。谓之为真理公道可也。

（末）进身之阶，窃取禄位。谓之为伪名私利可也。

（二）为医

（本）卫生济死。谓之为真理公道可也。

（末）以术为商。谓之为伪名私利可也。

（三）革命者

（本）使较良代较不良。谓之为真理公道可也。

（末）以暴易暴。谓之为伪名私利可也。

（四）为善

（本）因善而为。谓之为真理公道可也。

（末）因名为善。谓之为伪名私利可也。

凡事皆有本末，匪独此四者而已。设骚客即四者以推求，吾敢断言，必不以“为学求利禄”“为医求厚资”“革命求作君长”“为善求得名誉”谓为当然。不但骚客也，即凡稍加思索者，皆必不以为当然。由此而知真理公道，固在众人脑中，而非骚客与真所独有，故骚客亦绝不待问于真，而后知也。

至所谓名誉赏罚之事，虽今日之无政府党尚行之，未可遽以责人也。

罚之一事，不能尽操之自君主，如工党之反抗富者，死党之暗刺君主，谓其罚赏者君主可也。是罚之一事，亦操之民间，行于无政府党，又岂可以之责人也。

君为无政府党，常表彰暗杀家，攻击满政府。表彰者，誉心之所从生；攻击者，毁心之所由来。虽言真理公道若君者，亦不失此心，何况游学荡子也？更何况鄙人也？

且游荡之事，废学伤生，游学荡子，且不知之。更向之言公道真理，高尚哲言，是岂谚所谓对牛弹琴者非耶。

无政府党有是非，（是，犹言较合真理公道。非，反是。）而无毁誉赏罚。是非就道理而定，毁誉赏罚则从利害而出。若其事是，虽无利或有害，亦为之；若其事非，虽有利或无害，亦不为。不避艰险，不求权位，此无政府党之所以为无政府党。至毁誉赏罚则不然，毁誉赏罚所计者，惟利害，而无是非，此君主之所以奖功臣，诫革命也。盖是非与毁誉赏罚，性质迥异，不能互易也。

至谓游学荡子不足以知真理公道，遂不语之，则更不合。盖理与道不能因闻者而异，理与道之于人之解悟，犹影与物之于人之观察。设人之观察不利，乃为有目疾，欲救之者，须用医药或镜光，使之利于观察，而不能因目之不利，从而易影物，或废影物也。故人脑亦若是，不能因人脑不利，而易理与道，或废理与道也。况骚客所谓废学伤生，亦即理与道中之两端，而非有毁誉赏罚存乎内，必使所谓游荡子者，有解悟力，而后能知废学伤生……为良言。设彼无理与道之解悟力，则不能解废学伤生之言。骚客之言，不亦自相矛盾乎？

此时尚为有政府世界，人恒喜违公道背真理，舍以名誉一道以儆戒之，几无他法矣。简言之。

世界无真理无公理。今所之谓真理公道者，皆少数人意立之，多数人附和之，非公道也，非真理也。世界无毁誉无赏罚，必至不可思议之世界，始及见之。以无政府党亦尚用此法故耳。所见如斯，君意如何，幸以答我。

“世界若无毁誉无赏罚，必至不可思议之世界而后可”，余不能解。揣骚客之意，或谓“世人若无毁誉赏罚以规定之，则世人必至无所忌惮。肆其所欲为，以扰乱世界。”骚客之意果如此否？吾不敢决。然今人多有作此想者，请试言其误也。

毁誉赏罚，四者皆系不正当之作用也。所谓“毁”者，不当非而非之也；所谓“誉”者，不当是而是之也；故毁誉即伪是非也。所谓“赏”者，乃以“利”诱行之也；所谓“罚”者，以“害”诫行之也；故赏罚之所计者，不在是非，而在利害。施赏罚者惟己利是图，而不计是非；求赏避罚者亦惟己利是图，而不计是非；政府赏忠于己而为民贼之官，罚逆于己而为众求生之革命党；官吏非不知请安拜跪之难堪，而姑息忍受以求利禄；学生非不知革命之公益，而姑息应考以求官。如此种种，是非隐蔽，孰非赏罚造成乎？欲世界归于正当，所赖者，惟真是非。（是，即较合于真理公道者；非，反是。）欲有真是非，必平心思审，无使毁誉用利害变迁之。如欲得此，非去毁誉赏罚，吾未见其能也。然换言之，一旦能明乎真理公道，即为现在最较良者，其人已多，则毁誉赏罚自不行，何待不可思议之世界哉！况毁誉赏罚者，乃托乎真理公道，而横生一不正当之作用，自以为取真理公道而障保［保障］之。若骚客遽下断语，竟曰“无真理”“无公道”，此误虽已辩明于前。吾今复以简单语还诘之曰：如此，将毁誉赏罚，何所托乎？

（录自《新世纪》第 29、30 号，1908 年 1 月 11、18 日）

无政府说

——书《民报》第十七号“政府说”后

民

作书后之缘起并论主张主义之是非

读《民报》第十七号之《政府说》后，甚不满意，欲作《无政府说》以论正之。未就，以吾之大意告吾友。吾友曰：不可，既同为革命党，何多生议论之冲突，反致有意见而不能联络，甚有碍于革命之前途也。吾应之曰：不然，君误矣。吾作此《无政府说》，非仅对于《政府说》而发，实欲开展吾所主张之无政府主义，使其界说分明，不致人误会。且吾以主义之是非立说，本于公道真理，而无所偏与私也。作《政府说》者名铁铮，吾不知其何许人也。各以所主张之主义相辩难，毫无意气之攻击，纯然是非之驳论也。苟以其说发自吾党，为不可辩难，是知有党派，而不知有是非也。吾之于人说也，惟以公道真理为衡，观其立说之是非，不问其党派之异同，尤不问其作者为何如人也。苟不尔，不观其立说之是非，而惟以党派之异同是问，是为私。更有甚者，只考其人之何如，或以其人之历史，或以其人之与吾之交际，而并是或非其所主张者，是私之又私也。夫所主张者主义，主张主义者人，主义自主义，人自人。主义之是非，自有一定，而人之见地，则不同。故其所主张者，亦随其见地而易，昨之所主张者甲，今之所主张者乙，后之所主张者又丙。如丙较是于乙，乙较是于甲，则其人所主张为进化。如丙较非于乙，乙又较非于甲，则其人所主张为退化。如乙较是于甲，而丙反较非于乙，则其人所主张为反复。第一说：昨之所主张者为非，今之所主张者为是，至明日则今之所主张者又为非矣，不可以昨之非，而并非今之是，尤不可以后之是，而并是今之非也。第二说：昨之所主张者为是，今之所主张者为非，至明日则其所主张者更为非，不可以昨之是，而是今之非，尤不可以今之非与后之更非而并非昨之是也。第三说：昨之所主张者为非，今之所主张者为是，而后之所主张者又非，不可以今之是而是其昨之非，尤不可以后之非，而同非今之是与昨之非也。世人不察，都以主义之是非，随人而易，盖以是非为无定论也。故谚有之曰：一卦勿准，万卦勿灵。此固为无理之俚言，然亦足证人之观察是非之谬误也。观察是非之谬误，在于不得比较；或得比较，而不知其底蕴，无从比较；知其一而不知其他，更无比较。鱼吾所欲，而熊掌亦吾所欲，非遇二者得兼，不能决吾之取舍也。鱼无熊掌之比较，则鱼未必不可取，然而不知鱼与熊掌之比较，二者虽得兼，亦无从决其取舍。苟仅知鱼之为美，而不知熊掌之为更美，则必取鱼而舍熊掌者也。故深知鱼与熊掌之比较，然后可决其取舍。主义之是非，由比较而定，岂独异于物之取舍，在得兼而决耶？苟吾见一说之非也，以同党故，不加辩难，是欺吾党，且欺天下人。设使其说为尽善尽美而无有能非之者，则世界之进化力将穷矣。然而旧而新，新而又新，新新不已，固世界之进化无穷也。彼主张主义之非者以为是，吾乌可是其非者。即使其人今之所主张者，与前不同，而吾亦必辨别其非，非可含糊也。况人之说只足代表一时代人之思想，而反为尽是而不非，有是理乎？推进化之理，察是非之源，吾之不能已于言也明矣。知其非而不言，失知；言其非而不明，失言。失知，失吾之思想自由也；失言，失吾之言论自由也。吾不欲失吾之思想与言论之自由也，则此书后之作，非为意气之攻击，可无疑矣。而君期期以为不可者，何哉？岂君尚不知公道真理之愈辩驳愈显著乎？明白如铁铮，当知此言。各以其所主张之主义以畅论之，论者自论，驳者自驳，其真是非，自有观者之定评。彼之论未必尽非，而吾之论未必尽是，是非参互之际，非多发议论以辨别之，真是非何日可见？西谚曰：谬论者，真理之母。则今之双方谬论，未必不可为他日真理之母也。吾之大意如是，书后告毕，尚求君一读，然后知吾之对此主义之感情，而必不以吾言为徒生议论之冲突，致有意见也。铁铮见之，尤喜吾之驳论也。

绪　言

吾为此《无政府说》，岂徒好放言高论，以斥人之非哉？抑岂妄立党派，以争立门户哉？实欲开展无政府主义，使其主义昌明于世界，不解悟者解悟，解悟者更解悟。吾虽不学，不能尽道其主义，然拾一二师友之唾余，参以己意，以伸论之，非敢望其说之为尽善也。惟其不尽善，惹起多数人之辩驳，或商榷，或非难，更得一层进化，而此主义愈昌明矣。愈辩难愈昌明，则实行之期愈近矣。呜呼！无政府主义大矣深矣，不学如吾，岂能言其万一哉。徒以不肯放弃思想与言论之自由，故不能于读《政府说》后，而默然无语也。世之知道明理者，务必以公道真理，衡人之立说之是非。吾之措词，不加修饰，专以达意为主。如意不尽善，而词更牵强矣，然阅者断不可以吾说之非，不加研究，而并非此主义之是也。今特录全说之目次于下，续期论之。如阅者不满意吾说，尽可赐论辩驳。此主义虽发明有年，而无确当之正鹄。盖议论与实行，自有甚大之差别也。

（一）政府之始终有无

（二）政府之所以可无

（三）无政府之所以合于公道真理

（四）无政府与有政府的革命之比较

（五）无政府与有政府之名实

（六）无政府之于革命与教育

（七）无政府之为社会组织之进化①

（一）政府之始终有无

凡事自然有始，亦自然有终也。始之则为有，终之则为无。其始之也，必有其所以可有之故；其终之也，亦必有其所以可无之因。然而其使之始、使之终之界说以何定，而后有可有之故、可无之因？使之始、使之

① 此处所列提纲中，除去前四条外，文中无第七条内容，第五条与第六条顺序颠倒，且文字不一致。

终之界说无可定，厥惟定以是非。是非以何衡？厥惟衡以公道真理。有之以为合于公道真理也，则始之为是，而终之为非，反是则始之为非，而终之为是。无之以为不合于公道真理也，则终之为非，而始之为是，反是则终之为是，而始之为非。于原人时代，人各无自助自治之能力，以致涣散，而乏互相扶助之心，且兽性未脱，战斗力甚大，终日相杀，而无已时。有人焉，创立有政府主义，以团结人民。凡事大者，一人之力所不能为，则政府任之。内则助人民自营力所不能逮，外则防人民自由权之被侵。众望所托，可使自助有余力者助人，自治有余时者治人。互相治助，而战斗心自稍杀，兽性自稍脱矣。于此时也，以有政府为合于公道真理，则必始之，虽欲不始之，而亦不能不始之也。既始而有之，久而生弊，其能力亦渐失。虽经多番之改革，由酋长而封建，由封建而郡县，郡县为专制矣，又由专制而立宪，由立宪而共和，至共和而政府为末路，可以使之终矣。可以使之终，而不欲使之终，强而使之始，而终不能使之始之合于公道，真理，则不当使之始而始之也，则始之为非，明矣。何者？盖政府所以有可有之故者，以人民乏自助、自治之能力，而使政府有特权，（一）以禁压一般人民之举动妨害他人者，（二）以扶助一般人民之柔弱受欺于他人者。以第一义，则政府实有监督人民之侵人害人之权；以第二义，则政府实有提倡人民之自助自治之责。善用其权，能尽其责，则必为良政府矣，其使之始也亦宜。然而良政府安可多得，既有特权，则特权可滥用，而责可不尽。人民之侵人害人，有政府禁压之；苟政府之自侵人自害人，谁禁压之？人民之彼［被］欺于他人，有政府扶助之；苟政府自欺之，谁扶助之？且政府有特权大责，骑虎难下，适政府失责，人民以真理相诘者，反目为大逆不道、侵权，人民以公道相抗者，反目为扰乱和平。虽共和之最为美政，尚不肯稍与人民以完全之自由，而况立宪与专制国乎！故其弊也，非惟不能助人民自营力，而反窒之；非惟不能防人民之自由权，而又自侵之。则有政府，不如其无政府。政府而不合于公道真理也，则其终之有可无之因，其终之也亦宜。

由以上言之，则政府之始也，终也，有也，无也，皆有其可有之故与可无之因，而始有始之与终之为是也。故政府者，（甲）为世界进化之过渡，而又为公道真理之阶梯也。骚客之谓公道真理，以时间而易者，即此之谓也。（乙）为人民之客体，而非为人民之主体也。可始之于可有之时，而可终之于可无之日，其非固有也明矣。故人民之有政府，非可以人之有心（即脑，借用）为譬，尤不可以宇宙间之森罗万象，大而恒星，小而微尘之相引相吸，行动不息，为有主宰，以命令之也。心为人之主体，不可一日无，且心之于手足，痛痒相关，非丧心病狂者，必不肯伤其体肤，损其筋骨，为快于心也。政府之于人民，则不然。其待之也，尤甚继母之虐待其子，其压之也，尤严于姑婆之苛压其媳。非为继母与姑婆者，本无良心，亦非以虐待苛压之当施之于其子与媳也，各皆以地位而易其用心，熏染社会之恶俗，而习以为常。为继母、姑婆者，忍加虐待苛压，而为子与媳者，亦甘受其横暴。一则良心渐失，一则行为尤劣。社会之败德恶俗，养成于不知不觉之中。政府之虐待苛压人民，何独不然。以赏罚毁誉，导人民于不正当之地步；以功名利禄，养成人民自私自利之心。共和政体，尚不能免此，至专制政体，其惨淡黑暗，更无论矣。故政府之恶，为万恶之源。真民谓："官无良心。"官为政府之一肢体，一为官，便无良心，非政府之为大恶炉，有以鼓铸之使无良心乎！以（甲）断语之，则政府以时间而易，不合于公道真理也。以（乙）断语之，则政府为人民之客体，可无之也，且为万恶之源，尤不合于今之公道真理也。则始之为非，而终之为是。世有以公道真理衡是非，以是非定事之始于可有之故，终于可无之因者乎，则政府有可无之因，其可终之矣。

（二）政府之所以可无

所以有政府者，欲其助人民自营力所不及，而又欲其防人民自由权之被侵，前节已言之矣。推其意，岂不以养成人民有自助自治之能力之教育，而责诸政府乎？然则政府之不能助人民之自营，亦不能防人民之自由，非惟不能助，而反窒之，非惟不能防，而又自侵之者，自有政府以来，所演之历史尚在，彰彰可证者也。有政府而反害人民之自治自助，使其有不能自营、不能自由之大原因者，则何取乎政府之有哉！政府者，不过集少数人据特权而成立者也。少数人俨然居民上，享尽安乐，而贻一切困苦与大多数人，大多数人供其驱策如牛马。驱策于公益，犹为不当，驱策于助纣为虐者，尚可言乎！自助者，不依人亦不依于人之谓也，平等也。自治者，不侵人亦不侵于人之谓也，自由也。自由平等者，公道真理之正鹄也。而人民一日立于政府之下者，即终一日不能得自由平等也。古之人所最崇仰者，为仁政。所谓仁政者，不过保民如赤子耳。原人时代，固为人民赤子之时代也，故不可一日无政府，犹言婴孩也不可一日无父母之教养也。然而婴孩非永远为婴孩，即人民非永远为赤子也。父母之于其子女，于幼稚时，督责之甚严，欲其知为人之道也。及其既长，固不可仍以幼稚时待之，一举一动，可听其自主，然后可立于自由平等之地位，而不失其人格。苟不尔，动加干涉，非惟不能养成其自治、自助之能力，而反养成其有奴隶服从之性。以若所为，则为子女者，终不得自由平等之幸福，而失其为人之乐趣矣。甚者，受此奴隶服从之教育，而转展相传，如瘟疫之传染，全社会遍受其害。故婴孩得遇贤父慈母，父母与以解悟力，而使其知为人之道，何者为合于公道真理，何者为不合于公道真理，其子女不丧心病狂，则必领略其语，而将尽其所能，以为社会上一二公益事业。父母不加干涉，子女不受依赖，各完人之自由平等之权，此非合于公道真理者乎？世有贤父慈母，而得善良子女者，不乏；所谓仁政者，不得一见。何者？其必政府之对于人民，非同于父母之对于子女也，所处之地位异耳，利害相关，终不能两相调和也。政府既有特权，安肯旁落，非有万不得已之故，终不肯与人良以丝毫之自由平等。今之要求立宪者，花言巧吾，欲蛊惑执政者，稍与人民以参政权，其目的为一己之求进身计也，吾有何言；苟真心为人民伸自由，求平等，而徒出于要求立宪，何其愚耶！要求而可得参政权，则革命之事业，可不出现。然而纵览世界之历史，革命为社会进化之不可缺者。彼徒知要求立宪，而即可得参政权者，多见其不知量也。今之民权稍伸之国，如英如法等，无一不经一大番革命，然后可稍得政治上之自由平等，君权顿减，而民权遂伸。君主立宪、共和法度者，固较专制独裁为善良矣，然而减君主之特权，而分授之于各部，伸民之参政权，而委之于议员，权限定，法律行，独夫民贼不得擅权而作威作福，奈少数执政者之蹂躏人权，大多数仍不得自由平等之幸乐何！少数执政者之于独夫，五十步与百步之间，所差甚微。特权尚在，政府犹存，多数人之受压制，仍如故也。不善教导之，而专事压制，恐善教导之不利于政府，不如压制之而得延政府之残喘，政府之用意如此。以此用意，而欲求其养成人民有自助、自治之能力者，犹南辕而北其辙也。知为皇帝之贵者，断不肯为立宪国徒拥虚名之君；为立宪国之君者，断不肯为共和国七年五年一任之大统领。特权既分，牵制者多，不能任所欲为也。专制国君权万能，生杀之权，决于喜愠，荣辱之分，定于笑怒。立宪共和国则不然，人民可干涉政府之所为也。然而可干涉无紧要之事，不然，政府可托于少数人所定之法律，而以兵力加之，禁之，监之，刑之，皆有所借口。有权势者，得政府之助，尚可假借，而贫弱者，终困苦矣。所谓民权者，不过表面上一好名词，其实在相去其真义远矣。不观乎法国乎，自由、平等、博爱三字，无不大书特书于公建筑上，学堂也、学会也、县署也、宫邸也，均以此三字或漆书，或金写、或凹刻、或凸雕于大门上，表其为共和国，尤夸其为世界独一无二之美政体也。初不知其底蕴，后疑其名实不称，及过监狱，亦大书此三字于门首。噫！其果何意乎？抑监之于狱，为自由；辱之为犯，为平等；责之以刑，为博爱乎？吾不禁睹此三字而仰天太息不已曰：所谓自由、平等、博爱者，不过如是！其真自由、真平等、真博爱，将于何日见之？吾始疑之，继重思之，而信政府一日不去，真自由、真平等、真博爱一日不能见也。

吾推政府所以不能使人民有自治、自助之能力者，其大原因，在于不施正当之教育，而徒崇尚赏罚毁誉。正当之教育（详见六节无政府之于革命与教育），专以公道真理为正鹄。彼不施正当之教育者，非不能也，不肯也。既崇尚赏罚毁誉，则法律也、军备也、宗教也，皆同声一气，而日长政府之恶。吾前作《普及革命》①，内有反对者五，而反对法律、反对军备、反对宗教三则，皆绝对的攻斥其所崇尚之赏罚毁誉，使政府无立足地步。盖法律也、军备也、宗教也，皆由赏罚毁誉四字而来，此四字亦得借法律、军备、宗教三项，得深买人心。数千年以来，政府之所以有立足地步，而不动摇者，在此；而其所以不能使人民有自治、自助之能力者，亦在此。彼政府固初以为以赏罚毁誉，亦能教人民有自治、自助之能力，且较之正当之教育，更为简便容易，盖以公道真理开导人民，何异于对牛弹琴，不若劝惩之以赏罚，激励之以毁誉。人莫不有贪生恶死，喜功畏罪之性。赞善者，则善者自劝；罚恶者，则恶者自惩。

---

① 《普及革命》，见本节附录。

是者誉之，非者毁之，则人各有勉励之心。其初用意，未可厚非，然而善恶是非，最易混和，不本于公道真理，而末于赏罚毁誉，则善恶不参差、是非不颠倒者，未之有也。本于公道真理，而施赏罚毁誉，亦失人之自主之心与其人格，尚不为正当，而况专尚赏罚毁誉，而弃公道真理哉！所赏者尽善，则善者多矣，未必尽赏；所罚者尽恶，则恶者众矣，未必尽罚。善而不赏，恶而不罚，则赏罚之效力穷矣。推而及之，所赏者未必善，所罚者未必恶，善而受罚，恶而受赏，则反使人民无所凭借。于是邀赏避罚者，载道，而真知道明理者，反若晨星。盖皆趋于赏罚毁誉一方面，而裹足于公道真理之方面也。夫人各有善恶是非之心也，其能辨别之，一若物之轻重长短。然而善恶参差、是非颠倒者，非不能辨别也，实有所蒙蔽耳。力足以举百斤者，不能举一薪；明足以察秋毫之末者，不能见一舆。一薪之不举，为不用力焉；一舆之不见，为不用明焉；善恶是非之不能辨别，为不用心焉。然力足以举其所举者，不能知其轻重；明足以见其所见者，不能知其长短。物之有形，尚赖权然后知轻重，度然后知长短，则善恶是非之无形，安可以不以公道真理为衡，而即能辨别其善恶是非哉？故现今社会之不正当，皆为赏罚毁誉，人之心，而不能辨别真善恶，真是非也。吾观现今社会，父母之教其子也，亦尚赏罚毁誉，或恐吓之，或引诱之，天神鬼怪，遁于口吻，而实用卫生之学，及为人之道，反不讲求。其他学堂、学会等，无不崇尚虚伪，以致宗教之迷信，深入人心，遂与政府并行其恶。社会之不能改良，与人民之不能自治、自助者，皆政府有以致之也。谬者不察，而尚以政府能为社会治安，甚而谓无自治、自助之人民，断不可无政府，苟无政府，则内不能策励本族，外不能竞争外种，彼以政府策励全国来，而吾无以应之，则未有不国亡而种灭者也。为此言者，只计利害而不计善恶是非，吾不能止其言。苟真为社会改良、人民治助设想者，自当以公道真理，行正当之教育，岂可容政府之所崇尚赏罚毁誉哉！赏罚毁誉不可容，则法律、军备、宗教无所用，政府其可无矣。政府无，人民始有自治、自助之能力；非人民有自治、自助之能力后，而始可无政府也。盖政府有不能与不肯养成人民有自治、自助之能力之故也。闻者疑吾言乎，请注意于政府对付人民之所为，自当了然于心矣。

（三）无政府之所以合于公道真理

最动人之容者，赏罚毁誉也；最易人之心者，利害也。赏而乐、罚而忧、毁而怒、誉而喜者，必无知识者也，俗称常人是也。见害而避、见利而趋者，稍有知识者也。于事之未来，而能先定避趋，此所以加常人一等也。夫同为人，而有常人与加常人一等之分者，徒以知识之高下，而定其人格耳。人非生而智，亦非生而愚，设受适当之教育，其知识必可同等。然而今世界人之知识，可以金钱购之。人非生而知之者，必学而后知之，始可有知识也。金钱之不平等，即知识之不平等之所由生也。吾见责于无知识者重于有知识者，谓其愚笨，而应受贫贱之苦楚也。今不暇纵论及此，第论稍有知识者，即计利害者也。

人之于事物，常有二种见地：（甲）为知；（乙）为不知。知亦有二种：（一）以公道真理相绳，而确定其真相，是也，非也，善也，恶也，了然于胸，富贵不贪，威武不屈，利不能动其心，即害不能却其志，是为真知。（二）为外界所引诱，而附会之，是为假知。不知，亦有二种：（一）其知识足以知之，而为利害所夺，不肯承认，是为假不知；（二）其知识不足以知之，如盲瞳瞎目之不能见物，是为真不知。真知与真不知，各立于绝对的地位，然其心术无偏无私，知之为知之，不知为不知，是知也。所可恶者，假知与假不知也。知其然而不知其所以然，尚不为知，而况不知其然乎！知其然，而深察其所以然，虽不能立时知其所以然，后当知之也。惟不知其然而为知其然，或知其然而不肯承认为知其然，其心术之狡猾奸诈，不待智者而后知之也。今之谈革命者，众矣，一若深知革命，而确为心中目中之最紧要事业者。然而叩其所以主张革命者，无非为功名利禄，一言一语，不脱乎自私自利。新政府之大统领也，开国之元勋也，皆为其生前之目的；铜像也，穹碑也，皆为其死后之希望。故其运动革命也，亦皆以不正当之手段。己为利害所夺，而又以利害动人。以若所为，求若所欲，此岂能望革命之愈趋正当哉！有异于约法三章者，几何！是为知革命，孰不知之。实行革命者，如是；反对革命者，亦如是。红顶花翎、高冠礼服者，其知识非较寻常人下也，然而所处之地位，不能不与公道真理相背者也。心知革命为社会进化之不能免，徒为境遇所羁，利害相形，无不趋利而避害也。不革命吾之富贵功名可保，一革命而吾之现存利禄抛于云雾。公道真理固不可背，无如吾之不能不计利害何！呜呼！灭尽人道、丧尽良心者，其假知与假不知之所为也。革命之事业，不得正当，其皆以利害之见，而夺人之心也。世无公道真理，岂自今日始哉；特以现今之所演，皆趋于利害一方面为多，此公道真理之所以至今日，尚未显著于全世界也。原夫利害之见，起于彼我之别，故气小识浅者，计利害最深者也。苟无彼我之别，则人利即吾利，吾利即人利，人害即吾害，吾害即人害，利害可不必计，此以全社会设想者也。惟其有彼我之别者，则不然，只可吾利而不可人利，人利即吾害也，可人害而不可吾害，吾害即人利也。故有计一身之利害者，宁可吾负天下人，不可天下人负吾；有计一家之利害者，忍一家哭，何如忍一路哭；有计一乡之利害者，重桑梓之谊也；有计一国之利害者，祖国主义也；有计一种族之利害者，民族主义也。一身、一家、一乡、一国、一种族者，皆有彼我之别也。对于彼身，而有吾身；对于彼家，而有吾家；对于彼乡，而有吾乡；对于彼国、彼种，而有吾国、吾种。其计利害，常与其所对于彼身、彼家、彼乡、彼国、彼种而定。计一家之利害者，一身之利害为之小也；计一乡之利害者，又一家之利害为之轻也；计一国、一种之利害者，一乡之利害又为之微也。然则计全世界之利害者，一国、一种之利害又为之微也。然而计一身、一家、一乡、一国、一种族之利害者多，而计全世界之利害者，未之前闻也。宁卖国欺种而荣一身肥一家者，之与宁杀身破家而不肯辱国羞种者，其计利害同，而其所以计利害则大异。计之大小，公私之所由分焉。盖所计利害之范围愈大，其心术愈公。爱国保种者，固不可与爱身保家者，同日语也。然爱国保种者，对于一国一种则为公，对于世界则仍为私。能利吾国而不得不害彼国，害彼种而不得不利吾种，公于一国一种而不能公于世界，不得谓之至公。世之所以多故，而纷扰不息者，皆以有彼我之别，计利害而不计是非善恶也。惟其有彼我之别，故以无政府之至公，而不能信为合于公道真理。革命尚有利害可计，无政府不计利害也。不计利害则假知无政府者寡，而假不知无政府者，更多于假不知革命也。反对无政府者，常以利害相辩驳，辄谓主张无政府者，皆为中国人，他国人皆口无政府，而心尚强权，用以欺骗而侵人之国也。故有议无政府者：（一）可亡国灭种者也；（二）适以巩固满政府者也；（三）阻碍革命之运动也；（四）无提纲挈领，无以应敌也。静观各方面之议论，皆以无政府为甚不利于中国，其大旨，即谓时运不到，习俗不宜。吾对于此，千头万绪，竟无从与言。吾今借此《无政府说》，而下简单数语，以释论者之疑曰：无政府主义，全世界之知道明理者，公认为至公之主义。提倡此主义者，各国皆有其人，实行者尤众。以日本之新造国，其兵力战胜强俄，以论者之心度之，必无无政府党，而皆尚强权者也，然而主张此主义者，多于中国。苟论者为日本国民，吾不知其目幸德秋水辈为何如人也。论者误认各国之政府之所为，皆全国人民之所为也，各国之反对政府者，日盛一日，而论者未之过问也。羡各国之强，而欲立新政府，以驾陵之；恶各国政府之横暴，而及其人民。羡之恶之，皆利害之见使之，可无疑也。总之，吾辈主张此主义者，非为外界所引诱，而附会人说，尤非为好高尚，而徒托空论，实为良心发现，而确定其为最合于今之公道真理也。其大原因，即无彼我之别，而利害之见灭绝。无论一事一物，不合于公道真理，即反对之，不必为利与害于吾身、吾家、吾乡、吾国、吾种，而始定反对与否也。论者皆以利害而议无政府，故终不得其真相。盖计利害，未有不背公道真理者也，亦未有计是非善恶而反于利害者也。利少害多，则为害；害小利大，则为利。一身、一家、一乡、一国、一种之利害，其间多少大小，往往昏于一时，不能辨别，贪小利而贻大害，畏小害而败大利者，比比皆是。此所以计一身一家者多，而计一国一种者便少，至计世界则更鲜矣。由是而知，计是非善恶，即利害包于其中。事是而善，必无害于大多数；事非而恶，必无利于大多数。此可断言也。故计是非与善恶，足矣；苟不尔，忽是非善恶，而仅计利害，则使一般人尽趋于不正当之地步，公道真理将无显著之日也。呜呼！今之所以计利害而不计是非善恶者，以政府在也。有政府，则国界种界不得破，彼吾之别不得去。苟无政府，则无国界种界，更无彼吾之别，无利己害人，此真自由、真平等、真博爱能见之日也。此无政府之所以合于公道真理也。

（四）无政府与有政府的革命之比较

呜呼！革命!! 革命!!! 自有世界以来，无年无月无日无时无分无秒无革命。革命者，直前不息，勇往不倦，质言之，大千世界进化之大关键也。物质之聚散，生物之变化，由粗而精，由旧而新，由简单而繁复，由野蛮而文明，由不尽善而至较为尽善，此皆革命之效力也。谓革命胚胎新世界，殆无不可。何以故？以世界之事事物物，旧由革命死，新由革命生故。

革命之进行，勇往直前，其催促世界之事事物物之进化也，如风动云，如潮动水。云得风而腾益速，水得潮而流益急，事物之得革命而进化益疾，一也。革命之腾流于世界，东起西伏，南出北入，一若风之动于太空，潮之动于海洋。是之谓革命之风潮。革命之风潮，无时或息。风潮烈，则革命之进行疾；进行疾，则世界之进化迅如霹雳。快矣哉！风潮。快矣哉！革命之风潮。

风潮乃革命之作用也。其所以使作用有效力者，其义也。革命之义大矣，世界之所演者多矣，吾向者作《就社会主义以正革命之义论》略言之矣。大抵今之主张革命者，皆能明其大义，固无容吾之喋喋也。然而冒公行私者，不乏其人；为功名所惑、利害所动，心戚戚焉于革命后之高官厚禄，常想象于梦寐中，前节谓此等人为假知革命，殆不虚言也。吾于前者，可无异议，同心相印，自有一定之目的也；吾于后者，吾自不能已言。今不遑论革命后之希望，惟当论革命前之目的，至于手段，可不必问也。苟抱正当之目的，其心术必真诚，则手段无论如何，皆得为正当与真诚。盖手段不能合一，各凭其所着力处，随时随地随势随事，本其心术，而各异其手段。手段虽千差万变，而欲达其一定之目的无不同。急激也，平和也，各尽其所能；行远也，登高也，各取其所便；小也，大也，各凭其观念；速也，迟也，各视其运动。同归而殊途，即此之谓也。

心术之真诚与否，在于人之观察力之强弱而定。观察力不强，常为外界所战胜。功名也，利害也，无不惑动于心，欲其所不当欲，而不欲其所当欲，心失其明，万事皆颠倒矣。夫人之观察革命之大义不同，犹带色眼镜者之视万物，红也，绿也，蓝也，皆随其眼镜之色红、绿、蓝而定，究不能睹万物之本色，故其对物之观念不能确定。主张革命者之心术之不真诚，而无正当之目的者，其观察革命大义之不明致之也。欲使视者观念之确定，必去其色眼镜。色眼镜去，无眼病者，必能视物之本色也。欲使主张革命者心术之真诚，必破其功名之心，与利害之见，然后非丧心病狂者，必能明革命之大义也。

社会由革命之作用而得进化，革命由社会之进化而得为正当。故社会愈益进化，革命愈益正当。昔之所谓革命者，非今之所谓革命也。昔时革命之大义不昌明，故所演之革命，皆不得为正当。昔之所谓革命者，寡人之革命，少数之革命也。今之所谓革命者，多数人之革命，全体之革命也。前者，谓之政治革命；后者，谓之社会革命。

其他，如两民族以上栖息一政府下，不得同一之权利而革命者，谓之种族革命。一国隶属于他国，不愿受其节制，欲独立而革命者，谓之国家革命。

政治革命可分析者：由封建而一统，谓之专制革命；易朝改姓，谓之帝皇革命；由专制而立宪，谓之立宪革命；由专制或立宪而共和，谓之共和革命；由数邦而联一，谓之联邦革命。

社会革命可分析者：贫富悬隔，人民之生计困苦，欲废私产行共产而起革命，谓之经济革命；政府横暴，人民不堪其压制，欲去政府而求个人完全之自由而革命，谓之平民革命；苦乐不均，人民疲于工作，所获反不能生活，欲工作自由，享受共同而革命，谓之劳动革命。

总以上所言之革命，可大别为二类：一为有政府的革命；一为无政府的革命。其所以然者，一为不出乎政治之范围，一为出乎政治之范围。今列表于下，然后可得比较而详论之。

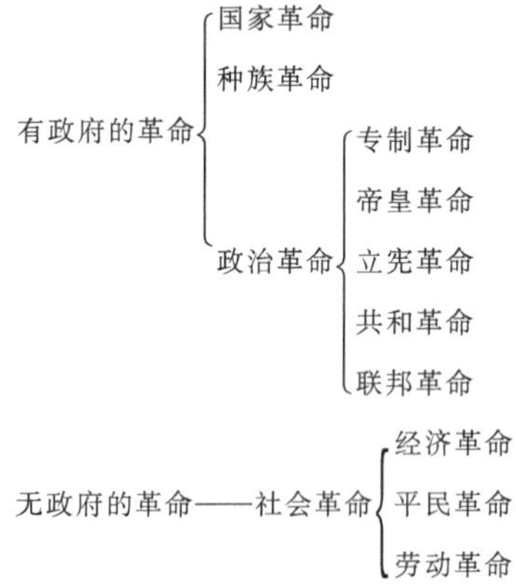

观以上各种革命，其大异者，有政府与无政府之别也。今不暇论其支派，惟详论其本体，即有政府的革命与无政府的革命之比较也。

同为革命，而有有政府的、无政府的之大别，其关系于中国前途之革命甚大。主张革命者，不可不深辨革命之大别，而定其目的也。

目的之正当与否，在于主张革命者心术之真诚与否。吾不能谓主张有政府的革命者，皆无真诚之心术，特其心为利害与功名所惑动，乃致其观察革命之大义不明。而心术不真诚，自无正当之目的也。利害之见，前节（三）已言之详矣，今不赘论。兹所论者，功名之心也。苟能打破其利害之见与功名之心，自能了然革命之大义。心术得以真诚，目的得以正当，自不待言也。

于吾本报第二十号作《问革命》① 一篇，即问主张革命者，何为而革命？而从中察其心术也。吾以吾之所闻，而为甲、乙、丙、丁、戊、己六种之答。甲、丙所主张者，属于国家革命；乙、丁所主张者，属于种族革命；戊、己所主张者，属于政治革命。吾以其所答不当，已斥为非。盖于今日公理显著之世界，当以最正当之社会革命，竭力鼓吹传达，以速其实行，自不当以昔日之种族革命、国家革命、政治革命，为救亡存灭、排外排满、振顿内政、恢复外交为独一无二之法门也。察今日中国之社会，其民情之困苦，风俗之腐败，决非仅行有政府的革命所能改良其社会也。欲廓清而辞辟之，舍行无政府的革命末由。

无政府的革命与有政府的革命，于实行时，固无所冲突，同抱倾覆政府之方针。所异者，一为于倾覆政府后，不立政府，社会上一切制度阶级，含有有政府之性质者，皆革除之，婚姻也、财产也、家庭也、国界也、种界也，俱欲一扫而荡平之，始可见较为尽善较为正当之社会；一为于倾覆政府后，立新政府，社会一切制度，仍旧或加改良，最重政治之机关，大加振顿，内以治民，外以应敌。前者之观念，后者所不注意；后者之观念，前者所不乐为。后者之所注意，惟注意政治之机关；后者之所乐为，惟乐为社会之改良。一为社会自治，无中央集权；一为政府统辖，无地方自治。此有政府的革命与无政府的革命之比较之大概也。推主张革命者之所以多主张有政府者，其利害之见与功名之心，有以蔽其明也。羡各国之强盛，而恶满政府之衰颓，欲希冀代满政府握政权而争雄于世界，此

① 《问革命》，见本节附录。

为利害之见。时以不正当之革命运动法，以鼓吹传达革命，其目的所在，在于生前为新政府之大统领或开国之元勋，其希望所在，在于死后得铜像之峨峨与穹碑之巍巍。吾对此等不正当之目的与希望，吾不能重言其罪恶。吾读《史记》，至鲁仲连义不帝秦，吾不得不叹其行之正而言之贤也。彼言曰："所贵乎士者，为人能排患释难，解纷乱，而无取也。即有取者，是商贾之事也。而连不忍为也。"呜呼！今之不以革命为商贾之事者，鲜矣！吾以其目的及其希望可足证吾之言也。呜呼！今之主张革命者，果有斯目的，斯希望乎？何卑陋若此！污革命之事业，而侵其大义，其心术为何如哉!？然，无斯目的，无斯希望，于革命后，惟恐以涣散之民族，一无政府将致纷乱至不可思议，且谓今世界无一国无政府，无政府则必劣败，故必立一政府以对待之，已以避嫌故，可不入政界，毋宁处于政府下而受其节制。果有斯志乎？何奴隶若此！已或以救亡之功而得保其完全之自由，忍令一般人民仍受政府之压制乎？何忍心若此！古之所谓明哲保身者于彼得焉，无如社会不得改良，真自由、真平等、真博爱不得见何！是所谓革命者，为少数人求幸乐之革命，而非为大多数人及全体之幸乐而革命也。吾甚不解彼等何卑陋若此，何奴隶若此，何忍心若此，以主张此有政府的革命为也！今日已入二十世纪矣，二十世纪之革命，固不可以二十世纪前之革命相混和也。彼等果为斯目的斯希望而革命，吾劝彼等不若于满洲政府将亡未亡之秋，运动得一大官，即使大官不可得者，小官亦何乐而不为。吾闻西人有言曰："为中国一县官，其荣耀仿佛为欧洲一国之君。"然则彼得为一县官，不啻值他日新政府一大统领也。若或为功成身退之思想，未可非，其比拟华盛顿甚当，然为一身计则善矣，为多数人计，则不可也。如欲为多数人计，则非主张无政府的革命不可。

今之社会，自私自利之社会也。自私之社会，不正当之社会也；自利之社会，不公平之社会也。呜呼！致此不正当不公平之社会者，非一朝一夕之故，其所由来久矣。自古迄今，社会之黑暗，如深夜无星，加之以风霜露雪，其惨淡悲苦为何如哉。辨尊卑，殊贵贱，分贫富，别强弱，论智愚，而苦乐遂不均矣。人生之无道，莫此为甚。纵言之，社会之组织失当也；横言之，社会之措置勿平也。人各勇于自私自利，而忽于社会公益。争私利如观火，图公益如望洋，甚之损社会之全体，而私利一部分一分子者，此社会所以不正当不公平也。

人各有其所私，而有其所利。身家也，国界也，种界也，皆私之畛域也，彼我之见由此而生。只知吾身、吾家、吾国、吾种，而利吾身、吾家、吾国、吾种，吾身、吾家、吾国、吾种之外，非所应问闻也。人各如是，则社会遂不可设想矣。譬如于一乡有一井也，井水之多少，全乡之人，同受其利害。苟井水足以供全乡人有余也，尚不许一二人之无故多汲，恐惹起多数人之效为，则井水立涸。然则于有限之水之井，尚不足供全乡人之饮，岂可由一二强悍无理者，徒为一身一家之滥用，而使全乡人受渴之苦哉？今之帝皇及资本家与爱身、爱家、爱国、爱种者之害生，括民脂，伤人身，败人家，亡人国，灭人种，有以异于强悍无理者之任意汲水于全乡人所赖以活命之井，而不顾人之渴乎？无以异也。故婚姻之仪式，财产之继续，家族之制度，国界之分立，种界之辨别，适严私之畛域，固彼我之见解，而所利者遂不出吾身、吾家、吾国、吾种之外也。此非社会组织之失当，措置之匆平，有以致之乎？吾不得不大声疾呼曰：废婚姻，废财产，毁家庭，破国界，破种界。何以故？以婚姻、财产不废，家庭不毁，国界、种界不破，则私之畛域终不灭，彼我之见终不脱故。

夫社会之成，成于人。人之有男女，犹电之有阴阳，地之有南北，植物之雌雄，动物之牝牡也。电无阴阳，不能运用；地无南北，不能转旋；植物无雌雄，不能结果；动物无牝牡，不能生育。此万物自然之组织，各有其发达之机体，而得无限量之进化之力于大千世界，以生以存。今之重男轻女者，以男为尊，女为卑，男为贵，女为贱，男为强，女为弱，男为智，女为愚，一若女子为社会之赘物，此甚背万物自然之组织，而逆其发达之机体也。夫男女同为人，固无尊卑、贵贱、强弱、智愚之可分。脑力相等，惟昔之不教育女子，故女子之知识不能同于男子，此智愚之所由分也。男女身体之结构同，所异者，惟生育之机体耳，每月二三日不能动作过劳，受孕必有三四月不得畅快，分娩必有半月一月之休养，乳儿必有一年半载之牵累，此女子之弱于男子之点也。野蛮时代，俱以力争，适女子于月经或受胎或分娩时不能力战也，则女子为男子所征服，或男子为女子而战胜他人也，则女子为男子所保护。征服者尊，被征服者卑，保护者贵，被保护者贱，此女子生理上弱于男子，而尊卑贵贱遂由此定矣。女子处于被征服与被保护之地位，一举一动，皆仰男子之鼻息，此女子之属于男子之由也。女子既属于男子，一男多女，多男一女，各欲得美女子而不免于争，既争而得，恐为他人所夺，于是欲解决此问题，遂不得不以婚姻之制而定男女之配合。然而婚姻者，即断定某女子属于某男子，而不得……也。试观今日之社会，女子所处之地位为何，指上臂上所约束，头上所饰，身上所挂，皆为古时代被征服者之刑具与被保护者之记号。呜呼！女子之受悲惨，可云甚矣久矣！男子之自私自利，亦云备矣密矣！以人类本平等，而妄分别若此，此非无人道，乏人理极者乎？此婚姻之应废，一也。

世界之所以终不能免为惨杀世界者，以竞争时多，而互助时少也。人谓世界无竞争，则无进步。吾更言曰：无互助，则更无进步，且欲竞争而不能。今之谈天演学者，动辄曰：生存竞争，优胜劣败。彼徒见社会一方面之竞争，而即武断之曰：生存必赖竞争。昔有甲、乙二人，立于一铜像之左右，争论铜像所持之盾为金为银。甲见盾之金方面，故谓盾为金；乙见盾之银方面，故谓盾为银。各执所见，而相执不下。噫！盾果为金乎？抑果为银乎？实为金，亦实为银也，惟甲、乙所处之地位不同，故随盾之一面金一面银，而异其所见。苟有第三人见盾之两面，无不笑二人之瞎闹也。今之谓社会为竞争的社会者，何以异是！夫生存未必赖竞争，竞争未必有进步。所以赖以生存，生存而有进步者，在互助而不在竞争也。虽然，互助而不竞争，则偏于太柔；竞争而不互助，则偏于太烈。太柔，则不及进化之效力；太烈，则过进化之作用。不柔不烈，相遇得当，无过无不及之患，是谓最得进化之大道。

竞争与互助，各有消长之时代，随万物之机体之发展而定其计度。兽与人较，则兽之竞争长于人，其互助消于人。野蛮人与文明人较，则文明人之互助高于野蛮人，其竞争低于野蛮人。此不易之理也。生存在于进化。进化者，由劣而优，由优而更优也。故粗而精，旧而新，物质之进化也；简单而繁复，野蛮而文明，不幸乐而至较为幸乐，生物之进化也。苟进化专赖竞争，优固胜，劣固败，胜者存，败者灭，则只有优者之进化，而无劣者之进化也。如优果必胜，劣果必败，则何必待竞争而后见？必待竞争而后见胜败者，则优者未必有其必胜之势，而劣者未必有其必败之理也。苟优者有必胜之势，则优者可不言进化也。何者？遇劣者必胜也。劣者有必败之理，则劣者尤可不言进化也。何者？遇优者必败也。惟其不然，劣者勉为优，优者勉为更优；优者胜，劣者亦胜。同胜而存，则优劣俱进化矣。万物并育，而不相害。相害者，竞争；不相害者，互助。互助与竞争之关系生存，一相害，一不相害，其差别如斯。重竞争而轻互助者，可不慎乎哉！

吾今下生存之定义曰：

（甲）互助，则优劣俱胜；

（乙）不互助，则优劣俱败；

（丙）竞争，则优胜劣败；

（丁）不竞争，则优败劣胜。

（甲）为并进，（乙）为同退，（丙）为单进，（丁）为只退。

私同而攻异，物之常情也，故同则互助，异则竞争。同而不互助，则优劣俱败；异而不竞争，则优败劣胜。此天演之淘汰也。惟竞争其所当竞争，虽同亦竞争；互助其所当互助，虽异亦互助。并进单进，各随其所宜。此自然之进化也。天演之淘汰与自然之进化，皆生存之大道也。

自有生物以来，论于天演之淘汰者多，出于自然之进化者少。盖皆重竞争而轻互助也。互助其一小部分，而竞争其全体。此世界之所以至今日尚为惨杀之世界也。

人之竞争，不外数种：以力争，则强弱分焉；以才争，则智愚分焉；以利争，则贫富分焉；以名争，则荣辱分焉；以理争，则是非分焉。古时仅以力争，故勇者常胜。继以才争，有勇而无谋者败，有谋而无勇者半胜，惟勇而谋者全胜。继以利争，富者虽不勇而无谋亦胜，贫者虽勇而多谋亦败。至于以名争，以上三种时代兼而有之，好胜即名争也。以理争，自才争时代，稍有萌芽，至今日其力量尚不为大，盖为名利所蔽也。今不追论力争、才争与名争，亦不预论理争，惟论利争。盖今日之社会，利争之社会也。力争、才争、利争与名争之时代，皆为不正当之竞争。过此以后，为理争得力之时代，互助与竞争并重，社会自此正当矣，自然之进化发达矣。

利争之社会，昏天黑地，吾于《金钱》① 篇，已言之矣。人谓今日为

① 《金钱》，见本节附录。

黄金世界，又曰黄金万能，此皆言金钱之力量也。有金钱，何事不可成。然今世界，恶人多，善人少，恶人借金钱之力量而任意作恶，善人不借金钱力量而不得行其善，于是恶人反占优胜之地位。此利争之结果也。

有金钱，则功名声色，一举便得。故今之大资本家，其享受过于皇帝。即就暗杀而论，欲击死俄皇、德皇者，决非为利，纯合乎公道真理也。千思万想，千计万策，千辛万苦，至今不就。苟有人悬极大极大之赏格，以购俄皇、德皇之头，吾可断言曰：不数月，必有能购之者，或即为俄皇、德皇之心腹人也。盖利之动人，力量最大，无知识者，无不昏于利也。故满洲政府，亦用此以利昏人之策，肯出十万金之赏格，欲得孙文之头也。

此不过举一事，譬而言之。金钱之力量无限：一人无金钱则死，一家无金钱则倾，一国无金钱则亡，一种族无金钱则灭。如畏身死、家倾、国亡、种灭者，必得金钱而可免。于是专尚争利，而不顾社会之公益。捷足先得，能垄断者，便得为大资本家。一大资本家之财产，值数万人之财产而有余。无财产者，劳而苦；有财产者，逸而乐。以人类本平等，而苦乐不平如斯，此非无人道，乏人理极者乎！此财产之应废，二也。

阅《天义报》四号，有《毁家论》一篇，今特录之，以省吾之泛论。

> 社会万事，赖人而成，人之孳生，实由男女。故今日欲从事于社会革命，必先自男女革命始，犹之欲改造中华，必先逐满洲，而后众事克举也。否则不揣其本而齐其末，顾此失彼，鲜克有济矣。顾一言及男女革命，则群疑众难因以横生。然我辈既提倡此事，亦不可不筹及拔本塞源之计。其计维何？则毁家是已。盖家也者，为万恶之首，自有家而后人各自私，自有家而后女子日受男子羁縻，自有家而后无益有损之琐事因是丛生，（今人动言家务累人，其实皆是自寻烦恼。今既无家，则此等琐事亦随而俱无矣。）自有家而后世界公共之人类乃得私于一人，（婴孩为人类之孳生，关系于社会全体，而有家者则以之私于其父一人矣。）自有家而后世界公共之婴孩乃使女子一人肩其任。（婴孩之生，既关系于社会全体，则宜公共鞠养。若有家室，则男子必迫女子鞠养，而以之续一己之祭祀矣。）略举数端，而家之

罪恶已如铁案之不可移易矣。试更即中国字义考之。考《说文》："家，居也，从宀，豭省声。"段注：家字"本义，乃豕之居也，引申假借，以为人之居。字义之转移多如此。牢，牛之居也，引申之而罪人拘系之所为牢。家字庸有异乎？盖豢豕之生子最多，故人居聚之所，借用其字。"夫欲取聚处众多之义，而必以豕为喻，得非含轻贱之意耶？况段注所谓"豢豕之生子最多"一语，尤耐人寻绎。考今之俗语，谓结婚曰"成家"。盖家之起点，即以夫妻二人成之，渐次而女子乃有生育子息，渐次而丁口遂众，岂非与豢豕生子之多可为比例耶？然则家字之义，尚含有以女子喻畜之微意矣。试问女子甘受之乎？况今后世界大同，人人行踪自由，必不能如上古之世老死不相往来。且人类平等，断无强女子守家之理，亦无用奴婢守家之理。则人生逆旅，无往非家。土地属之公有，无此疆彼界之分。是家之一词，实应消毁，无可疑也。矧既有家，则男子之纵欲者，必聚女子于牢笼，而强之为妾媵，供其淫欲，或取他人之子，攘为己嗣。今既毁家，则彼无所凭借矣，故自家破，而后人类之中乃皆公民无私民，而后男子无所凭借以欺陵女子。则欲开社会革命之幕者，必自破家始矣。

亲疏之分，由于家庭。故爱吾家而不爱他家，私利之心全注于此。以人类本平等，而亲疏不一如斯，此非无人道，乏人理极者乎！此家庭之应毁，三也。

人之所以异于他种物者，以衣食住之外，尚有所谓道德也者。道德，全本于行为。行为而真诚公正，则裨益于社会者不少，否则，妨害也。此道德之真正与虚伪之别也。

道德纯乎自然，无边无涯。知识愈益发达，道德愈益真正。知识由鄙塞而开展，道德由虚伪而真正。此亦进化之理也。

背之言道德者，皆拘以极小之范围，如蚕在茧，处处束缚。无他，以无边涯之道德，而认为有界限之道德，此所以愈讲道德，而道德范围愈小也。《大学》有意诚，心正，身修，家齐，国治，天下平等语。夫道德之大义，固不尽乎此。然既有身、家、国、天下之分，则道德之范围，遂不形而定。末流拘泥太过，范围日缩日小，此言道德不慎之咎也。

何谓虚伪之道德？虚伪之道德者，君礼，臣忠，父慈，子孝，兄爱，弟敬，夫贤，妇贞，长幼有序，尊卑有别，贫贱在命，富贵在天之谓也。中国数千年以来，无数圣人贤士，所注意所提倡者，不外于斯。故其所崇拜者，礼君，慈父，爱兄，贤夫，知天命者也；所栽培者，忠臣，孝子，敬弟，贞妇，有序有别者也。故可一言以蔽之曰：三纲五常，中国惟一之道德也。

夫道德之为用大矣，而圣人贤士所注意所提倡所崇拜所栽培者，不过如斯，是可为道德矣乎？韩愈所谓："道其所道，非吾所谓道也；德其所德，非吾所谓德也。"

何谓真正之道德？真正之道德，不外二种：（一）对于己身之道德；（二）对于社会之道德。对于己身者，谓之私德或小德；对于社会者，谓之公德或大德。一拓都，一阿顿之别也。定名固不可不谨慎，而定义尤不可不确当。诚意、正心、修身，对于己身之道德也；齐家、治国、平天下，对于社会之道德也。对于己身之道德，意诚未有心不正，心正未有身不修。三者分言合论皆可。何者？同为一身也。至于对于社会，不宜有家、国、天下之别，道德始无所偏依，不然，家齐而国不治，国治而天下不平。贤人硕士，纷论此问题者，屡矣，而其结果，卒以治国为止。无他，以对于社会之道德，而又分为家、国、天下之别也。

克己慎思，诚意也；审问明辨，正心也；敬事笃行，修身也。对于己身之道德，古人言，亦何异于今人。大旨重为人之道，不自暴自弃，俨然立于世界上，不失其自由平等之权，与时进化而已。至于对于社会之道德，隐而不言，仅言对于家及对于国之道德也。有家而后有国，故对于家之道德先立。爱家，道德之一种也。惟以亲疏故，只爱吾家而不爱他家。前节已证明其应毁，此可不赘。

爱国，亦道德之一种也。爱家以亲疏，爱国以利害，吾于《普及革命》博爱篇中，已详言之。夫国固可爱也，有可爱之实，则爱之有何非，吾国他国固可不问。惟不问有可爱之实与否，而只问吾与他，吾国虽无可爱之实则必爱之，他国虽有可爱之实而亦不爱，是则爱国之偏之非，有不可胜言也。爱身爱家之偏，尚有知其非者，惟爱国之偏，鲜有知其非者。

盖以国为界，国之外无论如何，终不能动其爱也。侯官严氏译斯宾塞所著《群学肄言》国拘篇中云："今使有人自为而过，将人人皆知其不仁，甚或深恶痛绝之。独至爱国而过，则谓之失德者，未之前闻也。又使有人焉，自讼其尤悔，抑自言其才德之所短，则闻其言者，谓之谦逊，未尝不以为懿也。独至有人焉，自讼其国之不谊，抑所以待其邻敌者之不仁，则闻者大哗，目之为丧心，而以其言为背本。方敌之与我争也，使吾取其所为，而为之讼直，将通国清议，其不以我为奸民，而与乱贼者，几何。方且目我为鸱枭，自覆巢毁室，而取厥子。而究之无他，不过责善于同种，而于他族有恕辞耳。故同之私也，于自为之过，则知之；于爱国宠过，则不见。"由是言之，爱国未有不偏者也。爱国而偏，非道德也，实一种癖耳。夫所谓道德者，仁爱之谓也。仁之起点，即推己及人。爱之极端，即视敌如友。然则今之待他国之不仁，对己国之过爱，其去道德也远矣。

不宁惟是，爱国而偏，其流弊甚大。扬己抑人，其大原因也。己国之所曲者，必认为直；他国之所是者，必斥为非。同一事一物也，己国有之，虽不善而亦以为善；无之，反是。他国有之，虽不恶而亦以为恶；无之，反是。总之，各处于形格势禁之地步，利害相形，则其所爱者，遂不出于吾国之外也。故其所爱者，即其所私之别名也。世之所以多故，而常演种种悲惨残酷之事者，皆私之一字有以致之也。欲免此，则必破利害之成见。利害之成见，由于有国界。有国界，则曲直误认，是非颠倒，善恶莫辨，有己无人，视人如敌。无他，爱憎不一也。以人类本平等，而爱憎不一如是，此非无人道，乏人理极者乎！此国界之应破，四也。

爱种与爱国，同一癖也。爱国即爱种，爱种即爱国。所差异者，不过随历史之感情，与国际之交涉耳，前者由于恩仇，后者由于利害。苟有世仇，国同而种异者，则趋于民族主义（如满汉等）；种同而国异者，则趋于国家主义（如中日英美等）。有世恩，种异而国同，则祖国观念生；国异而种同，则种族感情起。至于利害，则有异乎斯。同利害则相爱，不同利害则相妒，今日唇齿，明日吴越，同国而异种，同种而异国，皆不问也。无他，有彼我之见，则恩仇与利害，遂不能不辨，而有所私于己也。以人类本平等，而恩仇与利害不一如是，此非无人道，乏人理极者乎！此种界之应破，五也。

今之社会，一阶级之社会也。其现象，宛如一高塔，婚姻为其基础；财产也，家庭也，国界也，种界也，递为塔层；为其顶者，实政府也。其他如宗教、法律、军备等，不过为建筑高塔之材料耳。吾前作《普及革命》篇中言："欲毁家庭，必自废婚姻始。""欲破国界种界，必自废财产始。"吾始以为去政府，必先废婚姻，废财产，而使家族不得成，国界种界不得定也；吾乃今然后知非先去政府，不足以语他也。盖政府之成，固由种界国界，种界国界，固由家族、财产、婚姻，造政府必先自有婚姻，犹建塔必自有基础也，然欲破坏此塔，必自顶始。否则，于基础处或他处横敲竖冲，亦能破坏之也，或较迅速，亦未可知，然一旦基虚而高塔颠倾，则甚危险也。倾于左，则伤左方之人；倾于右，则伤右方之人。不若从顶处下手，顺次拆去塔层，非惟无大危险，则收效甚大。是故无政府革命者，扫荡社会一切之阶级也。无政府革命后，则社会惟人耳。配合自由，婚姻无矣。享受共同，财产无矣。老吾老，天下皆吾老也，幼吾幼，天下皆吾幼也，无父子、夫妇、昆弟、姊妹之别，家族无矣。土地公有，特权消灭，国界无矣。人类平等，种色莫辨，种界无矣。于是无尊卑之辨，无贵贱之殊，无贫富之分，无强弱之别，无知愚之论，无亲疏，无爱憎，无恩仇，无利害，营营而作，熙熙而息，团团以居，款款以游，是非大同世界乎？吾想念之，而神驰之。欲见人类之真自由、真平等、真博爱，吾不得不提倡无政府主义，鼓吹无政府革命，以速达此境。吾更不得不正言告主张有政府的革命者曰：诸君所主张的革命，不脱身、家、国、种之观念，不脱功名之迷信，而无政府的革命，无丝毫权利之可图，出于真诚也。夫吾辈生于世界，不宜为损人益己之事。损人，无爱也；益己，不仁也。无爱、不仁，不合公道，真理也。苟诸君欲为合公道真理之事，则舍主张无政府的革命末由。无政府，则无身、家、国、种之畛域，无功名之成见，社会便较公平较正当矣。不然，竞争无已，互助不得，恐后此茫茫，更觉惨淡也。诸君自扪心深察社会之现象，自不以公道真理为敝屣也。吾今不欲多语此。无政府与有政府的革命之比较，其大略吾已言之。吾不能尽吾言，诸君自有良心，当以公道真理而权衡之。其亦以无政府的革命为较合公道真理乎？吾可已于言也。

（五）无政府之于教育与革命

宇宙，一生灭之修罗场也。不知经几亿万次生灭，而始有太阳系；又不知经几京垓次生灭，而始有地球。地球之生也，不知何日；其灭也，不知何时。盘旋于其上者，亦随进化之理，而乍生乍灭，乍灭乍生。由死物演进而为生物，由猴属演进而为人，其间之生灭之数，不啻如恒何之沙，如银河之星，终不能以今之人力所能计算也。惟其如是，故能演成今日繁华灿烂美丽活动之世界。生存于此世界，森罗万象，而人最占优胜。斩棘伐荆，驱禽逐兽，人趾所至，而景象即更。故可直言曰：今之世界，实人之世界也。恃其较万物最灵之智识，最敏之能力，尤能使演进加速。更阅数年，数十年，数百年，将不知为何一种之世界也。今日梦想他日，决不能得其实在情形。盖演进之速度，如几何级数之加增，愈进愈速，不能穷也。是故生灭者，实进化之功用；苟无生灭，则进化之力或将穷，而太空或几息矣。

治数学者，必明加减之理，然后知正负之性，计位画式，而应用无穷。治化学者，必明分合之理，然后配合解析，任所欲为，而变化无极。数学之加减，化学之分合，即生灭之微理，而演进之发端也。至于生物，其生灭之情尤彰明，而演进之迹更较著也。

数学无加减，则账目之粗算且不能，而代数、几何、三角中之正负之应用无论矣。化学无分合，则辨别无机物之原子且不能，而有机物之解析之试验更无论矣。生物无生灭，则无演进，而人类之来自猴属尤无论矣。

由是言之，万理万物，俱不能脱生灭。惟其不脱生灭，所以能进化无穷。故生者，积极的进化；而灭者，消极的进化也。人谓不生不灭者，徒指物质而言，而物体固有生灭也。起于此，即伏于彼；伏于此，即起于彼。生于此者，即合灭于彼者之数种原质，或他原质而分。故对于物质而言，无所谓生，亦无所谓灭，且不增，亦不减也。对于物体而言，则有生灭，且有增减。虽然，犹有对于一部分与全体之别也。人对于己，则有生灭，而对于人类全体，则不生不灭也。盖生者，吾一人，灭者，亦吾一人。吾为人类之一分子，一分子之生灭，于全体无足轻重也。犹于一身也，一身之分子，时更刻移，一日中不知有多少生灭，然固无碍于身也。其他人类之于众生，众生之于世界，世界之于太空，亦犹是也。推之于极，不生不灭，亦生亦灭。不生灭者质，生灭者体。故生即灭，灭即生，生生灭灭，灭灭生生，而万象为新。吾略物质而详物体，故断言曰：生灭者，进化之功用也。

生灭既不能逃，则随生灭之理而言进化可也。万物之生灭，其时间不一，有久暂迟速之不同，要之，其机体之合于生存与否之差别为断。其苦乐之计度，则随其知觉而定，知觉愈灵，感苦乐愈切。矿物之知觉则最少，生死于地中，几不能辨。植物之生也，吸受膏液以根，吐纳空气以叶，其自营自卫者较矿物多多矣；其死也，枝枯叶落，根萎干折。惟借其内界之消息，以生以死，其有知觉亦云微矣。至于动物之生也，饥则求食，渴则求饮。下等者，求而得则生，不得则死，其苦乐无甚差别也。稍高等者，求而得则游焉息焉，不得则相争。其稍有智识者，略知如是而后可得饮食，不如是则不得，盖其感生死之苦乐，而不得不然耳。然必如何而后能如是，如何而后不如是，则非动物所能知也。最下等之野蛮人，其生活之情形，殆亦尔尔。至于人，至于文明人，则有异乎万物，于饮食之外，尚欲研究种种事物，战胜天然界，而力求进化。盖其智识最为发达，感苦乐最切，稍不合意，即求改良。知腕力之有限，则思代以机械；知步行之不便，则思代以舟车。其他一切目之所见，耳之所闻，口之所味，鼻之所嗅，手之所持，皆求便利玲珑。游于欧美者，见巴黎之街，伦敦之市，纽约之屋，无不惊人之进化力之大也。

夫人之进化力之所以大者，非徒有生灭而已也，别有所谓事业也者，迥异于植物动物之生活也。植物动物之生活，不过循天演之公例，而于生灭之外别无所见，故其进化也微。生灭者天然之进化，而人于天然之进化外，尚有人力之进化，而与天然之进化并行。

天然之进化，形体有生灭也；人力之进化，事业有兴革也。是故天然之进化既有积极与消极之分，而人力之进化亦必有积极消极之别也。

何谓积极的人力进化？教育是也。

何谓消极的人力进化？革命是也。

请论其详。

形体有生灭之天然进化，不过生理上之问题耳。人生而少，少而幼，幼而壮，壮而老，老而死，亦即为进化之理也。万物俱不能逃生灭，则人之生死，岂独能逃之哉！且人之机体之结构，合原质而成，取之于太空，非人固有也明矣，决不能于一结构后而永不分散也。况人于结构分散之际，尚有数十寒暑之生涯，言论行事，固可自由，苟善用其时间，竭尽其心力，何患其生涯之短，而忧其不足济于事哉？一己之能力所不能及者，则合群力；一身之生涯所不能济者，则继群生。一己之能力有限，而群力无限也；一身之生涯有限，而群生无限也。以客观言，人生固逆旅也；以主观言，人生实进化也。生为暂合，死为暂分。一生一死之间，固无容流连，而独怪夫世之贪生恶死者之多，诚大惑不解者也。惟不当死而死（不终年，染疾病而死），不应死而死（染疾病不得医药而死，为庸医误药而死，过保养而死，过逸乐而死，其他死于饥寒，死予掠夺，死于……），是不可也。为人利用而死（当兵），为人引诱而死（殉名，殉利，殉欲），为人凌辱而死（刑罚，虐待），为人惨杀而死（战时），皆不可也。当死而死（争理，仗义，成仁，殉道），该死而死（民贼独夫之被刺），应死而死（老而死），愿死而死（知道明理者之暗杀，大起革命之倒政府），是亦可也。吾今不能以其详兼论及此，盖非本说之范围所及，当另著论详之，兹从此止。

事业有兴废之人力进化，乃关于道德之问题，即本节之要论：教育与革命也。

道德本于行为，行为本于心理，心理本于知识。是故开展人之知识，即通达人之心理也；通达人之心理，即真诚人之行为也；真诚人之行为，即公正人之道德也。教育者，开展人之知识也。欲培养人之有公正之道德，不可不先有真诚之行为；欲有真诚之行为，不可不先有通达之心理；欲有通达之心理，不可不先有开展之知识。是故教育者，实人力的进化之原动力。凡欲研究社会之进化者，不可不深加注意于此也。

虽然，教育之有造于社会之进化者，固足多矣；而革命之有力，岂可隐而不言乎！今之言社会之进化者，多归功于教育，而言革命，不过为过渡时代之作用，而非如教育之永久也。吾初信之，继重思之，而深察社会之进化之由，不得不以彼言为有所偏也。夫吾辈放眼于二十世纪之世界，无论一事一物，谓皆得力于教育，殆无不可。虽然，教育者，积极之进化耳，苟无消极的进化之革命相并行，则今世界之能为今世界，未可决也。

盖事理只有积极而无消极，则反欲积极而不能矣。譬筑室也，积极为建设，而消极为破坏也。苟建设不已，愈建愈多，筑室之地位无限，则亦已耳；以有限之地位，建设无限之室，则必至无可建为止。且旧者皆为不适宜不便当之室，筑室之地位无限，尚欲破坏之，以清眉目，何况于有限之地位，不破坏旧者，焉能建设新者。是故欲建设新者，必先破坏旧者。建设者，建设其所宜；破坏者，破坏其所不适。新者宜，而旧者不适也。就宜而去不适，理之固然也。取新而舍旧，事之必至也。此教育与革命之所以必并行，而人力的进化之所得以无穷尽也。

吾作《普及革命》篇后，屡欲作《普及教育》篇，以完全人力的进化之义，辄以己非教育家，恐所论不得尽其要领，而中止者再，不能如念。无何，得吾友来片，亦论及教育之不可不重，其言曰：（前略）社会主义，以无政府冠其前，亦非根本之名词，因能使无政府者，惟教育之力也（科学的教育）。故苟不专重教育，即去军队、法律、宗教种种，亦不过如野蛮国之法律，以屠戮之法而靖盗贼，岂根本的办法哉！此等学说，成于生长强权国内之人，故措词命义，均不脱强权气息。政府不好，不要政府，固言之直捷痛快；若推究政府何以不好，如何便可无政府，则必想到教育矣。以某之所见，当如下表：

教育的社会主义（重科学的）	军队可无 法律可无 宗教可无	政府可无

吾久欲复此片，以词意繁杂，不克即答。今借此节之题，而总论之，一以答吾友，一以了吾念。社会主义，以教育的三字冠其前，而又注以重科学的字样，固觉为根本的名词与办法，然教育二字，亦甚含糊也。今世界之教育，亦重科学也，谓为非教育不可，盖彼等自以为一种之教育也。以彼等自以为一种之教育为教育，而望政府之可无，岂可得耶！必欲以教育望政府之可无，则此教育者，实无政府之教育，而决非彼等自以为一种之教育之教育也。夫教育者，必有其教育之目的，使其所教育有着力处。今之所谓教育者，有政府之教育也。有政府的教育，不正当之教育也。欲教育之正当，必先定一正当之目的。彼等自以有政府的教育为一种之教

育，目的已不为正当，则其所谓教育者，岂能望其为正当也耶！失也毫厘，差以千里，目的一失，以后之种种遂不可设想矣。

今之教育既以有政府为目的，则军队也、法律也、宗教也，皆为达目的之要着。科学愈发达，政府之气焰愈盛：枪炮之猛利，适以增军队之横暴也；交通之灵捷，适以显法律之作用也；理化之发明，适以饰宗教之弱点也。而吾友以为专重科学的教育，则军队、法律、宗教皆可无。不知今之教育，其目的为有政府，故利用科学，而达其不正当之目的，此所以科学虽发明有年，而其效力皆为政府所用也。吾辈今日既知政府不好，不要政府，则所主张之教育，必非以彼等自以为一种之教育为教育明矣。吾今更换吾友所列之表，即再以无政府三字冠其前，则所教育之目的，似较为正当确实矣乎？

无政府教育的社会主义（教育必重科学，故可不赘注）	军队可无 法律可无 宗教可无

闻者，犹疑吾言乎？请再述有政府的教育之为不正当，而不可不以无政府冠其前，以明示其目的之所在也。

惟其教育之目的，为有政府也，故不得不重军队。军队者，保富者之权利，而侵贫者之生计；助强者之恣肆，而夺弱者之自由也。对于本国，则施之无形，增捐加税，刮民脂民膏于不知不觉之中，人都不知其为患。然今沪上各报，亦痛非增海军费为殃民矣。对于外国，则暴戾凶悍，无所不至，居征服者之地位，视之以为寻常，且以为应该。为被征服者，亦熟听强食弱肉之不平公例，而甘受劳苦者有之，抵抗之者甚少，非其力量所不及，而居征服者之利用科学，以逞其野心也。吾谓天下之最可怜者，惟一般之知抵抗而受强者之压制不能抵抗。人常以“人道主义亦为狭小，人类可平等，而禽兽不可平等，人力车之不合人道，非之者大有其人，而牛车马车等非之者便少，何厚人类而薄牛马耶”相责，吾为之默然者久之。今应之曰：苦乐之感，随知识而分，前节既言之矣。苟无知识以感苦乐，则人怜之者，亦甚无为也。如驾马乘车长驱远驶于赤日炎天或冰天雪雨中，马之感苦乐逊于人，人不能耐，而马能耐也。马能耐，而耐其所能耐，则人之驾马，未可遽为残酷。惟不能耐，而强使之耐，痛鞭乱策，诚不可也。此稍有物情者，便不忍为也。吾尝独步于通衢大道，见汽车电车虽日多一日，然牛马之劳苦于转运，未能即免，深以为憾。然观牛马之实情，终日奔走，或多或少，或远或近，自不为劳，饲之以草，亦颇自得。苟人怜其奔走之劳而不用，则牛马必自寻食，食而不作不为，亦不合情理。且牛马之长，惟长于奔走，人利用其所长，而求进化，则何残酷之有。苟牛马果以奔走为劳苦，不愿为人用，出而抵抗，此时也，人犹多番压制，而必强之以供奔走，以此为残酷，诚残酷矣。盖自知抵抗者，其知识足以感奔走之为劳苦也。有知识而思抵抗，则抵抗，方为正当。譬今日男子之对于女子，亦犹是也。提倡女权者，出自女子，研究如何抵抗男子之法，则诚善矣。为男子者，扩张其说，助其抵抗，亦善矣。苟一惟主张解放女子，则女子今日尚为能力薄弱之时，其所主张之解放女子，适类帝皇之颁宪法，于实事毫无裨益也。吾辈之主张革命，亦何独不然。革命者，抵抗帝皇之强权、资本家之强权也。平民之于帝皇与资本家，犹女子之于男子也。苟吾辈不知抵抗，而为帝皇与资本家者，怜吾辈之困苦，而让吾辈稍自由，与吾辈稍利益，此事也，观者以为何如？吾谓无济于吾辈，反缘饰帝皇、资本家之横暴，而以小慰小惠买平民之心也。吾辈之所应有，不得什一，而抵抗之心，反为之杀也。是故抵抗者，必出自抵抗者之实心实力，而可达其目的也。惟抵抗者之实心实力，而不足以抵抗所抵抗者，更遭惨杀虐待，实最可怜也。吾又谓一般之扶强锄弱、助富凌贫者固可恶，而莫可恶于强人服从、阻人抵抗者也。今夫帝皇与资本家所恃为保障，而强迫一般人之不甘于服从，与压制一般人之敢于抵抗者，惟军队耳。军队者，非惟扶强锄弱、助富凌贫已也，而又强人服从，阻人抵制也。无军队，为帝皇者不能纵其横；无军队，为资本家者不能恣其肆。惟有军队，日长帝皇之横暴，而增资本家之放肆，是则不得不痛心于军队之为人道之敌也。吾辈主张无政府主义，而必欲反对军国主义者，可以思其故矣。然而大多数不承认，虽主张革命者，亦多军国主义，谓可以诛人道之贼，而为革命之作用也。吾前详辨之矣。今考其所以多军国主义之故，不外乎传染有政府教育于不知不觉之中，而自以铁血的主义，尚武的精神为可贵也。试观各国之国文教科书，始教其迷信祖国，继授其军国主义。

恐人民有博爱之心，不利于政府也，则养成其爱国心。政府得以保其安乐，催捐收税可得借口。苟人民有非之者、抵之者，缓其词，则曰：欲巩固国基，不得不振顿海陆军；急其词，则曰：祖国尚不要爱，非丧心病狂而何。甚而禁之以监狱，罚之以重款。此皆政府不可无军队之明证也。政府对于军队，设立专门大学，以培植海陆军人员，特别大厂，以制造枪炮战舰，岁之所入，大半作为兵费。且收罗青年壮士，使耗费其光阴于无意识之中。一旦人民起而反对强权，而政府之驱策兵丁，如使令猎犬。呜呼！政府之所以刮民脂民膏，以养兵千日者，冀收征服平民于用力一朝之效也。而军队之扶强锄弱、助富凌贫，与强人服从、阻人抵制者，非天下之最可恶者耶！或曰：无政府之反对军备，得无偏于尚文乎？体育不讲究，人种不得改良；军队固不合人道，然其操练人体，以使壮健，未可厚非也。应之曰：不然。体育归于卫生，而与军队之意味，大不同也。吾以中国之拳术与泰西之体操相比较，而下定评曰：拳术用以攻人，而体操用以健身，其目的不同，故其操练之法亦异。吾曾习拳术矣，亦习体操矣，深知二者之分别：一以操练筋骨，如何破人之来攻，如何伤人之不备；一以操练筋骨，如何可以运动血脉，如何可以活泼机体。故拳术所操练者，身中之数部分，苟无用于破人伤人之处，则可不操练，操练之处固强，而不操练之处仍弱。强弱不均，身有所亏，以致受伤而病或死者甚多。至于体操，则不然，运动全体，无论一肢一节都使其转展如意，故体操者，改良人种，健强人身。而拳术者，习之不慎，反害卫生，且好勇斗狠，以致不寿者，比比皆是，稍有知识者，都知为召祸之举，诚不虚也。军队之害于卫生，与拳术相仿，而其流毒更大。斫丧已身不足，而戕贼他人；杀人以梃不足，而以刃，以刃不足，而以快枪利炮。盖军队之所以操练者，杀人之术，而与卫生适成绝对的反对。医者之所研究，使病者愈，死者复生。而善战者之所研究，使健者伤，生者死。吾诚不解夫彼等之何忍于出此也？不独此也，科学所发明者，大半为战争擅用，而寻常实用，反不注意。一飞船之发明也，不思为人类增一交通机关，而必认为战争之要物，他日空中战斗，又别开一生面，无辜而死者或较今尤多。至于海军，战斗舰之巨，巨于邮船数倍。一木一铁，苟为战争用，则必精而求精，以冀能多杀人，此其故何耶？非有政府教育之结果乎！训练督责，伟大其身体，而必驱之死于战场，何哉？卫生乎？蹈死乎？

尚文固非反对军备，而彼尚武者，徒增其私己排外之心。父兄教导之于家庭，师长训练之于学校，歌词也、诗赋也，皆崇拜军人，提倡尚武。受数年数十年之教育，虽重科学，然其目的既为有政府，安得以军队为可无耶？必以军队为可无者，必反对军备者也。实施重科学的教育而反对军备，则其教育之目的为无政府的而非有政府的也明矣。无政府教育者，无强权之教育，平等之教育也。吾友遽谓重教育，便可无军队，未免太含糊。此吾所以必加无政府三字于其前，以明示其教育之目的也。

惟其教育之目的为有政府也，故不得不重法律。法律者，保强者之权利，而侵弱者之生计，固富者之乐利，而制贫者之生命也。阅《天义》第十一号有《道德与权力》一篇，与本节之用意同，附录于下：

> 自古及今，安有所谓道德哉！道德者，权力之变相也。专制之朝，为君者虑臣之背己，又欲臣之为己效死，则以忠君为美德，以叛君为大恶。为夫者虑妇之背己，又欲妇之为己守节，则以从夫为美德，以背夫为大恶。盖道德者，定于强者之手者也，又强者护身之具也。而道德之效力，则约于权力同。今之恒言，犹以守国家法律为美德。夫今日之法律，何一而非强者之法律。迫以实力，使之不敢不从。又诱以虚名，使之不得不从。愚民不察，又从而和之曰道德道德。稍有与之相背者，则斥之为非。夫所谓是非者，强者所定之是非也。强者之对于弱者，凡权力所能制者，制以权力；权力所不能制者，制以道德。权力制人于有形，道德制人于无形，使无量之人屈服于空理之下，莫敢抗己。强者何其智，弱者何其愚，此真所谓空理杀人矣。试观中国理学之儒所倡诸说，何一而非服从。其尤甚者，则谓君虽不仁，臣不可以不忠；夫虽不贤，妻不可以不贞。天下惟忠、贞二字最便于专制之人。非君权男权昌盛之世，决不至定此讹名。乃腐儒俗子，复从而为之词，合理与势为一谈，即以权力为合于道德。由是权力之外无道德，舍理论势，以势为理，习俗相沿，不以为异，非所谓暗无天日者乎！欲扫荡现世之权力，必先扫荡现世之道德。无论

道德法律，均视为刍狗，则世界之公理必有复现之一日。处今之世，如有凭现行之道德，以决是非者，吾则视为强者之奴。

最不公平者，法律也。非法律不公平，乃定法律者之不公平也。苟法律而公平，则无所谓法律。各人之良心即法律，世界之公理即法律，安劳一般定法律者之一番苦辛而强制硬定哉！原人时代，无法律也，各人举动不文明，以致争夺斗殴，无有宁日，于是以无法律为忧。有法律，则争夺斗殴者稍有所制，不复如前之野蛮，而居民上者之借端作弊，冒公行私，反有所赖，于是以有法律为患。一忧一患，皆本于知识，各有所见到处。而力求世界愈趋于文明，社会愈趋于公正，岂可以人治法、法治人为与天地相终始者哉？于人类知识幼稚时代，无正当之教育以开民智，固可言非有一二人驾御于上，则百事难举，虑人民无自治之能力，则必借法律之效用以劝惩之。故古之圣人硕士，俱以法律为不可侵犯，推其意，岂不以一服从法律，则所言所行，皆有条理秩序乎？殊不知无法律，固有无法律之害；有法律，亦有有法律之患。彼不先开展其知识，而徒先束缚其思想，不先通达其心理，而徒先范围其观念。以此欲栽养道德，无论人民自治力之有无，何异于揠苗助长？欲求道德之真诚，岂可得耶！法律云，法律云者，徒增人之恶观念，非惟无裨益于人之言行，而反有妨碍也。

野蛮时代，只知有习惯，习惯即法律也。稍文明，则有所谓法律，然其法律大半来自习惯。至真文明，惟有公道真理，而无法律与习惯也。习惯之力甚大，为人第二天性。知识幼稚，莫不溺于习惯，且一溺便不能脱，非有大学问大魄力终必为习惯所困矣。至于法律，其始则虑之，终则安之，一安便成习惯。无意识者，拘泥太过，固执不变，大有碍于进化；而根器薄弱者，趋于机巧一方面为多。借法律而阻进化者，俱一般稍有知识，而图自私自利者也。初以一二人之才能，足以驾御万民，故一切惟帝命是听，无所谓法律，朕意即法律。以后逐渐进演，民知渐开，帝皇之狡计不足以欺人民也，于是少数人起而代之。其作威作福，有时亦类似专制独裁之政体，然政治之特权，非一二人私擅，固不得逞其野心，而妄加横暴于人民，如帝皇之所为也。虽然，以帝皇一人之特权，而授之于少数人，安保少数人不自私自利而为民患乎？法律者，即此辈少数为民患者所定也。以少数心术公正者所定之法，而使大多数人守之，尚为不可。盖一法律苟有不便于一个人，则侵一个人之自由。少数人所定者，便于少数人，而强大多数人守之也。纵使最大多数人所定者，而强最少数人守之，亦为不可。何况此辈自私自利者，挟其狼心狗肺而定之乎！各人自有自由，固不能强，强而行之，是失人之自由也。法律者，一言以蔽之曰：自由之敌也。

余少时睹乡里私斗，而曲直恒以胜败为定，常退而思之，苟吾有千人之力，出而打一抱不平，以分曲直，岂非快事。后愤国事之不振，而外侮迭乘，欲学陆军（以武），以泄吾愤。不就，继欲学法律（以文），以冀为一大律师，则社会不公平之事，亦可凭吾之三寸舌以辩护之。及深察律师之所为，心窃疑之，何是非之颠倒，竟不能换回耶！后阅克陆泡特金之《告少年》，然后知世之不公平者，断非借律师之力，所能展移也。根本之问题，不能解决，则社会种种，终不得正当。所谓根本之问题者，则社会组织之问题也。今以有政府为社会之组织，故军队不可不强，法律不可不严。前者为帝皇、富绅之保障，而后者为其护符也。吾直言以断之曰：法律者，公平与正当之反面也。

人之进化，随知识与时代之感化而生。知识有增无减，时代常移不息。今日之所为，决非昨日所可比；而明日之所为，决非今日所可范也。昨日者，过去之今日；而明日者，实未来之今日也。过去者，过去，是也，非也，善也，恶也，已有定论。未来者，未来，是非不定，善恶不明。人常处于现世界，过去与未来之中。保守者，偏于好古，只知有昨日；而中立者，拘泥于现世界，不知有明日。此皆乏进取思想者也。惟知有明日者，为进取，斯可与言进化之道矣。进化之道，随时随势而变迁。鉴昨日之故迹，证今日之实验，而力求有明日之改良。然其间议论办法，千差万别。各尽其所能，凭良心而衡世事之是非善恶于公道真理中，是则言之，非则不言，善则为之，恶则不为，固不可以不合学理之法律而规定之也。必欲以法律而规定之者，其结果不为刻舟求剑，便是胶柱固瑟。以商鞅之知识，处于太古野蛮之世，尚知不法古不循例；然则处今二十世纪，进步之速，瞬息千里，尚欲以法律规定人之言行哉，特阻人之进步耳。法律者，一言以蔽之曰：进化之障也。

法律愈定愈严，借科学之所发明，得新知识新学理，反济其奸，而侵公益，其为患较不知不识者为酷。其所以然者，皆向政府一方面，而定其方针耳。虽政府对于人民，有本国与外国之分，然其用心，特为保全少数人之乐利计，故不得不利用之，以牺牲其财命，岂其真心而独厚于本国人民哉！特人民堕其术中而不悟，是大可悲叹也已。法律既证明为自由之敌，正当、公平之反面，进化之障，然则犹不以无政府为教育之目的，以力挽其敝，将后之法律，不知如何严密苛刻。岂得曰，重科学的教育，则法律便可无耶？

惟其教育之目的为有政府也，故不得不重宗教。宗教者，愚人而非智人也，卑人而非尊人也。盖宗教所以有立足地者，必以其教主为至圣，人莫能及其万一也，其才力，全知全能，其知识，先知先觉。故崇拜教主之成见，不期然而生。此非信仰者自愚自卑，实宗教有愚人与卑人之性质也。

教育之教，非宗教之教，而教化之教也。世人不察，常以教育与宗教并论，恐授以知识，而不以宗教范围其观念，则适济生奸。故吾友自日本来片，谓宗教、道德未可遽然破坏者，虑社会主义有不完全之处，而思以宗教之道德补其缺点耳。吾友燃君已代答之。① 吾再于此略置辩之。

某君非宗教家，而所论者，不脱宗教之成见。彼以吾之反对宗教一节②，（见本报第十八号。）与彼意相左，屡欲作辩论，以迫于校课，日不暇给，不克着手，兹先告大意，俟春假时当有大著寄下。吾今不及待，即以来片相商确，再将宗教痛诋一番，未知吾友更将以为何如也。

苟吾友以社会主义，为可资研究，足以造就人格，养成道德也，自不以宗教之道德，常介介于心，为不可破坏也。夫水之素为轻，盐之素为绿，糖之味甘，梅之味酸，火之性以热，冰之性以寒，万物各有其特素特味特性，而成一独立物。故取出水之素轻，则不为水矣；提出盐之素绿，则不为盐矣；糖而不甘，则近于粉矣；梅而不酸，则类于李矣；去火之

① 燃：《书某君邮简后》，《新世纪》第 42 号，1908 年 4 月 11 日；《宗教问题：复第四十二号本报书某君邮简后》，《新世纪》第 54、55 号，1908 年 7 月 4、11 日。此二文，见本节附录。

② 参见民《普及革命（续）》，《新世纪》第 18 号，1907 年 10 月 9 日。

热，火无力矣；去冰之寒，冰不坚矣。盖所以名为水、盐、糖、梅、火、冰者，以其各有特素特味特性，而与他物迥不同也。宗教者，亦有其特素特味特性也。宗教之素者，鬼神也；其味，迷信也；其性，虚伪也。以重科学、凭公理之社会主义较，何啻霄壤之隔。而吾友期期以为不可遽然破坏者，岂非宗教之成见，深入于脑中，作梁氏启超之议论，谓欲改良宗教，以造就人格，欲造就人格，则舍宗教之道德末由乎？不深究其实在，徒观其议论，未始不可为圆满；然不本于学理，则所谓圆满者，未必能为圆满也。吾友不信鬼神矣，即稍受文明思想者亦不之信矣。迷信无论矣，各有其自由之思想，皆知趋于近真之一方面，断不致随俗俯仰也。虚伪更无论矣，科学一发明，则一切虚伪妄诞扫地矣，不能试验、不合学理者，则斥之于科学之外。然则无鬼神，不迷信，绝虚伪，则宗教不为宗教矣。吾友不言乎："虽古时宗教之道德，未必合于现今之社会，然皆是吾辈提倡之责。"夫道德固非宗教之专有品，我辈既有提倡道德之责，则必研究一种适于现今社会之道德。然则研究一种适于现今社会之道德，何必求之于宗教中而始可得。求之于宗教中而始可得者，未必合于现今社会之道德也。适于现今社会之道德者，现今社会之道德，而非宗教之道德也。非宗教之道德，而必附会于宗教，吾诚百思不得其故者也。

所谓宗教之道德者，平等、博爱之谓乎？迷信宗教者，动辄以平等、博爱为宗教夸。夫平等、博爱，乃天地间一种之良德，凭各人之心理，互相感化而发生，岂得谓宗教所能独私之耶？吾友燃君于某氏来稿末之按语，言之甚当，诚不含糊也。平等、博爱，既为天地间一种之良德，宗教家讲之，吾辈主张无政府者亦讲之，虽讲法不同，其实在亦异，然其为道德之名则一也。不可以同一道德之名，而遽谓宗教家所讲者属于宗教一方面，而主张无政府者不可讲也。譬人之饮食也，彼之所饮者某酒，所食者某肉，不可谓某酒某肉为彼所独有之酒肉，他人不得饮食之也。吾之于某酒也，或温而饮之，或冲他流质而饮之，吾之于某肉也，或烹而食之，或杂他园蔬而食之，岂可以吾之所饮食者属于彼耶？世人不察，动以万物属人，故皇帝与资本家遂生掠夺垄断之心，皆由私利主义所发生也。惟其有是观念，所以吾于作此说之首详言之矣。平等、博爱固为良德，然为宗教之一小部份［分］，而大部份［分］之有鬼神、重迷信、贵虚伪尚在也，岂可以其小部份［分］之可取，而并其大部份［分］之不可取而亦取之乎！谚曰：两利相形，必取其重；两害相并，必取其轻。宗教中所可取者，已为社会主义所包含，而其所不可取者，当于淘汰之例，而可消灭于社会主义发生之日也。且社会主义所讲者，皆凭公理，重科学，其有裨益于世人者足多。谚曰：取法乎上，仅得其中。以社会主义之至公无私，光明正大，犹恐界说不明，为一般自私自利者所利用，趋于不正当之地步，故以无政府三字限其定义，始无丝毫私利之可图。然则以宗教之言鬼神、重迷信、贵虚伪，为能与教育并行，以导民于正当之路乎？吾未见其有济者也。宗教之言鬼神，以恐吓人民也，使其勉善绝恶，恐生前之赏罚有时或穷，故借死后之祸福，劝惩于无形。少时受欺于家，长受欺于社会，壮而老以所欺欺人，辗转相染，而遂酿成一鬼神世界。有鬼神而不重迷信，则等于无鬼神。欲人民迷信，必使之服从，欲使人民服从，则必以虚伪怪诞耸人之听，使之有所忌惮而生崇拜之心。夫服从真理，犹可言也；服从怪诞，不可言也。以怪诞导人，愚人也；以服从教人，卑人也。宗教者，愚人也，适与科学反对也；卑人也，尤与人道不合也。

宗教之愚人卑人，大有利于政府也，故政府之视宗教，如夜之有司更，常于不知不觉之中制压人民之行为。故法虽国教分离，而妇人、女子之信教者仍多，而政府不加意，不肯施绝对的反对者，为己留一后步也。苟法政府果为绝对的反对宗教，则己先立于被反对之地位，不将随宗教同归于尽乎？政府与宗教同一鼻孔出气，非实施无政府教育，则宗教必不能消灭。而吾友以为不可遽然破坏宗教之道德者，何厚于宗教以援政府，至于斯极耶！

以上三段，分论军队、法律、宗教，俱为有政府教育之所重，以避其为不正当，非实施无政府教育，则军队、法律、宗教断无可无之理。无政府教育者，以公道真理为正鹄。故非强权之教育，而平等之教育也；非压制之教育，而自由之教育也；非私利之教育，而博爱之教育也。兹不过论教育之目的，其办法如何，当另著论详之，不兼及。

欲教育之正当，不可不以无政府为其目的；欲革命之正当，亦然。无政府云者，排强权、去压制、绝私利之谓也。己受强权，则排之；人受强权，则代排之。非排强权后而转施强权于人，非代排强权后而己又重施之。视受压制，图私利，亦然。故己不愿受强权，而亦不忍强权人也，是谓平等；己不愿受压制，而亦不忍压制人也，是谓自由；不欲人之私利，而亦不欲私利一己也，是谓博爱。

教育与革命，既同以无政府为目的也，则所主张者同为平等、自由与博爱，而所排除者同为强权、压制与私利也。不过教育者积极的办法，而革命为消极的办法也，办法虽不同，而所事常相济，盖皆同有正当之目的，心理自通达，行为自真诚。一事业之兴革，关于社会之进化，辨别是非确当，而道德之公正乃见。主张教育者，应居社会若干分；而主张革命者，亦应居社会若干分。教育而不革命，则所教育者，总无新象；革命而无教育，则所革命者，总无良果。吾谓人力之进化之所以必有积极的教育与消极的革命并行者，此也。此无政府之于教育与革命之所以也。

（六）无政府之名实

天下无无名之事物，而亦无无实之事物。名者，本事物之原因性质，而名以立；实者，察其结果作用，而实以定。故事物之名为体，而其实为用。名实与体用之甚有关系，可断言也。盖有其名，必有其实。名而不实，其必出于假借，而名实于是乎有变迁。是故有名实相符、名实不相符、名不符实、实不符名之四种大分别。至再以分数而分析之，则数以千万而亦不能穷其变相也。今姑论此四者之异点，然后可以知无政府之名实也。发于心，出于口，行于事实。思必慎，言必信，行必果。一事之来也，感于心，而深思其理，合于公道与否，平心研究之，是非昭然，而无所蒙蔽。如何为我之所欲也，如何为我之所为也。则名正言顺，毫无欺骗，毫无手段。常衡以公理，故归于正当，则存诚求是，无假借，无所偏倚。苟非是，则皆为不公正也。今之言民权者众矣，然彼等能解民权之定义乎？得一纸上之宪法，有制限之选举权，而谓为民权矣。是生于其心，害于其政，而非名正言顺也。不研究民生休戚，而徒托要求立宪，开设国会，叩其目的则曰：伸民权也。是发于其政，害于其事，尤非存诚求是也。究其所以要求立宪、开设国会者，无非为一己之功名利禄，伸民权不过一名耳，初非审思慎言于民权也，特为运动政府之初步耳。欧美之假社会党，与中国之要求立宪党，皆是。专用手段，以欺骗一般平民，一旦功成名就利得，则向所谓如何如何者，皆抛之于九霄云外。是之谓名不符实。

人类之所以有特别之进化，而能得最趣味最幸乐之生存者，徒以有知识耳。孔子生于二千年以前，尚以智为先，彼固知仁勇者，微借智，断不可以启发之也。故徒仁，不足以相互助；徒勇，不足以尚生存。根本一谬误，则何往而不谬误。今之爱国保种者，徒震人国之强，尚勇而薄仁、轻智，以至专尚争战，而必欲实践野蛮之自相残杀，谓之生存竞争。呜呼！是亦不思而已矣。夫欧美日本之强，岂徒尚勇而已哉。政府之兵队尚强，不过各守国界，各保私产耳。他日无政府主义普及，主张之者达于多数，则政府之兵队，自当消灭，无待言也。人智发达，则学术日进；人仁发达，则公德日昌；人勇发达，则公益日增。故智也者，非徒自矜而骄人，自私而愚人，实以之研究实用学科，发达种种工艺。仁也者，非徒施小恩小惠，保民如赤子，实以之维持人道，平等众生。勇也者，非徒自胜而败人，自存而亡人，实以之猛进公益，力求进化。故二十世纪之文明，实知识使之然也。举欧美日本之人民，与中国之人民相比较，其缺点惟在智耳。夫智发于学问，学问归于教育。中国人民之无知识，是教育不普及之故也。人民无常识，岂可相与研究精深之学问，发明新灵之器械？国以是而贫弱，人民以是而困苦。然而其贫弱也，不贫弱于无强兵富民，而贫弱于民愚；其困苦也，不困苦于无沃土肥田，而困苦于民蠢。民蠢而愚，一举一动，则皆无知无识。以今二十世纪科学昌明时代，求知识为人生之大要事，而尚有目不识丁之人民，岂能望其得有趣味有幸乐之生存哉？终溺于贫弱困苦而已。其不即灭亡者，恃天然之生产，而甘于野蛮简单生活之“俭”与“朴”而已。自庚子一大创后，人民亦鉴于求知识之为紧要，于是留学外国者渐有其人。近数年来，游学者甚众。外界之激刺，固能触内界之奋发也。中国人民将来能得文明之生活者，其以此为导线乎？日本留学以数万计，欧美以千百计，何其勃兴如是耶？自表面观之，固可为人道贺，然究其实在，所学何科，学为何事，真令人神倦气索。一般速成者，固无论矣。其学专科者，能否为社会谋公益，而进于文明乎？呜呼！教之适以害之。人而不学，谓之自暴自弃，犹可言也；学而害人，可得言乎？学而未就，而速为仕；道而不问，而先求名；民情不顾，而惟高官厚禄是问；将来不计，而贪目前之快乐为是。呜呼！智之而不以德继之，反殃社会，害人道。人以智兴盛，彼以智堕落；人以智而进文明，彼以智而反野蛮；人以智而高尚，彼以智而腐败。中国之留学生，直狗彘不食，盖其实在，惟求利禄。是谓实不符名。

为古之政府者，尚可托言为民任政；为今之政府者，不可言也。古时人民思想简单，知识幼稚，固不可一日无君。待人民渐有自治力，而政府反忌之，时施阻抑，以消灭之，则政府可以永存，然而大势不许尔尔。十九世纪民权澎湃，有君而殃民，不如无之之为愈也，民主政体，共和制度，于是乎立。顾君无而政府仍存，则政府之为民患，岂逊于有君，不过稍有制限，不如专制之任帝意也。是故政府者，无论为君主、民主、立宪、共和，皆同轨一辙，为民之蠹、之蝗、之蛇蝎、之虎狼也。以是故，故政府之名为不正，而其实为不当。是谓名实不相符。

无政府者，无政府之谓也。无现今恶劣之政府，而亦非重立一完善将来之政府也。有政府，则终不妥当。盖政府以少数人组织之，则所谓完善者，究属空谈。苟以多数人，则逸居民上者众，徒增衣之者食之者之分利，又何为哉！故无政府者，决非现今政府之有形式组织，必立首相与百官等名目，以贫弱社会之全体也。

然而，无知者惊无政府之名，以为政府者，社会之组织，人类之机关，万不能无，即使能无，可去其名，而不能去其实，彼之主张无政府者，焉能去政府之实耶？是则不知无政府之名，而更梦想不到其实之迥异于政府也。

（甲）无政府者，无强权也。政府借军备，而行强权。无政府尚人道，而反对之。故无政府以无强权之名，反对军备，而行人道之实。

（乙）无政府者，无制限也。政府借法律，而施制限。无政府尊自由，而反对之。故无政府以无制限之名，反对法律，而行自由之实。

（丙）无政府者，无阶级也。政府借名教，而定种种阶级，以致有贵贱，而社交不平。无政府贵平等，而反对之。故无政府以无阶级之名，反对名教，而行平等之实。

（丁）无政府者，无私产也。政府借资本，而分种种区别，以致有贫富，而苦乐不均。无政府主共产，而反对之。故无政府以无私产之名，反对资本，而行共产之实。

谬于无政府之名，而误其实者，辄咆哮其为不仁，想象其必为杀人放火，而扰乱无有宁日也。呜呼！其然，岂其然乎？即使无政府为杀人主义，则杀杀人之人，而非如政府之借兵队而任意杀人也。即使无政府为放火主义，则放火于民贼之宫室官署，以焚尽恶巢，而非如政府之借赋税，资本家之借私产，有形或无形、间接或直接以火民田、民宅也。

总之，无政府自有其名实，公平而正当，可因名而思义，因义而得实，便得以上四者之名实。是谓名实相符。

观于此，而知无政府之名实也，吾可已于言。苟不尔，吾将换言以说之，终不肯含糊，以使人误会。或以吾之说为不足取也，则欧文之著名无政府党之著作遍书肆，购而阅之，自当了然于无政府之名实也，尚何喋喋于主义之有哉？

（录自《新世纪》第31～36、38、40、41、43、46、47、60号，1908年1月25日、2月1日、2月8日、2月15日、2月22日、2月29日、3月14日、3月28日、4月4日、4月18日、5月9日、5月16日、8月15日）

·附录·

普及革命

民

革命之于社会，犹轮叶之于汽舟。革命凭公理，而社会进化，轮叶赖路针，而汽舟前进。其理一也。

乘风破浪，日进夜行，路针所指，无迷失路途，得寸进寸，得尺进尺，风浪平静，则开速度以前进，遇风潮，则乘浪而横行，风潮愈大，进行愈力，永无退缩畏避者，以轮叶旋转不息，而汽舟得以直趋长驶，路针指引无误，而行程得以日新月异，此为汽舟进行之方，而于社会之进化亦然。人类之所以有今日者，以自古及今，历数百万次大小之革命，有以造之也。革命多而猛，则社会之进化速而大。今之所有者甲，不合于公理也，破坏之而代之以乙，他日乙又不合公理也，又破坏之而更代以丙。由不善而至于较为善，渐进渐善，而至于较为尽善，此之谓改良，此之谓进步。

故无革命，则社会无进步。公理昌明，则革命益趋于公正，亦益趋于和平。昔以刀兵，流血成渠而为革命也；今日仅以言论书报，而成革命。盖人人知公理，举凡世间一切不合公理者，抗拒而不肯为也。于是，据强权者不得压制平民，挟财产者不得奴隶贫人。政府无以施其威福，虽有若无；金钱不能买其安乐，虽多奚益；当兵不愿，则军队无所成，而战争自息；法律不受，则赏罚有何效，而束缚自脱。强权扫地，人始各尽其所能，各取其所需，作息自由，享受平等，所谓文明世界者也。今日尚梦想不到，他日至此境，较为善于今日者，犹歉不尽善也。后之视今，犹今之视昔，以革命不已，则进步无穷也。

革命凭公理，而最不合公理者，强权；故革命者，排强权也。强权最盛者，为政府，故排强权者，倾覆政府也。然倾覆政府，非得大多数之承认之赞成不可，今犹非其时也。盖不知公理，拘于道德，迷于利禄，溺于功名，怵于祸患者，居多数，大半助强权者，损人以利己，以致酿成此不公平之社会。故今世纪之革命，尚不为平和。政府恃军备，以利枪快炮保其强权；主革命者，何能见之于疆场？私运军火，则严禁；隐练军队，则干涉；欲大起革命军，以倾覆政府者，今犹非其时也。无已，普及革命，使大多数承认之赞成之，则强权不待排而扫地尽矣。

公理显明，始知革命为社会进化之必要。承认之赞成之者多，则实行甚易，而进步殊速。故革命之出于一人或少数人也，则危险大，而进步迟；盖大多数人不知革命为必要，而反对之，于是杀人如麻，徒生扰乱者，是之谓易姓改朝之革命。革命之出于多数人也，则危险较小，而进化较速；盖反对之者少，成之于多数人之意，犹不难也，是之谓政治革命。至于革命之出于多数人或全体也，则平和而进步更速；盖无反对者，举凡一切凭众意规划，合公理则行，不合公理则去，是之谓社会革命。行社会革命，舍普及未由。

普及革命之法有二：

（一）以书报为传达

（二）以演说为鼓吹

其传达与鼓吹之目的：

反对一方面：

对于政府——(甲) 反对军备
　　　　　　(乙) 反对法
　　　　　　(丙) 反对赋税

对于资本家——（丁）反对财产

对于社会——（戊）反对宗教

实行一方面：

对于政府——（已）实行暗杀

对于资本家——（庚）实行罢工

对于社会——（辛）实行博爱

（甲）反对军备

政府所赖以保其强权者，以有军备，故得恣其欲，平民无寸铁，只任其所为，所谓弱肉强食者是。道德也，法律也，宗教也，无非为利于强权者而设。昔日政府之无道，尚能反抗而倾覆之。今也，谚所谓“后膛枪出，而革命军绝。”彼强权者，恃军备以自固，耀武于外，扬威于内，岂不曰：天下莫予毒者哉！故欲倾覆政府，而先摧其坚者，莫如反对军备，使一般无知识受欺于强权者，明公理，知军备徒牺牲平民之财命，以保强权者之私产私利耳。且人类无故之自相残杀，为不近人道之至，晓然于此者，自不愿为此，一人如是，人人皆然，则政府所有之军备罢散矣。政府之军备罢散，如猛虎之失去其爪牙，革命军不起，而政府已倾覆矣。不然彼强权者，所恃之军备，而我亦主张之，扩兴之，虽不为自私自利争地夺地之用，欲以之诛除人道之敌，冀收兵一用而永弭之效。（见本报第三号《与友人书论新世纪》篇中。）然试问所以为人道之敌者，以有军备而保其强权也，彼以之反对革命，蹂躏人民，而我反主张之，扩兴之，欲使其诛除人道之敌，非平日普及革命，辨明公理，有以运动之，何能于出征司令之际，使其反戈哉？既平日普及革命，辨明公理以运动之，何徒多此主张与扩兴军备之一举哉？直反对之，使强权者，无所恃以自固可也。苟主张之，扩兴之甚烈，而忽于普及革命，轻于辨明公理，一旦惑于是非，而迷于利禄，逼于境遇，为强权者所利用，犹杀人而授人以柄，其危险为何如耶？世尝有捐官欲得兵权而反革命，然往往官不大，而官气甚深，相处于腐败官场之中既久，而忘其所为者，有之。或稍有兵权，而无机可乘，有机平时不得运动于军营，一时不能宣告，欲宣告而应之者不多，反败其事。顾此失彼，牵制掣肘，终难得成，如徐君锡麟之十年苦心，究不能达其最初之目的，而仅击死一恩铭者，可以见矣。故主张与扩兴军备，而欲诛除人道之敌者，适类于捐官而欲得兵权以革命也。

野心勃勃，欲主张与扩兴军备，谋报复雪仇，以图执世界之牛耳于将来者，尤背道勃理不堪。呜呼！掩耳盗铃，冒公行私者，吾不知如何与彼分辨也？其亦忆“以暴易暴”之言乎？可以恍然自鸣矣！

故反对军备，非惟能摧政府之坚，而亦免人类争战之惨杀，实为维持人道之举也。

（乙）反对法律

政府既以军备为保障，以禁压一般人之勇于抵抗者，而又以法律为护符，以束缚一般人之敢于反对者。专制政体，固无一定法律也，凭独夫民贼之私意，以为是则是，非则非。有敢犯逆之者，不斥之曰犯上作乱，则骂之曰大逆不道。从之则免，犯之则罪，顺之则生，逆之则死。而无数之贪官污吏，从而逸法作弊，暴虐人民，不遗余力，其无人道极矣。就欧美日本之立宪共和国而论，其法律千条万绪，皆为少数人之有权（强权）势（钱势）者设法，而大多数人之利益罕及也。昔以科学不发达，公理为虚伪道德、宗教迷信所蒙蔽，平民不知强权者之狡计，甘为牛马为奴隶，而不敢牴抗。今也，科学发明，公理显著，个人自由，应求完全无缺，岂容有所谓法律者而侵犯之哉？故反对之，非惟反对之，且消灭之。盖有法律，无论如何公平，出之于多数人，终不能完全个人自由，且终不能合公理。利于少数人或多数人，而不利于全社会，（如利于全社会，则不必有法律。）合公理于昨日，而不合于今日，合公理于今日，而又不合于明日。欲定一法律，而相守以数百年数千年者，闭关自守之老大帝国则可，而今不能也。故反对法律者，实为求个人自由之完全无缺也。

“不自由，毋宁死。”人之所以为人者，以有自由也。无自由而束缚于人者，牛马不若也。故有侵犯我之自由者，我必出死力以争之，我虽死而自由不死，故曰“不自由，毋宁死”。法律者，束缚人也，侵犯人之自由也。惟其束缚人，不合公理也，故反对之。使强权者无所掩饰以欺人愚人，而我得脱束缚，以伸我之自由。惟其侵犯人之自由，不合公理也，故消灭之，使强权者无所凭借以束缚人，而我得伸自由，以求其完全无缺。

（丙）反对赋税

欲举办地方上公共事业，则必筹集一公共款，于是赋税为常年所集之款。桥梁街道之建筑及修理，以及不测水旱之灾，可不必临时催捐，政府纳之而为民代理耳，此赋税之本义也。社会之组织不发达，则赋税之本义尚矣。然强权者纳之，视为己之私产。专制国，所谓普天之下，莫非皇土，剥削民脂民膏，徒事淫逸奢侈，不顾民情，固无论矣。立宪国，亦何独不然？公共事业，虽不置之罔闻，然军备则出全力以修之，争战则乱掷国债券以成之。又恐人民之疑之也，故托空言以掩饰之，曰“对于国之义务”，又以激励之曰“兵强则国盛，兵弱则国衰，盛则荣而存，衰则辱而亡，亡则我等为他国奴隶而困苦不堪矣”。人民不察，以为是我等之义务，当罄囊以捐助之，是我等之盛衰荣辱存亡之所系也，当奋身以牺牲之，故敢于战死，视为美德，甚而至于封为军神，其奋跃可谓极矣，殊不知此为少数独据强权者之自为计也。彼等享受无上之尊荣，固不愿一旦失之也，使不掩饰不激励人民以牺牲其财命，则己将必为他强国所侮或亡，侮则己之尊荣减，（保全国体者鉴之。）亡则己之尊荣失，与平民无异。（爱国者鉴之。）故国亡为奴隶困苦不堪之说，为彼等自己着想，人民之为奴隶如故，困苦之增减虽或时有差，要之为奴隶而受困苦一也。使无政府之患失其尊荣，以鼓吹其自私自利之祖国主义军国主义于人民，则两交战国之民之感情，何顿异如此？平时虽无争战，何亦怀薄意以向他国人如彼？利己害人，仇外排外之原因，均由是生。呜呼！政府实败坏人心，扰乱和平者也。人民出血汗所得之金钱，以纳赋税，而政府以之坚保障，固护符，其不合公理而阻社会之进化也极矣。今不反对赋税，政府之保障愈坚，护符愈固，而平民愈困苦愈薄弱矣。故反对赋税，即间接反对军备与法律也。

政府无赋税，不能成军备；无军备，不能行法律；无法律，不能收赋税。三者相乘而为政府，故欲倾覆政府者，非反对此三者不可。

无政府则无国界；无国界则世界大同矣。人不役人而不役于人，人不倚人而不倚于人，人不害人而不害于人，所谓自由平等博爱是也。

（丁）反对财产

人生于世，应得世间衣食居之一分，岂既生于世，衣不能御寒，食不能充饥，居不能避日露风霜雨雪哉！有一人无故寒死或饿死，则为全社会之过失。试问现世纪每年之死于寒、死于饥者，何啻千万，彼富者之堆衣成山（各衣服铺），积食如海（各粮食店），曾不一念及此也。所谓仓廪实，府库充，而饿莩盈野，冻尸遍地矣。是皆财产之结果也。作工者，劳力一世，尚朝不保暮；彼纨绔者，接受祖上之财产，吃着不穷。一劳一逸，一苦一乐，何不平等如是耶？其原因，在于误认世物属人，故指此物属我，彼物属尔。请问彼生不带来，死不带去，有何凭据（土地则立一界碑，货物则加一名氏足矣。其凭据最靠得住者，为官吏之图记，买卖之契约耳，究不能证其物之所属也。）以证此物属我或尔哉？惟其误认世物属人，故吾夺尔抢，得之则乐，不得则苦。今之大资本家，实凶悍之大盗也。借钱势以示威福，纵奢侈，一若彼应得之权利；使一旦失其财产，则与一工人无异。一有一无，此贫富之所以有悬隔也。观中国现今大资本家不多，故农民尚有一屋一田，以自食其力，市民有住宅者亦多，盖土地不属于少数资本家，贫民尚易生活也。今欧美之土地，日滚于少数之资本家之手，农民租屋租田，以养一身尚不敷，何况于八口之家，可以使其无饿矣。工人入厂工作，仰资本家之鼻息，终日勤劳，得保无饥，一有疾病或停工，则全家惨然。故其困苦与不自由之差，当以资本家之多少为比例。呜呼！财产不废，则贫富之悬隔日巨。忍命少数资本家之安于逸乐，而大多数平民之终于困苦乎！则反对财产，实为锄资本家之横暴，而救平民之困苦也。财产废而为公共，无食人与食于人之分，而贫富之别，饥寒之忧绝矣。同作同乐，同息同游，其为将来公产社会之现象乎？反对财产尚矣。

（戊）[①] 反对宗教

或曰：宗教有造于野蛮未开化之时代，中国际此民德不培、民智不开之时，当建立一善良之宗教，以补救之，庶不致道德之腐败，日落千丈，智识之卑陋，千载如故，宗教其补救之一道乎？余初闻其言，似觉近理，

① 原文无“戊”；此标题以下之序号，为编者加。

然深察进化之理，而知其大谬不然者也。夫宗教者，束缚人之思想，阻碍人之进步，使人信仰，使人服从者也。信仰则迷信生，服从则奴性根。古之所谓大教主大圣贤者，未尝不怀救世之心，抱教民之念，而又以先知先觉自认，全知全能自居者也。故虑人民之散漫而无所团结也，以兼爱之义，制其私欲，以一定之理，平其分［纷］争。恐人民之偷安而不耐劳苦也，以果报之说，销其悔心，以余庆之言，助其欢心。鉴人民之无忌惮而放恣暴弃也，以末日审判，赏善罚恶之预言，以恐吓之，使有所禁戒，而崇信悠悠昊天，冥冥上帝之不爽祸福也。忧人民之无魄力而贪生恶死也，以身死魂不死之幻语，以激励之，使有所觉悟于不生不死，即生即死，亦生亦死之轮回也。患人民之溺于声色货利而不能忏悔也，创生为暂时，死为永久之说，然后不留恋于此数十寒暑之生涯，而欣天堂之无量幸福也。愆人民之昏于功名爵禄而不能解脱也，倡人生一幻梦，死后为真境之玄理，庶能敝屣一切，看破红尘也。人民根器薄弱，智识幼稚，易受可惊、可欣、可羡、可怕之佛说、福音、儒论、神话，而淘汰磋磨于不知不觉之中。散漫者，渐统一矣；偷安者，渐耐劳苦矣；无忌惮者，生恐惧矣；无魄力者，生胆略矣；溺于声色货利者，知有所忏悔矣；昏于功名爵禄者，知有所解脱矣。皮相浅见者，叹古之大教主大圣贤之真能救世教民也。殊不知扶得东来西又倒，无正当的教育，而代之以迷信的宗教，其利一而敝十百或千万也。况经数百千之如狼如虎之民贼独夫，取便于己，从而扬汤加薪，以提倡之，几千万如蝗如蠹之迂儒污僧，取利于己，从而推波助澜，以附和之乎！宗教一变为御民之具，而与政治双方并进，彼（政治）阻人道之进化于有形，而此（宗教）无形也；彼束缚人智之发达于有形，而此无形也。语曰：政治与宗教有密切之关系，其亦为其狼狈为奸而为此言乎。昔以无科学，真理无从发现，亦无从证明，彼大教主大圣贤者，不过加寻常人一等，其智识之幼稚，其理想之谬误，今可想见矣。彼既以先知先觉自认，全知全能自居，不得不吐其怀抱，以达其救世教民之目的；然其技俩，非武断而自大，则狡猾而自饰，除信仰与服从外，别无良法以救世教民。使其由之，而不使其知之，知之仅告其然，而不能告其所以然，适有不能解者，动辄归之于天，推之于神，而不深察乎宇宙森罗万象之变迁与进行也。故疑雷电风雨不测之作，必有司之者也，叹天地山水伟大之状态，必有造之者也，于是神灵与上帝之想象生焉。不解日蚀月蚀之为月形地影也，彗星之为无定轨道之行星也，地震之为地心热度膨胀而致火山爆烈也，洪水之为山水涌溢而致江河决口也，于是惊为祸兆天灾流行之起焉。其武断、其自饰如是。人民不知其自大，不解其狡猾，受先入为主之言，深印于脑，而牢不可破，常战战兢兢，若有所罪恶也者，其失自由之思想，独立之精神也久矣。一旦以真理之科学，破其宗教之迷信，反固执不听，阻挠不受。呜呼！谁谓宗教有造于野蛮未开化之时代乎？德之适以贼之，智之适以愚之，其宗教之谓乎。岂仅阻碍进步，束缚思想而已哉。今世纪，科学日以发达，真理日以显明，当以正当的教育代宗教，以真理的科学破迷信，而不当以宗教代教育替科学也。不知出此，而惟斤斤以宗教为补救之道，其谬误为何如哉！

或又曰：宗教亦野蛮过渡时代所必由也，如政治然，古初人类教育未能普及，尚不能各有自治之能力，不得已而以政治为机关，支配公平之法约，以保护一般之愚弱者；宗教助政治权力所不及之处，于不知不觉之中，以驾御一般之凶悍者，使归于秩序，似宗教实有造于野蛮未开化之时代者然。然此乃由乎古之倡设政治机关，与主张宗教者，彼亦无适当之教育，可与人以自治之能力。以跛导跛，故用跛法；以盲导盲，故用盲法。岂今人生于科学大明之新世纪，吾辈心中已豁然见宗教之实为迷信者，尚忍复以己之昭昭，导人于昏昏，使此后之民智，仍落于黑暗乎？谚曰：“日出露消。”是喻科学现而政治与宗教无立足地矣。

宗教与科学，适为反对。科学求真理，而宗教尚妄诞；科学重实验，而宗教尚虚伪。求真理，智识日以发达；尚妄诞，思想日以谬误；重实验，则新理、新学、新器之发明日见；尚虚伪，则无益、无用、无理之事日多。又与革命为绝对。革命为进取，而宗教尚保守；革命重有为，而宗教尚无为。求进取，社会日以改良；尚保守，世界日以腐败；重有为，则新事业、新社会之现象日见；尚无为，则可厌、可恶之事日多。有宗教，则革命不得普及；欲普及革命，不得不反对宗教。有宗教，则科学不得发达；欲发达科学，不得不反对宗教。故反对宗教，一以普及革命，一以发达科学，诚对于社会之急务矣。有志于社会之改良，人道之进化者，可不一念及此乎。

（己）实行暗杀

少数革命者，不得大多数之承认之赞成，不能同声相应倾覆政府也，又不忍坐视强权者之鱼肉平民阻碍进化也，则实行暗杀，以诛除一二人道之贼，使大多数人之迷梦惊醒，使一般之据强权者寒心，如徐锡麟之一击，有造于社会者多矣。盖起革命之风潮，而速社会之进化者，暗杀也。平静无事，则革命无大速力，一有风潮，则革命之动机勃发。一般之假革命党，借口革命而心功名者，虽退缩畏避，或改面变相；而信道笃明理透者，愈奋勇直前。强权者施暴刑惨杀，株连妄逮，欲恐吓禁压人民者，反觉露其横暴，故多数之宅心忠厚，平日欲维持固有之秩序，而痛诋革命之图破坏者，反豁然明于公理，而始知诛除人道之贼，以摧灭无秩序之政府者，为今日之急矣。使无一二牺牲其身，以伸公理者之暗杀，则强权者，见平民易欺也，尤暴于暴，而无所忌惮；一般之假革命党，托于公理，乘间以图一己之功名富贵者，将车载斗量；多数之宅心忠厚者，不敢放言高论，而惟蠕蠕于维持帝皇之秩序，而终痛诋革命，无豁然知前蒙蔽见之一日也。故暗杀者，非惟起革命之风潮，发革命之动机已也，而又养成与淘汰革命党者也。

虽然，暗杀亦岂易言哉。民曰：暗杀也者，为除害而非为徇私也；为伸公理，而非为名誉也；为排强权，而非为报复也。使为徇私而暗杀，则暗杀不得为暗杀，而为谋杀；使为名誉而暗杀，则暗杀不得为暗杀，而为好杀；使为报复而暗杀，则暗杀不得为暗杀，而为妄杀。夫杀之为谋为好为妄者，则大过且罪矣。故非有正当暗杀之目的者，不可以言暗杀之言；非有实行暗杀之胆略之手段者，不可以事暗杀之事。暗杀诚出于至诚至公而不可假借者也。不然者，徒尚勇气，逞一时之兴，而未闻道明理，徒为货利为铜像，或为怨仇以事暗杀，嚣嚣然号于众曰：吾能暗杀。呜呼！暗杀岂如是哉！政府之屠戮人民，尚借法律，而得掩人耳目曰正法，而我不凭公理以事暗杀，与政府之所为何异？是亦强权耳，是亦民贼耳。故夫暗杀者，仁人义士不得已之所为也。徐锡麟之击死恩铭，岂徒好牺牲其身，而忍掩其亲害其友哉，是亦为除害为伸公理为排强权耳。是之谓暗杀。

（庚）实行罢工

我谓人生于世，应得世间衣食居之一分者屡矣，然所以应得此者，以工作耳。故工作者，因衣食居，而非为衣食居也。因衣食居，则工作为人生之应当；为衣食居，则工作为人生之逼迫。工作而应当也，则自由；工作而逼迫也，则勉强。夫勉强工作，则必有权利义务之分，于是尽义务而始得权利，或尽义务而不得适当权利，或不尽义务而反得权利。以是狡猾者，思所以得享不尽义务而得权利之幸福，避工作之劳苦，而得工作之安乐。此社会安乐劳苦之所以不平也。惟逼迫故，故碰头请安，而得高官也，蒙耻我为之；敲剥搜刮，而得厚禄也，冒害我为之；阿意陷［谄］媚，而得宠欢也，忍辱我为之；奸诈妄骗，而得渔利也，背理我为之。反是，则我不为也。何也？不能得衣食居也。不能得衣食居，虽利于天下，不愿为也。惟勉强故，故有衣食居者，不肯工作也，富有衣食居者，不屑工作也。只无衣食居者之求衣食居而工作也，由是工作，不视为人生之应当，而视为贱事矣。工作者，视为贱人矣，愈贱愈苦，愈苦愈贱，几视工作者，为牛马而非人矣。呜呼！劳力工作，洒血汗而造世界上之事事物物，以供人日用所必需，而反不齿于人类，其颠倒谬误，至于斯为极也。

造穿山入地之火车，与乘风破浪之汽舟者，何人乎？工人也。享其便利，而得横游于地球者，何人乎？非工人也，富与贵者也。往来工作，只乘三四等，或终身不得一乘者有之。劳苦则受之，而安乐非所分受也。

世界各大都会大市场，其街道之清洁整齐，建筑物之伟大庄严，园囿之幽美雅好，宫室楼亭之高大华丽，无一非成之于工人手，而优游逸居者，非工人而富贵者也。

苦则受之，而安乐非分受也。

受劳苦，而不得安乐，非天下之大不幸人而何。推其所以致此之由，而得两大迷信，相传沿习，深印于脑中，而不知怪也。其两迷信惟何？

（一）由于命运　谓彼富贵者，祖上积德，而余庆于其子孙，为子孙者，当安富尊荣也。彼贫贱者，前世作孽，或祖上不修，而恶报于其子孙，为子孙者，应忍耐劳苦以修之，为下世之善报。此种说法，中外皆同而通行，贫贱者安之，富贵者固之，是以数千年贫富之悬隔，至今而人无异词也。

（二）由于智愚　古人曰："劳心者治人，劳力者治于人；治人者制人，治于人者制于人。"此言犹劳心者智，劳力者愚，智者当乐，愚者当苦。智愚以此而分，苦乐由是而定。富贵者视为金科玉律，以为我当居民上者也。贫贱者，知强弱之势已定，己智苦不及，宜制于人也。是以数千年苦乐之不均，至今而人无怨语也。

破第一重之迷信，当以生物学与社会学，使彼知人之所以生存，所以生存于世之道。人各受父母之遗传性，与赦会之演习性，而生存，而变迁，宗教之善恶，报之于子孙之谬说，固无与焉。彼承父母之遗产，而奢侈淫逸，或垄断而渔利，皆为社会之蠹，当摈斥之。使社会归于正当公平，然后各尽其所能，各取其所需，固无逼迫，尤非勉强也。工作既视为人生之应当，人人所愿，无所为而为也。是之谓自由工作。

破第二重之迷信，当以适当之教育，使其知人本无智愚之分也，各有其所智，各有其所愚耳。智于此而愚于彼，愚于此而智于彼，大智若愚者，智其所智，愚其所愚也。据一事而智愚之分若此，于他事而智愚之分反是。不智其智，而愚其愚，愚也；不愚其愚，而智其智，智矣。彼生于富者家，少能入学读书，遇良师之解惑，有好书之参考，又以精良之试验器，应用其所学，从而发明一二新理新学新器，固不难矣。彼生贫家者，无力入学，即入学，亦不得受高等教育，不得已作工度日，终于庸劣，而老于劳苦而已。此为最贫者也。其次能受高等教育，而不能购善良之参考书，以研究其所学，即能研究，又无器具以试验之，有而不精良，不完备，等于不有，欲多年研究，而欲发明新理新学新器者，已无力及此矣，不得已，止其研究，而以其所学授人，以为衣食居计矣。余犹记幼时，闻余师之疑其友，谓富家子弟读书胜于寒家曰："富家子弟，多放荡而不克苦；寒家子弟，多好学而发愤。在理宜寒家子弟之胜于富家子弟也，而彼云云何哉?"后吾师恍然曰："吾知之矣，富家能聘良师，备好书，见多而识广，宜其进步速矣；彼寒家子弟，不得良师，又不得好书，虽敏而好学，见少多不解，终难会意也。"由是二说，足证人之智愚之无一定，而与富贵为等差也，使易地而处之者，智愚亦相易也。何哉？逼于境遇不能智其所智也。不能智其所智，是以愚也。天下皆愚，而独一人智，一人之利也。此专制政体之所以重愚民也。民愚则易欺，是故命运与智愚之说，富贵者之欺贫贱者，使其劳苦，而无怨异词也。彼以工作不为人生之应当，避劳苦而专责之于贫贱者，贫贱者，以工作之劳苦，专供富贵者之安乐，于是社会之终于苦乐不均，而无进步矣。富贵者，纵奢侈，尚华丽，贫贱者，求衣食，保残喘，而社会之改良，公众之幸福，不遑及也。观今之工作，有裨益于社会之改良，公众之幸福者，百不得一，此社会之所以停滞而不进也。

社会之停滞不进，以富贫悬隔，而有智愚之分，命运之差。上既证人无命运也，亦无智愚也；彼富贵者人也，此贫贱者亦人也，彼独安乐，而此独劳苦，何哉？盖彼借财产而奴隶人牛马人耳，故彼不劳苦而得安乐，此劳苦而不得安乐，此诚人类不平等之至者也。今不抵抗之以维持人道，则富贵者愈益安乐，贫贱者愈益劳苦也。其抵抗之法为何？厥维实行罢工，使彼富贵者不得借财产，避工作之劳苦，而专责之于贫贱也。

是故此罢工也，实为脱奴隶牛马，而非要求休息与增多工钱也。不受制于人，而各谋社会之改良，求公众之幸福，尽其所能，取其所需，同受工作之劳苦，同享工作之安乐，是之谓自然生活。

自由工作与自然生活，即劳心（用脑力）亦劳力（用体力）也。择其性之所近所好，而从事于劳心与劳力。劳心以求智识，劳力以操体力，劳心而不劳力，则身体软弱，而精神萎顿，劳力而不劳心，则思想不发达，而智识蒙蔽。故单劳心与单劳力者，为不合卫生。劳心即所以安力，劳力即所以安心。安劳相息，是谓最得卫生之法。

彼不劳心不劳力者，逸居无事，然其享受，常出百千万人以上。劳力者与劳心者，终日工作，而困苦不堪。一安乐，一劳苦，相去天壤。逸则怠，劳则疲，而成今黑暗社会。呜呼！非实行罢工，以抵抗富贵者，吾知后金钱之为患，而致社会苦乐悬殊，有更甚于今日者也。以此而欲社会之改良，公众之幸福者，岂可得乎？

（辛）实行博爱

宇宙间森罗万象，大而恒星（比恒星大者尚有），下而微尘（比微尘小者更多），莫不有一公性。公性惟何？厥惟曰力。力发于体，体由质成，然质赖力而成形，力赖体而发生，力与质，互相为因，互相为果，变化万能，作用无极，此大千世界之所以成也。亦以此力与此质之循环变更，轮回孳生，此大千世界之所以进化，而无穷尽也。

质之散布充塞于太空，漂流无定，视之无形，听之无声，一遇相当之力，即成为形。力有时而尽，尽则形散；散而遇他相当力，复感而成形。此为物质不生不灭之理，实随力之存尽而生灭也。故力之作用最大，无力，即可曰无质。

质为物质，此不赘及，谨请言力。

名其实曰力，名其虚曰气，力与气，二而一者也。发于体为力，不发于体为气。犹体质也，遇力为体，不遇力为质，其义一也。

合若干质，由日球脱壳，互相摩激，化合而成地球，曰力与气。合地球、金星、水星、火星、木星、土星、天王星、海王星、彗星及其月（卫星）绕日疾旋，以成此太阳系（日统），而为一世界，曰力与气。合此世界之无量恒星，恒河沙行星、彗星、卫星，与天河之星团星云，又别有绕而疾旋，以成大千世界，曰力与气。使太空中无此力与此气，则大千世界无由成，而吾等所居日统之地球，尤无形，安有作者之论及此文。

此力何名？名之曰吸力。此气何名？名之曰电气。二者相乘相因，总名之曰“爱”可也。万物无大小，俱含数种原质而成，其意犹云不能独成，必含他种原质，互相吸合，然后可形也。故其爱之度数，各各不同。其度数之多寡，不与本体之大小重轻为比例，而常与其化合之关系密切与否，结构之机关完备与否为等差。故其爱之作用，随其关系与机关而分配，爱于是乎有别。爱有无觉之爱，有有觉之爱，有无知识之爱，有有知识之爱之别也。

无机物之化合，无觉之爱也；有机物之组织，有觉之爱也；植物之相感，无情之爱也；动物之相交，有情之爱也；禽兽之互相扶助，无知识之爱也；人类之交际对付，有知识之爱也。所以然者，以人、禽兽、动物、植物、有机物、无机物之化合关系之密切，与结构机关之完备，递相差异也。人所得结构之机关，较万物为完备，故其爱，亦不得不较为广大也。

人，动物也，由猿猴演进而为人，初时兽性未脱，故仅有有情之爱，后以脑关日开展，智识日发达，由无知识之爱，渐进为有知识之爱也。

（一）何为有情之爱？父母、子女、昆弟、姊妹、亲戚之爱也。

有情之爱，非出于天然，而根于习惯也。吾之所以爱吾父母、吾子女、吾夫、吾妇、吾昆弟、吾姊妹、吾亲戚者，以彼等与吾最为亲近，常相扶助，而共患难，共乐利也。父亲爱子女而教养之，欲其有所成就，而得报于将来也。子女爱父母而奉养之，报其养育之恩，而继续其产业也。昆弟姊妹之相爱，以幼时常同游、同学、同乐、同苦也。亲戚之相爱，以患难之可相助也。苟不尔，则父不父，子不子，夫妇不睦，昆弟阋于墙，姊妹阋于闺，亲戚有嫌隙矣。然而不常有。而不然者，父母、子女、夫妇、昆弟、姊妹、亲戚之相爱，过于他人者，本于亲疏也；父母、子女、夫妇、昆第、姊妹、亲戚，常相见，性近而意合，（意不合，而感情异者，以远出既久，或所受之外界感触不同；然以习惯难易其心，父母、子女、夫妇、昆第、姊妹、亲戚之相爱，总不减也。）其爱以此益切。如足不出户，除父母、子女、夫妇、昆弟、姊妹或亲戚外，无人可爱也，非人不可爱，实亲疏使然也。苟以一婴孩，初生时迟于他家，他家之父母，视若其子而教养之，及其渐长，爱他家之父母，亦如其父母，虽亲见其父母在侧，而不父母其父母矣。何者？盖婴孩以所亲为亲，虽父母为真亲，而亦不知为亲也。父母、夫妇、昆弟、姊妹、亲戚，同词而喻之，亦如是也。故父母、子女、夫妇、昆弟、姊妹、亲戚之爱，非天然而根于习惯也，根于习惯，即本于亲疏。此孟子之所以有孩提之童，无不知爱其亲之言也。

（二）何为无知识之爱？君臣、国家、种族之爱也。

无知识之爱，尤非出于天然，而根于成见也。君臣之间，常以名教为体，利禄为用。古义释君臣之相爱，君使臣以礼，臣事君以忠。然而实行则不然，君可不使臣以礼，臣不可事君以不忠。专制国无所谓国家，朕即国家。故为专制国人民者，在家当孝，在朝当忠，犹女子之未嫁从父，既嫁从夫，同其律也。君挟权势，辄以小恩小惠买人心，而为臣者，迷于利禄，溺于名教，得君之一颦一笑，常沾沾自喜，虽肝脑涂地而无悔。君臣之纲，既巩固而立，父子、夫妇之纲，亦随而定，视为人生莫要之道德矣。此三纲之谊，所以盛行于专制国也。专制国为帝王一人之私产，君不爱民，民不爱君，君民不相爱，故民只有家族之观念，而无国家之观念也。孟德斯鸠谓专制国之真爱国者，为帝皇一人。盖帝皇视国家为一己之私产，不得不爱之，以传子孙万世；人民认国家为皇帝一人之私产，而不认为人民之公产，亦无从爱之也。臣食君禄，尽瘁于民事，爱君而非爱民也。君悉民情，察群臣，胜任，赏之以功名利禄，失责，罚之以诛刑黜革。爱臣而非爱民也。故于专制国，有君臣之相爱，而无君民、臣民之相爱也。民只爱家，而不知爱国，非无由也。进一步言之，立宪之共和国，则与专制国迥异。人民视国家为人民之国家，而非帝王一人之国家也。享此国家之权利，只吾一族，而非他族也。以此故，君臣之爱绝。人民推爱家之心，而爱其国，推爱己之心，而爱一族。故国民皆兵，为保守此国家也。故愿戮力相从，战必胜，攻必克。此立宪共和国之所以勇于战，而专制国之兵，等于乌合之众也。

原爱国爱种族之心，根于成见，而实出于利害也。专制国人民之只爱家而不爱国者，以国家为可逐之鹿，强而狡者，皆可袭而取之也。帝位之争夺，民贼独夫之事，与小民无关系。今日楚，明日汉，成则为王，败则为寇，一旦居民上，即奉之为君，纳赋税以尽小民之责可矣。于立宪共和国则不然，国之兴亡，即吾家之兴亡，种之存灭，即吾身之存灭也。家固可爱，而不得不爱国；身固可爱，而不得不爱种。兴国即所以兴吾家，存种即所以存吾身。故吾国而受他国侵辱也，不得不求雪耻；吾族而受他族陵侮也，不得不求报复。此利害心使然，而与亲疏无与也。何者？父母、子女、夫妇、昆弟、姊妹、亲戚之爱，虽或时因利害而见冲突，然终以亲昵故，不失其习惯，久必复爱。故亲则亲，疏则疏，无容假借也。而出于利之相爱，则有异乎是。彼与吾固无所谓亲，无所谓疏也，苟与吾有密切之关系，则爱之，否则不爱也。见同州县者于他省，使觉乡谊可掬，遇之于本州本县，同为路人也。遇异人而怀薄意者，亦若是。以此利害之故，此所以专制国之民，不爱国而爱家，立宪共和国之民，并其国其种而爱之也。

由爱己之心，推而及之，以至于父母亲戚；由爱家心，扩而充之，以至于一国一种。故出于亲疏之有情之爱，其范为小；出于利害之无知识之爱，其范为大也。

（三）何为有知识之爱？博爱之爱也。

有知识之爱，出于天然，而根于良心也。何以知其然也？因牛羊之觳觫，而欲废衅钟；见鸡豚之惨杀，而欲远庖厨。牛羊鸡豚，与吾无亲疏，无利害，而必以其觳觫，以其惨杀，而欲有所废有所远者，何哉？惟其觳觫，惟其惨杀，适触人之恻隐之心也。恻隐之心者，不忍人之心也。有不忍人之心者，仁也。人有仁心，故能推其爱，足以及禽兽；岂惟禽兽，实万物也。今夫于大千世界中，而有地球，无异与恒河中之粒沙，于其间强分畛域，袭为己有，而别之曰家，曰国，于无量生物中而有人，人不过较为完备，复于其间区别种族，而曰白种、黄种，曰汉族、满族，局脊于一小天地间，而为井蛙之见者，多见其不知量也。

原人时代，散漫而无秩序也，（无秩序，不可目为无政府，阅者勿误会。）后以逐渐改良，首定婚制，男长必娶，女长必嫁，于是乎有家。生子女而教养之，视为己有，亲爱无匹，子女之视父母，亦如是，亲疏由是而分。聚家而为村，聚村而为邑，邑邑相交际往来，同利害，则和平；不同利害，则争战。有争战，有和平，于是乎有国。同国而异种，同种而异国，亦以利害而和平，或争战，于是乎有种族。相沿既久，习以为常，同国同种人，待之如兄弟，而曰同胞；异国异族人，视之如寇仇，而曰外人。于是渐失博爱之心，而以亲疏利害之故，遂立浅狭之门户，以自相爱相妒。

虽然，博爱渐失，然以世运进化，固不舍昼夜。习于亲疏，蔽于利害者，智识不开展也。今既智识渐开展，已能化昔日之爱君与家之心而为爱国，爱己与父母之心而为爱种，安知他日不能化爱国与种之心而为爱人类与世界哉！况人之博爱，出于天然，徒以亲疏利害而易其趋向也，一旦破其亲疏之习惯，与利害之成见，则博爱不期而实行也。

亲疏由于有家族，家族由于有男女配合而成，故欲破亲疏之习惯，必自破家族始。欲破家族，必自废婚姻始。婚姻既废，家族不得成，始人各无自私自利心。无亲无疏，互相扶助，四海一家，天下大同，无君臣、父子、夫妇、昆弟之别，只有朋友之爱，爱以是为博。

利害，生死之关系也。生存竞争，优胜劣败，俱以衣食住为目的，财产于是乎为贵。个人力薄，不得不合群力，群大而强者，常胜；小而弱者，时败。胜败乃兴亡存灭之所系，非设政府不可以占优胜，国界以是而定。故欲破利害之成见，必自破国界种界始。欲破国界种界，必自废财产始。财产既废，国界种界不得定，始人各无利害心。人类平等，享受共同，无国界种界之分，只有人类之爱，爱以是为博。

夫博爱之为真爱，今世俗之爱，非真爱乃假爱也。父子之爱，继续报答之爱也；夫妇之爱，柴米肉欲之爱也；昆弟之爱，财产共通之爱也；朋友之爱，酒肉烟茶之爱也；君臣之爱，功名利禄之爱也；国家种族之爱，兴亡存灭之爱也。有所为而爱，其爱不得真。设使一旦无所为，便不爱矣。父子、夫妇、昆弟、朋友之争斗冲突，其情形之奇怪特别，非笔墨所能尽。君臣之爱，尤鄙陋不堪。国家种族之爱，范围较大，非如以上之狭隘，故得谓较为正当，然其流弊，亦不可胜言。善察社会状态情形者，自不待明言而后知其然。

或曰：言博爱，得无与暗杀矛盾乎？曰：恶！是何言！彼民贼独夫，悍然不顾公众，专求一己一家之安富尊荣，不宁惟是，动辄借权势以阻碍一切社会之进化，吾杀之以除社会之害，正所谓除害群者，即所以爱群也。岂得与一私人之复仇，可同年而语哉！

总之，博爱无成见也，不必吾父母、吾子女、吾夫、吾妇、吾昆弟、吾姊妹、吾亲戚、吾君、吾臣、吾国家、吾种族，而后吾爱之也。人类无别，吾爱不偏。合世界之人类，相爱相友，以求世道之进行，他日社会进化之速度，当十倍、百倍、千倍……于今日也。思潮喷涌，信笔直书，终不能尽博爱之意，吾论虽于此终，吾意犹未尽。愿阅者诸君，为吾赓续思之，而得其尽。

（结论）吾之《普及革命》论终矣。虽然，传达与鼓吹革命，欲使其普及，以图社会之进化，其所反对，其所实行，岂尽括于是论哉，吾不过举其一二大者而略言之。若欲论现世界之事事物物，一一指摘之，纵论何者当反对，何者当实行，虽汗牛充栋，犹不能尽也。夫革命者，全社会之事，非吾一私人之事也。吾之所言，欲有所忠告耳。议论自议论，实行自实行，热心于社会之改良者，自不好多议论，惟不惮烦，尽其所能，随事随地，随时随势，而一一反对其所不公理者，实行其合公理者，无所推托，尤无所畏避也。有公理在，吾当以为权衡。吾之所反对，所欲实行者正多，尽吾一分心力，必有一分补益，勿以一人力薄，而不能任此大事也。尤勿以所怀抱之目的，为太高尚，时候不到，不能实行也。人各有良心，第问所怀抱之目的如何耳。果认为较为善，而可以改良现今之社会也，吾主张之，实行之，利害不能易吾心，毁誉不能动吾容，威武不可屈，货利不可饵。人各如是，社会逐渐改良，何危险的革命之有哉。

今之反对革命畏革命者，辄以革命为危险，不知其危险自造之也。积数年、数十年、数百年、数千年之恶弊，应当一一予以数十、数百、数千万、数亿兆之小革命者，相因相乘，愈积愈大，遂合为今之大革命，欲一旦廓清而扫除之，岂无危险哉。苟人人不因循坐误，弥缝补苴，而时时求改良，刻刻求进化，自无危险之革命也。盖革命者，革去社会一切之恶弊，合公理则存，不合公理则去，苟一事一物，能随时而进化，因时而改良，虽欲大革而无所革也。惟不进化，不改良者，必革命；已进化，已改良，而不随时进化，不因时改良者，亦必革命。故革命催进化，促改良也。一不进化，一不改良，则革命；故革命不已，而进化改良无穷也。

人生于世，如逐日月，月绕地，地绕日，旋转不息，时运日进，人事日繁，温故知新，不容稍懈。今日为一时代，明日又为一时代，苟一停足，便为退化。故处世当以昨日种种，譬如昨日死，今日种种，譬如今日生为本，始能时时改良，刻刻进化也。前人因循，而坐误于今人；今人又因循，必将更坐误于后人。昔时苟且，而遗害于现时；现时又苟且，必将更遗害于来时。造因收果，自不爽然。有志于社会之改良者，当必不蹈前车之复辙也。吾青年其勉旃！吾同志其勉旃！

（录自《新世纪》第15、17、18、20、23号，1907年9月28日、10月12日、10月19日、11月2日、11月23日）

金钱

民

呜呼！金钱！金钱！！世界社会上凡多之悲惨残酷，由汝而生。以汝故，千百万文明事业，互相牵制，不能直接日进。以汝故，千百万之虚伪奸诈，互相发生，不能顿时消灭。使人人溺于汝，昏于汝，梦汝，殉汝。以仁人君子之义愤，勇士武夫之血汗，文人学士之脑髓，工商奴隶之血肉，皆为汝所消磨，所吸引，如物之侵于强水，如行星之绕日，日落于陷阱中。千辛万苦，万苦千辛，而不知其所以然，惟金钱是命，以致世界社会，终入于黑暗之狱，永无极乐之日。呜呼！汝之魔力大矣，汝之罪恶亦大矣。

读《俱分进化论》，不禁废书而叹曰：世界社会，果终于双方并进，永无众生平等世界极乐之日乎？若是，则世界社会之扰抗攘攘，日言进化何为哉！不如单简度日，善不进，恶不满，福不增，祸不盈，崇尚无为，优游山中而死可耳，何必竭体力，穷智识，废时日，绞脑髓，名为增幸造福，而实不啻助罪长恶哉！然则人人何不作如是想，敝屣一切，以脱离此祸盈恶满之世界？无已为金钱所迷，不得不如是耳。大而牺牲姓［性］命，侵灭公理，以求一国一种族之强盛；小而丧尽良心，弃尽廉耻，以求一身一家之富隆。自帝皇至于细民，无不各有其所私，权势愈大，私心愈甚，欲得金钱以达所私之目的亦愈切。总之，直接为帝皇及总统及大资本家之奴隶，间接为金钱之奴隶耳，何尝为一身一家一国一种族之富强隆盛计哉！

人类之初，无金钱也，后以交涉日繁，以物易物不利便，故有人焉，思以金钱为交换之品，以便转输，其用意甚善也。久而久之，不知金钱使用之意，而惟以金钱为姓［性］命，吾夺彼掠，奔走扰攘，专求金钱，而不顾一切。于是知有金钱，而不知有公道，知有金钱，而不知有真理，知有金钱，而不知有科学，知有金钱，而不知有姓［性］命。此事也，吾能得金钱，不顾有害于人也，而为之；彼事也，吾不能得金钱，不问有益于人也，而不为。呜呼！良心已去，公理何有！金钱金钱！至今日而为社会上万百悲惨罪恶之源，岂是铸者所及料，其祸竟至于斯极耶！

一　知有金钱而不知有公道

世事无善恶，惟视其归纳之公私以为断。同一事也，不论大小久暂，其为一身一家一国一种族计者，则为恶；其为全世界众生计者，则为善。盖我利而人害，事之最不公也。如仕宦之求利禄，经商之议同行，大资本家之垄断，大发明家之专利，其他种种，无不直接间接以谋金钱。不论事之公私，能多得一金钱为能；不顾事之利害，能多得一金钱为乐。公私不论，无道也；利害不顾，不公也。

又如一国之行政，专制政体，私天下而肥皇室，专尚剥削，饥寒人民，牺牲一切，以保其帝位，稍受文明思想者，即斥其不公无道也。而立宪国共和国何独不然，网罗金钱，以丰养一般政党，其范围较专制政体稍广耳。至争城夺地，穷兵黩武，靡废不知多少，战死不知凡几，皆细民之膏血之性命，而帝皇及大统领，借之以保帝祚，争王冠，得徽号，而上将大臣用之以博功名利禄。且善为其词，以欺人曰：保种强国，不得不如是。于是刚直者，热血者，闻之以壮其词曰：尚武爱国，尚武保种。其野心勃勃，一若以铁血而欲征服世界，收其残利以保其一种族永远也者。是知爱其国，而不知爱世界，亦不公也；知利一种族，而不知利人类，亦无道也。故曰：知有金钱而不知有公道。

二 知有金钱而不知有真理

是非同难辨别，然科学愈发明，真理愈彰著，是非亦愈确定。同一理也，昔之所是，今非之者，有之；今之所非，而后是之者，有之。然昔之所是，与后之所是，非同辙也，非反复也，实真理无涯。昔是今非，今非后是者，皆明于一隅，而谬于千万，随人进化之程度，而是非各异。故智识增进，真理乃始显露。惟金钱以蔽其明。利令智昏者，不知真理，第问有利可图，顾以非为是，认是作非，终日转辗于金钱中，自私自利，专为一身一家一国一种族计，于是所谓真理者，如重雾叠云之蔽日，而世界黑暗矣。故曰：知有金钱而不知有真理。

三 知有金钱而不知有科学

所贵乎科学者，阐明奇奥精确之理，以显妙能敏捷之用，以之研究，则增人智识，发达思想，以之实行，则省时省力，奏奇妙功。故科学未发明以前，世界所经营，皆愚笨单简，科学既发明以后，万象一新。十九世纪与本世纪，实科学发展之时代也。然数十年以来，自表面观之，似大有进步，实则踌躇迂曲，无直接造于贫民者，实金钱为之障也。闻者疑我言乎？请一一言其详。

科学功用之妙能，人人能知之，可不赘述矣。就机械一科而论，运用已有年矣，何耕种尚恃人力，运输犹需牛马？受机械之便利者，欧洲北美之小部分为多，其他各洲，犹有十数纪前生活之状况，未蒙机械之利。其不普及，虽人民自各有其恶观念，不肯径用利器，然未始非金钱为之限也。其阻碍一。

散步于通衢与里巷间，时见有操绝不足道之技术者，试演于稠人广众之前，以得一餐之资，奔走四方，以糊其口。然其技能，恒不出三套，朝试夕演，无一新奇，可笑孰甚，此为走江湖者也。其他各业，亦何独不然。即以习学论，正在就学之年，家无生利之人，强以其所学，转授之于人，其学虽粗而不精，一知半解，亦不暇顾，惟计能换几个金钱足矣。近日学界上此种人固不乏，半载师范理化，便为口口学校教习，游学一二年速成科，归为总教习，或进士举人，或陞官矣。在学问猛进时，忽而中止，以极可造就之才，而终于庸劣黑暗之境，论者非斥其无志向学，怜其有不得已之苦衷，无奈其一家生死何耳！其阻碍二。

金钱不灭，则文明不利于贫民。盖今科学上之发明者，专趋于金钱之流向也，其利于贫民而不利于富者，大发明家不发明也，非惟不发明，而亦不肯发明也。贫民无金钱以研究高尚实用之学问，以发明其所必需。惟有金钱者，始能备各种科学上之试验品，以补助其所发明。既发明一二新器矣，亦必求能广销能专利，以希望为一大资本家。其专利年限内，使他人不得擅造，任其独利，此专横不公之至者也。夫一新器具也，发明为难，改良应用或由此而发明他种者，稍易也，今为专利之所限，则进步滞矣。其阻碍三。

人各自私自利，妄立门户，以图一身一家一国一种族之富强隆盛，甚而至于以有用之炼铁，不多制造耕种转输之机械，以代人若牛马之力，而徒制巨炮利枪，以事野蛮残酷无人道之争战，于理则为悖，于事则为残。设使以养兵之所费，培植科学的人才，以当兵之时间，研究各种的专科，以战时之所挥霍，制造有益于社会之利器，以军事上之所经营，图社会之进化，固有余也。而人不悟，以事相杀者，争金钱者。据日俄之战而论，日本虽胜，然日本之贫民实蒙战时战后之困苦。盖争战一起，各物腾贵，虽嚣嚣然，号为战胜国，贫民一若有余荣焉，岂知不啻掷数亿人之血肉，亿万人之脂膏，以博一虚伪无际之名“战胜”而已。语曰：善战者，服上刑。东乡乃木等其当之矣。俾士麦讥李鸿章之自残同种，为欧所不挂齿，彼固主野蛮猛悍之铁血主义者也，而不知自残同种，与屠戮异族，同为人类之自相残杀，其亦五十步以笑百步耳。而世受其愚者，固不少，认服上刑者，为大人物，一若屠戮异族，为分所应为也者。

不知受帝皇统领及宰相之“帝国”“祖国”“军国”种种欺骗贫民之狡计也，故愿牺牲性命财产，以与他国背城一战，如日本之弧［孤］注一掷，亦不顾也。向使日本以此战之所费，经营三岛，以殉战之勇士良将，研究科学，至今日其科学之进步，未可限量。计不出此，而徒自私自利，以夸其万世一系，东亚英国，无如元气斫丧，困苦一般贫民。至于俄一败涂地，其损失更不堪设想，俄皇犹不悟，政府方愦愦，养军备战，以雪前忿，国内公益之事，置之不问闻，民求立宪，尚不首肯，至于科学之进步，尤不屑措意也。其阻碍四。

难者曰：以金钱故，人始肯发明科学，使无金钱，则人安于衣食，怠惰而不事事，更何进步之有乎？恶，是何言也！令世界非仅以科学为骗钱之物而已，扰扰攘攘，皆以衣食住三者为尤，故不问何事，能得金钱，便热心做去，无为可笑之事，反多于实用必需。科举能升官发财也，则科举；游学能拔擢破格也，则游学。利之所在，趋之若骛［鹜］，其真目的，固不在科举与游学也，第为饥寒所迫，不得不如是，以了人事耳。万事皆然，科举与游学举其例而已。若一旦将金钱一关打破，确知人生于世，应得世间上衣食住之一分，始外无虑国种之灭亡，内无忧身家之贫苦。男女少壮者，作公共事，亦分所当为；老幼残弱者，受同等之衣食住，亦理应如是；研究科学，以发明种种奇用妙能，亦进化之公例。如游戏时，人各比能争先，无金钱之引诱，亦能进行不怠者，以人各有进取心与发展心也。以此二心，合世界上多数人，互相切磋，以交换智识，一切无为可笑之事，皆革除之，专尚实用所必需。无论何事，昔之所不能解决者，今可解决，无论何种学问，昔之所不明了者，今可明了，一世不足，继之以再。待其所不能解决，所不能明了者，一旦豁然贯通焉，其愉快真令人不可思议。此愉快也，即助人进取发展二心。愈进步，愈能发明，无金钱之引诱，足以昏乱其方寸，人始各无嫉妒心而有相助心，一而十，十而百，科学之发明也，一往直前，如飞如腾，科学之进步也，岂如今踌躇迂曲者哉。故金钱不灭，文明不得真，科学不得发达，以人知有金钱而不知有科学也。

四　知有金钱而不知有性命

赤日炎天，冰风雪雨，农夫耕种暴露于田亩间，而富绅快谈逸坐于大厦中。肩挑日月，足履露霜，百工之度日，而富绅之所指挥也。一日工作逾十三时，尚不能养妻子，劳力过分，不免疲乏，一旦疾病，则全家惨然。工作则无金钱以买机械，徒多费时日与体力。耕种则雨水不均，无利器以补救之，水旱交乘，则饿莩盈野。强有力者，铤而走险，以夺衣食于素丰之家，而政府目之为寇盗，捕而刑之，或处之于死。谋办地方上公益事，则以无金钱答之，练兵剿匪，恐危其帝祚者，则一筹而数百万矣。中西各国，稍有异同，而满政府为尤甚耳。故政府不去，则贫民无出头日。盖政府为富绅之后援，而从中取利者也。贫民畏政府之专横，不得不出死力以为富绅创家事，而富绅借政府之威，以恐吓贫民，且若曰生死由他生死，厚利我自得之。故贫者知有金钱，而不知己之性命，富者知有金钱，而不知人之性命。至得白钱十吊，而愿为人抵命；军饷四百，而肯为皇为国效死；债账交迫，甘服毒或缢死；饥寒难耐，愿易子而折骸。世事之惨淡，孰有过于此者乎！金钱之害人性命，甚于利兵毒物。故金钱不灭，惨淡无已，以人知有金钱而不知有性命也。

据上所述，种种悲惨残酷，非金钱消灭，则世道何有？以经济之不平等，演出种种恶现象，彼方善稍进，而此方恶即随之，如影之随形，响之随声，不可须臾离者，实金钱为之媒也。金钱一消灭，则社会始真有平等自由幸福之日。金钱金钱！问汝何日始可消灭？汝亦念早予社会以平等自由幸福，以代种种之悲惨残酷也耶？不尔，则自今以后，世事日繁，其所演之悲惨残酷，更有甚于今日者也。吾为此惧！

（录自《新世纪》第 3、4 号，1907 年 7 月 6、13 日）

问革命

民

革命何为乎？

甲曰：国将亡矣，非革命不足以救亡。

乙曰：种将灭矣，非革命不足以存灭。

为此二说者，其原因为“处此强食弱肉之世界，列强虎视，欧风美雨，外界之激刺烈矣。而同胞醉生梦死，仍昏昏沉沉，而不之醒。夫惨莫惨于亡国，痛莫于痛灭种，而同胞麻木不仁，仍糊糊涂涂，而不之觉。及至国亡种灭之时，悔之不及，七年之病，求三年之芰，不思未雨绸缪之策，终难免于灭亡。于是忧国愁种之士，不得不大声疾呼曰：'醒！醒!! 醒!!! 国将亡矣！种将灭矣！苟不醒，苟不速醒，将为亡国之奴，灭种之鬼矣。'故其持论也，形容亡国之惨，描写灭种之痛，淋漓尽致，阅者酸鼻，闻者寒心，犹惟恐昏昏沉沉糊糊涂涂者之难于觉醒也。以忧愤不堪，投海自尽，欲借此以唤醒全国人之酣梦。"其热心于救亡存灭，可谓甚矣。睹近数年间忧国愁种之士之议论，无不如是。睹近数年间忧国愁种之士之鼓吹革命，无不如是。

丙曰：外侮烈矣，非革命不足以排外。

丁曰：内仇深矣，非革命不足以排满。

为此二说者，其原因为"际此优胜劣败之秋，外侮日烈，内仇日深，同胞当愤发奋勇，首逐鞑虏，以复我汉疆，然后励进［精］图治，徐与列强争雄。'以我汉族号称四百兆，为世界最多数开化最先之一族，若能以种族的军国主义，成一独立民主国，则必足以执天下之牛耳。'（见本报第八号军魂氏来书）而同胞自耗自弃，以致异族横暴于内，强邻凌侮于外。同胞而甘心于异族强邻之横暴与凌侮也，则已；若不尔，舍革命外，外不能御外侮，内不能复内仇。故其持论也，专发挥与提倡军国与祖国主义，使人人愤发奋勇，以图强盛。"睹近数年间雪耻复仇之士之怀抱，无不如是。睹近数年间雪耻复仇之士之运动革命，无不如是。

戊曰：内政废矣，不革命无以振顿内政。

己曰：外交败矣，不革命无以恢复外交。

为此二说者，其原因为"百里而可以王，未闻以千里而畏人者也。吾中国之幅员，埒于全欧，人民之众，甲于天下，在势宜雄视一世，为天下莫强焉。然而国降为三等，种不齿于人类。国人游于外者，如亡国之民，恐遭虐待，而冒充日本人。呜呼！中国人，中国人，诚天下之大不幸人也，内则受专制之酷，外则遭虐待之苦，几有天下虽大，不能容中国人一插足下地者，是则不得不痛心疾首于当道者之有以致此也。处此存亡危急之秋，尚不推诚布公，痛哭流涕，以清命于天下，而妄立种界，徒托空言立宪，销除满汉，而实施专制之毒，动辄屠戮良民，以禁压国人之欲振顿内政恢复外交者，是则不得不太息痛恨于专制政体之有以致之也。日俄之战，可以决矣。以虎狼之俄，而一败涂地，专制之同病，实可相怜也。溯近百年间，内政之废颓，日落西山，祸乱遍伏，南平而北起，生灵涂炭，无一宁日；而外交之失败，风烛堪虞，赔款割地，年有所闻，幸中国地大，财多，不然，已久不能支，尚何复有今之一日哉！故专制实为中国积弱致病之源，非经一大番革命，推倒专制，以创立共和，不能除此积弱致病之源。故其持论也，痛论专制之害，共和之利，以提倡民权，欲建设共和政府，凭多数人之脑之力，以统治全国，则内政不废，而外交不败。”睹近数年间富于民权思想者之议论，无不如是。心醉共和者之传播革命，无不如是。

甲乙丙丁戊己之答如是，然则革命固为救亡、存灭、排外、排满、振顿内政、恢复外交而革命耶。吾斥为非！吾斥为非！韩退子言黄老之道德，“道德其所道德，非吾所谓道德也。”吾于此等所谓革命，而亦云然。

然则革命果何为乎？

革命无他，为求公理也。不合公理，则必革命。然公理无极，故革命不已。公理无达到之一日，故革命无穷。

不合公理者，不良也，阻进化也。

故革命者，改良之谓也，进化之谓也。由不善而至于较为善，由不幸乐而至于较为幸乐，递革命，递较为善，递较为幸乐。故革命不已，较为善较为幸乐亦不已。是之谓改良，是之谓进化。

如为不善，或为较为善而革命，则至较为善，即不革命乎？由此说足证戊己之答革命非也。

如为不幸乐，或为较为幸乐而革命，则至较为幸乐，即不革命乎？由此说足证甲乙丙丁之答革命非也。

何以言之？

如革命果为救亡存灭而革命也，然则中国为俄，可不革命也。盖俄虽为日败，然无国亡种灭之忧，而何俄有革命党如是之多？

如革命果为排外排满而革命也，然则中国为英、法，可不革命也。盖英、法外无强邻之侮，内无异族之仇也，而英、法仍有革命党何也？

如革命果为振顿内政，恢复外交而革命也，然则中国为德、日，可不革命也。盖德、日内政不废顿，外交亦不失败也，而德、日何有革命党亦多？

然则革命固非为救亡、存灭、排外、排满、振顿内政、恢复外交而革命也，明矣。

故彼等之所谓革命，非吾之所谓革命也。

（录自《新世纪》第20号，1907年11月2日）

书某君邮简后

燃

（原简）鄙人于社会主义学说，虽未能尽信之，然祖国主义，早置脑后。诚以革命苟一旦成功，若抱祖国主义，不过如中华历史上之易代而已，何益于人生？故满拟普及社会主义，使今黑暗大陆，一跃而进于极乐世界，为列国先。是恐不独鄙人之历史观，当亦同志诸公所共知者也。《新世纪》报议论颇卓，惟语病亦不鲜，尚望执笔诸公加意。吾辈今日鼓吹此主义，务在引人入胜，使乐于听信。若过于用偏激文字，恐不易入，徒劳无功，窃为执事所不取也。关于反对宗教一节，稍与鄙意相左，故满拟投笔互相问难，卒以迫于校课，日不暇给，不克着手。今来函相促，愧无以报，用特略言其大要，敢希登之。今日中华人民，智识浅薄，人格卑污，故吾辈今日，务于开通民智，诚为第一要义。然要知徒有智识，不足以济事，恐无人格以副之，智识反足以济其奸。平心精察，可以知之。故鄙意以为宗教道德，未可遽然破坏。虽古时之宗教道德，未必尽适于今日，然是乃在于吾辈研究之责，使宗教道德，与世运同达于进化之域。非谓社会主义一行，智识即增，人格顿高，无待于栽植培养，而自能达于文明者也。要知人格须有以造成之，造成人格，而谓宗教道德，毫无与力，鄙人所不敢赞成也。

此简系某君从日本寄吾友“民”① 氏者，一切彼二人于社会主义互相契合之名理，自有“民”氏答之。吾惟有感于某君之爱重社会主义，而殷殷以培养人格之道德，与后日社会主义盛行时代之人物相期勉，又适与此间诸友人叠次寄书商榷者，其宗旨不谋而合。故吾即在此简后，加以简短之跋语，以表吾之所见，将以泛答诸同志，不徒附贡某君一人而已。

人格者，为道德所养成；道德者，为主义所规定。即以社会主义与宗教，相提并论，社会主义亦可云非宗教主义，宗教主义亦可云非社会主义，二者可谓绝对的不同物也。至于合乎公道真理之道德，为宗教主义与社会主义所公共赞成者也，此乃本乎进化之良德，为人类所同具，故凡称道德者，莫能外之。惟进化程度较低时，如旧日所有之宗教主义等，涵此良德之部分少；进化程度较高时，如现在所希望之社会主义等，涵此良德之部分多。则如本报②从前所辩论之“无我”“博爱”等等，宗教主义特稍涵之，今社会主义已全涵之。既已主张全涵“无我”“博爱”等道德之社会主义矣，则稍涵“无我”“博爱”等道德之宗教主义，已包括于其内，更何必节取其小部分社会主义中已涵之道德，从而不忍排除之，反留存其大部分违背道德之迷信乎？今试以上说列表明之。

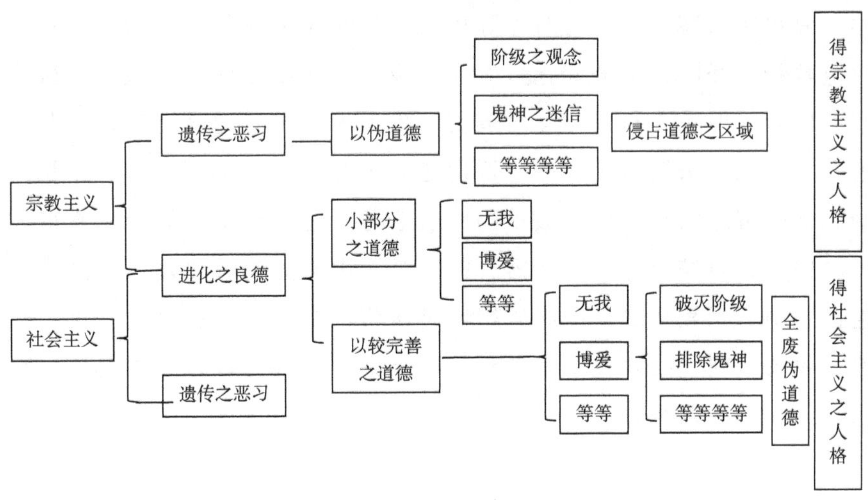

① 民，即褚民谊。

② 本报，指《新世纪》。

观于右表，足见凡曰主义，无论对于真与伪之道德，皆自以为明其道德而已。各道其所道，各听其所听，无非欲造就各自所希望之人格而已。讲社会主义者，乃欲用宗教主义之道德，造就宗教主义之人格。呜呼！其可？既讲社会主义，即有社会主义之道德，可成社会主义之人格。道德乎，取诸社会主义而已足；人格乎，得之社会主义之道德而较良。如是则宗教有何余地，足以自存，而可免于反对？

若某君以为空谈主义，属于智识，其义是也。故若空谈而已，即如宗教道德，问质旁临上忠君爱国之口头禅客，有彼中之人格者，曾有几人？是可见主义，但重实行。社会主义之实行，良不易言。然如某君言，既曰"社会主义一行"，则以论理学之界说断定之，自然不惟智识即增，必且人格顿高。若社会主义既行，尚有未文明之人格，必待宗教之道德栽植培养，则吾将用俗语排斥之，可曰"社会主义直不成一件东西"，安复有"普及"之价值？故吾诸同志若迷信于未思索之成见，必谓惟宗教中始有道德，是诚宗教有魔力，足以颠倒人之判断是非矣。

宗教与教化，又显为两事。宗教者，偏于人与神感通之迷信；教化者，偏于人与人互相之道德。虽浅化之民之道德，实杂糅于宗教之中。故往往通博之士，有时专陈民义，尚犹出入其说，依回不定；若时势益趋于开明，则分别弥显。即如今日，多半之法兰西人，自脱离宗教以后，但有人与人相互之道德，更无人与神感通之迷信，虽其人所守之道德，未极高明。然止可谓之有半开化之教化而已，不得谓之尚有极野蛮之宗教者也。故中国一般普通人之议论曰，无论佛教耶教孔教回教蛙教蛇教，每人终需有一教，否则成为无教化之人。然今法兰西国中，无教化之人，固满街走矣。将骇之耶，抑犹之乎？上文立表，仅依原间，赅教化于宗教者，因与论旨无甚关涉，故不孱言。今附注于此，并以承教。

（录自《新世纪》第42号，1908年4月11日）

宗教问题：复第四十二号本报书某君邮简后

（某君由北海道寓次寄复）

（燃案）仆将录某君复函，先列表于篇首，以赅括现世界人之观念，庶吾于篇内略加注语，以贡谬见，稍有头绪。

（“有宗教”主义界）

（甲）认宗教即为道德者

（A）宗教外无道德，非毁宗教，即无异非毁道德。道德真伪之问题，即宗教正邪之问题而已。

（B）道德生于宗教，欲改良道德，止需改良宗教。

二者不同之点：前者以为宗教愈正，即道德愈真；后者以为就不纯粹之宗教，可转化为至纯粹之道德；前者以为无论何种之道德，举可以宗教之名词当之；后者以为无论如何之道德，无非以宗教之作料成之。

（乙）认宗教可以维持道德者

（C）理道既不可思议，则情感亦未容粗简。以宗教之明妙，为性界之熏修。道德将由玄超之理，而益进于高尚。

此误认哲理必与宗教为同物，乃因谈哲理者，于古皆为宗教家，宗教哲理则习惯已深，故虽科学哲理家，不免依违之。而科学哲理则幼稚已极，复经宗教哲理家，再三附会之，此所以宗教托根牢固，而不易拔也。故就其较粗者言之，古之谈道德者，亦均为宗教徒，遂又有甲种人之误认宗教与道德为同物也。

（D）借天人之故，为修省之资，虽天道甚远，而道心为固。

此即中土儒者之伎俩，久为宗教哲理家所鄙视。质而言之，即自认其人必不知道理为何物，故于独居之顷，必自设十目十手之巡捕，严行看管，始能寡过。

（E）神道设教，专为愚蒙。人类程度不齐，处于无可如何之势，与其劝以迂远之道德，不若惕以聪明之鬼神。

此实普通宗教所托之而存立。彼于社会党反对宗教，而期期以为不可者，实则惟注意于此条。因今之执笔者，大都察知此条之议论，为太粗陋，故辄遁而之他，而变相为甲类之问题。此条之所缘托，乃赏善罚恶之说也。原为道德之问题，然必能使愚蒙者知善恶非迂远，而后彼始能知鬼神为聪明，不然世间佞媚鬼神之愈笃者，即颠倒善恶之愈甚者。彼非特不知鬼神为聪明，且深信鬼神为最可愚弄。故不惟我国财神赌鬼之类，永享悖理之供养者，至为可笑。即世所崇拜之英雄，有如葛兰斯敦之徒者，谓彼隔夜入礼堂为严肃之祈祷，即明日在战事为勇猛之决策。此真如强盗出风，先烧路头。如有上帝，吾必唾之曰“贼徒”。可见但讲鬼神则善恶不明。先讲善恶，则道德之教，既莫能避其迂远，而鬼神之事，或仅有助于赏罚。赏罚者，不必其为自由之蟊贼，将阻碍道德之进化，而始深非之也。即就赏罚论赏罚，行之以法律，既已难周而示不信，乃复临之以鬼神，更以不信而示技穷，是无异告以鬼神之作用，无非欺诈者之肆其恫吓而已。则彼迷信赏罚者，谓鬼神可以为检制野蛮为恶者之轻便物，乃终古自欺欺人，习焉不察之谬见也。

（“无宗教”主义界）

（丙）宗教自宗教，道德自道德。道德不过为宗教之装饰品，宗教实即为道德之保障物。此就人群相互点上言之也。

宗教自宗教，哲理自哲理。哲理无秩序时，适助宗教之迷谬；哲理既有系统，故又为宗教之仇敌。此就人智相异点上言之也。

道德与哲理，浅而譬之，有如学堂之功课书。宗教家譬如姓赵，是为赵教习；今之非宗教家，譬如姓钱，是为钱教习。

赵教习教书，用许多不正当之手段，致功课书中之道理，学生所得者甚少，而渐染赵教习之恶习者至多。于是钱教习忧之，将欲专教学生以功课书中之道理，而全去赵教习种种不正当之手段。是赵教习实为此“世界学校”过去时代之罪人，其手段实为从来做教习者所当为绝对之反对。今乃曰赵教习手段固不正，然学生略知功课书中之道理者，赖有其人，否则如无赵教习，即钱教习将无功课书可教。故钱教习纵有正当之手段，无需与赵教习为绝对之违反，止需就赵教习之不正当处改良之已可。（改良即违反也。）此其理由，实有不可解者。道德之与哲理，乃根于良德，即无异学校之功课，原有定程，其书或购求，或编辑，皆不外乎课程之所需要。宗教家在过去时代，惟有不善训悔，酿成腐败之罪恶而已，岂复有丝毫可以程法之价值？徒以社会者，众人之社会，宗教家之一二主倡者，亦不过社会之分子。宗教家之未为良品物，乃当时全体社会之未良，犹之今日中国学校无好教习。不过中国社会，请来请去，皆赵教习之徒，故已为过去时代之事，功过皆可以不论。若必欲申言赵教习为有功者，即亦不能不讨之为有罪。宗教家之价值如此，彼与道德之无相干涉如此。此即仆未录某君复书之先，先愿与某君商権者也。

（复书）

（上略）鄙意与尊论，尚有论难之点，真理固在互证乃明，用亟率辨如次，敢希鉴察之。

（燃案）仆等不学无术，辄敢以芜陋之词，渎扰众听者，实以道理催时世之进步，心目中既有所感觉，即不能因贤者尚有所迟回，而遂未许仆等躁人之有词。爰托此义，故不惮以不详之鸣，为野蛮国之祸首，则令智笑愚骇，可为訾警之处。自当不一而足，乃若一二有道君子，实爱真理，不用其不屑之教诲，常赐以互证之函牍，是真足为道理感幸。惟谅仆等或恃当仁之不让，语势每有偏宕，则求节取其意而终教之，毋恶其嚣，斯已幸矣。

尊论谓“社会主义亦可云非宗教主义，宗教主义亦可云非社会主义，二者可谓绝对的不同物也”云云。读此前提，似觉界说不甚严明。夫曰社会主义亦可云非宗教主义，则未免狭视乎远大之社会主义也。曰宗教主义亦可谓非社会主义，是使宗教全然孤立，毫无关系于人类也。乃其下即曰“至于合乎公道真理之道德，为宗教主义与社会主义所公共赞成者，此乃本乎进化之良德，为人类所同具。故凡称道德者，莫能外之”等语，则又自相矛盾之说也。夫既曰合乎公道真理之道德，为宗教主义与社会主义所公共赞成者，则宗教主义已确有公道真理之道德，社会主义亦同有此公道真理之道德，则二者实相对的，而绝非可谓绝对的也明矣。

（燃案）就宗教主义与社会主义，互相对观之，一则利用道德，将以固人之迷信，一则依据道德，将以破人之迷信，实为绝对之不容物。此从主义上观察之者也。至于道德为两家所公共赞成，或止利用其小部分，或望依据其全部分。此从作用上泛论之者也，似其间绝无所矛盾。

宗教主义，质言之可称为人与鬼物相互之主义；社会主义，质言之可称为人与人相互之主义。宗教主义，间接亦以人与人相互之道德为媒介物，此如蒙马以虎皮，不能因其曾蒙虎皮，遂谓马实有虎之性质也，况尊表与本报之前表同。宗教主义，兼有二者：一曰遗传之恶习；一曰进化之良德。其遗传恶习一类，注之曰，未有宗教以前，而阶级之制已成。可见遗传恶习，乃前乎宗教而发生，宗教特不过推波助澜，发挥遗传之恶习，惟恐不尽力耳，非宗教乃产生遗传恶习之原始物也。既如此，不言而喻，又可见未有宗教以前，而进化之良德，早随万有而先有，亦非可言良德为宗教所发生。宗教特不过鲁莽灭裂，利用彼良德，昌大其恶习，惟恐良德之能进化耳。（此有不可掩之事实，如聚世间教主于一堂，而一一簿稽之，必皆蹙额曰：是诚何心哉？我岂……）

由此可又见，未有宗教以前，已有遗传之恶习，则相似不同之宗教主义，已先宗教而有；未有社会主义名词以前，则社会主义之实，亦随良德而俱有。凡古之以非毁宗教见诛杀者，大半即可云主张社会主义者也。（社会主义，本非与宗教主义，为正相对待之名词。今有云云，一若正相对待然者，皆就行文之便耳，勿以词害意可也。）而宗教家所蒙之虎皮，亦可云预向社会党借而蒙之者也。

果如此，社会主义虽远大，岂能为宗教之藏垢物？宗教主义之关系于人类，止向社会党借得之虎皮一张耳。社会党并将驳而夺还之，认为己有，则宗教块然一马，绝无与于虎事，岂但使之孤立而已哉？直当早使之不得成立；成立矣，终当使之不得存立者也。二者所谓绝对的，足之曰绝对的不同物，即某君所谓相对的也。“不同物”与“相对的”，其义均谓非一物耳，加以绝对的之副词，极言之，犹云绝非一物耳。

又曰：“惟进化程度较低时，如旧日所有之宗教主义者，涵此良德之部分少，进化程度较高时，如现在所希望之社会主义等，涵此良德之部分多”云云。则可知古代宗教之所由起者，乃应乎时代进化之所需；今世人文日进，亦迫于时代之所需，遂见社会主义之发生。是二者实系统的，而决非绝对的也，更明矣。

（燃案）就进化程度，比较良德部分之多寡，此舍二主义之互相观察，乃专从道德方面观察之者也。宗教主义方盛时代，良德之进化，为恶习所限制，则其分配于人类之成分之少。社会主义圆满时代，铲除恶习，使之净尽，任良德之自由进化，则其分配于人类之成分者将多。故若别治道德比较学，则就彼学之便利上言之，曰宗教主义与社会主义，为系统的，未尝不可也。言岂一端而已，夫固各有所当，此各学之所以分科也。曰应乎时代进化之所需，此害道之言也。曰当时人类智力之所不及，此乃正当之评判。故古时人类之智识短浅，崇拜宗教，可恕也，乃狡者起而利用人之崇拜，曰此实社会需之。故吾必以此应之，此至可恶也。即此而推，社会党如曰吾智力所及，知社会主义，实良于宗教主义，此正当之说明。若曰今世人文日进，社会将有需乎无宗教之道德，故以社会主义起而应之，此亦极不正当之观念。充此作用，其害道或可较宗教为甚，盖道之所在，吾无所见，不过为智力所限耳。若道之所在，吾已知之矣，而必枉道以殉俗，是存心为伪耳。为伪，何道之有？

诚如尊论，即以二者所涵之良德论，亦相对的多少之问题，而决非绝对的有无之问题也。又纵曰宗教主义之良德少，苟吾人能扩而充之，何尝不可使少者多？纵曰社会主义之良德多，苟吾人不克力而行之，又何尝不转多为少？

（燃案）良德言扩充，此即进化。社会主义之所以终能成立，全恃着扩充两字。粗率言之，不扩充者，便是宗教主义，能扩充者，便是社会主义。此纯从道德方面观察之，即上文所言谓为系统的，未尝不可，其义有如此也。已往时代宗教利用道德，而阻抑其所不利于宗教者，此即道德不能扩充之大原因，故扩充道德，即扩充不利于宗教之一部分。（因道德不利于其主义，从而阻抑之者，非宗教一端。今之云云，乃就行文之便，愿读者谅之。）知扩充之者谁？即热心于社会主义者，是则扩充道德，即反对宗教主义是已，亦即求达社会主义是已。

既扩充者为根于良德之道德，而反对者为宗教主义，求达者为社会主义，而宗教之名词，复何有丝毫之价值可存立于未来之时代？然则某君所谓“吾人能扩而充之，何尝不可使少者多”，某君当亦知道德少者多，则宗教多者少矣。是某君所委蛇之宗教主义，某君原欲剿灭之。宗教多者少，则道德少者多矣，是某君与吾辈共希望之社会主义。某君已密合之，乃某君犹云彼实不攻宗教，是某君将为“有宗教”主义界甲类之B，竟认宗教为道德者，有过而恕之之意乎？至于不克力行，乃拘一主义者，辜负其主义，而主义之性质位置分量种种，未尝因人之不克力行，遂有毫末之增损。故此可对抱主义者，善恶其个人，而不能对论主义者，是非其主义也，亦不可使择主义者，因而苟且其从违也。

况前者既已行诸数千年，已确见其具有进化之良德，今也尚历历在人目前。后者创说未久，实行难期，虽今后思潮澎湃，一泻千里，然在今日尚不过吾人理想中之一物。良德之果多与否？不得不俟诸异日而始见之。以理想比事实，而断此多彼少，决非论理学上演绎法之所得推定也。故多少之问题，今日尚为可知可不知之数耳。

（燃案）合于道理者为道德，所以能合于道理者为良德。良德乃进化公理，随万物之有生而自赋。夫执进化之一说，而世界从无无而至于有有，其说始通。

造物说最为谬妄，谓万物之瑰奇，断非能发生于自力，必有不可思议之一物，主宰创造。然则此不可思议之一物，如何能先万有而发生？曰：此乃发生于自力。然即此终究不能不承认有发生自力之一事，亦即仗进化一义，遂从无至有之实理也。故造物说与进化说相异之点，不过一则以为用自力发生者，止不可思议之一物，其余皆此物所创造，一则以为大小万有，皆由自力发生。其实不可思议之一物，既为虚妄，如其有之，而不可思议之一物，尚能用自力发生？则可见一切可思议之物，故曰瑰奇，然尚未至于如不可思议之更瑰奇，愈可用自力发生。故推而至于极处，如信其终不能逃于自力发生之一说。（即宗教徒为上帝以自力发生。）请戏问诸公做了“自力”，发生上帝易乎？发生跳风易乎？可哑然一笑矣。

何谓自力？即万物自具之力，所谓进化之公理是也。然则进化公理即不可思意［议］之一物乎？曰进化公理，厥名进化公理，固使人可思议，无所谓不可思议。

万物有其进化之力，即表明其为不自足，故最初之一步，因不自足其为无，遂进化而至为有，有而不自足其为简，遂进化而至于繁，繁而不自足其为劣，遂进化而至于优。然所谓简且劣者，仍即无也。简时则无繁云尔，劣时则无优云尔。今专就人类言之，又截亿万年中之近来万年论之，彼简彼劣，为良德进化所蜕遗，遂留而为恶习。

当古时良德排除恶习之力小，故皆若迷滞于恶习，阻碍良德之进化，如宗教是也。（所谓阻碍者，不任速力锐增。如今日所希望，从比较上推见也。于事实则宗教之发生，固为人类智力有所不足，仆上文亦已恕之矣。然于古亦有少数人，智力已足，可以谋进步，而谓时势应需宗教者，此亦即上文所谓为伪，而实行其阻碍进化者也。）良德在今日，排除恶习如宗教等者，其力较大，故遂若社会主义等，能促良德之进化较速也。（其实良德进化之速度自增耳。故宗教主义之必遭排除，社会主义之必见采用，乃社会智力之进，非有人利用此时势而推布之也。）

某君所谓宗教者，往往令仆等不知所指，大约就前后语气而观，即指宗教中所含一部分之道德。此与宗教绝不相干，即腐败而至五伦三纲等说，皆道德非宗教，即本报旧日按语所谓教育者是矣。窥某君之意，意在言外，即以五伦三纲等等，与社会主义中之去人伦无政府相对而言，如其然也，某君可言旧道德与新道德，不必言宗教主义与社会主义也。社会主义，乃人与人相互之主义。简言之，犹曰人道云耳。故旧道德勉强可云旧社会主义，新道德即可云新社会主义。（社会主义之名词，因有此等笼统之病。故近日最新之社会主义，特名为“无政府主义”。）因旧道德与新道德，虽分优劣，皆不出乎人与人相互之范围。至若宗教主义者，乃人与鬼相互之主义。旧道德之五伦三纲，即为无智识者诬为宗教主义矣，岂新道德之去人伦无政府，亦将目为宗教？可指旧道德为旧宗教主义，新道德为新宗教主义乎？某君亦知有所不能，然则某君之热心辩解，果止为道德问题，尽可不必牵涉于毫无价值之宗教名词。因希望催速人类之进化，止有提倡科学，不当主张迷信。此近世宝爱世界真理者所共知也。

然仆等止可就题论题。某君既非明示以道德之比较，则言之长矣，在本文姑不必掺论。若仅仅其为宗教问题也，则宗教之虚妄，早已以科学之真实，为归纳法推定之。故以宗教迷信，阻塞思想之自由，其发挥良德者少，以科学真理，发明道德为进化，其符合良德者多。旧道德必不如新道德，事实之未尽善而较善者，已不胜缕指，岂尽以演绎法为理想之推定乎？胡为而云多少之数，尚未可定耶。

况某君所谓历历在人目前者，为宗教之教义欤？抑旧道德之至今为患于世界者耶？（旧道德中为社会主义所是认者本是良德，且已变为新道德，其否认者即所谓至今为患者也。）如其非也，即谓无我、博爱等之良德欤？此乃向来为理想中之一物。抱社会主义者，始议实行之，或有实行之耳？前乎在吾人之理想中，曾未尝历历在世人之耳目中也。回想所谓圣经贤博新书旧约者，无论其中所言之是非，尽不过为纸上空谈，而所以适成其为纸上空谈者，因彼之宗教主义，实与无我、博爱等之良德，正相反对。故读宗教之岁史，而诛锄无我、博爱等之萌芽，惟恐其不尽者，则历历使人心痛也。

试将以上所论难者，就原表改窜之如次。

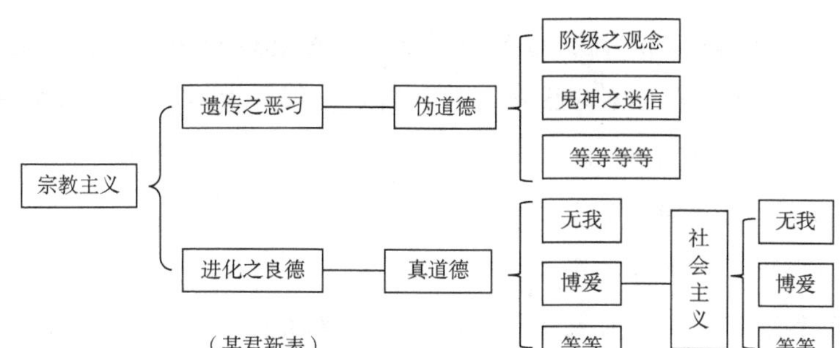

（某君新表）

（燃案）观于右表，则进化之良德，竟若为宗教所发生。毫厘之差，必有千里之别。不若仍用本报原表，见进化之良德，为人类自具于生初，宗教主义与社会主义，皆不过含而有之，似较核实。

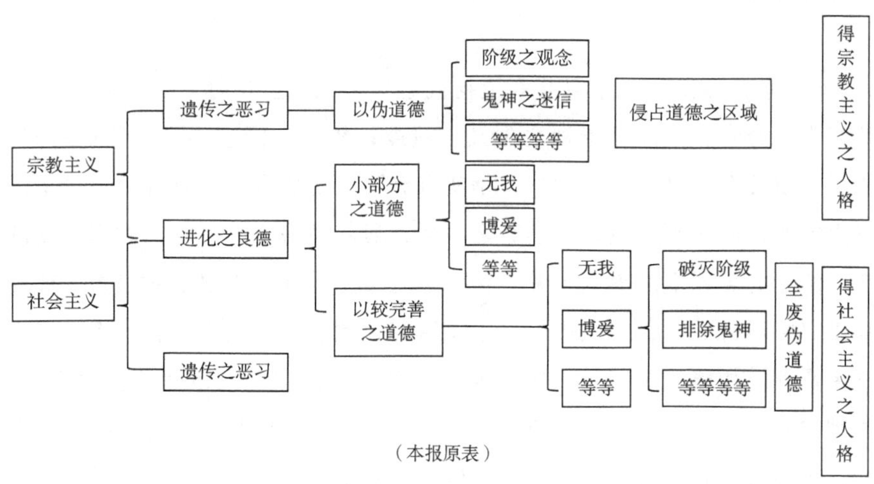

（本报原表）

要之，无我、博爱等，由人类之进化，渐为人性所同具，故今日社会主义之发生，实可谓发挥宗教所涵无我、博爱等之良德而来。

（燃案）无我、博爱等，即进化良德，言者亦自深切著明矣，何以加上渐为人性所同具之“渐”字，又生一种魔障？故下文亦当曰：“今日社会主义之发生，实专为发挥宗教中曾涵之无我、博爱等之良德。”因社会主义，实止发挥良德，丝毫未尝发挥宗教。良德者，固有之德耳，宗教主义涵之，社会主义又涵之，两者曾不相谋。

至此则向之所谓伪道德者，自化而为真道德矣。其阶级之观念，（阶级之所由成，本非宗教之罪。何则？未有宗教以前，而阶级之制已成。兹姑不详论。）自化而为平等之实行矣。鬼神之迷信，自化而为善恶之差别矣。（其说详下。）

（燃案）而宗教遂无复余地矣，某君固真社会党也。

鄙人向见贵报反对道德各论，肆言痛诽，自若非尽行破灭不可，将使吾人类尽陷于无道德，故鄙人不禁蹙然忧之，卒有前之邮简。今读大跋，认为有进化之良德，则吾心自释然矣，益信社会主义之必可大行矣。

（燃案）读此，觉某君止有道德问题，并无宗教问题。某君殷殷以道德警告社会党，是即对于社会主义之热度，较一切同志为高。前简有曰：满拟普及社会主义，为列国先，是实有破除一切成见，以真理公道倡率天下之宏愿。同人等于宗教及道德之关系，尽其一得之愚，与某君多所商确者，实止有名词上之界画，并无精神上之异同。惟云本报反对道德，肆言痛诽，将尽行破灭，使人类尽陷于无道德，此在反对党为恒言，而在同志则为奇评。如能指示一二，则同人始可自省，亦即可据以为明白之回复；否则本报宗旨，止知反对不道德。以本报执笔者之幼稚，或于不道德之事，不免有肆言痛诽，欲遂其尽行破灭之希望。然此皆意在使人类尽归于道德，适与尽陷于无道德之评，正相违反，此非本报同人之智力恰能相及。盖主义则然，即某君之企望普及社会主义，亦实因其有然耳。

鄙人常窃以为今之宗教主义所涵之良德，但愿吾人能光大之，使臻于社会主义之大无我、大博爱，所留遗之恶习，即所谓鬼神之迷信，吾人欲改革之，实非难事。何则？此非所谓加一 O 与减一 D 之说乎？一加一减非算学中最易之法乎？兹将其式列下。

God+O = Good

Devil-D = Evil

由此方程式观之，可知自今以后，宗教自转而归诸道德之一方面矣。

（燃案）右之方程式，无论止可附会于英文，于其他文字，不复成此式。则非可云公式，即此游戏之算理，亦必为宗教家之言。前则云光大上帝，斯为善矣；后则云破坏鬼神，则成恶也。适与某君转而归诸道德方面之言，为正相反。此等解嘲，恐适足为迷信者所利用。

足下又谓社会主义之实行，良不易言。诚然，鄙人亦常就其实行之法，百方思索。窃以为莫妙于借宗教而鼓吹之，盖今之社会主义，已略如上述，由发挥宗教之良德而来。故以此鼓吹，则本旨即相合，使人易于乐从。与其从毫无基础，仅凭理想而独倡实行者，何如就其通行万国，确有根据之宗教，而发挥之，改良之，其难易岂可同日而语哉！鄙人以此为实行手段之一，质诸高明诸同志，以为何如？

（燃案）社会主义之实行，反对宗教，即其一端，岂有反加鼓吹之理？且所谓无我、博爱等之道德，社会党取诸自己之主义而鼓吹之，已无不足。宗教家有何足以借给社会党者，而社会党必当利用之耶？况利用矛盾之主义以诱致世人之乐从。此种不正当之手段，即宗教家及一切种种败腐主义，曾在过去时代，为障碍于世界者。社会党之大宗旨大目的所在，即特与此等欺人作用，为针锋相对之冲突，安有尤而效之之理？

就某君“通行万国”之观念而论，无非以为大势之所在，即强权之所在。殊不知强权所在，即最足与爱情公德，有附丽之淆杂。如人伦法律者，不惟其通行较宗教为广，（有如法之今政府，毅然宣告无宗教，然尚不能无人伦，无法律。）其根据较宗教为坚，真社会党如无政府党者，尚反对之不遗余力，曾无纤毫利用之敢言。岂有如宗教之强权，在今日已成弩末，不乘势摧灭之，反死灰复扬之乎？故同人所闻社会主义之绪论，止有是非并无所谓难易也。是非明，即实行有日，否则尽为伪耳。

故有如中国之前途，如此黑暗，乃有好用不正当手段者，遂不恤摧毁革命，俯仰立宪。利用之乎，抑反为人利用耶？有己智人愚之野心，欲以英雄豪杰之名义，布置世人如奕［弈］棋者，实道理之罪人也。即其本人，亦必一失其位置，遂心灰气冷，一若天下事并无与于己事者，是正所谓惟有为，故为耳，尽为伪也。

拉杂不知所云，并望更教之。致意鞠普氏语，当别答。

（录自《新世纪》第54、55号，1908年7月4、11日）

《礼运》大同释义

鞠　普

老言自然，墨言兼爱，佛言极乐，耶言平等，与夫今之无政府党、社会党，皆大同主义也。然言主义者多，言方法者少。能以寥寥数语，概括一切方法者，吾于《礼运》大同一章见之。惜旧注所释，多失其义，今略加诠正，以质世之言大同者。

大道之行也，天下为公，选贤与能，讲信修睦。

案：此即废政府之说也。（君臣一伦久当废，不必赘。）私者，公之敌。私一身，私一家，私一国，私一种，皆私也。私小者祸犹小，私大者祸愈大。政府者，私之最大者也。无论专制，无论立宪，无论共和，问有政府不攘夺人民之财产，损害人民之生命者乎？无有也。无论专制，无论立宪，无论共和，问有人民不负当兵之义务，不负纳税之义务者乎？亦无有也。惟无政府，自无国界、种界、人我界之争矣。天下者，天下人之天下也。故曰：天下为公。

公私之界，可以人力破。智愚之判，不可以人力合。使智愚不辨，则无竞争，将无进步。故选贤者，所以励不贤也；与能者，所以矜不能也。选之与之，犹言矜式之崇拜之而已，非如旧注所谓国不世传也。惟选贤则不贤者劝，与能则不能者奋。且贤者愈贤，能者愈能，而世乃愈进。（《墨子·尚贤》一篇其义正同。）故曰：选贤与能。

天下之不信不睦者，莫政府若。故外交者一诈伪场也，海陆军者一杀人机也。政府去，则世界内惟人与人交际而已。人与人交际，不信将自败，不睦将自毙。惟无伪无争，始能立于共同生活之中。（今之个人与个人交际，小社会与小社会交际，不必订约，每能不欺不斗，是其明征。惟处富贵利达之场，而争欺乃起耳。）盖至其时，已无尔诈我虞之事，无此疆彼界之分，所可讲者修者，只信睦而已，无他事也。故曰：讲信修睦。

故人不独亲其亲，不独子其子，使老有所终，壮有所用，幼有所长，矜寡孤独废疾者皆有所养。

案：此即废家族之说也。（不言父子而言亲子，可见父子二字本不通，父子一伦更当废。）人有家族，故亲须为子谋，子复须为亲谋。自少而壮而老，无时不在经营之中，即无时不在［忧］忧患之中。不知亲之于子，因情欲而生耳，无所谓恩也。迨既生而养之教之，于是恩生焉。施恩者必望报，受恩者必思报，于是孝生焉。恩也孝也，互相责偿，皆私而已。家族废去，生即为公民，是生我者固不知为何人，我生者复不知为何人。我惟尽我力于社会，老者安之，少者怀之，朋友信之而已。我不必为亲谋，亦不必为子谋，无苦恼，无罣碍也。故曰：人不独亲其亲，不独子其子。

家族既废，人类生存，必当共保。人寿平均，大约六十，此六十年中，当分三时期：二十以内，受教育之时期也；二十一至四十，服勤劳之时期也；四十一以上，享娱乐之时期也。人惟自私，故有幼无所长，壮无所用，老无所终之患。世之进也，必有公共之育婴院。（科学发明，彼时婴孩必不需乳。）必有公共之养老院，必有公共之学校，必有公共之会场，其余凡人生起居服食游乐休息者，无不有公共之处。（一切公共方法，当别著论详之。）幼而受教育，教育公也；壮而服勤劳，勤劳公也；老而享娱乐，娱乐公也。故曰：老有所终，壮有所用，幼有所长。

人各得所，固无所谓矜寡孤独者矣。有之，惟废疾之人。何也？废疾者易传染，不能与平人合，必仍与废疾合。（如粤之癫疯瞽目，自为配偶。）废疾者难平均，或男多女少，或瞽众疯稀，故不能免于矜寡孤独。此等矜寡孤独废疾者，不能责其尽力于社会，亦不能同享社会之权利。为进种计，故别之；为好生计，故养之。故曰：矜寡孤独废疾者皆有所养。（此句当连读，不当分读，旧注全非。）

男有分，女有归。

案：此即废婚姻之说也。（不言夫妇而言男女，正如佛说所谓善男子善女人。故夫妇名词，实不通也。）世界无论一夫多妻，多夫一妻，一夫一妻，多夫多妻，苟有夫妇之名，即背男女之义。男女相悦，即相合耳，何得谓奸，又何得谓淫！（今世以男女相悦为奸淫，最谬。吾谓惟自私其妻者为奸，多置姬妾为淫。若男女相悦，正也，非奸也；乐也，非淫也。）虽然，有当虑者。人类之争，起于男女，妍媸不同，苦乐或异，一也。男女之数，势难相等，供求不给，匹配难均，二也。女子有天癸之期，有孕育之期，不予维持，实碍卫生，三也。女子阴绝早，男子阳绝迟，生华生稊，人情不乐，四也。男女相合，不宜太杂，纵欲过甚，生齿不繁，五也。故是时必有一公认之规则，使男女之合，必有其地，必有其时，必有其数，必有其类，（此等规则，当另著论。）于自由之中，有限制之法，使男子知有分际而不妄交，女子知应归宿而不乱合。（归宿，即指天癸孕育期内言，盖归而另宿也。旧注非是。）故曰：男有分，女有归。

货恶其弃于地也，不必藏于己；力恶其不出于身也，不必为己。

案：此即废金钱之说也。金钱者，寒不可为衣，饥不可为食，至无用之物也。惟世以之为货与力之代价，于是金钱万能，金钱遂万恶。金钱废，则货与力之真复原。货与力之真复原，则人移其谋金钱之心，以谋货力。故人人皆出货之人，即人人皆得货之人；人人皆出力之人，即人人皆省力之人。何也？货之出于地者储之公（如物产），力之出于身者储之公（如艺术），凡关于货与力者，无不储之公，各取所需，各给其求，无不足也。惟不出货与力者，社会不齿之。谓是时犹有私其货力者乎，必无有也。故曰：货恶其弃于地也，不必藏于己；力恶其不出于身也，不必为己。

是故谋闭而不兴，盗窃乱贼而不作，故外户而不闭。

案：此即废法律之说也。法律者，强权之保护符，自由之障碍物也。强权者，己欲谋而禁人谋，己为盗窃乱贼而虑人为盗窃乱贼，于是设为种种之法律，且谬定自由之法律。（今之法律，所许之言论、出版、集会、书信、迁徙自由，无论其不实行也，即实行亦以小惠愚民耳）。试观法律所规定，如军人，如官吏，如巡警，何一非为己谋为盗窃乱贼之具耶？故法律愈繁，其世愈乱。（老子云：法令滋章，盗贼多有。剖斗折衡，而民不争。又云：圣人不死，大盗不止。其义精矣。世乃谓法家出于老子，岂不谬绝！）法律废则民心静，民气平，谋于何有，盗窃乱贼而何有？（今人于一家之中，未尝设法律，未闻有彼此相谋者，相盗窃乱贼者，即小可以喻大。）天下同风，夜不闭户矣。故曰：谋闭而不兴，盗窃乱贼而不作，故外户而不闭。

是谓大同。

如上云云，天下一家也，四海兄弟也，众生一切平等也，远近大小若一也。由个人而成社会，社会之内，无不同也；由小社会而成大社会，大社会之内，亦无不同也。语言同，文字同，风俗同，教养同，凡可同者无不同。故曰：是谓大同。

（录自《新世纪》第38号，1908年3月14日）

社会主义与实验科学

辟异译（意大利来稿）

是书原名 Socialismoe Scienza Posiliva（Darwin-Spencer-Marx），于一千八百九十四年发刊于罗马，系意大利社会党冯鲁（Enrico Perri）所著。冯氏生于一千八百五十六年，为意大利研究犯罪病理学者之一。冯氏虽不如陆伯素[①]（Cesare Lombroso，生于一千八百三十六年，为意大利著名研究犯罪病理学家）之博，然其研究颇足补陆氏之不及。冯氏初为某大学教授，一千八百九十五年因提倡社会主义被斥。

近数年来，社会主义倡行，几有一日千里之势。今人之反对社会主义者，往往以达尔文之进化学说为护符，其言曰：社会主义欲借互助使人人生存，而达氏则谓生存竞争，优胜劣败，乃天演之公理。由此观之，则可知社会党所希望者，皆属理想而不能实行者。冯氏著是书，即以科学之真理辟除今人之谬说，谓达尔文进化学说，非特不与社会主义冲突，实为社会主义立足之根据。

第一章　费区与授郝智尔

一千八百七十七年九月十八日，各国博物学家开大会于德国之蒙西[②]

① 陆伯素，今译作“龙勃罗梭”。

② 蒙西，今译作“慕尼黑”。

（München）。协南[①]（Jena）大学教授郝智尔[②]（K. Haeckel，生于一千八百三十四年，为德国著名之生物学家。）演说达尔文主义，盖其时攻击达氏进化学说者尚实繁有徒也。数日后，费区[③]［Rudolf Virchow，生于一千八百三十一年，卒于一千九百零二年，为德国著名之病理学家及人类学家。一千八百四十九年，费氏为温堡[④]（Würzburg）大学解剖学教授。一千八百五十六年去而至柏林大学，该大学中之病理学博物院，即费氏所手创者也。费氏于普鲁士议院中为激烈党领袖，常反对俾斯马克[⑤]之政策。］复非难达氏学说，谓其实与社会主义相合。郝智尔与徐明德[⑥]（Oscar Schmidt，德国动物学家，生于一千八百二十三年，卒于一千八百八十六年。）闻之，即竭力辩驳。徐氏谓今之社会党果系谨慎小心之辈，则断不至误认达氏进化学说为社会主义之根据。盖达氏之主义直斥社会主义为不可实行者也。（见一千八百七十七年十一月二十七日 *Ausland* 报。）郝智尔复费区书，亦主张徐氏之说。其词云：社会党之目的，系平人类，均贫富，人人有同一之义务，有同等之安乐，而达氏学说则谓权利义务、贫富安乐，万不能一，盖以所受之遗传性不同，故人生之初，即有智愚之判，强弱之分，重以社会进化，各事皆用分工之法，以每人有特别之优点。（如善用脑者，脑性发达；善用力者，则力日增之类。）故所得之权利，遂不能同。此理之简易，虽三尺童子犹能知之。达氏学说又言人类与动植物同侧，动植之细胞，其生存者只优胜之少数，其劣败者实居多数，人类亦然。由此观之，则达尔文进化学说与社会主义为直接反对，更无疑矣。（以上郝氏语见 Soury 所译之 Les Preuves du Transformisme，第一百十页。）以上即郝氏非难社会主义之说，余当于下数章中分三大端以详论之。（未完）[⑦]

（录自《新世纪》第 45 号，1908 年 5 月 2 日）

① 协南，今译作“耶拿”。

② 郝智尔，今译作“海克尔”（Ernst Haeckel，1834-1919），德国博物学家，进步记者。

③ 费区，今译作“魏尔肖”。

④ 温堡，今译作“维尔茨堡”。

⑤ 俾斯马克，今译作“俾斯麦”。

⑥ 徐明德，今译作“施密特”。

⑦ 原文至此，未见续文。

驳《时报》论中国今日不能提倡共产主义

民

利害之说，最足以动人之听，加之似是而实非，尤易致人之迷信也。夫为一说，而不研究其所论之理由，徒以利害而重非之，未有不大谬不然者也。亦且自以为稍言其理由焉，实则无正当之心理，的确之观念，以求其会通，则亦不免为似是而非之论也。盖心理不正当，观念不的确，则是非无一定，且从而颠倒之矣。其弊也，胡说乱道，逞其谬误。所谓仁者见之谓之仁者，则邪者见之亦谓之邪，此皆随个人之心量而变易。然其实在之是非，必不可诬。是其是而非其非，其说自可通也。苟不尔，必为自欺欺人之说，不至终背于公道真理而不止。《〈时报〉论中国今日不能提倡共产主义》，颠倒是非，真背于公道真理者也。其为说也，偏重于利害，所以措词矛盾，无往而有合。虽拖泥带水，似亦稍顾是非，欲质于精研群学者，然因此则发语芜杂，愈极周章。讲共产主义者，自必置之，以为无可辨之价值。乃有不知者，以为其所论极为明晰。故恐其偶有似是而非之处，易于惑人，不得已费吾闲笔墨，略加驳正，（一）以正共产主义之界说，（一）以明无政府与共产主义之为二而一也。

天下有至仁之术，而适得至不仁之效果者，新学家所倡之共产主义是已。

头一句便浮而不实。中国人作文，不讲论理，故文通理不通。照他这样论起来，世界上没有一个好主义了。不拿两个主义来比较，哪里可以评得出是非？论者谓共产主义为至仁之术，而适得至不仁之效果。现在用吃饭二字代共产，照他口气，拟将下去，便道天下有至善之事，而适得至不善之效果者，生理学家所倡之吃饭主义是已。夫吃饭为人生不可少之事，或者吃得不适当，便有些不善之处，然较之吸乌烟，自然不同，自有定论。乌烟虽有时可以治病，总究不是卫生的东西，少些吸点，瘾头渐渐大起来，吸上了瘾，那就不得了。乌烟一物，可吸可不吸，吸则伤生促命，故不如不吸之为愈。吃饭是不可不吃的，吃了饭，然后可求进化增幸乐。吃饭比了共产，吸乌烟便就是私产了。

共产主义，富贵人决不主张的。他们的私产，保得比性命还牢。没有了私产，平日间靠着私产所享受之荣华便失，反比贫人更觉苦恼了。所以教富贵人主张共产，犹教吸乌烟者不吸乌烟。严候官说得好："你们没有尝过鸦片烟的味道好。"富贵人爱私产，都是这种观念。只讲自私，所以忍令大多数贫人受苦。贫人受了欺侮，不晓得抵抗，反自怨自责。我们晓得一点道理，岂能藏着天良，帮着富贵人来欺侮贫人。贫人现在天天多起来，那富贵人只晓得自己安乐，哪里听得到贫人的隔夜肚子，在那里"几里轧落"的叫。吾小时候听得乡里有一家人家，家主喜欢吸乌烟，上了瘾，计算家用增大了，他便处处俭省，后来连家里人饭都没有吃。他老人家精精致致，将一切俭省的，尽括在这一个无底洞里去。你想公平不公平？现在世界上的现象，就是这个把戏。主张私产的，便是用这种不让人家吃饭的手段。

共产主义，亦谓之社会主义。

共产主义，只有集产主义，可以同它相混，但是现在人家解说明白了，两个界说，自然不同。至于社会主义四个字，起初没有什么派头，可以分别，现在最为含糊。单说社会主义，不知道它主张些什么东西，故现在分了许多派头：有纯然的，有不纯然的；有无宗教的，有有宗教的；有无政府的，有有政府的；有自由的，有强权的；有无祖国的，有有祖国的。他说共产主义就是社会主义，便是胡说。主张共产者，都是无政府党。故无政府党，主张社会主义实行共产者，不必称无政府的共产社会党，而曰无政府共产党，词简而意备，无可假借。单说社会主义，是有毛病，因为现在有一般社会党，别名叫得假社会党，实则作官党。他们讲国有主义（有政府，自然有祖国），想要把一国的土地、物产，都归国家所有。前天遇见两个法国人，忽然讲到国有问题上去。有一位年几将近六十岁了，神气还好，讲谈亦来得，他偏不赞成国有主义，以为国家管了，总究腐败，并且他反问一般社会党，何以必欲归国家所有，他便不明白。还有一位说道：想是为着资本家作恶，所以社会党想一个法子，要免脱这个毛病；土地、物产，国家有了，贫富可以不十分悬隔，像铁道、电车、轮船、电信、电话、一切制造工厂、地皮、房屋等等，皆归国家管理，规模可以一律，资本家不能垄断，工人不致无工作；以资本家所括的利息，国家收了，弄了一笔大大的款子（可以大修海陆军），作社会上公益。他说到这里，那年老的便接下去说道：这个话头，我已经知道。资本家之私产，被国家夺了去，难道国家便不能作恶了么？国家与政府，原来有些分别，现在有几个政治家，便说政府代表人民，国家亦代表人民，故政府即国家，犹是朕即国家一派。资本家果然不能作恶，安保政府不借国家之名，不作恶么？恐怕政府做了一个最大的资本家，政府里的人，便有乌烟吃饱，让贫人饿死，一切与资本家之作恶相同。并且无论何事，现在看起来，经了国家办，便比公司办者更劣。公司办得不好，有人攻击，还有政府来干涉；至于国家管了，政府办得不好，谁能攻击？谁能干涉？就拿法国几条铁道比较起来，便知道国家管的铁道，又不适意，又贵。至于香烟、火柴，更不容说了，货色低劣，价钱又大。（讲到中国，归官办一声说话，其中昏天黑地，都包括在内，人人都知道，不必再明讲了。）所以我想还是归公司办，国家立几条法律出来，限制资本家之作恶，以保护贫人。他说到这里，我想法律是最不好的东西，拿法律来保护贫人，先拿军队保护了资本家再说。要想法律保护，真是风吹箬帽告诉天。哪里法律可以限制资本家？只有资本家可以左右政府。资本家肯受法律限制，那他们的私产，就可以充公了。你想能不能？这位老先生，亦没有什么思想，后来乱讲一场，就走了。故国有主义之弊，不待无政府共产党，亦能指摘之也。

> 其学说始倡于德国，而欧西诸国，幡然从之，盖自专制之政体既颓，而学说之占势力于世界者，无如此派矣。

论者谓共产主义，为现今学说之占有势力于世界者，那自然不错。青出于蓝，新主义总比旧主义好。有经验，有学理，故其势力渐大。由理想而言论普及，由言论而见之于实事，此皆吾辈有提倡之责。能早一日实行，即早一日脱贫民之苦。将不数年，其势力之大，更非论者所能逆料矣。

> 以其所倡土地归公、资本归公之说，最利于多数之贫民，以故生计界之不得志者，群焉趋之若鹜，几奉为民生之救主，而不悟其足以召乱而覆国，正孟子所谓非徒无益，而又害之者也。

私产主义，利于少数资本家；共产主义，自然利于多数贫民。故共产主义之合于公道真理，不待明言。社会上事情，自然要从多数着想，不然专逢迎少数，何必改专制独裁政体为立宪或共和，让他帝皇辈最少数人，多享些福亦好。惟其不然，所以一定不要统辖于一尊，大多数人民，亦要有些权柄，于是起政治革命，岂不是亦为着多数人么？少数人有了私产，便享福，多数人没有了，便受苦，那是最不公平的事情。讲了私产，那无私产者，便无生计。他无生计，并非他的罪恶，因为他所应受的一分，未出世之先，已经被人家夺了去，并且用一切法子保护起来。那生来贫的，什［怎］么有能力同他们争回来，只好苦吃苦作，一旦工没有作，连饭亦没有吃了。故贫人讲共产主义，实在是他的本分。争了私产来，化为公共所有，那自然无“生计界之不得志者”，因人人已有所应受的一分了。

共产主义，全为大多数贫民设法，并非要富国强兵。论者弄错了念头，横着两个“叛乱”与“祖国”成见在胸中，便骂人召乱，自称爱国。他说共产主义，足以召乱而覆国。不错，正要召乱，正要覆国。召乱，然后可以拨乱反正，以杜天下之大患；覆国，然后世界可以大同，同进增人类正当自然之幸乐。

今夫以智役愚，以贤役不肖者，此今日天演之现象，虽圣哲所不能违也。

人之有智愚贤不肖，犹一手指之有长短大小，自然有些分别。不过将来教育普及，大家不拿学问来自私自利，普通智识外，人各有一专治之艺术，故智愚贤不肖之差甚微。然今之智愚贤不肖，皆本于贫富，并非生出来就有智愚贤不肖之分。父母不开通，不知胎内教育；养了出来，又不晓得儿童教育；长了没有钱，便到工厂里或至人家作工。无论他智而贤，不得教育，如何教他不至于愚不肖？论者谓智役愚，贤役不肖，实则富役贫耳。此即不平等之大原因。至于谓智役患、贤役不肖，为天演之现象，便不确当。先知觉后知，理应如是。所以智者教愚者，贤者教不肖者，非智与贤者应役人，而愚与不肖者应役于人也。并且为社会上公益着想，人人各当尽其所能，各当取其所需，无所谓役人与役于人也。惟论者横着“主”“奴”之成见，故有此云云。

以智愚贤否之不齐，而勤惰分焉。以勤惰之不齐，而贫富判焉。苟智且贤，未有终身于贫窭者也。

这几句话，更不成问题了。智与贤者未必勤，而愚与不肖者未必惰。勤者未必富，而惰者未必贫。

今之工人固贫，日日勤劳，惟恐无工作，何暇思惰。惟富者不耕而食，不织而衣，非惟不作有益于社会，反暴殄了许多。有了铜钱，能进大学，读了几十年书，亦没有一点发明。贫人无法，读一点书，想要换饭吃，不得不发明一点。你看富与贫，孰智贤耶？孰愚不肖耶？谁勤谁惰？而其结果，有私产者富贵。苟无私产，未有不终身于贫窭者也。

夷附按：儿童时有计遍数之书条，先生两面书之曰：“黄卷青灯，今夜果然辛苦。”“花翎红顶，他年何等光荣。”所谓惜诵君者，到了二十世纪，其智识依旧如此。中国人的教育，真可佩服。

今必夺富民之所有，以均之贫民，使之不劳而获，其为贫民计固得矣。然使智而贤者，积终岁之勤劬，曾不得一享其利，而游手偷闲之辈，反得以坐享其成，而无匮乏之忧，更何人尽心于殖产之途者？吾恐贫者之益习为游惰，而富者悉不免于饿空。

不劳而获，即一般有私产者之所为，享受贫民以血汗所得之收成。贫人劳苦了，作一点吃一点，还要什么样；没有工作了，便饿死，或怕饿死，而为盗为贼；发觉了，便受刑罚要死。论者专为富贵人着想，所以语语颠倒，只恐贫者之益习为游惰，而忧富者之不免于俄空。吾不知论者之何以厚富人而薄贫人若是其甚也。

一国之总殖，将消耗于无形，更何以登商战剧烈之场，而助前途之进化也哉！

既讲了共产，哪里还有国？还有商场？什么叫做一国之总殖？又叫做商战剧烈之场？论者说梦话，东一句，西一句，真好笑。

吾国井田之制，与均产主义，如出一轨，而其法不能行于三代以后。孟子所言，先儒且有疑其理想，而非事实者。然而其说实阴中于人心，牢不可破，尝有排众议以行之者，大则亡国，小则致乱。昔者新莽盖实行之矣，其言曰："汉氏轻减田租，三十税一，而豪民侵凌，分田劫假，名为三十税一，实十而税五耳。农民手胼足胝，终岁勤动，所得曾不足以自存。富者犬马余菽粟，骄而为邪，贫者不餍糟糠，穷而为盗。"是说也，即西儒以田主、资本家为劫盗之说也。而新莽之乱天下，竟何如矣！王荆公之行新法也，所据之原理，亦不过抑末务而禁兼并，而宋卒以愈弱。然则井田之不可行，而均富之为理想空谈也。岂不昭昭然哉？

这一段引着几句历史，便先儒后儒，孟子蚤虱的肉麻起来。上半段说了共产，这里又说均产。均产与共产，是风马牛。井田倒有些像均产主义，但是讲到均产，总是不匀，又不是分家私，什么好好儿一个世界，把它均分了，这岂不是更无为！井田之不能行，自然有故。但它与共产生义，有什么半点瓜葛！

世界未抵于大同，则人民之程度，不能平等。劳心劳力，职业有难易高下之殊，则食报亦从之而异。许行并耕之说，孟子已斥其不可行矣，而胡为复嘘其余焰也耶！

职业固有难易，然各尽其所能，那自然不容强人以所难，私己以所易矣。食报两个字，最野蛮，功过毁誉赏罚荣辱，便连接来了。共产主义，原要打破一切不平等之原因，故其实行公共，不论功绩，而取用本乎所需，此即人类自然之公例。至于许行并耕之说，乃极端之个人主义，与共产主义，尤相去十万八千里。所谓可行不可行者，让孟子在二千年前去论去，现在是，再也没有工夫论到。

近亦有人提倡均产之说，以为欲救今日之中国，非均产主义不为功。

今之所谓救国者，即主张强权之别名也。主张强权，而欲其行共产主义，犹南辕而北其辙也。所以必欲普及共产主义于中国者，非救中国，实救世界上之弱者也。弱者各国皆有，我辈何必单救中国之弱者？此则各视其所能，各就近便处尽力耳。故不惮仅仅以中国文，鼓吹此最新之主义，以与一般新发生之祖国强权党为敌。表面上虽西人自西人，吾辈自吾辈，所鼓吹之方法与地位俱不同，然同抱一目的，其所向之方针，未有异也。

顾西人之主张均产者，犹谓以土地专归国家，而以之分配于人民，然其事已极困难，而不能见诸施行矣。

以土地专归国家，谓之集产主义，或分配于人民，谓之均产主义。"国有""集产"之弊，上既言之矣。均产之难于均匀，亦固然也。人口有增减，生生死死，分配之者，岂能划一？均而不匀，等于不均，故不若共产主义之为最善也。夫物产原不属人，更何有属此属彼之分，不过起初被强者占夺了，遗传下来，便有此习惯，将此生不带来、死不带去之物产，争夺起来，闹到现在，还闹不了。然而现在都知道强权之不可不抵抗，于是从前强者所设施之狡计，一概打坏。什么叫得贫富有命，贵贱在天！此等迷信，现在没有价值，没有人相信了。富贵人拿了私产，传子孙，传了数代数十代，现在可以传完了。把他纸老虎打破，便可将共产主义见诸施行了。

> 今我中国，其情形尚不若此也。若必强行之，则必至于激人民之暴动，而尽废一切人治之法，举一切法制禁令而尽去之，至成为无政府之现象，其将何以为国也？

今日中国之情形，虽不若欧洲贫富悬隔之甚，然主张强权者，效法欧美，欲重造一欧洲于亚陆，乃极为糊涂。今日欧洲经济之组织，其不正当，可谓极矣。他日中国，看了样，做起来，便为害于人民。不如乘此未养成贫富悬隔太甚之时，实行共产，便省一重困难。至于实行共产能激人民之暴动，又不知道他又说到什么地方去了。在富人眼里看了，叫那革命为暴动，殊不知贫人看着野蛮的和平，便是富人暴动。

共产主义，没有什么法律，“各尽所能，各取所需”是它的大纲，其他一切法制禁令，都是不要。政府已经没有了，哪里还有国？成了无政府世界，那就自由平等了。复何求哉！

> 夫世界天演之程，必由竞争而后进化。由勇力之争，演而为智力之争，由君民之相争，演而为贫富之相争。进化无已时，斯竞争亦无已时，文化之所以累进而益上也。欧西今日君民之争已去，贫富之争方来，而识者犹谓大同之盛，非旦夕所可遽致。若吾国则君民之争，方在起点，又乌能骤及贫富之问题也。吾惧均产之说之足以激吾国劳动家思乱之心也。故不惮尽其词如此，以质于精研群学者。

进化未必赖竞争，竞争未必有进化。此段说头，在本报《无政府说》已经说过。欧洲君民之争固稍淡，贫富之争固方盛。中国睡了数千年，到了现在，还不醒起来，赶紧跑上去。他反说欧洲人这样，我们中国人只好那样，岂敢这样，总比他迟一点，不能同他一样的。这种念头，存在心里，总归弄不好，还要说智役愚，贤役不肖，富役贫。请他自己想想看，拿中国人同西洋人比较，孰智贤？孰愚不肖？谁富谁贫？照他说是天演之现象，中国人应该役于西洋人，还有什么勉强？这种观念，谓之可笑的程度观念。讲了程度，自然乌烟瘴气，便有一种说不上来，自暴自弃的神气。说到这里，我亦不高兴再说。所有的矛盾与谬误处，大略驳过。横竖只［这］位惜诵先生的程度如此，要他明白，多说亦弄不清楚。

（录自《新世纪》第72号，1908年11月7日）

·附录·

论中国今日不能提倡共产主义

惜　诵

天下有至仁之术，而适得至不仁之效果者，新学家所倡之共产主义是已。共产主义，亦谓之社会主义。其学说始倡于德国，而欧西诸国，幡然从之，盖自专制之政体既颓，而学说之占势力于世界者，无如此派矣。以其所倡土地归公、资本归公之说，最利于多数之贫民，以故生计界之不得志者，群焉趋之若骛，几奉为民生之救主，而不悟其足以召乱而蹙国，正孟子所谓非徒无益而又害之者也。

今夫以智役愚、以贤役不肖者，此今日天演之现象，虽圣哲所不能违也。以智愚贤否之不齐，而勤惰分焉。以勤惰之不齐，而贫富判焉。苟智且贤，未有终身于贫窭者也。今必夺富民之所有，以均之贫民，使之不劳而获，其为贫民计固得矣。然使智而贤者，积终岁之勤劬，曾不得一享其利，而游手偷闲之辈反得以坐享其成，而无匮乏之忧，更何人尽心于殖产之途者？吾恐贫者之益习为游惰，而富者悉不免于俄空。一国之总殖，将消耗于无形，更何以登商战剧烈之场，而助前途之进化也哉！

吾国井田之制，与均产主义如出一轨，而其法不能行于三代以后。孟子所言，先儒且有疑其理想而非事实者。然而其说实阴中于人心，牢不可破，尝有排众议以行之者，大则亡国，小则致乱。昔者新莽盖实行之矣，其言曰："汉氏轻减田租，三十税一，而豪民侵凌，分田劫假，名为三十税一，实十而税五耳。农民手胼足胝，终岁勤动，所得曾不足以自存。富者犬马余菽粟，骄而为邪，贫者不餍糟糠，穷而为盗。"是说也，即西儒以田主、资本家为劫盗之说也。而新莽之乱天下，竟何如矣！王荆公之行新法也，所据之原理，亦不过抑末务而禁兼并，而宋卒以愈弱。然则井田之不可行，而均富之为理想空谈也，岂不昭昭然哉？世界未抵于大同，则人民之程度不能平等。劳心劳力，职业有难易高下之殊，则食报亦从之而异。许行并耕之说，孟子已斥其不可行矣，而胡为复嘘其余焰也耶！

近亦有人提倡均产之说，以为欲救今日之中国，非均产主义不为功。顾西人之主张均产者，犹谓以土地专归国家，而以之分配于人民，然其事已极困难，而不能见诸施行矣。今我中国，其情形尚不若此也。若必强行之，则必至于激人民之暴动，而尽废一切人治之法，举一切法制禁令而尽去之，至成为无政府之现象，其将何以为国也！夫世界天演之程，必由竞争而后进化。由勇力之争，演而为智力之争；由君民之相争，演而为贫富之相争。进化无已时，斯竞争亦无已时，文化之所以累进而益上也。欧西今日君民之争已去，贫富之争方来，而识者犹谓大同之盛，非旦夕所可遽致。若吾国则君民之争方在起点，又乌能骤及贫富之问题也。吾惧均产之说之足以激吾国劳动家思乱之心也，故不惮尽其辞如此，以质于精研群学者。

（录自《时报》第1518号，1908年9月13日）

无政府党系如何一种人物乎

马利斯（H. Morris）述　四无 译

译者先为代答曰：是未来之慈善世界上，一最平常人物。是今日最少数帝王、卿相、富豪等之仇雠。是今日最大多数人温和之朋友。

主张造就富翁之普通报纸，永远将无政府党，形容为一种善起风波，甚为凶悍之人物。以为此种人物，别无所好，所好者，仅仅倒乱秩序，骚扰社会而已。然无政府党，甚乐受其恶名。因正可借彼之传达，使大多数之受苦而不知、知之而强忍者，徐悟所谓秩序、所谓社会，非皆为帝王、卿相、富豪等，利用以为迫害人类之具乎。何以无政府党之反对此等食蠹，如此其猛烈耶？则“有感动”“有思想”者，可望日日增多矣。无政府党曾暴露国家之真目的，其真目的即阳假伪文明，实行真野蛮，种种设施，莫不如此而已。彼所最憾于无政府党者，即无政府党畅攻彼等掠夺人民，把持私产，归罪其身，使之无余地也，又抉破其神圣之法规，实为无意识之暴力，以为自由平等之死敌。因彼等戴着面具，撒诳于社会者，每自谓彼等能维持公平之裁判，及施行保民之慈惠。彼等所谓社会上“专打抱不平者”也，所谓“人民之慈父母”也。无政府党，则出其利爪，将彼等之面具，全行撕破，使之在破面具中，露出一真相，则獐头鼠目、专贩奴隶之黑客也，醉生梦死、止知守旧之幺魔也。吾无以名之，名之曰社会上一种传染政治毒之微生虫而已。故所谓国家者，无他，即屠人肉之会社、骗子之俱乐部、强盗之公司。国家！国家！其代名词也，或者亦可言，国家者，牢监之别名，绞台之变相也。

不然，请问何以从专制之俄罗斯，以迄于共和之亚美利加，无所谓野蛮与文明，一言及于无政府主义，而无数之强盗政府，即打着一合同，齐心抵抗乎？此因政府之性质，即全含保守及阻碍之分子而成，故稍服此等之药品，无不发着热狂，欲保固政府之地位，与新观念及革命思想为仇敌。

译者按：矢人惟恐不伤人，故择术不可不慎，不然，盗亦有道，无不可言之成理、持之有故也。政治性质，全含保守与阻遏，即政治中人亦不欲深讳（亦不能讳），但彼中人之坦然者，则曰某也幸，苟有过，人必知之。所谓保守与阻遏，亦间接谋世界之和平耳，而曾不悟其维持和平者固半，而酿造不和平者亦半。苟放任一切个人之本能，依自由平等博爱之人理而行，纵世界之习染已深，一短时间，亦必暂得和平者半，留遗不和平者亦半。然前者为背理的，为消极的，为瞬息不及于半的（谓和平），而后者则为合理的，为积极的，为瞬息即过半的（谓和平）。虽推及于物理，政治实为腐败之原料，腐败其旧者，而后能发生其新者，亦进化中不可少之一物。然腐败之品质，于未腐败时，即为成熟之品质。由无政治而以有政治代之，其初皆即恢复自由平等博爱种种之人理，此即今日政治家但从维持和平一方面，欲间执人口，离去政治一切组织，抽象言之耳。自政治组织，以保守及阻遏之原子，愈布愈密，即腐败之期亦至。世界之现象，自然较之古昔无政治时代，已进一级。进此一级，虽谓政治之效力亦可。然惟其世界已进一级，而政治已为保守及阻遏两原子，束缚而趋于腐败，（即所谓组织完密，如人之已壮老，亦为保固身体之肌肉等，束缚而成坚硬，旋即腐败也。）则后日世界之再进一级，遂非政治之组织，所可为功，于是发生无政府主义。无政府者，无今日政治之劣组织也。上文所谓“无政治”“政治”“无政府”。

此特记者自由涉笔，不暇予以确当之术语（且未能），故随便予以拉杂无价值之代名词，不以词害意也可。即无政府主义之名词，西文谓 Anarchism，不特中国旧译无君主义，太觉疏漏，即近译无政府主义，亦不赅备。然在西文，亦仅一权用之名词，字典上为此词之意义，所下界说，亦了不确当。若沾带行迹言之，上文所谓无政治者，亦非无政治，可云旧政治。则上文所谓政治者，即现政治；所谓无政府者，即新政治也。但确当之术语，决不能如此定法，不必政治家决不认野蛮时代之毫无秩序，可称政治，故无政府党，亦不欲代表劣秩序之政治二字，牵混于后来之进化新组织，因无政府为敌对政治者之一物。若定名为新政治，则从名词上，必生一改良政治组织，以为无政府组织之观念，是增益政治组织之完密耳，不能成为代用物也。故中国译名无政府，虽不赅备，实已得此学之要领。所谓无政府，明乎治此学者，即以破坏今日政治之劣秩序，使自由平等博爱之人理，停滞于第二级者，又进趋于第三级。此等扶持自由平等博爱之破坏法，即无政府之新组织欤！然至于政治之组织已废，无政府之组织日完，即彼“新保守”及“新阻遏”之原子，又组织无政府而至于完密，无政府又必腐败其后日第三级之文明，“无无政府”主义，又必发生。（难者有曰：无政府党亦讲程度乎？然则何不竟讲“无无政府”也。应之曰：此非言程度不能超进也。因吾人之智识，今日尚不能觉知耳。今日所能觉知者，纵极诡奇，无政府党无不主张之。然此等被主张之道理，无政府党皆止认为无政府主义。苦无“无无政府”主义，能指而名之也。且主义者，不过扶持自由平等博爱等之良德进行耳。今则妨碍之者则政治，去其妨碍，予以扶持者，即无政府，安所而能品题出“无无政府”之色香味，而能形容之以名言耶！）然则，公道真理，无有能达其一点之一日矣！曰：此何待言也，此亦谈无政府主义者群认为新抉出之一要义。本报固常常言之也。由乎一点之不能达，天地万物，于是乎不息。本此不息，于是可信其进行（循环之说，最为谬妄。日月寒暑之循环，因其改变至微，动辄数万年，始出现一大变更，故人不能觉。如以微物而言，见老人产小人，老树产小树者矣。曾见老人返为小人，老树返为小树乎？“返为”者，循环之说；“产生”者，进行之说也。）本乎进行之理，即有一较善及较不善之比较，所谓公道真理，即当常以较善者为代表，故政治已为第二级文明之腐败料，即较不善，无政府为第三级文明之成熟料，即较善。四时之序，功成者退。彼世之自私自利者，挟政治之护符，我辈抉之而不能去，乃暂屈于势之无可如何。若反扬其焰，而以我辈加入，是亦可已而不已矣！盖无政府之自由平等博爱，以之忠告于人，而谓反不如政治家之法令、等级、威权，用以束缚于人者，促世界之进行，彼迟而此速，乃决决不合于理论也；或曰理论而已，则借自由平等博爱，以行其恶者，固纷纷也。曰：然则借法令、等级、威权以行恶者，纷纷有过，即彼此之弊均，一则进行者，一则退化者，上文已言之矣。所谓各得和平其世界之道半，一则积极而瞬息过半的，一则消极而瞬息不及于半的。从今日而再过瞬息，即为祸为福，各自判然。然此又稍挟利害言之也。若纯乎以是非言之，则较善与较不善之证据既分明，断无颠倒其从违之理也。

无政府党所以首先攻去政治世界之私产者，因一切等级心、服从心、依赖心，皆由私产而生也。自有产业之专有权，遂置其应亲爱者为不相识，我等尝闻之矣，皆曰："私产即为真文明之基础"。如其此言确也，则今日直野蛮之时代，彼等亦行野蛮之主义耳。因彼等将收拾他人大多数之私产，为彼等少数之私产，岂非即使世界上文明人日少，野蛮人日多之明证乎？一切社会上之土地、局厂、车船，皆为少数懒惰舒服者所把持。粗率言之，每一个千万贯资财之富豪发生，即千万头受苦之贫民愈苦。其生活，殆尚不如古之野蛮人也。于是人类之自由，益以侵损，必且相率而为顺丐谄媚之态，乃能得专利贼之欢心，予以辛苦之工作，易得粗恶之面包，俾之缓缓饿死。

私产结果之不仁，直为不仁世界之罪魁。故无论谈工业者、兴农事者、为教师者、为学生者、为美术家者、为探险家者、为发明家者，营营于心，孜孜于力，及其成功，资本家吸其精善，劳心与劳力者啖其糟魄。他人则呼吸有毒之空气，工作于商社及厂房之地狱中，彼则累积其资财，愈累愈高，则彼之宫室府库，无异即建造之以他人之骨，而涂之以他人之血也。故无论在何等黑暗时代，一切惨恶之行为，终未有过于渔猎万贯家财之富豪也。

贫民之所爱，被困于私产之行瘟使者，无论友谊也，爱情也，辄束缚于重重之圈套，末由达其志望，一皆成为理想而已。

无政府党遂确认今日社会之组织，为祸于人类者至险恶，戟刺于良心者至悲愤也，故以为无论何人，生活于世间，必皆有其幸乐。彼所谓“只［这］个是我的”“那个是你的”，此等凶恶之野性，定劝世人之消灭之也。无政府党皆愿肩此辛苦及正当之工作，传达此等观念，一班治人者之恶人，决未能妨阻其工作之进行，因不久我辈多数受苦之同胞，必助我辈，与此等少数人决一死战也。此辈少数专利者之智术，无论蛮悍如俄，伪饰如美，终将同失其势力，决不能与我辈之新思想为敌对。

无政府党者，决不信仰久助专利者造孽之上帝，并以为决无上帝之一物，故不望有救主其人者，或有梦想之幻境者，忽能涌现，以已［及］今日之苦难也，关系于人事者，忽欲求助于上帝，或求助于不可思议之能力，皆蠢愚耳，为无政府党所最反对。上帝之名词，徒为民贼之护符，而教士即掘除自由性根之蟊贼也。无耻之教徒，（译者按：此可包括今日之崇拜孔丘老贼者在内。）其始彼固献其谀言，以为上帝惟赐福于纯然专制之民贼，（译者按：此对鲁伊十四等言，即所谓天子者，天谆谆然命之。）其后复改称上帝乃遍赐福于少数之资本家，（译者按：此对美国有钢铁大王等而言，即所谓黄天勿富命穷人。）前后矛盾其词，惟以弱者之涕泪，供强者之豪饮。尤可笑者，彼等有时又言，上帝赐福于杀人之将官，今则日日赐福于作恶街上之巡捕。无政府党反对此等之赐福，故反对上帝。无政府党所第一崇信者，即自由之行动，及共同之生活，则人类之特性与良能，不为劣秩序所损害，自足以完各个人之愿望矣。

世俗之所谓道德，亦由于腐败社会之习惯而成，故无政府党，又表明彼等为反对道德党。盖私产时代之道德，即保护专利强盗之利器，用以强迫多数之弱者，能饿其体肤为正义，能空乏其身为正义，能转于沟壑为正义。现今之社会，以为婚配者，道德中神圣不可侵犯之条项也，实则婚配者，无非一资财之关系。

译者按：自由交媾，若行之于金钱时代，则女人有孕而不能工作，生孩而无力能养；男子已洗净其阳具，早已行所无事，女人乃受累不堪名状矣，故自由交媾不能行也。否则自由交媾，必两相爱悦，而妄淫可灭，人人皆夫，人人皆妻，即无异夫妻居室，淫纵必不过度；交媾者，不过一卫生上之问题。即古不通之圣人，以防淫乱，亦用使民无夭札为词。至于伦理上之爱情，则世上之小男女，皆为成年之男女所爱，或互相爱，有若子女父母兄弟姊妹，则人类之爱情顿增。然而自由交媾之尚未能行者，无非为金钱所妨害，故曰无非一资财之关系。

因此，今日社会之状况，所谓友谊与爱情，其真者，皆被金钱所干涉，尽遭撕毁，亦如人类他种之智力与良能，合此友谊爱情等等，皆成为寻常之商品，与金石竹木同类，仅供贸易之用也。（译者按：即中国乡党自好者，亦恶骨肉朋友间行市道交。）

今日之所谓道德者，乃欲以方寸之美锦，掩尽其盈丈之秽恶，此即其不合于“论理”之作用也。

所谓家属者，又今日社会上神圣不可侵犯之道德也。然家属亦役于金钱，为专利贼增益其私产，遂违其父母妻子，一南一北，一东一西，卒未尝保有其家属之欢乐。

无政府党厌薄世俗之道德，无非挟有正当之观念，以为人之所以为人，必得其自由之至情，不能以吾之思想与智识，鬻之若商品，以易一饱。如其吾人能不肯出卖自己之思想与智识，则吾人所保存者，自纯然为真友谊真爱情矣。

则诸公如欲问无政府党为如何之一种人物，即剧烈的与现今国家主义最反对之人物也，即进行而谋人类异日较幸乐之人物也。

（录自《新世纪》第77号，1908年12月12日）

议院为如何之一物乎

燃

议会在古世，本一少数专制之组织，故虽屡变其面目，而性质从同。共和代议政体欤，立宪君主政体欤，虽名目繁多，要之可以片言赅括之，曰："少数各个人，瓜分一个人之专制权。"此少数各个人，即所谓中流社会者是也。故就大多数之人民，对于开明议会言之，即古之人民，戴一圣天子；今之人民，戴数十百个圣天子。如是而已。古世有辱皇帝之命者，即为大损国威。今日如有卖青田石，业洗衣服，远适异国，足以伤学士大夫之体面者，即为有失国体。总之各有其目的。大多数者，亦微觉其如是。故古世有造反夺皇帝做者，今日亦有革命夺议绅做者。又，总之各望夺据其顶颠者。有云为大多数之幸福也者，仍一"保民而王"之门面语也。所以议院座者，即近世之宝座。伦敦《日邮新闻》（*Daily Mail*），一普通之小报，销数则压各报而上。本篇所登之第一图，即采自彼报之年刊。英人之意，以为今日议绅之宝座，为彼国所发明，故常称彼之议院，为世界议院之母亲。该图即调笑近来之野蛮人，沐猴冠带，争欲据宝座以为荣。图中向议院而循行，第一人者，即英国之议院精卫吏。所负之宝杖，即代表"法律"与"秩序"。其意若曰：凡做议绅者，第一先要谨守法律，尊崇秩序。即皇帝登位之际，亦必以敬天法祖等，先万民而自责。故随其后之一串议绅，不啻如一串乞丐，共觳觫战栗，注视丐头之"万年棒"而行。其二即英国之工党议员，其三俄议员，其四土耳其议员，其五波斯议员，其六印度之未来议员，其七埃及之未来议员，其八即学生诸君子，大胡国之未来议员也。对之固可发一笑。然果其为有意识之一物，则亦何耻于相师。议院者，究为何如之一物乎？则屠人会社之议价场耳。如以为为大多数之幸福建设耶？不必广征博引，请问英议院之《没工做议案》，曾闻如何之提议乎？所洋洋盈耳，无论英、法、德、日，盘旋于一预算表者，海陆军费之筹画为急耳。保皇帝之统祚，争议绅之光荣，沟世界而秦楚之，互相屠戮，如是而已。故各国之大多数，乃别由良心，产生新法，任少数人各分国界，让多数人合为一团。系巨索于母亲之议院屋顶上，共相协力急拉之，议院倒坍，议场显露，千百个之议绅，可代表以几个之面目。止见胡子翘如剑者，眉毛浓毛如帚者，见屠人会社之总管，即无异一一面会屠人会社之股东矣。此即本篇第二图之注释也。

（录自《新世纪》第 81 号，1909 年 1 月 23 日）

此之谓共和政府？

——读“麦第”之击法总统有感

民

模棱两可，而无一可者，今之法政府是也。左则委蛇贵族，右则附和工党，其卒也，左不能安慰贵族之宿志，右不能满意工党之要求。盖一则欲复君权，尚专制，以逞暴国内者也；一则欲废政府，行共产，以同仁四海者也。左、右之目的，既为冰炭，法政府处于其间，于左则逆右，于右则逆左。于左则遂贵族之野心，昔日以革命而得之共和，可立变专制；不特此也，少数之贵族俱为民上，则多数之工党，肯一日安于专制下耶？徒速其革命耳。于右则今日工党之气焰，本已日甚一日，若更增大其势，政府将有不可支之虑。然法政府不能倾向公义，而断行之，则亦惟有进退维谷耳。工党屡动，虽不一成，而其势如伏流，渐进渐大，贵族坐观壁上，常恨政府之失策，不能杜患于未萌。故尝闻一二顽固崇拜帝皇者之口吻，则曰：得贤君明王，整顿纲纪，大施威福，则今之不肖工党，自然俯首帖耳。呜呼！彼等贵族作十九世纪之春梦，尚欲以力服人，其智识固下于法政府之附和工党远矣。虽然，附和之而不肯力助之，致国中尚有王党，政府肩背之受敌，固自取之耳。工党之示威不已，王党亦竟出而示威矣。“麦第”为“奥来王”太子派，其他如拿破仑之遗派亦多，俱贵族也。麦氏之击总统，泄其“彼等之所谓不平”，而非工党之所谓不平也。故反对政府与工党同，而其所以反对者大异其趣也。

或曰：彼何以不以手枪击毙之？应之曰：彼等恨无帝王在上，不能行专制耳。彼固崇拜帝王者也，总统亦帝王之脱胎。彼敢击毙总统，恐他人亦将敢击毙其所崇拜之帝王，故彼不忍为也。特彼之所以作是恶剧者，以泄其区区之忿耳。人以为共和不免尚为专制，而彼独以为太不专制。人之异趣有如是哉，然其不仁甚矣。

（录自《新世纪》第81号，1909年1月23日）

欧洲社会主义实行之始即支那人灭种之日

箴俗来稿

今之支那人，以为社会主义无国界、无种界，一旦此义实行，欧人将平等视我，不复如今之横行。哼！休想!! 休想!!! 以牛马之知识，而欲望人之平等相待，天下有如此便宜事乎？试观斐美濠等洲，平等主义，远胜于欧洲，而其虐待华人也，亦远胜。今日支那得以苟延残喘者，欧洲社会主义尚未实行之力也。然英、法、德等国近今议院通过之案，几无一不向社会主义而行。（事势所迫，并非全出于议员之愿。稍有见识者，试察今日欧洲民情事势，而知社会主义之行不远矣。）支那人若不乘此机会，于欧洲社会主义实行之前，极力增尽民智，则必至环球无立足之地。两种民族智识，程度相去愈近，则愈易混合而调和。相去愈远，则劣者愈危。他人知识之高，至于一般普通人民，皆有社会主义思想，而吾国人犹昏愚自大，如盲人骑瞎马，夜半临深池，虽曰至仁，恐亦难与蠢蠢之鹿豕为伍也。支那人！支那人！尔欲与人同享大同之福乎！则仍当求诸己也。

本报按：不求智识之增进，但望他人之厚遇，自得天然之淘汰，惟箴俗君所陈之社会主义，既曰无国界、无种界，又曰议院通过，似已混近日无政府社会主义，与帝国社会主义，二而一之。人类当发达其智识，乃天然进化之公理，智识之有无，自与灭种问题，有直接之关系。惟此为第三人所下之断语，若居局中之本位者，即不忧灭种，亦当以增进智识，尽个人之天职。如此，人类各当以智识共助社会主义之实行，本不当以牛马智识，望人以平等相待，占独得之便宜。故吾人当尤注意于箴俗君之智识问题。惟他人之虐待异族，必以智识相等，为平等待遇之券。此等人，我辈亦未能轻以社会主义许之。寻常所称社会主义，大都指帝国社会主义而言。帝国社会主义，实无社会主义之价值，故欧洲之政府社会党，群焉斥之为假社会党也。

（录自《新世纪》第84号，1909年2月13日）

无政府道德之要素

《自由报》述　真 译

诚哉！德国哲学家斯鞠本荷[1]氏之言曰："解决一哲理之问题，较解决一最纷错之几何理题为难。"此言也，足使吾无政府党人，无论持何种学理或何种倾向者，皆为之一深长思矣。

我辈自为党人深惜者，现已陷于可悲之一境，有若狞狗之相吠，漫然于个人及社会之问题，滥下其粗拙无理解之短语，标榜其主义，实则每每违异于吾党之宗旨。惟其如此，故不必更有所踌躇，益可证明对于现在世俗之组织，皆当毁灭，毕竟为革命最要之运动。

在二十年前，无政府党员，至为寥寥，可屈我辈之指而数。其时仅有少数信道甚笃之人，赓续研究，用其自己之观念，以与自己反驳，不敢稍有苟也。

当此之时，曾相与讨论于共产主义及自食主义之间。虽数经争执以后，两党为之分离，然同心与中流社会决战，彼此不畔其大宗，固如出一辙也。在持自食主义者，皆投身于工人之中，与破衣恶食者为伍，出其死力，不惮在广市内猱升于灯杆，或攀登于停车之牌上，演讲稠人之间，诚挚而坚强。对于倚恃强权，吮彼自己及彼等同人之血者，严刻指骂。凡用驱制之羁勒，用之已有数百年，彼之高曾祖父，心法相传，以为用之甚得其正者。彼时窃闻此等之狂骂，皆直抉其肺肝，中心为之不宁，常股栗而吐舌。

① 斯鞠本荷，疑为 Schopenhauer（叔本华）的音译。

在持共产主义者，其行动亦与上者相类。彼时各国议会，决议另定特别之法律，压制主张无政府学说或为无政府党员者，不问其主义之为共产与自食，一概禁遏。即此亦可证两党之同立于一面，故党论虽有参差，彼此共相扶持，运动毁灭中流社会政策之革命，皆若热狂也。

今竟何如乎？尚有无政府党员，突入教堂，指斥教士之卑鄙与诈伪者乎？无有矣。尚有闯入选举之场，指其投票之匮，发露其奸伪者乎？无有矣。尚有奔走于工人之大会，热心运动者乎？无有矣。

此何故耶？不难简单答之。不曰“彼无所可讲”，即曰“彼未尝学问”。此等灰骀之词，脱口而出，明明自认其为废物也。

废物也欤哉？实则皆伪言耳。抱自食主义之演讲者，彼遇教士，即欣然与谈教理，不复为自认废物之伪言，又与抱共产主义者相争角。纵所与辩者，其人为辩护之专家，亦且不折其词而不止，并有时抗论不合于道德之哲理。又不惮纠纷，反复于眩乱之社会学，俨然若为哲学之大家。

人而徒为玄谈，不归本于道德，将于人道人权，与夫公理之根原，皆不屑为硁硁之愚，而有所执持。如此，必将何所为哉？彼能推倒虐政耶？彼能毁灭绅士耶？彼能劫夺垄断之商耶？彼能于宴会之顷，力掷炸弹于公卿之前耶？彼能骚抗无论何等之强暴耶？彼能身入于幽系之囹圄耶？

彼则自以为不为此愚夫。……彼目以上之行动，无非为蠢拙之小谅而已。

抱共产主义者所叫号，则以工会主义为满足。彼之所企图，纯注意于工人协制之政策，不肯以入狱为寻常之事而有所决心，故彼之宣言工会主义，以为工人为教党可也，为王党亦可也。贵族、僧侣、议绅三者皆享有特别之私利，今则彼为工会党报之记者，应为享受私利之第四人。如其为教党，则可任意为祈祷之祭，其子女则赴礼拜之学校，其妻则自忏于悔罪之室。如其为王党，则可自表忠贞于后王，而使其子盲服母国之义务。彼中之教徒，亦能由苦行之资格，为上帝之天使，判断其徒之罪恶。此等工会党人，彼等止知常年纳会费于会计，而革命即有必至之一日。

然如其为纯然之自食主义或为纯然之工会主义，则于无政府主义之冲突，究为何如？我辈可简要其词，以诘之也。

纯然之自食主义，其党人宣言于讲坛，即与无政府之道德原理，相为违反；纯然之工会主义，且见诸事实，愈违反于无政府之道德。

然至愚之人，亦能自相问答曰：如其无政府主义，必非如“乌托邦”之徒为幻想，则必有其原理上不可侵犯之道德，此非所谓“无人能压制其同曹，亦无世间之一物，能受人之压制”。为无政府道德之原理乎？

如此，则主张自食主义者，偏执于一方面，而主张工会主义者，又偏于一方，皆过于置无政府之原理于不问也。

前者之弊，仅有一物为主位，即各个之个人；后者惟有贫民之威权，有其无上之资格。

二者之误相同，终之皆不合于人道。故虽两党之行动，其入手各有其种种，而归结之谬误，皆至不合于人道之一点。

故无政府之真理，必当持守而不失，不可自误于歧途，毫厘之失，终得千里之差。自食主义者，以“我”字包括一切，即为全能之上帝，而工会主义之全能上帝，则为“我们”。以“我”为全能上帝，则世间百物，无论人力之所造及天然之所产，一如专制之暴君，皆目为个人之私产。其威权之所施，可以无限，惟一调剂之法，不过亦听他人之全能其个人，与人相抵制，此中虽不能疵之为纯然无道德，然实挟有不道德之成分。如此各奏无理之胜利，其宗风所煽，不啻使人永久争夺，以弱肉为强者所应食色。

全能之上帝为“我们”，则将以贫民之一部分，统治全世界。虽其界说，将使人人各从事于手足之劳，然反复仍入于个人之主义，与抱自食主义者，不谋而相合，因欲全世界之服从于一部分，而一部分即成为多数之个人也。

吾且不问其隶属于何种之党派，皆不必多所印证，以为高论也。但举一二不可逃之事实，吾即忍俊不禁，而觉甲事之弥可笑于乙事。诸君曾据事实而觉人类永久不断之争扰，将由此而生乎？如此，吾曹之人类，亦不当各分父母之遗体也。然我之必从父母而分其遗体，亦为人类互助之一端，乃出于天然之道德，欲舍之而莫由，故工会主义之谬误，并同其愚妄，在工会主义党之意中，如其人不劳手足而有所获，即为彼等之仇雠，此其大谬不然，殊不可思议也。

革命之行动，不能限制于一部分不究理解，仅讲质力之人，代为之造福，专为理想之工作者，有时固多弊害，然专为手足之劳动者，有时所生之弊害亦同。

又如瓦匠，亦能造狱舍也，有如冶工，亦能铸栅与炼也，即有如印刷人，亦能印刷圣经，或印刷官中之文告，此明明皆为手足之工也，并有为人所逼迫而为者，则彼等之作工，无异为法官判罚苦役，故鼓吹如是主义之书报著作人，其心亦欲欺弄其同党，使从而屈服于彼人新法之专制耳。

加之，吾人熟观今日之社会，所有社会真实之道德，徐徐发现。固在贫民之中，较多于绅士，然于事实，今日最奸诈最专横之资本家，往往出于向为贫民，恃其狡狯，一旦发迹者。

所以吾人苟望发展社会之道德，则我辈无政府党，宜与不道德者，奋争而不休，勿忘吾人之目的，所以有阶级之争，乃欲平去一切之阶级。

然则吾人之行动，岂限于工党一阶<级>之行动乎？乃纯乎为人道而已矣，乃昭然全为人道而已矣。

（录自《新世纪》第109号，1909年8月21日）

社会党与社会主义

英国摩尔（Moort）述　真 译

今日欲为人类中生利一种之人群，代争自由者，名曰社会主义，其党派亦甚繁矣。然或有异于抱持无政府主义之人者，则皆不知攻倒主张绅士派之学说者也。绅士派学说之原理，皆为“欠火”之哲学家所阐演。（Helf-bakes philosopher，即如东方之孔、墨、老、佛，西方之希腊诸贤，与近时康德、贡德、斯宾塞之类，于孔氏辈则绅士派学说初兴，于康氏辈则拘梏于绅士派学说之中。虽其学足以超出之，而其智则有所蔽。）不幸复侵入于社会主义，故我等无政府党力与抗战者，即为绅士派之学说，有所论证于党事，不能不以社会主义之原理绳之也。稍可喜者，英国“勃烈颠社会党”，现皆能竭尽其心力，推究当理之事实，以根求其原理，向之专以议会权力，可供利用者，今皆见弃于彼党之人，訾之以为不屑道，彼党惟悉力抗争工人之自由，各正其轨道而前行。

独是，吾数见彼党所要求，常与彼党疵议他社会党者为违反，其故将安在耶？其致误之主点，皆不过欲取社会向有之组织，稍加改正，果能如是，即以为可足。故当彼等反对于粉饰之维新，一若甚有革命之精神，然彼等有轻信议会权力之根性，实无以异于“社会民政党”及“独立工人党”也。下议院之议座，彼等一不检点，即以争而得之为自豪。平心而论，彼等谬误之观念，不过略似于攘争权利之普通党人，以为事事为议会所失败，皆我等未入于彼中耳。殊不知彼党既入于民蠹之队中，纵美共徽号曰“社会党”，公等能信绅士派之腐败组织，即为资本家垄断主义及雇役主义所变相者，反可发生社会主义之助力乎？

加之，议会者常年扰扰，其归束则在于厘整阶级之法律。吾愿吾党诸君子，常常念及也。有时亦闻彼等稍攻政界之昏乱，然以为彼等能实去其组织上之祸本乎？则吾固无暇许之也。彼等直将另有一掩饰之长袖，为迷人之舞耳。诸君决无能力，得以澄清议会之污浊，而直扶去其组织上之祸本也。故无论用何种之新构造，欲与之委蛇而干涉之，非构造卒为之摧毁，即我之所利用者，适为彼所利用也。

今年正月份之《社会党标准报》，曾为文讽刺无政府党员之地位矣，不必穷加诘驳也。即如言"无政府主义，为梦境，为幻想，毫无把握，足以为抗争之原动力。"其然，岂其然乎？吾且先指关于社会主义之经济问题，甚愿吾党诸君子一破其坚也。今之力争社会党之上流者，其人已伙矣，惜能知其要义者略鲜。然社会党之普通口头语，固皆曰：工人者，为逸居不事事之人所垄断而劫持者，逸居不事事之人，占有生利之财产，故能夺工人所生之利之大半，而仅以粗衣恶食之工值予工人。由是而解决此问题，皆曰：凡为社会党者，首当摧灭不生利之人群，俾事其事者，皆得享其利，而且能保持互相之精神。既若是矣，是即言应当全改经济上之基础，而非言小加补苴，即可得之也。此其毁弃一切雇役界之组织，甚有足多者，虽矫正社会主义之概念，必应知世界之个人，各有其自由之进行。物之必生于劳力，固为一义，而人之生命均相等，又为一义。若仅以势力相准，犹未圆满，然终之必与阶级之管治为反对，乃吾人所公认。对于变更经济如此，而政治则已包于其中。

毁灭资本家之制度，明明即言反对一切议会之制度也。报偿之条件，乃包括于资本家制度之中。今乃输入于社会主义，因之自取其惑乱。发此报偿之理论者，乃其人浸渍于绅士派学说者至久。彼执其偏见，所喜调和而经营之者，随在不脱其训戒及从属之劣根性，并不问吾人天然之组织，应当若何也？"高子构"氏之言，吾尝闻之矣，以为一切现今工值之种类，有若有定之工值，短时之工值，零星之工值，杂酬之工值，皆有合于社会民政之精义。呜呼！社会主义，果若是欤？此直纯乎为革新政治之教育而已，此不过为人类投充奴才之新法，使之善择其主人也。我等既爱重社会主义，我等复熟察于将来，彼政治之组织，实为进化之原阻力，万不能为我辈所利用。故我等之抗战，当尽脱其羁绊，而在经济上猛攻其旧制。“勃烈颠社会党”之标旗，尝引陈腐之成语，如曰“工业计划之民政统治法”等等。然除理论以外，彼将何所统治乎？徒见其受统于所举之员，与夫专司之人而已。故政治社会党之宗旨，非有其他，仅仅争持于工人劳给之增多耳，而乃群相盲和曰：社会主义，社会主义。彼等实不知进化有重要之原素，所以枢机所在，在于个人，不在于多数。彼等未以为确当，终不敢动此感情，能以为彼此个人，皆不当为人造之法所桎梏也。殊不知彼但能不侵他人之自由，则可用其自己之经验，分别其得当与否。若多数赞同之法，不过各拘牵于成法，相与盲从。故夫人道之进化，断不能止恃补苴政治之组织，而必从个人之自由，实加体验而得也。人类之已往，皆非依从一种之愚民观念为法律主义，或旧时习惯或流传古语之所发生者，而后得屡次之进化也，皆不过能脱管治者之束缚耳。自由一致之精神，常使人类有生气，如其无之，更无所谓社会相爱与同情，即为自由社会能自增进之特点也。人类共同之习惯实行，自远古以来已成为人道之附庸。即我等所认为社会，此非如结晶体之组织，本于暴力及人造之法律而成，不过为和同之团体，互相合意，藕此联结，共扶持于公善而已。故社会自然之组织，常随其特质而形成，一任种种之热望与性质，皆得自由动作，各适其所，宜与所争，而得构造之进步。

议会法之感人，必不能更久，因其虚伪，已尽发露也。自然之能力与自由之结合，实为今后人类相互之要素。凡此种种，所以必能为福于人类者，皆不由于有所管治，而由有互致同情，联合能力之精神耳。皆即为社会生活之真实基础，与一切组织，由训戒与从属之主义而构成者，正相反对也。我等观察于个人之自主与自由之合群，为社会较良之生活，故我等必为无政府党。至于主张小部分人执权之政治主义与夫世传专门术业之小群，彼等常与人道为反对，常欲除灭个人之起意，与其独立，而必强人为奴隶之服从也。

（录自《新世纪》第110号，1909年8月28日）

俱分进化论

太　炎

近世言进化论者，盖昉于海格尔[①]氏。虽无进化之明文，而所谓世界之发展，即理性之发展者，进化之说，已蘖芽其间矣。达尔文、斯宾塞尔[②]辈应用其说，一举生物现象为证，一举社会现象为证。如彼所执，终局目的，必达于尽美醇善之区，而进化论始成。同时即有赫衰黎[③]氏与之反对。赫氏持论，徒以世运日进，生齿日繁，一切有情，皆依食住，所以给其欲求者，既有不足，则相争相杀，必不可已，沾沾焉以贫乏失职为忧，而痛心于彗星之不能拂地，以扫万物而剿绝之。此其为说，亦未为定论也。当海格尔始倡“发展论”时，索宾霍尔[④]已与相抗，以世界之成立，由于意欲盲动，而知识为之仆隶。盲动者，不识道途，惟以求乐为目的，追求无已。如捷足者之逐日月，乐不可得，而苦反因以愈多。然后此智识者，又为意欲之诤臣，止其昌狂妄行，与之息影于荫下也。则厌世观始起，而稍稍得望涅槃之门矣。其说略取佛家，亦与僧佉论师相近，持论固高，则又苦无证据。虽然，吾不谓进化之说非也。即索氏之所谓追求者，亦未尝不可称为进化。若云进化终极，必能达于尽美醇善之区，则随举一事，无不可以反唇相稽。彼不悟进化之所以为进化者，非由一方直进，而必由双方并进，专举一方，惟言智识进化可尔。若以道德言，则善

① 海格尔，今译作“黑格尔”。
② 斯宾塞尔，今译作“斯宾塞”。
③ 赫衰黎，今译作“赫胥黎”。
④ 索宾霍尔，今译作“叔本华”。

亦进化，恶亦进化；若以生计言，则乐亦进化，苦亦进化。双方并进，如影之随形，如罔两之逐影，非有他也。智识愈高，虽欲举一废一而不可得。曩时之善恶为小，而今之善恶为大；曩时之苦乐为小，而今之苦乐为大。然则以求善求乐为目的者，果以进化为最幸耶？其抑以进化为最不幸耶？进化之实不可非，而进化之用无所取，自标吾论曰《俱分进化论》。

善恶苦乐之并进也，且无以社会明之，而专以生物明之。今夫有机物界以乳哺动物为最高，在乳哺动物中，又以裸形而两足者为最高，无爪牙而能御患，无鳞毛而能御寒，无羽翼而能日驰千里，此非人之智识，比于他物为进化欤？以道德言，彼虽亦有父子兄弟之爱，顾其爱不能持久，又不知桄充其爱，组织团体以求自卫，聚麀之丑，争食之情，又无时或息也。人于前者能扩张之，于后者能禁防之，是故他物唯有小善，而人之为善稍大。虽然，人与百兽，其恶之比较为小乎？抑为大乎？虎豹以人为易与而啖食之，人亦以牛羊为易与而啖食之。牛羊之视人，必无异于人之视虎豹，是则人类之残暴，固与虎豹同尔。虎豹虽食人，犹不自残其同类，而人有自残其同类者！太古草昧之世，以争巢窟、竞水草而相杀者，盖不可计，犹以手足之能，土丸之用，相牴相射而止。国家未立，社会未形，其杀伤犹不能甚大也。既而团体成矣，浸为戈矛剑戟矣，浸为火器矣，一战而伏尸百万，喋血千里，则杀伤已甚于太古。纵令地球统一，弭兵不用，其以智谋攻取者，必尤甚于畴昔。何者？杀人以刃，固不如杀人以术，与接为构，日以心斗，则驱其同类，使至于悲愤失望而死者，其数又多于战，其心又憯于战，此固虎豹所无，而人所独有也。由是以观，则知由下级之乳哺动物，以至人类，其善为进，其恶亦为进也。以生计言，他物所以养欲给求者少，惟人为多。最初生物，若阿米巴，若毛奈伦，期于得食而止耳。视觉、听觉、嗅觉皆未形成，则所以取乐者少，鱼亦期于得水而止，鸟亦期于得木而止耳。供鳅以毛嫱、西施，乐鹍以钧天、九韶，彼固无所于乐也。乳哺动物愈进化矣，幼眇之音，姝丽之色，芳泽之气，至于蝯狙而能乐之，其所乐者，亦几微也。一昔而得之，而不为甚乐，一昔而失之，而亦不为甚苦，故苦乐之量必小。若人则非独有五官之乐也，其乐固可以恒久，自五官而外，其乐又有可以恒久者，于是摄受之念始成，衽席之情，床笫之乐，刍豢之味，裘帛之温，无不可以常住。其始徒以形质现前为乐，其后则又出于形质以外，由饱暖妃匹而思土地，由土地而思钱帛，由钱帛而思高官厚禄。土地欤？钱帛欤？高官厚禄欤？此固不可直接以求乐者，而求乐之方便，必自此始。有此而后饱暖妃匹之欲，可以无往不遂也。虽然，其始之乐此者，为间接以得饱暖妃匹之欲，其卒则遂以此为可乐，而饱暖妃匹之欲，亦或因此而牺牲之。又其甚者，则以名誉为乐，而土地钱帛、高官厚禄亦或因此而牺牲之。此其为乐，岂他动物所敢望者？然而求此乐者，必非可以一蹴获也，将有所营画而后获之。下者奔走喘息，面自黎黑，以求达其五官之欲，其苦犹未甚也。求土地者，求钱帛者，求高官厚禄者，非直奔走喘息、面目黎黑而已，非含垢忍辱则不可得。今夫动物之情虽异，而其喜自尊贵，不欲为外物所陵藉者，则动物之同情也。必不得已，而至于含垢忍辱，笞我詈我，蹍我践我，以主人臧获之分而待我，我犹鞠躬磬折以承受之，此其为苦，盖一切生物所未有也。虽求名誉者，宁或异此？于世俗之名誉，求之之道，固无以愈于前矣。道德、功业、学问之名誉，于名誉为最高，其求之亦愈艰苦。有时而求此道德、功业、学问之名，乃不得不举此道德、功业、学问之实而丧之。有时而求此道德、功业、学问之名，乃不得不举此可以受用道德、功业、学问之名者而亦丧之，杀身灭种，所不恤矣！此其为苦，则又有甚于前者，以彼其苦而求是乐，其得之者犹可以自喜也，而不得者十犹八九。借令得之，犹未知可以摄受否也？借令可以摄受，受之愈乐，则舍之也愈苦。佛说诸天终时，现五衰相，其苦甚于人类。今观富贵利达之士，易箦告终，其苦必甚于贫子；贫子之死，其苦必甚于牛马；牛马之死，其苦必甚于鱼鳖。下至腔肠、囊状、桑葚诸物，而死时受苦之剂量，亦愈减矣。是不亦乐之愈进者，其苦亦愈进乎？

上来所说，善恶苦乐同时并进，唯举一二事证，今更求其原理，并举例以明之。

善恶何以并进？一者由熏习性。生物本性，无善无恶，而其作用，可以为善为恶。是故阿赖耶识，惟是无覆无记；（无记者，即无善无恶之谓。）其末那识，惟是有覆无记；至于意识，而始兼有善恶无记。纯无记者，名为本有种子；杂善恶者，名为始起种子。一切生物，无不从于进化之法而行，故必不能限于无记，而必有善恶种子与之杂糅；不杂糅者，惟最初之阿米巴尔。自尔以来，由有覆故，种种善恶，渐现渐行，熏习本识，成为种子。是故阿赖耶识亦有善恶种子伏藏其间，如清流水杂有鱼草等物。就轮回言，善恶种子，名为羯磨业识，此不可为常人道者。就生理言，善恶种子，则亦祖父遗传之业识已。种子不能有善而无恶，故现行亦不能有善而无恶。生物之程度愈进而为善，为恶之力亦因以愈进，此最易了解者。二者由我慢心，由有末那执此阿赖耶识，以为自我，念念不舍，于是生四种心。希腊古德以为人之所好，曰真、曰善、曰美。好善之念，惟是善性；好美之念，是无记性；好真之念，半是善性，半无记性。虽然，人之所好，止于三者而已乎？若惟三者，则人必无恶性，此其缺略可知也。今检人性好真、好善、好美而外，复有一好胜心。好胜有二：一、有目的之好胜，二、无目的之好胜。凡为追求五欲财产、权位、名誉而起竞争者，此其求胜非以胜为限界，而亦在其事、其物之可成，是为有目的之好胜；若不为追求五欲财产、权位、名誉而起竞争者，如鸡、如蟋蟀等，天性喜斗，乃至人类亦有其情，如好弈棋与角力者，不必为求博贶，亦不必为求名誉，惟欲得胜而止，是为无目的之好胜。此好胜者，由于执我而起，名我慢心，则纯是恶性矣。是故真、善、美、胜四好，有兼善、恶、无记三性，其所好者，不能有善而无恶，故其所行者，亦不能有善而无恶。生物之程度愈进，而为善为恶之力，亦因以愈进，此亦易了解者。若在一人，善云恶云，其力皆强，互相抵抗，甲者必为乙者征服而止，固非善恶兼进。而就一社会、一国家中多数人类言之，则必善恶兼进，于下举例。

一、如欧洲各国，自斯巴达、雅典时代，以至今日，贵族平民之阶级，君臣男女之崇卑，日渐铲削，则人人皆有平等之观，此诚社会道德之进善者。然以物质文明之故，人所尊崇，不在爵位，而在货殖。富商大贾之与贫民，不共席而坐，共车而出，诸佣雇者之事其主人，竭忠尽瘁，犹必以佞媚济之。虽无稽首折腰之礼，而其佞媚有甚于是者。东方诸国，诚人人趋附势利矣，犹以此为必不应为之事。独欧洲则举此以为天经地义（除少数之持社会主义者）。此非其进于恶耶？往者旧教盛行，迫人以必不愿从之事，自宗教改良，而人人有信教之自由，此诚社会道德之进善者。虽然，基督教未行以前，如琐格拉底①辈，以身殉道，蹈死不顾；基督教既行以后，奉教者以舍身救人为志，则殉道者尤不可以更仆数。乃至路德之倡新教，其风亦未尝绝也。今日之以身殉道者，犹有其人乎？其在中国与非、澳诸洲者，或以智穷力竭，无所复之，而不得不就菹醢，其同类则相高以以身殉道之名，究其实际，怯懦畏葸之尤也。非直宗教，今之欧人，强毅敢死之风，已渐消灭，而吝惜身命，希于苟安而止者，所在皆是。风教陵迟，志节颓丧，其进于恶也，盖已甚矣！

二、如日本人言：日本维新以后，以新道德与旧道德相参，其奉法守节，胜于往古。曩者轻果好斗之风，渐转而为国家死难，此固社会道德之进善者。虽然，国势渐隆，法律渐备，纳其臣民于轨范之中，诸公卿间，求其刚严直大如西乡隆盛者，盖不可复睹矣！往者虽轻侠自喜，而士人之倜傥非常者，亦往往而有，若中江笃介、福泽谕吉诸公，诚可为东方师表也。今其学术虽胜于前，然有不为政府效用者乎？有不为富贵利禄而动者乎？日本维新才四十年，而其善之进如此，其恶之进，亦既如此矣。

三、如中国。中国自宋以后，有退化而无进化，善亦愈退，恶亦愈退，此亦可为反比例也。论者或谓周、秦以上，戕杀烝报之事，记于《春秋》者，不可偻指。常疑前世道德，必无以愈于今，此大误也。春秋之世，戕杀烝报，不以为忌，常在世家贵族。若乃尾生之信，沮、溺丈人之节，亦为后代所无。虽至战国，士人习以游说为事，然豫让、聂政、荆轲之徒，其侠烈有足多者。墨翟之仁，庄周之高，陈仲子之廉介，自汉以后，可复得乎？东汉风俗，二千年中为殊胜，而奸雄亦出其间，互相争竞而不可已。唐世风烈，稍近战国矣，急科名、趋利禄者日多，而高洁者亦因以愈多。阳城、元德秀，特其最著者也。自宋以后，渐益退化，至满洲为甚。程、朱、陆、王之徒，才能自保，而艰苦卓绝，与夫遁世而无闷者，竟不可见，此则善之退化矣。矫称蜂出，誓盟不信，官常之堕败，士风之庸猥，党见之

① 琐格拉底，今译作“苏格拉底”。

狭陋，工商之狙诈，此诚可谓恶也。夫善恶虽殊，而其资于伟大雄奇之气则一。然观今日为篡者，惟能为石敬瑭、吴三桂，而必不能为桓温、刘裕；为奸者，惟能为贾似道、史弥远，而必不能为元载、蔡京。朝有谀佞，而乏奸雄；野有穿窬，而鲜大盗；士有败行，而无邪执；官有两可，而少顽嚚。方略不足以济其奸，威信不足以和其众，此亦恶之退化也。

苦乐何以并进？凡苦有三：一曰怨憎会苦，二曰求不得苦，三曰爱别离苦。乐者反是。苦又有二：一曰苦受，苦事现前，逼夺身心，不能暂舍，是为苦受。二曰忧受，苦事未来，预为愁戚，苦事已去，追为痛悼，是为忧受。乐亦有二：一曰乐受，乐事现前，瞑瞒耽溺，若忘余事，是为乐受。二曰喜受，乐事未来，预为掉动，乐事已去，追为顾恋，是为喜受。世界愈进，相杀相伤之事渐少，而阴相排挤之事亦多。彼时怨憎会苦，惟在忧受，不在苦受。惟此一苦，或少减于畴昔，需求日繁，供给不逮，求不得苦，较前为甚。所求既得，其乐胜前，一旦死亡，舍此他去，爱别离苦，则较前为最甚。非直如是而已，一、感官愈敏，应时触发，其感乐则愈切，其感苦亦愈切。例如犬羊娩乳，熙怡自得，人间妇女，则以娩乳为最苦。以文明人较野蛮人，则娩乳为尤苦也。二、卫生愈善，无少毁伤，其感乐则愈久，其感苦亦愈久。例如蛙失其肢，守宫丧尾，习为故常，则补缺力亦易发达，丧失未久，完具如故。高等动物无常失肢体之事，偶尔丧失，则补缺力亦无所用。又如野蛮人众，刀剑创痍，应时完好；文明人众，则无此事，虽有药物，而伤甚者，必难骤复也。三、思想愈精，利害较著，其思未来之乐愈审，其虑未来之苦亦愈审。例如火将焚栋，燕雀处堂，颜色不变；若在小儿，亦鲜危怖；其在成人，则望气而矍然也。四、资具愈多，悉为己有，其得乐之处愈广，其得苦之处亦愈广。例如贫子家中，徒四壁立，一身以外，无所受乐，亦复无所受苦；若在富人，田园金帛，围绕形躯，多得一物，即有余欢，略失一物，亦有余憾也。五、好尚愈高，执着不舍，其器所引之乐愈深，其器所引之苦亦愈深。例如狎客冶游，所遇既广，无所缠绵，顺之不为甚乐，逆之不为甚苦；若笃于伉俪者，稍有乖违，其苦已甚。又如学究鄙儒，恣意记录，不劳心力，得失之间，亦无苦乐；若耽于撰述者，略有残损，苦亦随之。六、夭殇愈少，各保上龄，其受乐之时愈永，其受苦之时亦愈永。例如蟪蛄、朝菌，一瞬已亡，其苦其乐，亦云暂矣；若在牛羊，其寿稍永，常得豢养之乐，亦常受鞭棰之苦也。如上所举，苦乐相资，必不得有乐无苦，善恶并进，犹云泛指全体；苦乐并进，则非特遍于全体，而亦局于一人。其并进之功能，盖较善恶为甚矣。

上来所述，善恶、苦乐二端，必有并进兼行之事。世之渴想于进化者，其亦可以少息欤？抑吾尝读赫尔图门[①]之《宗教哲学》矣，其说曰："有恶根在，必有善根，若恬憺［淡］无为者，其善根亦必断绝。"此谓恶尚可为，而厌世观念，则必不可生也。不悟厌世观念，亦有二派：其一，决然引去，惟以出此世界为利，亦无余念及于众生，此佛家所钝性声闻，无有菩提种子者也。其一，以世界为沉浊，而欲求一清净殊胜之区，引彼众生，爰得其所，则不惮以身入此世界，以为接引众生之用，此其志在厌世，而其作用则不必纯为厌世。若是，则何不可厌世之有？抑吾又读羯通哥斯[②]之《社会学》矣，其说曰："凡彼乐受，先由轧轹，第一轧轹，惟是苦观，第二轧轹，始有乐观。"此谓苦不可厌，于苦受后，得有乐受继之而起也。不悟人之追求，固无穷极，方其乐时，虽知有乐，久之而其乐亦可厌矣，则必求一新乐以代其已谢者。于是第一轧轹之新苦，又必先于新乐而生，求乐无已，其得苦亦无已，后得之乐，果足与先受之苦相庚偿乎？况其所谓乐者，同时必有苦受与之方轨丽骖而进，是先受之苦为纯苦，而后得之乐，惟是苦乐相参也。然则进化之乐，又曷足欣羡也哉？或曰："今之世未为究竟进化，善恶、苦乐，犹未达于顶点，故人之希望者多，而厌弃者犹少，无［毋］宁任其进化，使人人知有世界极恶、自身最苦之时，则必有憬然反顾者。当尔所时，厌世之说，于是昌矣！"此其为说，亦本赫尔图门调和进化、厌世二主义者，世有勇猛大心之士，不远而复，吾宁使之早弃斯世，而求之于视听言思之外，以济众生而灭度

① 赫尔图门，今译作"哈特曼"，即爱德华·冯·哈特曼（Eduard Von Hartmann，1842—1906），德国形而上学哲学家。

② 羯通哥斯，今译作"吉丁斯"，即富兰克林·亨利·吉丁斯（Franklin Henry Giddings，1855—1931），美国社会学家。

之。纵令入世，以行善为途径，必不应如功利论者，沾沾于公德、私德之分。康德所云“道德有对内之价值，非有对外之价值”者，庶几近于“无漏善”哉！何以故？尽欲度脱等众生界，而亦不取众生相，以一切众生，及与己身，真如平等无别异故。既无别异，则惟有对内之价值，而何公德、私德之分乎？其次，无勇猛大心者，则惟随顺进化，渐令厌弃。夫以进化之力，使斯世趋于为鬼为魅，则自陀穷而知所返，此法尔无可遁者。然随顺进化者，必不可以为鬼为魅、为期望于进化诸事类中，亦惟择其最合者而倡行之，此则社会主义，其法近于平等，亦不得已而思其次也。

（录自《民报》第 7 号，1906 年 9 月 5 日）

五无论

太　炎

今之人不敢为遁天之民，随顺有边，则不得不有国家，亦不得不有政府。国家与政府，其界域固狭隘，故推其原以得民族主义，其界域亦狭隘。以民族主义为狭隘而不适于国家者，斯谓“有法，自相相违”，不成比量。（如三支法，彼先立一量云：“民族主义是狭隘见，于无界中强分界故。喻如宗法思想。”此亦可立一量云：“国家主义是狭隘见，于无界中强分界故。喻如村落思想。”两因两复陈皆同，则前者所以破敌，亦即所以自破。若作三段法亦得。）夫于恒沙世界之中而有地球，无过太仓之有稊米。今于其间分割疆域，葆为己有，而命之曰国家；复于其间建设机关，区分等级，而命之曰政府。则蛮氏触氏之争，不足喻也。其所守本狭隘，惟相应于狭隘之民族主义而为之。诚欲广大，固不当分种族，亦宁得分国家。民族主义随感情而有，国家主义宁非随感情而有。以彼为固葆此者欲何为耶？嗟乎！莽漾平原，入其域而视之，始见土地，次见人民，乌睹所谓国家者？国家者，如机关木人，有作用而无自性。如蛇毛马角，有名言而非实存。究其成此虚幻妄想者，非民族之为而谁为乎？易族既非所争，卖国亦应无责，而劳心以控抟此国家何为者？将其借兹遣日，如毁瓦画墁者所为耶？若曰国家者所以利一群，则与利一族也何异？同此芥子牛迹之微，而二者何以相难？是故随顺有边，既执着国家矣，则亦不得不执着民族主义。然而其中有广大者。吾曹所执，非封于汉族而已。其他之弱民族，有被征服于他之强民族，而盗窃其政柄，奴虏其人民者，苟有余力，必当一匡而恢复之。呜呼！印度、缅甸灭于英，越南灭于法，辩慧慈良之种，扫地尽矣！故吾族也，则当返；非吾族也，孰有圣哲旧邦而忍使其遗民陷为台隶？欲圆满民族主义者，则当推我赤心救彼同病，令得处于完全独立之地。有效巨憝麦坚尼之术，假为援手，藉［借］以开疆者，著之法律，有诛无赦。然则爱无差等，施由亲始，墨者之道然也。若夫民族必有国家，国家必有政府，而共和政体于祸害为差轻，固不得已而取之矣。爵位废而兼并行，其乱政又无以异于美利坚氏。于是当置四法以节制之：一曰均配土田，使耕者不为佃奴；二曰官立工场，使庸人得分赢利；三曰限制相续，使富厚不传子孙；四曰公散议员，（凡议员有贪污事，平民得解散之。议院本由民间选举，自当还付民间解散。然诸政法得失，问罪于政府可也。至于议员受贿，则罪有专属矣。）使政党不敢纳贿。斯四者行，则豪民庶几日微，而编户齐人得以平等，亦不得已而取之矣。无是四者，勿论君民立宪，皆不如专制之为愈。所以者何？议院者，受贿之奸府；富民者，盗国之渠魁。专制之国无议院，无议院则富人贫人相等夷。及设议院，而选充议士者，大抵出于豪家。名为代表人民，其实依附政党，与官吏相朋比，挟持门户之见，则所计不在民生利病，惟便于私党之为。故议院者，国家所以诱惑愚民，而钳制其口者也。且议士既出于豪家，则与捐纳得官无异，其志固为利而已。官吏受贿，议院得弹劾而去之；议院受贿，谁弹劾而去之？一议士受贿，他议士得弹劾而去之；尽议院皆受贿，谁弹劾而去之？近观日本郡制废止一案，议院得赃，明见踪迹者七人，而其他三百余员，皆有隐昧受赇之事。（见《黑龙杂志》）日本立国，非专以重商拜金为务。且议院之设，财二十年，其腐败已如是。然则有议院而无平民鞭棰于后，得实行其解散废黜之权，则设议院者，不过分官吏之赃以与豪民而已。反观专制之国，犹无斯紊乱也。（按：世人常语：谓多一监察者，即多一受贿者。今议院所以监督官吏，乃适便其受贿之私，斯言犹信。）专制之国，商人无明与国家分权之事，及异于专制者则不然。夫钱刀金币，实使民扰攘之阶。然黄金、白金、赤金三品，视之有光，击之有声，取之甚艰，藏之不朽，其质性诚有可宝者。因其可宝而以为币，犹民之公心也。及夫径寸赫蹄，与故纸初非有异，而足以当百金，则政府所以愚弄其民者至矣。犹不知止，使牙侩设银行者，得公为之，而常民顾不得造。是则牙侩之权，得与政府相等，其与齐民非有天泽之分乎？反观专制之国，钱币一出于国家，然民间犹得以碎银贸易；至于楮币，则国家尚鲜为之，况于牙侩？（今上海中国银行，亦许自造楮币，斯实揣摩欧化，非其本有。）是故有共和政体，而不分散财权，防制议士，则犹不如专制政体之为善也。虽然，是四制者，特初级苟偷之法，足以补苴衅隙而已。欲求尽善，必当高蹈太虚，然非有共和伪政，及其所属四制以为之基，宁有翔蹑虚无之道，随顺有边，期以百年，然后递见五无之制。

五无者，超过民族主义者也。云何五无？一曰：无政府。凡兹种族相争，皆以有政府使其隔阂，假令政权堕尽，则犬马异类，人犹驯狎而优容之，何有于人类？抑非专泯种族之争而已。有钱币在，则争夺生而阶级起。于是以共产为生，则贸易可断，而钱币必沉诸大壑矣。有军器在，则人将借是以为杀掠之资。于是熔解铳炮，椎毁刀剑，虽未足以绝争心，而争具则自此失矣。其他牝牡相交，父子相系，是虽人道之常，然有所昵爱则妒生，有所摄受则争起。于是夫妇居室、亲族相依之事，必一切废绝之。使人民交相涉入，则庶或无所间介矣。凡此诸制，皆所以平人民嫉妒之心，而非以为幸福。幸福本无，惟少害故。二曰：无聚落。政府之成立，本以争战为其始原。争战不绝，则政府不可以一日废。是故政府者，非专为理民而设，实与他国之政府相待而设。他国有政府在，即一国之政府不得独无。今日无政府，固必与他政府同时俱尽。国界之当先破，语言文字之当先统一者，斯尽人所知也。国界虽破，而聚落犹未破，则惨烈之战争未已。何也？人类本平等，而所依之地本不平等；人类之财产可以相共而容，而地方之面积不能相共而容。夫共产者，以为自喻适志矣。然地有温润寒苦之不同，处寒苦者尽力经营，以化其地为膏腴，孰与攘夺膏腴之便？况气候之燥润惨舒，其难齐有百倍于地质者。自古温润之国，率为苦寒人所兼并，顾温润国则未有蚕食苦寒国者。无他，苦寒国人，视温润国为乐土，驱于欲望，则不惮断脰摩顶以争之。悦以使民，民忘其死。温润国人于苦寒地，素无欣羡之心，则其不能兼并也亦宜。夫两地皆有政府，而苦寒必胜温润者，知其胜非政府所成，乃自然界所役使矣。今观欧洲诸国，侵略印度以南之地，其始岂假借帝力、挥其天戈耶？一二农商，规利远涉，招集亡命，挟捕兽之器以杀人，而其地遂为所据有。斯与政府何与？及其殖民既就，上之政府，以著领土之名，无旧无新，悉为一国矣。而旧土民之厚利，犹为征服者恣意侵渔，讨伐生蕃，逞情残杀，斯于国界何与？是故政府与国界破，而犹有聚落之存，则温润地人必为苦寒地人所杀掠。近则如白人之侵略南方，远则如原人之覆灭他族，可决知也。夫俄人所以敢言无政府者，何也？地素苦寒，有己国人之侵食他方，而不虑他方人之侵食己国。法人所以敢言无政府者，何也？土虽膏腴，面积非甚广大，有狭乡人之侵略他温润地，而不虑他温润地人之侵略狭乡。故实践之而无所惧。若泰东诸国则不然，中原、辽沈、日本、朝鲜，虽与俄国同时无政府，东亚之民犹为俄人所蹂躏也。滇、桂、闽、广、越南、暹罗，虽与法国同时无政府，南海之民犹为法人所侵掠也。是何也？既依聚落地着而居，则气候之相较有温寒，面积之相较有广狭，非法制契约所能平也。夫无政府者，以为自由平等之至耳。然始创自由平等于己国之人，即实施最不自由平等于他国之人。在有政府界中言之，今法人之于越南，生则有税，死则有税，乞食有税，清厕有税；毁谤者杀，越境者杀，集会者杀，其酷虐为旷古所未有。是曰食人之国，虽蒙古、回部曾未逮其豪毛。此法兰西，非始创自由平等之法兰西耶？在有政府界中，法人能行其自由平等者于域内，而反行其最不自由平等者于越南。以此相推，虽至无政府时，犹渔猎他人可知已。或者以为语言文字有殊，迭相视为异种，故无含容包覆之心，既统一则无斯虑。夫以利相争，虽兄弟至亲，犹有操戈之衅，况故为路人耶？今人震矜无政府说，以为典型。然纵令政府尽亡，国界尽破，而因仍固有之聚落以相什伍者，犹未化熔，合旅相争，其势仍不能已。则效其术者，正为创其说者所鱼肉耳。是故欲无政府，必无聚落。农为游农，工为游工，女为游女。苦寒地人与温润地人，每岁爰土易室而居，迭相迁移，庶不以执着而生陵夺。斯则无政府者，必与无聚落说同时践行也。三曰：无人类。世人以政府为众恶之源，国家为群污之府，宁不谓尔？虽然，政府云，国家云，固无自性。此政府与国家者，谁实成之？必曰：人实成之。夫自人成之，自人废之，斯固非绝特可惊之事。而成之之根不断，有其废之，终必有成之者。不然，则原人本无政府国家之累，何以渐相垛积以有今日之穰穰者也？且人之相争，非止饮食牝牡之事；人之争具，宁独火器刚铁之伦。睚眦小忿，则憎怨随之；白刃未获，则拳力先之。纵大地悉无政府聚落，销兵共产之制得以实行，而相杀毁伤，犹不能绝其愈于有政府者。昔鲍生有言曰："细民之争，不过小小匹夫校力，亦何所至。势不能以合徒众，威不足以驱异人。孰与王赫斯怒，陈师鞠旅？推无仇之民，攻无罪之国，僵尸则动以万计，流血则漂橹丹野。"（案：鲍生好老、庄之书，治剧辩之言，以为古者无君胜于今世，与抱朴子相难。中国言无政府者，前有庄子，后有鲍生，为其最著。语见《抱朴子·诘鲍》篇。）若是，而已使人类返于犬豕，不使人类进于修罗，其术虽善，而犹非圆满无缺之方。是故一二大士超人者出，诲之以断人道而绝其孳乳，教之以证无我而尽其缘生。被化虽少，行术虽迂，展转相熏，必有度尽之日，终不少留斯蠹以自祸祸他也。四曰：无众生。自毛奈伦极微之物，更互相生，以至人类，名为进化，其实则一流转真如。要使一物尚存，则人类必不能断绝。新生之种，渐为原人，久更浸淫，而今之社会、今之国家又且复现。是故大士不住，涅槃常生，三恶道中，教化诸趣，令证无生，而断后有，此则与无人类说同时践行者也。五曰：无世界。世界本无，不待消灭而始为无。今之有器世间，为众生依止之所本，由众生眼翳见病所成，都非实有。六十四种原质，析至邻虚，终无不可复析之量。既可复析，即不得强立原子之名。若云原子本无方分，互相抵触而后见形者。既无方分，便合浑沦为一，何有互相抵触之事？故知原子云者，徒为妄语。其他或立伊太，或立伊奈庐鸡，斯皆超出经验之外，但有假名。要之，空间尚无，岂彼空间所容受者，而可信其为有？然现见此器世间，宛尔存在，则以"众同分业"，错乱其明故。是则众生既尽，世界必无豪毛圭撮之存。譬若病眼者死，而眼中所见之空华与之俱死。虽然，此未可为常人道也。常人所信，惟有"覆谛"而已。世界初成，溟蒙一气，液质固形，皆如烟聚。佛谓之金藏云，康德谓之星云，今人谓之瓦斯气，儒者则以太素目之。尔后渐渐凝成，体若熟乳，久之坚硬，则地球于是定位，次是乃有众生滋长。而有机物之最始，果自无机物出乎？则生物学家所不能断定者。若如覆谛世界不亡，仍有产出群生之日。是故众生悉证法空，而世界为之消弭，斯为最后圆满之期也。此五无者，非能于一时成就。最先二无，同时成就，为一期；其次二无，渐递成就，为一期；最后一无，毕竟成就，为一期。前二次二，其时期亦有互相错杂者，以非普遍，故不得以成就为言。若自明者观之，序次秩然，推行不乱，孰后孰急，若指果于掌中。然而俗昧远理，僧滞近教，事之常也。今之在宗教者，以盛衰强弱为素定，徒执因缘，不知以增上缘辅其为治。又乃情存谄曲，以强有力者为护法之宗，抑盛辅微，耳不欲听。顾沾沾焉以慈善事业资助穷民，适为豪强者保其令闻长世。其有贤者，甘趋寂灭，而万善方便之法不行，所谓财施无畏，施者竟安在耶？若夫俶傥愍世之材，以无政府为至极矣。坚信性善之说，则谓利用厚生，与夫男女隐曲之事，果无少缺，虽无法律而不为非。不悟人心好事，根于我见，我见不除，虽率尔掬目相视，犹有并命同尽之心，岂专由利害得丧而已。以无政府主义中道自画，而不精勤以求其破碎净尽者，此亦乏于远见者也。佛说郁单越洲，人无妻妾、田宅、车马、财物、资具诸摄受，清宁耆寿，殊胜三洲。而佛亦不于是洲出世，此其事岂非明验于今耶？

何以云性善之说，不可坚信，人心好争，根于我见耶？答曰：人之本性，所谓藏识无善无恶者，勿论也。而末那意根，虽无记而有覆，常执藏识，以为自我，以执我之见见于意识，而善恶之念生。人心固非无善，亦非不好善。如孟子、路索、索宾霍尔，皆以恻隐之心立极，诚非夸诞。然如希腊学者，括人心之所好，而立真、善、美三，斯实至陋之论！人皆著我，则皆以为我胜于他。而好胜之念见之为争，非独人尔，一切动物皆然。若鸡者，若鹌鹑者，若蛙与虾蟆者，若蟋蟀者，多以无事相争，而不必尽为利害得丧之事。索宾霍尔立意志世界之说，谓意志常自相竞。证以蚁子下指甲而断之，蚁子既死，其身与首犹相斗，此岂为利害得丧而然乎？婴儿始能言时，两不逊则举手相扑，及至壮夫，亦有以嘲骂瞬视之微，而怀怨以终其世者。杯酒失意，白刃相仇，盖前世所常睹。此又岂为利害得丧之事也？然世多以利害得丧而生竞者，以好胜是其天性。涉于利害得丧之事，则发之愈烈耳。宁得谓人之相杀者，止于生存竞争、牝牡竞争而已乎？今使人无私藏，亦无家室，其为财产妃色而生争者，固少息矣。然斯之社会，在兽类固有之，兽类无一夫一妇之事，两性相逐，天下为公，而以字尾之故，相噬啮者犹众，何独于人类而能外是？兽类言语既简少，惟以声气呼召排摈，而峭刻之调讥无有焉，其知耻之心亦寡，故无以言语而起竞争之事。人则不然，有喙三尺，其利甚于刀矛，报之者亦率以刀矛从事。乱之生也，则言语以为阶。萧同房中之一笑，嵇康锻灶之两言，其祸至于丧师断首。此犹曰报之者有势借也。纵无势借，一身之股肱固在，凡彼勇夫，不忍恶声以至相死者，多矣。然未至于甚溃裂者，何也？有法律以闲之，有利欲以掣之也。人情莫不怀生而恶死，非饥寒交迫，铤而走险者，严刑在侧，常有以挫其好胜之心。亦或遁逃法外，而令名既损，民所不与。攻难剽暴之徒，与社会既不相入，则无穷之希望自此而终。此所以惮于猝发也。然以二者相衡，则法律之惩戒，其力微，而利欲之希望，其力厚。今无政府，法律有无且勿论，共产同内，则一身无利之可损，亦无利之可增也。希望既绝，伪道德以此廓清，而好胜之良能，将于是轩豁呈露。盖处今时之社会者，非无好胜之心也，而常为利欲所制。故近世欲作民气者，在损其好利之心，使人人自尊，则始可以勇猛无畏。及无政府主义成就以后，其所患又在彼不在此。或者以为今时风气駤戾，好杀者已居少数。他时政府虽亡，而习惯犹因仍不没，无患其遽裂者。吾则以为不然。今之习惯，非能使天性迁移，特强制之使不发耳。谁无嗔心，谁不屠杀有情以供餐食。是好杀之习惯由性成，而不杀之习惯为强制也。藩篱既彻，则向之弹力复生。纵有力能强制者，必其尝处今之社会，而后处无政府之时代者耳。再世以往，其子孙不见今之社会，安有不杀之习惯哉？或者以为恻隐之心，人所素有，虽其好胜，必能强自制裁。吾又以为不然。恻隐之心，孟轲举孺子入井为例，此最为密切者。人之所怜，在彼弱小于我，而所憎在其敌对于我。即彼恻隐心者，亦与好胜心同一根柢。虽甚凶戾，无不怜弱者；虽甚仁慈，无不憎怨家。观夫任侠之居心，即可见矣。上世人兽争战之时，常杀其长者而豢其稚者；其次部落争战之时，常屠其丁壮而遗其妇女弱儿。此宁有政令发征期会哉！诛其强者，本乎好胜心；全其弱者，本乎恻隐心，人之良能然也。纵令人人不傲无告，不侮鳏寡，而体力智勇与我相若者，一有小忿，常存必杀之心，此必不能去者也。或者以为无政府时，既无争具，虽欲相杀，而有不可得者，吾又以为不然。人之异于禽兽者，在其体力有差。世固有力能扛鼎，亦有不举一雏者。此则强弱相形，或足以动其哀怜之念。至乎常人相视，力有余而形不逮，亦数有之。攘臂相争，犹足断命，况于长竿白梃，犹有可借乎？且夫兵器虽销，而资生金铁，犹不可废。农夫发地，则必有犁锄矣；庖人割截，则必有刀匕矣；大匠伐木，则必有斧斤矣；女红制帛，则必有翦刀矣。举此数者，无不可资为杀人之具，安在其赤手无借也？虽然，必谓人将相杀，当以法律治之，而愿政府之存者，是则甚谬。原政府之初设也，本非以法律卫民而成，乃以争地劫人而成。今者法令滋章，其所庇仍在强者。贫民以为盗受诛，宁止亿兆？其或逻候森严不得恣意，则转死于煤坑中耳。至于帝国主义，则寝食不忘者，常在劫杀。虽磨牙吮血，赤地千里，而以为义所当然。夫窃钩者诛，窃国者为诸侯，此庄生所为愤嫉。今无政府，虽不免于自相贼杀，必不能如有政府之多。且平人相残，视其膂力，非夫以强陵弱、以众暴寡者之可悲也。昔鲍生有言曰："使夫桀纣之徒得燔人，辜谏者，脯诸侯，菹方伯，剖人心，破人胫，穷骄淫之恶，用炮烙之虐。若令斯人并为匹夫，性虽凶奢，安得施之？使彼肆酷恣欲，屠割天下，由于为君，故得纵意也。"综观今世所谓文明之国，其屠戮异洲异色种人，盖有甚于桀、纣。桀、纣惟一人，而今则合吏民以为之；桀、纣无美名，而今则借学术以文之。独一桀、纣，犹不如去之为愈，况合群策群力以为桀、纣矣。夫斗殴杀人者，其心戆；计谋杀人者，其恶深；独力杀人者，其害微；聚众杀人者，其祸剧。今政府固尽知此，法律所治，轻重有殊焉。而政府自体，乃适为计谋、聚众以杀人者，则乌得不舍此之重而就彼之轻耶？古之言性恶者，莫如荀卿，其见非不卓绝，犹云当以礼法治之。荀卿之时，所见不出禹域，七雄相争，民如草芥，然尚不如近世帝国主义之甚。随俗雅化，以建设政府为当然，而自语相违实甚。何者？既知人性之恶，彼政府者亦犹人耳，其性宁独不恶耶？检以礼法，而礼法者又恶人所制也。就云礼法非恶，然不可刻木为吏，则把持礼法者，犹是恶人。以恶人治恶人，譬则使虎理熊，令枭将獍。熊与獍之恶未改，而适为虎与枭傅其爪牙。然则正以性恶之故，不得不废政府。庄生云："唇竭则齿寒，鲁酒薄而邯郸围，圣人生而大盗起。"纵令有新政府者出，能尽反近世文明政府所为，而其幅员不能遍于大地。且机关既设，众慝日滋，终足以为大盗之借。故余以设新政府者为无政府之阶，而永世守之，则不可。无政府者，虽有平人相杀，其酷犹愈于有政府，终当使其趋于寂灭，而以为圆满，则不可。

所谓无人类、无众生、无世界者，说虽繁多，而无人类为最要。以观无我为本因，以断交接为方便，此消灭人类之方也。然世人多云：天地之大德曰生，阴阳匹偶，根性所同，不应背天德而违人道。嗟乎！人在天地，若物之寄于康瓠耳。器非同类，则无德之可感；体无知识，则何物之能生？且原始要终，有生者未有不死。既云天地之大德曰生，何独不云天地之大德曰死乎？天地不仁，以万物为刍狗，乃老子已知之矣。夫名色五阴，是为苦聚。人生三苦：一依内苦，二依外苦，三依天苦。此则《金七十论》师犹明其义。而近世学者亦云：苦为积极，乐为消极。其说近《成实论·问受品》云："又种种乐，少苦能胜，如人具足受五欲时，蚊蚋所侵，则生苦觉。又如存百子乐，不如丧一子苦。"夫尽世间之上妙乐具，无益于我秋豪，而只足以填苦壑，则人生之为苦聚可知。故《世亲百论释》云："福有二相，能与乐，能与苦。如杂毒饭，食时美，欲消时苦，福亦如是。复次，有福报是乐因，多受则苦因。譬如近火止寒则乐，转近烧身则苦。是故福二相，二相故无常，是以应舍。"然则若苦若乐，终之为苦一也。本未生时，非有苦乐可受而生者，忽以苦府锢之。使人果天地所生，则对之方为大怨，而何大德之有焉？或窃海格尔[①]说，"有""无""成"义，以为宇宙之目的在成，故惟合其目的者为是。夫使宇宙而无所知，则本无目的也；使宇宙而有所知，以是轻利安隐［稳］之身，而倏焉生成万物以自蠹。譬诸甘食不休，终生蛲蚘之害，其卒必且自悔，或思得芫华巴豆以下之矣。然则宇宙目的，或正在自悔其成，何成之可乐？调御丈夫，当为宇宙之忏悔者，不当为宇宙所漂流者。且人之在斯世也，若局形气以为言，清净染污，从吾志耳。安用效忠孝于宇宙目的为？若外形气以为言，宇宙尚无，何有目的？世之论者，执著［着］有生，而其终果于行杀，曷若生杀两尽之为愈也？至其所谓人道者，不知以宇宙目的为准耶？抑以人类天性为准耶？若以宇宙目的为准者，已如前驳；若以人类天性为准者，人之天性不能无淫，犹其天性不能无杀。以淫为人道不可断者，何不以杀为人道而不可断乎？何以知其然也？人之情性可见者，莫如诗；其次莫如小说、神话。中国之《诗》，风以道淫，雅、颂以道杀。而言淫者，以窈窕好逑文之；言杀者，以神武耆定文之。屈原、相

① 海格尔，今译作"黑格尔"。

如之作，哀则言思美人，见佚女；壮则言诛风伯，刑雨师。虽一往寓言，若非淫杀则不足以为美者。乃如常行小说，非以恋爱表淫，即以侦探表杀，此为中外所同。至于神话，希腊、印度皆立男女二神。而急风骤雨，则群指为天神战斗之事。以及刑天干位，修罗争帝，天魔诱人，波旬娆佛，凡诸杀事，神话中往往有之。而湿婆苇纽之教，则公言淫；天方之教，则公言杀。故知淫云教［杀］云，皆人之根性也。若人性果不好杀者，何以勇果刚毅等名，至今不为恶词，而以之为美德？观其所美，则人性大可见矣。善乎！太史公曰："自含血戴角之兽，见犯则校，而况于人怀好恶喜怒之气，喜则爱心生，怒则毒螫加，情性之理也。"小亚细亚学者海逻克梨提①之言曰："争者，群生之父，万物之王，一日息其争战，则宇宙将自灭亡。"其言虽悖，而适合于事情。万物无我见则不生，无我见则不杀。生与我见俱来，而杀亦随之。非直此也，芸芸万类，本一心耳。因迷见异，以其我见自封，而无形之外延，因以张其抵力，则始凝成个体以生。是故杀机在前，生理在后。若究竟无杀心者，即无能生之道。此义云何？证以有形之物，皆自卫而御他，同一方分，不占两物，微尘野马，互不兼容。虽以无形之分别心，一刹那间，亦不容俱起两念。斯皆排摈异类，互相贼杀之征。一切法我人我法尔，以杀为生，无杀则三界自然绝纽。以是推观，则人为万物之元恶，断可知矣！今据天性以为准，而云淫为人道，则杀亦独非人道耶？夫妇公有，既纵淫矣；法律废驰，既听杀矣。所以为此者，岂以纵淫、听杀为当然？谓如是而后合群，相杀者可以衰止，较诸有政府时为犹愈尔。夫所恶者杀也，而杀根终不可断；欲断杀者，不得先断我见；而我见断则生亦断，安可以男女匹偶为当行哉？问曰：若生当断，曷若杀之之为愈？且既以人为元恶，则杀之也何害？答曰：断生者，谓断后有之生，非断现有之生。若现有之生可断，斯即杀矣；而不断杀者，即亦不能断生。何以故？能杀所杀，我见皆未尽故。且人为万物之元恶，是则然矣。子元恶也，我元恶也，均之元恶，而二者何以相治？若欲听命于摩醯首罗、大梵帝释、耶和瓦等，彼实虚无，不可信其为有；纵令有之，既有生矣，则是与尔我同为元恶也；同为元恶，既亦

① 海逻克梨提，今译作"赫拉克利特"。

弗能相治。言无人类者，不欲以是人杀他人，犹之言无政府者，不欲以是政府灭他政府。非直不欲，且痛恶之。所以者何？为恶杀故，为平等故。是故断生之道，任人自为，而不得以行杀为断生矣。问曰：人之有淫，有政府时且不能以法律断之，况无政府而可以是强遮人之情欲耶？答曰：断淫者，固任人为之，非他人所能强制。惟然，故辗转相熏，其收效至为阔远。若可以强制者，不过六七十年而大地可无噍类，安得此径易事也？人之不可强制者，非独淫尔，虽杀亦不可强遮也。真遮杀者，不仅于动物遮之，虽至草木苔藓之微，所谓"种子村""有情村"者，犹不得有意毁坏。（村者，是依止止义。种子村，即果核等，为种子所依止；有情村，即丛草等，为蚊蚋所依止。）微菌湿生，则有青衣白酸之属，欲去之者，惟得起洁净心，不得起损害心，斯岂尽人能然者？惟以同志自为契约，而展转及于他人，斯有度尽之日已。问曰：若淫杀皆为天性者，何以人皆恶杀？若淫杀皆可厌恶者，何故于淫则习而忘之，顾反以为人伦之始？答曰：人若不恶淫者，纳采问名，既公布婚姻之礼，何以夫妇隐曲，当在屏蔽之中，不如犬豕之遵大路？而又先知蔽前，继知蔽后，露生支而行者，则人人举以为羞。下至麇鹿狸狌，牝牡相逐，则牝者犹遁逃不暇，岂非交会之情，虽禽豸亦知隐避乎？（近人说尤谬者，以为"交会无关廉耻，若生支出于面颊，则与衔吻等耳。"不知根器所依，心念即缘之而起，不得假设迁移之想。若如彼说，胡不曰："使谷道与口同处，则便秽亦不知其臭乎？"或又谓："卫藏风俗，常使老妪教男女行淫之法，未尝屏蔽。故知屏蔽者，乃习惯使然，非本性也。"然斯巴达人之俗，以善窃盗为美谈。若如彼说，胡不曰："自讳言窃盗者，亦习惯使然，非人之本性乎？"）人有偶为狂语，虽于利害无关者，乍被发觉，无不忸然见色，彼淫者亦其比尔。而人之于杀，顾有悍然矜伐其能者。上者铭之钟石，著之史书，虽穷而在下者，亦因是得称为"好汉"。法律只足以制其行事，然人心尊崇之念，虽严刑莫能遮。谁谓恶杀不恶淫耶？故就好美好胜之心以言，则淫杀皆人所好矣；格以好善之心，而淫杀又皆为人所恶矣。要之，性中种子，本以真如无明，更互相重［熏］。由无明重［熏］真如，而天性有好淫好杀之心；由真如熏无明，而天性亦有恶淫恶杀之心。两者具存，在人所自择耳。问曰：生物进化，未有尽期。今之人虽多贼杀，千百世后，或为道德纯备之人，何必以灭绝人类为志也？答曰：望进化者，其迷与求神仙无异。今自微生以至人类，进化惟在智识，而道德乃日见其反。张进化愈甚，好胜之心愈甚，而杀亦愈甚。纵令进化至千百世后，知识慧了，或倍蓰于今人，而杀心方日见其炽。所以者何？我见愈盛故。吾友北辉次郎，尝期化学日精，则人人可以矿物和为饮食，而动植皆可恣其自生。乃至便利道断，交会路绝，则人与天神无二。夫矿物供餐之说，容有其期，而杀心终不以饮食有余而止，此前所已言者。若夫断便利，绝交会，则与辟谷还丹相似。大药既成，入腹不腐，神仙之说固然。而我见不亡，淫根必无自断之道。老子云："吾所以有大患，以有身故。"法与之貌，识与之形，五作根既开洞穴而发枝茎，则非掉动以遂所欲不已。故曰："有欲以观其窍［徼］。"窍［徼］之不亡，而求其自然无欲，乌可得哉？纵令证得四空，形质已销，我见犹未伏灭。因缘外界，其种得以更生。故余以为我见在者，有润生则淫必不可除，有好胜则杀必不可灭。夫耽于进化者，犹见沐浴为清凉，而欲沉于溟海。所愿与卓荦独行之士，勤学无生，期于人类众生，世界一切，销熔而止，毋沾沾焉以进化为可欣矣。呜呼！人生之智无涯，而事为空间时间所限。今日欲飞跃以至五无，未可得也。还以随顺有边为初阶，所谓跛驴之行。夫欲不为跛驴而不得者，此人类所以愈可哀也！

（录自《民报》第16号，1907年9月25日）

政府说

铁　铮*

凡事自然有终也。曷为使之终？可以使之终，即可以使之始。使之终而是，使之始即非。知使之始而非，而终不能使之不始，则知使之终而是，而终不能使之竟终。始也者，始于是非之外；即终也者，不能终于是非之中。吾挟一是非而终之，而其事即超于是非而始之。非我不能使之终也，我欲使彼之〈终〉，我先为此之始，非欲始此始，然后终彼终，是因终必终，必先始此始。夫我既欲终彼终，而我先始此始，是彼之始出乎是非，而我之始乃入于是非。匪惟我不能挟是非以终彼终，而人且挟是非以终我始［终］，我毋乃罹乎大惑。恶乎惑，曷观政府之始？其始也者，始于未始，于未始有始，而始必于未始有。夫未始有始之中而使之始，使之始者何？非倮虫心耶？眼耳口鼻，不能自主其视听言嗅，手足不能自主其行动，一听命于心，心居中枢而命令全体，心即倮虫之政府也。夫以一区而执全体之命令，无以名之，名其命令之动作曰“政”，名其出命令之区曰“府”。无大小一也，则以“心政府”为界，而上下以观。

心与众心谋，则众人合而为社会，以命令一方，即为“社会政府”。心与万万心谋，则万万人合而为国家，以命令一国，即为“国家政府”。一世界中，国家政府，星罗棋布，孰命令之？是地球区分形势，使之各分国家耶，是可曰“地球政府”。孰使地球偕八星以共绕太阳轨道？是太阳命令之耶，是可曰“太阳政府”。太阳——恒星也，孰使太空之中，有无

---

* 铁铮，即雷铁崖（1873~1920），原名雷昭性，字泽皆，笔名铁铮，四川自贡人。

量恒星，各带行星以布于渺冥之境？是太空命令之耶，是可曰“太空政府”。嘻！政府至此，亦煌矣伟矣，蔑以加矣。

而更从“心政府”以下言之，则禽兽以心命令官骸，亦同于人类，则可曰“禽政府”“兽政府”。下至鱼虫之微，亦靡有或异，又可曰“鱼政府”“虫政府”。且蛮触战于蜗角，蚁能结阵，蜂且为王，其有“蛮政府”“触政府”“蚁政府”“蜂政府”者甚明。（夫政府，道之用也。庄子曰：“道在蝼蚁。”是可以言政府矣。）然非独跂行、喙息、蠉飞、蠕动者有政府，屈轶曷以指佞［佞］，老枫何以转羽，人弃发曷以变鳣，一草一木〈一〉发之微，亦有知觉运动，即有心以总揽命令之区，亦可曰“草政府”“木政府”“发政府”。又极而言之，地球浮于太夺［空］，以太空视太阳，太阳一尘埃耳；以太空视地球，地球一尘埃之尘埃耳。然则以人视尘埃，安知尘埃不为地球？不有世界？不有国家？是又可曰“尘埃政府”。以彼尘埃地球之中，而推及其尘埃之尘埃，是又可曰“尘埃之尘埃政府”。推及无穷，小不可状，而终不能谓其无。嘻！政府至此微矣渺矣，亦蔑以加矣。

然则由“心政府”而上推，大政府无量，由“心政府”而下推，小政府无极，而乃惟知“国家政府”，其知毋乃隘？非也，大而无量、小而无极之政府，无人心所创。其所创者，惟由个人而社会政府，由社会政府而国家政府。而为民贼者，又以政府之名专属于国家，于是而政府乃独一无二。然其名虽去，而其实则无限之大小政府，无一息不共存。诚以其始也，非可以使之始，非可以使之不始，虽盗其名以属于国家，而其实终不能使之终也。今欲去之，去其名耶？抑去其实耶？夫恶而去之，恶其实非恶其名。然而人心所创者，乃在是非之中，故可恶而去之，而不去人心，则心复能创。即使去尽人心矣，而心以上有大者，心以下有小者，均非人心所创，而超乎是非之外，无从而恶之，乌从而去之？即曰：吾第去其是非之中，而不去乎是非之外。乌知乎创有是非之政府者人心，而创人心者非无是非之政府耶？试思非有太空政府，恶乎生太阳政府？非有太阳政府，恶乎生地球政府？非有地球政府，恶乎生人心政府？非有人心政府，恶乎生社会政府？吾并国家社会人心而去之，而太空政府递生无穷，则又有生人心社会国家者矣。故如太炎所论，递次去而至于无世界，而尤有创世界者在，则“五无”亦未能到圆满之地位，而去之术乃大穷。

又以“尘埃之尘埃政府”言之。彼欲去政府，必欲去尘埃矣，然亦知有创尘埃者乎？即以吾人一身，化为异物，即成无量之尘埃。则去一尘埃，而生无量尘埃，即生无量尘埃之政府，更生无量之尘埃之尘埃政府。以尘埃之尘埃政府视吾人，吾人一太空政府也；以太空政府视吾人，吾人一尘埃之尘埃政府也。尘埃之尘埃奈吾人政府之创造何？吾人奈太空政府之创造何？且非特我去之而彼生之也，我欲去之，我即自生之。

盖欲去政府，必有扑政府之能力，而欲组织此能力，非合众力不为功。夫既已合众力，则我之名虽以扑彼政府，我之实转自建一政府。去之而转建之，非欲终之而适始之乎？去之者以其非也，不知其非而建之，其非者不非也。知其非而自罹于非，其非乃大非。我既自处于大非，而欲去彼之非，又别有非我而去我者矣。以是言之，欲去其一，必先生其一，以与之相抗，则递次去以至于去世界，孰操递次去以至于去世界之权而使之去？（按：如是以言，则所谓“五无”，必先生“五有”，否则无操“五无”之权而使之无者矣。余与太炎本同主义，而持论至此，非有此言不能满吾之说，然亦不过就太炎所言而引伸之耳。若以为驳太炎之说，则误矣。幸阅者察之。）

夫万有本于太空，非去太空，同不能满无之义，又孰操太空之权而使之去？太空者，杳冥之虚境也。何者为太空之境，何者非太空之境？惟其无境，始曰太空，以境求之，非太空矣。又安得于太空境外，别寻一太空。然而欲去太空，必别有一太空与之相抗。生政府者太空，生太空者何物？冥吾心，凝吾神，以驰想乎太空之外，惝恍焉，傍徨焉，自觉吾说之穷而不胜其苦焉，吾其魔耶？梦耶？颠耶？謔耶？无已，则且虚构一太空，以扑此太空。然去太空，恶其生也，我欲去太空，而即先生一太空。彼太空将执此以责吾而吾穷，而我所生之太空，又将叠［迭］生万有而吾愈穷。又转而比例以观，彼尘埃之尘埃，欲去政府，必去吾人，以使不生尘埃。然非别生一人，恶能扑去吾人？彼欲去吾人而先生人，而况去吾人之人又生尘埃之人乎？合大而无量小而无极以穷推之，皆有不能去之真理。使之去，孰使使之者去？又孰使使使之者去之去？辗转去其使，终有一使者居于最后而不能去，而使之术又大穷。然则卒不可使乎？曰然。盖太空自然生恒星，恒星自然生行星，行星自然生世界，世界自然生人类与动植诸物，人类自然生社会，社会自然生国家，国家自然生政府。其生者虽递相使以递相生，而不能禁己之不生，故虽使之生，实自然而生。自然而生，即自然而去，恶能使之去？自然而去者何？太空之生诸境也以次，诸境之进化也亦以次。

远者辽矣，近观吾境，始则洪蒙，继则开化，进而文明，循兹以逝，人类将绝灭，地球将消融。而今何时耶？其文明耶？未也，是以野蛮手段缘饰文明之时代，非真文明也。必至竞争胥泯，浑然大同，斯文明矣。时既跻于大同，何有政府？然盛则衰，盈则亏，无政府者世界文明之极，亦即消灭诸物之渐，是进化盈虚自然之序也。本无而自然有，本有而自然无，无有而使有固不可，无无而使无亦不可。太空澒洞，万象包涵耶，元气浑敦耶，如斯而已矣。然且将侗乎侻乎萃乎芒乎尸居而渊默乎？是又非也。运会至斯，不宜强而躐，不宜瞠乎后，弗循弗赴，非罹颠踬，即归淘汰。曷言乎颠踬？盖今之时代，既以野蛮手段，缘饰文明，而群雄跳踉，互相为虐者，率以政府策厉于后。处群虎竞争中，而欲鼎峙图存，非势均力敌，恶乎与之颉颃。是故彼建一政府，我即建一政府；彼以政府策厉全国来，我即以政府策厉全国抗。侻我无政府，则内治外交均无提纲挈领者，以涣散之人民当萃聚之政府，安往而不供彼之蹂躏？安往而不灭己之种族？则有解者曰：吾去政府，仍设机关以执行命令，人民何至涣散？如所云云，夫机关何名乎？盖国与国接，交际往来，终必有执行命令之所，即曰“无政府”，而执行命令之机关即政府。极而言之，结一团体，聚一部落，以执行国际交涉，而此一团体一部落，即一政府。是知其名可去，其实万不能去。世之君子，提倡此主义，去名乎？去实乎？苟去名，则何为多此一举。若云［去］实，则必推至去太空而终不能去，是亦不可以已乎？盖运会不至于无政府，强而躐之，是不循运会也。不循运会，运会即使之灭绝。有疑吾言者乎？吾既言今之世界，政府林立，一国无政府，必将被灭矣。夫被灭于政府，即被灭于运会也。运会在有政府，即不容无政府者存也。然吾所谓以政府抗政府，非满政府而汉政府也，非专制政府而共和政府也。专制政府，野蛮之运会也，文明之运会，不容专制政府，更不容偏［伪］立宪而行真专制之满政府，故彼伪政府，不得借吾主张有政府为护符也。而所谓淘汰者何？夫运会既将赴于文明，即不容一国独居于后，不勉而至焉，必有不能存立者。然各国虽曰缘饰文明，终有可以缘饰者在。求其所以致此者，则各因国势，或经革命，或受风潮，相索而去其专制政所［府］，以赴于世界之运会。吾国欲赴运会，则亦当求可以缘饰文明者，而审吾之国势，将如何而后足以赴之？盖吾国既亡于逆胡，以逆胡伪立宪而真专制之政府，必不能抗各国政府，则非除去逆胡，光复汉业，建立共和政府，必不足以赴运会。故吾党之排满革命以建共和政府者，将以赴运会而免淘汰也。傥反是，而瞠乎后焉，是不赴运会也；不赴运会则将为运会所淘汰，而归于灭绝矣。

由是言之，无政府者，藐运会而先之也；不排满革命以建共和政府者，玩运会而后之也。藐运会者弗循运会，玩运会者弗赴运会。过犹不及，厥咎惟均，勿谓吾言刻也。推无政府者之心，将以大同为圆满，而又无能力去各国政府，以使世界大同，则惟有于中国求大同。既曰大同，则无分夷夏，虽以逆胡之罪，亦将容之，不然则有悖大同之义。夫不去逆胡，能去满政府乎？不能去满政府，则无政府主义适以巩固满政府，非与汉奸同处乎？本以去政府，而适以保护满政府，主义不兼容，而事实转相合，夫非运会未至而提倡过早之故欤？

夫议论者，实行之母。议论纷歧，将有率埴摘［擿］涂之弊。今之民族主义，既为国民正鹄，驱逐丑虏，宏我汉京，亦已匪遥。乃慕高尚，趋于极端，讵知在周为玉璞，在郑为死鼠乎？夏禹入裸园，忻然而解裳，墨子适荆，吹笙衣锦，时俗之所宜，即运会之所在，虽有至人，弗能违也。鲁君以明堂钟鼓养鸟，而鸟愀然不乐。令［今］以无政府处中国，中国亦愁然不乐。盖美则美矣，其如不适何？今之君子能返于上古，老死不相往来，抑或遁于无何有之乡，离此世界而独立，庶几可矣。不然，则恐此主义之终不成立，徒存此理论于天壤，以待运会而已矣。虽然，吾闻提倡此说者，不乏高材硕学之士，岂于不适之处，有不深知？吾察其原因，殆恐光复军之不易起，而借此学说以为推倒满政府之手段乎？若然，则将以助光复军而非欲实行也。是在鼓吹之时，无政府主义与民族主义可相辅而行，但求可以扑去满政府，固不问其手段之如何，其用心乃深远矣。果尔，则吾将扪吾舌，而目［自］名其拉杂之说曰“狂吠”。

庄子曰："使同乎若者正之？既与若同矣，恶能正之！使同乎我者正之？既同乎我矣，恶能正之！使异乎我与若者正之？既异乎我与若矣，恶能正之！使同乎我与若者正之？既同乎我与若矣，恶能正之！然则我与若与人俱不能相知也，而待彼也耶？"

记者按：集合者，皆非真有。有原子而后有恒星、太阳诸系统；非先有恒星、太阳诸系统后有原子。凡集合者使之分散，乃是返本，非损坏破碎碎之也。论者主张太过，然亦适合今之事势。故录之。

（录自《民报》第17号，1907年10月25日）

国家论

太　炎

余向者于社会主义讲习会中，有遮拨国家之论。非徒为期望无政府者说，虽期望有政府者，亦不得不从斯义。然世人多守一隅，以余语为非拨过甚。故次录前论，附以后义，令学者得中道观云。

一、国家之自性，是假有者，非实有者；二、国家之作用，是势不得已而设之者，非理所当然而设之者；三、国家之事业，是最鄙贱者，非最神圣者。此义云何？

第一义者：凡云自性，惟不可分析、绝无变异之物有之；众相组合，即各各有其自性，非于此组合上别有自性。如惟心论者，指识体为自性；惟物论者，指物质为自性。心不可说，且以物论。物质极微，是最细色，不可断截破坏贯穿，不可取舍乘履搏掣，非长非短，非方非圆，非正不正，非高非下，无有细分，不可分析，不可睹见，不可听闻，不可嗅尝，不可摩触，故名极微，亦曰原子。（此《毗婆沙论》一百三十六说，近世原子论者，亦同此义。）若以原子为实有，则一切原子所集成者，并属假有。何以故？分之则各还为原子故。自此而上，凡诸个体，亦皆众物集成，非是实有。然对于个体所集成者，则个体且得说为实有，其集成者说为假有。国家既为人民所组合，故各各人民，暂得说为实有，而国家则无实有之可言。非直国家，凡彼一村一落，一集一会，亦惟各人为实有自性，而村落集会则非实有自性①。要之，个体为真，团体为幻，一切皆

① “亦惟各人为实有自性”，原文为“亦惟汗各人为实有自性”。

然，其例不可以偻指数也。或曰：凡团体者，非止以集合个体为性，乃自以其组织为性，故不得说为假有。夫组织云者，将指何等事耶？一线一缕，此是本真，经纬相交，此为组织。今若有一幅布及一端帛，特指其经纬相交以成面积而言。当其为布帛时，此一线一缕者，未尝失其自性；及其解散，则线缕之自性犹在，而布帛则已不可得见。是故线缕有自性，布帛无自性。布帛虽依组织而有，然方其组织时，惟有动态，初无实体。若尔，组织亦无自性，况其因组织而成者，可得说为实有耶？且如人有两手，两手者，固各有自性，虽至两手相叉，亦惟认两手为有自性，不得以相叉为有自性，此儿童所知者。复次，人之组合而为村落，或为军旅，或为牧群，或为国家。又若金之入型，各从其相，而金之自性无改。方为指环，无间又为眼镜筐［框］；方为眼镜筐［框］，无间又为时辰表廓。此指环、眼镜筐［框］、时辰表廓者，惟是形式相差，势用有异，而展转相更，复可以此为彼。是故指环、眼镜筐［框］、时辰表廓，一切虚伪，惟金是真。如是，村落、军旅、牧群、国家，亦一切虚伪，惟人是真。虽有巧辩，不能夺其说也。

然近世国家学者，则云国家为主体，人民为客体。原彼之意，岂不曰：常住为主，暂留为客，国家千年而无变易，人民则父子迭禅，种族递更，故客此而主彼耶？若尔，请以溪流喻之。今此一溪，自有溪槽，溪槽者，或百千年无改，而其所容受之水，则以各各微滴，奔凑集成，自朝逮暮，瀑流下注，明日之水滴，非今日之水滴矣。是则亦可言溪槽为主体，槽中水滴为客体。而彼溪槽，所指何事，左右有岸，下有泥沙，中间则有空处。岸与泥沙，虽溪槽所因以成立，而彼自性是上［土］，不得即指彼为溪槽。可指为溪槽者，惟有空处。夫以空处为主体，而实有之水滴反为客体，是则主体即空；空既非有，则主体亦非有。然此空者，体虽虚幻，而犹可以眼识现量得之。若彼国家，则并非五识现量所得，欲于国家中求现量所得者，人民而外，独土田山渎耳。然言国家学者，亦不以土田山渎为主体，则国家之为主体，徒有名言，初无实际，可知已。

或曰：国家自有制度法律，人民虽时时代谢，制度法律则不随之以代谢，即此是实，故名主体。此亦不然，制度法律，自有变更，非心［必］遵循旧则。纵令无变，亦前人所贻之“无表色”耳。（凡言色者，当分为三：青黄赤白，是名显色；曲直方圆，是名形色；取舍屈伸，是名表色。凡物皆属显色、形色，凡事皆属表色。表色已过，而其所留遗之功能，势限未绝，是名无表色。如筑桥梁、建城郭等，当其作役，即役人之表色；作役已毕，而桥梁、城郭至千百年不坏。即此不坏之限，为役人之无表色。）其功能仍出于人。云何得言离人以外别有主体？然则国家学者，倡此谬乱无伦之说以诳耀人，真与崇信上帝，同其昏悖。世人习于诞妄，为学说所缚，而不敢离，斯亦惑之甚矣！

问曰：若尔者，人亦细胞集合而成，云何得言实有自性？答曰：以实言之，人亦伪物云尔。然今者以人对人，彼此皆在假有分位，则不得以假有者斥假有者。使吾身之细胞，悍然以人为假有，则其说必非人所能破。若夫对于国家者，其自体非即国家，乃人之对于国家。人虽伪物，而以是单纯之个体，对于组合之团体，则为近真。故人之以国家为假有者，非独论理当然，亦其分位得然也。

第二义者：一切物质，皆有外延，此本无当然之理。特以据有方分，互不兼容，则不得已而生肤郭。植物有皮，介虫有甲，乃至人及鸟兽，皆有肤革以护其肌。大者至于地球，亦有土石为之外郛，使地藏金火得以安隐。此皆势力所迫，不得自由。昔者庄生有云：“夫得者困，可以为得乎？则鸠鸮之在于笼也，亦可以为得矣。且夫趋舍声色以柴其内，皮并［弁］、鹬冠、搢笏、绅修，以约其外；内支盈于柴栅，外重纆缴，睆睆然在纆缴之中，而自以为得。则是罪人交臂历指，而虎豹在于囊槛，亦可以为得矣。”由是观之，令人得脱肉而居，无皮革以缠其外，而不受雪霜风雨之侵，则于我顾不快耶？夫国家犹是也，亦有大山巨渎，天所以限隔中外者。然以人力设险为多。蒙古之鄂博，中国之长城，皆是类也。又不能为，则置界碑；又不能为，则虚画界线于舆图，以为分域。凡所以设此外延者，与蛤蚌有甲、虎豹有皮何异？然则国家初设，本以御外为期。是故古文国字作或，从戈守一。住［先］民初载，愿望不过是耳。军容国容，渐有分别，则政事因缘而起。若夫法律治民，不如无为之化，上有司契，则其势亦互相牵连，不可中止。倘无外患，亦安用国家为？汉土学者，视政府无足重轻，然犹云尊卑有分，冠履有辩，君臣有等。虽无用，而不可不立。不悟天高地下，本由差别，妄念所生，一切分位，随眼转移，非有定量。如彼工巧画者，以少采色间少采色，能令无高下中见有高下。乾坤定位，准此可知，名分之执，亦由斯破坏矣。或者又谓：物有外延，实是天然规则。国界虽无所用，而不可破此模型。欲破此执，且当以峡水喻之。如峡水流两岸，色形同处一时，俱见二像，居两岸者，互见分明。夫即此一峡水中，而互容两岸色像，是则万物本无不相容受之理。凡诸有形质碍，同处一时，似不俱起。然试取一坚青玉质，以石磨研，悉成细粉。青所在处，亦即坚所在处；坚所在处，还即青所在处。此青与坚，何以同处一时，相容俱起？又试任取一物，除去显色形色质碍而外，其中尚有“物如种子”否？若云无者，物则本无，不烦推论；若云有者，即彼“物如种子”，何故能与显色形色质碍等相，相依俱有？若云显色形色质碍等相，别有“造色种子”为之因者，是则“物如种子”“造色种子”二者所现之量，同处一时，互相容受。即知万物本无外延明矣。虽无外延，而随眼所得，则有外延者，亦犹工巧画师，用少采色间少采色，能令无坳突中见有坳突。故知万物外延之用，非理本然，实随感觉翳蒙而有。以是推求，则国家之作用可知已。

第三义者：凡诸事业，必由一人造成，乃得称为出类拔萃。其集合众力以成者，功虽煊赫，分之当在各各人中，不得以元首居其名誉，亦不得以团体居其名誉。惟诸学术、文艺、技巧之属，高之至于杜多苦行，皆由自力造成，非他能预。若是，斯足以焉［副］作者天民之号。若学术无心得，惟侈博闻；文艺无特长，惟随他律；技巧无新法，惟率成规。虽尽天下之能事，得尽有之，犹是他人所有，非吾所独有也。若节操足以动人，惟是弹琴咏风，自喻适志，如《周易》所谓甘节者，斯则少欲知足之士皆能仿佛，非天下之至高也。非吾所独有与？与非天下之至高，而独尸其嘉名，犹不免为攘窃，况于功德在人，本非独力所能成就。析而视之，则犹人人解炊，使天下无一夫受其饥者，其功利不可谓不博。要之，其业至微末已。夫工场主人，于佣作者，日役其力，而擅美利于一己，世犹以为不均。然凡一熟货之成，〈一〉者必有质料，二者必有作具，三者必有人力。此质料与作具者，素皆主人所有，彼佣作者，独人力耳。是一熟货成就之因，主人当其二，佣作者仅当其一也；而所获赢余，一切为主人所没，议者且以盗窃名之。若夫国家之事业者，其作料与资具，本非自元首持之而至，亦非自团体持之而至，还即各各人民之所自有。然其功名，率归元首；不然，则献诸团体之中。此其偏颇不均，不甚于工场主人之盗利乎？世人愚暗，辄悬指功利以为归趣［趋］。余岂必菲薄功利？然彼功利所在，亦即美名所在。而功利者，必非一人所能为，实集合众人为之。纵有提倡其前者，犹行礼之赞相，所擅唯有口号；至于檠辟跪拜，则犹赖人自为之也。夫其事既由人自为之，而美名所在，不归元首，则归团体，斯则甚于穿窬发柜者矣。岂独常事为然，凡在军旅，其劳瘁亦至甚矣，然将帅虽劳，而士卒之疮痍，与齐民之罢弊，有什伯于将帅者。世人以功成骨枯为佳兵者戒，不悟事虽合义，行迹非不与佳兵者同也。然并世之夸夫，率举"我不入地狱，谁入地狱"以为恒语，此必不能附会者。大觉有情，期于普度众生，得离苦趣，则身入恶道而不辞，顾未尝牵帅他人以入恶道，至于国家事业则不然。其为种族革命欤？政治革命欤？社会革命欤？必非以一人赴汤蹈刃而能成就。我倡其始，而随我以赴汤蹈刃者，尚亿万人。如是，则地狱非我所独入，当有与我俱入者在。而独尸是语，以为名高，斯亦何异于盗窃乎？余以为众力集成之事，直无一可宝贵者。非独莅官行政为然，虽改造社会亦然。尧舜云，亚历山德云，成吉思汗云，华盛顿云，拿破仑云，俾士麻云，于近世巴枯宁、苦鲁泡特金辈，虽公私念殊，义利事异，然其事皆为众力集成，则与炊薪作饭相若，而代表其名者，视之蔑如。以比释迦、伊壁鸠鲁、陈仲子、管宁诸公，诚不啻蛎甲之于犀角。虽一术一艺之师，犹不足以相拟也。夫灶下执爨之业，其利于蒸［烝］民者至多，然而未有视为神圣者。彼国家之事业，亦奚以异是耶？尸之元首则颇，归之团体则妄，若还致于各各人民间，则无过家人鄙事而已。于此而视为神圣，则不异于事火咒龙也。

上来三事，所谓遮拨国家。然期望有政府者，亦非因是而被障碍。此义云何？

前第一义，既不认许国家自性为实有物，则凡言爱国者，悉是迷妄。虽然，爱国之义，必不因是障碍。以人心所爱者，大半非实有故。喻如各各金粒，至百千数，人之爱之，不为［如］其已成指环者。各各白石粉粒，至万亿数，人之爱之，不如其已成瓷瓶者。又如古钱有文，旧碑有刻，若捣碎之，则废铜沙砾，可以弃之沟中。纵复熔铸为钱，凝和为碑，犹不如向日完具时为可宝玩。夫指环、瓷瓶，无过形式，而钱文、石刻，则区区雕琢，隐显之间耳。然其可贵，必有百倍于各各分子者，此何因缘？则以人身本非实有，亦集合而成机关者。以身为度，推以及他，故所爱者，亦非微粒之实有，而在集合之假有。夫爱国者之爱此组合，亦［说］由是也。且以各各微粒，捣和成器，器虽是假，而其本质是真，其爱之犹无足怪尔。亦有别无本质，唯是幻象，而人反乐观之者。喻如幻师幻作白兔、青雀等像，于中无有微分毛羽血肉可得，乃至石磨水漉，亦不可得，而人之爱玩，反过其真；又如画工画作林木及诸牛驹，于中本质，惟是纸素丹青，虽以锯齿析破，木之一叶，牛之一角，驹之一足，竟无存其中者。然人心睹画而愉快，或过于入山适牧，见其真形也。此何因缘？则以人身本非本质，托此气液固形诸无机物，以转化为肌骨血汗耳。即身为衡，而以外观群物，故所爱者，亦非本质之实有，而在幻象之假有。夫爱国者之爱此景象，亦由是也。今夫幻云画云，虽无本质，而见有接触于眼根者，其爱之，犹无足怪尔。亦有则［别］无现量，惟属过去未来，而人反乐念之者。今有上味，声称远闻，或地绝远，或物难致，如思熊掌，及思鲈鱼。又若蜀士思啖蟹羹，或在沙漠思得荔支，当其存念，虽太牢之味，无以易也。逮其舌根亲证，顾无以愈于彼。复有上妙欲尘，求之难获，若彼妃匹、裘马、宫室、道具之好，当其未得也，希望过甚，或舍生以求之；及其已丧也，恋着过甚，有忘形以殉之。此其以为乐也，虽钧天玄圃，会莫逮其万一。然当其现受时，则亦寻常之愉快耳。夫过去者已灭，未来者未生，此即虚空无有之境。然于现在正有之境，而爱之甚微，于过去未来无有之境，而爱之弥甚者，此何因缘？则以人心本念念生灭，如长渠水，相续流注，能忆念其已谢灭，而渴望其未萌芽者，以心为量，令百事皆入渠矱之中，故所爱者亦非现在之正有，而在过去、未来之无有。夫爱国者之爱此历史，亦犹是也。复次，处盛强之地，而言爱国者，虽［惟］有侵略他人，饰此良誉，为枭为鸱，则反对之宜也。乃若支那、印度、交趾、朝鲜诸国，特以他人之剪灭蹂躏我，而思还其所故有者，过此以外，未尝有所加害于人。其言爱国，则何反对之有？爱国之念，强国之民不可有，弱国之民不可无。亦如自尊之念，处显贵者不可有，居穷约者不可无，要以自保平衡而已。

前第二义，既不忍［认］许国家作用为当设，则凡言建国者，悉是悖乱。虽然，建国之义，必不因是障碍。以人所行事，大半非当然故。饥者求菽麦，渴者求水浆，露处者求廓宇，号寒者求絮帛，此宁有当然之理耶？使人皆如灵龟，则可以不食矣；人皆如雉子，则可以不饮矣；人皆如飞凫，则可以不屋矣；人皆如游鱼，则可以不衣矣。非特尔也，草昧初民，虽有饮食居服，而犹与今人绝异。今人纵不能为龟雉、凫鱼，独不可为草昧初民乎？习于宴安，而肌骨不如昔日之坚定，去此则不足以自存。值歉岁，处围城，析木皮以为食，有宁不入喙而死者，由其咽喉所习则然。以此知近世存生之术，皆由势不得已而为之，非理有当然而为之也。原夫人之在大堺［界］也，介然七尺，而攻围其四匝者多矣。依天以立，而寒燠瘴疠侵之；依人以处，而笞捶刀锯犯之；依身以存，而饥渴疲劳迫之。尽此百年，无一刹那得以自杜［在］。于是则宁以庶事自缚，以求安全。若从吾所好者，安取是扰扰为？然既已自求安全，则必将层累增上，以至建国而止。今之建国，由他国之外铄我耳；他国一日不解散，则吾国不得不牵帅以自存。说者以为国界虽存，政府则固可以不立。乃举普法战事证之，谓拿破仑第三自将而亡，巴黎城人自为守而固。宁思人自为守者，独无当轴处中，以司号令者耶？此固不必远举法事为微，凡以草泽齐民，起而自踣其政府者多矣。要有幕府，是即政府之具体而微者。故不得以一［无］有政府为说。人亦有言，勇夫重闭，而况国乎？当其存时，则不得不俱存；及其废也，亦相随俱废耳！一废一存，慢藏贾祸之道，在是矣。说者又云：饮食居服，生而不得不然。至于国家则否，有时而可以消灭之，故不得以为同喻。是亦未为谅直之论也。人果入山，日啖松脂药草诸物，久之芽毛渐生，而居服即无所用。方书所言，或不尽实，然以成事验之，人有击鹳而下者，微伤其足，涂以金疮之药，久之自愈，日以稻饭食之，举翮欲飞，遂不得上。以是知谷食祸人，令体沉重而多疾病，故资于裘絮栋宇以蔽之，不然，则无所事此尔。人于居服，当其可弃则弃之；人于国家，当其可废，则废之，其喻正同。势未可脱，则存之，亦宜也。

前第三义，既不忍［认］许国家事业为神圣，则凡言救国者，悉成猥贱。虽然，救国之义，必不因是障碍。以人之自卫，不论荣辱。农夫担粪以长稻粱，矿人沾体以致石炭，此其事至污辱也，而求食者不以为诟。是何也？人之躯骸，本由腐臭不净之物以成胚胎，其出入与便利同道。故一念及生，即不恤自处污垢，况于匡扶邦族，非专为一己而已。特世人执是以为高名，则不知集众所成，其能力最为阘茸，而自旌其伐，尊于帝天。遂令志其事者，毫毛未动，先有矜众自贵之心；事之既成，又群奉以为大长，斯最可忿嫉者！若本其惨怛之心，以为自卫卫人之计，则如里闾失火，相与抱瓮救之，虽焦头烂额，不以自多，惟曰行吾之素耳，此安论鄙贱与神圣哉？

今之贤者，既救火而思牛酒，斯末矣。不有［肖］者，未救火而预设一可得牛酒之心，悲哉！然此非独救国为然，虽能空国家而致之大同，亦赖群伦之力，未足以自豪也。其间贵者，独有密怀匕首，流血五步，与夫身遭戹困，百折而不回者，斯乃个人所为，非他能代，故足重耳。若夫成功以后，铭勒景钟，斯适足为揶揄之柄。此而可贵，凿井而饮、耕田而食者，当愈贵于是矣。

然则前举三事，与后义本不相妨。世之期望有政府者，必知斯义，而后举无缪妄。若夫拘牵法理，尊仰事功，斯乃牛羊贱趣［趋］、冥无识知者尔，是曷足与言胜义哉？

（录自《民报》第17号，1907年10月25日）

排满平议

太　炎

人有恒言曰："玉卮无当，虽宝非用。"凡哲学之深密者类之矣。无政府主义者，与中国情状不相应，是亦无当者也。其持论浅率不周，复不可比于哲学。盖非玉卮，又适为牛角杯也。转而向上言公理者，与墨子天志相类。以理缚人，其去庄生之"齐物"不逮尚远。言幸福者，复与黄金时代之说同其迷惘，其去婆薮盘头舍福之说又愈远矣。诚欲普度众生，令一切得平等自由者，言无政府主义不如言无生主义也。转而向下为中国应急之方，言无政府主义不如言民族主义也。

今之非排满者，稍异宪党。盖谓支那民族自西方来，略苗人之地而有之。汉人视满人为当排，反顾苗人则已亦在当排之数。是故复仇者，私言也，非公理也。且汉人以侵略之怨而杀侵略者之子孙，被杀者之子孙又杀汉人，则是复仇终无已也。今以强权凌轹吾民者非独满人，虽汉人为满洲官吏者，其暴横复与满人无异，徒戮满人可乎？吾则应之曰：汉族自西方来非有历史成证，徒以考索以拟而得之。独《山海经》言身毒为轩辕所居，又异今说，非若满洲之侵汉土，其记载具在也。大地初就，陂陀四隤，淫水浸其边幅，是故人类所宅，独在中央高原。汉族自波迷罗（此《大唐西域记》所译字，今则作帕米尔）来，虽无史籍根据，其理不诬。若是，则苗人必不与鱼鳖同生，其始亦当自西方高原来。二者理证即相等，抑未知先据此土者为苗人耶？为汉人耶？

尚考苗种得名，其说各异。大江以南陪属佷仳之族，自周讫唐通谓之蛮，别名则或言獠、言俚、言陆梁，未有谓之苗者。称苗者自宋始，明非耆老相传。存此旧语，乃学者逆据《尚书》“三苗”之文以相傅［附］丽耳。汉时诸蛮无苗名，说《尚书》者固不以三苗为荆蛮之族。《虞书》“窜三苗于三危”，马长季曰：“三苗，国名也。缙云氏之后为诸侯，盖饕餮也。”《淮南·修务训》高诱注曰：“三苗盖谓帝鸿氏之裔子浑敦、少昊氏之裔子穷奇、缙云氏之裔子饕餮，三族之苗裔，故谓之三苗。”此则先汉诸师说三苗者，皆谓是神灵苗裔，与今时苗种不涉。或言今之苗种本由马留合音，凡幽、尤与宵、肴、豪古今音皆相流变，故马留切音为苗，（马留亦作马流。《水经注》引晋时豫章人俞益期与韩康伯书曰：“马文渊立两铜柱于林邑，岸北有遗兵十余家不反，悉姓马，自婚姻，今有二百户。交州以其流寓，号曰马流。言语饮食尚与华同。”案：马流今音转为马来，本是南方土著，称以马援旧部，谅为失实。盖杂处既久，汉人亦自号马流耳。）双声相转或谓之蛮，或谓之闽，皆自一语变化而成。其与三苗据师说则非一种。

借令马、高旧训或有差讹，则三苗容是今之苗族。然其相宅神州，与汉族孰先孰后，史官亦无以质言矣。假令苗族先来此土，而汉族从后侵略之，苗人视汉诚在当排之数；其或同时猋至，互争邑落，是犹滇、蜀间之争火并，海滨种吉贝者之争沙洲，两无曲直，得之则是。间田瓯脱，更无第三人为其主者，既见为汉人所有，则曰汉人所有而已。若汉族先来此土更千百年，苗人随而东下，以盗我田庐，窃我息壤，汉族复从后攘除之。是则汉族之驱苗族为光复也，非侵略也。今据历史所书，曰蚩尤唯始作乱，苗民弗用灵，制以刑。皇帝哀矜庶戮之不辜，报虐以威，遏绝苗民，无世在下。皇帝清问下民，鳏寡有辞于苗，乃命三后恤功于民。及言分北三苗诸事。而苗族、汉族之来居此土，先后未明，谈者出其私臆，以为汉族必侵略苗民者。夫史籍所载，既已暗昧难知，则何事不可任臆？昔者大荔、义渠蛮氏，陆浑诸戎及赤狄、白狄等，当春秋时荐食中国，与诸夏盟会。秦既并天下，使蒙恬将兵略地，西逐诸戎，北却众狄，筑长城以界之。及五胡俶扰，鲜卑宅于河、洛，号曰元魏，分为周、齐。隋唐之兴，鲜卑遂失其帝制。蒙古南牧，抚有神州，且及百祀。明祖驱之，令返塞外。使秦以前之史书皆灭，将谓中夏本戎狄旧邦，而秦皇以汉种侵略之矣；使隋唐以前之史书皆灭，将谓中夏本鲜卑旧邦，而隋唐诸帝以汉种篡取之矣；使明以前之史书皆灭，将谓中夏本蒙古旧邦，而明祖以汉种剽劫之矣。准此诸例，以为汉族侵苗族者，其不根亦犹是尔！

今以历史成证言之，苗族之来先于汉族，非有符验可寻也。汉族之来先于苗族，则犹有可质成者。案：马长季《尚书》注曰：蚩尤，少昊之末，九黎君名。郑君曰：蚩尤霸天下，黄帝所伐者，学蚩尤为此者，九黎之君，在少昊之代也。如郑君说，蚩尤非九黎，九黎亦非即今黎种。若从近人假定之言，苗即三苗，黎即九黎，蚩尤为苗族酋豪，则历史言苗族者始此。准《逸周书·尝麦解》：昔天之初，命赤帝分正二卿，命蚩尤于宇少昊，以临四方。蚩尤乃逐帝，争于涿鹿之阿，九隅无遗。赤帝大慑，乃说于黄帝，执蚩尤杀之于中冀，用名之曰绝辔之野。准太史公《五帝本纪》：神农氏世衰，诸侯相侵伐，蚩尤为最暴。黄帝乃征师诸侯，与蚩尤战于涿鹿之野，遂禽杀蚩尤，而诸侯咸尊轩辕为天子，代神农氏。是则苗族始入乃在神农季世。当伏羲与神农全盛之代，未见有苗族踪迹也。苗族未来而汉族已先见史传，即明汉族之宅居此土为先于苗族矣。神农之末，既有诸侯，则蚩尤特诸侯之一，亦犹春秋戎狄列在会盟，岂一切诸侯皆苗族耶？由斯以谈赤帝之用蚩尤，亦犹唐代之用藩将，涿鹿之师与安史就诛相类。今有人曰：中国本胡人安、史二家所有，唐帝侵之攘为己地，孰不谓其缪于事情者？

若循地望言之，蚩尤则不为苗种，今之苗族聚处南方。《吴起传》言：三苗氏，左洞庭、右彭蠡。《外国图》曰：昔唐以天下授虞，有苗之君非之。苗之民浮黑水入南海，是为三苗氏。去九疑三万三千里。（《太平御览》七百九十引）地望相应，故谓三苗，即今苗族可也。而蚩尤与黄帝战，远在涿鹿，涿鹿当今宣化府怀来县地，北与荤鬻比邻，长城未筑，耕牧相望。夫胡之与越，南北相悬，岂有匈奴、三苗近在肘腋？且大昊都陈，固已南封淮汝，而谓幽、并之北尚有苗人，准度事情，钼吾［铻］实甚。苗人之俗，便山习水，不闲平地。纵令蚕食中区，亦不得远至燕代。岂若匈奴游牧之民，奇畜橐佗，不远千里？此则蚩尤非黎苗种族，粲然著明。若苗人本有大国，与汉族争，虽一败不至瓦解，黄帝则不得遽登湘山，黄帝以前，神农亦不得葬长沙也。据斯为断，三苗著见以少昊之末为期，则汉族东来久矣。

大抵人类皆自高原而降，从西方抵东土者，一出北道，则为匈奴；一出中道，则为诸夏；一出南道，则为马留。匈奴之民，依沙漠而居；诸夏之民，据大陆而居；马留之民，附洲岛而居。所处不同，故职业亦异。凡诸夏所有者，经略万里，陇亩既成，州闾既定，而复有阑入此土者，则据左契而攘之。《尚书》言窜三苗，正若秦皇之驱戎狄，非苗人故有之地而我侵略之也。近代所称支那本部者，独凉、肃诸州取自匈奴，则《汉书》所谓武威、张掖、酒泉、敦煌四郡，其他盖鲜有攘取者。朝鲜本箕子、卫满之虚，实古营州旧域。中间阔绝，而汉世复设玄菟、乐浪诸郡，今则已绝。福建、两广、安南者，所谓闽粤、东粤、南粤之地。《汉书·地理志》曰：今之苍梧、郁林、合浦、交趾、九真、南海、日南，皆粤分也。其君禹后，帝少康之庶子，封于会稽，文身断发，以避蛟龙之害。后二十世，至句践称王，后五世为楚所灭，子孙分散，君服于楚。后十世至闽君摇，佐诸侯平秦。汉兴，复立摇为越王。是时，秦南海尉赵佗亦自王。传国至武帝时，尽灭以为郡。明此数道夏时已隶中国。上寻《尧典》，则南交固在域中，言语相传，亦明其故为同种。《水经注》曰：九真郡九德县有九德浦，内径越裳究、九德究、南陵究。《竺枝扶南记》：山溪濑中谓之究。《地理志》曰：郡有小水五十二，并行大川。皆究之谓也。水之隈隩曰究，与《诗》言“芮鞫”、毛传训“究”、《韩诗》作“埆”者，音义正同。言语同则种类一，明交州本是汉民。今安南已离为异国，福建、两广犹在版图，要皆九州旧服，非取自苗人也。

云南、川南、川西、川东、贵州诸道者，昔尝称西南夷。自庄跻至滇池，略定其地，而《地理志》益州郡滇池县有黑水祠。《禹贡》：梁州之域，北抵华阳，南讫黑水。则滇池本在梁州之域。《史记》言：昌意处若水而生颛顼。若水之流，据《水经》，出蜀郡旄牛徼外，至故关，为若水。南过越巂邛都县西，直南至会无县。注言：南经云南郡之遂久县，青蛉水入焉。是云南在颛顼时已隶汉土。又《说文》云：温水出犍为涪，南入黔水。《水经》云：温水出牂柯夜郎县，盖西南有二温水，亦犹秦、蜀间有二汉水。此温字本义则然，而经典已借温为寒温之字，观其字之有温，知其地之内属。且江河间未尝有象，象之所出，不在交趾，则在云南。三苗未窜以前，舜弟已名为象，益知产象之区旧尝著籍，故得此文此语尔。

王政陵迟，诸夷入处，遂得西南夷名。至庄跻始开其地，唐蒙、司马相如之徒因而郡县之，故亦光复旧疆，非取自苗人也。今人于西南杂姓多号为苗，亦有讹谬不实者。据《水经》及《华阳国志》，青衣水出青衣县。县，故青衣羌国也。安帝延光元年，青衣王子心慕汉制，上求内附。今人言青苗者，本青衣羌之别，而横被以苗名。《汉书·西南夷传》：自桐师以北至叶榆，名为嶲、昆明，自嶲以东北，君长以十数，莋都最大；自莋以东北，君长以十数，冉駹最大；自駹以东北，君长以十数，白马最大。皆氐类也，此皆巴蜀西南外蛮夷也。今或称为番者，不失氐名；或称为苗，则诬甚。氐羌与汉古本一源，又不应以汉人侵苗说此。苗人之族通言马留，其驸［附］近中国者，白衣种为大，缅甸、暹罗皆是类也。古者丛脞诸姓，时或阑入域中，自为君长，所在剽劫。中国有良将士，率父子之兵而逐之。犹故不僩，往往窜入岫穴林莽之间，故有义阳、五溪诸蛮，至今犹有称洞苗者，非其分地素在是也。汉族之放流罪人，与蛮种相习狎，势不独立，染其礼俗，相与屯聚，因是亦以荆蛮得名。其后有分封者，扶老携稚往临斯土，欲因势为治，则或断发文身以就之。中原之吴、楚、于越，亦准是谓之荆蛮矣。前者犹今内地回人，非大食、花门之族，乃以汉人从其教者；后者犹今土司、土府，亦故汉种而从俚谣之俗。是故南方诸郡，旷绝千载，复隶职方，民无所恨，此与满洲之侵略中国豪忽无相似者。今云汉人排满，对于苗则汉亦应排，何所据依，而作此辩难耶？

抑吾又闻之曰：近世无政府党，以反对强权为号者也。强权者，广泛之称。若汉人言排满，得以苗人排汉钳其口；无政府党言反对帝王与资本家，而禽畜昆虫亦可反对无政府党。帝王、资本家之于齐民，徒有束缚镇制，非杀人而啖其肉；人于禽畜昆虫，则强权有过是矣。瞻之在后，宁不可反唇相稽邪？若曰吾所主持，独以人道为限，不及万类，是亦可曰人类之私言也，非公理也。

至其言辗转相杀、复仇无已者，斯尤回遹之辞已。复仇者以正义反抗之名，非辗转相杀谓之复仇。《周官》调人之职，凡杀人而义者，不同国，令无仇，仇之则死。《春秋公羊传》曰：父不受诛，子复仇可也。父受诛，子复仇，推刃之道也。何氏《解诂》曰：一往一来曰推刃。今满洲以强暴侵略汉族，残其民庶，盗其政权，以汉人反抗满人，则满人为受诛，汉人为杖义。满人复反抗之，则谓之窦窳貐躯之行而已矣。有盗人之田宅者，其故主讼于官，治而复之。不然，则率其徒众治而复之。盗犹不已，将领丑类复往攻其主人。治而复之者是，则复往攻之者非。有无故穿人垣墙，秉炬纵火者，主人得格杀之，律所不论；而被格杀者之族党，复往攻其主人。格杀之者是，则复往攻之者非。此盖恒民所能喻。今之学者，于常识且不通练，而故谲觚其辞，以相论难。夫妇之愚或且笑悼之矣，为种族复仇反杀者宜得何罪？古无明文，且以复父仇者为决事比。谢承《后汉书》曰：桥玄迁齐国相，郡有孝子为复父仇系临淄狱，玄愍其至孝，欲上谳减。县令路芝酷烈苛暴，因杀之。惧玄收录，佩印绶欲走。玄自以为深负孝子，捕得芝，束缚借械以还，笞杀以谢孝子冤魂。此则古之大义。为父复仇者，非特不得反杀，虽以县令枉法杀之，犹在当诛之域也。师觉授《孝子传》曰：子路仕卫，赴蒯聩之乱，卫人狐黡时守门，杀子路。其子仲子崔告孔子，欲报父仇。黡知之，于城西决战。其日，黡持蒲弓木戟，与子崔战而死。此则狐黡自知不直，是故去其兵械，持蒲木以应子崔，自愿授首也。以此相例，则满洲人之不得反杀，至易明也。若徒以怨相倾，以力相拟，虽不明言复仇，而在彼亦能反刃。如言抵抗强权，强者既覆，则退为弱者矣。弱者制胜，则即是强者矣。既覆之政府与资本家对于新制胜者，亦得以抵抗强权为号，何独关于种族尔乎？或曰：父子兄弟罪不相及，今侵略汉族之满人，已下世为枯腊，而复仇于其子孙，则为无义。应之曰：凡相杀毁伤之怨，至奕世则已矣。侵略则不然，所侵略者必有其器其事，今国土与政权自满人之祖父侵略之，而满人之子孙继有之，继有其所侵略者，则与本为侵略者同。而往世残贼屠夷之事实，以政府挟之俱存。是故排满洲者，排其皇室也，排其官吏也，排其士卒也。若夫列为编氓，相从耕牧，是满人者，则岂欲傳刃其腹哉？或曰：若是，则言排政府足矣，言排满何为者？应之曰：吾侪所执守者，非排一切政府，非排一切满人，所欲排者，为满人在汉之政府。而今之政府为满洲所窃据，人所共知，不烦别为标目，故简略言之，则曰排满云尔。

若满洲政府自知不直，退守旧封，以复靺鞨金源之迹，凡我汉族当与满洲何怨？以神州之奥博，地邑民居，殷繁至矣。益之东方三省，愈泯棼不可理，若以汉人治汉，满人治满，地稍迫削，则政治易以精严。于是解仇修好，交相拥护，非独汉家之福，抑亦满人之利。宁有复崇旧怨，敄面相攻之事？虽然，人性之贪狠无厌、背违正义，更万亿年而不可变也。是故满洲政府必无让地自归之事，为汉族者，亦固知其不可望于满人，则有昌言排满而已。满人之与政府相系者，为汉族所当排；若汉族为彼政府用，身为汉奸，则排之亦与满人等。近世革命军兴，所诛将校什九是汉人尔。游侠刺客之所为，复不以满人、汉人为别。徐锡麟以间谍官于安庆，适安徽巡抚为恩铭，故弹丸注于满人之腹。令汉人为巡抚，可得曲为赦宥耶？吴樾所刺，满人、汉人则相半，谁谓汉官之暴横者吾侪当曲以兼容乎？然而必以排满为名者，今之所排，既在满洲政府，虽诛夷汉吏，亦以其为满洲政府所用而诛夷之，非泛以其为吏而诛夷之。是故诛夷汉吏，亦不出排满之域也。或曰：若政府已返于汉族，而有癸辛、桓灵之君，林甫、俊臣之吏，其遂置诸？应之曰：是亦革命而已。然其事既非今时所有，安用喋喋多言为！凡所谓主义者，非自天降，非自地出，非摭拾学说所成，非冥心独念所成。正以见有其事，则以此主义对治之耳。其事非有，而空设一主义，则等于浮沤；其事已往，而曼引此主义，则同于刍狗。故汉族之有暴君酷吏，非今日所论也。就此见事之中而复有其巨细缓急者，是故政治得失，外交善败，亦姑弃捐弗道。举一纲而众目张，唯排满为其先务，此贞实切事之主义，所以异于夸大殉名之主义矣。

（录自《民报》第21号，1908年6月10日）

四惑论

太　炎

昔人以为神圣不可干者，曰名分。今人以为神圣不可干者，一曰公理，二曰进化，三曰惟物，四曰自然。有如其实而强施者，有非其实而谬托者。要之，皆眩惑失情，不由诚谛。章炳麟读《易传》曰：呜呼！伏曼容见之矣。《传》曰："蛊者，事也。"伏曼容曰："蛊，惑乱也。万事从惑而起，故以蛊为事。"二经十翼，可贵者此四字耳。呜呼！伏曼容见之矣。作《四惑论》。

背私谓之公，今以为众所同认之称；治玉谓之理，引申为鰓理条理，今以为界域之称。公理者，犹云众所同认之界域。譬若棋枰方卦，行棋者所同认，则此界域为不可逾。然此理者，非有自性，非宇宙间独存之物，待人之原型观念应于事物而成。洛、闽诸儒，喜言天理。天非苍苍之体，特以众所同认，无有代表之辞，名言既极，不得不指天为喻。而其语有疵瑕，疑于本体自在。是故，天理之名，不如公理，可以见其制之自人也，骤言公理，若无害矣。然宋世言天理，其极至于锢情灭性，烝民常业，几一切废弃之。而今之言公理者，于男女饮食之事，放任无遮，独此所以为异。若其以世界为本根，以陵藉个人之自主，其束缚人亦与言天理者相若。彼其言曰：不与社会相扶助者，是违公理；隐遁者，是违公理；自裁者，是违公理。其所谓公，非以众所同认为公，而以己之学说所趋为公。然则天理之束缚人，甚于法律；而公理之束缚人，又几甚于天理矣。盖人者，委蜕遗形，倏然裸胸而出，要为生气所流，机械所制；非为世界而生，非为社会而生，非为国家而生，非互为他人而生。故人之对于世界、社会、国家，与其对于他人，本无责任。责任者，后起之事。必有所负于彼者，而后有所偿于彼者。若其可以无负，即不必有偿矣。然则人伦相处，以无害为其限界。过此以往，则巨人长德所为，不得责人以必应为此。长国家者，责其民以从军应役，乃至医方工技，悉为有司所材官。此承封建之余习则然，混一久者即异是。信神教者，以为天公巨灵，特生人类以蕃其种，以润色其世宙。故非独死生不能自主，屏居遁世，不与社会耦俱，则已背上神之命。此误认万物为有作者，从而演为法戒，以根本之谜谬，及其枝条。若夫独觉、声闻、数论、老庄之说，则异是也。即实而言，人本独生，非为他生。而造物无物，亦不得有其命令者。吾为他人尽力，利泽及彼，而不求圭撮之报酬。此自本吾隐爱之念以成，非有他律为之规定。吾与他人戮力，利泽相当，使人皆有余，而吾亦不忧乏匮，此自社会趋势迫胁以成，非先有自然法律为之规定。有人焉，于世无所逋负，采野稆而食之，编木堇而处之；或有愤世厌生，蹈清泠之渊以死，此固其人所得自主，非大群所当诃问也。当诃问者云何？曰：有害于己，无害于人者，不得诃问之；有益于己，无益于人者，不得诃问之；有害于人者，然后得诃问之。此谓齐物，与公理之见有殊。欧洲诸国，参半皆信神教，而去封建未远。深隐于人心者曰：人为社会生，非为己生，一切智能膂力，当悉索所有，以贡献于大群。因政教则成风俗，因风俗则成心理。虽瑰意琦行之士，鲜敢越其范围。有视国家与神教如虺蛇者，徒沾沾焉与其形式相攻，而因是所成之心理，已执藏于其髓海。如布鲁东氏①之说，则曰："天下一事一物之微，皆将有而非现有，转变化成，体无固定。而百昌之在恒沙世界，节族自然，盘旋起舞，合于度曲，实最上极致之力使然。有此极致，故百昌皆乡此极致，进步无已，是虽必然，而亦自由。是故一切强权，无不合理。凡所以调和争竞者，实惟强权之力。"此以互相牵掣为自由，其说已暗昧难知矣。原其立论，实本于海格尔②氏，以力代神，以论理代实在，采色有殊，而质地无改。既使万物皆归于力，故持论至极，必将尊奖强权。名为使人自由，其实一切不得自由。后此变其说

① 布鲁东，今译作"蒲鲁东"。

② 海格尔，今译作"黑格尔"。

者，不欲尊奖强权矣。然不以强者抑制弱者，而张大社会以抑制个人。仍使百姓千名，互相牵掣，亦由海格尔氏之学说使然。名为使人自由，其实亦一切不得自由也。今夫人不与社会相扶助者，是势所不能也。虑犹细胞血输，互相集合以成人体。然细胞离于全体，则不独活。而以个人离于社会，则非不可以独活。衣皮茹草，随在皆足自存，顾人莫肯为耳。夫莫肯为，则资用繁多，不得不与社会相系。故曰：人不与社会相扶助者，是势所不能也。既已借力于人，即不得不以力酬人。有其借而无其酬，则谓之背于公理云尔。若诚肯［恳］为衣皮茹草之行者，既无所借，将安用酬？虽世不数见其人，而不得谓绝无其事，即不可以虚矫之公理齐之。非直此也，鸟之哺养其雏，人之乳食其子，特爱情流衍则然。诚有生子不举者，苟未至于戕杀侵陵之界，即不可以放弃责任相稽。所以者何？本未借力于此婴儿，则不必有其酬报，宁当以责任言之。律有不慈之刑，有子不收，法所不宥。此为国家待人而立，故开其蕃育之端，而重其弃遗之罚。名曰亲对于子之责任，实乃人民对于国家之责任。法律本浮栖之物，无可索其本根，类如是矣。若非强执国家万能之说，而问其所谓责任者，则绝无责任可言。必曰人类对于世界之责任，则人类本不为世界而生；必曰人类对于人类之责任，则人类亦非互为他人而生。徒曰公理当然，可乎？凡有害于人者，谓之恶人，凡有益于人者，谓之善人。人类不为相害而生，故恶非人所当为，则可以遮之使止；人类不为相助而生，故善亦非人之责任，则不得迫之使行。善与恶之间，必以“无记”为之平线，责人以“无记”以上，而谓之曰公理，则束缚人亦甚矣。今夫隐遁者，犹未至与社会相离也。一人之力，足以耕十亩，十亩之人，馇鬻有余，以其赢易麻枲竹木，足以御寒暑、庇风雨。复有他长，取以自乐，而不以是利人，斯谓隐遁之士。其不以是利人，诚凉薄寡恩矣，然而不得以背违公理责之。所以者何？人类非为世界而生，非为社会而生，非为国家而生，非互为他人而生，虽凉薄少恩，非他人所能干预也。若夫有机、无机二界，皆意志之表彰，而自迷其本体，则一切烦恼自此生。是故求清凉者，必在灭绝意志，而其道始于隐遁。若为灭绝意志而隐遁者，即不惮以道授人，亦不得不以道授人。何以故？隐匿良道，专以自利，则我痴我见，愈益炽然，必不能灭绝意志故。其次，或为深求学术，必避嚣尘而就闲旷，然后用意精专，所学既就，出则膏沐万方。是二者，辅益他人，为用至广，与专求自乐者异撰。然则尺蠖不屈则不伸，龙蛇不蛰则不现，无冥冥之志者，无昭昭之明，作止语默，其致一也。顾可以市闾期会相稽哉？自裁者，爱身之念，自我主之，不爱身之念，亦自我主之。我既绝对，非他人所得与其豪毛。昔希腊哲学家在那氏，尝躬蹈之矣。其他宗教哲学诸家，或有取舍，皆称心而为言。有神教者，以为人禀精灵于帝，躯命非我有也。故必恪恭将事，以待日月，无或自擅。无神教者，以为人类本由识根迷妄，流转生死之中，死固苦也，生亦不可谓非苦。徒绝其生，而他日之生卒不可断。故自裁者，与求长生者，其愚则同。德人庵庐知说之曰："世界最污垢也。故有志于道德者，必先弃捐躯体。弃捐躯体者，非就于自裁之途，勤修苦行，严持淫戒则可矣。若夫自裁而死者，能断生命，而不能断其求有生命之心。求有生命之心云何？即意志是。虽自裁而意志犹在，他日且复转生于世界中，独其郛廓异耳。是故欲免世界之苦者，不在形体根器之消亡，而在自断其意志。断意志者云何？曰以求断生命之意志，与求有生命之意志，自相格斗而已。此二虽异，在人自择之。择之者，非如世俗所谓本心之自由，乃法界意志之自由。"此则反对自裁矣。然有人论撰法理，而曰：人果有自裁之权否？则庵庐知答之曰："人身所有之权，与其身共归于消灭，复何问焉？"无神教中，亦言"杀自身无有罪。何以故？我身由我故。若身由我得罪果者，剪爪伤指便当得罪。何以故？自伤身故。"（《文殊师利问经·杂问品》）然则反对自裁者，就胜义而计之；认可自裁者，就恒情而计之。一于胜义，则自裁与求生皆非；一于恒情，则自裁与求生皆得。今之持公理者，本不越恒情界域，而汲汲于自裁以厉禁，何所执持而得有此无上高权耶？明其虽诋諆神教，而根柢实与神教同也。吾土有陈天华、姚宏业、陈天听者，以愤激怀沙死。彼则又诋之曰：自裁者，求生天宫与极乐国土耳。不为社会增进福祉，惟一身就乐之为，故可鄙也！不悟汉土之自裁者，自颠连无告而外，皆以谋画不行，民德堕丧，愤世伤人，以就死地，未有求生天宫、求趋极乐者。当其就死，实有所不忍见闻，亦冀友朋之一悟，风俗之一改也。而人亦高其风义，内省诸己，而知其过，负此志士，卒令发愤沉渊，则悔悟改良者众，其为益于社会亦巨矣！顾以兜率净土相嘲，何其反也？求生天者，固迷妄矣；求生极乐国土者，亦无过怯弱短气之士所为，泯绝死生，斯为至耳！是故庵庐知之说涅槃曰：“乔答摩氏以涅槃之名词，表示寂灭，可谓豁然确斯矣。涅槃者，纯无而不与少有相杂之谓，质言则世界消灭是也。既到涅槃境界，则世界意志复其本来，而表彰之物，无有纤悉存者，亦无一物可以形状涅槃。故托义于无，以示消极，无非断空，独与幻有相对而谓之无。”庵庐知者，非纯为佛学者也。犹知涅槃与极乐国土，判然殊绝。循是以观，果求涅槃，则必不徒消形体矣；果求极乐国土，亦必无弃现在之生、而望将来之愉快矣。彼以是诮汉土之自裁者，未达汉土人心本不尔也。借令世有其人，亦彼自发愿耳。彼非世界之佣奴，而安得以公理检柙之？综此三者，所持公理，皆以己意律人，非人类所公认。人类所公认者，不可以个人故，陵轹社会；不可以社会故，陵轹个人。若如公理之说，无益于社会者，悉为背违公理。充其类例，则有法人之俗，虐老兽心，以为父既昏耄，不能饬力长财，为世补益，而空耗费衣食之需，不如其死，则自载其老父，沉之江水。是则持公理者，乃豺狼之不若，狸貀所不为耳。世之残贼，有数类焉。比较其力，则有微、甚之分。宁得十百言专制者，不愿有一人言天理者；宁得十百言天理者，不愿有一人言公理者。所以者何？专制者其力有限，而天理家之力，比于专制为多。言天理者，独于臣之事君，子之事父，操之过蹙，父之尽期，率先于子，而出身事君，亦得恣意去留。是故天理缚人，非终身不能解脱。言公理者，以社会常存之力抑制个人，则束缚无时而断。言天理者，谓臣子当受君父抑制，而不谓君父当抑制。君父以不道遇其臣子者，非独天理家非之，一切社会亦非之。故见屈于一人，而常受怜于万类，是尚有讼冤之地。言公理者，以社会抑制个人，则无所逃于宙合。然则以众暴寡，甚于以强凌弱。而公理之惨刻少恩，尤有过于天理。乃知庄周所谓“齐物者，非有正处、正味、正色之定程，而使万物各从所好”。其度越公理之说，诚非巧历所能计矣。若夫庄生之言曰：“无物不然，无物不可。”与海格尔所谓“事事皆合理，物物皆善美”者，词义相同。然一以为人心不同，难为齐概；而一以为终局目的，借此为经历之途。则根柢又绝远矣。

进化者，以常识论之，必有所处，而后能进；若无所处，则必不能进。虽然，进者必动，而动与处相反。是故伊黎耶派哲学之言曰：“空间者，自极小之尘点成；时间者，自极小之刹那成。所谓动者，曰于极小之时间，通过极小之空间耳。然当其通过空间也，不得不停顿于空间。第一刹那，停顿于空间也；第二刹那，亦停顿于空间也；第三刹那，犹之停顿于空间也。始终停顿，斯不得谓之为动。飞箭虽行，其实不行也。”（案：此与《庄子·天下》篇所引名家说同。）然则所谓进者，本由根识迷妄所成，而非实有此进。就据常识为言，一切物质，本自不增不减，有进于此亦必有退于彼，何进化之足言！且有机物界，世见其进化之幻象也。而无机物界，并此幻象亦不可睹。借观地球，无时而不绕日，乃其所旋轨道，惟是循环周转，非有直进之途。譬若户枢常动，不能有分寸过于规外。夫既循环周转，则方见为进，即见其为退矣。又观月魄与海水者，终日折旋，而今月之明，不能加于古月，今潮之盛，不能过于古潮。安得所谓进化者？惟仅就有机物界以言进化，则幻象略可睹耳。虽然，进化者，由外缘牵引以成，而人心所向，不悉在是。幸福增进，一部人类所盲从也，他部人类，则或有反对此者。以善恶言，求增进幸福者，特贪冒之异名。所以者何？有所进者，不得不先有所处，而最初所处之点，惟是兽性。循其所处之点，日进不已，亦惟是扩张兽性。始之兽性，鼷鼠、陵鱼若耳；积久而扩张其兽性，乃若狻猊、白虎。兽性则同，而反愈加之厉。是则进化之恶，又甚于未进化也。以苦乐言，资生养形之事，必由操作致之。人自宝爱其朽骨，无可奈何，而忍形以就苦，斯已勤矣。更求增进，则乐必不能与苦相偿。而不见之耕稼之骊牛乎？藜蒿布野，足以疗饥，横为人伦牵引，喘息流汗，以服劳于陇上，所得稻粱，不为牛啖。纵令牛自耕田，牛自啖之，牛之所需，本不在此。苦身以求稻粱之美，曷若自放而食藜蒿矣。人求进化，必事气机，欲事气机，必先穿求石炭，而人之所需，本不在此。与其自苦于地窟之中，以求后乐，曷若樵苏耕获，鼓腹而游矣。夫乐不与苦相偿，谁有白痴，甘为此者？若曰：以是利益后人，则无异牛之为人耕稼也。后人生计，自有后人任之，安用前人为之尽瘁于百年以上？或有出其余力，以扶病字孤者，此于道德为能然，非于责任为当然。独以人类同根，必不忍他人之冻饿，乃率由悲性以为之，而非他人所能强迫。若夫后人者，朕兆未形，意萌未现，则悲性无自而生，乃为之劳形自苦，不太多事耶？世有其人，计虑深远，以其所已见者，推之其所未见，鞅掌贤劳，为后昆谋安乐，固任侠事，而不可以是遍责恒民。若更有知幸福之妄者，则当为人类断其追求无已之心，使归安稳。而竭能尽智以谋形质者，其可以已矣。或曰：劳动者，人之天性，循其天性而谋进化，易若水之转轮。此亦不然。动者人之天性，劳者非人之天性。惟好动也，故其心掉举不安，乍动于此，辄弃而转动于彼，必无坚忍以就一事者。有之，则父师所督率，生计所驱使云尔。虽然，动至于劳，亦未有不思休息者。农者知不耕则不食，自节其性，以服先畴，此为形累，非其天性然也。虽自耘其陇亩者，一日得休，亦未尝不自欣幸。谁云劳为秉彝之好乎？若诸文艺技巧之事，劳与乐俱，则安肆而行之；以劳求福，则竭蹶而行之。劳与乐俱者，虽以黄屋之尊，有时厌弃万几，愿自侪于梓匠，若明熹宗之喜刻木，是也。此非好劳，顾行乐耳！以劳求福者，敦迫为之，犹必尔然疲役。今有二人，一事刻印，一事磨针，非由外铄，皆自勉以就功者。若其程功终日，刻印者犹自喻适志，而磨针者则吟呻欲卧矣。又有三人，一画花木，一操会计，一编谱表，终日程功，其劳相等，绘画者犹栩栩［诩诩］自得，操会计者、编谱表者，则遒然思欲脱离矣。是何也？一即以为乐，当其劳时，即其乐时；一行劳以求福，而见前所操之业，皆枯槁鲜味者，故其趣不同矣。且夫人心好动，以掉举之心为依，不以坚忍之心为依，故好动正与好劳相反。近世资生之计，农耕为急，渔猎则不足重轻也。然人有素未习耕，亦素未习猎者，与之出而驰骋射弋，虽不能，犹踊跃趋之；与之出而犁草掊土，则未有乐从者。借观贵游之子，以暇日钓鱼弹雀者多，有以暇日发土舂米者乎？夫乐于猎者，非为给鲜；不乐于农者，亦非为仓廪有余也。猎者作姿骏逸，本乎掉举之心；农者所事拙钝，本乎坚忍之心。人心依掉举而不依坚忍，故非饥寒所迫，则未有舍此就彼者。然则人之天性，以动为趣，不以劳为趣；以劳而现乐者为趣，不以劳而求福者为趣，彰彰矣。而求进化者，不在行乐之劳，而在求福之劳；不在掉举之动，而在坚忍之动。若人皆自私其产，斯亦可也。既和合众产以为一丸，而欲其忍性就劳，则势所不行，亦明甚。乃曰：劳动为人之天性，是则为诬天性者。余谓进化之说，就客观而言之也。若以进化为主义者，事非强制，即无以使人必行。彼既标举自由，而又预期进化，于是构造一说以诬人曰："劳动者人之天性。"若是者，正可名进化教耳。本与人性相戾，而强为训令以笼愚者曰："尔之天性然。"若是而主持强权者，亦可为训令以笼人曰："服从强权者，尔之天性然。"此与神教之说，相去几何？如上所说，皆就人之感性言也。若严密言之，明日有无，必非今日所能逆计。所以者何？未至明日，而言明日之有，即无证验。虽昨日之视今亦为明日，所更明日已多，而今日非昨日，则无比例。故明日尚不能知其必有，离于明日，何进化之可言？此则徒为戏论而已！

惟物者，自物而外，不得有他。应用科学者，非即科学自体；而科学之研究物质者，亦非真惟物论。是何也？言科学者，不能舍因果律。因果非物，乃原型观念之一端。既许因果，即于物外许有他矣。真持惟物论者，在印度有斫婆迦师，在欧洲有吼模①耳。乃若胜论之言阿耨，伊壁钩卢②之言阿屯，黎布尼③之言毛奈陀，汉语译之，皆云原子。然彼实轶出经验以外，以求本根于无方分者。况其所谓原子，非独物有，亦许心有，则仍是心物二元也。斫婆迦说，以为现量诚谛，比量虚妄。此即断绝因果矣。又谓地水火风，任运流转，自斯而外，更无心量。即彼地水火风者，亦但有现行，初无种子。此又断绝本质矣。吼模之言曰："弄球者先转一球，进而击触他球，则他球亦转，其势流注相迁，而不可以先转为后转之因，后转为先转之果。诸言因者，非五根所能感触，得一现象，而归之于不可见之因，谬矣。因云，果云，此皆联想所成。联想云何？凡同一事而屡见者，即人心之习惯所由生。初见一事，前有此，后有彼；继见一事，前有此，后有彼。如是更十百次，皆前有此，后有彼，遂以此为彼因，彼为此果。其实非有素定也。且夫白日舒光，爟火发热，亦其现象则然。以为日必舒光，火必发热，则不可。惟根识所触证者，有日与火之现象，必有光与热之现象随之。以吾心之牵联，而谓物自牵联，乃豁然定为因果。若就物言，日自日耳，何与于光；火自火耳，岂关于热。安见有日必有光，有火必有热者？"余谓吼模之说，犹未究也。正感觉时，惟有光相热相，非有日相火相。日与火者，待意识取境分齐而为之名。故光与热为现象，光上之圆形锐形，亦为现象，而日与火为非现象。若专信感觉者，

① 吼模，今译作"休谟"。
② 伊壁钩卢，今译作"伊壁鸠鲁"。
③ 黎布尼，今译作"莱布尼茨"。

日、火尚不可得，况可言其舒光发热之功能哉？夫既遮拨因果，则科学所证明者，一切不得许为极成，非独遮拨因果而已。科学之说，既得现象，亦必求其本质。而吼模之说，惟许现象，不许本质，则原子之义自摧。由是观之，惟物论成，则科学不得不破。世人之矜言物质文明者，皆以科学揭櫫，而妄托其名于惟物，何其远哉！斯宾塞尔著综合哲学，分可知、不可知为二篇。曰：时间、空间不可知，力不可知，物质不可知，流转不可知，而又崇重科学，以为最上。然力与物质且不可知，则科学之根已绝。虽有所建立发明，如海市寻香城耳。物质既不可知，则惟求之现象。而现象与现象之因果，于此心界虽可知，于彼物界诚有此因果否，亦不可知。则名言堑绝，无可为趋入之途矣。即实而言，惟物之与惟心，其名义虽绝相反，而真惟物论，乃即真惟心论之一部。所以者何？不许因果，不许本质，惟以现所感触为征，此则所谓“现见别转，远离一切种类、名言、假立，无异诸门分别”者，是正惟心论之见量。吼模有言：“触寒而生寒觉，触热而生热觉，当是时，无寒热之名言也。名为寒热，必在感觉已灭之时。若充其例，当有寒觉与热觉时，惟于自体觉有寒热，未有寒热外来之想。更充其例，掷贝珠顷，以青色对向眼识，掷贝珠顷，眼识与青色俱生。是时分别未形，但觉眼之与青，泯合非二，未有青在眼外之想。”故专以感觉为征者，现象有对，且不得成，况物之本质哉？故曰：惟物论者，惟心论之一部也。或则变转其言曰：感觉本在神经，而神经亦为物质，以物知物，何系于心？是亦可曰：惟心论者，惟物论之一部也。应之曰：心量本非一端而罄。凡言心者，正当言识，以心本义为心脏，引申为识之代词。疑于物质也。然今亦随俗言之。正犹魂本是气，精本是液，而言魂、言精神者，亦得引申为无形之名词耳。今之言感觉者，以为内印神经；言忆念者，以为神经有遗印也。不悟显色形色，虽可以印象为缘，而数量即无印象。如人见三饭颗，若只缘印象者，感觉以后，当惟生饭颗、饭颗、饭颗之想，必不得生三饭颗之想。今有三饭颗之想者，非于尔所饭颗，各各取其印象；亦非以尔所饭颗，和合为一以成一种印象。必有原型观念，在其事前；必有综合作用，在其事后。安得云只以物质对取物质耶？虽然，此犹感觉以后事也。而当其初感觉时，亦有悟性为其助伴。如庵庐知之言曰：“物映眼帘，其形皆倒，而视觉所取则非倒。明感觉亦以悟性为依。”若专就神经对印为言，即无解于倒见之疑矣。又若为印象者，一日接十印象，印已模糊，何以得了了而忆。故知现量感觉，一切惟心，而甄明科学者，必不许现量为究竟。此特相似之惟物论，其于真惟物论，翩其反矣！以物质文明求幸福者，不自量度，而妄尸惟物之名，斯亦厚颜之甚也！夫真惟物论者，既举本质而空之，惟以本质为心所妄念之名，是骎骎与惟心相接。然吼模复不许心有本质者，以心亦念念生灭，初无自性。惟无自性，故一切苦乐，心得感之。若心有自性者，即不为苦乐之境所变。然则求乐者，但求诸心，毋求诸物，亦可矣。若夫啜菽饮浆以愈饥渴，冬毳夏葛以避寒暑，上茨下借以庇雪霜，采艾储药以备疫疠，人之借资于外物者，诚不可乏。过此以往，则安必沾沾物质之务哉？人而执鞭为隶，其行至可羞也。含垢不辞，曰惟存身之故。既存身矣，而复以他种福祉之故，执鞭为隶，其猥贱则甚于向之为隶者矣。不执鞭为隶于人，而执鞭为隶于物，以斯求福，其猥贱又甚于向之为隶者矣。

自然者，物有自性，所谓求那；自由性而成作用，所谓羯磨。故合言之曰自然。知物无自性之说，则自然之说破。或有言本然者，与自然同趣而异其名。或有言法尔者，则以物无自性，一切为无常法所漂流。近人又言自然规则，乃合自然、法尔为一谈。言法尔者，本谓离心不得一法，即此法者，亦心之尔焰迷惑所成。言自然规则者，则胶于自性，不知万物皆辗转缘生，即此辗转缘生之法，亦由心量辗转缘性。虽然，言此者固自托于惟物。若果惟物，此自然规则者，为在物中，为在物外？若在物外，既许物外更有他事，即不容妄托惟物之名；若在物中，有素定者，固得以自然规则名，无素定者，亦得以自然规则名。虽然，火之求那，自然而热；火之羯磨，自然而烧。而死灰沙砾有不可得烧者，则火之羯磨破。人之按火，未有不觉其热，而死灰沙砾，则无热觉。纵令火着死灰沙砾以后，人按之犹生热触，特未知火在死灰沙砾，果热否也？则火之求那亦破。若曰：于此而热，于此而烧，于彼则无热无烧，亦得名为自然规则。然则火但是火，而热与烧者，惟一部物质对火之名，即不得言火本有热、火本能烧矣。循是以推，所谓自然规则者，非彼自然，由五识感触而觉其然，由意识取像而命为然。是始终不离知识，即不得言本在物中也。今若有人问言：世间有法过自然否？则应之曰：知自然者，过于自然。夫就胜义言之，名、相二者，皆由分别妄念所成。若就俗谛言之，相则在物，可认为真；名乃在心，惟认为假。故纵不说物为心造，而不容不说自然等名为心造。物若非心造耶？知物者，或未能过物。自然之名，既为心造，则知自然者，必过于自然矣。故真惟物论者，亦不得不遮拨自然，而托之者至谬妄也。虽然，今亦且置斯事，就人间社会言之，凡所谓是非者，以侵越人为规则为非，不以侵越自然规则为非。人为规则，固反抗自然规则者也。昔希腊王子有别封于新头河者曰弥兰，问那伽犀那曰：智者作恶，愚者作恶，此两人殃咎谁多得者？那伽犀那曰：愚人作恶，得殃大；智人作恶，得殃小。王曰：不如那伽犀那言。我国治法，大臣有过，则罪之重；愚民有过，则罪之轻。是故智者作恶得殃大，愚者作恶得殃小。那伽犀那问王曰：譬如烧铁在地，一人知为烧铁，一人不知为烧铁，谁烂手大者耶？王曰：不知者烂手大。那伽犀那曰：愚者作恶，不知自悔，故其殃大；智者作恶，知不当为而自悔过，故其殃小。盖弥兰所说者，人为之法，故知而触之者咎重，不知而触之者咎轻。那伽犀那所说者，自然之法，故知而触之者咎轻，不知而触之者咎重。就此回答，足以知二种规则之不同矣。且黠者之必能诈愚，勇者之必能陵弱，此自然规则也。循乎自然规则，则人道将穷。于是有人为规则以对治之，然后烝民有立。若别有自然规则，必不可抗，而人有恣意妄抗之者，此亦任其自为耳。蚊欲负山，蚷欲驰河，讥其不量力可也，责其不合义则不可也。夫阑入人之邸舍者有罪，而阑入大火聚中者无罪。谋斩关越塞者有罪，而谋超越星球者无罪。纵有非笑之者，惟得斥为顽愚，不得指为过恶。以自然规则本无与于人道，顺之非功，逆之非罪云尔。今夫进化者，亦自然规则也。虽然，视入火必热、入水必濡，则少异。盖于多数不得不然，非于个人不得不然。个人欲自遏其进化，势非不能。纵以个人之不进化，而风靡多数，使一切皆不进化，亦不得为个人咎。以进化者，本严饰地球之事，于人道初无与尔。然主持进化者，恶人异己，则以违背自然规则弹人。吾则诘之曰：人之有死，亦自然规则也。病革而求医药者，将以遮防其死，曷不以违背自然规则弹之耶？昔庄氏载子来有病，喘喘将死，曰：父母于子，东西南北，唯命之从；阴阳于人，不翅于父母，彼近吾死，而我不听，我则悍矣。郭象说之曰："自古或有能违父母之命者，未有能违阴阳之变，而距昼夜之节者也。死生犹昼夜耳，时当死而横不听之，则适足捍逆于理。”此明以死为自然规则，不可旅距矣。而今之尊信自然规则者，一则废之，一则举之，自为矛盾而不悟。若曰：自然规则虽有死，而吾得暂缓其死，独不可曰，自然规则虽有进化，而吾得暂缓其进化乎？呜呼！昔之愚者，责人以不安命；今之妄者，责人以不求进化。二者行藏虽异，乃其根据则同。以命为当安者，谓命为自然规则，背之则非义故；以进化为当求者，亦谓进化为自然规则，背之则非义故。自我观之，承志顺则，自比于斯养之贱者，其始本以对越上神，神教衰而归敬于宿命，宿命衰而归敬于天钧，俞穴相通，源流不二。世有大雄无畏者，必不与竖子聚谈猥贱之事已！

（录自《民报》第22号，1908年7月10日）

代议然否论

太　炎

代议政体者，封建之变相，其上置贵族院，非承封建者弗为也。民主之国，虽代以元老，蜕化而形犹在。其在下院，《周礼》有外朝询庶民，虑非家至而人见之也，亦当选其得民者，以叩帝阍。春秋卫灵公以伐晋故，遍访工商。讫汉世去封建犹近，故昭帝罢盐铁榷酤，则郡国贤良、文学主之，皆略似国会。魏、晋以降，其风始息。

至今又千五六百岁，而议者欲逆反古初，合以泰西立宪之制。庸下者且沾沾规日本，不悟彼之去封建近，而我之去封建远。去封建远者，民皆平等；去封建近者，民有贵族、黎庶之分。与效立宪而使民有贵族、黎庶之分，不如王者一人秉权于上，规模廓落，则苛察不遍行，民犹得以纾其死。

盖震旦亦无他长耳。旁倪邻国，与我为左右手者，印度以四姓阶级亡。西方诸国，上者藩侯，下者地主，平民皆不得与抗礼。其废君主、立总统者，以贫富为名分，若天泽冠履然。彼其与印度兴亡虽异，以阶级限民则同。独震旦脱然免是。闽、粤间或以族姓分高下，自岭以北则绝。江东有惰民渔户，法皆禁锢不得入仕途，自秣陵以西则绝。有时矫虔吏奋其威棱，践元元如草芥，然固非世其位者。废官归老，其子姓或暴横乡曲，值长吏骨鲠者，往往能捕治之。若夫使高资兼并之家，口含天宪，手司民命，则千载未有一二。承五十叶平等之绪风，虽东胡入主，犹不能恣情滑乱，而反除江左世奴之制，为之释回增美，是震旦所以卓绝矣。

官吏贼民，宦家武断，与岭南人分宗族大小，是为纯白中着一黑黡。

假令彼政府欲除三害，当专以法律为治，而分行政、司法为两途，诸司法官由明习法令者自相推择为之，咨于政府，不以政府尸其黜陟。夫长吏不奸［兼］裁判之权，则无由肆其毒，司法官不由朝命，亦不自豪民选举，则无所阿附以骫其文，如是而民免于陧杌矣。猝然外交有失，至于辱国祸民，民得临时诛其主者，依罗马法无所问，如是而主相不得自擅矣。惰民、渔户之俦，肇自有明，所以贬抑胡裔；岭南之葆爰族制，其始亦以分北俚繇，久则泛滥及同种。然皆自法令禁锢成之。若一切许其登录，锐意奖进，则去此如发蒙振落。如是而王道荡平，大圜停水之中，无少有坎窞矣。斯固标举粗犄，未尽委细，然大体不逾是。必欲阎置国会，规设议院，未足佐民，而先丧其平夷之美。若是者，于震旦为封豕，投畀有北，未足以尽其诛。

乃者杨度鸱张，夸夫伸眉延颈，喁喁请开国会，满政府如其请，果刻九年为宪政实行之日。吾且庋阁民族主义，而言代议之不可。夫其横分阶级，既略论如前矣。若乃选举不可实行，则明之以丁口比例。今计中国本部及新疆、盛京、吉林、黑龙江四省，大校二千四百万方里，为州县千四百，丁口则四万二千万有奇。若如日本选率，十三万人而一议员，则议员当得三千二百人，其数与虎贲等，猱屯麇聚，分曹辩论，謦咳之声已足以乱人语，故列国议员无有过七百人者。今以七百员计，则是六十万人而选其一也。除去妇女童儿，入选场者大率二十万人。愚陋恒民之所属目，本不在学术方略，而在权力过人。以三千人选一人，犹不能得良士。数愈阔疏，则众所周知者愈在土豪。今举一例，假令二十万人中，有二十贤良与一土豪，区万人为一处而选之。其万人中无土豪者勿论。其适有土豪者，设土豪得票与贤良均，或且增倍，贤良虽不能与土豪抗，其余十九区中犹有贤良，土豪不能尽陵其上也。若以二十万人选一，彼万人所知之贤良，非十九万人所知；而万人所知之土豪，则为十九万人所周知，是贤良终不能与土豪抗也。单选不善，于是与之复选。其人知识虽少高，贤良众则势分而附从寡，土豪一则势合而陪属多，其不足相胜亦明矣。是故选举法行，则上品无寒门，而下品无膏粱，名曰国会，实为奸府，徒为有力者傅其羽翼，使得膢腊齐民，甚无谓也。

借令通选不足以得材士，又缩衄之而为限选。汉土之限选，若易行矣，不以纳税为齐，而以识字为齐。计汉土识字者十人而三，则七人无选举之柄，行之若截削省要者，卒之苟偷一时，势不足以经远。强迫教育实行以后，人人识字，又无奈彼何也。

且以满洲政府歆羡金钱，其计必以纳税为权度。然以纳税定选权者，又不可施于震旦也。按今震旦所有直税纳诸所在州县者，独地丁、漕米与渔芦诸课，岁可得银三千万两。而田赋高下，科则处处不同，山泽亦然。以其地有肥硗，获有多寡，不容以法令一切等画之耳。然则田赋重者，莫如江、浙，亩几输银三钱，漕米可一斗许，亦当银二钱有奇，合之则亩输银五钱。池沼、场圃、山林、庐舍之属，视此而杀。上流稍轻减，湖南壤土非垅埆，而亩财输银三分，又无漕米，山泽廛里几无税矣；辰、沅以上，亩财出银七八厘耳。北方诸省，亦大校类是，而新疆与东三省，其陇亩往往未升科，纵升科亦必不能过辰、沅。今若以纳税定选权，中国制钱当日本半钱五分之一，日本以直税十元者得选举权，中国应以直税二元者得选举权。如是则江南、浙江之农，有田三亩，纳丁漕方二元，足以攘臂参选，而上流贵州、湖南诸省，虽有田百五十亩，犹倜倜未入格。北方如陕西、甘肃，益以销铄，而东三省与新疆尤无赖。如是则选权凑集于江、浙，而西北诸省或空国而无选权也。此何等政体耶？若欲比肩日本，以直税十元为度齐，今此直税三千万两，无虑当银元五千万枚，令人人皆有十元之税，全国得选举权者，亦财五百万人。况其数本出于奇零箵集，税不及十元者，大氐［抵］三分居二，则得权者财百六十六万人耳。而税有倍于十元者，其选权仍不得倍，如是又当减其什一，则得权者财百五十万人。夫以四万万人成国，其得选权者只百五十万，是二百六十六人而一，于民权不增涓壤，又安用选举之虚名为？

若欲增重直税以繁殖选权者，此不足使繁殖，而适以减削其数。何者？土田、山泽所得本微，复课重税，中人有十元之税者，且将去而之商贾，以其土鬻之富人。富人虽纳百元之税，选权不为增多，而纳税十元者，其人数已减十分之九，选权则愈啬。夫代议本以伸民权也，而民权顾因之日蹙。令二百六十六人中，必有一人居其维首，其权力与众绝殊，名为损上益下，于下反增之层累。此则名实相戾，不足以给孩婴之童也。且所为代议者，欲使增益租赋之令不自上发，而自下裁定之，今为繁殖选权，则于代议未行之前，先武断以增租赋，于因果又适为颠倒矣。

若不以直税为剂，而以一切税课为剂者，民有选权，或稍稍增于往昔。凡课至重者，莫如盐。今设盐官凡十处，其商多聚居城市，一处无过三四千家，合之亦增多三四万人耳。其外则茶也，丝也，木也，药材也，瓷器也，缯帛也，锡也，木绵［棉］也，布也，谷食也，酒也，皮也，马也，珠玉也，纸也，烟草也，为货殖家最巨者。而倡优亦不得无课，其课率在十元以上。夫以商人预选，若无害矣。反而思今之政党，素皆蹑孱嬴粮以游异国，参半为贫乏士，虽有温饱者，亦往往不治生产，其纳税十元者盖寡。夫倡优尚与选，而素知法律略有政见者，反无尺寸选举之柄，则以纳税定选权者，其匡戾亦已甚矣。况值风教陵替之时，朝贵既惟金钱是务，惟氓庶亦应之于下，谋选举者，或以方术运动，终不如橐中装足以耀人，若是则虽倡优亦或被选。吾何以知其然耶？向者未有选举，满洲以乡会试为取士大典，然柏葰尝与优童通关节，中式入录矣。今之选举，宁有异是？

若以众选不可遂私者，吾见选举之法尚在，而作奸树伪者相枕藉也。选举法中，孰不曰为选举事，而以酒食游览招人者，及受其招者，皆有禁锢之刑乎？孰不曰为选举事，而赠财物利益于选举人者，及受其赠者，皆有禁锢之刑乎？法令滋章，关防滋密，而诡窃者滋多，视之以为恒事。加以复选，则私昵者尤多。况上视贵族院，而知满洲华胄人人习为倡优。贵族院得容此曹，众议院独不得容此曹耶？尤而效之，则人情亦不为噩异矣。

夫以纳税定选权者，犹汉时以资算为郎，其点污甚。且震旦二千岁中，世爵已废，财产皆均分子姓，无以长子相续者矣。一兴选举，又以纳税为限，民之死权者，欲持此以无替。父有一顷之田，一廛之肆，而其税适当选格，分之数子则权去，委之长子则权存，人将以重视荣名，不顾七子均分之美，其滑乱风俗，又将自此兴矣。以纳税定选权者，独有一善，曰租界工商纳税多在外人辖下，而乡里或无铢两之租，身无选权，则不得齐夷于士伍，容当作其耻心耳。虽然，犹无效。大驵多金，固得以敕选入贵族院，而敕选非有定格。满洲制法，方悬子男之赏，以厉贩夫。向者以报效赏京卿，今且又报效入上院，何有于乡里选权哉？

是故通选亦失，限选亦失，单选亦失，复选亦失，进之则所选必在豪右，退之则选权堕于一偏。要之，代议政体，必不如专制为善。满洲行之非，汉人行之亦非，君主行之非，民主行之亦非。上天下地，日月所临，遗此尘芥腐朽之政，以毒黎庶，使鱼乱于水，兽乱于泽，惴耎之虫，肖翘之物，莫不失其性。甚矣哉！酋豪贵族之风，至于今未沫也。

难者曰：知代议必不可行，而公等昔尝主持共和政体，何其自相斫也？应之曰：昔者吾党以为革命既成，必不容大君世胙，惟建置大总统为无害，而又慕说美利坚人哀思窈窕，为我好仇，故联想及于共和政体。不悟置大总统则公，举代议士则戾；且未尝推校丁口，与他国相稽也。美之丁口七千有余万，视震旦五不当一，其地三千万方里，视清所据疆土四分而三，视震旦本部以倍，然犹众建联州，各为宪法，其议员亦无等差高下，然后分布得均耳。震旦不分为联州，多选议员，则召喧呶，少选议员，则与豪右。若分为联州耶，此土情势，即又与美瓴戾。今之务在乎辑和民族，齐一语言，调度风俗，究宣情志，合之犹惧其隔阂，况剖分之？

自宋以降，南人视北人则有异，荆、扬、益三州人视岭外人则有异。地方自治始萌芽，而湖南、江苏、安徽比邻之民，又且相视若戎敌。滨海通商之地，其民羯羠不均，顾反有贱其宗国而厚爱欧美人者。若一日分为联州，其逖离则愈甚，而南、北美之战争，将亟见于汉土，于民族主义甚反矣。夫山人诮泽人，则以为蛙黾，泽人诮山人，则以为貂狸，将由老死其乡，无交通之利便故然耶。斯又未谛，合震旦冠带之区，大于英、德、法三国，彼以政俗不同转相鄙贱，虽交通利便不为损，今若分置联州，其相蔑相陵可知已。

抑震旦人之天性，固函阴阳二极，毗阴故更互鄙夷，毗阳故争求和会。在昔魏氏代汉，梁氏代唐，以合为分，以博为傶，则讴歌者有怨志。三国分而晋混一之，南北分而唐混一之，五季分而宋混一之，江表、唐、蜀，亦有文思憔杀之人，未闻以灭宗为怨。何者？幸同气之和合为一家，不至以戈矛相见也。故当伏其阴极，轩其阳极，令民族亲如昆弟，宁可以联州促其骚离哉？

若就民生主义计之，凡法自上定者，偏于拥护政府。凡法自下定者，偏于拥护富民。今使议院尸其法律，求龙断者惟恐不周，况肯以土田平均相配？故当时言共和政体者，徒见肤表，不悟其与民族、民生二主义相牴牾也。

余固非执守共和政体者，故以为选举总统则是，陈列议院则非。总统之选，非能自庸妄陵猎得之，必其尝任方面与为国务官者，功伐既明，才略既著，然后得有被选资格。故虽以全国人民胪言推举，不至怐瞀而失其伦也。至夫议员则不然，其被选不以成绩，有权力者能以势借结人，大佞取给于口舌，哗众啸群，其言卓荦出畴辈，至行事乃绝异。家有阎妻，又往往以色蛊人，助夫眩惑，既与举者交欢，骋辩未终，令听者魂精颠沛，蛾而使其良人上遂矣。美国之法，代议士在乡里有私罪不得举告，其尊与帝国之君相似。猥鄙则如此，昌披则如彼！震旦尚不欲有一政皇，况欲有数十百议皇耶？他国未有议员时，实验未著，从人心所县揣，谓其必优于昔；今则弊害已章，不能如向日所悬拟者。汉土承其末流，琴瑟不调，即改弦而更张之尔，何取刻画以求肖为！吾党之念是者，其趣在恢廓民权，民权不借代议以伸，而反因之扫地。他且弗论，君主之国，有代议则贵贱不相齿；民主之国，有代议则贫富不相齿；横于无阶级中增之阶级，使中国清风素气因以摧伤，虽得宰制全球，犹弗为也。

夫欲恢廓民权，限制元首，亦多术矣。如余所隐度者，略有数端。

代议不可行，而国是必素定，陈之版法①，使后昆无得革更。其事云何？总统惟主行政、国防，于外交则为代表，他无得与，所以明分局也。司法不为元首陪属，其长官与总统敌体，官府之处分，吏民之狱讼，皆主之，虽总统有罪，得逮治罢黜，所从防比周也。学校者，使人知识精明，道行坚厉，不当隶政府，惟小学校与海陆军学校属之，其他学校皆独立。长官与总统敌体，所以使民智发越，毋枉执事也。

凡制法律，不自政府定之，不自豪右定之，令明习法律者与通达历史、周知民间利病之士参伍定之，所以塞附上附下之渐也。法律既定，总统无得改，百官有司毋得违越。有不守者，人人得诉于法吏，法吏逮而治之，所以戒奸纪也。总统任官，以停年格迁举之，有劳则准则例而超除之，他不得用；官有专门者，毋得更调，不使元首以所好用人也。在官者，非有过失罪状，为法吏所报当者，总统不得以意降调，不使元首以所恶黜人也。凡事有总统亲裁者，必与国务官共署而行之，有过则共任之，

① 版法，此处指“宪法”。

不使过归于下也。总统与百官行政有过，及溺职受赇诸罪，人人得诉于法吏，法吏征之逮之而治之，所以正过举，塞官邪也。轻谋反之罪，使民不束缚于上也；重谋叛之罪，使民不携贰于国也。有割地、卖国诸罪，无公布私行皆殊死，不与寻常过举官邪同也。司法枉桡，其长得治之，长不治，民得请于学官，集法学者共治之，所以牵独断也。

凡经费出入，政府岁下其数于民，所以止奸欺也。凡因事加税者，先令地方官各询其民，民可则行之，否则止之，不以少数制多数也。数处可否相错者，各视其处而行止之，不以多数制少数也。民无罪者无得逮捕，有则得诉于法吏而治之，所以遏暴滥也。民平时无得举代议士，有外交宣战诸急务，临时得遣人与政府抗议，率县一人；议既定，政府毋得自擅，所以急祸难也。民有集会、言论、出版诸事，除劝告外叛，宣说淫秽者，一切无得解散禁止，有则得诉于法吏而治之，所以宣民意也。凡是皆所以抑官吏，伸齐民也。

政府造币，惟得用金、银、铜，不得用纸，所以绝虚伪也。凡造币，不得以倍现有之钱者等于一钱，不使钱轻而物益重，中人以下皆破产也。轻盗贼之罪，不厚为富人报贫者也。（案：治盗贼，不当刻定赃数以论罪之轻重，当计失主所有财产而为之率。譬如家有百万金者，取二十万金，犹无害；家有十金者，取三金则病甚。其为害于人有轻重，故罪亦因之为轻重，不当刻定铢两以计罪。亦犹伤人者，毁婴儿一肢，与毁大人一肢同罪，或且加重，不以肉之重量、面积计罪也。）限袭产之数，不使富者子孙蹑前功以坐大也。田不自耕植者不得有，牧不自驱策者不得有，山林场圃不自树艺者不得有，盐田池井不自煮暴者不得有，旷土不建筑穿治者不得有，不使枭雄拥地以自殖也。官设工场，辜较其所成之直，四分之以为饩禀，使役佣于商人者，穷则有所归也。在官者身及父子皆不得兼营工商，托名于他人者，重其罪，借其产，身及父子方营工商者不得入官，不与其借政治以自利也。凡是皆所以抑富强振贫弱也。夫如是，则君权可制矣，民困可息矣，又奚数数然模效代议惟恐或失为？

难者曰：夫一国而分数总统者，可行于小国，不可行于大国。今以法司、学官与总统敌，是即三总统矣，事有稽留则奈何？

应之曰：总统不可众建者，以其议论不决也，今法司与学官各视其事，不与行政、国防相奸，责有专负，事有专任，非众建之例。借观明代法制，行省有布政、按察二使。政刑分权，无他官以临其上。及满洲常设巡抚一员，为行省长。学政又与巡抚抗礼。政学分权，无他官以临其上。然不闻有废事，何者？各司其局，则无矮赖之忧，亦无所用争执。一省如是，一国易明也。总统主行政、国防与代表外交事，他人无从旁掣曳者，斯不应以大小为比。且公知大国之总统不可众建，未知大国不可设议院也。夫小国寡民如雅典，则市民人人得以议政。今欧洲诸国，皆方雅典槬大，即揫缩为代议。汉土视英、德、法，又大至五六倍，视美利坚其民则繁庶至五六倍。由是代议又不可行，行之惟有分州以治，又不足悬群众而有害于和会。是故监督政官之责，当移于法司，此形势自然也。

学术者，故不与政治相丽。夫东胶、虞庠、辟雍、泮宫之制，始自封建时代，礼、乐、射、御皆为朝廷用。孔、老起与之格斗，学始移于庶民。自尔历代虽设太学，其术常为民间鄙笑。汉世古文诸师，所与交战者十四博士。宋世理学诸师，所与交战者王氏之《三经新义》。综观二千岁间，学在有司者，无不蒸腐臭败，而矫健者常在民间。方技尤厉。张衡、马钧之工艺，华佗、张机之医术，李冶、秦九韶之天元、四元，在官者曾未倡导秒末，皆深造创获，卓然称良师。且震旦为学者，常詻詻与官立庠序反对。纵校官有长艺，犹刳心致死以争之。此则一统久长、民不系于九两之效也。知学校为使人求是，非为使人致用，则学官与政官分。然犹建长理之，分帑赋之，不纯任民间自为者，以草茅设学常少数，而资财又不足以取济，或并于译人大驵之手，则国华讃而贱民兴，是故以此扶翼，不以此为本株。独以击蒙讲武之学隶政官者，由强迫教育，为在官所有事，申李法、定约束，其事固专为致用，非执权者，又莫能行也。

难者曰：停年格者，徒以岁月期会困人，不能得方略士，是材者不得起，而下资获遂也。

应之曰：为治固当循绳墨，无所用贤。且有劳者得超除，溺职者受罢黜，材者固无患其沉滞，虽下资亦自见冷汰矣。若夫跅弛异众之材，虑非平日所能逆睹，若使元首以知人善任为期，所得无过纵横之士。夫年劳可质验，而怀材不可预知，其魄兆独在言词捷给而已。以笔札唇舌自用者，率多援引声气，更相题榜，嫉人之是，用己之非。下者箪笥馈遗，以结人欢，其称誉乃日起。若主者无他肠，则误用佞人耳；若有他肠，且假借尚贤之名，为顿置私人地。内观清政，部选重时，虽权在胥徒，犹不能以意颠倒。今者部选之权愈轻，而督抚用人愈缪。借有一二廉直者，以不受赂遗自高，内则引用故旧，外则交通关节，犹处处见告。外观美政，总统更移，自台阁以至抱案之吏，无不随之更调。此其朋党比周，为蠹已甚，故令贪夫盈于朝列，饕餮贡于大庭，犹曰美政文明，斯则戾矣。要之，国有政党，非直政事多垢黩，而士大夫之节行亦衰，直令政府转为女闾，国事夷于秘戏，此盖法家所深惎者。彼停年格，直不足以得高材耳，高材固不常有，偶失一二亦何害？若乃任意举措，其失人且百倍此矣。

难者曰：平时不选举议员者，虑其任豪右也。有外交宣战诸急务，而临时得遣人与政府抗议，顾不患其举豪右耶？

应之曰：所为选举者，欲其伸民权宣民志也。庶事多端，或中或否，民不能预揣，而授其意于选人。选人一朝登王路，坐而论道，惟以发抒党见为期，不以发抒民意为期。乃及工商诸政，则未有不徇私自环者。欧洲诸国，中选者亦有社会民主党矣，要之豪右据其多数，众寡不当则不胜。故议院者，民之仇，非民之友。今以外交、宣战诸急务临时遣人，既无他端杂事，民得直以其意授之。所遣者本无政党题号，亦非以是为荣名，而得摩近仕宦。若己意与舆人反，则辞谢不行可也。行者必与民同意之士。观近世郡县有冤狱，民辄公选一人，使讼于都察院，所选者率非豪右，亦无逆民意而自擅者。以其事有期验，不容以意诡更，诡更之则为舆人齰死，故奉使能致其命。以是为类例，其与平时选举议员，利害至不侔矣。

难者曰：因事加税，使地方官各询其民，此亦丛脞甚也。数处可否相错，乃各视其处而行止之，此则全国之税则，又失整齐矣。

应之曰：凡以州部集民，不为丛脞。夫至众者莫如农圃，汉世街弹之制，集县民而致之。今虽不可试行，借观农人之纳丁漕，分期赴县，率十余日而竣。（此据自投匮、自上仓言，若包征、包粮者则与此异。）今若访问农民，亦自州县询之，夫何丛脞之有？其工商则多屯聚都会，而数亦减于农，司与府问之足矣，必不如头会箕敛之碎也。今夫土膏肥瘠，川渠清浊，所在不同，故田赋必不能量以一概，往者赫德为清政府谋，令田一亩赋二百制钱。此由外人素未习东土事，故以彼国法制相衡。其实厚薄异齐，不得一往刻定。所可定者，曰顷亩长短不容彼此异耳。其赋则相地衰征，自有差等。故或有加于此而不得加于彼。纵令农学遍行，或准古区田法，堕高堙卑，舄卤化而膏泽，然以气有舒惨，收获犹不可齐。夫本不可齐者，则不齐亦无害矣。工商转贩一物，而远近贵贱不同，故亦相地而差赋税，此宁可以一剪刀剂之？管子有言：“千里之路，不可扶以绳；万家之都，不可平以准。”盖据有广土者，不得无是见也。夫分区而询民，与分区而选举，其繁碎相若。然远西诸国，取彼不取此者，其议院始牙蘖，本为征税，而税实出于地主。既有地主，一人足以摄千万人。是故就此访之，不必与无税之佃客议也。

中国土田、农圃自主者大半，逮地权平均以后，全国无地主矣，岂有一人足以表六十万人，七百人足以表四万万人者？其外征税及商。贾商之事，几及百端，而议员未能悉备，又可冒昧许诺耶？若谓百事有统计表，不出户牖，足以坐识万方，此虽官吏亦能知之，又何赖于议员也？且今之议员，名为代表全国，非为其一邑一村？而震旦税则，全国必不能同，如欲增税，此省此道则胜之，彼省彼道则弗胜。人情素隔，而令其更互为谋，无异使夔谋蚿，使鹿谋鳅也。是故就赋税计，函胡以询议员，不如分画以询齐民也。

如上所述，此政体者，谓之共和，斯谛实之共和矣；谓之专制，亦奇觚之专制矣。共和之名不足多，专制之名不足讳，任他人与之称号耳。大抵建国设官，惟卫民之故，期于使民平夷安稳，不期于代议。若舍代议政体，无可使其民平夷安稳者，吾亦将摭取之。今代议则反失是，不代议则犹有术以得是，斯掉头长往矣。名者，实之宾也，吾汉族诸昆弟将为宾乎？

附“虏宪废疾”六条。[略]

（录自《民报》第24号，1908年10月10日）

规《新世纪》

——哲学及语言文字二事

太　炎

本报前有《排满平议》及《驳中国用万国新语说》，《新世纪》各为书后，因论及哲学、语言文字二事。

《排满平议》言："人有恒言曰：玉卮无当，虽宝非用。凡哲学之深密者类之矣。无政府主义者，与中国情状不相应，是亦无当者也。其持论浅率不周，复不可比于哲学。盖非玉卮，又适为牛角杯也。"《新世纪》评之曰："作者目哲学为无当之玉卮，大约指浮泛之周秦诸子及迷谬之佛经与悬想之西儒，皆不合于科学之定理者而言。世界之物，惟适用则可宝。至于非用，直捷爽快，所谓废物是矣，自应受天然之陶汰，何宝之有？废物者，必先失其深密，大约以晦拙之形为深，纠纷之状为密，故遭废耳。否则益深益密，为进化之顺序，无当必至于有当，何至常以无当见废？然哲学为言道之统名，如作者意中之哲学，同人实以无当玉卮之评，叹为精当。至于作者意外之哲学，则有如无政府之类者，同人愿应之曰：作者评为牛角杯，虽较无当之玉卮适用矣，然作者尚有泛取贵料不适应用之误。今正告之，无政府主义者，譬之饮汤，乃一横当之瓷杯，譬之饮水，乃一直脚之颇黎杯。以世俗金钱之价值而论，固较玉卮为贱，亦较牛角杯为贱；惟合于物理之应用，则万倍有加。"

今案：哲学者，一浑沦无圻堮之名，以通言、别言之异，而袤延之度亦殊。上世哲学为通言，治此者亦或阊明算术，推寻物理，乃至政治、社会、道德、伦理诸言，亦一二陈其纲纪。此土与印度、希腊皆然。是一切可称哲学者，由其科目未分。欧洲中世，渐有形上、形下二途，而政事、法律亦不可此于形下。近人或以文学、质学为区，卒之，说原理者为一族，治物质者为一族，极人事者为一族。若夫万类散殊，淋漓无纪，而为之蹑寻元始，举群丑以归于一，则哲学所以得名。乃如道德、伦理之说，特人类所以相齿，而近世往往附着哲学之林，此则失诸糅杂。然法律、政治语，犹未遽阑入也。如无政府主义者，亦略据哲学为根，此如言法律者推及人权，未始不钩探哲理。要之，归异出同，肥之类也，固不容率情溷［混］合，并为一渠。故今所谓哲学者，从别言不从通言，此亦世儒常语，非故为派析也。《新世纪》谓三种哲学，皆于科学不相比合，因以浮泛迷谬悬想诋之。夫科学之名，亦泛矣。彼所谓科学者，则诊察物形加以齐一而施统系之谓，抑万状之纷纭，固非科学所能尽理，有牢笼科学以究万事者，若斯宾塞尔之从赫尔图门谓之万有科学，而不与之哲学之名。往世经验不周，物情未效，中外诸圣哲，所说诚有粗疏者，于大体固无害。

今夫迷谬云者，谓本非而强执为是，如名家言白狗、黑犬可以为羊是也。若云本无其实，乌睹其名，谓犬为羊固不可，虽谓之犬亦不可。谓白为黑固不可，虽谓之白亦不可，何者？犬、羊、白、黑，本由感觉分别而后成名，然感觉亦无以自证其必是。神乱而见魋头魃服者，少选念之，则自以为目眩。故知感觉非实，则犬、羊、白、黑之号都亡。若是者，即不容谓之迷谬矣。悬想云者，谓本无而强施为，有如佛藏称极乐国土，柏拉图称观念世界是也。若不于本无者说之为有，而反于现有者说之为无。如云空间、时间本非有，故顿置于空间、流注于时间者亦非有。若是者，即不容谓之悬想矣。且“是非有无”诸名字，非于物上示此形相，乃于识中具此范畴。而范畴实识中之炎翳，则是非有无当泯绝，此本非科学所能证明。科学者，特以此是非有无之范畴应用之于名相，如法律既定，而当官执事者守之。其法律所由生，不暇问也。分际既殊，事守亦异，则有别为两途而已。

且即科学所指陈者，亦何往无悬想？例如物有原子，创自希腊人跌莫克黎陀①，于印度亦有吠世史迦学派，说此为钵罗摩怒，是皆理化诸家所

① 跌莫克黎陀，今译作“德谟克利特”。

承用。原子既无形，非若分子之可以实证，物在五根感觉以外，虽仪器且无自窥知，何所经验而说为有？（易原子为电子者亦同。）乃佛家则既破原子之说矣，光色所由生者，归之伊太；说真空不空者，归之伊桼卢鸡。是诸物质，皆超绝经验界，独以意想推校得之，顾独非悬想耶？又科学亦自有迷谬者，例如生物学家说人生之单位，达尔文立“戒弥卢”说，犹有体质，可求自是，推校益精，则言微虫分体而生，子似其母，所以能似者，由其有担生物，名之为波泛卢。又言细胞结合以成官体，官体有筋骨、血肉、肤发、根窍之殊。所以能殊者，由有物曰决定分位，名之为地疊弥能提。次有先祖质位于其上，名之为伊难迫来斯摩。然此诸物，非即细胞，非细胞核，非核中所有染色物非染色物，但可知其名号，不可示其仪形，此则与称道灵魂者，曾无毛氂之异。而言生物者方推是说为至精，顾独非迷谬耶？及如赫格尔①所著《宇宙之谜》，则言空中有无数地球，无一刹那无新地球出生者，亦无一刹那无旧地球坏灭者。是乃纯无质验之言。赫格尔氏非终日方行宙合，亦非穷尽岁月，以仪器遍诊空间，徒以流星陨裂强为比附，而流星果为他方地球崩坏与否，尚不可知。至新生则益无征验，徒凭胸臆而笔之书，其为迷谬悬想复甚于前此数家矣。是故毛举细故，则科学之诡诞者正多，宁独哲学？要使大扬摧之，皆有独至而已。何事切切以求合耶？其以应务哲学者有“学”而无“术”，故可以求是，不可以致用。科学之始，亦纯为物理学耳。久之其“术”渐开，则始有应用者。然无用者犹众，例如天文一科，表经纬以代准望，浮海者得其用。今乃有推步彗星当于某时拂地者，亦有言行星当于某时突过地球者。博士数十辈，言之皆无效验。斯固疏于求是，虽效矣，终无他术得前事而预防之，则犹之无用也。

然治科学者本以求是，虽无用亦推之。治哲学者准是，其或凭虚而远事情，则犹测彗星之不密。要之，密者固多数，若天文学者，自测彗星而外，其他皆近合密度矣。乃其无用，则有“学”无“术”之故，谁云失其深密者？然此但以哲学、科学比校［较］言也。无政府主义者，其归

---

① 赫格尔，今译作“海克尔”，即恩斯特·海克尔（Ernst Haeckel，1834－1919），德国生物学家和自然哲学家。

趣在人事，虽或借科学以成其说，要之，比类相明，异于睹物而知情者。且人事本由情智接构以成，形能转变，不可预规，非如动植物之任其本能，无生物之动由机制。夫未来既不可知，过去又少成例，乃借他物异事以相比况，其差跌当不止千万。然则无政府主义，本与科学异流，亦与哲学异流，不容假其名以自尊宠。综观远西诸学说，数学、力学坚定不可磨已，施于无生物之学，其次也，施于动植物之学，又其次也；施于心理、生理之学，又其次也；施于社交之学，殆十得三四耳。盖愈远于人事者，经验既多，其规则又无变，而治之者本无爱憎之念存其间，故所说多能密合。愈近于人事者，经验既少，其规则复难齐一，而治之者加以爱憎之见，则密术寡而罅漏多。例之以生理学，东人有言，曰“欧美人谓杂婚者其子健全，不杂婚者其子愚弱”。此特以己国多杂婚，作此辩护。日本人离婚至少，而民种皆健全，未尝愚弱也。乃杂婚所生子女，则多形态谲觚神经诡异者，知其说与事实不相应。例之以社会学，社会学起自殑德，殑德疾吼模、康德诸哲理①，名之为虚灵学，其言曰：“草昧世惟有宗教，次有虚灵学，次有质学。”然后人驳之，曰：“希腊盛时，既有质学，而专志虚灵者，乃在文学复古以后。”是殑德之说，已先与社会成迹不符，其后治社会学者虽众，大抵互相攻伐，不如理学之极成，固由例证稀疏，亦以预蓄爱憎之见能蔽其聪明耳。然则论人事者，不能与他种科学比肩可知也。

若局就应用计，无政府主义之在西方，则豕零与桔梗，是时为帝，虽然可用与可宝故殊，混宝与用而一之者，只功利学派之偏见，非一切人情皆尔。吾云哲学之深密者，虽宝非用，顾未尝以其无用贱之。纵无政府主义在西方为适用，亦不以其有用贵之。譬如制币用金银铜，又简则以纸，金刚石与东珠如鸡卵者，则不与制币数，是无用者，莫东珠、金刚石若，而有用者亦莫纸币若。然可宝者卒在彼不在此。东珠、金刚石性自贵，虽异国异代则珍之。纸币者，由人强作，作之者在则用存，作之者丧则用去，故越境则纸币不可行矣，国亡而纸币亦不可行矣。由斯校量，凡可宝

① 殑德，今译作“孔德”，即奥古斯特·孔德（Auguste Comte，1798-1857），法国著名的哲学家、社会学和实证主义的创始人。

者，以其材质为准，凡可用者，以其流行为准。材质在自，而流行在他，故宝与用则非一事。金银铜者，宝不如东珠、金刚石，用不如纸，而宝与用各据其一端。故眩惑者每以宝用同论，彼哲学虽无用，亦东珠、金刚石已。科学乃比于金银铜，诸课人事者谓之纸币。而无政府说之在西方，则为纸币在其国者，在东方则为纸币出其国者，在汉土则为纸币之国已亡者。纸币失流行时，用既绝而材质亦无可宝，则犹不逮东珠、金刚石尔。曩者以玉卮无当为喻，谓哲学之深密者宝与用一有一亡，又以牛角杯喻无政府主义，复诮于无当者，以为此在西方，则为有当之牛角杯，此在东方，则无当之牛角杯也。虽民族主义者，其材质亦不足比于球图重器，独于汉土有用，则牛角杯而犹有当者。

《新世纪》又评之曰："作者以民族主义为向下，可曰中国之革命党所抱即向下主义乎？"夫向下亦何足讳？顾视其情势何如。夫厌菜食者则有肉羹主义，苦槁饿者则有稻粱主义，患腹胀者则有便利主义，便利主义于三者为最下，然当其腹胀时，可得有他念哉？且上下固无定衡，民族主义视要求立宪侧媚异族为高，然视独活主义则向下，视无生主义则愈下，以其深根宁极，湻入于中国人心，而又适为切用，故鼓舞欲遂成之，非曰一切主义莫如我高也。

所谓"现有其事，故以此主义对治之"者，《新世纪》亦评之曰："此乃作用，非主义也。"不悟主义之与作用，旋转亦无定准，向于此为作用者，即向于彼而为主义。例如有全生主义者，必求饮食。全生为主义，则饮食为作用也。虽然，饮食可猝致耶？以求食故，必先耕稼，是又以饮食为主义，而耕稼为作用矣。耕稼不可以徒手成，由是必先治农器，则耕稼又为主义，而治器乃为作用。故方其为作用者，晷景少移，即又成为主义。民族主义亦无由出是例。假令汉族秉弧矢之威，乘雷霆之势，无有他族起而犯我，则民族之主义，可以终古不生。若世界惟一汉族，更无他族与争明者，则虽民族之观念，亦可以终古不生。尔时所存，惟同种之感情，自相煦妪而已。以汉族外复有异族，而民族观念应之起；以异族之陵轹汉族，而民族主义应之起。有此观念谓之对扬，有此主义谓之对治。卒之求脱羁縻为主义，而民族主义为作用。然此民族主义者，非能自遂，必集合种种事情为之辅成，故对于其从属之事，而此又称主义矣。亦如言无政府者，本以自由平等为主义，而无政府主义特为作用，然此无政府主义者，非能自遂，必集合种种事状为之辅成，故亦对于其从属之事而称主义矣。[下略]

（录自《民报》第24号，1908年10月10日）

第四辑

民元前后中国的社会主义讨论

导 言

从社会主义思想在中国传播历程上看，在巴黎《新世纪》停刊前后，国内如《大公报》《申报》《民立报》《东方杂志》等诸多报刊，报道欧美社会主义运动的信息逐渐增多起来，这预示着一个新的传播热潮的到来。巧合的是，江亢虎于1911年春回国后不久，不仅公开在国内打出了社会主义的旗帜，而且还成立了首个以社会主义为研究对象的团体——社会主义研究会，并出版了专门期刊《社会星》。上海“光复”后的第二天，江氏又在社会主义研究会的基础上，创建了第一个以社会主义为纲领的政党——中国社会党。1912年元旦，孙中山在南京宣誓就职的同时，也不忘宣扬社会主义，以至时人将之称为“社会主义大总统”①，此预示着中华民国未来的发展走向。南京临时政府北迁后，围绕着第一届国会的召开，一时间国内政党纷纷涌现，而主张实施社会主义和带有社会主义色彩的，则占据绝大多数。② 尽管如此，在这个过程当中，出现如下现象：第一，孙中山有关“民生主义与社会主义”的演讲受到了质疑，特别是受到原革命党人的指责；第二，中国社会党内部因“广、狭义的社会主义”争论而发生了组织分裂，从中分离出高举“纯粹社会主义”旗帜的社会党；第三，《晦鸣录》创刊后，刘师复与江亢虎等人围绕“无政府主

① 罗炯光、向全英编著《蒋介石首席秘书陈布雷》，吉林文史出版社，1994，第160~161页。

② 有学者统计，民初制定政纲的35个党派中，明确主张社会主义、共产主义、国家社会主义、民生主义的有18个；带有社会主义倾向的，诸如主张维护工权、民生政策、社会政策和男女平权的有12个。张玉法：《民国初年的政党》，岳麓书社，2004，第38页。

义与社会主义"又展开了持续争论，最终形成了本土的"师复主义"。

一 孙中山对社会主义的学理认知

众所周知，辞去临时大总统职务的孙中山曾乐观地认为，中华民国的诞生标志着民族、民权二主义的完成，今后的主要任务就是实施民生主义，[①] 并认为"平均地权""专征地税"两项政策"较为易行"，[②] 于是在全国大力宣讲民生主义及其政策主张，并将民生主义与社会革命、社会主义糅杂在了一起。然揆诸史实，民国肇始，围绕实施何种经济政策和财政政策，社会舆论存在严重的分歧。比如，章太炎就坚决反对实施"土地国有"和"专主地税"政策，而主张采用国家社会主义方略；[③] 张謇则在日记中记述道："与孙中山谈政策，未知涯畔。"[④] 之后，黄兴提议的带有社会主义性质的"国民捐"财政政策议案，又被参议院和国务院否决，此举带来了极其严重的后果。[⑤] 正是在这种背景下，孙中山有关民生主义与社会主义的演讲，受到了时人特别是原革命党人士的批评。[⑥] 综观批评者的意见可知，其核心观点是在"社会主义须从学理上研究"[⑦] 的基础上，建议孙中山"详察中国之人情时势而后规画中国前途，幸毋拘泥习见，无理效颦"[⑧] 于欧美。也就是说，批评者明确提出了"什么是社会主义"以及"社会主义是否适合中国"的命题。

（一）关于"社会主义是否适合中国"的争论

对"社会主义是否适合中国"的问题，赞成者从未雨绸缪的立场指出，"若以今日无大资本主，遂不当言社会主义，此乃庸俗之见"[⑨]，进而认为，"苟承今日受病未深，又值改建共和，千载一时之会，采择社会主

---

① 克恭：《孙中山先生社会主义谈》，《社会党月刊》第2期，1912年4月。

② 陈锡祺主编《孙中山年谱长编》上册，中华书局，2003，第607页。

③ 汤志钧编《章太炎年谱长编》上册，第216、218页。

④ 《张謇全集》第6卷，江苏古籍出版社，1994，第662页。

⑤ 详见张永《民国初年的进步党与议会政党政治》，北京大学出版，2008，第49~51、57~59页。

⑥ 杨天石：《孙中山与中国革命的前途——兼论清末民初对孙中山民生主义的批评》，《北京社会科学》1987年第1期。

⑦ 《武昌电报》，《民立报》1912年4月14日。

⑧ 相如：《敬告孙中山先生》，《大共和日报》1912年4月15日。

⑨ 但焘：《论社会主义——致〈民立报〉记者》，《民立报》1912年4月21日。

义之精理而实行之，融经济改革于政治改革之中，不第可免将来物质发舒，贫富悬绝之大患，而且并力精进，造成太平，由国家主义而进为世界主义，亦非难事”[1]。这是中国同盟会“举政治革命、社会革命毕其功于一役”思想的延伸，凸显了社会主义的价值追求，特别是凸显了对经济平等的追求。对之，即便是批评者也承认，“论者谓吾国社会革命，当与政治革命并时而起，此怵于世界之现状，于经济阶级未生之时，先为塞源铲根之举动，此真探本之论”[2]；但批评者从民国初创的实际情况出发，坚持认为：“取他人所以救过富之患者，视为疗贫之圣药，削趾适履，无病呻吟”[3]，况且“民军起事以来，攘夺权位，蹂躏富绅，以指派之代表，妄称全体，以少数之选举，武断公权，而且党界省界之争，牢不可破，勒捐派捐之事，时有所闻，甚至流贼土匪，肆无忌惮，弹丸剡注，布在市间，人民未被其福，先受其祸。至于政治上之得失，国际上之利害，绝不注意”[4]。换言之，批评者认为，在政治未上轨道之前，遑言“社会革命”，“虑他日时局之变迁，而至牺<牲>目前之秩序，以图抵制之方，其不智亦甚矣哉！”[5] 这种认识，不能不说是清醒的，后来的历史发展亦证实了这一点。基于这种认知和判断，批评者指出，只有如人民之完全自由、国宪代议政治、舆论势力、守法之国家、公平之司法、自由营业、生命财产之保护等措施完备后，“社会革命”才能被提上日程，一言以蔽之，“个人主义，自由主义，为达到社会主义必须经过之阶级”[6]，从而主张在中国发展资本主义。但问题的关键在于，批评者言下的“社会革命”“社会主义”与孙中山所主张的“民生主义”“社会主义”是否同一个概念。

事实是，时人就曾意识到，民国初年所使用的“民生主义”一语，含义极其模糊，“实各有所指：一仍指社会主义，一则指实利主义，一则以为民生主义乃振兴实业，发达人民生计，使贫者不贫之谓，一则又似指

① 大白、煮尘：《发刊词》，《新世界》创刊号，1912 年 5 月 19 日。

② 朴庵：《论中国今日宜采用国家主义之社会政策》，《民国报》第 4 号，1912 年 1 月 11 日。

③ 《社会主义平议》，（天津）《大公报》1912 年 4 月 25 日。

④ 梦幻：《读上海大共和报书后》，（天津）《大公报》1912 年 1 月 29 日。

⑤ 亦孟：《论社会主义之万不可行（续）》，《新闻报》1912 年 8 月 25 日。

⑥ 梦渔：《生计问题之一二》，《独立周报》创刊号，1912 年 9 月 22 日。

国家社会主义"①。对这些众多的歧义，特别是民生主义与社会主义的关系，孙中山有自己明确的界定："民生主义者，即国家社会主义也"②，实行"民生主义，非以社会主义行之不能完全"，"实行民生主义，而以社会主义为归宿"。③ 可见，孙中山已经清楚地认识到民生主义、国家社会主义还不是一般意义上的社会主义。从这个意义上讲，批评者以"社会主义"去批评民生主义，是误解了孙中山的本意。

（二）孙中山对社会主义的学理认知

既然对民生主义与社会主义的本质区别是清楚的，那么，孙中山是否就明确提出了中国"只有经过民生主义才能达到社会主义"的命题？答案也是否定的。因为，正如批评者所提出的"社会主义须从学理上研究"，恰是在这个问题上，孙中山陷入了自相矛盾的境地，放弃了对社会主义的最终追求。因为，在认可《资本论》"发阐真理，不遗余力，而无条理之学说，遂成为有统系之学理。研究社会主义者，咸知所本，不复专迎合一般粗浅激烈之言论"的同时，孙中山又坚持认为，"惟现社会主义尚未若数理、天文等学成为完全科学，故现在进行尚无一定标准，将来苟能成为科学一种，则研究措施更易着手"。④ 难道，"有统系之学理"不正表明马克思学派社会主义学说，是一门"科学"吗？对之，马克思曾说："'科学社会主义'，也只是为了与空想社会主义相对立才使用，因为空想社会主义力图用新的幻想欺蒙人民，而不是仅仅运用自己的知识去探讨人民自己进行的社会运动"⑤。这里"科学的"含义，诚如学者所言，就是与"学术的""学理的"意思相近，而与"非学术的""情感的"意思相反。⑥ 事实是，认为社会主义作为一种学说还欠学理，是孙中山一生未曾改变的信念。⑦ 出现这种理论困境的原因，从上海中国社会

---

① 梦渔：《生计问题之一二》，《独立周报》创刊号，1912 年 9 月 22 日。

② 天仇笔述《孙中山演说词》，《民权报》1912 年 4 月 17 日。

③ 《中华实业联合会欢迎孙中山先生记》，《新闻报》1912 年 4 月 18 日。

④ 《孙中山全集》第 2 卷，中华书局，2006，第 506 页。

⑤ 《马克思恩格斯选集》第 3 卷，第 341 页。

⑥ 张光明：《马克思学说与资本主义的演进》，《河南大学学报》（社会科学版）2004 年第 2 期。

⑦ 鲁法芹、蒋锐：《中国特色社会主义与孙中山三民主义》，《岭南学刊》2014 年第 6 期。

党党员大会上的演说来看，是孙中山在马克思主义政治经济学和萨伊“三位一体”庸俗经济学之间游移，或更为确切地说，后者在孙中山心中的天平上砝码更重一些。孙中山说：社会主义者主张“收回土地、公有资本之二说，深为谋国是者所赞许，而劳动应得相当酬报之说，又为全世界学者所赞同也”①。然而，正是在观察和思考“劳动应得相当酬报”的具体实施方法时，孙中山却认为，社会主义“未适于用，则以各国提倡之人均失其中。推究其故，盖对于主佣家所获之利，当以何法使之平均，尚未得有把握耳”②。或许正是在这个意义上，孙中山才认为社会主义还未成为一门被实证的“科学”。遗憾的是，实践领域的“科学”，已经属于技术领域而不属于纯学理研究了，“权利决不能超出社会的经济结构以及由经济结构制约的社会的文化发展”③。正是在这层意义上，列宁评价孙中山是一位“主观社会主义”④ 者，是中肯的。由于不能从学理上去分析论证“劳动应得相当酬报”的问题，孙中山自然就滑向了人道社会主义，“社会主义者，人道主义也。人道主义主张博爱、平等、自由，社会主义之真髓亦不外此三者，实为人类之福音”⑤。不过，从社会主义思想在中国传播的视角看，梁启超的评价或许更为准确：“孙逸仙（文）。他虽不是个学者，但眼光极敏锐，提倡社会主义，以他为最先。”⑥ 因此，对孙中山民生主义中所蕴含的社会主义因素，也应当给予充分的肯定。

二　中国社会党内部派别关于社会主义流派的划分及其争论

将众多社会主义流派归结为广义、狭义的社会主义流派，最早来自《新民丛报》上所刊载的吴仲遥的《社会主义论》一文。从吴文所列之参考文献，我们猜测，这一术语的直接来源，可能是美国学者理查德·

---

① 《孙中山全集》第 2 卷，第 520 页。
② 黄彦编《孙文选集》中册，广东人民出版社，2006，第 332 页。
③ 《马克思恩格斯选集》第 3 卷，第 364 页。
④ 《列宁选集》第 2 卷，人民出版社，2012，第 293 页。
⑤ 《孙中山全集》第 2 卷，第 510 页。
⑥ 梁启超：《中国近三百年学术史》，岳麓书社，2010，第 32 页。

伊利（Richard T. Ely）于1894年出版的《社会主义与社会改良》一书。[①] 自此以后，直至江亢虎在上海成立社会主义研究会并宣告中国社会党成立，这一术语才又被广泛地使用起来，但其内涵已有实质性的不同，并引发了时人特别是中国社会党内部派别的一场关于“什么是社会主义”的争论。

（一）江亢虎鼓吹“广义的社会主义”的实质

江亢虎发起成立社会主义研究会的初始目的，借用一位参与人的话来说，就是“冀输布欧风，造理论而已”[②]。的确如此，该会成立时通过的《社会主义研究会开会宣言》称：“本会除研究学说外，单注重‘鼓吹’二字，至于实行，当别为组织，非本会所有事也。”[③] 所以，当江亢虎读到宋教仁在《民立报》上刊载的《社会主义商榷》一文后，迅速作文予以回应，重申其主张的是“广义的社会主义”，并认为“中国今日或尚非社会主义实行之时代，而确是社会主义鼓吹之时代”[④]。

不过，在社会主义研究会成立时所做的演说中，江亢虎又明确阐释了自己“对于社会主义之意见”，并将社会主义的精义概括为“教育公共”、“营业自由”和“财产独立”三项。之所以提出这三项具体主张，江氏的逻辑是，只要社会中的各个人，在成人之前通过“受一致之教育”来达到“智识平等”的话，那么成年后就都会“能力平等”，从而达至“经济自平等矣”。如此，成人后“各谋生计，人竭其才，自求多福”，不受供养亦不供养于人，且死后财产“一律归公”，不给子孙继承，以发展社会生产事业，如此循环下去，至“三五世之后，人之聪明才力，当必不甚悬绝，虽所学各异，所操亦殊，而此为分业问题，非复阶级问题”，社会主义之“极乐世界”就会自然到来。[⑤] 这就是江氏在《社会星》创刊号

① 〔美〕理查德·伊利：《社会主义与社会改良》，第一章之第一节，何飞雄译，商务印书馆，1922，第1~7页。

② 张纯一：《社会主义》，（上海）《大同报》1911年7月29日。

③ 林代昭、潘国华编《马克思主义在中国——从影响的传入到传播》（上），清华大学出版社，1983，第285页。

④ 亢虎：《〈社会主义商榷〉案：〈社会主义商榷之商榷〉》，《社会》第2期，1911年11月10日。

⑤ 元文：《社会主义研究会开会记》，《社会星》第2号，1911年7月30日。

上发表《个人》一文和此时期拟筹建个人会的主旨和动机所在。事实上，从江氏的思想发展看，此时的“教育公共”“营业自由”“财产独立”的具体政策主张，不过是其早年鼓吹的“三无主义”（无宗教、无国家、无家庭）的集中、具体阐释罢了。[①] 不过，透过《个人》《发起个人会意见书》两篇文献可以发现，此时的江氏自以为找到了实现“三无主义”的理论根据——“新个人主义”，即“单纯个人直接构成世界”的观点，[②] 而《发起个人会意见书》的主旨内容，则被同人视为社会主义研究会宣言和中国社会党党纲的底本。[③] 也就是说，“以个人为世界之单位”，并试图通过“教育公共”“营业自由”“财产独立”措施来达到“三无主义”的理想社会，这就是江氏所鼓吹的“广义的社会主义”的底本和核心内容。由是，我们才能更好地理解，何以江氏要硬性规定中国社会党各支部必须把“教育平等”“遗产归公”写在党旗的两侧作为宣传口号。[④] 对之，中国社会党人指出：“苟能行斯二者，则全国之人，行将人人为劳动家，亦即人人为资本家。资本与劳动融化为一，而贫富之阶级不破自除矣。”[⑤] 而实施“教育平等”“遗产归公”的前提条件，中国社会党人认为，是“非实行无家庭主义不可”[⑥]。可见，江氏乃至中国社会党此时所鼓吹的“广义的社会主义”，其理论着力批判的对象，与其说是资本主义，不如说是传统家庭伦理，[⑦] 具有浓厚的反封建专制的启蒙色彩。由此，我们才能深刻领悟和把握住江氏打出和高举“广义的社会主义”旗帜，以及注重“鼓吹”的深层次内涵和意图，即将“三无主义”的追求隐藏在“广义的社会主义”旗号之下，且试图通过“教育平等”“遗产归公”等具体政策主张来实现。

---

① 鲁法芹、蒋锐：《民初中国社会党对社会主义的中国文化诠释》，《当代世界与社会主义》2013 年第 4 期。

② 元文：《个人》，《社会星》第 1 号，1911 年 7 月 9 日。

③ 见元文《发起个人会意见书》的“附识”部分，此文载《社会》第 12 期，1912 年 11 月 10 日。

④ 《中国社会党发起支部规约》，《社会》第 4 期，1912 年 1 月 10 日。

⑤ 知耻：《〈无政府主义谈〉书后》，《社会》第 4 期，1912 年 1 月 10 日。

⑥ 见《无家庭主义意见书》的“编者识”，此文载《社会党月刊》第 1 期，1912 年 3 月。

⑦ 〔美〕阿里夫·德里克、爱德华·克列布斯：《民国初年的社会主义与无政府主义》，《国外中国近代史研究》第 5 辑，中国社会科学出版社，1983，第 88 页。

但是，出乎江氏意料的是，中华民国诞生了。如此“冀输布欧风，造理论而已”的单纯“鼓吹”任务已经不合时宜。由是，围绕着江亢虎“教育平等”“遗产归公”等政策主张，首先爆发了一场关于“什么是社会主义”的争论，继之引发了中国社会党内部派别围绕“广、狭义的社会主义”的争论，并导致中国社会党组织发生分裂。

（二）围绕“教育平等”“遗产归公”而展开的有关社会主义的争论

之所以要提出“教育平等”的主张，江亢虎从个人主义的立场出发指出，个人“经济不平等，由于能力不平等；能力不平等，由于教育不平等。故主张教育平等，正为主张经济平等也”，也就是说，江氏的逻辑是，通过“教育平等”即普及教育的措施来达到个人的“智识平等”和“能力平等”，以此促成个人的“经济平等”，从而实现一个既“无贫富贵贱等阶级，并无智愚贤不肖等阶级”的理想社会。[①] 可见，江氏的最终目标，是试图通过普及教育来消灭分工，特别是消灭体力劳动与脑力劳动的分工，但又对分工与阶级的产生之关系未做任何学理的分析和论证。正是在“教育平等”及其目标能否达成上，批评者以是否有劳心劳力的区别（分业制度）为标准，将共产主义区分为广、狭义的共产主义，并将之与无政府主义一起纳入“急进”社会主义一派。批评者指出，由于种种主客观原因的限制，通过普及教育无法彻底实现个人的“智识平等”和“能力平等”，因此，劳心劳力之区别也就必然存在，狭义的共产主义自然无法实现；而至于广义的共产主义的实现，批评者指出，要以货币的取消为前提，“以划绝贫富之本源，而代以劳动支取票，按社会全体产物之收入，为社会人类全体之分配，使社会之分业，决无高下之异，而但以无业为大辱，使一般人类，视大总统与荷担者，无荣辱之差，乃其最终之目的”，然而“欲废去货币，代以支票，必先以无国界无种界为前提”，也就是说，在不具备废除货币和国家消亡的前提条件下，广义的共产主义也只能是一种理想而已。[②] 对之，江氏则回应道，至于个人的“智识平等”和“能力平等”，是“就客观的，即其所执之事务而言，虽有繁简；而就

① 江亢虎：《论教育平等——致〈民立报〉记者》，《民立报》1912 年 4 月 9 日。

② 率穉：《论社会主义——答黄同李君愚如论社会主义书》，《民立报》1912 年 4 月 6 日；率穉：《教育平等之真诠——答江君亢虎书》，《民立报》1912 年 4 月 9 日。

主观的，即其所具之精神而言，则无高下”；并认为，随着教育普及和科学技术的充分发展，未来社会“职业虽宜细别，而行为必当平均，将来吾人每日，除寝食游息外，必区为何时间治劳心之事，何时间治劳力之事”，并预言那时每人每日劳心劳力“各二时间为得中”。如此，合理的推论设想便是，未来新社会“正惟智识极平等，而职业极细分，以最高之智识治最简之职业，而后物质文明乃愈进步，人生幸乐乃愈增多耳”①。

正是因为共产主义之实行有着极其严格的条件，江亢虎才指出：“纯粹社会主义，本以世界为范围”，而中国社会党正是鉴于“国家界限未易泯除，特采用稳健简捷之方策，主张遗产归公”，至于“遗产归公”的施行手续则“先为普通之鼓吹，后结实行之团体”，而不是现在就强制执行，因此对之的过度担忧，在江亢虎看来，“直小儿呓语耳”。② 即便如此，一位批评者在认可“彼资本家之牟利，皆由遗产使然”的前提条件下，仍从个人激励机制的视角指出，“若铁道之建筑，矿物之开采，电火电灯之创设，与夫一切专利（Monopoly）之企业等，非资本家不克成功，若必强人消耗其盈余，则世界永无资本，实业永不发达矣”，因此，强行实施“遗产归公”政策，无疑是将社会多数人“逼为社会之蠹，而贻无穷之害，非为社会造幸福也”。不过，这位批评者将“遗产归公”的主旨理解为实现“社会平均主义”，并将之归结为各流派社会主义的宗旨之中，不仅充分暴露了该作者对社会主义的误解，也并不符合江氏的本意。③ 而另一位批评者将社会主义的目的界定为“救过富之患”和“疗贫之圣药”，还危言耸听地指出，“至有倡遗产归公之说者，则愈复不可为训。倘其说得行，将见国民苟有中人之产者，皆必改隶他国籍［借］以自保；其极也，一日之间而国中无一民焉可也”④。

由上可见，无论江氏还是批评者，都不是从生产力与生产关系的矛盾运动中去推导未来社会主义的诞生，从所有制关系上去说明分配关系，而是以观念先行，陷入了抽象概念辨析之中而不能自拔，从而相互攻讦，难

① 汪佩伟编《中国近代思想家文库·江亢虎卷》，中国人民大学出版社，2015，第129页。

② 汪佩伟编《中国近代思想家文库·江亢虎卷》，第125~126页。

③ 马育鹏：《论社会主义》，《约翰声》第23卷第4期，1912年4月。

④ 《社会主义平议》，（天津）《大公报》1912年4月25日。

能达成一致意见。之所以出现这种困境，正如一位批评者所指出的那样，论战双方是围绕个人主义与国家主义、自由与干涉、共产主义与国家社会主义而展开的论战，“知其所争之点，则所争者自决”①。也就是说，论战双方在起点和立场上就处于冰炭不相容的两极。而批评者则坚持认为：“极端之社会主义，如无政府派、共产派等，按之现世界之情势，既不兼容，由是而主张，以公共团体或国家名义，絜矩于殖产事业、经济事业之间，为之平均调剂，所谓社会政策是也。”② 于是，批评者公开打出了“社会政策”的旗帜，坚决反对在中国实行社会主义。

（三）有关“广、狭义的社会主义”争论及其实质

就宣传、研究“广义的社会主义”的初衷来说，中国社会党，与其称为“党”，倒不如称为一个松散的学术团体，因为，“党也者，积同一之意见以成，以主义相结合，非以感情相结合”③。正是在这个意义上，孙中山切中要害地指出“鄙人读社会党党纲，似于社会主义之精髓，有所未尽”，并建议将中国社会党改建成一种完全意义上的政党，以从事政治活动。④ 一定程度上讲，孙中山的指责加速了中国社会党的内讧和解体。

上文已经指出，江亢虎的“三无主义”是以“新个人主义”为理论基础的。这种“新个人主义”，江氏认为，“近似一种无政府主义。一方面承认个人有相互扶持调节之必要，一方面承认个人有完全独立自动之效能。不啻合为我兼爱两说而同炉共冶之，此余所倡导之个人主义，即余所倡导之社会主义”⑤。可见，以中国社会党名义鼓吹“广义的社会主义”，并不是江氏本人对社会主义没有定见，恰恰相反，“三无主义”概念的提出本身就表明，江亢虎是以无政府主义为基础而杂糅了各派社会主义思想，特别是中国传统大同思想后，企图“融铸成说，折衷尽善，而成为一种之新社会主义也”⑥。这种“新社会主义”的发展目标，江氏亦称为

① 率羣：《再论共产主义——答宋家驹君》，《民立报》1912 年 4 月 28 日。

② 嘘秋：《社会改造论》，《民立报》1912 年 4 月 10 日。

③ 蔡济舒：《对于重大问题之意见》，《社会党月刊》第 2 期，1912 年 4 月。

④ 力子笔述《孙先生之社会主义讲演录》，《民立报》1912 年 10 月 15 日。

⑤ 汪佩伟编《中国近代思想家文库·江亢虎卷》，第 89~90 页。

⑥ 蔡济舒：《对于重大问〈题〉之意见》，《社会党月刊》第 2 期，1912 年 4 月。

"世界的社会主义"①，说到底，就是一种无政府主义。正是"三无主义"与无政府主义在终极目标上具有一致性，所以当中国社会党内部出现"国家社会主义"派和"狭义社会主义"（又称"纯粹社会主义"或"极端社会主义"）派激烈纷争时，江亢虎才采取了"折中"的态度，试图调和，但徒劳无功，最终"狭义的社会主义"派仍旧宣告脱离中国社会党，并成立了自己的组织——社会党。

社会党人指出："广义者，欲于现在社会组织之下，谋有以矫正个人主义之流弊者也，是为社会改良主义"，是"伪社会主义也，不平等也，不自由也，不亲爱也，以专制之手段而抑人民之自由"；与之相对，"狭义者，欲破坏现在之社会组织以谋建设者也，是为社会革命主义"，是"真社会主义也，真平等也，真自由也，真亲爱也，以个人之牺牲，而为多数谋幸福"。② 故而"怀社会主义者，不承认国家的社会主义"，"故讲社会主义，愿以极端讲之"，而"何谓极端社会主义？即三无主义也。何谓三无主义？无宗教、无家庭、无政府之主义也"，从而公开打出了无政府主义旗号，并设想了渐次达到无政府主义的路径：通过联络万国社会党来进行"社会革命"以"打破国界"，在普遍"铲除世界之君主国"并采用共和制后，均"采用减政方法"来"扩张自治能力，缩小官治范围"，直至政府消亡，随后人们建立"有契约之秩序"的社会，以待"自治完善之一日"，人类最终进入"废契约而人道大倡"的大同社会，或曰进入一个"各尽所能，各取所需，协同为之，协同享之"的没有贫富、智愚和阶级区分的共产无政府社会。③ 可见，社会党人的这种"新三无主义"，尽管赋予了人道主义的新内涵，但其理论根基仍旧是江氏的"新个人主义"。对之，社会党人指出："以个人为社会单纯份子，以社会为个人直接团体，社会与个人之中间，不容有丝毫之阶级界限为之阻隔，此即纯粹社会主义也，此即社会党之主张也。"④ 可见，这里所谓的"狭义社

---

① 江亢虎：《中国社会党重大问〈题〉之答案》，《社会党月刊》第4期，1912年11月。

② 愤侠：《狭义社会主义与广义社会主义》，《社会世界》第1期，1912年4月15日。

③ 社会党人：《三无主义之研究》，《社会世界》第5期，1912年11月15日；《社会党纲目说明书》，《社会世界》第5期，1912年11月15日。

④ 《客公新社会党之商榷》，《社会世界》第5期，1912年11月15日。

会主义”“极端社会主义”等语，也仅仅是社会党人所杜撰出来的以与“国家社会主义”“广义的社会主义”相对应的词罢了。

不过，在此需要特别指出的是，江亢虎的“三无主义”之所以不提“无政府”而提“无国家”，是因为他已经清醒地意识到，即便是无政府主义彻底实现，未来人类社会仍旧会执行现行政府的某些职能。这就是江亢虎在《中国无政府主义之活动及余个人之意见》一文中，将政府职能区分为“国家政治”（官治）和“人民政治”（自治）的目的所在。① 在仍存在“自治”团体的情况下，经费从何而来，如何进行社会管理，社会产品如何分配问题，等等，就受到了“国家社会主义”派的质疑。一位质疑者在界定“今之政府，亦不过代国民处理各种事物［务］之一种公共机关”的基础上，指出未来社会“经理此事之总机关，规模之宏博，条理之繁密，视今政府当又过之百倍。此种机关，公等即不名之为政府而强赐以他名，吾诚不识其异于政府之点安在也”。既如此，那倒不如“取渐进主义，逐渐改良之，又焉用纷纷扰扰再推翻之，再组织之，以自鸣其思想手段之惊人也哉”②，从而提出通过选用国家社会主义这一改良路径来达到无政府主义的最终目标。

由上可见，中国社会党内部的这次纷争，实质上就是一场围绕“什么是无政府主义”而展开的论战，因此“国家社会主义”派和“社会党”派对江亢虎“折中”态度的批评，并没有从理论上切中江氏“三无主义”的要害，反倒是陷入了“三无主义”的窠臼之中。对此，事后江氏曾一语道破了这场争论的实质：“鄙人自闻知社会主义、无政府主义以来，见个人本位、社会本位两派极端之冲突，常妄思有以调和而折中之。对于社会党，则不赞同其趋重国家，迷信政治。对于无政府党，则不赞同其采用强权，否认机关。于是有三无主义之名词，有个人自治、世界大同之界说。……就目的言之，所异于社会党者在无国家，所异于无政府党者在有机关。就手段言，所异于社会党者在不专恃政权，所异于无政府党者在不假用暴力。”③

① 葛懋春、蒋俊、李兴芝编《无政府主义思想资料选》上册，北京大学出版社，1984，第313页。

② 融五：《敢问社会党》，《社会》第12期，1912年11月10日。

③ 江亢虎：《江亢虎文存初编》，现代印书馆，1944，第100~101页。

三　刘师复与孙中山、江亢虎有关无政府共产主义与社会主义的争论

在孙中山看来，社会主义可划分为集产社会主义（包括国家社会主义）和共产社会主义（包括无政府主义）两派，前者主张“凡生利各事业，若土地、铁路、邮政、电气、矿产、森林皆为国有”，后者“即人在社会之中，各尽所能，各取所需，如父子昆弟同处一家，各尽其生利之能，各取其衣食所需，不相妨害，不相竞争，郅治之极，政府遂处于无为之地位，而归于消灭之一途”。因此，从程度上“两相比较，共产主义本为社会主义之上乘”。但共产主义的实现由于缺乏必要的现实条件，孙中山认为，“集产社会主义，实为今日唯一之要图”，从而为其“平均地权”和“节制资本”的政策主张提供了理论依据：“凡属于生利之土地、铁路收归国有，不为一二资本家所垄断渔利，而失业小民务使各得其所，自食其力，既可补救天演之缺憾，又深合于公理之平允。斯则社会主义之精神，而和平解决贫富之激战矣。”① 把“和平解决贫富之激战”视为“社会主义之精神”，充分表明了孙中山的“平均地权”“节制资本”主张的实质，即防止未来“社会革命”的爆发。

在《〈社会主义学案〉草例》一文中，江亢虎将社会主义划分为哲学家社会主义、科学家社会主义、政治学家社会主义、宗教家社会主义、教育家社会主义、劳动家社会主义、国家社会主义、无政府共产社会主义、个人派社会主义、世界语学社会主义、单税学社会主义 11 个流派，认为“社会主义之定义，惟在举私有之生产、交易机关，化为公共事业而已”，但同时又声明自己“所希望所主张者，则本哲学之思想，以科学为根据，具宗教家之精神，取教育家之态度，执劳动家之事业；一方采用极端的共和政体，一方采用进化的集产制度；罢除税制、军备，注重教育、实业；认个人为社会之分子，认世界为社会之范围；个人自治，世界大同。此等希望，此等主张，谓之个人社会主义可也，谓之世界社会主义亦可也”。② 标新立异独创“个人社会主义”或“世界社会主义”的概念，在江亢虎

① 《孙中山全集》第 2 卷，第 508～509 页。

② 汪佩伟编《中国近代思想家文库·江亢虎卷》，第 172～175 页。

看来，是因为“一般社会主义家专以社会为前提”会造成“干涉主义、服从主义”的后果，从而抹杀了个人的独立自主精神，使得“个人乃丧失其单位之价值”，① 这实质是一种小资产阶级的社会主义主张。

刘师复则以生产资料和生活资料是否都归社会所有为标准，将社会主义区分为普通社会主义和严确社会主义两类，前者只主张生产资料公有，后者连同生活资料也实行公有。② 在生产资料公有的前提条件下，从生活资料分配方式着眼，刘师复又认为社会主义可分为共产社会主义和集产社会主义，前者“人人各尽所能以工作，各取所需以享用之”；后者“所生产之物，则由社会或国家处理而分配之。其分配法亦有种种不同，然大致不外视其人工作之多寡，酬给因之而异，各人所得之酬给，即为个人私有物。”③ 在此基础上，刘师复通过所谓的“历史考证”进而指出，共产主义、集产主义分别为无政府党、社会党所主张，但由于多数社会党已经放弃了无政府主义的目标，而无政府主义者没有不主张社会主义的，因此“无政府主义可以兼赅社会主义，社会党则多数不主张无政府主义者”。④ 如此一来，他似乎就把无政府主义、共产主义、集产主义的界限给划清了，从而也就为其所主张的无政府共产主义确立了一个所谓的“正宗”地位。那么，什么是无政府共产主义呢？刘师复界定道，所谓“无政府共产主义”，就是“主张灭除资本制度，改造共产社会，且不用政府统治者也。质言之，即求经济上及政治上之绝对自由也”⑤。

（一）刘师复指责孙中山、江亢虎的主张只是一种社会政策

刘师复在中国社会主义思想史上的地位也很重要，他是明确提出了言说社会主义的前提条件，即“社会主义之根本共同点，土地、器械当归公有，必先承认此共同点，始可与言社会主义”。但做出这一判断，刘师复更多的是基于道义评判而非严谨的科学分析和理论论证。他说：“人类生活赖乎衣食住，衣食住之所由来，则土地生之，器械作之，而尤必加以

---

① 汪佩伟编《中国近代思想家文库·江亢虎卷》，第 89 页。

② 师复：《论社会党》，《民声》第 9 号，1914 年 5 月 9 日。

③ 师复：《孙逸仙江亢虎之社会主义》，《民声》第 6 号，1914 年 4 月 18 日。

④ 师复：《无政府共产主义释名》，《民声》第 5 号，1914 年 4 月 11 日。

⑤ 师复：《无政府共产主义同志社宣言书》，《民声》第 17 号，1914 年 7 月 4 日。

人工者也。土地为天然之物，非个人所能私有，器械亦由人工造成，人工则为劳动者之所出，故以正理论之，凡劳动者当得衣食住。惟现在资本制度之社会则不然，土地为地主所占据，工厂器械为资本家所独有，大多数之平民，则服役于此二者，为之生产各物，其结果则大部分利益均为地主与资本家所掠夺，劳动者仅得微薄之工资……欲救其弊，惟有由地主、资本家之手，取回其土地、器械，归之公共，由劳动者自作之，自用之，人人共同工作，人人共同生活，夫然后可谓之平，此即社会主义之原理也。顾社会主义主张以生产机关属之公有，此为凡言社会主义者所公认，无有异辞。"① 这是一个抽象掉生产力发展水平，把"价值创造"与"价值分配"混为一谈的空想社会主义者的方案，揭示了科学社会主义的核心内容：生产资料归社会所有。

刘师复以此立论，指责孙中山的"平均地权"等主张，以及江亢虎的"营业自由""遗产归公"等主张和《中国社会党规章》所规定的八条政纲，均属于"社会政策"范畴而不是社会主义思想，其核心就是孙、江二人并不主张生产资料归社会所有。刘师复的结论是："世人辄认二氏之论为社会主义之模楷，不知误信孙说，则将以国有营业、单一地税为社会主义，误信江说，则将以遗产归公为共产之精神，以营业自由、财产独立为社会主义之所尚，而社会主义之真谛遂荡然无存，此实社会主义前途之大祸也。"② 的确如此，正如上文所分析的那样，孙、江二氏对民生主义、"三无主义"与社会主义之间的区别是清楚的。正是在这个意义上讲，刘师复的批评促使人们进一步思考到底什么是社会主义。遗憾的是，刘师复本身亦陷入了"集产主义"、"共产主义"、"无政府主义"与"社会主义"等概念的抽象辨析之中。对这一困境，事后江亢虎在《社会主义学说》一文中曾言，这些术语的使用"源于日本人，成于孙中山，而断案则定于刘师复，鄙人亦与有罪焉，不敢讳也"③。

（二）刘师复鼓吹无政府共产主义的理论根基

刘师复之无政府共产主义，根据其弟刘石心的回忆，是通过阅读巴黎

---

① 师复：《孙逸仙江亢虎之社会主义》，《民声》第6号，1914年4月18日。

② 师复：《孙逸仙江亢虎之社会主义》，《民声》第6号，1914年4月18日。

③ 江亢虎：《江亢虎文存初编》，第92页。

《新世纪》周刊受到启发所获的，[①] 所以刘师复自称“晦鸣学舍”[②] 是《新世纪》所下之种子，秉承了《新世纪》的旨趣。[③] 如是，刘师复也就认可了克鲁泡特金基于“互助进化论”假设的无政府共产主义学说。然而正如拙文曾经指出的那样，刘师复对社会主义的理解，更多的是继承了刘师培《天义》的观点。[④] 如此一来，如果承认“互助进化论”和“劳动本能论”是刘师复无政府共产主义的理论根基的话，[⑤] 那么，刘师复就陷入了自相矛盾的境地而不自知。因为，刘师复明确提出了“好动为人之天性”[⑥] 的命题，而“动者人之天性，劳者非人之天性”最早提出者章太炎，恰恰就是为了批驳“劳动本能论”才提出的这个命题，并以此立论进一步批判了无政府主义的理论基础——进化主义或进化教。[⑦] 因此，我们认为，“个人主义”才是刘师复鼓吹无政府主义的理论基础。对之，刘师复说：“社会者，当以个人为单纯之分子者也。自有家族，则以家为社会之单位。个人对于社会，不知有直接应负之责任，而惟私于其家。人人皆私其家，而社会之进化遂为之停滞”[⑧]，因此，“惟将来无政府之世，无私产，无家族，社会为个人之直接团体，个人为社会之单纯分子，人人各为社会尽力工作，所获得之幸福（即以工作而得之衣食住交通等等）已与人共享之，所作所为，无一非为己，亦无一非为人，此时既无公私之可言，即私利亦无非公益，则不谋私利之公德，又自然人人皆备矣。”[⑨] 从这个意义上讲，“师复主义”与江亢虎的“三无主义”主张，有着异曲同工之妙。这也是他主张生产资料与生活资料都要实行公有的认

① 葛懋春、蒋俊、李兴芝编《无政府主义思想资料选》下册，第929页。

② “晦鸣学舍”又称“晦鸣学社”

③ 葛懋春、蒋俊、李兴芝编《无政府主义思想资料选》上册，第301页。

④ 参见鲁法芹《中国早期无政府主义者的社会主义观评析——兼论师复对民生主义的诘难》，《当代世界社会主义问题》2010年第4期。

⑤ 张九海：《执著的乌托邦追求——刘师复无政府主义研究》，中国社会科学出版社，2011，第56页。

⑥ 师复：《无政府共产党之目的与手段（上海无政府共产主义同志社公布）》，《民声》第19号，1914年7月18日。

⑦ 参见鲁法芹《“别筹革命之方”——无政府主义思潮在中国的传入及论争》，《当代世界社会主义问题》2019年第1期。

⑧ 师复：《师复文存》，革新书局，1927，第115页。

⑨ 师复：《无政府浅说》，《晦鸣录》第1期，1913年8月20日。

识根源所在，否则，在刘师复看来，“仅得财产公有之半面，即不啻为不完全之社会主义”①。而这一错误的认识和主张，却被罩在“各尽所能，各取所需”的美丽外衣之下，对后继社会主义思潮在中国的传播产生了较为深远的影响。

结　语

民国初年爆发的这场涉及社会主义的持续论战，具有实践性的特色。正是在具体政策的可实施性论辩中，“什么是社会主义”的追问被一再提及。表面上看，对这一问题的回答，是以区分各流派社会主义的边界为前提的，但实质问题则是在探究社会主义的学理基础。然而，这一问题的探究，又与巩固中华民国之共和根基杂糅在一起，“专制之时代，以国家、家族为本位，共和之时代，以个人为本位”②。“个人主义”，正是中国社会党内部新旧“三无主义”与“师复主义”的共性和理论根基；从这个意义上讲，刘师复所鼓吹的无政府共产主义又是“三无主义”的一个变种，进而把废除家族/庭或曰进行“家庭革命”，作为他们理论批判的着力点和实施的基础。对之，刘师复亦云“家族之起源，由于婚姻，家族之界域，成于族姓。故废婚姻，所以去家族之根源，废族姓，所以泯家族之界域。二者相为表里也”③，从而滑向了绝对“个人主义”的深渊。孙中山则是将“个人主义”与社会主义做了两极对立的简单分析，“主张个人主义者，莫不反对社会主义；主张社会主义者，又莫不反对个人主义”④，于是他选择了“集产社会主义”的主张，希冀以国家政权的力量来“和平解决贫富之激战”的恶果，从而陷入了“以为防经济冲突，即为防社会主义之实现，其论适与事实之真相相反，不思甚矣”⑤ 的悖论之中。总之，参与论战者均不能在理论上为各自所鼓吹的社会主义做出逻辑

① 师复：《驳江亢虎》，《民声》第 15 号，1914 年 6 月 20 日。
② 铁民：《党纲缀言》，《社会》第 5 期，1912 年 2 月 10 日。
③ 师复：《师复文存》，第 115 页。
④ 《孙中山全集》第 2 卷，第 506~507 页。
⑤ 率䆿：《论社会主义——答黄同李君愚如论社会主义书》，《民立报》1912 年 4 月 6 日。

自洽的合理解释，是这场论战持续爆发的深层次根源。

不过，正是在这一论战过程中，有关社会主义运动史、社会主义流派史以及马克思主义经典创始人的著作及其观点，被进一步引进到中国。如《生活》杂志连载的署名为“畏垒”的《法兰西社会主义家小传》，依次介绍了巴贝夫、卡贝、圣西门、傅立叶的生平、主张及主要观点；《进步》《东方杂志》则刊载了如《德意志社会主义之发展》《法兰西社会主义之发展》《挽近社会主义之派别与宗旨》《社会主义与社会政策》《社会主义》《社会主义商兑》《社会主义神髓》等文章，特别是《新世界》杂志发表的署名为“势伸译述、煮尘重治作”的《社会主义大家马儿克之学说》和施仁荣译述的《理想社会主义与实行社会主义》（即恩格斯的《社会主义从空想到科学的发展》）二文，则直接翻译和介绍了马克思主义经典创始人的著作和主要观点。综观这些文献，时人不仅已经明确了马克思是科学社会主义的创始人，而且还指出了科学社会主义学说的两大理论基石——唯物史观和剩余价值理论，并对后者的阐释更为详尽一些。①遗憾的是，参与论战者都没有运用这两个理论作为指导参与论战，其中的原因，或许是受反对意见所干扰，或许是根本就无法理解这两种理论。但有一点是清楚的，一旦接受了这两种理论并自觉加以运用于中国实情后，无论民生主义、“三无主义”还是“师复主义”，都会被历史所抛弃。

① 参见《社会主义思想在中国的传播》编写组：《社会主义思想在中国的传播（资料选集之一）》（上），中共中央党校科研办公室，1985，第119、125、133、136页。

社会主义商榷

渔　父*

近来国人往往唱社会主义，以为讲公理，好人道，进世界以太平，登群生于安乐，皆赖于兹。善哉！仁人之用心也。虽然，吾人有不能不怀疑于其间者，以谓社会主义派别甚多，果以何者为标准乎？行社会主义，则于中国前途果有何影响乎？此二问题，实不能不与世之有志研究社会主义者一商榷之，想亦识者所乐闻也。

社会主义之发生，盖源于社会组织之弊。自欧西各国物质文明进步，产业制度生大变革，经济组织成不平等之现象，贫富悬隔，苦乐不均，于是向来所有平等自由之思想，益激急增盛，乃唱为改革现社会一切组织之说，而欲造成其所谓理想社会。其说逐渐繁衍，殖长于欧西各国，遂析为种种派别，而分驰并茂，迄于今日，语其旗帜鲜明，主张坚实，约有四焉：

一、无治主义，即所谓无政府主义，在社会主义中最为激烈，其主张之要点，谓国家原以资本家与地主为本位而成立，于是其所施政治法律，专以保护彼等为目的，其偏私可谓实甚，故国家及政府万不可不废去之云云，各国之无政府党皆属此派。

一、共产主义，谓一切之资本及财产皆为社会共通生活之结果，以为私有实为不当，宜归之社会公有，由各个人公处理之云云，各国之共产党及科学的社会主义家皆属此派。

---

* 渔父，即宋教仁。

一、社会民主主义，谓现社会之生产手段，皆归于少数富人之私有，实侵夺大多数人之自由，宜以一切之生产手段归之社会共有，由社会或国家公经营之，废止一切特权，而各个人平等受其生产结果之分配云云，各国之社会民主党、劳动党、社会民主主义修正派皆属此派。

一、国家社会主义，即所谓社会改良主义，亦名讲坛社会主义，谓现今国家及社会之组织不可破坏，宜假国家权力，以救济社会之不平均，改良社会之恶点云云，各国之政府及政治家之主张社会政策者皆属此派。

此四派中，第一第二派绝对否认现社会之组织，不认国家为必要，惟以破坏现状为事，与现社会万不能兼容，故称为极端的社会主义。第三派不绝对否认现社会组织，惟欲以人民参与政权，而实行其国民主权及生产公有、分配平等之制度，故称为稳和的社会主义。第四派承认现社会之组织，于不紊乱国家秩序之范围内，而实行其政策，所重在国家而不在社会，故亦有以为非社会主义者。四派之根本理想与见解虽各不相同，而要皆有其立足点，以卓然成一家言，且皆有其手段，推行运动，以期其理想的社会之实现者。今吾中国而欲行社会主义，果以何派之学说为标准乎？将采第一派耶？则必用极激烈之手段，破坏现在之国家政府及一切主治之机关，此后无论何种美善之政治，皆不复建设。将采第二派耶？则除以极激烈之手段破坏现在之国家政府外，更必消灭现在之一切资本家、地主及生产机关，此后既不建设政治，复不存留私有财产。将采第三派耶？则必组织大团体日与现政府战，以谋得参与政权，此后且以舆论势力，改革现在之主权者与政府之组织，并一切生产分配手段。将采第四派耶？则必己身亲居现政府之地位，假借国家权力，以实行其政策。今之唱社会主义者，果有如何之见地，如何之决心，而确以为何派之学说可行于中国而谋其实行之道乎？此吾人所不能不亟为商榷者也。

以吾人之意衡之，窃谓苟不主张真正之社会主义则已，果主张真正之社会主义而欲实行之者，则非力持无治主义或共产主义不为功，而社会民主主义与国家社会主义，皆非所宜尊崇者也。盖真正社会主义在改革社会组织，以社会为惟一之主体，而谋公共全体之幸福，再不容有其他之团体之权力加于其上者，以故凡政治的权力（国家）、经济的权力（资本家）、宗教的权力（教会）、伦理的权力（家族），皆不得容其存在，而主张其学说时，若稍有此等权力之类似的观念插入其中者，皆不得谓为真正之社会主义，此固理论所当然也。无治主义与共产主义者，其基础既在绝对否认现社会之组织，则凡各种权力，自不能容其存在，而其目的即在以社会为惟一之主体而谋公共全体之幸福，亦无所于疑，故欲行真正之社会主义，舍此实无他可采之说。社会民主主义与国家社会主义则不然，前者所主张仍非政治权力不能实行，实不过改良国家组织与国家经济组织之说，而不可语于改革社会组织，谓为社会主义，毋宁谓为社会的国家主义；后者乃国家政策之一端，其所主张，不但不能改革社会组织，且与“主义”二字亦相去远苔，只宜称为社会的政策。二者皆与真正之社会主义异其性质与统系，以学理的论法绳之，固不可附和流俗之见而概称曰社会主义者，欲行社会主义而主张是二说，是适以维持现社会之组织而使之永久不变，而“以社会为主体以谋公共全体幸福”之理想必因是不能实现，其结果遂与唱社会主义之本意相悖，故欲行真正之社会主义，此二派之说，实无可主张之理由，如必主张者，则必其无行真正社会主义之见地与决心，且未尝以社会主义揭橥于世而后可者，此亦理论所不得不然者矣。是故吾国之唱社会主义者，其所揭橥虽不明确，吾以为必是主张无治主义或共产主义，若不是之务，而徒拘墟于所谓社会民主主义与国家社会主义者，则是由不解社会主义之真正意义为何物者也。

虽然，凡一主义之推行，每视其客体事物之现状如何以为结果，其客体事物之现状与其主义相适者，则其结果良，其客体事物之现状与其主义不相适者，则其结果恶。今假定行真正之社会主义（无治主义、共产主义）于中国，则其所生结果为何如？唱社会主义者果一计及之乎？吾人试拟一良结果之现象与恶结果之现象，而各就其所及影响以论之。使吾国行真正社会主义而得良结果也，则是吾国社会必已跻于不可不行无治、共产二主义之现状，与能行无治、共产二主义之程度。夫政治之为物，所以维持安宁，增进幸福者，财产之为物，所以满足生活者，盖皆为社会进化上不得已之制度。今因破坏一切组织而并去此，则必国家之内部外部皆已康乐和亲，达于安宁之域，而无待维持，人民之精神方面物质方面皆已充实发达，臻于幸福之境，而无待增进，社会经济之生产分配皆已圆满调和，适于生活之用，而不必再求满足之方，且正因其安宁幸福及生活过高之故，而生种种不自由不平等之害，故政治与财产制度变为不必要之长物，而不得不以此二主义救济之，既去此二物之后，真正之自由平等因以享得，人类社会乃成太平大同之景象，古人所谓大道之行，天下为公，选贤与能，讲信修睦，人人不独亲其亲，子其子，货物弃于地，不必藏于己者，夫然后实现于今日，各国社会主义学者所拟之理想的社会而求之不得者，而吾人乃竟一跃而达，其快乐固可知也。使吾国行真正社会主义而得恶结果也，则是吾国社会必尚未跻于行此二主义之现状与程度，政治或不足以维持安宁，增进幸福，财产或不足于满足国民生活，国家之内部外部忧患丛生，人民之精神方面物质方面颓落备至，社会经济之生产分配耗竭凌乱，莫可名状。国之所以幸存者，盖亦不过赖有此仅存之政治与财产制度以为维系，一旦变本加厉，并此而去之，人类社会必至全然不得安宁幸福及生活，以成为毫无秩序之世界，亡国灭种之祸，因是促成，乃至欲求政治与财产制度时代之不自由不平等而不可得，画虎不成，反至类狗，吾人试想像此悲惨之状况，其亦不能不生恐怖之心者矣。噫，行社会主义结果之良恶如是！然则唱社会主义者，果有如何之观察，如何之推测，而以为将来必得如何之结果，且于中国前途必有如何之影响乎？此吾人所又不能不亟为商榷者也。

夫吾人非反对社会主义者，吾人惟以为凡唱一主义，不可不精审其主义自身之性质与作用，并斟酌其客体事物之现状，以推定其将来所受之结果，夫如是乃可以坐言而起行。故就己意所及，陈列其派别与将来之影响，以为研究之参考。世之有有志于社会主义者，其当以为何如耶？

（录自《民立报》1911 年 8 月 13~14 日）

《社会主义商榷》案:《社会主义商榷》之商榷

亢　虎*

鄙人自寰游归来，极力倡导社会主义。近数月间，政界、学界、报界、实业界，社会主义之名词，口耳相邮，笔舌互战，渐渐输入一般人头脑中。即所得同志通信，已不下数十百件。大都愤慨现社会组织之不平，而对于本主义掬热血以表同情者也。顾平心静气，办难质疑，为理论之研究者，尚不多觏人。昨阅《民立报》，得渔父《社会主义商榷》一文，为之狂喜。渔父之本意之可见。据所称道，固非反对社会主义者，其言虽不专为鄙人说法，而鄙人实极力提倡本主义之一人。意偶有异同，谊不容缄默，辄本商榷之旨，聊贡区区，原各书后，所以寄执鞭之慕，而非有对垒之心也。

原文所商榷者不外两大问题：一曰精审其自身之性质与作用，即社会主义派别甚多，果以何者为标准乎？二曰斟酌其客体事物之现状以推定将来所受之结果，即社会主义实行，则于中国前途果有何影响乎？按前者可谓为学理的商榷，后者可谓为事实的商榷。鄙人于此先以个人之意见为简括之答案：一曰鄙人所倡道者为广义的社会主义，二曰鄙人认为中国今日或尚非社会主义实行之时代，而确是社会主义鼓吹之时代。兹本此答案之宗旨，就原文所列之条项，用论理学解剖之方法，疏论如下。

上：学理的商榷

学理的商榷，可分为四项：甲、名称；乙、种类，原文所谓性质是

---

* 亢虎，即江亢虎。

也；丙、作用，原文亦同；丁、评论，原文所谓精审之工夫也。

甲、名称

社会主义之各种名称，皆由辗转移译而来，原有之语义与现用之字义不尽密合无间，今惟一仍原文。

无治主义通称无政府主义，其实并礼教、政治、法律，凡范围的契约的一切推翻，不止推翻政府已也，译为“无治”，亦宜“无政府”。党无章程、无规则、无仪式、无组织，惟以合意相联结，实不成其为党也。庄子曰：“圣人不死，大盗不止；剖斗折衡，而民不争。”此派议论似之。

共产主义产分动产不动产。此派中有主张一切共有者；有主张不动产共有而动产仍私有者；有主张不动产公有而动产则废除者，即废产主义。废产主义有名实俱废者，各尽所能、各取所需、不计价值也；有名废实不废者，即一种进化的银行汇划法也。此外，更有均产主义、集产主义，与共产颇不同。

社会民主主义按有民主，即有国家，故社会民主主义可称为社会国家主义，亦可称为国家社会主义。其理想的国家，以法、美、瑞士等国为胚型，而于参政制度、生产制度、军备问题、关税问题皆大加修改之，以期益进于民主立国、根本自由、平等、亲爱三者之精神。

国家社会王义，此名称不甚当，以与前条混同也。又有称为“帝国社会主义”者，亦不甚当，毋宁略仿原文，称为“国家主义之社会政策”。

乙、种类

社会主义分类法聚讼纷如，讫无定论。因其中有相反者，有近似者，有名相反而实近似者，有名近似而实相反者，兹唯按原文所举言之。

无治主义与社会主义根本的理想相同，历有密切之关系，而久已歧异，自成一宗，虽声应气求，而源远流别，社会主义之名词，殆不足以包括之。故凡原文论“无治主义”者，皆置而不辩，因不必加入此商榷之范围中，使社会主义愈为惊世骇俗之主义，反致可言者亦不能言耳。

共产主义乃社会主义之中坚，盖社会主义固直接缘经济之不平等而发生者也。至于废产主义，其精神仍与共产相同。均产主义、集产主义，其方法不如共产之善，故虽以共产主义为社会主义不祧之宗可也。

社会民主主义乃社会主义最普通者，但在系统上若与共产主义并列或相承，均有未安，无已惟交互存之，盖民主主义仍可主张共产，共产主义仍可主张民主主义，民主主义是政治一方面事，共产是经济一方面事，虽可合，亦可分，然必相辅而行，庶几各得其道耳。

原文所谓国家社会主义，正名定分不可加入社会主义种类中，故不论。下并同。

丙、作用

共产主义之作用，必须根本上改革现在之经济制度，而举个人私有者悉变为社会公有者。先自土地着手，然后用整进法或渐进法，由固定的推至流通的一切财产，皆使名义统属于总团体之社会，而利益匀配诸各分子之个人，惟按其所尽义务劳力或劳心之程度，以为制定所受权利之标准。其法有主张天然调剂者，有主张人工计算者。而不论生计及普通教育，则必一致普及，尽人得而享用之。当此之时，惟抽象之社会字样为资本家，而具体之个人无一不为劳动家，更无贫富贵贱等阶级矣。至于实施，则或用平和手段，由教育实业输进，以全社会大多数之同意起行；或用激烈手段，先举大革命大罢工，俾现社会恶制度破坏无余，然后重新改造建设，丝毫不受历史与习惯之拘束，而纯由理想实现之。二者之难易当否，颇非立谈所可决，顾近世学者多赞同后说。

社会民主主义之作用，绝对的反对世袭君主之存在，而以普通选举法公推总统，且人民有少数弹劾权及未满期免任权，或用政府之组织，或不用政府之组织，惟以单院制的国会代之；地租归公；军备废止，必不得已，亦加严重之限制；豁免内地税，订国际关税同盟，停征出入境税；不定国教，本新个人主义修改法律。当此之时，除未成人、不完全人外，无一无参政权，更无支配人者，亦更无支配于人者，即现任总统，只在国会时假定为国家主体之代表，一出国会外，即仍为社会普通之平民，此共和政体之极轨也。其实施之手段，亦分平和、激烈两派，一如前条。

丁、评论

共产主义及社会民主主义，为社会主义大中至正之道，公论自在，何待妄评。按共产主义之精言，不外各尽所能、各取所需二语。然徒取所需不尽所能者，将何以待之？若制定规条，过于繁密，则措施之际，必多烦难，近于无事自扰，且甚妨害个人之绝对自由。否则，无比较，无竞争，无希望，孟子所谓“巨屦小屦同贾，谁则为之”，其于人类进化，似颇沮滞矣。若夫不劝而兴，不惩而戒，无所为而为之者，恐又非一般人之程度所能骤及也。故鄙人主张教育平等、营业自由、财产独立、废除遗产制度。凡人自初生至成人，同在公共社会中，受平等之教育，一届责任年龄，即令自由营业，所得财产，认为私有。惟各个独立，虽父子兄弟夫妇之间，界划较然，不相递嬗，不相授受。且其支配之权，限于在生之时，死即收入社会公有。如此则经济可日趋于平，而仍不妨害个人之绝对自由，亦不沮滞社会之竞争进化，调和补救，或庶几乎！民主政体之国家，各洲有之，惟非全用社会主义，故其功果不能尽圆满如所期。如法如美，选举之倾轧，官吏之腐败，富豪之专横，军备之糜耗，昭昭可见，自剑无讥，亦足见民主政体之尤不可不用社会主义矣。瑞士较为完美，实食社会主义之赐居多。然其壤地褊小，且为四强大权力相持之交点，故得为永久中立，而行政自然简单。若广土众民，内政丛脞，外交频繁，自筹攻守者，渡淮之橘，亦不敢遽必其迁地之果良也。然其作用，如前所陈荦荦诸大端，实任何国家唯一祈向之目的，而鄙人夙昔所主张者，亦于此无异词。

虽然，更有向上一义，为本题正文，而原文所未及者，则世界社会主义是也。世界社会主义之名称，近于叠床架屋，其实可径谓之社会主义。盖社会主义云者，广义的赅各种社会主义，狭义的即指此世界社会主义，无国家、种族、家庭、宗教等等界限，而以个人为单纯之分子，世界为直接之团体。其中虽有部类，亦必不以国家、种族、家庭、宗教等等为识别，而以学术或职业为区分，而军备、关税诸弊端，自为无用之长物矣。即法律、政治、生计、礼教、风俗，亦靡不一改旧观，别成新制，此实天然之趋势，人间世将来必至之境界。而社会主义家万众一心，延颈企踵，劳精敝神，以期其早日涌现者也。继此以往，或竟能纯任自然，无为而治，如无政府主义所梦想者。孔子大同，耶之天国，佛之极乐世界，即社会主义之究竟也。若社会民主主义，犹是一过渡之手续耳。

鄙人之主张虽如此，而第一大案已先声明，所倡导者，为广义的社会主义。或问既有正确明了之主张，何必又为广漠宽泛之倡导乎？是有三义。一致不妨百虑，殊途要于同归，兼容并包，参观互证，不敢武断论事，尤不敢强迫胁人，所以尊重学者之自由，而资以思审选择之材料。一也。吾道不孤，而知音有几，宜弃小异，以从大同，欲收集思广益之功，必破入主出奴之见。二也。专治一种主义，亦必兼通他种主义，占三从二，执两用中，比较之余，是非乃见，罕譬喻之，如汉儒言，通群经方能治一经也。三也。然世势所趋，思潮暗合，折衷尽善，会有其时，况同是社会主义者乎！

下：事实的商榷

今先申述鄙人第二大案，即认中国今日，或尚非社会主义实行之时代，而确是社会主义鼓吹之时代也。故所谓事实者，原文就“实行”言，而此文仅就鼓吹言。究而论之，鼓吹即实行之第一步耳。所以认中国今日确是社会主义鼓吹之时代者，可分为积极、消极两原理。

甲、积极原因，即中国今日可鼓吹社会主义之理由也。尝就历史上、心理上观察得之，如左三者，自一方面言，为中国人之缺点；自又一方面言，实中国人之优点也。

一、中国人国家的观念不完全。中国向来所谓国家，不外三义：一如今之行省然，即封建诸侯之社稷也；一则皇室，即朝廷一姓之起仆或君主一人之死生也；一则天下，即世界也，以为除中国外更无世界之存在也。三者皆与今日国家之定义不同。夫社会主义，无国家之界限者也。而欧美人国家思想，至为深固，颇难湔除。中国不然，故可鼓吹社会主义。

二、中国人种族的观念不完全。中国人血统最杂，而同化力最大。自苗、汉种外，夷、满、戎、狄，三代以降，战国之交，历六朝、五季，经辽、金、元、清，异种名氏见于载记者，不下百数。今皆同文字，通婚姻，风俗习惯，无甚悬绝。历代政策，不主歧见，和亲赐姓，史不绝书，亦有尊己贱人之风，却少党同伐异之祸，即如近来党事惨变，平心而论，实由不良之政治构成，不专为民族问题也。夫社会主义，无种族之界限者也。他国之待异种人，政治、教育、婚姻、交通，种种钳制；奴隶之不足，而犬马驱策之；犬马之不足，而草木芟夷之；红黑澌亡，可为痛愤。中国不然，故可鼓吹社会主义。

三、中国人宗教的观念不完全。中国本无宗教，孔子不过一哲学家、教育家。佛教传自汉时，信从者虽甚众，以全国人口计，亦止九牛之一毛，况大半无业游民，或有托而逃焉者，不足为真正教徒，其与儒者冲突，特一二文人笔尖游戏而已。景教假国力以行，方在极盛时代，而人数不过仅如佛教，其别有所为，属于生计问题或权利问题者，尤十而八九。义和拳之乱，正由此两问题反动而起，而在上者故利用之，岂真仇教哉？夫社会主义，无宗教之界限者也。若婆罗门教、佛教之数世寻仇，耶教、回教十字军之役，死万万人，亘百余载，穷凶极惨，无道极矣。中国不然，故可鼓吹社会主义。

乙、消极原因，即中国今日不可不鼓吹社会主义之理由也。尝就历史、心理上，及近来内政、外交上观察之，如左四者，天时人事，相逼而来，虽欲趋避，其可得乎？

一、政体之专制。中国自有史来，即为专制政体，至夏而完成，至秦而坚稳，长夜不旦，于兹数千年。蚩蚩者氓，颠倒困顿于醉生梦死之中，宛转呼号于刀锯桁杨之下，一治一乱，视为当然，文明自由，从未梦见。今虽号称立宪，而大权仍在少数贵族之手，不过一成文的专制，依旧寡人政体之变相而已。夫人民欲谋公共永久之幸福者，断乎必以共和政体为皈依。世界大潮流，汇专制之江河，过立宪之港汊，以入于共和之海洋。人之顺流而下者，由江河而港汊，犹可用旧制之帆船，由港汊而海洋，则必乘新式之轮舶，社会主义即是也。故为政体之改革，不可不鼓吹社会主义。

二、家庭之弊害。中国社会最重宗法，而家庭敝制至今而极。家长受家属牵累之苦，家属迫家长压制之威，男女老幼尊卑亲疏，无一人无一时不在烦恼苦难中。此不必父子责善、兄弟阋墙、姑妇勃谿、夫妇反目、嫡庶妒宠而后然，即积善余庆和气致详之家庭，其无形的痛楚，已有不可言语尽者，古人所以垂百忍之训也。所谓天伦乐事，特如犴狴中人，苟免敲扑，则歌呼相慰借耳。其影响所及，社会一切不道德不法律不名誉之行为，罔不由家庭敝制直接间接酝酿而成。鄙人别有专书，论之綦详。而其决论，则惟社会主义为对症之良药、度世之金针也。故为家庭制度之改革，不可不鼓吹社会主义。

三、内界之恐慌。中国今日公私上下，无不以经济困难为扰。质而言之，即人人有饿死之分也。此问题之原因，千端万绪，不易爬梳。如前条家庭之弊害，亦其一重要者，而财产不平等又其一也。余则有由于政治者，有由于外交者，有由于实业者，而水火为灾，病疫传布，寇盗四起，市肆纷闭，此等事在他国受害三四分者，我国则必至十分，则以人事之不备也。鸿嗷遍野，菜色载途，亡国之音哀以思，乱国之日短以促，人人羡无知之乐，而廑有身之患。呜呼！谁实为之？夫何使我至于此极也？此等败象，绝非补苴罅漏之政策所能弥缝，亦绝非消极慈善事业所能救济，惟社会主义为正本清源之至计。故内界之恐慌，不可不鼓吹社会主义。

四、外交之挫辱。中国外交之失败，不忍言矣。不但少年有志者知之耻之，即彼无才无德痴顽老子，亦何尝不知之耻之。盖羞恶之心，故尽人而具也。庚子朝廷之利用义和拳，即出此羞恶之心，而野蛮排外，遂成五洲千古未有之笑谈。其实近世列强揭櫫之帝国主义、军国民主义，而中国所亟拟学步者，其手段似较文明，其心理亦何尝不同此野蛮也。且手段愈文明者，则其结果杀人愈多而愈酷耳。挽此狂澜，惟有社会主义。世多疑中国今日而鼓吹社会主义，如宋襄公之不禽二毛，梁元帝之戎服谈经，直自为鱼肉而已，此不知社会主义之真谛者也。社会主义尊重个人，反抗强权。惟其尊重个人，故必人人有完全个人之资格，学术上、生计上，皆能对于世界各占一位置，而谁敢侮之？惟其反抗强权，故不问国家、种族、宗教之界限，凡有以强权对待者，必一律反抗之。不自由，毋宁死。不甘服同胞之强权，岂甘服外人之强权乎？且其心目中，亦不知有同胞，亦不知有外人，惟与强权势不两立而已。人道、正义，所向无前，而岂妇人之仁、匹夫之勇哉？故欲雪外交之挫辱，不可不鼓吹社会主义。

四者之外，更有一大原因，则世界之大势是也。中国非世界中之一国乎？今日非二十世纪中之一日乎？二十世纪之大势，日趋重于社会主义。千口一舌，千流一穴，其学说之弘通，势力之盛大，共闻共见，不假一二谈也。中国今日实逼处此，门户洞开，舟车灵便，欧美政学界之一颦一笑，工商界之一针一缕，罔不与东方大陆有消息之相关。鲁酒薄而邯郸围，其机如此，而谓社会主义独能深闭固拒断绝交通乎？鄙人斟酌于客体之现状者如此，至于推断将来所受之结果，则成败利钝，非所敢知，只当论是非，不当计利害也。虽然，姑妄言之，吾知倡导者必极危险，举名誉、地位、财产，进而身家性命，恐悉将供笔舌之牺牲，而所倡导者必极亨通，恰成一反比例。所惜者，中国劳动家程度较低，而此事非劳动家普及，则不易实行。一因社会主义赤紧与有生死存亡之关系，二则社会中固以此种人占最大多数也。然中国则必先由学界、报界，而政界、工商界，迨及劳动界，则实行之机熟矣。夫社会主义本期于实行，且鼓吹亦未始不是实行。但凡事必经理想、言论、实行三段而成，而理想恒比言论高一级，言论恒比实行高一级，且理想恒比言论早一步，言论恒比实行早一步。此所谓实行，非指作为而指成功也。理解未明，舆论未附，虽有作为，难望成功。故曰：中国今日或尚非实行之时代，而确是鼓吹之时代。莫问收获，但问耕耘，有志者好自为之。

中国今日之社会主义，胚胎耳，萌芽耳，涓流耳，星火耳。鄙人不自揣度，抱一种狂妄之责任思想，倡导以来，日困于四面楚歌声里，徘徊瞻眺，邈然寡俦，前不见古人，后不见来者，并世同调，弥复寥寥，如空谷蛰居，见似人者而亦喜矣。况渔父之卓有见地者哉！惟细绎原文，似于社会主义尚不能无疑。偶有所知，敢不奉白，切磋之雅，永矢弗谖。忆端午削迹杭垣，留别诗有句曰：湘累憔悴行吟日，渔父差堪共往还。盖凡用《楚骚》故事，而初无所专指也。今不意竟得一渔父，与缔此文字因缘，款乃一声，烟消日出，伊人宛在，方将溯洄从之矣。

附《社会主义商榷》。

［下略］

（录自《社会》第2期，1911年11月10日）

社会主义与社会政策

钱智修

社会政策者，整理国民生活所当采之手段也；社会主义者，以改变现社会之组织，为整理国民生活之手段也。近世社会主义之开山，咸推德人楷尔·麦克（Karl Marx）①，其《资本论》（*Das Kapital*）所述，意在集土地、资本于社会，以经营共和的生产事业，所谓社会民主主义（Social Democracy）是也。同时，法人路易·勃朗（Louis Blanc）反对之，以为共和的生产事业，非可亟图，但当以国家强制力，求分配之平均而已，故又有国家社会主义（State Socialism）。二说既积盛于欧美，近且有骎骎及我国之势。反观我国之人，一方面持狭隘的国家主义，而不知国民生活之重要；一方面又有偏信学理，盲从袭取之积习。辄辑述旧闻，略申己见，先正社会主义之流失，而以中国所当采之社会政策终。留意民生之士，以览观焉。

大抵一学说之兴废，每与时势为仆缘，而尚论其得失，又以违合人性（Human Nature）为标准。本人性之自然，而损益张弛，以求适应于时世，此一切政治公例、经济公例所以足任也。否则，其说纵吊诡新奇，而见诸行事，乃不能如其意之所期。欧洲之有社会主义，盖在贫富相悬、工佣积悴之余，故其说既兴，遂足以张皇一时之耳目。此余所谓与时势为缘者。顾以违反人性之故，其纰缪之点，为世人所抉摘者，已难悉数。今约举之：

① 楷尔·麦克，今译作“卡尔·马克思”。

一 经济学上之缪点

（甲）企业心之遏绝　人类所以奋工企业者，以有利己心为之驱策也。其勤劬而劳苦者，皆有以食报于方来，故矻矻孳孳，罔敢稍息。今日舍其所自为，而使之尽力于社会，而社会所以酬报之者，又无勤惰巧拙之分，则偷安苟且之心生，而奋工企业之利绝。生产之动机，遂因是而息矣。此社会主义所以不能成立也。

（乙）分工律之违反　社会所利赖于个人者，不在按日计力，为同量同等之劳动也；道在诱掖奖劝，俾各量所能，以选择其恒业。此分工律（The Division of Labour）之所定者。而社会主义，乃适与之相反。托尔斯泰（Leo. Tolstoi）者，小说家之职志也，以崇信社会主义故，乃从事于造屦。造屦之业，非托氏之所习也；世界贫富不均之缺陷，又非托氏手足之烈所能弭也；而其天才独绝之文学事业，转从是而荒弃。亦社会主义之过也。

（丙）资本额之减少　资本者，储蓄之结果也。储蓄心发达，则资本充裕，用以为生产者多，农工商业，亦由兹而振，顾其事每与私产制度相缘。使私产制度废，而代以共产主义（Collectivism），则个人可无自谋储蓄之劳，而社会所以代之谋者，其俭啬矜慎，又必不及个人之善，则全社会之资本额，必因而减少，生产事业，亦多停滞。此皆社会主义之害也。

二 社会学上之缪点

（甲）人口论　食物之增加为算术级数，人口之增加为几何级数，此玛尔梭土（Malthus）[①] 所为廑廑注虑者。然子孙教养之资，皆于一身而求备，故常有制情克己之心，为生育之节制。若社会主义兴，则子孙之责任，皆移置于社会，人口之增，必溢常度，而生事亦趋于瘠贫。此文明之大梗也。美国社会党有见于此，乃思以严酷之法，限制生育，甚者以不嫁娶为名高。然私生苟合之弊，必不能去，固不若个人自为节制之善也。

（乙）政治范围论　社会学家谓政治之接触于人民，以愈少为愈善，

① 玛尔梭土，今译作“马尔萨斯”。

即减缩政治范围，以养社会之自治力也。而社会主义，乃欲举社会上一切事物，皆受政府之干涉。此政府万能说之旧见也。且干涉主义既张，则官僚之设置必众；举一国之富源，以养无谓之冗吏而民力竭；举民间之琐事，皆赖政府之保护而民德衰，社会之自治力，亦不进而日退。此其相因而至之势也。

（丙）进化论　进化者，增高社会所希望之共同目的也。一社会之人，有一社会之共同目的。目的既达，而新希望又生。相引相推，而进化之机，于是乎不息。然必认自由意志之存在，而后有新希望发生之余地；认个别活动之存在，而后能有达其目的之成效。如社会主义之说，则个人之在社会，如金铁之受铸于模范，从政府之命令，为机械的行动，则自由意志、个别活动，皆陵夷殆尽。此窒塞进化之道也。

此皆社会主义违反人性之大端也。然在欧美贫富阶级积重难返之时，劳动者受资本家之压抑而思反抗，政治家又悯劳动者之积困而计援拯，则社会主义，犹足备救时之一说，特其方法未尽善而已。至于我国今日，社会情形，与欧美绝异，则社会主义之不合用，又有如下之数事焉：

一、生活程度之低下　劳动者之佣金，有其至俭之率焉，即足以供给其衣食住是也。而衣食住之难易，又由物价贵贱而定。中国佣金，虽较欧美为下，然以物价低廉，衣食住之支给至易，故计其羡余，犹在欧美工人之上。虽此为文化未进之证，而使一般工人，得用其有余，以为小资本之营业，则调和贫富之方，即在于是，不必社会主义之救助也。

二、资本组合之未大　彼欧美诸邦，所以构贫富不均之危象者，资本家之组合太强故也。自托拉斯（Trust）之制行，全国商业，皆垄断于三数公司之手，无复小资本家投资之余地；而同盟闭肆（Lock-out）之法，又能操纵物价，强抑佣率。故剥极思复，而社会主义兴。若在中国，则生产事业，一切待举，小资本家，既得结合公司，自由活动，而劳动者亦将赖公司事业之兴，以增进佣率。又何取夫社会主义也哉？

三、工业转变之不骤　欧民生计之艰苦，当无过于汽机应用时者。其流通资本，因用于庀材置器而减少，而汽机之效，又有以节减佣工之数，工人受其影响，遂沦困境。所谓工业组织之转变（The Revolution of Industry）是已。而其转变之度速，则影响大；转变之度微，则影响小。

中国今日，盖转机初动时也。旧时资本家所有，多为固定资本，流通于市场者至少。今日应用机械，但在出其所藏，为庀材置器之用，于金融上必无强烈之影响。使于旧工业人，更为酌量调剂，以应乎时世，则转变时之恐慌，直可不起。何必社会主义之极端干涉耶！

四、自由地及工场之广阔　伊里[①]博士（Dr. Ely）之述经济状态也，谓邦域广阔，有自由土地以为尾闾，则劳动者能不受竞争之压力。盖竞争之压力，多由工场狭隘、食物翔贵而起。有自由地以为迁移，既无人口过多、地力告尽之虑，而又可用其力以辟新土之遗利。此两利之道也。欧美诸国，本土之生产力，发泄已尽，虽求殖民地于国外，而仍未足以纾劳动者之积困，故有社会主义之兴。我国诸边省，土广不治，正需人工之开辟，即内地路矿诸业，亦需工甚众，但须大力者为之振起耳，不必忧分配之不均也。

要而言之，社会主义者，自由竞争制度之结果也，天然淘汰说之反动力也。以二说之兴，不能无相因而至之流弊，于是社会主义家，遂欲绝其根株，以谋民生之幸福。实则二说之根株，本无可绝者；民生之幸福，又非与二说绝对不兼容者。试详辩之：夫世人之所以疾首蹙额于自由竞争者，非以其足生贫富之阶级耶？不知贫富之阶级，不过能力阶级之结果。贫富之阶级可去，而能力之阶级，必不可去。强欲去之，是直牺牲优胜者之地位，使与劣者同等，而克制天然之力亦衰，抑非人类之福也。若夫天然淘汰之事实，诚不能无过渡之苦痛。彼斯宾塞尔派（Spencerian）所谓“使强者益强，弱者自生自死”之说，诚泰流于偏荡，然其事既不能终避，则政治之所急，亦只在绥缓此过渡之苦痛。必欲变现社会之组织，以为极端之防制，斯无取尔。且人类进化，天然淘汰之公例，有一大变动焉，即最适者生存（The Survival of the Fittest）变而为最良者生存（The Survival of the Best）是也。自此说明，吾辈欲求存于世，不特当为物质的体合而已，又当为社会的体合；不特当求智力上之优胜而已，又当求道德

---

① 伊里，即理查德·伊利（Richard Theodore Ely，1854—1943），美国经济学家、作家和进步主义运动领导人。

上之优胜。换言之，即萨里佩（C. W. Saleeby）① 所倡导之天然淘汰与博爱主义之调和也。继乎此而后可进陈吾之社会政策。

吾之社会政策，即救治自由竞争之流弊也，即调和天然淘汰与博爱主义之冲突也，而实以“机会均等说”（Equal Opportunity）为中坚。机会均等说者，非必如社会主义之均齐贫富也，而不可不有社会之保护，予人以可以致富之时会；又非必如社会主义之壅遏竞争也，而不可不由社会之翊助，授人以从事竞争之能力。更分论之：则社会主义者，数理的平等主义；而机会均等说者，心理的平等主义也。社会主义者，抑个人以求暂时之苟安；而机会均等说者，助个人以促共同之进化也。至在过渡时代，则一方面当不阻强者之进步，一方面尤当拯救弱者之失败。盖使于失败者而不为拯救，微特其劣弱之种子，流播于社会，将非强者之福；而维系同类之感情，亦因之而失，则道德心之堕落，尤可虑也。此吾社会政策之大略也。若其进行方法，请更件举之。

一　关于保全均势者

（甲）义务教育　自由竞争之作用，固足以促社会之进化，然使无教育与有教育者竞，则发轫之初，优劣已判，抑非共同进化之道也。虽中学以上，关于个人之择业自由，无劳社会干涉，而初等教育，为谋生处世所必须者，则不可不人人同受。谓宜斟酌生活程度，定义务教育之年限，而以地方团体担其经费。其父母生事过窘者，更由校中酌给衣食，以完教育之功用。以儿童衣食过菲，虽施以教育，亦不能容受也。

（乙）公共卫生　身体之强弱，亦竞争事业成败所由分也。而饮食居处，又为身体强弱之大原因，即卫生与不卫生是也。虽卫生之注意，随个人之科学知识及生活程度而异，而事有关于公共健康之危害，及个人之力所不及备者，则当由社会任之。如饮食品之检查，市街之清检，家屋设置之规定，及传染病之预防等，皆所以保全强壮之身体，俾得从事于竞争也。

① 萨里佩，今译作“撒里比”，即凯莱布·威廉姆斯·萨利比（Caleb Williams Saleeby，1878-1940），英国优生学家，社会学家。

（丙）累进税　欲保存租税负担之平等，莫如行累进税率（Progressive Taxation）。何谓累进税率？即从各人所得额中，除其必要之生活费外，课以比例以上之租税也。盖瘠贫之民，其所得之大部分，多用于衣食住，自无余力以给付租税。富者反是，其衣食住之费，比于所得全额，为数至微，故其给付力亦较强。因其给付力之强弱，以定税额之多寡，此调和贫富之善法也。惟仍当立一定之限度，以别异于社会主义者之没收说，所以养富者之余力，增进税源也。

（丁）限制独占事业　美国政治家威尔逊（Woodrow Wilson）有言：贼害社会者，非自由之竞争，乃不公之竞争。独占事业（Monopoly）者，不公竞争之类也。如铁道、饮水等营业，以创业时据便宜之地势，其后营业发达，生产运输之费益轻，绝无后起者自由竞争之余地，故不可不由国家防制之。防制之法有二：一则为私人所有，而受国家之监督；一则由政府或地方官厅管理之是已。

二　关于振起生产者

（甲）小股东奖励。振起生产之事，条流万端，兹只就多数之民，力所能及者言之。其第一事，则曰小股东奖励，即低减股票价额，使人人有投资之机会是也。人人有投资之机会，则公司事业，轻而易举。其利一。公司事业易举，则生产机关益众，佣金地价，亦随之而增。其利二。占公司之股份者，既为多数之民，则公司发达以后，赢利之分配亦益广。其利三。惟现在股份公司，有票额虽低，仍不足收振起生产之效者，则以创办之时，或由虚矫的爱国心而起，而主其事者，又多不习商情之名士，此则又当别论者也。

（乙）生产组合。解决生产问题，在使佣主间有直接相关之利害。彼欧美所通行者，约有三法：一曰生产协会（Co-operation），谓劳动者出其股本之全部，自设公司也；一曰佣主组合（Co-partnership），谓劳动者储其佣金之一部，与企业家同占公司之股份也；一曰赢利分配（Profit-sharing），谓公司所得，既过定额，企业家与劳动者均分其赢利也。三者皆能使工人歆利恤私，益奋力于工作，故生产费必轻，物价必廉，销路必广，而又可免佣主间之仇视。其第一法非中国今所能行，第二、第三二法，宜可仿效也。

（丙）信用借贷。信用借贷者，使一市之人，互为担保，以贷款于银行也。昔意人赖菲逊①（Raifeisen）始以此法创设信用银行（Credit Bank），德法堵国，咸推行其制。其贷款时，有必要之条件四：债务人必为同村市中之有生产能力者，一也；所借之债，必从事于营业，二也；所从事之营业，必经担保二人以上，报告于银行，认为有利益者，三也；债务者之家屋、机械、器具、牲畜，皆为借款之抵押，四也。此法既行，不特野无游民，益奋勉于工业而已，而使一群之人，翊助提撕，则责任心亦必发达，诚我国所当仿行者。

（丁）实业探险队。吾尝以移民垦荒，为调和竞争压力之方法。然使寄其权于政府，则应募者多为无生产能力之人，不足举开辟新土之实，而移徙之费，设官奠土之费，又徒以增内地之负担，仍非尽善之法也。窃谓移民事业，当以志愿探险队为先导，由有实业经验者组合团体，游历各地，更相度情形，移居奠土。而政府则为之设置交通机关，俾得暂成市集。欧人之殖民事业，多以商办公司开其先，亦吾说之证也。

三 关于救助贫弱者

（甲）游民习艺所。近世社会学家，有所谓科学的慈善事业（Scientific Charity）焉。盖慈善事业，行之不得当，或反足以长人民倚赖之心，而使社会之母财，虚糜于无用。此英人所以致讥于瞻贫律②（Poor Law）也。是以救助贫民，莫善于培养其自助力。其有因工业竞争而失败者，则为之设游民习艺所，按工给食，教养兼施。更储其工作所得之一部，俾得为后来自力营生之资本。则公家之负担既轻，分利之民数益寡。所谓科学的慈善事业，如是而已。

（乙）职工公所。振救贫弱之事，由国家之管理，不如听私人之施设，而尤莫善于使关系密切者互相扶助。西人之有职工公所（Trade's Union）实为增加工价、扶植同类而起义。其增加工价一事，每足酿市面

① 赖菲逊，今译作“赖夫艾森”。
② 瞻贫律，今译作“济贫法”。

之恐慌，兹勿具论。若扶植同类之法，则诚我国所当仿行者。其法使同类之工，每礼拜纳其佣金之一部，储为公积，如遇患病失业等，则由公积中予以相当之补助，不幸身故，又有赡家之费。盖实兼劳动保险、人寿保险之长而有之。英国自木工公所、机工公所成立后，其会员中，无有受市村中之救济金者，其明效也。

（丙）工振论。工振之利，论之者详矣。其所以优于寻常振济事业者，寻常振济，只能为临时之补救，而工振则能塞致灾之源也；寻常振济，只能免灾民一时之冻馁，而工振则为之谋终身之职业也；寻常振济，移社会之财以养灾民，常为分利的，而工振则使灾民从事于工作，常为生利的也。如浚河、筑路等，皆今日所可行者。惟筹振之事，仍当由私人团体任之，一以省官治之繁复，一以谋私人道德之发达也。

（丁）地方医院。疾病者，人生所不能免也，而救治之方，多非个人所能办。故于公共卫生，为种种之预防法外，尤当设立地方医院，以为施医养病之所。我国内地各处，常有数千家之村镇，无一稍通药性之医生者。贫者既无力延医，富者亦无从聘请。宜由每自治区中，资遣一二人，至附近商埠，学习新法医学，学成以后，即可开一地方医院。每月更由医院中开卫生演说会一二次，所以为个人卫生之补助也。

以上三纲十二目，非谓能包举社会政策之全体也。然吾之政策，既以不变现社会之组织为主，故凡与旧制违反过甚者，皆不之及。又以养成个人能力自谋进取为主，故凡须政府之极端干涉者，皆不之及。又以国民全体之共同生活为主，故凡利益之偏于一局部者，皆不之及。拔十而得五，亦庶几无挂漏之讥焉。惟有当注意者，则行此政策，将需何等之人才是也。尝谓我国今日所最缺乏者，不在政治的人才，而在社会的人才。而社会的人才，又有普通与特殊之分。如有相当之教育，一定之职业，以自谋生活于竞争场中者，此社会的普通人才也。又如有专门学术，可应用于农工商矿诸业，以图社会生活之发达者，虽其材尤足贵，亦普通人才之类也。若夫不继系于现在之习惯，不局脊于一时之利害，降志辱身，以从事于或种职业，而改良其内容，则诚现社会所需要最急之特殊人才矣。昔有德人勃希（Busch）者，尝慨慈善制度之失当，于是本其理想所得，以创设慈善改良会于汉堡市（Hamburg），卒其成绩所著，为全欧所师法。美人某君，尝谓无赖青年，教养得法，皆后来之伟器，于是设立青年共和国（Junior Republic）于村落间。其村中学校、工厂、监狱、裁判所咸具，即由青年团体中选任之。其青年之出而治世者，果皆材智轶众。凡若此者，皆特殊人才之模范也。夫社会之祈向，在共同进化，故教育、行政，自当以培养普通人才为要。而进化之枢机，又在人力之推挽，则有志者尤不可不以特殊人才自任。虽我国社会情状，颇少此等人才回旋之地，然今日政治事业、文学事业，已有在院满院、在谷满谷之势，则吾辈欲发展其材能，舍伫苦停辛以另辟途径外，又无他法。孟子曰：若夫豪桀［杰］之士，虽无文王犹兴，社会的特殊人才之谓也，能停辛伫苦以另辟途径之谓也。

难者曰：子之言辩矣，然社会主义之在中国，不过少数学者之提倡，其先务所急，实在于对外的政治竞争，实行立宪，实行军国民教育，皆政治竞争之权籍也，吾子乃兢兢于社会政策之不容缓，毋乃见卵求时夜之类邪？应之曰：政治竞争，必不能离生活竞争而独立，此吾辈所共认也；无秩序的生活竞争，必无以敌秩序的生活竞争，又吾辈所知也。故吾辈不欲为政治竞争则已，欲为政治竞争，万不可不于生活竞争加之意；不欲为生活竞争则已，欲为生活竞争，万不可不于整理秩序上加之意。吾之社会政策，所谓机会均等，所谓共同进化，讵有他哉，亦不背竞争主义之原则，以整理秩序而已。至社会主义之于中国，虽今尚无何等之势力，然民生凋敝之既极，则必有仇视现制之时，又必有急病不择药之时，至于此时，而社会主义乘之而起，乃真一泻千里而不可收拾，则又何如先事预防之为愈哉！然则余之此言，又岂好为喋喋也哉！

（录自《东方杂志》第8卷第6号，1911年8月19日）

社会主义商兑

欧阳溥存

比来，国人研究社会主义者弥夥，不才既已为《社会主义》① 一篇，综摭斯事之大凡，冀与同声者共明其真相矣。顾区区之意，以谓二十世纪不采社会政策之国家，可以号之为聋瞽；不讲社会政策之经济家，可以谥之为冥顽。特所谓国家社会政策者，与所云极端社会主义有殊，世习以社会主义概言之，而校论辨析之际，固当有以区而别之也。国家社会政策者，其条段有可商酌，而主义无可否拒。独极端之社会主义，则经济学者，固不能无攻驳之加。今特捃摭纲要，沿缘日本津村樋口诸氏所述，移似国人，其诸有乐与相扬榷之者乎。

社会主义论者，第一要旨，即考核世间真正生产之财，非由资本、土地而来，实属劳动之结果，无劳动则土地荒废而已耳，无劳动则资本滞积而已耳。财曷从生？得劳动而后资本、土地乃有以应夫生财之用。是故生财惟一之手段，不外乎劳动。财之生也，劳动之结果云尔。夫劳动之结果，即应归劳动家所有，胡为听资本家坐取其赢息，地主安享其租资也？

劳动家之所为，不克享其结果者，则由资本家及地主依托今日私有财产制度，以肆其豪夺巧取。欲救正之，当建设社会主义的国家，如不才前篇所述者也。缘是以观，前一议为其理由，后一议为其手段。极端社会主

① 《东方杂志》第 8 卷第 12 号，1912 年 6 月 1 日。见本篇附录。

义（后均略称社会主义）之要领具于是，而攻之者亦即用是以为其所薄伐之中坚。

如是，首当辨者，即劳动之结果果应悉归劳动家所有乎？此问题之肯决否决，即社会主义者与非社会主义者之所以为绌信。虽然，不才之意，则谓对此尤有一先决问题，曰：生产之财，果皆为劳动之结果乎？

向者不才言之矣，社会主义之渐由虚论趋于学理，而近夫经济学上之观察者，断推麦克私①。麦克私著论之本根，即为财之生产悉出劳动之一义。夫使麦氏之义果不诬，则破灭私有财产制度之说，姑毋问事实上能否实行，而其理论，固足以自通。无如吾人照以科学的眼光，征诸历史的现象，对于麦氏，有不能漫焉为之袒者。

由自足经济时代变而为交通经济时代，而分业以兴，交通以起，毋论谁何，断无能以生产之结果归功于一己者，目之所接，万品纷纭，随举一物，皆莫不赖数人或至数十人直接间接之协助乃克有成。譬诸一靴，目论者恒谓靴之成者，靴工劳动之结果，抑思靴工之所得措其手者资于革，则靴工导之先矣。革之脱也，事起于屠牛，则屠者为之预矣。无牛则又安所得屠也，则牧者又为之肇其基矣。不宁唯是，使无建筑之匠，则场厂店屋曷从设也。又浸假而无织麻者敷之里，锻铁者琢之钉，组丝者系之纽，调墨者和之油，靴工之业，犹未可以独行也。推而言之，无织造者给之衣，无耕种者授之食，无采樵掘矿者供之薪炭，彼靴工者复奚以为乎。且器械材料，不尽能求备于国中也，则由英而求之法者有焉，由欧而求之美之亚者有焉，靴工将舍靴而之法之美之亚以求其所需乎？必不能矣。则不能不仰于商，而车夫舟子咸有赖焉矣。盗窃之时发，不可以不备，则巡警为所需矣。异族之欺陵，不可以无卫也，则海陆军为所需矣。权利关系之争不能无起也，则裁判官辩护士亦有所需矣。七情之感四时之变不能无病也，则医药尤所重矣。一切行为，皆有借夫知识，知识兴于学，而教师又为种种事业之母矣。靴工业虽下，固非可以不学者也，然则一靴之结果，不独以上所举诸业有助，而教师又为助之厚焉者。准是以谈，一物之成，其相缘以为助者，殆不可以殊记。况其事有繁且美于靴业者也，则其需于人者

① 麦克私，今译作“马克思”。

尤多。然则处今日之经济时代，而率口论断以为某物成于某人，不学浅人而已矣。今夫漫然以天下生产之物为悉出于劳动之结果者，乃谓靴之结果悉出于靴工之类也，因而主张一切财产宜归劳动家者，无异于主张靴值悉为靴工之“享乐财”，而革商牧夫乃至农樵诸家，均无得取偿于靴工，致分其利也。呜呼！浚哲如麦生，顾颠倒至此，岂非有所蔽之过哉。

以上盖就理论折麦氏等以为生产财物、不应悉归劳动家所有也，是曰不应。抑即以事势衡之，而生产财物亦万不能悉归劳动家所有，是曰不能。何以故？社会主义者，哀怜劳动家矣，不知尤有较劳动家为可哀怜者，社会主义者固所不能憖置之者也。若老而独者，若幼而孤者，若病而废者，皆不能劳动者也，不能劳动而社会固不能摒弃之死地，亦将有以匡救而生活之，使一如社会主义者所言，人人咸须劳动以得资，舍劳动无余事，舍劳动家无他流，则其独老孤幼病废之俦，社会主义者固无阶以处之矣。将如今日社会之所以处之者处之乎？则社会主义国家又破其例而乱其纲矣。社会主义者，其有以语我来。

曰尽破今日社会制度，曰建设社会主义的国家，吾第期期以为不可也。社会主义者之心不吾服，今姑纵之以从其志，不才则有以演推矛陷盾之观。

有生产即有消费，生产消费两额，不停于平，则恐慌起，此言经济学者之所熟讲，而亦社会主义者之所不能无念者也。然社会主义者则为之说曰：以一切之生产悉属公营，政府则每年预为测算供求之大数，使咸济于平，无侈无啬，万众各得其所，恐慌无自起也。是说也，姑不论政府之神力果能逮此否，且社会发达以还，经济殊无国界，而所谓供求之数，决不能但据其本国情况以为之衡。国别洲殊，人情以异，时迁年隔，风尚不同，社会主义的国家之政府，将何以计其供求之大数乎？厥弊一也。

政治革命以来，万口一声，痛詈专制，视若蛇蝎矣。而社会主义的国家，实足以形成专制的国家者也。何以故？社会主义的国家者，资本公有，生产公营，故国家以外无资本家，国家以外无雇主，无择业之竞争也，一听政府之支配而已，无双方之契约也，一听官吏之指示而已。夫社会主义的国家，固欲制造其政府为万能者也。万能之政府果成，则个人之自由，虽有存焉者寡矣。抑往日政府之专制，犹止握有司法权警察权，今如社会主义的国家，则并一国之财产权，悉索以授之政府，苟一念兹，有不寒而栗者乎。呜呼！社会主义者其诸专制主义之发达进步者耶。厥弊二也。

社会主义者，反对自由主义、个人主义者也。夫自由主义、个人主义之胜处，严生①所译亚丹·斯密氏书已具其厓略，国人闻之夙矣。当此举世喧腾，排斥自由主义、个人主义，而不才根心而论，则仍以为自由主义、个人主义者，实由吾人性分中来，盖芸芸众庶，莫不以利己为蕲向。惟其利己也，故谋虑周，趋赴勇，忍现在之苦，冀未来之乐。于是一切事业，乃缘之以发达进步。社会者，个人之积，个人奋则社会乌得而不昌。今社会主义者则不然，人民咸受事于国家，受廪于政府，成败利钝，非吾一己事也，则听之而不问矣；损益贷借，非其责任义务之所关也，则忽之而不计矣；且也，深计勤作，亦不能多所取以为富家翁也，则亦何为而不嬉游，才足自给，即亦已矣；生产余财，不可以遗吾所亲爱之子若女，贮之大藏，以饷夫渺不相知之人，则吾又胡为早作夜思以拓取多数之利益也。呜呼！此岂非人情之大同者耶。夫如是，则无竞争，无发明，无未来之希望，无勤俭贮蓄之风，不数十年，其社会当化为如何社会乎？今夫万族不齐，未可纯化之以道德，直诉之于仁慈者也。部署一群之众，使就范围而赴乎标准之处者，惟有率循其利己心而已。利己心者，性也，非伪也，故率循其利己心以为治者，道也，非术也。苟欲违戾凡民之利己心，是贼性也。欲化之以道德，诉之于仁慈，冀万族皆有极浓挚之爱他心，将不惜为同胞国民而劳动，而勤奋，而思虑，社会仍不致有不发达进步之虞也。是说也，大类宗教家之指示天国净土，非政治论非经济论矣。厥弊三也。

建设社会主义的国家，必世界各国同时改组而建设之，方有以相底于平。不然，一国建设，则此一国者必先覆，数国建设，则此数国者必与其非社会主义的国家交轧而互距，世界混乱，将有出于意计外者。今万国货币同盟尚不能成，国际复本位制度乃三四会议而莫肯赞决，顾谓世界各国能同心合德一致改组建设社会主义的国家乎？若曰：吾将诉诸世界人人之本心，使咸协于同，非若一种之政策，一事之兴废，仅恃运动少数人之从我者，故今日虽世界人人未尽从我，然少辽缓之，必若水之就下，吾固非仅恃各国政府代表之赞成者也，不得以万国货币本位之事为比。曰：是则

① 严生，即“严复”。

然矣，然不知亚欧宗教家其用心曷尝不若是。曰：吾诉诸人人之本心也。曰：姑俟之，必将咸归于吾所持之正义真理也。二千年来，最大教宗，若佛若耶，其教义之真见诸实行有几，无亦争斗戕杀，丧万民固有之乐利，以殉夫主持此义者数百千人之志意欲望而已耳。蚩蚩者氓，彼何知焉。呜呼！社会主义者固仁人也，如之何勿思。厥弊四也。

吾且不与言经济上之分业，姑与观社会历史之发达可乎？凡一社会之进化，必赖有思想制作为之先。思想制作之事，不限于一人也，不域于一时也。然而思想制作，必出于富裕优闲之家，此稍肄故事者之所饫知矣。如社会主义者之所为，举一群之中，无资本家，无相续之财产，而所谓富裕优闲者，乃旷世而无其人，则一是文章之美，工艺之精，音乐之善，道术之闳深，宗教之高尚，咸无人焉有余力以举之，乃至发现发明探考创造之事，一皆为社会主义的劳动国家之人民所弗暇及。何以故？私有财产制度废，无复中流以上之社会一阶矣。万众劳动，终年局促，能以力自资其生而止，其形而上诸事，固匪其思之所存。呜呼！社会主义的国家，其结果不当至此乎。厥弊五也。

上来所陈，非一家之议，当为言社会主义者所不可置焉者也。故前者六难，如不能报以正确满足之解答，即社会主义不克餍夫人人之心以实现诸行事，此改良的国家社会政策，所由以代之而兴也。

（录自《东方杂志》第9卷第2号，1912年8月1日）

·附录·

社会主义

欧阳溥存

年来俊杰之士，以民族、民权、民生三事，号召诸夏，而清帝以逊位，共和民国建成，民族、民权两主义，遂以毕行矣。海内志士，乃抟精悉力，鼓吹社会主义，而疑之者亦时时反唇。夫一事物发生，必有之疑问，约有三端。例如甲，一曰曷为谓之甲，一曰何缘而有甲，一曰吾人对于甲应如何，此殆察言辩理者所必由乎。吾人对于社会主义应如何，此嗣今以往吾辈方当研究之者也。至曷为谓之社会主义，何缘而有社会主义，则今日一般人士所亟欲知。不自揣其无似，综抚大凡，移述于编，将与志于斯者共审览之，疏浅之讥，所不却也。

第一，社会主义之名称及其由来

社会主义者，经济上所主张之一种义旨及其策略，与考辨群制迁变之社会学，迥然弗同，此人所知者已。惟社会主义之所以为名者，则由十九世纪以来，个人主义盛行，自由之说昌，汽机利用，资本家遂用以独占优胜，劳动者日即夫穷窘，将终末由自振，仁人谊士，慨然悯之，因欲尽破社会中资本、劳动两阶级之制（此指极端社会主义而言），使人人平均其幸福，法当排斥个人主义，颛以社会为本位，而定其生产分配之衡，是曰社会主义。社会主义者，蕲社会中人人同享经济上之权利，胥无甚贫甚富之差。

社会主义，虽倡于近数十百年间，而其思潮则远自希腊柏拉图之共产主义而启。社会主义者之所持，固与共产主义有别。（说具后幅。）故寻端引绪，莫能掩焉。共产主义，徒资谈助，而社会主义，则日新月盛，渐进于实行者，何以故？盖自法律上皆行保护私有财产之制度，政治上皆行奖励资本主义之策略。而百稔以还，艺学愤兴，汽机遍置，于是手工的经营均化为机械的经营，国内的市场均化为国际的市场，小企业者均并兼于大企业者，小资本家均并兼于大资本家。经济社会，虽发达繁荣，旷然一改畴昔之观，而从社会上之他一方面观之，则悲惨之端，亦缘之以俱起。盖小企业者见凌压于大企业者，小资本家见凌压于大资本家，徒弟之关系以破，雇佣之契约以行。而所谓产业革命者，成优胜劣败，富者益富，贫者益贫，社会中乃判然殊离，而资本家、劳动家两种之新阶级以生，资本集中，小富者又为大富者所压，降而为贫，贫者滋多，则劳动家之人数日增，人数增则以竞争故而劳银所得愈减，甚至驱一家之妇女老弱，悉赴工场，雇佣契约，自由劳动家为势所迫，一切盲从资本家之所要求，工值之低减也，作业时间之延长也，休日之废除也，皆不得不尽循资本家之意。于是无身心修养之暇，无家庭慰藉之愉，生事粗劣，居处卑狭，多病而早衰，一遇时疾者，死如振槁而叶落，群居萃处，男女杂错，则道德风仪，抑又有不可问者。此皆由个人主义发达太甚，彼资本家惟有利己心而乏公共心，苟私利之所存，公德均置诸不问，惟计小己之乐利，罔顾社会之弊害。于是上下相嫉视，贫富相仇雠，一旦机发，暴乱以起，而兵燹之劫，玉石俱焚。

社会之现象，既已如此矣。惟其所由来，则认财产之私有也，谓资本之万能也，汽机兴行而企业组织之日趋扩张大也。今日苟以小小补苴之术施之，略无效焉，必须从根柢上一改革经济社会之制度，荡除资本劳动两阶级，使人人咸公役于国家，不得任一部分人私据资本，以役使一部分人，令为劳动者。如是，社会中乃真正平等幸福。社会主义，此之谓也。

第二，社会主义之流派

一为极端社会主义，有称共和社会主义；二为社会改良主义，有曰国家社会主义。社会主义者之流派滋多，顾可以此二者分别而代表之，仅举是二者为帜，抑亦以此最为当世所要知者也。

其一，共和社会主义者，以社会主义与政治上之共和主义合同而图革命，故名。此说盛昌于法兰西人卜南（一八一三——一八八二），比利时、瑞士之学者，咸与声应，德意志人亦剧嗜其说。卜氏盖欲破除私有资本制度，将使国家自为惟一之大资本家，建设国民大工场，群一国之人民，咸于国家大工场共同劳动。如是，则国中资本、劳动二家之迹俱消，而以富凌贫之弊，终莫由启。先是桑西门①（一七六〇——一八二五）、胡廉②（一七七二——一八三三）、阿文③（一七七一——一八五八）均为社会主义之巨子。其所主持策略，虽小有差殊，而均为社会主义者之典要。桑氏以谓产业者吾人生活之源，产业为一部分人所颛有，则必有一部分人之生活，因之不遂，法当举一切产业，悉归属诸国家，以塞兼并之源，而杜富凌贫之渐，故欲社会之平等幸福，当组织集中的产业国家。胡氏于建设国民大工场之说，未之特详，然亦主张组织共同的劳动国家。阿文则谓万恶皆起于金钱，金钱不毁，大盗不止，法当举所有货币，废不复存，市肆间所以为易中者，独另行一种之券，此券盖计劳动者之工值，持此投国家公有之仓库及物品列贮所，则可以如分以获其所需，而不劳动者无因受此券

① 桑西门，今译作“圣西门”。

② 胡廉，今译作“傅立叶”。

③ 阿文，今译作“欧文”。

也。三氏者，其为说均傅合宗教、道德，殊不足以自张其军。至十九世纪下半期，德国乃有麦克司[①]。

麦克司所著《资本论》，社会主义者尊为圣书。盖麦氏一刊虚想浮议，纯用科学为根，极确乎不拔，而系统秩然。社会主义至此，乃为一进步，而价值愈高，得世界之同情益厚。麦氏大抵推本亚丹·斯密、李嘉图之前绪，以谓经济上之生产者独在勤劳，勤劳所获之剩余价值（剩余价值解见后），则并归业主。主与佣之所得，遂日趋于不平，且主与佣之判别，系自起乎？起于土地及资本之有无也。占有土地，取得资本，则为主矣，否则为佣。国家立法，既以保护个人之私财产权，则其占有土地取得资本而为主者，终于为主矣，为佣者又乌得不终于佣乎？知主佣之事为不平，改革社会制度，首当灭弃私有财产法，使万民无得席丰履厚，贻其逸乐于累世而不休。鼓一国之众，咸依于国家而赴工作，计业为酬，无偏无颇，则真人道之平等幸福也。呜呼！懿矣！尤有勒赦孺[②]者，著劳银铁则论，略曰：供少求多，则值贵，供多求少，则值贱，此百物交易之通则矣。今劳动者日多，苟使之一如百物之相竞于市场，因之受治于供求之通则，其所得劳银，乌得而不日降而微薄！此劳银者之困苦，所由积年而益深，若坠九渊，无复振拔之望者也。国家宜举若干款，为设一劳动组合，俾协同作业，则资本家无复能制其命矣。社会主义之思潮，流而渐变，于是有罗得北尔求士[③]者，发议私有财产制度，不能一蹴而废，则目前之计，急则治标，国家亟为定劳动时间之标准，申明定率，资本家毋利用契约，愚弄劳动者，使作苦过度，而授值复不中程。如是，吾佣亦少有瘳乎。斯言也，盖开国家社会主义派之先声者已。

附剩余价值解

案：社会主义至麦克司乃秩然为科学的研究，然其所作书，号为深玄难通，日本译剩余价值说者，若田岛锦治、气贺勘重、小林丑三郎、津村秀松，樋口秀雄，虽苦心分明，而览者恒猝难得其指，尝据

---

① 麦克司，今译作“马克思”。
② 勒赦孺，今译作“拉萨尔”。
③ 罗得北尔求士，今译作“洛贝尔图斯”。

取大纲，推本源意，而更为之词，兹附于此。

麦氏之意曰：财之生也，惟在劳动力，无劳力则资本无能生新财。今斥寻尺之木，易径三寸之铜，价各百钱，其值相等，是为不生，固已。即令木贾诈称价值两百，铜商误信，授以二铜，仍为不生。何也？木贾虽赢，铜商已损，国财总额，不因而增。假使解木为轮，铸铜为镜，轮、镜所值，不止百钱，百钱以上，斯名新财。而曰解曰铸，劳动力之所为也，故曰惟劳动力为能生财，而谓劳动力非价值之本体乎？

劳动力实已生新财矣，顾所得转见攘于资本家。资本家之所以能攘取其财，则以凭借法制，而理则实等于欺诈强迫之为者也。所攘维何？即劳动力所生之剩余价值是。

譬有布商，购纱辟厂，佣工就职，每阅六时，辄成丈布，值六百钱，资本、劳银，各当三百，如是，则剩余价值不生。今也不然，工值三百，职时十二，成布二丈，货之得钱千二百文，所余三百，法当归商，此三百者，剩余价值。据此例推，商利滋大，使无商者，则工作六时，赢钱三百，已足资生，而无庸为过度之劳作。十二时实获六百，则生事弥丰，而不坠于困辱，顾商得重取其六时之劳，巧夺其三百之利，此劳动者之所以可哀也。夫岂不知劳动者之不能自享其剩余价值，由于己无资本。然何为使资本得为个人所私有也，则社会制度，为之罪魁。

麦氏之说，大略如此。《资本论》为社会主义者书，而剩余价值说，为论中之精旨。览者苟遍观日本诸家所述，然后有以知不材之译解此段为颇劬也。

又考社会主义，其欲从根本上改革者，则尽取资本、土地归诸国有，而欲及时改良救济之者，则务减损工场之作业时间。知此以观麦氏之说，则悟其澈上澈下，诚为社会主义之一大宗也。

其二，国家社会主义者，社会改良主义中之一派。盖排斥极端的社会主义，而谓社会之现状，仍当维持，不可从根本上悉加破坏。惟资本、劳动两家之阶级，日趋而悬远，则亦无以保持安宁，而恤贫之政，不可以勿讲，抑对于资本家之弊害，亦不可以不去其泰甚，且当除其垄断之机，杀其拔扈之势。德国历史派经济学者，多作如是之主张也。修麻来乌阿苦辣①，其最著者，一千八百七十二年，开大会研究，一时硕彦咸预，世人号之为讲坛派，而俾斯麦号实施派。俾斯麦威名震宇内，顾身为社会党人演说，国人疑忌，不恤也。国家社会主义者，其所主持理论，初无奇特之观，独能布列政策，以期实行，故又称社会政策。社会政策，虽条例滋多，而其用意所在，可以概括的求之，今略举其要如左：

一、矫正因自由竞争而致身体及智识不平均之弊。法当由国家订立工场法，妇稚保护法，强制保险法，又实行普及强制教育。

二、矫正财产不平均之弊。法当改良租税制度，奖励贮金，广行殖民，助长产业组合之发达。

三、矫正企业独占之弊。铁道、汽船、电气、自来水等类，大规模之营业，均应收取为公有，为国家主办。

纯粹的社会主义，不能不专推前一派，而国家社会主义派者，实因于共和社会主义而起，状类调人者也。外此尤有基督教的社会主义一流，则主张诉诸吾人之良心，诱之以灵魂之至乐，戒富者勿骄，贫者勿嫉，相爱相护，以平均其幸福，说信美矣，非经济学者之所志也。

第三，社会主义与共产主义、无政府主义之区别

社会主义者，非共产主义，尤非无政府主义，此言社会主义者之所要知也。然世多误而混之，不可以无辨。

其一，社会主义与共产主义　社会主义者，以经济上关于生产的财，归诸公有已耳；共产主义者，乃并以经济上享受的财，亦一切归诸公有。故社会主义者，犹共产主义之得半者耳。循共产主义者之所议，固应收取土地、矿山、工场、交通机关、机械器具、原料等生产的财，属诸公有，而万民咸从政府之命令，而从事于农场、于商店、于工厂、于铁道、于矿山，然后政府乃各按其所需要之品，而就公有仓库所贮者，取而给之。不宁惟是，并应取万民之享受的财，亦化为公有，作公同之家屋，使人共居之，衣食共有之，儿童共教育之，翁媪共扶养之（甚至乃有主妇女共有

① 修麻来乌阿苦辣，即古斯塔夫·冯·施穆勒（Gustav von Schmoller，1838-1917），德国新历史学派的创始人。

者），生产固共同矣，享受亦共同，政府如家父，万民如众子，举社会化为一大家族，举社会经济化为一家事经济。而社会主义，初不至是也。

其二，社会主义与无政府主义　社会主义者，从经济上起义，而欲破除贫富之阶级。无政府主义者，虽亦发愤于资本家的专横，故其志不仅于破除贫富，尤欲并废官民之区别，故去政府，去国家，去法律，去宗教，人人各如其意，放任自由，其得而宰制我者，惟有我之理性，我之感情，自我而外，无得更有一物羁束。苟能化成一如此之社会，则吾人乃能真乐，如是，其与社会主义之不同，尽然明矣。故社会主义者，国家万能主义；无政府主义者，个人万能主义；社会主义者，干涉主义；无政府主义者，自然放任主义。推而论之，则社会主义之精神，近于专制者也，无政府主义之精神，主于自由者也；社会主义为个人主义之敌，无政府主义为个人主义之友；社会主义者之图谋，为经济上之革命，无政府主义者之图谋，为政治上之革命。夫如是，人犹有以无政府主义与社会主义为一事者，或以为其支流者，非不才之所敢闻矣。

上述社会主义之大凡，介绍于一般之人士，将与共研究之，欲语其详，成书具在，非区区之所能罄。至于社会主义者在现今世界上之情状及其成功，又经济学家对于社会主义之批评，则他日者，请更端以进。

（录自《东方杂志》第8卷第12号，1912年6月1日）

答亚泉

煮　尘*

杜亚泉先生，吾国学界之泰斗也。同忆十年前于绍兴教育会得识先生，其时同人等在越城创设一书报社，期将世界之新智识灌输于内地，并发行《绍兴白话报》以开通一般大多数之人民。蒙先生力为赞助，并购办印字机械、创设印书局以便白话报之印行。其后先生又有绍兴《选报》之组织，以编辑之役相嘱。是时予适注意于农业，以躬耕陇亩，不求闻达为怀，遂未与《选报》之事。惟日常至社，得聆先生之教。先生不苟言笑，凡一语之发必斟酌轻重，按切学理，因是心窃仪之。嗣先生复游沪，遂相阔别。去冬予投身社会党，今春至沪创办《新世界》杂志，鼓吹社会主义。前以印事至商务书馆，得重晤先生。言论之下先生与吾党所抱宗旨不无异同。予因纳于口辩，默尔而止。嗣欲作书答复，又以事牵迟迟未果。继思先生学深望重，凡有所言，均足以动一般学者之视听，于吾党前途与社会主义之施行不无窒碍，因此如骨梗在喉，不吐不快，乃不揣未学寡识，妄作辩论以告当世，并以质之先生，爰录其词如下：

先生言“社会主义不宜行于中国，以中国无资本家与大地主之出现，

---

* 煮尘，即王淄尘。1936年10月出版的《学术世界》第2卷第1期上，由陈松英撰写的《本社撰述人传略》对之的简介为：“王子澄先生，名淄尘，浙江绍兴人，年五十七岁。少恶八股，不事科举。清末在绍兴创设白话报，及阅报社，又设农事试验场、女工传习所。民国元年，在上海发行《新世界》杂志。三年任绍兴禹域新闻总编辑。四年至十五年任杭州《之江日报》评论及小说。十六年任职于国立浙江大学秘书处。二十三年来沪寓同孚邨粹芳阁，专事著述，撰资治通鉴读法、国学讲话。二十四年至二十五年撰四书读本、广解等书。”

劳动者亦未尝受雇主之虐待，所以社会主义在欧美可行，在中国必不可行”云云。今按社会主义者欲去旧社会组织之弊，而以科学的理想合一切人事，括全社会之种种制度、风俗习惯而更以真理新法组成之，非必仅因资本家与劳动者之冲突、巨富与极贫之悬隔乃始可施行是主义也。然则谓社会主义不必行者，中国之社会组织、制度、习惯皆已臻于极完善极完宁之域而后可。试问今日中国之社会风俗为何如乎？人心之偷薄，教育不足以救其弊；家族之敝害，古训不足善其行；盗贼满山，非政治、法律所能治弭；饿殍载道，非慈善事业所能济救。所谓经世家当道者，政客一流人，或以竞争权利为其本怀，或以补偏救弊以相号召。处此社会，不从根本上解决之，势必千疮百孔，顾此失彼，终于无济。今为正本清源之计划，惟有实行社会主义，尽去一切旧有之弊，窦而易以满足人类欲望之新组织。如造屋然，数千百年破旧之巨室摇摇欲倒，仅施以补苴罅漏之策，以图偷息苟安，未有能济者也。此中国必宜行社会主义者一也。

欧美社会主义之所以盛行，由于资本家与大地主之专横，劳动者与贫苦者之反动力，此不过如物理学家所谓压力愈重则反动力愈大而致然耳。然不能以无此反动力即终古无社会主义之发现也。如希腊时伯拉图所著之《共和国》①，以共产同内为主旨，此则社会主义之滥觞。自是以后，此等之著述不一而足，均在资本家大地主未出现以前。而中国古籍如《礼运》之言大同，老子之言无为，庄子言“闻在宥天下，不闻治天下”，孔子言均无贫安无倾，是等理论何尝非社会主义之精神乎？然则谓必先有资本家、大地主，然后乃能有社会主义者，确然非矣。且欧美之所以不能即行社会主义者，正因资本家与大地主不但握有生产之机关，且并握有政治之机关，借政府、军队、警察之武力，有以制劳动者与贫民之死命。故识者谓欧美今日之社会外观虽似文明，内界实含黑暗。所谓“最大多数最大幸福”之一语已成为历史之陈言，不见于今日之事实，欲救其弊甚觉其难，观于去冬英国大同盟罢工一案可以睹矣。今我国尚幸，受病不至如欧美之甚。苟先事预防，不使发现是等恶现象，为顺序和平之进化，施行社会主义，以渐臻乎大同太平之域，岂非美事。夫人之罹疾，必俟其病已深

① 《共和国》，今译作“理想国”。

而始医治之乎，抑在病初起而即医治之乎，或于无病之时先慎卫生之术而使其病无由生乎？孰得孰失，必有能辨之者。此中国必宜行社会主义者二也。

且欧美资本家与大地主之专横，劳动者与贫民之困苦，其源由物质文明之发达，机器夺工人之结果也。今日世界大通，洋货之入内地者滔滔如水赴壑，利源外溢，势将泽竭而渔，非实行社会主义废私有财产，使一切资本生产机关尽归于社会，而以劳动普及于个人，使一社会如成一极大之公司，合全社会之力，购办机器与种种之实业，以图存活，于今日经济剧烈竞争之场里再被国界以共进世界于大同，斯乃为今日救亡之至计。否则，因仍旧社会而不变，即能使富者尽出其财产以振兴生利之事业，博万一之兢胜，其效果现，则数十年后亦不过演进如欧美现今之状态，而劳动者与贫民大多数人类之困苦，已不堪闻问矣！言念及此，能不惊悸！此中国必宜行社会主义者三也。

夫中国亦曷尝无资本家与地主乎，不过比之欧美有大小高低之程度比率耳。譬之寒暑表之温度，在八九十度者固谓之温，其在一二十度者亦何尝不谓之温耶？然则可谓中国今日无资本家与地主耶？苟任其经济之自由竞争，不有以救其弊，势必至有如前所云者矣。况更有外来之大资本家行将侵入耶。然则今日而欲图救贫之策，缮群之方，舍社会主义尚有何道耶？

又，先生言“中国之社会党均系无赖”，此可谓放言高论，一笔抹煞吾党矣。夫吾党今日人数已五万余，固不能保必无莠者搀入。然竟谓吾党尽属无赖，其可乎其不可乎？且今日各党林立，岂别党之人格尽高尚纯洁，而无一无赖入其间乎？如先生言，必中国无一党而始可。进言之，则一社会一国家与夫全世界亦无处不有无赖，则社会、国家、世界亦目之尽属无赖乎？先生于此，当亦爽然自失矣。

先生随又询吾党所办之杂志为营业性质乎抑否乎。予当时对以欲求维持之永久，自非有营业之性质不可。而先生乃嗤之曰：然则曷不行社会主义乎？嘻！先生误矣。先生盖误认社会主义为慈善事业与一般分送善书者流耶。夫社会主义者，个人对于社会有任一职或一业之义务，而社会对于个人亦有保护与报酬之责任。岂谓社会主义行，则人人皆尽义务于社会，不必略取酬，食天雨之粟而衣地出之帛耶？今日社会主义尚未施行，吾党对于社会稍收代价，以作印费，以图持久，夫亦何害？盖正合于社会主义“各尽所能，各取所需”之本旨。先生嗤而讥之，亦曷不将社会主义之名词之理解，一细心研索之乎？

更有进者，则人于力争而得之物，常能保惜。于施与而得之物，常不甚珍藏，人之情也。不观乎人以重价而购之书籍与古玩，保存惟恐不及，于施送之善书，均弃若敝屣乎？然则吾党所办之杂志，固非施送善书之比，而尤不必与施送善书者比也。

近倾又见北京某报亦力诋中国不能施行社会主义，其所据之理由谓，必有三条件乃始可以施行社会主义。（一）中国之科学不发达；（二）机器不盛行；（三）资本家不出世。是等论说乃暗袭数年前梁启超《新民丛报》之唾余，水母目虾，更不足与言社会主义矣。

（录自《新世界》第2期，1912年6月2日）

社会主义与社会政策

（附驳去岁《东方杂志》第六号论文）

煮 尘

社会主义者，以现世界之政治制度、经济组织，不能使人类享得安宁与幸福，满足生活之欲望，乃别具一远大之眼光，沉毅之魄力，从根本着想，废去一切之旧组织，改造一新社会，以谋人类全体永久之幸福者也。社会政策者，以不变现世界之政治制度、经济组织，惟因其弊窦乃稍稍修改之，或补救之，见甲谋甲，见乙谋乙，仅在枝叶上观察，以图社会暂时之治安者也。故社会主义之结果，如一千年巨厦，栋折榱倾，瓦碎砖落，必统盘筹算，去其旧而图其新。当其改造之时，居是屋之人类，或不免罹于露宿风餐寝食不安之苦况，及乎落成，则安宁享受，莫不有一劳永逸之欢乐。而社会政策之计划，不过以是屋之破旧，不安于居，乃今日易一椽焉，明日添一瓦焉，补苴罅漏，暂顾目前，及其结果，仍不免有雨骤风狂，倾圮颓坍，相率偕毙之一日。至尔时，则仍不得不思重行建造之策，而人类之罹惨祸者，不已多乎？此社会主义与社会政策之所以异也。

社会主义，虽有世界社会主义与国家社会主义（社会民主主义）之派别，然此乃应于时势，为施行手段之或异，非立于反对地位，而各有目的之不同。盖国家社会主义之主旨，以今日之大势，国界不可以猝破，政府不可以骤除，故毋宁借国家之权力，以为推行国内社会主义之计。然此之国家，必共和政体之国家，乃能容受，而君主、贵族、资本家、地主之阶级，则绝对否认者也。观马儿克①以共和号于众之宣言，可以见矣。且马氏固未尝以此而遂自足也，故其资本史有云：今之所谓政府与国家者，即以治人者为代表，然至施行社会主义以后，其进步之结果，而为人民真正之代表者，必在乎生产社会之全体，势必代政府而为组织之机关，则所谓政府、国家者，自演至乎消灭而止。此马氏之主张，与世界社会主义、无政府主义，未尝不相通也。特无政府主义之倡导者，欲以暴力打破国家之组织，而马氏则任社会自然进步之结果，而废置国家。此近世目之为科学的社会主义，又曰实行社会主义之由来。吾故曰：应于时势手段之或异，非立于反对目的之不同也。夫然，故社会主义各派之主张，于国家、政府废置一问题，或有先后，而废灭资本家与地主，剿绝贫富之阶级，以土地、资本尽归之社会或社会的国家，使一般人类，共立于平等之地位，求经济分配之平均，则无不同。彼主张社会政策者，虽亦有稍税富者以补助劳民之一计划，然不清其源而浚其流，无异剜肉以补疮，疮未愈，肉已烂，终于无补已耳。兹将社会政策与社会主义之异同得失，略述之如下。

议社会政策之主张，有所谓保护劳工、奖励小资本家、限制独占事业、课富者以累进税诸政策，以为平均贫富之善法。今明其无济，试伸论之。

保护劳工　欧美所通行者，约有三法：一曰生产协会，谓使劳动者，自出其资本，以组织公司，可不受资本家之虐待也。然试问劳动者所处之地位，于衣食尚日虞其不给，安得有此余力乎？二曰佣主组合，谓使劳动者，储其佣金之一部分，与企业家同占公司之股份也。然试问此企业家者，为大资本家乎，抑小资本家乎？如大资本家，则以区区劳动之余蓄，同入其股份，亦不过占一小部分之地位，其所得几何？如小资本家，则以今日经济竞争之大势，优胜劣败之公例，小资本家必不能与大资本家相颉颃，及其结果，必至于败衄，不几使劳动者，同受亏折乎？（所谓奖励小股东者，其例亦不外此，不另辨。）三曰赢利分配，谓公司所得，既过定额，使劳动者与股东，均分赢利也。然试问公司之主权在股东，股东不允，有法以强取之乎？夫今日欧美之劳动者，以陷于贫困之极境，乃不得

① 马儿克，今译作“马克思”。

已出于增加工价、减短作工时间之要求，循至演成大同盟罢工之惨剧，而股东犹不之许，或竟借军队、警察之武力以驱散之、殛杀之，绝无一毫仁爱存其心，况欲分其赢利乎？综此三者，徒使劳动者，懈其改革之勇气，以希望资本家之唾余，及其结果，于劳动者仍无若何之利益，资本家亦不损其丝毫，然则果何为者耶？

限制独占事业　如铁道、矿山、自来水、电灯、瓦斯等营业，以资本家创业时据便利之地势，其后营业发达，获利益多，且绝后起者之企业家，使无竞争立足之余地，因以演成富者愈富之一阶级。主张社会政策者，欲设法以限制之，然试问主权已在资本家之手，虽欲限制而亦无从也。观于欧美经济界之现状，可以见矣。何如直截了当，实行社会主义，废灭地主、资本家，而以土地、资本归之社会，为正本清源之计，使永绝此劣制度、恶阶级之为愈哉！

课富者以累进税　此策虽似可行，惟富者拥资既厚，即课此些微之税，万不能绝其愈演愈富之境界，而社会所得，亦属无几。况各国现行之税率，如常人税百二三者，稍富百六七，再富百十，乃至百二十，且又有制限至若千万以上即不更增加。如日本课所得税，用累进法，最低额于三百元税千之十，其最高额于十万元税千之五十五，然自十万以上，概以此为止。然则彼所得百万千万者，不太便宜乎？且不第此也，设一人家拥百万金之巨资，盗劫其半，而是人尚有五十万金之进益，仍不至苦，使以百金之家，贼窃其三十，则其人已有衣食不给之虞矣。故现世各国，虽课此税，而不见有若何之效果者，职是故也。

夫社会政策所主张，虽不仅上述数端，而其所持以为平均贫富者，实以此为主，以余为辅而已。此外尚有一要件，为主张国家主义与社会政策所注重者，则义务教育是也。夫使社会之人，皆得受普通同一之教育，固为开发民智，进化社会唯一之要务，然不行社会主义，于此问题，亦有难以解决者。盖今日之贫民，已陷于水深火热衣食不给之苦境，虽偏［遍］设学校，以谋教育之普及，然贫者尚无财力以赡其身，又安有余力以为将来之智识学业计乎？吾尝见工匠、农人，于未及十龄之儿童，往往使之随同场作田亩间，以谋升斗之需者矣。责以就学，又岂能枵腹以从事者？嗟夫！学问者，天下之公器也。必使全社会之人，各视其能力，以求相当之学业，此社会主义之所以足尚也。今使如社会政策所主张，果能实行，然义务教育之程限，至寻常小学而止，必有财力者，乃始得就中学以上之学问，而贫乏者，莫得而与焉。岂贫民之子，必无高才远识之人乎？夫颅同圆也，趾同方也，同是含生负气之伦，今乃与于彼而靳于此，岂天下之公理也哉！

不宁惟是，彼才高力强之辈，以陷于贫苦，不得受完全之教育，遂至不得成高尚之人格，而彼等之心，固不甘于寻常之职役，以安其身而糊其口也。于是而强者为盗贼，狡者为无赖，社会遂无宁日矣。且也，彼富者以甘于锦绣膏粱，遨游逸乐之故，于是而赌博奸淫放僻邪侈，无所不为，不但有害高尚之人格，而谁肯低首下心以求完美之学业者？故社会主义不行，不啻驱贫富两阶级之人，绝于高尚教育界以外。如此而欲求社会之进化，人格之完美，安可得耶？

大抵主张社会政策者，以社会主义非一时所能几及，故毋宁弥缝补苴，以图目前之暂安；或者以社会主义，不过一种空想，而不可见诸实行，故取彼而去此。庸讵知一切制度之良恶，人心之诚伪，风俗之厚薄，莫不根据于社会。苟社会问题一解决，而其余者，自不劳迎刃而解矣。此吾所以愿好学深思之士，一究其得失也。

附：驳去岁《东方杂志》第六号论文

论述既竟，偶捡旧笥，得去岁《东方杂志》第六号，亦有《社会主义与社会政策》标题之一文，急披阅之，其说系主张社会政策而历诋社会主义者。今虽共和成立，与去岁处异族政府下，情势不同，然对于整理社会一方面，则尚无大异。其所主张之数要件，得失已详上述。而其诋諆社会主义之点，往往流为外行语，而不自知，本无辩驳之价值，惟该报销数颇广，兼之我国明社会主义者，尚尠其人，见彼报之诬蔑，遂以先入为主，而存轻视之心；反对者或借其说为护符，以阻遏社会主义之输入，与吾党之进行，均不无窒碍。因是诸故，乃辞而辟之。予岂好辩哉，不得已也。

（原文）大抵一学说之兴废，每与时势为仆缘。而尚论其得失，又以违合人性为标准，本人性之自然而损益张弛，以求适应于时世，此一切政治公例、经济公例所以足任也。否则其说纵吊诡新奇，而见诸行事，乃不能如其意之所期。欧洲之有社会主义，盖在贫富相悬、工拥积悴之余，故其说既兴，遂足以张皇一时之耳目。此余所谓与时势为缘者。顾以违反人性之故，其纰缪之点，为世人所抉摘者，已难悉数，今约举之。

驳之曰：此作者以社会主义之在欧洲，不过张皇一时之耳目，且以违反人性之故，为世人所抉摘，已难悉数，抑若社会主义，即将消灭也者？请将今日世界社会党增加之人数，一计及之。夫世界如许之社会党，岂均一时耳目，为是主义所张皇而盲从之者，又岂均无一毫见识不知人类之性质者？作者闻之，当亦哑然失笑也。夫社会主义，正因现世政治、经济组织之弊乃推究人类之本性，发明适应之之方法耳。且作者固揭橥利己心为人性之自然者矣。夫人者进化之动物也，寻常动物，惟知狭义的利己，故利己的范围，亦卒不广。惟人也，乃知己之处于社会，必彼此相剂，有无相易，一方面有以利社会，斯一方面乃能得真正之利己，即大利所存，必在两益之微旨。此社会主义所主张，正合于经济学之公例。自由、平等、亲爱三者，为共和政治之原则，而社会主义即本此原则，以课诸一切行事，正合于政治之公例。盖社会主义者，即研究政治、经济之进化，损益张弛，适应于时世而为是主张也。作者不察，乃漫诬社会主义，实则作者并不知社会主义与人性为何物耳！

（原文）企业心之遏绝　人类所以奋工企业者，以有利己心为之驱策也。其勤劬而劳苦者，皆有以食报于方来，故矻矻孳孳，罔取稍怠。今日舍其所自为，而使之尽力于社会，而社会所以酬报之者，又无勤惰巧拙之分，则偷安苟且之心生，而奋工企业之利绝，生产之动机遂因是而息矣。此社会主义所以不能成立也。

驳之曰：人类之所以勤劬劳苦，矻矻孳孳，以奋工于企业者，为衣食耳。衣食足，则奋工企业之心，亦顿时而绝，此常人之情所皆同也。若夫高等之企业则不然，且有不知其为个人与为社会之别，而报酬与否更无暇计及矣。何也？例如作诗、填词、画花、写字之流，毕生孳孳，罔敢稍怠，彼辈岂亦有食报于方来之心而为之乎？此犹曰：是有美术的性质、娱乐的作用存其间也。然吾于二十年以前，曾见有研精算学，寝食俱废，劳苦不辍者，且是等人，皆不为科举，不为利禄者也，岂亦有食报于方来之心而为之乎？再证之泰西之探险队、飞行家，彼等于顷刻之间，性命且不保，则食报于方来之心，更不足论矣。且生产之盈绌，由于实业之进步，而实业之进步，由于科学之发明，而发明科学，又多系中等社会不孳孳于衣食之辈，巨富、极贫两阶级之人，均不与焉。盖富者以耽于逸乐，贫者以迫于衣食，决无余力以从事也。若夫社会主义实行以后，胥社会而为平等之人，于钻谋衣食、竞争权利之心，皆无所施，则之精神、脑力将悉用之于科学、美术等事业。一方面助实业生产之发达，一方面增性情怡悦之美满，熙熙皞皞，大同太平之世，由是而成。此社会主义之结果也。是等景象与理想，固非作者所能梦见，己所不知，乃漫诬社会主义，以为因是不能成立。夫今日社会主义之学说，已成为一繁博精密之科学，凡高智远识之士，莫不群趋附之，而栖息于是旗帜之下。此稍悉世界大势者所能知也。然则其成立与否，又宁待作者之承认耶？唐人诗云："蚍蜉撼大树，可笑不自量。"其作者之谓欤！

（原文）分工律之违反　社会所利赖于个人者，不在按日计力为同量同等之劳动也，道在诱掖奖励，俾各量所能以选择其恒业。此分工律之所定者，而社会主义乃适与之相反。托尔斯泰者，小说家之职志也，以崇信社会主义故，乃从事于造屦。造屦之业，非托氏所习也。世界贫富不均之缺陷，又非托氏手足之烈所能弭也，而其天才独绝之文学事业，转从是而荒弃，亦社会主义之过也。

驳之曰：作者又误以社会主义为许行并耕之流耶！夫社会主义，使脑力敏者，治劳心之事，腕力强者，治劳力之事，正与分工律所定各量所能以选其恒业相符合。作者不察，漫引托氏事以为讥，且作者亦知托氏之历史乎？托尔斯泰者，俄罗斯之贵族也，少年曾从事于文学，所作小说，敏妙活泼，而且浅显易解，故一般人民，多喜读之。其平生所作甚多，大抵皆厌恶现社会之恶劣，宗教家之横暴，而以讥讽之笔出之，故所持论，颇有合于社会主义者，实则托氏非社会主义家也。后至晚年，忽痛悔前作，乃著生平之忏悔一书，以自志前次作小说诋宗教之过失，此托氏正因不知社会主义之故耳。至其造屦、盖寓，有托而逃之意。作者强附，以为崇信社会主义之故，岂不谬哉！

（原文）资本额之减少　资本者，储蓄之结果也。储蓄心发达，则资本充裕，用以为生产者多，农工商业亦由兹而振，顾其事每与私产制度相缘。使私产制度废，而代以共产主义，则个人可无储蓄之劳，而社会所以代之谋者，其俭啬矜慎又必不及个人之善，则全社会之资本额，必因而减少，生产事业亦多停滞。此社会主义之害也。

驳之曰：资本者，掠夺之结果也；资本家者，盗贼也。此言已成社会主义中之铁案，而为确切不磨之公理。使废私产制度而代以共产主义，即废灭资本家而人人胥为劳动者。尔时全社会无一游手无业分利坐食之人，则生产额之增多，不知加至几千万倍，尚何停滞之足虞哉！如以社会为之谋，不如个人之自为谋，此言不过为资本家着想耳。否则彼小农、苦工之操作，可谓俭啬矜慎之至矣，曾亦见彼等资本之储蓄，生产之发达乎？盖今日我国生产额之日形减少，欧美工业界之时起恐慌，正因不行社会主义之害耳！

（原文）人口论　食物之增加，为算术级数，人口之增加，为几何级数，此玛尔梭士①所谓屡屡注意者。然子孙教育之资，皆于一身而求备，故常有制情克己之心，为生育之节制。若社会主义兴，则子孙之责任，皆移置于社会，人口之增，必溢常度，而生事亦趋于瘠贫，此文明之大梗也。美国社会党有见于此，乃思以严酷之法限制生

① 玛尔梭士，今译作“马尔萨斯”。

育，甚者以不嫁娶为名高。然私生苟合之弊，必不能去。固不若个人自为节制之善也。

驳之曰：玛氏以人口之增多，为倍加之率，食物之增多，为递加之率，将来必至人众食寡，不足以养，因之鳃鳃过虑者，此说已为亨利·佐治[①]氏驳斥之，无余地矣。今略述其概如下：玛氏所谓倍加率者，谓人口二十五年而增加一倍，五十年为二倍，七十五年为四倍也。常人执此，每谓一人而有二子，其子各生二人，即为合于倍加之数，此实大谬，盖忘却配偶之数也。故一人生二子，子各生二人，于人口实初无增加，以原由配偶二人而生二子也。故亨利·佐治曰：一子虽生二子，然其上必有父母，一女虽生二人，然其上必有翁姑，是以四祖而生四孙也。故即其例而逆推之，如人有父母二人，父母亦各有父母二人，由是四而八八而十六，推之不已，进而愈多，岂上古之人，亦已充满于地乎？此倍加之说不足信也。至食物之增多，为递加率者，谓二十五年而增加一倍，五十年仅加二倍，七十五年为三倍也。然此即可以用玛氏之说破之。玛氏曰：天下之动物、植物，滋生最速，譬之兔在山林，鱼在江海，若去其所害，不数年间，将山海为之满。其不然者，以滋生虽多，各相争命，逾夫食物之限，则无食必死，以此证食物增加之少。（案：达尔文曾言物竞天择优胜劣败之例，系从玛氏此言推演而出。）佐氏曰：玛氏此言，适足证食之比人，滋生更速也。盖物之产育，种类甚繁，有十百倍者，亦有千万倍者，人果不能如是也。物类因自相争食，以致减少，然有人为之保护，则物之增加，将至不可限量。如鹰能逐鸟，人获鹰，则鸟自多，狐能食兔，人猎狐，则兔自众，以能去其害之之物也。又如，水中之鱼，生育最繁，然常强吞弱而大食小，且在江则有鲸以之为食，在海则有熊以之充饥，自有人取置池塘以远其害，使休养生息，于是不可胜食。故鲸、熊食鱼，鱼因之少，人食鱼，鱼反为之多。因人有自主权，为之设法，而物不能，非食能增人，实人能增食也。美人爱得化德氏，夙精化学，于食物一道，考较最精，见玛氏书，言将来之人，必多饿死，乃辟之曰：将来之人，非惟不至饿死，且

① 亨利·佐治，今译作“亨利·乔治”。

所食反胜于今。何也？化学之道，日精一日，食物之增，必年胜一年。夫物之生，虽由土地，实则多因空气。苟化学得精，则瘠土可变良田，沙漠可成沃壤。尝考麦粉一物，百斤之中，惟一斤出于地，其他九十九斤，皆因空气而生。气固取之不尽，用之不竭者也。昔人言地中所需，百科皆备，惟磷，钾，淡［氮］气三种难得。今化学家已考得，磷乃矿产，① 钾多在山石之中，取而用之，虽万世不乏也。至淡［氮］气则布满半空，惟豆子之类，能吸取此气，近用电气，亦可致之。何虑不足？且物更有不必生于地者。德国精化学之人，验得水中亦可植物，但须用料补养，曾以四粒之种，植于水中，竟能出苗四十六根，结实一千三百三十五粒。即如我国荞麦、菱莲，亦皆植于水中。夫地球面积，水居其三，苟研精其质以植物，则食物之增加，尚可计乎？且近人已有发明一种食物，用化学制成，与地生无异。然则复何忧食少乎？今再以人匀地之法计之，如英程方一卖阿，英吉利容四百四十二人，比利时四百四十人，荷兰二百九十人，意大利二百三十四人，日本二百三十三人，中国一百三十九人，印度一百三十三人，其最多者，为德国之一省，容四百四十六人。然证诸天下人之总数，今共一千三百七十七兆，以地球匀配之，每一方卖阿中，仅有二十六人。若就英国一方卖阿，能养四百四十二人之例，以概全球，即使人口增加二十倍，尚复绰有余裕，何忧人满乎？而玛氏又以地力用而渐尽，必至减收，实亦过虑也。殊不知地力断无用尽之理，天下之物，为人用者，皆循环不已。有时肥地变瘠，亦有时瘠地变肥。譬如树木之生，实赖炭［碳］、养［氧］之气。用火焚木，其由气生者，仍归于气，所余之灰烬，为地之所生，亦仍归于地，曾未丝毫失去。亘古以来，地球之分量如故，不曾减去一分。而人亦然，力用出即变为热，然力去而气尚在，则仍可吸而为力，周回无已，虽有变化而无增减。可见地力必不能尽也。是故，玛氏之书，虽风行数十年，自经此数学之驳斥，近已销声匿迹，不复能自树立矣。而作者犹复津津乐道，奉为圭臬。吾不知其欺人耶，抑自掩耶？而作者又谓社会主义兴，人口必溢常度，而生事亦日趋于瘠贫，不如个人自为谋，能节制其生育之为善。斯言也，不必引学理与之辩，但以至浅至显

① “今化学家已考得，磷乃矿产”，原文为“今化学家磷考得已乃矿产”，今据文意改。

之事实以证之而立破。不见夫力农作苦之俦常，子女累累，多者八九人，少者亦四五人，而富厚之家，则反每忧不育，即育亦不甚多。然则彼富者，岂因有制情克己之心，恐生育之多，而生事将日趋于瘠贫，乃为是节制乎？此讵非一言破的者耶。至引美国社会党事，尤为无理。盖美国社会党，正因社会主义未实行，贫者均陷于至困极苦之境域，于己身衣食尚不给，不得已而节制生育，以免冻馁耳。至不嫁娶，其原因盖亦为是，岂以此为名高哉？见此现状，倘稍有仁心者，当悯而拯之，乃欲下井而投石耶？且作者以人口之增加为忧，则必以人口之减少为乐矣。此言也，不特同为人类者所不应言，亦同为人类者所不欲闻也。若夫私生苟合之弊，惟处今恶制度伪道德之世为然耳。倘社会主义兴，自由恋爱实行，尚何有是等之弊？近粤人侬侠来书有云："恋爱一事，自真理发明，不过生理上之问题，并无关系于道德，且世界之事，惟难得之者，始惊羡之，不惜竭力以营谋之耳。若婚制既破，无所往而不得自由。吾信彼时不惟淫风之不加长，而且将日见其少也。"此言可谓洞悉人性与真理矣。故作者以为违又［反］人性者，实不知人性者也。

（原文）政治范围论　社会学家谓：政治之接触于人民，以愈少为愈善，即减缩政治范围，以养社会之自治力。而社会主义，乃欲举社会上一切事物，皆受政府之干涉，此政府万能说之旧见也。且干涉主义既张，则官僚之设置必众。举一国之富源，以养无谓之冗吏，而民力竭；举民间之琐事，皆赖政府之保护，而民德衰；社会之自治力，亦不进而日退，此其相因而至之势也。

驳之曰：作者以社会主义，举社会上一切事物，皆受政府之干涉，此知其一而遗其二也。夫社会主义，根柢之理想，究竟之目的，正以养成社会之自治力，且欲废置国家为终极者，尚何政府之足云？即以国家社会主义言之，亦不过格于现势，国界未能猝破，故不如借政府以推行社会主义。然其政策，有当干涉者，有当放任者，亦决无举社会上一切事实，皆受政府干涉之理，又何政府万能说之发现乎？且是时一切法制，均以平等、自由为原则，所谓官僚云者，不过各机关之办事人而已，又何冗吏之有？夫社会主义，使人人各执一业，各治一事，而不使有一游手无业之民，举社会胥为生利者，而不为分利者，生产既众，民力何由而竭？各事其事，各职其职，无衣食之足忧，斯无权利之可竞。斯时也，惟知有道德与学术耳，民德何由而衰？而社会之自治力，亦因以日益增加，日益巩固矣，又不知何由而日退也？

（原文）进化论　进化者，增高社会所希望之共同目的也。一社会之人，有一社会之共同目的。目的既达，而新希望又生。相引相推，而进化于是乎不息。然必认自由意志之存在，而后能有达其目的之成效。如社会主义之说，则个人之在社会，如金铁之受铸于模范，从政府之命令，为机械的行动，则自由意志、个别活动，皆陵夷殆尽。此窒塞进化之道也。

驳之曰：作者以人之于社会，如金铁之受铸于模范，为机械的行动，此可以言今日工厂苦力劳动之辈则然耳。至社会主义实行以后，每人每日不过操作一二小时之时间，或者治劳心之事，或者治劳力之事。而中材以下，既不忧衣食之冻馁，自不至于作奸犯科；高智之士，得以每日余暇，以从事于精深完美之科学或怡悦性情之美术。于是而个别活动之目的，正缘以发达，新希望之发生，亦愈演而愈进。去私利，谋公益，灭奸诈，重感情，联个人之道德，而因以著为社会之制度，同登乐土，共庆太平。此世界进化之极轨也，尚何必为杞人无谓之忧劳哉！

总之，社会主义以人性为本，以人情为用，期于人人相助，人人相保，各知其性分之所固有，职分之所当为。其殖产也，聚而多；其分财也，平而允。合于人生之至情，适于社会之原理。此等精义，固非作者所能见及，而徒肆口诋諆，至以社会主义为违反人性而不能成立，凡所云云，予于上各段，既已辟其迷谬矣。至言中国不必施行社会主义，夫彼于社会主义之真相，尚未能明晰，则其附会中国现状之能否适合，可不辩而自明。本源既拨，此之枝叶，不烦一一斥之。夫吾与作者，未睹一面，未通一函，固非有丝毫之意见存其间，特以今日社会主义方始萌芽，苟有人欲摧折之者，吾必竭吾力以扶植之。且社会主义，为医群之圣药，二十世纪之世界，期在必行。中国同处此潮流之中，势不能独异，且欲救民生之疾苦者，舍此又更无余道也。故不惮烦言，述之以告同胞。

驳论既竟，适购得《东方杂志》第九卷第一号，有重译《社会主义神髓》，方喜其亦从事于北［此］，不图第二号又有《社会主义商兑》一文，以诋社会主义。在彼报之矛盾，不必论，而吾党之驳，亦不能已，乃姑俟下期。附识。

（录自《新世界》第7期，1912年8月14日）

驳《社会主义商兑》

煮　尘

予前著《社会主义与社会政策》一文，略述二者之同异与得失，并言欲解决根本上之改革，非主张社会主义不为功，而社会政策不过弥缝补苴之一计划而已。嗣以《东方杂志》第八卷第六号亦有此标题之文，而所论适与予相反，因历举其谬而驳之。兹阅《东方杂志》第九卷第二号又有《社会主义商兑》一文，虽作者两人，故其持论亦略有出入，大抵皆暗袭日人之说，以为攻击社会主义之具者。所陈之六难，其第二项，即前文之政治范围论；第三项，即前文之企业心之遏绝；第五项，即前文之进化论。虽词句不同，而意义不二。种种纰缪已具前驳，不复赘。兹惟将前文所未及之三项，复一一斥之，以告反对社会主义之徒。其亦闻而心折平，抑尚欲为资本家作护符，与劳动者为公敌，以抗逆世界之大势乎？

衡次二家之作，虽同袭日人，而后作之于前作，实为每况而愈下。盖前作者，沿日之说尚能持之有故言之成理。今《社会主义商兑》一文于己所不知辄复吊奇弄智以自炫其能，其开宗明义之第一难，欲排马克司①《资本论》为摧折社会主义根本之计，其设计弥巧，而不知已陷于巨谬极戾而不自觉也。今诠释之如下。

彼难马氏引经济学物产关系之理，絮絮数百言，用斯密氏论针之语以说“靴”，至其结论，则曰：“今夫漫然以天下生产之物，为悉出于劳动之结果者，乃谓‘靴’之结果悉出于靴工之类也，因而主张一切财产宜

① 马克司，今译作“马克思”。

归劳动家者，无异于主张靴值悉为靴工之享乐财，而革商、牧夫乃至农樵诸家，均无得取偿于靴工，致分其利也。”吾今诘之曰：作者能证明天下生产之物能不悉出于劳动之结果乎？然作者固亦引社会主义之言曰：无劳动则土地荒废而已耳，资本积滞而已耳，财曷从生？得劳动而后土地、资本乃有以应夫生财之用。是故生财惟一之手段，不外乎劳动。然则天下生产之物为悉出于劳动之结果者，固定论也。至其谓生产之于劳动，犹靴之结果悉出于靴工，以是相诬，斯则大谬。何则？社会主义者固未尝有以靴之结果悉出于靴工者也，盖其有以助成靴之种种需要，如革商牧者以及农樵诸家亦未始非劳动也。夫社会主义明明揭之曰：社会主义是即统以社会为计，其说物产也，简言之，为劳动之结果，推言之社会之物产，社会协同劳动之结果云尔。作者自误乃反以诋人，斯所谓陷于巨谬极戾，而不自觉也。且劳动云者，固有广、狭二义。狭义者，指劳腕力者而言。广义者，则凡劳脑力、用思想者，亦未始非劳动之一也。社会主义者固曰：个人或用腕力，或用脑力劳动于社会，而社会则供给生活需要于个人，当此之时，惟抽象之社会字样为资本家，而具体之个人，无一不为劳动者，然则谓一切财产宜归劳动者，亦何不可乎？

而作者又曰：“社会主义者，哀怜劳动家矣。不知尤有较劳动家为可哀怜者，社会主义者固所不能恝置之者也。若老而独者，幼而孤者，病而废者，皆不能劳动者也。不能劳动而社会固不能摒弃之死地，亦将有以匡救而生活之。使一如社会主义者所言，人人咸须劳动以得资，舍劳动无余事，舍劳动家无他流，则其独、老、孤、幼、病、废之俦，社会主义者果无阶以处之矣”。呜呼！作者之为此言，乃欲诬社会主义欲摒弃独、老、孤、幼、病、废之俦于死地，以强入社会主义者之罪，因此挑拨人类对于社会主义之恶感耳。实则社会主义虽无论如何剧烈，如无政府家所主张欲破坏一切，如虚无党之行动，按其揭橥，惟曰反抗强权，而对于是等无告之人，固无一人不哀怜之也。吾今诘作者，能在世界社会主义家所主张中，指出其有摒弃独、老、孤、幼、病、废之俦之一条文乎？不能指出，斯为无敌而放矢。虽作者绞其脑汁，钵其心肝，以谋反对社会主义，盖亦心劳日绌而无益已耳。吾今再以正语告作者，譬作者或语人曰“吾爱吾父”，则作者之爱父人所共喻也，然人固无有因作者之仅言爱父遂可指作者之必不爱其母也，且尤能喻作者之爱父，更当推其爱父之心以爱母也。然则社会主义者哀怜劳动家矣，彼较劳动家尤苦者固当推其哀怜以哀怜之也。且不特此也。彼老者其初固劳动于社会者也，幼者其将来亦劳动于社会者也，病废者其未病废时及其病愈时，亦劳动于社会者也。即使病废亦属少数，而社会主义实行，则老院、婴院、病院等，已无不毕具，其处之之方固美善而完备矣。《礼运》大同之言，不啻为社会主义结果之写照。作者独不知耶？

上来所陈，系作者自谓以科学的眼光，破马克司《资本论》，摧折社会主义根本之第一义。吾今已驳斥之使无立足地，所谓“科学的眼光”，殆作者眼光中之科学欤？

此外，作者暗袭日人之说，如曰：“有生产即有消费，生产、消费两额不停于平，则恐荒起。此言经济者之所熟讲，而亦社会主义之所不能无念者也。然社会主义者则为之说曰：以生产悉属公营，政府则每年预为测算供求之大数咸济于平，恐荒无自起也。是说也，果不论政府之神力果能逮此否，且社会发达以旋，经济殊无国界，而所谓供求之数，决不能但本国情况以为衡，国别洲殊人情以异，时迁岁隔，风尚不同。社会主义的国家之政府，将何道以计其供求之大数乎？”驳之曰：社会主义本以社会为主体，固期无政府为终极者，更何劳政府之神力，且经济本无国界，以有易无挹彼注此任供求自然之趋势，则人自无有不得其所者，初未尝劳政府之干涉也。况乎社会主义行，其要在于共产，凡社会中之物，为社会协同劳动所得者，自为社会人类所取求。既无游手无业之民，又无军队、盗贼、僧道、娼妓等分利之辈，则社会之生产额将加至不可限量，兼之物质进步，机器大兴，则今日一年之生产，尔时可以一月或数日之期制出之。铁道棋布，交通便利，则甲地之有余，不数日间即可以补乙地不足。虽万品纷纭不可计极，然人类生活所需要者不过衣、食、住三端为最急，彼此相剂，断无不平，固不劳政府之计算也。

作者又曰：“建设社会主义的国家，必世界各国同时改组，而建设之方，有以相底于平。不然一国建设，则此一国必先覆。数国建设，则此数国者必与其非社会主义的国家交轧而互距。世界混乱，将有出于意计外者，（案：此一段所谓一国必先覆、数国必交轧、世界混乱的理由，作者既未能明言，吾亦不便加以驳诘，大约作者意中之混乱而已。）今万国货币同盟尚不能成国际复本位制度，乃三四会议而莫肯赞决，顾谓世界各国能同心合德一致改组建设社会主义的国家乎？若曰吾将诉诸世界人人之本心，使咸协于同，非若一种之政策，一事之兴废，仅恃少数人之从我者。故今日虽世界人人未尽从我，然少辽远之，必若水之就下。吾固非仅恃各国政府之代表之赞同者也，不得以万国货币本位之事为比。曰：是则然矣。然不如亚欧宗教家，其用心曷尝不若是？曰：吾诉诸人人之本心也。曰姑俟之必将咸归于吾所持之正义真理也。二千年来最大教宗若佛、若耶，其教义之具见诸实行有几？无亦争斗戕杀丧万民固有之乐利，以徇夫主持此义者数百千人之志意欲望而已耳，蚩蚩者氓，彼何知焉？呜呼！社会主义者，固仁人也，如之何勿思。”驳之曰：作者此一段文，自论自驳，吾固可无容心于其间者，其是则然矣。以下引亚欧宗教家故事以强为比附，不知宗教创于草昧初民之世，其时智识未启，每多误会，其所持论尤多牾抵，此所以不能得全世界人之信从焉。若夫社会主义发明于文明大进之时，用科学的观察，求人性之本源，其所设施无不循社会学、经济学之公例，即有未当，更听人之自由研究，以期其进步，非若宗教家之唯奉一教主，禁人之唯有强信无所折衷也。吾前述《社会主义与宗教》① 一篇，已诠释其概略矣。且作者独不见夫十八世纪民权自由之说发明以来百余年间，全世界竟绝君主专制之国乎？社会主义则更进一步推见人类之本心，适合社会之原理，因发明一种主张而字之曰：社会主义。故世界各国为一致之进行时，不论迟早，势无论强弱，而社会主义之目的必有达到之一日，所谓真理必明，正义必胜，固非若宗教之偶然施行于一时一地而已也。今作者乃以社会主义与宗教家比论，适明其不知社会主义而已。

总之，社会主义其条段有可商酌，而主义则无可否拒者也。因条段之可商酌，故有共产、无政府、民主等之派别，主义无可否拒，故无论各党皆以废灭现制度而以改造新社会为目的。此其略有同异也。或者以是主义实现，彼共产、无政府、民主等各派不相竞争乎？曰：是无伤也。此等派别不过因手段有急进缓进之异耳，其目的则无不同也。目的既述，其商酌

① 《社会主义与宗教》，即《社会主义与宗教家》，见本篇附录。

条件不过如现世界之政党，且政党虽号称以国家为前提，而实则以权利势位为归宿。至社会主义行，则已无所谓权利势位，而所争者确以社会为前提，人类幸福为归宿而已。此所谓真理的竞争，正义的竞争，岂现时政党所能及哉?!

（录自《新世界》第8期，1912年8月25日）

·附录·

社会主义与宗教家

煮　尘

草昧初民，知识蒙稚，对于天地间之事物，见其然而不知其所以然，误加迷信，诧为奇异之神物，因而崇拜之。故古时有所谓拜日者、拜火者，乃至拜蛇者、拜龟者。此其俗至于今，蛮野荒遐之域，尚未尝绝也。是谓多神教。多神教之时代，交通未便，各居部落，固现自封，以己所崇拜者为真神，而以人所信奉者为魔鬼，因此而酿成战斗流血之惨剧者，往往有之。贤智者出，悯人类之相戕相杀无已时也，又见夫是等动物之不足坚多数人同一之信仰，乃创为一神之教。假托上帝以为教主之父，谓天地间之一切物，莫一非上帝所造成。此其义已隐寓人类平等，四海兄弟之观念。使社会之人类，同趋奉夫一神，则相戕相杀之祸患，可以少戢。而同奉一教者，相亲相爱，共相扶助。此宗教家创教之苦心，而亦社会进化之一阶级也。

及乎近世，物质发明，科学进步，人智大启，宗教家创造世界之谬说，已为科学者摧陷郭清，而使之无立足之余地。于是宗教之气焰顿衰。且自达尔文《物种由来》① 之出世，推究物理，创物竞天择、优胜劣败之公例，世之野心家，得借其说，以伸其强权，而灭绝人道，侵夺戕杀之风，复大演于十九世纪之世界。然而侵夺戕杀之事，虽欲加害于人，而于

① 《物种由来》，今译作《物种起源》。

己故亦有大不利者。夫大利所存，必在两益，于是社会主义家，即本此旨，以发明人群相处之真理，使人类祛其侵夺戕杀之心，而俱存相爱相亲之念。此其志想，固亦有与宗教家同其概念者。彼宗教家之对于社会主义，或认为与己有相同之点，遂依附之，乃创基督教社会主义之一派，或视与己有相异之处，力排斥之，嫉若仇雠，竟有势不两立之观，实皆偏于一见，而未达夫全体之故也。夫宗教之势力，范围社会，垂数千年，其中自不无弘才毅力独到之处，建立宗教之辈，大都热心救世，乃不得不附会一神道，以为一时利用之计。夫亦讵可厚非，惟与社会主义相较，则一创于草昧未开之世，一启于文明大进之时，其智识之广狭，思虑之疏密，自有不可掩者。兹将社会主义与宗教家之同异，比较解释之如下。

（甲）宗教家与社会主义相同之点

日人村井知至，著《社会主义》，其第九章《社会主义与基督教》一篇，论社会主义与基督教相同之点，颇为深切箸［著］明。内引法兰西社会主义鼻祖圣西门之言曰：社会主义，合于古代基督教之神髓。村井氏复引申之，谓研究古代之基督教而识社会主义之真诠，由笃好社会主义而悟基督教之新理。因条举其类似者，一一言之。

第一，理想之志愿相同。试观耶稣当日，其教徒热心传道，且深信人类为神之子，同属兄弟，因之谋人类之互相辑睦，互相协和，故其宗教，为爱之宗教，其道即人道也。由是思之，彼意中所欲言未言者，正如近世社会主义，所谓人类同胞主义，而发现平等社会之活相也。然则古代之基督教，固发于人类相爱之大道，协同社会，保合性命，非如现今之恶劣竞争也。其志愿如是，思想如是，岂不光明俊伟矣乎！夫社会主义，毅然废个人主义，而扫其自私自利之战场，归于相爱相助之乐国，故其本领，在于人类平等同胞之念，团结其爱力，直与基督教之道德，同其精神。惟基督教，始由少数人之思想，鼓舞之以及全社会，社会主义则更进一步，而直施之于经济界、工业界，企图变更旧制度，而组成一新社会，仅此稍有不同耳。然方策虽有不同，而宗旨则一而已矣。

第二，传道之热心相同。古代基督教之历史，其最著者，如新约圣书，教徒行传等作，济人之热诚，皆溢于语言文字之表。且其舍身殉道，不顾其身之不安，而惟恐其书之不行，多至死不变，非笃信教宗，爱心达于极点者，而能如是乎？故叙述教徒行传者，谓教会中人，皆已优入圣域，非溢美也。观夫近世社会主义之运动力，亦大有相同者。教授伊里曰：社会主义，要使人人扩其良知，先求一身之关系于社会者若何？再求社会之系切［关系］于一身者若何？由小而大，由近而远，若火之使然，泉之使达，不使有纤微之间阻。夫而后博爱之心，可以充塞于社会之间。如英国中央邮政局，有以年俸六百五十金而雇佣信奉社会主义之青年子弟者，暇则使其立于街衢之上，演说社会主义，其妻亦贩卖社会主义之小册子，恳切诚挚，勉人信从。其状非如古代基督教徒，集市人而讲教，同一热心乎？试游英、法二国，彼其人之笃信社会主义而说法宣布者，如斯之例，不胜枚举也。

第三，遭世人之危害相同。古代之基督教，初兴于犹太及罗马，受无限之压制。彼其教徒及信士，世人均以邪说目之。谓其破坏社会，并加以乱贼之恶名，或拘之法庭，或系之狱舍，罹刑之威，受石之压，危害可谓极矣。若夫社会主义之忍受虐遇，不亦有相同者乎？如法、德二国之社会党，鼓吹社会主义，当时政府与之反对，或严讯于法庭，或杂烧其书籍。又，法国圣西门之徒党，受危害益甚，世人嫉之如蛇蝎，其在法国南部，受石压之时，乃能以和平之气度，语彼嫉视之人，精神暇豫，鼎铄如饴，岂非与基督教徒，异世同揆耶？要之，基督教之初起也，人以为紊乱社会之纪纲，社会主义之始兴也，人以为遏绝社会之和平。然其主持人道，发明公理，虽多数嫉视之，而不能绝灭之也。故忌之者虽多，而信之者尤多，互相冲激，互相战争，压力愈重，则反抗力愈大，终必有抉去危害，挽回幸福之一日也。

第四，其传播之速亦相同。殉教者之血，灌溉社会之肥料也。世人愈嫉害，而基督教愈昌明。试观初传教之时，临其上者压制之，睨其旁者蜚伤之，甚至举世之人欲杀欲割，不能以一日安，而彼等守持愈坚，信从者亦愈众，决非如今日教会，一年仅增数人之比也。盖其教初行，自力甚坚，虽遇祸极烈，而教徒之热心，亦愈以上腾，而炎炎焦天，遂被于罗马之天下矣。近代社会主义，其传播之速，不亦有然乎？德国于一千八百六十年以前，无所谓社会党者，其后一经发起，每一年乃增加至六十万人，一日有两千六百四十四人之多，何人心转移之捷欤！彼夫新改宗教，如恺德①所谓吾来观吾胜者，社会主义亦犹是也已。

第五，其思想俱以世界为本。犹太教专事顽固闭塞，非犹太人不得入教。至基督教出，乃大启门户，包乎全世界，凡属人类，无不可入其教者。故其初起，思想之发达，已溢出于犹太境域以外，渐扩渐充，教堂遂偏［遍］设于全世界矣。社会主义之思想，其博大精深，可称无匹。加尔·孟古②为社会主义之倡首者，其组织万国劳动同盟会之纲领，大脍炙人口，曰：吾党无国界无种界之区别，惟望同盟会中人，人人信从之，人人奉行，使社会主义之真脉，运输于万国，无一人不得其所。呜呼！其志愿，其魄力，其精神，为如何乎？

第六，其对于贫民共溅同情之泪。是二者有不俟拟议而即知其本同者，哀念贫民是也。圣西门谓古代之基督教与社会主义，其思想本出于一原。如新约圣书，与贫民多慰词。路加传第六章有曰：贫者当闻福音；又曰：吾之所来，欲寻失所者而救之；等语。则耶稣当日，殆有党贫民敌富者之意。若夫社会主义，去私利谋公益，废私人之资本，立公有之制度，尤贫苦劳动者之将伯也。吾故曰：社会主义之原动力，实人情之大道也。

第七，其同胞相爱之情俱盛。古代之基督教，对于人类，皆有同胞兄弟之情，其所以能感发人心，实由此也。而信徒所率行者，恰如今日之共产党，共有财产。圣书曰：信我教者，必同心协力，无论何等物品，皆属公产，不得私为己有。又遇有疾病者，共相扶持。故能使异教之人，感叹其相爱之挚。近代之社会主义，以爱情相团结，以能力相资助，立法尤为美善。故人或谓今日之教会，其爱或仅属虚言，而社会党之行事，则实能表其兄弟之爱，其能得大多数人之信从赞美，岂不宜哉！

以上所论，特就两者之现象，举其类似者言之耳。虽然，不独其现象为然，即其精神宗旨，亦复如一脉所贯注，故能演成此类似之现象也。要之，近世之社会主义，非但改革一时之社会，实又可发挥万世之宗教，是盖人性本然之道，最有生机之泪与血所铸成者也。然则即以社会主义，为

① 恺德，今译作“路德”。

② 加尔·孟古，今译作“卡尔·马克思”。

今日之宗教，亦无不可。有志世道者，苟期社会之改良主义之施行，由是而献其身行其道，虽或力有未逮，而抱此大主义，鞠躬尽力以死，亦复有何憾哉！

以上社会主义与宗教家相同之点，皆村井之言。虽仅与耶教相提并论，而举一反三，亦可以概余教。兹更就夙所见闻，论社会主义与宗教家相异之点，再比述之，使热心社会主义与信奉宗教者，共研究之。

（乙）宗教家与社会主义相异之点

第一，其希望目的之归宿有异。宗教家最大之目的，最终之希望，皆在来世，或系灵魂。其所设之天堂与极乐世界，虽当时能鼓动大多数之人民，然仅能笼罩愚昧之人而不能得智者之信仰。且自科学发明，人智一启，则来世灵魂、天堂、地狱之说，皆破。所希望之目的未达，而本根业已动摇。今日之宗教，已有仅延残喘、朝不保夕之势。若夫社会主义，其所希望之目的，固亦期造成一真平等真自由真幸福之极乐世界，然皆以人类能亲身享受为断，不作灵魂、来世，虚无缥缈之谈，且条例之精详，欲望之圆满，维持社会之安宁，稳进人类之幸福，皆用科学的理法，切实可据，使人之信从者，皆有一必能达到此希望目的之一日。故社会主义，已如旭日升天，光耀世界，与今日宗教家之仅保残喘者，诚不可同年而语矣。此宗教家与社会主义相异之点，一也。

第二，其知识、思想之精疏有异。宗教家创于草昧初民之世，其时人智未启，物理未明，故其持论，往往自相矛盾，而不能圆满。如上帝造物，七日而成之说，将天地间一切事物，悉纳之上帝主宰权力之下。于是科学家驳之曰：凡物既由上帝所造，不能自然而生，则上帝何自而来？上帝既自然而有，凡物岂不能自然而生耶？如谓上帝非物，则上帝之体质为何，曾否得有证明其非物之确据？且上帝既操生人之权，何不尽生善人，而必又生恶人以害社会，又必临以赏罚之威，抑何上帝如是其不惮烦而故为是，扰攘无宁之世界哉？此其驳论，宗教家虽有百喙，其亦何以自解耶？若夫社会主义，用科学的理法，追求人类过去之历史，以研索社会未来之现象，并推究人类本源之性质，发明社会进化之真诠。其主张也，或思患预防，或因势利导，以满足人类生活之欲望，维持社会秩序之安宁，必期造成一人类相亲相爱之世界。盛水不漏，原始要终，此社会主义之特长也。此宗教家与社会主义相异之点，二也。

第三，依他力与依自力之有异。宗教家之所主张，以坚人之信仰者，胥恃乎他力。如佛教言佛德无量，一切庸众，胥恃其超脱。耶教则专恃耶稣十字架之流血，为洗尽罪恶之具。其余各教，无不依赖教主。是皆仰他力救度，而非以己力救度者也。社会主义，则以人人自由，各以自力实行为主，而无丝毫假他力之救助。所信奉者，自己之良心，所依赖者，自己之实力，而且人人平等，无阶级之可分，非如宗教家，必奉一教主，使人崇拜之，对之如神圣之不可犯。故说者谓专制君主之威权，加于人之肉体，上帝之威权，加于人之灵魂。君主之威权，仅及大庭广众之中，而上帝之威权，深入幽阴秘密之地。君主之威福有尽，上帝之威福无穷。然而，人民苦君主之威权，尚有推倒政府，处帝王上于断头台之日，而彼教徒之对于教主，卒无省悟脱弃之时也，此依自力与依他力优劣之所以异。而宗教家与社会主义相异之点，三也。

夫宗教家与社会主义同异之点，既如上述，亦可谓彰明较著矣。然近来颇有留心世道之人，以为物理发明，科学进步，宗教之藩篱已破，根本已摇，人类之迷信一除，则风俗、道德之颓落，必有不可思议者，因窃窃然忧之。于是，乃有以教育代宗教，或更有欲创一新宗教者，皆杞人忧天之类是也。不知夫社会主义发明，已足以代一强毅之宗教而有余，且立于必胜之地。若夫至社会主义实行以后，则人类之所以营求衣食、竞争权利者，将悉数沙汰，而惟有以相亲相爱，相处以道德，尚何颓落之可扰？此义甚繁，当更以别章详论之。

（录自《新世界》第6期，1912年7月28日）

清末民初中国社会主义论争文献汇编（1871~1915）

下

A Compilation of Documentation on the Chinese Socialist Debates from the Late Qing Dynasty to the Early Republic of China, 1871-1915

鲁法芹　编著

目　　录

上

第一辑　“社会主义与中国”命题的提出及论争

第二辑　梁启超与革命党人关于社会主义的论战

中

第三辑　无政府主义思潮在中国的传人及论争

第四辑 民元前后中国的社会主义讨论

下

第五辑 清末民初社会主义思想在中国传播年谱

孙中山先生社会主义谈[*]

克　恭[**]

此稿前经各报登载，惜语焉不详。兹系先生所订正者，亟再录之，附以按语，读者幸勿忽焉。

诸君：

今日①同盟会会员开饯别会，得一最好机会，大家相见，诚一幸事。今日中华民国成立，兄弟解临时总统之职，解职不是不办事。解职以后，尚有比政治紧要的事，待着手。自二百七十年前，中国亡乎满洲，中国图光复之举，不知凡几。各处会党遍布，皆是欲实行民族主义的。五十年前，太平天国，即纯为民族革命代表，但只是民族革命，革命后仍不免为专制，此等革命，不算成功。八九年前，少数同志，在日本发起同盟会，定三大主义，一民族主义，二民权主义，三民生主义。今日满清退位，中华民国成立，民族、民权两主义，俱达到，唯有民主主义尚未着手。今后吾人所当致力的，即在此事。社会革命，为全球所提倡，中国多数人，尚未曾见到，即今日许多人以为改造中国，不过想将中国弄成一个极强大的国，与欧美诸国并驾齐驱

---

* 《新世界》第4期（1912年6月30日），亦刊载此文，但“按语”有所不同，在此一并对照录入。

** 克恭，即张克恭。

① 即1912年3月31日。参见《孙中山解职记（附演说社会主义词）》，《社会世界》第1期，1912年4月15日。

罢了。其实不然。

按：各国革命，每演无穷惨剧，其结果仍不过以多数人流血换来之幸福，供少数人之牺牲。革命后，仍不免为专制。民国近况，能免斯弊乎？未能也。先生所谓民族、民权两主义俱达到，种族革命已告成矣。政治革命就中国今日之现象言之，不过一专制之变相，未能实行推翻旧有之恶劣制度也。民气之薄弱，执政之专横如故也。然则欲实行民生主义，不驱除此伪共和之障碍，扩张民权，又焉能济？此不得不厚望于同盟会诸君乎！①

今日最富强的莫过英、美，最文明的莫过法国。英是君主立宪，法、美皆民主共和政体，已是极美的了。然国中贫富阶级，相隔太远，仍不免有许多社会党要想革命。盖未经社会革命一层，人民不能全数安乐，享幸福的只有少数资本家，受苦痛的尚有多数工人，自然不能相安无事。中国民族、民权两层已达，唯民生未做到，即本会中人，亦有说种族革命政治革命皆甚易，唯社会革命最难，因为种族革命，只要将异族除去便了，政治革命，只要将机关改良便了，唯有社会革命，必须人民有最高程度，才能实行。中国虽然将民族、民权两革命成功了，社会革命，只好留以有待，这句话又不然。英、美诸国，因文明已进步，工商已发达，故社会革命难。中国文明未进步，工商未发达，故社会革命易。英、美诸国，资本家已出，障碍物已多，排而去之故难。中国资本家未出，障碍物未生，因而行之故易。然行之之法如何？今试设一问：社会革命尚须用武力乎？兄弟敢断然答曰：英、美诸国，社会革命，或须用武力，而中国社会革命，则不必用武力。所以刚才说英、美诸国社会革命难，中国社会革命易，亦是为此。中国原是个穷国，自经此次革命，更成民穷财尽，中人之家已不可多得，如外国之资本家，更是没有，所以行社会革命，是不觉痛楚的。但因此时害犹未见，便将社会革命搁置，又不可的。譬如一

① 《新世界》第4期（1912年6月30日）。

人医病，与其医于已发，不如防于未然。吾人眼光，不可不放远大一点，当看至数十年、数百年以后及于世界各国方可。如以为中国资本家未出，便不理会社会革命，及至人民程度高时，贫富阶级已成，然后图之，失之晚矣。英、美各国，因从前尝着意此处，近来正在吃这个苦，去冬英国煤矿罢工一事就是证据。然罢工的事，不得说是革命，不过一种暴动罢了。因英国人欲行社会革命而不能，不得已而出于暴动。然社会革命，今日虽然难行，将来总要实行。不过实行之时，用何等激烈手段呈何等危险现象，则难于预言。吾人当此民族、民权革命成功之时，若不思患预防，后来资本家出现，其压制手段，恐怕比专制君主还要甚些。那时再杀人流血去争，岂不重罹其祸么！

按：共和政体，不过较善于专制与立宪，非谓为郅治之极轨也。今骤登共和，如入无上之域，目光所注，不过求政治之完善，以为多数之幸福，皆可由此造成。然政府为万恶之泉源，虽极图改良，而其措施，每以国家为目的，有时以国家之关系，不惜牺牲人民一部分之幸福，以迁就之。此近世文明国之通病，亦即世界学者呕心血绞脑质，谋以善法去之而不可得者也。惟社会主义实行，斯弊可免。国中论者，每谓各国文明进步，贫富阶级悬殊，故可借社会主义为救偏之策，中国贫富相若，无资本家，无大地主，可以不行社会主义。抑知社会主义，缘人类之不平等而生，国家愈文明，事业愈发达，贫与富之阶级，日趋愈远，不平等之事，亦日以多，社会革命遂应时而产生，尽推翻旧有之组织而成一社会主义之新世界。大势所趋，各国将悉止于此境。果如论者所云，是中国文明永不进化，经济实业永不发达，故社会主义亦可不行。否则人民程度已高，贫富阶级已成，然后图之，失之已晚，先生之言将不幸而中矣。

本会从前主义，有平均地权一层，若能将平均地权做到，则社会革命已成七八分了。推行平均地权之法，当将此主义普及全国，方可无疑。但有一事，此时尤当注意者，现有旧政府已去，新政府已成，民政尚未开办之时，必得各地主契约换过。此实历代鼎革时应有之事，主张社会革命则可于换契时少加变改，已足收效无穷。从前人民所有土地，照面积纳税，分上、中、下三等。以后应改一法，照价收税。因地之不同，不止三等。以南京土地较上海黄浦滩土地，其价相去不知几何，但分三等，必不能得其平。不如照价征税，贵地收税多，贱地收税少。贵地必在繁盛之处，其地多为富人所有，多取之而不为虐。贱地必在穷乡僻壤，多为贫人所有，故非轻取不可。三等之外，则无此等差别。譬如黄浦滩一亩纳税数元，乡中农民有一亩地，亦纳税数元，此最不平等也。若着照地价完税，则无此病。以后工商发达，土地腾贵，势所必至。上海今日之地价，与百年前相较，至少亦贵至万倍。中国五十年后，应造成数十上海。上年在英京，见一地不过略为繁盛，而其价每亩约值六百万元。中国后来，亦不免到此地步。此等重利，皆为地主所得，比如在乡间有田十亩，用人耕作不过足养一人。如发达后，可值六千万，则成一大富翁。此家资从何得来，则大抵为铁道及他业发达所坐致，而非由己力之作成。数十年之后，有田地者，皆得坐享此优先莫大之权，据地以收人民之税，就是地权不平均的说话了。求平均之法，有主张土地国有的，但由国家收买全国土地，恐无此等力量，最善者，莫如完地价税一法。如地价一百元时完一元之税者，至一千万元则当完十万元。此在富人视之，仍不为重。此种地价税法，英国现已行之，经解散议会数次，始得通过。而英属地如澳州［洲］等处，则早已通行。因其法甚美，又无他力为之阻碍故也。然只此一条件，不过使富人多纳数元租税而已，必须有第二条件。国家在地契之中，应批明国家当须地时，随时可照地契之价收买，方能无弊。如人民料国家将买此地，故高其价，然使国家竟不买之，年年须纳最高之税，则已负累不堪，必不敢。即欲故低其价以求少税，则又恐国家从而买收，亦必不敢。所以，有此两法互相表里，则不必定价而价自定矣。在国家一方面言之，无论收税买地，皆有大益之事。中国近来患贫极了，补救之法，不但收地税，尚当收印契税。从前广东印契税，每百两取九两。今宜令全国一律改换地契，定一平价，每百两约取三两至五两，逾年不换新契者，按年而递加之。则人民无敢故延。加以此后地价日昂，国家收入益多，尚何贫之足患？地为生产之原素，平均地权后，社会主义即易行，如国家欲修一铁路，人民不能抬价，则收买土地自易。于是将论资本问题矣。

按：地权不平均，则仍有大地主家、大资本家从中垄断，虽欲实行社会主义，使若辈出而反对，必多阻滞。惟专征地税之法行，则地权可均，于无形中祛除社会主义之障碍。且地税之利，现在各国皆深信之，力求推行，举凡国家公共机关，皆取资于地税。据李德立博士之调查，上海一隅如实行地税，年可入七八百万。使全国推行尽致，则其比例又将如何？惟地税之方法，尚待研究，本党已于崇明支部设地税研究会，正为此耳。

国家欲兴大实业，而苦无资本，则不能不借外债。借外债以兴实业，实内外所同赞成的。前日闻唐少川先生言，京奉铁路借债，本可早还，以英人不欲收，故移此款以修京张。此可见投资实业，是外人所希望的。至中国一言及外债，便畏之如鸩毒，不知借外债以营不生产之事则有害，借外债以营生产之事则有利。美国之发达，南美阿金滩、日本等国之勃兴，皆得外债之力。吾国借债修路之利，如京奉以三年收入已可还筑路之本，此后每年所进，皆为纯利。如不借债，即无此项进款。美国铁道收入，岁可得七万万美金。其他附属之利，尚可养数百万工人，输送各处土货。如不早日开办，迟一年即少数万万收入。西人所谓时间即金钱，吾国人不知顾惜，殊为可叹。昔张之洞议筑芦汉铁道，不特畏借外债，且畏购用外国材料，设立汉阳铁厂，原是想自造铁轨的。孰知汉阳铁厂，屡经失败，又贴了许多钱，终归盛宣怀手里，铁道又造不成功。迟了二十余年，仍由比国造成，一切材料，仍是在外国买的。即使汉阳铁厂成功，已迟二十余年，所失不知几何。中国知金钱而不知时间，顾小失大，大都如是。中国各处生产未发达，民人无工可作。即如广东一省，每年约有三十万猪仔输出，为人作牛马。若能输入外资，大兴工作，则华人不用出外佣工，而国中生产又不知增几倍。余旧岁经加拿大，见中国人在煤矿用机器采挖，每人日可挖十余吨，人得工资七八元，而资本家所入，至少犹可得百数十元。中国内地煤矿工人，每日所挖不足一吨，其生产力甚少，若用机器，至少可加十数倍。生产加十数倍，即财富亦加十数倍，岂不成一最富之国。能开发其生产力则富，不能开发其生产力则贫。从前为清政府所制，欲开发而不能，今日共和告成，措施自由，产业勃兴，盖可预卜。然不可不防一种流弊，则资本家将乘此以出是也。

按：借债用于生产事业，固为有利无害，然必视用之之途与用之之人何如。先生居海外久，惟知各国借债兴利，早已收效，以为中国借债，亦必如此，不知中国近年外债累累，其用于直接生利，不及十之二三，用于消费事业及滥费私饱者，盖十之七八。故外人对于中国之借债，已不十分信用，深恐中国一旦破产，致惹起全世界之恐慌。此每借必须抵押，抵押之不已，尚须言明用途也。且中国财政，政府对于人民，倘能坚其信用，筹措亦不十分困难，不必处尽借外债也。

如有一工厂，佣工数百人，人可生二百元之利，而工资所得不过五元，养家糊口，犹恐不足，以此不平，遂激为罢工之事。此生产增加所不可免之阶级。故一面图国家富强，一面当防资本家垄断之流弊。此防弊之政策，无外社会主义。本会政纲中所以采用国家社会主义政策，亦即此事。现今德国，即用此等政策，国家一切大实业，如铁道、电气、水道等务，皆归国有，不使一私人独享其利。英、美初未用此政策，弊害今已大见。美国现时欲收铁道为国有，但其收入过巨，买收则无此财力，已成根深不拔之势。唯德国后起，故能思患预防，全国铁道，皆为国有。中国当取法于德，能令铁道延长至二十万里，则岁当可收入十万万，只此一款，已足为全国之公用而有余。尚有一层，为中国优于他国之处。英国土地多为贵族所有，美国已垦之地大抵归人民，惟未垦者尚未尽属私有，中国除田土、房地之外，一切矿产、山林多为国有。英国矿租甚昂，每年所得甚巨，皆入于地主之手。中国矿山属官，何不可租与人民开采，以求利。使中国行国家社会政策，则地税一项，可为现之收入数十倍，至铁道收入，三十年后归国家收回，准美国约得十四万万，矿山租款约十万万。即此三项，共为国家收入，则岁用必大有余裕。此时政府所患，已不在贫。

国家岁用不足，是可忧的。收入有余，而无所用之，亦是可虑的。此时预筹开消之法，则莫妙于用作教育费。法定男子五六岁入小学堂，以后由国家教之养之，至二十岁为止，视为中国国民之一种权利。学校之中，备各种学问，务令学成以后，可独立为一国民。可有参政自由、平等诸权。二十以后自食其力，幸者为望人为富翁，可不须他人之照顾，设有不幸者半途蹉跎，则五十以后，由国家给与养老金。此制英国亦已行之，人约年给七八百元，中国则可给数千元。如生子多而无力养之者，亦可由国家资养。此时家给人乐，中国之文明，不止与欧美并驾齐驱而已。凡此所云，将来有必达此期望之日，而其事则在思患预防，采用国家社会政策，使社会不受经济阶级压迫之痛苦，而随自然必至之趋势，以为适宜之进步，所谓国利民福，道不逾此，吾愿与我国民共恭之。

按：先生所论，纯系马克斯①之学说，主张以国家为公共机关，举<人>民一切公共事业，悉纳之于国家，而任其支配，是为纯粹的国家社会主义，与吾党今日所主张，有不尽同之点，读者其细绎之。

煮尘按：马克斯即马儿克，其所主张，虽为国家社会主义，然亦为急则治标，一时权宜之计。缘目下国界尚未破，政府尚存在而为言，故不如借国家之力以推行之，并非谓社会主义之究竟目的，当如是也。孙中山先生之意，盖亦若是已耳。②

（录自《社会党月刊》第2期，1912年4月）

① 马克斯，今译作“马克思”。

② 此段按语，为《新世界》第4期（1912年6月30日）所加。

孙中山在上海中国社会党党员大会上的演讲文献

编者按：1912年10月14~16日，应中国社会党本部主任干事江亢虎之邀，孙中山在上海三马路大新街中华大戏院连续三日演讲社会主义。对之的记述，据编者目前掌握的材料大致有如下几条。

1.《天铎报》于10月15日至26日连载了署名“毒药”（张读侠）笔述的《孙中山社会主义之演讲》。

2.《民立报》于10月15、16、18~19、21、23日连载署名“力子”（邵力子）笔述的《孙先生之社会主义讲演录》，但只记录了前二日的演讲内容；另《东方杂志》第9卷第6号（1912年12月2日）刊载的《孙中山先生之社会主义讲演录》，《生计》杂志第1、3期（1912年12月1日、12月11日、12月21日）刊载的《孙中山之社会主义》，《生活》杂志第7、9期（1912年11月1日、1913年1月1日）刊载的《孙中山先生讲演：社会主义之精髓》，均系转载此文。

3. 署名“人庵”（殷仁）笔记的《孙中山先生演讲之社会主义》刊载在10月15、17~20日的《中华民报》上；另《民权报》连载的《社会主义》（10月16、18日）和《民誓》杂志第2期（12月30日）刊载的《孙中山之社会主义谈》，亦转载此文。

孙中山社会主义之演讲

毒药笔述

“社会主义”之名词发于十九世纪之初，其概说既广，其定义自难。特此种主义本我人类脑中应具之思想，不满意于现社会种种之组织而思有以改良。于是乎社会主义之潮流得应时顺势，而趋向于我人之脑海；种种社会主义之学理得附“社会主义”之名词，而供我人之研究讨论矣。

尝考欧西最初社会主义之学说，即为“均产派”，主张合贫富各有之资财而均分之。贫富激战之风潮既烈，政府取缔之手续亦严；政府取缔之手续既严，党人反抗之主张益厉。无政府主义之学说得以逞于当时，而真正纯粹之社会主义遂湮没于云雾之中，漂渺而不可以迹。厥后有德国麦克司①者出，苦心孤诣研究资本问题垂三十年之久，著为《资本论》一书，发阐真理不遗余力，而无条理之学说遂成为有统系之学理，研究社会主义者咸知所本，不复专迎合一般粗浅激烈之言论矣。惟现社会主义尚未若数理、天文等学成为完全科学，故现在进行尚无一定标准，将来苟能成为科学一种，则研究措施更易着手。

社会系对待个人而言，社会主义亦系对待个人主义而言。英国尊重个人，主张极端的自由。德国以国家为本位，个人为国家分子，又宁牺牲而不惜也。此则以其国家政体之不同，故其主义亦因之而有异。主张个人主义者，莫不反对社会主义；主张社会主义者，又莫不反对个人主义。聚讼纷纷，莫衷一是。然而个人、社会，本大我、小我之不同，其理可互相发明，而未可以是非之也。

社会学与社会主义固自有别，其研究社会之起原及社会之变迁种种之状态现象，皆属于社会学之范围。至若社会主义，一言以蔽之，曰社会生计而已矣。其主张激烈，均分富人之资财者，于事理上既未能行，于主义上亦未尽合。故欲主张平均社会生计，必另作和平完善之解决，以达此社会主义之希望。

---

① 麦克司，今译作“马克思”。

考诸历史，我国固素主张社会主义者。井田之制，即均产主义之滥觞；而累世同居，又共产主义之嚆矢。足见我国人民之脑际久蕴蓄社会主义之精神，宜其进行之速，有，一日千里之势也。

欧洲社会党系完全政党性质，近年以来尤占政治上之势力，若法、若德、若比，其政府、议院中人社会党员居其多数。英则四五年前社会党人始占议席，然而同时被选即有数十人之众，且有位于度支大臣者矣。美之社会党虽未发达，然其党人居政治上重要位置者，实繁有徒。中国社会党发生于民主政体之下。夫民主政体之政治，一人民政治也。社会党既集民主政体下之人民，尤不应无政治上之活动。则今日社会党亟宜组成强有力之政党，握政治上之势力而实行其社会主义之政策者，实鄙人所深望也。

社会主义不独为国家政策之一种，其影响于人类世界者既重且大。循进化之理，由天演而至人为，社会主义实为之关键。动物之强弱，植物之荣衰，皆归之于物竞天择、优胜劣败。进化学者遂举此例，以例人类国家，凡国家强弱之战争，人民贫富之悬殊，皆视为天演淘汰之公例。故达尔文之主张谓世界仅有强权而无公理，后起学者随声附和，绝对以强权为世界唯一之真理。我人诉诸良知，自觉未敢赞同，诚以强权虽合于天演之进化，而公理实难泯于天赋之良知。故天演淘汰为野蛮物质之进化，公理良知实道德文明之进化也。社会组织之不善虽限于天演，而改良社会之组织，或者人为之力尚可及乎？社会主义所以尽人所能，以挽救天演界之缺憾也。其所主张，原欲推翻弱肉强食、优胜劣败之学说，而以和平慈善消灭贫富之阶级于无形。其主张均分富人之资财，表面似合于均产之旨，实则一时之均，而非永久之均也。故欲永弭贫富之阶级，似不得不舍此而另作他图矣。

社会主义学说近日发明者至赜且伙，法、德、比各政府多采用而履行之。即反对社会党若日本亦未尝不采用社会政策，而其反对社会党人者，实以其主张激烈，妨碍秩序，为法律所不许耳。我国社会主义流行伊始，尤望党人持和平之态度与政府联络，共图进行。缘社会主义本与专制政体极不相能，故不能存于专制政体之下。今我国社会党发生于民主政体成立之时，此诚不易得之机也。得此良好之机，而不能循序渐进，造福前途，讵不大可惜乎！此鼓吹运动者不得不稍注意也。

尝考社会主义之派别：一、共产社会主义；二、集产社会主义；三、国家社会主义；四、无政府社会主义。在英、德又有所谓宗教社会主义、世界社会主义。其以宗教、世界而范围社会主义者，皆未适当。自予观之，则所谓社会主义者仅可区为二派，一即集产社会主义，一即共产社会主义。盖以国家社会主义本丽于集产社会主义之中，而无政府社会主义又属于共产社会主义者也。夫所谓集产云者，凡生利各事业，若土地、铁路、邮便、电政、矿产、森林皆为国有。共产云者，即人在社会之中，各尽所能，各取所需，如父子昆弟同处一家，各尽其生利之能，各取其衣食所需，不相妨害，不相竞争，郅治之极，政府遂处于无为之地位，而归于消灭之一途。两相比较，共产主义本为社会主义之上乘。然今日一般国民道德之程度未能达于极端，尽其所能以求所需者尚居少数，任取所需而未尝稍尽所能者随在皆是。于是尽所能者，其所尽未必充分之能；而取所需者，其所取恐又为过量之需矣。狡猾、诚实之不同，其勤惰、苦乐亦因之而不同，其与真正之社会主义反相抵触。说者谓可行于道德、智识完美之后，然斯时人民道德、智识既较我人为高，自有实行之力，何必我人之穷思竭虑，筹画于数千年之前乎？我人既为今日之人民，则对于今日有应负之责任，似未可放弃今日我人应负之责任，而为数千年后之人民负责任也。故我人处今日之社会，即应改良今日社会之组织，以尽我人之本分。则主张集产社会主义，实为今日唯一之要图。凡属于生利之土地、铁路收归国有，不为一二资本家所垄断渔利，而失业小民务使各得其所，自食其力，既可补救天演之缺憾，又深合于公理之平允。斯则社会主义之精神，而和平解决贫富之激战矣。

我人所抱之唯一宗旨，不过平其不平，使不平者底于平而已矣。满清以少数人压制我多数汉人，故种族革命以起；专制政体以一帝王压制我多数人民，故政治革命以起。至社会革命，原起于少数大资本家之压制多数平民耳。在各国贫富之阶级相差甚远，遂酿成社会革命，有不革不了之势。在我国之大资本家尚未发生，似可无庸言及社会革命。然而物质文明，正企业家纵横筹展之时，将来资本大家之富必有过于煤油、钢铁大王者。与其至于已成之势而思社会革命，何如防微杜渐而弭此贫富战争之祸于未然乎？譬诸欧西各国，疾已缠身，不得不投以猛剂，我国尚未染疾，尤宜注意于卫生之道。社会主义者，谓为疗疾之药石可也，谓为卫生之方法亦可也。惟我国与各国社会之状态不同，则社会主义施展之政策，遂亦因之而有激烈、和平之不同矣。各国尚多反对社会主义之政府，我国则极赞成采用社会主义者也。然则我国主张社会主义之学子，当如何斟酌国家社会之情形，而鼓吹一种和平完善之学理，以供政府之采择乎。

社会主义者，人道主义也。人道主义主张博爱、平等、自由，社会主义之真髓亦不外此三者，实为人类之福音。我国古代若尧舜之博施济众、孔丘尚仁、墨翟兼爱有近似博爱也者，然皆狭义之博爱，其爱不能普及于人人。社会主义之博爱，广义之博爱也。社会主义为人类谋幸福，普遍普及，地尽五洲，时历万世，蒸蒸芸芸，莫不被其泽惠。此社会主义之博爱，所以得博爱之精神也。

然为人类谋幸福，其着手之方法将何自乎？自不得<不>溯人类致苦之原因。人类之在社会，有疾苦、幸福之不同，生计实为其主动力。去［盖］人类之生活亦莫不为生计所限制，是故生计完备始可以存，生计断绝终归于淘汰。社会主义既欲谋人类之幸福，当先谋人类生存；既欲谋人类之生存，当研究社会之经济。故社会主义者，一人类经济主义也。经济学者专从经济一方面着想，其学说已成为完全之科学，社会主义系从社会经济方面着想，欲从经济学之根本解决以补救社会上之疾苦耳。

按经济学本滥觞于我国。管子者经济家也，兴盐鱼之利，治齐而致富强，特当时无“经济学”之名词，且无条理，故未能成为科学。厥后经济之原理成为有统系之学说，或以“富国学”名，或以“理财学”名，皆不足以赅其义，惟“经济”二字似稍近之。经济学之概说，千端万绪，分类周详，要不外乎生产、分配二事。生产即物产及人工制品，而分配者即以所产之物，支配而供人之需也。骤视之，其理似不高明深渊，熟审之，则社会之万象莫不包罗于其中也。

生产之原素三：一土地，二人工，三资本。土地为人类所依附而存者也，故无土地无人类。经济学所谓之土地，不仅指陆地而言，凡海洋、空气，占有空间面积者，莫不为土地也。然以经济学原理言之，仅有土地而无人工、资本则物产仍不能成，故经济学者累千万言，犹未毕其说也。我人对于土地与人工之界说尚易明了，惟资本与人工之界说最难区别。此即社会主义家与经济学者相争之点，至今犹未解决者也。

经济学家谓资本非金钱一项可尽其义，其人工造成之物产，消费之余以之补助发达物产，无在不为资本。第所余之物产，不以之为生产事业，似与残物无异，则不得谓为资本矣。例如租人以屋而收其租金，雇人以车而受其雇资，此屋、此车皆为资本；屋而自居，车而自乘，则车与屋皆不能谓为资本，以其自居自乘，不能生利故也。

世界文明进步，社会之组织日益复杂，事业之发生日益繁多。凡物产或金钱以之生产者，可皆谓之资本。盖资本既所以生产，而人工者又所以生资本也。我人既知资本为人工之出，则有人工已足，又何再需资本乎？殊不知生产必赖资料，无资料以供给生产者之费用，以待其生产之结果，其生产终无所出矣。鲁滨孙之流漂海岛，苟无斧以供其刈薪营室，无粮以供其果腹充饥，我知其不数日已为荒岛之饿鬼，尚何能待植谷之熟、荒地之辟耶？故斧与粮供其生产之费用，其作用与资本同，谓之为资本固未尝不可也。尝考资本之来源，多由于文明祖传，以供吾人今日之生产，欲穷其始则未易知。综上观之，则资本与人工之关系可略知其崖岸，而土地、人工、资本之同为生产要素又缺一而不可也。

分配云者，即以土地、人工、资本所生之产物，按土地、人工、资本之分量配成定例。此定例之原理为人类以来所固有，得经济学者昌明之，遂成铁案。而各种科学，均根据经济学之原则而定矣。英国斯密·亚丹（Adam Smith）氏出，始著《经济学》（严复译为《原富》），文极有条理，其主脑以自由竞争为前提。其英人之功利派遂根据此而倡个人主义，求合于达尔文进化之理。

百年前英国社会经一变更，即实业革命是也。曩日工业皆为人工制造，自科学发明，机器以兴，实业革命即以机器代人工也；曩之个人所恃为竞争之具者，至此遂失其作用之效力，于是工人遂受一种之大痛苦矣。盖是时英国航业发达，工商亦随之发达，物产之多，为全世界物品出产地，遂致富强。及世界取需既繁，英国之人工制造品不足以敷其用，故机器得继而代人工之烦，于是生产既多，则国益富裕。虽然人工与人工之比较，其生产力之差不过二倍乃至十倍；机器与人工之比较，其生产力之差竟有至百倍者。既机器之生产力较人工之生产力为大，则用机器以生产者亦较用人工以生产者为多，于是工人多失其业。即机器生产所需之人工，又仅寥寥无几，而工人之拥挤求业者鳞次栉比，不特所得之工资与所造之物产不能成正比例，而殷殷求雇，不惜自贬其工价。其失业者固沦落而受天演之淘汰，即有业者亦以工价之贱，几几不能生存于社会矣。资本家既利用机械而增加产额，又以贱价雇用良工，坐享利益之丰，对于工人饥寒死亡之痛楚膜［漠］然视之，以为天演淘汰之公例应如此者。按斯密亚丹《经济学》，生产之分配，地主占一部分，资本家占一部分，工人占一部分，遂谓其深合于经济学之原理。殊不知此全额之生产皆为人工血汗所成，地主与资本家坐享其全额三分之二之利，而工人所享三分之一之利又析与多数之工人，则每一工人所得，较资本家所得者其相去不亦远乎！宜乎富者愈富，贫者愈贫，经济阶级愈趋愈远，平民生计遂尽为资本家所夺矣。

慈善家目击心伤而思有以救济，于是社会主义遂放大光明于世界也。英社会主义家阿浑（Owen）① 者，深痛工人之困苦，遂出己资创设一极大之工厂，优待工人，为社会主义之实行试验场。旋以编制未善，底于失败去而赴美，欲竟其志，又遭失败。其主义遂不果行。同时有佛利耳②（Fourier）、卜南克（Blang<Blanc>）③ 者，法之社会主义家也，亦曾开社会主义之工厂，以受现社会习惯之影响，均未能达其苦心孤诣之希望。而反对派遂以成败之见，论社会主义之不善。一般学者本无定见，亦相率而诟病社会主义矣。

是时英格物家马耳德④（译名）者，著有《人类物产统计表》一书。其主脑谓物产之产额有一定之限制，而人类之繁息为级数之增加，据二十五年一倍之说，推之将来，必有人多地少之患、生众食寡之忧；天降疫疠、国际战争皆所以减少人口之众，防止孳生之害，而合于世界演进之原理。于是乎国家殖民政策缘此发生。弱肉强食，劣败优先［胜］，死于刀兵者固属甚多，其受强族之蹂躏沦落而至于种族灭绝者，又比比皆是也。

① 阿浑，今译作“欧文”。

② 佛利耳，今译作“傅立叶”。

③ 卜南克，今译作“布朗”。

④ 马耳德，今译作“马尔萨斯”。

社会主义家又起而反对，主张人道，扶持公理。当时一般政治经济学者莫不目之为颠狂。唯下流社会中之工人、贫民，因社会主义能救己之疾苦，遂崇之信之，而就社会党之范围。特压制究不能敌反抗，伪说终不能胜真理，曩之经济学、统计学、天演论亦浸浸现其不合公理之破绽，社会主义之学说遂得排经济学、统计学、天演论种种之学科，危然独标一帜，而受社会之欢迎矣。

社会主义虽为救拯社会疾苦之学说，其希望见诸实行，仍必根据经济学之分配问题而研究也。美人有卓尔基·亨利（Henry George）[1] 者，一商轮水手也，赴旧金山淘金而致富，创一日报吹鼓吹其生平所抱之主义，曾著一书名为《进步与贫困》。其意以为世界愈文明，人类愈贫困，鉴于经济学均分之不当，主张土地公有。其说风行一时，为各国学者所赞同。其发阐地税法之理由尤为精确，社会党人麦克斯派多采其言，遂发生单税社会主义之一说。

原夫土地公有，实为精确不磨之论。人类发生以前土地已自然存在，人类消灭以后土地必长此存留，可见土地实为社会所有，人于其间又恶得而私之耶？或谓地主之有土地本以资本购来，然试叩其第一占有土地之人，又何自购乎？故卓尔基亨利之学说深合于社会主义之主张，而欲求生产分配之平匀，亦必先将土地收回公有，而后始可谋社会永远之幸福也。

土地公有之说渐被于英之时，正英人恐慌之日。英国土地本为贵族大资本家所占有，因工商发达，业农者少，致所出谷食不够供给人民之食料，外粮之输入，价值反较本国为贱。英之土地生产力失其效用，其地主有不事耕耘而事畜牧，其佃人颠沛流离，被逐而谋生而<于>美国。一般学者深痛地主之为富不仁，对于土地公税之说遂视为救世之福音而欢迎赞同，遂成单税之一派。主张土地之遂［分］配归公，国家由地价中抽什之一，他之苛税皆可减轻，而资本家于是不能肆恶也矣。

亨氏与麦氏二家之说，表面上似稍有不同之点，实则互相发明，当并存者也。世界地面本属有限，所有者垄断其租税，取生产三分之一之利而坐享其成，与工作者同享同等之利益，不平之事孰有过于此者？人工一

---

① 卓尔基亨利，今译作“亨利·乔治”。

分，既劳心力，自应得其报酬。土地本为天造，并非人工所造，故其分配不应如斯密亚丹之说也。故土地之一部分，据社会主义之经济学理，不应为个人所有，当为公有盖无疑矣。亨氏之说如是。麦氏之说则专论资本，谓资本亦为人造，亦应属于公有。主张虽各不同，而其为社会大多数谋幸福者一也。

麦克司之《资本论》主张资本公有，将来之资本为机器，遂有机器公有之说。发明铁道者为司的文生（Stephenson）①，发明机器者为华特②。经济学者谓铁道、机器既为二氏所发明，则铁道、机器二者之益应归二氏所专有。殊不知机械虽为个人所发明，然所以能发明者，其智识岂尽出于天赋乎？以受社会种种之教养，始有发明机械之知力及发明机械之机会。使生司的文生、华特于荒岛僻地，其智慧将何自启乎？即其天资极顶聪明，则耕而食、织而衣以足供其一生之工作，尚何暇从事于机械之发明哉？由此可知铁道、机械虽二氏发明，实二氏代社会发明也。社会之教养原易其为社会谋幸福之代价，二氏既借社会之力发明机械，则机械即不能私有其利益，其利益即应公之于社会。社会对于发明机械之人，以其劳心劳力，按社会经济分配之原理予以相当之报酬可矣。即发明无线电之莫科里（Mukuri<Marconi>）③，亦不过得劳心之酬报而已，而无线电之生利资本应归公有。此麦克司学说之所由来也。

综二氏之学说，一则土地归为公有，一则资本归为公有。于是经济学上分配，惟人工所得生产分配之利益，为其私人赡养之需。而土地、资本所得一分之利，足供公共之用费，人民皆得享其一分子之利益，而资本不得垄断以夺平民之利。斯即社会主义本经济分配法之原理，而从根本上以解决也。

现之所谓经济学者恒分二派：一旧经济学派，如斯密亚丹派是；一新经济学派，如麦克司派是。各国学校教育多应用旧经济学，故一般学者深受旧经济学之影响，反对社会主义，主张斯密·亚丹④之分配法，纵资本

① 司的文生，今译作“史蒂芬逊”。
② 华特，今译作“瓦特”。
③ 莫科里，今译作“马可尼”。
④ 斯密·亚丹，今译作“亚当·斯密”。

家之垄断而压抑工人。实则误信旧经济学说之过当，其对于新经济学之真理盖未研究之耳。社会主义家则莫不主张亨、麦二氏之学说，而为多数工人谋其生存之幸福也。

诸君既略知经济学之纲领与实业革命之理由，进以审鉴，则旧经济学中所为生产三种之分配，似未得其平允。缘机器未发明以前，工作皆为人工，生产力亦甚薄弱，所谓资本者不过工人之生活资料已耳，准经济学三种之分配，其未平允之处尚未易见。实业革命以后，工作所需人工既渐减少，而生产力又较前加增，资本家以机器为资本垄断利源，工人劳动所生之产皆为资本家所坐享，不平之迹遂为一般学者瞩及。于是昌言经济学分配之法，有未尽合于经济学之学理者矣。我国古代学说谓“生之者众，食之者寡，则财恒足”。又谓“工之家一，用器之家六；农之家一，食粟之家六”，则社会经济必起恐慌之现象。诚以人工所成之物产有限，劳动者少而消耗者之多，则所生之产有不足供给之势，财货因之匮乏，经济因之恐慌。欧美旧经济学者亦多主张此说。在实业未革命以前则然耳，社会既经实业革命，机器继以代人工之烦，生产力之大较人工且至万倍，所生产之物品销路不广，反有停积之忧。处今日而言社会经济，不患生之者不众，而患食之者不众，曩之主张工多用少，与今之主张工少用多者适成一反比例矣。此皆旧学说不适用于现社会之证也。

我国未经实业革命，向主张闭关主义。后受外人之挟［胁］迫，不得<已>开海禁，惴惴自恐，以为货物外溢，物价必昂，思有以防范之者，遂有轻人口税、重出口税之一法。殊不知外人之意在畅销该国洋货，不在购买我国之货。我国种种防止之手段，反为外人所利用。洋货充塞，土货停滞，经济上受其莫大之影响，实由于我国人民不知经济学之原理所致也。

我人知社会贫困当求生产发达，何生产既多而社会反致贫困乎？其中原因，实由于生产分配之不适当耳。工之所得不过其一小部分，地主与资本家所得反居多数，复以利余作资本，营业演进，货物充塞，竞销夺利，社会经济受其莫大影响。故根本解决，有不能不从分配上着手也。

当全用人工时代，其生产之结果按经济学旧说以分配，土地、人工、资本各得一分，尚不觉其弊害。机器发明之后，犹仍按其例，此最不适当之法也。劳动者多，而机器厂所雇之工人少，生产物多，而工人所得之酬报少，人工贱而土地、资本贵矣。贫富阶级日趋日远，社会主义学者遂欲研究分配平均之善法以救其害，以为现世界人类贫富苦乐之不同，社会上因之而少安宁之幸福。社会主义之主张，实欲使世界人类同立于平等之地位，富则同富，乐则同乐，不宜与贫富苦乐之不同而陷社会于竞争、悲苦之境。

自实业革命之后社会主义发生，一般学者始悟旧经济分配之不当，主张人工宜得多数生产之余利，地主、资本家则按其土地、资本生之应得之利息可矣。其分配人工酬报之多寡，应视其劳心劳力之多寡，其劳动大则酬报多，其劳动小则酬报亦小。余利公之于社会，以兴社会各种之事业。凡为社会之分子，莫不享其余利一分子之利益。斯即分配最平允之方法，而社会主义学者所深主张者也。

欧美近日仍据旧经济学以分配，地主、资本家既占优胜之地位，工人遂处于劣败之地位矣。法律上又保护资本家与地主之专利，故地主益垄断其地权，资本家益垄断其利权，而多数之工人虽尽其劳动之能力，反不能生存于社会。阶级悬殊，固难怪不平者之主张均产主义也。

英伦最富之区也，人口之众达六百万奇。每至冬季，其饥民辄居全埠六分之一。以富庶之区，人民尚不免于饥寒，非生产之供应不足，实分配之未能平允故也。尝考其全国人口有四千四百万之众，每年收入约十三千万万之多，平均每年每人所入约三千余元，如五口之家即应得一万五千余元。但实际上有不然者。以四千四百万人口总数，去其老幼疾病之人及少数地主与资本家，能致力工作者仅数百万人。而此数百万人即能得平均之数三千，以赡养五口之家，平均其每年所得仅六百余元。此六百余元在我国经济未高之时尚足赡养，在生活程度最高之英国，实有不能生活之概。况工价因工贱而益低，每年工价讵果如平均计算之三千元乎？即云三千，则五分之四之利又何归乎？非尽数为少数之地主、资本家所垄断耶！

此数百万工人所仰赖者即各工厂，若一停工，则饥寒即随其后。综计数百万工人所生之利，每年至十三千万万之多，平均每一工人所生之利亦有数万，所得报酬尚不及百分之一，赡家养身皆不能足。此非分配不均之咎，则谁之咎耶？以生利之工人且不能免于饥寒，而分利之地主、大资本家反优游自在，享社会无上之幸福，何其不平之甚耶！

社会主义学者睹此不平，其激烈派遂倡均产之说。盖最初之思想甚属简单，固未尝为事实上计也。厥后学说精进，方法稳健，咸知根本之解决当在经济问题，有是亨氏之土地公有、麦氏之资本公有，其学说实得社会主义之真髓。今日中国地主、资本家眼光尚浅，知保守而不知进取，野山荒地尚多无主之物，一般平民间亦有自由使用之权。即如樵采游牧，并无禁止之例。若在欧洲，则山野荒地皆为资本家所领有，他人不能樵采游牧于其间也。社会党因地主、资本家之专横，有支配全国经济之势力，故极端反抗。资本家、地主屹然不稍摇动，以受国家法律之保护，现社会党人之反抗实不异星火之一扑即灭也。激烈派遂有消极的主张，欲毁去机器厂及铁道，破坏其营业之资本，使无利之可生，然卒受法律之干涉，终不得根本之解决。

资本家与社会党愈接愈厉，首蒙其害者为一般之工人。一般工人莫不赞同社会主义而为社会党人，同思设法抵制资本家之专制。我人处旁观之地位，当知世界一切之产物莫不为工人血汗所构成。故工人者，不特为发达资本之功臣，亦即人类世界之功臣也。以世界人类之功臣而受强有力者之蹂躏虐待，我人已为不平，况有功于资本家而反受资本家之戕贼乎？工人受资本家之苛遇而思反抗，此不能为工人咎也。当时工人有工党之组<织>，要求增加工价，遂起同盟罢工之风潮。

罢工之事，工人之不得已也，世界上最惨最苦之事也。工人罢工虽欲谋增加工价，此现在工作之资，有不得不牺牲者也。工人非富于资者，其衣食全将恃乎每日之工值，一旦罢工，甚有至日不一餐，其苦状为何如耶！资本家以其无业不能生活，罢工必不能久，泰然处之，不稍为动。工人至饥寒交迫之时，不得不饮恨吞声，重就资本家之范围。资本家虽因一时罢工稍有损失，然有资本以供养生活之需，究不至若工人困苦，而所损失者又终有补救之一日也。

社会主义学者知罢工要挟决非根本之解决，当于经济学上求分配平均之法。而分配平均之法，又须先解决资本问题。顾资本之消长有种种之原因。若美国铁路公司，对于人民输运农产取费极廉，另设转运公司以贱价就地收买，人民以其可免运费，皆愿贱售与之。转运公司原附于铁路公司而发生者也，输运之费自较他人为轻。运费既廉，资本亦少，再以贱售与人以夺商人之业，于是商农皆归失败。小商既受淘汰，公司遂高其价，小商以价高有利可图，于是复振旧业。公司见小商之又起也，再贱其价，小商以资本之微不能持久，复归消灭，公司遂独享其利。不特此农产转运公司已也，如煤油、钢铁皆莫不效尤，故意操纵，肆力吞并。小商知力之不敌，惟有拱手退让，所有生产厚利皆为大资本家所垄断。于是托拉斯一出，几几有左右全世界经济之势力。而煤油、钢铁咸有“大王”之称，兼并多数人民之资财而成一己之富矣。

实业未革命以前，人皆奉斯密亚丹之说为圭臬，一致主张自由竞争。及机器既出，犹仍旧法演进，其结果卒酿成社会上贫富激战之害。工人在实业未革命以前，勤劳俭朴逐渐可以致富。自机器发明，利源尽为资本家垄断，工人劳动终身所生之利尽为资本家所享有，在一己所得之工值，赡养尚不能敷，况储蓄乎？目击欧美近日经济之现状，万无工人可致富之理。在中国，今日机器工厂尚未十分发达，利源亦未十分开辟，故贫民犹有致富之机，然再演进，亦将与欧美同一慨［概］矣。

社会主义学者尝谓物极必反，专制若达于极点，推翻即易如反掌。将来社会革命首在美洲。缘美国大资本家擅经济界之特权，牛马农工，奴隶负贩，专制既甚，反抗必力，伏流潜势有一发而不可抑者。盖资本家之专制与政府之专制一也。政府有推翻之日，资本家亦有推翻之日。

各国社会主义学者鉴于将来社会革命之祸，岌岌提倡麦克司之学说，主张分配平均，求根本和平之解决，以免激烈派之实行均产主义，而肇攘夺变乱之祸。故收回土地公有、资本公有之二说深，为谋国是者所赞许，而劳动应得相当酬报之说，又为全世界学者所赞同也。

我国提倡社会主义，人皆斥为无病之呻吟，此未知社会主义之作用也。处今日中国而言社会主义，即预防大资本家之发生可矣。此乃<非>无病之呻吟，正未病之摄卫也。不必全法欧美之激烈对待，而根本学理，和平防止可矣。欧美以资本家之势已成，土地、资本收归国有之时，社会党之对待资本家将若革命之对待满清皇室，其手段不得不出诸激烈恐吓，逼之退让。至我国资本家，有资财数千万者国内实鲜其人，即稍有资本又大半窖金守之而已。变乱之际，甚有存储外国银行而纳保险费者。可知我国资本家，固不善利用资本以经营生产者也。至经济极高之时代，我国之资本家，其至富者亦不过中人产耳，又奚必其退让哉？

资本源非专指金钱而言，机器、土地莫不皆是。就今日世界现状观之，其资本生利最巨者莫如铁道。美国铁道之资本金约一百八十万万，每年全国收入总数约十五万万，十二年之收入即可收回成本，则十二年后之收入尽为赢余，其利之厚鲜有过于此者。鄙人对于铁道政策研究有年，今拟筹集资本金六十万万建筑铁道二十万里，其资本较美仅三分之一，可保用五十年之久，每年可获利六万万。美国铁道全为公司所有，即为少数资本家所有，故利皆为私人垄断。我国铁道应提倡归为公有，则公家于铁道一项，每年可顿增六万万之收入。再以之兴办生产事业，利仍归公，则大公司、大资本尽为公有之社会事业，可免为少数资本家所垄断专制矣。准国家社会主义，公有即为国有，国为民国，国有何异于民有？国家以所生之利，举便民之事，我民即共享其利。易言之，国家之行政经费、地方经费非出自我民之担负乎？公共之利兴，府库之藏足，我民即间接减轻租税之担负矣。

铁道以及各种生产事业，其利既大，工人之佣值即可按照社会生活程度渐次增加，务使生计宽裕，享受平均，则工人亦安于工作，不至再演同盟罢工之苦剧矣。

以上所言，即为资本问题之解决。进而解决土地问题尤属易事，兹为诸君言之。

欲解决土地问题，我国今日正一极佳时期也。趁此资本未发〈达〉、地价未加增之时先行解决，较之欧美，其难易有未可同日以语。然欲解决此项土地问题，须先知土地价值之变迁。就上海土地言之，未开商埠以前一亩之地不过五两，今则三四十万者有焉。反观内地，则满、蒙、陕、甘、西藏、新疆，其土地之价值与昔日之上海正相等耳。计英大马路自黄浦滩至静安寺一路之地价，与贵州全省地价已相颉颃。由此可知今日之上海与今日之内地，同一其土地而不同一其价值。即今日之上海与昔日之上海，亦同一其土地而不同其价值。其价值之所以不同一者，非限于天然，实社会进化有以影响之也。上海地价之贵，此已成之势也。将来工商发达，交通便利，内地地价亦必有如上海之一日。

社会之进化，土地再经过三十年后，其值可增至万倍。此万倍之利将属诸何人乎？地主是矣。外人皆知此理，其出资托名以购地者，不知凡几。我国以偌大之土地，若无良法支配，而废弃此社会生产之物，将必为外人所乘，而夺此土地生产之权矣。我人研究土地支配之方法，即可得社会主义之神髓。

土地价值之增加，咸知受社会进化之影响。试问社会之进化，果彼地主之力乎？若非地主之力，则随社会进化而增加之价，又岂应为地主所享有乎？可知将来增加之地价应归社会公有，庶合于社会经济之真理。倘不收为社会公有而归地主私有，则来将［将来］大地主必为大资本家，三十年后又将酿成欧洲革命流血之惨剧。故今日之主张社会主义，实为子孙造福计也。

我国今日而言社会主义，主张土地公有，则规定地价及征收地价税之二法，实为社会主义之政策。即调查地主所有之土地，使定其价，自由呈报，国家按其地价，征收地价什一之税。地主报价欲昂，则纳税不得不重；纳税欲轻，则报价不得不贱。两者相权，所报之价遂不得不出之于平。国家据其地价载在户籍，所报之价即为规定之价。此后地价之增加咸为公家所有，私人不能享有其利。地主虽欲垄断，其将何词之可借哉？（此法广东已提出议案交省议会会议。）

美国纽约一城，地租收入每年至八万万之巨，惜均为地主所私有，若归公有则社会经济上必蒙其益。此不过纽约一郡之地也。我国土地之大、物产之富甲于全球，将来工商发达，交通便利，地租之政［收］入较纽约不啻几十万倍，则国家之富可以立致。讵若今日之民穷财尽，非向外人借款不能立国者乎！

鄙人对于社会主义，实欢迎其为利国福民之神圣。本社会主义之真理，集种种生产之物产归为公有，而收其利。实行社会主义之日，即我民幼有所教，老有所养，分业操作，各得其所，我中华民国之国家一变而为社会主义之国家矣。予言至此，极抱乐观。理想一社会主义之国家，而以其种种设施再略言之。

社会主义之国家，一真自由、平等、博爱之境域也。国家有铁路、矿业、森林、航路之收入及人民地租、地税之完纳，府库之充，有取之不竭、用之不尽之势。社会主义学者遂可止［进］为经理，以供国家经费之余，以谋社会种种之幸福。

（一）教育。圆颅方趾，同为社会之人，生于富贵之家即能受教育，生于贫贱之家即不能受教育，此不平之甚也。社会主义学者主张教育平等，凡为社会之人，无论贫贱，皆可人公共学校，不特不收学膳等费，即衣履书籍，公家任其费用。尽其聪明智宪［慧］，分专各科，即资质不能受高等教育者，亦按其性之所近授以农、工、商技艺，使有独立谋生之材。卒业以后分送各处服务，以尽所能。庶几教育之惠，不偏为富人所独取，其贫困不能造就者亦可以免其憾已。

（二）养老。社会之人，为社会劳心劳力辛苦数十年，而至衰老，筋力残弱，不能事事。社会主义学者谓其有功社会，垂暮之年，社会当有供养之责，遂设公共养老院收养老人，供给丰美，俾之愉快而终其天年，则可补贫穷者家庭之缺憾。

（三）病院。人类之尽忠社会，不慎而偶染疾病，富者固有医药之资，贫者以无余资终不免沦落至死，此亦不平之事也。社会主义学者遂主张设公共病院以医治之，不收医治之费，而待遇与富人纳资者等，则社会可少屈死之人矣。

其他如聋哑残废院，以济大［天］造之穷；如公共花园，以供暇时之戏。人民平等，虽有劳心劳力之不同，然其为劳动则同也。即官吏与工人，不过以分业之关系，各执一业，并无尊卑贵贱之差也。社会主义之国家，人民既不存尊卑贵贱之见，则尊卑贵贱之阶级自无形而归于消灭。农以生之，工以成之，商以通之，士以治之，各尽其事，各执其业，幸福不平而自平，权利不等而自等。自此演进，不难致大同之世。

鄙人演讲三日，发挥社会主义尚未详尽。望诸君共相研究，一致进行，是即鄙人区区之望也。

（原载《天铎报》1912 年 10 月 15~26 日；转录自黄彦、萧润君主编《孙中山著作丛书：论民生主义与社会主义》，广东人民出版社，2008，第 115~135 页）

孙先生之社会主义讲演录

力子笔述

孙中山先生，应社会党之请，讲演社会主义三日。昨为第一日，听讲者千余人。午后三时，先生入席，江亢虎君报告缘起毕，先生起立演讲，至五时乃止。演文甚长，记者仓卒记录，苦不能尽，今简举其词如下，疏误之责，则记者负之也。

鄙人久为怀抱社会主义之一人，今应社会党之约，得与诸君相见，又见我国社会党已如此发达，实深庆幸。惟连日鲜暇，出席毫未预备，略抒所见，为诸君拉杂陈之。

鄙人读社会党党纲，似于社会主义之精髓，有所未尽，此由社会主义精奥复杂，非但我国人未窥底蕴，即欧美人亦多不了了。然社会党成立，而社会主义之精髓未得，则此主义且有流弊随之，此不得不与诸君研究者也。

社会主义，为人人心中应有之理想，故孕育于数千年以前，然无专门之名词为之表示。至七八十年前，有某英人见社会组织之不完备，思所以改良之者，而竭思殚虑以研究其方法，此方法即社会主义是也。然各人所见不同，故社会主义流派亦不一。现在外国人普通所信者，为均产主义一派，中国人今亦如是。社会党党纲中有破除世袭遗产制度一条，当即本此。然此派人多疑为均富党，风潮剧烈，各国政府多禁止之。而党人因见其政府之压制，其抵抗亦愈甚，如此相激相荡，而无政府主义生焉。故世人论社会主义者，多目为贫人要求富人均产的主义，党员中亦或有此鼓吹者，不知此非社会主义之精髓也。自社会党发生以来，已七八十年。其前一半时代，如在云雾中，只知贫富阶级的害处，却不知如何使阶级渐平，故除均产外，无所发明。其后德国社会学者马斯①，以三十年之心力，成

① 马斯，即“马克思”。

一社会学名著，曰《资本》① 者，于资本之来历、性质、流弊、结果，均详述无遗，于是社会主义别开生面，二三十年来学者渐多，发明日众，社会学家重视《资本》一书，仿佛基督教徒之重视《圣经》。今中国社会主义，却尚在幼稚时代，第一当知均产主义仅数十年前外国流行之一派，断不可奉为惟一之神秘也。

抑社会主义果何物乎？社会二字，本对于个人而言。主张个人主义者，以个人之利益为主，主张社会主义者，以社会之利益为主。英重个人，德重社会。惟德之社会政策，亦尚未能满足耳。

又，社会主义与社会学不同，社会学是考究社会所以成立之情状，社会主义是改进社会所以生存的方法。社会生计，亦犹个人生计，所以生活之法不一。最初社会党只知均产，后知其难行，研究所得，遂有种种方法，即我国古时之井田政策，近日之不析产习惯，亦皆含有社会主义的心理，不过未能完备。今日社会党所采取之社会主义，却当于世界最新之学说中，择善而从。

犹有一事为我社会党首当注意者，则各国社会党皆为政党，而我社会党则声明非政党是也。今日德、法、比三国议员多社会党中人，英国议院社会党亦渐露头角，其财政卿亦社会党员，所行政策多为国家社会政策。盖社会主义，既为改进社会生存的方法，则不可不于政治上占势力。况吾国政体，既改共和，政府主权，授之自民。若社会党之活动，离却政治一方面，而与政府立于相对之地位，即与本旨不合，故社会党必以成为大政党为宜。

社会主义，亦为进化学者之转键。进化学者重天演，社会主义重人为也。天演学家，明优胜劣败之理，征之于植物而信，征之于动物而亦信，乃推而及之于人类，以为社会中之最优胜者，恒即其最强有力者。国家亦然，兼弱攻昧，乃其天职。故进化学者之主张，为优胜劣败，为强权，为竞争。英国学者达尔文著《种源论》一书，风行全欧，强权之说，深入人心，有强权无公理，几成竞争公例，以为此固合于天然之原则也。不知社会系人为的，非天然的。天然的进化，多属物质一方面。而人类固有之

---

① 《资本》，即《资本论》。

良知，在文明国民，亦较易发现，以为天演家优胜劣败之说，虽凿凿有据，而终觉于吾心不安。以富者与贫者遇，富者优胜矣，然却非公理所当然。因吾心之不安，而相与研究改良之法，即是社会主义。故社会主义者，本于人心之良知而起者也。以人为的文明进化，易天然的野蛮进化，故又为进化学者之转键也。社会主义，言辅佐不言竞争。以物质言之，竞争本不可少，然要以道德消弭之，不用剧烈竞争的方法，而用和平辅佐的方法。此其最要者也。

社会主义，采用和平辅佐之法，划除社会阶级，使贫者不过贫，富者不过富，故其方法极繁复曲折，不能如均产之简单易行也。均产家劫富济贫之说，不能实行，即使实行亦终无效。假如世界财产总额，均分于全体人类，应每人十元，而以人类道德之不齐，勤惰奢俭之各异，所以消费此十元者，不一其道，则游手好闲之人，寖且不名一钱，而贫富仍不均矣。故果如均产派所主张，必每月均分一次而后可。试问此种方法，能否实行？故社会主义，不当主张均产说。主张均产说者，仅最初时代之党人，与少数激烈分子而已。

社会主义，当图永远平均的方法。今日文明进化，各国多采用社会政策；同时亦有反对社会党者，此由彼此误会。党人不满足政府之政策，而出以激烈之要求，政府以党人激烈之故，而肆压制之手段，误会一生，纷扰斯起。今幸我国社会党，与民国同时成立，党之与国沟通甚易，故社会党要与国家提携，想一最和平最易行的方法，断不可稍有误会。各国社会主义，多发生于一度革命之后，今吾国共和成立，社会党应时而生，实一最好机会。若在民政之下，而不能实现和平易行之社会主义，则社会党之过也。

社会主义，派别极多，有共产说，有集产说，有国家社会政策，有无政府主义。而集产说之与国家政策，共产说之与无政府主义，其旨趣略同，故今即分两派言之，其他种种，如讲坛的社会主义等，则今可不论也。集产主义，乃分别社会事业，如土地、铁道、电车等，或归国有，或归公有，如是而已，故和平易行。共产主义，则尽人类所有而共有之，然后劳心劳力，各尽所能，消费食用，各取所需也。此理想非不高妙，然如海上神山，可悬想而不可实行。虽中国家族有数世同居者，颇为一共产之小模范，然行之一家犹可，行之一国或世界则不能。因人类道德尚未圆满，欲各尽所能各取所需，而必有游惰之徒，仅知消费，不事劳力者，故必俟道德文明达于极轨，一二百万年以后，或有实行之一日。然一二百万年以后之人类，其聪明才力且驾吾人而上之，何劳吾人代谋？吾人生今之世，求今日可行之道，尽今日应尽之责。无政府主义，当暂置不论，而亟亟鼓吹国家社会政策，提倡集产制度，如土地国有等事，以国家为主体，而研究实行之，此社会党之责也。

鄙人夙倡三民主义：（一）民族，即种族革命；（二）民权，即政治革命；（三）民生，即社会革命。自义军张楚，清帝退位，五族共和，而种族革命之事毕。自共和成立，总统公选，民为主人，而政治革命之事亦毕。今所当亟亟从事者，惟社会革命。而吾国情形又与欧洲不同，欧洲今日贫富悬绝，少数大资本家垄断富源，故社会革命，多主激烈。我国则尚无大资本家发生，不过异日工商发达，大资本家必乘时而起，今日必先预防，预防之道，以采用国家社会政策为宜。欧洲社会，受病已深，须进猛剂，我国社会，尚未受病，则宜如卫生家之保卫适宜，以极和平易行之法，预防资本家为害，壹是以国利民福为前提。

鄙人今日所陈，只略就社会主义之派别与诸君研究，而断言国家社会政策之当采，与均富主义之不宜。若夫社会主义果为何物？则当先略明经济学，俟明日更与诸君论之。

（第一日完）

社会主义者，人道之福音也，主张平等、博爱，而人道主义之根本也。我国古语亦言博施济众，为狭义之博爱，不足以普及，故曰尧舜其犹病诸。今社会主义，则广义之博爱也。狭义与广义何别？一从个人之施舍上着想，一从社会之生计上着想，故狭义难普及，广义易实行也。人必生计完备而后能生存于世界之上，古语谓衣食足而后礼义［仪］兴，此物此志也。故社会主义乃专从人民生计上着想，欲为社会全体增幸福，先为社会全体谋衣食。谋衣食之事，即经济学，故谓研究社会主义，先当研究经济学也。经济学者从经济一方面着想，其学说已成为有根据之学科，社会主义者则从社会经济方面着想，而成为较新之社会经济学，其中关系至多，请为诸君略言之。

经济学起源甚古。以我国言之，管仲，一经济家也。《史记·货殖传》《汉书·食货志》，一经济学也。惟无系统之研究，无专门之名词，故不能成为科学。即经济学之旧译，如理财学、如富国学，亦殊不足赅括其义。今用“经济”二字，稍为近之。经济学说条理甚密，欲举其详，累千万言不能尽。鄙人非经济学专家，举其概要言之，则生产与分配之观念，首宜明了。生产者，加人力于天然物产，足供人类之需要者也。分配者，应人类之需要，而支配其所生产之物也。人类生计，皆包括于此二者之中，社会学亦先取此二者而研究之。然此二者果何物乎？据经济学家所言，则生产之要素三：一、土地，二、人工，三、资本。土地者，人类生存天然必要之物也，非特陆地为然，即海洋、空气亦在其中。而有土地尤必有人工，有人工尤必有资本，经济学家讲析其一，皆非数十万言不为功。然人工与土地之界说尚易，分资本与人工之界说不易别，经济家与社会主义家聚讼之点恒即在此。

资本之为物，决非金钱可赅括之。据经济学家言，凡人工造成之物产，能以其消费之余，补助发达其生产力者，皆可谓之资本。设有农夫于此耕耘，所入得谷万斤，自食其力，所余者九，设以此九千斤之谷食九人，而使助耕，则此九千斤之谷，即资本也。推而言之，舟车、仓廪、宫室、衣服，凡足以补助生产力者，皆资本也。

诸君！读《鲁滨孙漂流记》乎？鲁滨孙航海遇险，至一荒岛，幕天席地，四无居人，时则有土地，有人工（指鲁滨孙自身），而无资本，然此时之资本决非金钱，金钱不足以救鲁滨孙也。幸鲁滨孙于舟中觅取余粮，可以暂止饥饿；又得斧斤之属，可以伐木为材；豆谷之属，可以播种为粮，而后能生活于荒岛之上。然则此斧斤、糗粮也者，皆鲁滨孙之资本也。经济学家之言资本，义概从此。然此斧斤、糗粮之属，实鲁滨孙之先民与其朋类，以其能力制成之，传之于鲁滨孙，而后鲁滨孙得享用之也。然则今日人类之生存，其一部分之生产力为资本，而资本之一部分，又实前人能力之所余传。资本、人工之不易分析，观此可见。而经济学家仅观其迹象，则以为此乃资本而已。

有生产而后有分配。据经济学家言，则生产自三原素来，分配亦自三原素去。属于土地者为租，属于人工者为庸，属于资本者为赢。此生产、分配之学说，英儒亚丹·斯密言之最详。亚丹·斯密著《原富》[①] 一书为经济学之泰斗。而近世治政治、法律者，亦多信其说，故影响最大。其说以自由竞争为主，以为国家商工业，当使之竞争于自由之中。时英国尚有功利学者一派，以为人类无善恶，善恶即利害耳，有利者为善，无利者为恶。此说风行一时，而个人主义益发达，以为强权竞争乃天然之公理。达尔文之天演学，义亦犹此也。此种学说，在物质未甚发达以前，流弊不著。盖以人力生产，强弱之差等，终不十分悬殊，强有力者之生产，必不能多于弱者十倍也。至百年前英国实业革命起，而时势大变。此革命之起，由于机器之发明。一机器之力，可代百人之功，以机器相竞争，而自由无制，于是社会之差等大著，而工人之痛苦日甚矣。

机器发明以后，以机代人，以人司机，一机代百人之用，即无异一人代百人之用也。失业者众，求雇者多，非自贬其工价，不足邀资本家之一顾。资本家虽苛求万状，亦宛转迁就而莫可如何。此观于英国发明最先之织机而知之。以一人司织机，其所出之布，可敌前此百人之所出，而所得之庸，非特不为百人所得之总和，甚且视前此一人之所得而更绌其微焉。于是工价日低，工况日苦，而资本家之获利转日增，此本极人世不平之事。乃彼时英伦资本家以为应有之现象，准诸亚丹·斯密之学理，亦属无忤。盖生素［产］三要素，人工仅居其一，则分配三要素，人工亦当然仅居其一。初不计及大地主大资本家之为数，不敌资本家之万一也。于是资本家日富一日，工人日贫一日，实业革命之害大见。慈善家忧之，思有以救济社会者，而社会主义以起。

社会主义之初起，困难特甚。英人阿浑[②]，资本家而具慈善心者也，悯工人之无告，觅地建工场，优待工人，为社会主义实行之试验，不幸失败，去而之美，欲行其志，又败。同时有法人富利安[③]与白郎克[④]，又先后行之，亦败。反对派于此以成败之见，诽笑社会主义，以为资本家之成

---

① 《原富》，今译作《国富论》。

② 阿浑，今译作“欧文”。

③ 富利安，今译作“傅立叶”。

④ 白郎克，今译作“路易·布朗”。

功，根据优胜劣败之理，亦即亚丹·斯密之所谓自由竞争，无可反对，社会主义亦无可成功之一日。

同时英国经济学家马耳达[①]著《人口论》一书，以为物产之增加甚迟，人类之增加甚速。前者为数理的增加，二加二为四，四加二为六；后者为几何级数的增加，二二得四，四四十六。据二十五年人口倍增之说，即非大兵大疫消灭其半，而物产不足供人类之求，大乱亦起。英人信之，遂谓人类经济之痛苦，属于理势之自然，不患分配之不均，而第患生产之不广。国家殖民政策起，以美、非、澳诸洲为尾闾，次之则求新市场于亚洲，帝国主义大盛，弱肉强食，灭国不知凡几。而起视英伦国内，则其贫富不均，与工人之无告，皆依然如故也。

然则此种学说，皆似是而非之伪说也。特世人不察，有反对此说，提倡社会主义者，辄以颠狂目之。惟下流社会之工人，以社会主义之救己，趋之若鹜；而反对者益振振有词，以为社会主义实为煽动下流而设，究之伪不敌真。社会主义家日众，真理日明，而知亚丹·斯密、马尔达，达尔文及功利派之种种学说，皆为似是而非之伪说，而社会主义遂日受欢迎矣。

研究真理，而求其见诸实行，非可徒托空言也。社会主义家仍根据经济学家三原素之说而研究之，首以土地之分配为不均，以为土地本天然之物，非个人所得而私，且其数有限，少数人私之，多数人不能复得之，非若人工之可各尽其力也。四十年前，美人有亨利·佐治[②]者，一商轮水手也，性聪颖，好读书，赴旧金山淘金，因以致富，创一日报，研究经济真理，而知亚丹·斯密学说之不合，遂著一书，曰《进步与贫困》，以为世界愈文明，人类愈贫困，其故实由经济学说之歧误，以致生产、分配之不均，遂主张土地公有。其说风行一时。反而观之英国，则正大地主跋扈之日。英国地主皆世家贵族，以英人重工轻农，农事之利不敌牧畜之厚，乃悉改其田地为牧场，驱逐农民，使无所归。社会主义家见此，知土地公有之不可以已，于是马克斯派亦兼取亨利·佐治之说，而单税社会主义以起。其稍为不同者，则亨利·佐治以土地公有为主，马克斯以资本集合为主耳。

---

① 马耳达，今译作“马尔萨斯”。

② 亨利佐治，今译作“亨利·乔治”。

土地公有，理最圆满。人类发生以前，土地早自然存在，即人类不幸一旦消灭，而土地亦依然存在，是土地非借人力而成，人不得而私之也。虽地主之有土地，或传自先畴，或本于契约，不必尽出于巧取强夺。而土地有限，终难普及，不如归诸公有，可谋人类永久之幸福也。地税归公，公家以为民治事，而种种压制偏枯之弊，皆以蠲除，岂不懿哉。

且土地之为物，如空气，如日光，非人力所能造，而人又非此不生，故土地之不可私有，亦犹空气与日光之不可私有也。以果土地归之于公，而人各得均取其所产，则海上清风，人间明月，取之不尽，用之不竭，坡公①之言，讵非人世之大乐。否则，据经济学家分配三原素之说，以土地与资本、人工并列，而不知纵横九万里之地球，减固不能，增亦不可。今试有国于此，其生产之总额，年得一千万万，而全国土地，先为大地主一人所私有，则依三原素分配之，此大地主一人将得三百三十三万万有奇，而全国工人以数百兆计，其所得亦仅与此相等，事之不平，宁过于此。且人工之事，或劳力，或劳心，其得生产中之报酬宜也。若土地则生于自然，非人力所造，非人力所造者，人力乃可占据之乎？故亚丹·斯密分配三原素之说，实为不通，而土地之当为公有，更无疑义。

复次，则社会主义家又以资本之分配为不均，而研究其改良之方，如马克斯之集产说是也。或谓资本本人造，与土地不同，不知资本乃人类生产消费之余剩，更以为其后生产之助力者。故资本虽人造，而半非现今之人类所造。今日之资本，乃昔日先民劳力之所遗。吾人乃可贪先民之功，私于一己，而不公于同胞乎？更进而言之，即吾人发明之机器，亦属此类。在经济学家以为机器之利，当纯属于发明之人，社会学家则分别言之。斯蒂文孙②造铁道，瓦特创汽机，二氏诚有发明之功。然究其远因，不可谓非先民之赐。野蛮国不能发明机器，必文明国而后能，此可见发明者之智识，非尽出于天赋，而实社会上种种时势所造成。社会之程度既至，即无斯蒂文生③、瓦特其人，而亦不能无铁道、汽机其物，不过二氏

① 坡公，对苏轼的敬称。

② 斯蒂文孙，今译作“斯蒂芬逊”。

③ 斯蒂文生，上文之“斯蒂文孙”。

之智慧，较常人略高，铁道、汽机乃假二人以生焉耳。即如意人马哥尼①发明无线电信，时人莫不称奇，然使马氏生于十八世纪以前，或厕身非、澳土番之列，试问更能发明此无线电报否？如曰未能，则此非马氏一人之功，而社会全体均与有力焉，彰彰明甚。当马氏发明之际，同时造无线电者，更有数人，特马氏之法较备，乃独享其名。可知机器非一二人所能发明，而社会全体教养之力，假手此一二人以发明之也。然社会主义家亦非欲抹杀发明机器者之劳，按其劳心之程度，与社会经济分配之原理，而予以相当之报酬；乃社会主义者所主张，特机器既赖社会全体之力，又使生产力大增于前，则此生产力固断断不许一二人独占耳。夫机器如此，何有于机器以外之资本，资本如能，何有于非人力造成之土地。是故亨利·佐治之土地公有，与马克斯之资本集合，理实相通，义无相悖，皆按经济学分配之真理，以图社会根本之解决者也。

今日经济学家恒分二派：一旧经济学派，如亚丹·斯密等是，一新经济学派，如马克斯等是。欧美各国学校，多讲旧经济学，深信亚丹·斯密三原素分配之法，反对社会主义。即我国留学生，其所学亦多属旧派，对于新经济学，颇少研究。实则新经济学，乃主张分配之真理，必此理日明，而社会主义乃有实行之望。此鄙人今日所愿与诸君言之者也。

（第二日完）

（录自《民立报》，1912年10月15、16、18~19、21、23日）

孙中山先生演讲之社会主义

人庵笔记**

（第一日）

---

① 马哥尼，今译作“马可尼”。

* 原文未署名。

社会党同志请予讲演社会主义，因予十年前奔走社会，极主张社会主义。顾社会主义之学说最复杂，非立谈之顷所能尽，姑拉杂言之。

予在上海见有社会党发生，予甚喜慰，以为共和国家，此为最重要之党派。

中国有社会党发生，是极高尚之事业。但前日江亢虎君以该党宣言书示予，予阅之，以为不尽合于今日社会党之宗旨，因为未得社会主义之精神故也。

近世各国新闻多有反对社会主义者，今日中国之情形亦然，或者因宣言未明了之故。夫此宣言既未得社会主义之精义，是中国徒有社会党之名，而无社会主义之实也。

社会主义为何物乎？在七八十年前，英国有学者发生此名词之由来，盖因社会一切组织极不完全，思有以改革而补救之。

今之不明社会主义者，直以为提倡均产是劫富济贫，故生成种种无意识之冲突。因为有均产之风潮，于是政府多禁止之。一面压抑，一面鼓吹，遂生出激烈派之无政府主义。在欧洲各国七八十年前社会主义学说，颇不明了，书阙有间焉。

德国社会党有马克斯①，因见社会主义学说不明，乃著一书，名曰《资本》②，发挥社会主义最详。此书一出，而社会主义之学说，遂大白于天下。社会主义家得此书读之，如宗教家之读心经，于是相继发明者，亦日出不穷。

夫社会主义，本人之心中所固有之思想，但别种学问均成为科学，而社会主义则尚未成为科学，故欲研究之，似茫无头绪。欧洲各国学者，主张社会主义者极多，尤以德国学者主张最力。虽然一般学者，恒分社会主义与个人主义两种，互相研究社会主义，终胜于个人主义。德国之社会主义家，盖以国家为本位，故有国家社会主义之名词。

社会主义与社会学有别，此不可不知。社会学者，为研究社会组织一

① 马可斯，即“马克思”。

② 《资本》，即“《资本论》”。

原理及人类进化之原因；社会主义者，专研究改良社会一切之方法，调和社会上之经济问题。现在中国之社会党，与欧洲各国之社会党，多有不合之处。夫各国之社会党，多为政党；中国之社会党，对于政治颇不注意，似无政党之性质。要知欧洲各国，如比如英，其社会党人，于政治上有极大之势力，以后我国社会党之进行，亦须注重政治一方面，成一完全之政党。

社会主义于人类进化颇有关系。天演学家明优胜劣败之理，物竞天择适者生存，在动物在植物，其理最显，人类皆存于社会，其优胜劣败之理与动植物同，故进化学者皆谓优胜劣败为天演之公例，人类必由竞争而进于文明，此一定之理也。英国有达尔文者，曾著有《种源论》一书（中国马君武译为《物种由来》），此书发明进化之理最有价值，但所主张者皆为强权而非公理。此种学说在欧洲各国颇受欢迎，惟社会主义家反对之。夫文明国国民必具有一种良知良能，知强权不利于社会，故近世多主张道德进化。今日之社会，若专讲优胜劣败，则优者胜者必为富贵人，劣者败者必为贫贱人，此贫富之阶级所由生也。虽然贫富之阶级于知识程度亦有关系，此则在教育不能平等耳。顾求消弭贫富之阶级，使人类平等，则惟有社会主义为最适当。此优胜劣败之学说，社会主义家不得不反对之也。

社会主义者，由良知良能而生，必社会主义昌明而后，公理可明于天下。若夫今日世界之文明，尚未达到极点，不过方知有公理而已。自社会主义发生，然后天演学说家之学说，势力少衰而公理得有一线之生机。

社会主义何物乎？社会主义为平均社会一切组织，划除社会一切障碍之具。但平均之法，非劫富济贫之谓。若劫富济贫，则贫富易位，终无平均之希望。吾人生存于社会，当求永久之平均，不可求目前之平均。永久平均之法，即社会主义也。

近世文明进化，各国知社会主义之潮流，不可遏抑，故如德如英如日本，皆采取社会政策，良有以夫。

今日我国社会党必须与政界联络，然后方能免意外之冲突。故予甚望同志诸君研究一联络之法，成为中国一极有势力之党派，与国家相提携。

社会主义未发生以前，国家必经一度之革命，方能鼓吹此种学说，实行此种主义。如英、法、美、比、意各国，皆先后革命，改为共和或立宪政体，于是社会主义遂应时而生。我国已成为共和政体，无君权之障碍，有社会党随共和而发生，以各国为鉴，斟酌尽善，鼓吹而实行之，今日实为最好之机会，万不可错过。

社会主义派别极多，大别有二，即国家社会主义、无政府主义是也。国家社会主义，即集产主义，集产制度如社会事业有归国有或公有者皆是；至无政府主义，即共产主义，共产制度即各尽所能各取所需，如中国之家庭，一切物产皆为共有。虽然此主义在今日仅能行之一家而已。

抑共产主义纵能实行，亦必待道德文明达于极轨，到一二百万年后，或能见之，未可知也。但一二百万年后，自有人出其聪明才力，必驾乎我辈之上，又何劳我辈借箸代谋。况我辈若讲无政府主义，既不适用于今日，又不必见用于后人，且于现社会多生冲突，多起风潮，非徒无益而实有害，不亦谬乎。

吾人今日所亟宜鼓吹者，为国家社会主义，提倡集产制度，如土地国有、铁道国有等事，此皆能实行者。其实行之方法，即社会党所宜研究之事业也。

我国革命须分三说，即种族革命、政治革命、社会革命是也。社会党即主张社会革命之人物。

去年自革命军起至清帝退位，五族共和，种族革命之事遂毕。共和成立，去君主立总统，人民皆为主人，总统及国务员、各省都督、一切官吏皆国民之公仆，此政治革命之事也。以后实行社会革命，即须先讲明社会主义。

但中国之社会革命与欧洲之倡社会革命者不同，因为欧洲多大资本家，中国无大资本家。无大资本家则贫富之间，无大相冲突之处，故社会革命之事，中国实可望免除。

夫此三种革命，为求平等、自由。满、汉人类，不能平等，故主张种族革命；君权无限，政治不能平等，故主张政治革命；社会革命即因经济上不能平等之故。予所主张者，为国家社会主义，如国家采用国家社会政策，即所以防止大资本家之发生，免资本家垄断社会事业，为一般人之害。

今日中国之情形，既与欧洲有异，即不必倡言社会革命，譬如无病之人即不必服药也。但欲防止资本家为害，便当想出一至美之方法，以抵制之。此方法须以国利民福为前提，此国家社会主义所以为重也。

须按民国草创之情形，循序渐进，以和平为手段，以国家为本位，则吾人所希望之幸福，方不致［至］于徒托空言。

（第二日）

社会主义大概情形，已如昨日所述。诸君须知社会主义为人道之福音，含有博爱、平等之真谛。但博施济众，尧舜其犹病诸，颇不易言；虽然博施济众，其范围犹嫌太狭。至若社会主义之博爱，则其范围甚广。研究社会主义者，须从生计上着想。生计不裕，则人无生存之理。顾经济学家，多注重世界经济学，而社会主义家，则注重社会经济学。社会主义与社会经济学，有至密切之关系。请为诸君约略言之。

经济学在中国无此专门学问（如《史记》《汉书》论及货殖，亦有近似之处）。经济学之名词，中国译为理财学或富国学，均不能包括。惟“经济”二字，庶几近之。予非经济学专家，颇难详尽，姑举其与社会主义有关系者，略述一二焉。

经济学之主脑，以生产与分配两事为最重要。生产有三要素，即土地、人工、资本是也。土地云者，人类生存天然必要之物也。土地二字，概括海洋、空气及陆地而言。

人工云者，以人工加于天然物，制作之，使成为粗制品或精制品之谓。土地与人工尚易分明，惟资本与人工最难分辨。

资本云者，人类用之以经营一切生产者也。如农人春耕夏耘秋收冬藏，必除去关于耕作生活需用之外，以其所获之剩余，再用之以经营生产者，谓之资本。又如有人置马车一具，若自己使用，则此马车不得谓之资本，必待人雇用，然后此马车方谓之资本。又如有人建房屋一所，于此自己居之，此房屋不得谓之资本，必赁与他人居住，然后此房屋方谓之资本。昔有探险家鲁滨生①者，当乘舟漂流至一荒岛，不能生存，后于舟中觅得斧斤、粮食，遂登岸作出种种事业。此斧斤与粮食，即鲁滨生之资本也。凡此所举，皆属资本而非人工，不可不辨也。

夫土地、人工、资本三者，缺一即不得谓之生产。社会主义家注重生产，故不可不研究经济之学理。

英国有亚丹·斯密者，经济学专家也。中国严复译其所著之书曰《原富》，此书发挥经济学之原理甚详，而严复之文字亦颇能曲达其情。其书于经济分配之理由，尤反复言之。年前英国曾经一大变局，即实业革命，一般工人颇受其苦。盖因机械发明，一切制作家均用之以代人工，于是一般工人，因之失业者日众，其生活于工场者，盖居最少数。

自机器发明之后，英国工商界大有进步，惟工人生活，大受影响，而社会上遂生出不平等之习惯。

假如用人工须二万人之力，用机器则只须一万人之力已足，甚或仅用百分之一而有余。如织工一人织布一丈，得价一元，以一人运机器织布二百丈，可得价二百元。人工愈少，而资本家愈多。是资本家获利，而工人受害。劳动者既因此失业，不得生活，互相竞争，而工价于是大减，生活愈益艰难。

当是时，英人既信天演学家优胜劣败之理，又有亚丹·斯密经济支配之学说，以为劳动者之苦，分所应尔。

亚丹·斯密所谓经济之分配，即断为经济学上生产之结果，土地一分，人工一小分，资本家一大分。

一般慈善家闻此学说，谓由此演进，将来必富者愈富，贫者愈贫，实非社会之福。于是社会主义应时而生，而社会革命之说以起。

昔英国有阿浑者，曾设一极大之工厂，以为社会主义实行之试验场，后失败，去美，欲毕其志，卒未能行。法国有佛利耳、卜南敦②者，亦曾开社会主义之试验场，均未能成功。

英国有格物家马耳德者，曾著一书，为经济学家所宝贵。其书略谓：

① 鲁滨生，今译作“鲁滨逊”。

② 卜南敦，今译作“路易·勃朗”。

天之生人，赖食而生，但天之生人无穷，而地之生物有限，将来地球之上，必有生众食寡之忧。尝患几何级数推定人类增加之数，谓若不经刀兵、水火、疾病之劫，以戕贼人类，则孽生之患，有不堪言者。

自此种学说一出，于是欧洲各强国，猛用其殖民之政策，弱肉强食，遂成一有强权无公理之世界。

社会主义家遂起而反对其政策主张，人道扶持公理。然当时一般社会，均目社会主义家为太狂，多不信从。惟一般工人信之最笃，以为社会主义能救我辈之苦恼。于是社会主义之学说，渐明公理，终不可掩，而社会党之势力，乃日甚一日矣。

自社会主义之真理出，而亚丹·斯密之经济支配说，人多觉其伪，而马耳德之言，亦不之信矣。

顾我辈欲明社会主义之真理、正义，希望见诸实行，必先根据经济学之分配问题而研究之。夫土地本为天然之物，非人所得而私者，然强权日盛，攘夺而为私有，相习成风，而社会遂生出种种不平等之害焉。

昔美国有一水手，名卓尔基·亨利①者，天资明敏，以淘金致富，曾著一书，名曰《进步与贫苦》。其意以为，世界愈文明，人类愈贫困。此人盖主张土地公有者。土地公有之说一出，风行一时，为各国所欢迎。其当发挥单地税法之理由，尤为精确。社会党马克斯派，多采取其说，故有单税社会主义发生。夫土地公有，实为颠扑不破之论。未有人类以前，土地自然而成，人类消灭之后，土地必长此留存，人于其间，乌可得而私乎？社会主义家主张土地公有之说最力，以为欲求生产、分配之平均，为社会谋永久之幸福，非先行土地公有不可。亨内科②主张土地公有，而马克斯之《资本论》亦主张资本公有、机器公有之说，以为一切机器之由来，并非出于人力所能造成。盖社会上本有此物理，不过因其人之聪明才力，发明之而已。未发明以前，此物理实自然存在于社会。既属自然之物，即当归为公有，此其理固甚明也。将来土地公有，资本公有，即社会主义实行之日矣。

---

① 卓尔基·亨利，今译作“亨利·乔治”。

② 亨内科，即“卓尔基·亨利”。

研究社会主义者，第一须明经济学理，固也。但现在讲经济学者，恒分为两派：一古经济学派，此派即采亚丹·斯密之学说；一新经济学派，即采马克斯之学说。欧洲各国之学校，多讲古经济学，故学者多反对社会主义，因为彼辈实不知新经济学之真理。我国留学外国者，亦多受古经济学之教育，于新经济学，颇少研究之者。

讲社会主义者，既明经济之原理，尤宜洞明社会主义之学说，然后可以研究一至善之方法，以实行之。其方法如何，俟明日再为详述。

（录自《民誓》第2期，1912年12月30日）

民生主义万能说

尹仲材

当今之时，以言国危，危至其极，以言民困，困蔑以加，百孔千疮，英俊束手。陆内阁组织开始，究能规隋唐氏，拒绝专横，而确定责任内阁制，以为百政张本否？吾人当濡毫，以待顾此。刹罗时间，窃不禁忧虑填膺，皤然拳拳于我最亲爱之同胞矣。盖以我同胞当今之时，固当监督政府，责望政府，然亦宜咨诹善道，察纳雅言，以好自为计也。吾同胞乎，果能鉴予拮口哓音之苦，而一倾听之乎？吾且以民生主义万能之说敬告之。

吾甫一启口，而首及民生主义四字，闻者必憬然曰：我固知之久矣。此非同盟会夙所主张者乎？为此说者，是知二五而不知一十也。今以民生主义譬为一救生船，同盟会其首先登船之人也。彼同时载胥及溺者，遂将甘自泅游泛滥，而绝望于此首先登船者，谓此船为其所有乎？夫同盟会，固以民生主义为唯一之主张，而民生主义，初非为同盟会专设也。要知此具有万能之民生主义，实自有生民以来，即存在于地球之上，与日月同功，与阴阳合德，而强欧富美，风靡东西，辟沙漠为天府，墟人国为货场，而执牛耳于世界者也。昔文王用之而王，管子师之而霸，孔孟宗之以垂先富后教之训，历代违之而成雕廖孱弱之形。迩者孙中山崛起，具世界之眼光，立建设之大计，其提倡之不遗余力，固无论矣。而实业界各团体，同时响应于东南者，何虑千百，即各政党，亦深有所取，采列之于政纲。极而言之，具有万能之神圣民生主义者，实天纵之以绍介吾新造民国于大同世界，以享无量幸福之骄子也。

准以上谈，吾国主张民生主义者，既若是其伙，顾吾犹是呶呶者，岂无谓之雷同附和哉！诚以事有柄鉴，应付易乖，移步换形。识者犹昧，视此主义可以处常者，或以为不可以济变，有定识于前者，或无定力推广于后，而盲从者尚不计也。此其弊一。至于近日风气，不相竞而相争，拘墟党界，喜异门途，如为同盟会以外之党员，几以民生主义四字，为禁语言，外党纲为标识，内私争为居积，即稍有识者，则又谓非必要，视为危险，凌躐其节奏以诟病之，而徘徊观望者，又不计也。此其弊二。前者不免买椟还珠，后者不免因噎废食，而民生主义具有万能之真诠，固皆未遑深究也，则吾又乌可不就吾同胞所已行已知者，更绽其万能之苞，而一撑普渡之航耶。昔医和有言：吾何能生人？吾不过因人之可生者而生之而已。吾今以民生主义，呶呶于我同胞之侧，而不自知其烦者，亦如医和之言尔。

民生主义自体固有之机能，如农林工商各途之实业之足以牣满一般人民之欲望，以及实业、各团体、各科学之足以直接增进经济之发达，或已久经提倡，或可预期成绩，凡此皆彰彰在人耳目者，无俟吾之喋喋。吾特就此主义充类至尽，间接以征其能力，或收良果于他方，或施挽救于危局者，撮为四端论列之。

能消永远帝王之逆谋　昔刘邦谓其父曰：今邦之产业，孰与仲多？此非谋逆者，健羡永远帝王之心理乎？此等坐井观天之见解，吾知使廿世纪后民生主义发达最早之法美人闻之，必百思而不得其味之美也。即以美富人摩尔根论之，握全国财产之过半数，其游历至德也，而成威廉第二之倾倒，几有天下英雄惟使君与操之概。然此犹曰：如摩氏则然矣。请更遍征法美之士绅，其行仪之高，均隐然有大总统之资格，然均薄大总统而不为，其为之者，非以牺牲自由为主义者，即无所聊赖，求好邦人之流亚耳。譬之佣工，为仆于一人，已极不自由，况为众人之仆乎？顾可以倘来之富贵，而售出此神圣自由之身乎？若曰吾有盖世之权术在，固足以破坏法律而自固，持此说者，直梦呓语耳。吾愿其一审，法美人之人格，而问津于民生主义也。

能融化政客之党争　今日主张以调停为政，以相忍为国者，有一大谬之语曰：而为攻击，将至无一人办事。不知吾国果无人办事也。此天佑吾民振兴吾国之极美现象也。夫国之强也，聪明才智之士皆在实业界；国之弱也，聪明才智之士皆惊于宦途。韩子曰：士大夫众，则国贫。考之前代固已然矣。今之逞私意，犯不韪，辇巨金，发官热，或借党籍为换相之禄蠹，或以党争为换相之倾轧，胥由我国实业界上，无早辟之蹊径，不约己而反乞灵政界者也。善夫！孙中山答《民立报》记者北京政争之问曰：我国之现象，非缺乏人才。吾观政府、议会及各处政界、军界，皆有极有本领之人主持其间，尽足以奠安吾民国而有余。所以意见分歧，有才莫展者，皆为经济问题所窘。间接直接，遂生困难，因困难而督过，因督过而参差，甚而至于因参差而诟讥，而生全局之恐怖，始成最近不静稳之现象，其实多所误会也。故我国之经济问题，若不解决，甚难得一致进行之效果。聆此言则为政客者可早自为计也。

能轻减亡国之外债　吾国果能扩充民生主义，确定颠扑不破之商律，更以中央银行，昭大信于全国，则向之恃外币以自困者，必转而信用我国币。是此纸币一项之活动，实可达十万万元之数。而现时北京存储外国银行者，为数不下六万万两，合各商埠计之，约在十二万万两以上，是此存储一项之转移，又有达六万万两之望，加以国债国民捐之所收入，而犹曰非大借外债，不能为国，吾不信也。特视吾政府吾政党提倡民生主义之程度，其高下为何如耳？

能弭边患　英人对于殖民地之唯一政策，非国家掷无数金钱所经营而得之者，胥以其商人所立之公司以蚕食而得之者也。国家不过任保护之责，为商人持其后盾而已。而此保护所消耗之所自出，又实出于商人所经营而得之常税。不观于今日之香港乎，其地之所得税，已足养精卒万人矣。推之法于青岛，日于南满，无非商人所组织之银行会社，而陆沉我之大好河山，而我以主人翁之资格，反一筹莫展，而坐待脔割者。无他，轻视民生主义，昧于富民即所以富国之义也。如我之奉天省，每年收入只八百万两，而支出已达一千四百万两，此收支不符之数，在满清则仰内地之协济，甚至借债以充之，似此情形，外人据之而吸收我无量之资金者，我国自治之而反亏损，至于不能以存在。此无他，不能以民生主义为唯一之主张，致投资者之裹足尔。设我国一旦借鉴以观，以人之制我者，我因反以自治，则觊觎之心自化，而边境乃有救靖之一日，不则我弃人取，神州永无宁日矣。

就以上四端论之，则民生主义，果具有万能否乎？阅者自能推类以求，而深谓为然也。吾最亲爱之同胞乎，今而后其急起直追，勿让彼东西强邻之独步，而窃笑于其旁，则我民国之富庶，当驾东西列强而上之也。

（录自《民权报》1912 年 7 月 6、7 日）

论人民困苦当注重民生主义

朴　庵*

同盟会沪支部夏季常会，黄克强君演说，谓本会有特别之党纲，即孙中山先生夙持之民生主义。记者目击农民之苦，作为此篇，当亦研究民生主义者之所有事也。

五官具，四肢备，圆其颅，方其趾，可谓之人乎？曰：未也。何以故？曰：无知识故。是以毕世混沌而无知，知饮食，知起居，知言语，知动作，可谓之人乎？曰：未也。何以故？曰：无思想故。是以终岁勤劳而不息，无知识，无思想，毕世混沌，终岁勤劳，何以故？曰：无学术故。是以蠢然如鸟兽，同是饮水，同是食粟，同是戴天，同是履地，何以独缺乎学术而不能修于为人之列。何以故？曰：生活程度太低故。是以废学而无教。呜呼！食廪不实而求其知礼仪，不可得也；衣食不足而求其知荣辱，不可得也。外人诋吾中国无学矣！吾闻此言，吾耻之，吾欲讳之而不得，欲雪之而不能。以言无学识，无学矣。而岂知无学之故，不在人民之樵鲁而在生活之艰难。生活愈艰难，则人民愈樵鲁，人民愈樵鲁，则生活愈艰难，互相为因，互相为果，合全国人民以生活之故，陷于无学之境，吾心滋痛矣。满清时代爱国志士，奔走呼号，痛哭流涕，以吾国之贫困由于人民之无学，人民之无学由于政体之恶劣，政体之恶劣由于满清之专制。于是登高一呼，倡言革命，风卷云弛，群雄竞起而亡满族。民族、民

* 朴庵，即胡韫玉；下同。

权二主义之目的已达，不可谓非吾志士数十年之心血口血颈血以制造之者也。愿酬矣！心慰矣！可以踌躇满志矣！然而犹未也。何者？民生主义未达，非吾辈息肩税驾之秋也。今之倡言民生主义者，颇不乏人。吾欢迎之，吾鼓舞之，吾崇拜之，吾馨香顶祝之。然而不能不稍事商榷者，以何者适用于今日之中国乎？吾于兹点，今不暇论，而论其最要之点。譬良医之治病也，必探其病源之所在，然后温凉寒热，各如其病以施药，则应手而愈。良师之训蒙也，必知其体质之高下，然后启发引诱，各如其分以施教，则入耳而通。记者于提倡民生主义之先，不能不急事研究者，即吾国人民生活之状况是也。

夫中国四万万人民，其阶级高下，欲悉数之，虽数十万言不能尽，且不足代表人民生活之状态，何则？少数的非属于多数的也。中国自古以来，所号为四民者，曰士农工商，实则占全国人民之多数者，惟农而已。最勤劳者莫如农，最困苦者莫如农。以最勤劳最困苦之农，而居全国人民之最多数，则是农人之生活，实足代表全国人民之生活。记者于是溯历史之成迹，及现今之情形，著为此篇，当为研究民生主义者之所应知也。

农民之苦，甚于士工商，其原因由于授田之不均。上古之世，草莱初开，各据其所辟之田，以为己有。迨后强者兼并弱者，强者之田日多，弱者之田日少，于是弱者遂为强者之农仆。观“富”“蓄”二字，皆从田起义，可知当时以田产之多寡为贫富之差别。皇帝起而画为井田之制，古书湮佚，其详不可得考。就孟子之言征之，则已有君子野人之别。尧遭洪水，民居荡然。禹分九州，制为赋则。虽有轻重之差，而无均平之效。又以禄代耕之制行，势不得不以农民所得之粟，以供王等之禄。不仅此也，府吏胥吏之辈，皆得厉农以自养。夫农人终岁所耕，不足自给，在上者手足不勤，五谷不分，而谷之所入，或相倍蓰，或相什伯，或相千万，逸居而安食，罔知稼穑之艰难，种种压制农民之手段，每变本加厉。于是贫富阶级，遂日分日严，显贵之子孙，狃于安逸，以力农为苦，益思侵夺农人之田，而自居于田主之列。自三代以后至于战国，虽曰井田之制未湮，实则富豪兼并之秋，所以一遇凶荒，转徙沟壑，流离道路，史书所载，不胜数。一二忧时之士，推原贫富不平之故，实由于政治之不良，此徐行并耕之说所由起也。世风所趋，横流莫遏，贤如孟子，于此亦不能确有见地。

废井田，开阡陌，非商鞅之罪，实势之处于不得不然也。

秦汉以后，役民使耕，一曰佣工，一曰奴仆。流亡转徙，无处觅食，代人耕作，获资自给，如陈涉等是也。卖身富室，供其驱策，终岁勤苦，仅获一饱，如季布卖为奴是也。佣工可以自由，奴仆毕世不能自拔。虽汉时皇帝之诏，屡以恤农为言，庸讵知所恤者富民，农民无与也。农民者，终岁勤苦，代富人作牛马奴隶者也。荀悦曰：古者什一而税，以为天下之中正也。今汉氏，或百而税一，可谓鲜矣。然豪强人，占田逾侈，输其赋大半。官家之惠，优于三代，豪强之暴，酷于亡秦。是上惠不通，威分于豪强也。文帝不正其本，而务除租税，适足以资豪强也。土地不匀，农民之困苦，虽文帝之惠且不及，况后世剥民之官，每与富人狼狈为奸，农人真无死所矣。两汉之世，号称近古学者议论，大半重农限田，均田之议，不绝于耳，犹不足于纾农民之困。土地不收为国有，农民永无昭苏之日也。三国以降，均田之说日倡，魏司马朗之议，颇合均平之实。元魏之泰和，李唐之贞观，稍稍复古。然不从根本上解决，其制度旋归消灭。唐之末，造悍兵骄卒，逞雄于外，罔可穷诘。据陆贽所言：一亩之田，官税五升，私家租税，或至一石。由是奴仆之风稍替，佃民之籍日繁，佃民虽优于奴仆，其苦则倍于奴仆，奴仆终岁之耕，尚有一饱之获，佃民则终岁勤劳，往往罄所有以纳富人而不足，又称贷而益之。宋代以将，田主、佃民之阶级愈严，佃民之困苦愈不可以言语形容矣。苏洵氏曰：田，非耕者之所，而有田者不耕也。耕者之田，资于富民，富民之家，地大业广，阡陌连接，分给贫民使耕，其中鞭挞驱役，视如奴仆而已。则安坐四顾，指麾其间，属役之民，夏为之耨，秋为之获，无有一人敢违，其节度以嬉，而田之所入已得其半，耕者得其半。有天者一人，而耕者十人，是以田主累其半以至富，耕者日食其半，以至饿莩而无告。据苏氏所言：耕者饿莩，不耕不获者坐而至富，天下不平之事，孰有过于是者乎？蒙古猾夏，掠民为奴，州司临门，急于星火，敲朴鞭责，有如大盗，以异族之民，窃我土地，役我人民，泣血之痛，不仅不均平已也。明兴，承蒙古病民之政，相沿不改，官田日多，豪绅叠起，农人愈无尺寸之土矣。资用日增，赋税日重，官租取之田主，田主取之佃民。是往时，佃民一日之耕，尚有二分之一获，今则或三分之一焉，或四分之一焉。所以流离琐尾，盗贼日多，奸诈朋兴，社会败坏，人心尽丧，惟利是图。土地不均，至贫者流为盗贼，富者寡于廉耻，为害可胜言耶！满洲入关，辱我人民，虐民之政，罄竹难书，其最苛刻者，莫如圈汉人膏腴之地，据为私有。幽燕之间，旗庄环列，通都大邑，皆有所谓旗田者，既没其田，又奴其人，田熟增租，田荒易地，势家乡豪，挟满清之尊位，济其凶恶，颐指气使，骄横日甚，哀哀小民，沐雨栉风之所获，暴露凌霜之所得，车载马驮输入富室，常租而外，兼有私馈，典衣卖儿，莫喻其苦。顾亭林曰：吴中之民，有田者什一，为人佃者，什九。其亩甚窄，凡沟渠道路，皆并其税于田之中。岁仅秋禾一熟，一亩之收，不能至三石，少者不过一石，而私租之重者，至一石二三斗，少亦八九斗。佃人竭一岁之力，挚壅工作，一亩之费可一缗，而收成之日，所得不过数斗。甚至今日完租，而明日乞贷。呜呼！岂直吴中，悉天下皆如是矣。顾氏犹举当时而言也。岂知海禁大开，商战日烈，抑农重商，成为风气，其困苦有百倍于顾氏之时耶。统观历史之陈迹，莫不以压制农民为富人独一无二之手段。所以，富者愈富，贫者欲贫，苦乐不均，乱象日急。叶氏水心曰：自古天下之田，无不在官，民未得私有之。但强者力多，往往兼并众人之利以为富，弱者无力，不能自耕其所有之田，以至转徙流荡。故先王之政，设田官以授天下之田，贫富强弱，无以相过，使各有其田，得以自耕，天下无甚贫富之民。叶氏此言，深合土地国有之说。惜乎三代以后之不能行也。

虽然，今日之农民，则何如？水旱频仍，饥馑荐至，食草饮水，露宿风餐，斗米千钱，卖儿一饱，天灾流行，至于此极。然而，吾所谓农民之困苦者，不在凶年而在丰岁。四民之中，农所得之利最微。试以近时之米价，折中计之，每米一石，值价八元，乡镇稍贱。农民之售于米商者，又贱。米商伺其缓急，预为居奇，其价值又贱。又农人所得之米，不能待价而售，五月卖谷，寅支卯粮，其价又贱。平均算计，大抵每石之米，售洋四元已耳。一夫所耕，平均十亩，每亩产米，平均二石，以一石纳田主，所得仅一石，八口之家，任耕作者，不过二人，每年得米二十石耳。肥料之费，去其一，田主额外之供，去其一。所余者尚不及七十元，八人分配，每人仅九元。一人所食，每年计米三石，除自收二石外，不足一石。此一石米，非八元不能购入。准此以算，只食米一项，每岁尚不足，婚嫁之资、应酬之费无论矣。夫日出而作，匍匐田间，伺其旱涝，以时蓄泄，烈日行，大汗滴如浆，妇子老稚，来往塍陌，夜以继日，冬以继夏，收获甫毕，室罄无粮。蚕桑纺织，犬羊鸡豚，伐木采茶，种瓜芸豆，种种补助之不足，益以借贷，债台日增，债息日厚，劳苦万状，无以摆脱。而况夺农之事业日兴，剥农之虐政日厉，伐木捕鱼，纺织诸事，昔日农人借以补助者，今则悉无几希之望。吾推言近日农人生活之状况，不觉涔涔泪下也。

农人之苦，既如上所述，复生出一种现象，即农民日少，流亡日多是也。究其原因，略分如下：一则富民狃于经商之利，不复留意于农事。水利不修，沟洫不理，稍遇旱涝，即遘荒馑，民佃日苦，耕牛农器均出，苟且粪田原料无力能购，农业愈衰，逃亡愈甚。二则频年水旱，两熟无收，农民分散，复业无期，间有归者，而阡陌不修，荒芜满目，田主不复过问，惟知催租，因此堕于工作，益以荒废。准此以论，荒年亦饥，丰年亦饥，不力耕亦饥，力耕亦饥。等耳谁肯科首赤足以事耕作之苦哉！因是生二种险象，为中国莫大之忧，一则贫民日出而将有不绝之虞，一则流亡日多而酿成内乱之祸是也。

民之生也，为衣食也。孳孳工作日夜不息者，为衣食。奸盗欺诈无恶不为者，亦为衣食。为衣食而出于工作，谓之善人。为衣食而出于奸盗，谓之败类。善人多，则天下治，败类多，则天下乱。农人无田可耕，佃人之田不足以给衣食，于是驱而至于奸盗欺诈之一途。奸盗欺诈其逸倍于农，其得衣食亦倍于农。一般农民，狃于奸盗欺诈可以谋温饱也，不惜弃锄而起。日集日多，农业愈荒，米价愈贵，生计日拙，盗贼横行，长此不已，内讧立至，土崩瓦解，不可收拾，影响所及，岂忍言乎？

夫治病者，有标本之分；而救时者，有缓急之别。民国成立，万端待理，急则治标，不能不为政治上之组织，缓则治本，不能不为生计上之讲求民生主义。目欧美传至日本，有一日千里之势，现在多数政治家，已认定社会政策为救时之必要，记者特先将中国人民生活之状况著为此篇，以备留意民生者之一览焉。

（录自《太平洋报》1912 年 7 月 10~14 日）

民生主义与民生政策

耿 夫*

有人焉，胼手胝足，终日劳苦于畎亩之中，而弗赚一饱。抱布贸丝，戴星奔走于市廛之上，而弗赚一暖。或则心力俱淬，昕夕操作于坊肆之间，而冻馁备至。其处也陋巷，病无间以疗治，疗则失业，其贫苦，益甚。妇哭儿啼，目不暇顾，他人之视之也，曾牛马之不若。匪无怜悯之心，而呵斥鞭挞随之。且曰：若而人，非如是不足以摄［慑］服而课其勤惰也。以视彼之食甘旨，衣闻绣，出入高车驷马，反优游无所事。或言其故，则曰受命于天。顾凡天下事物，皆归诸冥冥之境，而人事可无为矣。于戏！天覆地载，举凡浮潜动植，罔不获所，而谓其有私于一方者，宁非罪天之甚者哉。夫天之生人，无富贵贫贱阶级之夷。自成部落而酋长而帝王而君主专制，渐次递加，变本加厉，以激刺人群之脑海，于是而有政治之革命。然衡盱各国政治之革命，其成就乃确认人民之参政权，确立法律上之平等权，斯向日呻吟于君主之压抑，贵族之专横，僧侣之干涉，大千众生，芸芸济济，所齐声而讴曰自由平等。然试一观察社会混乱之状态，其不平不满之声，溢于四表，果何为乎，吾人得细探其原因。所谓政治上之改革者，大都得理论上之平等，于劳动者之地位，及其生活之必要，免无情之冷酷而已。而实际上之平等，无一与焉。何也？向之受君主专制，为君主之奴隶者，转而移为豪富者之奴隶。其不平一也。

故十九世纪之末叶，欧美以森林殖产兴业膨胀之结果，遂发生经济上

* 耿夫，即陈耿夫（1874~1919），曾任《民谊》月刊主编。

重大切要之主义，须有以改良社会之种种组织，而其思潮，遂深入于人人脑筋，一发而不可遏。洎夫二十世纪，益磅礴寰宇，有逆之者，辄如推［摧］枯拉朽，此民生主义之在现世界骎骎焉若万马奔腾之势，峨峨然如神圣之不可侵犯。比年以来，欧美各劳动者，受此主义之传播，虽不可大举革命，而同盟罢工，以与资本家暗战者，无地蔑有，无时蔑有。去年伦敦运载工人，因抵制资本家，联合数万人罢工，以为要挟，迄两月余，妻啼子怨，饥寒交迫，而工党死力以之。八月，域多利船坞工人，数约三千，忽起风潮，致枪毙而死者七人，受伤者约数十人，而工人即一体罢工，以抗此凶暴，有多数非工党中人，而服务于是坞者，党人大怒，风潮益烈。又七月五号，法国夏威埠水手行，忿忿于轮船公司之压制，突纠集人数千，排大队拥至各公司门首骚扰，巡差驰至，解散无效，反大遭工人瓦石之击掷。又是年一月十五日，纽约制造女服工行，遍泒［派］传单，布告工人，刻即联盟罢工，以助先已罢工之工人。联络一致，一时女工离去工厂者，四万余人，制造厂大受影响，因而闭门者共六百家。统计罢工之妇女，二十万人，其所要求者，为请东主取消当工时刻内锁门之例，免遇有火警，至各人有性命之虞。此欧美人之求自由而去其束缚者，至妇女无不然也。若俄罗斯之社会党，举世惊之。俄京之大监狱，及法国革命前之巴士底狱，能一举而荡平之者，世皆知为俄国社会党之力。其党人之运动，亦多与劳动者联合，俄皇亚历山之被炸，主谋者以希利亚巴、格黎那伊基、培洛威司加三人为巨魁。格氏已为爆裂弹所毙，希、培二氏，事变后先后被捕，俄裁判所特开法庭审讯，虚无党员公言曰：政府今日奴隶下民，酷虐劳动者，无所不至。希氏恒言曰：天既生予，即付予以先知先觉，警醒同胞之责任，劳动者之集会都市之街，莫非予运动之地云云。夫希、格、培三氏已矣，而近者俄国虚无党员，遍地皆是。据俄军界中占十之六，法界中占十之二，工界商界占十之四，洵云盛矣。夫社会党之行为，求人类之真幸乐也。今俄罗斯虽仍为专制国体，而异日之变革，或有以副社会党之大目的，而不区区于政治形式上之言革，诚未可料。西儒有言，人世至可悲愤者，莫大乎君民贫富之间矣。其势胜，其位尊，其权利视人独优，此君主然也。虚其势，洼其位，剥夺其权利，莫可自主者，此臣民然也。若乃位不必君主，其权势足与君主埒，而南面临经济界，操纵一世，众咸俯首，则主富奴贫之至残酷者也。

美国之托拉斯，著于世界，而人民之生计，日益困蹙。最近如纽约风地令医院，乃天主教人某姊妹所创者，院内之右第一房，人恒谓为最凄惨最可怜最辛楚最无人道之房。何则？该房每岁至少有三千伶仃孤苦懦弱无主之幼孩，为母所弃，而流落于此者。夫彼母何为而忍弃其子，毫无爱惜之心？若是其甚，则有因苟合而私生者，有因家贫无以抚养之也。以美国之富庶，载人口碑，容讵知彼国内平民之颠连无告，至此极乎！老子曰：小国寡民，使有什伯之器而不用，使民重死而不远徙，虽有舟舆无所乘之，虽有甲兵无所陈之，使人复结绳而用之，甘其食，美其服，安其居，乐其俗，邻国相望，鸡犬之声相闻，民至老死不相来。王弼注：国既小，民又寡，尚可使反古。况国大民众乎？故举小国而言也。吾引而推诸世界，苟非产业繁殖，为富者垄断，多数之民，必不至于沦胥也。

英国格物家马耳德①，谓天下之人，赖食而生，一日无食，生机顿绝，故必使生物之数，足敷口食之需，始可免饥馁而资修养。然考地球之上，人民孳息之多且速，实回昭于食物之萌芽。试就美国言之，二十五年前，凡得一兆人者，今已增至二兆，再阅二十五年，必将增至四兆，递推至百年以后，向之一兆人，实应增至三十二兆；若夫食物之生，虽亦岁有所增，特只能由渐而来，权二十五年之通，向之以一兆计者，仅可增至二兆，由是每阅二十五年，而增一兆，积至百年之久，大抵不越五兆。故更就英国言而论，向之十一兆人，阅二十五年，增至二十二兆，再增三增而至百年，应有一百七十六兆，而问其食物，只足供五十五兆人之口腹耳。今使有人如此，至二十五岁而生一人，已倍增矣。世代递嬗，积算至二百年之后，共得二百五十六人。然食物之所增，二百年后，仅足以养九人。彼二百余人者，既无所食，何以为生？此民所以不免贫且死也。其言与斯宾塞尔②人满为患之说相淑，颇震动一时。而富人且恃以为助，以彼之终窭且贫，饥馁而死者，乃事有必至，理有固然，于资本家之垄断专制无忧者也。有轩利·佐治③氏起，乃力辟其说之诞妄。氏谓上帝生人，且有自

---

① 马耳德，今译作“马尔萨斯”。

② 斯宾塞尔，今译作“斯宾塞”。

③ 轩利·佐治，今译作“亨利·乔治”。

然之理，故生是人，即有所以养是人者，不以少而有余，亦不以多而不足，此造化之权衡也。且谓尝观天下户口，惟中华孔子一家，历代相传，世系可考，然苟计其年岁，而以倍加之数例之，则其家之丁口，应已不可胜数，乃至康熙年间，其男丁不过一万一千人，即以女子亦占其半言之，当亦不过二万二千人，遑云二十五年而增一倍乎？尝考生人之数，一家之中，有多生者，有少生者，亦有竟不生者，截长补短而匀计之，大约夫妇二人，当生子女各一人。第观其外，二十余年之后，此子此女亦将各生二人，以一生二二生四之数，不尽虚诬。殊不知一子虽生二人，然其上必有父母，一女虽生二人，然其上必有翁姑，是以四祖而生四孙也。而且男有室，女有家，其数不惟四。虽有四子，未尝加也。审是而人之在天地间，固无人多地少之虑，生众食寡之忧。彼老弱饿殍，而转于沟壑者，皆社会恶劣之组织，有以使然。而富豪者淫欲无度，剥夺劳动者之生计，实尸其罪。繇是而经济革命，惟劳动者反对强权之方针，世界演进之公理。韩非子曰：伤国者其私家必富，私家必富，故曰资货有余，国有若是者，则愚民不得无术而效之，效之则小盗生。又曰：人无愚智，莫不有趋舍恬淡平安，莫不知福祸之所由来，得于好恶，怵于淫物，而后变乱。然昔之所谓盗所谓乱者，近世界有认为一种手段，以破除贫富之阶级，而底于至平。此为无政府主义之说所附会。

盖民生主义（Socialism），日本学者尝译为社会主义。社会主义之泒［派］别：（一）共产的社会主义；（二）集产的社会主义；（三）国家的社会主义；（四）无政府的社会主义。前述各国之社会党、虚无党等，其主旨有主张极端的无政府者，区分之则或纯然求经济上之平等，或并法律、道德而并欲破除之。若兹译为民生主义，乃专就经济上之状态而言之耳。虽然国家问题，率为方今世界中已解决之问题。二十世纪以降，世界所最注目者，社会问题是也。生人以来，构造人类社会之原则，不外生存、精神二事。然精神一事，至为难言。自哲学言之，唯人与动物分点之地，始为纯正的精神作用。惟人亦动物之一耳，繇是而论人与禽兽分点，其范围不易说明。哲学者至此，为一至困难之问题，所谓解答人之问题之学也。故在伦理学上经济学上，皆以精神、生存二者，为分科之标准，亦徒不过假定之名称，而实体上直社会之生存问题。此民生主义，所由盛唱于今日也。

反观我国，谓托拉斯未尝如欧美之雄飞突举，则可，谓绝不虑有托拉斯之事业发生，则不可也。试审察现在之情势，某某富地之地价骤涨，贫民苦其租值之过昂，迫以迁徙者有之矣。某某大公司之高掌远摭，中资本家，受其影响，因以颓落者有之矣。畴昔之家人父子，或纺或织，恒借一艺以糊口者，今且市不得售，而兴仰屋之嗟。凡此界摇动经济上之恐慌，履霜坚冰，由来者渐。而或者曰：此外货之充塞于国内，而剥夺平民昔日之生利事业，使之然也。夫使外货之充塞于国内而剥夺平民之生利事业者谁欤？曰：资本家也。不能为之兴利，而反夺其利，此生民之所以困也。虽然，世界愈文明，则其生活之程度愈高，交通运输之使开，机械之发明，亦大进步，工业社会之大变革，亦由此而呈手工与劳动者，皆失其业，小资本家，遂独立而经营，于是资本主与劳动者之间，遂筑一大藩篱。此例固无可逃者，使徒诋外货之漏卮，诚井蛙之见，为浅嚼目前之现象者言之耳。而将来困苦之状态，诚未可以言喻，将谓废交通，灭器械，以复往昔闭关时代之前迹乎？是诚痴人说梦，匪惟于势固有所不能，而世界进化之理，罔或渝也。固吾党于革命时期，早悬此三民主义，同时并进，其一、二为民族主义、民权主义，三即民生主义，所以匡救此贫富不均之悲境。及今民国告成，其第一、二主义，既徇其轨，若民生主义，正吾党之精神淬历以进者，固一息不容少懈者也。于是树为政策，有誓须其目的之必达也焉。

民生主义与民生政策之定称，其大要无甚区别，大抵平素所信守者，曰主义，及持之以建立者，曰政策。然吾党之注重民生，固蓄之既久，以急求贯彻者也，固亦可曰民生主义政策。特在昔满人柄权，君主专横，吾人处此，欲急拯生民于水火涂炭之中，则实施以激越之手段；今则为政在民，吾党得出而执政厥权，以蕲阐其政策为耳。昔孙中山先生曰：民生主义一名词，当为 Demosology 而不为 Socialism，由理想而见诸实际之意也。民生政策之行于国家者，以德国为最著，法、美、英诸国次之。盖德国社会党之蓬勃，几莫与京，而在下议院之势力，恒占优胜，故能贯彻其主张，其国内工商业膨涨之速率，大有凌英驾美之概。游欧洲者，与谈政治，咸称柏林，谓其屋宇整齐，事物有序，为列国冠。此宁非民生政策之特征哉？前年德国议院中有提倡加重人口税者，社会党反对之，谓此不足以减少本国劳动者之痛苦。又去年，德政府观近年德国户口，有减无增，异常惊怖，其内务大臣，贻书各省，查明户口减少之原因，以国内大势论，劳动日多，税晌日重，故生计窘迫，人民因之憔悴，人口以是减少。议者咸谓政府，当亟设法限制资本家之专制特权，俾劳动家，亦可小作贸易之生利，否则恐不满二十年，德国人种，有不堪切［设］想云云，于以知其国人之注重民生政策者矣。一九一二年十月九日，美国华盛顿法部地方官华卦慎布告，谓凡美国内地机器厂各项工人，与及公家工人，皆一律实行作工八句钟之例，是知美国亦渐行保护劳动者之权利矣。其他各国之根据民生主义，以为政策者，更仆难数。近如东亚之日本同文国其政府仇视，社会党人若芒在背，若刺在目，务欲去之以为快，而其国之社会党，蒸蒸日上，所欲压力愈重反抗力愈大者非欤。且也，比年日本议院，且有主张社会主义之一沠［派］人物，厕身其间，而曰政府之政策，亦恒采用国家民生主义，如铁道、烟草、火柴、糖酒等，皆逐渐收为国有，其明证也。盖晚近民生主义，恒准乎经济学分配平均之法，使一般社会，各安其生，顺其适，非复如前之各树一说，互相纠纷，其主义有至当之精理，故国体无论如何，自不能不垂为政策，以收良好之结果焉。仲尼曰：不寡贫，而患不均。其言本含有精蕴，特后人不能发挥而光大之，反持异说以希冀非难民生主义者，直社会之蟊贼而已。然夏虫不足以语冰，其如此吐露锋芒，光焰万丈之主义何哉？

吾国自昔，以农立国，井田之制，始于唐虞，夏商葺治，至周大备，因口之众寡以授田，因田之厚薄以制赋，每夫授田百亩，故八口之家，可以无饥。李靖向对皇帝立丘井之法，因以制兵，故井分四道，八家处之，其形井字，开方九焉。禹治而丘甸之，六十四井为甸，甸方八里，八里居一成之中，成方十里，出兵车一乘，以为赋法，代有农官。故诗曰：信彼南山，惟禹甸之。又曰：俶载南亩，田畯至喜。其制于春秋时已坏，晋作爰田，则赏众以田，易其疆畔矣。鲁初，税亩则履，其余亩，什取其一，用田赋则二，犹不足，病农民矣。管仲作内政，楚蒍掩书土田，亦颇改周典之旧。战国兵农浸分，孟轲言王道之始，魏惠王以为迂，滕文公问井地，卒莫之行。自秦孝公毁经界，开阡陌，而兼并僭逾。汉承秦旧，董仲舒请限民名田，师丹谏言限民名田，言未尝行。赵教民代田，乃耕田之法，非受［授］田之制，下及汉唐，风化已远。然其授田有口分世业，皆取之于官。其敛民财有租庸调，皆计之于口。其后变为两税，户无主客，以见居为簿。人无丁，以贫富为差，贫急于售田，则田多税少，富利避役，则田少税多，侥幸一兴，税役皆弊，既无振贫之术，又许之卖田，后魏以来，弊法也。唐志谓以分世业之田，坏而为兼并，似指以为井田失之远矣。顾三代井田之制，虽未足以包括民生主义之总体，要之其分配地权之公平，民乐其乐，康衢之歌，所由起也。宋王荆公变法，其大旨盖因天下之力，以生天下之财，取天下之财，以供天下之费，原含有民生主义之性质。惜其时士夫，大都顽腐，不肖官吏，缘利为奸，久而怨雠逢兴，谤言交谪，坐令功败垂成，至遗憾耳。吕祖谦曰：安石（荆公名）变法之蕴，略见于此书（指荆公上仁宗书，原书万言），特其学不用于嘉祐，而用于熙宁，世道升降之机，盖有在也。其言殆有感焉。荆公变法之著者，为青苗钱，然青苗钱之名，不自荆公始也。唐大历元年，天下青苗钱，共四百九十万缗，每亩税三十文。永泰八年，诏天下青苗地头钱，每亩一例十五文。德宗又增三文，以给彍骑。通监集览谓：青苗钱者，不及待秋敛，当苗方青即征之也。是唐所谓青苗钱，并与宋制不同。宋制尚有钱贷民，而加征其息，唐直计亩加税耳。宋之青苗钱，则始于长吏之自为本以利民。宋吏李参傅，参为陕西转运使，部多戍兵，苦食少，参令民自度麦粟之赢余，先贷以钱，俟麦粟熟，输之官，号青苗钱，经数年廪有余粮，此麦粟青苗钱之所本也。荆公初知鄞县时，贷谷与民，立息以偿，俾新陈相易，民甚便之。荆公操履廉洁，亲施之于一县之民，自有利而无害，及登朝柄用，以此事已效于一县，遂欲行之天下。曾河北转运使王广廉，奏乞度牒为本钱于陕西漕司，私行青苗法，春散秋敛，与荆公意合，于是决然行之。其普及一般人民之利益，宁非善政，乃干进者，以多借为能，而不顾民之愿否，不肖者，又借以行其头会箕敛之术，则并非荆公之初法矣。所谓有治人无治法也。轨足以谭民生政策之萌芽，我国实为鼻祖。特前人未能洁矩，其纲领以诏天下，而组织复未完备。斯一法立，一弊生之害，所不能免。当代学者，诚当阐其幽光，发其微蕴，参以欧美最近发明之经济学分配平均之至理，斯我国将为寰球上最完美之国家及影响于人类世界者至重且大。夫岂可淡焉漠视之哉！不然，吾国以天然农殖之土地，幅员之辽阔，循物竞天择优胜劣败之例，转瞬间而全国公共之权利，握有一二富豪家之手，一般平民，为奴隶，为牛马，而行政官吏，亦仰于少数富豪者之鼻息以成立。美国煤油大王铁钢大王之名所由著，亦金钱之势力，所使然也。斯平民呻吟无地，决非以最剧烈之手段不克恢复其主张。兴言及此，曷胜悼哉！顾浅学之辈，以为今日而言民生政策，为不痛不痒之谈，忽焉忘之，是真于未渴之先，而谓并可以不鉴，甚焉者骇以耳目笑为迂腐，若是乎其必如谚所谓“死到临头”乃求名医以治，致身命不保，而又不及自哀也矣。昔人有言：治病于未然者，神也。而况吾国之运用民生政策，不过法承乎古意，抉发其幽光，循世界人类之公理以进化者哉！

况乎社会生活之舞台上，彼以坚决之计划，积极之态度，为经济的组织，发现于欧西各国者，演绎以进，就工团主义（Sgndicoclism〈syndicalism〉），其最著焉者也。当一八六四年，法兰西有劳动家国际联合会（The International Association of Workingmen）之设立，而社会主义与职工同盟主义，若奇葩之茁发。今工团主义，更由特殊之状况，及联合社会主义与职工同盟主义之特殊心理而产生，其在英国有工团党之报纸《劳动之声》及工团党教育协会之组织。顾人类之天性，莫不好安乐而恶苦恼者，特如狂诞之观念，虚幻之理想，则人或自信之力未深，而有所委蛇。乃晚近新发明之学说及其主张，皆根据于论理学之烧［观］点，与经济学之支配平均。举凡一般之心理，无不与之迎合。则一国之政策，断不能与世界之潮流相忤，且甘为之敌而召祸乱，虽至愚者弗为也。

顾欲求国家之进步，当先求国家工业物产之进步，而工业物产之进步，即资本家与劳动家相形于其间，且日益增涨。至劳动家之中，复分为二：一为自食其力者，一为受佣于人者。两者相较，自食其力如农夫、工艺师等，所作之工，所成之物，尚得为自己所有。若受佣于人，则所作之工，所成之物，悉所资本家所有而已，仅得其最廉薄之佣钱。虽然，予尝察两劳动家之究竟，其劳力固同，及其易为资本家所控制，亦无不同也。盖兴一机器，而多许手工歇业矣。将此项手工之劳动者，复转而求佣于人，是资本家之势力，无在而不足以损害社会之生活。故国家而欲挽救此弊，几穷于术，盖以偏［片］面之计划策之，则奖励资本家以振兴实业，使国家底于富强，此时人所盛倡，而当代政客，视为不二法门矣。乃独于大多数之生活，未尝顾及，故谓其得其偏而未窥于全，彼固无词以应也。而脑筋顽旧者流骤语以经济革命之说，辄诋为好乱，抑知此种主义，已深入于人心，相机以动，将一发而不可遏。予既屡言于前矣，顾非可泥于吉凶之兆，隐忍而不见也。即以人类生存竞争之公例言之，无论为一团体，为一国家，必以多数者之幸福为真幸福，至如何而后能普及一般之幸福，此颇耐人寻索耳。

昔人言救贫之策，其端有六：

（一）国家节用度而免钱粮；

（二）教民智工作而安勤俭；

（三）百工齐行而增价；

（四）工本合作而分材；

（五）由国办工作之事；

（六）分田与民。

凡此数端，骤观之若甚得计，且极足以博人民之欢心。我国历代法家，以省刑罚薄税敛，垂为明训。若教民之政，旷代所兴，至分田与民，与三代井田之制，若合符节。予亦庸言于前。究之古代因是以致治者，载诸史乘，然历百年或数十年而兴替靡定，虽有由于后人不能守先王之制，而民爰乱离，乃自今视之，未尝不叹其道尚未能贯于通，而垂为永久也。曷言乎尔？夫国家节用，诚足以减轻人民之负担，苏人民之困苦。然今昔殊途，一国之成立，舍武力几无足以自存者，则一年中之海陆军费，其数已甚巨，此固无从以撙节者也。且钱粮一事，税自田土，若任富者之角逐，地价日贵，地租日增，而国家尽豁免其钱粮，仍利于富有资产之民耳。大多数之幸福，将安在乎？此第一策之是非果能收实益也。勤俭为修身之本，固宗法家所恒言，然人人既劳于工作，而复鄙其服，菲其食，已非人生之幸乐。若资本家所与之工价，未尝因其勤俭而有所增率，则其利仍归诸资本家，且人人同趋于勤俭之一途，资本家反以劳力者之日众，而或贬其工值，是尤以大多数人之血汗，而供资本家之驱策也。此第二策之非果以致一般之幸乐也。若百工齐行，洵足以使一般劳动者不至于失业，工价或足以稍长于一时，而价大之业趋者必多，多则价复低落。且齐行乃与本主为难，而非与地主争权。譬有人用本租得一地，招佃耕种，为佃者恨其价小，必商之本主，求其增价，则本主又必商之地主，而求其减租，地主不允，强之则怒，或另招他人，或竟任其地之荒弃，固无碍也，而此佃工，数日不作则无食，无食则死，是劳动者以性命与资本家为赛胜品，而复必不获胜。此第三策之无裨于事实也。至工本相合，生材之多固矣。例如置一机器，减劳力者之辛苦，然吾前云云，兴一机器，而多许手工歇业，此徒利于一二大公司，而劳动者转因是而赋闲，亦犹佃工之不作而无食。此第五策非所以补救一般之生活也。国家办工作之事，其法以工代赈，西国恒用之，然国家办事，必委官督，委官则贿赂苞苴，在所弗免，是利未兴而弊先起焉，且人之为业也，各随其性之近，而趋向自然，纵勉强行之，无角逐之道，其不踊跃也必矣。此第五策非所以顺民之性，而难收其效果也。分地之策，诚为根本上之解决，而保持土地之平均，然国民非人人能自耕而食者，斯以其地转租于他人，是仍使少数地主操纵其地权。此第六策未能切应于今之时势，或反滋其流弊矣。（此节择录轩利·佐治辟救贫策之误。盖轩氏为唱道民生主义学说之巨子，言皆精审。故此篇之著，多奉轩氏为圭臬者。）

然则实施其救济之政策，当何如乎？曰土地国有（Land Nationatisation〈Nationalization〉）其方。夫地者，上帝所造以生人，凡人身世所需之物，无不自然取给于地，顾地无尽藏，取之不禁［尽］，用之不竭，当然为公有，而非少数人所得而私者。森林也矿产也都会也田亩也，以至于一切交通机关，尺寸之土，莫非公物，其理为至当不易。纵有疑者，则反诘其有生以来，果缘何而得自名其地乎？斯可迎刃而解矣。虽然，土地国有之制，非谓以横暴之力强占各个人现有之产之谓也。各国社会党诸团体关于土地国有之宣言，其意见大都一致，第解决此问题之着手，有轩利佐治单税法之论起，遂大受社会之欢迎。盖单税法（Single Taxation）之胜利，在能使资本家不能垄断土地为一己之专利，而解脱一般平民之痛苦也。其主旨谓除土地真值外，一切租税，概行蠲免，而一般之获益多矣。

轩氏之言曰：盖地之一事，非人手所作者可同，惟以一国之地，属一国之人，一国之地租，作一国之公用。又谓：归公云云者，非分之与众人，乃以之为公用，如开设学堂，建置医院，浚通沟洫，创立桥梁，修通衢道，以便人行，造藏书之楼，以便人读，皆公用也。推之国家之钱粮，官府之费用，兵士粮饷之所出，夫役薪工之所支，亦无不取给于中，而无事自筹经费。如此则富者多入而亦多出，不复能占据如前，而贫者用度既轻，身家自裕。虽贫窭之子，而读书无异于世家，即困苦之人，而享受可同于富室。不惟彼此相益，亦且上下相优。盖国家各项钱粮，不能涓滴归公之故，实其中官之所中饱，吏之所侵渔，蠹役之所要求，奸商之所隐匿，种种弊窦，防不胜防。若征地则可按亩而稽，披图而索，上既无克扣之事，下亦免偷漏之忧，不较他税为善乎？而且租之所出，亦非重敛于民，另征巨款也。不过昔以之归地主者，今以之归公，固一转移间事耳。

轩氏再论地租归公之益，略谓：租归公用，则机器之利，即归众人；其制愈精，其力愈省，其工价亦愈增；因机器非人不能作，人有退步，不得其利，则不肯作；迨工价既增，则人愈将出其才智，以成奇巧新颖之器。盖人因有善价而后有大用，非因有大用而后得善价。其益于工人者一。一国之钱粮，一国之用度，几皆取之于农人。若征地则山地、矿地以及闲置之地，城市之地，莫不有税，则田地之税必轻，是分其任。且农人虽不交税，然其所食所衣所用之物，莫不由交税而来，用之者即不啻代其纳税。今只一地悉免，他途货物，较前必贱，是又节其用。征地则地不能占稠密之地，推而散之，稀少之区，引而聚之，工以合而生材，亦以合而省力，则工少而利增。其益于农人者二。至于为大地主者，其占地为聚才计，聚才又为子孙计，使其知及身无冻馁之虑，且子孙日后得地亦易，不必预为之谋。其益于地主者三。

且人民生活之程度，以日用品之腾贵而促之困也，使一切工本，皆无待于输将，斯本轻而物廉，材不可胜用矣。国家有一定之税率，土地有一定之价格，征收固易，举国上下，措置裕如，其普及全国之利益，及影响于世界，岂浅鲜哉？呜呼！民生政策，其为富民富国之救济良策也欤！愿吾国人当奋起以励图之。

（录自《民谊》第6、7号，1913年4月15日、5月15日）

民生主义与民死主义

微　尘*

共和以来，吾国有所谓伟人者，日持民生主义以号召国中。吾非治社会学，初不之解，询之友人，乃知持此主义之伟人，亦徒食欧人一二烂言。其能了解与否，实行与否，唯彼伟人乃自知之。吾侪小民，固敢臆测耶？虽然，吾从未治社会学，而从伟人所谓民生主义之文学［字］上解释之，或亦可得伟人之所指。彼伟人之所谓民生主义者，其果以吾民之生存为主义耶？抑果以吾民之生育为主义耶？抑或以吾民之生活为主义耶？抑或以吾民之生计为主义耶？抑又以吾民之生产为主义耶？其包含此数义耶，抑仅鸣其一义耶？唯彼伟人，必以为区区一义，不足以尽吾此绝大主义也，明矣。夫吾侪小民，无不欲生存者，既已生存，又无不欲生育者，既已生育，又无不求生活者，既求生活，则生计尚矣，既求生计，则生产又尚矣。唯彼伟人，既综合此数义，以为一民生主义。吾侪小民，岂不顾而乐之？非万国对峙，竞争剧烈，则生存何道耶？哀鸿流离，不得休息，则生育何术耶？荆榛遍野，虎狼当道，则生活何所耶？士失学，农失耕，商失业，人心惶惶，相顾失叹，则生计何方耶？生产何出耶？吾侪小民，方以为彼伟人者，既持此绝大之民生主义，以煦示吾民，必将有术以救济之，出水火，登衽席，不远矣。乃此主义之号于社会也，亦已两年。此主义之入吾耳目也，亦既有日。而所谓生存之道、生育之术、生活之所、生

---

* 因《时报》“社论”栏内发表了大量署名“微尘”的文章，故疑“微尘”可能是《时报》编辑部的集体称号。

计之方、生产之法，曾无一焉足以副。吾侪小民之希望者，颠连无告，日且加甚焉。夫生者，死之对象，死者，生之终期，不能投生，即必入死，生存之道，既灭，则死立至矣。生育之术既穷，则死而绝矣。生活之所，生计之方，生产之法，既无可言，则虽生犹死矣。军兴以来，吾民之生命财产，兵掠者掠，盗抢者抢，靡所保障，惨于无国。而彼伟人者，车轻马肥，食丰衣厚，生存之道日高也。粉白黛绿，列屋闲居，生育之术日广也。每一银行之存款，动至百数千万，每一房屋之购置，动相连数十间，生活之所，生计之方，生产之法，亦日多也。唯彼伟人，畴昔一穷窭汉，而今已富家翁矣，则所谓生存生育生活生计生产者，亦唯彼伟人之生存生育生活生计生产已耳，而吾民何与焉，则所谓民生主义者，亦唯彼伟人之民生主义已耳，而吾民何与焉？夫伟人之生存生育生活生计生产者，既如彼，而吾民之不生存不生育不生活不生计不生产也，又如此，则伟人之所谓民生主义者，吾得而更名之曰：民死主义而已。夫民死主义之于吾国，其在他省，未可尽知，而粤东一隅，则固磅礴发达，臻于极点。凡为粤人，靡不知之而能言，言之而能尽者，其受之也深，故言之也切。嗟！昊天亦独何心，而使粤人深受此苦痛乎！顷粤人来，为余述粤事，颇详，而皆不出乎民死主义之范围者。言者心伤，闻者泪下，不忍自秘，窃欲为我国民一述之。倘亦不以秦越人之视肥瘠乎？斯则粤人之幸矣。

夫民生主义之为民死主义，固非吾一人轻薄之言。吾粤人之心理，固皆有此一名词也。今请从各方面言之，则余说不谬，益可知矣。

一　自政治方面观察

自此方面观察，则粤政府之政治一民死主义之政治也。夫治新建之国，当取严重主义而不取宽简主义，当取干涉主义而不取放任主义，固无待言。而粤政府乃借口于严重而滥用其专横，托词于干涉而肆行其暴乱。迹其两年来之政绩，无一不使吾民蹈汤入火，苦痛咨嗟者。夫无论如何干涉如何严重之国，对于无害公安无反良俗之习尚断无严刑峻法以反民好恶者，而粤政府乃借口于破灭神权而禁神诞禁打醮禁烧衣捉喃巫，致使贩檀香者、制爆竹者、业香粉香烛元宝纸料者，数十万人，因而失业。夫此等风俗，虽不能谓为良风，而亦不得谓为恶俗，千余年来，习惯已久，欲图改革，决非一朝一夕所能奏功。彼新兴之日本，亦何尝不锐意更新，而寺院朝堂，遍地皆是。盖与其逆民情以矜新治，何如顺民志而使之安常乎？而粤政府乃日以此故，徒肆扰民。此胡为者。其为民死主义之政治，此其一。

粤政府又借口于改良风俗，而禁妓馆禁瞽姬禁沙艇宿客禁紫洞艇不得留人过晚，致使业此者，数十万人，因而失业，无衣无食，以冻以饿而死者，日有所闻。由是而东堤陈塘之酒家，例闭巨万，而凡与酒楼妓馆交易之各商，及绸缎海味首饰脂粉鸡鸭牛羊鱼蟹菜蔬酒烟等之各商，皆受此影响焉，日以三十万计，则一年当亏至一万万矣。夫瞽姬何碍于政治而妓馆尤万国所同，沙艇紫洞艇等之留客过宿，亦海面游乐之一端，亦何伤于政化？若虑其藏匿奸歹，则严查之可矣。而必禁其留客而使之失业者，何乎？夫粤政府之所以为此者，非不知民间之生计攸关，而徒以当时有反对党，常谋揭竿，欲保持一己之地位，则不能不严为之防。欲严为之防，则不能不牺牲彼等之生业，而使反对党无所插足，自为计得矣。如千万人何？其为民死主义之政治，此其二。

粤政府又借口于民权主义，而禁人畜婢，日捉省城富家之婢，以驱入教育院，因此影响婢之强而悍者，日以挟制其主人，狡而柔者，勾引少年，席卷逃去。主人怵于功令，而不敢过问焉。夫粤省之婢，实不可与外国之奴，相提并论。外国之奴，终其身焉，累其子孙焉，而粤省之婢，则一达婚嫁年龄，而从夫以后，即脱离关系。质言之，不过一长期之雇人已耳。若以为恶制，则劝谕之，徐革之，以绝其将来，斯亦可矣。而必亦速烈手段，为此扰扰。又胡为者。其为民死主义之政治，此其三。

粤政府又借口于平民主义，而砍折旗杆，捣毁文魁进士匾额，以致各乡村之祠堂各缙绅之第宅，日被无赖借端骚扰，寝室不安。夫此等旧物废之，固可存之，何碍而必琐琐及此扰乱民间。又胡为者。其为民死主义之政治，此其四。

粤政府又借口于破除迷信，而禁卖阴骘文禁学堂拜孔子。夫中国数千年来，为无法律之国，而纲维不至大破裂，道德不至大堕落，风俗不至大败坏者，全恃孔教以维持之。粤政府具何心肝而竟出此，毋亦欲使全粤人心皆死而倾向外教乎？即以阴骘文论，亦不过劝人为善而已，所以寓以因果之说者，特为下流社会说法耳。盖以我国人民程度太低，不杂以祸福之说，则将至于无所忌惮。著书者欲借此以补政教之穷，意至善也。若民德既厚，民智日高，则不待厉禁，亦将唾而弃之矣。为问粤政府诸公，亦将迷信此书说乎？不揣其本，而徒为此无益之举，其使卖阴骘文者失业，其事犹小，而使下流社会无所忌惮，而驱具为恶，其罪实大也。其为民死主义之政治，此其五。

以上所述，乃荦荦大者，其他类此而扰民者，尚不可以指针也。

二 自经济方面观察

自此方面观察，粤政府之经济政策，亦一民死主义之政策也。夫粤之银根奇绌，至今日而极矣。粤之纸币充斥，亦至今日而极矣。二千余万之空头纸币（无基本金而滥发纸币者谓之空头），自去年九月滥发，日言筹款兑换而其不能兑换也，如故，日言筹款收回而其不能收回也，又如故。以府税作抵之美商五百万，在粤政府固宣言以维持纸币之故，而借入之者，在我国民，亦以维持纸币之故，而许其借入者，而纸币之不能维持也，又如故。因此影响，其已成之，业以纸币累人之故，而倒闭者不知若千数（省城及各城镇乡皆然）。因此影响，其未成之业，恐纸币累人之故，而罢弃者亦不知若干数。因此影响，而富室巨商负贩小民中落失业饥饿以死者，又不知若干千数。而彼粤政府诸人，乃日图自饱其私囊，拼收现银，兑换外币，以存储于香港各银行。（因外国银行不收粤纸币故。）甲数十万，乙百余万，而十万二十万者，更不可以指数矣。（港商粤人无不知之故隐其名。）一旦去位，则避地外国，犹不失为富家翁，自谓计巧矣。如粤人何哉！尤可恨者，粤人以纸币充斥之故，商场出入，多索现银，行商往来，乃不得不携现购货；而粤政府因羞成怒，初则对于由省落港者，禁其携带现银五十元以上，继且对于由省落乡者，亦禁其携带现银五十元以上。夫银重纸轻，谁不喜便，徒以不能通用，故舍彼就此耳。而粤政府乃不自设法，徒强人通行，竟以万国所无之野蛮手段，施之于经济界，岂唯可恨，亦复可怜矣。前清末造，苦民杂捐，借此革命，乃稍豁免，而粤政府以剥削皆穷，无望筹款之故，乃尽将光复时所革除之屠捐酒捐等，悍然规复，使粤人于衣食无着之下，而复加一重之复旦，（其余各项杂捐，亦多规复，不止屠酒等捐已也。）彼固借口于补助行政经费，非政治之颓败如故，而粤民之苦痛已深矣。非持民死主义者之政策而顾肯出此乎？

三 自军事方面观察

自此方面观察，粤政府之军事计划，亦一民死主义之计划也。夫兵所以对外而非以对内，所以保民而非以扰民。粤政府养兵，至今犹至五万左右，其目的全为对内之计而非对外者，其举动全为扰民之事而非保民者。唯其对内也，故以重兵屯省城，以防反对党之侵入，而自保其地位。（彼固借口治安，其实只在此耳。）唯其扰民也，故以大兵下四乡，以剿盗贼为借口，而肆行其焚掠。如顺德之容奇乡，如东莞之到滘乡，焚毁之屋，至数百家，抢掠之款，至数十万，致令彼两乡之人，无家可归，流离失所者，不下数万人，亦云惨矣。此外各府各县各州各乡，纵其所为游击队者，纵横驰突，惨杀绅耆，蹂躏良懦，日有所闻。以前清专制官吏办清乡之兵，所不敢为不忍为者，而共和民国粤政府之兵，乃竟敢为之，竟忍为止，致令粤人，有贼过如梳兵过如篦之谚，不大奇乎？尤可痛者，粤政府以不许人家私藏军火之故，派兵四处搜查，而一般兵卒，遂借口于此，而大肆抢掠，大肆罚款，使四乡之民，鸡犬不宁，寝食不安，怨声载道，而粤政府若为不闻也者。非持民死主义之政府而顾如是乎？

四 自警察方面观察

自此方面观察，粤政府之警察行政，亦一民死主义之行政也。各国警察，占行政一大部分，亦所以维持善良风俗及公共秩序者，而粤政府之警察，则以禁赌之故，凡在家之弄色牌义麻雀者，不问其为游戏与否，而皆驱之下狱矣。以卫生之故，而凡医麻风者卖戒烟丸者卖补肾丸者，不问其良恶与否，亦皆禁之矣。夫麻风可以传染，固宜使之绝种，然各国医者，几经研究，而皆无法使之绝对的不发生，且初起之症，或轻微之症，亦未尝不可以疗愈，乃必禁人医治，此何为者？即以丸药论，虽不能逢人奏效，而亦屡见奇功。粤政府既无官医以为之鉴别，又无官药以为之发行，而徒禁民间之发卖，其夺业丸药者之生计犹小，而使罹此病者之不得药治，因而废疾死伤者，其害则大也。尤可笑者，粤政府以防反对党潜入之故，凡由港澳来省者，无论何时无论何人，均须到警区呈报，不然，则来者有罪，留者同科，行商坐贾，咸称不便。夫虑反对党之潜入，则秘缉之可矣，而必因此以限制人民之自由，不大苛乎？此等限制出入自由之政策，唯法之于安南，乃或有之，英之于印度，日之于朝鲜，今且不复见矣。粤人何辜，而乃遇此对待奴隶之政策，以自陷于安南人耶？粤政府当严拿反对党之时，其被嫌疑而枪毙者，被诬陷而逮捕者，日百人或数十人，风声鹤唳，全粤震恐，比之前清之对革命党，惨刻残酷，千万过之。前清之对革命党，非有确实证据，不敢杀一人，即有确实证据，而宽免之者，亦事所时见。粤政府之待反对党，其有证据者，枪毙之，固无待言，即无证据而又嫌疑，无嫌疑而被诬控，无诬控而畴昔与该反对党或有亲戚关系或有友朋关系或有商业关系者，力所能及，无不逮捕之。既逮捕之，亦无一宽免之者，甚且株及其家人焉，波及其财产焉。在粤政府之意，固欲以此滥杀主义以钳制人心，然以是之故，而民心愈愤，民情愈离，益资反对党以潜助力，其为计，亦拙矣。尤奇闻者，警察厅之告示中，竟有毋谓口舌无凭一语。（去年八月间之告示有之，至今犹实行此说。）夫当粤政府严搜反对党而乱捕良民之时，街谈巷议，莫不切齿痛恨。警察厅鉴于此故，遂欲以此等告示压制舆论，使身受者自感痛，而局外者不敢言，稍一道及，即以反对党论矣。夫腹谤者诛偶语者诛，在野蛮君主之秦政，乃一行之，汉唐以来，以迄晚晴，虽极专制，犹不敢若此，而自由平权共和民国粤政府之警察厅长，乃竟如是，此真共和国民所梦想不及者也。非持民死主义之政府而忍出此乎？

由上观之，则粤政府之举动，何一非民死主义之举动乎？粤政府诸人，无一非持民生主义伟人之党徒，一切举动，当无不受彼伟人之指挥者，即或不然，唯彼伟人，亦当无不深知之者。粤为持民生主义之伟人出产地，而粤受民死主义之苦痛，乃为各地所无，则从伟人一身言之，所谓民生主义者，诚生矣。从粤人全体言之，所谓民生主义者，何生乎？有死而已矣。尤有一言者，枪毙之举，乃用之于军事时，而非用之于平民时者。粤在今日，既非用兵之时，又无戒严之必要，则所有刑事，当照刑律以行之，乃枪毙之事，时有所闻，在彼不学无术之警察厅长，吾不深怪。而粤都督则固曾学速成法政而来者，谓为不识法治，必不甘受，既识法治矣，在平时而犹用枪毙，岂以粤人无受文明法律适用之资格乎？抑以既得富贵，而尽忘所学乎？抑扪良心而欲以此滥杀粤人，以警反对党而自固其地位乎？则唯粤督乃自知之耳。

（录自《时报》1913 年 5 月 15、16、18~19 日）

社会主义

张纯一[*]

六月望日，江君亢虎，发起广义的社会主义研究会于张园，召集同志多人演说，冀输布欧风，造理论而已。不佞与焉，谨就吾国社会现状，略抒所见，借谋和平幸福之进化，以免沮滞世界道德之发达云尔。

社会主义，为最大多数穷苦同胞谋幸福，而期天下无不平之弊者也。欧美各国人，有主张实行此宗旨者，已多历年所。而吾国人，则久困于二千年来专制政治学术下，莫由超脱宗法范围，而为极乐黄金世界之思想，至今社会中除最少数家资丰厚者外，无不永含无穷之痛苦。噫！悲已。彼百人之善为大多数人谋也，日有进步。以英国言，其欲人皆得伸自主之权，乃先与以选举权。当其始，一国中有选举权者，不过数百人，后乃增至数万人。今则几尽人而有之，是已得民皆平等之道矣。至贫富之悬隔不能平，则又设法以调剂之。如一富人身死，其遗产有五百金镑者，国家抽厘百之一，有千镑者，抽厘百之二。等而上之，遗产愈富者，抽厘愈多，积为国家岁用，以免多取诸贫民，其恤贫之法，如此。夫贫民大都以劳动营生，而当其染病或衰老不能劳动时，其苦况必有不堪设想者，国家又预为设法，于每人每日所获工价，提存百分之几，又令雇主照加所存之数，国家亦如所存之数以给之，合并为之逐日储蓄，预备老病之用，法诚良

* 张纯一（1871~1955），字仲如，法名觉义，湖北汉阳人。

矣。以故昔时贫民穷迫无聊，世家大族，得任意以为奴隶驱使之者，今则大改旧观矣。现在英、法各国，但见贫民日少，富民日多；勤劳者所获之工价，则岁有所增，而工人蓄积之财，存储小银行者，日见其富；其居处亦日洁而日精，逐日操劳时刻，与夫操劳之苦，又日少而日轻。回念贫民先世备尝之苦况，今将悉遁诸无何有之乡，其济贫安民之法，不诚日见其精进乎？近英国水手，尚复同盟罢工，以求达其现在所未满意之希望。欧美各国水手，亦皆闻风相应。吾意彼为之上者，又必有善偿其愿之道，以增进大多数劳动者，安生乐业之福矣。

吾国自海通以来，生齿日繁，地不加大，所有土产生货，又不足抵入口熟货之交换，迄今工业不兴，而人力乃尽归于无用，哀鸿遍野，生气将绝，不知尽世界义务，如何能享世界利权，图生存也。而吾<国>当道，既不关心民瘼，且戴立宪假面具，多方以敲吾民之骨而吸其髓，吾民如何能不为沟中瘠也。然其咎实由吾民不自为计自取耳。抑知社会者，最大多数人之社会，宜共和以自治者也。今吾民因无自治能力，于是穷苦无告，卖儿鬻女者，不知几千万；幼弱无父母之孤儿，无所放依以长其身者，不知几千万；疲癃残疾，与夫衰老不能操作，束手待毙者，不知几千万；食树皮啜草根，致脏腑中毒，愿速死而不得者，不知几千万；流离失所，为乞丐，为途中饿莩者，不知几千万；妇女无依，不得已败节，作皮肉生涯者，不知几千万；士人无以事蓄其父母妻子，多方求达金钱目的而不得者，不知几千万；迫于饥饿为盗贼者，不知几千万；甘与残酷严刑拼命一死，而为囚徒者，不知几千万；无业游手，专敲诈良民以为生者，不知几千万；无可营生，流而为僧尼巫祝相卜以度日者，不知几千万；男为奴仆女为媵妾侍婢者，不知几千万；负债无偿，失业无聊，服毒或悬梁以自尽者，不知几千万；轿夫挑夫车夫，日夜以血汗卖钱，买不得全家一饱者，不知几千万；通宵达旦，勤苦工作，有志令子弟受高等教育，终难如愿者，不知几千万；志士奇行，不得知己，负气节，不肯向人乞怜者而槁饿以死者，不知几千万。种种愁苦，罄竹难书，探厥由来，无非为穷所致，有心人得不为之伤悲哉！吾民尚不自为计，各为社会尽力生利，交换以自养哉！

音弥尔若腊曰：社会主义者，救世之菩萨也。今吾国之待救，不尤刻不容缓乎。盖社会主义，以社会为一大家庭，社会其父母也，吾人皆同胞也。父母视子女，若者美衣美食，终日逸乐而无度，若者饿死冻死愁闷死犯刑死劳苦致病死，曾不得人生丝毫乐趣，而不为之一剂其平。其心安乎？忍乎？况福以府特曰：不劳动者，即无衣食之权利。（昔许行率其徒数十人，皆衣褐捆屦继席，以食能令陈相悦服，尽弃其学而学之，甚不欲厉民以自养，想亦具有至理矣。）今衣锦食肉者，几皆不劳不动，坐分社会之利之人，而专为社会生利之劳动者，则日日汗流浃背，求一恶衣恶食而不足。揆之天理人情，当乎？否乎？方兹闾阎凋敝，无业游民，莫非工业预备兵，倘终无工场可投，必将变为游勇以肆劫，实亦吾国富有资财者，隐伏之祸机也。若不先事预防，恐无贫无富，不久且同归于尽矣。在彼富豪，当亦思自来既享社会无限幸福，则不得不有以酬报。夫社会，以维持其和平，亦即自保其乐利之道，务将所有资财，除力助子弟求学，使成天地大有用之人外，且不可留遗子弟，诱起依赖心，以损其智者之智，而益其愚者之愚，卒致堕落其志行于不可救；宜尽捐以兴学，且集资兴实业以助之，庶无所事事者，授之以业，不能事事者，教之以业；且多设半日徒弟学校，贫儿学校，俾社会中，无一不受教育之儿童，久之即可无一无衣食之乞儿。盖人力务尽，民智务启，贫窭之子，既具知识，权力自生，定无难由渐而饶裕矣。岂非社会全体之福耶？惟是吾国末季陋俗，贱视工师，由昧于社会厚生利用之福，皆劳动者所造就之理也。今宜稍厚其工资，少减其劳作之时刻，且以礼貌优待之，每日必以三十分时间，教以天赋人权之知识，以增进其智德，则人格日高，而社会盛德大业之发达，可翘首待矣。尚惧人满之为患哉！

近日士夫，侈言天演，以策励世人之竞争心，谓图生存，舍此莫由。讵知竞争心，必彼此共立平等地位，而后可决胜负。若以乡僻无知穷民，与世居通都、大富贵广见闻者较，妄分优劣，且以弱肉强食为期，是率强暴者而禽兽也，尚能得人道之平乎？想必为仁人所不取矣。又讲尚武主义者不乏人，为御外侮，保种族于一时计，固不得已也。若牺牲无数头颅，无数钱财，以保全或扩张最少数强有力者之权利名誉，而大伤全社会之元气，至不可复，则荼毒生灵之罪，不可逭矣。故近日世界伟人，力求同盟公断之实行，以积极的弭兵法（见李提摩太《万年太平策》），策太平于永久，诚平天下之急务也。抑吾尤有不合吾一般社会心理之言，而难自己者，则当知耶教，即为大乘佛教，有过之无不及，是不可束教囿习，反抗之，以自速其亡，致人心尽坏，迟社会道德进化，并急宜取其所长利用之，以光大吾自来圣贤之至德要道，用补吾教育力之所不能及。即纳全国男女老幼，终其身于道德教育中，俾人无幼长贵贱，皆自知为天之子，天之臣，无不自由，无不平等，无不爱同胞，以敦促社会主义之进行，必速于置邮而傅命矣。此孟德斯鸠，所以谓道国必首重宗教；颉德所以谓谋社会全体未来之利益，莫贵乎宗教者也。远识之士，欲图社会速进化者，尚垂鉴焉。

［录自（上海）《大同报》1911 年 7 月 29 日］

敢问社会主义家

征　裔

敢问社会主义家曰：今日中国之经济问题，在生产不振乎（即所谓患寡），抑在分配不公乎（即所谓患不均）？公等之目的，在救“寡”乎，抑在救“不均”乎？

吾闻社会主义之说，无论何派，大抵皆由欲解决分配问题而起，皆由欲救“不均”而起，无有及于生产问题者，且无有患“寡”者。公等欲以社会主义鼓吹于中国，其观察之定点与主张之标准，请有以语我来。

若既知中国之弊在生产不振，而所欲救者又在“寡”，则鼓吹社会主义，是南辕而北其辙者也。公等岂其然乎？

社会主义为世界的，固也。然公等谓行社会主义，遂不必虑及一国之生产之寡，则非终听其寡，以至于贫而亡焉不可。否则必行无政府主义，使世界无一国家与我竞争，且以其所有均也，以与世界的社会主义较，非鉴柄不相入者乎？

吾人以为苟欲讲社会主义者，当以无政府为究竟，苟欲实行社会主义于中国者，当循序而进，先求中国之政治、经济、社会与世界平等，而致力于政治革命、经济开发、社会进化，不可躐等而径用社会主义，且不可误以社会主义为能救一国之寡，此鄙见也。

附答　哀群生曰：研究社会主义，当先研究哲学、经济学、社会学及其他有关系之学，并须慎用术语，及晓解其意义。

（录自《民立报》1911年8月29日、9月1日）

论中国今日宜采用国家主义之社会政策

朴　庵

人生而不能无衣食，衣食不济，不能不争竞于智力。自竞争起，而强食弱肉，贫富之阶级即因之以生。阶级日严，民生之困苦日甚。所以，平彼我之争，谋多数人之最大幸福，惟社会主义是尚。君主政体无论矣，即民主政体，其政权不过操于少数人之手，且以纳租税为代议士之代价，不啻资本家握有政治上之特权也。其结果所及，生出经济上种种不平之阶级。风潮所激，遂来全国之抵抗。于是，新改革之说复起。此等现象，已发现于欧美诸国矣。所以，社会主义为世界近今之一最大问题也。论者谓吾国社会革命，当与政治革命并时而起，此怵于世界之现状，于经济阶级未生之时，先为塞源铲根之举动，此真探本之论。而吾以为不能不急事商榷者，以社会主义派别甚多，中国现今社会之形情，果适用何者为标准乎？使不详加研究，而第张一帜曰：社会主义是不足谋社会之幸福，反足忧乱社会之秩序，可断言也。故吾人对于社会主义上之研究，第一当先明社会主义之流派；第二，当审度吾国之情势，择一种适合者而推行之，无事于理论上过为高言也！

社会主义，萌芽于十八世纪之末，而成长于十九世纪之中。自法国革命以后，自由平等之思想，日益发达，因当时尚无大资本家，其财产分配，不甚悬殊，所以相安无事。迨科学进步，机械日明，资本家与劳动家，乃成一反比例。夫贫富之悬绝，即呈于外，则平等之观念必生于内。多数人民，即失望于代议政体之无裨，反足以窘其谋生之道。于是，恶文①、逊斯民②、甫利野③诸人，遂倡为一种之学说，以号召于世，遂渐繁衍，日以分析，总其要有二：一为急进派之社会主义；二为温和派之社会主义。其派别则有五：一曰无法律，无礼教，无规则，无组织，推翻政府，破败社会，谓之无政府主义，亦谓之平民主义；二曰废阶级，撤制度，共财产，谓之平等主义，亦谓之共产主义；三曰无论贫富，无论强弱，宜以一切生产，归为国有，由国家经营之，谓之共同主义，亦谓之协动主义；四曰将一切改革社会之事业，假国家权力，以救济社会之不平等，谓之国家社会主义，亦谓之国家主义之社会政策；五曰无种界，无国界，无彼我界，一视同仁，相为扶助，专以慈悲感化为事业，谓之世间主义，亦谓之大同主义。以上诸派，第五派当行之万国统一之日，今非其时；第一第二属急进派，不认国家为必要之物；第三第四属温和派，惟第三派以财产归之国家，第四派假国家之力以行均平财产之事，又有急进温和之别。此派别之大略也。

中国自专制政体一跃而为民主立宪，为政事上开未有之生面，今采取社会主义，亦宜以急进之手段，用第一第二派，以为万国倡，而不知政治上之改革与经济上之改革，稍有不同者。盖民主政体，虽号为民主，其实代议士而已。所以，有少数开明之士，即可建设最大之共和国。至于改革社会，非合多数人民，悉有普通知识，确知社会不平等之苦，公起以谋全体幸福不为功。吾国人民，受政治上之苦，多有能言之者矣。至于受社会之苦，非特不能言，并不及知。一因吾国贫富之阶级不甚严，虽贫者苦无立锥，而富者尚不至田连阡陌，所以，贫富之恶感不深。一因机器事业不发达，劳动家对于资本家，多生倚恋之心，而无反抗之想。一旦倡言极端之社会革命，鲜不闻而骇怪者，此人民程度上之问题也。尚有牵连政事上之问题者，世界未至大同，虽倡言社会主义，而政事必不可废，以甲国对于乙国之关系也。中国贫困极矣，论者以为受外界之影响，今骤用第一第二之急进派主义，剖击富豪，消灭政府，无论其受兵力上之干涉，即其用经济侵略之策，吾将何以抵御之？此形势之大较也。准此以论，吾国之行

---

① 恶文，今译作“欧文”。
② 逊斯民，今译作“圣西门”。
③ 甫利野，今译作“傅立叶”。

社会主义，第一第二派，必不可行矣。至于第三派，尚非适合。盖第三派虽认国家为全社会之主，一切对于他国行动，如兵力干涉、经济侵略，可无疑虑，惟一切生产，收为国家有，其手续之烦难，非一蹴可几，收回后一切布置，亦非三五年所能办理。政治问题尚未处置完善，民间之观听，时怀顾虑之心，忽加以社会之变更，人心浮动，在在可忧。程度未到，豪夺强取之事，将有借社会主义以行者，即行第三派主义，当在民国确立十年以后，必为当与政事革命并行，是未深加长思者也！

虽然，社会主义，由欧美侵至日本，近已印入吾国学人之脑矣。疾风怒涛，急不可御，是社会主义不能不行于吾国，必然之势也。况论者谓政事改革，物质文明，日就进步，与其行社会主义于有富贫阶级之后，何如行社会主义于未有贫富阶级之前，是社会主义不能不行于今日之中国，又必然之理也。而吾则曰：吾中国今日之行社会主义，当区别为二，一曰社会主义之鼓吹时代，一曰社会主义之预备时代。

鼓吹社会主义之法，或报纸之发刊，或社党之结合。其主义无论属于何派，视鼓吹者之主义以定之。盖鼓吹与实行不同，自我先标一主义，以听人民之从违，即用第一、二之急进派，亦无妨碍。且言论每先事实一步，而事实每逊言论一级，当亦利用此急进派，为实行社会主义之先导。此理甚明，无容祥论。

鼓吹亦预备时代之一端，而吾所谓预备时代者，试行社会主义之入手即可谓实行社会主义之布置。吾国素无经济阶级，必如何使之阶级不生，或稍有经济阶级，必如何使之阶级渐灭，不至为将来实行时之梗。吾斟酌时势，当采用第四派主义，为今日独一无二之适合者，曰国家主义之社会政策而已矣。

国家主义之社会政策，或不谓之社会主义。夫正名定分，求至精析之学说，诚不可加入社会主义之种类中，至于推而行之于现今之中国，则非此莫属。吾国历史，自秦汉以前，皆以爱民为政治之大要。曰保民如子，曰视民如伤伤，即社会政策之权舆。其他井田、均田、限田等，亦莫不在上为之谋而事易遂，此历史上之陈迹也。至于今日社会政策，有二要端：曰限地价，曰订税法。地价限，则富豪不得有兼并之私；税法订，则贫民可订脱追呼之累。此二者，虽非社会主义之中坚，亦社会主义之先河，不可不急起直追。作现今之维持，为将来之进行，而其权悉操之政府，举而措之于社会之秩序，又无扰乱之虞。吾之所以采取国家主义之社会政策者，为今日计，非即以此自域也。

抑吾尤有要者，急雨渡春江，狂风入秋海，辛苦总为君，可怜君不解。一般普通人民，不识不知，任人之牛马，我奴隶，我视为应受之苦困，叹我生之不辰。嗟蹇命之不犹，使语以财产分配之不匀，富豪欺压之泰甚，未有不哑然笑者。知识未开之人，而为之代谋一切，非特不见功，且以为罪。盖吾国劳动家，抱一无资本家即无衣食处之谬见，横亘于胸中，牢不可破。故欲实行社会主义，当先以平民教育为前提，必使多数人民，智识日开，知种种之苦，皆由经济不平之害，而富人之坐不事事，享天然之利益，为世界上最不平等之事。同盟团结，以求抗御之法，于社会主义之进行，庶几一日千里也夫！

（录自《民国报》第4号，1912年1月11日）

大同主义与社会主义*

大同主义者，社会主义之进步，二十世纪所新发明者也。社会主义，为世人所倡导者，已非一日。其中着［重］要之点，仅及于农工业与经济界，即所谓劳动问题与租税阶级问题是也。而社会主义之中坚，亦在于兹二端。其余以外，凡关于社会主义之问题尚多，惟未为世人所倡导而重视之。故由十九世纪进于二十世纪，则社会主义，亦必进于大同主义，此自然的进步，而事理趋向之。当然，由狭义言之，则为社会主义；由广义言之，即所谓大同主义也。

今中国之共和，为世人意料所不到之境，而骤越君主立宪之阶级，而进于共和之阶级。其勇猛发展之程度，实为世界政治家、理想家之所惊叹，而东亚之光明，由此大振，则吾国人之思想能力，宜必事事时时，有超于世界之上，又明甚。故吾国将必越社会主义的阶级，而企进于大同主义的阶级，亦自然进步之事实也。夫大同主义与社会主义，俱为希腊古代诸学说所有，而亦吾孔教、墨教之所倡导，即印度之佛教，亦未始非社会主义肇始之一派。惟其所主张者，理论极为不齐，其条件意思，亦俱不完备，实不足以发挥一种主义一种学理也。吾所谓大同主义，乃由社会变迁而来，而非不完全不充足之一种学理的主义也。有此学理，即有此政策。理论为事实之母。吾之所以今日始行提倡大同主义者，以前日君主立宪之不足以言大同，而期望共和政府之取裁于社会主义之广义，而进为至乎其

* 原作者不详。

极平等的大同主义的政策也。夫社会主义，以租税与劳动问题为中坚，而鄙人所主张者，则不仅此两端，实欲为世界打破一切不平之阶级，不同之权利，一进人类于大同平等之域，而先由吾国以创之也。

（录自《申报》1912年3月31日）

论社会主义

怀学社员马育鹏

专制删除，共和建设，平等自由之声浪，弥漫全国，于是社会党显露其头角焉。夫天赋人权，初无不均之分限，惟人力之设施，不能一致，乃生社会阶级，致人民失其均权之享受。富者投资以构宏业，劳动者终日碌碌，为之佣作，获其微资。及其终也，制成之物，一经售脱，资本家尽收其赢余，劳动者虽沾其唾余（工资），仅足养赡耳，其卒能致富者几希。富者苟无天灾意外，则蒸蒸日上，产业繁增，称财主矣。呜呼！被役者以筋力脑髓沽其微末之工资，而役人者乃以优游晏乐为驱利之代价，诚世间不平之事。此社会党之所以愤惫不息而组织其机关也。试究其原因，则彼资本家之牟利，皆由遗产使然，故若禁绝产业之世袭，则彼辈自无异劳动者，而不竭力经营以自赡？此社会党之所以标为宗旨而图进行者也。查泰西之社会党，其出现之时期绝早，党派颇伙，各有其利益损害之点，撮其要者。

（甲）均分派：此派主义均分财产，举凡祖遗产业，悉数充公，均摊人民，庶无阶级，其病在阻碍人民之敏活，而迟滞竞争之进步也。

（乙）通用派：将遗产存储公所，需要者可随时支给，其病在以有限之财物，应付无穷之支用，愚妄孰甚，矧人心叵测，支取逾于所需，在所难免也。

（丙）酬勋派：将遗产悉归政府收管，人民有何种技能，政府予以相当职业及酬劳，是将人民养活之机关，悉纳诸政府少数办事者之手，以逼其实行专制之政策也。

以上三派皆以遗产充公为主义。

（丁）汇集派：此派则反对充公，唯受遗产者，不得售租其产业，致生放债及纳利之弊，故产业仅供消耗，而不能生利。受业者以为与其徒耗财产，何如充公，俾贫者得普沾其泽。于是设公所以存储之，酌量情形，以施补助。此派颇有研究之价值，惟富者苟不能以产业遗其子孙，则谁肯积蓄，惟尽意挥霍之耳。且补助之条，正所以养成普通人民惰懒之性质。以此求社会之发达，远矣。

综观以上，不外乎遗产充公而以之建设种种公共事业，使富者无所资以牟利，贫者可以自食其力，庶几祛除阶级，实行平等，意非不善。顾作者则有所疑焉。夫财产既匀，不得遗传，其才技优绝者，年获无数金钱，究何所用耶？必强其消耗。其知识高尚，道德优美者，诚可出其所余以补助不足者，然此种人格究居少数。其普通性质，计惟卑鄙之行为，可供其挥霍，谁得而禁止之？若然，是逼为社会之蠹，而贻无穷之害，非为社会造幸福也。夫财产虽可均，智慧岂亦能均耶？智者脑力日强，理想日新，技能日进，斯获利路之途日广，而其耗利之途，即如上所云者，此势所必至也。况资本家亦非无益于社会者，若铁道之建筑，矿物之开采，电火电灯之创设，与夫一切专利（Monopoly）之企业等，非资本家不克成功，若必强人消耗其盈余，则世界永无资本，实业永不发达矣。如谓计个人进款之多少，定其捐纳之额集而贮之，日积月累，可成巨资，此说似近理。然强逼捐纳，既非人之所乐从，即捐纳矣，亦岂能举人人所得之工资，日日簿记之，而取缔其捐纳之额，其势必至匿多报少，捐纳其少数，挥霍其多数耳。其惰懒者，则明知有钱亦不能积，不如省力以贪一日之娱，其阻社会之进步更大矣。凡诸问题，皆为目前急当解决者。盖社会党势之潮流，遍及天下，而我国登此共和初建之际，人人脑中，具有平等之理想，急望社会平均主义之实现，□□□□，则贻害无穷。作者甚望素精斯学之人剖析而解决之焉。

按：今日党派林立，其最重要之两大问题：一国家主义，一社会主义也。社会主义，破除国家范围，而以社会直接世界，即以个人直接世界。鄙人未研究社会学，不敢断其是非，但鄙人所主张者，今日吾国与列国对待，若无国家范围，则全国人满盘散沙，何以立于竞争之舞台，且遗产归公，在国民程度幼稚之时，未知其利，先见其害，足以激动变乱，所以鄙人对于社会党派，敬之重之，而不敢赞成之也。阅此文，颇有契合，故附识此。

中文教员金聿修

（录自《约翰声》第23卷第4期，1912年4月）

论社会主义

——答黄同李君愚如论社会主义书

率　窘

李君足下：

足下以社会党之主义，有教育平等、产业归公二事，疑其未当，欲得记者之诠释。善哉！足下之问也。仆亦崇拜社会主义者之一人，然尝于吾国社会党人所标榜者，则不敢附和。足下以为疑者，亦仆亟欲讨论之要端。今请先说明社会党所标之主张，再申以鄙见，尚愿足下有以正之也。

教育平等之说，实无界限之可寻。然记者闻社会党人之宣言曰：必求人类智识之平等，殆将以教育平等为方法。而求臻于智识平等之域，仆以为必不能之事也。智识者，天赋之良能也，非人力可为范防。司教育者，既无法以勉愚者之必智，则唯有抑智者使入于愚，是但求社会之退化，非有他理之可寻，即使可是，犹不可能。野人之子，僻居山谷，不特无不平之教育，且无教育矣。及其稍长，贤愚自别，不待孰为之主，而自然至于如是，将又何法以求智识之平等乎？盖物之不齐，物之情也。今欲以人力狃背其天常，而又不能防于未生之先，徒弊弊于既生以后，不待智者，已知其徒托夸言。若谓但求教育方法之平等，不独共和国体，无不平等之教育也，即前清之世，阶级素分，独规定学制一律平等，以科举证之，可以了然。已过之事实既如是，而忽有恐不平等之虑，诚如足下所云，无待社会党之宣言矣。故自智识平等言之，则其说妄，单自教育平等言之，则其说愚，均无可议之价值者也。

至于产业归公之说，本出于社会主义之一派。方今人士，颇复祖述其说，则有不容不辨者。社会主义之勃兴，源于贫富之不平等，已如来书所云，不待赘言。而其所以能成一家言者，亦非无故。今试略述社会主义者，主张不同之点。社会主义中急进者，约得二派：一曰无政府主义，一曰共产主义。无政府主义者，以破坏现有制度为神圣，欲尽去人为之束缚，以复其天常，其主义为消极之社会主义。共产主义者，举私人之财产制度，一扫而绝之，纯以人类共有为目的，而其中复有广、狭之分。狭义者，且不承认有劳心劳力之区分，以为凡人类，皆当平等从事于工农，自织而衣，自耕而食，终岁收刈者，归诸公团，计口按日，以为支用。彼有心力之区分者，伪人所作俑也。今之社会党人，未有共产主义详细之宣言，以其教育平等之说参观，固当属于此派者也。广义者，则承认分业之制度，亦知天生斯民，本难齐一，智力分途，各有大用。今之智者，辄能凌驾劳动，皆由贫富为之厉阶，使人类有贫富者，当以货币为首恶。今欲挽其弊，宜先废止货币，以划绝贫富之本源，而代以劳动支取票，按社会全体产物之收入，为社会人类全体之分配，（关于此复有二说：一以为当不问如何，采绝对平等之制，一以为当视其尽力于社会之多少如何，而付以等差之支票。）使社会之分业，决无高下之异，而但以无业为大辱，使一般人类，视大总统与荷担者，无荣辱之差，乃其最终之目的。以上所举，虽不足以尽社会主义者之流派，而大率已具。彼无政府主义者与狭义之共产主义者，不适于今日之社会，固无论矣。即此广义之共产主义，果能期诸实现乎？此仆甚愿与持社会主义者一商榷之也。方今之政治，未能至于大同之域，国家界说，至为强固，纵观列国，孰不以扩张己国为主义！虽有贤者，高瞻未来，亦迫于事实之难回，而不能得所以化之之方。今欲废去货币，代以支票，必先以无国界无种界为前提。夫推测此事进化之公理，种界国界，固宜有消灭之一日。然确能见诸事实与否，犹不可预料者也。即能见诸事实，果当在于何时，亦不可预料者也。斯意未达，而即欲图已达之后事，此可断其徒托空言者也。欧西社会主义之兴，非一日矣。经济革命之声，遍于列国，假使其激烈之事实，现于近顷，虽其结果之究竟，难以先决。但此货币废止之事，吾能断其决不能实现，此稍明生计学者所公认也。货币废止之制，既不能实行，则所谓共产主义之种种理想，亦均归于泡影幻梦之不可寻。然则经济革命之兴，亦不过使一般人民，受莫大之恐慌，以致扰乱社会之秩序则有余，以之求社会主义共产主义之实现，则不能二三积学之士，鳃鳃以贫富阶级冲突为虑者，非惧共产主义之实现也。苟使共产主义，果能实现，则吾人亦将忍忍其痛苦，如政治革命之际，虽社会一时蒙其扰乱，而有政治改良之报偿，又何不可为也。实以经济制度，一朝被坏，共产之说，既不能行，社会全体，徒受无穷之损，经数十年之培养，犹惕元气之不复，此至不利益之举也。论者多不察此，以为防经济冲突，即为防社会主义之实现，其论适与事实之真相相反，不思甚矣。方今吾国贫富阶级未烈，而忽欲采此矫枉过正之说，以求实行，毋亦好奇之心之所致耶？然仆又以为贫富之冲突，亦不可不防者也。方今学者多数所主张，则曰国家社会政策是矣。当此列国并峙之时，自必当以国家为前提，此国家内之人民，自宜为绝对之保全，此毋庸致［置］疑者也。欲使此国家内之人民，无冲突之可言，必先使其贫富无大过不及之差，即所谓抑富援贫是已。此种政策，一般学者，名曰社会政策。分析言之，可得二事。一曰消极。消极之策，抑富是也。举一国公共之产业，不落于少数富人之手，而为国家之公产，如森林、铁道、矿山之属，皆属焉。至于租税，则适用累进税法，至于相续，则用众子平均法（即吾国旧制），使一国之人民，无巨富豪商，足以影响全国。此其要也。一曰积极。积极之道，拯贫是也。拯贫者，非仅拯救无告之民也，必以保护中产为先。如农业银行之设立，贮蓄事业之奖励，中等实业教育之普及，劳动者之保护，工场法之规定，皆属焉。要于贫富未相悬绝以前，而保持其不至于悬绝之域。（吾国今日易行，固胜欧美万万矣。）然后国家得以巩固，人民得以安宁，此不可易之理也。

总而论之，共产主义者，至高尚之主义也，废绝货币者，至确切之手段也。然而，国界不去，终不可行，则又可断言者。是共产主义，今日必不可行，社会政策，今日必不可缓。此仆所深信者也。造次作答，但凭胸臆，未能检察名著，以为左证，幸勿嗤其俭腹，惟足下察之。余不白。

率窘顿首

（录自《民立报》，1912 年 4 月 6 日）

·附录·

社会主义

——致《民立报》记者

记者足下：

昨由黄来汉，过后街致详里，见社会党支部悬一旗，以教育平等、产业归公为主义。私心甚惑。欧美社会党，固多行此等主义。而在吾国今日，则颇觉不类。以言教育平等，则吾国教育原平等，不老［劳］社会党之革命，已享平等之福。以言产业归公，则欧美贫富之阶级，太相悬殊，故社会党不能不采为政策。今吾华国乱民贫，实业废弛，无托拉斯革命之可言，而遽以产业归公，坎动天下人，无论渠辈之能力，万难办到，即能办到，其流弊亦不胜言。仆素安缄默，今见此等现象，殊不释然。足下职司木铎，负启迪国民之责，可否将该党主义，代为诠释，登之报端，祛我疑惑，无任感祷。余不白。

黄同李愚如顿首

答语明日登出　记者

（录自《民立报》1912年4月5日）

教育平等之真诠

——答江君亢虎书

夆　窘

江君足下：

得来书，以仆所论共产主义及教育平等二事，为未叶，反复详言。足下今日盖社会党之首领也，得与足下周旋于笔墨间，使得伸吾所欲言，固亦万愿。记者自谓崇拜社会主义，盖崇拜社会主义者之宣言，有视民如伤之念，推其用心，释迦基督之伦，不是过也。谓共产主义不可行于今日，以有国界为前提也。谓当采国家社会主义之说，将以妨国民贫富之阶级也。崇拜社会主义之用心，而哀其不切于有国界时之用，故主张国家社会主义，以为渐进之方法，异日五洲大同，种国泯界之时，则所谓国家社会主义者，固可弃之如敝屣，是所谓共产主义不可行者，为今之社会立说，固未常与崇拜社会主义之念，稍有冲突也。共产制度，记者谓其不可行之理由，其要源于种界国界之难泯。（其他事实尚多。）今足下既未能明言有可泯之道，则不能不认记者前述之理由，可不再论。

至于教育平等一语，记者谓亡清科举为平等，今此学校亦平等，盖自其教育设施言之也。足下所举，乃其不能承受教育之故，不能承受教育之故，乃旨［指］其他之原因而然，非施舍教育之不平等。夫不能承受教育之故，源于经济者为大，毋待具论。国家宜竭全力以拯此困厄，亦行政者所当为。若欲求绝对之完满，则非共产不可，共产之难行，已如上所述。不能答共产难行之问题，则不敢谓受教育者，必无他障碍，然不能以有障碍，即谓教育之设施不平等也。（记者对于教育平等，初未见贵党明白之宣言，但自智识平等一语推之。知贵党所标者以教育之结果为多，故以为教育方法之平等为已然之举。教育结果之平等，为不可能之事也。）记者主张国家社会主义，固未常不以教育之普及为先务，此与足下无大差之可言。至于智识平等一事，则不敢符合足下。既承认劳心劳力为分业矣，此分业之中，顾有难易。大学之士，深思卓造，足以鉴往而知来，中人之子，卒业于强迫教育，去而劳动，谓劳动者与学士无贵贱之可言，可也。并谓其无智愚之分，可乎？既不能使人人为学士，又不能使人人为劳动，而必谓可期智识之平等，吾甚愿足下语以理由之所在也。至谓教育变化气质，其说是矣。记者非谓愚者不能使智，亦非谓先天不能变化也。记者之主张，以为无论施行何等之教育，社会必不能无劳心劳力之分业。（社会主义中，固有以劳心劳力当为平均行为者，足下不识承认其说乎？）其对于社会之尽力，可不为区分阶级，然劳心者之智慧，终优于劳力，则敢断言者。盖智愚之称，乃自其性质而言，智之胜愚，乃自然之结果，非故设之阶级，视智愚为平等则可，必谓可使社会无智愚之差，则不可也。

至谓求能力之平等，此语亦不敢附和。荷担者毕生荷担，犹有胜任轻重之不同，取啬夫以校科学发明之大师，能力相差，宁有涯际？谓社会视之不生，犹可也。（自前篇所说广义之共产主义言之，亦有区别者矣。）若谓其能力可以平等，必难信者。盖足下之意，以为能力不平等，则受社会之待遇，必有差，故非先求能力平等不可，其理想善矣。尚愿足下一加沉思，采能实现否也？此种理想，非短言可尽。姑就足下所言，一为答复。如足下尚欲赐教，则请将记者所举重要之点（如共产之国界问题、能力平等之劳心劳力分业问题之属）明白示驳，始敢承教。此种问题，方今急当讨论者，记者虽不敏，愿欲一罄怀抱，俟教于闳识之君子也。尚有不揣胃［愚］昧，为足下进忠告者，社会党人所主张，欧西至为复杂，深识之学者固多，无谓者亦众。吾人欲研究一理，必为科学的之研究，庶可见其根本。方今社会主义学者，最有价值之说，即所谓自社会学上所观察之社会主义是已。（德国家社会主义甚近此。）

足下欲以社会主义之学说诏天下，必先为潜沉之研究，然后能持之有故。记者不学无术，未能深诣，而此种问题，固亦尝于举世不为之时，少加留意，初未敢以似是之言相渎也。他日尚当申论社会学与社会主义之关系，再乞赐教。语多憨直，惟足下亮之。余不白。

率窘顿首

（录自《民立报》1912 年 4 月 9 日）

· 附录 ·

论教育平等

——致《民立报》记者

记者足下：

读大论社会主义，既声明崇拜社会主义矣，又极口主张国家主义的社会政策，而谓社会主义断不可行，至滋疑惑。共产制度，乃全世界社会党之公言，无俟鄙人申辩。惟大论教育平等，以为各国靡不皆然，即亡清亦无限制，而以愚妄见责，毋乃已甚乎？夫今日教育果已平等耶？微论亡清，即欧美极文明国，教育一事，何莫非富贵子弟偏受之惠乎？强迫普及，空垂具文，其实贫且贱者，在家庭则以其父母无教育者之资格而不能受教育，在学校则学费纵可豁免，而衣食杂费之供给，已大不支。就令一切皆仰赖于慈善家，而其父母尚将责以生产之事，而夺其至可宝贵之光阴，是仍不能受教育。此犹就普通学校论之。若高等学校，则一切为富豪贵族垄断尽矣。谓之平等，果心安而理得乎？本党所主张者，不独亲其亲，不独子其子，如《周礼》所云：二十以下，上所长也。凡教育年龄内，一切资用，均由公共社会担任之，然后教育平等，乃可得而言也。

大论又谓智识平等，为必不可能之事，似未深思。试问人类智识，果何自而来？盖不外遗传与感受，两要素合。使无论贫富贵贱均受一致之教育，则感受大抵相同矣。然而智愚犹或悬殊者，则唯以遗传迥别耳。例如甲乙二人，自初生至成人，同居同学，而一龙一猪，必甲之父母教育之程度较乙之父母为甚高，否则其父母之父母若祖宗，异点太多故也。若教育真实平等，则其子若孙虽尚不齐一，而数传之后亦愈趋而愈近。所谓虽愚必明，虽柔必强，人人皆有士君子之行，尧舜之世，比户可封，岂唯智识，将道德亦渐平等矣。人群进化，自必以向上主义为依归，抑智就愚，岂理也哉！

惟教育虽极平等，而职业仍各区分，或劳心，或劳力，或识大，或识小。然此间却毫无贫富贵贱等阶级，并无智愚贤不肖等阶级，特趋向与地位之不同而已。子舆氏所谓物之不齐，正是如此解法，非谓愚者必不可使智，不肖者必不可使贤，特功效有缓急难易，未可一概而言。若其事为绝对不可能者，则教育为无益之作为矣。教育本以变化气质，而本党主张，苟能实行，则并先天的气质而变化之。本党初意，源自经济之不平等想入，累究其源。则经济不平等，由于能力不平等；能力不平等，由于教育不平等。故主张教育平等，正为主张经济平等也。

鄙人学识谫陋，夙性不无议论短长。惟本党党纲，则确有正当明了之宗旨。贵报宜尊重团体，何可轻以愚妄二字，抹杀吾党二万人。余不白。

江亢虎顿首

（录自《民立报》1912年4月9日）

承认分业说

记者足下：

顷读答书，至深纫佩。今早须赴崇明本党支部，倚装待发，不及详陈。社会主义，当自社会学上观察之，鄙见亦同。共产制度，必破除国家。盖纯粹社会主义，本以世界为范围也。本党赞同共和，承认国家之存在，故不遽主张共产，而先主张遗产归公，正是为此。劳心劳力，职业虽宜细别，而行为必当平均，将来吾人每日，除寝食游息外，必区为何时间治劳心之事，何时间治劳力之事。以普通计之，各二时间为得中，非惟合于社会原理，抑尤适于卫生问题。至于智识平等，能力平等，则仍毫无冲突。盖就客观的，即其所执之事务而言，虽有繁简；而就主观的，即其所具之精神而言，则无高下。语有之，狮子搏虎用全力，搏兔亦用全力，可以罕譬而喻矣。且正惟智识极平等，而职业极细分，以最高之智识治最简之职业，而后物质文明乃愈进步，人生幸乐乃愈增多耳。足下又何疑焉？余不白。

江亢虎顿首

（录自《民立报》1912 年 4 月 11 日）

论今日当行之社会主义

味　诚

极人类之平等，进世界于大同，无贫富之分，无阶级之别，一以功力为标准，使人人各得其所欲者，厥为社会主义。夫使社会主义之目的达，则人类一切之苦痛，种种不平之事迹，可以一律解脱，岂不甚善？无如社会进化之阶级，由渐而来，部落变为国家，专制变为立宪，君主变为民主，皆非一朝一夕之事，不循阶级而为之，断未有能达其目的者。若行社会主义于今日，不但激进派之不可，即温和派亦未见为可，勉强而行之，吾恐未享平等之利，先受扰乱之害，请言其故。

激进派有二：一曰无政府主义；二曰共产主义。彼主张无政府主义者，谓政府徒拥强者之权利，而以贫弱者为刍狗，惟推翻政府，破坏社会，而后得充分之自由。虽然，此大惑也。人徒见政府既设，国中仍多无告之民，遂谓推翻政府为达自由唯一之手段，不知草昧初创，未有政府之时，其间弱肉强食，视今不啻倍蓰，其无告者乃真无告也。非经前圣之经营，虽至今未脱野蛮时代，亦未可必。其主张共产主义者，谓夫人类最不平等，莫如财产为个人所私有，今若废阶级撤制度共财产，即可达平等之目的。不知物之不齐，物之情也。人之才智，或相倍蓰，或相什伯，皆随有生以来俱来。欲求财产之平等，必先求智力之平等，欲求智力平等，必先改造夫人类。苟不能改造人类，则正赖种种制度，以保障个人之自由。不然，无自由之界限，人人各随其力而伸缩，虽曰共产，则社会之劣而弱者，所得必少，强而优者，所得必多矣。激进不可行于今日，固无疑义。

更以温和派之共同主义言之。彼谓夫无论贫富，无论强弱，一切生产，皆归国有，由国家经营之，不废一切制度，是属大公至正，切实可行。则答之曰：理虽正当，将来虽必有实行之日，而在今日尚不可即行者，其故有三：产业私有，正所以鼓励人民企业之心，若一律归公，则竞业之心不烈，不能竞业，则社会必行退化焉。且非人民程度达于极点，不知化私为公，一闻商业归公，全国有业者起而反抗，必至于扰乱治安。此不可行者一。即使以国家之力，富豪不敢抗命，然接收之手续甚烦，管理之方法尤属不易，设法律不备，监察疏虞，一有不慎，弊在中饱，则有业者既受其损失，无业者亦不蒙其利益。其不可行者二。现今社会之秩序，本未尽复，虽提倡者未即实行，而我国道德之丧落，无以复加，权利之竞争，方兴未艾，则强者对于弱者，必有假社会主义之名，以行其强取豪夺之手段。此不可行者三。

若夫国家社会政策，此为现世各国所注重，如限地价、改税法，以及森林、路矿收为国有，所谓取之于强豪商贾，以优平民者也。至于拯贫政策，兴办各种劝业银行，奖励储蓄之事，以及劳动者之保护，是皆现今最要之务。非此不足保人类之和平，谋国家之发达，则正我国所当汲汲效法者也。

（录自《新闻报》1912 年 4 月 10 日）

论社会主义

——致《民立报》记者

但　焘

记者足下：

本月十五日《大共和日报》记者相如君，有《敬告孙中山先生》文一则，谓先生在汉口演说社会革命，而次日铜元局工人，即同时罢工，其说之与事实相左，已见大报章行严君论说中，不足深辩。至疑孙先生之演说社会主义，为阻阏资本之发达，则该记者未细心体会之过。今请借大报之余白，一是正之。

夫中国今日实业不兴，生计困苦，先生夙以为忧，然欲发达实业，必先利用机械，多设工场，以广制造，更进而致力于交通事业，使全国铁道工事，早日告成。而此等事业，衡之目下情势，非本国之力所能仓猝举办，蹉跎复蹉跎，国已非我之国，故先生主张以正当条件，吸收外资，为生产事业之用。前者黄克强等发起拓殖协会，先生即咨参议院，请议决每年协助该会三十万元，亦无非为发达资本起见，不过一面提倡实业，一面即预防大资本家之发生，此乃思患预防未雨绸缪之意。若以今日无大资本主，遂不当言社会主义，此乃庸俗之见。吾人用牛乳，何以必先施杀菌之剂？阳春甫动，疫疠未兴，何以警察必责令居民厉行清洁之法？如相如君所言，是待火灾而始演习消防，临前哨而方装配弹药，非至愚宁复出此。吾人十年前即主张民族、民权主义，固有哗而笑之者，然武昌起义，期月而民国成立，皆仁人志士洞烛机先哓音瘏口之力，尔时伏处于满清专制政体之下，君主立宪之害，尚未见于中国，而吾人已主张建立民国，自相如君观之，将亦以为无的而放矢乎？

报馆指导社会，立言当矜慎。吾愿相如君以先觉自期，勿效庸俗人肤薄之见，更从南京《中华民报》三月二号以下所载孙中山在同盟会饯别席之演说细参之，当有恍然若失之时也。余不白。

但焘顿首

（录自《民立报》1912 年 4 月 21 日）

社会主义平议

《大公报》代论*

社会主义，为欧西最新之学说，近数年来，始输入于吾国。逮革命既成，而其说骤盛，势力之雄，几普及于中下社会，异时第二次革命之机，已有跃跃欲动之象。深识之士，惕焉忧之，群谋所以折其机牙者，而彼党辟垒甚坚，虽复言之谆谆，而卒无以相胜。记者独以为学说无论新旧，在秉国成者，审张驰消息之宜，相时而善用之已耳。主张社会主义，以为惟一救世之良策者，固非若竟视为鸩酒漏脯之不敢近，而必持旧时之理想，以抗世界之新潮，亦殊未免鳃鳃过虑也。

记者谫陋不学，诚不敢妄论斯学之得失，然窃以为域内提倡社会共产之说，殆未有更先于吾国者矣。徐行之言并耕，固纯然为极端之社会主义。孟氏虽力辟徐子之说，而其以井田为王政之根本，则所以抑制世家兼并之势力者，固未尝不殊途而同归。二千年来，吾国所由无贫富悬绝之数者，未始非先哲学说之功有以贻之，尚论者贵会其通，非可专崇今而薄古也。天演进化之阶级，中外初无二致。政治革命之后，必继以生计革命之问题，此异时所必不能免者，第争时期之蚤暮耳。当事变之未来，而有以预防其流极，此非吾人今日所当研求商兑者乎？

吾国之所与欧西异者，兵火之后，大乱未宁，公私扫地赤立，几有朝不谋夕之虑。救贫疗饥之上药，道在奖富民殖产之野心，俾人人胥有猗顿陶朱之希望。取前朝束缚商工之苛例，扫荡而廓清之，使国民得自由竞

---

* 此文刊载于（天津）《大公报》“代论”栏，作者不详。

争，不复忧蹇后跋前之苦，庶几实业日兴，游惰日寡，疮痍拯而元气渐苏，此不第裕富民之生，即贫民亦实蒙其福。不此之谋，而反取他人所以救过富之患者，视为疗贫之圣药，削趾适履，无病呻吟，徒以灰国民进取之雄心；而拥有厚资者，人人胥怀自危之念，实业何由而勃兴，国计民生安得不日即于贫弱耶。至有倡遗产归公之说者，则愈复不可为训。倘其说得行，将见国民苟有中人之产者，皆必改隶他国籍以自保；其极也，一日之间而国中无一民焉可也。甚矣！学说之不可不慎也。

若夫救济贫民之策，则社会党所主持者，未尝无良法美意之足采，谋国者所当节取其长，而变通以尽利者矣。溯自军兴以来，吾国民之失业而流亡者，奚啻以数百万计，即异日乱事大平，流徙之氓，各归乡里，而室如悬罄之余，果何恃以谋生而糊口哉！此非政府别为之计，则不足以赡今日之贫乏者，即无以弭他日之乱源。专制之皇室既亡，国中可裁减无数之秕政，舍民事教养而外，更无他政治之足言。窃谓宜多设工艺厂，所以收聚闲民，而训之以职事，其尤为聪颖勤苦者，即于本厂所拨给若干之股本，俾守为世业，以示奖异，而勖其自强求进之心，如此则平昔以游惰见弃里党者，亦将知所愧悔，因欣慕而生湔祓之思，但使全国中无一游手之民，自可冀久安而臻长治。此外则亟定资本家与佣工者交际之律令，务蕲两协其平，既不可使工党恣暴动之思，尤不可使富室开侵陵之渐，如此则欧西贫富相争之局，或不致移演于吾国。绥流亡而饬秩序，其必以是焉为首务矣。

抑不佞更有所感者，吾国今日之危，大都蒙欧西过富之影响耳。彼中富人之恣行专制，工党之郁勃不平，势且一日千里，溃败决裂之期，度不在十年外矣。欧西贫富革命之事既成，则外交之政策，必且因之全变，其利害之及于吾国者，恒视吾国民因应之如何耳。所识望时之彦，及其未发而慎图之，毋使他日有失时之悔也。

［录自（天津）《大公报》1912年4月25日］

再论共产主义

——答宋家驹君

率 窘

宋君足下：

得书具论共产主义事甚详，社会问题，非阅旦莫求其故者，颇为寥寥，足下独不弃迂远，贻书相质，记者固甚愿再商榷其义也。

足下谓贫富阶级未烈之时，正足以利共产主义之实行，执此说者众矣。窃以为贫富阶级未烈之时，求一法以防贫富阶级之发生，此常行之事也。若以为共产主义可行，则不敢附和。盖共产之说，首以废绝货币为前提，当兹国界未泯，竞争方烈之时，共产之说，究应否限于一国家范围以内？若以为无限制也，则我共之于人，人不共之于我，其为无当，不待赘言。若曰限制之也，则将何术以平国界之出入？在足下之意，以为当仍为物物之交易。夫太古原人之时，其事已简，继以物物交易之不便，乃有货币之发生，自介贝以至金银，其中间经无数之阶级，苟使货币无必要于交换，则必无此货币之发生，此稍治经济学者，能言其故。今乃欲据物物交换之事实，以证明货币之非必要，何异执茹毛饮血之俗，以证火食之无要也。夫货币之于社会，其功罪皆至于两极，此治哲学者皆知之者也。以无代之之方，遂不能为绝端之破坏。言社会主义者，亦知之矣，故有劳动支票之倡议，究未能许其实现。世有达人，出其绝识，求一法以代货币，宁敢□□□□。若无此良法也，而徒欲以废止为单纯之手段，是犹恶食之噎，而自绝其吭也。货币废止之说，既不能实现，则共产之方法，何所措施？国家之前提不去，则共产之界说，何所依据？

足下又谓世界万事，皆由人为，其说是矣。然而，挟山超海，终为空言，举鼎绝肱，适以自贼，个人之行动，犹有限于天常，而况社会心理，其机至微，欲以吾人抽象之思，而求其实现于社会，此必不可能之事也。足下以飞艇汽船为例，殆等视社会于机械，社会机械之说，其根据已为薄脆。至于今日，已无可驳议之价值。愿足下试取孔德、斯宾塞尔诸氏之社会学，一探讨之也。至谓破除人治，当自吾国始，使五洲闭塞，各守其国，吾国又何不可姑为尝试以为天下先？今当国家主义弥漫五洲之时，乃欲摒弃人治，实行共同社会之意见，我之待人固善矣，不识人将何以待我？是何异释迦牟尼之舍身以饲鹰虎！出自个人为博爱，施之国家为自贼，何薄于同种之民，而厚于他族也？其用心本以图个人之幸福，其结果卒至招一族之危亡。呜呼！自有社会以来，个人既无绝对之自由，非不欲之也，以不可尽申其意，不得不强自抑裁，以求社会之安全，要亦图个人之安全也。今乃恶社会组织之不利于天能之自由，而思脱离，不知舍此社会之约束，则有限之自由亦不可保。孤怀闳识之士，虽常叹息其事，而终不敢为者，职是故也。激昂者流，遂为破坏一切人为之倡议，要亦决心之论已耳。

综观足下之说，与记者相异之点，足下欲为个人主义之倡导，记者欲为国家主义之倡导，足下主自由，记者主干涉，足下倾心共产主义，记者主张国家社会主义。知其所争之点，则所争者自决。要之，贫富之阶级，不可不防，防之者，国家社会主义是也。共产主义，不可实行，源于货币之制度不能废，国家之界限不能去，以国家之界限不去，故干涉之主义可采。足下倘有良法使世界先去其国界乎？然足下又可曰：先为倡导，乃可实现。夫倡导之可矣。当兹国家存亡之秋，举国民之全体，倾心于国家主义，犹恐无以拯援，若导之于消极之个人，亦可谓急其不当急者已。足下又谓记者常言崇拜社会主义，不当言社会主义之不能实行，其说已见答江君亢虎书，不再具论，□□□□。余不白。

率窘顿首

（录自《民立报》1912年4月28日）

·附录·

论共产主义

——致《民立报》记者

记者足下：

屡诵大著，对于社会主义之真理，阐发无遗，甚佩甚佩。但鄙人有不能已于言者，愿就足下一商榷焉。足下之言曰：方今吾国贫富阶级未烈，而忽欲采共产主义，以求实行，毋亦好奇之心之所致也。诚如足下之言，其必俟吾国贫富阶级剧烈之后，而始实行共产主义乎？不知共产主义，行于贫富阶级未烈之时，甚易，而行于贫富阶级既烈之后，则甚难也。吾国今日贫富阶级未烈，实为吾国之幸，欧美之人正馨香膜拜以求而不可得，乃吾国既得之而反不欲居之，高其焰，助其波，以酿将来社会经济革命，致杀人盈野，浩劫不回。吾不知世之素来主张人道，希望自由者，固如是否？且足下固明明谓共产主义，至高尚之主义也。夫主义既高尚矣，何以又谓今日必不能行？然则何日始能行？彷徨途次，日俟河清，吾未见其可也。足下之言又曰：货币废止之事，能断其决不能实现。夫货币废止不废止，关于公［共］产主义之能否实行也。共产主义，为理之至公，事之至当也。其生产分配之权，一操于社会人类之手。考物物交换之世，货币固无存在之必要，是货币不能废止之说，不足以为据矣。至足下谓方今国家界说，至为强固，为欲求货币之废止，当以无国界无种界为前提，是说甚辩。今之一般号称贤哲者，均鳃鳃以是为虑，未始可以厚非之也。然而，世间万事，皆人为之，飞艇凌空，翱翔上下，汽舟泛海，回溯中流，昔之视若登天，望而兴叹者，今固康庄大道，无复危险矣。则国界种界之说之深中人心，盖亦未始不可复以人力弭之。惟欲弭此国界种界，当应废除人治始，而废除人治，又当自吾国始，吾知此言足下必又以为为好奇心之所致矣。然而，民贵君轻之说生，崇本抑末之说出，而吾国无特权富民矣，无特权无富民，则废除人治，甚为易易。欧美今日特权与富民二者，方磅礴未已，欲废除人治，其难实倍蓰于吾国，故曰废除人治，当自吾国始。违俗之论，无当高明，尚希有以教之。余不白。

宋家驹顿首

（录自《民立报》1912 年 4 月 28 日）

论社会主义之取缔

晓　风

近来政府当局，虑社会上极端思想之蔓延，实行严密之扑灭手段，以取缔社会主义。吾人对此实不明当局者，其对于社会主义之见解果如何，其取缔之范围又如何？然泛然以扑灭社会主义之方针，而致累及社会经济上科学之发达，于国家大计，实不能无杞忧也。

夫所称为社会主义者，决非单纯之物。欧洲近代社会，经济上由来甚远，苟从经国利民一方面设想，则万不能蔑视，且尤不得视为危险之主义。虽其间不无假社会主义之名而行紊乱秩序之寔者，然而取缔之际，当不能不稍分其泾渭也。

抑社会主义之内容，本甚复杂，初由欧洲近代产业组织之变迁而生，其后一变而为一种之理想之物。自广义言，此种思想，不特欧洲各邦有之，即东洋诸国亦早见其萌芽。而今日之社会主义，不过愤于近代经济组织之弊害，排斥私有财产及自由竞争，因而日趋于激烈耳。其实由事实观察现在文明各国，其社会经济上，极多缺点，虽反对社会主义者，亦所同认。各国政府之当局者，方着着进行，日求改良。观于今日英、法、德等国之政策，可知不过欧洲各国所行之政策，稍近于平和而已，而其根源则一也。

是故文明各国，其政府当局者，若稍知夫世界大势，社会经济之情形，与民心之趋向，则惟有从种种方面，调和其急激手段，冀消弭社会主义者之走险，而防患于未然，断不肯滥用其蛮威，而加以抑压。盖凡事若压皮球于地然，其压力愈重，则反动力愈大。彼俄国社会党、无政府党，所以日以炸弹求达其目的者，非党人之好为破坏也，徒以俄国政府，昧于世界之趋势，复不察今日之民心，横施压迫，故其所演之惨剧，较各国为烈耳。

且社会主义，乃基于近代之思潮而发生之一种科学，纵令不能见诸实行，犹不失其社会学、经济学上学问之价值。凡欲研究社会学、经济学者，无不须研究此最新之科学。若谬然禁绝，是不特逆世界之潮流，且妨碍社会之学问发达。奈何当局者不察，而禁止一般人民之讲演研究耶？若谓凡学说不能见诸实行，则无研究之必要，不知一元哲学、二元哲学等学派与学说皆不能见诸实行，而佛理禅宗，又岂能施行无碍？是故借口于社会主义之不能实行，而遽尔禁绝，则曷不并哲学、佛教而禁绝之耶。要之，凡一种之学说，苟屹然具有系统，而能倾倒世界之民心者，则学问上必须尊重其地位。民国新立，学问智识，犹未发达，即谬然以焚书坑儒之故智，施诸新进之国民，吾不为社会之进行忧，而实为学问前途忧也。

（录自《真相画报》第6期，1912年8月1日）

论社会主义之万不可行

亦　孟

孙中山北行矣，其平生所怀抱救济民生之社会主义，将与之而俱北矣。近时社会主义之披猖，东南首中其毒，北方人心质朴，此等学说，尚未大畅。中山北上，自必所在欢迎，以此公在武昌演说一事例之，决其必将畅发此义。北方之劳力家，其庸率之廉，生事之觳，操作之苦，更甚南方，骤闻此论，未有不倾心悦服者，黄河流域之工业界，其或有非常之变动乎？虽然，吾愿中山先生之慎尔出言，勿轻以欧美之国俗、民生而比例诸我国也。

中山之提倡民生主义也，将欲悉吾国四百兆人，而登诸康乐和亲之域，此其学道爱人，恫瘝在抱，宁非吾侪之所深佩。虽然，欲厚吾国之民生者，其道当自保富始，必富家之资力日增，而后贫人始得有所依托，以驯致国阜民殷之上理。苟徒思损富人之有余，以剂贫人之不足，其究竟也，富者悉降为贫，而贫者乃至靡所托命。此犹农夫之日望丰年，而顾荒其田畴，舍其耒耜也。欲不想随为饿莩也，其可得耶？

慨自军兴以来，薄海绎骚，金融困难，商务凋零，工业废弛，向时之胼手胝足借力作以资事畜者，今皆失业赋闲，仰屋欷歔。强者半荷戈入伍，或且流为盗贼，其弱者惟有辗转流亡，沦于乞丐已耳。此实今后内讧之大原因。欲求生死肉骨，计惟有亟筹保富之方。俾富者肯输出其资材，以兴种种工艺，收养流离失所之闲民，悉得有所托足。庶几流亡渐复，盗贼潜踪，稍稍恢复承平景象。安可用抟跃激行之手段，进共产之新说，以扰国民冷静之脑筋乎？彼蚩蚩者何知，一迷信此等不健全之学说，将人人咸怀不平之想，但知疾富者之多藏，而不愿自食其力，咸冀幸天下之有事，以泄其区区不余畀之隐愤。于是大乱起而人道灭矣。

夫吾国所由与欧西异者，欧西贫富之阶级一成而不可变，富者惟有愈富，贫者惟有愈贫。瓮牖绳枢之子，欲变而为钟鸣鼎食之家，实为大势之所不许；而国俗之重富轻贫，亦复显分轩轾，使终窭之人，毕生饮恨，靡所控诉。此所有激成反对之动力，嚣嚣然咸有不靖之事也。若此者，吾国其何有焉？吾国贫富阶级，相差本不甚远，生事虽略分优绌，而社会并不存歧视，昕夕力作之毗，苟能尽人事以战天行，类无不徒手而致猗顿之富者，不必过屠门而大嚼，发时日何丧之感慨也。重以国民清议，最恶兼并，偶有为富不仁之人，虽里鄙亦摈诸不齿。职此之故，贫富交恶之衅，直无自而发生，岂惟今日？吾敢决自今已往，实业如何发达，富力如何恢张，而欧美生计革命之问题，绝无由产生于吾国也。虑他日时局之变迁，而至牺<牲>目前之秩序，以图抵制之方，其不智亦甚矣哉！

中山之力持此论，殆由于生长美洲，止知有美，而未谙吾国情实，以为美之所患，吾亦患之，其用心固无他也。若夫推波助澜者流，则处心积虑，不堪问矣。彼所为奔走呼号者，岂有毫发拯民水火之思？特以取悦于一般无意识之颛愚，而因以为利焉耳。记者之为此言，非周内而武断也，请以实事证之。顷金陵有组织工党者，鸠各厂工人成一团体，每工人月输钱一百二十为会费，而要求厂主，增加工值，缩短作工时间，甚至欲干预用人行政，气势汹汹，几有同盟罢工之举。当事者察知，其故一面设法禁阻集会演说，一面劝导工人，晓以利害。诸工人乃徐悟要求之无理，恐并此恒业而失之也，则相率出党，停交会费。主党事者，既不能以辩言动众，又以会费停交，而诸债悉无力扫偿也，遂不待解散而宵遁。此旬日内事耳。嗟夫！以工人血汗胼胝所易之庸值，而尚思朘削之以自肥，此其人格居何等而乃望以高尚纯洁之社会事业乎？愿吾国民人人安分守法，劳心力以为生产之资，而无轻信浮言，以自即于穷蹙之域也。

（录自《新闻报》1912 年 8 月 24、25 日）

社会主义之真相

乐　观

社会主义在今日之中国，为预备时代，非实行时代，此一般政治家所公认者也。所谓预备者，防富人压制贫民，恐酿成贫富之恶感，而社会革命之风潮，或因之增剧。故社会之状态，不能不日陈于一般人民之前，使知所凛畏，消除贫富之阶级于不觉，真社会之幸福也。

社会主义，何自起乎？起于人类之不平等也。夫同是圆颅方趾之伦，饮水食粟之辈，若者安居，终日口餍膏粱，若者勤劳，终日家无斗粟，天下不平之事，宁有过于此者。吾人试策步郊原，见夫三五农夫，伏处于斗室之中，聚首相语，略谓：水旱频仍，饥馑荐至，往往竭终日之劳，无一饱之获，无衣无褐，何以卒岁，仰不足以事父母，俯不足以蓄妻子，而田主催租，猛于狼虎，号啼莫顾，呼吁无门，长为犬马奴隶，供其驱策，转死沟壑，亦意中事耳。言罢，泣涕滂沱，衣襟尽湿。其凄惨悲切之状况，非生人所堪受者，而一视夫富人之生活，处则峻宇雕墙，曲房洞室，食则山珍海错，酒池肉林，目不辨五谷之名，手不知耕作之苦，挟多财善贾之能，行剥削小民之计。社会上之阶级，遂截然分为贫富两途，抑经营支配之不善，遂日演而趋于危险之域也。

吾当纵览五洲，盱衡万国，见夫政事之组织，军事之计划，交通之便利，制造之新奇，日趋文明，无有遗憾。乃一考其社会之状态，而鹑衣百结如故也，而三旬九食如故也，而绳枢瓮牖如故也，而牛马驱策如故也。非特如故，抑更甚焉，煤矿之工夫，长年伏于土窟之中，而暗无天日，工场之工人，终岁立于尺寸之间，而瘁于手足工作之时间日长，工资之克扣日甚，垄断把持，无所不为。呜呼！自机器明而手工无觅食之处矣，自托拉斯行而小资本家无立足之地矣。代议之权，操于富人之手，虽改革之声，喧于国中，及其结果，不过为资本家添一压制贫民而已。我不解富人既田连阡陌，何以见贫民立锥之地，必欲夺之而后快也！我不解富人既仓腐红粟，何以于贫民斗升之价，必故昂之而后已也！我不解富人之犬马食粱肉，何以见贫民藜藿之食，若以为不应享之幸福也！我不解富人之婢仆衣锦绣，何以见贫民褐布之裳，若以为不应得之权利也！呜呼！岂富人生而不仁故如是耶？盖其好货嗜利之心，迫于骄奢淫逸之习，骄奢淫逸日甚，则好货嗜利愈日益甚，好货嗜利愈日甚，则摄取金钱之手段与压制贫民之思想，即因之而日甚。无怪夫一般贫民，为生命计，为幸福计，而不能默尔息也。此社会主义之传播，所以遍于全世界而无远弗逮也夫。

（录自《真相画报》第 10 期，1912 年 9 月 11 日）

生计问题之一二

梦　渔*

民国成立，政体改革，以下诸生计问题，颇喧传于时人之口。

一为“开放门户”政策。倡论之者，以为满清时禁拒通商，非国之利，欲开利源，须兴商务，揣其意盖欲行自由贸易政策者也。然准我国今日所处之位置及世界之大势以观，曾无一条件可以使吾作自由贸易之想者，亦无一条件使吾不抱保护关说政策者，此则稍具常识者可以道之，勿待鄙言。惟开放门户之一名词，原系与势力范围为对待语，皆诸大强国共同处置弱国之方法也。开放门户乃谓各大强国，可在弱国之各地自由竞利，彼此不加限制，各视其工商业之能力，以定其获利之丰啬焉。故工商业发达之国，恒欲施行此政策，盖名义上虽为开放门户各国均沾，而工商发达之国，实于此获最大之利也。势力范围，乃谓各大强国各按其势力之已逮，定其特别之势力地境。简言之，即瓜分之过渡式也。于是各国可专经营开拓其特别之势力地境，巩固其“势力范围”，在势力范围之内，可以限制他国之营业，故虽工商业不发达之国，仅其兵力可以保护其特别势力地境者，亦可利用此政策，而达其均沾之目的焉。各大强国对于一弱国，往往不能速行吞灭，必渐演渐进者，实以各国之国内情势不同，工商业程度不同，故不得抱同一之政策以进行，非偶然也。生计力未发达而无力充足之国，对于弱国，常欲行势力范围政策，以为并吞之预备，生计力

---

* 梦渔，即顾孟余（1888～1973），原名兆雄、兆熊，别字梦渔、梦余，原籍浙江上虞，出生于河北宛平。

既发达之国，对于弱国，则常欲借平和名义，行开放门户政策，以获最大之实利。此二言已足写尽各强国对于我国之态度矣。由是以观，开放门户一名词，实强国处置弱国之一法，非国家自处之道也。今日倡言开放门户者，其意为代列强处置己国乎？抑其意乃指自由贸易而误用此名词乎？二者必居其一。（前几年，德国海军协会内尝有大学教授演说，其后将此演说之要义，择出集成一册出版，名曰《商业政策及势力政策》，内中有一段讲势力范围及开放门户政策甚详，以上即简译之者。）

一为社会主义、民生主义、国家社会政策、民生政策诸名词之发现。就此诸名词中，社会主义，即西文之 Socialism。民生主义，迄今尚无一定之意义。前数年倡言之者，似即指社会主义；而革命以后，用此名词者，实各有所指：一仍指社会主义，一则指实利主义，一则以为民生主义乃振兴实业，发达人民生计，使贫者不贫之谓，一则又似指国家社会主义。一名词而有此种种不同之意义，亦可知不求科学术语之定义之害矣。对于社会问题，吾异日当有专论，与国人共同商榷。今日吾仅欲以简略之言，述吾对于时局之意见。吾观于各国，除昔日乌托邦诸说，仅有历史之价值外，其近世社会主义之兴，实在民权已巩固之后。虽然所谓民权已巩固者，非仅名义上之巩固，亦非有名无实之民权也。人民之完全自由、国宪代议政治、舆论势力、守法之国家、公平之司法、自由营业、生命财产之保护，凡此种种保障民权之分子已具，然后民权可谓巩固，然后社会问题生。简言之，个人主张大昌后，然后社会主义乃可言；民权巩固后，然后社会主义乃可言。民权问题，在昔日欧洲各国，乃中等社会与贵族（当时之执政柄者）间之战争，其结果也，为人人得法律上之平等，人人对于执政柄者有完全之自由。吾国与欧洲情形异者，则吾国向无特权之贵族，其在专制时代，即已无之，而吾国人所以届共和时代，仍须竞争民权者，则以政权为行政官所滥用。今日吾国民权之战争，则实演于中等社会与行政官之间。吾国行政官万能，已数千年于兹，深入人民心理。以后虽宪法颁布，立法司法渐渐独立，然吾恐其有名无实。行政官必时时假其执行之权，侵犯人民之自由，而人民亦时时以不知爱惜自由，或出于不平等之习惯，而忍受之。苟一日此风不除，则民权自由，永无全复之日，而社会问题更无从发生。盖社会问题，乃中等以下之社会（工人），对于上等、中等社会之问题也。夫焉有中等社会之人，其知识能力，尚不能恢复其完全之自由，日日被少数行政官所削夺，而谓中等以下之社会，遂已具知识能力，与上、中等社会争平等乎？吾所欲言者，即个人主义，自由主义，为达到社会主义必须经过之阶级。此征之各国之历史，无或爽者也。（详俟专论。）

一为铁路国有问题。铁路当归国有，抑当私有（公司有）？此一问题，世界生计学家，皆以为必由一国种种之情势决之，不能树一定不可移之例也。虽主张国有最有力者，如德国之国家社会主义派之瓦格纳氏（Wagner）亦云：国有之利益固多，然亦须具种种之前提，方能实行无碍也。国家有完美之宪法，忠直之官吏，充足之财政，才能之代议士，此皆国有必须之前提也。（见所著《财政学》第一本“国家私产收入”篇。）吾尝读 Borght Cohn 诸氏之著，就其数国有之害，甚有足使吾国人主义者，兹列举于下：

（一）有碍民权之发达也

（甲）全国所用之官吏役夫，其数可及数十百种工商业之营业者，使此种人全依政府谋生活，听行政官（交通部）之指挥，则官僚派之势力，必更强大，而主张民权之政党，更难伸其势力。

（乙）政府可以铁路之收入，时时随意供各种之出项，代议士难以监督之。

（丙）若官吏道德夙不完美，则铁路国有，以若大之资本，归官吏之掌握，实足以启贿赂中饱之风。

（二）有碍路政也

普鲁士铁路收归国有之初，政府曾拟以将来铁路盈余，专以扩张路政，改良交通，不作国家普通出款之用，（见科盈所著之《财政学》。）乃不久此原则已不能实行，政府以入款多多益善为目的矣。此盖在财政稍困难之国，政府所必至之趋势也。夫政府既纯以入款之多多益善以供国家之普通出项为目的，则商业繁盛、人民稠密之地，修筑铁路易得利者，必尽先修筑，荒落穷陋之乡，正待修路以发展其人民之生计、开通其风化者，反以不得利之故，即不修筑。且旧有铁路、车辆、建筑等，日就窳败，只以财政困难，故不愿修补改良。不仅此也，政府果不以铁路赢余专扩张交通，而以作普通之出款，则尚。

（三）有碍于国家之财政也

铁路之赢余，常视每年国民生计之状况，交通之繁盛与否以为准，岁各不同。且添造新路，更不能预先定其每年所增加之出款，于是国家岁入，由此添一不稳妥之大宗。且政府之司其事者，往往专计较每年所收之岁入，不暇问及路政之良否。由是，因财政而牺牲路政，新路惰于增筑，旧路不求改良修补，运价不肯减轻（此项关于全国实业者尤大）。此皆由财政困难，而波及路政之点也。

综上而论，则我国之铁路国有问题，应如何解决，可以定矣。我国国有各铁路，向来纯为办事人假公济私之机关，上自交通部督办，下至站长，结为一体，营私舞弊，其彰明昭著，为国人所习闻，曾莫之怪焉，勿待吾之详述。盖吾国国有铁路，纯为少数行政官营业之机关，（如拨公款接济私人之用项建筑费及收入费之中饱滥开账目安置私人以车站旁之地皮据为己有等等。）及属员供给上司之礼物，（如常车须待专车行过方准开车，虽迟误数点钟不为奇，及头等免票赠及大吏之仆人等。）余若运价之不思减轻，站长困索贿不得而扣留货物，三等客车之客人无故遭司车人之殴辱，运送行李卖票寝食之不便，尤为万国所未闻，而为我国国有铁路之特色。总之，我国国有之铁路，毫无国有之利，而其弊端之百出，中饱之离奇，实已达于不可思议之境。故今日铁路国有之策，吾以为其利少而害多也。虽然。吾非绝对反对铁路国有者也，而铁路国有之利益昭著，亦决不容吾之绝对反对也。瓦格纳先生，吾最崇拜之师也。先生昔为普鲁士倡铁路国有者之先导，吾今以先生之言进于我国民以为准绳可乎？先生之言曰：铁路国有之前提，为完美之宪法，忠直之官吏，充足之财政，才能之代议士，苟非此四者皆具，则国有之价值顿减矣。夫此四者吾国果已具之乎？若犹未也，则吾敢请吾国民待其已具之日而后言国有如何？

今日倡铁路国有者，乃借口国家社会主义，是所谓不知自量也。国家社会主义，倡于普鲁士，而实行于普鲁士。然而，普鲁士之政府，普鲁士之官吏，其忠直勤劳，为国为民，为世界最。我国之政府官吏，其秽德彰闻，假公济私，亦为世界最。欲尽除其积弊，吾以为至速非百年不可，焉能以普鲁士之先例，强用之于吾国乎？且凡倡一说求其实行，必须衡之以一国之各种前提，一国之各种状况。彼国家社会主义行于德而不行于英、美者，皆有必要之原因在。甲国所采之政策，万不可移之以为乙国之用也。造成今日之德意志帝国者，强大之普鲁士也，造成强大之普鲁士者，则普鲁士政府之功居多也。惟当时之学者有见于斯，知普鲁士政府绝对可恃也，故思借政府之力，以解决社会问题焉。审时度势，非偶然也。不然，彼英、法诸国亦不乏社会派之经济学家，何不闻其力倡国家社会主义有如德国学派者？论者不察，辄欲举人之政策而效颦焉，其不贻笑天下几希矣。至若某工程师复粤省争民有之电，谓“共和成立，国有民有，不成问题”，则此言由于糅杂共和、君主与国有、民有两名词，殊不知其毫无关系，故此言更无讨论之价值。

（录自《独立周报》创刊号，1912 年 9 月 22 日）

论社会主义

梦　渔

一　导言

余今之为此文，乃欲略述此问题，以挽时人之误会，非讲学也。凡科学（即译西文斯安司）可析为两大部分，即天然科学与精神科学也。天然科学，俗名理科，包括外界物质之各种科学，如天文、物理、化学、博物等。精神科学则包括历史学、哲学、社会、国家等学，此种科学有一共同之特性，即其研究之物乃人之心理所造成，故随心理学之复杂而复杂焉。故精神科学，谓之广义的心理学可也，谓之应用的心理学可也。

精神科学与天然科学异点颇多，（俟异日详论。）而有一大区别，与吾等今日所研究之问题有关系者，即讨论天然科学之目的，在“是与不是”，讨论精神科学之目的，尚在“当与不当”“可与不可”也。故研究天然科学，惟求真理而已；研究精神科学，则既观察事实，且判断优劣，批评价值。此点乃精神科学之艰难处，亦其危险处，盖学问家判断优劣批评价值，纯以物观的科学，而常人之判断批评则出于感情也。以上所言，不特为今日所研究之问题言之，凡关于社会、国家之事业，咸如是也。

二　现世社会主义与政治、生计发达之关系

现世社会主义之所以别于古时之乌托俾［邦］者，即现世之社会主义有科学的性质，而非从空想是也。现世社会主义之发生于各国也，有必要之历史的前提在焉。此最足供吾人之精思致意者也。所谓前提者，或为

政治的即宪法成立、民权巩固是也，或为生计的即工业大兴、资本发达是也。此两条件与社会主义密切之关系，诚文明史中最有趣味之事实也。

虽然，此历史之事实，亦岂偶然哉？现实社会主义之目的，一言以蔽之，在生计之平均耳。然而，无宪法之国，人民呻吟于强权之下，生命廉耻，尚不遑顾，何暇以争生计之平均乎？小民无辜动遭杀戮，官吏残酷，人人自危。当此之时，能免冻馁，幸矣，何暇计衣食之美、资财之厚乎？故以历史而观，各国社会主义之发生，必在宪法成立、法律修明、民权巩固之后。此一事实，最足破今日谈社会主义者之梦幻者也。虽然，徒政治，犹不足也。古代午托俾［乌托邦］之理想学说多矣，独不闻其有实际之价值，而必至现世社会主义始能脱除空想，而有科学的性质，有实行之希望者，则以近世以来，文明诸国工业大兴，人民生活日进，国富日增，倘分配稍均，原或有同登黄金世界之望；而今也，劳动之人，虽生计已优裕于前，而少数厚资之人，则利用资本，获其重利，劳动之人，恒不能与资本家居同等之地位，相形见绌，故生不平之鸣。欧美各国之现世社会主义，非劳动家贫之故，乃资本家富之故；非资本有害于劳动家而专利于资本家之故，乃资本故亦利劳动家矣，然其利较少，而其利资本家也，则较多之故。此一事实，亦最足破今日谈社会主义者之梦幻者也。夫我国之现象，何若乎？曰：既无政治之前提，又无生计之前提。国家组织恶劣，小民日遭官吏之摧残，朝不保夕，尚复被水旱之灾、盗贼之害，饥寒无告，流亡失业，此则无政治之前提也。全国资本涸竭，生计凋敝，新式实业未兴，而旧日小工，虽至纤极微，亦莫不渐为外人攘夺以去，此则无生计之前提也。

三　现世社会主义之学说

社会主义，为于生计学，故社会主义之学说，苟其非乌托俾［邦］之空想，皆生计学之学说也。故研究社会主义，须治生计学及其各种辅助之科学，如心理学、历史学、法学、政治学，或关于社会之心理，或关于社会之变迁，或关于社会之公理观念，或关于社会之组织。盖欲免空想之弊，非深察是诸问题不可也。此以限于篇幅，不能详言其关系。现世社会主义之学派，吾亦只能略述之。

（一）农业社会主义，此派主张只废土地之私产，其学说根据于自然法，以为人民对于土地，有同等之权利。土地私产之结果，为地主获奇利，工价微细，工人困苦，故改良之法，在国家以一定之税，则收没地主之利，（即有土地者，专恃土地所得之利，生计学谓之地租。）于是可免各种之税，而实行单独税。此学说倡于 Th〈e〉Spence Charles Hau，最近者为 Henry George。

（二）托慕生[①]（Thompson）之理论，已为科学的，其学说依黎加托[②]（Riearodo）之说，谓财富之源，咸出于人工。独劳动家虽为增进财富之人，然其生活决不优裕，其故以劳动家所增之财富，须以其一部分与地主与资本家，此乃背于公理。因此一部分之财富，为劳动家之人工所造成，故当然属于劳动家也。劳动家只当以所得之一部分与资本家，所以偿制造时所费用之物器耳，故托氏主张组织社会的乡镇，人人可以自由加入乡镇。之内，自耕织为衣食、自制造为货物。乡镇之人，须作同久之工，其日用生活，亦悉仰公家之产。此派可谓之自由社会主义，其内容实同一生产组合也。

（三）蒲鲁东（Proudhon）所谓无政府主义者也，以为今日社会之交易，不公平，不自由，欲其公平自由，须无政府之存在。蒲氏反对私产，亦反对公产。以为私产之结果，在资本家垄断劳动家之利，而公产之结果，又不免限制个人之自由，施行社会之强迫。蒲氏以为公产、私产之两制度外，尚有一制度，可以保存自由与平等者，即其所称无政府制，以条约代法律是也。其实行之法，为创立一维持公益之交易银行，借贷交易票，不索利息。俾能作工者，咸可以脱资本家之束缚，而自营业，于是人人可为资本家，而昔日资本家，既无利息之可图，遂不得不失其特殊之位置，与劳动家平等矣。

（四）罗贝图（Rodbertus）[③]，罗氏之观察社会国家，乃反对个人主义者也。其对于国家也，以为国家乃独立之单位，社会的有机体，包括个人。而个人者，则为其服从之执役者，所以达国家全体之目的者也。其论

---

① 托慕生，今译作“汤普森”。
② 黎加托，今译作“李嘉图”。
③ 罗贝图，今译作“洛贝尔图斯”。

国家若是，其论国民生计，亦莫不如是。罗氏之生计学说，根据斯密·亚当①，以为人工所造之物，人工自然之代价也。上古之时，劳动家劳力之所获，悉自得之；及其后，土地为私人所有，而劳动家须以其勤劳所获之一部，归诸地主矣。劳动家往往自无积蓄以度日，自无器械以兴工，不得不仰资本家之借贷，自是劳动家须以其劳动所获之一部分与资本家矣。由是而劳动家所得者，恒少于其所造者，故文明虽进，生产所增，而劳动家则不受其赐焉。此乃现世生计之恶现象，不特有损于劳动家，而且有害于全社会也。因为劳动家之工价过低，故无购买力，而制造虽众，工艺虽精，特社会大多数为劳动家贫，则大多数不能购买。于是货物停销，市面恐慌，劳动家以工价太低，不能消费，而有失业之虑，资本家以销售停滞，而有亏损之虞，两得其害，莫蒙其利。此大妨于文明之进步者也。欲祛此害，须使劳动家所得较昔为多，则文明之福泽，乃悉被于全社会矣。其实行之法，则在国家之干涉，定万货之价，百工之资，建国家货物所，收纳制造之品物。进货者，按其制造时所费之时日，所用之心力，授以工价票。有工价票者，复可持之向货物所更易各货焉。于是私产尽废，代以公产，社会之生计既平，则文明之进步可待矣。

（五）马克思恩格司（Marx Engels）批评现实之资本时代曰：今日资本时代，制造货物，自由竞争，无诸机关以节制之，故资本家之制造也，虽预计将来之销售，是以有时市面兴旺，百工厚利，有时货物滞塞，市面萧条，由是劳动家之生计，旋得旋失，且时时有多数之无业者，待机作工，因以压抑工价，永远不能有所增益，此皆私产资本为之害也。欲除此弊，须兴共产之制。凡生计之事，由国家规定组织，当过渡时代，则当以国家强迫之力，干涉私产及资本。二氏之观察历史，所谓物质的历史观察也。其意以为凡人类之文明，如政治法律，社会之现象，精神之生活，以至宗教哲学之高远，未有不依生计之制度而定者也。生计制度，为一切文明之基础，而造成历史之原因也。

---

① 斯密·亚当，今译作“亚当·斯密”。

四　批评

欲判断以上学说之当否，须以物观的科学为观察之仪器，然后可免感情之影响，吾前既已言之矣。然考验之研究之，范围极广，此乃科学之事，非吾今日之所欲为也。独吾欲举以下数端，以冀国人之注意。

（一）余前已略举精神科学之性质矣。精神科学，咸以心理学为根据，盖无论何种法律，何种制度，未有背乎人之心理而能实行者也。所谓兴公产也，所谓废私人资本也，其果合乎人类之心理乎？常人之动机复杂，而利己之动机则最强，如求活之动机，男女之动机，荣誉之动机，是也。若欲社会主义之实行，必须思一制度与人类之心理不相违背者，然后乃能行之无弊。

（二）当由组织上、工业上观察之，如组织之能否统一，工业之能否集中，前点关于心理、法政诸学，后点关于农工诸学。

（三）当深察人口增长之大势，考其原因结果，以测度将来之生产，能否供将来之需求。盖欲使社会之生计优裕，决不能徒注意财富之分配，而不顾财富之增进也。故欲研究社会生计之制度及其改良之法，须解决以下诸问题：甲、生产问题；乙、消费问题与分配问题；丙、生产与消费之均势。

（四）当知欲财富分配之平均，其目的在增长全社会之幸福，促进全社会之文明，故须研究财富分配与文明进步之关系。贫富太不均，则富者淫侈而无恒业，贫者饥寒而失教育，此大阻碍社会之进化者也。使社会毫无贫富之别，则优秀者困于生计，不能尽其心力，以专其物殊之业，社会无分工之益，则伟人奇才，无出类拔萃之机，此亦阻碍社会之进化者也。

（录自《独立周报》第 36、37 期，1913 年 3 月 30 日、4 月 6 日）

中国社会党重大问题

江亢虎

社会党者，社会党也，非政党。然社会主义本有数派，有极端主张无政府主义者，亦有极端主张国家主义者。本党发生于中国专制、共和绝续之交，按切时事，制定党纲。其曰赞同共和，是明明承认国家与现政府之存在也。其曰破除世袭遗产制度，是推行共产之一法，由是以企于无政府的境界可也。自余诸条，亦皆由国家主义进入世界主义，虽不必揭橥为何派，而意志一贯，秩序井然，固不失为正确明了之主张。其中亦含有多少政党之性质，特目的所在，与纯粹政党颇有径庭耳。成立以来，发达极骤，社会主义之意义虽未必尽人了解，而风声所被，口耳相邮，已引起全国大多数人之注意。不惟本党党员达二万人，即后起各政党，亦皆憬然于社会主义之不可以已，而相率采用以为政策。但政策自政策，主义自主义，一为手段，一为目的，主观各异，未可混同。即本党党员，虽以同一党纲为号召而结合者，而各个人对于党纲之观察法，亦言人人殊。除少数无意识之盲从者不计外，大抵高尚卓越之士，多极欲本党为纯粹社会党，以达到无家庭、无政府、无宗教之理想世界为宗旨；而一般磊落英多者流，则渴望组织成一完全政党，即所谓民主社会党，以运动政权，实行党纲。若以现实党员心理观之，则赞成后说者，实居大半。鄙人对此，亦非绝对不赞成者，但必仔细研求，反复讨论，然后可以明白宣布，作为正式之议案，质诸舆论，以决从违。故此事断非第二次联合大会不能轻付表决者也，惟此等重大问题，若非先事预为准备，则临时匆卒，必仍无圆满之结果。故特假本党日刊，搜集党员意见，并姑就大多数人意，假定本党为一完全政党，则有必须研究者数条。

一、党名：本党本不分国界，然名中国社会党者，义谓社会党人在中国所组织之团体也。今假定作为完全政党，则当以国家为范围。而本党或仍用旧名，但其义则须变为中国的社会党，或改用普通习见之名称，为中国民主社会党。

一、党纲：党纲固万不可轻议修订，但假定作为完全政纲，则破除世袭遗产制度一条，似不宜宣布，或径删除，或用本党所订之临时政纲，改为限制遗产相续。其余各条，则与完全政党并无妨碍，且与各国社会政党所主张者，亦大致相同。

一、党规：本党因非纯粹政纲，故所订规章，极其简单，为服从天然之秩序，尊重个人之道德自由也。各党皆有评议员，而本党无之，为人人皆有提议、决议权，而不限以少数人为代表也。本党各支部，无论地域大小，皆直接本部为总机关，不拘行政上的区划也。今假定作为完全政党，则规章之应修改加入者正多，其纲领条目，必重新详悉［细］规定之。

一、党魁：本党因非纯粹政党，党中义务、权利，一切平等。故第一次联合会决议不置党魁，所有者惟事务所之主任干事而已。党员各尽所能，并无特别之职务名称，即鄙人各处奔走演说，亦以发起人资格个人资格辱大众之欢迎，初非挟本部主任以为重也。今假定作为完全政党，则必共拥戴一党魁，而听其指挥，以为进行。此党魁之资格：一、必有政治上之学识与经验；二、必确实主张社会主义，且向系本党党员；三、必对于党内有统率之能力，而使党员一致服从，对于党外有运动之能力，而使本党价值增重。以声望为前提，假权术为妙用，方足以胜任而愉快。试问本党中有是人乎？若有是人，吾必闻知之。若有是人而未为吾党全体所闻知之，则其人即已无党魁之资格矣。夫无强有力者资格相当之党魁，则政党将何恃以为成立乎？吾愿主张本党为政党者，郑重思之。至于鄙人性质、学问、能力，皆与此极不相近，固万万不可比拟牵傅者也。诸君知我，或不逮我之自知，故特先披露焉。

鄙人个人夙所主张，与其为国家社会主义，毋宁谓为无政府社会主义。鄙人之性质之学问之能力，与其使为一党魁，毋宁使为著书演说鼓吹倡道之人。且鄙人因承乏本党主任，而言论行动，种种不自由。设一旦而得脱离此关系，必更有新颖之理想，奇辟之文字，以贡献于我亲爱之党员诸君，其效用必较现任主任为大。盖此等新颖之理想，奇辟之文字，以今日所处之地位，实不暇为，且不敢为，深恐骇人听闻，惹人讥评，以牵动本党大局耳。至今日发表起此重大问题，则非以个人资格发表之，乃以现时所处地位之资格发表之，以觇舆论，而集众思。盖今日之社会党，实我党员二万人共有之社会党也。我党员当各绞脑汁，钵心肝，以谋解决此重大问题。鄙人不敏，断不敢横着成见，妨阻前途。幸赐尽言，无任翘企。

（录自《社会党月刊》第1期，1912年3月）

·附录·

中国社会党规章

（中华民国元年十一月一日第二次联合大会订定）

名义　中国社会党为社会党在中国所组织之团体。

宗旨　本党不妨害国家存立范围内主张纯粹社会主义。采定党纲八条：一、赞同共和；一、融化种界；一、改良法律，尊重个人；一、破除世袭遗产制度；一、组织公共机关，普及平民教育；一、振兴直接生利之事业，奖励劳动家；一、专征地税，罢免一切税；一、限制军备，并力军备所外之竞争。

事务　一、发行杂志、新闻、传单、小册；一、常时或临时开讲演会；一、开社会主义研究会及传习所；一、流动鼓吹；一、交通各国社会党加入世界社会党大会；一、联络中外宗旨相近之各团体。他如教养、经济、慈善及农工各事业，皆须筹设模范的公共机关。党员得在本党宗旨范围内，以特别目的或同一职业组成各种小团体。党员得在本党宗旨范围内，以个人意志自由行动。党员为实行本党宗旨之便宜，得以团体或个人从事政治之活动。凡交涉、请愿、联络、鼓吹等事，经全党或一部党员公认以全党或该部名义执行者，其事权、经济由本部或该部事务所任之；其余事务均由办理者自任之，但与本党为声援。

党员　凡了解且信从本党宗旨者，皆得为党员。入党时须亲到各该部填写誓书、履历书，每三个月须换领证书。党员不分国界、种界、宗教界，无论男女，对于本党义务权利平等。党员任在何部，义务权利平等。党员违背本党宗旨，经党员弹劾，各该部调查属实，由本部宣布除籍。党员已除籍而能悔改自新仍愿入党者，须亲具悔改愿书。经党员五人之介绍，得各该部认许，由本部宣布复籍，但以一次为限。

经费 党员入党，纳特费无定数。党员逐月纳月费无定数，约按所收入百分之五。党中各部经费，由干事收管度支，由全体党员监督稽查。本党每年募集基本金一次，党员自由认捐，汇存本部，非得多数各部之同意不得动用。

职任 本党各部事务所置主任干事一人。本部主任干事由联合会各部代表选举，有代表全党维持各部之责，任期一年。各支部主任干事由各该部党员普通选举，各部主任干事得委托书记、会计、交际、庶务各干事及编辑讲演专员。各部对内外有特别事件，主任干事得委托临时干事代表办理。各部干事之人数、权限、任期、薪水或公费，各该部公决规定之。本部主任干事不职经十分之一以上各部弹劾。各部主任干事不职经各该十分之一以上党员弹劾，公开临时联合会或临时党员会，调查属实，另行选举。各部干事不职经十分之一以上党员弹劾，主任干事调查属实，另行委托。

机关 上海设本部为总机关。凡党员经原入党部之介绍，得本部认许或直接得本部认许，皆可发起支部，俟有党员五十人以上得本部发给图记，即为该支部成立。支部事权经济独立，但共特别并通常事件须随时或逐月报告本部，又须逐月津贴本部经费按所收入百分之五。支部不论地域广狭，人数多寡，一律直接本部。

会期 联合大会每年一次，各部均委托代表来本部举行。各部党员会每月一次，干事会无定期，在各该部举行。有特别事件由本部或各该部主任干事召集临时联合会或临时党员会。惟关系弹劾主任干事者，得由提出弹劾之各部或党员连名召集之。

附则 本规章除名义、宗旨条外，如须修改，于联合大会时，提议公决行之。

（录自《社会党月刊》第4期，1912年11月1日）

中国社会党规章

（中华民国元年正月廿八日第一次联合会订定）

名义 中国社会党为社会党在中国所组织之团体。

宗旨 一、赞成共和；一、融化种界；一、改良法律，尊重个人；一、破除世袭遗产制度；一、组织公共机关，普及平民教育；一、振兴直接生利之事业，奖励劳动家；一、专征地税，罢免一切税；一、限制军备并力军备以外之竞争。

事务 一、发行机关杂志、新闻、传单、小册；一、定期或临时开演讲会；一、组织公共之产科医院、蒙养院、小学、中学，破除家庭制度；一、建设社会银行，筹画遗产归公之方策；一、置备土地，办理农工商业团，为党员之实际试验场。此外，如交通各国社会党、联络国会暨各团体，造成多数之舆论皆是，党员得在本党宗旨范围内以一特别目的组成各种小团体，党员得在本党宗旨范围内以个人意志自由行动。

党员 党员资格如下：一、满十六岁以上无精神病者；一、曾受普通教育者；一、能自营生计者。

凡入党者，必亲到各该部填写誓书。党员不分国界、种界、宗教界，无论男女义务权利平等，党员迁移得转入各所在地之支部。党员违反本党宗旨，经党员弹劾调查属实，即宣布除籍。资格未及者得为准党员，其义务权利因人酌定之

经费 党员入党纳特别费无定数，党员每月纳经常费无定数，约按所收入百分之五。党中经费由干事公同收管，由部长调度支用，由全党员监督稽查。

职司 本部长正负各一人，支部正负长各一人，干事无定员。

本部长干事由联合会公举，支部长由各该部公举，干事由各该部公举三倍额而部长任选用之。部长任期一年，干事无定期。部长干事不职，经党员十分之一以上弹劾调查属，实随时另行公举。部长干事均无薪水，惟准核实支用公费。

地址 上海设本部，凡有党员五十人以上之城乡，皆设支部。

会期 联合会每年一次，各部均派代表在本部举行。常会每月一次，干事员会无定期，在各该部举行。

附则 本规章除宗旨条外，如须修改增减，于联合会，提议公决实行。

（录自《社会》第5期，1912年2月10日）

中国社会党重大问〈题〉之答案*

江亢虎

鄙人前者以本党发起人资格，就代表的地位，发表本党重大问题，案而不断，以征集同党之意见。兹更以个人资格，就党员的地位，作为简捷了当之大案，并先为宣布，以要求同党之同情。倘第二次联合会时，得大多数之表决以通过，实本党前途之幸，即社会主义之幸也。

社会党者，社会党也，非政党。若如论者竟将本党改为完全政党，则纯粹社会党不啻随以取消，非惟大悖鄙人发起之本心，抑亦甚违同人入党之初意，万不可行。盖本党不必揭橥为何种学派，而所主张者，确有正当明了贯澈始终之宗旨与精神。概括言之，即于不妨害国家之存在范围内主张世界的社会主义是也。理论本自完成，事实亦无冲突，欲更求推行之尽利则修订规章足矣，其根本上曷尝有改革变更之必要乎？但既有多数党员主张完全政党者，又有多数党员主张纯粹社会党者，两趋于极端，固不可无调和解决之方法。其方法将奈何？鄙人以为宜适用本党规章事务条，各以其特别目的组成两种团体可也。兹本此意旨，依问题各款，逐一答复如左。

一、党名：本党名义最为正大，无论为纯粹社会党或完全政党，皆可沿用，不待他求。今若组织两种团体，则纯粹社会党可假定为中国社会党之无治党，完全政党可假定为中国社会党之民主党，仍冠原名以该举之，且从其朔也。

---

* “题”字为编著者所加。

一、党纲：本党固先有党纲而后有党员，自事理言之，党员应绝无不信从党纲者，党纲动摇，则党员瓦解矣。故非有例外大变，党纲断不容有修改之议。惟无治党，可于党纲外，标举无政府、无家庭、无宗教为其究竟之宗旨；而民主党，亦可于党纲外，发布临时政纲，按切现势，企画实行。则与原订党纲，相辅相成，不触不背矣。

一、党规：党规本可应时提议修改，今拟以原订者为本党普通党员即折中派之党规。而无治党可径不用党规，或更修改简单。民主党则必增加详备，如参议部之组织，行政疆域之区分等等皆是。此事自有人主持，无俟预为借箸者。

一、党员：折中派仍为普通党员。而主张纯粹社会党者，可更入无治党。主张完全政党者，可更入民主党。无治党纯任信仰自由。民主党，或有资格限制，临时定之。

一、党魁：无治党不须党魁。民主党必须党魁，当由主张完全政治党者自推举之。至普通党员，即折中派，则或仍照第一次联合会决议，由本部主任干事代表，或别有办法，届期公决施行。

据右所陈，自离心力言之，可以调处两派之异见，而收同归殊途之功，自向心力言之，可以巩固本党之基础，而免破碎分裂之象，事盖无便于此者。鄙人个人仍当恪守其至死不变之方针，在广义的，则以原订党纲，涣汗大众，号召同人；在狭义的，则愿为无治党一学子，期与吾党有志者为更进一步之研求。鄙人为社会主义计，为本党前途计，特宣布其答案如此，并欲以一掬血忱，恳祈同党诸君，为社会主义计，为本党前途计，予以大多数之赞同，企予望之。

（录自《社会党月刊》第 2 期，1912 年 4 月）

社会党党员之心得

亢　虎

中华民国元年十一月

鄙人前于本党大会时，曾将社会党党员之心理之目的之眼光之身份之手段，逐一演说。兹更就党员对于各种方面之心得，用极浅显极简单文字，条分缕，晰剀切敷，陈其彼此互见者，当参观而得之。老生常谈，家人絮语，可以座铭，可以书绅，强聒不舍，墨氏之遣，维音哓哓，风人之旨，我最尊敬最亲爱诸同志，于意云何。

一　党员对于自己之心得

宗旨：本党规章，凡入党者，以了解且信从本党宗旨者为断。惟了解有见智见仁见浅见深之不同，既无止境，亦无定率，而信从二字，则实本党团结唯一之原素，且必以信从为前提，而了解乃更易措手。故未入党者，不宜孟浪从事，既入党者不可见异思迁，具牺牲之精神，期贯彻于终始，同心戮力，生死以之。言尽于此矣。

学说：既具信根，当求正觉。社会主义之起源及其流派如何？各国社会党之状况如何？本党之主张如何？凡中外各书籍，暨本党发行之杂志新闻，必广为搜辑，仔细披寻，遇党员会、讲演会，必亲到听闻，交换智识。子舆有言“先知觉后知”，阳明有言“不行由于不知”，无论鼓吹，无论实行，固必以了解为第一要义也。

良心：子舆、阳明所谓良知，皆指天然的本能而言，而余所谓良心，则由学问与阅历磨炼而成。智识愈高明，则良心愈营澈，是非善恶，本一定之标准。无政府主义家言：道德仁义均矫伪不足凭，而良心之制裁最为有力而可恃。仰不愧天，俯不怍人，古人以为至乐，行其心之所安者，人生之真自由真幸福也。

人格：人格亦无定评，而吾党尊重个人，期使人人成为社会完全之分子，即道德学问事业，皆勉为世界上极有价值极有关系之一人。其理想之人格，如高山大河，如光风霁月，如慈母，如美人。我尝馨香祝之，寤寐求之。

常识：常识者，普通智识，即人类所必具之智识也。无论居何地位，操何职业，讲何学问，要不可不先有此种常识，为一切之根据。无常识即不成其为个人。今日公共机关尚未成立，教育普及徒托空谈，故无常识者，实社会之罪，而非其人之罪。但吾党同人，总宜痛自刻责，设法补习预备，庶免有靦面目之诮耳。

职业：人生斯世，精神身体，皆必有所凭依。精神无凭依，则心志昏乱，而身体亦日即荒淫；身体无凭依，则生计艰难，而精神亦日形颓败。吾党精神之凭依，则社会主义是已。然社会主义乃一种信仰，社会党乃同此信仰集合之团体，而党员即其团体之一分子，非职业也。故必别有固定之职业，以为身体之凭依，而后精神之凭依，乃益坚固而不可动摇。况吾党主张振兴直接生利事业，奖励劳动家，尤非党员躬自履行，不足以示提倡而昭信用。盖经济不能独立，则一切规划，皆如画饼。愿吾党同人，勿口口责人以生利，而日日自超于分利也。观彼宗教家，除一二神甫牧师即以传教为职业外，余则九流百工，自由营业，而资用既厚，流通益弘，可以借鉴矣。

一　党员对于党之心得

党纲：本党初成立，即宣布党纲，所有卅余万党员，皆本此党纲号召集合而来。党纲实本党党员唯一之目的，遵守党纲以谋实行，实本党党员唯一之义务。党员而非难党纲，不啻一人与全体宣战，更不啻自己与自己宣战也，故规章虽修改，而宗旨不宜纷更。或谓社会情状个人见解，时有迁移，似无一成不易之理，不知世界或国家果生异常之奇变，则本党固可以大多数之同意解散改组。倘党员个人意思，忽觉与党纲之全部或一部相冲突，则其人可以积极法请愿除名，或以消极法消灭资格。若于本党存在之期间，以党员所处之地位，则对于党纲断不容丝毫有所疑议于其间也。

规章：既有团体之组织，则最少数必屈服于大多数，实一无可如何之事。本党规章，经大多数之通过，任何党员，皆当舍小异以从大同，苟别有意见，只能照章于联合会提出公议，倘经大众否决，则原有规章，继续有效。但使宗旨不相违背，其一部分之小不自由，亦惟有为团体付之牺牲而已。规章中有最易实行而党员最易忽略者，如逐月缴费、按期到会两事，虽似细微，而本党之盛衰进退，皆视此为转移，即党员对于本党之义务权利，亦以此为表证。愿我同人，注意勿忘。

事务：本党党员，人人皆党中原动之主体，事务所之主任、干事，特以事实上之便宜设置之。自理论上言，凡党员皆有主任、干事之义务权利者也，故当视党事如己事。有为本党勗勷者，爱之如赤子之仰慈母也，有为本党障碍者，恶之如鹰鹯之逐乌雀也。党员繁多，党务坌集，众擎斯举，兼听则明，有何见闻，必须报告，有何意旨，必须条陈，能实行者，不辞劳瘁，当弹劾者，不避怨嫌。惟事务有属本党全部者，有属特别团体者，有属党员个人者，必辨明界限，认定责任，不相牵混，而互为声援，勿假公团名义自便私图，勿以自身行为贻累全体，慎之，慎之。

传布：己欲立而立人，己欲达而达人，君子耻独为君子，不废众生，誓不成佛。凡我党员，对于本党宗旨，既自能了解，尤当使他人了解，既自能信从，尤当使他人信从。况本党正在鼓吹时代，则传布比之实践，尤为当务之亟。盖目的辽远，范围广大，必不可以支支节节而为之。要当先造成一般之舆论，然后以大多数之同意一致进行，其效力始大，故当现种种身，说种种法，随时随地随人而施教。各国社会党之方针有三：一组织政党，握行政权；一运动国会，握立法权；一则专从社会普遍鼓吹。本党取第三法，而亦不反对第一第二法。性质各有所近，机缘各有所宜，且第三法苟极圆满周到，则第一第二法亦自在范围中矣。

一 党员对于同党之心得

同是党员，即同此义务，同此权利，然尺有所短，寸有所长，能力不齐，度量相越，况社会主义本无阶级界限之可言，而今日教育未能平等，则薰莸同器，良莠一畦，亦势所不免。于是流俗丛诟，引为口实，贤者洁身，避若涂炭，不知所谓薰者良者，非必其人之功能，所谓莸者莠者，亦非必其人之罪孽，诚以社会组织生产制度之不良。故凭借有菀枯厚薄之迥殊，斯成就有大小高下之各异，果使本党主义实现，则顽廉懦立，愚明柔强，人人皆有士君子之行，非惟贫富贵贱永保均平，即智愚贤不肖亦渐趋而渐近，有分业，无等差，大同之盛，岂欺我哉！况所贵乎贤且智者，贵乎其能兼善天下，非贵乎其能独善一身也。社会主义者，群治主义也，社会党者，群治主义之试验场也。故必同力合作，通功易事，劝善规过，爱众亲仁，以道义相切磋，以学识相交换，以感情相团结，胜于我者，敬礼而则效之，不及我者，哀矜而教诲之。当德既峻，当风自良，兰生空谷，凡草皆香，蓬在麻中，不扶而直，勉为柳季，毋为伯夷，尝见有高自位置者，对于他人生鄙夷心，又见有妄自菲薄者，对于他人生依赖心，皆吾党所当切戒。同人原爱鄙人者，往往期许太过，责难不已，以万能主义求备于一身，不知辛亥九月十五日以前，社会党系鄙人个人之责任，辛亥九月十五日以后，社会党系吾党全体之责任，各尽所能，亦反求诸己可耳。又本党一方面主张遗产归公，一方面主张直接生利，并非均产主义，而党员有不自操作，征遂浮华，甚至借口通财居心敲诈者，此直社会之蠹虫，吾党之魔障，断宜深恶而痛绝之。盖消极的慈善事业，从井救人之计，奖励游惰，自累累他，固本党所绝对不赞成者也。

一　党员对于家庭之心得

本党认个人为单位，不承认家庭之存立者也，故主张恋爱自由，教育平等，遗产归公，则家庭制度于以破除矣。三者理宜兼重，事实相需，无缓急先后之可言也。至其办法，则必以设立公共之教养机关为入手。此机关不设立，则三者无一可以实行，故为今之计，欲脱离家庭关系，断不可鲁莽灭裂忍心害理，以行破坏之手段。但当一面取积极的方法，群策群力，以谋此机关之落成之普及，一面取消极的方法，未婚嫁者不婚嫁，已婚嫁者不再婚嫁，且不更为所生者谋婚嫁，使旧家庭自然澌灭，新家庭不再发生可耳。公共机关一日未落成，一日未普及，则对于父母，当以仰事为报恩，对于子女，当以俯畜为天职，此过渡时代事之不可如何者也。又恋爱自由，遗产归公二言，颇多误解，转滋流弊，须知恋爱自由，必两方面均无丝毫不自由，强迫者固干法网，诱取者亦伤天良，且其事必止以恋爱为限，断不容牵及他种问题，如因嫉妒而倾扎，或假金钱为夤缘，则非恋爱，即不自由矣。至于遗产归公，系指本人所有权下之财产，以其志愿，预立遗嘱，并请证人，俟至身后，归诸公用，此各国所通行，在法律为有效也，非谓举现有之财产归公，更非谓强他人之财产归公。况公共教养机关一未成立，即使一切半［办］理如法，本党犹不敢贸然遽承受之，而吾党党员竟有假此术语，以遂其诈欺侵占之计者，真本党之蟊贼，所当鸣鼓而攻之者也。鄙人为首先介绍此种学说之人，下流之居，不甘忍受，愿爱我者，毋重吾罪。

一　党员对于政府之心得

无政府主义尚已，而本党不肯揭橥以为宗旨者，非惟处有政府下，谋鼓吹号召之便利而已。良以其事尚属理想，尚待研求，而能否实现及如何实现，尚无十分之把握，与一定之手续。若徒以反对为存心，破坏为能事，诚恐此政府去而彼政府来，一政府去而多政府来，同族之政府去而异族之政府来，以暴易暴，得不偿失，而如水益深，如火益熟，变本加厉，或又甚焉。故无政府主义之在今日，只可合万国而同为言论之倡道，不可就一国而遽为实行之设施。本党既非无政府的主张，即对于现政府，亦初不存成见，更无取而代之之野心，非至两不容时，决无所用其抵抗之手段者也。且本党既赞同共和，承认国家之存立矣，则党员个人，对于政府，固同时具有国民之资格，国民应尽之义务，与应享之权利，不容有所放弃，有所变更。而党纲中改良法律，专征地税，限制军备逐条，尤以居立法机关或行政机关为易于措手，故为本党之便宜，而以团体或个人，从事于政治的活动，实题中应有之义也。鄙人所以不侧身政界者，非谓社会党党员不许入政界，亦非谓社会党党员必以不入政界为高，诚以性质不相近，人地不相当，毋宁全吾天真，从吾所好，恒人之做官吏做议员，多为各人适意计。鄙人之不做官吏不做议员，亦只为各人适意计耳。盖一入政界，则言论行为，均当牺牲其一大部分之自由，故不为也。若确有根柢，不辞难辛，以舍身救人庄严地狱之志愿，而入政界，固鄙人所心香顶礼以祈祷者。人各有能有不能，不相菲薄不相师，是为得之。吾党同人往往不明此义，其处己也，或荣利熏心，营求无厌，或猖狂玩世，贫贱骄人，其对政府也，或仰其鼻息，而倚为护符，或过事吹求，而故与挑战，两失其道矣。至于地方公益及私人交涉事件，请愿要求，纠正弹刻［劾］，控诉辩护等，凡与立法、司法或行政有关系者，均当根据约法与法律，为正当的行为。若假借团体之名义与势力，横加干预，无理取闹，非惟事势有所不可行，即偶得生利，亦大损本党与党员之声誉矣。

一　党员对于普通社会之心得

本党亦一种社会，而对于他种社会，实处于主动的地位，以改良革新为己任者也。本党之性质，实含有政党、教会、学会、地方机关、职业团体各种社会之成分，而非政党，非教会，非学会，非地方机关，非职业团体，自具一种特别之技能。政党权利竞争，意见冲突，本党则立于旁观者地位，以调节之；教会专修灵魂，学会偏重理论，本党则兼注物质的文明，以补救之；地方机关设施有未备，职业团体筹措有不及，本党则以世界眼光，合国际同意，奔走号召，擘画经营。涣汗人心，转移世运，其势力至雄厚，其关系至繁伙，非造成全球大多数之舆论，则本党之鼓吹为未尽，即本党之意志不能行，故对于普通社会，其宗旨近似者，必殷勤联络，以得其同情，其宗旨背驰者，必反复开导，俾轨于真理。〈赞〉成我者，必挟［携］手偕行，借收众擎之效；反对我者，必反躬自责，毋生缺望之心。毁誉不以动于中，荣辱不以易其操，盲从虽多不足喜，阻力虽强不足忧。须知希望愈高者，代价愈贵；责任愈重者，用力愈勤；程途愈远者，举步愈烦；效果愈大者，收获愈晚；财产身命，视如浮云，鬼蜮诪张，付之一笑，途穷日暮，而吾道不孤单，车殆马烦，而初心弥热，恫瘝在抱，悲闵为怀，具己饥己渴之愊忱，自能达不怨不尤之境界也。昔基督说教三十年，仅得使徒十二人，刑死十字，而振烁寰区；宣尼率三千弟子，干七十二君，不获有所借手，老死道路，而俎豆百世。时有显晦，道有隆污，盖难言之。尝观濂洛关闽诸子，东林复社之流，皆以匹夫，讲学叔季，或阐性理，或主词章，犹且雷动群伦，风靡弈叶。况于社会主义为人心同具之思想，二十世纪大势所会归，万流共穴，一日千里。吾党成立，甫及周岁，而支部达四百余起，党员届三十余万人，继今以往，其又可御哉。故对于普通社会，不必有作战之计划，但当养成其吸收之磁力，以静待之，风同道一，特迟早之间耳。

此文系演说体裁，意有所触，信笔挥成，论理既无系统，修辞亦不讲求，且于社会主义之学理，本党主张之意义，均所未及。盖只为吾党同人普通说法，而忠言逆耳，腐气薰人，吾知罪矣，所望无则加勉，有则改之，谓之对症下药可也，谓之无病而呻亦可也，语长心重，舌敝唇干，忠告善道，不可不止，愿我最尊敬最亲爱诸同志，共鉴此忱。

中国社会党第二次联合会总代表江亢虎谨言

（录自《社会党月刊》第4期，1912年11月）

对于重大问题之意见

蔡济舒

自江君亢虎发表重大问题以来，既已浃月，党人之答案，见诸日刊者，亦既十数，主张完全政党者，其词不可得见，不佞意其必有绝明之理由与改党之手续也。溯无治派与民主派聚讼之原因，实基于党纲之广博，以党纲含民主、共产、无治三大主义之精神，故党人对于党纲之主观，恒趋就狭义之一种，其认社会民主主义为第一期，谓当适用于今日者，乃皇皇然以改造完全政党为言，此重大问题所由发生乎。夫社会主义之倡导，固必视社会之现势与人心之趋向，以为标准。偏信流行之学说，与信赖国家为万能，横趋他邦苟且之企图，用为削足就履之计划，此奚可者？本党发生之动机，由于社会之心理，而党纲之制定，亦所以适应社会之现势。江君之定义曰：于不妨害国家之范围内主张世界的社会主义。本党宗旨，自是如此。所曰赞同共和者，不过仅认国家之存在，而曰融化种界、破除遗产制度、尊重个人自由，实为无治之初基。眼光不趋卑浅，陈义亦非过高。融铸成说，折衷尽善，而成为一种之新社会主义也，又何疑焉！吾人因此党纲以树党，而名之曰社会者，岂非认社会为主体，谋公共之幸福耶。既认社会为主体，取社会名吾党，则政党二字，在论理的范围，实无成立之价值，而极端的国家主义，更安有主张之必要也。国家主义为十八九世纪之流行品，自社会主义之真理明，此等学说，殆已成过去之史料。社会民主主义唱于独逸，彼人所处之地位，与吾人之今日果相同否？试就独逸社会之情状以观，则亦知此种社会主义，实假救济劳动之问题。为政治革命之计划，故不得不结一大政团，以相夺政治之权力，转移社会之命运，而不敢以打破国家为的。夫社会而有民主，则虽不欲以国家为前提也，不得，抱定此主义之人，虽欲不为政党，亦不可得，而谓吾人果应舍社会而谋国家，弃经济而谈政治，置至尊之人道，信政府为万能，于心安乎？吾爱吾党，吾良不愿吾党盲从，袭取此狭义也。今日者，轮轨交通，五洲一室，国际渐趋公同之制度，如邮政航业之同盟，监狱卫生博览之协会，海牙平和会之裁判，爱斯不难读语之流行，莫不以世界之名义行之。人道之正义，方扶摇以直上，阶级之恶制，几不容于今世。吾人放眼以观，当亦知世运之来，有促吾人以大同者。吾人际此时机，曷可不提倡之，鼓吹之，宣布此世界的社会之福音，以攻破野蛮竞争之谬说，发达人心向上之思想，企图人生幸福之实践，何必斤斤然，画地以自限，为井蛙之见也。虽然，大同依社会之趋向，社会之趋向视鼓吹，鼓吹不能圆满，实行即多障碍。鼓吹者，所以期社会自然之进步。社会自然之进步，决非几月所可限，不有此尽善之党纲，何以铸吾民之心理？彼主张改造完全政党者，不过叹大同之难践，社会自然之进步不可俟，遂乃病此党纲近于空中楼阁，而醉心政治之权能，政党之声势，其悖于吾人初志者几何。信如论者所言，改造完全政党，则原有党纲所订之融化种界、破除世袭遗产制度，必不可行，必当一变而为纯粹的民主派，守定国家以为范围。党纲既大变，宗旨亦大变，则旧有之社会党，不破坏而自破坏，不解散而自解散，世界的社会之主义，不取消而自取消，不反对而自反对。半载来惨淡经营之社会党，乃有如斯伤心之现象，社会主义在中国开幕之历史，乃有如斯之污点。嗟夫！吾念至此，吾诚不能不生羞耻之心矣。抑吾尝读渔父《社会主义商榷》文。渔父谓：真正之社会党，必不主张社会民主主义与社会的政策，若主张于是二则，则是犹不解社会主义为何物，且未尝以社会主义揭橥于世而后可，盖既以社会为主体，即不能以国家为前提，以国家为前提，即不能以社会为主体。论理当然，不得不尔；渔父责难，曾几何时。而吾党胡乃遽易初志，彼主张改造完全政党者，当兴高采烈，肆然雄辩时，得毋虑渔父之笑人耶。江君之答案，既与众人同不赞成政党之举矣，而欲曲就多数之意见，乃拟援引规章事务条，分志在纯粹社会党与志在完全政党者，为两小团体，同隶于广义的党纲之下，以此其朔，此其委曲求全谋固党基之苦心，自为吾人所共谅者。顾不佞思之，党也者，积同一之意见以成，以主义相结合，非以感情相结合。使一党之中，而显分两党，同一之分子，有普通、特别之殊，进行之方针，有积极、消极之别，不分国界之党，而产出完全之政党，则是原订之党纲，只为联络感情而设，反变为不必要之空谈。虽欲鼓吹而不能，虽欲使人信仰而不得，则与取消此党纲又何殊也？不佞谓：与其苟且以固党基，毋宁分裂较为得计。为民主派思之，惟有率其志同道合者，脱本党而独立，自制党纲，努力政治，另揭鲜明之旗帜，长为本党之声援，不亦较终日吞声为愈乎？此亦时势之相逼，社会主义之历史，斑［班］斑［班］可考，故毋庸为讳者也。不佞个人意见，对于本党改造完全政党之说，实绝对不敢赞同，深信原订之党纲，万不可以更变，而并冀一般志在完全政党者，应自独立，言已哓哓，意尚未尽。谨再就江君问题各条，亦分析答之。

（甲）党名：本党名曰中国社会党者，义谓社会党在中国所组织之团体耳。顾名思义，安得为完全政党乎？若以此不分国界之党，而产出完全政党，证之编辑，即是詈词，故主张完全政党者，应脱本党范围，自制新名，并不得用此名称，为自党之冠词也。

（乙）党纲：本党党纲之正当明了，理由圆满，手段稳健，既如前述。其实狭义的无治主义，即隐伏于此党纲之后，离此党纲亦绝难遽思无治，而纯粹的社会民主主义，实与此党纲有不尽同之点，故本党苟不改造完全政党，党纲实无有更变之理由。

或者拟分党纲为实行与鼓吹二种，谓教育平等，振兴实业等条，当实行破除世袭遗产制度等条，当鼓吹。不知遗产制度不破除，则教育何能平等。国界自封，则种界何能融化。此种言论，不佞唯笑颔之，不欲为无益之辩也。

（丙）党规：本党党纲既主张世界的社会主义，不为完全政党，故第一次联合会所订之规章，意在服从天然秩序，尊重个人自由也。改造完全政党，则必严订规章，密布律宪，于党员之自由，必多牺牲，于原拟之事务，必多不能实践，实大悖吾人之初志矣，决不可改。或者欲期各部统一，谓须按行政区分，分化支部地点，适袭政党之行为，乖平等之性质，决无可采之理由也。

（丁）党员：本党党员无国界，无阶级，而只限于了解信徒，社会党人，自是如此。顾所谓了解且信徒者，从何而得判定，而谓吾党二万人，果尽人能了解否？果尽人能自轨于社会主义否？不能了解，便是盲从。试问盲从者，果何俾于本党？盲从者多，此殷君人庵所以发干涉之声也。吾谓党员多而有害群之马，不如少可取团结之功。兹后对于新党员签名一事，招待者似宜少加观察，试验其能否了解，亦毋庸明揭手段于规章也。至于改造完全政党，则今日有多数党员，良无安置之法，决不可行。

（戊）党魁：本党绝对平等，无所谓治者被治者之分，主任、干事者，对于机关负责任之名词，其具体的个人，固非有特殊于党员也。总领袖及领袖之性质、作用，亦何异于主任、干事？况第一次联合会，因此名词，争执遂二日乎。若为完全政党，自非拥戴党魁，仰其颐指不可。而党魁之性质、作用，实与吾人眼光中之社会主义为相离之点。故如不破坏旧有之社会党者，党魁之说，非所乐闻。

如右所陈，本党不能改造完全政党之理由，略具于是。不佞不交，且学识谫陋，心苟能安，亦何敢为极端之抗议。唯知既信仰此原订之党纲于始，誓言犹在，决不能歆于外而遂易初衷。至最终之目的，则固神驰于无治之域，更思就同志者相研究也。主张改造完全政党者，其以为如何乎？倘有高教，甚愿得而商榷之也。

（录自《社会党月刊》第2期，1912年4月）

绍兴部对于中国社会党重大问题之意见*

曩者江先生亢虎，既以中国社会党重大问题，布之日刊月刊，而复自为之答案，其大断在使吾党分无治、民主两党，而仍冠原名，以赅举之。先生之为是言，将用是以调和两派之争点，亦可谓苦心孤诣矣。虽然，绍部同人，则期期以为不可。

先生不云乎“社会党者，社会党也，非政党也”，既曰非政党矣，则断不容于一党之中，忽然划分一部分，以组织完全之政党，而仍冒以旧名，期其不至于或裂。夫天下固未有两趋极端，而可合为一党者也。世界社会主义与国家社会主义，虽其目的皆在民生，然国家社会主义，既以国家为范围，则其见有所画，而与世界社会主义之主张无治，由现在之国家社会以渐进于世界社会，固有大相径庭者。况既抱国家社会主义，而为完全之政党。政党者，有系统者也，既有系统，则虽以平等为揭橥，而终不能得真平等。如药然，可以使病暂止，而决不能去其病根，或且增重其病根，而后之发也将愈烈焉。若夫就国家存在之范围内，主张世界社会主义，由现在之国家社会以渐进于世界社会主义，则不然。知其病根在国家，而不可以骤去，则暂留之而投以缓性之药，以求其渐渐化除，而徐拔其病根。此二者之差异如是，而谓有可以相合之理乎？使果如先生所言，则吾恐破碎分裂之象，终不能免，而本党之基础，于以动摇。故绍兴部同人，对于重大问题之意见，以为与其合也毋宁离，与其合而仍分也毋宁离。而相应离也奈何？曰：党员之主张纯粹社会党者，仍为社会党，凡党名、党纲、党归［规］一无变易，而其主张完全政党者，则任其志愿之

* 作者不详。

自由，另自组织民主社会党，与纯粹社会党脱离关系，而别标党纲，别定党规，别举党魁，各谋进行，相与离立。离而相应也奈何？民主社会党，虽以国家为范围，而不能得其平等，然其目的，固在民生，在纯粹社会党，不妨视为外援，收其利而救其弊，其期殊途而同归，如是则无论其为纯粹社会党党员，为民主社会党党员，皆心齐而志一。两趋极端，而仍遥遥相应，解决此重大问题之方法，莫善于此。如曰合其名而分其实，则路既有歧，群能无涣？欲固结之，而适以兆分崩离析之象，非绍部同人所敢闻矣。

（录自《新世界》第8期，1912年8月25日）

对于本党重大问题之意见书

公羊寿文*

自江君亢虎发表重大问题以来，已半载有奇。初以北方未宁，随兵隧［队］至烟台，留烟凡七月，同时偕同志发起本党烟台支部。八月初，以求学来京，值江君与陈君翼龙由南来京，组织北京部，遂相与为理，谋本党进行。既江君南下，北京部由陈君主任，时至十月，将届第二次联合大会，陈君将此问题，开全体党员会，群相讨论。寿文初不知重大问题之发生，嗣知之又不克详加研究，久无答案，失党员个人之权利、义务，中心兀兀，实甚歉然。祈我同志，幸垂谅焉。

社会主义以无治为终极，以自由平等博爱为精神，虽有民主之性质，实绝对的无政府主义也。社会党者，乃实行社会主义之始基，如办事者之有筹备事务所也。逮世界人类脑海中，尽有社会主义之观念，则社会党是当消灭，故主张纯粹社会主义者，断不容有民主与无治两派之纷争。本党党纲，广博无崖，以世界的社会主义，贯彻人心，号召同志，冀进真正社会主义之目的。在发起人之眼光，固远灼数千百年，而民主、无治两派聚讼之原因，实基于是。主张社会主义者，当以适合现势为最良。我国今日，虽为社会主义鼓荡膨胀之会［际］，然国未巩固，民有戒心，党纲以赞同共和为首者，此出于发起人不得已之苦心，初无政治之可言。彼以此而聚讼者，实为误会。江君以此之故，欲固本党之基础，主张二派以调处之，特许民主派推戴党魁，而自则趋于无治。在江君之意，以为今日之情势，有不得不然者，不惜烦言，严为判白，且愿与大众不赞同政党之举，

---

* 公羊寿文，即公羊寿（1889~1940），原名公羊寿文，字石年，江苏常熟人。

是社会党断不容有一部分之政党存在可知矣。社会主义既以无治为终极，持此主义，当日趋于无治，是社会党亦断不容有无治派之分裂可知矣。如以我国现势，须以国家为前提，则同盟会在今日为莫大之政党，其所含国家社会主义，尽善尽美，孙中山先生于临时大总统解职时，已详为宣布，照照在人耳目，毋庸再咨询也。故寿文个人之意见，对于本党，固绝对不赞同有一部分改造政党之说，亦绝对不赞同有无治派之分裂，深为信从原有之党纲，并愿日后关于政治之纲目，渐次削去，以趋于无治，而达真正社会主义为目的，实有厚幸焉。兹本此旨，依江君问题各条，逐一答复。

一、党名：本党党名，实为中国纯粹的社会主义之始基，顾名思义，断不容有丝毫政治之可言，将来交通世界，可永持此名义，故党名断不能有所更动。

一、党纲：本党党纲，广博无崖，狭义的民主、无治两派，实隐伏于此党纲之中，故与求纯粹的社会主义，须将关于政治之纲目，渐次删削，以日趋于社会主义之终极。然按切今日之情势，固无更变之理由。

一、党规：党纲既日趋于纯粹的社会主义，党规亦当日趋于自然的社会现象。第一次联合会所定之规章，恰适合于现时社会情势，故亦无更变之理由也。

一、党员：本党党员，惟限于了解信从，社会党原以人人能了解社会主义为目的，特我国民智未启，盲从者多，试问盲从者，果何裨于本党？鄙意以为凡新党员入党，须得旧党员之介绍。介绍者，当谅其能否了解，以为责任。

一、党魁：社会党绝对平等，党魁之说，实非乐闻。今日为鼓吹时代，在事实上，不得不设主任、干事，以为机关之代表，俟他日世界大同，人人此心，即主任、干事，亦当消灭，况党魁乎。

据右所述，实系真正社会主义之解说，言浅理明，断不能改为政党，亦不能以一部分改为政党，并不愿有无治派之分裂，总以达到终极之社会主义为目的。是耶否耶？尚祈与大多数同志一商榷焉。

（录自《社会党月刊》第4期，1912年11月）

道行上江亢虎书*

——驳《中国社会党宣言》

亢虎先生惠鉴：

得读宣言，备悉苦衷，以先生之地位，处今日之地位，所言如此，诚不足异。惟该文既系宣言，且为中国社会党总代表之宣言，则其转移人心之势力非鲜，然设有不当，阻碍社会主义之进行亦甚，此道行所以不揣谫陋，敢就见闻所及，与先生加以讨论者也。至于审义未中，立言不确之处，尚希先生明以教我。

> （原文）甲派之宣言，以为社会党无国家而本党明明有之，不知本党固明明规定其名义曰：社会党在中国所组织之团体。而任何国人居留中国者，皆得为本党党员，是中国仅为标举所在地一名词而已，何得谓为有国界？

驳之曰：既称社会党在中国所组织之团体，是已承认社会为全世界人类之团体，而在中国仅为其一部分，既为一部分，则曰社会党支那部或社会党中国部可也，曰中国社会党则不可也。否则，南京部亦可称曰南京社会党也。标举所在地，岂可将名词倒置如是乎？且果心目中，毫无国界，不得已而用中国二字以为所在地之标示，则于日本、金山、暹罗、缅甸等处社会党之发生，止应有彼此之联络，不得为支部之承认，而今也何如？此道行未敢赞同者，一也。

---

* 本文作者不详。

（原文）又以为社会党反对政府而本党明明不妨害之，不知本党固明明揭其宗旨曰：于不妨害国家存在范围内，主张纯粹社会主义。不妨害国家，岂即不妨害政府乎？

驳之曰：国家与政府，相依为命者也，未有国家既成，政府未立者，即亦无政府之制既灭，而国家之界仍存着。此理至明，不难见也。不闻夫近世学者之言乎，国家者，以土地、人民、主权为要素者也。然有土地有人民依然不成国家者，不知其几千万年，迨酋长制度兴，政府形备，主权分属，而国家以立，故知国家、政府，虽非无丝毫之辨，而在天演界中，实为同期之产儿。社会党颠覆政府，即所以破坏国家之组织也。乃先生云不妨害国家，岂即不妨害政府？推言外之意，是明明言妨害政府也。不知政府既遭遇破坏，而国家又何能依然独存？不妨害之，将保持之耶？此道行未敢赞同为［者］，二也。

（原文）且果为无政府党即应言无政府，不应仅言反对政府。政府有可反对者，普通国民皆可反对之，不必社会党，更不必无政府社会党也。

驳之曰：无政府党之反对政府，乃反对政府之制，非仅反对其政治运用之方式，与所谓普通国民之反对，正自有别，乌可以反对二字而混视之耶？此道行之未敢赞同者，三也。

（原文）推两派之意，皆疑纯粹社会主义必至妨害国家之存立，而本党则以为有一部分可以兼容而并存。试即以党纲征之，共和非郅治之极轨也，而在今日实一切政治较善之制度，以不妨害国家存立故，特先赞同之，而由此一变至道。法律非制治清浊之原也，而为今日有国家时代所必不可废，以不妨害国家存立故，特先改良之，而由此以服从天然。租税应罢免也，而今日中央地方之公共经济，将无以维持，以不妨害国家存立故，特先专征唯一之实地价税，而由此以达各尽所能各取所需之原则。军备应撤除也，而今日能保我不侵略人，不能禁人不蹂躏我，以不妨害国家存立故，特先限制之，而由此以期同登极乐永庆升平之隆风。他如融化种界，破除世产，普及教育，奖励劳动，则皆丝毫不妨害于国家之存立，而实即纯粹社会主义之根本问题也。

驳之曰：纯粹社会主义，所以别于国家社会主义者，一以全体人类为前提，一以各个人类为前提而已。既以全体人类为前提，则见有足谋人类之幸乐而祛其苦痛者，皆当力促其进行，遇有阻力，立扫除之。国家也，种族也，所不计及者也，而主张国家社会主义者则不然。一事件之发生，一问题之讨论，莫不先衡其有无利害于国家，而后始定其进行之标准，二者之不同如此。今两派之意，虽难尽知，而国家之为害，则固已为知道之士所列指。抱纯粹国家主义者之终必妨害国家存立，势有必至，勿庸讳言，乃先生以为有一部分可以兼容而并存，复引党纲以圆其说，不知无意之中，早失纯粹社会主义之本旨，口口声声，以不妨害国家存主［立］故特如何如何，是已以国家为前提，无怪乎明知共和非郅治之极轨，明知法律非制治清浊之原，明知租税应罢免、军备应撤除，而终不肯为正本清源之计也。况赞同共和、改良法律、专政地税、限制军备诸端，皆主张国家社会主义者之言，不必出主张纯粹社会主义者之口，而融化种界、奖励劳动、教育平等、遗产充公四条，又直接间接与国家存废有莫大之关系，虽不必尽妨害国家之存立，而不得云丝毫不须妨碍国家之存立，且欲造其极，恐非俟国家破坏以后，不能实行，想亦以个人自治世界大同为目的者，所能见及之也。此道行未敢赞同者，四也。

（原文）最足动听处，为军备固应撤除，而今日能保我不侵略人不能禁人不蹂躏我云云，不知纯粹社会主义以改造世界为宗旨，其眼光不应仅注目前，其经营不能分别人我，撤除军备，非仅撤支那之军备，更未必先撤支那之军备也。况军备乃富者强者借以欺凌贫者弱者之利害，苟世界之军备皆经撤除，尚何蹂躏被蹂躏之可虑耶？

（原文）故非难者，但谓本党所主张之纯粹社会主义，因不妨害国家存立而已牺牲其一部分，则本党亦承认无异言。若谓纯粹社会主义与不妨害国家之存立二言，全然绝对的相反，而主张纯粹社会主义者即无一事不须妨害国家之存立，不妨害国家之存在即无一事可以主张纯粹社会主义，即主张纯粹社会主义者，除推倒国家外更无一事之可行，则与本党之用意颇有不符。

驳之曰：纯粹社会主义，以扫除强权为唯一之宗旨者也。自洪荒以迄游牧种人，更由游牧种人而演为耕稼族人，私产渐兴，宗法期至，分部别落，各成一区，递演递进，而有所谓军备焉、租税焉、法律焉、警察焉，几所以助强凌弱、卫富抑贫之制，无所不至，国家社会以成，而大多数人类，乃日益陷于困苦之境矣。（加税、练兵、立法、设警，明谓保国家以保民，其实不过牺牲人民之生命财产，以保富者强者智者之权势、金钱而已，于平民乎何有?）故知国家者，集强权之大成者也，扫除强权，虽不仅妨害国家，而不妨害国家之存立，即永不能灭绝强权之根株。且不妨害国家存立一言，实不应出诸扫除强权者之口，乃先生既主张纯粹社会主义，又甘心牺牲其一部分以不妨害国家之存立，削足就履，已无谓矣。况所牺牲者，实为根本问题，而非仅其一部分乎？至于纯粹社会主义，虽不仅与不妨害国家存立，绝对相反，而永远不妨害国家之存立，纯粹社会主义，实永远不能完全做到，（国家二字，不仅指中国。）虽主张纯粹社会主义者，非必事事皆须妨害国家之存立，而直接间接实皆与妨害国家存立相关联，即事事皆不能以不妨害国家故，而委屈以求全也。不妨害国家存立而主张社会主义者，诚有之，然曰国家社会主义可，曰纯粹社会主义则不可也。此道行为未敢赞同之，五也。

（原文）但本党有内讧之言，为外人所不及指摘者二事：一纯粹二字，语意囫囵，以目的言，手挥五弦，目送飞鸿，非至个人自治世界大同，则本党之目的为未尽，以事实言，似乎有所顾忌，有所牵掣，不能一本纯粹之精神，放手做去，然尝远虑深思，周诹博采，生今日之时，处中国之地，欲社会主义纯其纯乎，惟有秘密结社则已，若谋鼓吹号召之便利，明目张胆之施行，似舍此外，别无长策，天地有憾，莫可如何。

驳之曰：纯粹社会主义，以造成社会主义之世界为目的，即如先生所言，有个人自治世界大同为目的者也。其所以纯粹，即在于无所顾忌，无所牵制，能一本纯粹之精神，放手做去，故非国家社会主义（其余若基督教社会主义等，已无足论）之弥为补苴，以运动政权为作用者，所可一例论也。囫囵二字，不知何指。惟既以个人自治世界大同为目的，而又时时以生今日之时，赴中处国之地位为虑，五字名义，八条党纲，期以永远不得改正，目的之达，在于何日？所云谓良策，固若是乎！（如永远赞同共和，则国家仍存，永远不能大同，永远改良法律，则法律仍在，永远不能自治。）至欲社会主义，纯乎其纯，惟有秘密结社，而所以不能纯之理由，不过欲为明目张胆之施行，借图鼓吹号召之便利而已。不知一年前之中国同盟会，现世界多数无政府党，以遭毒人民者所忌，不得已而为秘密之结合。（现两派均未遭忌，不必如此。）虽未尝明目张胆以施行，而依然可以鼓吹号召，势力膨胀，日进一日，初不曾以此之故，而牺牲其主义以相就也。况主义既已牺牲，则所鼓吹号召者，自不能不与本旨相戾，有何取如是之鼓吹号召为哉？此道行之未敢赞同者，六也。

（原文）一、中国二字，本就本党所在地而称之，唯本党除汉满蒙回藏外，日本、暹罗、缅甸、夏威夷、金山、南洋群岛，皆已有支部之发生，似此二字，已难概括，名实不副，毋宁取消，此同人意想所及亟待榷商者也？

驳之曰：名不正则言不顺，中国二字，既系就所在地而定之名称，则于中国以外，何以更有支部之发起？即有支部之发起，何不告以定名之本意，而取消其支部之名称，即不取消支部之名称，何不提议删改五字之名义。联合会去今才几日耳，意想所及，亟待确商，何不与彼时言之。无他，规章附则，订有名义宗旨不得修改增删来一条也。此道行之未敢赞同者，七也。

（原文）甲、乙两派，非皆本党之分子乎？向使一年以来，无本党为机关，此种议论，何由表见？此种团体，何由组织？则水源木本，薪尽火传，对于本党，皆极有亲密之关系，其事亦在规章所称以特别目的组成各种小团体中。

驳之曰：森罗万象，因果重重，新旧颓嬗，乃有今日。天功是赖，未可妄贪也。而况所谓天下公器之学术乎？至谓无中国社会党为机关，则此种议论，无由表见，则必两派中人，无一非中国社会党之分子，且在一年以前，绝无倡道社会主义者而后可，谓此种团体，无由组织，则必一年以前，两派中人，绝无思推行社会主义者而后可。今两派中其纯为中国社会党分子与否，未能尽知，而在一年以前，两派中人，倡社会主义而思推行之者，则断不可谓无，岂必皆待文王而兴与起，永永不知谋所以表见之组织之哉。此道行之未敢赞同者，八也。

至谓其事，亦在中国社会党规章所称以特别目的组成各种小团体中，先生是已忘却该规章中尚有"党员得在本党宗旨范围内"一句，在于其上，而此两派者，又实各出乎该规章宗旨范围内以外而树立，与所谓各种小团体孤，不能相提而并论。此道行之未敢赞同者，九也。

（原文）且甲、乙两派诸君，非皆本党之党员乎？一致而百虑，同归而殊途，事无足怪，所不解虑［者］，诸君一年以来入党之心理耳。当时既以十分热忱，对于本党之党纲而宣誓之，党纲未改一字，而诸君忽然脱离，今日兹脱离是，则昔日之入党非，昔日之入党是，则今日之脱离非，生死以之，言犹在耳，了解之谓何？信从之谓何？（下略）

驳之曰：世界著名之无政府家巴枯宁，其初非与马格斯①为同党乎？后以鄙弃马氏之政府社会主义，与之分离，别创无政府党，安士谭会后，门户各立，未为诟病，少明社会党历史者，类能道之。然则巴氏之出入，是耶？非耶？岂其不能了解耶？抑更不能信从耶？或因党纲终改，不能满意，始行脱离而独立耶？盖人智进而益开，真理进而益明，陈腐庞杂之主

① 马格斯，今译作"马克思"。

义，终任操何术？终不能责其全体党员之信守也。先生闻此，可以解乎？

呜呼！前既言之矣。以先生之地位，处今日之世界，所言如此，诚非得已。虽然，道行固深知先生乃真抱纯粹社会主义者，敬先生，爱先生，尚望先生亦谅道行之不得已，而纠正其疵谬也。

（录自《社会世界》第 5 期，1912 年 11 月 15 日）

·附录·

中国社会党宣言

江亢虎

本党成立，瞬届周年，党员众多，支部林立。兹第二次联合大会，各代表修订规章，业经公决通过。而一部分党员抱无政府主义者，又一部分党员抱国家主义者，别谋独立，互相非难。

甲派之宣言，以为社会党无国家，而本党明明有之；不知本党固明明规定其名义曰：社会党在中国所组织之团体，而任何国人，居留中国者，皆得为本党党员。是中国仅为标举本党所在地一名词而已，何得谓为有国界？又以为社会党反对政府而本党明明不妨害之；不知本党固明明揭橥其宗旨曰：不妨害国家存立范围内，主张纯粹社会主义。不妨害国家岂即不妨害政府乎？且果为无政府社会党即应言无政府，不应仅言反对政府。政府有可反对者，普通国民皆可反对之，不必社会党，更不必无政府社会党也。此不能不为无政府主义派正告者。

乙派之宣言以为社会主义应以国家为本体，若纯粹社会主义尤不应以国家为范围；不知本党宗旨固以不妨害国家存立之事件为进行之范围，初曷尝有以国家为范围之说？至谓社会主义必以国家为本位，则本党期期不敢苟同。盖本党固认个人为社会之单纯分子，社会为个人之直接团体，质言之，即以个人为本位，而以社会即世界为范围者也。此不能不为国家社会主义派正告者。

推两派之意，皆疑纯粹社会主义必至妨害国家之存立，而本党则以为有一部分可以兼容而并存。试即以党纲征之，共和非郅治之极轨也，而在今日实一切政治较善之制度，以不妨害国家存立故，特先赞同之，而由此一变至道。法律非制治清浊之原也，而为今日有国家时代所必不可废，以不妨害国家存立故，特先改良之，而由此以服从天然。租税应罢免也，而今日中央地方之公共经济将无以维持，以不妨害国家存立故，特先专征唯一之实地价税，而由此以达各尽所能各取所需之原则。军备应撤除也，而今日能保我不侵略人不能禁人不蹂躏我，以不妨害国家存立故，特先限制之，而由此以期同登极乐永庆升平之隆风。他如融化种界，破除世产，普及教育，奖励劳动，则皆丝毫不妨害于国家之存立，而实即纯粹社会主义之根本问题也。故非难者，但谓本党所主张之纯粹社会主义，因不妨害国家存立而已牺牲其一部分，则本党亦承认无异言。若谓纯粹社会主义与不妨害国家之存立二言，全然绝对的相反，而主张纯粹社会主义即无一事不须妨害国家之存立，不妨害国家之存立即无一事可以主张纯粹社会主义，即主张纯粹社会主义者，除推倒国家外更无一事之可行，则与本党之用意颇有不符。

但本党有内讼之言，为外人所不及指摘者二事。一“纯粹”二字，语意囫囵，以目的言，则手挥五弦，目送飞鸿，非至个人自治世界大同，则本党之目的为未尽，以事实言，似乎有所顾忌，有所牵掣，不能一本纯粹之精神，放手做去。然尝远虑深思，周諏博采，生今日之时，处中国之地，欲社会主义纯乎其粹，惟有秘密结社则已，若谋鼓吹号召之便利为明目张胆之施行，似舍此外，别无长策，天地有憾，莫可如何。一“中国”二字，本就本党所在地而称之，唯本党除汉满蒙回藏疆域外，日本、暹罗、缅甸、夏威①、金山、南洋群岛，皆已有支部之发生，似此二字已难概括，名实不副，毋宁取消，此同人意想所及亟待榷商者也。

至于甲、乙两派，非皆本党之分子乎？向使一年以来，无本党为机关，此种议论，何由表现？此种团体，何由组织？则水源木本，薪尽火传，对于本党，皆极有亲密之关系，其事亦在本党规章所称以特别目的组成各种小团体中。且甲、乙两派诸君，非皆本党之党员乎？一致而百虑，

① 夏威，今译作“夏威夷”。

同归而殊途，事无足怪，所不解者，诸君一年以来入党之心理耳。当时既以十分热忱，对于本党之党纲而宣誓，兹党纲未改一字，而诸君忽然脱离。今日之脱离是，则昔日之入党非，昔日之入党是，则今日之脱离非。生死以之，言犹在耳。了解之谓何？信从之谓何？俛仰前尘，徘徊歧路，自崖而返，感慨系之。虽然学术天下之公，人心不同如面，海枯石烂，公理常存，入主出奴，自由无碍。本党甚乐与两派诸君从容讨论，务蕲至善之归，黾勉提携，借便众擎之事，前途万里，来日大难，愿各勉旃。爰特发其主张之本怀，致其勉励之诚意如此，至于不规则之论调，无意识之讥评，所不辩矣。

中国社会党总代表江亢虎宣言

（录自《社会党月刊》第4期，1912年11月）

天真驳《中国社会党宣言》

中国社会党第二次联合大会，演成种种之悲观，前曾斥之为卿愿之行为，以布告于大众。未几江亢虎君以总代表之名义，复鼓其簧舌，巧为虚饰。有识者，虽已嗤其妄，然天真犹恐其有碍于真理之进行也，不得不为文以斥之。

（原文）甲派之宣言，以为社会党无国界，而本党明明有之；不知本党固明明规定其名义曰社会党在中国所组织之团体，而任何国人居留中国者，皆得为本党党员，是中国仅为标举本党所在地一名词而已，何得谓为有国界？

据此则“中国”二字，为社会党所在地之名词，然何以不称之曰社会党中国部或社会党中国某某部？夫所谓中国社会党者，是社会党概括于中国范围之内也。且宗旨有云“不妨害国家存立范围”，是已承认有国家之范围。有范围即有界限，则“中国”二字，非表明社会党有中国之国界，而何中国社会党明明有国界，而强为之规定曰标举所在地之名词而已？是犹密卖淫者之颜，其居曰公馆也。前曾斥为之陷人类于迷网，岂虚言哉！

（原文）又以为社会党反对政府，而〈本党〉明明不妨害之；不知本党固明明揭其宗旨曰：不妨害国家存立范围内，主张纯粹社会主义。不妨害国家岂即公不妨害政府乎？

据此，不妨害国家，或可以妨害政府，而国家与政府乃可不相干系，此大谬也。夫有国家，即有政府，政府之有无，即国家之存亡，安有无政府而国家可以存在哉？故妨害政府，即所以妨害国家。或曰政治革命，固明明妨害政府，不妨害国家也。曰不然。政治革命倾覆政府，即有第二政府之建设，岂可与纯粹社会党之妨害政府者，同日语哉！

（原文）且果无政府社会党，即应言无政府，不应仅言反对政府。

反对云者，立于反对之地位，而行反对之手段也。非既立于反对之地位，则两雄不并峙，非一亡而莫定，反对与言灭绝，有以异乎？且今日之时代，政府尚明明存在，与社会党非立于反对之地位乎？立于反对之地位，而宣言反对政府，可乎？不可。

（原文）政府有可反对者，普通国民皆可反对之，不必社会党，更不必无政府社会党也。

据此，则社会党之反对政府，即普通国民之反对政府。异哉！亢虎君何所见而云然。其以政党目社会党乎？然何以不标其宗旨曰国家社会主义，而曰纯粹社会主义哉。夫普通国民之反对政府，反对恶劣之政府。所谓可反对者，反对之，非言反对政府也。社会党之反对政府，直反对政府而已，非标明若者可若者不可之字样也。如此，如彼。同乎？异乎？

（原文）若谓纯粹社会主义，与不妨害国家之存立二言，全然绝对的相反，而主张纯粹社会主义，即无一事不须妨害国家之存立，不妨害国家之存立，即无一事可以主张纯粹社会主义。即主张纯粹社会主义者，除推倒国家外，更无一事之可行。

据此，则施行纯粹社会主义，可以不妨害国家，是犹欲施强劫手段而谓可以不妨害富豪，殊难令人索解。夫欲不妨害国家而谓施行社会主义，则可，若曰纯粹社会主义，则不可。何以故？社会主义不妨害国家，盖国家社会主义耳。唯国家社会主义，则以国家为本位。若言纯粹社会主义，则以个人为本位，以个人为本位，则不复能以国家之关系而牺牲其个人。如服兵与纳税义务等，国家而无人民之服兵与纳税，焉能不妨害其存立之范围？且既已因不妨害国家存立，不得不牺牲其主义之一部分，（亢虎君忆及与温宗尧谢绝不牺牲主义一函，能无自愧?）即因不妨害国家存立故，不得不偏护于国家之一方面，不得不依赖国家之势力，如规章中加入国会请愿诸条件等，非国家社会主义派之手段乎？行国家社会主义之手段，而避其名，而自号曰纯粹，是犹作皮肉生涯者之自称曰处子之类耳。其他亢虎君之自认，与提议于联合之会曰亟待商榷，则可容余之赘述矣。

（录自《社会世界》第5期，1912年11月15日）

答苏部党员顾诵坤书*

崇　侠**

诵坤①先生大鉴：

春节间辱赐一缄，琳适有申江之行，尊函浮沉于绍兴部事务所者，几两阅月，迨有党中同志，转递沪上，又以牵于课程，未遑即答，稽延之咎，百喙奚词。今幸稍暇，敢凭管见，聊贡刍言，幸先生垂听焉。

社会革命，为全世界解决问题，非区区中国一隅，所能奏绩，联络中外，理固宜然，势亦有不得不然者，非特为灌输学说计也。鄙意以为宜俟本党基础既固，选党员中之深明社会主义，熟谙世界语言者，派为全党代表，环游各国，与彼党人，陈说联合之利，然后约期择地，开一世界社会党联合大会，共商合并方法，以期一致进行，如能实行合并，则各宜将国名取消，但称社会党，期符无国界无种界之本旨，而相与提携扶持，以渐进于大同。此本党最大之计划，而琳所深为祷祝者也。

欲谋发达，首在鼓吹，言论机关，最为重要。无如入党者半属孤寒，勿论守财掳裹足不前，即稍有资产者，亦皆动色相戒，致党中收入，为数至微，不能为日刊之补助。近且无策支持，不得已停止刊行，改附他报，昙花一现，夭折堪伤，此实吾党最不幸事。言之可为浩叹，犹幸尚有一二月报，足张旗鼓，而智识未启，阅者寥寥，销数无多，恐难持久，前途遥望，无任彷徨。现绍兴部党员煮尘先生，组织一间星期报，名《新世界》

---

* 后附顾君原书。

** 崇侠，丁宝琳，中国社会党绍兴部之党员。

① 诵坤，即顾颉刚（1893~1980），原名顾诵坤，字铭坚，笔名无悔、桂姜园、顾城吾等，江苏苏州人，著名历史学家、古典文学研究家，民间文学研究家。

杂志，第一二期业经出版。惟经费既绌，材料未丰，集股撰文，所赖诸同志群相赞助，先生其有意乎？各部报告书，所费无多，收效颇广，进行之策，此亦一端。琳极表同情，窃谓当由上海部通告各部，一律仿行，月刊季刊，坊印自缮，则听各部量时量力为之可也。

政府本为对外而设，国界既破，全世界有内无外，政府已属赘疣，不去何待？然政府之去留，当视乎人民之能自治与否。苟人民自治之力，尚有未至，则政府一去，适足以便暴徒之肆志，而转为平等自由之障。且今日列强，耽耽逐逐，狡焉思启，方以强食弱肉为事，朝去政府，则暮为鱼肉，暮去政府，则朝登刀俎，强权为政，公理难伸，正未可轻言及此也。特吾党所期，固必以此为极端之归宿耳。抑琳更有进者，昔人谓世运循环，终如其始。琳则以为，世运断非循环，而有似乎循环。榛狉之世，治制未兴，本无政府，是即孔子所谓有志未逮之大同，与后之大同，初不可同日语，然前既有人人无治之大同，而其后必有人人自治之大同，此则似循环而非循环者，方诸螺线，略肖其形，实天演之微旨也。

共和政体，以少数专制代贵族专制，且以法律之魔力为富族专制之保障，必不能造成真平等真自由。今吾党欲以无政府主义破少数之专制，以共产主义破富族之专制，其为弩俟失的也。事有必至，本无待言。虽以赞同共和，粉饰表面，而惊世骇俗，忌者终多，如常州、长沙之事，犹其小焉者耳。窃以为压抑愈重，则抵抗亦必益烈。吾党正宜利用压抑之力，以养成抵抗之能。试观革命党人，数十年来，经几许之压抑，遂能同心协力，供图光复，前仆后继，百折不回，愈挫折而势力愈雄厚，以有今日之成功。迨汉帜既张，人心转涣，何哉？如汽机然，汽一泄而力反衰也。由是观之，明势力必不敌潜势力，使无外界之压抑，而得以明目张胆，堂皇结社，正非吾党福矣。故为吾党计，必不可无几番之挫折，以为磨炼之具，使随声附和，望影齐趋者流，悉归淘汰，而后留者来者，皆真正了解真正信仰，效忠党务，死生以之之人，多一党员，即收多一党员之效。此非琳之幸灾乐祸，成例如斯，不可掩也。

家族不破，苦恼难除，而自由恋爱，必仍至发生家族，以期向大同而论，兹事本非极轨。况发轫之始，百不进行，而遽思假此美名，以快其踰闲荡检之心，招彼庸耳俗目之诮耶。此种行为，于本党前途，大有关碍，纠正之责，非异人任，舍见远识卓如先生者，其谁乎？呜呼！吾国女界，遭锢闭者，既数千年，类如生长暗室之囚，生平未睹天日，一旦骤见炬火，未有不惊喜试执，而热伤其指者，又如久饿之夫，数日未得一食，忽与以旨酒佳肴，未有不急吞骤咽，梗喉而伤胃者。若辈病根，正坐此耳。虽然，萌芽时代，降格以求，归斯受之，盲从者众，不第女党员中，未能免此，而男党员之怪象，尤属无奇不有。微闻近来入党者，颇多有挟而来，或宿憾在胸，而欲借党势以图报复，或野心是抱，而欲借党力以快争攘，甚且假发起之美名，谋吸收夫厚利，以徽章为贩卖品，视他部作奴隶观。（此某县支部主任干事。）种种谬妄之行，不可殚迹，而某县支部，则且藏垢纳污，为匪类之萃渊薮，以致误认宗旨，欲以一隅之地，为实行社会革命之图，扰乱治安，几成大变。不悟社会主义，本期和平改革，无论中国今日，尚在鼓吹时代，即他日万不得已，而至于必用激烈之手段，亦如前之所云，为全世界解决问题，必合世界社会党全力，同时爆发，断非区区一隅之地，所可举事。如彼之搜罗亡命，轻举妄动，转足贻外界之口实，而碍本党之进行，祸之所流，曷其有极，兴言及此，若涉春水。呜呼！谁释真诠，以唤迷梦，谁明正义，以挽企图，是非流动鼓吹者之责乎？匆此布复，不尽所怀，敬颂任安，尚祈赐教。

附顾君原书

宝琳先生赐鉴：

读社会党日刊，载有大著，吾党进行之方端在是策。寄慕之忱，愿以一缄达之，先生其颔否乎？社会主义之传播于吾国，为时至近，折衷取裁，尚无把握，中文参考，亦绝无专书，欲以学理灌输于人心，其道不易。就苏部观之，通外国文者甚伙，不患译之无才，而患译之无书，尤患刊行之无款，故发起三月，文字寥寥，鼓吹之道，尚未能得其全也。鄙意以为中国社会党，宜与外国联络，互扶协赞，以资进行，而言论机关，并得渐输于吾土，繁者刊为单本，简者列之月报，庶几两得。至各部议案，登诸日报，此本当然之理。惟支部已五十余起，每逢星期，又无部不开谈判，月报篇幅有限，势难尽登。鄙意以为将议决各事，摘要登之报端，而另存详议，刊为各部报告书。速记之录，论事之书，凡有积稿，皆纳之此中，或月刊，或季刊；量时之所及，或坊印，或自缮；又量力之所及，出版之后，部各一份。当亦有闻风兴起者，观摩切磋，效用不难，纵略费经费，不可谓非进行方策之一。先生其善之乎？社会党极端主义，必在于无政府；非然者，不足谓为真正之社会主义。虽外国之历史，社会党与无政府党，久已歧异，而在我党视之，何必以他国之成见，横梗而不破乎？且如今日所提倡之共产主义，既实行于将来之世界，而政府复因循不破，则讲共产主义者，委社会之权力于国家，一切财产，亦为国家所有。如此，则上得挟权以临下，下将奚堪？盖政府一日不去，则倒悬一日不解，而权利之心，亦一日不去，且人皆劳动，安得容分利者，侧迹其间，为社会之大蠹。虽曰社会民主主义实行，可免斯弊，然人类之生，既能自治，即不当被治于各界，况此义行后，除未成年人、废人之外，无一无参政权，则其主持既多，其被治亦必愈甚，熙熙人寰，何必更有扰扰攘攘者出，而社会主义一篑之功，遂竟止于此乎？坤入党之后，无日不以此义，盘旋于胸，次将以无政府主义，遍播于吾党员之心，使知赞成共和，为手段之一，实行无政府主义，为目的之一。然和者盖寡，或并诧为多事。呜呼！吾等之不惮烦而为此遥不可期之事者，宁岂得已？而依赖政府之奴性，竟大声而莫可挽救乎？意欲论著其情，而参考无书，未由印证。谬思臆说，虽知已犹恶于言之，况未识一面未接一谈之先生乎？然放胆掩羞而为此者，将请先生之宏才，以匡诵坤之未识也。如蒙不弃，而有以诲之，幸甚幸甚。自吾党遍布太原地方，各官虽不甚抵制，而发短心长，畴不念及，如常州民政长之必将立案，湘都督之禁止开会，特尤其著耳。社会党中，欲行一事，兴一业，微论其无资即经费充足矣，于公廷议会，必不能得优胜之地位，可断言也。项城就任以后，于吾党之取缔，不知复将何若？意者，劳形苦虑，将有大任以畀吾耶？苏书发起后，反对者甚众，然以无权利于其间，则暂复置之，他日发皇浸盛，智侯失的，又可预言，总期实力做去，不因反对棘手而灰心，斯则善耳。苏部女党员，数亦不伙，而放浪形骸，遂无以塞顽固者之口，不名誉之言行，又日有所播闻。按其实，虽不背于主义，然以小节而遂碍进行，亦大不可事。鄙意以为社会主义实行时代，始可语于恋爱自由，未识尊恉谓为否然？夜窗落笔，不觉多言。幸恕之，此请任安。未学顾诵坤。

（录自《新世界》第4期，1912年6月30日）

复友人陈述本党意见书

端　任

惠书知悉，辱承下问，敢贡狂愚，本党发生于中国，可分为广、狭二义：就广义的以言，则为社会党人在中国所组织之团体；就狭义的以言，则中国人在本国所组织之社会党也。溯自本党本部，发起沪滨，数月以来，党员以数十万计，姑就理想之所及，观察党员普通之心理，约可分为两派：其一隶属于广义的范围之下者，则恒趋重无治与共产；其一隶属于狭义的范畴之下者，则常注意民主及国家。后说之于前说，则目为陈义过高；前说之于后说，则咎其眼光卑陋。其实本党党纲之制定，其为义之广博，已足以合两派而一之，固不必纷纷聚讼为也。

国家社会之政策，为贵会所采定之政纲，足下为会员分子，一意抱持，义所应尔。虽然，本党究竟之主张，兹更极言以进：国家之社会政策及民主制度，为社会必经之梯阶，无治共产之精神及世界大同之极轨，则本党所希望最大之目的物，而所致此以为之津梁者，则教育、道德二者是已。吾人处于今日，澄心静虑，放眼以观，所谓教育者，靡不以政治权势为前提，所谓道德者，又每多依附法律为保障，其不为罪恶之渊薮者几希。此所以以少数专制代贵族专制之讥评，已喧腾于全国士大夫之口。有人于此，为根本之经营，谋和平之改革，按切事势，节次进行，而无政府、无家庭等惊世骇俗之言论，亦渐渐萌芽于鼓吹，将来最大幸福，当悉止于此境。伊人为何？厥惟吾党！论者不察，每多误会意旨，谓为此种言论，不啻破坏现有之政府及国家。呜呼！人孰无心，而竟鲁莽灭裂一至于此耶！观于吾党标揭赞同共和之党纲，正所以着手于和平，而愿利用现政府之能力，以维持固有之安宁，不得已之苦衷，他人或未之知，当不难见谅于足下也。至本党既与现行政法，不相抵触，则现政府之干涉主义，即当然不能施之本党，否则压力愈重，爆裂堪虞。本党之在中国，虽不致有资本家与劳动者之激争，恐转不免酿成政府与人民之抵抗，而适以开养成潜势力之先河，事势至此，固非中国之幸福，亦悖吾党之初衷，质之高明，当亦心同此理。

若谓无政府、无家庭之主义，不但不能见之于实行，并不应从事于鼓吹，而仅仅以实行国家社会政策为目的，则小子愚妄，窃谓不然，政府之恶毒，于前清为极点，目下政体改革，耳目一新，然试究其内容，能一一矫前弊而正之否？即能之矣，又能事事保障人民之真正自由而无所牺牲否？任学术谫陋，见闻不及乎他邦，然再食之余，颇闻现世文明国，皆不免有此通病也。至家庭之恶毒，几于无可比方，我生以来，耳之所闻，目之所触，心理之束缚，身体之压迫，无限苦恼，皆循家庭制度以生。此事非简单语所能尽，将来必须诉之管城，聊以吐气，故任之抱此主义，较他人尤坚，虽历万劫而不磨，纵经千人指摘而不悔，极之即得畏友如足下之不赞同，任亦不因之稍有让步。盖痛定思痛，事固有难言者也。今吾党既极端鼓吹此主义，则断断不能止乎国家之社会政策也明甚。堂皇完美哉！社会之名词。如仅仅范围于国家，则寰球世界之谓何？而吾党岂将终身蜷伏于狭义的范围之下，闭绝交通，不欲自与于万国社会党之列哉！

总之，本党之于中国，可分为三大时期：一鼓吹时期，二模范时期，三实行时期。本党进行之秩序有二：国家社会主义其津梁，无政府共产其彼岸也。有心人以为然否？匆此布复，狂诞勿罪。

（录自《新世界》第 7 期，1912 年 8 月 14 日）

·附录·

社会主义之进行，以国家社会主义为手续，以世界社会主义为目的

蔡鼎成

当社会主义鼓吹时代，重空言不重实行。然鼓吹以排斥旧社会之狂

惑，发明新社会之理由，实行以拔除旧社会之恶相，造成新社会之幸福，则鼓吹之中必寓实行之事。所以借试验资观摩也，顾以国家与世界两主义之界说，东西学者聚讼纷纭，迄无定论。故中国现行方针，亦无确指之点。苟执此两说莫衷一是，漫听盲从而将来之结果不一计及，又非本党提倡之初心。吾人终日营营笔舌不休，皆为此两问题之研究也。夫陆行者必宜车骑，水行者必宜舟楫，否则徒步泳涉，困顿极矣，危险甚矣。为高远之希望，而忽于现行之时，宜亦且类是。故愚谓国家社会主义者实行之基始，非实行之终极，而为世界社会主义之媒介物也。名称虽异，性质则同，为躐等之施行则异，为顺序之施行则同。何则？盖此两主义之性质，皆以共产为归宿。其所施行一似激烈，一似和平。然弃置国家社会主义，径行世界社会主义，必将权力家一齐划除，资本家悉数推翻，起社会之大革命，杀人流血，此所以纯出于激烈而难用其和平也。然世界社会主义之实行，必俟世界各国成均势之局，乃克收效。故其始也，宜以国家社会主义为媒介，间接斫井以防渴，耕田以防饥。欲饮则饮，欲食则食，求之易得，行之易成，则社会革命之功成于无形，而世界社会主义之目的以达。诚如是也，故多为和平之设施，而鲜用其激烈。非此类也，势有不能保其和平，而必纯用激烈者，则俄之虚无党是然彼由政体之专制，政府之压迫，反动而起，以社会之革命为政治之革命，其势至危也。我国政治之革命既成，共和之建设伊始，欲行社会主义，以国家为之导引，以世界为之极则，共产为其实行，大同为其结果，驾轻就熟，不劳而获，当世君子或有取诸。

（录自《社会世界》第3期，1912年6月15日）

社会党与中国社会党之八面观

太　虚*

○一　殷仁上中国社会党第二次联合会总代表江亢虎书

（前略）本党当草创之时，介于鼎革之运，党纲之规定，自不免有迁就之处，及天下大定，共和告成，则修改党纲，实为政党之手续。乃全党党员，格于誓书之故，不敢发言提议，明知之，明昧之，且犹号于众曰，党纲如此，不失正确明了之主张。明了则明了矣，其如乙甲混淆何。

按：殷君此说，足破江君宣言中“所不解者，诸君一年以来入党之心理耳。当是既以十分热忱，对于本党之党纲而言誓，兹党纲未改一字，而诸君忽然脱离，今日之脱离是，则昔日之入党非，昔日之入党是，则今日之脱党非，生死以之，言犹在耳，可解之谓何？信从之谓何？”云云。而江君犹断断以党纲誓书为言，未免贻人以鸿飞冥冥，视犹及乎数仞之诮也。第言党纲之须修改者众也，而殷君所谓之甲乙两派，其目光，其心理，实各有不同。兹篇殷君虽只言党纲之须修改，未言党纲之须如何修改，然综殷君前后文意观之，殷君之与记者，于甲乙两派固各居其一者也。

---

* 太虚（1889~1947），近代佛学大师。俗姓吕，乳名淦森，学名沛林，法名唯心，字太虚，别号悲华，浙江崇德（今桐乡）人。

（中略）虽然，仁以个人之理想，实醉心无政府主义，且甚服其学说之真。但欲至其境，必借津梁。今之主张无政府主义者，率皆望彼岸而忽津梁。仁之主张国家社会主义，正欲为之津梁也。尝谓国家社会主义如有电线信，无政府主义如无电线电信，当未有电信以前，不能径发明无线者，必经过有线者一时期，用此可信国家社会主义必实行于现在。既发明有线者，复发明无线者，由此可信无政府主义必实行于将来。以此理推之，则国家社会主义与无政府主义可两不相非，纵有冲突，亦不过如马克斯①与巴古宁②于荷兰安土潭③之会，彼此分离，各行其是而已。

按：殷君与记者之眼光之心理，所以异者，即在乎此，津梁彼岸之喻，尤所不敢赞同。盖殷君以无政府主义为彼岸，以国家社会主义为津梁，意固谓国家社会主义，虽非极端，虽非完善，而极端完善之无政府主义，必借是以达耳。然因果重重，津梁与彼岸亦重重。夫无政府主义，以世界为前提者也；国家社会主义，以国家为前提者也。处今日之世界，欲实行无政府主义，固需津梁；而处今日之中国，欲实行国家社会主义，岂遂不须津梁乎？寝假曰欲达国家社会主义之彼岸，须以巩固困家为津梁；欲达巩固国家之彼岸，须以建设强有力政府为津梁；欲建设强有力政府，须以实行开明专制为津梁；欲行开明专制，须以乾纲独断为津梁；欲乾纲独断，须以得英明之皇帝为津梁；则独裁政体，不几当复盛于廿纪之世界乎？此虽充类至尽之言，然津梁津梁，固无不可假之以为口实者也。且国家社会主义，固不妨害君主政体者也。谓余不信，盍观夫德意志乎！德意志固国家社会主义之出产地，并国家社会主义之盛行国也，而其君主权威之隆重，军国主义之盛倡，世界各国，同时亦无以过之。国家社会主义，因何能稍减损政府之强权乎？由是观之，则国家社会主义虽行之亿万万年，亦何能达到无政府主义之境域乎？盖国家社会主义，不第不能减损政府之强权，化除国家之界限，且适以巩固政府之强权，深划国家之界限。犹夫君主立宪，不独不能推翻君主之尊严，乃适以

① 马克斯，今译作“马克思”。
② 巴古宁，今译作“巴枯宁”。
③ 安土潭，今译作“海牙”。

维持君主之尊严也。试观世界各共和国，从无从君主立宪过渡而来者，可以知矣。故以记者之私意度之，则世界设无君主立宪制，君主必绝迹于二十世纪之地球，而共和国必多于今日。自君主立宪制盛行，不至无政府之新纪元，乃无有灭君主之期，此昔日主张革命诸子，所以不惜与保皇党深辩者也。有共和之政体兴，君主岌岌乎危矣，狡者乃从而以君主立宪制，维持君主之威严，君主之威严，遂益以巩固。有无政府社会主义出，政府岌岌乎危矣，狡者乃从而以国家社会之义，维持政府之强权，政府之强权，乃益以巩固。《社会世界》第一期①愤侠云："国家社会主义者，伪社会主义也，不平等也，不自由也，不亲爱也，以专制之手段而抑人民之自由，非假词以愚人民而何?"故君主立宪制，毒万民而福一人者也；国家社会主义，助政府以虐人类者也。殷君果醉心无政府主义，且甚服其学说之真美，则心目中必唯有世界与人类，而无国家、无政府、无强权。苟知欲达无政府主义之彼岸，不必以国家社会主义为津梁，不能以国家社会主义为津梁，不可以国家社会主义为津梁，而别有津梁之方术，必能舍成见而服真理。于记者之说，乐为磋商。至比国家社会主义为有线电，无政府主义为无线电，记者亦不以为然。盖以无线电因有线电而发明则可，以无线电必因有线电而发明则不可，此乃或然之事耳，未足据为一定之因果也。况无政府主义之发明，早于国家社会主义之发明，因政府主义与无政府主义相冲突，始产出国家社会主义，依违调和于两者之间。方之有线电无线电先后倒置，尤为不伦。然记者只言国家社会主义，不能为无政府主义之津梁，而未言无政府究须以何为津梁，必贻殷君"岂无政府之彼岸，不须津梁遂能达到乎?"之反诘。第兹事体大，非片言能尽，姑俟之异日耳。

中国社会党发生以来，高唱国家社会主义者，仁实首难。洎乎孙中山之言论出，殆同一主张，于是闻于耳者，但有马氏之学说，而无巴氏之学说。

按：殷君之高唱国家社会主义，尝谓中国社会党应有政党一派之主

① 参见愤侠《狭义社会主义与广义社会主义》一文，见附录。

张，记者不唯深知之，且当与殷君作文字之商榷者也。然主张国家社会主义之团体，乃完全属于政党性质者；既属政党性质，则今日于政治上已占有活动之大势力之国民党，固即是主张国家社会主义者也，且其党魁孙中山，尤为志同道合，易不率中国社会党归并于国民党，较为容易达到政治上活动之目的，而实行国家社会主义乎？此亦国家社会主义之津梁也，何必弃此良好之津梁，另树一中国社会党旗帜哉！（记者此言为殷君之请求中国社会党进一解，非为中国社会党画策也。阅者不可不辨。）至谓自孙中山之言论出，于是但有马氏之学说，而无巴氏之学说，未免太旁若无人。

（中略）按：国家社会主义，一切形式上之手续本与政党相同，无政府主义，则无定式可言，鼓吹之机关与提倡之手段皆极简略。今之社会党，其机关一切之设备，与政党无异，党纲亦多似国家社会主义，惟不肯受国家社会主义之名，耻与政党为伍。呜呼！是恶影而行于日中也。仁以谓果欲避不洁之名，宜将月费、誓书、徽章一扫而空之，仅签名、指捐、会费与印刷费便是；至于名义，宜单用社会党某部或用社会党驻中国机关部，若用中国社会党，仍不妥协，此不可不审也。界说辨矣，名称审矣，然后定其派别，修其党纲，此联合会所宜有事也。以后之进行，在谋党务之发达，发达之效果，在乎干事之得人，此又不可不慎也。

按：殷君此说，对于中国社会党，应病下药，最为中肯，其言不啻自记者之心头爬出也。然殷君之言此，意在不必避政党之名；记者之言此，意在必须去政党之实。则仍东辕西辙，两趋极端也。

顷见本党第二次联合大会之报告，第一议题本党性质之确定，议决“本党于不妨害国家存在范围内主张纯粹的社会主义。”夫既曰纯粹的社会主义，必为无政府主义无疑。既为无政府主义，则其目的在划除一切强权；欲去强权，必先去政府；既不认有政府之存在，又何有于国家之范围？此种性质，殊难索解。指国家社会主义邪，则又标明纯粹的性质；指无政府主义邪，则又承认国家的范围；是何异合水火于一器，贮乾坤于一壶，无乃谬甚。

按：殷君以此责备中国社会党，诚是也。然记者谓殷君于此，殆有与中国社会党同病之处。何则？殷君不尝曰醉心无政府主义乎？顾又力主张国家社会主义。主张国家社会主义是，则醉心无政府主义非；醉心无政府主义是，则主张国家社会主义非。殷君于此，其又何解？故殷君谓中国社会党不必耻政党不洁之名，记者亦谓殷君不必有醉心无政府主义之美言。且记者固尝言国家社会主义，因政府主义与无政府主义相冲突而产出以调和也，则此“以不妨害国家存立范围内，主张纯粹的社会主义”之非巴非马社会主义，又何尝非因国家社会主义与无政府社会主义相离异而产出以调和者乎！而其所以能产出此非巴非马之社会主义者，则即殷君“以国家社会主义为津梁，以无政府主义为彼岸”之心理为之原因也。合水火于一器，贮乾坤于一壶，固出江君调和之苦心，亦出江君调和之妙术。然结果盖生于原因者也，殷君复何疑耶。

（中略）于戏！主张无政府主义者，辄思一跃而登天堂，往往视国家社会主义者如入地狱，独不闻佛氏之言乎？我不入地狱谁入地狱。社会主义者之不能大行其道，促跻大同，想登天堂者多，愿入地狱者少，此实一原因也。况社会主义家，其最大之希望，本在求人类生前之幸福，幸福无穷期，其可不知所先后乎哉！无政府主义者，盖欲为将来造幸福，国家社会主义者，则欲为现在造幸福，进行有远近之别，幸福有大小之分，并无盈虚消长于其间也。仁以谓与其行不明了之纯粹社会主义，如何行清白之国家社会主义；与其曳曳沓沓行国家社会主义，如何磊磊落落行无政府主义之为愈也。（后略）

按：殷君以主张无政府主义者，视主张国家社会主义者如入地狱，乃引佛氏“我不入地狱谁入地狱”之言，为主张国家让会主义者勖，此实大谬不然。盖视政府为地狱，特无政府党人之眼光如是耳，持国家社会主义者，既可维持强权者之势力，博强权者之欢心，方且以政府为极乐上，方且以政府为目的物，地狱云乎哉！且试问佛氏之言“我不入地狱谁入地狱”，为打破地狱耶？为巩固地狱耶？为解脱地狱中众生之苦痛耶？为增剧地狱中众生之苦痛耶？则必以打破地狱解脱地狱中众生之苦痛答无疑。苦是，则佛氏之入地狱，固抱成佛主义以入地狱，非效地地狱中众生之作罪恶行为以入地狱也明甚。然则“我不入地狱谁入地狱”之说，亦唯无政府主义家能言之耳。何则？无政府主义家固不仅视政府为地狱也，其视现社会之在政府恶劣制度之中，胥全世界之人类无一日一时不受其荼毒困苦，固莫不作地狱观也。无政府主义家深知现世界之为罪恶世界，而既不抱石沉渊，复不披发入山，且深引全人类为最亲爱之同胞，日以极端社会主义之福音，撼动全人类之耳鼓，以极端社会主义之真理，输入全人类之脑海，冀全世界之人类幸而胥出恶制度、伪道德之地狱，而相携手于平等、自由、安乐之天堂。而于己身，则甘牺牲其生命，以受政府之监禁、杀戮；甘牺牲其名誉，冒天下之大不韪，为强权者仇视为盗贼、为暴徒、为大逆不道；甘牺牲其幸福，食极粗粝之面包，衣极贱恶之布帛，住极浅陋之房屋，乘极下等之舟车；甘牺牲其光阴，以从事于鼓吹极端社会主义，而流离颠沛乎天壤间。凡若是者，则真非有“我不入地狱谁入地狱”之牺牲精神不可也。殷君固有“我不入地狱谁入地狱”之决心，盍兴乎来欤！至夫国家社会主义与无政府主义先后之辨，则前既言之矣。而结论谓与其曳曳沓沓行国家社会主义，何如磊磊落落行无政府主义。记者实深表同情殷君乎，既知磊磊落落行无政府主义之为愈，又何必主张曳曳沓沓之国家社会主义乎！殷君殷君，其亦可以回棹乎！

（录自《社会世界》第 5 期，1912 年 11 月 15 日）

·附录·

狭义社会主义与广义社会主义

愤　侠[*]

社会主义者，始于十九世纪之初，创于英国之洛威托拿夷。由于经济

---

* 愤侠，即沙淦（1885~1913），又名愤，笔名愤侠，江苏南通人。

上之不平等，而生此意义。夫此意义，有狭义、广义之分。狭义者，欲破坏现在之社会组织以谋建设者也，是为社会革命主义。广义者，欲于现在社会组织之下，谋有以矫正个人主义之流弊者也，是为社会改良主义。之二派者，其目的虽同，而其手续则异。一则以个人之铁血颠覆无益之政府，破坏现社会之制度，建设新社会之事业，而为世界之组织，即所谓世界社会主义是也；一则以国家之权能干涉私人之产业，移富豪独占之财产维持社会之调和，而期国家之安宁，即所谓国家社会主义是也。由前而言，狭义派似甚急激，非社会主义之行为，吾人所不取。不知狭义者，真社会主义也，真平等也，真自由也，真亲爱也。以个人之牺牲，而为多数谋幸福，非实行社会主义何若？广义者，伪社会主义也，不自由也，不亲爱也，以专制之手段而抑人民之自由，非假词以愚人民何？法律学云：宗教者，无形之法律也。以例推之，则国家社会主义亦无形之法律也。无形之法律者，上古用以愚民也。近世之人，智识日开，眼光日远，断无管窥之见矣。甚矣！今日吾国社会主义日益发达，而诸君又采取国家社会主义，何哉？曷察中国社会党之党纲乎，盖所为融化种界者，岂非世界的组织耶？矧吾国之政体，今非昔比，正所以为平等而除专制也，请诸君其再思之。

（录自《社会世界》第1期，1912年4月15日）

敢问社会党

融　五

中国之有社会党，自去年始也。江君亢虎所倡导者，系广义的社会主义。最近忽又有社会党发生，主张实行无政府主义。① 可谓极思想言论之自由。党中先驱骁将，为沙君淦。民主党成立时（在中国社会党联合大会举行之后），记者于味绳园会场，亲见沙君襟次民主党徽章，灿然作黄金色。今乃骤变宗旨，愤无政府主义之见黜于国家社会主义，毅然组织无政府主义之社会党。夫社会党之离中国社会党之而独立，其根本之争点，则国家社会主义与无政府主义之争也。今试问无政府主义，果可见诸事实乎？不可见诸事实，而理论上则已持之有故言之成理而无可非难乎？彼主张国家社会主义者，果当然受主张纯粹社会主义者之排斥乎？吾将以此三问题，请益于社会党，愿社会党之有以教我也。

第一，无政府主义果可见诸事实乎？

江君亢虎，为倡导三无主义，最先登之一人，顾其对于无政府主义，尚谓能够实现，初无把握。（见最近宣言。）孙君中山，二十年前，即倡导社会主义，其思想之度越寻常，当非一知半解拾取社会主义，唾余之白面书生所能望其项背。然前日在中华大戏院讲演，极力拥护国家社会主义，谓无政府主义之实现期，当在一二百万年之后。夫江、孙两君，其所言初非金科玉律，悬之国门，一字不可移易者。但吾人判之以良心，颇觉其所言之非绝无理由。虽然此犹能行不能行之问题，而非可行不可行之问

① 参见《社会党约章（第一次会议修正）》《社会党缘起及约章》《社会党纲目说明书》，见附录。

题也。今试证之以事实，当亦晓然于无政府主义之不可行。例如此次俄蒙交涉，全国有血气者，莫不怀臂主战，以社会党之抱持世界主义，不以国家为范围者，视之方谓蒙之折入强俄与隶属中国，并无区别，楚弓楚得，何足介意。岂知吾国今日，凡遇此种问题，苟不誓死力争，则奴隶夷灭之惨，皆将躬亲受之。种且不存，主义安所附丽？且公等即幸而不死，而所持最高尚之无政府主义学说，他日为牛为马，时不知他国政府，尚容汝堂皇鼓吹否也？公等必于急进，实行其所怀抱之主义，以颠覆政府。夫他国政府，非公等力之所能颠覆也。公等力之所能颠覆者，不过己国之政府。方其颠覆政府之初，其所揭橥以为号召者，岂不曰为全国同胞求平等自由。然而行之不得其道，他日结果不过如江君所谓同族之政府去而异族之政府来。公等牺牲身命，为异族驱除，以身殉道，夫何足惜，独惜四万万同胞，皆将为公等断送至万劫不复之阿鼻地狱中，永无更见天日之望，岂不甚可痛耶。公等而尚稍知利害者，曷其奈何。弗慎。

第二，无政府主义，不可见诸事实，而理论上则已持之有故言之成理而无可非难乎？

主张无政府主义者，有一口头禅，则政府为万恶之源是也。吾沉沉思之，世界以何因缘而有政府？政府何以不能为万善之源而独为万恶之源？既为万恶之源，古先哲人何仇于后世而必创造此万恶之怪物贻赠我后人，俾世世子孙咸被其毒而后快？凡此皆主张无政府主义者所当略为研究者也。吾思之，吾重思之，乃喟然而作曰：政府之为万恶之源也，非天之生是使恶也，人为之也，非他人为之，即沾沾以高尚纯洁自鸣而以投身政界为卑鄙龌龊之人为之也。古先哲人，为芸芸众生力谋幸福起见，于是乎建设政府，而拔才德之杰出于流辈者，管其枢。彼其初意，固决非借以荼毒天下之生灵也。是以三代全盛时代，圣贤豪杰，累迹骈肩，相望于政途，载集所详，班班可考。及其衰也，凭借政府以为恶者，实占大多数，而圣如仲尼贤如子舆，犹复栖栖皇皇，载贽出疆，辙环天下，千折百挫而不悔。以公等之眼光观察之，则谥以卑鄙龌龊四字。彼二子者，尚复奚辞。然而，天下万事，无智愚贤不肖，卒皆相率崇拜之，而不敢妄加非薄者，岂不以政府本非万恶之源，而投身政界，亦绝非如公等所谓卑鄙龌龊之行为哉。降及后世，难进易退者，谓之君子，易进难退者，诋为小人。于是学不足以匡时、才不足以济世者，遂得假不入政界四字以藏拙而鸣高，愤时嫉俗者流亦遂相率而上，以高尚纯洁之美谥，以愧天下之奔竞钻营，毫不识廉耻为何物者，此其用心原未可厚非，无如难进易退之君子愈多，政界中高尚纯洁之分子愈少，夫高尚纯洁之分子，实组织政治社会之惟一要素而不可一日缺者也。不料后世之君子，乃转以不入政界求保其高尚纯洁之令名。君子之道益消，则小人之道益长。彼小人者，既不识廉耻为何物，则又岂难易进退之风所能使之愧阻者。彼君子之相牵引避适与以钻营奔竞之好机会，俾得陇之后又望蜀耳。以故蟠踞愈益久，把持愈益牢，偶有一二热肠君子奋袂攘臂，思欲摧荡而廓清之，而陋俗既成，不可骤挽，遂使数千年之政府，长为积尤丛垢之场。然则此种恶社会，岂非沾沾以高尚纯洁自鸣之，君子消极的手段所造成哉！今欲挽此颓流，则舍高尚纯洁之分子，悉起而投身政界不为功。夫君子与小人战，君子蔑不胜，小人蔑不败，得道多助失道寡助之原则然也。千古以来，君子小人之争，其结果往往反是者，则皆君子难进易退一语误之，不以社会公益为前提，而以个人名誉为前提，故小人得以乘其弊。今使高尚纯洁之君子，人人作我不入地狱谁入地狱之想，有进无退，百折不回，日月重明，阴霾立散，可翘足俟也。公等不此之图，而惟日日提倡无政府，究其结果则政府终不能无，而以公等都不肯入政界之故，将使今后之政府中少数君子，力薄势孤，不获公等之臂助，卒为小人所战胜，而生民之受祸，乃火益热，而水益深。夫吾所谓政府终不能无者，亦岂无所见而云然哉。无政府主义，在公等以为天经地义，不可磨灭。然记者对此尚有所疑。此主义之精义，非所谓各尽所能各取所需乎？夫各尽所能各取所需，此特为一般中年人言之耳。若夫少者老者必有待于公共教养机关，合全世界之少者老者而统计之，当不下七八万万，即就中国论之，亦当不下二万万，容此二万万人之公共教养机关，需经费几何，需经理人几何，而又不可听各机关之自为风气也。其制度如何化一，其成绩如何检查，必须一提纲挈领之总机关。仅此提纲挈领之总机关，其规模之宏博，条例之繁密，当过于今之政府百倍，又况土地归公资本归公，实行共产主义，其经理此事之总机关，规模之宏博，条理之繁密，视今政府当又过之百倍。此种机关，公等即不名之为政府而强赐以他名，吾诚不识其异于政府之点安在也。夫今之政府，亦不过代国民处理各种事物之一种公共机关耳。公等而嫌其不适用也，则亦何妨取渐进主义，逐渐改良之，又焉用纷纷扰扰再推翻之，再组织之，以自鸣其思想手段之惊人也哉。

第三，主张国家社会主义者，果当然受主张纯粹社会主义者之排斥乎？

主张纯粹社会主义者，往往喜排国家社会主义，以为主张此主义者，皆热中功名利禄之徒也。其卑鄙龌龊之人格，足以玷污我高尚纯洁之社会主义者也。呜呼！吾不知公等之倡导社会主义，究以自身名誉为前提耶，抑以社会幸福为前提耶？若以自身名誉为前提，则公等明知无政府主义之万难实行，而姑拥此美号以自娱，范围愈狭，则愈令人见为高不可攀。彼主张国家社会主义者，宗派各别，而名义相似，将有鱼目混珠以赝乱真之恐，则其竭力排斥也，实为自身名誉专利计，此亦好名者之恒情。吾固无所用其訾警矣。然公等必且不承认，必且强辩曰：吾固以社会幸福为前提也。夫以社会幸福为前提，则此中当然包含两义：一为社会将来之幸福，一为社会目前之幸福。夫社会将来之幸福，至为渺茫而不可必者也，即让一步，所谓将来之幸福者，已经确有把握，决非理想家脑房之幻影。然欲求得此种将来之幸福，决不容先牺牲目前之幸福。盖理想之与事实，往往相背而驰，万一得不偿失，则将悔之无及也。即再让一步，将来之幸福与目前之幸福，比较的有大小之不同，保持目前之小幸福或将割舍将来之大幸福。故至目前之幸福与将来之幸福两不兼容时，虽大仁大慈者，亦不得不暂忍一时之苦痛，牺牲目前以规将来。然此特为将来之幸福与目前之幸福冲突时言之耳。若其并不冲突，则目前之幸福固无牺牲之必要。康庄大道，任人掉臂游行，乃舍而不由，偏欲蹈险逞奇，向荆棘丛中去寻生活，此岂近于人情？非特不近人情，抑亦大悖于人道矣。今之政治家知其然也，组织政党，制造党纲，泰半以采用社会政策，调和社会利益，为职志。此种国家社会主义之主张，其能贯彻目的与否，为别一问题，故置不论。要其揭橥此义以为标帜，则当为主张纯粹社会主义者所欢迎。社会党中而有主张从政治方面自由活动者，尤当为主张纯粹社会主义者所欢迎。盖国家社会主义者，实假途于政治，尽力增进社会目前之幸福，俾世界人类之智识能力，渐进于平等之域，以求得将来之最大幸福者也。今公等惟非不欢迎，且从而排斥之。凡在主张国家社会主义之政党，与夫主张国家社会主义之社会党，一律以池池之声音颜色，拒之于千里之外，以为此热心功名利禄之徒也，其人格卑鄙龌龊，皆当鸣鼓而攻者也。抑思政党党员，果卑鄙龌龊，热中于功名利禄，则又何道不可摄取政权而必假途于国家社会主义，取憎于人，以作茧而自缚乎哉。公等于此种最易了解之眼前道理，一不置意，徒嚣嚣然号于众曰：主张国家社会主义者，当然受吾党排斥者也，吾党则专力壹志预备大革命，断断不以政治为生涯者也。呜呼！主张国家社会主义者之孤诣苦心，不为公等所共谅，斯亦已矣。而公等之宗旨，则又以牺牲社会目前之幸福为前提，即使侥天之幸，及公等盖棺时代，预备革命之程序，尚未完竣，不至再遭流血断脰之惨祸，而社会目前之幸福，则以公等不屑措意事事消极之故，遂至并应享者而尽丧之。即使公等自今日以往，于人类智识、能力两方面，竭力助长，事事为积极之进行。然一手一足之烈，其与假政府之力以行之者，其收效将为百与一之比例，则社会应享受之幸福，以排斥国家社会主义故，其百分之九十九，遂尽断送于公等之手矣，斯非亦人道主义之巨劫也耶。

（录自《社会》第12期，1912年11月10日）

·附录·

社会党约章

（第一次会议修正）

名称　社会党

宗旨　极端社会主义

纲目　纲一，消灭阶级

目（1）贫富（实行共产）；（2）贵贱（尊重个人）；（3）智愚（教育平等）。

纲二，破除界限

目（1）国（无远近）；（2）家（无亲疏）；（3）教（无迷信）。

事业　分鼓吹、进行、建设三种。

一、鼓吹（杂志、新闻、书籍、讲演等）

二、进行（或急进或渐进，使世界一切恶劣制度归于淘汰）

三、建设（育婴院、幼稚院、学校、医院、养老院、农工场、公园等）

入党　凡能了解宗旨、信从纲目、遵守戒约者，由党人介绍得入本党。

经费　入党费量力捐助，于入党时缴纳，常年费每年量力捐助。

戒约　不作官吏，不作议员，不入政党，不充军警，不奉宗教，不称族姓。

干事　党人自由担任，多寡以事之繁简为定。

机关　上海设交通机关，各地由党人分设之。

会期　大会由交通机关临时通告各地机关，常会各地机关每月举行一次。

附则　本章约得于大会公议修改

本党交通机关现社上海法大马路自来火行西街五百三十七号

（录自《社会世界》第5期，1912年11月15日）

社会党缘起及约章

沙　淦

缘起　恶紫之夺朱也，恶乡愿之乱德也。鱼目混珠，似是而非，萌芽初放之际，忽入淆乱之途，若非有人焉出而辨明之，纠正之，扶持之，则真理终无阐明之一日，此同人等所以组织社会党而与中国社会党相分离也。何以故？社会党无国界，而中国社会党明明有之；社会党反对政府，而中国社会党明明不妨害之。不伦不类，非驴非马，出乡愿手段，陷人类于疑网，用滑头伎俩，阻真理之进行。同人等深期望受其愚者，快回头而猛醒！浮云如扫，明月依然。我抱纯粹社会主义之同志，盍归乎来！

约章

名称　社会党

宗旨　纯粹社会主义

纲目　纲一 消灭阶级

目（甲）贫富（实行共产）；（乙）贵贱（尊重个人）；（丙）智愚（教育平等）。

纲二　破除界限

目（甲）国（无远近）；（乙）家（无亲疏）；（丙）教（无迷信）。

事业　分鼓吹、破坏、建设三种。

一、鼓吹（杂志、新闻、书籍、讲演）

二、破坏（实行铲锄强权，预备世界大革命）

三、建设（育婴院、幼稚院、学校、医院、养老院、农工场、公园）

入党　凡能了解宗旨实行纲目遵守戒约者，经深知其思想及性质之党人为介绍，得入本党。

经费　入党费量力捐助，于入党时缴纳，常年费每年量力捐助。

戒约　不作官吏，不作议员，不入政党，不充军警，不奉宗教，不称族姓，不婚姻（已婚姻者，以二人同意解除夫妇名义）。

干事　党人自由担任，多寡以事之繁简为定。

机关　上海设交通机关，各地由党人分设之。

会期　大会由交通机关临时通告各地机关，常会各地机关每月举行一次。

（录自《民立报》1912 年 11 月 2 日）

社会党纲目说明书

科学进步，真理大昌，人类平等，地球大同之社会主义，必有达到目的之一日。而大声疾呼，扫除障碍，是在有志者并力进行而已。本党以极端社会主义为宗旨，采定纲目，说明如下。

纲（一）：消灭阶级

目　（一）贫富（实行共产）　人生之幸福，劳动之结果也。顾劳动则贫者为之，幸福则富者享之，世界不平等事，宁过是耶！第消灭贫富阶级之术多矣，莫善于共产。各尽所能，各取所需，协同为之，协同享之，共产之精理也。共产实行，人我胥忘，世界即个人，个人即世界。富有万能，贫无一物，贫富阶级社会，非富者之咎，真理不明之咎也。共产平等社会，非贫者之福，人类公同之福也。

目　（二）贵贱（尊重个人）　人群进化，由图腾社会，经过宗法社会，贵贱之阶，以是日厉。支那于政府及家族之间，则设三纲，于社会则分四民，于贵族则置九隶。欧洲印度，于征服者则分皇族、教徒、商贾，农工四阶级，于被征服者，则奴隶之，牛马之，贵贱之阶级厉，人道之灭绝尽矣。君主贵族，今已垂绝，奴隶娼妓，解放渐尽，唯未能无政府、无家族、无宗教，而尚存治者被治者两阶级耳。然有此治者被治者两阶级，个人之自由，仍不能不有所牺牲。凡属人类，应各尊重，闻在宥天下，不闻治天下。由人人自治而企及于无治，社会之道德乃完全，人类之平等乃究竟。

目　（三）智愚（教育平等）　有某甲有某乙于此，同一贫贱，无亲友之援引，无特别之机会，数年后，某甲已臻富贵，某乙贫贱如故，诘其原因，人必皆知其为智愚之不平等也。同是肢体，同是官脑，智愚岂天然者哉！智愚之不平等，特由教育之不平等耳。智愚之出于遗传，虽不无特征，然遗传即精神中所含过去社会之习惯也。人类皆受平等之教育，则社会之习惯，自然胥合于科学真理，而精神上之遗传，亦必平等矣。智愚之阶级，为演成一切阶级界限之总因，然非教育平等则无以医之。

纲（二）：破除界限

目　（一）国（无远近）占自然物为私有，合同化类而统治曰：是吾祖国也，吾国民不可不爱吾祖国。国民乎！祖国乎！特强权者利用黔首为牺牲品之一名词耳！强制于内，法律綦密；竞争乎外，军备繁增；警察之术备，盗贼之智亦进；官吏之设多，平民之苦益甚。租税之加无已，糜费者何一非农工之血汗乎？战征之端既开，牺牲者何一非人民之身躯乎？同生地球，同是人类，初无畛域之可寻，有何界线之足凭？徒以远近之故，语言或异，风俗略殊，妄立名字，乃滋纷扰。今舟车便利，世界交通，万里一电，朝发夕至，五洲环游，期年能遍，语言已有统一，风俗已渐大同，较之百年前，欧亚之与吴越，亦何远近之可分耶！吴越既已一家，欧亚宁终异国，破除国际之界限，当在指顾问耳，省界县界，更无论矣。

目　（二）家（无亲疏）　原始时代之人，只知私其母而已。自婚制既定，乃有父子、夫妇、兄弟、姊妹，递推递进，上而祖曹，下而孙玄，有姓氏以区异，有宗支为统系，而家族之制乃大成。世所谓之同种、同族、同胞，亦无非家族所演进耳。夫既有同胞，则必有非同胞，同胞非同胞之区别，岂非起于亲疏之观念乎？设家族之界限破除，则个人为社会单纯分子，社会为个人直接团体。幼者之生，为继续现社会而生也，现社会自宜公育之；长者之老，为经过现社会而老也，现社会自宜共奉之，是之谓不独亲其亲，不独子其子。然不独亲其亲，均安之也，非独不亲其亲也；不独子其子，均慈之也，非独不子其子也。家族以婚制为根抵，亲疏以家族为源流，绝其根抵，杜其源流，则种族同胞之观念自灭，世界于是焉大同。

目　（三）教（无迷信）　现在常人之所能，每有非过去之圣人所能者；非过去圣人之智，不及现在常人之智也，社会之演绎性为之也。以社会之有演绎性，故圣于过去者，不必圣于现在；圣于现在者，又宁能必圣于将来？而过去之圣人，不明乎此，其慈悲之热忱过溢，遂借智识较高，任理想所及，悬一不可思议之说于宇宙之表，创为宗教。复随顺常人畏惧之情性，以种种恐吓之词，期天下万世于必信，窈冥恍惚，使人莫测，而又使人不能不信，迷信者乃缘是以起。今思想锐进，抉择自由，先杰之真理名言，虽多佩用，而其使人迷信者，固不能不极力破除也。况宗教礼制之繁，缛，名分之拘牵，出主入奴，苦人实甚，不将宗教之界限完全破除，必不能圆满无治之希望。然迷信不仅宗教有之，教育亦肴之，政治学也，法律学也，军警学也，是皆使入迷信政府者也，应亦同在破除之列。要之，真理无界限，因迷信而有界限。异日人智演而益进，或竟能由自然界而推及精神界，发明宇宙之元秘，则现所谓不可思议者，岂终不可思议哉！唯必仍有一不可思议界耳。

（录自《社会世界》第5期，1912年11月15日）

客公新社会党之商榷

自荷兰土安潭①大会，世界各国社会党之温和派与激烈派，割席各树一帜。于是马克斯②派遂为欧美各国社会党之正宗，巴苦宁一支遂演成无政府党，不复沿袭社会党之名称，数十年来，界限日严，名实之间不容含混。中国社会党自机关成立以来，已逾一载，虽其揭橥不免流于庞杂，要本欧西社会党人所主张而立说也。乃复有社会党之发起，其意之所在，虽未能详知，然其名称与规约，则记者急欲一商榷。

原有之社会党，经几许风潮，已惹起全国人士之注目，印入脑海。今以新发生之团体仍袭此三字，闻者不讥为射影，即视为社会党之分机关，决不以其无中国二字而办［辨］为又一团体，此习惯使然，心理难返。此发起诸子必当注意一。

纯粹社会主义，在今日尚为幼稚时代，此欧西社会主义学者所公认，立说著书，汗牛充栋，迄无敢确定其性质。各国流行之社会主义，非纯粹社会主义也，无政府主义亦非纯粹社会主义也。纯粹社会主义，在研究变更经济的组织而求一完美无缺之结果。然物质进化不已，经济学理亦随之而日新，学者殚精竭力，尚无适从，故纯粹社会主义仍在学理讨论之中，不足事实上之应用。奢举其名不究其实，将不免识者之讥。此发起诸君必当注意者二。

既曰社会党矣，而规约中有明定实行“破坏”一条，此与现实

① 土安潭，今译作“海牙”。
② 马克斯，今译作“马克思”。

各国社会党主张以平和手段达其目的者，又异。其旨趣似隐附于无政府党之旗帜下者焉，此最足启人疑窦之点也。盖马克斯派与巴苦宁派，虽同源于社会主义，而数十年来，二者已绝对分离，各有统系，再进而成完全的科学，则其定义界说，当如化学中之原素，愈分愈微，名称亦不可假借，且以“破坏”号召党徒，性质有类于秘密结社，中国无此程度，终不免启肉食者之忌讳也。此发起诸君必当注意者三。

名不正则言不顺，言不顺则事不成。诸君苟以救时为念，曷先正名乎？

按：客公全文之意，仍系批难社会党者。其批难之要点，可分为二种：一即社会党名义之不可假借，一即纯粹社会主义之未由确定也。其言社会党名义之不可假借，又分为两种：一言就中国人习惯上之心理，恐与中国社会党相混而不可假借；一言无政府主义，不可假借社会党名义是也。今请逐条答之，想亦客公之商榷之意乎？

夫中国社会党，成立虽只一载，已深印入全国人士脑筋，今仍袭用社会党三字，人或不能辨为又一团体，此特发起之始为然耳。苟经双方声明，以有中国无中国为区别，数月之后，又安见终不能免其相混也。谓习惯使然则是也，谓心理难返则非也。记者即发起社会党之一人也，顾必以社会党标名者，以社会党主张者非他，即是纯粹社会主义耳。目为射影，误之甚矣，误则正其误可也，岂足为不能以社会党三字标名之理由乎？若谓社会党之主张，有同于无政府主义，应名为无政府党，不应名为社会党以相混，则记者所知，窃与客公有异。盖无政府主义，固纯粹社会主义之一也。纯粹社会主义，其消极方面，在于无政府、无家族、无宗教；其积极方面，在于个人自治，世界大同，各尽所能，各取所需。况所谓铲除强权，强权固不仅政府也，政府特强权之尤耳。谓无政府主义，不能概举纯粹社会主义则是，谓含有无政府主义性质便不能名为社会主义，则大非矣。至夫恐难免肉食者之忌讳，则发起社会党者，固以牢狱为家庭，囚犯为朋友者也。无牺牲一切之精神，则中国社会党，固尝有以不妨害国家存立范围内主张纯粹社会主义之宗旨也，又何必更发起社会党乎？

至谓纯粹社会主义之无由确定，则记者固尝言纯粹社会主义消极与积极两方面之止境也。若如客公所说，定纯粹社会主义为一种新经济学，则真侈举其名，不究其实也。盖经济学则经济学耳，又安可名之为纯粹社会主义哉？特研究社会经济组织之变更，亦社会主义之一必要耳。以个人为社会单纯份子，以社会为个人直接团体，社会与个人之中间，不容有丝毫之阶级界限为之阻隔，此即纯粹社会主义也，此即社会党之主张也。然原客公必断断以社会主义与无政府主义之区别为言者，以感于巴、马之分派耳。记者请引毒药君之言以解之："中国社会党之主张，虽撷两说之精华，独标一帜，然其为社会主义而谋人类之幸福则一也。目之为社会主义第三派可，目之为社会主义之江亢虎派，亦无不可。社会主义之分派，既非铁案之不可移易，则我又不必泥于古说而为古人之奴隶乎？"信如毒药君之言，则社会党所主张之宗旨，固不必有合于马氏亦不必有合于巴氏，目之为社会主义之纯粹派可，目之为新社会党之新主张亦无不可。社会党之于马比［氏］巴氏，非耶稣教之于上帝也，又何必泥于马氏巴氏之学说而为其奴隶乎？况客公既言无政府党与社会党，名实之间，不容含混，复谓中国社会党虽其揭橥不免庞杂，夫既庞杂，则已不能不含混也，客公亦何以自解于中国社会党乎？由记者观之，以主张纯粹社会主义之团体，标名曰社会党，其名固未始不皇堂正大也。而客公必汲汲以正名为言，社会党岂真有正名之必要乎？虽然，社会党今于宗旨一条，既改纯粹社会主义为极端社会主义矣，固有改名之必要，社会党应亦不惜牺牲社会党三字也。愿客公更有以教之。

（录自《社会世界》第5期，1912年11月15日）

怀霜社会党纷争评议*

（前略）吾不敢厚诬今日之世界。今日之世界，真盗窟也，国与国见，种与种见，人与人见，靡不贫富疆［强］弱相侵扰，尊卑上下相陵轹，洵欲举世共命，非真有所谓上帝者，宣示地球末日而无从。

按：现社会之罪恶既如此，则主张极端社会主义，愈不容缓矣。上帝之果有与否，吾人既不得而知，则宣布地球末日，亦属虚无渺茫之事。即使有上帝也，有地球末日之宣布也，然末日尚在于末日，当末日未至之日，吾人岂遂可安于盗窟，不思脱离之法乎？以言乎脱离之法，则舍极端社会主义，又谁与归？

（中略）旷观国外，国外如彼，反观国内，国内如此。组织新社会党诸同志，必有以利用推行，推行之术，自远而之迩乎，自迩而之远乎？殆自迩之远无疑。独奈吾国民不尝知有政治、法律，不尝知有国家，何也？自顷以来，略知有政治、法律与国家矣。吾曹骤致之无法律、无国家之途，厥状殆类于童骇得饧而无有攘之者。攘饧却走，至于垂涕泣已。

按：主张极端社会主义者，心目中固无国界也，而其无国界，即在于无远近。自迩至远，自远至迩，皆所不计，惟自同志之个人，以至于社会

---

* 怀霜，即李怀霜（1874~1950），原名李葭荣，字蒹浦，号装愁庵，后改名怀霜，晚年自号不知老翁，广东信宜人。

而已。设谓国民仅略知有政治、法律，则政治、法律之观念未深，正推行极端社会主义之一好机会也。何则？盖与政治、法律观念未深之人民，骤与言无政治法律，厥状非类于童骏之得饧而无有攘之者。懹饧却走，至于垂涕泣，而适类于童骏之获得毒果，将纳之于口，或径夺而掷之野，或晓言有毒而使自放弃之耳。此又适足为宜主张极端社会〈主义〉之理由，不能为不宜主张极端社会主义之理由也。

政治、法律为万恶所归，国家亦无千秋万岁存在之道，然必有有期之存在，则进化之阶级也。吾曹愿力，只能减损阶级而不能消灭阶级。政治、法律与国家，直人类必经之劫运，处此劫运中，当不惜种种牺牲，然后大厄，如距斯脱，虽名誉、生命亦有时而敝履。

按：天放有言曰：一学说之主张，不极端，不真善。吴稚晖亦曰：虽云登高由卑，而希望不可不在最高峰头。东莱曰：期于强者，至于强而已矣，欲至于霸不能也，期于霸者至于霸而已矣，欲至于王不能也。夫既知政治、法律为万恶所依归，又安能不于消灭为期望也。至谓政治、法律，必为有期之存在，只可减损之，不能消灭之，则减损特消灭之程叙［序］耳，损之又损，以于至无，非消灭而何？夫政治、法律与国家之劫运，则全世界之人类，今已罹之久矣，果能不惜牺牲种种，以祈脱离夫大厄，又何惮而不主张极端社会主义乎？

旧道德家之言曰：死节易，守节难。吾易之曰：牺牲生命易，牺牲名誉难。今浅譬之：黄花先烈，往者已矣，与先烈共事者，乃日常排击之冲，集诸苦难于一身，何若一死之为愈。然窅冥前路，人尽蒿里，究无裨于世事，则宛转历刦，容亦吾曹所不免。极端之社会主义，凡我同志，主张之者固实繁有徒，不肖如记者。人类平等，万有平等，醉心已夙，顾犹效鄙人食肉，家犹有受庸吾家之，男妇阶级即未能尽，可羞可痛之，尤卒无术以解免。何以故？盗窟之中无圣贤故也，且记者何足齿。汪精卫、蔡治民、吴稚晖、张溥泉诸先生，新道德家之令誉大著者也。然或不能尽脱政党之范畴，或竟不脱官吏议员之范畴，抑皆自种族革命中来。心社诸子，实行极端社会主义者也，亦皆自种族革命中来。种族革命与极端社会主义，不能并存者也，究不免有种族革命之期望，是急进一派，又堕落阶级中，生命名誉，辗转牺牲而不已。佛菩萨有言：我不入地狱谁入地狱。知牺牲生命之为入地狱，不知牺牲名誉之为入地狱。忠于极端社会主义者，目光必不如此。

按：凡上所言，由记者之眼光观之，皆是不能不主张极端社会主义之理由，而毫不足为不宜主张极端社会之之理由。记者于是知怀霜，固真醉心于极端社会主义者也。盖主张极端社会主义者，虽以牺牲种种为预办，而其第一必要，固在于实行极端社会主义，不在于牺牲种种也。苟不必牺牲种种，而极端社会主义竟能实行，又宁不懿哉。夫主张极端社会主义者，甘自牺牲生命，牺牲名誉，牺牲个人之幸福。记者于按殷仁君上中国社会党总代表书中，既言之矣。唯何为而必须牺牲种种之所以然，不能不辨耳。若漫不加察，则过去之保皇党，现在之宗社党，甘受主张革命诸子及五大族共和国民之诟骂，亦可谓之牺牲名誉也。至夫汪、蔡诸先生及心社诸子，或未能脱政治之范围，或必经过种族革命之阶梯，此均不足病也，惟视其主张为如何耳。如世界之无政府党，其期望固在于胥人类而皆得自由平等也，然其对付强权者，每用极暴烈手段。吴稚晖先生，且喻其所挟之手枪炸弹为释迦如来之慈航甘露，则亦何足为病乎？然不能谓有一定之时期，必经之阶级，如同经过种族革命者，或如心社诸子已能实行极端社会主义，或如章炳麟等犹提倡民主专制，又何从确走其时期乎？若曰：知牺牲生命为入地狱，不知牺牲名誉为入地狱云云，记者当易之曰：知必经过政法［治］、法律之劫运为入地狱，不知仅主张极端社会主义之为入地狱。忠于全世界人类者，目光必不如此，窃知怀霜固将笑而颔之矣。

夫今日之人类，尚足语进化乎？万有平等，圣洁无上之主义也。人必耳而目之，曰：几于禽兽。虽然，禽兽与人，孰贵孰贱？此一疑问也。人万能，禽兽万不能，似矣。试问此万能万不能之资格，于卵湿胎化之顷，自择之乎？抑不违演进之公例乎？若犹不违演进之公例，则万能万不能，皆机体之作用。幸而具完密之机体，则万能；不幸而具非完密之机体，则万不能。万能于之万不能，又何骄乎？

按：信如怀霜之言，则不唯宜主张极端社会主义，殆视极端社会主义，仅能谋人类之幸福，犹为不足，且须主张极端佛学，使胎卵湿化之众生，皆造于大自在大解脱之境也。记者实深表崇佩。

（中略）组织新社会党诸同志，恶国家主义之障碍世界主义，欲独标无政府之一帜，大哉！无政府，真人类之自由神哉！夫主张无政府者，有和平急激二派。人类自治能力，以时增进至于无以复加，政府遂等于积雪见日，此和平之道也。用种种手段，作剧烈之破坏，如向者之对付满清政府，急激之道也。急激与和平，势无并存，而理实相因。政府林立大地，一旦尽锄去之，必不可得，则灌输学说陶铸心理之为亟，学说大行，心理大变，然后为所欲为，期有欲推翻吾学说，违反吾心理，作人类自由之大梗者，斯真锄而去之。维时主张无政府者，较主张有政府者，已占多数，或双方差堪颉颃，政府势力，必受制于高尚学说，普通心理，杀其强半，始得张无政府之大帜，高唱凯歌。就今日而言无政府，舍灌输学说陶铸心理，无入手之方法。艰苦卓绝心社诸子，仅得留此良模，诏示来者。流俗不察，动肆诋诃，目光稍远者，又疑为情同厌世。无政府主义，方东被吾华，遽有日渐晦盲之惧，二三君子，值真理萌芽之会，怀抱所学，自信良深，顾仅蒙当躬客气之嫌，不得现世平心之论，则名誉之牺牲，有所未至也。是故诸君所自期者，跻人类于天堂。吾所以期诸君者，逐众生于地狱，非强诸君以脂韦同合也。有人我相，则自重其皎皎，无以援浊世之汶汶，海沧横流，慈航径渡，茫茫彼岸，接引无徒，善知识者，有忧之矣。夫众生之痛苦，不必其泥犁阿鼻也。法制度数兵革战斗，皆棘荆之途，足以自戕其族类。孔氏以从井救人为大戚，即此一念之私，已见屏于慈悲之我佛，泉深绠短，容亦陷身于阱黉，人我之戚就解脱，一人不效则踵以一人，梯阱中人而出之，目营宇宙者，用心不当如是乎？并世君子，有持世界社会主义，曲从国家社会主义为之导线者，其情为可谅矣。

按：怀霜所言无政府主义急激、和平两派，虽势无并存，而理实相因，岂不然哉。而和平之进行，又端在于灌输学说，陶铸心理，然必灌输无政府主义之学说，以陶铸全人类皆趋向无政府主义之心理乃可，若徒以国家社会主义之学说陶铸人类之心理，人类之心理固决不能因之以倾向无政府主义也。且记者固尝谓苟能不必牺牲种种而能实行极端社会主义之主张，岂不尤懿欤？怀霜先生所然，谓其有甘作人类自由之大梗者，斯锄而去之，其言又如出一口。若然者，怀霜固社会党之良同志也。若谓必待人类已多数倾向无政府主义，乃可高张无政府之大帜，则记者殊不以为然。盖无政府主义之成功，固成功于无政府主义之发轫者。因果之间，不容相混。无今日之发轫，又安有他日之成功也。且人类之能多数倾向于无政府主义，岂非无政府党鼓吹无政府主义之所致乎？主张极端社会主义者，真从井救人之谓也。一人牺牲其生命名誉而不效，则踵以一人。盖其不效，特未得其结果耳，而不得不谓之造因也。顾言持世界社会主义者，曲从国家社会主义为之导线，其情可谅，而谓发起社会党者，不能曲谅其情，自重其皎皎，而不能牺牲其名誉，则大误矣。盖社会党特以极端社会主义，不能以国家社会主义为导线而发起，非以有人我见，欲自鸣为高尚而发起也。然据是观之，则怀霜所以作社会党纷争之评议者，只在于误察发起社会党者之心理，可以见矣。然发起社会党者之心理，终必有见谅于怀霜之一日，记者亦不必多事哓哓也。至云诸君所自期者，跻人类于天堂，吾所期诸君者，逐众生于地狱，则众生之堕落在地狱中久矣，又安用逐哉？且今之主张极端社会主义之社会党，固仍在法制度数兵革战斗之地狱中矣，而其出地狱之日，固不在发轫之始，而在胥人类而皆得自由平等之期也。然乎否乎，愿更有以诲之。

间尝论之，欲知鹿豕之状态者，惟避居深山与鹿豕游，欲觇敌情之虚者，惟身任调諜刺，与仇雠接。确信吾社会主义者，吾可无忧。彼非毁吾社会主义，攻击吾社会主义者，奈何不稔识其状态，諜刺其虚实，竭吾九牛二虎之能力，默予转移。顾争一着之先后，而离析其党众为也。社会党人，宅心平恕，无党内党外，程度高下，罔不可使之优游寝馈，相与有成。一旦酿为内讧，非仅社会党人之不幸，抑亦社会主义之不幸。他国社会主义家，以搆构争之故，派别遂分，史上陈迹，奚取效尤，徒损明达。若夫人才之难得，经济之易乏，为今日组织团体通病，又诸君所当绎［释］小嫌而事大计者也。

呜呼！吾读怀霜先生之评议，不自知其心之怦怦动而泪之滂滂下矣。惟吾既以与其主张曳曳沓沓之国家社会主义，不如主张磊磊落落之极端社会主义，不欲曲从，持之还质夫据史上陈迹，相为非难者，及我中国社会党诸子，不知亦有心怦怦动泪滂滂下，而感于释小嫌事大计之言否乎？即使不能相曲从，亦深望相为諷刺反对社会主义者之虚实，灌输社会主义之真理，共以改造新世界，谋人类究竟之幸福为心，不分同党异党，优游寝馈，于真正之社会主义，相与有成也。

悲夫！使社会党不能不发起，又使吾不能不为是饶舌。倘亦亢虎所谓天地有憾，莫可奈何者乎？倘亦怀霜所谓盗窟中无圣贤者乎？悠悠吾心，曷其有极。吾惟有瘖吾口，秃吾笔，洒满腔之热血，高唱极端社会主义于全地球有情之前耳，成败利钝，知我罪我，又何暇计哉！

（录自《社会世界》第 5 期，1912 年 11 月 15 日）

论社会主义之真诠

捕　风

社会主义，乃社会的社会主义，国家无与也，政府无与也。世界即由社会而成，是世界即社会。社会党人不知有法律，是社会党人即无政府党人。然则主张世界社会主义，无政府社会主义，更不必独标其名，以紊乱社会主义之真诠也，明矣。然论者多谓：社会主义自社会主义，无政府主义自无政府主义，岂可混而为一。此说也，诚无异戴色镜观天日，而目天日为二色者也。考无政府之学术，在欧洲本分为两派：一为哲学的无政府主义，一为合群的无政府主义。哲学的无政府主义，以个人为重，狭义主义也。合群的无政府主义，以大同为主，广义主义也。故哲学的无政府主义，与社会主义，实有不同。若合群的无政府主义，则其进行之方针，与社会主义不殊。今试举《天义》报之《欧洲社会主义与无政府主义异同考》中一段为证。

> 夫社会主义之目的，在于冀一切财产之平均，以易私有为公有。若合群的无政府主义，其目的正与此同。故苦鲁巴特金①谓：共产主义之制，果能实行，则政府不必存，国家不必设。此无政府主义之说所有成立也。况社会主义，以平等为归。既有政府则上必有统治之人，下有分配之机关，均背于平等之旨。故由社会主义扩张之，必达无政府主义之一境。而合群的无政府主义，实由社会主义而生，乃社会主义之极端，不得别之于社会主义之外也。

① 苦鲁巴特金，今译作“克鲁泡特金”。

由此观之，则抱纯粹社会主义而主张无政府主义者，诚无异画蛇添足毫无趣味之主张矣。当知吾社会党人眼光中，固不知国家为何物，政府为何物，贫富为何物，阶级为何物，法律为何物，宗教为何物。吾行吾社会主义，万物平等，不治人亦不治于人，不奴人亦不奴于人，不欺人亦不欺于人，不借人亦不借于人。凡恐惧政府者，非我社会党人也。爱护国家者，非我社会党人也。自尊而不尊人者，非我社会党人也。自利而不利人者，非我社会党人也。社会党与政府，犹两雄之不能并立，两脉并进，各视其势力之消长，为进行之竞争。人类为社会之份子，政府又为人类所造成，是政府固为社会之产子。若社会主义能普及全世界，尽人类而平等之，使人人趋于极乐世界，则政府虽有法律而无所治，虽有军队而无所争，虽有命令而无所施，则少数政府党人，日坐愁城中，无所事事，较之山僧，则不若山僧之自在。较之鬼怪，则不若鬼怪之优游。有影无形之政府，至此则天然归淘汰矣。是以“无政府”三字，吾人可以弃之于空气之外。盖言无政府者，其心目中，已显然有一政府存在之意，故吾人今日但求社会主义，能普及而已。人人晓然于社会主义之真诠，则政府必无形而消灭矣。若政府势力膨胀，能驱社会人类，尽入于利禄之场，则我社会主义，亦无形而消灭，固不必彼政府施干涉也。虽然，尽人而官之梦想，无异空中之楼阁，何患之有。今以社会党与政府而比较之，则政府党为社会党之份子。盖有社会，然后有人类，有人类然后有国家，有国家然后方有政府，是无社会必不能有政府也明甚。以事实论之，政府有消灭之日，社会无废除之时，盖政府不能尽人而总统之而都督之，而社会可以尽人而平等之而自由之。由此观之，吾社会党人，视政府鸿毛亦可，粪土亦可，毫无可反对之价值。若政府不讲人道，不重道德，干涉我社会之自由，则我社会党人，当与政府而俱尽。虽然政府虽尽，而社会固依然存在。盖社会主义，除天翻地覆外，必无没［殁］亡之理由，而政府之易于倾覆为人类所摒弃者，则不难。今略举政府之不讲人道，不重自由之罪恶，则显然知所归就矣。夫人孰不爱生而恶死，以金钱买军人之生命为少数人争富贵者，政府也。人孰不爱自由而恶专制，以少数人之法令高坐堂皇使吾辈劳力劳心者就其范围，出血汗之资本供奉彼少数不事而衣食者，亦政府也。是政府之处吾人，尤奴隶也牛马也。自由之谓何！平等之谓何！然则人人欲享平等之幸福，出脱奴隶牛马之槛门，舍社会主义外，其谁与归！由此观之，舍少数政府党人，以政府为衣食者，及一般守财奴借政府以保护其财产外，则人心之趋向社会，仇视政府，当为人情之所必有。且政府所恃以专制人民者兵力也，使军人恍然知彼以金钱购吾人之生命者，为人道所不容，而脱离政府，则孤立无倚之政府，与寄人肘下可怜之守财奴，其不归天然淘汰者几希矣。

总以上种种之观察，吾社会主义发生之日，即政府自然消灭之起点，复何劳吾人实行推翻之举动也。吾可爱之社会同志，若晓然于社会主义之真诠，则必不可脱离社会党，而组织种种异枝同根之团体，以分社会党之势力，自处于孤立之地位，为政府所窃笑，则社会之福矣。吾可敬可爱之社会党人，盍一猛省乎。

（录自《社会》第2卷第1期，1913年1月25日）

致丁女士崇侠论无政府党与社会党派别书

依　侠

宝琳先生大鉴：

自贵党发表以来，提倡社会主义甚力，各杂志刊行，鄙人捧诵一过，觉《新世界》持义尤高，发挥较畅，于第四号载有大著（《复顾诵坤先生书》），拜诵再三，贵党主张之意义，进行之方法，足见端倪。敢以平日欲与贵党相商榷者，举以语先生，幸垂教焉。

夫社会主义之与无政府主义，其主持宗旨，同为平民谋幸福，而所抱持进行方法适相反。虽昔人有言："无政府主义，真正的社会主义也。"然而，吾人于历史上观察之，实有大相歧异者。盖社会主义之源流，实宗于万国劳动大会，即无政府主义之开祖巴古宁氏，亦未尝不与社会主义巨子马格斯①同派。其后，巴氏以其国家主义仍不合于真正公理，故反对宗教主义、反对私产主义、反对家族主义、反对祖国主义、反对军国主义，以此五大主义，别组无政府党，始与马氏之社会主义割席。故无政府主义，虽为真正的社会主义，而至是而后，社会主义即不能包括无政府主义矣。盖当时社会党之主张如马氏等，以国家为主体，承认国家之存在，以国家之力，使达其主义之目的。此实宜可称之为政策上之一种，如近来孙中山氏所提倡者耳。故今日支那之社会党，其党纲首曰赞同共和，是即承认国家之存在，其他七条件，亦不过属政策上之希望而已，与马氏之社会主义，同盟会之民生主义，本无差异，实毫无无政府的主义在也。而贵党各机关杂志，反鼓吹提倡此道甚力，又尝谓主张与孙氏政策实有不同

① 马格斯及下文"马克司"，今译都作"马克思"。

（见四期孙氏讲演案语①），此诚鄙人所不解者也。夫贵党党纲，明明是一"国家社会主义"的党纲也，则于论理上似不宜涉及无政府之学说。若欲谈无国家、无法律、无军队、无私产、无家族的无政府社会主义，则似不宜避无政府之美名，而附以赞同共和之党纲，以"社会党"三字而包之也。今读大著有云："共和共［政］体，以少数专制代贵族专制，以法律魔力为富族专制之保障，必不能造成真平等真自由。今吾党欲以无政府主义破少数之专制，以共产主义破富族之专制，其为弩侯矢的也，事有必至，本无待言，虽以赞同共和，粉饰表面"云云。又读顾君原书，亦有"将以无政府主义偏［遍］播于吾党员之心，使知赞成共和为手段之一，实行无政府为目的之一"等语。观乎此，始知贵党实主张无政府的社会主义，以赞同共和等之党纲为手段，固非为国家的社会主义也。鄙人于此不能不为贵党进一言。盖无政府者，极端主张自由平等，决不承认国家之存在者也。赞同共和之事，无政府党人所不肯讲，世界上固无有此端赞同共和而彼端提倡无政府者也。观巴古宁之脱离马氏社会党，及幸德秋水之脱离日本社会党，盖其二者，实极端反对者也。鄙人为最崇拜最敬爱无政府主义之一人，先生等既与同志，实所欢幸，第名不正者言不顺，似不宜以"社会党"三字为我辈识别也。先生以为然否？侧闻贵党近有改政党之说，此当为无政府主义之党人所绝对反对，鄙意宜乘此时机，速与权利中人分割。彼辈有政党希望者，当即分离，其纯粹的无政府党人当别组无政府党，名正言顺而后足以示人以识别也。先生亦有意乎？

再者，先生复顾君书，间有数语，鄙所不解，用并陈之。大著云："朝去政府，暮为鱼肉，暮去政府，朝登刀俎。"以为近今强权为政，未可轻言及此（指无政府主义）。又言："恋爱自由，当今发轫之初，百不进行，而遽思假此美名，以快其逾闲荡检之心，招彼庸耳俗目之诮，此等行为，于本党前途，大有关碍"云，以鄙意观之，先生不主张无政府、无家庭则已耳，使不然，则数语似未尽当。盖无政府者，无国界无家庭者也，只有反对强权之手段，无论政府是否我国人抑他国人，均为无政府党所反对，使我国党人可以有为推倒政府之手段，则何至为外人鱼肉刀俎物

① 参见克恭《孙中山先生社会主义谈》，《社会党月刊》第2期，1912年4月。

哉！自由恋爱之说，若以旧道德观之，大大不可，故当从真理公理上观察之。结婚既为男女间不平等事，则恋爱自由即为正理，此先生所知也。既曰正理，则使人人而行之，亦何害焉？且恋爱之事，昔人特视为道德问题，故防之惟恐不严，闲之惟恐不密耳。自真理发明，斯事不过生理上之问题，并无关系于道德廉耻上也。若辈即各行其天赋自由之权，似亦不宜加以逾闲荡检之陈腐约束。先生“囚犯见火，饿夫见食”之喻，似未尽当。盖世界之事，惟难得之者，始惊羡之，不惜竭力以营谋之耳。若婚制既破，无所往而不得自由，吾信恋爱自由之时，不惟淫风之不加长，而且将日见其少也。况先生言外之意，固有程度之言在。夫昔政治革命时之党人，尚无有谈“程度”二字者，况我无政府之党人乎？至论某县支部事，谓：“中国今日，为鼓吹时代。”此言诚然；至谓“他日若万不得已，而至于用激烈手段，必合世界社会党全力，同时爆发，断非区区一隅之地所可举事”云云，则似非是。盖吾党（无政府党或社会党）所抱宗旨，均以个人为单位，当各就其个人能力所及以行事耳，断无有合至全世界社会党全力同时并发之举。（设能如此固甚善，但此非我辈所能梦想之事，亦系党人所不宜有之心理。）且吾信将来无政府之平民革命，必起于一二国，（就今日观察之无政府主义，法国为最盛，举事之时，亦不远，大同之世界，或又法开其端欤。）而后各国即随之而起而已，并非俟世界党人同时同日，合力齐举也。惟就支那今日而论，征特无政府之学说，能道之者盖鲜，即知其名者，亦寥寥也，何可以遽言举事！先生谓今日为鼓吹时代，小子不敏，当亦谓然。匆匆草此，不厌多言。倘蒙辱教，幸甚。

案：侬侠此书，叙述无政府主义与社会主义之历史，最为详晰，议论亦悉中窾要。惟谓社会党不能窃无政府之美名，则颇未尽然。虽马克司、巴枯宁辈，久已分道而驰，然吾人主张，固不必奉彼等为圭臬也。盖变更社会政治之组织，即为无政府；变更社会经济之组织，即为共产。至无政府与共产两主义实行，斯真成一完全之社会矣。故吾人取名“社会党”，而不标异名者，职是故耳。还以质之侬侠。

（录自《良心》第1期，1913年7月20日）

《无政府主义谈》书后

知　耻

是编[①]为英国 E. Malatesta 所著，其意以为政府者，大概由选举而来，而选举权之有无，例以纳税多寡为断。资本家纳税多，有选举之权者亦多；劳动家纳税寡，有选举之权者亦寡。政府既为多数之资本家所选举而出，则政府者实为资本家之政府。政府既属资本家，则其施行政策，自必保富抑贫。于是富者益富，贫者益贫，贫富之阶级，愈演而愈甚，经济平等之希望，将永永断绝。故劳动家而欲破除贫富之阶级，势不得不先将保护资本家之政府推翻，此盖有激而言。按之吾国现状，断不适用。鄙意吾国今日，欲推行社会主义，当以普及平等教育为前提，而以实行遗产归公为中坚。[②] 苟能行斯二者，则全国之人，行将人人为劳动家，亦即人人为资本家。资本与劳动融化为一，而贫富之阶级不破自除矣。至于是编之刊行，则本党宗旨固兼容并包者，当择其长而舍其短，阅者其毋以词害意可也。

辛亥仲冬中国毕云程跋

（录自《社会》第 4 期，1912 年 1 月 10 日）

---

① 指《社会》第 3 期刊发的署名“留欧学生”的《社会主义问答：工人之无政府主义谈》一文。

② 参见《中国社会党宣告》，见附录。

·附录·

中国社会党宣告

（辛亥九月十五日）

民军起义，假种族革命演政治革命，惟政治由社会造成，故社会革命尤为万事根本。社会主义，欧美极盛，在中国则本党实最初惟一之团体机关，其宗旨在于不妨害国家存立范围内主张纯粹社会主义。迭经公议，组织完成。凡有志入党者，不论男女，不分国界、种界、宗教界，均请随时亲临上海本部或各地支部，检阅规章，签名宣誓，共图进行。采定党纲，条述如左。

一　赞同共和

世界政体进化，由专制而立宪，由立宪而共和。共和虽非郅治之极轨，而在今日实较善之制度，亦必经之阶梯也。民军既定为同是，本党亦极表同情，切望吾人顾名思义，实力推行耳。

一　融化种界

人道主义，四海兄弟。社会党本无国界，尤不应于国内更分种界，务期融化，互泯猜疑，血统混合，文明溥遍，将无识别之可寻矣。

一　改良法律，尊重个人

旧法律恒以国家或家族为主位，而于个人自由，多所牺牲，宜彻底改良。认个人为社会之单纯分子，认社会为个人之直接团体。凡为保障国家或家族而妨害个人之条件，悉革除之。

一　破除世袭遗产制度

贵贱贫富各阶级，皆由世袭遗产制度而生，此实人间世一切罪恶之源泉也。凡完全个人，准自由营业，惟其财产支配权，当以有生为断，死则悉数充公，有均产共产之利，而无其弊，家庭制度于以破除焉。

一 组织公共机关，普及平民教育

普通教育宜设公共机关执行，人自为谋，断非善法。自初生至成年，无论何人，教育平等，而能力平等，即经济亦平等矣。至其费用，则取之遗产而已有余。以公共之资财，造公共之人才，不独亲其亲，不独子其子，是谓大同。

一 振兴直接生利之事业，奖励劳动家

劳动者，神圣也。农工各业，生命攸关，虽世不能无间接生利之人，而人必勉为直接生利之事。资本公诸社会，而劳动普及。个人有分业，无等差，通功易事，各尽其能，此善之善者。

一 专征地税，罢免一切税

凡人力所生者，皆不应征税以困之。宜专征惟一之实地价税，每年按时估计，约当二十而一，以杀富豪兼并之势，而开游惰归农之途。公共用费，即取资焉。至于人畜、建筑物、种植物、制造品，所有就地关津一切税，除对外者暂缓，余宜概予罢免。

一 限制军备，并力军备以外之竞争

军备之縻［糜］耗，战事之惨毒，各国所同苦也。废兵当即在指颐间，为目下维持均势计，必不得已，亦宜严重限制，而并其资力，专注教育，实业诸端。军备虽减，谁敢侮之。所谓不战而屈人，况志不在屈人者乎？

（录自《社会党月刊》第4期，1912年11月）

中国社会党宣告

民军起义，假种族革命演政治革命，惟政治由社会造成，故社会革命尤为万事根本。社会主义，欧美极盛，在中国则本党实最初惟一之团体机

关。迭经公议，组织完成。凡有志入党者，不论男女，不分国界、种界、宗教界，请于每星期日上午十时至十二时，亲临本部，检阅规章，签名宣誓，共图进行。采定党纲，条述如左。

一 赞同共和

世界政体进化，由专制而立宪，由立宪而共和。共和虽非郅治之极轨，而在今日实较善之制度，亦必经之阶梯也。民军既定为国是，本党亦极表同情，切望吾人顾名思义，实力推行耳。

一 融化种界

人道主义，四海兄弟。社会党本无国界，尤不应于国内更分种界，务期融化，互泯猜疑，血统混和，文明溥遍，将无识别之可寻矣。

一 改良法律，尊重个人

旧法律恒以国家或家族为主位，而于个人自由，多所牺牲。宜彻底改良，认个人为社会之单纯分子，认社会为个人之直接团体。凡为保障国家或家族而妨害个人之条件，悉革除之。

一 破除世袭遗产制度

贵贱贫富各阶级，皆由世袭遗产制度而生，此实人间世一切罪恶之源泉也。凡完全个人，准自由营业，惟其财产支配权，当以有生为断，死则悉数充公，有均产共产之利而无其弊，家庭制度于以破除焉。

一 组织公共机关，普及平民教育

普通教育，宜设公共机关执行，人自为谋，断非善法。自初生至成年，无论何人，教育平等，而能力平等，即经济亦平等矣。至其费用，则取之遗产而已有余。以公共之资财造公共之人才，不独亲其亲，不独子其子，是谓大同。

一　振兴直接生利之事业，奖励劳动家

劳动者，神圣也。农工商业，生命攸关，虽世不能无间接生利之人，而人必勉为直接生利之事。资本公诸社会，而劳动普及，个人有分业，无等差，通功易事，各尽所能，此善之善者。

一　专征地税，罢免一切税

凡人力所生者，皆不应征税以困之，宜专征惟一之地税，每年估计，约当时价二十而一，以杀富豪兼并之势，而开游惰归农之途，公共用费，即取资焉。至于人畜、建筑、种植物、制造品，所有就地关津一切税，除对外者暂缓，余宜概予罢免。

一　限制军备，并力军备以外之竞争

军备之糜耗，战事之惨毒，各国所同苦也。废兵当即在指顾间，为目下维持均势计，必不得已，亦宜严重限制，而并其资力，专注教育、实业诸端。军备虽减，谁敢侮之。所谓不战而屈人，况志不在屈人者乎？

（录自《社会》第2期，1911年11月10日）

三无主义悬论（上篇）

江亢虎

世界大问题有二：曰宇宙问题，曰人生问题。宇宙问题兹非所论。人生问题又有三：一曰过去问题，即人何由而生；二曰现在问题，即人生时应如何；三曰将来问题，即人死后是何景象。第一问题，据地质学家、生物学家、人类学家之研究，则人类发生之状况，可得而言。又据生理学家、解剖学家之研究，则吾人发生之状况，亦可得而言。第三问题，殆非吾人研究所能及，古来学说至为繁伙，而确有根据者绝希。以余武断之见论之，精神必附体质而后存。体质有变迁，而全部分无消灭；精神有遗传，而一部分不消灭。至于鬼魂，未敢深信。唯此均不在此论范围中。且此两问题固为重要矣，然以第二问题较之，则顿失其重要之地位。盖人生最亟精须研究者，即此现在之一问题耳。

今世形而上诸学科，无不注意研究此现在问题；形而下诸学科，又无不缘此现在问题而发生。研究之结果，而人生行为之标准出焉，曰当如何不当如何。古今东西宗教家、教育家、政治家，皆各举其论定之标准以示人者也。至问何以当如何，何以不当如何，则哲学家所有事，然其答案，聚讼纷如，曼衍无极，彼亦一是非，此亦一是非，今尚未达完全圆满颠扑不灭之一境。吾人涉世，如张孤帆沧海中，一片汪洋，不知何处是岸。又如驱羊歧路，瞻望徘徊，顾此失彼，醉生梦死，颠倒迷乱，至可哀也。

吾尝审之于己，推之于人，征之历史之成迹，参之社会之现状，而知人生唯有一单纯的利己心。质而言之，即自求安乐而已。惟自求安乐之意志同，而所认为安乐者不同。于是有程度焉，或高尚，或卑下；有性质焉，或精神的，或体质的；有量数焉，或大或小，或多或少，或久或暂，或偏或全。且所以达其所认之安乐更不同，于是有方法焉，或顺或逆，或顿或渐；有途径焉，或远或近，或安或危。因认为安乐者及所以达其安乐者种种不同，故其结果亦不同，或难或易，或迟或速，或得或否。虽然，分析言之，万有不齐；概括言之，片语可决。吾惟用最便利之手段，求达此究竟之安乐之目的可耳。故无程度、性质、数量之异同，惟问果安乐乎否乎；亦不拘方法、途径之异同，惟问果能达此安乐乎否乎。吾说于此为一致矣。

闻者疑吾言乎，以为理论虽无矛盾，而事实必多凿枘。盖安乐同则彼此不兼容，安乐不同则彼此不相洽，皆足以启冲突而召战争。其说甚是。然试问冲突云战争云者，为安乐乎否乎？非以求安乐而至于冲突与战争，则所谓安乐者，已失其安乐之价值矣。然则必无冲突与战争者，方谓之安乐可知。冲突云战争云者，其原因起于己安乐而人不安乐，其结果至于人不安乐而己亦不安乐。故自求安乐者，必毋使人不安乐，而后己能安乐，此西哲所谓自由以不侵犯他人之自由为界也。进而言之，自求安乐者，必使人亦安乐，而后己能安乐，此孔子所谓己欲立而立人、己欲达而达人，孟子所谓与众乐乐也。于是吾敢下一定义曰：利己必利他，利己者目的也，利他者达此目的之手段也。

是故不利他即不利己，此可自两方面考证之。一、事实上可观的，即利己不利他，他必不容己之专利也。天下皆饥，不能独饱；天下皆寒，不能独温。世乱则身命危，年荒则盖藏尽。况于朘削为肥淫刑以逞者，则反动力之强大，势不至穷惨极酷不止。亡国覆辙，千古相寻，其例至多，不遑更仆。反是，爱人者人恒爱之，敬人者人恒敬之，故利人者人恒利之。惠政在民，则近悦远来；博施济众，则生荣死哀。施报之间，捷于影响，其机如此，安可诬也。一、理想上主观的，即利己不利他，己亦且自觉其不利也。饿殍横陈，则八珍无味；一人向隅，则四座寡欢。阴谋贼人者，独行畏影。非义攫货者，夜梦自惊。专利暴戾之君主，居则重卫，出则警跸，几无日不在荆天棘地中。反是，老安少怀，而圣心斯慰。民胞物与，而性分乃完。故禹视天下有溺者，犹己溺之。稷视天下有饥者，犹己饥之。一夫不得其所，若己推而纳之沟中也。故洪水平而禹安乐矣，烝民粒而稷安乐矣。故禹之治水，禹之自求安乐也。稷之教民稼穑，稷之自求安乐也。其手段皆利他也，而其目的则皆利己也。其义不已深切而著明乎？

难者或曰，世固有不利他而己乃利者。其在个人，为富不仁，临财忘义，博塞必彼绌而后我盈，商业必居奇以为垄断。其在国家，对外则争城争地，惟取鲸吞蚕食之政策；对内则民脂民膏，悉供急公奉上之诛求。世更有因利他而己即不利者，一箪食，一瓢饮，得之则生，不得则死，推以与人，而己槁毙矣。横逆之来，实逼处此。礼义不能喻，逃避无所之，少一退让，而己齑粉矣。事之以皮币，事之以犬马，而太王奔矣。不鼓不成列，不禽二毛，而宋襄溃矣。若是者将奈何？应之曰：言非一端，事各有当。吾语其当，不语其变也。夫审之于己，推之于人，征之历史之成迹，参之社会之现状，既确知人惟此利己之目的矣；且审之于己，推之于人征之历史之成迹，参之社会之现状，又确知人惟用利他之手段为能达此利己之目的矣。则心惟而口诵之，身体而力行之，其有不得，反求诸己，吾所心惟而口诵者，身体而力行者，果皆当乎否乎？其心安而理得矣，则百折而不挠其故，万变而不离其宗，悉吾聪明材力，以尽其当然，以期其必然。其或有不然，则非所计也。所谓尽其在我，听其在人，故君子惟居易以俟之，决不行险以徼之。盖居易以俟之者，得者其常，而不得者其偶。而行险以徼之者，则得者其偶，而不得者其常。且行险以徼之者，一有不得，则寻未直而尺已先枉，其苦恼有不可胜言。而居易以俟之者，虽有不得，而俯仰无愧，进退有余，则利己孰大乎是？夫利己之观念各不同，孔席不暇暖，墨突不得黔，栖栖皇皇，如丧家之犬，彼岂不知世有高堂数仞，榱题数千，食前方丈，待妾数百人之一境哉？然而宁老死道路而不顾者，其所利诚不在彼而在此也。故曰：乐在其中。又曰：不改其乐。至如吴泰伯之逊国，伯夷叔齐之耻食周粟，以及烈士殉名，忠臣殉国，孝子殉亲，夫妇殉情，其事是非不论，要其胸中皆有一种不可名言之兴趣，而踊跃以赴之，非有所勉强敦迫而然也。故有杀身以成仁，无求生以害仁，求仁而得仁，又何怨？夫无怨则心安，心安则乐，乐则利矣。

吾请重言以申明之曰：利己者，人生唯一之目的也；利他者，达此目的惟一之手段也。虽然，目的定矣，手段定矣，然目的之注点与手段之应用，必愈研求乃愈明了，愈发挥乃愈贯通，愈试验乃愈真确，愈运用乃愈圆妙。此合无量数人之脑力，亘无量数年之时间，以研求之，发挥之，试验之，运用之，而不尽者也。进一境焉，又一境焉，学者学此者也，教者教此者也，政者行此者也，法者制此者也，文明者比较的近此者也。世界之所以进化，人智之所以开通，罔非此目的所激荡而出，罔非此手段所弥纶而成，此可断言也，无疑义者。

于此有因时制宜因地制宜之义焉。盖目的同而目的之注点不同，譬如同是保体温之适度也，而冬则求暖，夏则求凉，寒带人则恒求暖，热带人则恒求凉。目的之注点不同，而所以达之之手段不同。同是求暖也，而或求之饮食，以暖其脏腑；或求之被服，以暖其皮肤。求凉者亦类是，手段同而手段之应用又不同。同是暖其脏腑也，而或饮汤，或饮酒，或食炙，或进祛寒之药剂。同是暖其皮肤也，而或拥衾，或披衾，或向阳而爆［曝］日，或杜户而燃薪。求凉者亦类是。兹既认定此唯一之目的矣，而吾人今日目的之注点果安在？且既认定达此目的之唯一之手段矣，而吾人今日手段之应用当如何？此正急宜研求之，发挥之，试验之，运用之，大有一番吃紧工夫也。吾不敢谓吾人所研求所发挥所试验所运用者，必可适于将来，吾却敢谓古人所亚牛所发挥所试验所运用者，已不适于现在。然后人必借手于吾人，吾人必借手于古人。且此唯一之目的与从唯一之手段者，非唯吾人尔尔，古人固已尔尔，后人亦必尔尔。特注点不同，应用不同，而所谓明了贯通真确圆妙之境，古人不逮吾人，吾人又不逮后人。由是观之，吾人不可薄古人，吾人亦不必羡后人。我唯求我现在目的之注点所在，与现在应用此手段之方策而已。夫吾人今日果如何而能利己者，果如何而得安乐者。

欲求安乐，当先求得不安乐之根蒂而务去之。吾人今日至不安乐矣，不独生老大帝国戴专制政府者为然，即欧美诸邦所相夸以人民幸福者，微论其初未普遍也。就令普遍，而由今之道，无变今之俗，犹如犴狴中人，苟免敲扑，则侈为奇幸焉耳。唯心派学者曰：安乐不在物而在心，心以为安乐，则无物非安乐矣。此所谓片面的理由，而实非全体之解决也。盖心与物交相引而不可离，心外无物，即物外无心。心固能移物，物亦能动心。周围之事物，官器所感觉，种种烦恼，种种不自由，而徒悬拟一理想的极乐世界以虚相慰借焉，其末流不入于厌世观者几希。故一方面宜正谊明道，穷理尽性，参天人，了生死，以安心也，心安而物安矣；一方面必改良社会之组织，促进物质的文明，以安物也，物安而心安矣。一表一里，一体一用，一而二，二而一者也。夫人生数十寒暑，固电光石火之顷耳。而既已有生，不能即死，畏死者愚，祈死者诬。一息尚存，独安能忍而与此终古乎？吾尝就吾人今日不安乐之现象，而一一进求其原因，头绪何啻万千，概括约为三事，根蒂庶几其在是矣，曰有宗教之苦，曰有国家之苦，曰有家庭之苦。

夫宗教、国家、家庭云者，非天然物，而人造物，固自无而之有者也。其所以自无而之有者，亦同此唯一之目的所激荡而出，亦同此唯一之手段所弥纶而成。方其未有宗教也，心志昏迷，事为跛踦；有宗教而趋向一，则人安乐矣。方其未有国家也，兴仆仓皇，杀夺无艺；有国家而经界定，则人安乐矣。方其未有家庭也，群雄竞雌，流血放逐；有家庭而配偶别，则人安乐矣。故有宗教、有国家、有家庭者，古人当日目的之注点所在。而自无而之有者，则其手段应用之方策也。乃有宗教而宗教之苦生，有国家而国家之苦生，有家庭而家庭之苦生，其于安乐犹未也。于是宗教则由多神变而为一神，国家则由专制变而为立宪共和，家庭则由不自由结婚变而为自由结婚，凡以求比较的安乐而已。然至吾人今日观之，一神教有一神教之苦，立宪、共和有立宪、共和之苦，自由结婚有自由结婚之苦，则其于安乐亦犹未也。欲求安乐，必举其苦的根本推翻之，由有宗教变而为无宗教，由有国家变而为无国家，由有家庭变而为无家庭。故无宗教无国家无家庭者，吾人今日目的之注点所在。而自有而之无者，则其手段应用之方策也，是与古人当日之自无而之有者，事实正相反而理由则从同。

所谓宗教之苦者，多神教不论，一神教之一神胡为者，人生罪恶之说胡为者，末日裁判之说胡为者。或曰，十字军后，西人受宗教之苦者已稀。东方则孔子非宗教家，本无迷信。佛教虽一盛而已衰，是其受宗教之苦者尤稀。然吾固就人口统计上最大多数言之，其心理之支配于宗教者，实十而七八，况于枭雄阴鸷之利用之以收拾人心并吞土地者乎！中国自汉武罢黜百家表章六经之后，历代帝王因其便己，益变本而加厉焉。言论思想，范围日狭，群治退化，职是之由，其无形之祸患，更烈于有宗教。况于佛说流弊，愚夫愚妇之瞻礼膜拜者乎！所谓国家之苦者，专制不论，立宪君主不负责任，而神圣不可侵犯，胡为者；守卫之尊严，皇室之糜费，胡为者；掷少壮有为之岁月，充义务征兵，刮生活所需之资财，备海陆军费，一旦有事，则率土地而食人肉，胡为者；为关以厄行旅，设税以困外商，胡为者。况于异族相仇之见，世界大势所趋，且将由国家战争变而为人种战争，则流毒愈广，而受害愈酷矣。所谓家庭之苦者，不自由结婚不论，而既结婚，即不自由。曩箸无家庭主义，陈弊章中，曾错举数十事（略），皆自由结婚而不能免之苦也。故治水必清其源，伐木必绝其株，其道奈何？要之于无，大哉三无主义乎！

方孙中山君之盛倡三民主义于日东也，余方弱冠，留学彼中，标新领导，独揭三无主义之学说。除张博［溥］泉君外，无应和者。右文半年，实属稿于当时。以病返国，又遘沈愚溪君之变，遂阁置之，从不敢以示人。庚戌夏间，留学比利时，与乡人洪得之君，居止密迩，过从频烦。偶见此文，欢喜赞叹，敦促赓续甚勤，以方研究法文，卒卒未果。又一年，《社会星》出版，乃悉发箧衍，谋勒为专书，凡分三篇。上篇追原三无主义所从出之理由，中篇敷述三无主义进行间之手续，下篇虚构三无主义实现后之状况。即就旧作足其后半为上篇，将以实我杂志也。乃担任印刷发行之某君坚持不听付刊，因以辍笔。今时过境迁，时移势异，此文不复能成章，惟检校丛残，存为十年来之纪念而已。

（1911 年 7 月）

（录自汪佩伟编《中国近代思想家文库·江亢虎卷》，第 93~98 页）

三无主义之研究

社会党人来稿

一学说之发生，不极端，不真善，故怀社会主义者，不承认国家的社会主义，以此也。虽曰不偏之谓中，不易之谓庸。（又曰：一进之，一退之。）然试问过乎中者为何？不及乎中者为何？一是一非，一善一恶，二者必居一。于是，若曰"过犹不及"，则是以是者善者为非，又以非者恶者亦为非，则将何以解夫《大学》"止善"之说？吾故讲社会主义，愿以极端讲之。

讲极端社会主义之预办，言不由衷，吾耻也，见异思迁，吾耻也。吾志既定，万夫吾往。文文山曰："姜桂之性，愈老愈辣，金石之性，愈炼愈坚。"吾愿代吾党之讲极端社会主义者宣言于众曰："牢狱吾之家庭，囚犯吾之友人。"如此预办，庶几乎可讲极端社会主义之前提。有一利，必有一弊，极端社会主义，吾知其利矣，然反对者每举其种种弊窦以相非难，因不知其提起［前提］也。前提为何？普及教育也，平等教育也，使各自治、自助、自主、自立、自尊、自重、自理、自牧，万物具备，惟我独尊。前人曰："叩舷独啸，万象皆宾客。"极端社会主义之前提为是。

何谓极端社会主义？即三无主义。

何谓三无主义？无宗教、无家庭、无政府之主义也。

三无主义何由来？由自由平等亲爱而来也。

何以无宗教？曰：欲求自由，不得不无宗教，一切迷信，一切习惯，皆以宗教为壑。形体之不自由，犹小焉者也。精神之不自由，思想之不自由，言论之不自由，爱恋之不自由，因有无形之牢狱之酷吏为之鞭楚拘囿，不得一刻缓。积非成是，末俗难回，使世界无进步，宗教家之罪恶，万万万万。无之所以脱羁绊，返天真，举凡一切顶礼膜拜、望弥撒、备神功等等无理作为，以求我固有之自由。此所以欲无宗教也。

何以无家庭？居于腐败者，不见腐败，犹居于空气者，不见空气也。设有人于此，来不家居，一旦而为之家，则儿女啼哭声、婆子柴米声、炊饭声、打火声，零星琐尾，有何快乐之可言？即曰融融泄泄，共聚天伦，试问天伦何以限于一家？“四海之内皆兄弟也”，何解？“天下一家，中国一人”，何解？“不独亲亲，不独子子”，何解？“民我同胞，物我同与”，何解？此因有畛域然也，畛域实伤和气。吾今自为天父之言曰：“汝当爱汝之邻人。”何以故？“守望相助，疾病相扶持。”先哲有以诏我矣。

何以无政府？政府之设，不得已也，不得已，实可已。人皆天民，初无阶级，孰为上智，孰为下愚？孰为治人，孰为治于人？政府亦人，平民亦人。舜何人也？予何人也？王侯将相宁有种耶？设谓一无政府，不能治平，则何其尊视政府而贱平民耶？吾党所主张者公理，政府所凭者强权，公理与强权，势不两立。盗贼惯用强权，彼政府亦用强权，故政府即盗贼。盗贼欲其无，今政府即盗贼，故政府亦欲其无。无政府后则人各政府，人各平民。所谓狗子都有佛性也。

如何可以无宗教？此问题对世界言甚难，因世界之宗教迷信若天主若耶稣等，毒中人心，一时难洗。若对中国言则甚易，因中国人素鲜宗教观念。顾虽无宗教观念，而宗法之观念甚深，说什么“君为臣纲，父为子纲，夫为妻纲。”人非物也，岂可言主有权！庄子曰：“有人者累，见有于人者忧。”一般妄人，俱以为此乃孔孟之真传，为孔孟言者，亦不知此。其实孔孟何尝言此，六经具在，四子犹传。三纲云何哉？三纲者三网也，后世专制帝王之所以网民也。三纲者三罔也，后世未读孔孟书者之所以罔民也。推原祸首，不得不痛恨夫汉诸生。秦汉以后，君权渐固，诸生揣帝王意旨，献媚取悦，妄议五经异同，于白虎殿作通德论，以纬解经，诬蔑孔孟。祸深哉！汉诸生也。今日我辈同志，能知三纲之非，一洗旧染之恶，即可以破除宗法，求自由易易也。

如何可以无家庭？家庭者，地狱也。家庭之成，成于夫妇，有夫妇而后有父子，而后有君臣。今日政体共和，君臣一纲，已经废去。父子一纲，牢固不拔，此纲不破，遗产不能归公。欲破除父子一纲，必先破除夫妇一纲。破除之若何？曰实行爱恋自由始。斯言也，他人难言之，吾闻之人言曰："必社会主义实行后，然后可言爱恋自由。"倒因为果，不解孰甚！试思恋爱不自由，则夫妇一纲不破除；夫妇一纲不破除，则父子一纲不破除；父子一纲不破除，则遗产不能归公；遗产不能归公，则社会主义不能实行。吾故断断以必先实行爱恋自由为始，夫然后人尽夫也，人尽妇也，长于吾者父事之，幼于吾者子育之，如是尚何家庭之可言！虽然，爱恋自由之前，有更一前提焉，必男女皆有正当职业而后可，否则人将以今之娼妓为言矣。又在今日鼓吹时代，为此言者，必守身如璧，为社会所信任而后可，否则狂且狡童，将以此为口实矣。且须知爱恋自由甚不自由，比他种自由为难，他种自由单方之意思可行，爱恋自由必得双方同意而后可。

如何可以无政府？吾固言之矣，必先去依赖性，有独立性始可。（如第三节所言。）至其眼光，其手段，其次序，则：（一）联络万国社会党。因吾党眼光，直射世界，系全体的，非局部的。社会革命之运动，系世界革命之运动，国亡则万国皆亡，无主人奴隶之别。且此非亡国，乃打破国界也。国界系人为的，非天然的，野心勃勃之政府，矫揉造作者也。试观浑浑地球，何尝有界，而人自界之。（二）铲除世界之君主国。十九世纪以后，民权大伸，君主无万世一系之理由，共和阶级，必先经过，所谓"齐一变至于鲁，鲁一变至于道"。（三）采用减政方法。事不能一蹴几，必由一渐，则减政尚矣。减政非减事，事无可改；文明愈进步，人事愈繁复，此可断言。所谓减政者，乃扩张自治能力，缩小官治范围。一缩再缩，至无可缩，即无政府之目的达到之一日。（四）有契约之秩序。政府一旦可无，契约不能即无，然有契约犹未郅治也。何以故？以有理性之人，而犹待无理性之契约之监察程视，无以解自尊之说。故契约无存在之必要，然不能遽无，则姑存之以待自治完善之一日。（五）废契约而人道大倡。契约无矣，世界之民，俱为自由民矣。所谓人道究何物，此不可不说明。人之有道，犹物之有性，如苹果下坠，圆周无棱，一二得三是也，故契约可无，人道不可无。契约犹有法律性质，犹有无形之强权，人道则纯乎天理，真自由，真平等，真亲爱，大同社会，于斯为盛。然文明终无止境，自此以往，必更有所谓真善美者在，但吾人之学力眼光之程度，仅止于此。

（录自《社会世界》第5期，1912年11月15日）

三无主义之足以亡国说

温州陈司铎汲新

近日社会党，特遣其党人天放，来瓯演说，语多不经，无知者咸为煽惑。兹揭其一二，以告天下。亡民国者，社会党也，启吾温州之乱者，天放也。吾不怪夫温州同胞，任天放倡乱，而怪夫民国元勋，任社会党之亡民国也。谓予不信，请观其三无主义。何为三无主义？无宗教、无家庭、无政府是也。彼其言曰："宗教之束缚，形体之不自由，犹小者也；精神之不自由，思想之不自由，言论之不自由，爱恋之不自由实甚，所以欲求固我自由，不得不无宗教。"夫宗教何尝有种种束缚哉！目仍能视，耳仍能听，口鼻仍能作用，手足仍能运动，所谓形体不自由者，何在？如曰：非礼勿视，非礼勿听，非礼勿言，皆足以妨我自由，是直驱天下之人，入非礼之途，所谓自治自助自主自立自尊自重自理自牧者，何在？执子之矛，攻子之盾。不通者一。

精神之作用，努力而已。宗教尝勖人向上，勉人前进，何精神之不自由？即执因果之说以相非难，因果固可非哉？强有作无，何愚之甚。不通者二。

吾尝闻宗教大家，思想发达，言论宏富，代不乏人。不自由，何发达宏富之有？岂不许著书立说耶？抑缚其脑，扪其舌耶？谓不自由，根据何事？不通者三。

至爱恋之不自由，殆谓非礼勿动乎？非礼可自由，杀人非礼也，杀人亦可自由乎？何不增添一句曰：杀人之不自由。不通者四。

其无家庭主义，则曰儿女啼哭声，婆子柴米声，炊饭打火声，零星琐屑，有何快乐之可言。诚哉！其不快乐也。然此等观念，唯厌世派可言。

试问社会党，固厌世派乎？非厌世派而欲杜此烦扰，是犹涉水而恶水。不通者五。

人之生也，赖乎食，炊饭，打火，食之所自出也。社会党其能不食乎？不通者六。

尤不可解者，彼引古圣名言，以证无家庭主义之同意：（一）四海之内，皆兄弟也；（二）天下一家，中国一身；（三）不独亲亲，不独子子；（四）欲人之爱其亲，必先爱人之亲；（五）民吾同胞，物吾同与。以上诸言，岂隐合无家庭主义乎？明眼人自知之，姑不必辨。不通者七。

其无政府主义，则曰吾党所主张者公理，政府所凭借者强权，盗贼惯用强权，政府亦用强权，故政府即盗贼，盗贼欲其无，故政府亦欲其无。噫！社会党主张他人产业，可夺为己有，妻室不妨相通。所谓公理者，何在？不通者八。

政府用强权，为保护治安也，中外古今莫不皆然，乃以盗贼例之，拟不与伦。不通者九。

抑有说者，政府所用之强权，法律上之规定，理宜然也。彼党主张破除世袭遗制，实行爱恋自由。谁无财产？谁无妻子？而肯听背理叛义之言，俯首受命乎？欲达目的，必用强权，是真盗贼之强权，何言之？颠倒若是。不通者十。

呜呼！以至荒谬之言，大不通之事，著书立说，流播国中，上不之禁，下多附和，政纲废而秩序乱，大义乖而人心叛。此亡民国之原因一也。

民刑事裁判，就目下论之，一警署也，一法院也。日必数十起，此不特吾国如此，即各国罔有不如此。一旦实行无政府主义，则强凌弱，众暴寡，入室操戈，后患无底。此亡民国之原因二也。

贫富，天然之赏罚也。有勤惰而后有贫富，富者出其所有以营业，贫者乃可借以糊口，均产之说行，必使国民化为游惰之民，中国变为穷乏之国，一遇荒歉，全国皆毙，可断言矣。此亡民国之原因三也。

父子属于天性，哺乳提携，何等劬劳，今废此一纲，无父无子，谁肯任抚养之责，人类之灭，可日而待。此亡民国之原因四也。

孔子曰：吾未见好德如好色者也。好色乃人之偏性，普世同之，即明定典刑，尚难杜荡检逾闲之举，爱恋自由，何堪设想？始必男子与妇人争，继必男子与男子争，白刃相寻，斯人无遗类矣。此亡民国之原因五也。

军备为均势之利器，保治安，卫社稷者，需乎是也。而况强邻环视，咸欲染指而甘心，军备限制，是何异开门揖盗。此亡民国之原因六也。

纳税虽人民义务，然取之无度，民力有所不胜，征时价二十而一之地税，较前清税价，增至十倍，岁入尽与，犹虞不足，孰肯置产？孰得谋生？此亡民国之原因七也。（上二者见社会党纲。）

顺天者存，逆天者亡，先哲有言矣。社会党主义，一循禽兽行为，顺天乎？逆天乎？不待智者始决。此亡民国之原因八也。

宗教问题，前清条约，已许自由传教，民国仍之。若如社会党所主张，势必下逐客之令，开仇教之端，庚子前车，可为殷鉴。此亡民国之原因九也。

现当海禁大开，中外互市，一旦有变，外人借保护之名，进兵占据，坐享渔人之利。此亡民国之原因十也。

悲夫！痛哉！内察事实之由来，外审理势之必至，敢下断言曰：前者为因，后者为果，演成民国为印度、波斯之续，作人牛马，任人鱼肉。孰任其咎？孰当其锋？后顾茫茫，不禁潸焉出涕也。

（录自《圣教杂志》第1年第11期，1912年11月15日）

读陈汲新君《三无主义之足以亡国说》书后

江南修道院陈若瑟

吾人以一眇眇之身，天以覆之，地以载之，饥焉有麦粟黍稷可以为食，寒焉有布帛麻丝可以为衣。其所以养其身者，无所不备。其始生也，蠕蠕而动，呱呱而泣，不能以自存，乳哺提携，三年然后免于父母之怀，生我劬劳，其恩罔极。其所以保其身者，无所不至。然又不能离群独处，衣食给于一身，必合其同种同族，以贸迁有无，通工易事，尽其相生相养之道。其所以奉其身者，庶几可以无缺。于是仰以观乎天文，俯以察乎地理，穷万物生育之道，究文明进化之方，然后知世界为造物之奇工，赏罚凭权衡而宰制，吾人宜报本返始，寅畏严恭，而宗教于是乎起焉。自宗教行而民知道德，道德之事，莫重于孝亲。盖生养教训，父母既待子女以慈，则晨昏定省，子女即当事父母以孝，本之以天性，重之以纲常，而家庭于是乎兴焉。人麇聚而成家，家麇聚而成国，然人民之智愚强弱不同，无律法以约束之，则智欺愚，强暴弱，人不能谋一日之安，国不能图一日之治，其乱将无所底止，于是设刑赏以禁恶劝善，而政府于是乎立焉。此三者，人之大本，民之所赖以生，世之所赖以成，国之所赖以立者也。乃今有所谓社会党者，播其邪说，欲并此三者而废之。呜呼！人之所以异于禽兽者，徒以有此三者耳，是而可废，则人而自等于禽兽矣。温州陈君曾以十不通抵之，而深斥其说之足以亡国，可谓名言谠论，为彼党痛下针砭矣。以予观之，世苟有推而行其说者，岂惟足以亡我民国而已哉！将见其说之所至，害之所及，倒行逆施，不尽驱天下于逆乱之途不止也。

夫造物之生斯人也，欲其行善而避恶。然为善则劳而且难，为恶则逸而且易，人情贪逸而恶劳，喜易而畏难，其所以舍易而且易之恶而不为，择劳而且难之善而为之者，知冥冥中有监其善恶之造物而赏罚之也。《诗》曰："日监在兹。"《书》曰："作善，降之百祥；作不善，降之百殃。"所谓监其善而降之祥，监其不善而降之殃者，非宗教家所称之造物而谁欤？不然，为善者未必有赏，为恶者未必有罚，积德行仁之难，不若纵情肆欲之易，耕种工作之劳，不若盗窃诈骗之逸，人将舍道德而纵情欲，去耕种而行盗窃，善谁肯为，而恶谁肯戒？此无宗教主义，所以驱天下于逆乱之途者也。

人之生也，知礼达义，大异于禽兽，有父子之亲，有夫妇之别，有长幼之序。为人之父兄者，创业垂绪，岂徒为一己之温饱，亦将以赡其子弟。为人之子弟者，服畴食德，岂徒求一己之衣食，亦将以养其父兄。上事下畜，而后民知亲其亲，长其长，人道以全，教化可行。今社会党之言曰："去尔父母，析尔夫妇，离尔兄弟，以立于自由均富平等之地。"则为人父母者，谁其事之？为人子女者，谁其畜之？其势必老者转死沟壑，幼者流离道路，无故而举天下之人，皆纳之于鳏寡孤独流离转徙之中。作之俑者，其社会党乎。此无家庭主义，所以驱天下于逆乱之途者也。

天下之人，为善有所冀，为恶有所忌，然后可与之为善，可与之去恶。是故刑赏者，治天下之大柄也，而执刑赏之柄者，政府也。自古有道之国，其政体无论君主、民主，莫不皆然，由是而可以一教令，保疆土。彼社会党曰："盗贼用强权，政府亦用强权。彼不过自处于盗贼，而视政府犹桎梏耳。一旦破除政府，则可逞其盗贼之野心，无复顾忌。"吾故谓率天下而为盗贼者，社会党也。此无政府主义，所以驱天下于逆乱之途者也。

噫！彼社会党人，只知煽惑愚民，攫人财物，而己仍得美名，遂不知其说之自相刺缪。试问其衣帛食粟，逍遥于天地间，而天地何从而来？万物何自而生？必讶然自知失言矣。则宗教之说，彼又乌得而非之。身体发肤，受之父母，彼社会党人，能不由父母而生乎？亦能将其妻子兄弟田宅财物，弃而委之他人乎？吾知其必不能也。法律者，不独政府有之，即设一会，立一党，亦不可无。彼社会党能无法律乎？无法律，则不可谓之党。若曰有之，则亦政府之流亚也，安得为无政府？嗟夫！以含灵之人，而行禽兽之行，岂非世上之妖魔，人中之怪物耶。以其说告之蛮貊之人，必唾而骂之。彼俨然自视为文明者，故道野蛮所不敢道，行野蛮所不敢行，尚得谓之人乎哉！

（录自《圣教杂志》第2年第4期，1913年4月）

孙逸仙江亢虎之社会主义

师　复

今日一般人之心目中，以为中国言社会主义者有二人焉，即孙逸仙与江亢虎是也。是二人之有志提倡，记者未尝不感之。顾其所言究足为真正的社会主义否，吾人有不容不研究者。近世学子，耳食者众，震于总统、党领之名义，不暇论列是非，辄盲信为社会主义之真相，其结果有反足为社会主义之大障者。记者于此又曷能已于言耶！顾记者欲论二氏之主张，当先以数语略述社会主义之定义及其派别。

社会主义者，反对私有财产，主张以生产机关（土地、器械等）及其产物（衣食、房屋等）归之社会共有之谓也。其简单之理由：以人类生活赖乎衣食住，衣食住之所由来，则土地生之，器械作之，而尤必加以人工者也。土地为天然之物，非个人所能私有，器械亦由人工造成，人工则为劳动者之所出，故以正理论之，凡劳动者当得衣食住。惟现在资本制度之社会则不然，土地为地主所占据，工厂器械为资本家所独有，大多数之平民，则服役于此二者，为之生产各物；其结果则大部分利益均为地主与资本家所掠夺，劳动者仅得微薄之工资，终岁勤动，曾不足以赡其生，而地主与资本家则深居大厦，坐享最高之幸福。其不平孰甚于斯！欲救其弊，惟有由地主、资本家之手，取回其土地、器械，归之公共，由劳动者自作之，自用之，人人共同工作，人人共同生活，夫然后可谓之平，此即社会主义之原理也。顾社会主义主张以生产机关属之公有，此为凡言社会主义者所公认，无有异辞。惟对于生产物之分配方法，则言人人殊，而社会主义中遂有种种之流派，然大别之可略分为二：一曰共产社会主义，一曰集产社会主义。共产社会主义者，主张以生产机关及其所生产之物全属之社会，人人各尽所能以工作，各取所需以享用之；集产社会主义则主张生产机关属之公共，其所生产之物，则由社会或国家处理而分配之，其分配法亦有种种不同，然大致不外视其人工作之多寡，酬给因之而异，各人所得之酬给，即为个人私有物。二派主张虽有不同，然苟欲其主义实现，必须从根本推翻现社会之组织，由资本家之手取回生产机关。此则二派共同之点也。(至二者之优劣，当世已有定评。所谓社会者，乃对于个人而言，故既曰社会主义，则凡社会之物，皆当属之公有，而不能复容个人之私有权。今集产主义，以衣食、居屋之类属之私有，是明明尚有个人私产，根本上已背乎社会主义之定义。且同一房屋，牛马之圈厩则为公有，人居之房舍则为私有；同一用品，工厂之煤膏则为公有，人家之薪火则为私有。于理论上岂复能通？且集产者，主张按各人劳动之多寡而异其酬给，是则强有力者，将享最高之幸福，能力微弱者将至不足以赡其生。夫能力之薄弱，或关乎生理，而非其人懒惰之罪，乃结果不幸若是，尚何幸福均等之足云。此吾人所以谓集产主义为不完全之社会主义也。)

此外，有所谓社会政策者，不欲从根本推翻现社会之组织，惟欲借政府之力，施行各种政策，以补救社会之不平。其政策亦有种种，如限制资本家、保护劳动家、行累进税及单一税以及设置公共教养机关等皆是。此种政策，不过在恶浊政治中自标一帜，不能名之为社会主义也。

以上，社会主义及社会政策之派别、异同大略如此。今孙氏与江氏所倡导者，果为何派之社会主义乎？抑但为社会政策乎？以吾意言之，则二氏之言均社会政策而非社会主义也。读者苟疑吾言，请得而论之。

孙氏本政治革命家，社会主义非其专治，惟心醉亨利·佐治①之学说(即单一税论)，欲实施之于中国，故“同盟会”会纲有“平均地权”之语，即此物也。然亨利氏之单一税论，乃一种之社会政策，而非社会主义。盖社会主义，无论为共产为集产，必须由富人之手取回一切土地、器械归之公共，使社会上无复留地主与资本家之迹；单一税制则仅限制大地主，略减其势力，而不能使之消灭，盖大地主固不患地税之增长者，以彼将间接取偿于劳动家故也。以社会主义之根本理论言之，土地为天然之

① 亨利·佐治，今译作“亨利·乔治”。

物，固不容有所谓地主，即亦不应更有所谓赋税矣。顾孙氏不但主张单一税而已，同时又自称主张集产社会主义，其在中国社会党之演说有曰："共产主义本为社会主义之上乘，然今日一般国民道德之程度未能达于极端……则主张集产社会主义实为今日唯一之要图"。其下复盛称集产主义之元祖麦格斯之《资本论》，是孙氏俨然集产派矣。集产主义虽非圆满之社会主义，然固主张土地、器械均归公有，绝对不容私产制度之存在者也。今既主张集产主义，已从根本上推翻一切地主及资本家矣，又何必有所谓单一税者以骈枝于其间乎？孙氏亦明知二说之相左，故辄变其名曰"单税社会主义"，复为调停之说曰："亨氏与麦氏两家之说，表面上似稍有不同，实则互相发明当并存者也"云云。不知单税论之所由来，即以惮于改革，惧社会主义所倡向地主取回土地之说之不易行，乃代以单税之法，期稍杀地主之势力，实则因陋就简，不取实行社会革命者也。若集产主义，无论其合理与否及手段若何，然终不免改革现社会之组织，取回今日地主所占之土地归之公共。如是，即断断不必复有事于单税，犹之主张共和，即不必复有事于君主立宪，更无所谓并存者也。今孙氏乃同时主张集产主义与单一税制，吾诚不知其所可也。推原其故，实由孙氏误认社会政策为社会主义，复误认社会政策之所谓国有事业，即为社会主义之资本公有，故至以麦氏资本公有、亨氏土地公有相提并论。不知所谓资本公有者，乃取回生产机关，操之劳动者之手，由劳动者自使用之，非如国有事业以国家为资本主，劳动者服役于国家，无异其服役于工厂主者比也。麦氏尝解释"资本"之意义曰："资本者，乃货物生产之际所发生之一种社会的关系也。故生产机关苟操之直接生产者（即劳动者）之手，此时即无资本之可言，惟借生产机关以剥夺劳动者之利益，至是始称为资本。"社会主义之资本公有即生产机关操之直接生产者之手之谓，使资本之势力无可表现者也。国有营业，则仍借生产机关以剥夺劳动者之利益，而资本势力反益膨胀者也。二者在学理上之背驰若此。孙氏乃谓铁道及生利事业收为国有，即为解决资本问题，即认为无异公有，是直不知"资本"之意义者耳。孙氏所谓主张集产社会主义者不外如是。然则满清与现在之政府，均尝哗叫铁道国有矣，亦可谓为社会主义否乎？至亨氏之单税论，纯为支支节节之社会政策，孙氏乃以之与麦氏资本论并举，尤为不伦。麦氏虽但言资本公有，然土地实可包括于其中。土地亦生产机关之一，凡集产家无有不主张土地公有者也。且其所谓公有，实以土地归之直接生产者之手。单一税则但由地主之手分润其税金，不但不能名为土地公有，并且不能名为国有，只可名为政府与地主分有耳。而孙氏乃以为能解决土地问题，是又不知所谓公有之意义者矣。由此言之，孙氏之所谓社会主义，不过国有营业、专征地税之两种社会政策而已。曾何社会主义之足云。

若夫江氏，俨然“中国社会党”之党领，自当有明确之主张。惟记者尝搜索其言论，则又未尝不病其芜杂也。江氏曾为《社会主义商榷之商榷》一文，其言曰：“共产主义乃社会主义之中坚。……均产主义、集产主义，其方法不如共产之善，故虽以共产主义为社会主义不祧之宗可也”。观此，则江氏明明主张共产主义矣，乃其下文则曰：“共产主义之精言，不外‘各尽所能，各取所需’二语。然徒取所需而不尽所能者，将何以待之？……否则，无比较、无竞争、无希望，其于人类进化似颇阻滞矣！若夫不劝而兴，不惩而戒，无所为而为之者，又恐非一般人之程度所能及也”。前后两说，乃极端反对之文字，而江氏竟于一文中同时出之，此真足以令人骇怪者矣！以彼所称为社会主义不祧之宗之共产主义，竟不免于阻滞进化。然则江氏所言之社会主义果为何等物耶？吾有以见江氏固未尝深知共产主义之真谛者也，抑不独不知其真谛，且亦未知其定义与派别，故又曰：“共产主义，产分动产与不动产。此派中有主张一切共有者；有主张不动产公有而动产仍私有者；有主张不动产公有而动产则废除者，即废产主义。废产主义，有名实俱废者，各尽所能各取所需不计价值也；有名废实不废者，即一种进化的银行汇划法也。此外更有均产主义、集产主义，与共产颇不同。”江氏于共产主义中，分出若许流派，不知本自何人？若以吾所闻：则生产机关与所生产之物，一切共有者为共产主义；（江氏所谓动产不动产一切共有。）生产机关公有，而所生产之物则私有者，为集产主义；（江氏所谓不动产公有，动产私有。按：不动产动产等字，在此本不适用，今不暇深论。）各尽所能、各取所需为共产主义，分劳异给、各取所值为集产主义（江氏所谓进化的银行汇划法）。今江氏乃统而纳之于共产主义中，以集产主义为共产主义已属可骇，复谓此外更有集产主义与共产颇不同，吾诚不知江氏以何者为集产主义也。江氏于学派源流淆乱若是，故最近在美洲之演说又曰："均产、集产均非尽善之法，共产亦恐未易遽见施行。"同时取社会主义之各派一例［律］推翻之，是真可称怪剧者也！然而，读者无庸骇怪，盖江氏实主张社会政策者，固无怪其取社会主义之各派一律推翻也。江氏之言曰："鄙人主张教育平等、营业自由、财产独立、废除遗产制度。凡人自初生至成人，同在公共社会中受同等之教育，一届责任年龄即令自由营业，所得财产仍为私有，惟各个独立不相授受，死后即收入公有。"此即江氏最简明之主张矣。夫社会主义派别虽多，然其共同之点，必反对私产制度，故无论共产、集产，均主张以土地、器械属之公有。今江氏主张营业自由，财产独立，曰营业，曰财产，明明有私产无疑；曰自由，曰独立，更明明保护私产无疑；且中国社会党亦仅以专征地税为党纲，而未尝主张生产机关公有。与孙氏政策如出一辙，其稍异于今世之资本制度者，特遗产归公一事耳。然生前则明明各有私产，且私产之范围，不独衣食、房屋而止，必可并土地、器械而私有之，因欲营业之自由，财产之独立，非得土地、器械之所有权不可也。充江氏之论，营业自由，野心家即随之而起，今日之托拉斯大王，不难复见于江氏之所谓社会主义之世。虽遗产归公，终不足以绝其垄断之欲望，盖彼辈万恶之资本家，大抵好虚荣，弄手段，以抚有多金，奔走奴隶，操纵金融为乐事，其目的不但为长子孙计也。故自由竞争一日不绝，即资本家与贫民之阶级，永无消灭之日。以此言社会主义，直南辕而北其辙耳。矢口言社会主义，乃于社会主义之根本思想，尚且茫然，反谓"虽有私产，以有生为断，共产之真精神亦不外乎是。"复自称为社会主义特殊之主张。吾以为江氏之主张，称为特殊之社会政策，则诚无间言矣。若称为社会主义，则吾期期以为不可也。何也？盖社会主义之根本共同点，土地、器械当归公有，必先承认此共同点，始可与言社会主义。今江氏尚未及此。复证以其党之党纲①，所谓赞同共和、融化种界、改良法律、破除遗产、普及教育、振兴实业、专征地税、限制军备八事，大抵皆社会政策之条件，于社会主义之根本精神，相去固不可以道里计。

---

① 此处"党纲"，指《中国社会党宣告》。

本报前期[①]谓其所主张近于圣西门之学说，实则仍不能企及，盖西门氏固主张土地、器械公有者。今江氏则仅仅窃取其废除遗产一事而已耳，于其根本要义不敢附和也。然则江氏虽百计欲避社会政策之名，又乌可得耶？

由是言之，孙、江二氏所言皆社会政策，而皆自称为社会主义，世人亦皆奉为社会主义，此真不可思议之怪事也。然孙氏于社会主义之派别，尚厘然能辨；江氏则忽而推崇共产主义，忽而排斥共产主义，忽而以集产主义为共产主义，忽而以遗产归公为共产之真精神，颠倒瞀乱，尤难究诘。且孙氏尝自称社会政策，未尝讳饰，其所领之国民党，亦有采用社会政策之党纲[②]，故除混称社会政策为社会主义之一误点外，尚不失为宗旨一贯。江氏则明明主张社会政策，而必坚称社会主义。袁氏登位则电陈政见[③]，国会开会则上书请愿[④]。党章[⑤]中且明著“党员得以本党名义从事政治活动”之条，而必自谓不主张政治运动，必自谓非政党，既非政党，则“中国社会党”之八条社会政策的党纲，又将从何而实现之？乃同时又自称“本党之宗旨，不违反国家社会主义，而可达到无治共产主义。本党之性质，可以为政党，可以不为政党”。模棱两可，饰说欺人，至是而极！是则比孙氏抑尤下矣。至二氏共同之谬误，即恐人但取所需而不尽所能，因之谓共产主义为不可行是也。此等见解，几为一般人所通有，记者曾为《无政府浅说》[⑥]，对于此节已有解释。读者苟一参观之，当能释然矣。

记者之为此论，纯为研究学理，非敢故为苛论，更绝非对于个人而为非议，诚以社会主义在中国方始萌芽，正当之书说，寥若晨星。世人辄认二氏之论为社会主义之模楷，不知误信孙说，则将以国有营业、单一地税为社会主义，误信江说，则将以遗产归公为共产之精神，以营业自由、财产独立为社会主义之所尚，而社会主义之真谛遂荡然无存。此实社会主义

---

① 参见《无政府共产主义释名》。

② 参见《国民党宣言》。

③ 参见《江君亢虎致袁总统书》。

④ 参见《中国社会党请愿国会书》。

⑤ 此处“党章”，指《中国社会党规章》。

⑥ 《无政府浅说》一文，见附录。

前途之大祸也。记者为发扬社会主义、保障社会主义计，又乌能已于言。

（录自《民声》第6号，1914年4月18日）

·附录·

无政府共产主义释名

师　复

名正然后言顺，此语为凡百事物凡百学术所不可忽。而吾人提倡一种主义，欲以号召天下者，尤不可不表揭一正确之定名，以示根本之主张，而一学者之观听。

“无政府”云，“共产”云，此名在华文中为新产物，其主义之在东亚则犹襁褓时代之婴儿耳。闻其名而却走者固多，道其说而不知甚解者尤多，而浅人又或恶其名之骇俗强饰以种种离奇可笑之代名词，令闻者之疑惑反加甚，则甚矣名之不可以不正也，乃作《无政府共产主义释名》。

无政府主义，原名Anarchisme，其定义曰：“Anarchisme者，主张人民完全自由，不受一切统治，废绝首领及威权所附丽之机关之学说也。”据此定义，则华文译为“无政府主义”，可谓确切而不易。而最近无政府主义之大师克鲁泡特金（Kropotkine）先生，则予以最简确之解释，曰：“无政府者，无强权也。”强权有种种，而政府实为强权之巨擘，亦为强权之渊薮，凡百强权，靡不由政府发生之而保护之，故名曰“无政府”，则“无强权”之义亦自在其中。都克（Tucker）氏亦曰：“无政府字有多种解释，其要义则反对强权政府，故以为名。”此无政府主义之名所由不可易也。

无政府主义既以排斥强权为根本，强权之为害于社会最显而最大者即为资本制度（Capitalisme），无政府主义首反对之，故凡无政府党必同时主张社会主义。社会主义，原名Socialisme，其定义曰：“社会主义者，主张以生产之机关（即土地、器械等）及其产物属之社会之学说也。”惟社会主义分为两大派，即“共产社会主义”与“集产社会主义”。共产主义（Communisme）主张以生产机关及其产物全属之公共，人人各尽其所能，各取其所需；集产主义（Coloctivisme）主张以日用之物（如衣食房屋之类）属之私有，生产之物（如机械、土地之类）属之公有（或国家）。二派之外，复有独产主义（Individualisme）之支流（参观本报三、四号所记法国无政府党大会事）。无政府党所主张者为共产主义，而集产主义则社会民主党（Socail-democrate，即俗称国家社会党或简称社会党）所主张，独产主义则独产党（Individualiste）所主张，二者皆无政府党所不取者也。是故，无政府党常自标其主义曰："无政府共产主义（Anarchiste-communisme）。"

由此言之，吾人欲表揭一正确之定名以号召天下，莫若名之曰"无政府共产主义"（简称则曰：无政府主义），从事此主义者曰"无政府共产党"（简称则曰：无政府党）。

乃世人习惯于政权管辖之下，以为有主则治，无主则乱，或误会无政府即为扰乱之别名，视无政府党无异于放火杀人之强盗。虽有心好其说者，亦惧其惊世而骇俗，不敢坦然受无政府之名，于是种种可笑之代名词乃纷然以起，而名遂从此不正，言亦从此不顺矣。今试列举而辨正之。

世有欲浑称无政府主义曰社会主义者，不知社会主义对于经济的，无政府主义则对于政治的，不应混为一物。无政府党未有不主张社会主义者，故无政府主义可以兼赅社会主义，社会党则多数不主张无政府主义者，故社会主义不能代表无政府主义。又况社会主义一语，近世已习用为集产社会主义之简称，尤与无政府党所主张相抵触。"反对社会主义，反对社会党"二语，无政府党人常道之，非反对真正的社会主义及社会党也，徒以社会主义、社会党之名已为社会民主党及集产社会主义所习用，欲反对社会民主党及集产社会主义，亦不得不沿用其习惯之名而反对之。即如中国近日所称社会主义，已为"中国社会党"（江亢虎发起）所习用，其主张视欧洲之社会民主党尚不能及，甚至孙逸仙所倡之专征地税政策亦目之曰社会主义，于是社会主义之名因之而减色矣。是故，混无政府主义于社会主义，足令闻者无所适从。

又有名之曰"极端社会主义"者，此名不知创自何人，而愤愤、乐无等所发起之"社会党"实以此自标其宗旨。不知社会主义中只可分为共产、集产等派，而无所谓极端、不极端，即使强而言之，亦只可谓共产主义为极端，集产主义为不极端耳，与无政府主义固不相系属也，况其名于文义上尤为不辞耶。

又有称为“纯粹社会主义”者，按纯粹社会主义即 Socialisme Pure，在学术上原无一定之界说，然当世学者多称圣西门派之学说为纯粹社会主义。圣西门（Simon）者，十八世纪末之社会主义家也，其学说主张土地、资本公有，各人视其能力而工作，公家量其工作之多寡而给以报酬，所谓生产之机关（土地、器械）属公有，生产之结果（日用需要物品）则属私有，质而言之，实即近世之集产主义耳。此种学说，在吾人主张共产者方讥其不纯粹，曾何“纯粹社会主义”之足云。（其理由，吾有《孙逸仙江亢虎之社会主义》一文详论之，将载入本报下期。）然吾见近人之习用“纯粹社会主义”一语，往往误会以为完全之社会主义，揆其原因，实为江亢虎所愚。吾闻“中国社会党”第二次联合大会后，江氏于章程内以己意加入“于不妨害国家存在范围内，主张纯粹社会主义”一语。此语实异常狡狯，一方面以“纯粹社会主义”之名影射完全社会主义（Socialisme integral），冀调停一部分主张无政府共产主义之党人，而掩一般不明学派源流者之耳目；一方面隐示所主张实为圣西门派之学说，而以“不妨害国家存在”七字为抵拒无政府主义之具。其用意盖如此，不料学者竟为所欺，相率沿用，误会纯粹社会主义为完全社会主义，甚或以为无政府主义之代名，抑何不察之甚耶。

于是，又有易其名曰“无治主义”者，此名较之前两名为略正，然语不经习，义无定释，或且误以为“反对政治”之称。凡无政府党必同时主张社会主义，故一举无政府主义之名，在习惯上已足包举社会主义之意，而“无治”则第以为破坏政治，如老氏之学说而已耳，于社会主义之意不相连属也。大抵用此名者，皆怵于政府之干涉，欲借不痛不痒之名以掩饰之。不知无政府党之运动，有公布的，有秘密的，其公布者当明张旗鼓以与政府作战，无取乎掩饰，若其为秘密运动，则无论所用何名，皆不失其为秘密。倘徒欲苟且一时以避祸，则断非无政府党所应有。且“极端社会主义即无政府主义之变相”一语，已出之蠢侦探吴天民之口矣，然则又何难点窜一二字曰“无治主义即无政府主义之混名”？如是，则即欲苟且一时，又岂可得耶！

此外，又有所谓“三无主义二各学说”者，尤为离奇而怪诞。此二语实为“中国社会党”所创用，尝有“三二学社”之组织。彼所谓三无者，无政府、无家庭、无宗教也；所谓二各者，各尽所能、各取所需也。以堂堂正大之主义，而饰以诡诞滑稽之名词，是直射覆之东方歇后之郑五耳，吾党人安能出诸口耶？且所举尤无伦类。夫无政府主义者，赅括之名，而非偏举之名也。无政府之字面为反对政府，而含义则为反对强权，其义几无所不赅，凡反对家族、反对宗教等等，皆为无政府党人所倡导，亦为反对强权中之一种，以之统属于无政府主义中则可，以之与无政府主义并列，则断断不可。无政府主义中尚有所谓无祖国主义（Antipatriotisme），无军备主义（Antimilitarisme），无国会主义（Antiparlementarisme）（正名均为反对祖国、反对军备、反对国会主义等。）及其他等等，若必胪举之，不将曰四无、五无、六无，乃至不可计量无耶？不又将以无政府中种种偏举之义一一与无政府主义并列耶？至于“二各”之名，尤为不辞，无异剧台中丑角之谐话，“各尽其所能，各取其所需”乃共产主义之格言耳，若标其学说之名，则只可曰共产主义或共产社会主义，若执一二精理名言以名其学说，恐古今东西无此奇闻也。且既可名之曰“二各”，亦可名之曰“二所”，又亦可名之曰“二其”，岂惟类于丑角，抑更甚于眩人之幻戏矣。或者乃曰：名固无足重轻。不知凡一学说之名，必庄重而可敬，方足以起世人之景仰，否则徒增轻亵耳。况此了无意义之名，闻者不知何指，又安能持此以相号召耶！

吾今请为一简明之语以告吾党曰：吾人所主张者“无政府共产主义”也，简称则曰“无政府主义”。吾党为“无政府共产党”，简称则曰“无政府党”。吾人主义中，若偏举其一二义，则有反对宗教、反对家族、反对祖国、反对军备、反对国会等等，惟不能与无政府主义之名并列。至若一切“纯粹社会主义”“极端社会主义”“无治主义”以及“三无二各”等等支离可笑之名，皆所谓名不正而言不顺，此后当相戒勿用，使之绝迹于吾党之口角与笔端。

（录自《民声》第5号，1914年4月11日）

无政府浅说

师　复

政府果为何等之物乎？果于吾人类有何等之利益乎？吾人饥则食，寒则衣，能耕织以自赡，能筑室以自安，能发明科学以增进社会之幸乐，无取乎政府之指挥也，亦无需乎政客之教训也。自有政府，乃设为种种法令以绳吾民，一举手，一投足，皆不能出此网罗陷阱之中，而自由全失。世界之人类，皆兄弟也，吾人本能互相亲爱，政府乃倡为爱国之论，教练行凶杀人之军队，以侵凌人国为义务，于是宇宙之同胞，互为仇敌，而和平全失。是故，政府者，剥夺自由扰乱和平之毒物也。

政府果何自起乎？曰：起于强权。野蛮之世，一二枭悍者，自据部落，称为己有，奴役其被征服之人，复驱其人与他部落战，互为敌国，此国家之由来，政府之从出。自今思之，无价值已甚。彼时兽性未去，固无怪其有此，顾今则已由兽域而入于人境矣，以光天化日之人境，而留此兽域之产物，果何为者乎？

政客乃为之辩曰：政府之作用，将以为民御外侮，平争端，而非以凌人也。则诘之曰：凡政府皆不凌人，又安得有所谓外侮？必政府本为凌人之物，然后得借御侮之说以自饰。且即以御侮言之，两国相争，必有胜败，果胜者为能御外侮为良政府乎，则其能胜者必其能凌人者矣。今世之所谓列强皆是也。至于人民之争端，亦非政府所能平之也。夫政府所执之法律，不过集录社会固有之习惯而已。（此为近世无政府大家克鲁泡特金之说。）使习惯而可敬守也，则已无所可争；既有争矣，又岂其固有之习惯所能平之者乎？争之根源固别有在，不清其源而欲治其流，吾未见政府之能也。

今世界政府之恶，已显著矣。欧美之民，已渐知政府之无用而厌恶之矣。无政府主义之发明，既如旭日当空，无政府之世界，不难实现者也。

顾世人之闻无政府说者，胸中往往有数疑问同时并起，今当有以解其惑。

疑者曰：无政府则无法律，无法律则秩序破坏而扰乱以起。释之曰：法律非能止社会之扰乱者也。扰乱之起由于争，人之有争，由于社会组织之不善，非法律所能为力。观于都市之地，法律最严密，而争讼犯罪者最多；乡野之地，往往为法令所不及，而争讼犯罪者绝少。此法律无益于社会之明证。人之生也，必求满足生活之欲望。生活之欲望在衣食住，衣食住赖乎物产。物产者，土地生之而人力成之者也。故论正当之理，凡能出力以致此生产者，当然能满足其生活之欲望。乃事实则不然。社会之私产制度既成，有金钱者斯得最高之生活，而不必为出力生产之人。人见金钱之万能也，于是相率而金钱是争，纷纭扰攘，孳孳屹屹，无或出此。争之而得，则骄奢淫佚，视同类为牛马；不得则弱者转沟壑，狡者习诈伪，拙者卖身（奴婢妾）卖力（雇佣及车夫）卖皮肉（娼妓），以为苟且之生活。其强悍不驯者则铤而走险，以劫掠为生涯，视杀人为儿戏，于以成今日悲惨黑暗罪恶危险之社会。究其原因，则莫非私产制度为之阶，虽有法律，曷足济乎？无政府则剷灭私产制度，实行共产主义，人人各尽所能，各取所需，贫富之阶级既平，金钱之竞争自绝。此时生活平等，工作自由，争夺之社会一变而为协爱，既无所可争，又何扰乱之足虑哉？

或又谓：人民程度不一，教育未普及，一旦无政府，未明真理者尚多，必有率其旧社会之恶习惯以为不秩序之行为者。此说为反对急进派者最普通之论，即今日之心羡无政府主义者，亦往往怀此心理，以为必俟教育普及然后无政府可实行，因之不敢主张急进者比比然也。不知人类道德之不良，由于社会之恶劣，社会之恶劣，由于有政府。若万恶之政府既去，人类道德，必立时归于纯美，不必俟久远高深之教育者也。何以言之？强盗劫掠，今世之所谓不道德之行为也。然盗之源起于贫，人之有贫，由于富人之垄断财产，富人之所能垄断世界公有之财产而贫民莫敢谁何者，以有政府法律为之保护也。若无政府，则私产制度同时废绝，世界之产物，世界之人共作之共享之，既无贫富之阶级，强盗劫掠之事，自然绝迹于世矣。杀人者，今世之所谓不道德之行为也。然杀人之原因，十八九由于争财，否则争色。财之争由于私产制度以财产为私有，色之争由于婚姻制度以妇人为私有，而二者之所以存立，又无非根据于政府之法律（所谓民法）。若无政府，则私产绝，婚姻废，财与色均无可争，杀人之事又必绝迹于社会矣。又如，自私自利不顾公益，亦今世最普通之不道德行为也。惟将来无政府之世，无私产，无家族，社会为个人之直接团体，个人为社会之单纯分子，人人各为社会尽力工作，所获得之幸福（即以工作而得之衣食住交通等等）已与人共享受之，所作所为，无一非为己，亦无一非为人，此时既无公私之可言，即私利亦无非公益，则不谋私利之公德，又自然人人皆备矣。其他种种，凡今日所称为不道德云云罪恶云云者，苟一考其所以致此之原因，必由于恶劣之社会有以致之，而非其人之罪。无政府即所以改革此恶劣之社会，而铲灭今日所谓罪恶所谓不道德之根苗者也。至谓无政府之真理，愚民未易遍晓，此则先觉者之责任，但能将此种无政府组织之良善，用种种方法，竭力传达于众，使家喻而户晓之，自然无所谓阻力，而此事亦非甚难。盖由今日以至于无政府，其间必费多少时日，多少精神，以从事于主义之传达鼓吹。当传达鼓吹之时，即所以使人知无政府之真理，及乎知者渐众，群起而推翻政府，此时纵有少数不明真理者，无政府党人不难设法晓之。盖此种道理，非有深妙玄微之处，实人人所能知，人人所能行。最要之道德格言，不外“各尽所能，各取所需”二语，使之知固易，行之亦不难者也。倘或有一二枭悍之人，故意与众为敌，敢于破坏公理者，是谓拂乎人性，为社会之公敌，人人得而摈斥之。既能推翻强力之政府者，岂并此区区而不能去之哉？是故今日欲实行无政府，惟有竭力于传达，才者从事于鼓吹及实行之务，不才者亦请先自信之，此实为今日凡知有无政府之名词者所当留意，断不必袖手以望教育普及者也。今日教育之不能普及，由于经济之不平等，经济之不平等，由于政府之保护私产，故有政府之世，断无教育普及之理。（欧美诸国名为教育普及，实则仍为富人教育普及耳。）且有政府之教育，大抵与自由教育之原理相反，一般国家主义、军国主义等盲学说盘踞于人心，实无异为无政府之敌。故谓教育普及而后可实行无政府者，无异谓地球诸星尽灭而后可无政府也。

或又曰：好逸恶劳，人之天性，共产社会，各尽所能，各取所需，设人之好逸乐者多，惟取所需而不尽所能，将若之何？则应之曰：（好逸恶劳人之天性）此语盖大不然。凡人居室既久，便欲游行，苦坐既疲，即思运动。此无他，人之耳目心思四肢百体，皆有运动之本能，无时或息，故断不能无所作为，不必人之强迫也。且人类由兽域而进于人境，其最显而易见之差别，即在于两手。人之有手，即表示其天赋工作之良能。故"好动为人之天性"，实可断言。至今人之好逸乐而恶劳苦则有由矣，私产制度阶之厉也。私有财产之制既行，贫富之悬隔日甚，金钱之势力日大，富者驱策贫民如牛马，社会上凡百职务，为人类生活所不可一日缺者（如农工等），富者皆不必自作，而惟贫者独任之。富者逸而荣，贫者劳而辱，不知不觉之中，遂造成社会上一种好逸恶劳之心理（实即好富恶贫）。而富者于个人一身之事，亦可以金钱买他人之臂力腿力（如仆役、车轿夫等等），以代其四肢百体天然之运动，又复加以烟酒、声色、赌博种种懒人之生活，以消遣其无聊之光阴，为之既久，精神销铄，生理损耗，由是人身体魄脑髓天赋好动之本能，亦因之而消失，谓为好逸恶劳，亦固其所。至于贫者，终日劳苦，为社会效无量之血汗，曾不得丝毫之报酬。耕田者饥，织布者寒，造屋者无片瓦，厨夫制精美之馔而自食乃馂余，凡劳力所得之结果，皆为富者所掠夺。无论如何勤劳，只以供少数富贵者之牺牲，而一己不与焉，而社会中多数之同胞不与焉。愈勤苦而所得之幸福愈寡，则其失望而懒，固人情所应尔。盖与其偷惰片刻，尚得片刻无聊之安逸，犹愈于盲勤以供富者之淫乐也。呜呼！此岂人之罪，实贫富不平等所造成之果耳。

罪恶哉！金钱。幸福之蟊贼，犯罪之根苗，悉在于此。故无政府必反对私产，同时以共产主义代之。私产既废，自无因贫而为人奴隶之人，凡人皆躬亲力役，不至习为骄奢淫逸，柔弱不能事事。且人人平等，无有富贵尊卑之别，自然无视工作为贱役之理。人人各执一业，合之而成协助之社会，凡所工作，皆以供全社会之生活，人与我同在其中，而非徒供少数人之牺牲。愈勤劳则生产愈丰，而社会之幸福愈大，亦即一己之幸福愈大，此时尚有人好逸恶劳，吾不信也。且今人每日工作时间，八时至十二时不等，劳动过甚，致害生理，虽有可以省力之机器，而富者以佣值廉贱之故，不肯出资购器以代人工。若共产之世，已无金钱贸易之关系，凡百工作，皆可以机器代之，人但司其机关，虽甚污秽及辛苦之役，皆无难变为安闲之事业，即克鲁泡特金所谓秽浊之矿坑亦可使之精美与大学之试验所相等者。盖既无资本家之靳其金钱，自然事事皆可利用科学之结果，而所谓文明之幸福，不至为富贵者之专利品，劳力与时间同时并省，无所谓苦，盖惟有乐耳。试观今日之世，富贵者逸乐不事生产，以大多数官吏、政客、商贾、海陆军人、律师、警察、奴隶、娼妓、盗贼、流氓、乞丐、棍徒以及全人类半数之妇女（凡以上各种无益于社会生活之人，统而名之曰游民）所需之衣食住，均责之于农、工两类之人，工人之中，又耗其一部分于无益之物及杀人之具，以一人而养三四人，（世界人类职业之统计，难得确数。然以上所指游民，必居农、工两类之三四倍。平均计之，即以一人而供三四人之所需，亦即以一人而养三四人也。是今人大多数皆见养于农、工者，而反视农、工为贱役，农、工所得之幸福必不及各种游民。冤哉！不平之社会。）焉得而不劳？若彼时人人工作，苦乐平均，加以各事利用机器，又无战舰、炮台、军械等等耗损，人人皆从事于人生正当之工作，其时物产之膨胀，必不可思议。据法国无政府家某氏统计布算之结果，谓将来每人每日作工二小时，已足供社会之所需。今姑假定为一倍之数，每人每日工作四小时，时间短小，工事轻易，劳动之苦恼将变而为游艺之幸福矣。今人逸乐无聊，亦往往为游猎、旅行、游戏、体操等等消遣之事，然则每日作工数小时，亦不过消遣之类耳，又何不肯工作之足虑乎？

又有虑无政府时代，人类既无竞争，社会将无进化者。不思进化乃天演之原则，向上为人类之公性，断无退而不进之理。世界之进化，全赖科学，今人之发明科学，岂皆为竞争私利计者？盖大抵怀改良社会图谋进化之心耳。顾今日发明科学之所以难能者，则以有私产之故。人非富者，不能得最高等之教育，既得之后，又以谋衣食之故，暇时无多，而器械试验之助力，亦非有资本者不能。欧美科学研究会及科学发明家，往往借富人之资助，此科学为金钱所操纵之明证。若行共产，则教育平等，人人皆有科学之智识，所谓发明，非复少数人所专有之事。每日工作之时既短，研究之时自多，复人人可得试验之器械，斯时凡思想之缜密者，必能潜心研究，科学之发明，比之今日，将有一日千里之势矣。且今人困于私产制度之下，日谋衣食，但求得多金而已足，其猥琐龌龊之态，不可响迩；若彼时则生活丰赡，处于协爱之社会，思想必异常高尚，无有不思为社会谋幸福者，何不进化之足云？

此外，又有一最普通之疑虑，即恐一国无政府，他国遂从而侵割之是也。疑此者大抵习惯于有政府之下，迷信政府为万能，而不知政府亦人耳，非有万能。所谓御侮者，不外倚赖军队，军队习惯于服从命令，已无独立性质，一旦驱以御侮，其视听命令之心，必重于御侮之心，故不足恃。若人民自为防卫，纯由于保障人道抵抗强权之公理，故必视政府之军队为有力。观于千七百九十三年法国大革命时，以平民抗拒联军，千八百八年西班牙人战退拿破仑第一，此皆以人民抵御外侮之最著而有征者，是可见御侮不必久练之兵，而以军国主义为名提倡扩充军备者，皆不过为政府之私利，而非专以御侮也。不宁惟是，平民既有推倒政府之能力，可以胜一国之军队，即可以胜他国之军队。且无政府党无国界，既推倒一国之政府，且将分其余力，助他国之无政府党，以推倒他国之政府。今日无政府党已遍布各国，一国之政府去，其他各国之无政府党必相继而起，各谋去其政府。此时凡所谓政府者，方自顾不暇，岂有余力以侵略无政府之国哉？试观今世所称司战大神之德皇维廉第二，对于无政府党尚为之恐怖，至有“无政府党能合万国为一团体，各国政府不能合万国为大同盟”之言，于此可见政府之力远出人民之下，显然无疑者也。

以上反复申论，皆所以证明无政府主义不但理论正确，且必可以实行。然则闻斯说者，又何庸鳃鳃过虑乎？

（录自《晦鸣录》第1期，1913年8月20日）

国民党宣言

（1912年8月13日）

一国之政治，恒视其运用政治之中心势力以为推移。其中心势力强健而良善，其国之政治必灿然可观；其中心势力脆薄而恶劣，其国之政治必暗然无色。此消长倚伏之数，固不必论其国体之为君主、共和，政体之为专制、立宪，而无往不如是也。天相中国，帝制殄灭，既改国体为共和，变政体为立宪，然而共和立宪之国，其政治之中心势力，则不可不汇之于政党。

今夫国家之所以成立，盖不外乎国民之合成心力。其统治国家之权力，与夫左右此统治权力之人，亦恒存乎国民合成心力之主宰而纲维之。其在君主专制国，国民合成心力趋重于一阶级、一部分，故左右统治权力者，常为阀族、为官僚。其在共和立宪国，国民合成心力普遍于全部，故左右统治权力者，常为多数之国民。诚以共和立宪国者，法律上国家之主权在国民全体，实事上统治国家之机关，均由国民之意思构成之，国民为国家之主人翁，固不得不起而负此维持国家之责，间接以维持国民自身之安宁，幸福也。

惟是国民合成心力之作用，非必能使国民人人皆直接发动之者。同此圆顶［颅］方趾之类，其思想知识能力不能一一相等伦者众矣。是故有优秀特出者焉，有寻常一般者焉。而优秀特出者，视寻常一般者恒为少数。虽在共和立宪国，其直接发动其合成心力之作用，而实际左右其统治权力者，亦恒在优秀特出之少数国民。在法律上，则由此少数优秀特出者，组织为议会与政府，以代表全部之国民。在实事上，则由此少数优秀特出者集合为政党，以领导全部之国民。而法律上之议会与政府，又不过借法力，俾其意思与行为，〈为〉正式有效之器械，其真能发纵指示为代议机关或政府之脑海者，则仍为实事上之政党也。是故政党在共和立宪国，实可谓为直接发动其合成心力作用之主体，亦可谓为实际左右其统治权力之机关。

且夫政党之为物，既非可苟焉以成，故与他种国家之他种中心势力同其趋向，非具有所谓（强健而良善）之条件，不足以达其目的。强健而良善之条件者非他，即巩固庞大之结合力，与有系统有条理真确不破之政见是也。苟具有巩固庞大之结合力，与有系统有条理真确不破之政见，壁垒既坚，旗帜亦明，自足以运用其国之政治，而贯彻国利民福之靳［蕲］响。进而组织政府，则成志同道合之政党内阁。（责任内阁制之国，大总统常立于超然地位，故政党不必争大总统，而只在组织内阁。）以其所信之政见，举而措之裕如。退而在野，则使他党执政，而己处于监督之地，相摩相荡，而政治乃日有向上之机。是故政党政治，虽为政治之极则，而在国民主权之国，则未有不赖之为唯一之常轨者。其所以成为政治之中心势力，实国家进化自然之理，势非如他之普通结社，可以若有若无焉者也。

今中国共和立宪之制肇兴久矣，举国喁喁望治，皆欲求所以建设新国家之术。然为问国中运用政治之中心势力，果何在乎？前识之士，惶然忧寸，援引徒众，杂糅庞合，树帜立垒，号曰政党者亦众矣。然为问适于为运用政治之中心势力者谁乎？纵曰庶几将有近似者焉，然又为问能合于共和立宪国之原则，不以类似他种国家之他种中心势力杂乎其间，而无愧为共和立宪国运用政治之中心势力者谁乎？质而言之，中国虽号为共和立宪，而实无有强健而良善之政党焉，为运用政治中心势力而胜任愉快者。夫共和立宪国之政治，在理未有不以政党为其中心势力，而其共和立宪扰可信者，而今乃不然，则中国虽谓为无共和立宪国之实质焉可也。嗟乎！兴言及此，我国人其尚不知所以自反乎！我国人之有志从事于政党者，其尚不知所以自处之道乎！

曩者吾人痛帝政之专制也，共图摧去之，以有中国同盟会。比及破坏告终，建设之事不敢放置，爰易其内蕴，进而入于政党之林。时则俊士云起，天下风动，结社集会，以谈国家事者比比焉。吾人求治之心，急切莫待，于是不谋而合，投袂而起，又有统一共和党、国民公党、国民共进会、共和实进会之组织。凡此诸党，靳［蕲］响所及，无非期以利国福民，以臻于强健良善之境。然而志愿虽宏，力行匪易，分道扬镳，艰于整肃。数月以来，略有发抒而不克奏齐一之功，用树广大之风声，所谓不适于为运用政治之中心势力者，吾诸党盖亦不免居其一焉（此吾人深自引责而不能一日安者）。若不图改统［弦］更张之策，为集中统一之谋，则是吾人放弃共和国民之天职，罪莫大焉。

且一国政党之兴，只宜二大对峙，不宜小群分立。方今群言淆乱，宇内云扰，吾人尤不敢不有以正之，示天下以范畴。四顾茫茫，此尤不得不以此遗大图艰之业，自相诏勉者耳。爰集众议，询谋佥同。继自今，吾中国同盟会、统一共和党、国民公党、国民共进会、共和实进会，相与合并为一，舍其旧而新是谋，以从事于民国建设之事，以靳［蕲］渐达于为共和立宪国之政治中心势力，且以求符于政党原则，成为大群，借以引起一国只宜二大对峙之观念，俾其见诸实行。

共和之制，国民为国主体，吾党欲使人不忘斯义也，故颜其名曰国民党。党有宗旨，所以定众志，吾党以求完全共和立宪政治为志者也，故标其义曰巩固共和，实行平民政治。众志既定于内，不可不有所标帜于外，则党纲尚焉。故斟酌损益，义取适时，概列五事，以为揭橥：曰保持政治统一，将以建单一之国，行集权之制，使建设之事纲举而目张也。曰发展地方自治，将以练国民之能力，养共和之基础，补中央之所未逮也。曰励行种族同化，将以发达国内平等文明，收道一同风之效也。曰采用民生政策，将以施行国家社会主义，保育国民生计，以国家权力，使一国经济之发达均衡而迅速也。曰维持国际平和，将以尊重外交之信义，维持均势之现状，以专力于内治也。凡此五者，纲领略备，若夫条目，则当与时因应，不克固定。

嗟乎！时难方殷，前途正远，继自今，吾党循序以进，悬的以赴，不务虚高，不涉旁歧，孜孜以吾党之信条为期，其于所谓巩固庞大之结合力，与有系统有条理真确不破之政见，庶几可以计程跻之乎！由是而之焉，则将来运用政治之中心势力，亦庶几可以归于政党之一途，而有以副乎共和立宪国之实质。世之君子，其亦有乐与从事者乎！是尤吾党之人所愿为执鞭者耳。

中华民国元年八月十三日

中国同盟会本部
统一共和党本部
国民公党本部
国民共进会本部
共和实进会本部 公布

（录自《国民》第 1 卷第 1 号，1913 年 5 月）

江君亢虎致袁总统书

慰公大总统座下：

少辱知遇，报称无状，不舞之鹤，重累羊公。嗣创女校于京师，复荷拨款资助，维持公私，不牲感佩。夙昔怀抱社会主义，国内苦无同调之人。三年前周游太平、大西两洋，获交彼中名人，综揽全球趋势，益信社会主义为二十世纪之天骄，人群进化必至之境界，而在我国则今日其鼓吹倡导之绝好时期也。返辙以来，不遑暇息，奔走讲说，备极艰辛。道非杨墨，而来洪水猛兽之诛；德愧文宣，而蒙削迹伐树之祸。处专制政体下，惟以秘密结社为潜势力之养成而已。民军起义，斯道大昌，自阴历客秋九月间，中国社会党本部成立以来，才百五十日，而支部已九十余起，党员已三万五千人。举国从风，列强耸听，此岂一手一足之烈哉？人心同然，万流同穴，固沛然莫之能御也。南北统一，政府成立，曾电贡临时政见，苦于语焉不详。且本党发起沪滨，自迩及远，朔方支部尚稀，而京、津间生徒故旧，愿闻此说者，日以函电相招邀。鄙意亦谓人能弘道，未可偏枯，拟溯扬子江而上，沿途调查各支部情状，赴京汉线以北行，号召同人，涣汗大众，并颛谒左右，略陈所怀。夫强聒不舍，固墨氏之遗，而未同而言，亦子舆所戒。特先撮举要义，发其大凡，窃以为公于社会党有必应预知者数事：

一、社会主义乃光明正大和平幸福之主义，其目的在使人人同登极乐，永庆升平，而激烈危险黑暗恐惶等现象，与社会主义之本体，绝不相关。

二、社会主义虽有无政府一派，然其意乃谓个人自治，万国大同，则政府自退归于无用，并非现在即须推倒一切政府，破坏一切国家。

三、社会主义在中国方始萌芽，而自全世界观之，于学理上已成最有根柢之学科，于政治上已成最有声援之党派，其发源远而无从遏抑，其树本坚而不可动摇。

四、社会主义有温和、激烈两种，大抵随各国政府之待遇为转移，压制愈甚，则爆发愈烈。观于英、美、德、法之社会党，放任自由，而宁谧无迕；俄、日、意、西之社会党，干涉严重，而祸变相寻。证据皎然，可资法戒。

五、社会主义与共和政体，谊实相成。盖共和根本思想，不外自由、平等、博爱三言，而社会主义即本此精神，以课诸行事。

六、本党所主张者，虽系世界主义，而并不妨害国家之存在，且赞同共和，融化种界，尤与中国今日之国是契符。

七、本党提倡教育平等、遗产归公，多与三代井田、学校制度及孔子《礼运》所称道者先后一揆，实吾人固有之理想，在中国特易于施行。

八、本党原非政党，凡事均在社会一方面着手，不欲琐琐干预政府之行为，更无取而代之之野心。对执政者，亦不存成见，非至互不兼容时，固无所用其抵抗之手段者。

九、本党发生较早，国中尚无大地主、大富豪，故先事预防，推行无滞，不至蹈欧美覆辙，而酿成经济界之大剧战。

十、本党奖励劳动家，振兴直接生利事业，正为国人对症下药，可以祛依赖之劣性，矫游惰之敝风。

综数事，则社会主义与本党之性质，当思过半矣，其于民国前途有百利而无一害，盖彰彰也。前大总统孙中山君，今内阁总理唐少川君，皆绝对赞成。而外间论者，未尽了然，或挟私心，或胶故步，或懵于真相，遂致毫厘千里，或狃于近利，视为迂阔难行。公识解过人，必具卓见，兹事体大，幸赐教之。不佞为人民计，为国家计，固亟盼我公之概表同情者也。羽工忱上闻，不尽万一。

（录自《社会世界》第2期，1912年5月15日）

中国社会党请愿国会书

江亢虎

本党为中华民国最初唯一之民党，滥觞于前清淫威极盛之日，成立于各省革命响应之秋。宗旨光明，方法稳健，支部林立，党员众多。以世界大同为范围，而不欲妨害国家之存立。以个人自治为基础，而不敢蔑视宪法之精神。凡所揭橥之党纲，皆可实见之政策。惟窃引权利竞争为大戒，而专以普遍鼓吹为前提，务期转移大多数人之心理，造成大多数人之舆论。然后同力合作，一致进行，与各政党之纯自立法、行政最少数人着手者不同。夫一则功难而效迟，一则功易而效速，亦岂不知之。然岑楼非起于寸木，而焦烂何救于燎原。党祸之辗转相寻，内阁之起仆不绝，政治罪恶，可为寒心。故本党绝不屑意于选举运动，而选举之结果，则国会、省议会皆不乏本党之同人。大势所趋，先声已播。川流海汇，会有其时。而自本党所处之地位言，则仍与立法、行政最少数人立于对待者也。夫此立法、行政最少数人，实社会中优异卓越之分子，而本党普遍鼓吹所当先，且受我同胞全体付托之重，而坐而言之即望其起而行之者也。兹谨撮举本党之党纲，体察民国之国情，取其平易近人切合时用者，计凡八事，代表全党四十万人，实不啻代表全国四万万之大多数人，向贵院提出请愿意见，并附加简要浅显之说明。贵院有受理人民请愿之职权，务祈分制议题，取决公意。倘蒙通过全案，立予施行，本党幸甚，中国幸甚，人类幸甚。

一、实行普通选举　普通选举者，平民政治之原则也。各国革命，牺牲无量数之心血颈血，皆为是耳。中国今日之国会组织法、选举法，亦几于此矣。然而窃以为有未尽者三。一曰两院并立。夫议员为代表人民而已，而参议院胡为者乎？社会党主张减政主义，又曰，有分业，无等差。今统治机关固猝难废止，然横列之区域不可少，而纵行之阶级不宜多，故省可废也。存畛域之见，启割据之心，行政濡滞，手续频繁，员司冗查［沓］，经济糜费，其弊不胜言。宜改使各县直隶中央，以统一事权，化除界限。若参议院尤为骈枝矣。代表人民乎？则一众议院而已足。代表土地乎？则除人民外，土地无意味之可言。代表团体乎？是间接选举也。代表省长或省议会议长乎？是寡头选举也。皆与普通选举之原则未符。而中央学会及华侨选举会，其扰乱已先见矣。故本党亟望草定宪法时，幡然采用一院制。一曰财产限制。夫积极资格之限制，年龄、学力二者可矣。而众议院选举法第四条第一、二款，皆以财产为根据，虽有第六条第五款消极资格之补救，犹不如竟删去之。一曰男女不平等。众议院选举法第四、五条，皆特标“男子”二字。夫女子之不可遽有参政权，恐程度未逮耳。若其年龄、学力悉合于积极、消极之资格，而故摒弃之，是抹杀国民之半数，且何以解于平等之旨乎？故“男子”二字宜改为“人民”二字。

二、普及平等教育　富贵贫贱之不平等，智愚贤不肖之不平等为之，实教育之不平等为之。故教育平等，为一切平等之根本义。盖必所具之智识能力平等，而后所得之权利幸福可平等也。三代庠序学校之制，自天子之元子以逮庶人之子，悉纳之大学。本党则主张自初生至成年，无男女，无富贵贫贱，均由公共机关衣食而教诲之。此与慈善、养老三者并重，而人事乃粗备矣。苟使专征税、破除遗产办到，所有公共事业，必可支应裕如。今既不能遽语此，而又困于行政费与军备费，遂使根本大计，变为附属问题，良可慨也。目下先其所急，有必须改良者二。一曰两等小学概免学费，初等小学并免膳费。今全国竞言教育普及及矣，然高等小学则收费为当然，初等小学则免费者无几。在办学者，则校舍、校具之设备，教员、职员之薪俸，为数不资。在求学者，则图书、纸笔之代价，冠履、衣服之程序，望风却步。公立如此，私立无论矣。城镇如此，乡僻无论矣。回视科举时代，书院膏火之沾润，私塾束脩之低廉，犹足以策厉孤寒，溥遍文化。近则读书之事愈难，而识字之人愈少。于是普通学识，乃惟膏粱子弟得其优先权，且据为专有品矣。普及云乎哉？平等云乎哉？谓宜划定地方行政费之过半以从事于此，更以强迫制度继之，其庶几乎？一曰男女之学科及学程相同。夫男子、女子，聪明才力，虽各有独到，而不甚悬殊。若认女子天才劣于男子，则尤不可不以人力弥缝而挽救之。此正教育之本义，所当急起直追兼程并进者也。今制小学以上，男女异校。而学科则女子独简，学程则女子独低。天才偶绌，人力不加，男女将永无平等之日矣。谓宜男女同校，果其有碍学业，则中学时代，不妨异校。而学科之多寡，学程之高下，必毋使参差。除海陆军学外，一切男女共之。

三、专征实地价税　租税为国家唯一之收入，其征取之方法与支配之用途，得其当则利国福民，失其当则病国殃民。中国租税一仰给于田赋，所谓地产税也。其率甚轻，不敷应用，于是盐课、厘金、杂税种种出焉。条例烦苛，负担稠叠，民生益凋敝，而国库益空虚。其征取之方法与支配之用途，自社会主义言之，皆不正当者而已。社会党多主张实地价税。夫地价者，生于天然，成于众人，而属于地主者也。假有荒地于此，其地价之低昂，恒视人数之多寡以为衡。地主则一无事事，而惟需以时日，坐收其厚利。因其无产物也，租税遂不及之，是至不平等之事矣。地价税者，对于此荒地方实价，每年估计，值百抽一至抽五，或虽多取之而亦不为戾也。至于地面之垦辟、耕耘、种植、畜牧、建筑诸事，因工作以增进其价值者，不在此例。盖征税于人力者，是限制生产力之发达，而增加劳动者之负担也。故地产税病农者也，落地税病工者一也，通过税、输出税病商者也，宜悉予罢免，而专征唯一之实地价税。此事发议于美人亨利·乔治，各国社会党率先赞成之，各国政府亦多采用之。今坎拿大、纽西兰，南非洲之一部，英、美、德之诸城，均已实行而有成效。其利益甚多，杀富豪兼并之风，破地主垄断之弊，一也。有地者不敢自荒，榛莽可开为膏壤，二也。无地者易于购取，游手悉变为良民，三也。税法简便统一，官厅胥吏无从舞弊，四也。苛例蠲除净绝，农工商旅自由进步，五也。中国广土众民，实地价税一项，已足敷今日岁出之预算而有余。若更加征遗产税，而限制军备费，不出十年，新旧欠债可以清偿，公共机关可以遍立，将突飞猛进，为全球第一富国。黄金世界，岂虚语哉？

四、重征遗产税，限制相续法　世界最大之罪恶，莫如遗产制度矣。夫无治共产主义，既未能实行，则个人者，凭借自己之智识能力，取得应有之权利幸福，亦自由竞争无可如何之事，且足以资观感而促进化，毋宁姑存之。至于遗产，何为者乎？传授遗产者，巧取豪夺，作奸犯科，而刑罚滋多矣。出纳之吝，聚敛为工，而金融停滞矣。承受遗产者，父死子继，而利父速死者有之；兄终弟及，而紾兄夺食者有之。依赖成性，安坐无营，而贤者养成废人。挥霍随心，从下忘返，而不肖者流为乞丐。旁观深为不平，小则诈欺取财，大则劫掠从事。暴徒之杀越，鼠窃之纵横，万恶之源，起于遗产者什九。遗产诚有百害而无一利者也。教育之不能平等，亦由此而已。故本党绝对主张破除遗产制度。今世袭君主推倒，是最大之遗产制度已破除矣。其余亦宜用渐进法，先限制其相续，而酌提以归公，并重税以困之。欧美各国早有成例。中国大资本家现虽无几，然当早勒定法，预防流弊。惟此必与小学免费事同时并行，盖破除遗产制度与普及平等教育，有互为因果之关系耳。

五、废止死刑、肉刑　世无恶人罪人，惟有愚人而已。盖人不能自为罪恶也，非社会之教育诱导之，则社会之制度逼迫之。故欲减免恶人罪人，不在惩治其个人，而在改革社会之教育与制度。否则惩治之法纵极严极密，而罪恶之事乃愈巧愈多也。且惩治云者，非仅使之感觉痛苦而已，其目的，一在隔离之毋传染于他人，一在激厉之令愧悔而自返。明乎此者，则知死刑、肉刑为无用矣。死者不可复生，断者不可复属。阻自新之路，长残杀之风，无裨治理，而有悖人道，断宜废止之。其最重者以无期徒刑为断。无论已未定罪，均不更用笞、杖。兹新刑律虽已颁行，而内地仍用敲扑追比。上海租界且借口人民程度不及，议复刑讯。此事关系至大，不可等闲置之。或谓治乱国用重典者，不知此益乱之道耳。况文明日进，今非昔比。故南陵之坑杀疯人，武昌之枪毙烟犯，列强已据为口实，而谓我民国无受承认之资格。非唯人命问题，抑亦国体问题矣。《记》有之，法令者治之具，而非制治清浊之源也。老子曰：民不畏死，奈何以死畏之？孔子曰：苟子之不欲，虽赏之不窃。孟子曰：菽粟如水火，而民焉有不仁者乎？故治标之法，当多设感化院、习艺所，俾恶人罪人知所振拔。治本之法，当彻底改革社会不良之教育与不均之制度，俾恶人罪人无自养成。今上下相征，以利为市，朝野如洗，救死不遑，而欲专恃死刑、肉刑，以减免恶人罪人，此贾长沙之所为痛哭流涕长太息者也。

六、限制军备　兵凶器也，战危事也，必不得已而后用之。其原因本以保卫国民之生命财产为目的也，而其结果乃至以国民之生命财产为牺牲。强国以胜利之虚荣为奖劝，弱国以败亡之惨苦为申警。介乎强弱者，则以保守故常维持均势为说词。故可百年无战事，不可一日无军备。而强权即公理，武装为和平，其言遍天下矣。然而贞下起元，物极必返［反］。窃意继今以往，更数十年，战事必渐稀，军备必渐减。盖一则社会主义之学说胜之，而一则经济问题之实力限之。天心厌乱，人情恶死。社会党人因势利导，奔走号呼，以弭兵为帜志，而劳动党哄然应之。重以宗教家、哲学家之提撕，无政府主义者之警告，社会之舆论丕变，政府之野心已寒。况乎经济问题，日形棘手，国家怀破产之惧，司农兴仰屋之嗟。又况机械益精，而糜费益重，一船一炮，价辄不赀。据最近统计，全欧经常军备费，每日平均至三万万佛郎。一有战事，则直接间接之消耗，尤难以数算。败者固不可复支，胜者亦不偿所失。故海牙保和会成立，国际裁判法颁行，弭兵之机已动矣。譬如法庭公开，两造折服，虽有桀骜不驯者，然内绌于财政之恐慌，内慑于众怒之难犯，亦将回心悔祸，俯首受成，不敢冒大不韪为孤注一掷，以侥幸于不可知之数矣。今中国政教丛脞，民生艰难。而军备费，以前清四十镇计，已年需银一万万两。革命后陆军约增四倍，更将筹办海军，至少年需银四五万万两。以语其人，则国民之教育未备，军事之智识缺如，盗贼而已矣，乞丐而已矣。以语其器，则收拾他人之唾余，宝为新式，推广洋商之销路，注其漏卮，标本而已矣，古玩而已矣。夫国家之强弱，本不在军备之多寡，而唯在教育与实业之盛衰。教育不普及，实业不进步，虽兵精械良，犹不可恃。如俄、土者是其前车。今经费之虚糜既如彼，而军事之成绩又如此，为对内乎，是自杀也；为对外乎，是儿戏也。向若移此巨款以办教育与实业，果使教育、实业能占全世界最优等之地位，则全国纵无一海陆军，亦谁敢侮我哉？然撤除军备，非一国之事也。谓宜先限制之，毋令过于教育与实业经费之预算。而练一兵收一兵之效能，出一饷得一饷之代价，不亦可乎？尝谓军备之卫国，犹衣服之卫身也。衣服固不可全弛，然善卫身者，务得合宜之空气、光线及饮食料，以培养元气。元气充实，则衣服虽轻简，而风寒不易中之。不此之务，而徒厚其衣服，将衣服愈拥肿，而元气愈亏耗，少一不慎，病且不起。教育者，国家之空气、光线也。实业者，国家之饮食料也。以此思之，思过半矣。

七、奖励劳动　劳动者，神圣也。国家根本之大计，农工而已。人民正当之职业，农工而已。今全国上下，舍本逐末，巧者夤缘为官吏，拙者堕落为游民。其实官吏亦大半皆游民也。农工而外，惟教育家、科学家、商业家，犹能间接生利，自余皆直接分利，而转鄙夷直接生利神圣之劳动者如奴隶，如犬马，至不齿于人数。乌乎！心理如此，风尚如此，民何以不贫且死？国何以不乱且亡也？夫国家组织，固不能无直接分利之人，而人民生活，要当勉为直接生利之事。非唯社会主义主张如是，即政治学、经济学之主张亦无不如是也。且欧美社会党首在推倒富豪，而中国社会党则首在奖励劳动。何以言之？中国大资本家、大地主本尚不甚伙，而国民多以游手好闲为能事。夫大资本家、大地主所以应推倒者，为其不自劳动，而坐攫他人劳动之利也。今游手好闲者，其弊亦正同。故推倒富豪与奖励劳动，事各有当，而理则唯一。奖励劳动之法，各国行政与社会事业，皆极为注意，著之定章。中国尤宜格外措重，如设立储蓄银行、贫民学校、慈善病院，及交通费之减成优待，衣食住之特别取缔。年龄之限制，则老幼必加保护。时间之限制，则昼夜不宜兼程。此皆官厅所应有事也。抑尤有进者，中国工业幼稚，尚纯然为农业立国之时代，故当以奖励农民为第一要义。乃前清旧制，为漕米正供及北部民食计，禁止米谷之输出，农产物价低微，农民生计穷苦，此实贼害农业一大苛政也。而洋货无所抵制，外币无自吸收，正货缺乏，债务增加，国家亦日陷于悲境。盖全国农民占人口十分之六七，未有农贫而民富也，未有民贫而国富者也。今宜确定重农政策为国是，垦辟荒芜，使游惰归田。改良耕作，使收获自倍。解除米禁，使金钱流入。奖励劳动莫大乎是矣。

八、废止婢妾制度，限制娼妓行业　中国向重宗法，而家庭制度之弊，至今日而已极。知有家庭不知有个人，故无自立心；知有家庭不知有国家，故无爱国心；知有家庭不知有社会，故无公德心。夫家庭造端乎夫妇，而夫妇之道，苦不胜言。故极端社会主义，必解决夫妇名义。普通社会党人，亦不承认法律上之夫权，为其以妇人为所有品，实与个人独立、万民平等之原理不兼容也。婢妾、娼妓更无论矣。今世界文明虽犹未逮，而各国对于婢妾制度，无不悬为厉禁。即于娼妓营业，亦颇引为深耻。惟中国法律公然许可，且奖励之。虽近有贩卖人口之禁例，然婢妾制度如常，娼妓营业转盛，则亦掩耳盗钟之故事耳。此实与人道、国体两有重大之关系。窃谓婢妾宜立时废止之，断不容其有；娼妓宜设法限制之，俾渐即于无。至于贩卖人口，则尤罪大恶极，所当深恶痛绝，必须雷厉风行者也。男女大欲，一听双方之自由。仆御劳役，必给相当之工值。更致力于教育与实业，为拔本塞源之计。道德增进，学识发达，则肉欲为之锐减。职务繁忙，希望复杂，则荒淫有所不遑。教化盛行，则人格自尊。生计充实，则丑业不作。缓急并营，标本兼治，树人道之保障，扬国体之光荣，在此一举矣。

（录自汪佩伟编《中国近代思想家文库·江亢虎卷》，第176~181页）

答江亢虎

师　复

昨接江亢虎《通信片》第七期，纸缝中媵以数语曰："社会主义、无政府主义，各行其是，无事相非。愿孟晋前途，为道自爱，悉其锋锐以对非社会主义者，无以身败名裂九死一生之鄙人为介介，公私幸甚。"云云，读毕不觉一叹。社会主义与无政府主义，岂但当各行其是无事相非而已，二者实不可须臾离者也。记者所提倡即为共产社会主义，方将竭其一得之愚，思有以发扬而广大之，曾何相非之有？若以足下所道，记者虽陋，窃不能认为社会主义。恶莠之乱苗，恶紫之夺朱，故辄不揣冒昧，有所论列，欲使世人知社会主义之真相，正如来教所谓"悉其锋锐以对非社会主义者"也。足下发起中国社会党于今三年，记者未尝下一字之贬语，至去年社会党被禁始略有所评论①，其中苦衷，已于《答道一书》②中详道之。近见一般学子仍不免误认足下之所倡为真正社会主义，而足下近复在美洲奔走传播，不良之种，将散于海外。记者为保障吾道，心所谓危，即不能复顾私谊，缄默不言。然已声明为研究学理，并非訾议个人，此心当为天下所共谅，记者与足下无一面之雅，以同揭社会主义之标帜，故亦未尝不互相思慕，又何事以足下个人为介介耶？记者不肖，惟视真理为性命，故凡有似是而非不当于真理之说，无论出自何人，必反对之。如足下者，无论其为身败名裂九死一生之江亢虎欤，抑为誉满天下逍遥快活之江亢虎欤，记者均所不计，盖反对其言论而非反对其个人故也。以公义

---

① 参见《政府与社会党》《论社会党》二文。

② 《师复答道一书》一文，参见附录。

言，则学理以辩论而益真，以私交言，则君子当乐得诤友，亦正所谓“公私幸甚”者，又何必先设成见拒人于千里之外耶？

（录自《民声》第8号，1914年5月2日）

·附录·

师复答道一书

读来书，纠绳余过，不愧良友，感佩靡既，惟谓“复因责江亢虎并其党而非之”，此则不免误会。鄙意不满于“中国社会党”者，但以其党纲未尽完善及党纲与党论又自相矛盾。与夫江亢虎先生以迁就政府之故，致主张不能明了。提倡者之主张既不明了，因之世人对于社会主义正当之解释，亦不免生含糊影响之弊。此实维护社会主义之苦心，并非对于其党而为排斥，更非对于个人而为讥议也。当“中国社会党”初发起时，复无限欢迎，本拟进党共事，徒以党纲未尽惬意遂尔不果，然与党中同志通信往还，几无虚日。两年以来，屡欲著论登报，就鄙见所及，对于其党纲之未善者为详细之批评。然以“社会党”三字，在中国方始萌芽，一旦忽生异议，不知者以为互相攻击，于传播及进行或未免有所妨碍，故始终未尝发表只字。及去年新“社会党”分立时，发起诸君，屡函招邀入党，复以其时两派方互为剧烈之排斥，鄙意殊不以为然，且新发表之党约，仍未能尽惬人意，故婉辞之，暂不入党。一方面函劝两派之各行其是，勿事攻击，一方面著论登之广州某报，以为“中国今日之社会主义，方在幼稚时代，凡能信服社会主义者，无论属于何派，均可称一国之优秀，如春木之茁芽然，吾人当竭力护持之，万不宜互相攻击，自残其优秀之萌蘖。”此亦足见复之用意矣。及至中国社会党被大盗解散时，忽论及其党纲等等者，于此亦具有深意。复以为当未解散时，苟有所纠议，不免妨其进行，及既被解散，鄙意正望其党之具有眼光者，趁此机会，改正党纲，淘汰其不良之分子，（党中良莠不齐，屡闹无意识之风潮，实为该党不进步之一大原因。其党员亦自言之。）发生一良好之社会党，故乘便批评其党纲，且特下一二讽语，以促其党员之反省，意谓苟能达余所希望，则复虽受论事苛刻之名，亦无伤也。足下以复为薄该党耶？抑爱该党耶？若夫对于个人，如江亢虎先生者，其所取之手段，诚吾人所不能苟同，若其提倡之功，则固不可没也。（即如对于张溥泉先生亦然。其作议员诚所不取，若其在革命以前提倡无政府主义之功，则不可没也。）至前论谓中国社会党员真能了解党纲者度不及十分之一云云，“十”字误作“万”字，苟非来书之质难，至今亦不觉察，特志于此，以代更正，并志吾过。

又，来书谓复“因吴稚晖先生与国民党接近，遂疑其有政治上之野心”，此语绝非原意。复前论只有“既与政党日益接近即无异与无政府党日益疏离”一语，纯是理论上之研究，盖其真正之社会党、无政府党，无不反对政治。政党与无政府党，几成风马牛不相及之物，故谓接近政党者即无异疏离无政府党。此语于论理原无不合，并非谓其有政治上之野心也。吴稚晖先生在中国中实为复所最佩服之一人，复固确信其脑子里绝无丝毫政治之臭味者也，其与国民党周旋，度不过虚与委蛇原非实际上之政治活动。惟吾人以为吴稚晖先生本无政府党之健将，方望其出而提倡，不料其绚烂之后归于平淡，东归以还，绝不为积极的鼓吹，不免令我辈鲁莽少年之失望，因失望而生恼，因恼而生憾，遂不觉发为斯语。想吴先生见之，当亦点首而一笑也。

（录自《民声》第3号，1913年12月20日）

驳江亢虎

师　复

江亢虎《新大陆通信片》第十一期内载一文，题为《记〈民声杂志〉论载事》，对于本报批评江氏言论之要点，均置而不答；而惟以诋毁、干涉、专制、横逆、幸灾乐祸、世态炎凉、下井投石等丑语加之本报，甚而攻击及记者个人。本报于第六号[①]经已声明辩论范围："纯为研究学理，绝非对于个人而为非议。"复于第六号申说记者之反对江氏乃"反对其言论，而非反对其个人。"江氏苟不以记者所论为然，自可根据学理，反复辩论，虽千百回不为赘也。不料江氏绝口不谈学理，而惟以恶声向人。江氏诚工于趋避而善于骂人哉！今试撮举本报第八号以前批评江氏言论之要点，条举于后，而附注其有无答辩，俾读者略清眉目。（至第十一、十二号《答李进雄》书，江氏或尚未见，故略之。）

（一）本报谓江氏不主张推翻资本家，收回土地、资本归诸社会，是为违背社会主义之根本要义，故江氏所主张不得称为社会主义。（江氏不能答）

（二）本报谓江氏不主张土地、资本公有，而惟主张营业自由、财产独立以及限制军备、专征地税等，均属社会政策而非社会主义。（江氏不能答）

以上二条为最握要之论点。此外则：

（三）本报谓江氏忽而称共产主义为社会主义不祧之宗，忽而谓共产主义阻滞人类进化。赞成反对，同时而出，是为自相矛盾。（江氏不能答）

---

① 参见师复《孙逸仙江亢虎之社会主义》一文。

（四）本报谓江氏并举共产、集产之学说，统称为共产主义，是为不明学派。（江氏虽有答辩，而其谬加甚，于下文再驳之。）

（五）本报谓江氏举社会主义之各派（均产、集产、共产）一律推翻，而自称为特殊之主张，（不啻自居于社会主义之外。）益显见其所主张为社会政策。（江氏不能答）

江氏既于以上各要点不能置答，则其他连篇累牍剌剌不休之谈，其有无价值可想见矣。今请取其误会及强词夺理者，顺次驳之。

> 江氏曰：粤人刘师复君，本同盟会会员，政治革命党人也。满清时谋炸李准，试验炸药自断其腕。革命后，复谋刺袁世凯，挟巨资北上，行及沪而和议成，乃转而刊布社会主义、无政府主义小册子，并发起“心社”及“晦鸣学社”于广州。比又以毒毙李世桂之嫌疑去粤。

按：此一段文章，全为师复个人作传记，写履历。江氏之笔墨如此休暇，诚可谓不惮烦。岂与人辩论，必须为其人详叙过去之履历，然后可讨论耶？则试有人与江氏辩论一事，而开宗明义即曰：“江亢虎即江绍铨，满清之进士（或举人?）而兼小京官也。”此语为有意识否？抑又或以本为同盟会会员、本为政治革命党即不可主张无政府主义耶？则记者曾入同盟会为会员，固未尝自讳。十年前之同盟会会员，与今日之无政府党，岂复可以相提并论者？（记者之入同盟会，在东京同盟会最初创立之时，彼时可谓纯粹之政治革命党。越二年，谋刺李准，方出门而弹发，事觉，入狱两年余，经种种刺激及研究，而余之思想一变。出狱后，组织暗杀团，章程为余所起草，以“反抗强权”为宗旨，取单纯破坏之手段。自是之后，余虽未尝标揭无政府之主张，然敢自信确为反抗强权之革命党，而非复政治之革命党。且此后皆独立运动，与同盟会亦几无关系矣。是时团中同志，各谋其单独行动，多注重广州方面，如炸李准、炸凤山等。余与同志数人，则担任入京刺载沣，本在四川、湖北革命军未起之前，某君实先行，并输运炸弹，不料中途败事，余等计划更动，故延及革命军兴，始得成行。此时强权之魁首，已转为袁世凯，故余等之目的物，亦因而移于袁世凯。抵沪时，南北议和适开始，某君止余等勿急行。及议和既成，余等之意，以为可以乘此机会散布社会革命之种子，而单纯破坏转非所亟。此即“晦鸣学舍”之所由发起，冀以为传播无政府主义之机关者也。以上为余个人思想变迁之琐事，殊无载入本报之价值，以耗读者之目力。徒以江氏既赘述余之生平而又不能尽实，不得已略述之以告江氏耳。）至谓余以“毒毙李世桂之嫌疑去粤”一语，则尤非事实。余之去粤，由于民贼之封禁本报及“晦鸣学舍”，此固无人不知，且曾具述于本报第四号①。江氏夫岂不闻？而必故为此语，其有意耶，抑无意耶？明眼人可以判之矣。（余之由广州走澳门，时为去年九月，在澳复被葡萄牙干涉，则又去澳，时为去年十二月。若陈某之毒杀李世桂，则在本年一月，其后牵涉余名，则在本年二三月。时日之相隔乃如此，至此事嫌疑之由来，尤为可笑，余固不必辩，亦且不屑述之。请观本报第五号之启事，可知矣。）

> 江氏曰：自社会党解散，入室操戈下井投石者，颇不乏人，惟绝不意世态炎凉，虽至高尚纯洁之无政府主义家亦不免竟为其所中。观师复近所发刊之《民声》杂志，对于社会党及鄙人，冷嘲热骂之作，刺刺不休，幸灾乐祸之心，跃跃如见。……攻击过去之社会党，诋毁出亡之鄙人。

嗟夫！江氏老羞成怒，乃欲以幸灾乐祸、世态炎凉、下井投石等语诋我耶！“中国社会党”虽解散，而江氏之言论与主张具在，批评江氏之言论及主张，与中国社会党之解散有何关涉？夫人苟对于现社会而思有所改革，无论其属于何派，必不免为政府所嫉视，此乃题中应有之义。区区一命令解散，安足当社会党之一哂？何灾害之足言？又何所谓下井？更何所谓凉？必江氏脑筋中先存有重视政府、崇拜政府之印象，故一遭大总统之命令解散，即大惊而小怪之曰灾、曰祸、曰下井、曰凉。（又如在上海遍登报纸，亲友荣饯，然后出游美洲，亦必饰其词曰出亡、曰九死一生，与灾祸等词，同一声口。）反而观之，无怪未被解散之前，时时宣言曰：孙

① 参见师复《我辈向前进！》一文，见附录。

前大总统推许，唐前总理赞成，又曰：袁大总统赞成，赵总理保护，一若无上之光荣，无上之炎热矣！自己既怀此龌龊思想，更无怪一见有人批评其言论之不当，即指为幸灾乐祸……云云矣。且余既屡次声明“反对江氏言论而非反对个人”，至社会党则业已解散，其物已不存，更无所用其攻击？有时取其党纲而批评之，则以党纲为江氏之手笔。批评其党纲仍批评江氏主张耳，非批评其党也，今江氏则指为“攻击过去之社会党诋毁出亡之鄙人”，余究有何语为攻击社会党？何语为诋毁江氏个人者？江氏能指出否乎？若谓芜杂矛盾……云云，即为诋毁，则当定先诋毁之界说。诋毁者，攻击个人身上之私德及并非实情而造谣以非议之，若是者方可谓之诋毁。倘为批评一人在社会上之行动及其主张，则言论自由，无论其批评合否，惟有辩论更正，而不得遽指为诋毁。即使武断之曰“凡批评不合者即为诋毁”，亦必须指出其批评不合之实证，方合辩论之道。今本报谓江氏平日主张为芜杂矛盾……云云，无一不举出江氏原文，加以评论，然后下此断语，并非凭空造谣以诬之也。江氏苟以为不然，当一一答辩之，证明其非芜杂非矛盾非……而后可。今江氏则未尝有只字剖辩，而惟悍然辟之曰周内曰诋毁，然则江氏之言论及其主张，殆所谓神圣不可侵犯之物？设或有人评论之，即加以诋毁之罪，吾恐俄罗斯皇帝之上谕，亦未必如是之尊严也。

> 江氏曰：其最奇者，既痛斥极端社会主义、纯粹社会主义名词之不经，而直接标揭为无政府共产主义矣；而又申言即真正社会主义、完全社会主义。不知真正完全字样胜于纯粹极端者何在？且谁全谁偏？谁真谁假？有何凭据？有何标准？

记者于本报第五号《无政府共产主义释名》中，以为极端社会主义、纯粹社会主义等名均属不当，其理由已具述于该论，然并未申言无政府共产主义即真正社会主义、完全社会主义也。江氏果何所指而为此言耶？该论虽有“非反对真正的社会主义也”及“吾见近人之习用纯粹社会主义一语者，往往误会以为完全之社会主义”之言，然非申言即无政府共产主义。苟稍通文义者，当无不能辩之也。“无政府主义即真正社会主义”，此语出自科学大家无政府主义之泰斗克鲁泡特金（Kropotkine）先生，吾人固常常称述之。完全社会主义则对于集产主义之不完全而言，亦为近世所习用。然所谓真正社会主义、完全社会主义者，均有所对待之词，而非有一定之解说，亦非专有之名词，以为无政府主义或共产主义之注解之形容词则可，以为无政府主义或共产主义之别名则不可。本报第十号《答悟尘》书中，已论及之。吾人所以谓极端社会主义及纯粹社会主义等名为不当者，亦以其用为无政府主义之别名耳，倘其但用为诠释，而非用为专名词，则既无关于正名之要旨，吾人又何必斤斤讨论乎？至谓“谁全谁偏谁真谁假有何凭据有何标准”云云，余亦有说以证明之。真正社会主义一语，出自克鲁泡特金先生“完全社会主义”一语，尤为共产主义家所习用，如马龙①氏（B. Malon）曾著有《完全社会主义》（*Socialisme Integral*）一书、黑拿尔②氏（G. Renard）又有《完全社会主义与马格斯主义》（*Socialisme Integral et Marxisme*）一书。此外尚不可枚举。用语既有来历，即不能谓为无凭据。若问何为真正？何为完全？尤属易晓。社会主义者，废除私有财产而归之社会公有之谓也。既以财产公有为社会主义，则必如共产之说，生产机关及所生产之物全属之社会，然后可称为真正可称为完全。若集产之说，则生产机关归公有，而所生产之物仍属私有，是仅得财产公有之半面，即不啻为不完全之社会主义，不啻为失其真相之社会主义矣。是即偏全、真假之确切标准也。总之，真正社会主义、完全社会主义等语，已成为当世无政府家、共产家之熟语，江氏自未之闻，故讶以为无标准、无凭据耳。

> 江氏曰：以余所闻，社会主义发起于圣西门，集成于马格斯。社会主义之马格斯，譬之中国儒教之孔子。……吾人可反对社会主义，而不可谓马格斯非社会主义而自有其所谓社会主义，犹之吾人可反对儒教，而断不可谓孔子非儒教，而别有所谓儒教。

---

① 马龙，今译作“马隆”；《完全社会主义》，今译为《整体的社会主义》。

② 黑拿尔，今译作“勒纳尔”（1857~1934）。

谬哉江氏！社会主义之理想，实渊源于希腊之古哲。逮十八世纪之下半期，社会主义家蔚然勃兴，如巴比夫①（Baboeuf）、加彼②（Cabet）（以上二人主共产）、孚理亚③（Fourier）、圣西门（St. Simon）等，同时并出。以言发起，则不独圣西门一人也，特溯集产学说之渊源者，乃称圣西门耳。社会主义乃一公共之名，其中派别自伙，即从其最简单者言之，亦必有共产（Communisme）、集产（Collectivisme）两派，固不能以集产主义独占社会主义之名也。今江氏乃谓社会主义集成于马克斯，譬之儒教之孔子，岂知马氏以前，共产主义之理论已极发达。鲁意·布兰④（Louis Blane）出，更与圣西门派之说立于反对地位。马氏既主张集产，纵能集圣西门派之大成，然岂能集共产派之大成乎？若比之孔子，尤为拟不于伦。儒教倘认为宗教，则孔子实为教主，以马格斯比孔子，然则马氏其殆社会主义之教主乎？然则一切之社会主义家，必皆马氏之徒乎？然则共产派之社会主义，江氏其殆摒之社会主义之外乎？江氏之谬妄一至于此，可谓叹观止矣！至谓“不可谓马格斯非社会主义而自有所谓社会主义，犹之不可谓孔子非儒教而别有所谓儒教”，尤为怪绝！马氏之集产社会主义，为社会主义之一派，此固记者所承认，且屡次称载于本报，谁谓彼非社会主义者？然马氏只可谓为社会主义之一派，而不能以社会主义为马氏之专利品。马克斯派之外，固尚有理论圆满之共产社会主义。今江氏乃欲谓马氏之外别无所谓社会主义，比之孔子之外别无所谓儒教。呜呼！江氏。其善忘耶，抑梦寐萦萦于教主，遂不觉加大成至圣之冕于马氏头上耶？马氏有知，将唾之矣！

江氏曰：当巴枯宁、马克斯未脱离分立以前，无政府主义实兼赅于社会主义中。及其脱离分立以后，无政府党特标无政府主义之名词，而以社会主义之名专属之马格斯，从此无政府党绝不自称其所主张为社会主义。……而师复反谓圣西门、马克斯为片面的社会主

① 巴比夫，今译作“巴贝夫”。
② 加彼，今译作“卡贝”。
③ 孚理亚，今译作“傅立叶”。
④ 鲁意·布兰，今译作“路易·勃朗”。

义，……而称无政府共产之主张为真正社会主义、完全社会主义。吾恐不但全世界社会党人不公认，即全世界无政府共产党人亦不肯公认也。此真所谓怪剧，不啻夫子自道矣。

谬哉！江氏。巴枯宁派与马克斯派分离之历史，乃无政府党与国家社会党分离之历史，而非无政府主义由社会主义脱出之历史也。世之耳食者流，往往误会以为巴、马二派未分以前，无政府主义实统属于社会主义中，而别无所谓无政府主义，一若巴枯宁之无政府主义亦由马格斯之社会主义所产出也者。此实不明历史之故，江氏亦其一人也。今请以简单数语，约举二派未分离以前之历史，以告读者可乎。一八六四年“万国劳动会”①（Internationale Arbeiter Association-International Working Men's Association-Association Internationale des Travailleurs）开会于伦敦，是为劳动者国际同盟成立之始。是会宗旨，在联合各国之劳动者，谋直接推翻资本家，取回生产机关，由劳动者自用之。至于取若何之手段及采用何种之分配制度，其初固未有规定，且屡次大会，均不能得确定之决议。是万国劳动会乃劳动者反抗资本家之团体，其命名非社会党，其性质更与国家社会党悬殊。凡赞成劳动革命者，无论其属于何派，均不妨入会，故主张国家社会主义之马克斯与焉，主张无政府主义共产主义之巴枯宁、克鲁泡特金又与焉。会员中，学派既各有不同，则关于进行之手段及目的，均必有所争论。以是之故，马格斯之国家社会主义派与巴枯宁之无政府主义派，乃互相角逐，互有胜败。及其最后（一八七二年），卒致意见决裂而不可复合。是即国家主义派与无政府主义派分离之历史。所谓分离，乃两派不合并为一党而分离，并非无政府主义由社会主义分出之谓。当未分离之前，两派主张，固始终各执一说，各树一帜，并非巴枯宁之无政府主义原在马克斯之社会主义中，至是始分离也。江氏乃谓未分立以前无政府主义原兼赅于社会主义中，其欺人耶，抑不明历史之由来耶？无政府主义始于蒲鲁东，以一八四八年发表其意见，实在巴、马二派分离二十余年之前。试问此时蒲鲁东之无政府主义，是否兼赅于社会主义中耶？且即言巴枯宁

① “万国劳动会”，今译作“国际工人协会”。

无政府之运动，亦不限于万国劳动会。两派未分离之前，巴氏亦自有活泼之运动。当一八六七年“万国和平自由会”① 开会时，巴氏实首先提出无政府主义于该会，主张废除政府以保全和平与正义，该会议决采用，巴氏遂被推为终身会员。翌年巴氏复提出议案，主张极端破坏。当此之时，巴氏尚未入万国劳动会。试问此时巴氏之无政府主义又是否兼赅于社会主义中者耶？又翌年（一八六九）巴氏始入万国劳动会为会员。当未入会之先，劳动会之瑞士分部已有“罗马联合会”② 之组织，与马克斯派意见不合，而赞成无政府主义，巴氏入会而势愈张，反对马克斯派最烈。次年（一八七□）拿破仑第三帝政倾覆，巴氏遂乘势运动，欲实现其理想之无政府社会，以里昂为根据地，宣言废弃国家，不幸而遭失败，复之瑞士。次年（一八七一）万国劳动会第五次大会于伦敦，马克斯派势力日盛，巴氏乃与“罗马联合会”共组重织“犹拉会”③（Jurassienne），以无政府主义为宗旨。又次年（一八七二）乃与马克斯派完全分离。由此观之，巴氏之无政府运动在未入劳动会以前，已明标无政府主义，固与马氏无关。即入会以后，亦时时有独立之运动，亦明揭无政府主义之名，既与劳动会不一致，更与马氏绝对不一致。是巴氏之无政府主义与马氏之社会主义，始终绝对不相合。所谓合者，不过同在劳动会之三年中互相角逐、互相争辩而已。相合且不可，更何兼赅之可言耶？江氏又谓“分立以后，无政府党特标无政府主义之名词。”然则未分离之前，巴氏果未标无政府主义之名耶？巴氏由一八六七至一八七一数年中之种种运动，其社会主义耶，抑无政府主义耶？请江氏稍展其眼光，一读巴氏之历史及著作，当可恍然悟矣。江氏又谓“从此无政府党遂以社会主义之名专属之马克斯而绝不自称其所主张为社会主义。”岂知社会主义之中，有共产、集产之两派。马氏特集产社会主义耳，若共产社会主义，则固无政府党之所主张者，安能以社会主义之名专属之马克斯乎？克鲁泡特金，吾党中泰斗，而极端排斥集产主义者也。然其生平著述，乃往往称述社会主义，其词辟集产主义时，必明著集产主义或集产社会主义之名，而不单称社会主义。且

① “万国和平自由会”，今译作“和平与自由同盟”。

② “罗马联合会”，今译作“罗曼语区联合会”。

③ “犹拉会”，今译作“汝拉联合会”。

常曰："无政府主义即真正社会主义也。"又曰："无政府主义者，废去政府之社会主义也。"其他无政府大家之著作，论述社会主义者，尤触目皆是，不可以缕述。江氏乃谓"无政府党以社会主义专属之马克斯而绝不自称其所主张为社会主义"，果又何所见而云然耶？夫今日一般人之习惯，以社会主义之名专属之社会民主党，固诚有之。吾无政府党人，因社会上既有此习惯，乃于名义之间辨别益严，自称或曰无政府党，或曰无政府社会党，或曰无政府共产党，而不欲单称社会党，以免与社会民主党相混，此亦诚有之。然此乃习惯问题，若夫论述学理，则社会主义之名，吾人固不必讳言，安有绝不自称主张社会主义如江氏所云云者耶？江氏又曰："师复反谓圣西门、马克斯为片面的社会主义，而称无政府共产之主张为真正社会主义、完全社会主义"，且谓全世界之社会党人无政府党人必不公认，而指为怪剧。按本报第二号①尝曰："近日好谈'半面的社会主义'者，往往谓借政治能力可以达社会主义之目的。"盖吾人以为社会主义当向社会谋解决，不当向政治谋解决，以社会问题而乞灵于政治，是自失其社会主义之价值，故目之曰半面的社会主义。今江氏乃易其词曰以圣西门、马克斯为片面的社会主义，便与原意不符，因圣西门固未尝主张政治运动也。然此或称引之偶误，亦姑可以不论。第就学理言之，则西、马二氏之学说，谓为半面的社会主义亦非苛也。何以言之？社会主义，必废绝一切私产，方得称为圆满。今西、马二氏之学说，对于生产物之分配，均许私有，是明明尚有私产，焉得逃半面之诮乎？至无政府主义即真正社会主义一语，及共产社会主义与集产社会主义相对待时，往往称为完全社会主义，吾既于上文历历证明之。江氏乃指为怪剧，谓世界党人不公认，抑何所闻之不广耶？江氏若必以为怪剧，则克鲁泡特金先生及当世之多数共产主义大家当先承其咎，如师复者又何足道耶？且江氏以三无二各为纯粹社会主义，又谓"纯粹社会主义乃对国家社会主义而言。"（见《洪水集》）然则国家社会主义之不纯粹，不言可知。国家社会主义非他，即马克斯主义也。然则江氏明明谓马克斯为不纯粹之社会主义，而称无政府共产（彼之所谓三无二各）之主张为纯粹社会主义矣。全世界之

① 参见师复《再致吴稚晖书》，《晦鸣录》第2期，1913年8月27日。

社会党人、无政府党人肯公认乎，抑不肯公认乎？怪剧乎，抑非怪剧乎？忽而奉马克斯为社会主义之教主，忽而谓其主义为不纯粹，怪剧之中，复有怪剧，吾于是又不得不叹观止矣！

> 江氏曰：师复又痛斥余不明社会主义之派别，而以马克斯之集产主义纳之共产主义为可骇。以余所闻，则社会主义最通行最紧要之第一著作，即马克斯所手草固明明曰共产主义宣言也。马格斯自己不明社会主义之派别，而自己纳之共产主义中，当尤为师复所大骇特骇不一骇者已。

嘻！此即江氏欲借以掩饰其不明学派之答辩词乎。一八四七[①]年，马克斯发表《共产宣言》[②]，自称共产主义。（此宣言之纲领，即禁土地私有、课累进税、禁相续权等等，即今日社会民主党之党纲所奉为蓝本者也。）盖因当时共产（Communism）、集产（Colloctivsm［collectivism］）两名词，尚无严确之定义，故马氏得混用之。而巴枯宁即以反对马氏主张之故，特称集产主义以自别。若在今日，两名词之定义，既已无人不知，便可纵而诠释之曰：马氏名为共产，实即今日之集产；巴氏名为集产，实即今日之共产。可见马克斯之所谓共产主义，不过历史上之名词，（在今日论列学派者，则皆以马氏为集产派。）稍读社会主义史者当无不知之。记者于本报十二号第九页《答啙任》[③] 书亦尝下以诠释，曾何足骇之有？惟江氏之不明学派，其病不在以马克斯为共产主义，（江氏向未尝有此语，本报亦未尝谓江氏有此语。）而在胪列共产与集产之学说统而名之曰共产主义。（参见《孙逸仙江亢虎之社会主义》）今江氏欲护其短，乃易之曰“师复斥余以马克斯之集产主义纳之共产主义为可骇”，思借马氏之《共产宣言》以自掩，此其狡狯欺人为何如耶？马克斯之《共产宣言》，谈历史者，不妨仍其共产之名，若诸家之集产学说，则无论如何，决不能谓之共产。今江氏则统而纳之共产主义中，其言曰：“共产主义——产分

---

① 应为一八四八年。

② 《共产宣言》即《共产党宣言》；下同。

③ 《答啙任》，即《再答啙任》。

动产与不动产，此派中有主张一切共有者，有主张不动产共有而动产仍私有者，有主张不动产公有而动产则废除者即废产主义；废产主义有名实俱废者，各尽所能各取所需不计价值也；有名废实不废者，即一种进化的银行汇划法也。此外更有均产主义、集产主义与共产颇不同。”江氏此论，其不可解之点不可枚举。请申说之，田地、房屋为不动产，金钱、器物为动产，此法律上用以分别产业之种类者也。若社会主义之分别产业，则以土地、机器等为生产物（即生产机关），衣食、房屋等为需要物（即所生产之物），而动产与不动产之名词，则不适用于社会主义之意义者也。今江氏之动产不动产云云，不知何指？亦不知为谁氏之学说？然以意度之，则必误以生产物为不动产，需要物为动产无疑。（本报第六号如此假定江氏，亦无异词。）社会主义中最浅而易知之用语，江氏尚不能辨别，不可解者一。若不动产与动产果作生产物与需要物之解释，则主张生产物公有而需要物私有者，明明为集产主义之学说。今江氏乃列之为共产主义之一派，不可解者二。各尽所能，各取所需，为鲁意·布郎①之学说，当世学者皆通称曰共产主义而已。江氏则又从而名之曰废产主义，其本之谁氏，不得而知。然以余所闻，则共产主义乃尚产派（Domoinist）之学说，与废产派（Indominist）乃适相反，不可解者三。江氏之所谓进化的银行汇划法，语不明了，不知何指。然集产学说中，有主张按各人工作之多寡而给以相当之工券，可以互易物品，无异银行之金券者。江氏或即指此种亦未可知。若然，则明明为集产学说，江氏又列为共产主义之一派。不可解者四。江氏此论，分共产主义为四派（一动产不动产均公有；二不动产公有动产私有；三各尽所能各取所需不计价值；四进化的银行汇划法。）若由今世学者普通之分派言之，则第一第三两派均共产主义之学说，第二第四两派均集产主义之学说，江氏乃统列共产主义中，既以集产主义列入共产主义混共产集产为一物矣，复从而申言之曰：“此外更有集产主义与共产颇不同。”此种集产主义，究为何物？不可解者五。有此五不可解，江氏之不明学派，又岂余深文周内之词耶？吾久欲闻江氏如何分别共产与

① 鲁意·布郎，今译作“路易·布朗”。

集产而不可得，近偶检《天声》第一集，忽见其在杭州之演说①曰："共产社会主义，欲保持财产之平均，主张将私人所有之财产，作为共产。国家存在之日则归之国家。集产社会主义，主张集私人之财产于一处，以营事业，年终均分红利，以免自由竞争之弊害。"呜呼！此即中国社会党五十万党员代表之江亢虎先生所下共产主义与集产主义之定义乎？苟以稍有社会主义之常识者观之，其不为之喷饭者几希矣！夫所谓将私人财产作为共产者，其但指生产物（土地、器械等）耶？抑兼指生产物与需要物（衣食、房屋等）耶？于此二者既不明言，则共产之义尚未明了也。且共产主义必主张以一切财产归之社会，无论是否无政府，均无有主张归之国家者，（若德意志派之专制共产主义，与近世之所谓共产主义，全异其旨趣，不能借以为口实。）主张以财产归国家，则惟社会民主党之集产主义耳。乌足以言共产？至其解释集产主义，以为"集财产于一处，以营事业，年终均分红利"，尤足令人捧腹。以此为集产主义，则所谓集产者，乃一大贸易之公司。以有财产者为股东，而相与经营商务，是真古今东西未有之奇闻！江氏之分辩学派如是如是，吾于是又不得不叹观止矣！

> 江氏曰：师复又谓余初则宣言赞成无政府主义，今则宣言反对无政府主义，两者皆不知其何指？惟余十年前所倡道之三无主义，固明明为无国家、无家庭、无宗教。师复乃代改国家二字为政府二字，而谓家庭宗教不能与政府并列，至以种种丑语形容之。如此强题就文，殊令观者叫绝。

江氏之忽而赞成无政府，忽而反对无政府，记者于民声十二号《答李进雄》书中已历历指出其证据。请江氏一读，自知其所指，不可诬也。至江氏之所谓三无主义，其《三无主义悬论》② 文中，虽指无国家、无家庭、无宗教。然除此之外，凡言三无主义，皆举无政府、无家庭、无宗教为言。如在杭州之演说曰："无治社会主义……余欲称之为三无主义，即

① 参见《江亢虎大讲演》。

② 参见江亢虎《三无主义悬论》（上篇）。

无政府、无家庭、无宗教。”（见《天声》杂志第一册题为《江亢虎大讲演》。）《中国社会党重大问题》又曰：“大抵高尚卓越之士，多祈望本党为纯粹社会党，以达到无家庭、无政府、无宗教之理想世界为宗旨。”其《答案》[①] 又曰：“无治党可标举无政府、无家庭、无宗教为其究竟之宗旨”，其后江氏又发起三二学社，其《社约》[②] 又曰：“纯粹社会主义有三无二各之学说，三无者无政府、无家庭、无宗教也……”以上皆江氏之言论，明证具在，岂可虚造？是江氏除《三无主义悬论》之旧文外，其他最近之言论，皆以无政府、无家庭、无宗教三者并举，称为三无主义，且以代无政府主义，又以为无政府党之究竟宗旨。（江氏之《三无主义悬论》，乃数年前之旧文，自谓“事过境迁不复成章不过存为纪念而已。”然则吾人引述江氏言论，自当以最近者为正，此实征引人言之通例也。）言犹在耳，墨且未干，江氏乃狡赖不认，反谓余代改国家二字为政府，谓余强题就文。噫！既食言之不已，复反唇以诬人。江氏之无理，至于此极，能不为之齿冷哉！抑吾且姑让一步，假定江氏之所谓三无，确为无国家、无家庭、无宗教，则又试问此三者果足以尽无政府主义（Anarchism）之意义否耶？除国家、家庭、宗教之外如军国主义（Militarism）、资本制度（Capitalism）等，无政府主义亦反对之乎，抑不反对之乎？以无国家（或政府）、无家庭、无宗教三者为无政府主义，（因江氏明言称无治社会主义曰三无主义，又谓无政府、无家庭、无宗教为无治党之究竟宗旨。故云。）此真未之前闻之解释，诚非吾人所能梦见者矣。

江氏曰：至于Anarchisim［Anarchism］一语，其内容诚可解为广义，然一译作无政府三字，则既曰政府，即非家庭，亦非宗教。而师复乃以为一切包括无遗。忽而取其多，则谓政府、家庭、宗教三者尚在未尽；忽而取其少，则谓无政府三字即已有余。“日近长安近”，只顾自己说得有理而已。余意则以为就文字言，无治主义较为适当；就习惯言，无政

① 《答案》，指《中国社会党重大问〈题〉之答案》。

② 《社约》，即《三二学社简约》。

府主义较为通行。故吾人姑沿用其名词，而别须分疏其定义。若谓政府二字即有家庭、宗教种种之含义，如余捣昧，良不足以知之。

江氏以为 Anarchism 译作无政府即不足以包括无家庭、无宗教，然 Anarchism 之原字则谓可释作广义，是其原语足以包括无家庭与无宗教，江氏想亦知之。Anarchism 既足以包括无家庭、无宗教，今译入华文称为“无政府主义”，仍不过借以代表 Anarchism，而此主义之性质、作用及定义，则固未尝有所出入。断无在 Anarchism 则其义可广，一易以无政府主义之代表名词，其义忽变而为狭之理也。今江氏乃谓一译作无政府即不能包括，其理由果何在乎？岂所谓无政府主义者，在西文则其义广，在华文则其义狭，如水银之忽缩忽涨者乎？在吾人之意，以为无政府主义（Anarchism）反对一切强权，所包甚广，苟于其中特标政府（或国家?）、家庭、宗教三者反对之，尚不足以尽其义。惟取无政府主义（Anarchism）之名，然后其义乃无所不赅。前后意义一贯，何所谓忽取其少忽取其多耶？且吾人但谓无政府主义（Anarchism）可以包括无家庭、无宗教耳，固未尝谓“政府”二字之字面足以包括宗教与家庭也。今江氏乃强易之曰：“若谓政府二字即有家庭宗教种种之含义……”云云，虽三尺童子皆知其不通，是无异吾人谓 Anarchism（无政府主义）可以包括 Anti-familialism（反对家族主义）、Anti-religionism（反宗教主义），而江氏则易之曰 Government（政府）一字可以包括 Family（家族）、Religion（宗教），岂不令人喷饭耶？夫无政府党无有不反对家族与宗教者，其反对家族反对宗教之学说，亦皆纳之无政府主义中，固未闻以反对家族（Anti-familialism）、反对宗教（Anti-religionism）与无政府主义（Anarchism）三者并举。江氏乃谓姑沿用其名词而别须分疏其定义，然则无政府主义（Anarchism）苟非如江氏之分疏以无政府（或国家?）、无家庭、无宗教即不足以知其定义耶？江氏之所谓无政府（或国家?）、无家庭、无宗教果可以尽无政府主义（Anarchism）之意义耶？以无政府（或国家?）、无宗教、无家庭三者平列分疏无政府主义（Anarchism），果出之何家之学说耶？今请正告江氏曰：所谓无政府主义即 Anarchism 文字虽不同，而此主义之定义与范围则未尝有异。惟江氏执着字面，误为排斥政府反对政府，无怪其格格不入，以为不能包括无家庭、无宗教而特创所谓三无主义之名矣。江氏又谓以文字言无治主义较为适当，吾不知无治二字与江氏之所谓三无又能相合否？无治则无政治耳，又岂能有家庭、宗教种种之含义耶？然则所谓较为适当者，又果何在耶？

> 江氏曰：主张无政府主义恒攻击社会主义，此各国无政府党人之通病也。攻击社会主义，又自称为社会主义，而反谓社会主义非社会主义，此则中国无政府党人之特色也。

无政府党所攻击者，集产社会主义、国家社会主义也，而非攻击一切之社会主义也。无政府党多数主张无政府社会主义，共产社会主义，是无政府党不独不攻击之，抑且主张之矣。江氏挟其一孔之见，以为国家社会主义、集产社会主义之外别无所谓社会主义，甚至欲奉马格斯为教主，以社会主义为马格斯之专利品，于是以攻击社会主义为各国无政府党人之通病。陋哉！至余之反对江氏乃反对其遗弃社会主义之根本要义（土地、资本公有），而以社会政策为社会主义。江氏所最尊崇者马克斯，而马氏最要之主张（土地、资本公有），江氏即不敢附和。是江氏虽欲窃社会主义之名，而其实尚不足以望集产社会主义、国家社会主义之项背。然则吾人之反对江氏特反对社会政策耳，尚未足以语各国无政府党之反对集产社会主义、国家社会主义也。而江氏乃谓余攻击社会主义，江氏诚欲借社会主义以自重，其如实不足以举其名何？至谓"攻击社会主义，又自称为社会主义，而反谓社会主义非社会主义，为中国无政府党人之特色。"今请即如其言以释之曰：吾人之所攻击者，江亢虎之社会主义（实即社会政策）也。吾人之自称为社会主义者，乃主张共产社会主义、无政府社会主义也。吾人谓社会主义非社会主义者，（此语有语病，特姑仍江氏之语耳。）乃以集产社会主义、国家社会主义为不完全之社会主义，而江氏之社会政策则更每下愈况，尤不足以列于社会主义之林也。此种意见，不独中国之无政府党为然，即万国之无政府党亦无不皆然。

江氏原文，此下尚有八九百言，欲求其意旨之所在，了不可得。无非对于师复个人，谩骂而狂吠。（如谓余不欲中国更有倡导社会主义之人；

谓余干涉彼之言论行动；谓余专制胜周厉王、秦始皇百倍。如此种种，颇类疯人之语。）江氏自己不重惜其人格，惟本报则决不愿效其尤，与为村妪之角口，故惟有一笑置之，而不欲赘述以污读者之耳目。自今而后，江氏如能循辩论学理之范围而有所答辩，本报当乐与讨论。若犹是一派谩骂之谈，本报亦只有自守言论上之道德，决不与之哓哓，江氏之骂人自由，尽可达至圆满之域也。

（录自《民声》第 14、15 号，1914 年 6 月 13、20 日）

·附录·

我辈向前进！

师　复

“中华民国，名为共和，实则专制。”此语殆遍于今日之社会，无可讳言矣。满清之对待革命党，其残酷已闻于世界，今之袁世凯政府，曾丝毫未减否乎！满清时代尚无所谓社会党及无政府党，入民国以来，二者乃始发生。袁世凯于对待政治革命党人以外，忽增加无数之劲敌，盗憎主人，势不并立，故即位数月，即下令解散主张无政府之“社会党”，及乎战胜国民党后，顾盼自雄，益无忌惮，复借事下令解散非无政府之“中国社会党”，杀其北京部党员陈翼龙，各省之小民贼承风希旨，于是“社会党”党员愤愤复以他事被枪杀于通州。当此疾风卷地狂涛滔天之时，吾等鼓吹无政府之机关报《晦鸣录》乃适出现，不二十日，龙济光即强禁我出版，侦缉我同志，蹂躏我晦鸣学社之团体，及吾等迁澳门后，正拟重张旗鼓，李开侁即照会葡领事，袁世凯复令外交部照会葡公使，要求禁止《晦鸣录》出版于澳门。葡萄牙本一非驴非马之专制的共和国，无异支那之小影，其管理澳门，尤横暴无理，故亦欣然乐从，禁止《晦鸣录》出版，以表同情于支那之大盗。不宁惟是，黎元洪以窃拆邮信而得晦鸣学社之通告书，复据以电告袁世凯，袁遂通电各省，严密拿禁云云。此等举动，本不值吾辈一哂，然亦可见民贼之对待吾党，固无所不用其极也。

今者支那无政府之生气摧残殆尽矣。虽然，吾党抱反对强权之宗旨，为反对强权之运动，其受民贼之摧残，固在意中，何足馁吾人之气！自今而后，吾人之劳苦较前倍深，而责任则较前倍重。吾人当视民贼种种之残暴，为吾人鼓吹之好材料。彼辈之残暴增一度，吾人之实力必须增一度，则平民厌恶政府之心理当必随之而增一度。夫如是无政府之时期不远矣。我亲爱之同志乎！其益决心！益猛进！无怠！无惧！以至于强权灭绝之域！杀戮囚辱固无政府党乐乡！惟最后之凯歌则必由我辈唱之可断言也！

无政府万岁！

我辈向前进！

（录自《民声》第4号，1913年12月27日）

答悟尘

师　复

来书疑共产主义“各尽所能、各取所需”二语，已有无政府之意义。又疑共产主义即无政府主义之变相。此大不然。共产主义（Komunismo）与无政府主义（Anarhismo），明明为两种学说。（有主张共产而不主张无政府者，亦有主张无政府而不主张共产者。）无政府主义本质为对于政治之学说，虽含对于经济之意见，而不限定为共产。共产主义则纯为对于经济之学说，（“各尽所能，各取所需”二语，出自法之鲁意·布郎，专为生产分配而言。）而对于政治之意见，则尚未表示。倘共产主义而兼主张无政府者，是谓“无政府共产主义”（Anarhist-Komunismo）。此中区别，请细读本报前数号各论，当能了然也。

来书又问“共产实行之始，吾人衣食住之配置，必须有详细组织方法，预示世人”云云。夫各尽所能各取所需，非即最完善之方法乎？非即衣食住配置之方法乎？吾人须知，无政府共产主义乃绝对自由之主义，无所谓繁密之组织；所贵乎繁密之组织者，特集产主义耳。资本制度之末日一至，吾人即各尽力工作以供给吾人之衣食住。有屋者可居之如故，而不必给租。无者即居于无人之屋。又不足，则大众合力建筑以居之。大衣服店之衣服，均吾人之衣服也，可往取之。大粮食店之粮食，均吾人之粮食也，可纵食之。此等平平无奇之事，尚须吾人预定方法以教之乎？若恐物产不足，美恶不平，或从此而起争端，则吾人第一着当先知共产主义何以能实行？以社会革命之成功也。社会革命何以能成功？以平民多数已知共产主义之真理，乃同起而革命也。社会革命与政治革命有厘然不同之点，即政治革命为英雄革命，为少数人革命，而社会革命则平民革命，大众革命也。政治革命，以二三英雄运用手段，便足以成功，而平民大多数均不知其所以然。故革命之后，组织机关、制定法律等事，即须随之而起。若平民革命，则大多数已明此真理，一旦成功，即以真理为天然之法律（非真法律）而已。又何至有种种争端，而须预谋组织防范之方法乎？若犹疑吾言，则请细读本报第一期《无政府浅说》及其他诸家之学说，自可涣然冰释矣。至于工作之分配，公共教养之设置，此更容易，亦无非各尽所能，各取所需而已。此时平民既能推翻政府，推翻资本家，试思其聪明才力何若？岂有此等小事而不能处置裕如者乎？至谓须有一至精密详细之图说云云，此在小说家不妨各以其所见而为之，用以为茶前酒后之谈助，若学说则无需乎此。盖此时社会之进化，人智之特出，固非吾人今日所能拟议。即强拟之，亦必不能密合彼时之情势。且其时人人自由，安能步步趋趋，死守吾人今日之计划乎？总之，无政府共产主义乃完全自由之主义，无政府共产之社会乃完全自由之社会。故吾人研究无政府共产主义者，亦当本完全自由之脑想以研究之，而不可杂有丝毫政党政策之见解，如政治革命党之预定革命方略，以为他日如何组织如何施行之地也。

来书又问“纯粹社会主义与真正社会主义之别，是否一为集产，一为共产”云云。按纯粹与真正，均为有所对待之词。以华文字义释之，似无甚分别。惟日人所用纯粹社会主义之名，乃以译英文 Pure socialism 一语（亦作纯正社会主义）。据英人 Kaufmann 氏所著《社会主义》（*Socialism*）一书，其所下纯粹社会主义之定义曰：“社会主义认各人之才能不同，需要互异，因之生产之分配，当视工作之多寡，以为报酬之比例。故土地资本，主［当］归公有，而各人岁入则仍许私有。”此实集产主义之学说也。著者原为集产家，则其以集产主义为纯粹社会主义，固无足怪，惟吾人则不能承认也。至于近日中国学者所用纯粹社会主义之名，则又不同。如三二学社之通告曰：“纯粹社会主义有三无二各之学说。”而“中国社会党”之章程，所谓“于不妨害国家存在范围内主张纯粹社会主义”一语，亦全为调停无政府派之党员而设。故世人遂即以“纯粹社会党”名愤愤等所发起之“社会党”，是则所谓纯粹社会主义，实即无政府共产主义，与前所述，相去绝远。然则此一名也，或则以集产主义解释之，或又以为无政府共产主义之混名，迷离扑朔，无从分辨。故记者敢断定此为不正之名，吾人摒之勿用可也。至于真正社会主义，乃对于集产社会主义而言。盖吾人常目集产主义为伪社会主义故也。克鲁泡特金尝曰：“无政府主义即真正社会主义。”克氏之意，盖指无政府共产主义也。要之，所谓真正者，对于不真正而言。若无对待，则真正之名亦无由立。故真正社会主义一语，以为无政府共产主义之注释则可，以为无政府共产主义之别名则不可。盖此语本非专名词，即亦无一定之界说也。

（录自《民声》第10号，1914年5月16日）

再致吴稚晖书（附录师复致吴稚晖第一书）

师　复

案：此书虽为私人函札，惟其中所论，关于无政府党之作议员，实为重要之事实。近日好谈“半面的社会主义”者，往往谓借政治能力可以达社会主义之目的。此等邪说，实足为社会主义之玷。张继与吴稚晖皆中国提倡无政府主义之先进，前数年在《新世纪》操笔政时，持论至激烈。乃张继既作议员，吴稚晖亦时周旋于国民党间，既与政党日益接近，即无异与社会党、无政府党日渐疏离。及讨袁事起，其原因本由于政治之竞争，原为社会主义所不取。而张氏既竭力主持，吴氏亦日日著论鼓吹，以主张无政府主义之人，提倡有政府之战斗，尤足骇人听闻。记者于此，不禁为无政府主义痛哭，故特附录此书于此，阅者幸毋以明日黄花见诮也。

近于报中辗转得读答书，为述进德会及六不会源流至悉，谆谆不倦，领教无量。惟进德会及六不会之先后继起，其时复适在沪渎，于其历史及规则，与乎溥泉先生之未与闻六不会事，及六不会全与议员问题无涉，均颇能知之。前书亦并未齿及六不会一字。至此间诸同志，多属进德会员，且皆爱护之若神圣，固断不至有昧于规则如来书所谓夷视或苛责者。幸勿以此为虑。前书所以涉及进德会者，徒以误忆溥泉先生为丙部会员之故。盖不独复一人有此误，曾询进德会员数人，其误忆亦与复同也。嗣于《民立报》中得读先生《可以休矣》一文，据说溥泉先生实非进德会丙部会员。得此一语，复前书对于溥泉先生之第二疑问，本可以立时取消。惟复仍有不能尽解者先生为溥泉先生辨明语中，略谓“溥泉先生亦屡欲改入西部，第为政界中人所阻，卒未实行”云云。复窃谓先生此语过矣。人之进退，各有自由。溥泉先生不欲入西部则已，如其欲也，岂其不能行使一己之自由，何至为他人所阻，更何至为政界所阻。夫以出处大节，宗旨所关，乃亦见挠于政界，不能如愿，岂不贻人笑柄耶？溥泉先生之不入西部，其用意或别有所在，非浅识所敢知。若谓为政界所阻，鄙人虽愚，窃谓溥泉先生磊落丈夫，未必如此。今先生竟以此说宣布，苟人有反诘一语曰：设溥泉先生欲为革命党，欲为无政府党，政界中人从而阻之，溥泉先生亦受其所阻否？先生又将何以代白耶？抑更有进者，复前书对于溥泉先生之作议员，不能释然，其最要之理由，实以溥泉先生为提倡无政府主义之人，曾竭力排斥政治，不应反置身于政治上之生活也。溥泉先生之言论著作具在，反对政治，反对议会，言在耳而墨未干，一旦言行相反，苟非有绝大之理由，必不出此。复愚无以自释，故欲请教于先生，不幸先生答书，于此未置一辞，致鄙人满腹疑团，至今仍未能释然。今日欧洲之社会党与无政府党，其宗旨本非绝对反对，徒以社会党运动政治，欲以议员之力达社会主义之目的，无政府党则排斥政治以为无济，而相率从事于社会之运动。社会党之异于无政府党者以此。其受无政府党之攻击唾骂者亦即以此。今溥泉先生虽未标揭无政府党之名，然读其著作，固俨然极端排斥政治之一人。忽然运动政治，其理由所在，无人不欲闻之。往者见《民立报》所载溥泉先生历史，中有“自光复后先生以为无政府主义不适用于今日之中国”一语，世或即以此为溥泉先生作议员之原因。惟以鄙意度之，此语必非出自溥泉先生，有可断言者。盖无政府主义，乃世界的主义，无所谓适用于某国与不适用于某国。无政府党之提倡无政府，以为世界无论何国，皆当无政府，非专为一国说法者也。溥泉先生于七八年前提倡无政府主义，尚以为适用，独至今日乃以为不适用，有是理乎？今日一般人之心目中，固多有以为无政府主义不适用于今日之中国者，其意不外曰中国今日尚未至实行无政府之时而已。此则何止中国，即以今日号称进化极速之法兰西亦未必即日遂能达到无政府，然则亦将谓无政府主义不适用于今日之法兰西乎？故复以为“无政府主义不适用于今日之中国”一语，反对此主义者不必论，苟其人稍有无政府主义之常识，未有肯出此言者也。曩者白频洲先生又尝来书论兹事，略谓无政府党不妨作议员，其意以为将来之无政府实行，即由各国议员之主张无政府者决议解散政府。此言亦未免过于重视政治，视议员为有莫大之能力。不曰各国之人民决议解散政府，而曰各国之议员决议解散政府，是明认议员为能代表民意矣。而未思无政府主义固不认有所谓代表权也。即姑置是不论，夫待至各国之议员大多数皆为无政府党，其难固甚于河清。而欲各国之无政府党一旦舍其今日反对议会政治之宗旨，转而运动选举，此已属必不可得之数矣。以上本无关于本题，第以欲研究溥泉先生所以为议员之故，反复而不可得，故不惜絮絮言之。吾辈主意，在讨论真理，溥泉先生不过借为借口之题目，故以为不妨词费也。先生达识，当必有以教我。又鄙人已宣布废姓，此后如赐答书，幸勿再如前书于名字上冠以旧姓，尤为幸甚。师复白。七月某日。

（附录师复致吴稚晖第一书）近闻溥泉先生当选参议院议员，并被推为议长。既忤平昔素志，复戾进德会会约。先生与为至友，不审以为何如？此间同志对于此事，惶惑万状，而曾入进德会者，尤为愤激。今日攻海恶潮，陷吾民于痛苦，国人醉心权位，讼言运动，不复知学问道德为何物。其祸殆有甚于传染。长此以往，光天化日之人类，不难立返于兽域。三二贤者，方当卓然独立，为之表率，并宜以有用之光阴，致力于社会，为吾人类谋真正之幸福。乃不此之图，竞相率而逐海滨之大臭，其如吾道何！其如为人之责任何！先生等道义素交，似不宜坐视。师复愚见：以为先生当劝其即日自辞参议院议员一席。日月之过，于君子无损。否则宣布昔日主张无政府之宗旨，今已改变，并同时宣布自请出进德会，以谢同志。狂妄之见，自知无当，幸先生有以教之。师复白五月某日。

（录自《晦鸣录》第2期，1913年8月27日）

再答嵩任

师　复

嵩任君于本报第八、九两号之答词，意仍未惬，故复列举八疑，而根本之辩难，则绝对否认无政府主义之简称，以为必不可用。凡读者对于本报言论既有所疑，记者自当负解释之义务，且恐怀此疑点者当不止嵩任君一人，则解答尤不可以已。固必避絮絮，先答其根本之辩难，而后再释其八疑。

答词之先，记者当重复申明一语，以告读者，本报第五号所谓“吾人欲表揭一正确之定名以号召天下，莫若曰无政府共产主义（简称则曰：无政府主义）。”此数语之由来，根于上文先叙无政府主义一名之正当，次叙无政府主义对于产业问题有共产、集产、独产之殊。吾人主张共产学说，故谓无政府共产主义之语尤为明确而完足，惟有时意在表示无政府之概念，而非详示对于产业之特别主张，则不妨简称曰无政府主义。然非以无政府主义为无政府共产主义之别名也。犹之主张共产社会主义者，当辨别流派时，必曰共产社会主义，而有时仅可浑举之曰社会主义，亦非以社会主义为共产主义之别名也。今来书以为无政府主义之名绝对不能用，其理由则谓恐闻者误会，不知无政府主义自有其本质，一闻无政府主义之名，无政府之概念可以同时联想而得。无政府者，无强权之自由组织也，何至有所误会？犹之一闻社会主义之名，虽未明示其为共产或集产，然社会主义之概念，则总不离乎无私产之组织，亦断不至有所误会也。本报前次答书，以为简称之用，一方面为言词之便利，来书则曰：“无政府共产主义与无政府主义，仅差二字，无如何之便利。”不知一文之中，常有用无政府主义之名至于数百者，在一二语不以为简，在十百语则以为简矣。

故苟所言非有表示共产主张之必要者，即不妨但言无政府主义。况所谓便利者，更不独简便之谓，有时立言之体，适宜于无政府之名，而无政府共产之名反觉其不惬者。最浅而易见之证据，即本年之无政府党大会，发起者皆为主张无政府共产主义之团体，而其所揭之名则但曰无政府党大会，而不曰无政府共产党大会。然吾人不以其名为不正者，以此时立言之体，实适用无政府故也。又，英、德、法等无政府党联合会，亦主张无政府共产主义者，然除法兰西因有特别历史表明共产外，（此会成立于去年之巴黎大会，因排斥独产党，故特名为“用法语之无政府共产革命党联合会”。）其余英与德皆但曰无政府党联合会而已。于此可见无政府主义之名之用法矣。本报又谓简称之用，一方面从世界之通称。来书曰不必从人之通称，不知通称之不当者可不必从，通称之当者安可不从？无政府之名，并无不当之处，何尝不可用？如克鲁泡特金为无政府共产主义之发明家，然其生平所著书除表示其特别主张外，十八九均通称无政府主义。今来书以为不必从，岂将取克氏之书尽易其无政府主义之字为无政府共产主义乎？又岂将尽取各大家汗牛充栋之书，一一易其无政府主义曰无政府共产主义乎？度足下亦必知其不可。然则世界通称，盖有不能不从之势矣。总之，足下苟审及无政府主义非无政府共产主义之别名，及知无政府主义一名并无可以误会之弊，自可焕冰释矣。

以上，来书所谓根本之辩难，既已解答。今当再释八疑。

第一，无政府主义乃一概括之公名，以为克鲁泡特金以前诸家之无政府主义可，以为克鲁泡特金之无政府共产主义亦无不可。盖无政府主义自有其共同之意义，无论何家学说，均无所出入者也。

第二，第一疑既释，第二疑可不辩自明。

第三，无政府共产主义者，在欧文实以二字合成为一名词。今来书之意，止许用无政府共产主义，而不许用无政府主义，是无政府主义一字已失其单独之效用，故谓无异废去无政府主义一字也。又，无政府共产主义实为无政府主义之一派，今来书绝对以无政府之名为不适用，无异止许称人而不许称人为动物。设有人问于足下曰：“足下是否主张无政府主义者乎？”当此之时，足下将答之曰：“然，吾为主张无政府主义者，且为主张无政府主义中之无政府共产主义者”乎？抑将答之曰：“否，吾非主张无政府主义者，吾乃主张无政府共产主义者”乎？由前之说，则是适用无政府主义之名，足下必不以为可；由后之说，则是不主张无政府主义而主张无政府主义之一派，于名学为不通矣。

第四，来书谓“无政府主义之定义曰排斥政府废除私产，然皆系一种手段，而未明言目的之所在，其主张要为不完全。”此语未免大误。推翻政府及资本家，此可谓为无政府主义之手段，而其目的所在，即在无政府无私产之自由社会。（此为无政府主义家共同之目的。）其主张何尝不完全？如来书所言，则无政府主义名家不下数十，除克鲁泡特金自号无政府共产主义外，岂其他皆主张不完全者耶？来书又谓“社会主义以废除私产为手段，而以共产、集产为目的”，此亦不然。社会主义以推翻资本家为手段，而以取回生产机关归之社会公有为目的。（此乃可谓社会主义家共同之目的。）若共产则共产社会主义之目的，集产则集产社会主义之目的。如此分说，方合论理。社会主义虽未明言共产或集产，亦自有其共同之目的。若如来书所言，则社会主义苟不系以共产、集产之词，即不免成为主张不完全，有手段而无目的之主义矣，因之社会主义一名亦将如来书所谓绝对不适用矣。足下岂肯道此耶？本报所谓无政府主义能兼赅社会主义，即谓其能兼赅社会主义共同之目的也。足下始终误会之点，即在误会无政府主义只有排斥私产之手段而无财产公有之目的，因恐无政府主义一名不足以起世人之信仰，而其所以致此误会之原因，则又由于忘记社会主义共同之目的也。今辨析及此，度足下必可豁然无疑矣。

第五，来书谓“舍无政府共产主义外，无所谓无政府集产主义，而主张独产者亦非真能主张无政府。”此又大误。无政府学说中，按其对于产业之意见，实可别为三派：一共产派，克鲁泡特金之无政府共产主义是也；一非共产派，蒲鲁东（Proudhon）之国民银行策是也；（蒲鲁东学说，不自表其学派，故作学派史者，或列入排产派，或列入独产派，或列入集产派。以愚意论之，蒲氏排斥共产主义，主张国民银行策，以劳动时间之多寡而定所得之厚薄，与其谓为排产、独产，无［毋］宁谓为集产矣。然径列入集产，仍觉未惬，故特名曰非共产派。）一独产派，都克[①]

---

① 都克，今译作“塔克”，即本杰明·塔克（Benjamin Tucker）。

（Tucker）之个人无政府主义是也。（都克之个人主义，在无政府主义中，亦卓然成一家之言。近在欧洲，其势力亦甚盛，几欲与共产派争衡。特流弊滋甚，主张共产者乃极力排斥之耳。）此外又有称为集产派者，巴枯宁（Bakounine）是也。（巴枯宁所主张，原与今日之共产主义无甚出入，特因当时集产社会党之元祖麦格斯发表《共产宣言》，自称共产主义，巴枯宁反对之，故自谓主张集产主义，以示区别，此实历史上名称沿革之问题，原与学理无涉。特因其明明自称集产主义，故学史上不能不列为集产派耳。）无政府主义派别之不一如此，安能以无政府共产主义之一派而尽蔽之？更安能谓无政府主义非一种之公名乎？来书之误会，正由忘记无政府共产主义为无政府主义中之一派，因生种种枝叶之辩难，实则无政府主义之有无政府共产主义，犹之社会主义之有共产主义。吾人之简称无政府主义，则犹之主张共产主义者，亦可浑言之曰社会主义也。

第六，共产主义为社会主义之一派，惟无政府主义则只可谓兼赅社会主义而不能谓兼赅共产主义者，此亦易明。盖所谓兼赅者，乃同时兼具之意。谓凡无政府主义必兼有社会主义于其中。社会主义者何？即生产机关公有之共同主张也。若共产则为社会主义中之一种特别主张，除共产外，尚有集产及其他各派。第举无政府主义一公名，乌能同时兼具之？犹之谓“凡国必有人”，然不能谓“凡国必有支那人”也。

第七，无政府主义之所谓主张人民完全自由，即主张无强权之自由组织，（与野蛮社会之自由，夫人皆知其不同。）是即其积极目的之所在，复系以共产，主张乃更进一步。是无政府与共产均不失为积极之主张，而断不能谓无政府为消极之手段也。（无政府与排政府意义迥别。）况世人道听途说，往往误会无政府主义为单纯破坏之主义，因之一闻无政府三字，几以为杀人放火之别名，甚或讥为无思想无实际之暴徒。（即欧美人亦不免此。）吾人为发扬主义计，正当极力解释此种误会，使世人皆晓然于无政府主义理论与主张之完善，而勿误会为单纯破坏之主义，实为今日传播者之急务。故吾党有恒言曰：“无政府非但破坏政府之谓，乃人民自治不用政府统治之谓。”此语即所以解释一般之误会者也。今来书始终谓无政府为消极手段，不几重世人之疑惑耶？

第八，来书谓“必无政府而后能真共产，故共产主义不必借无政府三字表示之”，此说亦非。共产主义家不主张无政府者，固数见不鲜，即发明“各尽所能，各取所需”两大原则之鲁意·布兰先生，亦为主张政治之人。故吾人对于共产之上必须系以无政府，其说始完〈全〉也。来书又谓无政府主义不能成为公共之名词，此亦不然。其说已详第五节。

来书结末处又言此后当以“从有政府达到无政府之经过”及“无政府时代之状况”两事发为问题以资研究。愚意以为此两问题尚不免宽泛，不若先取《克鲁泡特金学说》（载入《无政府主义丛刻》中，于此两问题，均已道其大略。）研究一过，苟于其中或有疑点，再提出讨论，方不至一部十七史从何说起也。

（录自《民声》第12号，1914年5月30日）

江亢虎之大讲演

岑庐笔记

前次杭州开成立会，弟因病不能莅会，但弟对于杭州有特别之感情，故于北行之前，来杭一次，与诸君互相讨论。

社会主义，在外洋成一专门科学，言之甚长，非三数小时间所能尽述，故弟只得单简大要与诸君言之。

一、社会主义之名词，虽出于日本，在中文亦甚明了，参诸西文，亦无甚异点。但社会主义不可与社会学混称，因为社会学系研究往古及现今社会之情况，而考察其进化，推究其未来之学。社会主义，则系以研究社会学之结果而生一种特别之主张，出其方案而实达之之一种主义也。

又，社会党与社会亦不同。现世界各种大小之团体，皆得谓之社会。社会党不然，乃系一般抱社会主义之人结合而成之团体，以一定之党纲行一定之目的者也。以下所言更用比较的解释法以说明。社会主义，庶使人易于了然。譬如说，虎以猫为比，就人人所常见之。猫比人，人所未见之。虎但说，大若干倍。异点何在？同点何在？人人即能想见其象矣。

社会主义与宗教有相同之点。凡百宗教，必抱一定之宗旨，不但自己信从，且使人人信从。社会主义亦然。传布宗教者，须艰苦卓绝，抱社会主义者，亦须如此。然社会主义与宗教，亦有不同之点。凡百宗教，如佛如耶如回教，皆有无明信仰心（即迷信），社会主义则不然，绝对无迷信心。关于党纲所主张，有行为自由，且宗教必有教主，特异于教徒。社会党无之。因社会主义系科学性质，日有进步，虽有信仰，后起者胜，绝无神圣之首领。宗教说法，必仗他力救度，如佛教之念佛，基督教之忏悔，均仗佛力与主力，以免罪孽。社会主义则不然，系自力救度，绝对的无所依赖无所需待。

社会党有似于政党，（按：中国系共和民国，凡党会皆一体。民党政党，非对待，不过一则在朝政党，一则在野政党耳。）政党有党纲，社会党亦有党纲。政党宣布党纲，必欲见诸实行，社会党亦然。但社会党有大不同于政党之处，即政党必有党魁，社会党无党魁是也。政党以国家为范围，社会党则以世界为范围。各政党欲行其党纲，必使党魁居政府重要之地位，引用其同党以行之。社会党则不然，可随时随地行其党纲。政党必用种种之手段，社会党无手段，即目的即手段。社会主义派别甚多，略可分为次之数种。

一、国家社会主义：国家社会主义以国家为目的，以社会主义为政策，如奖励劳动、专征地税等事，系为维持国家之安全，发展国家之势力。今日孙中山先生之所倡导者，即属于此。

一、共产社会主义：共产社会主义，欲保持财产之平均，主张将私人所有之财产作为共产，国家存在之日，则归国家。

一、集产社会主义：此派主张集私人之财产于一处，以营事业，年终均分红利，以免自由竞争之弊害。

一、均产社会主义：此派主张统计现世之产业，以现世之人数，平均给与，使各得其平。集产、均产，窒碍之处甚多，故共产主义，实占大势力，为社会主义之嫡派。

一、无治社会主义：主张此派者，举一切礼教、政治、法律悉废止之，使世界永无圣贤、豪杰与庸人之区别。余欲称之为三无主义，即无政府、无家庭、无宗教，举一切现制度推翻之。

次则社会主义之大要。社会主义分派甚多，略可分为次之数种。

鄙人再述社会主义之根本，从何而来？考人类所以为动物中之灵，因有一种抽象的思想。处今日之世界，观感接触，均觉不真不美不善，因引起至真至美至善之境界。虽不可以接触，而此抽象思想，乃自然而发生，且发生种种改善改真改美之方法。

因以上之感触而分三［四］派。

一、厌世派：因现世界种种之不真不美不善，以积重难返，缔造不易而生一种之厌世心，对于一切，均抱消极主义。此派人多，则社会亦必缘是而退化。

二、激急派：因接触烦恼，觉世界之事，不真不美不善已达极点，种种桎梏虚伪不平，因生一种之反动力，出为暴动，以破坏一切，使同归于尽为快意之举。如盗贼之类，亦其一也。

三、苟安派：世界既有种种之罪恶，悲怨之声，困苦之状，随处发生，偶有二三明哲者，出而稍微改善，社会亦因之而宁辑，殆其人亡，又复骚然。故中国历史，向称一治一乱，似莫可逃者。所谓治世，不过彼善于此。此明哲之一二人，即历代所歌颂之圣君贤相。不知根本上之解决，仅赖补苴罅漏之手段，剜肉医疮之政策，信难冀达郅治之域也。

四、为建设派：感觉世界种种之不善，社会层层之腐败，本真美善心而思所以整顿改造之方法，知非从根本上解决不为功，积为思想，著为言论，而行于实际，欲以度己且以度人，是即社会党主张社会主义者是也。盖社会主义，即欲彻底改良，使一治而不至于再乱者也。今更进而述世界社会主义之大势。

世界各国社会主义之兴衰各有不同，兹就重要者举之。

美为世界第一等富国，据计学者言，平均每人每年之生产力在二千元左右，（中国人仅二元五钱。）但皆为一二富豪所垄断，如钢铁有大王，煤油有大王，木头有大王，甚至卖牛头卖鸡蛋者亦有大王。熙熙之氓，穷困益甚，因其生活费用甚高，佣金入款不足敷用。因此不平等之声，时有所闻。其苦乐之状态，相悬殊甚。社会主义，即缘此发生。其富豪大贾，号称为大王者，反对甚力。然彼平民，谋所以去其魔力者，亦日有进步，社会主义骎骎发达焉。

英系君主立宪，一切取决于国会，故其政府对于社会主义并不干涉，且其国家道德非常高尚，即对待国事犯，甚优，不论何国逃来，均加以十分保护。（伦敦城早已废去，但其地尚在。英皇每年行礼时，亲至其地。警察必按例诘问，尔为谁？进城何事？英皇必亲答以姓名、履历及进城理由。其尊重法律如此。按英伦警察权，概操市政厅市民之手。）故世界各国社会党人，为其国所不容者，往往来归英国。如俄、西、意诸国之捕客，一至英土，即得行其号召倡道之自由，故社会主义在英国，颇占优胜之地位。

德亦君主国，其国之景像［象］，如朝气方升，一切制度，无日久弊生之病。国人之主张社会主义者，甚多，如马克斯为稳健派国家社会主义之大家，为今日各国所风行。然亦有主张极端派者。

法为共和国之最早者，一切主张自由平等博爱，人民毫无束缚，故无论形上行下，各种奇颖之学说，皆由法创之。故法之社会主义，亦有吾人所不敢思议者，彼均集一小团体，一一见诸实行，无治主义，首倡者布尔东①，即法人也。法不但为社会主义产出实行之地，且为各种科学之发明地，实缘人民享受自由，其思想动作，故蓬勃多生气。

意与西，可相提并论。在欧洲皆为老大帝国，政府对待民党，极其严密，干涉备至，而反动力亦缘以起。法国社会党人所倡导之学说，往往实行于意、西两国，而暴动暗杀之事，时有所闻。其党人，类多勇往直前，且痛恶其政府，故无政府党，以意、西为最多。

比利时虽一小国，而社会主义极其发达。国虽有君，然无甚阶级，且为永久之中立国，故仅有陆军而无海军，且位于欧洲之中，交通极其便利，至欧洲各国，无出二日程途者，故社会党国际的联合，往往在此。人人皆有职业，甚形平均，景象离社会主义颇不甚远。

论及瑞士，则较比国更进一步，人称为世界公园，亦为社会主义之一实行地。其国人人有自治之心，农工苦力，多曾受中等程度之教育，其尤奇者，虽有国而无政府，以国会替政府，以国会议长替总统。政治极其单简，议长权限，仅及议场以内，一出议场，即伍齐民。实业、交通极称发展。故社会主义家，欲以瑞士为理想国之胚胎。

在中国之北方有俄国。俄为君主专制，人民受重大之压力，故其发生之反动力，亦甚大。国民中主张无政府主义者，实繁有徒。历年最惨烈之革命，常实现于俄国。其官吏、君主之遭残杀者，不可胜计。警吏之技术愈奇，而虚无党人之手段亦愈妙。故社会主义之在俄，实冥冥中进其速度，有莫之能御之势。无治派大名家巴克宁②氏、克鲁巴金氏，又如千年新死之大文豪托尔斯泰氏及创世界语之石门哈夫③氏，皆俄人也。（按：

① 布尔东，今译作“蒲鲁东”。

② 巴克宁，今译作“巴枯宁”。

③ 石门哈夫，今译作“柴门霍夫”。

虚无党即主张无政府主义者，现俄国已无此名称，因前次万国无政府党大会，已归并改正矣。）

在中国东方为日本国。日本自维新以来，各种学说，颇有蒸蒸日上之势，即社会主义，亦甚发达。自幸德秋水谋毙日皇事发死后，大有消声灭迹之象。幸德氏所主张者，亦甚平和，不过去其君主，稍事平等之组织。当时被捕者，三十六人，死者十二人，男十人女二人。今日不过为秘密之行动而已。

吾人综观以上诸国，可得一公例，凡压制愈深干涉愈甚者，则社会党人之手段亦愈烈，其主张亦愈趋于极端。如英、美、比、德以及瑞士诸国，无猜无隐，果见其坦坦荡荡，渐造完美。如意、西、俄、日，压力愈重，发动亦大，无政府之倡导，暗杀案之发现，起没无已。故一国之大事，惟以任其天然之趋势，以造福于大群为最善。若以少数人自私自利之野心，而欲强加限制，其患当甚于防川，可预决也。

世界日趋于文明，初不过展拓一二国之富强。富强之后，一般细民，仍在困苦之中，于是必更进而谋大多数之幸福。社会主义之发生于今日，实亦进化必由之阶级。虽有多数富豪贵族，出其阻抑之力，亦断不能遏其方兴之趋势。观夫国际同盟之联合、世界语、汽电诸学之推行，渐趋大同，五大洲如一室，将来社会主义之实行，可断言也。

然就日本之近状而论，国家方兴，国民无意外之感触。推行社会主义，不但政府中人非常反对，一般舆论亦莫不目以为病狂。一以崇拜天皇之积习太深，社会主义，自不容有神圣之君主；一以其君主系一系相传，实含有大和民族族长之性质，且日之强盛，明治之力居多，崇拜英雄，为其先导。有此数端，皆为社会主义发生之劲敌。然而，绝好之机会亦不远。明治耄年，去死不远，嗣续之人，必无前是之英明，且新受中国之影响，政治革命，所不能免，社会主义之扩张，即随于其后。日本党人对于本党，极表亲切之态度，希望甚殷。在本党入籍者，数在百人以外，静候时机，一至可以收提携并进之效也。

兹述及本党。本党之成立，鄙人实首先发起。鄙人当环游时，曾遇一俄国之社会党人，相谈之顷，不符而合。彼以东方专制兹甚，科学程度亦未甚发展，而子主张社会主义，未悉从何而得？仆应之曰：仆之谈社会主义，主张社会主义，实由己心而得，实在中国时已然，非至西国始有此，盖社会主义之名词，虽自东西洋转译而来，而社会主义之思想，则人类所共有，即中国所固有也。俄人大赞叹，以为名言。当仆幼时，读《大学》“治国平天下”一句，即已怀疑。国何以曰治天下？何以曰“平”？又读“不患寡而不患均”一句，始恍然有悟于心。目接社会种种之不平，常挟一种理想，如何而可使一己毕生无苦境，必先使全世界人毕生无苦境，若有一人处于苦境，彼睹他人之乐境而不得，必出为劫夺侵略，发为悲怨嫉毒，世界必因之而不安，而小己之幸福，亦危焉而不固，故先哲“平”之一字，“均”之一字，皆有至意存焉。以此类推，是则欲使无纤贫，必使无巨富；欲使无尊贵，必使无卑贱；欲使无奸宄，必使无圣贤。若任为无益之争，将见世无宁日，苍苍者，不见杀于刀兵水火，声色获利者，不可得也。鄙人所主张者，如此。殆后留学日本，始闻社会主义之名词，虽研究未深，大纲要旨，处处相同，益觉吾道之不孤。返国后，益加注意，然终未树帜建议，盖一则因经办之学务事业颇多，恐以空论惹起不良之结果，二以怀抱虽如此，但未相印证，不敢轻为尝试。后时检阅西文书报，东鳞西爪，知非亲一往游考其实际不足以释胸怀，于是牺牲一切，作环球之游，得亲见彼邦人士之所主张之所倡道，暨夫社会主义实现之状况。期年而归，返顾神州，沉沉如梦，责任之心，更不容已。本拟重作西游，冀得与泰西学子，昕夕讨论，以求进境，旋以人事羁延，未遂厥志。偶因与友人谈及社会主义之大概，贵君翰香，亦甚崇拜，因请鄙人至惠，与女学演讲三日，此鄙人生平第一次宣讲社会主义之时期也。斯时所讲之议论，亦极平和，手段亦极稳健，不知惹起一般之反对，杭城数巨绅，以少见故，目鄙人为革命党，借此以反对吾友贵君，而反对惠兴女学。前清抚增韫，于是张皇其事，有驱逐出境及电请革职之举，乃至不能毕其词，第三日即行离杭。盖鄙人抱此主义，早已决定将吾之时间、财产、名誉、性命，以供吾笔与舌之牺牲，而从事于鼓吹倡导。故对于一切反对之来，胸次坦然，然以顾全吾友故，顾全惠兴女学故，只得忍气吞声，不为无益抗拒。知此种主义，决不能容于专制政体之下，不得已乃托迹于上海租界，以图倡导之自由。然亦有直接受此次反对之益者，即社会主义之名词，因以惹起一般人之注意。然上海虽属洋场，满清官吏、沪道之势力，犹足以范围之，故起一滑头名词曰社会主义研究会。研究云者，表示讨论，无罪名之可加者也。去年六月十五日，在张园开第一次之研究会，到会者四百余人，来宾演说者，亦烦有徒。诸君试思，其结果如何？乃大相反。盖上海每逢开会，到会者之心理，有一种白相之观念，演说者之心理，有一种出风头之习惯，一出会场，即付之风流云散。其所说者，亦多离题千里。观于此种情形，益知提倡之不能缓。责任之心，于是益重，因出杂志一种，名曰《社会星》，出至三期，即被封禁，仍不得展。斯时吹鼓之方法颇穷，只得与同志者秘密结社。正所谓“山穷水尽疑无路，柳暗花明又一村”，而武汉之革命起矣。上海继于九月十四日光复，吾中国之社会党，亦即于十五日成立。初不过五六十人，定名用党，当时亦颇有人反对。不久，某党某党踵起者不知凡几，遂为今日之通名矣。因着力鼓吹，百五十日，党员已达三万五千余人，发达之速，有非可以道里计者。然则中国今日即能实行社会主义之时期乎？未也。信从者不力，反对者多端，鼓吹未达圆满之期，离实行尚远。反对者，除胶执成见，信口雌黄之流外，其持之有故，言之成理，足资讨论者，略可分为三类。

其一曰：社会主义，道则高矣妙矣，但不能行，始不愿同。持此派之论者，稍有卓见夫社会主义之大概，但无勇决心。须知人类有所发明，必先有妄想，而后有理想，想理充足而后有言论，言论圆熟，而后有实行。社会主义，经多数之阐发，在外洋已去言论之时代而进为实行之时代，在中国方在萌芽。然则七年之病，三年之艾，今其时矣。况世界发现之事实，以人类议拟之推测，决难确定。今述一事实，足为比拟。鄙人在俄，由西比利亚铁路返国时，长途寂寞，恰遇留学工程者数人，相与闲谈。鄙人言及中国长夜漫漫，急宜提倡社会主义。兹数人者，闻余言，相与大笑，以为言之迂远，非可冀以达到也。鄙人当返问曰：诸位老兄，回国后之志何在？彼即答曰：仆吴人，志果甚小，故乡风土色，色宜人，特街衢湫隘，仆习工程，将即以所学者，布设马路，使成坦荡大道，于愿足矣。以事实论，社会主义之高远难期，较之修筑苏城马路之下而易成，殆不可以道里计。孰意去年一役，时局变迁，社会主义，反风行大地，支部百五十余处，党员五万余人，虽未可谓其成功，而回顾苏城马路，则尚未庀材鸠工，其与前日之所逆料者，推行迟速，殆成反比例。故余曰：未来之事，决非人力所能预料者。至吾人确定宗旨，尤当勇往直前，祸福利钝，在所不计。昔人云：莫问收获，但问耕耘。斯其志矣。

其一则曰：社会党未见一事实行，不过一有名无实之机关而已。当知世界极重大之问题，必须先行鼓吹。鼓吹圆满，使人人之心理中皆有一般之思想，造成一般之舆论，然后水到渠成，不难见诸实地。中山先生提倡政治革命，奔走呼号二十年。广州之役，丧失元气不少，八月十五日以前，偌大中华，革命军未尝占一片之领土，枝枝节节而为之功半事倍。迨时机一熟，武汉举义，天下响应，卒之北军反正，清帝退位，功成如此其速，岂以前梦想之所能及。社会主义亦然。吾党认定今日为中国社会主义鼓吹时代，着力鼓吹，必可得美满之结果，至于功果之迟速，则视吾人鼓吹力如何。熟谓空言无补，而遂可以置诸不问哉？吾国古昔贤者，孔子、孟轲、庄周、墨翟之徒，或聚徒设教，或周流游说，抱一得之知，必欲其推阐天下，使其道之大行，未必身食其果也。况社会主义，尤属高明纯洁、颠扑不灭之学说，自宜广为传布，以收世界之平和。是则吾党之抱社会主义者，不能不集合以从事，推广事业，通交联络，端绪正多，岂虚设哉。

其又一派，则曰：社会党善矣，恐党员之真知灼见者寡，盲从随喜者多，一丘之貉，乌合之众，其何能为？曰：是有故焉。社会主义，在鼓吹时代，吾已言之矣。鼓吹时代，宜取广义。况社会主义之本体，原无阶级，不能设以严重之限制。党纲中仅有了解信徒四字，亦不能人人从而考验之。况彼人毅然签名入党矣，以前之种种行为，本党不应加以干涉，以绝迁善之途。以后种种行为，又在未知之列，又何能断定其为善人其为恶人。有教无类，孔孟之门，昔已然矣。吾党又何能特异？且入党者，既来吾党之门，接触交往，党人居多，初虽不明，濡染熏陶，不难默化。况入本党之籍，悬本党之章，顾名思义，必易引人入胜，此自然之趋势也。舍此之外，尚有一绝妙之机会，即天然淘汰是也。鄙人逆料将来政府，对于本党，必有干涉之手段。盖方经孙大总统，提倡民主主义，作登高之呼。袁总统继任，一切国基，尚未坚定，故对于本党，均听其放任。殆邦基稍稳，本党之势力，亦必于此时期间，同其进步，与政府官吏，难免无抵触之时。彼时不肖官吏，或富豪强酋，必假其政权事权，为种种摧残，种种之限制，风声所播，全体震摇，必有许多党员，消声灭迹，作无形之隐退。其所谓盲从随喜之流，招摇夸炫之辈，相率引去，而归于天然淘汰之列。余留之党员，乃真确有抱负至死不变之流。故多经一回之淘汰，本党即多经一番之拣选。初无所用，其过虑也。

按：先生之言，在长沙荆门事尚未发生之前，不旋踵其言即验。况吾党抱世界之眼光，驰极端之理想，其不为流俗所惊骇绝倒者盖寡。前路茫茫，此特其初步耳。不遇盘根，无以别利器，艰难困苦者，吾党之试金石也。

或以本党员，未免太滥，尤不明本党之宗旨。其所谓滥者，大概以执业之微小者言，不知小执业皆本党党员所应为。天赋人权，当以人为主体，以执业为其客体。今以执业之微贱论人，则失其本末矣。又乌乎可？吾评吾党之党员，必以总统而不屑为，诸君以为妄乎？其实不然。盖总统受国民之委托，处被动地位。社会党党员，处自动地位。一则铸造舆论的，一是服从舆论的。

去年民军起义，杀戮旗人，有伤人道。本党曾大声疾呼，入后民军中重要人物，如黎、黄诸君，亦申为厉禁。物质日趋文明，五洲如一室，人道主义，如日月经天，江河经地，亘古所不可磨灭。各种民族，互相通婚，互相调处，无猜无忌，得调换之益，故世界大同。将来必有一种新人种出现，其形状态度，必有出于意料以外者。今日动物学家，往往作种性交换之试验，每得良好之结果，将来人类亦然。

社会主义，主张世界平和，故力倡弭兵之议，原冀干戈永弭。推原兵之功用，不过扩张执政者之权势而已，故曰兵凶战危，不缉自焚。又曰争地以战，杀人盈野；争城以战，杀人盈城。盖早有见于斯矣。况今日中国财政恐慌，又非能厚养军力之秋，其有疑议，以为苟不养兵，则将为列强所乘者。当知国之于兵，如身之于服，苟身力精强，虽旦衣薄裳，亦不畏寒暑之为厉。元气不足，虽曰披重裘，亦徒见其伤风感暑而已。况衣服愈厚重，元气乃愈耗伤乎？国家不从事于工商实业以厚国基，而徒为军备之扩张，卒成外强中干之痼疾，足召瓜分之祸，机非大计也。

社会主义，主张减政，故其极端，即无政府。诚以执政之权愈隆，人民之自治力愈失。恃政府为万能，适足为专横之渐。往古来今，未有不然。苛政暴敛，名曰为国，实则不过供少数人之挥霍，张少数人之意气，于人民幸福，实未见其丝毫有补也。

社会主义，主张废止法律。盖以法律之设，不过保障少数人之权利。环顾中外，虽条文不同，其究竟如出一辙，深可浩叹。至中国主奴之律，男女之分，其不平等，尤为显著。谚且有曰：只许州官放火，不许百姓点灯。舞文弄笔，颠黑倒白，有深然矣。

按：先生所论，系前清旧律。民国光复，似可无此种违背人道之条例。然操民政者，往往任意忘为，侵凌民气；操兵柄者，练兵殃民，动用枪毙。所谓文明之法律何在？天赋之人权何在？欲谋人类之安全，而不于道德上着想，欲借法律为保障，授治权于官吏，殆所谓授权于盗而已。

世界上惟劳动为神圣，一粟一布，非劳动莫得。推而至于运河、铁道，尤不知积几许之汗血而成，故奖励劳动，实为不磨之定论。俄社会主义大家托尔斯泰先生，主张极和平之社会主义，著书等身，为一般劳动家之救星，渠本伯爵，舍高位厚禄而不为，至六十五岁时，犹实行劳动，往作皮匠。在他人视以为奇事，其实不过一常事。君子有一毫不惬于心，其弃天下也，犹敝履。既知劳动为人生之天职，则奋身以从，亦应然也。

社会主义实行，则劳动者皆高等程度，而所谓学士、博士之流，亦咸日夕，区其一部分之时间，从事劳动，脑力体力，两得其均，思想实验，相互并进，其进步之神速，卫生之合宜，必有可惊人者。

社会主义主张土地归公，而先主张地租归公，征收百分之五之地租，以充教育、养老种种公共机关之费用，而免至有所谓大地主者，垄断一切。今日都市会萃之区，户巷鲫比，种种妨碍卫生，皆由土地私有，而无论价征征税之故。此种学说，系美人亨利·乔治氏创之，颇惹世人之注意。德、美之一部分，暨澳洲、非洲、新锡仑、坎拿大，已实行之，而收成效矣。

或谓社会主义，诚高矣美矣。但事有行甲国而获利，行之乙国而受其弊者，安见社会主义之宜欧者，其将不为中国之害哉？斯言极有究研之价值。吾人创道斯说，亦早注意及之。我中国实行社会主义之时期之历史，极有相宜之点。

一、中国人之思想甚佳，形上之学，素极发达。社会主义属理想者居多，数年之后，中国人必能阐发尽致，即各种科学，稍加指点，亦皆颖悟。中国人好古之心颇盛，而中国之古制，与社会主义，亦极吻合。如三伐［代］二十授田六十归田，是土地国有之制也。庠序学校，自天子以至于庶人，受学于其中，是教育平等制也。七十衣帛食肉，班白者，不负戴于道路，公共养老制度也。冠为成人之礼，以及关讥不征，种种吻合者，不可枚举。而揖壤让畔，尤饶有郅治之风。此历史上之足以借助者一也。

中国风俗，经商异地，必有会馆，推其能力，以扩充施药施材，种种公共慈善之事业。聚族而居，必有宗祠，祭地以及义学种种，以瞻族中之贫困。富者，尤好行善，如修桥补路，茶亭、栈道种种设施，处处皆足以见中国人之富于公益心，而能为社会公共小小之模范。此习惯之利于推行者，又其一也。

仆西行时，遇一久居中国熟悉内情之西人某甲。语余曰：中国有许多事情，含有社会主义之性质。仆问何事。渠曰：中国人喫饭有社会主义，许多人团聚一桌，共食数菜，食毕又争相会钞，不若西人之各归各理。（按：西人习惯，虽夫妻二人入咖啡店，亦必各开各账。）再则中国俗语说：朋友有通财之谊。传染极深，处处有实行之地。虽言近诙谐，实多中肯。

且中国非新缔之共和民主国乎？共和国民之三大精神，即自由平等博爱。种种法律，亦必基是三者。社会主义，亦不过本是发挥，于国家主义，但有相助，并无抵触。此国家制度之足为利用者，又其一也。

中国贫富阶级，未甚悬殊，先事预防，无根深蒂固之积习，阻力较轻，收功较易。苟能一帆风顺，安抵极乐之乡，则尤为本党所企望而难能者。各尽其力，各致其功，前程远大。顾惟盼望吾多数之党员矣。

资本家说：不要听！不要听！我听了你的话，比喫药还难过。

做官的说：该死！该死！真是鼓吹反抗，扰乱治安了。军警，你拿一张三寸宽的封条来，把他的嘴巴封着。

妇孺老弱劳动贫民齐说：先生，我们的罪孽深重，你是救我们不了的呀！

山人且唱一句调儿你听：可怜，你说的舌敝唇焦，只惹得旁人笑。

佛曰：言之谆谆，听之渺渺。众生孽力未消，且慢来。

（录自《天声》第一集，1912 年）

·附录·

三二学社简约

纯粹社会主义，有三无二各之学说。三无者，无宗教无政府无家庭也；二各者，各尽所能各取所需也。此种理论，最为圆满。惟能否实现及如何实现，诸多疑问亟待研究。同人有志于斯，发起本学社，为交通智识之机关。其简约如左。

一、社员：凡愿研求三无二各之学说，经社员介绍，皆得为社员。

一、社费：社员自由认捐。

一、社期：每月一日午后八时。

一、社报：暂假《天声》杂志宣布。

一、社址：暂假上海云南路社会党本部通讯。

安真　纫芳　白平　煮尘　仲彪

宛真　端任　大任　寄虫　乐勤

亢虎同启

（录自《社会党月刊》第 4 期，1912 年 11 月）

江亢虎之无政府主义

师　复

余与江氏辩难，既详且数，雅不欲再渎阅者之听；惟见江氏最近《宣言书》①，其中对于无政府主义之意见，独具别解，足令闻者愈滋疑窦，故不避词费，再辩之以解第三者之惑，固不为江氏一人发也。

江氏之宣言曰："鄙人……对于无政府党，不赞同其采用强权，否认机关。"江氏以采用强权、否认机关二者为无政府党之咎，此吾人所不能不一为研究者也。

"强权"一语，在欧文为"奥陀利替"，Autorite（法）、Authority（英），其译为"强权"实始于《新世纪》报。如克鲁泡特金所著之"La Loi et l'Autorité"，译为《法律与强权》。此外，凡遇"奥陀利替"字，均以强权译之。而日本幸德秋水译克氏《面包略取》一书，亦沿用此译语。考之英、法各大词典，"奥陀利替"者，法定之权力，如"法权"、"亲权"、"首领权"等是。申言之，凡法律或章程所规定或社会习惯所认定之一种权力，足以命令人或限制人者，谓之"奥陀利替"，实自由之对待语也。此物在法律家视为正当之权力，惟无政府党则恶之如仇，无政府党之反对"奥陀利替"与社会党之反对资本制度无异。盖无政府主义主张无限制之自由，绝对不承认法定之权力。凡所谓法定之权力，必侵夺他人之自由以为权力者也，故命之曰"强权"。凡无政府党无不以反对强权为职志。今江氏反指无政府党采用强权，真不知其从何说起也？或乃告我

① 《宣言说》，即《新大陆通信片·宣言》。

曰：江氏之所谓强权，盖指无政府党之主张以武力对待政府耳。若然，则以武力为强权，不但误解字义，抑且重诬吾无政府主义矣。夫政府挟其政治势力，侵夺吾人本来之自由，资本家挟其资本势力，掠夺世界共有之生产机关及工人劳动之结果，两者皆与强盗之挟武器以行劫掠无异。人苟被强盗劫掠，而以武力抵抗之，取还其赃物，无论何人，均许为正当之防卫者也。今无政府党以武力对待政府与资本家，抵抗政治上及经济上之强权，恢复本来之完全自由及正当生活，与抵抗强盗，事同一例，亦为合理之防卫。而乃诬为采用强权，此何理由乎？然则吾人当任政府与资本家之迫压，束手帖耳而不与抗，始谓之非强权乎？或又告我曰：江氏之意，亦未必如此，特欲用和平手段而不主张激烈耳。若然，则激烈手段更不得指为强权也。江氏不曰激烈手段，而曰强权，是已显存先入为主之见矣。且无政府党之手段，向分两派：一不主用强劲手段而欲以渐变革者，是为改良派（Réformiste），如高得文①、蒲鲁东等是；一主用强劲手段而不主渐变者，是为革命派（Révolutionnaire），革命派之中，又分为两支派：一主张抗税抗兵役等者，是为抵抗派（Rénitente），如都克、托尔斯泰等是；一主张暗杀大革命等者，是为扰动派（Insurrectionnelle），如巴枯宁、克鲁泡特金等是。可见无政府党并非全数主张激烈。江氏如不主张激烈，尽可曰不赞同扰动派之无政府主义，而赞同抵抗派或改良派之无政府主义，固不必以激烈手段概尽一切之无政府党，更万不能诬激烈手段为强权也。

至谓“无政府党否认机关”，吾已于《答李进雄》书详辩之。盖无政府党只排斥强权的机关，而主张自由的机关，并无绝对否认机关之说，世人不察，往往怀此误会，故托尔斯泰（L. Tolstoy）尝曰：“世人常谓无国家即无公共事业（如教育等等）之机关。噫！此何说乎？吾人不用统治机关之后，何故不能组织生活必要之机关乎？吾人此时自治吾事，岂不较统治机关之为他人治事者为更善乎？在今之世，吾亦见有种种独立的组织，并不借国家之力而反胜于国家统治机关百倍者矣。‘劳动公会’、‘合作团’（Cooperative）、‘工团’（Syndicat）等是也。况在无国家之世，一切强权，消灭净尽，吾人岂反不能从事种种组织乎？”托氏此言，可以辟

① 高得文，今译作“葛德文”。

尽一般之误会矣。

然江氏之所谓无政府党否认机关者，其仅如一般人之误会乎？抑所谓机关，固别有他解乎？吾尝参之江氏平日之言论，始知江氏之所谓机关，固非如是云云者也。

江氏之《洪水集》有曰：“俄国无政府党人史特孟君……谓无政府实无强权之意，非无机关组织之意。若免关税、撤军备，专从事于教育与实业，则教育与实业之机关组织，必更繁密完美，而政府者，不啻公司之经理，学校之教师，无强权即无罪恶矣，意与余全同，窃自信为无政府之正解也。”（记者按：史氏现在上海为律师，自称非无政府党，且非社会党，惟其人学问尚佳，当不至为此无意识之论。余尝以所述之言质之，询以有无讹误？史氏谓当直接致函江氏嘱其更正，但不欲宣布意见于报上云。然江氏即自谓“意与彼全同”，则上述之言，是否出自史氏及其中语意有无出入，均可不论，直假定为江氏之意见可也。）所谓“无政府实无强权之意非无机关组织之意”，此语极是。惟所谓“强权”与“机关”当先为界说。强权者，“奥陀利替”（Autorite）也。（其定义已述于上文。）凡握有“奥陀利替”之机关，无政府主义必主张废绝之。何为握有“奥陀利替”之机关？即政府是也，即立法、行政、司法三部之种种机关是也（无论中央的或地方的）。换言之，即由法律或章程规定有权管理公务之机关是也。此种机关既含有“奥陀利替”之性质，即为强权的机关，故无政府党必废绝之，而主张自由组织之机关。何为自由组织之机关？即关于生活必需之公共事业，如衣服、饮食、建筑、教育、交通及其他等等，当自由组织种种公会或团体以经营之，由单纯以至复杂，惟绝无丝毫之特别权力，（奥陀利替）可以施号令、定规则，含有管理之意味，一切经营，惟按公共意思之结果而行之，若是者为自由之组织。今江氏之所谓“机关”者，其为自由组织的机关乎？抑为“奥陀利替”的机关乎？由前一说，则当与无政府党完全同其意见，何以宣言书又自称“所异于无政府党者在有机关”乎？且既主张自由组织，则必排斥“奥陀利替”（强权），而凡属政府，在所必废，何故又谓若政府无军备关税即无强权乎？由后一说，则既主张“奥陀利替”的机关，即主张强权之存在，即为主张“强权主义”（Autoritarisme）之“强权论家”，即与无政府主义之宗旨根本反对，即当绝对否认无政府主义，又何必为无政府多作解释，且自称为无政府之正解乎？两说无一可通。江氏之讨论学说，或表示主张，向皆语焉不详，（无非只下断语而不说理由。）故令人无可捉摸。然试细按上文所引之言，则江氏之所谓机关，实指政府而言，盖为后一说之解释无疑。何以言之？江氏谓免关税、撤军备，政府即无强权，是江氏明明主张有政府者，特反对关税、军备而已。盖江氏之意，以为政府惟有关税、军备乃有强权，若但从事教育与实业即无强权。对于“强权”之解释既误，（世人往往以强暴行为 Violence 为强权，而不知强权乃“奥陀利替”，江氏亦同此误。）斯对于无政府之见解亦因之而俱误。殊不知无政府主义之反对强权，乃反对一切“奥陀利替”，（以其侵害完全自由之故）而不但反对暴行而止。所谓政府者，乃由“奥陀利替”建筑而成，纵无军备、关税，而既名政府，则必有政府之性质与作用，无论如何改良，如何缩小权限，然必认为法定的机关，必以法律或章程规定管理者之权限，管理者对于被管理者必有行使之职权，人民对于此机关必有应负之义务，且必受此机关之规则所制裁。有一于此，即所谓“奥陀利替”，即所谓强权，即为妨害完全自由之障碍物，凡无政府党，无论属于何派，无不绝对排斥之者也。江氏乃以为无强权，则其误解可知矣。

江氏又以政府比公司之经理、学校之教师，不知公司之经理即为公司之首领，凡首领必有规定之首领权，且与其他职员各分阶级，尤为显而易见之强权。江氏引喻及此，足以证明其所谓机关，确为强权的机关。（至学校为教授学业之地，而非处理事务之机关，以比政府，更为拟不于伦。且即就学校言，其管理员、教员皆有特定之权力，对于生徒，能施以种种命令制裁及罚规，是亦“奥陀利替”之一种。）江氏既是认强权的机关，则其根本思想既与无政府主义相乖舛，而所谓“不赞同无政府党之否认机关”者，质言之，实不赞同无政府党之否认政府耳。江氏只否认有军备、有关税之政府，而是认办理实业、教育之政府，无政府党则否认一切政府（即凡含有“奥陀利替”的机关），是无怪其格格不入不肯赞同矣。然则江氏心目中之所谓无政府，不过裁撤海军部、陆军部及税务处，而留教育部与农工商部耳。所谓无政府之正解如是如是，此其所以为江亢虎之无政府主义也。吾乃约为简明之语以告读者曰：

（一）江氏之所谓“不赞同无政府党采用强权”，实则“不赞同无政府党采用激烈手段（或武力）”。然不曰激烈手段（或武力），而必目之曰强权，则未免与当世之资本家及绅士常诋无政府党为暴徒者，同一声口矣。

（二）江氏之所谓“不赞同无政府党否认机关”，实则“不赞同无政府党否认政府（即强权的机关）”。无政府党主张完全自由，排斥一切政府，实为无政府主义之根本思想，今江氏不赞同，质言之即不赞同无政府主义。

（录自《民声》第17、18号，1914年7月4、11日）

· 附录 ·

新大陆通信片 · 宣言

江亢虎

鄙人自闻知社会主义、无政府主义以来，见个人本位、社会本位两派极端之冲突，常妄思有以调和而折中之。对于社会党，则不赞同其趋重国家，迷信政治。对于无政府党，则不赞同其采用强权，否认机关。于是有三无主义之名词，有个人自治、世界大同之界说。而有志未逮，语焉不详。且居中国社会党总代表，其言论行事，又颇为地位所牵率而不得自由。惟个人之主张，固始终而一贯耳。到美以后，见闻思想，日益繁复。读书求友，肆应不遑。而旧时同志，移书责难。或推为社会党之首领而权令改组正式的政党，以从万国一致之方针。或期为无政府党之先驱，而劝令致力消极的革命，以达大罢工总破坏之希望。河汉无极，冰炭我肠。尤有多人，疑社会主义同志会及《新大陆通信片》，主义不明晰者。须知同志会不过接引侨氓，俾知自求社会主义、无政府主义之智识而已。通信片不过报告内地，俾知此间社会党、无政府党之现状而已。皆非所谓主义，复何论于明晰。至于鄙人今日，已脱责任关系，纯属私人资格，但愿假此数年，遍读社会主义、无政府主义各家原始之著作，广交社会党、无政府党各派主动之人物，虚心研究，实力传布，愿为学者。不为党魁。愿为单独行动，不为团体组织。以科学为根据。以教化为进行。行其心之所安，取其性之所近。就目的言之，所异于社会党者在无国家，所异于无政府党者在有机关。就手段言，所异于社会党者在不专恃政权，所异于无政府党者在不假用暴力。而两派极端之学说，其果能调和无间、折中至当与否，则此时亦殊难自必也。进步退步，得失喻于寸心。自我罪我，是非付之多口。为代裁复，特此宣言。

1914 年 7 月

（录自《江亢虎文存初编》，现代印书馆，1944，第 100~101 页）

中国无政府主义之活动及余个人之意见

江亢虎

中国古哲学家有如黄老杨墨之说，多属个人无政府主义或共产无政府主义之思想，庄子所谓“圣人不死，大盗不止；剖斗折衡，而民不争”，其代表也。此外主张无政治无法律无机关无契约者，往往而有之，惟无此名词耳。光绪宣统之交，吴稚晖、李石曾、张溥泉诸君创设《新世纪》周报于巴黎，实华文无政府言论机关之先河。先是，余曾倡导三无主义之说，即无宗教、无国家、无家庭是也，尝投稿此报中①，未几因费绌停刊。迨共和成立，张溥泉竟投身国民党，当选为众议院议长，其同人多不直之。于是有刘师复者，本政治革命党人，尝谋刺广东提督李准，未行而炸药爆发断臂。后又谋刺袁世凯，领得革命党巨资，亦未行。转而倡道无政府主义，与其同志数人在广州立一晦鸣学社，传布世界语及华文无政府主义之书报。又立一心社，有戒约十二条：一不食肉，二不饮酒，三不吸烟，四不乘轿及人力车，五不用仆役，六不婚姻，七不称族姓，八不作官吏，九不作议员，十不入政党，十一不作海陆军人，十二不奉宗教。中国社会党第二次联合大会时，有非政治派者数人，与余共立一研究无政府主义之学会，而党员沙淦者，则别立一无政府之社会党，专以攻击本党为能事，惟附和者不过数人。其后沙淦因冒充红十字会募捐被拘，复因犯案处死，此党遂消灭。而刘师复亦因毒毙军官李世桂之嫌疑，自广州而澳门而上海，现在东京出一世界语及华文之周报，名曰《民声》，鼓吹激烈进行。以上即中国无政府主义活动之现状也。

---

① 参见“某君来稿”《无家庭主义》，《新世纪》第93号，1909年4月17日。

余极信仰社会主义，而亦极喜研究无政府主义，故无政府主义之入中国，余亦为其介绍之一人。惟所主张则以无宗教、无国家、无家庭为度，而未尝畅言无政治。特将来之政治，决非如现在之政治耳。余尝斟酌于政治万能与政治罪恶之两说，以为政治本有两种性质，一种曰国家政治，一称官治，如军备、赋税、刑罚等是。此实政治罪恶之源泉也，宜用消极主义，俾日即于简单。一种曰人民政治，一称自治，宜用积极主义，俾日臻于翻备。设必一扫而空之，试问将来成何景象？若更有组织，则即仍有机关，亦即仍有政治矣；若更无组织，则人类能否生存，社会能否进化，无论谁何，不能下圆满之答案也。故就目的而言，余取有机关的。至于进行之方法，无政府主义以暗杀、暴动、大破坏为先锋，余则大不赞成。夫无政府主义所不两立者强权耳，今以暗杀、暴动、大破坏进行，是以强权攻强权，在理论上则自相矛盾，在事实上则激起反动，恐无益而有害，欲速而反迟也。事之不成无论矣，即使幸而有成，而旧强权推倒后，新强权之同时消灭与否是一问题，新强权消灭后，旧强权之乘间再起与否又一问题，无论谁何，亦不能下圆满之答案也。故就手段而言，余取非强权的。若以广义论之，或可称为有机关非强权之无政府主义。但余并不欲混用无政府主义之名词，而无政府主义者恒故混用社会主义之名词，已为一般人所习见习闻也。沙淦不名其党曰无政府党，而曰社会党，不名其主义曰无政府主义，而曰纯粹社会主义，曰极端社会主义，此固别有用心。乃刘师复既痛诋社会党与社会主义，又痛诋纯粹社会主义与极端社会主义之名词，而亦自称其主张曰完全社会主义，曰真正社会主义，而反谓社会主义之原始人圣西门、卡尔·马克斯所主张者非社会主义，不太离奇乎？鄙意社会主义、无政府主义既已分离，不妨各行其是。惟两者原出于一本，距离非远，同点甚多，对于外界异党，断宜胡相提携，互相劝勉，方合吾侪身分。若如沙淦、刘师复辈，专心致志以攻击社会党为惟一之天职，阋墙不已，忠告无灵，余虽决不屑为反唇之讥，而未尝不深引为吾道之憾已。

1914 年

（录自《江亢虎文存初编》，第 123~125 页）

政府与社会党

师　复

去年十二间，新“社会党”发表未及一月，即被袁世凯下令解散，至本月四日，“中国社会党”骨党员陈翼龙在北京被逮枪毙，袁氏复下令解散全国社会党。先后八越月间，以大总统命令解散社会党者二次，斯诚支那共和国惟一之特色，足以自豪于五洲万国而有余者也。

去年被禁之“社会党”，其宣言含有无政府的意味。以无政府之影，见恶于政府，所谓罪有应得，无足为怪。若“中国社会党”者，其党纲则赞同共和，其章程则规定不妨害国家存立。当去年新“社会党”被禁时，其首领曾遍布宣言，自称其党宗旨正大，手段稳健，袁总统所赞成，赵总理所保护。据此云云，已足见其党领对于政府之忠顺，当不至为政府所嫉忌。乃曾几何时，终不免大总统之震怒，而受解散之处分。斯岂其党领之忠顺尚有未至耶？抑社会党之名词固非有政府时代之字典所应有耶？

真正社会党决非政府所能解散，而“中国社会党”则固吾人所不能遽认为真正社会党者，即解散又何足惜。特以蚩蚩愚氓所醉心垂涎之“集会自由”，曾用寸许之大字端端楷楷的写在所谓约法之上者，其价值不外如是！吾人于此，当亦可以洞见“政府”之与“人民”，“法律”之与“自由”，固纯然两不兼容之物，而勿复再作政治神圣之梦想矣。

袁氏之禁社会党也，根据于军警执法处之宣布。曰：陈翼龙拟以猛烈手段对待政府，计与虚无党联络以图乘间起事。曰拟，曰计，曰图，均非有事实发现，是否为共和法律所能干涉？又陈氏即有罪，应否牵连及于全国之社会党？在好谈法律者尚不难振振而有词。但吾人素不惯与政府研究法律，故对于此等问题，均不欲深论。惟读袁氏之命令，真有令人捧腹而不能自己者。袁氏之言曰："社会党……并非文明各国但研究学理之社会党可比"。袁氏自诩能悉外情，亦知所谓文明各国者，均有社会党之类时时大张旗鼓，亦明知"禁社会党"之恶名，将贻笑于万国，乃不惜设身处地，为所谓文明各国者下一转语。意谓各国之社会党，不过研究学理，非有异志，故各国政府能容之。若中国社会党则大逆不道，不可同日而语，故禁之亦不得为专制。于此足见哀袁氏尚时时存一所谓文明各国者在其心目中，凡事皆欲攀跻于文明各国之林，而不敢翘然独异。此诚吾人所钦佩不已者。独惜袁氏眼中所见文明各国之社会党，尚有未尽。袁氏以为各国社会党惟许研究学理，独不知今日运动罢工明日提倡暴动之社会党遍于欧陆，亦得谓但研究学理否？所谓文明各国亦曾以大总统命令解散之否？又不知各国社会党之外，尚有所谓无政府党，皆公然集会，宣言反抗政府，各国亦皆以大总统命令解散之否？听者苟疑吾言，则记者虽陋，斗室破簏中，尚有法文英文之社会党无政府党报纸数张，可以质证，满纸非运动罢工即鼓吹暗杀，某处为无政府党之机关，某日为无政府党之大会。其大逆不道，不知视陈翼龙何如。而英、法之政府，固未闻以军法枪毙其党员，封禁其报馆，而解散其机关也。袁氏欲学文明各国，而不能尽肖，此则吾人于钦佩之余，不能不继之以失笑者矣。（军警执法处之宣布谓"大总统交查社会党首领陈翼龙勾串外国党纲妨害邦交一条"云云。党纲而可以勾串，勾串党纲而至于妨害邦交尤为千古未有之奇闻。袁氏幕府多才，措词之陆离光怪，令人如入山阴道上，目不暇给，真不能不叹观止矣。）

（附注）"社会党"与"中国社会党"之别，时人往往混淆，今特附注明之。

未革命之前，中国无所谓社会党也。去年一月一日，南京政府成立时，江亢虎始发起"中国社会党"于上海。其党纲有八：一、赞同共和，二、融化种界，三、改良法律、尊重个人，四、破除世袭遗产制度，五、组织公共机关、普及平民教育，六、振兴直接生利之事业、奖励劳动家，七、专征地税、罢免一切税，八、制限军备并力军备以外之竞争。据此八者，实无异一普通政党，殊无取名社会党之价值。惟彼党宣言，不自认为政党，不运动选举，不谋握政权，且间或宣言赞成无政府主义。然既不入议院，不握政权，试问所谓改良法律、专征地税、限制军备等党纲，将从何实施乎？既赞成无政府，又安得有所谓赞同共和、专征地税等等政客话头乎？党纲与宣言，自相矛盾，至于如此，则其内部实力决不能巩固，盖有必然者。及去年十月该党开联合大会于上海，一部分主张政府社会主义（俗称国家社会主义）之党员，提议改为政党；一部分主张无政府主义之党员，又提议删改党纲，期合于真正社会主义。争论至烈，党领乃为调停之计，于章程中加入“于不妨害国家存立范围内，主张纯粹社会主义”及“党员得以团体或个人从事政治之活动”二语，其矛盾乃视前益甚。所谓“纯粹社会主义”，其界说若何，虽不得而知，然吾闻各社会大家及各国大词典所下“社会主义”之定义曰：社会主义者，废除私有财产制度而以生产之机关属之社会之谓也。今所谓纯粹社会主义，无论属何学派，想必不能出乎“社会主义主张以生产机关属之社会”之定义。社会二字，即为个人及国家之对待名词。然则国家存立范围内，安得有所谓纯粹社会主义乎？且其党纲之赞同共和、专征地税、破除遗产（而不主张共产）、限制军备（而不主张废除军备）等词，果得谓之纯粹社会主义否乎？至党员得以团体名义从事政治之活动一语，尤与不认政党不运动政权之宣言相违戾。欲取调停，而自忘矛盾，其不满人意，固有由也。以是之故，大会既毕，两派终不能复合，愤愤（即沙淦）等乃出而别组一党，名曰“社会党”，而无“中国”之名。其党纲目有六：一、消灭贫富阶级（实行共产），二、消灭贵贱阶级（尊重个人），三、消灭智愚阶级（教育平等），四、破除国界，五、破除家族，六、破除宗教。此等党纲及其组织，吾人亦多未能满意之处。然比较上视“中国社会党”为较善矣。此党发表未及一月，袁世凯即据侦探吴天民之报告，下令解散之。于是呱呱堕地之社会党，名义上遂不能公布于内地，惟于上海设一交通机关（法界大马路卜邻里口四百七号），进行上尚未有何等之表现。最近始发刊一机关月报，名《良心》，始出第一期耳。若中国社会党，其本部亦在上海（英界大马路福康里口），《人道周报》为其机关，据所报告，支部已有四百余处，党员达五十余万。然吾料所谓五十余万之党员，不独深明社会主义者绝无而仅有，即求能了解其党之党纲者，度亦不及万分之一也。最近被杀之北京支部干事陈翼龙，政府谓为图谋内乱，其是否不可知，惟谓北京为其本部，陈氏是其首领，又谓其党纲三条，此则尚未知该党之真相者也。今因论总统下令解散社会党事，遂附叙“中国社会党”与“社会党”之沿革历史及其现状如此。

（录自《晦鸣录》第2期，1913年8月27日）

论社会党

师　复

顷得"社会党"发起人乐无君来书曰："足下既批评孙、江二氏之社会主义，尚望一抉社会党二纲六目之瑕疵，既释众疑，亦为亚东社会主义史中留一鸿爪"云云。犹忆前年"社会党"发起时，愤愤、乐无诸君屡函招邀入党。惟记者对于《社会党约章》及其组织法不甚满意，未敢轻诺。方欲有所论列，又以其时"社会党"与江亢虎所领之"中国社会党"互相水火，凡所非难，颇轶出辩论主义范围之外，记者颇不以为然，对于两党是非，自守中立，而不欲加以评论，致助其激争之焰，故卒未赞一词。今虽时异境迁，然乐无君既拳拳下问，记者亦乐得此机会，一述从前所未发之意见，读者幸勿以明日黄花见诮也。

记者对于"社会党"之意见，当分为数问题，如下。

（一）"社会党"之立名果当乎？读《社会党约章》，盖主张无政府共产主义者也，乃不名为无政府共产党而曰社会党，揆其原因，盖误认社会主义可以包括无政府主义之故。记者于本报第六号《答乐无》中已略言之。大抵社会主义之在中国，幼稚殊甚，能介绍其学说于中国人者，尚属寥寥。时人对于社会主义之定义及界说，均不注意。好古者则又执其保存国粹崇拜祖国之陋见，取中国经籍，牵合而附会之，以为社会主义本吾国所固有，而社会主义之为物，乃愈觉迷离诞幻，不可究诘。甚至一切革新事业近于自由、平等之类者，皆以为社会主义所能包括，而社会主义之真谛反因此而愈晦。此实社会主义在中国之不幸也！今"社会党"发起诸君岂遂不知此，而仍未能免俗，则甚矣习之难移矣。记者以为无政府党不可名社会党，其故有二：一，学理上之不可。社会主义之定义，有以为“主张废除私产而以生产机关（土地、器械等）属之社会公有”者，此普通之定义也；有以为“主张废除私产而以生产机关及其所生产之物（衣食住等）全属之社会公有”者，此严确之定义也。社会主义之学说，千流万派，要其大致不离乎此。盖纯为社会的学说，而非政治的学说，与无政府主义不能相混者也。今社会党既宣言消灭治人者与被治者之阶级，显然为无政府党，即非复社会党三字所能包举矣。二、事实上之不可。社会主义本有共产、集产之殊，而近世之所谓社会党，则大抵为主张集产者之通称。如英、美之政党的社会党均但名“社会党”，而各国之社会民主党通称亦曰“社会党”。今既主张无政府共产，而又取名曰“社会党”，将何以自别于各国之社会党及社会民主党乎？或者乃曰：此为欧美各国之习惯，吾辈不必奉为圭臬。不知社会党非一国的，乃世界的。文字或有国界，而学术则无国界。社会党，社会主义之名，乃由翻译欧文而来，并非中国所自创。岂复能以国粹骄人？况即在中国，江亢虎之“中国社会党”，人人皆称为社会党者也。今主张既不同，名称乃相混，致令举述者不得不辩而别之曰“愤愤、乐无所发起之社会党”，曰“江亢虎所发起之社会党”。其冗沓词费为何如耶？记者曾晤一英国社会党人，示以英文无政府主义之《自由》报。彼一见骇问曰：子非主张社会主义者乎，何故爱读此报也？予笑应之曰：何尝非社会主义，特共产的社会主义耳。彼复曰：然则子非社会党矣。不然，何与江亢虎所言各异耶？于此可见今日之习惯，以为“江亢虎之徒始为社会党，必江亢虎之言始为社会主义”者，固不独中国人为然矣。如是，吾人又何取此含糊影响之社会党三字乎？至《约章》第二条以极端社会主义为宗旨，其名亦有不安［妥］，已于本报第五号《无政府共产主义释名》详论之，今不赘述。

（二）无政府党有组织机关之必要乎？无政府党，极端反对管理代表等权，而主张绝对自由者也。故无政府党，不应如当世之政党，组织机关，自定党纲，招人入党。各国之无政府党，大抵只有自由聚集之场所而无全体固定之机关，其性质不过如俱乐部，其作用则传播聚谈而已，其集合亦完全自由而无一切手续。盖凡主张无政府主义者，即为无政府党，非必写一志愿书，领一入党证，然后可谓之党员也。无政府党之行事，皆自由独立，不受指挥，不俟全体之议决，即或有联结多人同时并举之事，亦只由同意者合力为之，而非如当世之党会，由党中少数人议决一事，而令党员遵行也。今“社会党”乃悉取当世政党之形式，有章程（即约章），有党纲（即二纲六目），有入党限制（须党人介绍及守戒约），有入党志愿书，有党员证书，有党旗，有分科干事，凡此皆与无政府宗旨相抵触者也。据记者个人之见，以为吾党如必欲设聚会之地，惟有建置研究社或俱乐部之法，无论何人，凡愿为无政府事业者，即可为会友，借此以为传播主义、聚会研究、联络交谊之地，固甚善也。若欲宣布吾党公共之意见，则当别开“无政府党大会”，当众讨论吾人进行之方针及当为之事业，发表宣言书，布告于社会，以示吾人之所主张者如是如是，吾人进行之共同目的如是如是，庶几与吾党宗旨不背耳。（但今日中国内地同志寥寥，开无政府党大会之时机，似尚未至。吾人惟有于万国无政府党大会时［本年开会于伦敦］，取其种种报告，译为华文，宣布于众，足矣。）

（三）无政府党有制定党纲之必要乎？世间政党，皆由三二党魁制定党纲，本此党纲以号召徒众，故一切皆以党魁为主动，而党员为被动，实则利用多数党员之声势，制造党魁之名誉，以为他日禄位之阶梯耳。若无政府党，则各个独立，人人有自由发表其意见之权，安能以少数人之意见制定党纲而强多数人之同意乎？故吾可断定之曰：无政府党，不应有所谓党纲。然则，无政府党无一定之主张乎？则应之曰：有。无政府主义之根本要义，即无政府党一定之主张，此为凡无政府党所同具，可以不言而喻者也。顾一般社会，未能共晓，无政府党乃随时发表意见于大众。有个人发表之意见，即书报、演说等是也。有公共发表之意见，即本大会讨论之结果，用“无政府党大会”名义所发表之宣言书是也。二者皆自由言论，而绝无所谓党纲党目之名称。今“社会党”之二纲六目，其非个人意见，固不待言。若比之大会之宣言书，则又不可，盖社会党纲目乃悬此以招集党徒，与宣言书之但发表公共意见者固迥别也。《社会党约章》明著入党者须信从纲目之条，曾亦思：信即崇信，从即服从。崇信、服从固无政府党所极端排斥者乎，其与各政党之服从党魁，果何以异乎？

（四）二纲六目之分别果合于学理乎？今姑舍无政府党不应有党纲之说，专论二纲六目之当否。“社会党”之纲目曰：“纲一，消灭阶级。目，

(一) 贫富 (实行共产), (二) 贵贱 (尊重个人), (三) 智愚 (教育平等)。纲二, 破除界限。目, (一) 国 (无远近), (二) 家 (无亲疏), (三) 教 (无迷信)。” 此二纲六目者, 条分缕析, 有如表格, 两两对举, 无异骈俪, 所谓文人积习, 原不应施之发布公共主张者, 然特小疵, 可无深论。第论其落落大者, 不当亦有数端。今世所谓智愚, 特比较的形容词耳, 非如贫富贵贱之显示区别者也。富贵者虽愚, 亦俨然居于民上, 贫贱者虽智, 终不能不受制于人, 是则智愚又何阶级之可言? 宗教之派别繁多, 出主入奴, 自不免各有界限。第吾党之排斥宗教, 其目的不在泯教争, 而在除迷信, 重自由, 是则又何界限之可言? 此纲目分隶之未当, 一也。消灭贵贱阶级尊重个人一语, 其以尊重人权为尊重个人耶? 则尊重人权乃法权家之所尚, 而非无政府主义所有事。其以个人主义为尊重个人耶? 则个人主义 (Individualismo, 在社会主义学派中又译独产主义) 与共产主义 (Komunismo) 学理上, 各相背驰, 恶能同时并举? 及读《社会党纲目说明书》, 则其意盖指消灭治人者与被治者之阶级而言, 然则质而言之, 实无政府耳。夫无政府党之废除统治机关, 不受法律束缚, 此乃恢复人类之完全自由, 其意义不但尊重个人, 其目的亦非徒平贵贱而已也。苟欲表示无政府之意, 最简单者莫若曰废除政府, 否则曰废除统治机关, 又否则曰废除治人者与被治者之阶级, 然后意义可以明了。若徒曰尊重个人, 则不知其主张云何矣。此第一纲第二目措词之未当者, 二也。实行共产, 废除政府, 此诚为无政府党之根本要义。若夫教育平等, 则未可与之并语也。盖今日教育之不平等, 乃由于贫富之不平等, 未行义务教育之国, 贫者固末由得丝毫之教育, 即义务教育已行, 贫者终末由得高等之学问, 科学美术, 徒为富人之专利品, 此非有他种原因也, 贫富阶级使之然耳。今既主张共产, 贫富阶级既除, 教育又安有不平等之患乎? 吾党所有事者, 惟在剿灭强权, 强权之魁首 (政府与资本家) 既去, 即百事皆了, 其时如何工作, 如何教育, 自能由大众之公意, 条理而布置之, 细如破竹, 而今日则不必特别提出者也。彼政党则不然, 欲以政治之力实施其政策于目前, 故往往有所谓教育普及教育平等之党纲。而江亢虎亦主张社会政策者, 故其党纲又有教育平等之条。若无政府党性质既殊, 即亦无庸相仿。此教育平等与无政府共产并列之未当者, 三也。国界者政府之所造成者也，小则争权利，大则起战祸，皆由政府发生之，与平民无与。苟无政府，吾平民即能互相亲爱，又安有所谓国界乎？家族主义虽为强权之一种，然其细已甚，苟无政府，苟无私产，家族即末由存立。盖法律既废，婚姻之制自然消灭，公共教育之机关既备，即亦无人自私其家室，而谓此时尚有所谓家族，吾不信也。此破除国界破除家族列入纲目之未当者，四也。此外二纲六目之当存者，除"无政府共产"之根本要义外，惟一破除宗教而已。宗教为保护强权之利器，导人安贫守分服从强权，排除宗教即使人思想自由抵抗强权。故凡宗教皆在无政府党所排除之列。然由其本源论之，则宗教究不过政府与资本家之附属物耳。排除宗教，自是无政府之一种手段，而不必与无政府共产之根本要义并列而对举，如纲目所云云也。故吾人常谓政府为万恶之源，政府一去，百事皆了，惟对于产业之意见，不能不示明确之主张（即以别于集产与独产）。自有"无政府共产"一语，遂可以赅括无遗矣。

（五）无政府党有预定建设之事业乎？《社会党约章》有曰："事业分鼓吹、进行、建设三种。"鼓吹、进行，诚为无政府党所有事。若所谓建设者（原注指育婴院、学校、医院、养老院、农工场、公园等），其指推倒政府后之建设耶？则其时已为无政府之社会，人人皆为无政府之民，而不复有所谓无政府党，如何建设，自有大众无政府之民各尽所能而为之，不必专属之无政府党，更不必今日之无政府党预为之设想也。其指现在之建设耶？则无政府党方竭其心力以谋推翻强权之不暇，尚有何余力，有何余财，以作此补苴弥缝举一漏万之建设乎？大抵今世俗人每以"办事"二字为口头语，凡一党一会，必须有创办之事，始合时趋，无异贸易之公司焉。今"社会党"亦不能免此，于是有建设之条，此实不明无政府党与政党性质之分别者也。政党以施行政策为职志，建设建设，固属时趋，若无政府党，则以推倒强权为职志，除传播主义实行革命之外，皆非无政府党所有事，又何贵有所谓建设者云云耶？今世之无政府党，固有组织工会，建立学校，以图主义之普及者矣，然此乃传播事业之一种，乃党人运动之方法，而非所云于建设也。

（六）无政府党当有戒约乎？《社会党约章》有不作官吏、不作议员、不入政党、不充军警、不奉宗教、不称族姓之戒约，必遵守戒约者，始能入党，窃以为过矣。所戒之事，皆无政府党反对之事，既以无政府为宗旨，自不必复立戒约，此无政府党不必设戒约之说也。无政府党以绝对自由为宗旨，不能预定戒约，使人遵守，虽戒约六条，大抵采自记者所发起之“心社社约”① 中。然“心社”与无政府党有不同之点，“心社”乃以道德问题为准的，除社约外无他事，故有与社约同意者，集为社友，其于自由之旨固无背也。若无政府党，则以推翻政府及资本制度为目的，凡从事于此目的者，即为无政府党，而不必再问其他。乃于目的之外，加以种种限制，便与自由之旨冲突矣，此无政府党不可设戒约之说也。不独此也，无政府运动之方法，不能限以一格，故无论何种社会，皆当有人以运动之，鼓吹之，而尤以军人社会为最要。故常有坚忍之同志，投身军队以行其活泼之运动者，今乃弃之如遗，相戒以不作军人，不亦自绝其运动之路耶？且军人既被拒于无政府党，则军人必为无政府党之敌，欲行革命，而反自树革命之敌，何其不思之甚耶？（至“心社”所以有不作海陆军人之说者，以“心社”乃道德的问题，社会运动则非“心社”范围内之事，故凡与道德相违反者，皆得列入社约。倘其别有怀抱，欲隐身军队以行其革命之职志者，则可暂居赞成人之列，而吾“心社”亦不至失此良友也）。然则戒约之当毁，可不烦言而解矣。

以上为记者个人对于“社会党”之意见，而非攻击社会党，读者当分别观之。

（录自《民声》第 9 号，1914 年 5 月 9 日）

·附录·

答乐无

师　复

来书疑“无政府”一语，字面若仅反对政府，而欲易以“无强权”，

① 参见《心社趣意书》《答乐无》。

又欲易“无政府共产主义”为“无强权无私产主义”或“自由共产主义”。记者窃以为未当也。文字有东西之不同，而学术则世界之公物，凡学术上之名词，当从共同之意义，而不必迁就其本国之文字。无政府主义亦为学术上一名词，无论法语、英语、德语、世界语或他语，其字根皆不离 Anarhismo，绌 Anarhio 字之原意，实为“废绝首领及一切统治机关。”据此定义，试问除“无政府”三字外，尚有何语能如是之吻合无间乎？克氏①之释以无强权，乃谓其含义如此，而非谓无强权可代无政府。无强权一语，在西文尚未成专名词也。至恐无政府之字而不能包括反对家族、反对宗教、反对祖国、反对军备、反对国会等等，此亦不然。凡此种种，皆为政府之附属物，政府一去，凡百皆随之而倒。岂有无政府之世尚容有家族、宗教等等者乎？又岂有无政府党而不反对家族、宗教等等者乎？故一举无政府之名，即能知其大略之概念，不必如来书所谓下以冗长之解说者也。若谓“免与恶政府胜于无政府之说相混”云云，此尤无庸虑及。此语出于反对者之口，吾辈安能禁之？吾人即易无政府为无强权，彼辈又何尝不可曰强权胜于无强权乎？盖强权即 Autoritato，所谓权力，所谓国家之权能，皆此物也。今之臭政客，非日夜梦想“强有力之政府”者乎？然则强权固非彼辈所讳言矣。

“无强权无私产主义”一语，以无强权无私产对举，尤为误会。所谓无政府共产主义者（Anarhiista komunismo），乃谓无政府的共产主义，以无政府为共产主义之系词（与无政府社会主义一语同），而非以无政府与共产为两事而对举之也。无政府党必主张废私产，故社会主义原可包括于无政府主义中，惟以社会主义有集产、共产之殊，近世更有独产党主张独产主义（Individualismo），颇为世所诟病，而亦称为无政府党。故吾人主张共产者，尤宜表明宗旨，并非谓无政府之名不能表示反对私产之意乃加入共产一语与之并举也。若如来书名为“无强权无私产主义”，便与原意相戾矣，且无私产三字亦不能表示其为共产，盖凡集产党或独产党亦未尝不反对私产也。

“自由共产主义”一语，其以“自由”与“共产”对举乎？则病与

① 克氏，指“克鲁泡特金”。

无强权无私产一语等。其以自由为共产之系词乎？则自由未必即无政府，于义亦不能明了也。

总之，“无政府主义”“无政府共产主义”之两名，译义既精审，命名亦正大，可谓绝无缺点。在华文既已习用，而同文之日本亦复相同，又何必多所改作乎？彼一般无识者避之而不敢用，君等又疑其名之不协，窃谓两皆失之矣。

又，先生等前年发起之社会党，本以无政府共产主义为宗旨，乃不名无政府共产党，而仍名社会党，窃不审其用意。及读《良心》杂志第一期，乃曰“变更社会政治之组织，即为无政府，变更社会经济之组织，即为共产。至无政府与共产两主义实行，斯真成一完全之社会矣。故吾人取名社会党，而不标异名”云云，不知无政府主义可以包括社会主义，惟社会主义则决不能包括无政府主义。今欲以无政府统于社会主义中，乃谓“变更社会政治之组织即为无政府”，此语实不合理论。盖政治乃国家机关之行动，与社会丝毫无关。社会乃人群之结合，而无所谓政治之组织。社会主义（Socialimo）则“主张生产机关及产物属之社会”，此外绝无他意，与变更政治组织，渺不相涉。今误以社会主义能包括变更政治、经济之组织，因以无政府与共产为两事而对举之，与此次来书以强权无私产对举，盖同一误会也。

（录自《民声》第7号，1914年4月25日）

心社趣意书

今天下风俗之苦窳，民德之堕落，亦云至矣。究厥原因，实由现社会之伪道德恶制度有以养成之。同人悯焉，爰组斯社，本坚卓之志，取单简之途，立为戒约，互相切磋，期破坏一切伪道德恶制度，而以公道的真理的新道德良制度代之。非常之原，黎民所惧，知我罪我，是在春秋，同人等惟行其心之所安而已。当世同志，盍兴乎来。

本社相约力行之事如左：

（一）不食肉（以有知觉能运动之生物为限，若牛乳鸡卵等，得在戒外。）

（二）不饮酒

（三）不吸烟（以上三者，若病时用作药品者，得在戒外。）

（说明）以上三者，皆人生最粗暴最污浊之嗜欲也，故欲成高尚之人格，保清明之志气，必自戒斯三者始。

（四）不用仆役

（说明）奴隶制度之不合人道，夫人皆知，故买卖奴婢，稍自爱者亦能自免。独对于雇佣，则罔觉其非，或明知其非，而不肯废。讵知雇佣之与买奴，其名不同，而不平等则一，灭他人之人格，长自己之骄志，世有以为不能废或不必废者，皆所谓狃于私意，见义不为而已。

（五）不坐轿及人力车（病者老人幼子，不在此例。）

（说明）肩舆、人力车二物，在欧美久已绝迹，而以东洋诸国人之眼光观之，乃习而不以为怪，此文明程度比较高下之一征也，顾世有心知其非，而以不坐车轿则车轿夫将至失业为词者，请以一最浅譬晓之。赌之当禁，人皆知之矣，其将虑赌徒之失业而开除赌禁乎？狭邪之当戒，人皆知之矣，其将虑娼妓之失业，而以戒狭邪为非乎？吾知其必不然矣。肩舆与人力车之不可坐，其理同也。故吾谓不必虑车轿夫之失业，但使人人不坐轿、不坐人力车，则凡肩轿子、拉人力车者皆，将去而别谋正当之生业，令千百万可悯之夫，一旦恢复其自由之人格，岂不美哉！

（六）不婚姻（其已结婚者，须以二人之同意解除夫妻名义。）

（说明）人无男女，皆有独立之人格。重男轻女之俗，以女子为男子之玩物，其为不道，固不俟言；即所谓一夫一妻者，名为平等，而甲为乙夫，乙为甲妻，明明已以甲为乙所专有，乙又为甲所专有。既曰所有，即无异以人为物矣，乌有人人平等之世，而可以谁某为谁某所有者哉？不宁惟是，有婚姻则有父子，父子者，不平等之甚者也。有婚姻则有家族，有家族则有遗产制度，遗产者又不公之甚者也。又不宁惟是，婚姻有永久之性质，而人情之结合，无永久不变之理，情既离矣，而社会之恶法律伪道德复从而缚束之，以离婚为不详，以苟合为耻辱，于是乎狭邪妒杀等罪恶，纷然以生，而社会遂无光明和乐之幸福矣。故吾敢断言曰：欲社会之美善，必自废绝婚姻制度实行恋爱自由始。今唯有本会社友毅然行之，以为社会倡。婚姻既废，遗产制度同时可灭，社友之有财产者得自由集合，组设公共产育院为女社友产子育儿之所。（此为各社友之自由事业，本会绝不干涉。）斯时无父子、无夫妇、无家庭之束缚，无名分之拘牵，所谓不独亲其亲，不独子其子者，斯不亦大同社会之权舆欤？

（七）不称族姓

（说明）人类之初，无族姓之界域也。远者姑勿具论，即以支那现今之民族言之，既人人皆自命为黄帝之子孙矣，则芸芸四亿之众，同出一祖，即当同系一姓，又何有为张为李者之俨如异类乎？且自达尔得文①进化论兴，其学说已为世界所公认，是则人类远祖同出猿猴，五洲万国凡百族类莫非昆弟，又何一族一姓之可言哉？族姓者，自私之物也。有族姓则有长幼尊卑之名分，长者尊于天，幼者卑于地，蔑视公道，丧失人格，莫此为甚。希望世界平等者，焉可不先去此平等之蟊贼邪！有族姓则有界限，由族界而县界、省界，由县界、省界而国界、种界，小则为乡族之争斗，大则为国际之干戈，戕贼人道，扰乱和平，皆自此起，希望世界大同者，又安可不先去此大同之障碍物邪？顾或者曰：废族姓，无父子，然则老者将何所养，而幼者又何所依乎？则应之曰：老人幼子在理有受人供给之道，今之所谓无父子者，亦去其不平等之名分而已，岂教人不爱老不慈幼之云哉。要之，本社俟社友稍众，即不可不发起三事：一、公共产育院，已于前条言之；二、公共养老院，即各社友前日家族内之老人得入院休养者也；三、女子习艺院，即各社友前日家族内之妇女得入院习艺，俾他日生活上能自立者也。三者皆当由各社友自由组织之，其章程办法亦当由创设者自定，本社惟有赞助，绝不干涉。盖遗产制度既废，斯三者自然易举。至是，则本社主义庶无遗憾矣。

（八）不作官吏

（九）不作议员

（十）不入政党（曾入党者，可即脱党。）

（说明）有受治之平民，而后有治人之政府。政府者，强权之所树也；官吏者，使用强权者也；议员者，制定强权之法律以授之官吏者也；

① 达尔得文，今译作“达尔文”。

政党者，官吏议员之营业场也，故三者皆强权①，强权即平民之敌也。又自其现象言之，中国固不必论，即所谓最文明之共和国如美利坚，其政治之污点（如贿赂运动等），政客之官狂，乃为东方人所未见，其国之有心人至以“政治家”三字为诟病。此无他，矢人唯恐不伤人，一入政途，亦必先灭去其几分之良心，而后可适存于政治社会，虽有贤者，莫能自脱。故官吏、议员、政党三，皆污浊之薮也。而有志者，顾甘为平民之敌耶？甘入污浊之薮耶？

（十一）不作海陆军人

（说明）海陆军，皆杀人者也，扰乱和平者也。一将成功，万骨已枯，军费扩张，加税累累，战胜国之利，政府与富贵者之利，而平民之害也。自社会主义昌，人人皆知国界之当泯，此爱尔卫氏反对军国主义论之所由盛也。是故欲世界大同，必自弭兵始，欲弭兵，必自人人相戒，不作海陆军人始。

（十二）不奉宗教（其曾奉教者，自入社日作为出教。）

（说明）神者（佛与祖宗亦神之属），无形之强权也，而宗教以之。有强权则不平等，有强权则不自由，人欲平等自由，即当反对宗教。况自进化学昌，宗教之虚皆妄，已妇孺皆知者耶？然此犹但就有形式之宗教言耳。有无形式之宗教焉，即所谓圣贤之教是也。古今一切之伪道德恶制度，皆一般狡者造作之，现社会千万亿兆之罪恶，无非此辈所流毒也，世乃崇信其说，名之曰圣贤，奉之为师表，实与认贼作父无异，故本社并所谓圣贤之教亦彻底废绝之。

凡能力行以上十二事者，无论何人（无国界男女之别），皆可为本社社友。欲为社友者，请以函通知本社，俾将名字列入社友录及登之报端，以为嘤鸣求友之助。函内请注明下列各款：一、名字；二、年岁；三、男或女；四、曾否结婚；五、曾否生子（已生子者，注人数男女年岁）；六、曾否入政党；七、曾否奉教；八、通信地址。

凡愿力行以上各事，而因万不得已之故，不能全数实行者，可叙明理由，作为本社会［赞］成人。

① “故三者皆强权”，原文为“故三皆权强权”。

（说明）所谓不得已者，如现为军人，而为法律所束缚之故，不能脱籍，须待期满者，又如前已结婚，而夫或妇一方面之宗旨不同，限于法律，不能离异者类是。

本社无社长干事等名称，无章程，无罚则，倘有既入社而不能守约者，得随时声明出社。（赞成人亦可随时除名。）其既不守约又不出社者，本社亦无从施以罚条，惟望其本人自抚良心，翻然愧悔而已。

发起者　师复　彼岸　纪彭

本社通信处　广州西关存善东街八号晦鸣学舍①

（录自《新世界》第 6 期，1912 年 7 月 28 日）

① 《社会世界》第 5 期（1912 年 11 月 15 日）刊载时，文末记者加按语道："记者对于心社之戒约，固无不极端赞成者，而近与十数同志发起社会党，按无政府、无宗教、无家族之宗旨，于心社十二条戒约，略取六条，盖择其简要耳。而婚姻一条，一次会议修正减去者，以公共产育院、公共教养院、女子习艺院一时未能组织，碍难行耳，然良心上已觉大不安矣。"

答乐无

师　复

乐无君既见本报第九号《论社会党》后，惠寄一文，题为《答〈论社会党〉》。其“弁言”曰：“乐无对于师复君之论社会党，不得不取社会党之陈迹，重申答辞，自白其纰缪之由来，意见之从出。”而前后复盛称本报之言论，甚或予以不虞之誉。然则此文似不过陈述已往之意见，自表其误，而非现在答辩之辞，本可不必再事讨论。然细读篇中所述，乃一若对于本报而为答辩，自陈不误，而非但述已往之意见者。记者于此未免少有惶惑，故特就原论中有为记者所不敢苟同者，不避辞费，再申辩之。仍附于讨论之列，盖无非欲求较是之真理而已。

来稿曰：“社会二字，为家族以上国家以下人类组合之名词。”按：社会者，群众之谓也。（在西文不但称人，凡动物之群，皆得此名。）当未有人类之先，动物已各有其群。及演进为人，孤立独竞之时亦必甚短，不久即能合群而为社会。故虽谓自有人类即有社会，亦无不可。若家族则成于婚姻制度创立之后，国家则成于统治制度创立之后，是二者皆为社会之后起物。罕而譬之，则社会犹土地也，家族与国家则犹地上建筑物也。今来稿谓社会为家族之上国家之下之一物，得无误认由家族而成社会由社会而成国家乎？若然，则未有家族之前，岂遂无社会乎？国家以上尚有世界，此世界又果何物乎？若谓世界亦社会，则社会又忽在国家之上矣。此种误点，一似无关宏旨，不知吾人今日所讨论者即为社会问题。若对于社会一字［词］之观念既不正确，则其他之误解，必随在相缘而生，是固不可不慎者也。

来稿又曰："无政府则去国家，共产则去家族，故无政府而共产，则人类之组合，惟有社会，而无国家与家族。自其消极者言之，曰无政府无私产，自其积极者言之，则曰有社会有共产。"按：社会为人类群体之浑称，无论有无国家，有无家族，其为社会则一。当国家与家族存在之时，谓之有国家有家族之社会，当国家与家族消灭之时，谓之无国家无家族之社会。盖社会固非与国家、家族并列成三之物也。今来稿既误认社会为国家与家族中间之一物，即误认三者之并列，意谓三者之中，一善而二恶，当去其二而留其一，因谓无政府共产主义为无国家无家族而惟有社会。殊不知国家与家族均为社会之后起物，足为社会之大害者，无政府共产主义则排去社会之大害，改造良善之社会，而非去二留一之意也。又谓无政府无私产有社会有共产云云，亦不免语病。政府与私产，均可以人力去之而使即于无者也，故不妨曰无政府无私产。若社会乃群体之浑称，将从何而有之？（如言"有人群"，此语可通乎？）共产则为处置产业之一种方法，又将从何而有之？（如言"有集产"，此语可通乎？）来稿始则误社会为与国家、家族并列之物，再引申之，遂至以社会共产与政府私产亦为并列之物，故于此则无之，于彼则有之，而忘其立言与事实之冲突矣。

来稿又曰："其实际则无政府在无强权，……此强权为政府所必有，而社会所必无。故无政府而仅有社会，则人类可免强权之束缚，而得完全之自由。"不知当政府存在之时，其社会即为有强权之社会，固不得谓社会必无强权也。此误之所由来，亦无非误会政府与社会为并列而不相系属之物之故。

来稿又曰："有共产即以生产机关及其所生产之物全属社会公有，……故共产仍以有社会而得名。"按：共产以产业共有而得名，犹之集产以产业集有而得名耳，非以有社会而得名也。共产主义明明为关于社会之学说，共产之于社会，自然为须臾不可离之物，简直了当，又何必迂回曲折，谓为以有社会而得名耶？

来书又曰："本此理想上之定义，认为真正社会主义。行此真正社会主义，名为社会党。因确认社会主义能包括无政府共产主义，社会党能包括无政府共产党。"此数语即所以答辩本报"无政府党不当名为社会党"

之说，而以上种种枝节之辞，无非此数语之注脚。盖来稿之意，务欲牵合社会二字嵌入无政府共产主义中，意谓“无政府者，无政府而有社会之谓也，故无政府主义者，有社会之主义也；共产亦仍以有社会而得名，故共产主义亦有社会之主义也。故二者皆社会主义，故社会主义能包括无政府共产主义。”不知无政府而有社会云云，共产以有社会而得名云云，其理想实未能正确，既如上述。然则所持以为社会主义能包括无政府共产主义之论据，亦因之全失矣。

来稿又曰：“凡人类所生活之域，皆可以社会名之，如曰政治社会、贵族社会乃至盗贼社会、乞丐社会等，社会上加以政治、贵族等字样，无非对待上形容上区别之词。……政治社会为社会之一部分，政治非能为社会对立之名词，而与形上之制度，形下之财产，同为社会之附属物。故废除社会之政治制度，则曰无政府，变更社会之经济组织，则曰共产。要之，凡附属于社会而以对待上形容上之区别支离社会者，如种族、宗教、祖国、家族等，皆废除之，于是乎无界限，无阶级，唯有平等公共之社会。以此定义，名为社会主义，名为社会党，不唯能包括无政府共产主义，并能包括无政府共产所不能包括者。”此又所以答辩本报“社会主义不能包括无政府主义”之说者也。本报尝谓社会主义乃对于经济之学说，与政治无关，此实世界者之公言，非记者独创之说也。今来稿乃谓“政治社会为社会之一部分，政治制度与财产同为社会之附属物”，因以为社会主义能包括政治，不知所谓政治社会者，乃谓政治家之社会（指以政治为生活之人），而非指国家统治机关所设施之政治也。政治家与政治本不同物，不能因政治社会为社会之一部分，遂谓政治为社会之附属物也，犹之科学社会（即科学家之社会）亦可谓为社会之一部分，然不能遂谓科学为社会之附属物也。且政治为国家统治机关之行动，用以统治一国之人民者，谓为人类之害物则可，谓为社会之附属物则观念不免淆杂矣。政治既非社会之附属物，则来稿所谓“废除社会之政治制度则曰无政府”一语，未免戾于论理矣，以政治制度乃政府之所设而非属于社会故也。至谓“凡附属于社会而以对待上形容上之区别支离社会者，如种族宗教祖国家族等皆废除之”，此语尤不可解。充来稿之意，则凡存在于社会之万有，皆为社会之区别，皆为附属于社会之物，而皆当废除，何以言之？来稿谓政治社会、贵族社会等为社会对待上形容上之区别，然则科学社会、文学社会、农工社会以及其他等等，亦将以为对待上形容上之区别而尽废之乎？（按：欧文“社会”一语，原含二解：一为人群统称，一则小部分之团体。政治社会等乃属于第二义，非指第一义之社会也。今来稿混而为一，故有此误。）来稿又以种族、宗教等为附属于社会以对待上形容上之区别而支离社会者，若是则天地间之万有，自农工百艺以至科学教育交通等等，何一不可谓之社会之附属物乎？又何一不当在废除之列乎？来稿根本之误，乃在强牵政治谓社会之附属物，欲以为社会主义能包括政治范围之证。既以政治为社会之附属物，于是种族、宗教等亦以为社会之附属物。因谓社会主义废除一切附属物而惟存社会，欲以示社会主义所包括之广，而不悟其别面之差谬，乃至不可思议也。原夫无政府主义与社会主义之废除政治废除私产，盖以其有害于人类，而非因其为社会之区别为社会之附属物也。其破除种族、宗教等等，亦以其有害于人类，而非因其为社会之区别为社会之附属物也。社会上区别之词，苟其无害于社会，又何必一概废除之？更何必废除社会一切之附属物，然后可谓之社会主义乎？总之，社会主义主张经济平等，无论如何不能牵入政治范围。苟必欲牵入政治范围，未有能免牵强附会之弊者。此来稿谓社会主义能包括无政府共产主义之说，所由不独有背于学理，抑且不成其为理想也。

来稿又曰：“有此二种理想为根据，乃不名无政府共产党而名社会党，不名无政府共产主义而名社会主义。”所谓二种理想者，即如上所述，一则以为无政府即无国家，共产即无家族，无政府共产即无国家无家族而惟有社会，故无政府共产可以有社会三字括之；二则以为政治财产等等均为社会对待上形容上区别，为社会之附属物，社会主义则一切废除之，而惟存社会，故社会主义不独能包括无政府共产，且能包括其他。此即来稿所谓两种理想也。此种理想之是否正确，能否成立，既详辩于上，读者可自得之。记者向以为“社会党”之不名无政府党及不明揭无政府主义之故，或为求内地鼓吹之便利，不得不如此，亦未尝非当局之苦衷，同志尽可相谅。不料今读来稿，及参以他方面之议论，始知其中实有一种特别之意见，误认社会主义为能包括无政府主义，又以为无政府主义之名不及社会主义之善也。此其致误之原因，盖有二端：一则误认无政府仅为排除政府之消极手段，二则江亢虎三无二各之谬论先入为主也。因第一种误解，遂疑无政府主义仅排除政府而无积极之主张，因第二种之误解，以为无政府无家庭无宗教三者并举乃谓之纯粹社会主义，无政府则仅其中之一事，遂疑无政府主义为不完全。合此两种误解，乃觉无政府主义之名总不及社会主义之善，而又以社会主义向来之解释非如此也，于是执着社会二字，向字面上迂回曲折，多生别解，务求其牵合于无政府主义而后已。既乃觉其与学理不兼容，则强而名之曰“理想上之定义”。此即来稿所谓二种理想之所由来矣。（观于来稿所谓“自其消极者言则为无政府”，又谓“社会主义能包括无政府共产主义所不能包括者”，更参观《社会世界》第五期答客公之论①与江氏三无二各之说全同。是乐无君确因有此两种误解，然后生出此二种理想，并非记者所敢武断也。）不知社会主义主张产业所有权属诸社会，此定义不独为世界学者所认定，且为一般普通人所认定。若必以个人之理想，执华文字面上之意义，强加以支支节节之别解，其不贻世界之笑柄者几希矣！（譬如名学、化学之类，若于字面上强加别解，则名字化字之范围既广，别义亦多，不难生出数十种理想上之定义矣。然乐无君当必知其不可，社会主义亦犹是也。）至无政府与排政府意义不同，无政府主义并非消极之主义，已于本报第八第九第十二等号《答凿任》书中再三言之。三无二各说之谬，亦已于第五号《无政府共产主义释名》详论之。苟能排去此两种误解，自不必疑无政府主义之名不当，即亦不必斤斤思以社会主义代无政府主义矣。

来稿又曰：“复以欧美各国及中国习惯上之迷误，以集产主义及社会政策为社会主义，故于社会主义上加极端或真正二字以示区别。”按：以社会政策为社会主义，自是迷误，然凡略有常识者，皆能知之能辨之，可不必论。惟集产主义固明明社会主义之一派，为世界学者所公认，不能谓为习惯上之迷误也。亦正惟社会主义中有集产之一派，吾人主张无政府共产者乃不能不正其名义，而不当仍用社会主义之统称耳。今来稿谓加极端或真正二字以示区别，亦既知区别之必要矣，则何不直接正其名义曰无政府共产主义，而必取此绝无界说之极端、真正等字乎？且言及区别，尚有

① 参见《客公新社会党之商榷》，《社会世界》第5期，1912年11月15日。

一最显而易见之事实，足令“社会党”之名决不能成立者。何以言之？乐无君之发起“社会党”也，当时亦有世界革命之言，然则“社会党”必须与世界党人联合而不能以闭关自豪也，明矣。则试问将与世界之无政府党联合乎？抑将与世界之社会党联合乎？度乐无君必答曰与无政府党联合。既与无政府党联合，则此名不正言不顺之“社会党”一名尚能存在否乎？抑将坚执一偏之理想而强世界之无政府党易其堂皇正大之名以相从乎？苟涉想及此，“社会党”之名虽美，不能不割爱矣。

来稿又曰：“社会党、社会主义之名，虽由翻译欧文而来，一经集产派政党派袭用，吾人岂便不可纠正其谬误，但须服从彼谬误之习惯？学术乃无国界乎。”不知苟有谬误，岂但可以纠正之，虽排斥之可也。惟集产主义则明明社会主义之一派，虽吾人主张共产者，有时排斥集产谓为不完全之社会主义，甚或字之曰非社会主义，然不过充类至尽，极端之论调，不能为学术上之定论也。（在集产党之攻击共产，亦未尝无此种极端之论调。）论学术者贵持平，集产主义虽卑，终不能摒之社会主义之外，是吾人乃服从真理，而非服从谬误之习惯也。

来稿又曰：“彼欧美各国区别无政府主义社会主义之界说，吾人岂即须奉为金科玉律，如教徒之守圣经，不容抉择变通乎？此盖吾人自由之思想，非关乎国粹，非国粹也。”不知思想之自由，无论达何极度，而真理则不能不服从。故苟其言而是也，无论其出自何人，吾人称述之，承认之，甚或奉为不可易之格言，皆所谓服从真理，不能以教徒守圣经相讥议者也。今当世无政府主义与社会主义之界说，来稿亦未尝指出其谬误，而惟恃不充于学理之理想，以为思想自由，记者窃不敢妄为附和。且乐无君亦知今日之世界乃科学之世界乎？十九世纪以来，徒凭理想之唯心论，已为事事证实之唯物论所战胜矣。故凡立一论持一说，苟非有科学之精神以为基础，其说必不可图存，不待攻而自破。今无政府主义与社会主义虽尚未成为专门科学，然社会主义自有马格斯①之后，（马氏虽为集产派之祖，然其学说之一部分亦自有甚精之点，不能一概抹煞之也。）无政府主义自有克鲁泡特金之后，均各就其主义，洗净从前不正确之理想，而纳诸科学

① 马格斯，今译作“马克思”。

之轨律中，于是社会主义、无政府主义亦骎骎具有科学之精神矣。世界学术之趋势，方日向于实证之科学，而我乃持蹈空之理想以相抗，岂能有济乎？抑更有一义，凡一学术之定义，其重要有非普通理论所能比拟者。学术之名称，其字面之意义，与其学科内所含义理，往往各不相侔。最浅而易见者，如论理学（或译名学）原名为 Logique，溯其字之古训，实为思想，与论理学之意义固迥别者也。然自有定义，则人人皆知其为立言推理之学，而断不至误为思想之学矣。今社会主义无政府主义亦然。社会之字义为群众，其范围至广，然自有定义，则人人皆知其为主张财产公有之学说，而不至误生别解。无政府原名 Anarchie，普通解作扰乱，然自有定义，则人人皆知其为主张无政府之学说，而不至谓为扰乱之学说。然则学说之定义，其价值于此可见，① 其不能执着字面以相求亦于此可见。今来稿不惜舍当世认定之义，而执着社会二字，生出两种理想之定义，而以为思想自由，充类至尽，不难谓论理学为思想学，谓无政府主义为扰乱主义，足下必知其不可也。

来稿又曰："况考之社会党、无政府党之历史，无政府党本出于社会党，因安谭士大会（按：巴、马分离乃在海牙大会，安潭士三字当是误忆。）马格斯主张有政府集产主义，巴枯宁主张无政府共产主义，分离而示区别，故有无政府主义、无政府党之名，即克鲁泡特金亦有无政府主义即废除政府的社会主义之解说，然则无政府三字，特用之以为社会主义一派之区别名词，……而社会主义能包括无政府主义，于是益明矣。"按巴、马二派分离之历史，乃国家社会主义与无政府主义冲突决裂之历史，而非无政府党出于社会党之历史。无政府主义、无政府党之名，亦非始于是时，本报第十四号《驳江亢虎》文中（第九页）已详引当时历史说明之，今不赘述。至克鲁泡特金"无政府主义即废除政府的社会主义"一语，乃适足为社会主义不能包括无政府主义之明证。何以言之？社会党与无政府党同主张废除私产制度，惟有一不同之点，无政府党主张废除政府，而社会党则未尝标此主张。故克氏之释无政府，特于社会主义之上状

① "然则学说之定义，其价值于此可见"，原文为"然则学之说其义，定价值于此可见"，今根据文义改。

以废除政府云云。盖社会主义只能表示无政府主义关于经济一部分之意见，而未足表示其废除政府之主张，故必须状以废除政府一语。然则单举社会主义，其必无废除政府之意义，彰彰明矣。社会主义既无废除政府之意义，则社会主义之不能包括无政府主义，又彰彰明矣，更安得以无政府三字为社会主义之一派耶？“废除政府的社会主义”一语与“集产社会主义”“共产社会主义”等不同，共产、集产均社会主义本有之意义，废除政府则非社会主义本有之意义也。

（录自《民声》第13、15、16号，1914年6月6、20、27日）

答李进雄

师　复

来书云："读《民声》第五号《中国社会党之现状》一则……云云，余持此以质诸江君，据云'无政府共产主义虽未敢决其可行与否，然亦未尝有只字明白宣言无政府共产主义之非也'云云。据此则贵报所载，不知何所据而云然？抑有所误会也?"。答曰：本报谓"江氏对于无政府共产主义已表示不赞成。"盖据江亢虎通讯片第三期，江氏演说谓"共产主义恐未易遽见施行"，是表示不赞成共产；又谓"无机关、无组织、无契约之说所未敢深信"，是表示不赞成无政府。本报又谓"江氏从前尚未敢明白宣言无政府共产主义之非，（于其发起"三二学社"① 自称研究无政府共产主义见之。）今则论调一变。"学社之发起，虽有"能否实现"之疑词，然既结社研究，则自然是赞成一方面为多，故谓未敢明白宣言无政府共产之非，今则曰未易遽见施行，曰未敢深信，是俨然研究有得，知其不易施行，知其不可深信矣，非论调一变而何？然则本报之言，安能谓之无据，又何尝有所误会耶？

顾以上所举江氏前后矛盾之论，不过随手举示一节耳，实则江氏一生言论，几乎处处矛盾。本报以社会主义之在中国，幼稚已甚，闻者不察，遽以江氏之言为的论，贻误后学，实非浅鲜，故特著论与之商榷，以期真理渐明，并非好为非难江氏也。足下试读本报第六号《孙逸仙江亢虎之社会主义》一论，当可略知本报之旨趣矣。顾是论所举，仍有未尽之意，今请再为足下言之。

---

① 参见《三二学社简约》。

江氏最近之论，谓共产未易施行，谓无机关、无契约之说未敢深信，显为不赞成无政府主义、共产主义之证。夫赞成反对，均为江氏个人之自由，他人何由干涉。独可怪者，江氏往日持论，尝谓共产主义为社会主义之中坚，为社会主义不祧之宗，又尝著论倡三无主义（无政府、无宗教、无家族），又自称倡导社会主义以二各（各尽所能、各取所需）、五非（非私产主义、非家族主义、非宗教主义、非军国主义、非祖国主义）为究竟，又自称夙所主张无政府社会主义，又自称愿为无政府党一学子。（以上均见《洪水集》）据此数节，江氏固俨然一宗旨极定之无政府共产党也，乃一方面又曰未易施行，曰未敢深信，且声明“非无政府党”。（见通信片第一期）请江氏试平心思之，其能免矛盾否耶？然江氏又或自辩曰：余但谓恐未易遽见施行耳，非不赞成也，非反对也，但谓未敢深信耳，亦非不赞成也，非反对也。若然，吾亦有说以证明之。

按江氏谓共产未易遽见施行，并未说明理由，颇难测其命意。然以上下文参观之，江氏谓“均产、集产均非尽善之法，共产亦恐未易遽见施行，鄙人首倡恋爱自由、教育平等、遗产归公之说……”是明明谓均产、集产均不如其所倡之善而易行矣，非是不赞成共产而何？又以江氏平日持论证之，则其反对共产，更有明据。江氏尝曰：“……共产主义……与记者平昔所主持者，颇相径庭。”又曰：“共产主义之精言，不外各尽所能各取所需二语，而徒取所需而不尽所能者，将何以待之？若制定规条，过于繁密，则措施之际，必多烦难，近于无事自扰，且甚妨害个人之绝对自由，否则无比较、无竞争、无希望，孟子所谓‘巨屦小屦同价，谁则为之？’其于人类进化似颇阻滞矣！若夫不劝而兴，不惩而戒，无所为而为之者，又恐非一般人之程度所能及也。”又曰：“有主张共产论者，财归公业，力出私人，各取所需，各勤所职，然徒取所需而不勤所职者，当奈何？……况人之性行，既有能有不能，其见之操行，又有力有无力。故曰物之不齐，物之情也。若尽十分义务者得十分权利，而尽一分义务者亦得十分权利。（原文作亦得一分权利。然以文义考之，一字当是十字之误。）就所得之权利言，看似平等，就所尽之义务言，实是不平等。且无比较即无竞争，无竞争即无进化，意美而法殊，未良也。”（以上亦见《洪水集》）凡所云云，皆极端反对共产主义之论。江氏尚谓未尝有只字言其非耶？夫思想言论，各有自由，反对共产斯反对共产耳，又何必模棱两可，忽而推崇共产主义为社会主义不祧之宗，忽而自称倡导二各五非，又忽而结社研究三无二各耶？抑江氏既谓共产不易施行，复有种种反对共产之议论，吾辈即不能不辞而辟之，以解世人之惑。江氏之对于共产，斤斤以为虑者，即“徒取所需而不尽所能者，当奈何？”一语也。吾共产党可简单直捷答之曰：倘有此者，吾人可竭诚劝戒之，戒之不听，可以众意摒之社会之外。此非刑罚也，非法律也，天然之公理而已。吾党有一格言曰：“必已尽其力之所能者，方谓清偿宿债之人。”又曰：“无业者，请他往！”而克鲁泡特金先生亦曰：“众人协合而为群，无须条约，无须罚律，无须裁判，惟以公众之热诚行之，有悖谬者，可为众人所摒斥！”此种格言，在共产之世，即为天然之法律，而无肯犯之者。何也？良心使之然也。夫良心之失，由于恶劣社会迫之使渐就澌灭耳。（如诈伪乃得衣食，正直者必日就穷蹙，饥寒所迫则流为强劫杀人，此其最显之证也。）若共产之世，无私利之可谋，无金钱之可争，吾人本来之良心，自然发达，相互扶助，各事其事，以工作为幸乐，以无业为耻辱，断无不尽所能而徒取所需之人。即万一有之，吾人惟恻然告以“无业者，请他往！”一语而已，固无待繁密之规条，苛刻之刑罚者也。今人乍见孺子将入于井，未有不趋而救之者，在律书中固未尝有“不救孺子入井者，处某刑”之条也，然而无肯不救之者，何也？良心使之然也。各尽所能之理亦然，不必设“不尽所能者，处某刑”之条，而人自无肯不尽所能者，亦良心使之然也。共产之世，无物足以蔽其良心故也。况乎工作轻易，时间短少，每日劳动数小时，与游艺无异，人又何苦而不工作耶？至谓人有能有不能，有力有不力，尽十分义务者得十分权利，尽一分义务者亦得十分权利，实为不平等云云，此尤不知各尽所能各取所需之意义者也。在江氏之意，以为人有智愚巧拙之不同，智者巧者所作多，愚者拙者所作少，而所得权利未尝有异，于是谓之不平。不知智愚巧拙，乃由遗传与感化而来，而非其人之功罪，同是人类，智者巧者非天然当驾乎愚者拙者之上者也。（今日之地狱社会，智者才者辄欲居愚民之上，此实最劣之心理。）人乃有理性之动物，己有所长，当以助他人之所短，岂有自恃智巧而与愚拙计较权利之理？况天下事，万汇千门，有宜于智巧者，亦有适于愚拙者，分工任事，相需以成，及其成功，则皆相等。如建一屋也，智巧者可任绘图测量之事，愚拙者岂不能胜运砖斫石之劳？及其落成，则绘图测量与运砖斫石，皆为构成此屋之要素，而绝不轩轾于其间也。然则无论何人，苟既尽其所能，即为尽十分义务，纵有弱者拙者竭其能力所作终属无多，然亦不能不谓之已尽十分义务也。彼所谓尽一分义务亦得十分权利之说，果何自来乎？至谓无比较即无竞争，无竞争即无进化，此语尤谬。天演家谓“自由竞争为进化之母”，攻击社会主义者，几无不借此为口实，社会主义家则力辟其说。有以为社会主义废衣食住之竞争而仍存道德名誉之竞争者，论据未免薄弱。易其说者，则谓人类进化与一切生物不同，生物之生存竞争，以个体为单位，人类则个体之外，兼有其公共心与社会性，以社会共同进化为目的，而非恃个人之自由竞争。至克鲁泡特金先生更以生物学证明“互助为进化之母”之原则，谓生物之集而成群，必相互扶助乃能生存，所谓“适者生存”一语，即能互助者能生存之谓，而指出赫胥黎优胜劣败说之谬，且证明达尔文学说原意并无优胜劣败之论。自是天演学中乃辟一新纪元，“自由竞争为进化之母”之说，论据全失，而反对社会主义者遂亦无所借口。不料反对者用以攻社会主义而遭失败之论，江氏乃拾之以攻共产主义，得不令人失笑耶？以自命中国五十万社会党人之代表，而竟承认“自由竞争为进化之母”，又几何不轻支那而羞天下之党人耶？至其所主张财产独立、营业自由云云，其根本谬误，即由于误认个人竞争为进化之母，遂至倡为是说，而不知已大背乎社会主义之原则，视集产主义尚远不能及。记者于本报第六号①断定其为社会政策，而不认为社会主义，非苛论也。夫社会主义何自起？起于经济之不平等也。富人垄断生产机关（土地、机器），坐享大利，工人则为之奴隶，仰给其工资以度活，不平莫甚于此！社会主义乃从根本上改革之，推翻资本家，取回生产机关，由劳动者自掌之，自用之。此实社会主义共同不易之原则，无论其为何派之社会主义，几皆同此主张。苟非然者，即不能谓之社会主义。今江氏号称社会主义，独于生产机关公有一问题，不敢置一词，而但曰财产独

① 参见师复《孙逸仙江亢虎之社会主义》一文。

立、营业自由，虽有遗产归公之言，而私产之存在如故，地主、资本家之存在如故，资本势力之跋扈亦必如故；无资本、无土地者（即平民），仍须服役于资本家以谋糊口，与今日之资本制度何异？与社会主义之精神相去，奚止千里！足下侨居美州，当知美洲托拉斯之害。彼托拉斯之资本，岂必由遗产而来耶？其资本主之多欲无厌，又岂徒为长子孙之计者耶？若但为子孙遗产计，则煤油大王一分钟之收入，已足坐享数十世而有余，又何必耽耽逐逐，甘与世界公理为敌耶？于此足见遗产归公终不能绝资本制度之流毒，明矣。江氏乃欲窃共产之美名，谓共产主义之真精神亦不外乎是，是直不知社会主义、共产主义为何物者耳！

江氏之反对共产，前期既论之矣，今当再论其反对无政府之谬。江氏《通信片》谓"鄙人非绝对否认政治者。……若无机关、无组织、无契约之说，所未敢深信也。"据此以为江氏反对无政府之证，江氏或尚有遁词，吾今再举其《洪水集》之言以互证之。江氏曰："无政治即无系统、无契约、无机关，如此之世界，试以吾人设身处地思之，能安居乎？能进化乎？"痛诋无政治之流弊至于不能安居、不能进化，谓非反对无政府而何？江氏尚有词可遁否？无政治何以不能安居？何以不能进化？江氏并不能道出只字，而惟信口讥议，既不研究无政府之学说而一概字之曰无系统、无契约、无机关，又不审所谓无契约、无机关之意义而以为纷纭扰乱之谓，其武断为可恶，其鄙陋抑又可怜矣！无政府之学说，千条万绪：有主张无契约说者，高得文、托尔斯泰、司梯尔①等是也；有主张有契约说者，蒲鲁东、巴枯宁、克鲁泡特金等是也。重理想者主无契约说，而重实行者则大抵主有契约说，今请举克鲁泡特金之学说以代表之。克氏曰："无政府之世，众人结合而同活于社会中，不本于强权之管辖，而本于众人之协约。"又曰："无政府之世，法权全灭，信权不灭，仍有契约，为众人志愿所认可。保此信权者，共同工作，互相协助，虽有不肖，不敢犯众也。"又曰："众人协约组合而为群，无须强为协约之条款，无罚律，无裁判，惟以公共之工作，大众之热诚行之，有不践行者，可为众人所摒斥。"于此可见无政府之真意。江氏乃以无契约三字抹杀无政府主义，吾

① 司梯尔，今译作"施蒂纳"。

党岂能承认乎？至无机关、无组织云云（机关即组织，可不必分二语），尤非无政府主义之本旨。无政府所排斥者，强权之机关，若自由之组织，则固无政府主义之所尚也。蒲鲁东之国民银行，巴枯宁之公民会，固为有目共见之组织，而克鲁泡特金言无政府之组织尤精。克氏曰："无政府之世，以自由组织为社会组织之新法，各业皆有公会，如食品、衣物以及技艺皆然。无论何种出产，互取所需而无界限。道路、铁轨、学校、机器、物具，均由工作者自经营之，自组织之。将来之社会，即以代今日之政府。"于此足见无政府自由组织之大意，曾何无机关、无组织之有乎？至于无系统云云，更不解其何谓，以意测之，其殆纷乱而不统一之谓乎？夫无政府固非纷乱，前已言之。若统一者，乃国家统治机关之所尚，政权统一即强权集中之谓。无政府党之极端排斥者即在于此，以此责无政府，吾党固顺而受之？然不统一即不能安居、不能进化，其理由又何在乎？今世之所谓立宪国家，可谓达统一之极轨矣，其人民果皆安居否耶？果得真正之进化否耶？江氏又分政治为官治与自治，谓"自治如教育、实业等，当取积极手段，俾日进于完密。"其下即接以"若无机关、无组织、无契约之说，所未敢深信也。"语意之间，一若无政府主义惟有破坏，对于教育、实业亦不措意也者。其不知无政府主义之本旨而误会以为如此耶？则是盲吠也；明知其不然而故为此语耶？则是诳语欺人，其心更可诛矣。夫无政府主义排斥政治、法律，何尝排斥教育、实业？排斥国家、统治，何尝排斥人民自治？无政府之组织，以各尽所能共同工作为社会之基础生活之本源。工作者即今世之所谓农也工也，即江氏之所谓实业也；教育更无政府之所重，主张人人皆受完全高等之教育，其时任教育者亦不啻工作之一种。安见其不日进于完密，更安见其不取积极手段耶？抑岂必有政府然后能完密、能积极耶？吾党常曰：无政府者，人民自治而不用政府统治之谓也。江氏一孔之见，乃以为无政治即不能自治，又何其陋耶！

吾今更以简单数语总括江氏言论之大谬点，条列于下。

一、江氏不主张生产机关公有，不主张废私产，违背社会主义之原则，故江氏所主张非社会主义。

二、江氏对于政治，主张限制军、备采用单税，对于产业，主张营业自由、财产独立，皆属国家的社会政策，故决不能窃社会主义之名。

三、江氏既主张社会政策，与共产主义、无政府主义相去太远，故不惜诋共产为阻滞进化，诋无政府为不能安居、不能进化。因是之故，吾人不能不认为反对党。

江氏如不承认，则请取本报第六号之论①及此次答李君书一一解答。记者亦断不偏执己见，自以为是。倘江氏有圆满之理由，为记者之浅学所不识者，当即为之更正，或更当舍己见以相从。若不能与以圆满之答词，则请江氏自今以后，慎尔出话，勿再鼓其簧舌以荧惑海外华侨之观听。盖江氏之言，在国内已无价值，而在海外则为患方长。哀我华侨，方失望于政治革命之无效，忽闻有所谓五十万社会党员之代表者，不先不后，应时而至，遂举其信政治革命者而信之，而不悟其患视政治革命为尤甚。此吾所以不避好辩之名而亟亟与之商榷也。

（录自《民声》第11、12号，1914年5月23、30日）

·附录·

中国社会党之现状

“中国社会党”自被袁氏下令解散后，内地机关全行停闭，上海本部原未被干涉，亦自行消灭，党员星散，其党领江亢虎氏乃出游美洲。现留于旧金山，出有一印刷品，名《江亢虎新大陆通信片》，所载多述个人行事，无甚何可记，惟对于无政府共产主义已表示不赞成矣。吾闻日本之幸德秋水，其初本为社会民主党，及游历美洲，感受无政府之空气，精研各家学说，归国后乃大变宗旨，提倡无政府共产主义，而轰轰烈烈之爆裂弹案乃与红旗案，接踵以起。然人未尝讥幸德氏宗旨游移者，以其由社会民主主义进而主张无政府共产主义，乃其后来之见理真确，是之谓进步。若江氏则以前尚未敢明白宣言无政府共产主义之非，

① 参见师复《孙逸仙江亢虎之社会主义》一文。

（于其发起三二学社自称研究无政府共产主义见之。）今足迹一涉美洲，论调遂尔一变。同一游美也，幸德氏则如此，江氏则如彼，何其度量之，相越若是耶。

（录自《民声》第5号，1914年4月11日）

无政府共产主义同志社宣言书

师　复

一九一四年七月，无政府共产主义同志社成立于上海，聚会既毕，乃公布宣言书于众曰：

无政府共产主义者何？主张灭除资本制度，改造共产社会，且不用政府统治者也。质言之，即求经济上及政治上之绝对自由也。

资本制度者，平民第一之仇敌，而社会罪恶之源泉也。土地、资本、器械均操之不劳动之地主、资本家之手，吾平民为服奴隶之工役，所生产之大利，悉入少数不劳动者之囊橐，而劳动以致此生产者反疾苦穷愁，不聊其生，社会一切之罪恶匪不由是而起。故吾党誓歼此巨憝，废除财产私有权，凡一切生产机关，今日操之少数人之手者（土地、工厂及一切制造生产之器械等等），悉数取回，归之社会公有，本各尽所能各取所需之义，组织自由共产之社会，无男无女，人人各视其力之所能，从事于劳动，劳动所得之结果（衣、食、房屋及一切生产），劳动者自由取用之，而无所限制。

政府者，名为治民，实即侵夺吾民之自由，吾平民之蟊贼也。吾人有自由生活之权利，有个人自治之本能，无需乎强权之统治者也，故政府必废。将来之社会，各个人完全自由，无复一切以人治人之强权，是之谓无政府，行无政府于共产社会，是之谓无政府共产主义。

抑“无政府”以反对强权为要义，故现社会凡含有强权性质之恶制度，吾党一切排斥之，扫除之，本自由、平等、博爱之真精神，以达于吾人所理想之无地主、无资本家、无首领、无官吏、无代表、无家长、无军队、无监狱、无警察、无裁判所、无法律、无宗教、无婚姻制度之社会。

斯时也，社会上惟有自由，惟有互助之大义，惟有工作之幸乐。

吾人为欲实现无政府共产之社会，所用之唯一手段则曰“革命”。（革命者，非但起革命军之谓也，凡持革命之精神，仗吾平民自己之实力，以与强权战斗之一切行动，皆曰革命。）对于真理之障碍物，以“直接行动”铲除之，无所容其犹豫。

吾党乃宣言于支那之平民曰：无政府共产主义，乃光明美善之主义，出汝等于地狱，使入正当愉快之社会者也。“无政府”乃社会进化必至之境，近世纪科学之发明与夫进化之趋势，皆宛与无政府之哲理相吻合，故谓“无政府”为理想世界无从实现者非也。无政府之社会，人人自由，人人自治，以独立之精神，行互助之大道，其组织之美善，必远胜于政府之代谋，故不必虑无政府即秩序扰乱也。无政府党万国联合，不但为一国说法，故中国无政府他国必来干涉之说亦不必虑也。吾人之反对资本制度，乃主张废除资本之私有，非但反对大资本家而止，故中国尚无大资本家，社会革命非所急务之说，亦不足以阻吾人之前进也。人类之罪恶，实生于社会制度之不良，吾人改造现社会之组织，即所以灭除人类罪恶之根苗，改造社会，同时即改造个人，故人类道德不良不可无政府之说亦无由成立也。总之，无政府共产乃人类天然生活之本则，社会进化之要道，亦为二十世纪不可避之趋势，吾人可无庸疑虑者也。

又宣言于支那之同志曰：无政府共产之实行，赖乎吾党之实力，而欲增进吾党之实力，则联合全体，一致进行，实为今日惟一之要务。凡我同志，当各在其所在地与宗旨相同者联络为一，相其情势，创设自由集合之团体（或为秘密之组织或为表面研究学术之机关），以为传播主义联络同志之机关，以为将来组织联合会之预备。联合会未成立以前，则以本社为暂时之交通机关，无论为个人，为团体，均望随时与本社互通声气，务使散在各地之同志，精神上皆联为一体，实际上皆一致进行。

又宣言于世界各国之同志曰：“万国联合”已为吾党今日一致之趋势，吾人虽不敏，窃愿互相携手，向此同一之途径而行。当支那无政府党联合会未成立之前，暂以吾社为交通机关，凡世界各国吾党之团体或个人，均望随时与本社互通声气，凡吾党之国际的行动，本社同人愿勉力担任之。

我辈向前进！

无政府万岁！

通信处　上海合众国邮局九百十三号信箱转区克谨

或 A. K. G. ,% U. S. P. O. Box 913，Shanghai

（录自《民声》第17号，1914年7月4日）

无政府共产党之目的与手段

（上海无政府共产主义同志社公布）

师　复

何为无政府共产党乎？无政府共产党之目的果何在乎？试以简明之语述之：

（一）一切生产要件，如田地、矿山、工厂、耕具、机器等等，悉数取还，归之社会公有，废绝财产私有权，同时废去钱币。

（二）一切生产要件，均为社会公物，惟生产家得自由取用之。（例如耕者自由使用田地及耕具，而不必如今日之纳税于地主或受雇于耕主；工业者自由使用工厂之机器、原料以制造物品，而不必如今日之受雇于厂主。）

（三）无资本家与劳动家之阶级，人人皆当从事于劳动，（如耕、织、建筑、交通、教育、医药、保育以及其他等等，凡人类正当生活所应有之事业，皆为劳动。）惟各视其性之所近，与力之所能，自由工作，而无强迫与限制。

（四）劳动所得之结果，如食物、衣服、房屋以及一切用品，亦均为社会公物，人人皆得自由取用之，一切幸福，人人皆得同享受之。

（五）无一切政府（无论中央政府或地方政府），凡为统治制度之机关，悉废绝之。

（六）无军队、警察与监狱。

（七）无一切法律、规条。

（八）自由组织种种公会，以改良各种工作及整理各种生产，以供给于众人，（例如长于农事者可联合同志组织农会，长于矿业者可组织矿会。）公会之组织，由单纯以至复杂。惟组织某种公会者，即为某种工作之劳动者，而非首领，非职员，任此者亦视为劳动之一种，而无管理他人之权。会中亦无章程、规则以限制人之自由。

（九）废婚姻制度，男女自由结合，产育者由公共产育院调理之，所生子女，受公共养育院之保养。

（十）儿童满六岁以至二十或二十五岁，皆入学受教育，无论男女，皆当得最高等之学问。

（十一）无论男女，由学校毕业至四十五或五十岁，从事于劳动，此后休养于公共养老院。凡人有废疾及患病者，由公共病院调治之。

（十二）废去一切宗教及一切信条，道德上人人自由，无所谓义务与制裁，使“互助”之天然道德，得自由发达至于圆满。

（十三）每人每日劳动时间，大约由二小时最多至四小时，其余时日，自由研究科学，以助社会之进化，及游息于美术、技艺，以助个人体力、脑力之发达。

（十四）学校教育，采用适宜之万国公语，以渐废去各国不同之语言文字，而远近东西全无界限。

以上即无政府共产主义之最终目的也。欲达此种目的，当用以下之手段：

（一）用报章、书册、演说、学校等等，传播吾人主义于一般平民，务使多数人晓然于吾人主义之光明，学理之圆满以及将来组织之美善，及使知劳动为人生之天职，互助为本来之良德。

（二）当传播时期中，各视其时势与地方情形，可兼用两种手段：1. 抵抗，如抗税、抗兵役、罢工、罢市等；2. 扰动，如暗杀、暴动等。此两种手段，既所以反抗强权，伸张公理，亦所以激动风潮，遍传遐迩，无异迅速有力之传播。

（三）平民大革命，即传播成熟，众人起事，推翻政府及资本家，而改造正当之社会也。

（四）平民大革命，即世界大革命。故吾党万国联合，而不区区为一国说法。现在传播时代，各同志各就其地位之所宜与能力之所及，从事于（一）（二）两种方法，将来时机既熟，世界大革命当以欧洲为起点。如法、德、英、西班牙、意大利、俄罗斯等国，均已传播极广，一旦起事，或数国合举，或一国先举，其余诸国必皆闻风响应，工党罢工，军队倒戈，欧洲政府将次第倒毙。吾党之在南北美及亚洲者，亦当接踵而起，其成功之迅速，必有不可思议者。若就今日中国言，则最要者莫如急起直追，致力于传播，庶免欧洲一旦有事，而东方传播尚未成熟，反足为世界进化之梗也。

以上又即吾党用以达吾人目的之手段也。

抑时人对于吾党主义，往往多所疑虑者，无非以为“难行”而已。或则疑今日人类之道德不齐，一旦无政府，必有种种纷扰及规避劳动任意夺取需要品之流弊；或又疑大地人类众多，传播势难普及，各国政府之强权，终非少数之无政府党所能敌。此两种疑虑，大抵为今日一般人所通具者，今当有以解释之：

（一）吾人已言，欲实现无政府共产之社会，须先传播吾人主义，要求平民多数之赞成，倘多数人晓然于此主义之美善，则少数人之未明晓有，感之固自易易，曾何患其纷扰？况无政府之人民，非必具有若何高深难行之道德。无政府之道德，不外“劳动”“互助”而已，二者皆人类之本能，非由外铄，但使社会改善，生活之状态日趋于适，此种天然之美德，必能自由发展。且彼时之劳动，乃最愉快之事，非如今日之苦恼者也。科学发明，复无金钱之束缚，凡事皆可使用机器，无论何种工作，必求其轻捷省时，合于卫生，故每日数小时之工作无异于体操游艺，人亦何乐而避之？夫既有机器之迅速，加以作工者之众多，生产之丰富，当不可思议，需要品惟有过多，无虞不足，又何所用其夺取？倘仍冥顽强暴之人，必欲他人为之服役，而己则饱食安坐者，吾人当本反抗强权之大义，摈之社会之外，彼少数人岂能为患哉！

（二）凡事不合天然之公理者，其传播难，合于天然公理者，其传播自易。今无政府共产主义，实人人良心上所同具之公理，其传播又岂极难？但视吾人之毅力何如耳！试观欧洲无政府主义之出世，不过六十余年，党人从事运动传播者，不过四十余年耳，然今日欧洲各国已异常发达，近十年间，其进步更有一日千里之势。无政府之团体，遍布各地，无政府之书报，汗牛充栋，在中国人闻而咋舌者，在欧洲则已视为老生常谈。今年万国无政府党大会于伦敦，已预定有万国联合机关之组织，万国革命之实行，且将不远。尤可喜者，欧洲社会，除资本家外，即是工人，今日之工党，脑中皆已深印社会主义、无政府主义之义理，观近年工党之活动，即为无政府实行之征兆。政府所恃者不外军队，而各国皆行征兵制度，当兵者亦无非平时之工党，故在数年前，已常有政府调兵禁压罢工，而军人均不肯从命，甚或倒戈相向者，盖不肯为政府以攻其兄弟朋友也。然则将来一旦大革命起，军人亦将反抗政府，此实可断言者。彼食肉之政府与资本家，何足惧哉！若就中国今日情形论之，此主义之传播，诚不若欧洲之广，然吾东亚同志，苟能群策群力，牺牲二十年之时光，竭力从事于传播，吾敢决吾主义行将遍布于东亚大陆。此时欧洲之进步，当不可思议，实行之时期，必为吾人所亲见，慎勿视为不可实现之理想也。

呜呼！欧洲战云，弥漫天地，以亿兆人之生命，为彼富贵者之牺牲，政府之罪恶，至是而完全揭露矣。战事完结之日，即为宣布政府、资本家死刑之日，无政府风潮，必将汹涌而起。愿吾东亚平民，急从好梦中醒觉，奋步疾追，幸勿瞠乎落后也。

（录自《民声》第19号，1914年7月18日）

废家族主义

师　复

吾人常宣言曰：家族者，进化之障碍物也。家族之起源，由于婚姻，家族之界域，成于族姓。故废婚姻，所以去家族之根源，废族姓，所以泯家族之界域。二者相为表里者也。

自有婚姻制度，乃有家庭，己所生者谓之子女，同族系者谓之宗族。亲疏之见，如鸿沟然，相沿既久，引以为常。由一家而至于村于邑于国，重重畛域，联环而生，国界种界于是乎起。

世界进化，国界种界，不久将归于消灭，故家庭必先废。

社会者，当以个人为单纯之分子者也。自有家族，则以家为社会之单位。个人对于社会，不知有直接应负之责任，而惟私于其家。人人皆私其家，而社会之进化遂为之停滞。

财产者，世界之公物，非人所得私有也。自有家族，老者计积蓄，少者冀承产，无人无日不以私产为念。竞争既久，遂成今日贫富悬绝黑暗悲惨之社会。

人人平等，无能相辖。自有家族，而青年男女遂皆卑屈服从，无复独立之人格。支那人有恒言曰：有夫妇而后有父子，有父子而后有君臣。故家族者，专制政体之胚胎也。

欧洲古代男子待其家人如俘虏，及乎中世，犹有罚妻杀子之权。法国大革命后，家庭权力乃渐减缩，将来必低至零度而后已。若在支那，则今日仍为家长跋扈之时代，所谓大族大家者尤甚，以纲常名教之毒中之最深故也。

吾常谓支那之家庭，非家庭也，一最黑暗之监狱耳。此监狱由婚姻为墙基，族姓为砖石，而纲常名教则为之泥土，粘合而成一森严牢固之大狱。家长其牢头，多数可怜的青年男女其囚徒也。此等狱囚，既饱受牢头之苛待，复习熟于牢狱的生活，一旦牢头既死，即继之而为后此诸青年男女之牢头。数千百年，蝉联递演，支那之男子遂无一人非囚徒，亦无一人非牢头，其女子则始终为囚徒之囚徒。噫！可怜不可怜。

欲破此大狱，其惟婚姻革命乎，族姓革命乎！而助此二者之实行，则纲常名教的革命也。谈纲常革命者，莫善于某氏之《三纲革命》①，附录于后，以代吾说。

去迷信与去强权，二者皆革命之要点。因此二者互相维持，以图保存者也。所谓三纲，出于狡者之创造，以伪道德之迷信保君父等之强权也。

迷信与宗教为一流，与彼相反者，则科学之真理。若取迷信与科学比较其异同，则是非易决矣。

（甲）宗教迷信：（一）君为臣纲；（二）父为子纲；（三）夫为妻纲。纲领者犹统辖之意也，是臣子妻皆被统辖者也。

（乙）科学真理：（一）人人平等；（二）父子平等；（三）男女平等。以真理言之，孰有统辖之权，孰有服从之义，故一切平等。

（甲一）君为臣纲（略）

（乙一）人人平等（略）

（甲二）父为子纲

就伪道德言之，父尊而子卑；就法律言之，父得杀子而无罪；就习惯言之，父得殴詈其子，而子不敢复。

因强弱之异势，迷信之谬误，故父尊而子卑，父得而统辖其子，于是父为子纲。父之知道明理者，固不肯恃强欺弱，侵其子之权，其他则以此伪道德为保护权利之具，侵侮其子，无所不至。故纲常之义，父之明理者固无所用之，而用之者皆暴父而已。

至子之恶者，虐待其父母，偶或有之。然彼固无畏乎所谓圣贤，

① 参见真《三纲革命》，《新世纪》第11号，1907年8月31日。

所谓纲常。至良善之子，必善养其父母，固无所用于圣贤与纲常者。

就暴父言之，纲常伪义，徒以助其暴。就恶子言之，则不足以减其恶。

且恶子较暴父为少，偶有之，安知非因累世之恶感情所致耶？总之三纲之伪德，有损而无益。

暴父之待其子也，当其幼时，不知导之以理，而动用威权，或詈或殴，幼子之皮肤受害犹轻，而脑关之损失无量。于是卑鄙相习残暴成性。更使之崇拜祖宗，信奉鬼神，以成其迷信，而丧其是非，更教以敬长尊亲习请安拜跪，炼其奴隶禽兽畏服之性质。及其壮也，婚配不得自由，惟听父母之所择。夫男女乃两人之事，他人亦竟干涉，此乃幼时服从性质之结果而已。及其父母死，而复以繁文缛节以累之，卧草食素，宽衣缚其身，布冤蔽其目，逢人哭拜称曰罪人。

呜呼！父母之死也，其子哀伤，出于自然。然其死也，乃机体衰老生理之关系，子何罪乎？其子当哀伤劳苦之际，奈何反使之背于卫生瘁其精力。

夫哀伤与眠食不安，乃出于自然，本不必他人教使。而彼狡者自以为圣贤，从而制礼以提倡之，而彼愚子暴父，自以为尊崇圣贤，从而效之于幼教之于长，相习成风而其结果则为子孙加此一种迷信。此迷信所以保存父母死后之余威也。

总之，为子者，自幼及长，不能脱于迷信与强权之范围。己方未了，又以教人世世相传，以阻人道之进化，败坏人类之幸福。其过何在？在人愚。乘其愚而长其过者，纲常伦纪也。作纲常伦纪者，圣贤也。故助人道之进化，求人类之幸福，必破纲常伦纪之说。此亦即圣贤革命家庭革命。

（乙二）父子平等

就科学言之，父之生子，惟一生理之问题，一先生，一后生而已，故有长幼之遗传，而无尊卑之义理。就社会言之，人各自由，非他人之属物。就论理言之，若生之者得杀被生者，则被生者亦得杀生之者。既子不得杀父，故父亦不得杀子。

父之杀子与殴詈其子，非出于理，而出于势力。势力即强权，乃反背真理者也。

科学真理，一本于自然，不外乎人道。父人也，子亦人也。故父子平等。子幼不能自立，父母养之，此乃父母之义务，子女之权利。父母衰老不能动作，子女养之，此亦子女之义务，父母之权利。故父母子女之义务平，权利等，故父母之于子女无非平等而已。此即自然之人道也。人生于世间，以世间之物为生活，此物非属于甲，亦非属于乙，非属于父，亦非属于子，惟属于众人而已。此至公也。既有家庭，则易公而为私，爱己而忌人。曰我之子，故我爱之。于是慈之说出。推此以求，则人之子遂不爱。曰我之父，故我爱之。于是孝之说出。推此以求，则人之父遂不爱。所以爱我之父，我之子，是因其与我近。然父之与我近，子之与我近，究不若我之与我近。故孝也，慈也，犹不若其自私之为甚。故父愿其子孝，且用强迫威骇以得之，而子变为奴隶禽兽矣。故孝者父之私利也。子欲其父慈，欲其有利于己，（产业）用媚以求之，或以孝之美名为升官发财之运动法。于前之说（遗产）则父母为马牛，于后之说，（孝之美名）则父母为傀儡。故慈者子之私利也。若顺乎科学公理，人当本于构造生理，各尽所能，各取所需。

若路人有所需，不能因其为路人，不与之不助之。若父母或子女无所需，不能因其为父母或子女，遂夺他人之分，而特别与助之。

慈孝者，私之别称也，若世人不私，则无所用其慈孝，即世人慈孝（博爱）世人也。

博爱平等，公之至也。慈孝与博爱，及公与私，皆成反比例。然慈孝有害博爱平等，而博爱平等无损于慈孝，且有益之。因慈孝只利于我之近者。推而及于自利，博爱平等是利众人。众人利，我与我之近者，自在其中矣。

人道进化之程度愈幼稚，慈孝之风愈盛，而博爱之力愈薄。因各私其私也。今之世界，纯然自私之世界也。经济问题，其一大阻力。若经济平等，（共产实行）人人得以自立，互相协助而无所用其倚附。是时也，有男女之聚会，而无家庭之成立，有父子之遗传，而无父子之名义。是时也，家庭灭，纲纪无。此自由平等博爱之实行，人道幸福之进化也。

今其时虽未至，而进化之趋向已进矣。

家庭革命，圣贤革命，纲纪革命，所以助人道进化者也。

（甲三）夫为妻纲

就伪道德言之，夫尊妻卑；就法律言之，夫得出妻，妻不得离夫。夫执奸（两人之真爱情，反谓为奸。）杀妻无罪而得奖，妻杀夫则为凌迟之罪。（妻之杀夫因爱他人不得而为之者百之九九，阻妻之爱他人者夫也，妻之杀夫非妻之罪也。）

就习惯言之，夫嫖则为当然，妻与人交，则为失节。（因夫得嫖，且得有多妻，故无杀妻之事。然非夫之性善也。）

因强弱之异势，迷信之误谬，故夫尊而妇卑，夫得而统辖其妇，于是夫为妻纲。夫之知道明理者，故不肯恃强欺弱，侵其妻之权，其他则以此伪义，为保护权利之具，侵侮其妻，无所不至。故纲常之义，夫之明理者固无所用之，而用之者皆为暴夫而已。是故纲常之义，不外乎利于暴夫而已。

虽有知道明理之夫，而其妻不得脱于迷信之习惯，此非夫妻一部分之问题，乃男女普通之问题也。

（乙三）夫妻平等

就科学言之，男女之相合，不外乎生理之一问题。就社会言之，女非他人之属物，可从其所欲而择交，可常可暂。就论理言之，若夫得杀妻，则妻亦得杀夫，若妇不得杀夫，则夫亦不得杀妻。若夫得嫖，则妻亦得嫖。此平等也，此科学真理也。

科学真理，一本于自然，不外乎人道。夫人也，妇亦人也，故夫妇平等。

人生于世间，各有自立之资格，非属于甲亦非属于乙，妇不属于夫，夫不属于妇，此自由也。

既有家庭，则易自由为专制，曰我之妻，我爱之而忌他人爱之，曰我为尔夫尔当爱我，而禁其爱他人。是以玩物产业待女人也。自私也，专制也。

若顺于科学公理，人当本于构造与生理，各从其欲，各为其所宜。

人道进化愈幼稚，女人愈不自由，愈进化，男人专制愈减，今之世界，纯然自私之世界也，经济问题其一大阻力。若经济平等，则人人得以自立，聚散自由，有男女之聚处，而无家庭之成立。是时也，家庭灭，纲纪无，此自由平等博爱之实行，人道幸福之进化也。今其时虽未至，而进化之趋向已进矣。

家庭革命，圣贤革命，纲常革命，所以助人道进化者也。

实行政治革命，经济革命，皆不能免激烈之作用。因革命之主动者，与反对党性质正反，必有冲突故也。

至家庭革命，则无激烈之作用，惟改革其思想可也。因今之父母即昔之子女，若其回思昔日所受之压制，不合于人道，则其将行恕道，不以己所不欲者施之于其子女也。今之子女，亦即后日之父母，若其知父母不当以某事压制之，则当彼为父母之时，亦当行恕道，不以己所不欲者施之于其子女也。故父母子女皆得而作家庭革命党，助此革命之实行者。

一曰尚真理以去迷信，此思想之革命也。（直接）

二曰求自立以去强权，经济革命与有切要之关系也。（间接）

（1912 年 5 月）

（录自《师复文存》，第 107~125 页）

社会主义演说词

亢　虎

社会主义根本思想，果何自而来？大凡人类就耳目所见闻，身体所经验，觉现世界一切，尚未达最圆满时代，而生一种观念，于此不真不美不善之境界外，必须求最真美善之境界，此即社会主义根本之所由发生也。

社会主义之动机 因经济困难生计不平等之故，而发生种种之问题。有厌世思想者，感于欲望之不圆满，而生与草木同腐之心。有破坏思想者，因受富豪之恶劣激刺，致成暴动，即所谓日暮途远，倒行逆施是也。有持消极主义者，即一般政治上之人物，暂为补苴罅漏，去其太甚，是谓苟安思想。惟以此种种皆不能达完美之域，即有一般学者出，以一种特别之主张，推翻现世界道德、习惯、法律上种种恶劣，欲为彻底之改良，此种主张即社会主义是已。

社会主义之解释　大凡一种学说之名词，最难得正确之定义。社会主义之为物，使以学理解释之，虽累千百言，亦难罄述。惟可以比较的解释，如以猫之形容一虎，或可得其真似。兹特举其与各物之比较标出之，闻者当可了解矣。

社会主义与社会学 普通各团体，无论以法律组成者与否，皆称社会。研究此社会之组成及进化，谓之社会学。社会党，则又一特别之团体，盖以社会学为根据，而生出一种之主张，谓之曰“社会主义”。

社会主义与宗教　大凡宗教，必有特别信仰，使人尽趋从，此社会主义相同之点也。至其相异之点，则同为救助，而主张各有不同。如佛教但言佛德无量，专恃其超脱，耶教专赖耶苏十字架之流血，为洗尽罪恶之具，是皆以他力救度，而非以己力救度。社会主义则适与相反，诸凡以实行为目的，无丝毫假他力之救助，且无丝毫迷信力存乎其间也。且宗教有教主，其崇拜之几如神圣。社会主义则人人平等，无丝毫阶级之可分。匪独此也，宗教家之理想，谓生前不过信仰，凡所希望最圆满之境界，必死后之灵魂能享有之，社会主义则谓此境界在生前，吾人必以肉体享有之也。

社会党与政党　社会党与政党之不同，顾名已得其旨矣。然两两相形，社会党之真相乃愈见。夫政党何以生，则以维持一国之政治故，是以莫不以国家为前提。严立党纲，强人遵守，且因欲此党纲之实行，不免有枉尺直寻之手段。而社会党则不然，以维持全世界之社会道德为宗旨，故以世界为前提，而于党纲则任人自由遵守，且因欲实行其目的之故，其手段始终相一致，无所出入，无所抵牾也。

社会党之派别　社会主义既若斯矣，其而宏愿，包罗至大，因目光所及，有远近先后之故，对于此主义之进行，遂生互异之点，虽异途同归，要不得不称之为派别。今略举之以告诸君：

（一）国家社会主义。此主义以国家为范围，以国家为目的，与普通之社会主义稍有出入，故本党不甚注意。

（一）共产社会主义。此种主义，又可为社会主义之正宗。

（一）无政府主义。此主义之发生，因各种道德、政治、法律之恶劣，皆由政府发生，故欲彻底改良世界之罪恶，必使世界上永无政府之存在。

以上三者，皆为社会党派别之大端。其他尚有数种，要稍有不同而已。

社会主义与各国之关系　社会主义，自法国革命后发生，风行各国。今将各国与社会主义之关系，略言之。

（一）英国。英国之道德最重，人民尽有自治之能力，故于社会主义，殆相隐合，且其政治虽为君主制度，但君主并无实力，所谓虚君是也，以故社会主义颇为冷淡。

（二）美国。美国富力、实权，多在少数资本家，因经济不平等之故，是以该国社会主义异常发达。

（三）德国。德国君权特重，异于他国，实为现今世界之怪物。故社会主义颇受影响。

（四）法国。法国人民思想异常自由，新奇学说，多出于法。故法国实为社会主义之先导，而其国之派别亦最多。

（五）俄国。俄国因专制过重，反动力于是亦大，而社会党生焉。该党人多由虚无党之改组，现多入万国无政府党同盟会。其主张激烈者居多，然乎和者亦有之。

（六）比国。比国虽为王政，然亦不过为虚君制度。故无论何种会议，党派多集于此。

（七）瑞士。瑞士国无政府，仅有议会，无海陆军，世界称为理想国家，故抱大同主义最甚。虽未能称为至美至善，然暂可作为模范。

（八）日本。日本之社会主义，虽经幸德秋水提倡十余年，而以历史上及各种关系，不能发达，仅得同志百余人，去岁就义，虽不因提倡社会主义而因推翻天皇之故。然推翻天皇，实因君主存在，社会主义绝对不能实行之故。而日本崇拜英雄之风最甚，推翻天皇之说，实为社会所反对。是以必须待天皇死后，崇拜英雄之观念既消，政治革命成，而社会主义方能实行也。

中国易于提倡社会主义之理由 至于中国，则提倡社会主义甚易，且有不得不提倡之故。试言之：

（一）因从前种种学说思想，均极发达，其见解多有进于社会主义者，即孔子所谓大同是也。

（二）因中国上古制度，多采共同主义，如井田、会馆、公所及其他种种公共机关，甚多发达，故今日采用易实行。

（三）革命成功，人民思想经一大变动，人人心目中，既以为各种进化如此之速，则无论何种当亦如之。

（四）共和国之精神，以自由、平等、亲爱三者为最重要，而三者欲求其真，非实行社会主义不可。

反而言之，则有须提倡社会主义者：

（一）家族制度，为万恶之源，故破除家庭制度，必不可不行社会主义。

（二）生计不平等，则种种罪恶，亦由以生，欲为谋发达个人直接生利事业，必须提倡社会主义。吾人社会主义思想之由来，及研究社会之历史，实有急不可缓之势，且又有此大好时机，可不以提倡社会主义为己责乎？

以上所论，为社会主义之大要。今更将本党办法，有规章宣告[①]所未及载者，为党员一告之。凡事实行，必以言论鼓吹为先驱，如鼓吹不能圆满，则不但不能实行，反生阻力。故言论愈有势力，思想愈能普及，各人之脑中，日日含蓄此主义既深，自然水到渠成，必能一致实行。然当未实行以前，万不可因无成绩，而生退步之心，且宜更求培植其可以待时机之至。又，社会主义尊重个人，既入党者，但以信仰此主义而来，不分等级界限。然个人意志何为，或有违反之处，则全系个人之自由行动所致，而社会主义，则系超然之学说，万不能因个人累及团体，亦不能因团体责成个人。故个人行为，实与本党无绝对的密切关系者也。且本党既无严密之法制，故入党签名者，固为纯粹之党人，然有抱社会主义而不入党者，亦不能不认其为党员也。予所欲言者，略尽于此，尚望诸君勉之。

（录自《新世界》第8期，1912年8月25日）

① 参见《中国社会党规章》和《中国社会党宣告》。

社会主义学说

江亢虎

近读《民声》《正声》《牺牲》《苏门答腊》诸报纸及内地同志之来函，深喜国人对于社会主义、无政府主义研究之心久而倍热。惟以流派复杂，异议纷纭，坐生歧路之悲，转益望洋之叹。不揣谫陋，辄就年来见闻所得，感触所及，略述一二，借释怀疑，并代答复。

一 共产、集产之名义及其区别

共产二字，由西文 Communism 译来，此无疑义。集产二字，则或由 Collectivism 译来，或由 Co-operation 译来，用者不一。Co-operation 乃近似社会主义一种工作营业之方策，其生产分配机关，并非悉归公共，不过资本家兼为劳动家，质言之，即股东自为工人或顾客兼为店主而已。余旧作《洪水集》所引集产名词，多有作此解者，读者不可不察也。至 Collectivism 则近人所取以与共产主义并列，分为两大宗，鄙人曩者或亦有此失。及今复加研究，并参之载籍，质之交游，则知此名词与共产之名词实无严重明晰之界说。有谓共产为总名而集产为专名者，又有谓集产为总名而共产为专名者。大抵集产之名词发生较早，含义较广，共产之名词则自万国劳动同盟宣言始认定采用，特别表彰之，而一般论者著者，尚任意沿袭，无有区择，实相通非并列也。其尤奇者，近人多谓社会主义是集产主义非共产主义，无政府主义是共产主义非集产主义，更为误会中之误会。此等误会，源于日本人，成于孙中山，而断案则定于刘师复，鄙人亦与有罪焉，不敢讳也。语其实际之历史，则集产、共产两名词，古来本无界说。自一八四七年万国劳动同盟成立，马克斯始专用共产主义之名词，自一八七二年万国劳动同盟分裂，马克斯派始专用社会主义之名词，巴苦宁派始专用无政府主义之名词。又以无政府主义之名词对于财产之主张无表示之含义，而又不愿袭马克斯已专用之共产主义之名词，一时乃反采用集产主义之名词以示异。其后见马克斯派习用社会主义之名词，而不复仍用共产主义之名词，于是乃又转而采用共产之名词，合称为无政府共产主义。故知两名词之区别，属历史的性质，不属学术的性质，若单就“共产”“集产”中西字义推求之，固无从索解也。而此实际之历史，取舍互异，分合无常，两名词乃益轇轕混淆，不可究诘，使我东方学者，目眩头晕，唇焦笔秃，千辛万苦，始终搔不着痒处，真闷杀人。

二 社会主义各派对于财产之主张

谓社会主义是集产主义犹可通也，谓无政府主义是共产主义不可通也。盖无政府主义苟不与共产主义合称，则对于财产无任何主张之表示者也。近人或谓集产主义是各取所值，因之谓社会主义亦是各取所值，谓共产主义是各取所需，因之谓无政府主义亦是各取所需。按各取所需自According to needs 译来，以为无政府共产主义所表示之定义，各取所值自According to deeds 译来，以为社会主义所表示之定义。此在西文早经公用，而汉文各取所值之值字译自 deeds 殊属不宜，deeds 训作为，不训价值。盖社会主义对于财产之主张，除生产机关必归公共外，其分配法，言人人殊，约分数种。一、平均法，通称均产，其说最旧。一、需要法，即无政府共产主义所谓各取所需，社会主义未始不用之。而多数则主用各取所作为之说，惟此中又分数种：有时间标准法，无论何项工作，时间同则所得同；有勤劳标准法，即按劳心劳力之程度分量，精密计算之；有牺牲标准法，凡污秽幽苦之职事，勤劳少时间少而所得独多，是也；有结果标准法，不问时间勤劳牺牲如何，惟以工作结果之价值定所得之比例，此乃真所谓各取所值，而才能卓越者，独优游而占便宜，诚自然界不平等之现象，未尽善也，社会主义家亦多不赞同。今以值字译作为，以此一派之学说赅括社会主义，并赅括集产主义，诬先辈而误后人，所当明辨而切戒也。

三 无政府主义与共产主义根本上之冲突

无政府主义之名词，由 Anarchism 译来，源出希腊文，Ana 训无，Arche 训治，故译为无治主义最佳。其所信仰，纯以个人为前提，所谓完全独立，均等自由，至对于个人与个人之关系即社会的关系，则以相互扶助为枢纽，有亲爱而无强权，有合意而无法律。如阁得文①氏（W. Godwin）、如斯梯涅②氏（M. Stirner）、如托尔斯泰氏（L. N. Tolstoy），如特克③氏（B. R. Tucker）皆其代表也。此与以社会为前提之共产主义，一属消极，一属积极，一属离心，一属向心，在理论上实无可以同时并行之道。自巴苦宁派倡为无政府共产主义之学说，克鲁泡金益发挥而光大之，一方主张极端个人主义，一方主张极端社会主义。如以共产为目的，以革命为手段，实社会党人事，非无政府党人事也。盖共产必需法律，革命必用强权，而法律与强权固无政府主义所不许。夫法律与强权本各有广狭二义，就广义言，凡有机关与契约，即有法律与强权，亦即含有政治的性质与政府的作用。近时无政府共产主义家即知机关与契约的必要矣，则机关行动之事，即政治也，机关管理之人，即政府也，契约，即法律也，制行此契约者，即强权也。而无业者请他往一语，尤强权之明证矣。恩格尔氏（F. Engels）之科学社会主义，其结论曰：从来政府为统治人民之机关，后此政府则为整理物件之机关。试问无政府共产主义非认此整理物件之机关之存在者乎？如此则无政府共产主义亦有法律，有强权，是即社会主义矣，此就广义而言之也。就狭义言则矫伪之法律，军武之强权，社会主义固绝对的反对之。即所主张之社会革命其进行手段亦只以大同盟总罢工为唯一之戎装。过此以往，如暗杀暴动等事则无政府党人或为之，而社会党人不为也。经济之组织革新，政治之根抵全变。科学社会主义之结论又曰：燎原之火，可以为炊，杀人之电气，可以疗疾。喻一切势力之在世间，其本质无善恶之可言，惟视人之能否利用而已。政治何莫不然？又曰：社会全体掌握生产机关，阶级及国家自归无用，不待废止，立见消

① 阁得文，今译为“葛德文”。

② 斯梯涅，今译为“施蒂纳”。

③ 特克，今译为“塔克”，即“本杰明·塔克”（Benjamin R. Tucker，1854-1939）。

灭。试问无政府共产主义，非欲阶级制度国家制度之消灭者乎？如此，则社会主义亦无法律、无强权，是即无政府共产主义矣。此就狭义言也。总之，个人的无政府主义，既格于事实而不能行，共产的无政府主义，又悖于理论而不可通。向尝窃窃疑之，近见西籍中个人主义及社会主义皆有反对无政府共产主义之著作，惟国人苦鲜知之，猗略发大凡，以启学者自由研究之渐，勿徒震惊其名而盲从之可耳。

四　社会主义各派进行之方法

社会主义各派进行之方法颇不同，兹特用评论法括为数种，举其梗概详其利弊，大约如下：

甲、政治运动。此实各国社会党一致进行之方法也。盖近世所谓文明各国之政治，皆由宪法国会政党而成立而措施，故欲取和平稳健之途径以贯彻所主张，惟有组织政党，以战胜国会，以改革宪法，果能达到大多数之目的，则国家与社会之组织，政法与经济之制度，均不难以过半之公意变更之。据十年来，各国社会党之报告，则增加之率，愈近愈速，所谓大多数者，或为将来所必至之一境。盖除最少数之贵族、富豪、地主、教徒及极端保守党外，固皆有吸收或提携之希望者也。语其利，一则折冲坛坫之间，制胜庙堂之上，无意外之失败，无不幸之危险。二则取大多数之同意，借大多数之厚援，而后改革而后实行，无临时之阻力，无事后之反动。语其弊，则未得大多数以前，政治、经济之性质与作用，常含有制造罪恶之特质。入其中者，往往与之同化，而失所把持。既得大多数以后，一恐此多数中意见纷歧，又生决裂，二恐有人假大多数之名义与势力以自行其私。

乙、军武革命。此所谓堂堂之阵正正之旗也。劳动家之平民对于资本家与政府，俨然敌国，正式宣战，揭社会革命之宗旨，采政治革命之成法。语其利，则直捷［截］了当，彻底澄清。语其弊，未成功则牺牲太多，祸变太烈，水深火热，得不偿失；既成功则少数之暴民或武人专恣于上，多数之反对者、旧势力者孽牙于下，更迭起仆，流血相逐，法兰西之恐怖时代可为前车。

丙、同盟罢工。此政治社会党以外最通行之唯一方法也。盖政治运动过于迂缓，军武革命过于激剧，惟此较为折中。语其利，则实力抵制，有挟而求，制资本家之死命，而不害人类之生命，直接行动，组织机关，去政治之劣点，而仍保持政治之优点。语其弊，一则人心不齐，储备不足，难于持久。二则普通工人无战斗之能力与器械，不禁军警之干涉。三则交通停滞，金融恐慌，资本家折阅尚微，而一般人之损失反大。故用之增加工价，减轻苛待，一部分一时期之事，尚可收相当之效果。若所谓大同盟总罢工者，则其事之难成，较之政治上占大多数而尤甚也。

丁、暗杀暴动。所谓直接行动，破坏工夫，急进社会党及革命无政府党之惯技也。其言曰：破坏者，惟一之建设也。又曰：暗杀一二人，暴动三数日，其直接间接之影响，甚于言语文字之功用数十百倍，此所谓利也。其弊则不可盛言，或暗杀一二人，而辗转被杀至无数人；或暴动三数日，而反复牵动至无宁日。历史成例，数见不鲜，可为毛戴也。

戊、模范殖民。自由社会党及温和无政府党所主张也。志同道合者，自由结集而成。又分两种：一、有机关契约的团体，不啻一雏形之国家，特原本公意变更形式而已。一、无机关契约的团体，因个性之发展，以合意为连锁，不假造作，一返自然。此皆所谓乌托邦，所谓极乐土也。发自理想，见之事实，无习惯之拘束。遁世无闷，自为风气，无外界之侵占。此其利也。然人群演进，终不能复为古初简单之生活。借曰能之，是退化矣。其弊一。交通或名胜之区，吾人既未从着手，至于荒僻险阻，天造草昧，则经营缔造，又断非少数之人力与时日所能遽期其完成。其弊二。虽曰无习惯之拘束，然个人之根性习染终不能铲除净尽，且纯任思想，则各有主张，筑室道谋，必事半功倍。其弊三。虽曰无外界之侵占，然世界之交通往来，终不能永久谢绝。而同化公例，常服从多数，一齐众楚，或有始无终。其弊四。欧美各国数十年来从事模范殖民者不可数计，而皆如一现之昙花，是可鉴也。若三五素心，乐数晨夕，山深林密，耕田读书，如古所谓避世之隐君子，固个人生活自由之极致，而非所论于积极的社会主义者也。

己、鼓吹传布。此实一切方法之根本方法，任何进行，必采用之，且有百利而无一弊者也。以学理为根据，以智识为前提，以教育为凭借，以言语文字为作用，以转移心理制造舆论为彻上彻下工夫，以言论、出版、集会三大自由为保障，随时随地随人可行者，惟此而已矣。

综而论之，以上六事，除鼓吹传布外，余者皆利弊互见。语有之曰：两害相权取其轻，两利相权取其重。而其利害之轻重，则各因历史、地理、民族、周围事情种种之关系而万有不同，不可执一以概论也。且吾人夙信历史的唯物论，一切现象皆循因果相生之定律，而所谓当然者，乃皆不得不然，若虚悬一定见而是非可否之，无当也。审是则知六事者，各有其特别相宜之时与地与人。而吾人平日所用之方法，则惟有据超然的公例，自由选择其最通常之一则。其有特别事件，原不可逆亿计之。况六事之间，互有关系，或分途而并进，或相反而相成。胶柱鼓瑟者愚也，是丹非素者妄也。学者戒之。

五　鄙人从前之学说

鄙人从前之学说，今日自己观之，亦有不尽惬意处。一则切磋无人，读书太少，趋于理想而忽于实情。二则输入伊始，阻碍万端，为便宜说法计，而附会古人及迁就时势之弊，皆不免焉。惟除以全党代表名义发布各件外，大体自信无讹，始终亦尚一贯。乃近时论者颇肆讥评，虽间有药石之言，而末得症结所在。不知其果误会耶，抑别有用心也。鄙人本自附于社会主义，其于无政府主义非反对亦非主张，惟尝创为三无之说：无宗教、无国家、无家庭。而对政治经济之意见，则明白宣布土地、资本、机器三者当归公有，教育、实业、交通三者当归公营，军备、赋税、刑罚三者当由减免以达于消灭。至政治法律名词，本各有广狭二义。鄙人一方承认广义的政治与法律，即有管理之机关，有合意的契约是也，谓之有政治有法律可也。一方排除狭义的政治与法律，即如现世制度主治与被治阶级之政治，及少数人强迫多数人或多数人强迫少数人之法律是也，谓之无政治无法律可也。或者所甚疑者，则遗产归公一节。似乎仍许私有财产之存在，而不知鄙人本有土地、资本、机器公有之说。遗产归公者，在土地、资本、机器未尽公有以前，则假此为破除一切私产制度之简便手术。盖政治运动、军武革命、模范殖民三事，皆须旷日持久。若遗产归公，则随地随时随人可自由行之。无流血之惨变，无外界之干涉，而既归公者自不更归私。此管理遗产之公共机关，即将来共产社会之实地试验场，而为国家制度之政府之瓜代人，此一义也。在土地、资本、机器既尽公有以后，而个人生活享乐之费用物件，无论其由何种分配方法得来，若积之太多，传之甚久，则必又成为一种私有之财产矣。惟注定遗产归公，然后财产及家族之恶弊可以断绝根株，永无萌蘖，此二义也。故遗产归公者，未共产时代为共产之一种进行法，而所谓遗产者，即含有土地、资本、机器之私有财产也。既共产时代为共产之一种补助法，而所谓遗产者则除去土地、资本、机器之私有财产也。读者当可释然矣。此外如《民声》杂志所引拙著《洪水集》有曰：无机关、无契约之世界，能安居乎？能进化乎？此真研究学理之言耳。乃彼既承认所主张者为有机关有契约，则即鄙人所承认为能安居能进化者矣。而偏丑诋之，以为反对无政府之证据。夫即使鄙人向者比言果为反对无政府，并为反对有机关有契约之无政府，然能安居乎能进化乎二语，亦只属怀疑质问之词。自命无政府主义者固当解释而辩明之，为能安居能进化之答案。况其意固与彼等主张全同，而顾代改为不能安居不能进化之完全肯定式，反以武鄙陋等字詈人。又如教育、实业、交通三事。鄙人主张社会公营，彼自命无政府主义者，亦主张社会公营，则又全然同意矣。而故代为揣度曰：语意之间，一若如何，因复以诳语盲吠等字詈人。观此两条，则若而人者，果有可与研究此学理之资格之价值与否，尚为未经先决之一问题，故此文一切不论及也。

（1914 年）

（录自《江亢虎文存初编》，第 91～100 页）

个　人

元　文*

近世新个人主义渐昌，其学理上正当的解释，颇非数语所可了。兹特从对待各方面指点出之，亦解释术语一种方便法门也。

个人对世界而言　个人者世界之原分子，世界者个人之集合体，即世界由单纯个人直接构成。

个人对国家而言　单纯个人直接构成世界，故不应更有国家之界限。自国家为有机体之谬说盛行，而牺牲人民之利益，以维持国家之利益，如军备、关税等恶制度，繁然并起，流毒无穷，推波助澜，不知伊于胡底，蹂躏个人，其罪大矣。

个人对家庭而言　单纯个人直接构成世界，故不应更有家庭之阶段。西方重视国家而谬以为世界由多数国家构成，东方尤重视家庭而谬以为国家由多数家庭构成，皆不知个人为单纯分子而与世界实有直接关系者也。重视国家者，如前所陈，军备之伤耗，一旦有警，则伏尸流血，残忍惨酷，尤不可说，关税之烦苛，更附以种种租赋，巧立名目，剥削脂膏。重视家庭者，伦纪之间，互相牵掣，又有世袭遗产为一切不平等之源泉，一方面则罪及妻孥，仇复九世，以此一个人而牵涉彼多数个人。不明个人之界说，而蔑视个人之权利，殊堪痛恨也。

个人对民族而言　国家、家庭二者，既不应为世界与个人直接关系之中梗，民族自不待言。民族乃同血统之多数个人所集合者之名称，其实血统问题最为淆乱。中国今日谁是纯粹黄帝之子孙乎？原有之苗族，及三代

---

* 元文，即江亢虎；下同。

以来，六朝、五代、辽、金、元之际，孱人杂居之夷、戎、蛮、氐、羌、胡、羯、匈奴、鲜卑、契丹、突厥、蒙古、鞑靼等等，久矣同化而不可解。又况满、汉之通婚，重以黄、白之合种，于此而必尔疆我界，伐异党同，毋乃多事自扰乎？故将来世界新人类，必为五色混和而成，而狭义的民族革命，甚悖大公，所不取也。

个人对宗教团而言　宗教非哲学、科学时代所能久存，宗教团之战争尤为惨无人理。此风欧西极烈。旷观历史，回教、犹太教、基督新旧教，寻仇不已，直接间接死于是者，当略等于全地球现存之人口。宗教家救人之功，实不足偿其杀人之罪。尊重个人者，信仰自由，各行其是，既不可强迫他人，亦不当盲从古人。如佛教所称赖他力得度，耶教所称专一崇拜，无拟议心，回教所称圣经假兵器以推行，均妄论也。

个人对未成人而言　未及责任年龄，未具普通智识者，为未成人，此应受社会公共之教养扶持，而其义务、权利，均无确实巩固之可守，不得谓之个人。

个人对不完全人而言　为奴隶者，有精神病者、废疾者、犯罪者、不能自立谋生者（各条界说另详），此皆社会之附属物、累赘物，其义务、权利之放弃，亦与未成人等，不得谓之个人。

综右各条观之，则个人之为个人，从可推知矣。个人主义一行，其影响无所不及，而全社会心理将为之一变。此如古人主张天动说，后人主张地动说，其立论之中心点不同，则一切思想想象观察法，皆缘之而大异。试错举其概。如政治上，必以个人之利益为主题，而抽象的团体利益论不能成立矣。于法律上，此个人无代彼个人负责任之理，而继承之争、株连之罚可免。于交际上，则恩仇爱恶均限于个人之本身。于财产上，其支配权即自死亡时截止，而遗嘱贻传为无效。于生计上，当各图自活，除未成人、不完全人由社会公共处置外，不必更供养人，亦不得再受供养于人。于伦理上，无三纲之可言，而同立于对待之地位。举前此所谓精理名言、良法善政、醇风美俗者，皆将由此一意念，而彻底推翻之，而个人之价值，乃加重千万倍。人当各自审思，我固世界之一个人，然我果有直接构成世界一单纯分子的个人之价值否乎？质而言之，即不仰国家、家庭、民族、宗教团之庇护，绝去其依赖心，果能自免于未成人、不完全人之诮，而于世界上占一生存之位置否乎？

（录自《社会星》第1号，1911年7月9日）

发起个人会意见书

元　文

社会之单位　社会之胚胎

中国社会与欧美社会，其根本大不同。欧美社会由个人的分子构成，中国社会由家庭的分子构成。家庭积弊，至今而极，种种苦恼，种种劣根性，种种恶行为，罔不缘此而生，由此而欲策富强、浚聪智，真北辙而南其辕也。不佞有所灼见，不忍恝怀，牺牲声名，号召同志，拟发起个人会，括其要旨，约为两端。

一、生计独立。夫中国今日，民穷财尽，饿莩载途，岂尽其人之不能自活哉，无亦家庭之负担实累之。一人而食十人，虽秉上智席恒产者，犹有所不堪，何论中人以下。举毕生聪明才力，悉瘁于仰事俯畜之中，而社会万事堕矣，甚者倒行逆施，伤天害理，为子孙作马牛，罪罚所以日滋，道德所以日下也。必父子异财，不相嬗袭，兄弟夫妇，亦人自经营，斯无系累苦，无倚赖心，毋使经济问题，羼入伦理问题。此对于完成个人言之也。

一、教育公共。教育乃专门职事，宜设为公共机关，而后分业精，进步速，需用省，成材多。自初生讫中年，无富贵贫贱阶级，同受一致之裁成，各具相当之能力，泯门第之陋见，革遗产之敝风，以公财培公人，一届责任年龄，即使自由营业，跻平等，进大同。此对于不完成个人言之也。

此皆社会主义之真髓也。即为种族计，为国家计，亦舍是无二法。世有赞可者乎？惠我好音，表其同意，借觇舆论，并集众思，然后开会招徕，公议决定，筹实现之方法，组团体为模范，移易风俗，改造生民，世界之福也，人类之责也。

元文先生，夙抱社会主义，此书作于辛亥仲春。第一次社会主义研究（在上海味莼园），先生所发布意见，即本于此；而中国社会党之党纲，亦脱胎于此。以当时专制未覆，文纲犹密，乃欲以个人会之名，而举社会党之实。甚哉！先生提倡社会主义之力。而先生之苦心，于是亦可见也。

知耻附识

（录自《社会》第12期，1912年11月10日）

无家庭主义意见书

徐　徐*

徐徐先生五年前，尝以《无家庭主义》托名投稿巴黎之《新世纪》，一时风动欧美两大陆间。美之"恋爱自由会"亦传译其稿，为修订该会规章之议案。前年先生留瑞士，复拟本此主义，组织一小团体，为试验的实行，纠集留学界同志者十余人，醵资刊布中、英、法文意见书各一通，并附集会约章，至详且覆。兹先以其意见书介绍于我党员，约章则姑留以有待。国人不学不思，少见而多怪，其不駴［骇］然而哗辩者，几何人哉！顾吾党主张教育平等、遗产归公，则非实行无家庭主义不可矣。至于程度问题，因人而各异，吾特持此为学理的研求、言论的鼓吹而已，初何尝强人以尽实行，且强人即非自由，研求既明，鼓吹既熟，固将不期而至，不约而同，而奚烦一孔论者之緦緦焉过虑乎？

编者识

人生斯世，无不愿求快乐者，而苦恼之来，千态万状，究其原委，约有三端：即政府之迫压，宗教之锢蔽，家庭之牵制是已。就中家庭为害尤甚。人有恒言曰：亲爱自由平等。有家庭，则男女之事，由生理问题，变为道德问题（如男子戒淫，视为首恶，女子守节，不从二夫是。由此观念，衍为风习。见色心动，人之情也，而强遏制之，或激为手淫兽交要

* 徐徐，即江亢虎。

奸，皆足戕生。男女相悦，无由结合，有抑郁以死，为人发觉，有羞愤以死，虽未发觉，而隐微之间，若负重慝，不能畅所欲为。又以一度婚姻，即不当更有私交，故决择綦难，往往抱迟暮之欢，且欲念乃一时勃起，本不可以持久。况性情气质，亦常有变迁，定为夫妇，则必相偕终身，故有情义已殊而名义仍属者，其苦可知。离婚则终嫌有痕迹，感不快，非善之善也。）、法律问题（如有夫奸、无夫奸等罪名。至因家庭制度逼成不法律之行为尤多，如妒杀之案、继承之争之类是。）、经济问题（如男子之聘礼，女子之奁资，贫富悬绝则婚姻难谐。又女子生活费必仰给于男子，以及买妾嫖妓，视人身如货品，恃交媾为职业者，皆是。），是无真亲爱。有家庭则上胁长亲无理凌虐之威，中受夫妇互相累赘之困，（东方女子不能自立，受制于男子，固不自由，而男子扶持供应此等不能自立之女子，其不自由亦甚。即彼此皆能自立，然一定为夫妇，即已不免互相累赘之困矣。）下执女子代谋教养之劳，（西方女子多视生育为畏途，非只为九个月见之怀妊也。盖教养子女，至少须十年，糜金钱，耗心思，消志气，废职业，误学问，损娱乐，妨健康，其苦不胜言。）是无真自由。有家庭则不能尽人受一致之教育，（因父母不皆有教育者之资格，且家庭不皆能出教育费。）而智愚贫富贵贱之差益大，且门第遗产，最悖人道，有家庭则此恶制度缘附而长存，是无真平等。（门第遗产，非但道理上不平等而已，即事实上，于本人，于社会，皆多弊端。盖人为子孙长久计，则贪婪无厌，为富不仁，不恤倒行逆施以聚敛之，而罪恶之事丛生，一弊也。多藏厚亡，悖入悖出，家业亦终难保存，二弊也。守钱卢悭吝成性，掊克为能，其影响致使全世界经济不流通，而物质的文明不易进步，三弊也。富贵家儿有依赖之性质，无进取之精神，多一分利者，即少一生利者，四弊也。阶级之限制既严，贫贱家儿无所凭借，埋没累世，除最少数英雄豪杰外，不能自奋为崛起之人，五弊也。反动力激出诈骗、盗窃、抢劫、残杀、暴乱等事，六弊也。）故欲求亲爱、自由、平等等快乐者，必先破家庭。破家庭较之废宗教、倾政府，论事则根本之图，而程功则咄嗟立办，更不难以平和手段得之。盖人可自了，即知即行，无所需求，亦无假激战也。惟欧美个人已多循此主义者，而其现象，丑业妇之增加，私生子之轇轕，避孕既无良策，堕胎尤多惨闻。（避孕法，或不验，或虽验而减少交媾之快乐。堕胎则较自然生育为痛苦，非不得已，谁甘为之？如后法实行，可无避孕与堕胎之必要矣。）社会之幸福日消，人类之生机日蹙，国家虽定不婚之罚，减多子之租，而终不能有所救正焉。是宜用积极之方法，立公共之机关，以示模范，而利推行，（如后集会约章，盖本主义包括三大事：一、恋爱自由；一、公共教养；一、废止遗产；必同时并举乃佳。）方能收有利无弊之效也。（出胎以后，强迫入学年龄以前，此间蒙养教育，最为重要，亦最为烦难，断不可听人自为谋，必须特立一公共机关管理之。为个人计，则无为女子代谋教养之劳，女子亦不至更视生育为畏途，一利也。为社会计，则秀民日众，生产力日盛，二利也。蒙养教育成为专门学术专门职业，愈研究即愈改良，三利也。分业细而成材多，金钱时日人力俱省，四利也。尽人受一致之教育，智愚贫贱富贵之差渐减渐消，五利也。断绝亲子之关系，门第遗产等恶制度自无由而存，六利也。）作者不敏，发表意见，草具约章，见者苟谓宗旨有当，大体无讹，即祈惠以好音，表其同意，借征舆论，并集众思，一切办法章程，统容订期择地开会招徕，公议决定之。此固人生最切近最紧要一大议案也，有心人其毋忽。西历千九百十一年九月印行。

（录自《社会党月刊》第1期，1912年3月）

·附录·

无家庭主义

某君来稿

鸣呼！此亡友徐君安诚之遗墨也。君年才弱冠，于学无所不窥，独好为深沉之思，以为事理无尽，知识亦无尽。惟据吾现在之良心断之，知识日进，斯事理日明，故当思所以尽吾知识者，其立言多诡异。至于为人，则恂恂君子，律身尤严，生平未尝二色，余深信之。千年赴日本，博涉英、德、法文字，治社会学，忽患脑病，宛转且死。检此稿邮示余曰：吾与子处最稔，虽子未必洞吾志，然必为我传之。向欲修订完密，著为学说，奔走号召，标为教宗，普度世人，今无及矣。庶几来哲，有知我者，悲矣。以恒人观之，其书非圣无法，叛道离经，名教罪人耳。虽然，天下公理，当与天下共讨论之。不佞为之代传，吾尽吾交云尔。

无家庭主义序目

甚矣！夫妇制度之弊也。古今东西死于是者，视兵燹疾疫十百倍不已，不死亦抑无生趣。所谓家庭之乐，殆如狴犴中之人，苟免敲扑，则侈为寄幸耳。而圣贤豪杰曾无一人倡言改革者，宁非怪事！语曰：习惯若天性。又曰：习非胜是。著者本恻隐之心，懔先觉之任，不恤以个人敌社会，妄欲以理想母事实，发其要凡，务为简练，自信语语有经验，字字有着落，欲与世人公研究之。无政府主义、均财产主义，亦必基此以推行。繁征博引，反复详尽，犹有待焉。

上篇　原始　陈弊

中篇　变俗　垂制

下篇　解难

上篇

原始第一

人乃生物，生物通有之性，人必有之，交媾其一也。自非不能人，即无不求遂此大欲。彼强持者，或严非礼，或主葆真，皆不可常，且能为害。太古之世，男女自相配偶，圣人者作，患其相冲突也，不知严强奸之事，乃徒创婚姻之制。相沿既久，安若天然，以为无弊，弊张大矣。

陈弊第二

今天下夫妇之道苦矣。或谓婚姻自由，一夫一妇为最无弊。余谓既有婚姻，则自由与不自由，犹五十步笑百步耳。试略举数端，谓能免是否？

（一）见色而心动，乃生理上自然之作用，牵于社会之风习而遏制之，往往戕生。

（二）或激而非法出精，或非类交媾，则戕生尤甚。

（三）男女为保持无谓之名节，牺牲许多之幸乐。

（四）男女相悦，而情不能遂，有抑郁而死者。

（五）男女相悦，为人所觉，有羞愤以死者。

（六）堕胎之事。

（七）私生子之不幸。

（八）男女有私交，若负重慝。

（九）因一度婚姻，即不可更有私交，故决择綦难，往往终身不嫁娶。

（十）欲念乃一时之勃起，本不可以持久，况性情气质，亦常有变迁，定为夫妇，则必终身相偕，故有情义已殊，而名义仍属者，其苦不可言。

（十一）若离婚则终嫌有痕迹，感不快，非良策。

（十二）鳏寡之不幸。

（十三）妒奸致杀之事。

（十四）夫妇相谋杀之事。

（十五）长亲陵虐子妇之事。

（十六）嫖妓之事。

（十七）夫妇互相累赘，不能为完全之自由。

（十八）自育子女，消磨许多之志气与时间。

（十九）贪婪无厌，倒行逆施，多为妻子计。

（二十）门第遗产为人间第一不平等事，且继承尤易启。

（二十一）父母不皆有教育者之资格，最易误人。

（二十二）亲之于子，责善则难，溺爱则昏，无善处之道。

（二十三）家庭不皆能出教育费，故人有智慧，因有贵贱贫富，虞诈以生，而争夺以起。

中篇

变俗第一

生殖器为人类大锤∞，最宜郑重，交媾为人类大事业，最宜研究，义务教育中，须设为必修科，更奖励此种学说，图画模型，著其理法，详其私害，使知专有非乐而共有为乐，通奸非罪而强奸为罪。互尊自由，皆大欢喜，因势私导，非难跻也。大同之世，不独亲其亲，不独子其子，庶几近之。

垂制第二

凡秉牝牡之具，当情感之时，皆得交媾。求者对所求者，行相当礼，欲则报之，否则拒之，强奸处严刑。每市必集大资，为高洁精邃之公园，供男女行乐之用。生子从母姓，入育婴院。育婴之事，为女子一种专门学业，率一人乳两子，非素业者，不得自育。稍长入小学中学，受义务教育，及年乃使自由营业。老、病入养老院、养病院，按其生平所得之比例养之，不入者听。生平未有所得者，入贫老院，慈善家醵金，足养其余年而已。废娼妓业，而男女每岁必一检验，霉毒者禁与常人交媾。人人终其身处公共社会，无夫妇故无父子兄弟，无家庭故无继续法，生时所蓄余资，死则收入公中，教养诸费资焉。

下篇

解难

（难）相爱必相聚，是仍有家庭。

（解）爱情尽则散，不尽，虽长聚可也。然育婴院既为专业，则不能成家庭。

（难）恐生妒心。

（解）惟专有乃生妒心，今既共有，妒心自无从生。凡妒奸致杀，恒在良家，而娼妓无闻，是其证。

（难）恐生产一事，为女子所不欲，则人类将萧索。

（解）不自育婴，可无虑此，且避妊向无良法，堕胎则较生产尤苦，人必不乐为。

（难）父母与子之爱，为最纯挚，今无父子之伦，人情将日趋凉薄。

（解）妇女与子之爱，尚不如男女之纯挚，有男女之爱，可无须此。

（难）恐淫欲过度，为生理之害。

（解）天下事最难得者最无厌，若司空见惯，自平淡无奇。

（录自《新世纪》第93号，1909年4月17日）

自由营业管见

安　诚*

大报①所著“各尽所能，各取所需”，尚矣。虽然，所需而有不足，则奈何？徒取所需，不尽所能，又奈何？且物之不齐，物之情也。繁华富丽，人情所欣，不能同享，必出于争，不能独享，或亦处于争。就令不争，而饱食终日，无所用心，不几如伊壁鸠鲁之豢豚学说乎？其将何以激励进化乎？敝人不学，私意以为自由营业较良。其法：凡未成人自初生后，即由公共社会教之育之，至年龄及期，普通毕业，乃纵令自谋生计，富贵贫贱，一其人之自为位置，而不必他人强加扬抑于其间。迨天年既终，乃借其一生所得者，仍归公共社会中，更以教育后起之人，如此则无家庭，无夫妇父子兄弟诸关系，凭自己之努力，求一身之幸福。未成人以前，受公共社会之恩意，及其死也，还以所得者报之，而不独亲其亲，不独子其子，庶几所谓大同者矣。生前富贵贫贱，看似不平等，其实至平等，而极合于竞争进化之公理，似视前义为易行。惟一管之见，深愧迂疏，尚乞大报批评是非，并为明示“各尽所能，各取所需”实际进行之方法。倘果无上举各弊，固深愿赞叹皈依者也。

（录自《新世纪》第97号，1909年5月15日）

---

* 安诚，即江亢虎。

① 大报，指《新世纪》。

书《自由营业管见》后

夷

“各尽所能，各取所需”乃所悬大同主义之标点，充乎其极，即谓之至善亦可。就进化之公理而论，至善之点，决无程期可达。不果屡进化而弥近似，所以世界日积而光明，亦且贞久而不息。今日论大同学说者之意中，每以为大同之世，有此一境，此甚背乎进化之公理。或又以为大同既不可达，则进化亦妄，此其所以心灰意冷，忽欲止于如何之小康，或有时又志得意满，忽望止于如何之大同，无非设一境以自画。故曰：甚背乎进化之公理。

然对乎主义，必多其方法，因时而制宜，曲折以相赴，是为“作用”。作用则必凭其力之所能为者，向主义而进行。若以主义而论，所需不足，则人有所能以足之，亦万无徒取所需者，亦必无不尽所能者。徒取所需，必其有所需也，不尽所能，必其无所能也。苟或今世之事实不然，然以正义陈论，既不能以徒取所需，不尽所能，对于小己而自恕，则亦何必预料其难能，而以之恕人。至于恐难骤充其量，必以弥近似者，为实地之推行，此即所谓作用。作用者，不背乎主义，其效果止显于一端，不能推暨而圆满者是也。此其高尚之作用，即安诚君之自由营业等，而纤细无足道者，即本报能出即出，读者欲看即看，皆作用之一也。

物之不齐物之情，所以“能”与“需”，必听各人之自为“尽”且“取”。所谓人情好争，安诚君之意，以为此即“各尽所能各取所需”之原阻力，此何待言者。争之数，其多寡，与倾向于至善之极点，其远近，两者有正比例。争之数决不能销而降之于零度，即善之数亦决不能积而臻之于极度。然争之点屡减，而善之点弥近，乃始不害其为进化。故即以自由营业之作用而言，较之今日之世法，去于争者自稍多，向于善者自愈近，否则若以浊世人情而论，谁则愿以一生所得，归之公共社会？而尽其所能者，设不尽其能，而所需又无可得，则彼时之流氓乞丐，恃何法术，而能断其必无？如以为彼时之少年，皆曾受公共教育，赋之以能力，然彼时能者过多，所能不准乎所需，又将奈何？则必应之曰：彼时教育兴盛，“能”与“需”，自另有进化之组织，不可全以今日之世法相例。则亦应之曰：依自有营业之能力，皆恃教育，一则可免所需之不给于所能，一则可望以一生所能者，死后为公中之所需。然则充教育之量，将“各尽所能各取所需”？虽不能至，亦可不远。

伊壁鸠鲁之豢豚学说，系“不尽所能，不取所需”，乃与进化主义之“各尽所尽、各有所取”正相反对，不足以激励进化，夫何待言？如以为必因竞争之故，而后饱食终日，有所用心，窃甚以为未安。“进化之公理”斯已矣。必曰“竞争进化之公理”，此即因时人之进化学说，有生存竞争优胜劣败之术语而误。西人之术语，虽亦不足为公理之定义，然汉译所谓竞争，尤未足以尽西文之原义。西文 Concurencs ［concurrence］之原义，实即“共同发脚”之谓，即以竞跑一义而言，彼此各趁捷足，若中间稍用诡计，妨害人之进行，于运动法亦为欺诈。至于万物共同于世界，各向优点，此各行其是，更无竞争之可言。虽竞争之解说，华字亦含勤勉之义，不必尽属诈门。惟失之毫厘，差以千里，以词害志，译事不可不慎。依同仁之意，必当译作“共同”，则胜败之恶名词，亦当弃去。如“生存竞争，优胜劣败”之两语，改为“物类共同，优存劣亡”，则注重于优之一方面，其勤勉之竞争，不言而自喻。若世俗译为竞争，更以胜败之陋观念，妄释自然之淘汰，遂若非与共同之物类为角斗，直无可优之理，而能幸胜人者然？此直造孽之学说，非进化之学说矣。故有人卧于鸦片榻上，横吹短萧［箫］，作游戏之词曰：“一亩之地，战事炽然”。此种似是而非之玄语，虽泥其迹象，罕譬而喻之，亦无不可。然其作始也简，其将毕也巨。害道之故，正不可不辩，故因安诚君之论而附及之。

要之，自有营业，岂但无拂于“各尽所能各取所需”，而即此两语实际推行之一术也。同人对于进化之作用，亦常常言及之。惟安诚君云：

“生前富贵贫贱，看似不平等，其实至平等。”则与君之对待未成年人，及死后之收产法，似乎已自相冲突，不识能示其至平等之理由乎？惟同人所对，自知过于疏谬，不学之陋，愿求安诚君谅焉。

（录自《新世纪》第98号，1909年5月22日）

马尔克斯、焉格尔斯合著之《共产党宣言》一节*

震

家族制之废止，虽持急进说者，亦以共产党人为此不名誉之主张，因生愤激。虽然，现今之家族制，乃绅士之家族制也，乃以资本及私利为根基者也。虽此等制度发达至于完全，然亦仅行于绅士阀之间。若平民家族，则实际已归消灭。或以娼妓横行之事，为其完成之要件。今欲娼妓消灭，则绅士之家族制亦当消灭。而此二者之消灭，又当与资本之消灭同时。

在绅士阀之视其妻，特拟之于生产机械之一耳。彼于生产各机械既闻公同使用之说，则对于妇人，亦或由斯旨推断，而知妇人亦将不免于共有。此时或群起而呼曰："然则，汝之共产党，特欲创始妇人共有制度耳。"

然共产党之目的，则以往昔之视妇人拟之生产机械之一，欲改除其形式，固非彼等意料所及知也。（此"彼等"，指绅士。）

虽然，彼绅士之诬共产党，以为欲希冀妇人共有，始发此义愤，甚可嗤也。夫妇人共有制，固不待共产党之创设而久行之于远古者也。

即如彼等绅士，于普通娼妓，固不待言。即平民归其统治者，淫其妻子，犹不满足。其尤甚者，则交互诱取他人之妻，以为快乐。是现今绅士阀之结婚，其实际所行，亦妻女共有之制度。果尔，则共产党所主张，即如彼等所言。然其所以向彼等非难者，不过欲以公然合法之制，而代彼等

---

* 本篇为署名"震"的《经济革命与女子革命》之附录部分。"马尔克斯""焉格尔斯"，今分别译作"马克思""恩格斯"。

伪善阴密之妇人共有制耳。

总之，共产党人欲禁止现今之生产制度者，所以禁绝由此制所生之妇人共有制也。质而言之，即禁绝公娼、私娼是。

案：马氏等所主共产说，虽与无政府共产主义不同，而此节所言则甚当。彼等之意，以为资本私有制度消灭，则一切公娼、私娼之制自不复存，而此制之废，必俟经济革命以后，可谓探源之论矣。故附译其说，以备参考。

（录自《天义》第13、14卷合刊，1907年12月30日）

《共产党宣言》(*The Communist Manifesto*)序言*

因格尔斯 作　民鸣 译

此《宣言》者，乃发表共产主义同盟之纲领者也。共产主义同盟为劳动者之团体，始仅限于德意志，后乃播于各国。当一千八百四十八年以前，处欧洲虐政之下，不得已而为秘密结社。一千八百四十七年十一月，开同盟大会于伦敦，马尔克斯及马［因］格尔斯乃发表其理论及实行之完全政见，被选为起草委员。一千八百四十八年一月，稿成。先以德文起草，二月廿四日，（佛兰西革命数周前。）乃送之伦敦活版所。及一千八百四十八年六月暴动以前，佛①译之书竟出现于巴里②。一千八百五十年，又现于伦敦之杂志 Red Repullicon［Republican］，乃 Helen Macfarlone［Macfarlane］以英语译成者也。既而和兰③译及波兰译，遂次第刊行于世。

平民、绅士间之第一战争，即一千八百四十八年六月之巴里暴动是，惜其归于于败北，而欧洲劳动阶级对于社会上及政治上诸运动，又暂被斥逐。尔后，权势之争夺，竟同于二月革命以前，然亦仅行于富豪阶级诸党派间。若劳动阶级，则退处于争政治上自由之地位，不过属于中等阶级之急进派以为彼等之助耳。而彼等富豪阶级，对于独立之平民运动，又以为

---

* 恩格斯撰写的《共产党宣言》1888 年英文版序言。

① 佛，指法国。

② 巴里，今译作“巴黎”。

③ 和兰，今译作“荷兰”。

民气尚强，务竭力扫荡。是以普鲁西①之警察于哥浓②之地，搜出共产主义同盟之本部，其部员皆被捕缚，处以十五月禁锢之刑，于一千八百五十二年十月殆付裁判。

此有名之“哥浓共产党裁判”。自十月四日，继续至十一月廿五日，囚人之中，七名宣告三年或六年之种种刑期，或禁锢某要塞。自经此宣告后，历时未久，而共产主义同盟遂由其残余之党员，为形式上之解散，而此《宣言》亦如永归埋没焉者。

其后，欧洲之劳动阶级勃然而兴，以增进其锐气。对于权力阶级，尽其充分之攻击，即万国劳动者同盟③（The International Workingmen's Association）初兴之时代是也。虽然，此同盟者，意在集合欧米全体之战斗平民为一团，故所标之旨不能尽与《宣言》同。且当此之时，如英国之劳动组合，佛、白、伊、西之布鲁东门下各党，以及德国之拉撒尔④党皆与加盟，故所揭政纲，必包含各党派所认之广义。此政纲亦由马尔克斯起草，自宜与各党以满足。况彼之所确信者，以为协同之运动，加以相互之讨究，则劳动阶级之智力必可发展。又，彼与资本阶级斗争既历几多之变更，以至败北，其平生所持之旨仍不克奏效，则关于劳动阶级解放之政策，不得不更进一层。马尔克斯之所见，洵不谬也。

> 拉撒尔者，自其个人言之，对于吾人，恒承认为马尔克斯之弟子，于此《宣言》之根据上，亦居弟子之地位。然彼自一千八百二十年至六四年间，其所运动，不过要求依国家之信用机关，以支持共动工场而已。

一千八百七十四年，万国同盟解散，较之千八百六十四年创立之时，劳动社会全然改观。佛兰西之布鲁东派、德意志之拉撒尔派皆濒于湮灭，而英吉利之劳动组合，其含有保守性质者，亦多与万国同盟分离，然亦渐

① 普鲁西，今译作“普鲁士”。
② 哥浓，今译作“科隆”。
③ 万国劳动者同盟，今译作“国际工人协会”。
④ 拉撒尔，今译作“拉萨尔”。

次进步。当去年之顷，其会长于斯翁喜①代表组合，至谓“大陆之社会主义，亦不足使吾人生恐怖之感”。观其实际，则《宣言》之趣旨，已明布于万国劳动之间矣。

因此之故，此《宣言》之旨亦再显于世。德文本自一千八百五十年以后，于瑞西、英吉利及亚米利加②，经几度翻刻，一千八百七十二年，纽育③之英译者曾发表于 *Woodhull and Claflins* 周报之纸上，而同地佛文杂志《社会党》之纸上，亦有一种佛译之交［文］，盖从此英译而出者也。其后，英文抄译之本，其在亚米利加发行者至少亦有二种：其一则再版于英国，又第一之露④译者，成于 Bokouline［Bakunin］⑤之手，一千八百六十三年顷，出版于尼耶涅维⑥地方之 Herzen 氏之 Kolokol 社。其第二之本，则成于女士 Vera Zasulich 之手，一千八百八十二年亦出版于尼耶涅维；又，一千八百八十五年，出版于哥伯哈额⑦之《社会民主主义文库》中。别有新和兰译一篇，嗣又由和兰译本转译作西班牙文，一千八百八十六年出版于马德里底。而德国翻刻者殆不可胜数，合而计之，则至少亦不下十二种。数月以前，亚尔墨尼亚⑧译本将出版于君士旦丁，因发行者所出书籍不敢冠以马尔克斯之名，而译者又不肯认为己著，以致不克出版。其他有译以诸国语者，惜予未之见。盖此《宣言》之历史，即近世劳动运动之历史也。当今之世，此《宣言》在社会主义文书中最为广行，且最为世界上广行之物。自西伯利亚以西，至于加里富阿尔尾亚⑨之间，合数百万之劳民，均承认为共通之纲领。

此《宣言》当起草时，吾人尚未能称为“社会党宣言”，何也？盖社会主义当一千八百四十七年之顷，恒属于梦想制度。其流派，若英国 Owen⑩之

---

① 斯翁喜，今译作“斯旺西”。
② 亚米利加，今译作“美国”。
③ 纽育，今译作“纽约”。
④ 露，指“露国”或“露西亚”，即俄国。
⑤ Bakunin，今译作“巴枯宁”。
⑥ 尼耶涅维，今译作“日内瓦”。
⑦ 哥伯哈额，今译作“哥本哈根”。
⑧ 亚尔墨尼亚，今译作“亚美尼亚”。
⑨ 加里富阿尔尾亚，今译作“加利福尼亚”。
⑩ Owen，即“罗伯特·欧文”。

徒，佛国 Fourier① 之徒，亦不过空想团体之一派，渐将濒于消灭。复有以“社会主义”为名者，实则社会改良家。此改良家者流，以种种补苴之术，欲于资本与利润不加何等之危害，惟除去社会一切之害恶。此二派者，皆属于劳动阶级以外之运动者也。不过对于既受教育之人士，而求其支持，立于是等之间，以悟单纯政治革命之无力。其有知社会根本变革之必要者，劳动阶级中，果有几部分，虽不可知，其中一部分，于当时自称“共产主义”。此虽粗杂荒芜，然为纯然之共产主义，故其主张颇善，于劳动阶级之间亦最有力，如佛兰西 Cabet②，如德意志 Weithng [Weitling]③，其梦想共产主义，均由此而生。是则当一千八百四十七年时，社会主义者，中等阶级之运动；而共产主义者，劳动阶级之运动也。又，当时在欧洲大陆，每视社会主义为上品，共产主义则全反之。而吾人当初之意见，则谓劳动阶级之解放，不可不依劳动阶级自身之行动，故于此二者之名孰去孰取，固无疑义。况吾人虽至尔后，亦未曾排斥此名也。

此《宣言》虽二人所合作，然予所为者，仅外观之语，而成其实际者，则根本之提案乃出自马尔克斯者。是固当明言者也。其提案非他，即谓古今各时代，其关系生产、分配者，必有经济上特殊之方法。社会组织因之而生，其政治及文明之历史，亦建设于此基础之上。又依此基础说明，则人类之全历史者，自土地共有之种族社会消灭后，常为阶级斗争之历史，即掠夺阶级与被掠夺阶级、压制阶级与被压制阶级对抗之历史也。而是等阶级斗争之历史连续而呈，成社会进化之阶段。今又达于新阶段，被掠夺、被压制二阶级，欲脱掠夺、压制阶级之权力，以求解放己身，并消灭一切掠夺、压制之差别，以泯阶级斗争。由此而测未来，则社会全体必有解放之一日。

以予所见，此提案之有益于史学也，恰如达尔文进化论之有益于生物学。当一千八百四十五年以前，马尔克斯与予之意见既渐次与此相近，盖其最初之时，予所持进行之说与此有异，观予所著《英国劳动阶级之状态》④ 最易知也。然一千八百四十五年春，予与马尔克斯相见于布

---

① Fourier，即“夏尔·傅立叶”。

② Cabet，即“埃蒂耶纳·卡贝”。

③ Weitling，今译作“魏特琳”。

④《英国劳动阶级之状态》，今译作《英国工人阶级状况》。

兰瑟儿①，时彼已完成此提案，与予今日所记者相同，以明晰之字句而提出于予之眼前。

予兹于一千八百七十二年德文译本合作之序文中，引用左之一节。“最近廿五年之间，社会之状态虽大变，然《宣言》中所陈之主意今犹正确。至其细目，则不无删正之点。至此主意实际之适用，亦如《宣言》所示，无论何处，常依其现存之历史状态。故于第二章末所提出之革命方法，亦不必置重。盖彼之一段，于今日当改之点颇多。一千八百四十八年以后，因产业之进步，而生劳动阶级团结之进步。又如佛兰西二月之革命，其巴里一揆平民，得握二个月间之政权。观于此等经验，则此《宣言》中之政纲，其细目中有既归于无用者。更有一事可依此证明者，即‘劳动阶级单握已成之国家机关，不能使用之以谋自己之利益’是也。又，此《宣言》对于社会主义文书之批评，乃限于一千八百四十七年以前，故关于现时，不无缺点。又，共产主义者之解说，关于种种反对党而言者，其主意虽不失为正确，然其实际，亦既归于无用。何则？政界之形势今既全然变化，加以历史进步，彼解说中所数诸政派之多部分，皆一扫而空故也。”

虽然，此《宣言》者，今既成历史之文书，吾人不复有变更之权利。

此英译，成于 Samuel Moor ［Samuel Moore］② 氏之手。氏又曾译马尔克斯《资本论》之大部分。此译，氏与予共校订之，予更附加以二三注语，以说明历史所用语。

一千八百八十八年一月三十日，因格尔斯序于伦敦。

案：《共级［产］党宣言》发明阶级斗争说，最有裨于历史。此序文所言，亦可考究当时思想之变迁。欲研究社会主义发达之历史者，均当从此入门。《宣言》全文，亦由民鸣君译出，另于下册增刊号载之。记者识。

（录自《天义》第 15 卷，1908 年 1 月 15 日）

① 布兰瑟儿，今译作“布鲁塞尔”。

② Samuel Moore，今译作“塞缪尔·摩尔”。

共产党宣言*

(*The Manifesto of the Communist Party*)

马尔克斯(Marx)、因格尔斯(Engels) 合著 民鸣 译

欧州[洲]诸国，有异物流行于其间，即共产主义是也。昔欧州[洲]之有权力者，欲施禁止之策，乃加入神圣同盟。若罗马、法皇，若俄皇，若梅特涅(Metternich，奥相)，若额佐②(Guizot)，若法国急进党，若德国侦探。

试观在野之政党，有不受在朝政党之毁伤而目为共产主义者乎？又试观于在野之政党，对于急进各党及保守诸政敌，有不诟为共产主义者乎？

即此事实，足知如左之二事。

一、共产主义者，致使欧州[洲]权力各阶级认为有势力之一派。

二、共产党员，克公布其意见、目的及趋向，促世界人民之注目，并以党员自为发表之宣言，与关于共产主义各论议互相对峙，今其机已熟。

因此目的，故各国共产党员集会伦敦，而草如左之《宣言》，以英、法、德、意、Elemisk③、荷兰之文，公于世。

一 绅士与平民

自古以来，凡一切社会之历史，均阶级斗争之历史也。

“绅士”云者，即近世资本阶级握社会生产机关，以赁银雇用劳民者也。“平民”云者，即近世赁银劳动阶级，以生产机关非己有，惟卖力以

---

* 此文为《共产党宣言》前一部分之翻译。

② 额佐，今译作“基佐”。

③ Elemisk，应为Flemish，即“弗拉芒语”。

求生活者也。（因氏注）

兹所称“历史”，指有记录者言之。盖当一千八百四十七年时，凡未有记录以前之社会，其组织之况，尚无所知。及哈克什达孙于俄国发见土地共有制，马乌勒尔又证以条顿人种，当未有记载以前，皆以土地共有为社会基础。此外，若村落共产制，自印度以至爱尔兰，随处皆可考见。又依摩尔根所著《古代家族之性质》，于原始共产之组织，昭然著明。盖原始共产制分解以后，社会之中，始区阶级，而各阶级间，遂出于相争。（因氏注）

希腊之自由民与奴隶，罗马之贵族与平民，中世之领主与农奴，同业组合员与被雇职人，蔽以一言，则均压制者与被压制者之阶级。此两阶级，自古以来，恒相冲突，或隐或显，纷争不休。然每次战争之结果，即成社会全体革命后之新建设。否则，两败俱伤而后止。

吾人若溯上世之历史，则各地之间，其社会及秩序，组织恒多复杂，而阶级差别亦至多。例如古代之罗马，有贵族骑士（knight）、奴隶诸级。至于中世，复有封建领主、家臣（vassal）、同业组合员、被雇职人、艺徒（apprentice）及农奴诸级，而斯等诸阶级间复各有其附属之阶级。

自封建社会废灭，而新绅士社会发生，亦不外此阶级斗争也。其所以代旧物者，则设立之新阶级也，压制之新政策也，斗争之新形式也。

虽然，阶级斗争至于今日，至为单纯，乃现今绅士阀时代之特观。故今日社会全体之离析日甚一日，由双方对峙之形，以呈巨大之二阶级。此阶级惟何？一曰绅士，二曰平民。

由中世之农奴而兴起者，即初代都市之特许市民也。而是等市民，乃绅士阀发达之第一要素。

其次，则美州［洲］之发现，喜望举之回航，均为新绅士阀盛昌之地。又，印度支那市场日辟，美国及他所殖民地贸易日兴，致交换机关及货物均日有所增。即商业、航海、制造工业，亦受空前之激刺。由是，改革封建社会之思想发达至速。又以工业生产权，昔握于“严密同业组合”之手（即封建时代之工业制），不足供给新市场之需，乃代以工场制度之制造业，而昔之同业组合员，遂为中级制造家所妨杜，以屏伏于一隅。即同业组合之数种联合者，其间分业制，亦为各工场间分业制所兼并，因以消灭。

时市场愈扩，需用品愈增。依现时工场之组织，亦不足应其求。由是，发明蒸汽及机械，以促产业界之变迁，而庞大之近世产业制，遂代工场制度而兴；工场之富豪、实业家，即产业界之总首领。即所谓当代之绅士者，亦代中等制造家而昌。

夫所谓近世产业制者，即建设世界市场是也。此等市场，以发现美国为最先，致商业、航海运输及交通，均因斯而骤进。因此进步，更促产业界之发展。故绅士阀之发达，与产业、航海、通商、铁道之扩张成比例。又因资本之增加，致中世纪所遗各阶级，均倘［瞠］乎其后。

由是观之，则所谓绅士阀者，历几许之变迁，始有今日之发达。而生产、交换之方法，亦由历几多之革命之连续而生。

绅士之发达，每进一步，其政治之权力亦随之而进。彼等之初，乃受制于封建贵族政权之下者也，或为独立之都市共和政（如义国、德国），或焉课税于王政下者之第三团级（如法），不过中世 Commune 之“武装自治团体”而已。即至工场制度时代，亦不过反抗半封建制及专制王国，以图立国家统一之基。然自“近世产业制”成立，世界之市场扩充，遂举近世代议国家之政权，悉操于其手。彼现今国家行政部，不过绅士阀全部理事之一委员会耳。

Commune 者，乃初期都市附于法国者之名也。彼等当初有此名之时，对于封建领主，仍未得地方自治及第三团体之政权。（因氏注）

绅士阀经济发展，以英为标准。至于政治上之发展，则始于法。（因氏注）

绅士阀甫得威权，即泯灭封建门阀之诗歌及一切关系，使人人克以自由争存，以斩绝封建之根。人与人之间，舍单纯之私利刻薄之“现金勘定”外，别无关系。凡昔之醉心宗教、使用侠情及艳情者，均易而思维利害，至以交换之价值代人物之价值，以单纯无法之自由（即贸易自由）代无数永续之特许自由。蔽以一言，则绅士阀者，以公然无耻、直接残忍之掠夺，代昔日以宗教政治粉饰外观之掠夺。

绅士阀者，于昔日享名及受敬之人，均剥夺其职业。如医师、法律家、僧侣、科学家，均为彼等所雇用，致成赁银劳动者之一种。

绅士阀者，又离析家族者之感情，致使家族间之关系成一金钱上之关系。

绅士阀者，较之保守党所誉之中世武士，则又由粗勇之行易为惰逸，故衡其外观之现象，实属前代所无。论其奇幻，则埃及三角塔、罗马水道、中世殿堂，不足例其奇；论其远图，则前代诸国民之移转、十字军之远征，均迥出其下。

绅士阀者，非生产机关及关系屡生变迁，以促社会全体关系之变化，则不能存在。至于保存生产旧方法，使之一成不易，则为前代工业阶级存在之要件。故绅士阀时代，其生产变迁必相续不已，而一切社会组织均亦纷乱杂淆，时呈煽动及不安之态。此其与前代一切社会迥殊者也。然古来坚固之组织，旁及歧说陈言，均扫除廓清。虽新式各事物，亦或甫创而旋隳。坚固者既受摧残，神圣者亦遭亵视。由是，人民处此社会者，对于己遇及社交，均漠然寡情，而民德亦趋于凉薄。

又以生产物之故，不得不恒扩其市场，致绅士阀之辙迹周偏［遍］于世界，而居住、懋迁、建设诸关系，亦随处而呈。

绅士阀者，因掠夺世界市场之故，致使各国人民，其生产及消费，均含世界之性质。于保守者之愤惋，不复计及，惟以产业为基础，而破国家之藩篱。故昔时国民之产业，悉为所覆，或日即衰亡，而代以新产业。夫此产业之开始，即诸文明国人民生死之问题也。其原料所产，不必限于己国，恒从远域运输；劳民所生产，亦不必仅售本国，恒兼输于世界各邦。故昔之生产，仅以充本国之用而止；今则于辽远之地，亦相其土地、气候所宜，制物品以供其求。昔之人民，甘闭居于一国或一隅，今则与世界各民，均有交互之关系。即其精神上之变易，亦与物质同然，故各民之精神构造，均含有世界共通之性，不复以偏执及僻见自甘。即昔之所谓国民文学、地方文学者，亦进而为世界之文学。

绅士阀者，于一切生产机关，锐于改良，于交通机关，亦恒期其便利。因是，一切国民之中，虽野蛮之族，亦相率入于文明之域。彼商品所得之价值，即恃之以为巨炮之用者也，故支那城壁亦为所摧。虽蛮族憎恶外人，顽强性成，亦强之使降服。若国民欲免于危亡，又不得不采绅士之生产方法。故彼等以文明输入他国者，即所以保持绅士阀而使之相续无已也。蔽以一言，则彼等欲于世界各国，均创造与彼等相同之形式。

绅士阀者，使地方屈从于都市支配之下。又创设多数之都市，使都市人民驾于农村之上，而多数人民亦脱离愚昧之田园生活。推而广之，更使野蛮及半开化诸国民屈服文明国民，农作国民屈从绅士国民，以使东洋屈从于西洋。

绅士阀者，又以昔时之人口、生产机关及财产，均散布而非丛聚，乃改除其制，使人口团聚，生产机关集中，财产蓄积于少数人民。而其必然之结果，则为政治上中央集权。凡各州、府中，其有因利害、法律、政府、税法不同而独立者，有联合不甚固者，均统属于同一之政府、法典、利害、国境、税关之下而为一国之民。

绅士阀者，其权力之支配不过百年，而其创造之生产力，则为开辟以来所未有。彼于天然之力，均屈之以供己用。若机械，若工艺，若农业之化学应用，若汽船、航路、电信，若新土之垦辟，若河川之流通，一若有神秘存其问［间］者。若人类处于前时代，孰料其一切生产力，竟伟大至于此极哉！

吾人因知绅士阀之生产及交换机关，其基础实萌于封建时代，而其发达之程度，则封建社会之生产、交换方法（即农业及制造工业之封建组织，及封建时代之财产关系），不能与其发达之生产力相伴。又因受许多之障碍，不得不趋于破裂，故封建社会终归于破灭。

由是，自由竞争代之兴，而与此社会相适之政治组织亦随之而成，即绅士阶级之经济上、政治上各权力亦继之而生。

虽然，与此相同之变化，又呈于吾人之前。即现今握生产、交换、财产诸权之绅士社会（即唤起此生产及交换大机关之社会），亦如彼之魔术师，以呪文唤兴下界之诸魔。今既失其驾驭之力矣，故最近商、工业历史，即近代生产力对于生产方法（即对于绅士阀及其统治权之存在，与其必要之财产关系），而试其背叛之历史也。试观商业之恐慌必有定期，且愈进愈猛；绅士社会全部均为震惊，则知此言之不诬矣。当此等恐慌之际，不惟现存生产物之多数由成而隳；即前此生产之物，亦多破毁。又，此等恐慌之态，在于上世，乃一种奇幻之传染疾也，即生产过饶之疫疾是，致社会于猝然之间，呈野蛮状态之观，既如饥馑之突生，复类战争之掠夺。凡衣食之供给，恍如杜绝；而工业、商业，亦恍若破坏。此故非他，即文明过进、衣食过饶、工商业遇盛之故也。彼劳民应社会之命，从事于生产。今不甘为绅士所利用，以发达其财产制度，然认此制度为有力，乃超其上而加以蹦践，使绅士社会全部驿骚。即其存在之财产制度，亦陷于至危。盖今日绅士社会之制度，至为狭隘，故于巨大生产力所生之富，不足包容。然则绅士阀者，果依何策而避此恐慌哉？既一方以强力破坏生产力之大部，于他方则征服新市场，或更扩其旧市场掠夺，而因以避此恐慌。然就其实际观之，则不啻向愈广大、愈猛烈之恐慌进其步，以减却防遏恐慌之手段云尔。

然则绅士阀恃以颠覆封建制度之武器，今转倒戈而向绅士阀矣。

且绅士阀者，不惟铸造有害已身之武器，并造成使用比武器之人。此人惟何？即近代劳动阶级（即平民），是也。

故平民（即近代之劳动阶级）发达，亦与绅士阅［阀］（资本）发达，同一比例。居此平民阶级者，惟从事于劳动生活。且因劳力所增加之资本，以得职业，故不得不恒卖其身，与商品同。至于竞争场际，变化叠生；经济市场，价值匪一，则随其自然而已。

然是等平民之劳动者，以机械增加及分业之故，悉失其个人性，并失其兴致，以为机械附属物。其所为者，乃简易之一小技也。故所产商品虽多，所得费用品，不过仅给其身，以繁殖其子嗣。夫商品价值，恒视其而定生产之费。今以劳民亦一商品，致亦与此理相同。由是，操业者益失意，其赁银亦次第减少。又其甚者，则因机械及分业增加，致延长劳动时间；或时间仍昔，劳力骤加；又或因机械速力之增加，而苦力之负担亦为同例之增加。

抑近世产业者，其变迁之迹，即由族制之小工场而扩为资本家之大制造所也。劳民团体集其间者，略如兵队之组织，不啻以产业军之兵卒，置于士官等全权之下。故彼等者，绅士阶级之奴隶也。不惟为绅士阀、国家之奴隶，且为机械监督者、制造家各个人之奴隶，以受其驱役。彼等以专制政治之实，而托为营利之名，故其可憎可嫉，亦愈进一层。

且近日以来，凡熟练及勤勉之手业日以减少，而产业转发达，因之而男子之劳动，渐代以女子。盖年龄之别，男女之差，在劳动阶级中，于各社会所生利益无复异同，惟均为劳动之器械，不过因年龄、男女之差别而生赁金之差别耳。

又，劳民既受资本家之夺掠，所得赁银，复用之绅士阀之他部分，若地主、小卖商人及质屋等是也。

然中等阶级之下层（如行商、小卖商及一般商人、诸职人，以及农夫等），亦渐次而降为平民。其故，半由彼等小资本不能加入近世产业界，以与大资本家相竞，遂受其颠覆；半由彼等专门技术，以新生产法之故，归于无效。故社会各阶级间，其降充平民之额者相续不绝。

故平民者，亦历几多之阶级而发达者也。平民阶级之初生，与绅士阀之斗争，实同时而起。始则劳民中之个人对于掠夺己身之一绅士直接抵抗，次则制造所诸职工相合，又次则同地之同业工人相合。然彼等对于绅士之生产方法，尚未能加以攻击，仅对于生产之器具而加以攻击耳。即破壤［坏］与彼等竞争之输入，并毁其机械、焚其工场是也。欲以腕力之竞争，恢复中世劳民之旧态。

于此之时，劳民之团体甚弛缦，且散居全国，又因彼等互争，以致分析。虽间有坚密之团体，然其结合，非由于自动，乃为绅士阀而结合者也。时，绅士阀欲达政治上之目的，乃激动全国之民。其激动，亦间有效力。是则当此之时，平民非与己身之敌战也，乃共与敌人为敌者战也。所战者何？即专制王国之地主，产业界以外之绅士、小绅士是也。因之，历史上一切之运动，悉集中于绅士阀之手，故所得胜利，均绅士阀之胜利也。

因产业发达，而平民之额日增，且渐次结为大团体，以增其力，且萌其自觉之心。又以使用机械之故，泯灭各种劳动之阶级，致劳动诸阶级间，其利害及生活状态渐以平均，所得赁银亦同时低落。加以绅士之间互起斗争，致商业恐慌，而劳民赁金亦虞不稳；机械进步，复无已时，致彼等生活愈不安。由是，各劳民与各绅士之冲突，渐含两阶级冲突之性质。劳民之间结为劳动组合，反抗绅士，以维持其赁银之额。又以既行反抗，必预储食物，并期团体之永坚，由是，骚动、破裂之象随处而呈。

此等斗争，劳民虽恒得胜利，然只一时之事耳。其真正之效力，不在直接之结果，而在劳民团结之扩张。此团结者，又因交通机关之进步而助其发达，即远方劳民互相触接是也。欲合多数同式之斗争而为一巨大之团结竞争，则是等触接，其必要也。但凡所谓阶级斗争者，均含政治斗争之性质。使中世纪市民，处道途险恶之世，欲成如斯大团结，必历数世纪之久。今因铁道交通之故，而平民团结①遂于数载之中成立。

平民由如斯之阶级组织而成一政党，虽或因竞争不绝之故，至于颠覆，然颠覆以后，必有勃兴之机。且较之昔时，尤为坚固。又利用绅士阀党派之争，要求立法部，俾知劳民之特殊利害，如英国十时间劳动法案是也。

旧社会诸社会间经几多之冲突，皆有利于平民之发达。盖绅士阀者，恒自立于竞争之中者也。始与贵族战，次因产业界利害关系之故，与他部绅士阀战，后与外国绅士阀斗争。此等斗争，绅士阀恒诉之平民，以借其力，致不得不引平民入政界。故绅士阀者，恒以平民之政治、教育等，均由彼供给，易而言之，即与平民以能斗绅士阀之武器是也。

又就吾人所见者言之，则权力阶级之各部，恒因产业进步，致堕落于平民。在彼等，固不安其生；然在平民，则得其智识及进步新要素之供给。

最后，则阶级斗争，去决战之期甚迩。即权力阶级间之中，亦有含激烈冒险之性质者，故彼之一小部，亦脱其所属，以投身革命阶级中。（即欲握未来权利于手中之阶级。）盖往昔贵族各小部，恒投身绅士阀，故今之绅士阀之一部分，（即绅士之有学者，研究理论概念及历史运动而得其理解者。）亦赴于平民。

今日与绅士阀对立各阶级，其为革命阶级者，惟有平民，故“近世产业”，能令他阶级渐次衰颓，归于泯灭。惟此平民，则为其重要及特殊之产物。

处中等阶级之下层，若小制家，若小卖商，若职人、农夫，皆与绅士阀战。然彼等不过欲维持其中等阶级耳，乃保守而非革命。否则，欲恢复历史之旧观。使彼等而果为革命，则非与平民为伍不可。若然，则彼等非

① “铁道交通之故，而平民团结”，原文为“铁起交通之而故平民团结”。

维持现今之地位，乃计及将来之利害者也，故立于平民之位置，而弃其现今之位置。

彼所谓“危险之阶级”者，经社会之淘汰，由旧社会之最下层，陷于自然之堕落。此等团体，亦恒加入平民革命之运动，但彼等之生活，不过与保守党之谋相同，以索贿为其目的耳。

一般旧社会之状态，既沉没于平民状态中，平民既无财产，对于妻孥之关系，亦不与绅士家族相同。而近世产业之迁变，资本之压迫，则英同于法，美同于德。凡属平民，均剥削国民之特质。即法律、道德及宗教，彼等视之，亦以为绅士之偏见，乃彼等护身之具，恃此以隐匿其恶者也。

往昔一切之阶级，其所以握有权势者，即制定分配条件，使一般社会屈从于其下，以防护其既得之权也。若于往昔分配法不能废止，则平民于社会分产力，不能操握主权，故平民对于往昔之一切分配法，不得不要求废止，使绅士阶级失其保卫己权之具。盖平民之责任，在于破财产私有，并破其一切防卫彼等之律也。

历史上之运动，均少数之运动，否则少数利害之运动。若平民运动则与不同，乃大多数利害之运动也，乃大多数自觉独立之运动也。然社会最下级之平民，非与社会之上级相接，亦不能自奋而自兴。

对于绅士阀之平民斗争，其实质虽不同，而其最初之形式，则必以一国为限，故各国平民对于己国绅士阀，不得不先施处罚。

吾人试于平民之发达，绘其状态。第一要黠［点］，即公然革命。（即历几多之内乱，以至以战争破裂。）第二要点，则颠覆绅士阀，以确立平民之权力基础也。

至于今日，依吾人之所见，压制、被压制二阶级，已立于斗争方面。然彼压制阶级，欲永保其奴隶之存在，不得不增设法律。虽然，农奴时代，农奴亦得为市区公民；封建时代，小作人亦得为绅商。惟近世劳动阶级，则与相反，产业日进，而己身所处阶级，转日即于低，渐次而降为平民。平民者，与人口及富〈力〉之增加为比例，且更促富力之富［发］达。由是，社会之间，对于绅士阀之权力阶级及其蔑视他人之法，均认为不适当。

然绅士之不适于为治，非一日矣。盖彼之对于奴隶制，不能确保其奴隶之存在。又，彼等之初，亦非待养于奴隶，不过渐次相沿，至呈养于奴隶之状态，故如斯制度，决不适于社会之生存。换而言之，则绅士之存在，久已不适宜于社会。

绅士阀之存在及其权力之最要条件，在于资本之状态及集合；而资本之要件，又在于赁银劳动。至于赁银劳动，则又劳民竞争之因。故彼等绅士阀，欲促产业之进步，于无意之间，致孤立之劳民成为协力之团结。观近世产业之发达，生产者，绅士也；领有者，亦绅士也。一切基碍［础］，均彼创其根。而其所产出者，即葬瘗已身之具，而授平民以胜利者也。然彼等则欲避无由矣。

案："绅士阀"，英语为 bourgeoisie，含有资本阶级、富豪阶级、上流及权力阶级诸意义。"绅士"，英语为 bourgeois，亦与相同。然此等绅士，系指中级市民之进为资本家者言，与贵族不同，犹中国俗语所谓"老爷"，不尽指官吏言也。申叔附识。

［录自《天义》第 16~19 卷合刊（春季增刊），1908 年 3 月］

理想社会主义与实行社会主义

德人弗勒特立克·恩极尔斯*原著　余姚施仁荣 译述

第一编　理想社会主义

社会主义，乃地主与非地主或资本家与工人竞争，而生之一种主张，以实行其生产无治主义也。此主义孕育于十八世纪法国哲学潮流浸淫澎湃之时，而于经济学所论之事，实有密切关系。

当十八世纪之时，法国哲学家及大文豪，日以发展人智，提倡革命为职务，充其所愿，必欲除尽各种政党而后已。若宗教，若博物，若社会，若其他各种政治机关，皆当由真理组织而成，设或不然，断在淘汰。总之，真理者，万事之基础也。丁斯时也，海及尔①有言曰："世界由人脑组织而成。"盖其意以为人脑为各种思想所由生，一切理论所由根，反是者必在推翻之例。现今社会之组织及政府之建设，俱不根真理，故有欺诈、虚骄、怠忽种种怪象。不然，设以真理造成世界，则宇宙当重见天日，而人类之迷信陋习、专制积弊、营私通病种种恶迹，行将消灭。于是而吾人或可享受真文明、真自由、真平等，世界之真幸福矣。

夫所谓真理组成之世界者，何也？即今所谓中等社会所结合之理想世界也。此世界成，则中等社会之真平等、真自由乃现，而吾人财产，惟中等社会所经营而得者，为合乎公理矣。且吾人既有理想世界，则必有理想

---

* 弗勒特立克·恩极尔斯，今译作“弗里德里希·恩格斯”。

① 海及尔，今译作“黑格尔”。

政府，理想政府成，则卢梭之《民约》，当必见诸实行，而此时吾人所有之政体，当必为一中人民主政体。于是而十八世纪法国大思想家脑中所孕育之真理，竟得见诸二十世纪以后之世界矣。吾人对此，能不生感？

顾中古世纪封建贵族与地主之不兼容，犹近今资本家与劳动家之相仇怨也。居资本家与劳动家两者之间，而奔走呼号，以为社会谋幸福者，则固吾中人耳。虽然，资本家无劳动家以作工，则资本家无所施其技，贫民无中人以提携之，则贫民无以谋其生，则中人者，实社会之中干耳。且贫民亦有助于中人也。如德国宗教改革及农人战争时之异教徒与讨麦斯·谬伍周①，英国大革命时之勤佛楼斯②及法国大革命肘之排薄夫③，皆以贫民援中人而反对资本家也。

降而至于十六世纪与十七世纪之时，理想社会主义渐发现，而至十八世纪，实行社会主义，亦渐萌芽（马而来④与麦勃来⑤）。于是而要求平等者，始不仅限于一般人民政治权利范围之内，抑且及于个人经济问题之中。于是而吾人所争废者，亦不仅阶级权利而已，并举阶级制度而亦废之，其甚者，或举世界一切西东之事而悉除之，斯巴逢⑥其新学说之创例也。于是而三大理想社会主义家始出，舍伍忒西盟⑦提倡贫民与中人当如何排去资本家，夫利害⑧与阿泽⑨则因其生于资本家发达之国，竭力鼓吹推翻阶级制度，而直接影响于法之物质文明。

夫此三大哲学家所欲扶掖之人民，非仅一隅而已，直世界耳。至［之］所以朝夕孜孜哓哓争辩而不自嫌者，为真理耳，为公德耳。此真理、此公德，以法哲学家视之，虽与日月争光可也。

赖此三大哲学家之提倡而真理始确立其基，中人始渐得一吐其气。夫世界所缺乏者，人才耳，世界而有人才，则真理自现。不然，人而不知真

---

① 讨麦斯·谬伍周，今译作“托马斯·闵采尔”。
② 勤佛楼斯，今译作“平等派”。
③ 排薄夫，今译作“巴贝夫”。
④ 马而来，今译作“马布利”。
⑤ 麦勃来，今译作“摩莱里”。
⑥ 斯巴逢，今译作“斯巴达”。
⑦ 舍伍忒西盟，今译作“圣西门”。
⑧ 夫利害，今译作“傅立叶”。
⑨ 阿泽及下文“阿浑”，今都译作“欧文”。

理，则其人设生在五百年前，而此五百年间所接之人类，亦背谬耳，争夺耳，受劫耳。由是以观，则十八世纪之法哲学家，实造革命之先河，认真理之无敌者也。世界而果有政府，则当以真理组织之；世界而果有社会，亦当以真理组织之。反是者，断在淘汰之例。夫此真理者何？即十八世纪自由国民所磅礴郁积之理想，而输入于一般中人脑中者也。法之革命，即为认此理想社会与政府而起也。

然当时之所谓新事业者，名虽根［真］理，而实则未见其真也。向所谓以真理组成之国家，今则又以腐败见告矣。卢梭之《民约》，虽其基础已立于法之恐怖时代，然由此学说而及见擢之中人，则固一困于全权政体之腐败，再困于奈破仑①专制政体之压制也。于是而一般哲学家所梦想之永久平和，一变而为无穷纷争矣。于是而知理想社会之不竞，适足以起彼谗闲者之口矣。贫富之相去愈远，尊卑之阶级益深，集无数小资本家或小地主之能力，不足以敌大资本家或大地主一举手一投足之劳。于是而吾人固有之自由，竟非有财产不能得矣。且机器发明，工业发达，在资本家固大获其利，而在劳动家实时受其害，以故讼案愈繁，奸邪滋多，而社会不能保其安宁。欺诈性成，奢侈习深，而商贾不能扩其贸易，加以纳妾市婢，相习成风，私交野合，所在皆然，社会之道德日下，国家之政法益紊。如是而欲谋文明之进步，犹缘木而求鱼也。

由是而与哲学家光明正大之理想，较短而量长之，其相去奚啻宵壤之判耶。所以然者，实以当时无大文豪发为辞章以实其理想故也。脱有人焉为之挽救于其间，其结果断不至若斯。世纪一更，人才崛起。一千八百零二年，则有舍五忒西盟之《极宜罚文牍》②。一千八百零八年，则有夫利害之大著作，虽其学说之基础，已立于一千七百九十九年。而在一千八百年正月元旦，耳老掊忒·阿泽一大哲学家，亦从事于其惊世之大著作《牛兰奶克》③ 一书矣。

然其时生产资本制度及中人与贫民之仇怨，犹未至于深根蒂固也。近今工业制度，虽其时已见兴于英，而犹未见知于法。此制度兴，不特引起生产

① 奈破仑，今译作“拿破仑”。

② 极宜罚文牍，今译作“日内瓦书信”。

③ 牛兰奶克，今译作“新拉纳克”。

革命及生产改良之纷争，抑且搅扰生产行为与转移行为之关系。然此工业制度，在一方面，虽有搅扰生产机关之能力，在他方面，亦有消弭生产机关纷争之方法。法当恐怖时代时，巴里之“无财”党，曾握一时牛耳以战胜当日社会各界，而引起中人争存革命。顾当其奋力进行时，已觉其能力之薄弱，不足以争存于社会矣，及其继也，结而为一贫民党，以与中人竞争。然一举动出，往往自觉其知识之浅薄，财力之不及，不特不能占政治上优胜之地位，抑且含垢忍耻，受人鱼肉，而不能免奴隶牛马之显祸也。

踵此数因，而社会主义之创始家出矣。由粗鲁之资本生产行为及粗鲁之社会现象，必生一粗鲁之学说。欲解决种种社会问题，理想社会主义家始出而著书立说，以司鼓吹之职。社会现象，无一可者，欲救其弊，断需真理发明一新而较全之社会组织法，各处演讲，使光明正大之社会主义，编入一般人民脑中。此社会之新组织法，乃造端乎理想社会主义家。然理想社会主义家立说愈详，操道愈高，则其学说益不能免入幻虚之景象矣。

虽然，当时之幻虚学说，于今日已成过去，或世界之腐儒迂士，犹尚奉为正鹄，力为研究，而自吾人观之，直狂癫耳。若夫吾人所当笃信确守身体力行者，则其脱胎幻虚学说之至理名言可以见诸实行者，非全凭臆断，徒托空言，而究无补于社会也。

舍五忒西盟者乃法国大革命之产物也，其时西盟氏年尚未至三十。革命时代之胜者，乃国内之一般中人，各能贸易，各能生利，以战胜骄奢淫逸之富翁，怠惰自安之贵人，及闲居无事之僧徒。故细审之，则知战胜者，乃中人之有产业者，以财权易政权，非平民一般皆与其列而蒙其利也。此有产业之中人，实发达于革命时代，考其故有二因也。一则经革命而贵族教堂之地充公拍卖，购与中人。一则经军队契约而勒索银钱。于是而法处全权政体之下，一般无业游民，假平等自由之美名，劫富商大贾之实利，使法国社会紊乱，渐至不国，而引起奈破仑、哥代带（法语奈氏法典名）之编撰，以实行其专制之手段。呜呼！国家经一度之改革，必有一度之建设，不为共和，即为专制，人民既无自治能力，英雄不得不用专制手段，不获自由，咎由自取，究于君主何尤哉。

循是而论，平民与富人之竞争，即勤者与惰者之竞争也。惰者不仅旧有之富翁而已，且括其余种种分利之人，勤者亦不仅工人而已，且括制造者、商人及银行伙友等类，惰者已失其智育发展势力膨胀之能事，证之法国大革命时代而已然矣。无财产者，亦失其智育发展势力膨胀之能事，证之法国恐怖时代而亦已然矣。然则其孰令之而孰理之耶？由舍五忒西盟之言，格致与工艺皆为一新教所约束，以重新宗教改革时代所失却宗教思想之统一。此所谓宗教者，即博爱平等光明正大之新耶教徒是也。顾明格致者乃学士，而通工艺者乃一般工人、制造者、商人及银行伙友也。此中人在西盟氏观之，实握社会上各种利权，占财政上最有势力之位置，而竟可作行政长官以指挥政界，或经营工厂以专利商界，银行经理尤为掌社会上各种生产权，所以然者，赖其信用耳。此思想与近今法国之工艺有密切关系，而于中人与贫民之竞争，亦有直接影响。但舍五忒西盟所特别注意者，乃一般为数最繁生计最艰之小民耳（La classe la plus nombreuse et la plus panvre）。考其《极宜罚文牍》，舍五忒西盟已立其说曰："无人不宜工作。"西盟氏又云："恐怖时代，一无业游民之时代也。"渠又谓："法当无业游民占势力时，若辈引起饥馑。"但吾人若认法国大革命为社会战争，不仅贵族与中人之角逐，实贵族、中人及无业游民三者之纷争。在一千八百零二年时，一最幼稚之发明耳。当一千八百十六年，西盟氏宣言：政治学乃一种生产行为学耳，政治学将终为经济学所消灭。经济团体为各种政治机关之基础，此言在西盟氏知之已深，而在普通学者，实为梦想。然此处所论者，将来见之实事，即政治管理一变而为生产行为、各种事物之管理及各种方法之布置。质而言之，即废置国家是矣。然以今日真文明之幼稚，真自由之罕见，一般士夫，对于此点，哓哓争辩，当无已时。

舍五忒西盟，平生作事，迥异侪偶。其在一千八百十四年联军入巴黎以后，又当一千八百十五年百日战争方剧之时，西盟氏即宣言英法联盟，寻又提倡英法德联盟，以为后日谋全欧势力平均工业发达之地步。本此主义，西盟氏奔走经营，各处宣讲，卒使一千八百十五年滑铁路①法王拿破仑败北之时，法人虽痛心国耻，亟愿再举，而心醉西盟氏之宣告者，已冠盖相望，一般士夫，各放其眼光，开拓其思想，以全欧为心而不以法国为念，咸以西盟氏之言为然，而赞同政府之搆［媾］和，列强不起反对，抑何西盟氏思想之远毅力之坚耶！

① 滑铁路，今译作"滑铁卢"。

夫西盟氏，吾人已知其思想之远，实开异日非纯然经济的社会党之先河，而为一切理想社会主义学说之所宗。顾吾人此时，亦不能不提及者，实为夫利害氏。其时夫利害著论，讥法国社会心理之狡猾诈伪，未足以实行社会主义。且其立言，常注重中人，盖中人实法国大革命时代之中干也。夫利害恒以中人世界，比之于哲学家所梦想之理想世界，其文明则光华美满也，其人民则和亲康乐也。然法当革命之时，社会虚骄成习，欺诈为常，其未臻郅治之境，相去不可以道里计。故夫利害氏之描写社会卑劣状态也，恒以讽辞出之。

由是以观，夫利害不仅为一指摘家，且澹泊宁静，实不愧为一空前绝后独一无二之大讥刺家。其描写法国革命以后之社会幻想，及当时法国商人之贸易精神也，颇具力量，并富有兴趣。其议论之最新颖者，乃其对于中等社会组织之诟病、人群配置之失当及中等社会妇女地位之过卑。夫利害实提倡男女平权之圭臬也，彼常云："欲谋世界人群之进化，须从男女平权入手。"旨哉。言乎。非社会主义家，乌足以出此。

夫夫利害实深邃于社会史者也，常分社会为四大阶级：（一）禽兽制度，（二）野蛮制度，（三）家族制度，（四）文明制度。其第四阶级，实为今之所谓文明或中人社会制度时代，此制度始于十六世纪以迄于今。于是，夫利害氏宣言："夫今之所谓文明时代者，实一野蛮加剧之时代也。阳言公理，阴论强权，名尚平等，实重专制，用种种弥补之术，使真野蛮一变而为假文明。不知假文明之阴毒险恶，实千百倍蓰于真野蛮也。"由夫利害氏之言，则知今日列强之所谓文明，非吾社会党人所期之文明也。不过，假文明之美名，获野蛮之实利耳，长此不改，则此后之世界将成一鲸吞蚕食，纷争扰攘之世界，而社会恐无宁日矣。然则今日之文明制度，非为吾人造幸福，实为吾人增苦痛耳！

夫利害恒采用辩学理论以证明其学说之可信，其用意与其同事海极尔同，用种种辩学辩论之方。夫利害氏，恒著论驳人群进化无限学说之不可信。主张人群进化无限者，以为人群进化，就历史上所载而考察之，则常因时代而递升递降。夫在博物学上有刊忒①者宣言地球必有消灭之日，即

① 刊忒，今译作"康德"。

在历史学上有夫利害氏宣言人类亦必有消灭之一日。英雄所见，何其相同之巧耶！

当法国革命潮流浸淫澎湃震动全欧之时，在英国亦有平和稳重之革命发现于国内。机器之发明，工厂之设立，使中人社会制度，消磨殆尽，借手工而得之迂滞缓进之工业制度，一旦变为风驰雨骤一日千丈之各种生产方法，其进步神速之结果，使社会一裂而为资本家与工人两大派。于是而资本家与工人竖旗振鼓，对垒争雄，使固有之坚固中人社会制度，一变而为技艺家与小店主争权夺利之时代，而一般无告之小民，遂驱而至于不能自营生计之境矣。呜呼！谁生厉阶，至今为梗，使一睹二十世纪社会不平之状况，能不顿生悲观乎？

夫各种生产行为，其发达近今尚未至于极盛，而其害已更仆难数，设今不图，异日之祸，犹堪设想耶。工业发达，时趋专利，富商大贾，得以垄断，遂使无业游民，群聚市巷，道德范围，消磨殆尽。若家庭制度之脱离，妇女小孩之雇工，及工人谋生之维艰，由都及城，由农及工，由坚定而趋于浮动，使社会秩序，时现不安之象，抑非资本家横揽财权之过欤！

当是时也，有一维新改革家出而力挽狂澜，年仅二十九，而人格颇高，杰出凡品，以一制造家而竟博千古罕有社会领袖之荣誉，此其人，即耳老揞忒·阿浑也。阿浑氏一实践哲学家也，恒言：人之品性，视其内部之遗传与外界之激烈而定，其渐进发达时，关系尤为重要。英当工艺［业］革命时代，社会时呈纷扰不靖之象，阿浑氏知其然，即乘机发挥其平日所抱之理想，一一见诸实行，使社会转危为安，人民转劳为逸。此其事阿浑氏曾达其目的。盖彼当时固一曼切斯偷①公［工］厂五百余人中之监督也，自一千八百年迄一千八百二十九年，阿浑氏指挥苏格兰牛蓝乃克②之大棉纱厂，充管理股东之责。其将事也，任劳任怨，颇受社会欢迎，而阿浑氏遂名震全欧矣。且曼切斯偷城内人民，本属荆天棘地，呼吁无门，经阿浑氏一再经营，遂使荒野之地，一变而为繁盛之品，无告之小民，一变而为安乐之国人。此亦可见阿浑氏壁书伟大规模宏远之一班矣。

---

① 曼切斯偷，今译作“曼彻斯特”。

② 牛蓝乃克及下文“牛兰及克”，今译作“新拉纳克”。

夫阿浑氏实首先创立贫儿院者也，贫儿院最初建设于牛蓝乃克之地，凡婴儿之年及二龄者，即劝令入校，备有种种乐趣，使婴儿之入校者，忘返家庭，如灌花栽木，生机盎然。至于工人作工时间，在他厂每日约十三或十四小时，在牛兰乃克仅十时半而已，且即遇棉花恐慌，厂内停工时，而工资仍如数给发，如是而销流日广，工业日隆，工人异常满意，股东大获厚利。设非阿浑氏布置有方，牛兰乃克之地，焉能得如是之良好结果耶！

虽具以上种种之良果，而在阿浑氏观之，尚未满意。其对待工人各件，在他人视之以为优待而在阿浑氏观之，亦未惬心。阿浑氏恒言："工人不幸而为我奴隶。"推其意，以为如是对待，犹未能使工人之品性、智育，双方并进，以大展厥材。然即就牛兰乃克而论，以二千五百人内之工人日为社会谋利，若在五十余年前，其户口为数须六十万而始足。于是，阿浑氏自问曰："以二千五百人所生之利，与夫六十万人所生之利，较其相差当若何？"

此答案实简而易明，在公司当付股东百分之五之建设金，并加付三十万镑以作净利，而在牛兰乃克之数，则尤大于英国其余诸厂。设当时机器尚未发明，财源未现充裕，则欧洲各国恐不能敌拿破仑，而欧洲社会所信仰之贵族主义，决不能保其留存。然终成败异数，强弱异势者，则固工人朝夕孜孜刻意经营之力也。工人既能尊重个人，自营生计，阿浑氏赖是始能重行组织社会，使生利之人日多，分利之人日少，而社会共产主义，或可有实行之一日矣！

夫阿浑氏之社会主义，乃纯然根于事业之经营也。毕生所谈，不越此范。以故一千八百二十三年当社会殖民地爱尔兰赈饥时，阿浑氏条陈数策，节节中肯。若预算决算，支入支出等类，及工作之经营，将来之计划，作于其心，发于其事，如身使臂，如臂使指，既无怪诞不经之词，又无迂缓濡滞之虞。吾于是不得不佩阿浑氏社会革命方法之妥善矣。追念先哲，能不自夺。

阿浑氏之进信社会主义也，实其平生之一大关键也。当其为慈善家时，钱财也，鼓掌也，崇拜也，荣誉也，皆其见合于社会之欢迎物也。其时阿浑氏实为全欧感情最深之人，不仅见好于同志，抑且见欢于君主。顾其进而主张社会主义也，则其事乃有大谬不然者。财产私有权也，宗教也，结婚制度也，此三者乃阿浑氏社会革命入手时之大阻力也。抗此阻力，必遭三祸：或斥为不法，或废为庶人，或见摈社会。阿浑氏明知其然，然英雄作事，不为利诱，不为威屈，志之所必为，虽经患难，百折不回，有时至诚所结，鬼神为之格，金石为之开。不幸赍志以殁，而其大节之垂尘寰也，足以光日月，永山河，夫岂犹是匹夫哉！未几而阿浑氏果见斥于政界，见摈于社会，不得已离英游美。天不佑良，阿浑氏社会政策，着着失败，种种设施，等诸泡影，财产告尽，资用告匮，不得已自侪工人，作工三十年，借以自赡。英雄遇困境，厥志不得伸。惜哉！顾志虽稍挫，勋业已隆，英国各种社会革命举动，工人得以获实利者，阿浑氏无不先人着鞭。一千八百十九年，经阿浑氏五年舌战，第一次限制妇女小孩作工时间之法律，始克通过。阿浑氏实英国统一商会之第一任总统也。彼尝提议各种改良方法，据社会主义学理，以改造社会，其入手办法，为提倡公共团体以从事于零卖与生产。此举实行，而商人与制造家二者，足以证其不敷社会之应用矣。且彼亦曾提倡劝工场，以为工业竞争之地，其物品交换之法，常用工票表之，其工票所载作工时间，恒以一小时为单位，其各处工家机关，虽未能克臻完善，然大致粗具，已开泼老特哄①后次设立银行之先河。其异于银行而不能若银行之美备者，以银行足以杜绝各种社会交通不便病根，而当时之所谓工家机关者，则仅社会革命中之一激烈举动而已，果不能以与银行争胜一时也。

总而论之，理想社会主义者，实十九世纪最高尚最精密驰驱宇宙之一大主张，而益浸淫澎湃奔放浩荡于二十世纪及二十世纪以后之世界也。及至今日，英法社会主义家无一不顶礼崇拜，且毕生研究此理想社会主义。最初德国社会主义与伐亦忒零②之社会主义学说，亦理想社会主义也。理想社会主义，表扬真理，宣示大公，扩其主张，足以压倒世界一切学说。较之佛之无我，孔之大同，耶之博爱理想，社会主义，亦何多让。此主义之镑［磅］礴郁积于世界也，亘天地贯古今通中外，无有乎弗具无有其或变者也。顾近今欧西社会主义家，虽大致相似，而思想异，人各执一

① 泼老特哄，今译作“蒲鲁东”。
② 伐亦忒零，今译作“魏特林”。

说，以阐发真理。学说既异，门户亦分，有时不无党同伐异之弊，意见因之而生，真理反为泯没。浅见者流，遂以理想社会主义为诟病矣。于是有实行社会主义出，而济理想社会主义之穷。英法社会主义家，遂以其畴昔研究理想社会主义之工，转而讨论实行社会主义。于是而实行社会主义，又风驰雨骤奔流扬波于二十世纪之世界。新理创说，层见叠出，图书课本，汗牛充栋，其受社会之欢迎也，骎骎乎有超轶乎理想社会主义之势矣！

然以社会主义作科学观，而名之为实行社会主义，则其第一步，所当注意也，曰根真理。其详如何，以俟下编。

第二编 实行社会主义

当十八世纪法国哲学发达之时，即德国人海极尔哲学新造之际。海极尔之于哲学，其大功在善用名学以剖解真理。试一溯其源，则古代之希腊哲学家，皆天然名学家也，其最著者，则为阿立斯他答尔①氏。夫阿立斯他答尔氏，固天生全才，富有理想，而为解析名学真理之第一哲学大家也。反之，新哲学界，虽亦有发明名学真理之哲学大家（若代揩忒②与斯宾懦石③），然经受英国哲学之影响，一变而为全凭幻想毫无实学之人，其恒罹此病者，则一般十八世纪之法哲学家也。然离哲学而仅言名学，则法固名学大文章出产地也，若敌特罗④之 Li Niuin di Ramiau 与卢梭之 Dusesursse ur I' origiui stles foud smsuts di I' in'igalit's karuv bs hvvum is，一则透发名学真理，一则详述社会不平理由，皆警世箴言，照耀千古，而为是编所宜提及者也！

当夫吾人广思博虑于天理，或人类进化历史，或人类智育发达沿革之时，吾人所见之第一步，为人类之忽合忽离、忽亲忽疏、忽远忽近、忽显达而忽坠落、忽生存而忽死亡，营营攘攘，无一宁日。吾人对此所宜注意者，非经营事物之人群，乃人群所经营之事物，及其经营事物时所历各种

① 阿立斯他答尔，今译作“亚里士多德”。

② 代揩忒，今译作“笛卡尔”。

③ 斯宾懦石，今译作“斯宾诺莎”。

④ 敌特罗，今译作“狄德罗”。

阶级及状况也。此最古而最纯之哲学思想，乃根于古希腊哲学，而列为公式，刊为定论者，则为吼腊克立偷斯①氏。吼腊克立偷斯氏恒宣言曰：“物质不生不灭。”盖世间之万事万物，流动不定，其来也，莫知其所自起，其终也，莫识其所由止，俄顷万变，瞬息即灭耳！

然此哲学思想，仅就事物之全体而观察则可，特不足用之以研究事物之究竟。不能用以研究事物之究竟，则吾人对于事物，仍不得有明确了解之思想。然则吾人将用何道以知事物之究竟乎？夫亦曰：究其天然之由来，考其历史之关系，而审察其性质原由与结果而已。此其理，在博物学、历史学及古代希腊之各种格致学上，已详言之矣。由博物与历史之研究，吾人始能剖解事物，此较事物，并分类事物矣。故博物学之真实基础，乃造端乎阿腊克石豆②时代之希腊人，其发挥而广大之者，则为中古世纪之亚拉伯③人，是以博物学家常以十五世纪下半为博物学发轫之始，自是以后，博物学始日见发达，骎骎焉有一日千里不可遏抑之势。物质之分析，万物之分类，物体之剖解，此三者，皆步趋乎前四百年间物质、智识进化之时也。顾此种研究事物究竟之法，只能用以考察其分枝而不能用以总揽其全体，用之于物体休息之时而不能用之于物体运动之际，视物体为静物而非动物，视物体具死状而非见生象。故当此法因培根与乐克④二氏，由博物学上之研究，一变而为哲学上之研究，而狭隘虚幻思想，始表异于前世纪矣！

夫自理想家观之，事物与思想，皆成独立，皆为背驰，皆一定不变。其议论事物或发表思想也，恒以绝对之词出之，故其答人也，常以是非二字了之。越此则非其所愿言。是以循理想家言，则事物或生或灭，或存或废，断不能不生不灭，亦存亦废。如是而是非更为绝对，因果益见背驰。此其思想，乃狭隘而非高远，所谓狭隘虚幻思想者近是。

就表面上观之，此思想亦颇光明正大，而平易浅近，为常人所共知。惟其平易浅近，故此种学说，宣讲于野，则易印入脑，家喻户晓，传播世

---

① 吼腊克立偷斯，今译作“赫拉克利特”。

② 阿腊克石豆，今译作“亚历山大里亚”。

③ 亚拉伯，今译作“阿拉伯”。

④ 乐克，今译作“洛克”。

界，则各邦名家，争诵兢研。然极其弊，则倚于一面，畸轻畸重，浸淫漫衍，谎［荒］诞不经，而不可收拾。且由狭隘思想家之言，则事物失其关系，生存忘其始终，仅观察事物于休止之时，而不观察之于动作之际。死灰槁木，莫此若矣！

吾人对于日用寻常之物，易知而易言，设一人云一兽究或生或死，此在常人观之，必谓此不过一普通俗语耳，奚足研究？然在审判吏观之，则此语颇为复杂。一经辩难，颇资兴趣。譬若襁褓毙命一案，发现于法庭，是否有罪，如何判决，法官虽穷思绝虑，亦必有难辞矣。然则是否兽死一语，亦何独不然，欲知死之究竟，生理学已云死非速事，死乃一迂泻缓进之举动也。

准是以观，各种有机物，无时不即同即异，即此即彼，即生即灭，即陈即新，光怪离奇，顷刻万变。谁谓定而不变，静而不动，如狭隘思想家所云哉！

更进言之，是非二字，虽系绝对名词，若冰炭之不相投，然及其终也，亦必有兼容相系之一日。英大文豪雪克斯祕氏所谓是即非、非即是，是也。且也因果二字，自单独事件观之，虽亦系绝对名词，顾当吾人设想单独事件与宇宙全体有关时，则因果交相为用，在此生因，即在彼结果，在彼种因，即在此结果。佛氏所谓因即果、果即因是也。谁谓是非对列，因果背驰，若狭隘思想家之浅学执拗哉！

以上诸说，俱不见合于狭隘思想家，然名学家则不然。名学家，则认事物与思想，恒有密切关系，一致举动，同一起原，同一结果。故上节诸说，咸为名学家所认可所赞同而昭垂乎千古矣。

夫天理，一名学之证物也。其在近今格致诸学，所助材料，异常繁富，究其归纳，则知天行健，自强不息，不舍昼夜。其进行也，乃循名学家所规定之顺序，非由狭隘思想家所规定之顺序，既往不返，已行必进，此大块周流不息之确证也。言乎此，则达尔文实开各种实践哲学之先河，寰球四顾，罕有其匹。达尔文恒否认狭隘思想家之说，而绝对赞同名学家之言，宣言：“各种机物，若动若植若人，皆亿兆年天演进化之产物。”又曰：“物竞弥烈，适者生存，优胜劣败，天演公例。”然以当日哲学思想之浅薄，一般博物学家，犹未皆以名学为准绳，各树一帜，互相标榜，聚讼粉纭，迄无定论。呜呼！此亦当时教育家著作家，作者与读者，及一般学子之大不幸也。

然则，欲知宇宙真相、进化历史及人群发达原由，非名学莫属矣。盖名学所论，与吾人生死关头、施动反动 及进化退化种种举动，有密切关系也。主此说者，厥惟德国新哲学，而提倡此德国新哲学者，首推侃忒①。侃忒之学，首重牛顿天文。牛顿所发明日球运行妥缓，照垂不朽之说。侃忒毕生研究，本悟日球组织法及各种行星皆受日光之说，且解决万物受日光则生、无日光必死问题。其说厥后腊普莱斯②以数学之理证之而不误，且五十年后，验身镜之发明，亦本侃忒哲理，其有功格致，正非浅鲜。

夫此德国新哲学至海极氏而集大成矣。海极氏之功，乃在并合全世界各种举动，或关天然，或关历史，或关智育，为一冲动。冲动云者，表事事物物之常动常变常化，并常发达，及追原各物同部组织，与世界全体之关系也。本此冲动，努力进行，则人群历史，乃一公平正直之进化史，非一纷纭扰攘之野蛮录。人群既属进化，则滋补培养，教导维持，俾教化日隆，文明大进，是在哲人矣。

海极氏虽与舍五忒西盟氏同具全才，然其短于西盟氏也，有三缺点。一以其智识，较西盟氏为有限。一以当时思想，未见发达，且海极氏乃一幻想家。故凡孕育于海极氏之脑者，其所设想，非代表一定事物，乃凭空托意而已。凭空托意而无一定事物之代表，则理想与事物必颠倒混淆，而其所谓理想者，亦必徒托空言而已，初无补于实际也。虽海极氏连篇累牍，洋洋万言，于哲理不无发明，而考其所言，详加思辨，则常嫌其虑焉不密，语焉不详，其误点实在理想与事物背驰而已。故由内而观，则海极氏之学说，虽认定人群进化公例，而无一定穷究之方；由外而观，则海极氏之所主张，实研究真理之准的，然以其所言，按之名学条例，犹未能节节中肯，时时吻合，则论学公平，海极氏盖升堂矣，犹未能入室也！

然则欲救德国哲学末流清谈误学之弊，非重实践而谁重耶，非尚格物而谁尚耶。夫泰西新旧格物家，相去一间耳，旧格物家，常视过去历史为

① 侃忒，今译作“康德”。
② 腊普莱斯，今译作“拉普拉斯”。

无足重轻，新格物家，则恒借过去历史，以究人群进化之由，以阐发真理，以发明公例。自十八世纪法国文学潮流之怒涛汹涌，海极尔之哲学思想，牛顿之发明天体，及赖亦奈斯①之有机物类例，万派归源，千峰接脉，无一不纡徐曲折而至新格物之一途，使物质文明，与日俱进，以养成今日光华美满庄严灿烂之世界，得非西欧诸先哲提携倡导之力乎？且格物学出，工业日行发达，学说时趋实践，一扫从前重农轻工之积弊，而旧日哲学傲睨万物藐视群学之丑态，亦因之获免矣。哲学既不视为超轶诸学神圣不可侵犯之物，则诸学并重，殊途同归，思想因自由而益形发达，学说以平等而更趋进化，庶几群治日进，群德日隆，而无患乎世界之不平和矣。且也由格物学而言，名学与论理学，为研究诸学之必修科，盖一则言理精明，一则述例详悉，皆与研究天理与历史之格物实践学，有密切关系也。硕彦鸿儒，盍一审诸。

虽然，此天理思想革命，至是时而始勃然爆发。然实践哲学，已开端有日矣。其在一千八百三十一年，工人罢工举动，发现于里洪②，其在千八百三十八年与千八百四十二年之间，英国且的斯刺党③所组织第一全国工党联盟会，最占势力。由是而资本家与劳动家角逐史，始发现于欧洲先进诸国。究其所以竞争之由，一则以近今工业之发达，一则以资本家政治势力之膨胀，劳动家恶资本家之专横，资本家怨劳动家之挟制，始则相顷相轧，继则相残相害，终至同归于尽，而社会亦受其害。种种障碍，虽当时英法社会主义家，言之详悉，昭然若揭。然其时社会主义，初立萌芽，势力薄弱。而旧学陈言，根深蒂固，牢不可破。其所主张，尚未认定资本家与劳动家之竞争，源于经济之不平等，尚未深明经济上之实利，更误认生产行为与各种经济关系，仅为人群进化之附属品而已。

顾以近今哲学家之眼光，观察人类过去历史，则旧学家之所主张，乃有大谬不然者。近今哲学家之所主张，咸谓各种过去历史，舍上古史外，皆系人类竞争史，而所以竞争之故，皆缘于经济之不平等，并云：有经济组织，始有司法、政治、宗教、哲学及其他各组织，故经济实为万事之

---

① 赖亦奈斯，今译作“林耐”。

② 里洪，今译作“里昂”。

③ 且的斯刺党，今译作“宪章派”。

母，人类一切历史所由生也。海极尔之考察历史也，虽不以幻想观念，而以名学观念，然其所谓名学观念者，虽非幻想，亦理想耳。至于近世哲学，既不偏乎幻想，亦不趋重理想，其所执中而深究者，实为物质思想。自物质思想发明，而后一般研究哲学者，始知欲洞明人事，发扬真理，必先行后知，非先知后行。

自是以往，而欧西学子，始公认社会主义，为因经济不平而生之一定不易主张矣。而吾党所宜讨论者，非仅组织一模范社会而已，抑宜审查经济历史之沿革，资本家与劳动家竞争必经之阶级，及其如何弭此纷争之方法。然当时社会党草创伊始，能力未充，既不能挽狂澜于既倒，又不能作砥柱于中流，虽深怜劳动家之束缚，痛嫉资本家之专横，而补救无方，徒呼负负。然则欲发展吾党之大愿力，普济吾党之大慈悲，决非从根本上着想不可。欲解决此根本问题，其要有二：（一）须研究资本生产行为之历史，其发达时代之不能免，及其消灭时代之亦不能免；（二）阐发资本生产行为之特质。缘此种理论，近今尚未发明解决此二问题者，为余利之发明。自余利发明，而后资本家始得以少数之资本，购多数之工作，以工人之脂膏，供其挥霍，于是社会生活程度日高，而贫富阶级益严矣。

夫以上所述二大发明，一为以物质思想观察历史，一为以余利所得维持资本生产行为，皆归功于〈以〉往社会党领袖马克斯氏。具此二大发明，而后社会主义始克成为一科学，即所谓实行社会主义或称科学的社会主义是也。欲闻其详，以待下编。

第三编　实行社会主义

夫所谓以物质思想观察历史者何也？以生产行为与交换行为维持吾人经济。有生产与交换行为，然后有分配行为，而社会于是阶级分矣。故吾人欲知社会之组织法，须首研究生产、交换二行为，生产、交换二行为既明，则各种政治革命及社会革命，皆足以溯源竟委，悉其曲折。所以然者，非借哲学穷其理，实赖计学述其详也。且也由生产与交换二行为之变更，而后知现今社会之组织，乃大背人道，不合公理，混淆黑白，颠倒是非。欲救其弊，仍当从改良生产行为入手，而改良之方，非由真理推解，而自事实审查也。

然则近今社会主义，对于此点所处之地位如何乎？

夫今日之社会，一治人之社会也。治于人者，曷尝敢参议于其间哉。自马克斯发明实行社会主义，而后知一般强有力富有财之人民，共趋于资本生产行为之一途，而贫民无与焉。夫资本家，反对封建，尊重世袭，漠视个人，鼓吹事业竞争，保护法律自由，政府为其傀儡，官吏供其躯策，兵士保守其财产，警察防卫其室家，而所支公费，则固吾贫民之膏血也。况机器发明，工厂林立，由手工时代而进于机工时代，由此而观，则固世界之进步也。然工业发达，时趋专利，资本家得以出其狼吞虎咽之手段，以垄断生业，横揽财权；而劳动家手胼足胝，终岁勤劳，计其所入，仰不足以事父母，俯不足以畜妻子；同是圆颅，同是方趾，而劳逸忧乐，相去天渊，抑何不平之甚耶？以故近世社会党人，恒欲发其昭［照］耀日月之志愿，出其经纬天地之手段，倾太平洋之水，以一洗工人之耻，而共登之于彼岸。

然资本家与工人究因何而纷争乎？

试一溯其源。当中古世纪资本生产行为未发达时，社会尊重个人，营业全赖私财，手工农务，交相为业，各安其分，各乐其业。既生专利之条，以演激烈竞争，又无公司之设，以吸小民脂膏。其作工用具，则仅土地也，农具也，店铺也，个人营业，而极不含团体性质也。然则其生产之结果，乃纯然属于生产者之个人行为也。若夫资本生产行为，则不然。富商大贾，招股集资，创办公司以压倒店铺，及时屯货以摄厚利。机器发明，报馆必竭力鼓吹，显扬不已，政府又从而赏之以宝星，许之以专利，究其所得，则固资本家也，而劳动家安能沾实惠于其间哉！马克斯之论资本也，分为三大时期：（一）手工时期；（二）制造时期；（三）近今工业时期。条分缕析，深切著明。马氏又言：当资本家变手工事业为制造事业也，同时不能不变个人生产行为为社会生产行为，于是工人用器，由纺织轮而变为纺织机器，由手工摇器而变为汽振机，由铁锥而变为汽锥，由工铺而变为工厂，均是一器。制作之人，手工时代，不过一二人或四五人之集合，而制造时代与近今工业时代，则百千万亿，纷至沓来，于是而少数个人之生产，遂变为多数社会生产，而主有生产者，亦由个人易为社会矣。自个人生产变为社会生产，而后社会奢侈之风益张，个人勤俭之德日衰，分利之人益多，而生利之人愈少矣。

抑更有进者，中古世纪，生产行为，颇形幼稚，分工为业，懋迁有无，耕夫与工人以物产，工人与耕夫以器皿，以故交换行为，亦异常简单，而此种分工，常称为无定分工。近世工厂内作工之辈，时间有定，职守有定，在经济学则称为有定分工。无定分工，纯系个人性质，有定分工，则系个人而兼有社会性质，故前者为个人生产，而后者为社会生产。个人生产，生产法寡，故获利少；社会生产，生产法众，故获利厚。然则资本家亦曷愿舍厚利之社会生产而营薄利之个人生产哉！

以故中古世纪工人，各以劳力谋生，间或求助于人，亦给以相当报酬，而无一定工资。且当家族主义极盛之时，劳动家故步自封，不相闻问，故工艺难期改良，进步时嫌窒滞。然各执一艺以自食其力，实有合于社会主义之精意也。

降而至于近古之世，集多数生产者与生产法于一大工厂内。工业日隆，竞争益剧，劳动家尽其力，资本家获其利。当其生产之时，生产者为劳动家，及其生产之后，劳动家因人众而杂，杂不易辨，而生产者遂阳则易为社会，隐则易为资本家。呜呼！念彼工人，既苦于作工时间之过伙，又迫于财虏压制之横暴，且具生产之名而无生产之实，徒以汗血工资，供人挥霍。揆诸事理，岂得谓平？于是而社会主义之精意全失。资本家与劳动家角逐之事矣。

夫资本家与劳动家起角逐之事，而社会乃时呈不安之象，于是资本生产行为愈发达则个人生产行为愈衰落，资本家财产日积日厚，而小民生计益形困艰。于是知主张以资本行为谋社会生产者大背人道，而为社会主义所不容也。

当资本生产行为发生之际，恒以工资绳劳动家，而劳动家为生计所困不得不降心相从，其穷而在下，贫而无力者，且任其奴隶牛马鱼肉而不顾。天下伤心之事，孰有过于此者乎！况于封建制度即废之后，兵士解甲，农人退田，蜂起猬集，群作工人，而工人即以众而贱，以贫而卑，资本家以稀而贵，以富而尊。贵贱既分，尊卑既殊，资本家遂一跃升天，劳动家乃一落坠渊矣。嗟夫！资本家所掌者生产主有权，而劳动家有作工之应尽义务，无系毫之特别权利，所得工资，或仅足自赡，或并不足以自赡。故就社会主义而论，社会生产与资本行为之不相合，犹资本家与劳动家之不兼容也。

自资本家主张以资本行为谋社会生产，而后生产物因转移而掌握之权，尽操于交换者之手，而生产者无与焉。生产者既无直接管理生产物之权，则一物之出，人莫知其器之精或窳，价之贵或廉，其见售于市也，或广或稀，或速或缓，或甲灵便而乙鲁钝，或丙流通而丁窒滞，飘渺无际，莫知所衷，是社会生产之无治状态也。

夫生产者对于生产物之主有权，不过最初之际耳，旋经转移行为，而生产物之主有人，始由生产者一变而为交换者。是生产物对于生产者无直接隶属之关系，而对于交换者有唇齿相依之密切也。故生产物能随时束缚生产者，而生产者不能始终主有生产物。

顾回视昔日中古世纪则不然。生产之意，仅供给个人之所需或生产者与其家族之所需而已。农人相与耕于野，商贾相与贸于市，各执一业以自食其力，各安其分以自尽其职，衣食自足，无求于人，富贵非吾愿，爵禄奚足恋，浑浑噩噩，熙熙皞皞，虽南面王不易焉。历日既久，生产法伙，获利日厚，所生之产，供一家之所需而有余，然后以其所余，购与地主，而生产物始一变而为货物。自生产物变为货物，而后生产者始无直接管理生产物之权矣。

夫当转移行为未发达之时，农商且然，工人亦何独不然？工人灌花栽木，生机盎然，培田植菜，获利颇丰；其妇则勤纺织以周全，卖布缕以自赡，以其所得，供其所需，已游刃有余矣。然后以其所余，略从事于交换，而转移行为之基础以立。顾基础虽立，时虞窒滞，揆厥原因，盖以仅借人力而谋生产，生产法不能改良，而生业未见其隆盛也。

虽然，此乃手工时代则然也，制造时代则不然。制造时代，产物一变而为货物，个人生产一变而为资本生产，转移行为，渐臻发达，而商业因以日隆。加以新大陆之发现，新机器之发明，轮舟铁路，络绎宇内，合五洲为一家，视全球若户庭。欧西骄子，大率左订媾和修好之约，右修军备扩张之案，殖民政策其权舆，垄断商业其究竟，维持和平其美名，占人土地其实意。纷纭扰攘，竞争不已，以演成十七十八两世纪之国际商战。

降而至于十九世纪与二十世纪之时，欧亚大陆，日接日亲，工商两业，益形发达。英以海军雄视五洲，法以陆军夸耀全欧，加以法美之物阜民康，日俄之鹰瞵虎视，凡所以奖励工业振兴商务之事，无不殚国力以谋进行，而争存于此优胜劣败弱肉强食之世界。举凡生产事业，或天然或人为，各国资本家无不投资创办，努力竞争。其或才力不足财源未裕者，则立见其失败，而归于天演之淘汰。初何怜惜之足云哉！此达尔文之所以于进化论中，反复讨论精密详辩于物竞弥烈适者生存二语也。此社会生产与资本行为之相冲突，因而演成工家生产组织与社会无治生产之相仇怨也。

然则使资本生产行为见存于世界一日，则世界无一日之宁矣，即社会无一日之安矣。此夫利害氏所以痛哭流涕于资本家之阴毒险狠，致言资本为万恶之总源也。顾夫利害氏当时所未见及者，盖彼仅知资本之为害而不知资本之历久必消灭也。然欲使资本消灭，银钱废弃，必待教育普及，群治优美，人人有高尚之道德心而后可。若夫处今日竞争之世，资本家以机器为利薮，劳动家无抵抗之实力，以资本家凌劳动家，如虎吞蝇，如石压卵，以劳动家敌资本家，吹灰之力，九牛一毛。孰胜孰败，孰存孰亡，必有能辨之者。

观上所述，则知机工益形发达，人工益归无效，以少数机工之作用，足以夺亿兆工人之生计者，往往而是。夫此亿兆工人之生计，既为少数机工所夺，则自不得不群趋于流荡无业荒嬉无度之一途，而社会无宁日矣。故德国社会党魁马克斯氏有言曰：机器者，资本家战胜劳动家之利器也，机工发达，则劳动家之手工为无用，而资本家足以钳制劳动家之生命矣。呜呼！马氏此言，痛快淋漓，言之确凿。凡负灵秀之气而略具天良，闻此言而不痛恨切齿于资本家之横暴凶悍者，无人心者也。欧西工厂，工人如蚁，或以过劳而致疾，或以压制而罢工，或流为荡子，或沦为奴隶。于是小工重足而立，侧目而视，哀鸿遍野，怨声载道，嗟我同胞，罹此惨祸，得非资本家挟机器以蹂躏手工，持资本以欺凌工人之过欤。

机工日精，工业日隆，大资本家相继结合团体以垄断一国之市局，窥其用意，意欲倾覆小资本家之事业，而使之无立足之地。于是小资本家亦不得不竭其能力，扩张生业，以求自立于商战剧烈之世界。然小资本家扩张生业之能力，实不敌大资本家扩张市局之手段。盖扩张生业，偏于一隅，扩张市局，达乎全国，胜负之数，无待蓍龟。由是以观，资本家与资本家犹自相鱼肉如是，况等而下之若彼工人乎？呜呼！此资本生产行为之又一恶果也！

就实而论，自千八百二十五年以后，当第一次经济恐慌之时，工商两界，生业衰落，生产转移，时虑窒滞，市局凋零，银根奇紧，工厂倒闭，银行停办，纸币运用不灵，现银一钱莫名，产物荒芜于田园，货物积藏于贮室，富者拥资自肥，贫者无食为炊，由是盗风日炽，鸡犬不宁，社会岌岌不可终日。虽然，此犹不仅一次而已。自千八百二十五年以后，若是者凡五次。寻于千八百七十七年，又历一次，凡六次。举凡此种经济恐慌，夫利害氏名之为盛极必衰之恐慌。呜呼！此亦可见资本生产行为发达后流弊之一斑矣！

夫此种经济恐慌，皆社会生产与资本行为互相冲突之结果也。当社会生产与资本行为激烈交战之时，货物之流通不灵，银钱之运划窒滞，各种货物生产与运用，例皆适成反比。于是经济恐慌自达极点矣。此生产行为与转移行为，互相匹敌之确证也！

夫社会生产组织虽如是其完备，然究未足与社会无治生产竞争也！盖当经济恐慌之余，资本家无论大小俱破产于狂涛巨浪之中，而一切投资事业，亦群消灭于生产抵力之下。故当经济恐慌之际，而欲变产物为资本，化无用为有用，吾恐虽有圣智，不能与谋。举凡各种生产法，谋生术，有用工人勤劳商家，虽各能生利，而无财以济之，即多亦奚以为。此夫利害氏所以言“多乃贫乏之源，恐慌之渐”。旨哉言乎，洵不刊之论也！夫多之一字，足以阻生产法及谋生术之化为资本也。盖在资本社会，各种生产法，非其初经人工或机工之作用，不能化为资本，而贪多则自必无得耳。然则，由内而观，则资本生产行为不能直接发达生产力；由外而观，则此种生产力渐次发达，养成消灭冲突恶障，废弃资本性质，确变社会生产之实力耳！

生产革命，既如是其急进，其欲必进为社会生产，无疑义矣。彼拥资自肥之资本家，其亦有何魄力以为之捍格耶！铁路生产分配权，邮电交通掌握权，近世各国，皆归国有，资本家则又有何能力以为之抵抗耶！其亦伈伈伣伣，俯首帖耳，惟政府之命是从已耳。顾因生产革命竞争而生之托刺［拉］斯，垄断市局，摄获厚利，其为害亦更仆难数。其在千八百九十年，英国碱产事业，亦托刺［拉］斯之例，以四十八分工厂，合并为一大公司，基本金则为六兆镑。吾人试思此托剌［拉］斯所获之利，将如何其厚耶！

夫托剌［拉］斯，乃世界最恶之经济团体也。设托剌［拉］斯，则自由竞争变为专制专利，无定资本生产化为有定资本生产。如是，则去社会世界愈远矣。或谓托剌［拉］斯之设，利在资本家，然以少数股东，而握重大财产权，监理不周，易于失败。故近世各国，罕用托剌［拉］斯以谋生产事业也。

要而言之，或用托剌［拉］斯，或不用托剌［拉］斯，国家者乃资本社会最有力之代表也。国家既为资本社会最有力之代表，则终有监督各种生产之一日。夫今日生产中之已为国家所管理者，若邮电、铁路是已。

设中人对于各种生产事业，不能投资振兴，则自后之生产机关，若托剌［拉］斯，若银行，若公司，不为资本家所攘夺，则为国家所占有，是吾中人必将为天涯沦落人而已矣。彼资本家，始则挟资本以排斥工人，继则因资本而为国家所排斥。呜呼！纵观史乘，横览五洲，世间大害，首推金钱。抉此祸根，厥惟废置。

夫各种生产机关，若托剌［拉］斯、银行、公司之类，或为资本家掌握，或归国家主有，皆非资本不足以谋进行。国家所持以经营投资事业者，一则利用资本家以资臂助，一则雇佣劳动家以供驱策。是国家者，乃运用资本经营生产之一大机关也。以全国之资本，谋全国之生产，获全国之净利，天下势力之厚，孰有过于此乎？然欲除世间之大害，谋郅治之极轨，则非主张无治社会主义不可。若夫国家社会主义，犹不过一时补苴罅漏之计，非足以为根本上之解决也。（未完）①

（录自《新世界》第1、3、5、6、8期，1912年5月19日、6月16日、7月14日、7月28日、8月25日）

① 原文止此，未见下文。

挽近社会主义之派别与宗旨

晓　洲

社会主义，盛行于挽近，其范围，既广博无涯涘，学说亦纷纭繁复，非数端所能尽。兹篇不过取其派别与宗旨，稍加诠次，聊示读者，俾不致迷眩于五色而已。若夫精蕴所在，则窘于边［篇］幅，犹未遑焉。著者谨识。

第一章　社会主义之界说

社会主义之名词，在法文为 Socialisme，为法人刘露①（Pierre Leroux）氏所创。一八三四年，刘氏著《个人与社会主义合论》②，于是社会主义之名词，乃出现于世界。然社会主义之理想，非发生之于刘氏也。太古之世，固亦有研究而提倡之者。降至今日，其学说之纷纭，千端万绪，其相差之巨，颇可惊愕。兹且将解释社会主义界说之最重要者，列举如下。

（甲）辖治个人之社会主义　政治学家，往往有指社会为与个人分离，而自成一体者。此自成一体之社会，非惟不与个人混合，且处于个人

① 刘露，今译作“皮埃尔·勒鲁”。

② 《个人与社会主义合论》，今译作《论个人主义和社会主义》，即“De l'individualisme et du socialisme”。

之上，而有辖治个人之权，无论政治上道德上，凡有利于社会者，个人之行动自由皆当牺牲而勿惜。此牺牲个人于社会之社会主义，盖政治派之学说然也。

（乙）破除个人之社会主义　经济学家，对于私产与个人自由求利之制，每加反对，以必达全社会之幸福为目的。虽现行之个人制，不能即时废除，而政府或私人团体，必当筹画补救之方。俾个人制由渐破除，产销分配等重弊，由渐消灭，而得达社会共产之境域。此盖宗教派之社会主义然也。

（丙）废弃个人之社会主义　顾［故］按今日各国主张社会主义之学派，所下最确切而最普通之界说，则社会主义者，废弃个人，废弃私产，而代以社会的与共产的。此共产之范围，无论其广狭之如何，要为社会主义嫡派之学理也。

第二章　社会主义之种类

按丙说之意义而论社会主义，则其学说略可分三大类。一曰理想的；二曰科学的；三曰政治的。请述其纲领于下。

（一）理想的社会主义（Utopian Socialism）理想的社会主义或曰合团的社会主义（Association Socialism），盖鉴于现社会组织之缺点，而纯正在理想上构造一尽善尽美之社会，以为现在改革之指南，将来建设之模范也。其所以称合团的社会主义者，以此种理想之社会，大都以个人自由组织之团体，为其运行之主体也。

此派学说以十六周①穆氏②（Thomas Morus［More］）之《乌托邦》为最著。十九世纪前叶，英有渥温③（Robert Owen）、法有圣锡孟④（Les Saint-Simoniens）派之学子，及傅利爱⑤（Ch. Fourier）、濮卢东⑥

① 十六周，即“十六世纪”。
② 穆氏，今译作“托马斯·莫尔”。
③ 渥温，今译作“罗伯特·欧文”。
④ 圣锡孟，今译作“圣西门”。
⑤ 傅利爱，今译作“傅立叶”。
⑥ 濮卢东，今译作“蒲鲁东”。

(Proudhon) 等，皆相继推阐其理。且有施之实行者，惜乎时机未熟，动遭失败。顾其学说非绝无研究之价值者，兹篇不能详述，姑以傅利爱氏之理论，略著于下，以一例余，其他固无大径庭焉。

为傅氏学说之中心点者，则法郎斯得①（Phalanstére）团是也。按其外形，与今日新式之大旅馆，颇为相似。盖为一极大之房屋，内有各等住室，与简单之分间，公共之食堂、休息所、阅书室、游戏场、剧院等。居其中者，均须会堂一处，彼此联络，以求节省个人持家之费，且得交换智识。虽分餐之举，亦任人自由，在所不禁，然而非法郎斯得团之常例也。

法郎斯得团具有二大特色。(一) 其所居之屋，等级至多，自最繁华最宽敞以至于最朴素最狭隘，靡不有之。其他食堂等，亦若是。然虽等级攸分，而其交际仍无限制，且从而诱导奖劝之，使各级互相联络，待视平等。尤须知居住此屋中者，并非短期暂驻，直以此为永久生活之家庭也。(二) 团中之经济，以费微末之资，得巨大之安乐，为宗旨。故一切家常日用、间［兼］起居饮食与雇役洗衣等费，悉以共同之法计派之。此中节省，固不待言而可知。其又一方面，则可因同居合餐，而得沟通情谊，交换智识，消除贵贱相仇之恶感，使各阶级之人民日益接近，而觉其相关之密切，则种种之意见，自泯矣。

即以上二者而论，此法郎斯得团，聚强弱、贫富、贤愚、贵贱于一堂，果能式好无尤永无扞格乎？此犹未可必之疑问也。虽然，法郎斯得团之经济功用，固已有益乎事实，而确含真理。今日各国有所谓家庭旅馆者，尤以美国为最盛。其故因美国之生活程度极高，佣率极昂，中人以下，率无蓄有佣仆之财力，且无论男女老幼，悉有执业，无佣仆则万无以料理家政，姑以旅馆为家庭，而不复自开门户，乃经济迫压，势之必然。其茕独无依者，自更视之为乐园矣。

顾傅氏之法郎斯得团，究非普遍之旅馆所可比。居住者悉为本团之团员，而无招留外客之举，一切经费，按个人之消耗而摊派均分之，一如今日各国通行之消产共济会，并较之为更进一步。以消产共济会，仅共同躉购一切食用之物，以免中间贩卖者之浮收，而法郎斯得团者，又使会食于

① 法郎斯得，今译作“法伦斯泰尔”。

一处，以节仆役等之虚耗也。

抑法郎斯得团，非仅包含消产共济会之办法，亦兼有生产共济团之意义。盖会所之旁，有至广大之圆场四百亩，建筑工厂，布设农场，以供全体团员之工作。是以此团体完全独立，无所依赖，即有交换贸易等手续，亦且缩小至极点，故能使不生产之执业者，消灭乎无形。但法郎斯得团，究为合股之法，组织而成，不脱私产之制，不过普及于全体，为现在资产，由渐而入于少数人之掌握，作最大之补救耳。

傅氏于此，又防资本家之逐渐专横，预定资本家、劳动者、办事人，分配余利之比例。无论何种余利，悉分之为十二分，资本家得其四，劳动者得其五，办事人得其三，而办事人之任职，则由全体团员推选之，以期弗辜厥职。惟是，傅氏既予资本家以余利三分之一，则是无废除利息之意也。与寻常个人私产制，果何异乎？曰：傅氏之意，非欲废除私产制，但求去泰去甚而已。泰、甚惟何？佣工制是也。佣工制者，以工作兑换薪水，而在法郎斯得团中，则人人皆为股东，人人皆须作工，人人皆得被选为经理与各项办事人，则资本、劳动与办事三者，化而为一，其间界限，无迹可寻，而利益上冲突之永弭，人类和平幸福，可以长保全矣。

傅氏学说，于共同居住，共同工作之外，更有一重要之端，即使各项工作，引起工人之趣味，而现乐为之状态也。工人之作工，往往非所乐为，悉由激刺、强迫、勉强而为之。如强力之压制、义务之劝戒及困难贫窘等之无形逼迫，莫不强而后可。何尝有丝毫爱好之心哉？乃傅氏则本其社会主义，欲使厌恶作工之性质，一变而为乐于从事之诚意，一如游戏、运动，虽有消耗精力，忍受痛苦之处，而趋赴惟恐不遑。其改革之法，若何？傅氏曰：无论工作之经济效果若何，凡从事其间者，而为其生活之所必需，则此种工作，即失其强迫而为愿爱，忘其厌恶而为快乐矣。易言之，能准个人之嗜好而择执业，不以利息为生计之标准者，则其工作，即处于羡美欢愉之位置，而所成就愈胜利，虽镕铁开矿等工，亦何苦之有乎？

傅氏之经济学说，舍含有虚构性质而外，绝无激烈的社会主义之状态。顾其对于男女夫妇及改良政治习俗上之意见，则虽今日社会党最激烈之分子，亦无以过之。故世每称傅氏为激烈的社会主义之鼻祖，且一健将也。

当马克斯学说未昌盛以前，傅氏学说之在法国，于其劳动界，有极大之势力。自马氏学说出，而后稍杀。然其于实验组织上，究不失为模范与先导也。今日法国之生产共济会，与夫消产共济会，何莫非效法傅氏之法郎斯得团。因之，更有以法郎斯得团名其会者，而法国社会党之右翼，在议会占势力而时执政柄者，其所揭橥，亦每曰保守私产，废除佣工制，则亦傅氏学说之嫡传也。

（二）科学的社会主义（Scientific Socialism）科学的社会主义者，以历史事实为立论之根据，而研察已往及现在之社会制度，以推测未来之社会，而不预断其组织若何者也。此种学说，以马克斯〈主义〉（Marxism）为其中枢，盛行于十九世纪之末页。至于今日，普通所称为社会主义者，犹指此也。

马氏学说，包含二大学理，即所谓余值与资财由渐汇聚之公例也。试申言之。

余值（Surplus Value）者，自物价上除去其工料等费，而为资本家以其资本所得之余利也。例如革靴一双，人工与原料，需金二元，而其售价为三元五角，此相差之一元五角，即以资本而得。马氏之所谓余值也，此学理以栗卡图①（Richardo）之物值论为基础。栗氏之言曰：一切货物之价值，乃制造该货之工作力也。马氏亦曰：以价值论货物者，人力工作之精液也。设有某工匠，每日为其佣主作工，得工资五角。然而其所制造之物，求售于市，可得一元五角，去原料五角外，佣主与佣工分得五角。夫货物之成，完全为工人之力，则其价值，理宜全归之于工人，乃佣主以资本之权，操纵其间，彼遂不必用力，而坐收五角之利，与工作者等，其不公允为何如乎？因此资本家与劳动者，处于绝对相反之地位，而冲突不已。凡野心之资本家，为求自己之利益，如延长工作时间，如减少工资，苟可以加增其余值者，其法层出而不穷，而劳动者之愤激而出于战，遂无幸免之理。故激战之终局，何者为胜乎？马氏曰：必劳动者也。所以致胜之道奈何？马氏曰：当资财由渐汇聚于极少数人之手中时，即所以授劳动

① 栗卡图，仅译作“李嘉图”。

者以革命之利器，一朝爆裂，私产制度推翻之日，即共产制度告成之秋矣。

夫资财由渐汇聚，为个人私产制之天然效果也。大资本家与小资本家竞争，大商业家与小商贩家角逐，其大者必胜而小者必败。观夫近代工商界之现象，托拉斯主义之盛行，可知此抽象的论断，初无疑义。循是而往，他日全球之资财事业，必汇聚于极少数人之手，而斯时彼极多数之人，必尽为无毫厘私产之劳动者。于是由政治方面，此辈劳动者，必假革命之助，没收此极少数人全数之私产，而公之于社会，由经济方面，则全国之生产制度，久已由少数人指挥而操纵之矣，则变而由公立之政府，代斯极少数人以经营全国之生产，亦极合乎时势。故私产制度之进行，则必达资财汇聚于极少数人之公例，而此公例者，固私产制度自杀之道，亦不啻玉成共产制度之终南捷径也。

马氏学说，虽风靡于十九世纪之末叶，而于欧洲占绝大之势力。然经挽［晚］近学子之潜心研究，则马氏所揭橥之二大学理，固无科学上之价值，而与事实相背驰者也。盖马氏之所谓值，乃根据栗卡图之物值论者，而栗氏之物值论，则经大多数经济学家之宣布，斥为诬罔之说。以物值论者，必以各物末级之实用为准则（Final Utility）也。栗氏之物值论，既经失败，而马氏之余值，自不得有立足之地。至于资财汇聚之说，则对于最近实业，颇足证其不确。以农业言，非惟大农不能吸取小农，抑且小农有日渐扩张之气象。以工商二皆言，巨大事业，固日增月盛，而零星卖买，未尝衰退。因此种小商业，与商业组织上，有不可缺少之原理。至于托拉斯主义，诚为今日所风行者，然而非二三大资本家所私有，乃千百零星小股东所共有也。是故马氏之资财汇聚，小资本灭绝之说，其不合乎事实，无可疑也。

虽然，此科学的社会主义，于政治上之势力，即今日尚未见其衰退。盖各国社会党，莫不以共产为产业革命之目的，以均贫富为政治革命之方针。借多数劳动党员之气焰，以逼迫当道者，使由渐实行其要求。是故社会党之活动，平民政治，平民教育之呼声，日渐增高于各国之中，以反抗贵族与富有者，犹不得不以科学的社会主义相号召焉。

（三）政治的社会主义（State Socialism）政治的社会主义或曰国家的

社会主义，盖假国家之力，以调停个人与社会制之争执者也。虽明知私产制度之种种弊害，亟求改革，然并不主张废弃之，不过欲于偏重资本之习惯上，借国家之权，均匀分配之，使资本家、劳动者、办事人三项，各得其宜而已。

考此学说之鼻祖，为德人罗特俾耳多斯①（Rodbertus）。自二十世纪之初，迄于今日，各国政客、学子之隶属此派者，日益增多，而尤以德国为最盛。此派学说之所主张，乃暂时保存私产之制，以为生产之基础，而于各个人订约之自由，则重加限制，以绝富者欺贫强者凌弱之不平。虽资本家安坐致富之重弊，依然存在，而于劳动者之酬报上，固已不能任资本家之惟［为］所欲为矣。此种学说，于挽回造成少数富豪，多数贫民之危险世界，不无影响也。

政治的社会主义，在学理上，舍倚重政府外，绝无特著之经猷。于实验上，则已有最优美之效果，而真能裨益于人类。挽近各国之种种规定，如渐进税率、工人保险储蓄制、工厂卫生防灾法以及工价之限制、工作时间之限制等，莫非为此派社会主义之效力也。

第三章　社会主义之目的

夫社会主义，所以必当提倡，而私产制度，所以必当废弃者，以行共产制，较易于达到全体人类之幸福也。换言之，按经济学理而论，共产制之生殖与分配，均遥胜于个人制，而足以增进人群之幸福。惜各派社会学说，往往偏重于分配一方面，而置生殖于不顾。虽傅利爱氏之法郎斯得团，似于生产上，未始无详确之建议，然而尽属于理想的，非易施诸于实行也。其他则不仅生殖上无建议而已，即各派主张之分配问题，亦复杂纷纭，鲜有完善者。兹择其最简明最普及者四端，论列于下。

一曰完全平等的分配　此种主张，最为普及，然而断不能见之于实行，且于人类幸福，亦毫无裨益，勿庸深论。

二曰各得所需之分配　此种分配法，似为完美无遗，盖人生斯世，而

① 罗特俾耳多斯，今译作“洛贝尔图斯”。

能各得所需，此外又复何求？惜为久远计，无论各人之智愚贤不肖，万有不齐。试问以惰性强于勤性之人类，而谓能长奋其力，以增加生殖而供全人类之用乎？即此一端，本主义之奢望，已消灭无余矣。

三曰准工作之成绩以分配　准工作之成绩以分配者，即所谓自食其力也。故今日之私产制，舍工人所得工资而外，其余分利者之所得，悉为不义，当归之于全社会或劳动界之全体。此种制度，固极能刺激人类，而使增加其生产力。然智愚天赋，循此而前，其优胜劣败之剧烈，将更甚于今日，而人类之不平等，亦将更胜于现在。则社会主义之谓何，将以改良社会，而不啻凡破坏之矣。

四曰准工作之功力以分配　或曰成绩固不足准，若准其所用之功力以分配，斯可谓最公允者矣。然功力也者，既不由于其天赋之才能，亦不由其所受教育与所得机会之特别资格，而仅以各人工作所费之时间、力量为断，其不公允又何以加此，且亦万无实行之理，因人类智愚不一，设有甲智而乙愚，同作一事，甲费二时而毕，乙费四时而毕，而其所得之成绩，甲更较优于乙，然其所致之功力，乙固倍于甲也，则乙之酬劳，亦倍于甲。试问准此而分配，其能谓为公允，而使世界由之而得进步乎？或曰功力固不能以时间计，然而舍时间外，古今中外，尚无可以测算功力之一术也。

然则完美之分配法，可得而闻乎？曰：各尽其能，各得所需。兼此二语，则生殖自阜，分配自均，庶几尽善而尽美。惜乎竭从来学子之脑力，此完全之制度，犹未出现。所能实行者，假国家之力，以稍轻私产制之弊害已耳。

第四章　共产制度之范围

社会主义家，视私产制为社会万恶之本源，必欲废除之，以一切资财归之于全社会，而为全体人类之共产。然而共产之范围若何？则主张纷纭，有相差至巨者，略述于下。

有极端社会主义者，主张完全之共产，无论为消费，为生殖，胥纳之于共产范围中。譬如吾有一衣，在其未破之前，无论何人，皆得取而衣之，吾不能以私产拒绝也。此谓之均产制（Communism），与私产制，作绝端之反对。

处乎均产制、私产制之中间者，为共产制。盖犹保存私产之一部分，而分其又一部分为公产也。大抵以人生日用所需之消耗品为私产，而以器具、机械等生殖品为公产。然生殖与消耗之区别，非有明晰之界限。如石炭一物，供家常烹煮之用，则为消耗品，供工厂机械之用，则为生殖品。是当随时随地，察其使用之性质而分之可也。

共产制更分为二派：一曰有限共产制；一曰无限共产制。无限共产制者，凡属生产品，均收没之以为共产，而有限共产制则不然，仅择最重要而有关于全体人民者。例如地产为天然之物，亦人生需要品之大源。铁道、矿山、营业之有专利性质者，皆当由社会代表，直接管理之。他若农工商事业界，其资本与工作，可划分而立于相对之地位者，则此种资本亦可归公。总之，共产制之目的，在防遏富有者之专横，借资本力，以盗取由工作而生产之利益，且居其最大部分也。

总以上三项，以均产制为最不适用，盖非人类之道德、智识，臻极高之地位，能各尽其应尽之义务，各作其应作之劳动，无以施之实行。而公产制之两派，按学理言，自以无限者为较善，以具有科学之价值，成一完备之经济学也。然自实验上言，则有限的较易于实行。近代各国所施之社会政策，大抵本乎有限主义而行之也。

第五章　共产制度之组织

无论何种共产制度，其对于生产品，必当为共产，固无疑义矣。而比共产之管理权，果当属于何人欤？研究此问题者，约分两派。一曰国家派，主张一切共产，皆由国家管理之，以国家固代表全体人民，而具有保护人民，增进人民幸福之义务者也。一曰会社派，主张由私人组织之会社管理之，国家不得干涉，以国家之职务，保守治安维持秩序而已，余则非所当问。此盖隐含个人自由主义之意味，而不愿信任国家者也。

会社派更分裂为二。其一派则主张由生产人所组之团体管理之，以彼等能审察市场供求之盈亏，以规定生产之总数而调剂之，使无缺乏之虞，亦无屯积之患也。又一派则主张由消产人所组之团体管理之，并生产、消产为一，而免除商贾等之居间费。此即近日各国消产团之所以发生也。

然而，国家者全体人民之集合体，具有特别职务者，主持全国生产之权，自当归其掌握，无用疑虑也。或曰：国家乃政治团体，无经济营业之能力。不知国家政治与产业经营，本犂然二物，即划然分为两事，国家之无营业能力，何至无监察与支配之能力乎？观今日各国现行之经济政策，可了然矣。

第六章　社会制度之实行期

实行社会制度奈何？曰有二法也。由渐推广生产或消产之团体，作育人民之社会知识，以固他日共产制度之基础，一也。准马克斯之学说，个人制与社会制之遁嬗，乃一自然之现象，迨他日资财汇聚于极少数人之手，而由多数人以革命之举动，达共产之目的，易如反掌，二也。特此二说，均非完美易行者。且此项改革，乃关于人群之根本，断非强权所能为力，故非赖法律、教育之力，由渐养成之，使全体人民，尽具共产之资格，不能有佳美之效果。且二制之变迁，由遁嬗而成，始得减免种种之损失。是以社会制度之实行期，当在种种社会政治，逐渐施行之后，人民觉悟其为尽善，而后完全执行之日，庶不远矣。

第七章　结论

十九世纪以来，社会主义，日益昌明，凡研究政治、经济等学，欲探其蕴奥者，无不需沉潜乎社会主义之学理，而后可造其深。即以事实言，凡操政权或经营工商业者，亦不能藐视社会主义而不之顾。盖社会主义，已成平民劳动者之宗教信条，而近日之平民，则概受普通之教育，而享有参政之权利，则其势力之膨大于政治上，概可想见矣。

考社会主义之所以能发达至此者，以其不避权势，不畏迫害，能奋勇宣布社会上之重大弊病，而亟求改良之也。如在学理上，则宣布个人自由制之不善，在事实上，则告发资本家之压制，在政治上，则提倡政权之普及。人道之尊重，要在追求全体人民之幸福，而与有权力有资财之优胜者搏战。若战事之结果如何，则胥视平民之知识进步以为断矣。

（录自《进步》第7卷第1号，1914年11月）

第五辑

清末民初社会主义思想在中国传播年谱

1871 年

3~5 月，张德彝在日记中记述了巴黎公社起义情况。①

4 月 22 日至 9 月 9 日，《中国教会新报》第 133~152 卷接连报道了巴黎公社起义的片段信息。

9 月 13 日，张德彝在日记中记述了美国纽约工人庆祝八小时工作日情况。②

1872 年

10 月 2 日，《申报》开始转录香港《华字日报》之《普法战记》。

1873 年

8 月，14 卷本《普法战纪》一书出版。在此之后，王韬补入新的资料，将该书扩展到 20 卷，并于 1886 年和 1895 年两次刊印。

1878 年

《西国近事汇编》卷 1（戊寅春季）在西历 5 月 25 日至 5 月 1 日的报道中，首将俄 Nihilist（虚无主义）译为“那阿离斯党”，将其目标界定为“毁废一切”。

《西国近事汇编》卷 2（戊寅夏季）在公历 5 月 9 日至 15 日的一则报道中，称美国政府把“康密尼人”定位为“乱党”，害怕“乱党以体恤工人为名”乘机起事，“唆令作工之人与富贵人为难”以达到“贫富适均”的目的。

《西国近事汇编》卷 2（戊寅夏季）在西历 6 月 27 日至 7 月 3 日的一

---

① 张德彝：《随使法国记（三述奇）》，第 132~174 页。

② 张德彝：《随使法国记（三述奇）》，第 227 页。

则报道中，首次介绍德国社会民党左翼领袖之一、政论家、历史学家费朗茨·梅林（译名“茂林”），其中所提到的《日耳曼民党通议》，就是梅林的代表作之一《德国社会民主党史》。

5月19日，郭嵩焘在日记中记述了英国纺织工人和美国铁路工人的罢工情况。①

5月26日至6月30日，张德彝在《五述奇》中，记载了“平产党”和德国政府的劳工政策。②

11月9日，《万国公报》第513册刊载一篇《近闻偶录》的报道，其中，将“社会民主党”音译为“苏西耳德磨克拉特党”。

1878年12月5日和1879年1月2日，李凤苞《使德日记》称德国“社会民主党”为“莎舍尔德玛噶里会”，译为“平会”，其目的在于“欲天下一切平等，无贵贱贫富之分”；认为“平会”这种社会主义政党，“各国皆有之。瑞士为民政国，故混迹尤多。在俄者曰‘尼赫力士’，在法者曰‘廓密尼士’”③。

是年，黎庶昌在《西洋杂志》“开色遇刺”一节中，将“索昔阿利司脱”作为Socialist的中文音译，其会党指社会主义者或社会党人，并将这一英文词亦意译为“平会”。④

1879年

6月7日，《万国公报》第542册以“查获谋判匪徒”为题，报道了本年4月2日亚·索洛维耶夫谋杀亚历山大二世的事件。

是年，冈本监辅撰的《万国史纪》由上海申报馆印行，其第11卷将

① 郭嵩焘：《伦敦与巴黎日记》，第575~576页。

② 张德彝：《五述奇》上册，第123、131、141、143、148页。

③ 参见李凤苞《使德日记》，曾纪泽著《使西日记（外一种）》，湖南人民出版社，1981，第35、51~52页；姜义华编《社会主义学说在中国的初期传播》，第18页。

④ 黎庶昌：《西洋杂志》，湖南人民出版社，1981，第57~59页。

巴黎起义者称作“共和党”，并描述了“共和党”在巴黎发动起义，“树赤帜于府厅”，令各区“推举激徒名之曰府会员”即成立公社，组织群众抵抗政府军，以及起义失败后遭政府镇压的大致过程。①

1880 年

3 月 19 日，《万国公报》第 581 册以“尼党逆书”为题，报道俄皇被刺事件，将 Nihilist（虚无主义）音译为“尼赫力斯特党”。

4 月 7 日，《申报》刊载的《俄事风闻》《穷究逆党》，将 Nihilist 音译为“尼希利士党”。

4 月 13 日，《申报》刊载《俄人放火》，并加按语曰：“尼利士三字，译以中国文，义即灭城之意也。”

是年，法思德撰、汪凤藻译《富国策》（由同文馆以聚珍版）出版。在“卷二 论用财”第一章“论制产之义与均富之说”和第八章“论齐行罢工”两部分内容中，较为集中阐释了社会主义思想。②

1881 年

《西国近事汇编》卷 1（辛巳年春季）在西历 3 月 19~25 日的一则报道中，界定曰“俄之乱党，名尼释利，释言化有为无也。”

1882 年

《西国近事汇编》在卷 1、卷 2、卷 4 中曾三次提到克鲁泡特金（译名“克拉霸京”），并将“虚无党”音译为“那阿离斯德党”。

---

① 《社会主义思想在中国的传播》编写组：《社会主义思想在中国的传播（资料选辑）》第一辑（下），中共中央党校科研办公室，1985，第 1003 页。

② 姜义华编《社会主义学说在中国的初期传播》，第 28~29 页。

1884年

11月14日，在《申报》刊载的《英信录登》中，首次使用中文“虚无党”一词。

1885年

3月26日，《字林沪报》刊载《译录尼希利士党人上俄国新主亚历山大第三书》。

是年，江南制造局出版《佐治刍言》。此书第十八章“论平分产业之弊”涉及法国的社会主义思想。①

1887年

5月，黄遵宪完成《日本国志》的撰写。在“卷三十二·学术志一”中，黄遵宪从墨家学说的视角，对欧美资本主义进行了批判，并指出：“执尚同、兼爱以责人，必有欲行均贫富，均贵贱，均劳逸之说者。吾观欧罗巴诸国，不百年必大乱。当其乱则视君如弈棋，视亲如赘旒。而每一交锋，蔓延数十年，伏尸百万，流血千里，更有视人命如草菅者，岂人性殊哉？亦其教有以使之然也。”②

1890年

4月10日和4月18日，张德彝在《五述奇》中分别记载了一则由德国发起的各国议定保护女工、童工的六条文本，以及一则工人“因争增

① 傅兰雅：《佐治刍言》，上海书店出版社，2002，第71～74页。

② 黄遵宪著，吴振清、徐勇、王稼祥点校整理《日本国志》下卷，天津人民出版社，2005，第777～779页。

工价，东主不允，齐自停工”的消息。①

9月9日，崔国因在日记中记载道：“俄王以宫墙附近常检获炸炮等物，疑系尼希利党所为，故欲迁往兀芝那宫。不料兀芝那宫亦早有之，迁宫之议遂罢云。”并加写按语说：“俄主好兵，比邻诸国皆侧足而立，时时防患之不暇，固无有敢加兵于俄者，俄真无外患矣。而不意其患生于内，且防之而不胜防也。人乎？天也！”②

1891年

5月13日，薛福成在日记中称，欧美“各工人设会，曰‘同心会’，又曰‘同合会’”；并认为工人“动辄停工”实“非与上为难，不过求工资饶裕，且一日中限定作工四个时辰，以资养息”。③

12月至1892年4月，《万国公报》第35~39册连载“毕拉宓”著、“析津”译的《〈回头看〉纪略》，即李提摩太、蔡尔康翻译的美国作家爱德华·贝拉米所著的空想社会主义小说（*Looking Backward, 2000-1887*）的节选。

1892年

1月，《万国公报》第36册中，李提摩太《救世教益》提及西方工人运动，将工会译作“工匠会”。

7月，《万国公报》第42册刊载的《禁工集会》提及五一国际劳动节。

1893年

7月24日，薛福成在日记中记载了俄国“党祸”问题，“自彼得罗从英、荷学艺而归，乃有守旧、维新二党。至今守旧党已销声灭迹，维新党

① 张德彝：《五述奇》下册，第421、424页。

② 崔国因：《出使美日秘日记》，黄山书社，1988，第165页。

③ 薛福成：《出使英法义比四国日记》，第364页。

通国皆然，即所谓希利尼党”；该党“因俄为君主之国，小民无自主之权，故欲如法、美、西、比之民之得以自由，常思乘间一逞，改君主为民主”。①

是年，严复曾两次评点《庄子》。其中，王栻主编的《严复集》第4册《按语》中收录的《〈庄子〉评语》说道：“至于墨道，则所谓社会主义 Socialism。”②

1894年

《西国近事汇编》卷1（甲午春季）在西历2月12日至18日的一则报道中，将Anarchist（无政府主义者）音译为“阿那基斯忒之党”。

2月27日，《申报》刊载的《论治乱党贵清其源》称：“所谓阿那基斯忒者，盖欲斯世无尊卑之判、贫富之分，政教有所不设，号令有所不行，凡含生负性之伦，皆得率意径行，毫无拘束。”

7月，《万国公报》第66册《电报选新（西六月四日至七月十日）》，报道了法国总统卡诺在里昂博览会发表演说后，被一名意大利无政府主义者卡则里奥（Sante Geronimo Caserio）刺杀的消息，并将“无政府党”译作“鸭捺鸡撕德党”，谓其“久已无父，愿与人为仇，与人为仇者，不足目为人。既非人，安有国”。

12月，《万国公报》第71册刊登英国教会医生马林撰写的《以地租征税论》，“单税社会主义”学说传入中国。之后《万国公报》先后刊登了《富民策》（第114册）、《本不养工论》（第123册）、《地工本三说》（第124册）、《论地租归公之益》（第125册）、《各家富国策辨》（第121~122册）、《再论以地征租之利》（第182册）等文，较为系统译介了美国经济学家亨利·乔治《进步与贫困》一书的主要内容。

---

① 薛福成：《出使英法义比四国日记》，第802页。

② 严复：《按语·〈庄子〉评语》，王栻主编《严复全集》第4册，中华书局，1986，第1126页。

是年，上海广学会出版发行《百年一觉》的单行本。

1895 年

3 月，严复在天津《直报》上发表《原强》一文。① 该文认为，西方社会主义运动是由于“垄断既兴，则民贫富贵贱之相悬，滋益远矣”，而“贫富不均如此，是以国财虽雄而民风不竞，作奸犯科、流离颠沛之民，乃与贫国相若，而于是均贫富之党兴，毁君臣之议起矣”。

5 月，麦肯齐著、李提摩太和蔡尔康译的《泰西新史揽要》出版。该书在第 15 卷第 20 节“普法立约罢兵”中，将“无政府党”译作“鸭捺鸡撕得党”，并把反对政府投降而结成“死党”的人，称作“通用之党”。②

1896 年

9 月 27 日，《时务报》第 6 册以“社会党开万国大会”的题名，报道了该年第二国际伦敦代表大会（即第四次代表大会）的简况，称此次会议为“万国社会党人”大会，此后“万国社会党”成为一个时期国人对第二国际的称谓。

11 月 5 日，《时务报》第 10 册刊发张坤德译的《录谏俄皇书》。此文是张氏翻译的一位俄国人针对“廷臣舞弊、祸国贼民，遂上书俄皇”的内容。

11 月 25 日，《时务报》第 12 册刊载由古城贞吉翻译的《硕儒讣音》，其中首次出现中文“社会主义”一词：“英国名士，威呢喑摩里是③氏，以本月三日，遽尔易箦，距生千八百三十四年，享龄六十二。氏为近世社会主义（学派之名）之泰山北斗也。著书极富，名声借甚，时人惜之。”

---

① 严复于 1895 年 3 月 4~9 日在《直报》上发表《原强》；3 月 29 日又发表《原强续篇》。一年后，严复将《原强》做了修订和补充，写成《原强修订稿》，为 1901 年熊元锷编《侯官严氏丛刊》收录。

② 〔英〕麦肯齐：《泰西新史揽要》，李提摩太、蔡尔康译，第 267 页。

③ 威呢喑摩里是，今译作“威廉·莫里斯”。

12月25日，《时务报》第15册开始刊登署名“通正斋生”（陈炽）的《重译富国策》（续载于《时务报》第16、19、23、25册）。在“卷二 用财总论”部分，提及傅立叶和欧文两位空想社会主义者。

是年，宋育仁在《泰西各国采风记》中，将“无政府主义”音译为“鸭挪吉思”。①

1897年

5月，《万国公报》第100册《法人生计》，提到法国一个名为“苏旭烈斯叠党”的政党，此是Socialist的音译，并认为该党“常怪天生人而予以财，或檀紫标皇榜之雄，或忧朝饔夕飧之匮，实属不均不平，亟宜各罄私储，秉公分给，毋任富者益富，贫者益贫”。

6月22日，《申报》刊载《详记意大利君主遇刺事》，首次使用中文“无政府党”来指称欧美无政府主义者组织。

10月6日，《时务报》第41册刊载《尼希利党缘起（译《公论报》西八月初六日）》。

10月16日，《时务报》第42册所译《字林西报》（9月27日）的《乱党横行》，其中，将Anarchist音译为“哀那克司脱乱党”。

10月16日，《实学报》第6册刊载《西班牙首相被刺情形（译伦敦《东方报》西八月十三日）》，将Anarchist音译为“阿那开司脱党”。

11月1日，《译书公会报》第2册刊载日本学者安藤虎雄译的《国民新报》之《弹压虚无党议》。

12月4日，《时务报》第47册刊登了曾广铨译的《北中国每日报》（1897年11月22日）之《论英国机器制造各工匠停工事》，并对1897年英国伦敦机器制造业工人的罢工斗争做了报道。

是年，慎记书庄石印梁启超辑的《富国养民策》。

① 钱锺书主编《中国近代学术名著·郭嵩焘等使西记六种》，三联书店，1998，第340页。

1898 年

2 月 11 日，《时务报》第 51 册载文《晏纳基党》，其中介绍道“晏纳基党，或译作无君党。盖其立党之意，欲使国无君上，人人得自由也”；并指责该党“明目张胆，所行不法之事甚多”，这主要指刺杀各国君王的行动。

6~7 月（光绪二十四年五月），《中国官音白话报》第 7、8 期合刊刊载裘维锷的《百年一觉》。

8~9 月，《西国近事汇编》卷 3（戊戌秋季），在西历 8 月 29 日至 9 月 6 日的一则报道中，将 Anarchist 意译为“无君党”。

12 月至 1900 年 2 月，《清议报》第 1~3、5~22、24~35 册，刊载梁启超翻译的柴四郎著的政治小说《佳人奇遇》。其中，第十四回借小说主人公“老伟人”之口，述说欧美各国近日之技术发明、艺业精进、富者益富、贫者益贫，于是“天赋贫富平均说”和“社会党论”乘势而起，由此引起贫富双方的对抗，给社会造成巨大的破坏，此乃“惨之又惨”的“贫富悬隔之祸”。按照“老伟人”的说法，避免此祸的一缕希望，就在于仁人学者“能以国家社会主义，调和于贫富之间而已，于外实无别法”。

1899 年

1 月，《万国公报》第 120 册刊载了李提摩太翻译的《醒华博议》（下），介绍了伦敦《安民报》主笔花拉士所提的建议，费边社会主义首次被介绍到中国。

2~5 月，《万国公报》第 121~124 册，刊载了企德著、李提摩太节译、蔡尔康纂述的《大同学》前 4 章，马克思的中文译名首次出现。

9 月 15 日，《知新报》第 99 册“欧洲近事”栏，以《无政府党蜂起于巴黎》转述本年 8 月 13 日东京《时事新报》的一则报道。

12 月 27 日，《清议报》第 31 册刊载梁启超《论强权》，指出：“今日资本家之对于劳力者，男子之对于妇人，其阶级尚未去。故资本家与男子之强权，视劳力者与妇人尚甚远焉。故他日尚必有不可避之二事，曰资生革命（日本所谓经济革命），曰女权革命。经此二革命，然后人人皆有强权，斯为强权发达之极，是之谓太平。”

是年9月，上海光学会校刊、图书集成局铸印的《富民策》上市发行。该书由马林、李玉书合译，原作者为美国著名社会活动家和经济学家亨利·乔治。①

是年，《大同学》一书由上海广学会校刊发行。该书为本杰明·基德著，李提摩太、蔡尔康译述，署名为“英国李提摩太菩岳节译，上海蔡尔康芝绂甫纂述”。

1900年

1月25日，《中国旬报》创刊号发表浮田和民撰、抱器旧主译的《第二十世纪之政治问题》，其中提及社会主义。

6月7日，《清议报》第47册开始刊载有贺长雄著、璱斋主人（麦仲华）译的《社会进化论》（续载于《清议报》第48、51、52、55~57、61~63、70册）。②

7月26日，《清议报》第52册刊载加藤弘之著的《十九世纪思想变迁论》，该著认为19世纪是由“社会上思想”起而取代“国家上思想”的“变幻多端之时代”，所谓“社会上思想”即“关于贫富问题者”，且早先已有萌芽，其“全盛”期在19世纪下半期，“社会主义至十九世纪下半期，其势力逐日增高，此显然之事”。

9月1日，《清议报》第61册“地球大事记”栏刊文《英国之帝国主义》。

12月12日，《清议报》第66册“外国近事”栏刊发《无政府党之凶暴》。

---

① 1903年，《富民策》由商务印书馆印行，英文书名为*OUTLINES OF POLITICAL ECONOMY*，著者署名为Dr. Macklin。1911年，《富民策》由上海美华书馆出版，该版英文书名作*PROGRESS AND POVERTY*，著者署名为Henry George，译者为Dr. W. E. Macklin和Mr. Li Yu Shu。

② 1903年，广智书局出版了麦仲华《人群进化论》。

12月6日至1901年10月，有贺长雄著，译书汇编社富士英译的《近世政治史》，分5次连载于《译书汇编》第1、2、3、6、8期。这是中国报刊首次刊文谈到社会主义和马克思领导的第一国际的历史。

1901年

1月5日，《开智录》改良第2期发表署名“自强”（郑斯栾）的《论帝国主义之发达及廿世纪世界之前途》和署名“觉颠冥真人”的《说大同之理》。

10月，《京话报》第2回“中外新闻”栏刊载《美国总统被刺了》，将“无政府党”意译为“无君党”，音译为“暗拉鸡”。

10月11日，梁启超在《清议报》第98册上发表《难乎为民上者》。在报道美国总统麦金莱被刺身亡时，特加按语，称呼凶手为“无政府党”，并认为“无政府党者，不问为专制国，为自由国，而惟以杀其首长为务，彼等之目的在破坏秩序。若夫专制秩序与自由秩序，皆非所问也，彼等秩序之敌也，文明之敌也。”

10月12、22日，梁启超在《清议报》第94、95期刊文《国家思想变迁异同论》，认为以卢梭为代表的“平权派之言”曰：“人权者出于天授者也，故人人皆有自主之权，人人皆平等；国家者，由人民之合意结契约而成立者也，故人民当有无限之权，而政府不可不顺从民意。是即民族主义之原动力也，其为效也，能增个人强立之气，以助人群之进步；及其弊也，陷于无政府党，以坏国家之秩序。”

11月1日，《清议报》第96册刊载梁启超著《俄人之自由思想》。此文介绍1896年圣彼得堡工人同盟罢工情况，并说：“自兹以往，俄国各大都会，皆有工人同盟。至千八百九十八年，合各都会之同盟为一大同盟，称为俄国共和党①。其范围若何之广，其势力若何之强，虽可不计，然俄

① 1903年5月27日，《江苏》第2期上的同名文章《俄人之自由思想（译新论十种之一）》，将此处的“共和党”译为“社会民主党”：“国内之各大都会，皆有劳动者组织同盟。千八百九十八年各大都会之同盟，合而为一大同盟，称为俄国社会民主党，其范围之广，势力之大，出于意表。政府虽出而与抗，然终不能灭也。”

政府虽极力与之战，而不能灭之。”此处的“俄国共和党”就是指俄国社会民主工党。

11月11日至12月21日，《清议报》第97~100册连载译自日本的《国民新闻》之《帝国主义》。

12月21日，梁启超于《清议报》第100册发表《南海康先生传》。

1902年

春，孙中山与章太炎就均田、定都等问题进行讨论。①

1月4日，《外交报》创刊号刊文《论禁止无君党之策（译美国十一月《更敦周报》）》。

2月，《万国公报》第157册发表署“美国林乐知答问、元和范祎笔记”的《论无君党》。

2月8日，《新民丛报》创刊于日本横滨。梁启超在创刊号中发表的《论学术之势力左右世界》一文，将Socialism译作“人群主义”，其中说：“近世所谓人群主义（Socialism），专务保护劳力者，使同享乐利，其方策渐为自今以后之第一大问题。”

3月至12月，梁启超在《新民丛报》第3~5、7、9、12、16、18、21、22号上发表《论中国学术思想变迁之大势》，认为许行“所持理论，颇与希腊柏拉图之共产主义及近世欧洲之社会主义Socialism相类，盖反对北人阶级等杀之学说，矫枉而过其直者也”。又，1904年梁氏补写了第八章，刊于同年9~12月《新民丛报》第53~55、58号。

3月20日，《选报》第10期“地球各国记事”栏刊载《论无君党因专制压力而成（录《万国公报》）》。

5月8日，邓实在《政艺通报》壬寅第5期刊发《帝国主义》。

7~8月，《新民丛报》第11、14号刊载雨尘子的《论世界经济竞争之大势》。

7月25日，《译书汇编》第2年第5期刊载《最近俄罗斯政治史》

① 参见《孙中山全集》第1卷，第213~215页。

（续载于《译书汇编》第 2 年第 6 期），同期“附录”栏刊载有《时事漫论·帝国主义》。

10 月 2 日，《新民丛报》第 17 号刊载梁启超（冰子）的《干涉与放任》和李振铎的《民权之界说》。

10 月 16 日，《新民丛报》第 18 号刊载梁启超的《进化论革命者颉德之学说》。

10 月 31 日，《新世界学报》第 5 期刊载黄式苏的《大大同说》。

11 月 14 日，《新民丛报》第 20 号刊载署名“无名氏”的《英国商工业发达史》（续载于《新民丛报》第 27、29 号。）

11 月 30 日，《选报》第 36 期刊载《帝国主义之得失如何（录《苏报》译稿）》。

12 月 9 日，《大陆报》第 1 期刊载《最近经济学》（续载于《大陆报》第 2 期）。①

12 月至 1903 年 1 月，《翻译世界》第 1~3 期连载日本学者村井知玄［至］的《社会主义》的中译本。②

12 月至 1903 年 2 月，《翻译世界》第 1~4 期连载日本学者田岛锦治著的《最新经济学》；其第三章“经济学之历史”集中论述社会主义，其中提到马克思。

是年 4 月，出洋学生编辑所编译的浮田和民《帝国主义》一书，由上海商务印书馆出版，11 月再版。

是年 4 月，教育世界出版所印行酒井雄三郎著、华文祺译的《十九世纪欧洲政治史论》一书，此书包含有马克思和国际共产主义运动的若干内容。③

是年 7 月，作新社出版《万国历史》，其中提及马克思。特摘录如下：“社会问题之中心，实贫民问题也。富者若益富，贫者必日益艰窭，而其数亦增加不已。若增加之数愈多，势必至于败乱社会，破〈坏〉道德，开一

① 1903 年，作新社又发行单行本《最新经济学》。

② 1903 年 4 月，广智书局出版了罗大维的译本；同年 6 月，上海文明书局又出版侯士绾译本。

③ 同年 9 月，作新社又出译本，但译者不详。

切妨害社会之源。苟具有人情者，蕴一视同仁之怀，于贫民之艰危困苦，不可膜［漠］外置之。于是贫民或表贫民之同情者，结为社会党，各国皆有之。在俄罗斯有虚无党，破坏党，以此抗专制政治。日耳曼亦尝受过激党之害。虽然，社会党之善良者、亦高旷之思想，如法兰西之散西门，德国之咖尔·吗克司及赖塞尔是也。此辈皆思拯贫民之急，登之衽席，同享安乐，而研究理财及国法之理，思见诸施行，为贫民表同胞之情，谓之国家社会主义。以国家之力，干涉商工等，平分其富，以均之贫民，如此贫者渐减。积而久之，产业相埒，不致有争夺之思，而社会安矣。"

是年8月，上海广智书局出版日本学者幸德秋水著、赵必振译的《二十世纪之怪物帝国主义》。①

是年8月，上海广智书局出版吴铭编译的《十九世纪大势变迁通论》。该书选译自日本1900年《太阳》杂志第6卷第8号临时增刊上的有关内容，其中有涉及社会主义的内容。

是年8月，章太炎所译的岸本能武太的《社会学》，由广智书局出版，其中明确提及"论索西互利士模（Socialism）与索西奥罗齐衣（Sociology）不可混同"。

是年11月，马君武（署名"独立之个人"）翻译的英国人克喀伯②的《俄罗斯大风潮》，由少年中国学会出版发行。③

是年，上海商务印书馆出版幸德秋水所著的《广长舌》。④

是年，上海广智书局出版乌村满都夫著、赵必振译的《社会改良论》。《新民丛报》（第21号，11月30日）为之做广告云："人类进化以社会改良为尤亟［急］，世未有社会腐败而其国能兴盛者。此书详论社会改良之理，推原穷流，洵能增世界社会发达之力也。"

是年，萃新书店刊行袁宗濂、晏志清编辑的《西政通典》。在"卷六

---

① 1925年，由上海梁溪图书馆再版。

② 克喀伯，今译作"柯卡普"。

③ 1923年3月6~13日，《国风日报（副刊）·学汇》第130~137期再次刊录。

④ 1912年，由商务印书馆再版，更名为《社会主义广长舌》。

十三 用财总论”部分提及傅立叶和欧文。①

是年，《大同日报》在美国旧金山创刊，创刊号发表《〈大同日报〉缘起》。该报为美洲华侨洪门致公堂的机关报。

1903 年

1月3日，天津《大公报》刊载《书颜观察世清请设劝工场禀后》，该文称：“国家者，大资本家也；政府者，资本家之总理也；官吏者，资本家之代表也。”

1月13日，《俄事警闻》第30号刊载《告保皇会》，称：“卢骚、马克司（社会党巨子）之徒，怀抱改革旧社会之思想者，莫不倡新义以鼓动一世，受大难，冒大险，百折不挠，九死不悔。”

2月，《译书汇编》第3年第12期刊载《译书汇编》社员翻译的《俄罗斯之国会》。

2月4日，天津《大公报》在“论说”栏目刊载《论理论实事之关系》，其中提及社会主义。

2月7日，《大陆报》第3期“杂爼［俎］”栏以《德意志之社会主义新闻》报道了德国社会主义报刊情况：“据最近之统计，德意志社会主义之新闻纸，共有一百四十二种，其中日刊者凡五十二种，余则旬报或月报也。”

2月11日，《新民丛报》第25号刊载署名“威儿拉里”的《国家社会主义实行于奥大利》。

2月12日，《新世界学报》第10号刊载陈怀的《帝国》。

2月12日，《游学译编》第4册刊载《政治学说》和《记十八世纪末法国之乱》，两文均提及社会主义。

2月16日，《译书汇编》第3年第11期刊载马君武的《社会主义与进化论比较（附社会党巨子所著书记）》。

2月17日，《浙江潮》第1期刊载《法国社会党之势力》，以及署名

① 参见姜义华编《社会主义学说在中国的初期传播》，第41~42页。

“喋血生”的《专制虎》（续载于《浙江潮》第 3 期）和署名“飞生”（蒋百里）的《国魂篇》（续载于《浙江潮》第 3、7 期）。

2 月 27 日，邓实在《政艺通报》癸卯第 2 号上发表《论社会主义》。

2~4 月，《新世界学报》第 2~6 期发表久松义典著、杜士珍译的《近世社会主义评论》。

3 月 12 日，《新民丛报》第 27 号刊载《实行社会主义》。

3 月 13 日，《译书汇编》第 3 年第 12 期刊载马君武的《社会主义之鼻祖德麻司摩尔之华严界观》。

3 月 18 日，《浙江潮》第 2 期刊载孙林的《斯拉夫人种与条顿人种之竞争》，提及社会主义。

3 月 27 日，《新民丛报》第 28 号刊载署名“雨尘子”的《近世欧人之三大主义》。

3 月 29 日，《湖北学生界》第 3 期刊载《论中国之前途及国民应尽之责任》。

3 月 31 日，天津《大公报》发表了题为《廿世纪之新主义》一文。

4 月 11 日，《新民丛报》第 29 号刊载马君武《弥勒约翰之学说》（续载于《新民丛报》第 30、35 号），其中提及社会主义。

4 月 17 日，《浙江潮》第 3 期刊载《虚无党制造家》和署名“大陆之民”的《最近三世纪大势变迁史》（续载于《浙江潮》第 6、7 期）。

4 月 26 日，马君武在《政法学报》癸卯年第 1 期发表《社会党巨子加菩提之〈意加尼亚旅行〉》。

5 月 6 日，《大陆报》第 6 号刊发《敬告中国之新民》。

5 月 10 日，《新民丛报》第 31 号刊载马君武的《圣西门（一作西士门）之生活及其学说（佛礼儿之学说附）》。

5 月 16 日，《浙江潮》第 4 期刊载署名“独头”的《俄人要求立宪之铁血主义》（续载于《浙江潮》第 5 期）。

6 月 5 日，《大陆报》第 7 号载《俄罗斯虚无党三杰传》一文，分别介绍了赫尔岑、车尔尼雪夫斯基与米哈伊尔·巴枯宁的经历、著述、思想与影响。

6 月 7~8 日，《苏报》连载韩天民（章士钊）的《论中国当道者皆革命党》。

6月10日，《政艺通报》癸卯第9号刊载《各国君相被害于无政府党表》。

6月16日，《童子世界》第33号刊载了署名“杀清”译的《俄罗斯的革命党》。

6月19日，《苏报》载文《虚无党》。

6月20日，《浙江潮》第6期刊发署名“酙癸”的《帝国主义》。

6月25日，《江苏》第4期发表署名“辕孙”的《露西亚虚无党》（续载于《江苏》第5期）。

8月2日，《大陆报》第9期刊载《弑俄帝亚历山德者传（附录俄帝亚历山德被弑事）》和《俄国民意党实行委员上俄帝书》。

8月19、21日，秦力山在《国民日日报》第13、15号发表《〈上海之黑暗社会〉自序》。

8月21日，《新民丛报》第36号刊载译自日本《周报》之《俄美之帝国主义》。

8月23日，《江苏》第5期刊发署名“大我”的《国民新灵魂》。

8月23日，《政艺通报》癸卯第14号刊载马叙伦的《二十世纪之新主义》（续载于《政艺通报》癸卯第15、16号）。

9月11日，《浙江潮》第7期刊载署名“任克”的《俄国虚无党女杰沙勃罗克传》，介绍俄虚无党人苏菲亚的事迹。

10月4日，《新民丛报》第38、39号合刊本刊载《〈大同日报〉缘起》；同期刊载署名“观云”的《极东问题之满洲问题：俄人再营黑龙江之事》一文，提及巴枯宁（译名“拔库尼”）。

10月10日，《浙江潮》第8期刊载“大我”的《新社会之理论》（续载于《浙江潮》第9期）。

10月13日，《湖北学报》第32册刊载蕨山生的《论帝国主义与军备之关系》。

10月24日，《外交报》第60期（癸卯第二十六号）刊载《论德国均富党》。

11月2日，梁启超在《新民丛报》第40、41号合刊本上发表《论俄罗斯虚无党》和《二十世纪之巨灵托拉斯》（续载于《新民丛报》第42、43号合刊本）。

11月3日，《游学译编》第12册刊载《十九世纪欧罗巴历史之壮观》，在第十章“当今之问题”部分，分别提及社会问题和劳动问题。

12月3日，《政艺通报》癸卯第20号刊载《德国之社会民主党》。①

12月17日，孙中山在《复某友人函》中称：“所询社会主义，乃弟所极思不能须臾忘者。弟所主张在于平均地权，此为吾国今日可以切实施行之事。”②

12月23~28日，天津《大公报》连载安全铁次郎的《大同进化无种类之争说》。③

是年2月，广智书局出版福井准造著、赵必振译的《近世社会主义》。《新民丛报》第29号（1903年4月11日）为之所做广告云：“本书关系于中国前途者有二端：一为中国后日日进于文明，则工业之发达不可限量，而劳动者之问题大难解释，此书言欧美各国劳动问题之解释最详，可为他日之鉴法；一为中国之组织党派者，当此幼稚时代，宗旨混淆，目的纷杂，每每误入于歧途，而社会党与无政府党尤在疑似之间，易淆耳目，如社会党本世界所欢迎，而无政府党乃世界所嫌恶，混而一之，贻祸匪浅，是书晰之最详，俾言党派者知有所择。即此二端，此书之价值可知，有志者请急先睹。”

是年2月，广智书局出版西川光次郎著、周子高译的《社会党》。《新民丛报》第27号（1903年3月）为之所做广告云：“均产之说，出现于十九世纪之欧洲，虽未易达其目的，而掷汗血而为最大多数谋最大幸福者，已非鲜浅。我国劳动者一蜷伏于资本家之肘腋，曾未一伸其气，亦可谓放弃自由权利之甚者也。此篇胪叙欧洲劳动社会之举动，其发因结果，盛水不漏，而译笔足以副之。留心经济问题者，不可不以为觉筏也。”

---

① 《〈国民日日报〉汇编》第1集之“政海”栏亦收录此文。

② 《孙中山全集》第1卷，第228页。

③ 1904年4月25日，《广益丛报》第34期又刊发此文。

是年2月，作新社出版矢野文雄《新社会》的中译本。按：1903年4月，广智书局出版皮雪洞主译的《极乐世界》。据徐兆玮记载："矢野文雄曾任中国公使，夙以文名著。此书原名《新社会》，其意欲破旧社会之一切制度，而行大同之法。因生计界之竞争，而论及农工商业教育行政，实日本自著书中空前之名作也。"①

是年3月，上海通社组织翻译岛田三郎的《社会主义概评》，大概因其强调社会主义为"二十世纪世界之一大问题"，故此译本署名为《世界之大问题》。按：同年8月，上海作新社重译出版《社会主义概评》，《大陆报》（第2年第1号，1904年3月6日）所作广告称："是书为日本名家岛田三郎所著，详论德、美各国之社会党，俄罗斯之虚无党，加以评论而定其范围，俾世之社会主义者不致错杂纷淆，是国民进步之大资助也。有志之士，倘亦先睹为快乎！"

是年5月，东京民友社著、曾剑夫译《世界进步之大势》一书，由文明书局和苏报馆发行。

是年5月，闽学会发行大原详一著、高种译的《社会问题》，此著首提马克思创立了"科学社会主义"："今之所谓社会主义者，为科学的社会主义。当前世纪有大进步，实为经济之空想。此主义当十九纪半，麻克士倡之。""今日社会主义（即科学的社会主义之经济说），根于麻克士之《资本论》。盖麻克士《资本论》，凡社会主义者，无不评为社会主义之经济说也。"

是年10月，浙江潮编辑所出版发行署名"中国达识社译"的幸德秋水的《社会主义神髓》。②

是年，上海作新社出版有贺长雄著、富士英译的《近世政治史》。

是年，有贺长雄著、萨端译的《社会进化论》，由日本东京市神田区骏河一铃木町十八番地闽学会发行。③

---

① 徐兆玮著，苏醒整理《徐兆玮杂著七种》，凤凰出版社，2014，第362页。

② 1906年和1907年，分别有中国留学生会馆社会主义研究社（蜀魂遥译）和东京奎文馆书局（创生译）的译本出版。

③ 1921年商务印书馆出版此书。

是年，张继根据日文书刊中有关无政府主义思想资料编译的《无政府主义》一书，在上海出版发行。①

是年，“湖南之湖南人”（杨笃生）刊行《新湖南》。

是年，汪荣宝、叶澜编纂的近代以来第一部新语词词典《新尔雅》，由上海明权社发行。《新尔雅》对“社会主义”的解释是“废私有财产，使归公分配之主义，谓之共产主义，一名社会主义”。

1904 年

1月10日，《俄事警闻》发表“社说”《告小工》。

1月13日，《俄事警闻》刊载《告保皇会》，提及马克思，并指出：“卢骚、马克司（社会党巨子）之徒，怀抱改革旧社会之思想者，莫不倡新义以鼓动一世，受大难，冒大险，百折不挠，九死不悔。”

2月14日，梁启超在《新民丛报》第46~48号合刊本发表《中国之社会主义》。

2月17日，《俄事警闻》开始刊发蔡元培的《新年梦》（续载于《俄事警闻》第65~68、72~73号）。

3月24日，《警钟日报》第28号开始刊载《俄国虚无党源流考》（续载于《警钟日报》第35、38~40、46、47、49~54、64~65号），至4月30日第65号止。

3月27日，《警钟日报》第31号发表《论强权之说之发生》。

4月7日，秦力山（署名“巩黄”）在香港《中国日报》发表《驳新民之〈论俄罗斯虚无党〉》。

5~10月，《绣像小说》第25~36号连载署名“美国威士（贝拉米）原著”的《回头看》，译者不详。

5月11~12日，刘师培（署名“申”）在《警钟日报》第76、77号发表《论中国阶级制度》。②

---

① 1904年1月2日，《无政府主义及无政府党之精神》由《中国白话报》第2期刊出，署名“自然生”。

② 此文被1904年8月6日出版的《东方杂志》第1卷第6号转录。

6月8日，《觉民》第7期刊载署名“觉佛”的《墨翟之学说》。

6月28日，《新民丛报》第49号刊载梁启超《子墨子学说》（续载于《新民丛报》第50、51、52、53、57、58号），认为“墨子之生计学，以劳力为生产独一无二之要素。其根本概念，与今世社会主义派别所持殆全合”。

7月20日，《日新学报》刊载建部遯吾的《论国际竞争及帝国主义》。

8月，《觉民》第9、10期合刊本刊载署名“君平”的《天演大同辨》。

8月1日，《中国白话报》第17期刊载署名“白话道人”（林白水）的《国民意见书：论刺客的教育》（续载于《中国白话报》第18期）。

8月17~18日，《时报》发表论说文《最近之优劣谈》，认为贫富不均是“泰西近顷所以有均贫富之党派”① 产生的原因。

8月25日，梁启超在《新民丛报》第51号发文《俄国虚无党之大活动》。

8月31日，孙中山发表《支那问题真解》。②

9月10日，《新民丛报》第52号刊载梁启超《外资输入问题》（续载于《新民丛报》第53、54、56号）。

10月19日，《时报》第130号刊载的《虚无党之预言》，其中提及巴枯宁。

10月28日，《大陆报》第2年第9号刊载《社会革命与总同盟罢工》《比国社会党大会》《意国社会党大会》《英国租税与劳动者》《德国劳动者之祝典》。

11月6日，《警钟日报》第255号发表“社说”《论大同平等之说不适用于今日之中国》③。

是年，金一（金松岑）著《自由血》，由东大陆图书译印局刊印、镜今书局发行。

是年，上海开明书局出版冷血译的《虚无党》。

---

① 此文被《东方杂志》第1卷第8号（1904年10月4日）转录。

② 《孙中山全集》第1卷，第243~248页。

③ 此文先后被《东方杂志》第1卷第12号（1905年1月30日）和《广益丛报》第62~64号合刊本（1905年1月20日）转录。

是年，严复译“甄克思”的《社会通诠》，由商务印书馆出版。

是年，新民丛报社在日本横滨，以增刊形式出版发行梁启超的《新大陆游记》，国内由上海广智书局经售，称马克思为“社会主义之泰斗”。

1905 年

1 月 20 日，《新民丛报》第 61 号刊发梁启超的《自由乎？死乎?》和《俄罗斯革命之影响》（续载于《新民丛报》第 62 号）。

1 月 26 日，《警钟日报》第 336 号刊载《请看俄国之工人》。

2 月 28 日，《东方杂志》第 2 卷第 1 号刊载《论模仿文明之弊》和《论俄民之贫》。

5 月，孙中山在欧洲旅行期间，访问了设在布鲁塞尔的社会党国际局，会见了国际局主席王德威尔得和书记处书记胡斯曼。①

5 月 4 日，《新民丛报》第 68 号刊载梁启超的《抵制禁约与中美国交之关系》。

5 月 18 日，《新民丛报》第 69 号刊载署名“咀雪”的《论托拉斯之利害》。

5 月 28 日，《东方杂志》第 2 卷第 4 号刊载《论俄国立宪之风潮及无政府党主义》。

7 月 12 日，《大陆报》第 3 年第 10 号《记事》栏以《社会党员演说之和平》为题，提到了“法国社会党领袖乔立斯”。此处的“乔立斯”即饶勒斯。

9 月 29 日，刘师培（署名“无畏”）在《醒狮》第 1 期发表《醒后之中国》，认为“中国醒后之政体”应“实行帝民之主义，以土地归国有，而众公享之，无私人垄断之弊，以致产出若美洲所谓钢铁王、煤油王者。君官公举，数年而易，仍如法美之例。土地国有之说，倡于美人 Henny George，社会主义中之既改良而可实行者也”。

---

① 参见《孙中山全集》第 1 卷，第 272~274 页；姜义华编《社会主义学说在中国的初期传播》，第 342~347 页。

11月6日，《大陆报》第3年第18号刊载《俄国之现状》。

11月26日，《民报》创刊。创刊号刊载孙文《〈民报〉发刊词》，廖仲恺（署名“屠富”）译、亨利·佐治著的《进步与贫乏》，以及陈天华（署名“思黄”）《论中国宜改创民主政体》。

12月11日，《新民丛报》第70号，刊载蒋观云《平等说与中国旧伦理之冲突》。

12月21日，《东方杂志》第2卷第11号刊载《平等自由之界说》。

12月26日，朱执信（署名“蛰伸”）在《民报》第2号发表《德意志社会革命家小传》（续载于《民报》第3号，名为《德意志社会革命家列传》），以及《土地复权同志会主意书》。

是年，上海商务印书馆出版《回头看》。按：1914年再版。

1906年

1月25日，梁启超在《新民丛报》第73号发表《开明专制论》（续载于《新民丛报》第74、75、77号）。

3月9日，《新民丛报》第76号刊载梁启超的《申论种族革命与政治革命之得失》。

3月26日，《申报》刊载《说适》一文，其中提及社会主义。

4月5日，《民报》第3号发表胡汉民（署名“汉民”）《〈民报〉之六大主义》、宋教仁（署名“犟斋”）《一千九百〇五年露国之革命》（续载于《民报》第7号）和朱执信（署名“蛰伸”）《英国新总选举劳动党之进步》。本期“号外”刊载《〈民报〉与〈新民丛报〉辩驳之纲领》。

4月24日，梁启超在《新民丛报》第79号发文《答某报第四号对于本报之驳论》。

5月1日，《民报》第4号刊载巡耕社撰稿、民报社员译的《欧美社会革命运动之种类及评论》、冯自由（署名“自由”）的《民生主义与中国政治革命之前途》①、朱执信（署名“县解”）的《从社会主义论铁道国有及中国铁道之官办私办》和《北美合众国之相续税》，以及署名“辨奸”（胡汉民）的《俄国革命党之日报》。

5月18日，《第一晋话报》第6期刊载署名“湖海风萍”的《山西劳动者之将来》（续载于《第一晋话报》第7期）。

6月11日，《法政杂志》第1卷第4号刊载胡仁源译的《十九世纪之思潮与法学》，其中提及国家社会主义。

6月15日，《新民丛报》第4年第12号刊载仲遥的《英国政党最近之政况》。

6月26日，《民报》第5号刊载署名“县解”（朱执信）的《论社会革命当与政治革命并行》、“犟斋”（宋教仁）的《万国社会党大会略史》和“辨奸”（胡汉民）的《斥〈新民丛报〉之谬妄》。

7月6日，《新民丛报》第82号刊载烟山专太郎撰、仲遥译的《俄罗斯之政党》。

7月25日，《民报》第6号刊载朱执信（署名“县解”）的《就论理学驳〈新民丛报〉论革命之谬》和章太炎的《演说录》。

8月4日，梁启超在《新民丛报》第84号发文《杂答某报》（续载于《新民丛报》第85、86号）。

8月20日，《新民丛报》第85号刊载署名“仲遥”的《托拉斯（Trust）之利害》。

9月3日，《复报》第4期发表署名“漱铁和尚”（顾忧庵）的《贫富革命》。

9月3日，梁启超在《新民丛报》第86号发表《中国不亡论（再答某报第十号对于本报之驳论）》。

9月5日，《民报》第7号发表署名“梦蝶生”（叶夏生）的《无政府党与革命党之说明》，以及W. D. P. Bliss著、渊实（廖仲恺）译的《社会主义史大纲》，章太炎的《俱分进化论》，汪兆铭（署名“精卫”）的

① 1906年10月7、17日出版的《广益丛报》第118、119号转载此文，题名为《民生主义与中国革政之前途》。

《再驳〈新民丛报〉之政治革命论》。

10 月 2 日，《新民丛报》第 88 号刊载梁启超的《新出现之两杂志》、署名“主父”的《足尾铜山暴动三日记》和署名“遇虎”的《英国民之特性》。

10 月 8 日，《民报》第 8 号刊载署名“渊实”（廖仲恺）的《无政府主义之二派》。

10 月 18 日，《新民丛报》第 89 号发表署名“仲遥”的《社会主义论》，梁启超为之作序。

11 月 1 日，梁启超在《新民丛报》第 90 号发表《再驳某报之土地国有论》（续载于《新民丛报》第 91、92 号）。

11 月 15 日，《民报》第 9 号刊载署名“渊实”（廖仲恺）的《无政府主义与社会主义》，署名“精卫”（汪兆铭）的《驳革命可以生内乱说》。

12 月 2 日，庆祝《民报》创刊周年大会，在日本东京神田锦辉馆举行。本月 20 日出版的《民报》第 10 号刊出“民意”（胡汉民）的《记十二月二日本报纪元节庆祝大会事及演说词》对此做了详细报道。

是年秋冬间，孙中山完成《中国同盟会革命方略》。

是年，张继《无政府主义》出版，章太炎、刘师培、黄侃分别为之作序。

1907 年

1 月，《万国公报》第 216 册刊载《工党之关系国政》。

1 月 25 日，《民报》第 11 号刊载署名“渊实”（宋教仁）的《虚无党小史》（续载于《民报》第 17 号）。

3 月 6 日，《民报》第 12 号发表署名“民意”（胡汉民）的《告非难民生主义者——驳〈新民丛报〉第十四号社会主义论》和章太炎《“社会通诠”商兑》。

4 月，亚洲和亲会在日本东京成立。《亚洲和亲会约章》规定，该会宗旨为“在反抗帝国主义，期使亚洲已失主权之民族，各得独立”；主张

“凡亚洲人，除主张侵略主义者，无论‘民族主义’‘共和主义’‘社会主义’‘无政府主义’，皆得入会”。

4月22日，《申报》刊载吴兴让《中国之社会问题》。

5月，《万国公报》第220册刊载《美国工党意见书》。

6月10日，《天义》报创刊于日本东京。创刊号刊载署名“不公仇”的《李卓吾先生学说》和署名“去非子”的《破坏社会论》；“译丛”栏刊载《百北尔总同盟罢工提议案》《巴枯宁学术要旨》。

6月15日，《复报》第10期刊登《〈天义旬报〉启（附简章）》和《社会主义讲习所广告》。

6月22日，《新世纪》创刊于巴黎。创刊号刊载《新世纪发刊之趣意》《新世纪之革命》。

6月25日，《天义》第2卷刊载署名“申叔”（刘师培）的《废兵废财论》、署名“大鸿”的《社会革命大风潮》，以及本期插页“近事报告”栏刊载的《万国社会党政纲》《万国社会党大会议案》。

6月29日，《新世纪》第2号刊载《程度》，以及署名“真”的《近日法兰西革命之风潮》和《祖宗革命（家庭革命之一）》（续载于《新世纪》第3号）。

7月5日，《民报》第15号刊载署名“韦裔”（刘师培）的《悲佃篇》和署名“无首”（廖仲恺）的《苏菲亚传》，以及署名“县解”（朱执信）的《土地国有与财政》（副题为《再驳〈新民丛报〉之非难土地国有政策》，续载于《民报》第16号）。

7月6日，《新世纪》第3号刊载《与友人书论新世纪》，以及署名“真”的《答CHEE氏》《经济革命》和署名“民”的《金钱》（续载于《新世纪》第4号）。

7月10日，《天义》第3卷刊载署名“申叔”（刘师培）的《人类均力说》，署名“志达”的《政府者万恶之源也》和《保满与排满》，以及署名“公权”摘译日本久津见蕨村的《无政府主义》之《苦鲁巴特金之特色》。

7月13日，《新世纪》第4号刊载署名“燃”的《来书论新世纪发刊之趣意》（续载于《新世纪》第5号），以及署名“真”的《驳官比百姓好》（续载于《新世纪》第6号）及《工会》。

7月18日，《中国新报》第6期刊载刘显志《论中国教育之主义》。

7月20日，《新世纪》第5号刊载署名“非社会党来稿”和“真”的《驳〈新世纪丛书·革命〉（附答）》。

7月25日，《天义》第4卷刊发署名“申叔”（刘师培）的《西汉社会主义学发达考》（续载于《天义》第5卷）和《无政府主义之平等观》（续载于《天义》第5、7卷），以及署名“公权”的《欧洲无政府党宗旨汇录》和署名“汉一”的《毁家论》。

7月27日，《新世纪》第6号刊载《万国无政府党会》和署名“民”的《伸论民族民权社会三主义之异同再答来书论新世纪发刊之趣意》。

8月3日，《新世纪》第7号刊载署名“真”的《答旁观子——代〈驳《新世纪丛书·革命》〉之附答》、《谈学》、《男女之革命》（续载于《新世纪》第8号），以及署名“然”的《告国魂》；本期刊载《新世纪丛书》之《蒲鲁东》节录。

8月10日，《天义》第5卷刊载署名“畏公”《论女子劳动问题》（续载于《天义》第6卷）。

8月10日，《新世纪》第8号刊载署名“真”《与友人论种族革命党及社会革命党》《某氏与新世纪（附答）》；同期还刊载《答某某氏书》。

8月17日，《新世纪》第9号刊载署名“燃”的《端方》和署名“真”译的《巴枯宁学说》（续载于《新世纪》第10号）。

8月24日，《新世纪》第10号刊载署名“墨者”《革命之原》和署名“希”《中外日报论暗杀主义附评》。

8月31日，社会主义讲习会在东京召开第一次大会。《天义》第6卷“记事”栏的《社会主义讲习会第一次开会记事》一文对此做了报道。①

8月31日，《新世纪》第11号发表署名“真”《三纲革命》。

9月1日，《天义》第6卷载震（何震）、申叔（刘师培）的《论种族革命与无政府革命之得失——驳鹤卷町某君来函》（续载于《天义》第7卷），申叔（刘师培）《欧洲社会主义与无政府主义异同考》，以及署名

① 《新世纪》第22号（1907年11月16日），转录此文。

“公权”的《万国社会党大会记》。

9月7日，《新世纪》第12号刊载署名“真”译《克若泡特金学说》（续载于《新世纪》第15~17号）。

9月14日，《新世纪》第13号刊载《与人书》以及署名“真”的《谈新世纪（附录兽马人）》。

9月15日，社会主义讲习会召开第二次会议，《天义》第8~10卷合刊对之做了报道。

9月15日，《天义》第7卷刊发署名“震”（何震）的《女子解放问题》（续载于《天义》第8~10卷合刊），署名“民鸣”的《社会契约说评论》，署名“志达”的《世界主义之公敌》，署名“公权”的《万国无政府党大会记略》《万国社会主义妇人会议记》《伊大利社会党分裂记》。①

9月21日，《新世纪》第14号刊载《记社会党无政府党万国公聚会》（续载于《新世纪》第15号）。

9月22日，社会主义讲习会召开第三次会议，《天义》第8~10卷合刊对之做了报道。

9月25日，《民报》第16号刊载章太炎的《五无论》和署名“无首”（廖仲恺）译自久津见蕨村著的《巴枯宁传》，以及署名“寄生”的《刺客校军人论》。

9月25日，北京《大同报》刊载杨度的《国会与旗人》（续载于北京《大同报》第4、5号），特别是第四节“国会与撤旗人之关系”部分，多次提及社会主义。②

9月28日，《新世纪》第15号刊载“默子来稿”《与人书》及署名“民”《普及革命》（续载于《新世纪》第17、18、20、23号）。

10月5日，《新世纪》第16号刊载署名“无恬”的《与赞成立宪之

---

① 《天义》第8~10卷合刊载有“公权”的《万国社会党大会续记》《万国无政府党大会决议案记》《记女界与万国社会党大会之关系》；《天义》第11~12卷合刊载有“公权”的《无政府党大会后事实汇记》；《天义》第13~14卷合刊载有“公权”的《记英国妇人社会党本部》。

② 《中国新报》第1年第7、8号（1907年10月15日、1908年6月7日）转录此文。

同胞一谈》（续载于《新世纪》第17号）。

10月6日，社会主义讲习会召开第四次会议，《天义》第8~10卷合刊对之做了报道。

10月11日，《振华五日大事记》第37期刊载《万国社会党会议》。

10月17日，《神州日报》刊载《论欲救中国当表章颜习斋学说》①。

10月19日，《新世纪》第18号刊载《爱尔卫反对祖国主义》（续载于《新世纪》第19号）。

10月25日，《民报》第17号刊载章太炎《国家论》、铁铮（雷昭性）《政府说》和署名“太邱”的《斥〈新民丛报〉驳土地国有之谬》。

10月26日，《新世纪》第19号刊载署名“真”的《德国反对军国主义之风潮》（续载于《新世纪》第21号）和《问满汉意见于革命党（录〈神州日报〉原题为〈宣言消除满汉之价值〉）》。

10月30日，《天义》第8~10卷合刊刊发署名“申叔”（刘师培）的《论新政为病民之根》《鲍生学术发微》《〈总同盟罢工论〉序》，署名“扶弱”的《祝日本社会党之分裂》，以及署名“自由”的《斯撒纳尔无政府主义述略》。

11月2日，《新世纪》第20号刊载署名“真”的《进化与革命》和署名“民”的《问革命》。

11月9日，《新世纪》第21号发表和孟著、真译的《社会主义释义》，E. Malatesta著、信者译的《工人之无政府主义谈》（续载于《新世纪》第23~27号），以及署名“真”的《谈学》。

11月10日，社会主义讲习会召开第五次会议，《天义》第11、12卷合刊对之做了报道。

11月10日，《振华五日大事记》第43期刊载《东方人社会主义之代表》。

11月16日，《新世纪》第22号刊载署名“民”著的《惨杀世界》和署名“真”译、“革新之一人”著的《革命原理》（续载于《新世纪》第23~30号）。

---

① 1908年2月28日出版的《东方杂志》第4卷第12号转录此文。

11 月 20 日，《新民丛报》第 96 号刊载小野冢喜平次讲演、孟扬译的《法国政界近时之趋势》。

11 月 23 日，《新世纪》第 23 号刊载《意大利暗杀历史之一》。

11 月 24 日，社会主义讲习会开第六次会议，《天义》第 11、12 卷合刊对之做了报道。

11 月 30 日，《天义》第 11、12 卷合刊刊载署名“申叔”（刘师培）的《亚洲现势论》《苦鲁巴特金学术述略》（续载于《天义》第 13、14 卷合刊），以及署名“独应”（周作人）的《论俄国革命与虚无主义之别》。

11 月 30 日，《新世纪》第 24 号刊载署名“民”的《好古》，以及署名“无政府党分子”的《书天义报社会主义讲习会第一次开会记事后》和节译巴黎《朝报》的《葡国革命将至》。

12 月 7 日，《新世纪》第 25 号刊载《日本之无政府党》① 和《社会主义讲习会第一次开会记事（录天义报附张）》（续载于《新世纪》第 26 号）。

12 月 8 日，社会主义讲习会召开第七次会议，《天义》第 13、14 卷合刊对之做了报道。

12 月 14 日，《新世纪》第 26 号刊载署名“民”的《好古之成见》（续载于《新世纪》第 28、30、31 号）。

12 月 14 日，《广益丛报》刊载《论近世经济学之趋势（续）》，其中提及马克思（译名为“玛克士”）；并指出“其学说之震动一世，遂如急风怒涛，横卷而莫之能御。而一切政策，胥随之变动，充其势之所极，不至共产之劳动国家不止”。

12 月 19 日，《振华五日大事记》第 47 期刊载《俄官穷治社会党之严酷》。

12 月 21 日，《新世纪》第 27 号刊载《苏菲亚》及署名“问疑”的《读〈书后〉后之意见》。

12 月 22 日，社会主义讲习会召开第八次会议，《天义》第 13、14 卷合刊对之做了报道。

---

① 《新世纪》第 28 号（1908 年 1 月 4 日）刊发《日本之无政府党二》。

12 月 30 日，《天义》第 13、14 卷合刊发表何震《经济革命与女子革命》（附录《马尔克斯、焉格尔斯合著之〈共产党宣言〉一节》），以及署名“申叔”（刘师培）的《社会主义与国会政策》（续载于《天义》第 15 卷）及其译克鲁泡特金所著的《快愉之劳动》。此外，还刊有署名“志达”的《异哉万国社会党对于女子选举权之议案》和署名“铲平王”的《世界平等政府谈》。

是年 11 月，广智书局出版德国摩哈孙著、芳草馆主人重译、披发头陀评订的《虚无党真相》。《时报》（总第 1268 号）刊登的《虚无党真相》广告写道：“自来言虚无党内情，无有详于是书者，书为德国摩哈孙著，日人译出东文，今由天涯芳草馆主人译成汉文。而披发生润色加评，修达华瞻，不愧名作，至其事迹尤引人入胜，全书以学生为该党人，又以神奇女及娘子军渲染之，或则智计绝伦，或则柔情如海，可歌可泣，愈出愈奇。其描摹官吏腐败、社会黑暗，更可作吾国前车之鉴。”

是年 11 月，张继编译的《总同盟罢工》出版。此书是从日文转译德国无政府主义者的《总同盟罢工》。出版不久，其编译者在 1904 年 1 月出刊的《中国白话报》第 2 期上发表了一则告白，略谓：“夫欲建设，必先大破坏，无政府党可谓达于破坏之极点矣。今之中国正值破坏时代之初，而吾编译是书，想必受吾同胞之欢迎，借其手段以铲除此野蛮奴隶世界，则幸甚矣。”

是年，巴黎新世纪书报局刊行《新世纪丛书》第一集，扉页表明其“主义”为“自由、平等、博爱、大同、公道、真理、改良、进化”。

包括（以下为扉页注明）：

1.《革命》（真民著）

内容包括：一、政治革命为权舆，社会革命为究竟；二、非难者谓中人无革命之资格；三、非难者畏革命致瓜分；四、社会革命为廿世纪之革命为全世界之革命；五、非难者谓中国无行社会主义之资格；六、非难者恐社会主义有不利于本国；七、革命之大义；八、革命之作用。

附革命滑稽图四幅

2.《思审自由》［1901年巴若夫（Prat-Jamal）著，真民译］

内容包括：一、进化；二、上帝；三、祖国；四、政治；五、权；六、强权；七、产业；八、结婚；九、理想；十、成见。

3.《告少年》（1880年克若泡特金著，真民译）

内容包括：告医士；告法律士；告学者；告工艺家；告教习；告妇女；告百工。

4.《秩序》（1880年克若泡特金著，真民译）

内容包括：今之所谓秩序；今之所谓扰乱秩序。

附经济滑稽图三幅

5.《世界七个无政府主义家》［1889年爱露斯（Eltzbacher）著，真民译］

内容包括：高德文（Godwin，葛德文）、蒲鲁东（Proudhon）、司梯尔（Stirner，施蒂纳）、梯于格（Tucher）、道司道（Tolstoj，托尔斯泰）、巴枯宁（Bakounine）、克若泡特金（Kroputkine，克鲁泡特金）。

6.《无政府共产主义》［1899年克非业（Cafiero）著，真民译］

内容包括：一、无政府主义；二、共产主义。

附无政府主义三家像　自由民乐园与共产殖民地图画

7. 万国革命暗杀图

万国有革命思想之暗杀案标记于图中使阅者一览而知暗杀之略史。附表。

1908年

1月11日，《新世纪》第29号刊载署名“真”《答骚客书》（续载于《新世纪》第30号），署名“燃”《军人与服从》和署名“无政府党分子”《答问疑君》。

1月15日，《天义》第15卷刊载“民鸣”译、因格尔斯的《〈共产党宣言〉（*The Communist Manifesto*）序言》，刘师培（署名“申叔”）译、苦鲁巴金著的《未来社会生产之方法及手段》。

1月18日，《新世纪》第30号刊载署名“真”的《德国之社会党》。

1月25日，《新世纪》第31号刊载署名“民”的《无政府说——书〈民报〉第十七号“政府说”后》（续载于《新世纪》第32~36、38、40、41、43、46、47、60号），署名“真”译、克若泡特金著的《互助（进化之大原因）》（续载于《新世纪》第32、34~38、43~51号）和《纽约工民之贫困》。

2月1日，《新世纪》第32号刊载署名“一个人”译的《俄国革命》（续载于《新世纪》第33、35~38号）。

2月3日，景定成在《国报》第1号发表《政府万能驳议》。

2月8日，《新世纪》第33号刊载署名“真”的《葡国革命》和署名“燃”的《呜呼！立宪党》。

2月15日，《新世纪》第34号刊载署名“一个人”的《世界暗杀表》（续载于《新世纪》第52号）。

2月21日，《神州日报》刊载署名“卖痴生”（杨毓麟）的《论世界三大思想之流行》。

2月25日，《民报》第19号刊载署名“寄生”的《记葡萄牙王被刺》。

2月26日，《夏声》第1号刊载署名“侠魔”（井勿幕）的《兴办西北实业要论》和《社会党之暴动（德国）》。

3月，《天义》第16~19卷合刊（春季增刊）刊载《〈共产党宣言〉序》《共产党宣言（*The Manifesto of the Communist Party*）》《社会主义经济论》《面包掠夺》《无政府主义之哲理同理想》《俄国革命之旨趣》《致中国人书》《俄国第二议会提议之土地本法案及施行法案》《无政府党第四次大会决议》《无政府共产主义之工人问答》。

3月14日，《新世纪》第38号刊载署名“鞠普”的《〈礼运〉大同释义》。

3月21日，《新世纪》第39号刊载署名“无”译、华伦西（A. R. Wallace）所著的《排斥军国主义》和署名“荷兰来稿”的《人类原始说》。

3月28日，《新世纪》第40号刊载署名“无”译的《法律与强权》（续载于《新世纪》第41~43、47~48号）。

4月4日，《新世纪》第41号刊载署名“鞠普”的《大同释疑》和署名“真”的《俄国革命党之一代表》。

4月11日，《新世纪》第42号刊载署名“反”的《去矣！与会党为伍》，署名“燃”的《书某君邮简后》，以及署名“鞠普”的《男女杂交说》。

4月11日，《竞业旬报》第11期刊载《虚无党之家书》。

4月25日，《夏声》第3号刊载署名“侠魔”（井勿幕）的《二十世纪之新思潮》（续载于《夏声》第7号）。

4月25日，《民报》第20号刊载章太炎的《无政府主义序》。

4月25日，《新世纪》第44号刊载署名“反”的《国粹之处分》。

4月28日，《衡报》创刊，创刊号刊载《论国家之利与人民之利成一相反之比例》《议会之弊》《共和之病》。

4月29日，《广益丛报》第167号刊载《社会主义终将实行乎?》一文报道了法国的一则消息。

5月2日，《新世纪》第45号刊载署名“辟异”译、冯鲁（Enrico Perri）著的《社会主义与实验科学》。

5月8日，《衡报》第2号刊载《论共产制易行于中国》。

5月9日，《新世纪》第46号刊载署名“鞠普”的《大同心理》和署名“信者”的《无政府党轶事》。

5月16日，《新世纪》第47号刊载署名“燃”的《中国革命风潮》和署名“中国之广东革命党”的《狗屁的国耻纪念会》。

5月18日，《衡报》第3号刊文《社会革命与排满》（续载于《衡报》第4号），以及山川均、民鸣共译、苦鲁巴特金著的《无政府共产主义之基础及原理》（续载于《衡报》第6号）。

5月23日，《新世纪》第48号刊载署名“燃”的《天堂之末路》、署名“反”的《亡国?》和署名“鞠普”的《女德篇》。

5月28日，《衡报》第4号刊文《无政府党之镇压》《张继君由伦敦来函（其二）》。

5月28日，《半星期报》第13期刊载《俄国革命风潮》。

5月30日，《新世纪》第49号刊载“石卷”著、“反”节译的《个性自由》，署名“X与X”的《谈无政府之闲天》，以及署名“鞠普”的《毁家谭》。

6月6日，《新世纪》第50号刊载署名“鞠普”的《论习惯之碍进化》。

6月8日，《衡报》第5号刊载《论中国宜组织劳民协会》（续载于《衡报》第6号）和《论中国资本阶级之发达》。

6月10日，《民报》第21号刊载朱执信（署名“县解”）《心理的国家主义》、章太炎《排满平议》和署名“无首”（韩昙首）翻译的《帝王暗杀之时代》。

6月18日，《衡报》第6号刊载《铁道民有问题》。

6月18日，《福建法政杂志》第1卷第1号刊载陈与年《民法与社会主义》（续载于《福建法政杂志》第1卷第2、4、5号）。

6月20日，《新世纪》第52号刊载署名“四无”的《无父无君无法无天》，署名“夷”的《无政府主义讲不得乎》，署名“绝圣”的《排孔征言》。

6月27日，《新世纪》第53号刊载署名“燃”的《游鹰山村殖民地记》，以及署名“真”译自法文《从拉法邱到卡西罗》一书的《法国无政府党之一段历史》（续载于《新世纪》第54~56、63~65号）。

6月28日，《衡报》第7号（农民号）刊载《无政府革命与农民革命》《论中国田主之罪恶》《论农业与工业联合制可行于中国》。

7月4日，《新世纪》第54号刊载《宗教问题》（续载于《新世纪》第55号）和《革命学之精言》。

7月10日，《民报》第22号刊载章太炎《再复吴敬恒书》和马利司著、血泪译的《旅俄杂记》（续载于《民报》第23号）。

7月11日，《竞业旬报》第23期刊载《德国社会党宣言之纲领》。

7月11日，《沪报》刊载《社会主义尚不能为法律所容》。

7月18日，《新世纪》第56号刊载署名“燃”的《答某君》。

7月25日，《新世纪》第57号刊载署名“真”译的《伦敦无政府党报“自由”之二十年小史》、署名“燃料”的《书排满评议后》和《书驳中国用万国新语说后》，以及署名“夷”译的《日本无政府党之开场锣鼓》①。

7月25日，《夏声》第6号刊载署名“奋民”译的《军国主义与平和运动之关系》（续载于《夏声》第7、9号）。

8月1日，《新世纪》第58号刊载署名“真”译、克若泡特金述的《国家及其过去之任务》（续载于《新世纪》第59~62、66~83号），署名“反”译、克若泡特金著的《面包略取》（续载于《新世纪》第59、61、62号），以及署名“四无”的《无政府主义可以坚决革命党之责任心》。

8月8日，《新世纪》第59号刊载《法国革命之先声》以及署名“燃料”的《中国人之腐败病》。

8月22日，《新世纪》第61号刊载署名“燃料”的《呜呼！立宪党》。

8月29日，《新世纪》第62号刊载署名“逆耳”的《睡虫不睡》和署名“希”的《答旁观不平人》。

9月5日，《新世纪》第63号刊载署名“无政府党一人”的《帝国主义之结果》和《吴敬恒再答章炳麟书》。

9月12日，《新世纪》第64号刊载署名“仰”的《中国人之程度》、署名“夷”的《支那近日之舆论》以及署名“燃料”的《哀哉豚尾汉》。

9月13日，《时报》第1518号刊载署名“惜诵”的《论中国今日不能提倡共产主义》。

9月19日，《新世纪》第65号刊载署名“革命党之一分子”的《革命商》、署名“燃”的《无政府主义以教育为革命说》和署名“非马良”的《马良》。

9月26日，《新世纪》第66号刊载署名“留英革命先锋卒”的《支那立宪党之模型》。

10月3日，《新世纪》第67号刊载署名“燃”的《蛆虫全盛时代》、署名“夷”的《杨度》和署名“四无”的《唉！》。

---

① 《新世纪》第70号（1908年10月24日），刊文《日本政府党红旗案之结束》对此进行了报道。

10月10日，《新世纪》第68号刊载署名“燃”《皇帝》、署名“墨子”《杨度肆无忌惮》和署名“留英一分子”《四百兆人》。

10月10日，《民报》第24号刊发署名“伯夔”（汤增璧）的《革命之心理》、章太炎《规〈新世纪〉——哲学及语言文字二事》和署名“仲密”（周作人）译的《西伯利亚记行》。

10月17日，《新世纪》第69号刊载署名“四无”《刚刚交价之时代》和署名“革命之一人”《何不为革命试划策》。

10月24日，《新世纪》第70号刊载署名“燃料”的《愿生生世世勿生帝王家》和署名“留英一客”的《秩序与光荣》。

10月25日，《竞业旬报》第31期刊载署名“八又”的《说近来三大主义》。

10月31日，《新世纪》第71号刊载署名“贫民之友”译的《英国无政府党之希望于没工做者》。

11月7日，《新世纪》第72号刊载署名“民”《驳〈时报〉论中国今日不能提倡共产主义》。

11月14日，《新世纪》第73号刊载邱可朔夫（W. Tcherkesoff）述、署名“燃”译的《我良心上喜欢如此》（续载于《新世纪》第76号），以及署名“夷”的《狗都不及的政府》。

11月21日，《新世纪》第74号刊载署名“燃”《臭皮囊退化》和署名“留英反对强权人”《妖魔已终人心大快》。

11月28日，《新世纪》第75号刊载署名“读英文报纸者”的《狐后鼠帝罪恶贯盈而死矣呜呼》。

12月5日，《大同报》刊载高葆真《俄国禁防虚无党之一斑》。

12月12日，《新世纪》第77号刊载署名马利斯述、“四无”译的《无政府党系如何一种人物乎》和署名“民”的《法工会之动运新法》。

12月19日，《新世纪》第78号刊载署名“燃”《就地正法》。

12月21日，《预备立宪公会报》第21期刊载何棫的《劳动者设立机关之希望》。

12月26日，《新世纪》第79号刊载署名“前行”的《论智识以外无道德》和署名“民”的《工人》。

是年，上海群益书社出版李佐庭编《经济学》（再版于1911年，上海丙午社1912年9月发行第三版），分“绪论”“纯正经济学泛论”“价值成立论”“价值之变动”“价值消灭论”5卷。其中，第1卷第7章第7、8两节，分别论述“社会主义及社会政策”和“国家社会主义”。

1909年

1月16日，《新世纪》第80号刊载署名“岁寒”《异哉！革命党竟有瓜分支那之能力》（续载于《新世纪》第89号）。

1月23日，《新世纪》第81号刊载署名“燃”的《议院为如何之一物乎》和署名“民”的《此之谓共和政府——读“麦第”之击法总统有感》。

1月30日，《新世纪》第82号刊载署名“民”《世界惟一之无政府大日报〈革命〉出现》及《死刑》。

2月6日，《新世纪》第83号刊载署名“民”《不要让富贵人独有世界》，署名“留英一客”《帝国主义之恶果》，以及署名“革命党一分子”《偷安愈久革命之代价愈重》。

2月13日，《新世纪》第84号刊载署名“真”译、《自由报》N君作《东方之睡醒》（续载于《新世纪》第85号），以及署名“箴俗”《欧洲社会主义实行之始即支那人灭种之日》。

2月15日，《东方杂志》第6卷第1号刊载甘永龙译《美国评论之评论》杂志刊载的《美利坚之政党》，并介绍了美国社会党的经济纲领。

2月22日，《申报》刊载《论二十世纪教育之趋势》，提及社会主义。

2月27日，《新世纪》第86号刊载华伦西述、真译《达尔文一百年之纪念日》（续载于《新世纪》第87号）和署名“夷”的《饿虎满街走》。

3月13日，《新世纪》第88号刊载Tit Bits述、“真”译的《无政府党报》（续载于《新世纪》第89号）。

4月3日，《新世纪》第91号刊载署名“燃”《猪生狗养之中国人》。

4月10日，《新世纪》第92号刊载署名“民”《罢工》、署名“夷”

《寄旧金山同人书》和“留英一客”《保皇党之遗害无穷》。

4月17日，《新世纪》第93号刊载江亢虎（署名“某君来稿”）《无家庭主义》。

4月29日，《广益丛报》第198号以“澳洲拟试行社会主义”为题报道说：“澳洲南方拟试行社会主义，现时其地之政府皆以社会党人组织之，其地向无矿产，嗣购一地，见方约一万迈，当在英之牛加斯克，地方自行开采，因此又拟建设海军，组织一小舰队，以为运煤之用。”

5月1日，《新世纪》第95号刊载署名“真”译、卜图君述《缅甸之自由社会》（续载于《新世纪》第96号）。

5月9~10日，《申报》刊载署名“慧猩”《欧洲之二大恐慌说》，提及社会主义。

5月15日，《新世纪》第97号刊载署名“燃”《答某君书》、江亢虎（署名“安诚”）《自由营业管见》和署名“谁”《宗教谈》。

5月22日，《新世纪》第98号刊载署名“四无”《答谁君宗教谈》和署名“夷”《书〈自由营业管见〉后》。

5月29日，《新世纪》第99号刊载署名“夷”《致爱新觉罗载沣君书》（续载于《新世纪》第100号）。

6月12日，《新世纪》第101号刊载署名“燃”《书〈神州日报〉〈东学西渐〉篇后》（续载于《新世纪》第102、103号）。

6月19日，《新世纪》第102号刊载署名“真”译《狱中与逃狱》（续载于《新世纪》第103~108号）。

8月14日，《新世纪》第108号刊载署名“夷”译、克鲁柏金述《俄罗斯之凶恶》（续载于《新世纪》第109~113号）。

8月21日，《新世纪》第109号刊载署名“真”译、《自由报》述《无政府道德之要素》。

8月28日，《新世纪》第110号刊载署名“真”译、摩尔（Moort）述《社会党与社会主义》。

10月3~7、10、22、24、29日，《民吁》日报刊载俄国威廉·卢鹏著、帝召译《虚无党奇谈》。

10月16日，《新世纪》第114号刊载署名“一民”《知与行》和署名“燃”《巴黎之大同革命》（续载于《新世纪》第115号）。

1910年

1月22日，《新世纪》第117号刊载署名“燃”《党人》。

2月19日，《新世纪》第118号刊载署名“四无”《二十世纪者军人革命之世纪也》。

2月20日，梁启超（署名“沧江”）在《国风报》第1年第1期发表《英国政界剧争记》（续载于《国风报》第2、6期），其中提及社会主义。

3月6日，《东方杂志》第7卷第1号“记载”栏刊发1909年12月3日《英吉利议会解散》一事，其中提及社会主义。

3月12日，《新世纪》第119号刊载“留英之一客”《满洲政府》。

3月21日，《国风报》第1年第4期“世界记事”栏目刊发《大同盟罢工》《德国之社会党》。

5月21日，《新世纪》第121号刊载署名“我是少年”《我是少年》。

5月13日，《外交报》以“德国社会党暴动”为题报道：“德国社会党聚集多人于脱勒士图公园，商议反对普鲁士选举法之策，继而有示威运动。警察恐酿巨祸，禁止之。党魁不服，与之相抗。警察遂以铳击之，众乃大哗，起与警察哄。计此次受伤者三十余人，党员之被逮捕者，则十四人。”

6月7日，上海《民声》第2号刊载署名“书”《生计学沿革小史》，其中提及“讲坛社会主义”。

8月19日，杨士钦在《蜀报》创刊号上发表《周秦诸子政治思想流派论》（续载于《蜀报》第2期）；该文将欧美社会主义、无政府主义与中国传统文化相比附。

8月21日，署名“散红”（戴季陶）在《中外日报》发表《近世之国民活动》。

8月29日，《东方杂志》第7卷第7号“记载”栏以“日本无政府党阴谋发觉”为题，报道了1910年6月2日的日本社会主义运动之概况。

10月12~13日，《民立报》连载署名“泣民”（戴季陶）《人道主义论》。

10月14~16日，《民立报》连载署名“泣民”（戴季陶）《世界国民论》。

10月15日，《民立报》以《社会党之凯歌》和《东方社会党之不幸》分别报道了欧洲和日本之社会党现状。

10月19~22日，《民立报》发表署名“泣民”（戴季陶）《中国之资本问题与劳动问题》。

10月22~26日，《天铎报》刊载署名“天仇”（戴季陶）《钮机兰岛之社会政策》。

11月12~18日，《民立报》连载署名“泣民”（戴季陶）《社会主义之大活动》。

11月22日，《南报》第3期刊发署名“侯声”《博爱主义》和署名“病武”《葡萄牙革命风潮记》。

11月22日至12月13日，《民立报》连载署名“泣民”（戴季陶）《托尔斯泰先生传》。

11月26日，《东方杂志》第7卷第10号“世界时事汇录”栏刊载《德国之社会党》和《世界社会党大会》。

12月4日，《天铎报》发表署名“天仇”（戴季陶）《社会主义论》。

12月25日至1911年1月1日，《天铎报》刊载署名“天仇”（戴季陶）《社会党之风云》。

12月26日，《东方杂志》第7卷第11号刊载《列国社会党现状》《记日本审判社会党（录〈神州日报〉）》。

是年11月，商务印书馆出版熊崇煦和章勤士译、伊利（Ely，1854-1943）著的《经济学概论》①，该书第三编“公经济学”第一部“论公工业并及国家与私企业之关系”第八章“社会主义”，分列：“社会主义之要素”“分配上之正义”“社会主义者不过欲扩充现存制度”“社会主义之长处”“社会改良策”“社会主义之短处”“社会主义者之人格”“虚无主义”“共产主义”。这一章末尾，作者还将以上论述归纳为：

① 该书至1916年10月已出第4版，本部分摘引自第4版。

摘　要

第一，社会主义者，对于各种企业而主张用强制协力者也；

第二，社会主义虽许个人私有收益，然不许其私有生产手段；

第三，社会主义以劳动为致富之本，而主张正义之分配；

第四，社会主义者，不过欲扩充现存制度耳；

第五，社会主义之长处，为能惜冗费、均分配；

第六，其短处在以不能企及之道德为标准，欲据以应万事也；

第七，虚无主义为社会主义之正反对，乃主张无政府者也；

第八，共产主义与社会主义异名同义，然在今日多不用其名称。

设　问

第一，试说明社会、共产、虚无三主义之定义；

第二，社会主义对于私有财产制之态度若何；

第三，使此主义成功，其及于生产之效果若何，其影响及于分配者如何；

第四，其实行之困难若何；

第五，社会主义者之人格若何（非心理学上之人格，而伦理学上之人格）；

第六，现今美国政府之措置，有与社会主义相符者乎，此种措置为增大乎，抑减少乎；

第七，社会主义所谓国富之根源若何，其理由果正确乎；

第八，虚无主义何以为梦想乎。

1911 年

1 月 7 日，《申报》之“清谈”栏刊载《吾国之社会观》，提及社会主义。

2 月 2 日，《天铎报》刊载署名“天仇”（戴季陶）《无道国》。

2 月 2~3 日，署名“天仇”（戴季陶）在《天铎报》发表《无政府主义之神髓》。

2月2~10日，《民立报》刊载署名“耐可”（杨毓麟）《英国工党小史》。

2月4日，署名“天仇”（戴季陶）在《天铎报》发表《不鸣平》。

2月20日至3月4日，署名“渔父”（宋教仁）在《民立报》发表《二百年来之俄患篇》。

3月31日，《申报》在“国外新闻”栏刊载《日政府设法消灭社会主义》。

4月，江亢虎发表《忠告女同胞文》。

4月2~4日，署名“天仇”（戴季陶）在《民权报》发表《德国社会民主党政纲评》。

4月中上旬，江亢虎写作《拟发起个人会意见书》，筹建成立组织“个人会”①。

5月13日，《南风报》第4期刊载《俄国虚无党（革命党）之行动》。

5月14日，《申报》之“外论”栏刊载孟庚《刘廷琛论新律疏之后言》，提及社会主义。

6月1日，江亢虎在杭州惠兴女校做题为《社会主义与女学之关系》的演讲。②

6月3日，《申报》“杂记”栏刊载《社会主义岂得容于今日耶》，“国外新闻”栏刊载译《泰晤士报》之《日本禁遏社会主义之政策》。

6月6日，《申报》“论说”栏刊载《皇统与皇权》，提及社会主义。

6月11日，《南风报》第5期刊载《俄国虚无党警告俄皇尼古拉第二书》。

6月14日至7月8日，《民立报》刊载署名“耐可”（杨毓麟）《记英国工党与社会党之关系》。

7月9日，《社会星》③（*Socialism Star*）杂志创刊于上海，由女子进行社发行；创刊号刊载有《发刊词》《个人》《同盟罢工》《乌乎！三大自由》，作者均为江亢虎（元文）。

---

① 1912年11月10日出版的《社会》第12期，刊载《发起个人会意见书》一文。

② 1911年8月9日的（天津）《大公报》刊载《社会主义与女学之关系》一文。

③ 1911年7月1日，《申报》以“社会星出现”为《社会星》刊载广告。

7月10日，江亢虎在上海张园发起成立了社会主义研究会。

7月29日，上海《大同报》刊载张纯一《社会主义》。

7月30日，《社会星》第2期刊载江亢虎《社会主义研究会开会宣言》《介绍地税归公之学说》《社会主义研究会开会记》。

7月31日至8月1日，《大江报》刊载离布畏的译作《论社会主义定义十五条》，辑录西方社会主义理论家的理论要点13条。

8月13~14日，《民立报》发表“渔父”（宋教仁）《社会主义商榷》。

8月20日，《社会星》第3号刊载《时评二十则》。

8月29日，《民立报》刊发署名“征裔”《敢问社会主义家》（续载于《民立报》9月1日）。

8月30~31日，《民立报》刊载署名“渔父”（宋教仁）《英国之国会革命》。

10月4日，《申报》“评论”栏刊载《现今三大争战》。

10月10日，武昌起义爆发。

10月11日，上海惜阴公会发行《社会》杂志；在给该杂志所写的《祝词》中，江亢虎认为“中国今日实社会主义鼓吹时代也”。

10月22日，江亢虎作《致武昌革命军书论“兴汉灭满”事》并寄往天铎报社，《天铎报》以“社会主义家某君致革命军书”刊发此文。该文从社会主义平等观出发，指出“兴汉灭满”有“十二不可”。

11月5日，江亢虎将社会主义研究会改组为“中国社会党”。

11月10日，《社会》杂志第2期刊发《中国社会党宣告》、《中国社会党规章》，以及署名“亢虎”（江亢虎）《〈社会主义商榷〉案：〈社会主义商榷〉之商榷》。

11月16日，天津《大公报》刊载署名“热心冷眼人剑秋氏来稿”的《革命之前因后果》，提及社会主义。

11月21日，《民国报》在上海创刊，旬刊；《民国报六大主义之宣言》称，该报宣传的“六大主义”① 之一为“实行社会主义先平均地权”。

① “六大主义”分别为“建设共和政体”“以汉族主治而同化满蒙回藏，合五大民族而为一大国民”“维持现在社会经济之恐慌与安宁之秩序”“实行社会主义先平均地权”“规定外交之方针”“企图世界之和平”。

11月30日，天津《大公报》刊载徐士瀛《读〈大公报论中国今日政体上之解决书〉后（续）》，提及社会主义。

12月10日，《社会》杂志第3期刊发署名“元文”（江亢虎）《社会主义述古》和署名“留欧学生”的《社会主义问答：工人之无政府主义谈》。

12月25日，孙中山由美国经欧洲回到上海。

12月29日，孙中山出席上海同盟会本部欢迎会，并发表演说。按：12月30日的《民立报》报道：孙中山“略谓本会持三大主义，唱导于世。今民族主义、民权主义二者，虽已将达，而欲告大成，尚须多人之努力。况民生主义至今未少着手，今后之中国，首须在此处着力。此则愿与诸君共勉者也”。

12月30日，孙中山与江亢虎谈有关社会主义问题。按：上海《民立报》1912年1月1日刊载《大总统与社会党》；《社会》杂志第4期（1912年1月10日）刊载《大总统与社会党之谈话》也对之做了报道。

是年，欧阳钧编译的《社会学》由商务印书馆出版。在《社会学》第一编“总论”第一章“社会学之名称”中，作者指出社会学与社会主义之不同：“按西语译为社会学之索西奥罗基，与索西奥利士姆（Socialism）有别。索西奥利士姆者，千八百三十五年，英人拟改良社会，组织一大协会，始见此名，其意义则为废私有财产为社会财产，其后传播〈至〉法国，全欧皆用此语。日本译为社会主义或共产主义。独其意义专为平均社会财产，故应与社会学之索西奥罗基有别。”

是年，华承沄编著《唯新人物考》在天津出版，提到马克思，并指出：“马格斯，德国社会学家及法学家也。法国千八百四十八年革命，马氏与闻其事，后至伦敦，从事著述。千八百六十四年立‘万国工人会’。其最著之著为《产业》。”

1912年

1月1日，中华民国临时政府成立。就在当天，已经就任临时政府大总统的孙中山派专人给江亢虎送去《社会主义概论》《社会主义之理论与实行》《社会主义发达史》《地税原论》4 本当时“欧美最新社会主义名著”，并在附信中提出殷切期望：“请广集同志，多译此种著作，以输入新思想，若能建一学校研究斯学，尤所深望。”①

1 月 2 日，“布雷”（陈布雷）于《天铎报》刊载《社会主义大总统》。

1 月 3 日，章太炎在中华民国联合会成立大会上所作的《演说词》认为，社会主义对中国不适用，主张仿照西方资本主义国家实行所谓“国家社会主义”②。

1 月 6 日，《大共和日报》刊发《本社社长复张季直先生书》。

1 月 10 日，《社会》第 4 期刊载江亢虎（署名“亢虎”）的《本党欢迎孙中山先生词》《复中华民国联合会书》，署名“伊洪”的《何谓社会主义》，署名“知耻”的《〈无政府主义谈〉书后》，署名“顾实”的《坟墓革命说》，署名“虞蛮”的《社会党金言》《社会杂俎》等文；同期亦刊发《中国社会党实行团规约》《女子参政同志会改订简章》《女子法政讲习所简章》《中国社会党随军宣讲队草章》。

1 月 11 日，胡韫玉（署名“朴庵”）在《民国报》第 4 号上发表《论中国今日宜采用国家主义之社会政策》。

1 月 20 日，同盟会员在南京开会，改选总理。

1 月 28~29 日，中国社会党第一次联合会在上海举行。③

1 月 29 日，天津《大公报》刊载署名“梦幻”《读上海大共和报书后》。

2 月 10 日，《社会》杂志第 5 期刊载卢信《人道》（续载于《社会》第 6~11 期）、太虚《均贫富浅言》（续载于《社会》第 8 期）、铁民《党纲缀言》以及《中国社会党规章（中华民国元年正月廿八日第一次联合会订定）》。

3 月，《社会党月刊》创刊。创刊号刊载《〈社会党月刊〉缘起》，江亢虎《中国社会党重大问题》《无家庭主义意见书》，以及署名“顾实”《民生在勤论》和吴让之《大公新世界》。

3 月 2 日，统一党在上海成立，以“统一全国建设，强固中央政府，

① 参见《大总统与社会党》，《民立报》1912 年 1 月 1 日。
② 参见汤志钧编《章太炎政论选集》下册，中华书局，1977，第 537~538 页。
③ 参见 1912 年 3 月 31 日《民立报》刊载的《社会党之宣言》《社会党联合大会志》。

促进完美共和政治为宗旨”，政纲十一条，其中第四条为“注重民生，采用社会政策”。

3月3日，中国同盟会本部在南京召开会员大会，正式决定将中国同盟会改组为公开政党，大会推举孙中山为总理，黄兴、黎元洪为协理，汪精卫为总务部主任干事，张继为交际部主任干事，宋教仁为政事部主任干事，平刚、刘揆一、李肇甫、胡汉民、居正、田桐等人为干事。大会通过的《中国同盟会总章》规定，本会“以巩固中华民国，实行民生主义为宗旨”；并提出九条政纲：“一、完成行政统一，促进地方自治；二、实行种族同化；三、采用国家社会政策；四、普及义务教育；五、主张男女平权；六、励行征兵制度；七、整理财政、厘定税制；八、力谋国际平等；九、注重移民垦殖事业。”①

3月10日，《社会》杂志第6期刊发俞定《国家进步与社会进步》。

3月31日，《申报》“评论”栏刊载一篇选录文章《大同主义与社会主义》。

3月31日，孙中山在南京同盟会员饯别会上，发表关于民生主义与社会革命的演说。②

4月，《约翰声》第23卷第4期刊载马育鹏《论社会主义》。

4月，《社会党月刊》第2期刊载江亢虎《中国社会党重大问〈题〉之答案》、蔡济舒《对于重大问题之意见》、克恭《孙中山先生社会主义谈》、孙书方《妖孽之亚细亚日报》。

4月1日，《东方杂志》第8卷第10号刊发许家庆《二十世纪之政治问题》一文，提及社会主义。同期“内外时报”栏所辑录的《政党与政纲》一文中指出：“注重民生者，与主张极端国家主义及纯粹社会主义异。前者以国家为本位，其政治趋向，注重国家之发展，而不及于个人，如扩张海陆军备是也。纯粹社会主义，以个人为本位，废除现行法制及所有权，理想虽高尚，然非国际竞争之今日所能行。故采用社会政策，而以注重民生为的。”

---

① 参见《孙中山全集》第2卷，第160页。

② 参见《孙中山全集》第2卷，第318~324页。

4月3日，《民立报》刊载署名“率㝫”《今后之国家问题与社会问题》①。

4月4日，孙中山答《文汇报》记者问时表示当竭力从事社会革命；自称“极端之社会党”，表示“甚欲采择显理佐治氏之主义施行于中国”。②

4月5日，《民立报》刊载李愚如《社会主义——致〈民立报〉记者》。

4月6日，“率㝫”在《民立报》刊文《论社会主义——答黄同李君愚如论社会主义书》。

4月7日，天津《大公报》刊载《〈进化杂志〉宣言（附简章）》。

4月9日，《民立报》刊发江亢虎《论教育平等——致〈民立报〉记者》，以及署名“率㝫”《教育平等之真诠——答江君亢虎书》。

4月10日，孙中山在武昌发表演说，批判并反对“社会革命”言论。③

4月10日，《民立报》刊发署名“嘘秋”《社会改造论》。

4月10日，《新闻报》刊载署名“味诚”《论今日当行之社会主义》。

4月11日，《民立报》刊发江亢虎《承认分业说》以及陈发檀《社会主义》。

4月12日，《民立报》刊发署名“率㝫”《社会学与社会主义之关系》。

4月13日，《大共和日报》刊载金天羽《社会主义之商榷》。

4月15日，署名“相如”的作者在《大共和日报》刊发《敬告孙中山先生》。

4月15日，《社会世界》创刊，该刊的宗旨为：“（1）改革恶劣社会；（2）促进革新事业；（3）主张平等教育；（4）鼓吹实行共产；（5）维持世界和平；（6）提倡无治主义。”④ 创刊号刊载有蔡铸九的《社会主义述

① 《东方杂志》第8卷第12号（1912年6月1日）转录此文。

② 参见《孙中山全集》第2卷，第331~332页。

③ 参见《孙中山全集》第2卷，第332~333页。

④ 《社会党月刊》第1期（1912年3月）为《社会世界》所做广告说，该刊宗旨为“以昌明社会主义，使一般人民受平等教育，恢复个人完全自由，促进世界大同为宗旨”。

古》、“愤侠”（沙淦）的《狭义社会主义与广义社会主义》、“挟纩”的《社会主义与无政府主义》、“健生”的《社会革命》、唐仲彪的《社会党之观察》，以及《巴苦宁小引》《侠团宣言》《万国社会党会史》《万国社会党之起原》。

4月16日，孙中山在上海同盟会机关发表演说，认为其主张的民生主义之实质为“排斥少数资本家，使人民共享生产上之自由”，故“民生主义者，即国家社会主义也”。①

4月17日，《民声日报》刊载署名“一羽”的《与〈民立报〉商榷》。

4月18日，《强国公报》刊发署名“何何山”《社会革命说》。

4月18日，《大共和日报》刊载《社会主义平议》。

4月21日，《民立报》刊载署名“但焘”《论社会主义——致〈民立报〉记者》。

4月25日，天津《大公报》刊发《社会主义平议》②。

4月27日，《燕京时报》刊载署名“焚笔”的《论孙中山民生主义》。

4月28日，《民立报》刊发宋家驹的《论共产主义——致〈民立报〉记者》和署名“率寤”的《再论共产主义——答宋家驹君》。

4月28日，《国民公报》刊载蓝公武《论均贫富之社会主义》。

4月29日，《大汉报》刊载“覲棠”（颜覲棠）的《论天与圣皆主张均产而犹有憾》。

5月，刘师复、莫纪彭和郑彼岸等在广州成立晦鸣学舍。

5月1日，《东方杂志》开始刊载署名“高劳”（杜亚泉）译幸德秋水著的《社会主义神髓》（续载于《东方杂志》第8卷第12号，第9卷第1~3号）。

5月4日，孙中山在广州报界欢迎会上发表演说，又提出今后欲谋国利民福，“惟有实行提倡民生主义”；并解释“平均地权”之具体方法，说：“若美利坚，若法兰西，为共和之先进国，在今日社会主义尚阻碍不行，何以故？则以两国之政治，操之大资本家之手。我国革命，为五千年

① 参见《孙中山全集》第2卷，第337~339页。

② 《大共和日报》（1912年4月18日）以及是年《中国革命记》第28册刊载署名“亮馨”的《社会主义平议》一文，与此文同。

未有之举，故所主张不必取法于各国，或且驾美法而上之。”①

5月14日，《天铎报》刊发《章炳麟之十大罪状》。

5月15日，《社会世界》第2期刊载黄人安《社会主义之原理》，以及《中俄社会党之谈话》《江君亢虎致袁总统书》《嘉兴部党员唐仲彪致本部函》《德国社会党与下议院议员》《中华民国侠团外部章程》。

5月19日，中国社会党绍兴部主办的《新世界》（半月刊）创刊于上海，煮尘②主编。该刊标榜自己是“社会主义”杂志，封面上宣示四条大纲：“一、社会主义之大本营；二、中国数千年破天荒之新学说；三、解决二十世纪之大问题；四、造成太平大同之新世界。”并指出：“以上四纲为本杂志所主张，兼翻译最新西籍，采辑精确学说，编述世界大势，用浅显之文语，务使人人能晓，以期实行。”创刊号载恩格斯（恩极尔斯）著、施仁荣译述《理想社会主义与实行社会主义》（续载于《新世界》第3、5、6、8期）和“煮尘”《社会主义讲演集》（续载于《新世界》第2、3、5、6、7期）。

5月21~22日，《民权报》刊载署名“回儒”《阶级制度论》。③

5月22日，天津《大公报》刊载《中国立国大方针商榷书（四续）》，提及社会主义。

5月26日，《天铎报》刊文《谭人凤之社会主义》。

6月，《进步》杂志第2卷第2号刊发署名“绾章”《德意志社会主义之发展》。

6月1日，《东方杂志》第8卷第12号刊发欧阳溥存《社会主义》和钱智修《劳动界之新革命》。

6月1日，《惜阴周刊》刊载《社会主义之根据谈》。

6月2日，《新世界》第2期刊发“势伸译述，煮尘重治作”的《社会主义大家马儿克之学说》④ 及署名“煮尘”的《答亚泉》。

---

① 参见《孙中山全集》第2卷，第354~356页。

② 煮尘，即王淄尘，亦即王子尘；参见王炯华《煮尘与民国初年马克思主义的介绍——附煮尘其人》，《浙江学刊》1987年第6期。

③ 《东方杂志》第9卷第1号（7月1日）转录此文。

④ 势伸，即“蛰伸”之误，蛰伸即朱执信；此文即朱执信在1905年发表于《民报》的《德意志社会革命家小传》的一部分。

6月2日，《太平洋报》刊载《宣讲社会主义》。

6月5日，《真相画报》（旬刊）在上海创刊。创刊号《〈真相画报〉出世之缘起》称，该刊以“监督共和政治，调查民生状态，奖进社会主义，输入世界知识”为宗旨。

6月9日，孙中山在广州行辕对议员记者发表演说，与各界谈话，内容都是围绕“平均地权”思想中的“就地征税”或“地价抽税”问题而展开。①

6月15日，《社会世界》第3期刊发蔡鼎成《社会主义之进行，以国家社会主义为手续，以世界社会主义为目的》、刘锐堂《社会党人对于临时政府之意见》、沙淦《浦东演说词》，以及《再述德国社会党与下议院议员》《孙中山之民生主义谈》《孙先生演说词汇志》。

6月16日，《新世界》第3期“杂俎”栏刊载“煮尘”的《中华民国与社会党》《中俄社会党联合之先声》。

6月中旬，中国社会党嘉禾（兴）支部主办的《人道》（月刊）创刊，编辑为查天畏。创刊号刊载《祝词》《发刊词》和褚禅真《社会主义》、唐仲彪《社会主义谈》《社会党之解释》。

6月26日，天津《大公报》刊文《论兵变与社会学之关系》。

6月30日，《新世界》第4期刊载署名“崇侠”《答苏部党员顾诵坤书》和乔治泼来且诺甫著、允中译述的《社会主义与无政府主义》。

7月1日，《太平洋报》刊载《德及贫民（社会主义之一）》。

7月6、7日，《民权报》刊载尹仲材《民生主义万能说》。

7月10~14日，《太平洋报》刊载署名“朴庵”《论人民困苦当注重民生主义》。②

7月12日，《民权报》刊载《吾之民生主义》。

7月14日，《新世界》第5期刊载署名“大白”《分产世界与共产世界》和署名“寄虫”《中国社会党绍兴部第一次常会演说词》。

7月15日，《社会世界》第4期刊发署名“挟纩”《世间物与社会主

① 参见《孙中山全集》第2卷，第369~375页。

② 《山西实业报》1912年第10期转录此文。

义》、署名“眉子”《敬告嫉恶社会主义者》，以及《社会·社会学·社会主义·社会党》《徐安镇君之社会主义谈》。

7月15日，《民权报》刊载《教育方针与社会主义》。

7月28日，《新世界》第6期刊载署名“煮尘”《规孙中山》，以及《社会主义问答》《心社趣意书》。

7月28日，《强国公报》刊载署名“何何山”《辟均产》。

8月1日，天津《大公报》刊载《中国社会党实业团宣言》。①

8月1日，《真相画报》第6期刊发署名“晓风”《论社会主义之取缔》。

8月1日，《东方杂志》第9卷第2号刊发欧阳溥存《社会主义商兑》。

8月1日，《生活》杂志第1期刊发署名“百愚”译、津村秀松著《社会主义管见》。

8月5~14日，《强国公报》刊载署名“何何山”《对于广州心社戒约之感言》。

8月10日，《社会》第9期刊载署名“人庵”《论社会革命之理由》、江亢虎《致袁大总统书》②、《致黎副总统书》以及《大总统与社会党》。

8月13日，孙中山致电同盟会各支部，表示赞成五党合并组建国民党的宗旨和党纲。其中“采用民生政策”一条，明确为“施行国家社会主义，保育国民生计，以国家权力，使一国经济之发达均衡而迅速”。③

8月14日，《新世界》第7期刊载署名“端任”《复友人陈述本党意见书》以及《中国社会党与中国大总统》、《录社会党代表江亢虎致黎元洪书》④、《社会主义问答》。

8月24~25日，《新闻报》“论说”栏刊载署名“亦孟”《论社会主义之万不可行》。

8月25日，《新世界》第8期刊载署名“煮尘”《驳〈社会主义商兑〉》、江亢虎（署名“亢虎”）、《社会主义演说词》以及《社会主义问答》、《绍兴部对于中国社会党重大问题之意见》、《煮尘客废姓说》。

---

① 《社会世界》第5期（1912年11月15日）亦刊载此文。

② 同《社会世界》第2期（1912年5月15日）刊载的《江君亢虎致袁总统书》。

③ 参见《孙中山全集》第2卷，第399页。

④ 同《社会》第9期（1912年8月10日）所刊载《致黎副总统书》。

8月25日，同盟会在北京虎坊桥湖广会馆联合统一共和党、国民公党、国民共进会、共和实进会4个党派正式成立国民党，选举孙中山为理事长，孙中山发表演说。[①] 国民党在正式成立前后，发表了《国民党宣言》《同盟会本部总务部通告海外书》《国民党规约》[②] 等文件，阐明了党的宗旨、政纲和政治主张。

9月，《社会党月刊》第3期刊发《中国社会党主张社会主义之派别比较表》和《吴稚晖之无政府主义谈》。

9月，《进步》杂志第2卷第5号刊发署名"天翼"《法兰西社会主义之发展》。

9月1日，《真相画报》第9期刊发马小进《社会主义之实行》和署名"梦觭"《论济贫律》。

9月1日，《生活》第3期刊发署名"畏垒"《法兰西社会主义家小传（一）》，介绍了巴贝夫的生平和思想。

9月4日，孙中山在北京共和党本部欢迎会上发表演说，坚信"民生主义关系国民生计至重，非达到不可"，或"使大多数人享大幸福，非民生主义不可"；并解释民生主义，"并非均贫富之主义，乃以国家之力，发达天然实利，防资本家之专制"。[③]

9月10日，《社会》第10期为江亢虎《缚虎记》所做广告云，此书"信仰社会主义者不可不读，欲知社会主义之真诠者不可不读，反对社会主义者更不可不读"；又说："社会主义家江亢虎君，由京返沪，道出汉口，忽被鄂都督无故拘捕，又声明误拘，道歉欢迎，实属民国最新之大奇闻。斯事出，顿惹一般国民之注意。本会特印《缚虎记》，汇集各方面议论，以及斯事之真相，并附载关于社会主义之学说。"

9月11日，天津《大公报》刊载《中国社会党总代表江亢虎致黎副总统第二书》。

9月11日，《真相画报》第10期刊发署名"乐观"《社会主义之真相》。

9月16日，《生活》第4期刊发署名"畏垒"《法兰西社会主义家小

① 参见《孙中山全集》第2卷，第407~409页。

② 《国民》第1卷第1号，1913年5月。

③ 参见《孙中山全集》第2卷，第440~442页。

传（二）》，介绍了卡贝的生平和思想。

9月19日，孙中山在山西同盟会欢迎会上发表演说，指出民生主义"第一件事"是"平均地权"，"此事做不到，民生主义即不能实行"，解释土地国有含义为"非尽土地而归之国家也，谓收其交通繁盛之地而有之"。①

9月22日，《独立周报》创刊号刊发"梦渔"《生计问题之一二》。

10月3日，《太平洋报》刊载署名"朴庵"《与殷仁庵谈社会主义书此赠之》。

10月5日，《太平洋报》刊载《俄国虚无党势力之膨胀》②。

10月9日，《新纪元星期报》第4期刊发《社会主义之趋势》。③

10月10日，为纪念武昌起义一周年，孙中山用英文为《大陆报》撰写《中国之铁路计划与民生主义》。④

10月14～16日，应中国社会党本部之请，孙中山在上海三马路大新街中华大戏院连续三日演讲，阐述社会主义学说及其派别。⑤

10月16日，《生活》第6期刊发署名"畏垒"《法兰西社会主义家小传：圣西门小传第三》。

10月17日，《群报》作时评《老猿》，攻击孙中山在中国社会党演说社会主义为"徒取耳食之言"以耸动流俗。

10月22日，《申报》"自由谈"栏刊载张镜笙《述甲乙社会主义谈》。

11月，《社会党月刊》第4期刊发《中国社会党宣言》⑥以及修订的《中国社会党宣告（辛亥九月十五日）》、《中国社会党规章（中华民国元年十一月一日第二次联合会大会订定）》和《三二学社简约》。此外，还刊载江亢虎（亢虎）《社会党党员之心得》、"端任"《中国社会党之进步观》、公羊寿《对于本党重大问题之意见书》以及《第二次联合大会扬支部意见书》《党员陈布雷来函》《震泽支部意见书》《黎里部多数党员

① 参见《孙中山全集》第2卷，第472～474页。
② 1912年10月17日出版的《亚细亚日报》，亦刊载这一消息。
③ 12月21日出版的《法政浅说报》第37期亦刊载此文。
④ 参见《孙中山全集》第2卷，第487～493页。
⑤ 参见《孙中山全集》第2卷，第506～529页。
⑥ 参见1912年11月3日《民立报》刊载的《中国社会党宣言》。

之意见》《社会党常州部意见书》《第二期联合会之意见（绍兴部提议）》《无锡部党员提议案》《上虞部提议案（一、二）》《议案（建设社会银行）》《吴江部提议案》《常熟部党员提议案（一二三）》《江阴部提议案》。

11月，《圣教杂志》第1年第11期刊发《三无主义之足以亡国说》。

11月2日，沙淦在《民立报》发表《社会党缘起及约章》。

11月3日，《民立报》刊载《中国社会党宣言》。

11月10日，《社会》第12期刊发署名“融五”《敢问社会党》《社会党员之心得》① 和江亢虎（元文）《发起个人会意见书》。

11月11日，黄兴在湖南十团体联合欢迎会上发表演说，说：“工党……在湖南实为重要……夫劳动家与资本家之冲突，为中国隐患。如欲免此隐患，须使其互相联络，劳动家出力，资本家出钱，合谋利益，则结果必为良好矣。”又说：“社会党与自由党，对于民生政策，极能主张。兄弟可代表其无欧美之无政府主义。惟须谋全国人民幸福，须求政府发达经济，使贫民能无所痛苦，斯为得耳。现在地价税可行，社会党有主张单税者。盖中国土地税如增加起来，则单税本可敷全国之用。因今土地多无税，且房屋未还税，中央政府将来必行此策，只须社会、自由两党促其进行。”②

11月15日，《社会世界》第5期刊发《社会党约章（第一次会议修正）》《社会党纲目说明书》；“言论”栏刊有《社会主义之世界观》《三无主义之研究》《敬告今之所谓上流社会》《贿赂公行之有百利而无一害》《论破除族姓为实行社会主义之起点》《愤愤答安镇》《欢迎社会世界之中国社会党党员》，以及“太虚”《社会党与中国社会党之八面观》《对于中国社会党第二次联合会感言》《江亢虎之荒谬》《江亢虎之四不像》等文；“新闻”栏刊载《社会党之发达》《社会党维持和平》《社会党废止战争》《葡人之澳门计划》《美国富豪善举》《土耳其之运河计划》《俄国将来之大工程》《信筒炸药》《罢工之影响》《爱恋不自由之恶果》《社会

---

① 同《社会党月刊》第4期，1912年11月。

② 文明国编《黄兴自述（1874—1916）》，人民日报出版社，2011，第235、236~237页。

主义不纯粹之恶果》《社会党与中国社会党之十大异点》《抵制强权》等文；“杂俎”栏刊载《社会党上海交通机关全体党人上袁总统参议院要求以东沙岛为社会主义试行地书》《道行上江亢虎书——驳中国社会党宣言》《天真致江亢虎函》《天真驳〈中国社会党宣言〉》《中国社会党汉口部干事哀鸣致愤愤函》《少年中国党致社会党函》《无为致社会党函》《重尤致愤愤函》《心社趣意书》① 等；“译著”栏刊载《万国社会党大会史（续）》《无政府主义之二派》。

11月16日，《生活》杂志第8期刊发署名“畏垒”《法兰西社会主义家列传：富理谙（傅立叶）小传第四》以及署名“琴”的《均富论》。

12月9日，在杭州五十一团体欢迎会上，孙中山阐述了民生主义四大纲领：资本、土地、实业以及铁路和教育。②

12月16日，《庸言》第1卷第2号刊发汤明水《政治之罪恶与道德》，提及社会主义。

12月23日，《民权报》刊载《社会主义将实行》。

12月27日，《民权报》刊载《社会主义一席话》。

是年，创刊《天声》第1集，收《丐、妓、墓》《江亢虎之大讲演》《曹亚伯之谈话》《吴稚晖之社会主义谈》《徐安镇之答难》《雨丝风片》《社会镜》《伤心泪》8篇。其中，《丐、妓、墓》之前言写道：“自竞争之祸烈，而贫富之势殊，贫富之势殊，始处世之道苦，演至今日。黑暗昏沉，悲怨烦苦，几无复可属目之处，思之心悸，听之凄切。吾是以有时俗百弊之作，百弊不除，社会不善。吾党之责任，即未之尽。啼焉道之，岐焉望之矣。”

是年，甘格士著、胡贻谷译《泰西民法志》（上海广学会藏版，商务印书馆代印）出版。

是年，广州晦鸣学舍印《无政府主义粹言》，均从《新世纪》中选入，计有《革命原理》《巴枯宁学说》《克鲁泡特金学说》《爱尔卫反对

① 同《新世界》第6期，1912年7月28日。

② 参见《孙中山全集》第2卷，第551～553页。

祖国主义》《排斥军国主义》《法律与强权》《工人之无政府主义谈》《幸德秋水演说》《记社会党无政府党万国公聚会》等篇目。

1913年

1月1日，《东方杂志》第9卷第1号刊载钱智修《论工团主义之由来及其作用》。

1月9日，《长沙日报》刊文《国民党湘支部欢迎宋教仁先生大会记事》报了宋教仁在欢迎会上的演说词。在讲到民生主义时，宋教仁说：民生主义“曩者他党多讥为劫富济贫，此大误也。夫民生主义，在欲使贫者亦富，如能行之，即国家社会政策，不使富者愈富，贫者愈贫，致有劳动家与资本家之冲突也”①。

1月15日，《民谊》第3号刊载山口孤剑著、陈树人译《社会主义与妇人》（续载于《民谊》第4~6号）。

1月25日，《社会》第2卷第1期刊发署名“捕风”的《论社会主义之真诠》。

1月25日，《民权报》刊载《此之谓社会主义》。

1月26日，白苹洲经理、徐安真编辑的《人道周报》创刊。创刊号刊发江亢虎（署名“亢虎”）《社会党之筹边策》（续刊于《人道周报》第2号）。

2月1日，《东方杂志》第9卷第8号刊载陶履恭《平等篇》，提及社会主义。

2月2日，《人道周报》第2号刊发署名“安真”（徐安真）《社会主义根本之探讨》（续载于《人道周报》第3号）。

2月15日，《大同报》第450期刊载柏拉尔原著、李提摩太选、古田钟春晖译的《社会主义之真理》。

2月16日，《人道周报》第3号发表署名“端任”《人道进化之动机》。

2月23日，孙中山在东京中国留学生欢迎会上发表演说，鼓励留学

① 陈旭麓主编《宋教仁集》（下），中华书局，2011，第447页。

生为了中国建设事业，追求大家的利益和事业，不必计较个人利害，把个人的幸福和利益“自然包括”在大家的幸福和利益之中，“此之谓人道主义、社会主义”。①

2月23日，《人道周报》第4号刊载“逸名”译的爱儿苦波金（克鲁泡特金）著《牢狱》（续载于《人道周报》第7号）。

3月，《进步》第3卷第5号（第17册）刊载署名“澹兮”《社会主义对于工艺发达之商榷》。

3月2日，《人道周报》第5号刊载安真译《巴尔干之军队》（续载于《人道周报》第6号）。

3月9日，《人道周报》第6号刊载安真《个人与社会》《何谓无政府主义》以及《社会问题》（续载于《人道周报》第7号）。

3月16日，《人道周报》第7号刊载加克（Maxim Gorki）《社会主义家加克先生之近訉》，简略介绍玛克西姆·高尔基的生平，提及高尔基致函孙中山一事。

3月20日，宋教仁在上海沪宁车站遇刺，两天后去世。

3月20日，《民主报》刊载署名“达父”《劳动问题与社会政策》。

3月30日，梦渔（章士钊）在《独立周报》第2年第12号（即第36期）上发表《论社会主义》（续载于《独立周报》第2年第13号）。

4月，《圣教杂志》第2年第4期刊载陈若瑟《读陈汲新君〈三无主义之足以亡国说〉书后》。

4月1日，《言治》创刊号刊载李钊《托尔斯泰主义之纲领》。②

4月15日，《民谊》第6号刊载署名“耿夫”《民生主义与民生政策》（续载于《民谊》第7号）。

4月16日，《庸言》第1卷第10号刊发张东荪《论宪法之性质及其形式》，提到马克思及社会主义。

4月21日，《申报》刊载《中国社会党宣言》。

5月1日，《生计》第11期刊载《说社会革命》。

---

① 参见《孙中山全集》第3卷，第24~25页。

② 《生计》第11期（1913年5月1日）和《大同周报》第2期（1913年5月11日）转录此文。

5月11日，《大同周报》第2期刊发署名“陈陈”《孔子之社会主义谭》。

5月13日，白萍在《佛教月报》创刊号上发表《佛教与社会主义》。

5月15、16、18、19日，《时报》发表署名“微尘”《民生主义与民死主义》。

5月20日，《文史杂志》第3期刊载李希如《孟子社会学发微》。

6月27日，天津《大公报》刊载《社会主义与政党》。

7月，中国社会党在上海成立了万国社会党上海俱乐部，由英国人查克逊（J. Gackson）和江亢虎担任干事。

7月1日，省立西北大学校刊《学丛》第1期刊载了由华俨、董彦儒、陈钟秀、陈宏滔等撰写的《社会主义能否适行于今日之中国》的一组有关社会主义的文章（共4篇）。

7月2日，《论衡》第4号刊发的署名“思农”《御极二十五年之德皇》，在“帝之与俾斯麦”一节中，提到社会主义。

7月16日，《庸言》第1卷第16号刊发张东荪《中国之社会问题》，提及社会主义。

7月20日，《良心》创刊。创刊号刊载《吴稚晖与国民党报界诸公书》《社会党纲目回互说明书》，署名“重忧”（吕大任）《发刊词》，“乐无”（吕淦森、法名太虚）《世界三大罪恶》（续载于《良心》第2期，8月20日），“迦身”《无政府之研究》，“玄玄女士”《男女平等说》，“侬侠”《致丁女士崇侠论无政府党与社会党派别书》，“我忏”《无政府时代之状况》，以及堺利彦和森近运平共著、曹文麟译的《社会主义纲要》和加尔科特斯开著、愤愤达译的《安革尔斯（恩格斯）传》。

7月21日，天津《大公报》刊文《论民国实业及社会问题》。

8月7日，袁世凯下令解散中国社会党。

8月16日，《大同报》第476期刊载潘慎文《基督教性质与社会主义并非绝然反对说》。①

8月20日，《良心》第2期刊载“乐无”（吕淦森）《无神论》，乔治泼来且诺甫著、化尘译述的《社会主义与无政府主义》，福井准造著、自

① 《兴华报》第36册（1913年9月17日），亦刊载此文。

然述译《创始无政府主义二大家列传》，以及署名“隐仁”的《社会主义之趣谈》、署名“化林”的《无世界主义》《军国主义之将来》和署名“心根”的《公私之界》。

8月20日，师复在广州《晦鸣录》（又名《平民之声》）创刊号上发表《编辑序言》《无政府浅说》《政治之战斗》等文。

8月27日，《晦鸣录》第2期刊载师复的《政府与社会党》《再致吴稚晖书（附录师复致吴稚晖第一书）》《师复启事》，以及署名“秋湄”的《法国社会党沙尔若望（Jean Jaures）小史》译文。

12月，《时事汇报》第1号刊载署名“天笑生”的《悲惨之社会主义》（续载于《时事汇报》第2号）。

12月20日，《民声》第3号刊载《民声》编者译自伦敦《自由》杂志和《万国社会杂志》之《法国无政府党大会记》《法国无政府共产党与独产党之分离》二文，以及师复《答道一书》。

12月27日，《民声》第4号刊载《我辈向前进!》《巴黎无政府党大会之成绩》《工团联合会第一次万国大会记》。

是年4月，晦鸣学舍印行《无政府主义名著丛刻》，收入《革命原理》《工人之无政府主义谈》《无政府主义与共产主义》《社会主义释义》《克鲁泡特金学说》《法律与强权》《告少年》《秩序》等译文。

是年9月1日，江亢虎《洪水集》在上海出版。

是年，署名“夜鸣”的作者在《青云》杂志（出版日期不详）创刊号上发表《均贫富论》。

是年，晦鸣学舍印《军人之社会革命》。

1914年

1月，《个人杂志》（封面题名为“春雷”）创刊号刊载《癸丑六月在中国社会党某省支部演说词》。

4月11日，《民声》第5号刊载师复的《无政府共产主义释名》、

《师复答凡夫书》、《师复答悟尘书》以及署名“涓声”（黄尊生）节译的《无政府党一八八二年日内瓦大会宣言书》和《美国无政府党之历史》；同期开始刊载冰弦（师复）译、克鲁泡特金著的《面包略取》（续刊于《民声》第7、8、12、13、18~20、23、24、26号）。

4月18日，《民声》第6号刊载师复的《孙逸仙江亢虎之社会主义》、《真民先生与师复书》以及师复译的《俄罗斯无政府共产党第一次联合大会告失败同志书》和署名“如晦”译的《世界语与无政府党》。

4月25日，《民声》第7号刊载师复《素食主义浅说》、《答乐无》及其译的《西伯利亚之观察》（即《克鲁泡特金自述》中一节）和《告妇人》①（续刊于《民声》第9号）。

5月2日，《民声》第8号刊载师复《五月一日》、《答江亢虎》、《答耑任》（续刊《民声》第9号②）、《答英白》，以及“涓声”译的《克鲁泡特金之为人及其言论》。

5月9日，《民声》第9号刊载师复《论社会党》，以及师复、方续译、Paul Bcrthelat著《平民之钟》（续刊《民声》第10、11号、13号、24~26号）。

5月16日，《民声》第10号刊载师复《答迦身》《答悟尘》《答恨痴》《答无吾》《〈反对家族主义〉书后》③及其译《近世无政府党之师表》，以及“涓声”译《无政府党万国大会通告书》和署名“量能”译《反对家族主义》。

5月23日，《民声》第11号刊载师复《共产主义之原则》、《答李进雄》（续《民声》第12号）、《答规枭》（续《民声》第12号），以及“涓声”译《万国无政府党反抗强权宣言书》。

5月30日，《民声》第12号“投稿栏”刊载叶纫芳《致江亢虎书》。

6月1日，《财政经济杂志》第1卷第1期刊载署名“顽石”《实行国家社会主义》。

---

① 1923年6月汉口出版的《鸡鸣》第1期，重载此文。

② 在《民声》第12号（1914年5月30日）和第17号（1914年7月4日）上，又陆续刊载了两篇题名均为《再答耑任》的文章。

③ 此为师复在《反对家族主义》所加写的编后语，故取名为《〈反对家族主义〉书后》。

6月6日，《民声》第13号刊载师复《无政府主义之元祖》和《答乐无》（续刊《民声》第15、16、20号）。

6月13日，《民声》第14号刊载师复《驳江亢虎》（续《民声》第15号）以及克鲁泡特金著、涓声译《巴黎之自由市府》（续刊《民声》第15号）。

6月20日，《民声》第15号开始刊载克鲁泡特金著、“涓声”译《无政府共产主义》（续刊于《民声》第16、17、21号）。

6月27日，《民声》第16号刊载师复《致无政府党万国大会书》、《答飘飘》，以及“涓声”译《巴枯宁之百年祝典》。

7月4日，《民声》第17号刊载师复《无政府共产主义同志社宣言书》、《安那其》、《克鲁泡特金无政府共产主义之要领》、《江亢虎之无政府主义》（续载于《民声》18号）、《答无吾》，以及“涓声”译《无政府党万国大会之先声》。

7月11日，《民声》第18号刊载师复《答蔡雄飞》（续刊于《民声》第19号）以及署名“量能”译的《彼等非大人先生也》。

7月18日，《民声》第19号刊载师复《无政府共产党之目的与手段（上海无政府共产主义同志社公布）》《广州无政府共产主义同志社告同志书》。

7月25日，《民声》第20号刊载师复的《答恨苍》《答悟尘》《答乐无》。

8月2日，《民声》第21号刊载师复的《答敖霜》、《答规枭》、《答微觉》，以及师复译《克鲁泡特金学说之特点》①。

8月9日，《民声》第22号刊载师复《答恨苍》，署名“耀荣”译自伦敦《自由》之《克鲁泡特金对于欧洲战争之意见》，荷兰 Kren 作、《民声》编者译的《战争与无政府党》，以及《社会民主党与战争》、《战争与无政府党机关报》。

11月，署名“晓洲”的作者在《进步》杂志第7卷第1号上发表《挽近社会主义之派别与宗旨》。②

① 1922年10月出版的《学汇》第18期重载此文。

② 此文被《东方杂志》第12卷第4号（1915年）转载。

1915 年

2 月，《繁华杂志》第 6 期刊载署名“楚云”的《俄国虚无党》。

4 月 16~20 日，天津《大公报》刊载署名“东方”的《协力社会主义》。

5 月 5 日，《民声》第 23 号刊载“颛父”述的《师复君行略》，师复遗稿《上海之罢工风潮》，署名“耀荣”译、马拉铁达著的《无政府党忘其根本主义矣》，以及《答苦余生》。

5 月 15 日，《民声》第 24 号刊载“颛父”译的《托尔斯泰行略》，署名“耀荣”译的《万国无政府党宣言》，以及《答敏公》（续刊于《民声》第 26 号）、《答宗宁》（续载于《民声》第 27 号，1916 年 2 月 29 日）。

6 月 1 日，《民声》第 25 号刊载署名“耀荣”译的《幸德秋水君行略》、署名“冰弦”的《同志勗诸》，以及《第十一次世界语万国大会通告书》。

6 月 7 日，天津《大公报》刊载署名“东方”的《论思想战》。

6 月 15 日，《民声》第 26 号刊载 W. Telgnmoutn Shore 著、《民声》编者译的《战后之工人与无政府党》，E. Recchion 著、“若虚”译的《吾党所以失败者安在，倘欲成功其道何由?》（续载于《民声》第 27 号，1916 年 2 月 29 日）。

7 月 20 日，《大中华》第 1 卷第 7 期刊载署名“冷血”的译文《引火机：俄国牢狱世界之一》。

9 月，《世界观杂志》第 2 卷第 1 期刊文《佛门社会主义浅说》。

9 月 15 日，《青年杂志》创刊。

后　记

呈现在读者面前的这套资料集，源头可追溯到2008年。是年，在导师王建民教授的指导下，开始梳理《东方杂志》（1904～1948年）上刊载的有关社会主义文献，以此作为博士论文的研究方向。3年后，在完成论文《〈东方杂志〉与社会主义思潮在中国的传播》的同时，所整理的有关《东方杂志》及其他中文报刊上的社会主义文献，已达10余万字。工作后，又有幸参与了蒋锐教授主持的国家社科基金一般项目“近代以来社会主义思想在中国的传播发展与传统文化的关系研究”的科研任务，文献整理远远超越了以前的涉猎范围。当该项目结项后，蓦然回首，所整理的近代以来有关社会主义的文献和目录索引等，已高达近百万字。“无心插柳柳成荫”，在对文献进行初步梳理、分类和加工后，头脑里面的思路也越来越清晰，由此萌生了继续发掘和整理近代以来中国社会主义文献的强烈愿望。由是，在教学科研工作之余，检索、查阅和收录相关文献逐渐成为一种嗜好，进而乐此不疲，从而使得这项工作得以时断时续地不断向前推进。

事实是，有关近代中国社会主义文献以及相关人物的文集、文选或选编的编撰出版等，学界已经做出了大量的奠基性工作。正是在爬梳前人整理工作的基础上，鉴于只有五四时期的“社会主义论战”文献比较集中和齐备，笔者才于2016年以“清末民初中国社会主义论争文献汇编”申报了国家社科基金后期资助项目，并有幸获得了资助。欣喜之余，也清醒地认识到，这已不再是简单的个人成果了。因此，首先感谢学界前辈们的辛勤劳动与付出，他们为本书收录文献的文字录入和校对工作提供了方便，在此虽不能一一致谢，但铭记于心；其次，对匿名评审专家所提出的宝贵修改意见表示衷心的感谢，他们使本书的编写更加有条理，从而避免了文献的简单堆积和罗列；最后，感谢山东大学当代社会主义研究所所长崔桂田教授的殷殷嘱托和山东大学马克思主义学院（威海）同人的无私帮助。在出版过程中，社会科学文献出版社给予了许多帮助，特别是责任编辑吴超先生为之付出了艰辛劳动，一并表述感谢。毋庸讳言，在浩如烟海的文献中进行爬梳、甄选和录入，疏漏和错讹之处在所难免，亦恳请读者批评指正。

编著者

山东大学当代社会主义研究所社会主义文献研究中心

2021 年 2 月

图书在版编目（CIP）数据

清末民初中国社会主义论争文献汇编：1871～1915：上中下／鲁法芹编著. -- 北京：社会科学文献出版社，2023. 8（2024. 3 重印）

国家社科基金后期资助项目

ISBN 978-7-5228-2559-5

Ⅰ. ①清… Ⅱ. ①鲁… Ⅲ. ①社会主义-文献-汇编-中国-1871-1915 Ⅳ. ①D61

中国国家版本馆 CIP 数据核字（2023）第 187330 号

·国家社科基金后期资助项目·

清末民初中国社会主义论争文献汇编（1871～1915）（上中下）

编　　著／鲁法芹

出 版 人／冀祥德
责任编辑／吴　超
责任印制／王京美

出　　版／社会科学文献出版社 · 人文分社（010）59367215
地址：北京市北三环中路甲 29 号院华龙大厦　邮编：100029
网址：www. ssap. com. cn
发　　行／社会科学文献出版社（010）59367028
印　　装／北京虎彩文化传播有限公司

规　　格／开　本：787mm × 1092mm　1/16
印　张：92　字　数：1458 千字
版　　次／2023 年 8 月第 1 版　2024 年 3 月第 2 次印刷
书　　号／ISBN 978-7-5228-2559-5
定　　价／549. 00 元（上中下）

读者服务电话：4008918866